Wolfgang Reinhard

GESCHICHTE DER STAATSGEWALT

Wolfgang Reinhard

GESCHICHTE DER STAATSGEWALT

Eine vergleichende
Verfassungsgeschichte Europas
von den Anfängen
bis zur Gegenwart

Büchergilde Gutenberg

Lizenzausgabe für die Büchergilde Gutenberg
Frankfurt am Main und Wien
mit freundlicher Genehmigung der
C. H. Beck'schen Verlagsbuchhandlung, München

Dieses Werk wurde gefördert durch einen einjährigen
Forschungsaufenthalt am Historischen Kolleg in München.
Träger des Historischen Kollegs sind der Stiftungsfonds Deutsche
Bank zur Förderung der Wissenschaft in Forschung und Lehre
und der Stifterverband für die Deutsche Wissenschaft.

Satz: Fotosatz Otto Gutfreund GmbH, Darmstadt
Druck und Bindung: Freiburger Graphische Betriebe, Freiburg
Printed in Germany 2000
ISBN 3 7632 5038 7

FÜR GUDRUN
IN DANKBARKEIT

INHALT

I.
MONARCHIE UND STAATSGEWALT

II. HERRSCHAFTSAUFBAU UND INSTITUTIONENBILDUNG

III. PARTNERSCHAFT UND WIDERSTAND

IV.
MACHTMITTEL UND MACHTPOLITIK

VI. KRISE UND TRANSFORMATION

ANHANG

VORWORT

Am Anfang standen Einsichten in das Funktionieren von Mikropolitik und in die strukturelle Verwandtschaft politischer Institutionen Alteuropas in verschiedenen Ländern, die in den 1960er Jahren in Rom gewonnen wurden. Seit einer vergleichenden Untersuchung des Ämterhandels 1974 und einer Vorlesung über vergleichende Verfassungsgeschichte 1977 waren viele Veröffentlichungen und Lehrveranstaltungen diesem Themenkreis gewidmet, obwohl für anderthalb Jahrzehnte die Geschichte der europäischen Expansion im Mittelpunkt meiner Arbeit stand. Seit deren Abschluß und dem Wechsel nach Freiburg 1990 konnte das alte Buchprojekt dann intensiv in Angriff genommen und schließlich dank eines einjährigen Stipendiums am Historischen Kolleg in München 1997/98 zum Abschluß gebracht werden. Träger des Historischen Kollegs sind der Stiftungsfonds Deutsche Bank zur Förderung der Wissenschaft in Forschung und Lehre und der Stifterverband für die Deutsche Wissenschaft. Trägern, Kuratorium und Personal des Historischen Kollegs, an der Spitze Elisabeth Müller-Luckner, möchte ich herzlich danken. Peter Burschel, Hans Fenske, Ulrich Herbert, Michael Müller, Michael Stolleis und István György Tóth haben Teile des Manuskripts gelesen, Gudrun Reinhard und Ernst-Peter Wieckenberg vom Verlag C. H. Beck das ganze. Für ihre Mühe und zahllose Verbesserungsvorschläge zu danken, ist mir ein Bedürfnis, auch wenn ich letztere nicht immer berücksichtigen konnte. «Generationen» von studentischen Hilfskräften haben meinen Weg mit Bibliotheksdiensten und anderen Hilfsarbeiten begleitet. Stellvertretend für sie alle möchte ich meinen ersten Mitarbeiter, Wolfgang Weber, jetzt Professor in Augsburg, und den letzten, Karsten Jedlitschka am Historischen Kolleg, dankbar erwähnen.

EINLEITUNG

Remota itaque justitia quid sunt regna nisi magna latrocinia
Aurelius Augustinus, De Civitate Dei IV 4

1. Probleme und Methoden

Europa hat den Staat erfunden. Der Staat ist keine «anthropologische Notwendigkeit» (Ulrich Scheuner), er ist weder «uranfänglich» (Friedrich Christoph Dahlmann), noch ist «Der Staat an und für sich das sittliche Ganze, die Verwirklichung der Freiheit» und damit das Ziel der Weltgeschichte (Georg Wilhelm Friedrich Hegel). Die politische Anthropologie hat so viele «Gesellschaften ohne Staat» ausfindig gemacht, und der weltweite «Export» des europäischen Staates durch den Kolonialismus hat so problematische Ergebnisse gezeitigt, daß dieser Staat inzwischen als weltgeschichtliche Ausnahme und nicht mehr als Regel gilt. Selbstverständlich gibt es in jeder Gesellschaft Ungleichheit, Machtbeziehungen und politische Arrangements. Aber Staat und Staatsgewalt sind so eindeutig europäischen Ursprungs, daß sogar diese Herkunftsbezeichnung entbehrlich erscheint. Das Problem liegt also nicht darin, warum so viele Gemeinwesen weltweit undemokratisch, gewalttätig und parasitär waren und sind, sondern warum die europäischen, die von Haus aus auch nicht anders aussahen, erstaunlicherweise Demokratie, Konsensfähigkeit und Gemeinwohldenken entwickelt haben. Was also ist dieser Staat, wie wurde er erfunden und wer waren seine Erfinder?

«Status», «stato», «estat», «estado», «estate», «stat» bezeichnete zunächst ein Landgut und im Zusammenhang damit im Plural entweder die Besitzungen eines Fürsten oder die Landstände, weiter den Zustand des Gemeinwesens im Sinne seiner Verfassung, dann den Hofstaat eines Fürsten, dessen Regime und die Sphäre seiner Politik, bis schließlich ein Synonym von «Res publica» («Gemeinwesen») daraus wurde, in Italien bereits um 1500, in Frankreich im Laufe des 16. Jahrhunderts, in England und sehr verhalten auch in Deutschland im siebzehnten. Während in Frankreich schon im 17. Jahrhundert von «état souverain» die Rede ist, gibt es den Begriff des modernen souveränen Staates in Deutschland erst im neunzehnten. Freilich beherrscht er dort seither die politische Sprache, während er in Frankreich und vor allem in

England neben «république», «nation», «country» und dergleichen eher eine sekundäre Rolle spielt.

Deutsche Juristen haben die Staatslehre vervollkommnet, 1837 den Staat zur Rechtsperson erklärt und schließlich seine maßgebende Definition entwickelt. Danach kennzeichnen folgende Merkmale oder Ansprüche den modernen Staat: 1. ein Staatsgebiet als ausschließlicher Herrschaftsbereich, 2. ein Staatsvolk als seßhafter Personenverband mit dauernder Mitgliedschaft, 3. eine souveräne Staatsgewalt, was (a) nach innen das Monopol der legitimen Anwendung physischer Gewalt bedeutet, (b) nach außen die rechtliche Unabhängigkeit von anderen Instanzen. Strikte Einheitlichkeit von Gebiet, Volk und Gewalt stellt eine Art von gemeinsamem Nenner dar. Es gibt nur eine Staatsgewalt, und das Staatsvolk aus rechtlich einheitlichen Individuen spricht jeweils nur eine Sprache.

Die juristische Definition ist hilfreich, wird aber der historischen Entwicklung nicht gerecht. Dieser moderne Staat existierte nämlich nur vom ausgehenden 18. bis zum zweiten Drittel des 20. Jahrhunderts. Der Historiker tut schon deswegen gut daran, statt des zeitlos abstrakten Staates die jeweilige Staatsgewalt mit ihren historisch konkreten Personen und Institutionen in den Mittelpunkt zu stellen, denn dort fanden die Machtbildungsprozesse statt, deren institutionalisierte Endstufe «Staat» heißt.

Dieses Ergebnis war aber keineswegs selbstverständlich, denn der Prozeßcharakter von Macht bedeutet, daß Handeln von Subjekten nicht etwa vollständig durch seinen strukturellen Operationsrahmen determiniert ist, sondern in diesem Rahmen selbständig und unvorhersehbar stattfindet.[1] Zwar ist ein «Spieler», wenn er nach rationalem Kalkül handelt, gezwungen, bestimmte Regeln zu respektieren, wenn er «gewinnen» will, aber Handeln folgt eben nicht immer rationalem Kalkül.

Der unscharfe deutsche Begriff «Gewalt» wird dieser dynamischen Mehrdeutigkeit der Geschichte hervorragend gerecht. Denn «Gewalt» («potestas») bedeutet 1. die rechtliche Verfügungs- oder Amtsgewalt von Amtsinhabern gegenüber den Gewaltunterworfenen und wird daher 2. zur Bezeichnung dieser Ämter und ihrer Inhaber gebraucht. Sie wurde 3. schon vor Erringung des staatlichen Gewaltmonopols häufig in ausgesprochen gewalttätiger Weise ausgeübt; Gewalttat und Krieg kennzeichnen den Aufstieg des modernen Staates.

[1] Der Übergang von der Vorstellung sozialer Systeme, die sich durch Reaktion auf ihre Umwelt wandeln, zu derjenigen autopoietischer, sich umweltunabhängig selbst herstellender Systeme bei Luhmann könnte als Versuch der Systemtheorie gedeutet werden, auf ihre Weise dieser Wiederentdeckung der Subjektivität durch die Sozialwissenschaften gerecht zu werden.

Gewalt setzt «Macht» («potentia») voraus, die «Chance, innerhalb einer sozialen Beziehung den eigenen Willen auch gegen Widerstreben durchzusetzen, gleichviel worauf diese Chance beruht» (Max Weber), oder «die Möglichkeit einer Person, durch Herrschaft über ihre Umgebung [...] ihren Willen durchsetzen zu können» (Michael Mann). «Gewalt» und «Herrschaft» sind damit fast deckungsgleich, als «Chance, für einen Befehl bestimmten Inhalts bei angebbaren Personen Gehorsam zu finden» (Max Weber).

Das ist deswegen möglich, weil die Mächtigen organisiert sind, die Ohnmächtigen aber nicht (Michael Mann). Entscheidungen beziehen sich auf andere Entscheidungen als Voraussetzungen und mögliche Folgen in der Weise, daß unterstellt wird, diese Folgeentscheidungen seien schon entschieden. Daher können Entscheidungen, die anders ausfallen, als erwartet, eliminiert werden, es sei denn, sie vermöchten sich als bereits getroffene Entscheidungen zu präsentieren (Niklas Luhmann). Auf diese Weise verleiht Organisation den Machtbeziehungen Dauer und schafft zusätzliche Macht für die Entscheidungsbefugten, die Machtelite.

Jede Organisation wird notwendigerweise von einer Elite geführt, im Staat bezeichnen wir die konkreten Inhaber der Staatsgewalt als Machtelite. Sie mag sich als Auswahl der Besten (Wertelite) oder der für ihre Aufgabe besonders Geeigneten (Funktionselite) vorstellen, ist aber in der Realität tautologisch definiert und autopoietisch konstituiert: Zur Machtelite gehört man, weil man als ihr Mitglied angenommen wurde.

Solche Individuen oder Gruppen, deren Wille als Staatswille gilt, heißen Staatsorgane.[2] Von ihnen wird die Herrschaftsmacht des Staates, die Staatsgewalt, verwirklicht. Demokratische Verfassungen pflegen die im Prinzip einheitliche Herrschaftsmacht des Staates durch Gewaltenteilung auf verschiedene Staatsorgane zu verteilen, womit sie aber nur auf Ergebnisse vormoderner Entwicklung europäischer Gemeinwesen zurückgreifen, wo Machtbildungsprozesse Hand in Hand mit funktionaler Organdifferenzierung verliefen.

Verfassungen als schriftliche Zusammenstellungen von übergeordneten Rechtsnormen mit höchstem Geltungsrang gibt es zwar erst seit dem späten 18. Jahrhundert, wegen des geschichtlichen Sachzusammenhangs bezeichnen wir aber auch die politische Ordnung vormoderner Gemeinwesen als «Verfassung». Verfassungsgeschichte beschränkt sich daher nicht auf Rechtsgeschichte von Verfassungsgesetzen, sondern widmet sich umfassend dem politischen Leben eines Gemein-

2 *Jellinek* Staatslehre 540.

wesens, unter selbstverständlicher Berücksichtigung von Wirtschaft und Gesellschaft, aber ohne deswegen in der allgemeinen Geschichte einer Gesellschaft aufzugehen.

Allerdings übertragen wir mit dem Verfassungsbegriff eine Kategorie moderner politischer Kultur auf die vormoderne und können sie daher dort auch nur «im übertragenen Sinn» gebrauchen. Der puristische Vorschlag, statt dessen nur zeitgenössische Quellenbegriffe zu verwenden (Otto Brunner), hat sich nicht bewährt, denn 1. müßte häufig die unklare und wechselnde Bedeutung solcher Begriffe vorab geklärt werden, 2. vermögen sie dem weiter entwickelten Fragehorizont der Gegenwart nicht gerecht zu werden.

Hier wird deutlich, weshalb auf der Grundlage neuerer hermeneutischer und linguistischer Wissenschaftstheorien von der «Erfindung» oder «Konstruktion» gesellschaftlicher und historischer Wirklichkeit gesprochen wird, die zunächst «dekonstruiert» werden müsse, bevor sie historisch «rekonstruiert» werden könne. Weil Denken und Reden in Diskursen gefangen sind, die hin und wieder von Mächtigen bestimmt werden, die sich Herren der Diskurse dünken, meistens aber durch anonyme Selbstverständlichkeit ohne identifizierbares Machtzentrum geregelt ablaufen, ist Wirklichkeit in der Tat nie «an sich», sondern stets nur als Konstrukt greifbar. Dabei haben Systeme von Symbolen und Metaphern für Politik besondere Bedeutung. Das will aber weder besagen, daß es Wirklichkeit nicht gäbe, noch, daß sie zumindest unzugänglich bliebe, noch, daß die Rede von «Erfindung» oder «Konstruktion» freies Belieben beinhalte. An der «Erfindung» des «Staates» läßt sich das demonstrieren.

Denn so gut wie die Nation ist der Staat weder metaphysische Substanz noch natürlicher Organismus, sondern ein durch Machtprozesse menschlichen Handelns zustande gekommenes Gedankengebilde. Niemand hat je den «Staat» gesehen, sondern allenfalls Staatsorgane als Verwirklichung von Staatsgewalt. Auch jedes seiner Merkmale gilt heute als Konstrukt, brauchte es doch Jahrhunderte, um der politischen Kultur Europas Denk-, Rede- und Verhaltensmuster wie «Staat», «Staatsgebiet», «Staatsvolk», «Souveränität» einzuprägen.

Dabei handelte es sich aber nicht etwa darum, daß neue politische Ideen aus wilder Wurzel anschließend in politische Wirklichkeit umgesetzt wurden, sondern politische Diskurse und politische Ideen entwickelten sich Hand in Hand und werden deshalb in diesem Buch auch zusammenhängend dargestellt. Politische Probleme provozieren theoretische Lösungsversuche, die aber weitgehend an den Kontext des zeitgenössischen Diskurses gebunden bleiben und sich hauptsächlich aus Bausteinen der ideengeschichtlichen Tradition zusammensetzen. Theoretische Innovation besteht häufig nur in neuartigen Arrangements bereits bekannter Versatzstücke.

Während angelsächsisches und französisches Staatsdenken im Kontext des Parlamentarismus längst dazu neigte, den Staat als abhängiges Produkt der Gesellschaft und ihrer Gruppen anzusehen, setzte sich diese Perspektive in Deutschland erst in jüngster Zeit gegen die von Hegel im Kontext des Obrigkeitsstaates geprägte Vorstellung durch, der Staat müsse ein von den gesellschaftlichen Kräften unabhängiges Konkret-Allgemeines verkörpern (Ernst Forsthoff). Auch wenn diese Sicht der Dinge schon lange als «Lebenslüge des Obrigkeitsstaates» erkannt ist (Gustav Radbruch), lebt sie im populären deutschen Diskurs immer noch in der Rede vom «Vater Staat» weiter.

Solche Interdependenz von Diskurs und Praxis macht deutlich, was «politische Kultur» ist, wie sie «Staat» als politisches Konstrukt hervorbringt und wie sie ihrerseits unter dem Einfluß des Staates steht. Politische Kultur ist nämlich keine rein mentale Angelegenheit, keine Geschichte politischer Vulgärideen, sondern das Ensemble der meist nicht mehr hinterfragten und daher selbstverständlich maßgebenden politischen Denk-, Rede- und Verhaltensmuster. Als prozessuales Ergebnis von Diskurs- und Handlungsstrategien ist sie wie alle Kultur aber keineswegs ein für allemal festgeschrieben, sondern als Bedeutungs- wie als Handlungssystem flexibel und wandelbar.

Dieser prozessuale Charakter politischer Kultur hat zur Folge, daß eine vergleichende Verfassungsgeschichte Europas sich nicht auf den Idealtypus Max Webers als zentrales heuristisches Instrument stützen kann, wie Otto Hintze zu seinem Schaden geglaubt hatte. Natürlich kann es bei der Begriffsbildung nicht ohne Typenbildung abgehen, es ist aber nicht möglich, ganze politische Systeme in solche Schemata zu zwängen, ohne in die Irre geführt zu werden.[3] «Staat» ist ja nichts anderes als ein Typenbegriff,[4] der Idealtypus aber laut Weber selbst geradezu der Inbegriff eines Konstrukts.[5] Der Weg zur historischen Rekonstruktion führt also unweigerlich über Dekonstruktion. Die «neue Vernunft des Vergleichens» (Niklas Luhmann) strebt zwar nicht mehr nach Klärung des Einzelfalles durch Kontrastwirkung, was lange als Höchstleistung historischen Vergleichens galt, sondern durchaus nach durch Abstraktion gewonnenen Allgemeinaussagen. Sie hat aber von der Philosophie (Hegel) wie der Ethnologie (Clifford Geertz) gelernt, daß es Allgemeines zwar gibt, aber immer nur in der Gestalt von Be-

3 Der eindrucksvolle Versuch von *Ertman* hat das erneut bewiesen, vgl. meine Besprechung, die demnächst in der ZHF erscheinen wird.

4 *Brunner* Der Historiker 15.

5 *Weber* «Objektivität» 190 f.

sonderem. Sie bleibt daher darauf angewiesen, es in seinen jeweiligen historischen Varianten aufzusuchen.

Auch «Europa» ist ein Konstrukt, jedoch ebenfalls kein willkürliches, sondern Erzeugnis, aber auch Erzeuger gemeinsamer politischer Kultur. Im Gegensatz zum «Staat» kann man es aus dem Weltraum sogar sehen, wobei allerdings eine Ostgrenze dieser Halbinsel Asiens nicht zu erkennen ist. Gewiß, seit dem 18. Jahrhundert ist Rußland mehr und mehr zu einem Teil Europas geworden. Aber weil Sibirien gleichzeitig zum «russischsten» Teil Rußlands wurde, würde Europa dann bis zum Pazifik reichen ... Doch das ist bereits eine andere Geschichte, diejenige der europäischen Expansion. Denn die für das Wachstum der Staatsgewalt entscheidenden Machtbildungsprozesse fanden in Europa zwischen dem 16. und dem 18. Jahrhundert mit eher marginaler Beteiligung Rußlands statt.

Ohne daß damit irgendwelche ideologischen und politischen Optionen für heute verknüpft werden sollen, läßt sich daher aus der Perspektive jener Jahrhunderte eine Grenze Europas zwischen Finnland, Polen-Litauen, Ungarn, Kroatien einerseits, Rußland, dem Osmanischen Reich, Serbien andererseits identifizieren, das heißt zwischen der lateinischen und der griechisch-slawischen Kultur, der römischen Kirche mit ihren nachreformatorischen Nachfolgerinnen und der orthodoxen. Dieser Außenperspektive entspricht für die innere Konstruktion dieses Europa die maßgebende Rolle der römischen Kirche als Vermittlerin der lateinischen Kultur, des ersten und wichtigsten einheitsstiftenden Prinzips europäischer Kultur. Ihre Rolle als Modell für Recht und Institutionen, für Monarchie und Staat kann gar nicht überschätzt werden. «Der moderne Begriff des Staates und seiner Verfassung ist aus der Säkularisation des Kirchenbegriffs entstanden.»[6]

2. Machtbildungsprozesse und Wachstum der Staatsgewalt

Durch das Konzept «politische Kultur» erschließt sich auch die Interaktion zwischen der politischen Makro- und Mikroebene dem wissenschaftlichen Zugriff, denn das Regelsystem und die Symbole der politischen Kultur vermitteln zwischen dem Handeln einzelner Personen einerseits, dem Funktionieren des politischen Systems andererseits. So wird verständlich, warum unabhängiges Handeln der Subjekte dennoch auf gemeinsame politische Resultate hinausläuft, die diese oft so nicht intendiert hatten. So läßt sich empirisch politische Mikro-

6 *Friedrich, Carl J.* 15.

geschichte betreiben, ohne daß die Errungenschaften älterer Makrohistorie über Bord gehen müßten.

Der Staat muß ja von der Mehrzahl seiner Angehörigen in quasireligiöser Weise fraglos «geglaubt» werden. Herrschaft funktioniert nur so lange, als nicht nur der Glaube an ihre Nützlichkeit, sondern auch an ihre Rechtmäßigkeit, ihre Legitimität, bei den Untertanen oder zumindest den Machteliten und dem strategischen Personal in deren Dienst aufrechterhalten werden kann (David Hume). Auch Macht ist ja weniger die Eigenschaft einer Person als ein Kommunikationsmedium zwischen Personen (Niklas Luhmann), denn sie beruht insofern auf Gegenseitigkeit, als dem Mächtigen vom Ohnmächtigen seine Macht zugeschrieben werden muß, nicht zuletzt durch die Vorleistung von Vertrauen in den Mächtigen. Zu Recht hatte schon Thomas Jefferson gewarnt: «Vertrauen in die Männer unserer Wahl [...] ist allenthalben der Erzeuger von Despotismus.»[7]

Die traditionelle europäische Legitimationsfigur läuft darauf hinaus, daß die Staatsgewalt für das Gemeinwohl tätig sei, seit Rousseau ergänzt durch die moderne Deutung der Volkssouveränität als Identität von Volk und Staat. Macht kann gar nichts anderes als ein neutrales Mittel zum Zweck sein (Michael Mann). Dem steht die ebenfalls traditionelle, zuerst von den englischen Whigs formulierte Delegitimationsfigur gegenüber, daß Macht an sich böse sei (Jacob Burckhardt), der Staat «das kälteste aller kalten Ungeheuer», seine Behauptung «Ich, der Staat, bin das Volk» eine Lüge (Friedrich Nietzsche). Akzeptiert man das liberale Grundrecht des Menschen auf Selbstbestimmung und versteht Macht als Chance, den eigenen Willen gegen einen anderen durchzusetzen, bleibt in der Tat keine andere Schlußfolgerung übrig! Zumindest erlaubt diese Dekonstruktion der legitimatorischen Staatsmythologie aber eine realistischere Sicht der staatsbildenden Machtprozesse. Sogar der Preußenhistoriker Otto Hintze hatte 1929 nüchtern festgestellt, daß «die Andacht zum Staate, die uns früher beseelte, einer nüchternen, mißtrauischen Kritik gewichen ist» und «daß alle Macht [...] in der Regel mißbraucht wird».[8]

Mehr denn je argumentiert heute politische Theorie im Sinne der eingangs zitierten Feststellung des Aurelius Augustinus. Die Inhaber der Staatsgewalt werden als egoistische Individuen betrachtet, deren Handeln von dem Bestreben geleitet ist, Wohlstand und Macht zu akkumulieren. Sie sind auf Beute aus (Margaret Levi) oder können sogar als selbstlegitimierte Schutzgelderpresser in die Nähe von Berufsver-

7 Nach *Claessens* 141 f.

8 *Hintze* Bd. 2, 242.

brechern gerückt werden (Frederic C. Lane, Charles Tilly). Allerdings stehen diese Deutungen allzusehr in der Tradition eines ökonomistischen Geschichtsbildes und bedürfen der Erweiterung. Denn sie übersehen erstens, daß Menschen auch in der Politik nicht ausschließlich nach «rational choice» handeln, zweitens, daß Macht und Geld nicht nur als Selbstzweck, sondern auch als Mittel zu mancherlei anderen Zwecken erstrebt werden, und drittens, daß auch von geheucheltem Interesse am Gemeinwohl der Zwang einer «self fulfilling prophecy» ausgehen kann.

Freilich genügt der elementare, egoistische Wille zur Macht der Inhaber der Staatsgewalt allein nicht, um die Machtprozesse zu erklären, die das Wachstum der Staatsgewalt bis zum quasi-allmächtigen modernen Staat hervorgebracht haben. Denn die Macht der mittelalterlichen Vorläufer der modernen Staatsgewalt war zunächst mehr als bescheiden. Sie beschränkte sich auf die noch keineswegs monopolisierte Wahrnehmung von Frieden und Recht durch ein rudimentäres Personal von Amts- und Waffenträgern, die ebenso aus dem fürstlichen Hof hervorgingen, wie die Mittel dazu aus dem fürstlichen «Haushalt» kamen. Außerdem beruhte ihre Herrschaft auf sakraler Fremdlegitimation, was sie für Widerstand der Kirche wie der Untertanen anfällig machte. Demgegenüber befinden ihre modernen Nachfolger dank inzwischen erreichter Selbstlegitimation der Staatsgewalt nach Belieben über ihre eigene Kompetenz, mit Allzuständigkeit des Staates, riesigen Heeren professioneller und bewaffneter Staatsdiener und einem Anteil von ca. 50 % am Sozialprodukt als Ergebnis. Hatte der Untertan am Anfang im Guten wie im Bösen nicht allzuviel von seinem Herrscher zu erwarten, so stand am Ende die Möglichkeit seiner administrativen Vernichtung als Konsequenz eines zur Totalität gesteigerten Staates. Gewiß, dieses Wachstum der Staatsgewalt verlief nicht kontinuierlich, es kannte Schübe, vor allem in Kriegen, aber auch Umkehrungen, vor allem bei schwachen Herrschern. Als langfristiger historischer Trend vom hohen Mittelalter bis in die siebziger Jahre des 20. Jahrhunderts ist es dennoch unverkennbar.

In der Regel waren die Inhaber der Staatsgewalt aber darauf angewiesen, ihren Zugewinn mit inneren und äußeren Rivalen sowie den Untertanen auszuhandeln. Das brauchte keineswegs immer Verhandlungen bedeuten, sondern konnte auch auf den Versuch hinauslaufen auszureizen, wieviel die Gegenseite sich gefallen ließ. Der Anfang des europäischen Staates wäre dann dort zu suchen, wo die westeuropäischen Könige begannen, unter bestimmten kulturellen, wirtschaftlichen und gesellschaftlichen Rahmenbedingungen den Rückgriff auf die Ressourcen ihrer Untertanen zu institutionalisieren (Jean Philippe

Genet). Das Wachstum der Staatsgewalt läßt sich folglich nicht allein durch das Handeln der Machthaber erklären, denn die entscheidenden Machtprozesse laufen auf der höheren Ebene des politischen Systems ab und werden durch gesamtgesellschaftliche Rahmenbedingungen mitbestimmt. Daher kann nur eine mehrdimensionale Theorie dem Wachstumsprozeß der Staatsgewalt vollkommen gerecht werden, die Zustände und Abläufe auf der Mikro-Ebene der Individuen und Gruppen, der Meso-Ebene des politischen Systems und der Makro-Ebene der Gesellschaft berücksichtigt und miteinander verknüpft.[9]

Mikro-Ebene: Auch noch in der Frühneuzeit setzte sich die Gesellschaft weniger aus autonomen Individuen als aus Gruppen und Interaktionsnetzen zusammen, in denen Individuen bereits auf Gedeih und Verderb verkettet waren. Da Monarchien am wachstumsträchtigsten waren, spielten Dynastien als Träger kontinuierlichen Machtwillens die maßgebende Rolle, selbst mit wenig bedeutenden Mitgliedern. Kontrafaktische Tests beweisen, daß das Fehlen eines monarchischen Zentrums politisches Wachstum meist gar nicht aufkommen ließ[10] und dynastielose Staaten wie die geistlichen Wahlmonarchien Machtkämpfe mit den dynastischen zu verlieren pflegten, vor allem aber, daß dynastische Krisen regelmäßig Staatskrisen zur Folge hatten (Hugenottenkriege, Österreichischer Erbfolgekrieg).

Nun waren die Dynastien von Haus aus aber nicht die einzigen Machthaber ihrer Länder. Vielmehr hatten sie, wenn sie ihren Anteil an deren Ressourcen steigern und letztendlich ein Machtmonopol errichten wollten, rivalisierende Gruppen zu eliminieren oder zumindest zu verdrängen, die vorstaatliche Herrschaft eigenen Rechts ausübten. Das waren in erster Linie der Hochadel, in zweiter die Kirche.

Weil die Dynastien dazu Helfer heranziehen mußten, entstanden auf der anderen Seite neue Machteliten, das heißt Gruppen, die an der Herrschermacht partizipierten und daher deren weiteres Wachstum zu ihrer Sache machten. Besser als «Überläufer» aus Klerus und Adel eigneten sich dazu Räte bürgerlicher Herkunft mit juristischer Ausbildung, weil sie keiner mit der Dynastie rivalisierenden Gruppe angehörten, sondern Status, Macht und Zugewinn ausschließlich ihrem Fürstendienst zu verdanken hatten. Die steigende und von ihnen weiter gesteigerte Bedeutung des römischen Rechts machte sie einerseits fast unentbehrlich, verstärkte andererseits ihre Gruppenkohärenz durch Professionalisierung – bis zur heutigen Juristendominanz in Politik und Verwaltung vieler Länder.

9 Ausführlicher Entwurf *Reinhard* Wachstum.

10 Z.B. *Ernst Pitz* über das Ausbleiben einer Verstaatlichung der Hanse in: *Ehbrecht* Verwaltung 145.

Meso-Ebene: Das Wachstum der Staatsgewalt begann zwar auf der Mikro-Ebene, den Ausschlag sollte aber die Fähigkeit der Machteliten geben, Krieg, Religion und Patriotismus in den Dienst ihrer Zwecke zu stellen.

Die bereits vorhandene Rivalität der europäischen Fürsten wuchs mit ihrer Macht, denn bald kam für sie alles darauf an, schneller zu wachsen als ihre Nachbarn, oder noch besser auf deren Kosten, und sich gegen entsprechende Absichten dieser Nachbarn zu sichern. Dazu brauchten sie Geld und immer mehr Geld, um sich gegenseitig in der Rüstung zu überbieten. Die Geschichte Europas kann durchaus als ein einziger Rüstungswettlauf angesehen werden, wenn auch mit wechselnden Tempi.

Zwischen den Ausgaben im Frieden und den Kriegskosten bestand vor allem am Anfang ein groteskes Mißverhältnis. Deshalb mußten Kriege über Kredite finanziert werden, mit einer Symbiose von Staat und Kapital als Folge. Aber letztlich hing alles von der Steigerung des Steueraufkommens ab, die ursprünglich nur mit Zustimmung der Steuerzahler möglich war. Infolgedessen stärkten die finanziellen Bedürfnisse der Monarchen zeitweise oder dauernd ihre stärksten Rivalen, die Ständeversammlungen. Auf der anderen Seite brauchte der neue «Steuerstaat» einen wachsenden Extraktions- und Erzwingungsapparat. Dadurch wurde ein zirkulärer «autonomer Prozeß» ausgelöst, bei dem kontingente Ausgangskonstellationen zu Motiven und Handlungen führen, die eine ursprüngliche Konstellation reproduzieren und den Prozeß fast automatisch am Laufen erhalten. Ressourcenextraktion und Erzwingungsapparat schaukelten sich gegenseitig auf, bis das auf diese Weise eingeleitete Wachstum der Staatsgewalt irreversibel geworden war. Dieser «coercion-extraction-cycle» (Samuel Finer) ist zwar nicht in allen Ländern gleich ausgebildet, aber auf dem Weg zum modernen Staat zumindest vorübergehend überall zu beobachten.

Freilich ergab sich aus solchem Wachstum der Staatsgewalt steigender Legitimationsbedarf, der zunächst nur von der Religion befriedigt werden konnte. Da traf es sich gut, daß die Reformation ganz gegen ihre ursprüngliche Absicht die Kirchen dem Zugriff der Staatsgewalt ausgeliefert hatte, indirekt auch die katholischen. Daraus ergaben sich für die werdenden Staaten drei wichtige Vorteile: 1. Die Ausdehnung des staatlichen Gewaltmonopols auf den Bereich des wichtigsten inneren Rivalen einschließlich der Verfügung über seine reichen Ressourcen; 2. die Verstärkung der nationalen oder territorialen Identität durch Abgrenzung gegen einen andersgläubigen feindlichen Nachbarn; 3. die Homogenisierung und Disziplinierung der Untertanen, deren religiöse Intimsphäre zum Gegenstand der Staatsgewalt wurde.

Einen zweiten, vergleichbaren Schub an Mobilisierung der materiellen und emotionalen Ressourcen der Bevölkerung zugunsten der Staatsgewalt hat dann erst wieder der moderne Nationalismus seit der Französischen Revolution zuwege gebracht.[11]

Makro-Ebene: Die Bedeutung der Religion für die Legitimation der Staatsgewalt und des Eigentumsbegriffs für die Grenzen ihrer Untertanenbesteuerung waren wichtige gesamtgesellschaftliche Rahmenbedingungen der europäischen Machtbildungsprozesse. Wenn wir Gesellschaft nicht als einheitlich und schon gar nicht als geschlossenes System ansehen, sondern davon ausgehen, daß es sich um eine Vielfalt von sich überschneidenden Machtgeflechten handelt, die keine scharfen Grenzen haben, sondern nur Säume, an denen die Interaktionshäufigkeit ausdünnt (Michael Mann), dann stellt auch die lange Zeit fehlende Möglichkeit, klar zwischen einer europäischen und verschiedenen nationalen Gesellschaften zu trennen, kein großes Problem dar. Abermals begegnet uns das Allgemeine der politischen Kultur Europas nur im Besonderen.

Grundlegend waren die Abgelegenheit Europas für den Zugriff asiatischer Imperien einerseits, seine geographische Vielgestaltigkeit und Kleinräumigkeit andererseits, weil sie jene ständige pluralistische Mächterivalität ermöglichten, die den entscheidenden Antrieb für das Wachstum der Staatsgewalt geliefert hat.

Eine teils feudale, teils kommunale Agrarverfassung und die Konzentration des aus Gewerbe und Handel erwachsenden Kapitalismus in Städten, die im Vergleich zu anderen Weltgegenden relativ hohe Selbständigkeit besaßen, erschwerten die direkte Ressourcenabschöpfung durch die Staatsgewalt. Sie mußte sich statt dessen nicht nur auf ein eher partnerschaftliches Verhältnis zu Kreditgebern einlassen, sondern vor allem auf Autonomieansprüche von Adelsherrschaft und Kommunen bis zum gelegentlichen gewaltsamen Widerstand einstellen und daher besondere Verfahren zum Erzielen von Konsens entwickeln.

Das Kulturerbe des Imperium Romanum, zunächst vermittelt von einer Kirche im Besitz des Bildungsmonopols, die ihrerseits durch und durch römisch geprägt war, bot kirchliche Vorbilder und rechtliche Legitimationsfiguren für jene absolute Fürstenmacht, die sich als wichtigste Entwicklungsstufe auf dem Weg zum modernen Staat erweisen sollte. Aber das römische Recht ließ sich zunächst fast nach Belieben auch von Rivalen der Staatsgewalt nutzen, und die Verselbständigung des Rechtes überhaupt, getragen von selbstbewußten, profes-

11 Bereits *Tocqueville* Démocratie 77 hat festgestellt, daß nur Religion und Patriotismus Menschen total zu mobilisieren vermögen.

sionellen Juristen, konnte sich als wirkungsvoller Widerpart der Staatsgewalt erweisen. Auch wenn die daraus erwachsenen Grund- und Menschenrechte ihren staatskritischen Charakter fast verloren haben und durch moderne Verfassungen faktisch der staatlichen Rechtshoheit unterworfen wurden - ihren Anspruch, die Staatsgewalt zu begrenzen, haben sie zumindest behalten.

Seit den siebziger Jahren des 20. Jahrhunderts scheint das säkulare Wachstum der Staatsgewalt zu Ende zu sein, und zwar nicht vorübergehend wie bisweilen schon früher, sondern endgültig, weil es sich um einen grundlegenden Wandel der politischen Kultur handelt. Zwar sind die formalen Befugnisse der Staatsgewalt kaum beeinträchtigt, und auch das politische System des modernen Staates funktioniert noch. Aber faktisch muß die Staatsgewalt ihre Souveränitätsrechte längst mit internationalen Organisationen, ihre Befugnisse im Innern mit verschiedenen Verbänden teilen. Ihre Ressourcen schrumpfen, so daß sie ihre ungeheuer ausgeweiteten Aufgaben nicht mehr vollständig wahrnehmen kann. Und immer neue Gruppen von Untertanen beginnen, ihr die Loyalität zu entziehen.

Der Grund ist zunächst darin zu suchen, daß die leitenden Prinzipien der letzten Entwicklungsphase des modernen Staates, das nationale, das demokratische, das soziale, in einer Weise radikalisiert werden, daß sie anfangen, die Staatsgewalt zu zersetzen. Nach Totalitarismus und Dekolonisation bringt das Versagen des überanstrengten Sozialstaats einen weiteren Delegitimierungsschub. Ethnische und demokratische Selbstbestimmungsansprüche sehen keinen Grund mehr, die von der Staatsgewalt willkürlich gesetzten Grenzen einzuhalten. Dazu kommt, daß die wirtschaftliche Globalisierung von außen, die Expansion der Schattenwirtschaft im Innern der Staatsgewalt die souveräne Verfügung über die Ressourcen entziehen. Doch den Ausschlag gibt, daß in wechselseitiger Verstärkung mit den genannten Prozessen der Mythos der Einheitlichkeit der Staatsgewalt verlorengeht, der konstitutiv für die Moderne gewesen ist. Der Staat in seiner bisherigen Gestalt wird nicht mehr «geglaubt» – sollte ein «neues Mittelalter» des politischen Pluralismus anbrechen?

3. Überblick

1. Da die europäische Monarchie die ausschlaggebende Triebkraft für das Wachstum der Staatsgewalt in den entscheidenden Jahrhunderten der frühen Neuzeit darstellt, muß von ihr aussgegangen werden. Ihre kulturellen Wurzeln, germanische, griechisch-römische, jüdisch-

christliche, sind nicht immer klar zu unterscheiden, zumal in allen drei Kulturen Politik gleichermaßen Männersache ist. Auch die Entwicklung ihrer räumlichen Organisation weist Gemeinsamkeiten auf. Die Darstellung der institutionellen Varianten in den Ländern Europas sucht dann das Allgemeine im Besonderen auf, während Symbole und Diskurse wieder wesentlich einheitlicher ausfallen. Zentrale Symbole sind die Formen des Hoflebens und die Darstellungen durch die Künste. Und der Diskurs über das Gemeinwesen läuft bis ins 18. Jahrhundert bezeichnenderweise weitgehend auf einen monarchischen hinaus.

2. Da der Alltag von Herrschaft in Regierung und Verwaltung besteht, wird anschließend deren mittelalterlich-frühneuzeitlicher Aufbau geschildert. Nach einem Blick auf die Institutionentheorie und die politische Kultur personaler Beziehungen, die dem Sachlichkeitsanspruch moderner Verwaltung widerspricht, kommen die Prozesse der Ausdifferenzierung von Institutionen aus dem Hof des Herrschers zur Sprache, dann die Ämter und Institutionen der Zentralgewalt. Ihr politisches Personal wurde je länger desto weniger aus dem traditionellen Herrschaftsstand, dem Adel, oder dem traditionellen Bildungsstand, dem Klerus, rekrutiert, sondern aus dem Dritten Stand, wobei verschiedene Verfahren zu beachten sind. Die Lokalverwaltung war meistens nur rudimentär und lief auf Adelsherrschaft und kommunale Selbstverwaltung hinaus, so daß die Zentrale neben ihren regionalen Institutionen auf informelle Kontrolle angewiesen war.

3. Die Monarchie und ihr Apparat waren aber noch weit davon entfernt, flächendeckend «staatliche» Hoheit auszuüben, sondern hatten es in ambivalenter Weise mit vier Einrichtungen und Gruppen zu tun, zum Teil sogar von ihr selbst geschaffenen wie dem Justizapparat, die eine autonome Machtrolle beanspruchten und dafür in Konkurrenz mit der Staatsgewalt über eigene materielle und ideelle Ressourcen verfügten. Zwar gelang es in allen Fällen, sie zu folgsamen Partnern zu machen – Prozesse, die wegen ihrer Folgerichtigkeit bereits hier bis zu ihrem Abschluß in der Moderne verfolgt werden. Das ging aber nicht ohne Widerstand ab, bisweilen sogar gewalttätigen, der seine eigenen Legitimationsmöglichkeiten besaß.

An erster Stelle ist die europaweit vorhandene Adelsherrschaft zu nennen, die auch die meisten der zum Aushandeln der Ressourcenmobilisierung geschaffenen Ständeversammlungen dominierte. Ständischer Widerstand gegen die Staatsgewalt ist daher überwiegend auch adeliger Widerstand. Er hat den einflußreichsten europäischen Widerstandsdiskurs hervorgebracht.

In stark verstädterten Gebieten konnte ständischer Widerstand allerdings auch unter kommunaler Führung stehen, während der Volkswiderstand der Landgemeinden trotz Übergängen eine andere Sache ist und sich auch weniger elaboriert zu artikulieren versteht. Land- und Stadtgemeinden gibt es fast überall in Europa, wobei der Grad ihrer Autonomie sich zwischen kläglichen Einzelbefugnissen und der vollen «Souveränität» einer städtischen oder bündischen Republik bewegen kann.

Die römische Kirche darf als «Erfinderin» der europäischen politischen Kultur, insbesondere ihrer Diskurse, und als «Ziehmutter» der Staatsgewalt gelten. Deren Aufstieg geht freilich mit Emanzipation von der Kirche einher, die im Zeichen der Reformation in staatliche Kontrolle über kirchliche Juniorpartner umschlägt und schließlich in Staatskirchentum mündet. Am Ende werden die Kirchen politisch weitgehend entbehrlich und mehr oder weniger sauber vom Staat getrennt.

Recht und Justiz sind zwar eine ursprüngliche Aufgabe der Herrschergewalt, stehen aber in einem ambivalenten Verhältnis zu ihr. Die Staatsgewalt ist zunächst noch nicht Herrin über das Recht, unter anderem auch, weil es allerhand autonome, nicht-staatliche Rechtsräume gibt. Auch von der Staatsgewalt selbst geschaffene Justizapparate beanspruchen Selbständigkeit, bis das Recht endlich vollständig verstaatlicht werden kann.

4. Zweite Uraufgabe des Herrschers ist die Handhabung rechter Gewalt, aus der das Wachstum der Staatsgewalt durch Machtpolitik hauptsächlich erwächst. Dazu sind Machtmittel erforderlich, vor allem finanzielle Ressourcen als «nervus rerum». Deswegen steht und fällt der Staat mit seinem Steuer- und Kreditsystem sowie der notwendig gewordenen Wirtschaftspolitik. Der Gewaltausübung, die allmählich monopolisiert wird, dient nach außen das Militär, nach innen die Polizei. Die zunehmende Unterscheidung von «außen» und «innen» im Zuge der Staatsbildung macht darüber hinaus die Diplomatie erforderlich, die von Anfang an nicht leicht vom Geheimdienst(un)wesen zu trennen ist. Außerdem lernt die Staatsgewalt, Medien und Bildungseinrichtungen ihrer Kontrolle zu unterwerfen und für ihre Zwecke einzusetzen. Machtpolitik wird zum Selbstläufer, der Ausbau der Machtmittel treibt seinerseits das Wachstum der Staatsgewalt weiter voran. Daher wird er gleich bis in die Moderne verfolgt, der das fünfte Kapitel gewidmet ist.

5. Der moderne Staat erreicht im Zeitalter der Französischen Revolution seine Vollendung im eingangs definierten Sinne. Seine Entwicklung bleibt aber dort nicht stehen, sondern läuft weiter, steigert sich sogar. Von der Monarchie führt der Weg zum demokratischen Verfassungsstaat mit allgemeinem Wahlrecht und Massenpartizipation.

Dem entspricht die neue Möglichkeit, diese Massen emotional durch Nationalismus zu mobilisieren; jeder Staat muß jetzt Nationalstaat werden. Auf dieser Grundlage erreichte der europäische Staat im 20. Jahrhundert den unübersteigbaren Gipfelpunkt seiner Entwicklung mit allumfassender Kontrolle der Untertanen kraft inzwischen erworbener Allzuständigkeit, mit dem sozialen Staat als weicher, dem totalen Staat als harter Variante, letzterer gipfelnd in der legalen Massenvernichtung von Menschen.

6. Zugleich wurde der europäische Staat in die Welt «exportiert». Zumindest formal ist er heute die normale politische Organisationsform der gesamten Menschheit. Da die europäische politische Kultur nur begrenzt mit exportiert werden konnte, läuft die Übernahme des europäischen Staates aber weithin auf seine Transformation, wenn nicht sogar Auflösung hinaus. Diese Prozesse konvergieren mit der europäischen Entwicklung, die aus anderen Ursachen zum selben Ergebnis führt. Delegitimation des Staates durch Radikalisierung seiner dreifachen Modernisierung, ökonomischer Zusammenbruch des Sozialstaates, internationale Bindungen von Wirtschaft und Politik lassen einen neuen politischen Pluralismus entstehen, der die vertraute Gestalt des modernen Staates gründlich transformiert.

Schreibt ein Historiker die Geschichte der Staatsgewalt auf ihrem Weg in die Moderne, weil der moderne Staat bereits der Vergangenheit angehört? Er sieht sich aber dennoch nicht in der Lage, die freundliche Haltung eines «unparteiischen sympathisierenden Beobachters» zu beziehen,[12] sondern muß mit Alexis de Tocqueville bekennen: «Ich hoffe, dieses Buch ohne Vorurteile geschrieben zu haben, behaupte aber nicht, ich hätte es ohne Leidenschaft geschrieben.»[13]

12 Wie der Mikrohistoriker *Medick* 33.

13 «J'espère avoir écrit le présent livre sans préjugé, mais je ne prétends pas l'avoir écrit sans passion»: *Tocqueville* L'Ancien Régime, Bd. 2/1, 73.

I.

MONARCHIE UND STAATSGEWALT

1. Grundlagen

Erfolgreiche Staatsbildung hat im vormodernen Europa ausschließlich in Monarchien stattgefunden. Das konnte gar nicht anders sein, weil in einer personal organisierten politischen Welt überzeugend legitimierter dynastischer Einheits- und Kontinuitätswille besondere Durchsetzungschancen besaß. Diese Chancen ergaben sich aus einer komplexen Tradition politischer Kultur, die ihnen aber zunächst auch Grenzen setzte, nicht zuletzt im Hinblick auf die Möglichkeit politischer Organisation des Raumes.

a) Wurzeln europäischer politischer Kultur

Die Unterscheidung einer germanischen, einer antiken und einer jüdisch-christlichen Wurzel europäischen Königtums mag hilfreich sein, ist aber künstlich, insofern nicht alle seine Elemente eindeutig einer bestimmten Herkunft zugeordnet werden können. Sie läßt aber paradigmatisch erkennen, wie das spezifisch Europäische durch Transformation und Verschmelzung von Beiträgen verschiedener Kulturen zustande kam.

Germanen

Zwar leiteten sich alle europäischen Königtümer außer den altirischen direkt oder indirekt von den germanischen der Völkerwanderungszeit her, aber das will nicht viel besagen, weil über sprachliche Befunde hinaus mit keiner ethnischen Geschlossenheit und Kontinuität der germanischen Völker zu rechnen ist. Diese Völker wie ihre Könige waren Produkte der Wanderungen. Auch die beiden anderen Bestandteile der sogenannten «germanischen Erbmasse» Europas, die Adelsherrschaft und die Organisation in Personenverbänden,[1] letztere gipfelnd im «Personenverbandsstaat» des Mittelalters (Heinrich Mitteis), sind nicht eindeutig ethnisch, sondern eher kulturell zuzuordnen. Sie gehören zu bestimmten gesellschaftlichen Verhältnissen, deren Varianten damals auch bei Slawen, Kelten und Magyaren anzutreffen sind.

[1] *Mousnier,* Monarchie absolue 19–33.

So fehlte es den frühen Königtümern im Gegensatz zum modernen Staat sehr an Einheitlichkeit. Sie bestanden in erster Linie aus einer Vielzahl adeliger Herrschaften unterschiedlicher Größe und Selbständigkeit, die sich nicht ohne weiteres zu einem geographisch geschlossenen Gebilde zusammenfügen lassen. Denn ausschlaggebend war weniger der politisch-geographische Ort eines Adeligen oder Untertanen, als seine persönliche Beziehung zum König oder Herrn.

Etatistisch geprägte Forschung in romanischen Ländern spricht gerne von einem Verlust antiker Staatlichkeit durch adelige Usurpation im Mittelalter und von ihrer Wiedergewinnung in der Neuzeit. Mitteleuropäische Historiker wurden durch ihre politischen Erkenntnisinteressen andere Wege geführt. Zunächst erschien ihnen Adelsherrschaft ebenfalls als Usurpation, aber auf Kosten einer Bauerndemokratie, die sich ihren König gewählt hatte (Georg Waitz). Dazu wurde die Vorstellung eines «germanischen» Rechts entwickelt, das der Idee der Gerechtigkeit so nahe stand, daß es nicht gegeben, sondern nur gefunden werden konnte. Es band König, Adel und Volk in gleicher Weise und entzog sich jeder Verfügung durch Gesetzgebung oder Änderung. Damit konnte auch der Herrscher das Recht verletzen und legitimen Widerstand auslösen (Fritz Kern). In wichtigen Dingen sollte er daher mit dem *Rat* eines Rates der wichtigen Untertanen entscheiden, um dem Verdacht auf Rechtsverletzung vorzubeugen (Otto Brunner) – die Wurzel von Ständewesen und Parlamentarismus.

Der neue Sinn für das Irrationale und für charismatisches Führertum brachte dann im 20. Jahrhundert zunächst die Idee des germanischen Sakralkönigtums hervor, auf der schmalen Grundlage einiger Bemerkungen in Tacitus' «Germania», die durch ethnologischen Analogieschluß mit altnordischen Quellen des 13. Jahrhunderts verknüpft wurden. Immerhin beanspruchten englische und französische Könige noch in der Neuzeit die Fähigkeit, Skrofulöse durch Berührung zu heilen. Weltweit hatte das Königtum von Haus aus fast immer religiösen Charakter. Könige waren Götter, Inkarnationen von Göttern, Nachkommen von Göttern oder wurden nach ihrem Tod vergöttlicht. Mindestens hatten sie die Verbindung zu den Göttern herzustellen und nicht selten durch das harmonische Zusammenwirken der kosmischen Kräfte Fruchtbarkeit und Wohlergehen zu garantieren.[2] Da Mißernten, Viehseuchen, Unglück aller Art dann auf Verfehlungen oder mangelndes Charisma des Königs zurückgeführt werden konnten, wurde er abgesetzt, getötet, sogar geopfert. Diese als «Königsheil» bezeichnete magische Kompetenz soll in den Königssippen erblich gewesen sein

[2] Vgl. Odyssee 19,108–114.

(Wilhelm Grönbech). Schließlich wurde sie als «Geblütsheiligkeit» sogar für den gesamten germanischen Adel in Anspruch genommen (Karl Hauck).[3]

Denn inzwischen galt dessen Machtstellung nicht mehr als Usurpation auf Kosten des Königs und der Gemeinfreien, sondern als kraft eigenen Rechts schon immer vorhanden. Sie hatte nichts mit dem Königtum zu tun und bedeutete für die gewöhnlichen Leute Schutz, nicht Bedrückung. Die Freien, wenn es sie überhaupt je gegeben haben sollte, verzichteten um dieses Schutzes willen gerne auf ihre Freiheit. Schutz begründete Herrschaft, die Voraussetzung dafür war Reichtum, das hieß Landbesitz, und militärische Stärke. Diese ergab sich aus dem Reichtum, weil er den Unterhalt einer *Gefolgschaft* von kriegerischen Haus- und Tischgenossen gestattete, die sich freiwillig durch ein «Treue» genanntes Gegenseitigkeitsverhältnis für *Schutz* und Freigebigkeit (*Milde*) des Herrn zu *Rat* und (militärischer) *Hilfe* verpflichteten.

Auf dieser Grundlage konnte in der Völkerwanderungszeit das Heerkönigtum entstehen oder zumindest eine gewaltig gesteigerte Bedeutung gewinnen und das Sakralkönigtum – wenn es denn existiert hat – verdrängen. Die Folge war eine Reduzierung des alten Geburtsadels einerseits, die Entstehung eines neuen Dienstadels aus der Königsgefolgschaft andererseits, der im Frankenreich auch spätrömische Aristokraten aufnahm. Die Mobilität war so hoch, daß bis weit ins Mittelalter hinein überhaupt nicht mit geschlossenen Adelssippen zu rechnen ist. Und der herrschaftsbildende adelige Schutz dürfte weniger auf der harmonischen Gegenseitigkeit von Rechtsvorstellungen als auf Gewalttätigkeit und Erpressung beruht haben.

Im Frankenreich entstand in diesem Rahmen seit dem 8. Jahrhundert mit dem *Lehenswesen* oder *Feudalsystem* im engeren Sinn[4] eine neue Variante der Beziehung zwischen Herr und Gefolgsmann, die das europäische Mittelalter und die europäische Monarchie zutiefst prägen sollte. Der Unterhalt für Waffendienst wurde künftig statt aus dem Haushalt des Herrn durch Verleihung von Land gewährt. Ein Adeliger, Freier oder sogar Unfreier leistete dem König oder bald auch einem anderen Herrn einen Treueid mit dem Versprechen von *Rat* und (militärischer) *Hilfe,* wurde daraufhin als *Vasall* angenommen und erhielt als *Lehen* (*Beneficium* oder *Feudum*) ein Landgut, das ihn zum Kriegsdienst

[3] Diese Spitzenleistung deutscher «völkischer» Mittelalterforschung wurde erst nach 1945 erbracht! Dekonstruktion durch einen tschechisch-jüdischen Mediävisten: *Graus,* Verfassungsgeschichte des Mittelalters.

[4] Als *Feudalsystem* im weiteren Sinn wird die Grundherrschaft mit dem doppelten Eigentum an Land bezeichnet, die freilich eng mit dem Lehenswesen zusammenhängt.

befähigen sollte. Freilich hat es neben der germanischen Gefolgschaft auch römische und keltische Vorbilder gegeben – «Vasallus» ist von «Vassus» (Diener) abgeleitet, einem spätlateinischen Lehnwort aus dem Keltischen.

Römer und Griechen

Das antike Erbe ist in höherem Maße in Gestalt von Diskursen überliefert, wobei die griechischen und über diese die altorientalischen Komponenten zunächst durch Rom vermittelt wurden. Dabei spielte das archaische Königtum der Griechen und Römer seit Aufkommen der autonomen Stadtrepubliken keine Rolle mehr. Monarchie wurde im 4. Jahrhundert vor Christus ein neutraler Gattungsbegriff für alle Arten Alleinherrschaft einschließlich des *Tyrannen*, ein Begriff, der einen bleibenden Beitrag der Griechen zum europäischen Monarchiediskurs darstellen sollte. Ursprünglich war damit nur der unrechtmäßige Erwerb der Macht gemeint, später kam ihre ungerechte Ausübung als zweite Möglichkeit hinzu. Eine Monarchietheorie hat es aber dennoch kaum gegeben; der «politische» Diskurs kreiste um die «Polis».

Dabei war doch aus der traditionellen Monarchie Makedoniens durch den Alexanderzug ein ganzes System makedonisch-griechisch-orientalischer Königreiche hervorgegangen, die sich zunächst schlicht durch Eroberung legitimierten. Sie blieben insofern auf das Charisma des Herrschers gestellt, der sieghaft oder sonst erfolgreich sein oder sich zumindest so inszenieren mußte. Zum erstenmal stoßen wir auf Selbstinszenierung als Herrschaftsinstrument! Bald berief man sich zusätzlich auf die Dynastie, der göttliche Abstammung zugeschrieben wurde. Angesichts der Fülle von Göttern war es aber vielversprechender, sich zur Inkarnation oder zum Schützling des jeweiligen Hauptgottes der orientalischen Untertanen zu stilisieren, um deren mentalen Haushalt an zentraler Stelle zu instrumentalisieren. Als rechte Hand seines Gottes konnte der Monarch beanspruchen, nicht nur Wohltäter, sondern geradezu «Erlöser» (σωτηρ) seiner Untertanen zu sein. Das hieß aber, sich mit der entsprechenden Priesterschaft gut stellen. Zum erstenmal stoßen wir auf Spielregeln des Gottesgnadentums!

Die römische Zurückhaltung im monarchischen Diskurs hat Folgen bis heute. Der Name des ersten Alleinherrschers Caesar wurde zur Wurzel der Herrscherbezeichnungen Kaiser und Zar. Die Monarchie des Augustus stilisierte sich als «Restitutio Rei publicae», was «Princeps», die Bezeichnung für führende Männer der Republik, zum ersten Kaisertitel und einem europäischen Begriff für Fürsten (Prince, Principe) oder deren Kinder (Prinz) werden ließ. Damit blieb zunächst noch die Fiktion verbunden, daß der Princeps dem Recht unterworfen sei und nicht umgekehrt. Aber die unumschränkte Monarchie schuf sich bald eine reichere Terminologie. Nur im Osten wurde die hellenistische Herrscherbezeichnung βασιλευς übernommen, im Westen traten die Amtsbezeichnung «Imperator» (griechisch αυτοκρατωρ, russisch «Samoderschez») und der Ehrenname «Augustus» an diese Stelle. Dazu wurde dem Herrscher jetzt anstelle des römischen Volkes die «Majestas» (Hoheit) zugeschrieben. Damit hielt das «Majestätsverbrechen» (Crimen laesae Majestatis) seinen Einzug in die europäische Geschichte. Auf der anderen Seite wurden die «Bürger» (Cives) jetzt immer häufiger als «Untertanen» (Subjecti) bezeichnet, was erst nach anderthalb Jahrtausenden rückgängig gemacht werden konnte!

Ein weiteres Erbe des römischen Prinzipats für die europäische Monarchie, das freilich erst in der Neuzeit dank Renaissance und Humanismus richtig wirksam wurde, ist das repräsentative Bauen mit Denkmälern und Inschriften, wobei eine generelle Neigung zum Klassizismus ebenso auffällt wie die Wiederkehr von Fällen größenwahnsinniger Bauwut bei Alleinherrschern aller Art.

Durch Zeremoniell und Herrschaftspraxis wurde der römische Kaiser schließlich den Untertanen entrückt wie keiner seiner Vorläufer im griechisch-römischen Altertum. Er ist keine charismatische Figur mehr, sondern eine hieratische, er reist nicht mehr, sondern residiert, er handelt nicht mehr, sondern läßt handeln, er ist nicht mehr persönlicher Heilsbringer, sondern institutionalisierter Monopolist der Vollstreckung des göttlichen Willens auf Erden. Diese Rolle war wie geschaffen für den Anspruch christlicher Herrscher, unabhängig von ihrer persönlichen Qualität einen einzigen Gott auf Erden zu vertreten.

In Byzanz lebte diese monokratische politische Kultur bruchlos weiter, aber auch im Westen ist mit beträchtlicher Kontinuität zu rechnen; die Erneuerung des Kaisertums durch Karl den Großen war alles andere als eine radikale Innovation. Und die Wiederentdeckung des vollständigen römischen Rechts seit dem 11. Jahrhundert ermöglichte Legitimationsschübe nicht nur für die kaiserliche Monarchie, sondern auch für die mit dem Kaisertum rivalisierenden Könige und sogar die Stadtrepubliken. 1158 auf dem Reichstag von Roncaglia wurde dem Kaiser die Gesetzgebungsbefugnis mit dem Zitat aus dem römischen Recht zugeschrieben: «Was dem Kaiser beliebt, hat Gesetzeskraft, weil das [römische] Volk ihm [durch die Lex Regia] seine gesamte Gewalt übertragen hat»[5] – neben der Begründung der Monarchie wurde die-

[5] «Quod principi placuit, legis habet vigorem, cum populus ei et in eum omne suum imperium et potestatem concessit», nach Digesten 1.4.1. oder Institutio 1.2.6.: *Pennington* 11 Anm. 16.

jenige der Volkssouveränität gleich mitgeliefert. Die umgekehrte Aussage: «Der Kaiser ist nicht an die Gesetze gebunden»[6] beruht von Haus aus auf einem Mißverständnis, denn sie bezog sich auf die «Legum solutio», die Dispens von einer einzelnen Gesetzesvorschrift durch Senat und Volk im Falle des Augustus, wurde aber bereits um 200 als allgemeine Befreiung des Kaisers von der Gesetzesbindung interpretiert.

Freilich enthält das römische Recht auch entgegengesetzte Texte, die von einer Bindung des Herrschers an die Gesetze handeln, und sei es eine freiwillige an die von ihm selbst erlassenen. Dahinter steht die stoische und später die christliche Vorstellung von einer Einbindung des von Menschen gemachten positiven Rechts in ein ewiges Naturrecht, später göttliches Recht, das auch für den Herrscher verbindlich bleibt.

Daraus wurde das Kardinalproblem der nach dem zitierten Prinzip benannten *absoluten Monarchie* der europäischen Neuzeit, die ihre Unterwerfung unter das göttliche und natürliche Recht nie geleugnet hat, aber über dem positiven Recht stehen wollte und die Befugnis beanspruchte, von dessen Bestimmungen zu dispensieren. Dabei gab es Grenzfälle von großer Tragweite, etwa das Problem, ob das römischrechtliche Privateigentum mit uneingeschränkter Verfügungsgewalt (Dominium) zum Naturrecht gehörte, wie die Mehrheit der Juristen meinte, oder nicht. Diese weltgeschichtliche Besonderheit wurde für die europäische Wirtschaftsentwicklung ebenso wichtig wie für die europäische Rechtskultur. Brauchte ein Monarch demnach die Zustimmung der Eigentümer zur Besteuerung ihres Eigentums oder nicht? Konnte er sich ihnen gegenüber eines Notrechts bedienen (Necessitas non habet legem), und wer entschied darüber, wann es sich um eine Notlage handelte? Die Steuererhebung ohne Beteiligung einer Ständeversammlung wurde so zum weiteren Kriterium der absoluten Monarchie.

Die Monarchie war bald nicht mehr nur diejenige des Kaisers. Nach der Formel: «Ein König ist Kaiser seines Reiches» (Baldus de Ubaldis)[7] wurde sie weit eher von den Königen Frankreichs, Kastiliens, Englands vorangetrieben. Bald hieß es sogar «Die Stadt ist sich selbst Kaiser» (Bartolus von Sassoferrato).[8] Vor allem aber hatte das Papsttum unter dem Einfluß römischer Rechtskultur seinen Anspruch auf Vollgewalt (Plenitudo potestatis) über die Kirche zum Modell einer absoluten Monarchie mit freier Disposition über menschliches Recht und

6 «Princeps legibus solutus est», nach Digesten 1.3.31.
7 «Rex in regno suo est imperator regni sui», nach *Wyduckel* 66.
8 «Civitas sibi princeps est», nach ebd. 67.

Gesetz ausgebaut. Es war ein Kanonist, Heinrich von Segusia, genannt Hostiensis, der im 13. Jahrhundert den Begriff «absolute Gewalt» (Potestas absoluta) in den europäischen politischen Diskurs einführte.[9]

Römisch geprägtes kirchliches Denken des Mittelalters hat darüber hinaus Hilfestellung bei der allmählichen Ablösung des *Personenverbandsstaates* durch den *territorialen Flächenstaat* geleistet. Die Kirchenorganisation hatte ja das römische Territorialprinzip wenigstens grundsätzlich konserviert.

Wahrscheinlich kommt keine Herrschaftsform ohne institutionelle Abstraktion aus; bereits die *Dynastie* kann als solche gelten. Aber zunächst fehlte die Figur der *juristischen Person*, es gab keine Rechtspersönlichkeit des Gemeinwesens, sondern nur die des Herrschers. «Publicus» im Gegensatz zu «privatus» bezeichnete zunächst nur die persönliche Rechtssphäre des Königs im Gegensatz zu anderen. Bis weit in die Neuzeit konnte es daher keine «Staatsschuld» geben, Schuldner war nur der König persönlich, sein Nachfolger haftete keineswegs automatisch. Deswegen ließ man sich auch Privilegien gerne von jedem Herrscher neu bestätigen. Die Notwendigkeit *transpersonaler Staatsvorstellungen* (Helmut Beumann) war also nicht zu übersehen.

Eine Hilfskonstruktion war der Begriff der *Krone,* etwas, das zwischen dem König und dem Reich stand, vom König verschieden, aber nicht von ihm zu trennen, oder nur durch den Tod. Häufig wurde diese erste staatstheoretische Abstraktionsleistung auf das Krongut oder die Zentralverwaltung ausgeweitet. In England aber verknüpfte man damit die bei der Theologie geborgte Unterscheidung der «zwei Körper des Königs», des sterblichen «body natural» und des unsterblichen «body politick», eines «Corpus mysticum» wie die Kirche. «Corpus mysticum» war seit dem 12. Jahrhundert zu einem Vorläuferbegriff der juristischen Person geworden. Im kanonischen Recht hieß es ja schon länger: «Das Amt stirbt nicht» (Dignitas non moritur).

Mit der «Universitas», dem «Corpus», dem «Collegium» kannte das römische Recht andere Vorformen der juristischen Person, aus denen die Juristen allmählich die Vorstellung einer von ihren Mitgliedern rechtlich unabhängig existierenden Einheit entwickelt haben, einer «persona ficta», die niemals untergeht. Nur so war nämlich die Unveräußerlichkeit des Kirchenguts zu garantieren, auf die es den Reformern des Mittelalters so sehr ankam. Das Prinzip der Unveräußerlichkeit des Kronguts, später der staatlichen Domänen, stellt also eine Ableitung aus diesen kirchenrechtlichen Grundsätzen dar.

9 *Pennington* 64.

Christen und Juden

Von Haus aus stand das Christentum der Staatsgewalt freilich eher distanziert gegenüber, verlangte zwar Gehorsam für sie (Römer 13,1), setzte aber eine Grenze bei dem, «was Gottes ist» (Markus 12,17). Außerdem wurde dem menschlichen Willen zur Macht das Dienstethos des Reiches Gottes gegenübergestellt (Markus 10,43, Lukas 22,27), eines Reiches, dessen baldige Verwirklichung in Herrlichkeit politisches Engagement ohnehin überflüssig erscheinen ließ. Doch als die Wiederkunft Christi auf sich warten ließ, mußten sich auch die Christen in der Welt einrichten, anerkannten zwar das römische Reich als Ordnungsmacht, verwarfen es aber auch als teuflisch, weil es Götzendienst mit Christenverfolgung verband. Und sie schufen sich Institutionen, die das römische Vorbild nicht verleugnen können.

Dann kam 312 die konstantinische Wende, mit der das Christentum schließlich zur einzigen Religion wurde. Nun übte der von Gott erwählte Kaiser als dessen Vertreter die Herrschaft über die Welt aus (Eusebius von Cäsarea) – dem Monotheismus entsprach künftig die Monokratie. Faktisch regierte der römische Kaiser auch die Kirche, was sich aber nur im Osten auf Dauer durchsetzte. Im Westen wies schon im 5. Jahrhundert Aurelius Augustinus in «De Civitate Dei» wieder darauf hin, daß das Reich Gottes endzeitlich und mit keinem politischen Gebilde identisch sei, auch nicht mit dem ohnehin untergehenden weströmischen Reich, und Papst Gelasius entwickelte gegenüber dem oströmischen Kaiser seine Zweigewaltenlehre, eine Art Urmuster abendländischer Gewaltenteilung, nach der weltliche Potestas geistlicher Auctoritas untergeordnet sein sollte.

Was sich zunächst durchsetzte, war jedoch die Monokratie, die mangels Legitimation durch das apolitische Neue Testament statt dessen auf das Alte zurückgriff, das auch den Christen als göttliche Offenbarung galt und ein gottgewolltes Königtum zu bieten hatte. David und Salomo wurden zu Vorbildern oströmischer Kaiser und germanischer Könige. Für letztere war das israelitische Königtum als Neukreation besonders interessant. Samuel hatte im Auftrag des Herrn dessen Erwählten ausfindig gemacht und gesalbt (1 Samuel 10 u. 16). Damit ließ sich die gewaltsame Ersetzung des fränkischen Königsgeschlechts der Merowinger durch die Karolinger legitimieren und die fehlende Geblütsheiligkeit der letzteren durch ein religiöses Amtscharisma kompensieren. Auch die westgotischen Wahlkönige und die irischen Könige wurden von der Kirche gesalbt. Daraus entwickelte sich eine Herrscherweihe, die im Frühmittelalter sogar als Sakrament galt.

Der jüdische König blieb als «Gesalbter Jahwes» zwar Mensch, wurde aber zu einer Art Adoptivsohn Gottes, in dessen Auftrag er für Sicherheit, Gerechtigkeit und Wohlfahrt zu sorgen hatte. Darin mochten Elemente des Sakralkönigtums enthalten sein, aber dieser König operierte nicht magisch, sondern kraft Unterstützung Jahwes, die er sich durch Wohlverhalten und Fürbittgebet erhalten mußte. In diesem Sinne herrschte Karl der Große als «Novus David» über Welt und Kirche.

Als die Interessengemeinschaft mit Papst und Bischöfen zerbrach und sich der Dualismus von Geistlich und Weltlich mit der Zweigewaltenlehre durchsetzte, lief das aber keineswegs auf ein rein weltliches Selbstverständnis des europäischen Königtums hinaus. Im Gegenteil, es handelte sich viel eher um die Behauptung einer autonomen christlichen Sakralität des Herrschers gegen die Monopolansprüche der kirchlichen Hierarchie. Als Maximalziel konnte damit durchaus weiter die Vorstellung einer einheitlichen Herrschergewalt über Staat und Kirche in der Art der Spätantike und des Frühmittelalters verbunden bleiben.

Diese autonome Sakralität der europäischen Monarchie lebte im *Gottesgnadentum* weiter, dem auf seiten der Untertanen der Treueid entsprach. Die Formel «von Gottes Gnaden» («Dei Gratia») wurde zuerst von kirchlichen Würdenträgern gebraucht, dann von fränkischen und angelsächsischen Königen, um schließlich nach dem Jahr 1000 immer üblicher zu werden. Es kennzeichnet die besonderen deutschen Verhältnisse, daß auch mancher Territorialfürst sie im 16. Jahrhundert verwendete, ein Herzog von Österreich aber schon im Jahre 1192. Ein solcher Herrscher göttlichen Rechts konnte sich als unabhängig von der Kirche, dem Adel und den Untertanen verstehen und unbedingten Gehorsam nach Römer 13,1 unter Ausschluß jeden Widerstandsrechts beanspruchen. Über dem Recht stand er damit noch nicht. Aber er war insofern «absolut», als Sanktionen gegen seine Rechtsverletzungen ausgeschlossen blieben; kein Papst und kein Kaiser konnte ihn richten, kein Untertan ihm den Gehorsam aufkündigen.

Die jüdisch-christliche Bibel hatte Europa aber noch ein anderes, geschichtlich kaum weniger wirkungsvolles Bild von Herrschaft und Monarchie zu bieten, das eschatologisch-chiliastische. In der Not des jüdischen Exils wurde das Königreich Jahwes in die Zukunft projiziert; der Messias aus dem Hause David werde es einst herbeiführen. Dem entsprach die ursprünglich herrschaftskritische Vision der sich ablösenden vier Weltreiche (Daniel 2,31–45; 7,1–28), an deren Ende das Reich Gottes stehen würde. Die neutestamentliche Apokalypse führte diese jüdische Tradition weiter; jetzt sollte der Pantokrator Christus in der Endzeit das satanische Reich Roms überwinden. Hier haben die Spekulationen von endzeitlich-endgültigen tausendjährigen

Reichen der Auserwählten ihre Wurzeln. Im Täuferreich von Münster wurde dieser Chiliasmus zusätzlich mit der Herrschaft eines neuen König David kombiniert.

Männer und Frauen

Ob Germanen oder Römer, ob Juden oder Christen, überall war Politik im allgemeinen und Monarchie im besonderen grundsätzlich Männersache. Frauen spielten als Objekte der Politik eine Rolle, insofern im Zeichen vormoderner, personalistischer Beziehungen der aus der Ethnologie wohlbekannte Frauentausch zwischen Gruppen auch in Europa praktiziert wurde. Bündnis- und Friedensverträge wurden gerne durch dynastische Eheschließungen besiegelt, Spekulationen auf mögliche Erbfälle eingeschlossen. Zwar verfügte man dabei rücksichtslos über beide Geschlechter, aber die Mädchen traf es härter, denn sie wurden «in unmenschlicher Weise [. . .] in weit entfernte Länder wie in die Verbannung [. . .] geschickt» (Erasmus von Rotterdam).[10] Frauen waren in Europa wie in seinen Vorläuferkulturen zwar nirgends rechtlos und nicht einmal immer benachteiligt, kamen aber als politisch Handelnde in der Regel nicht vor.

Diese politische Unrolle war und blieb in Europa trotz Aufklärung und Revolution ein so selbstverständliches kulturelles Verhaltensmuster, daß sie kaum begründet werden mußte. Wenn ein Immanuel Kant sich ausnahmsweise dazu herbeiließ, dann mit dem Argument, «alles Frauenzimmer» entbehre «der bürgerlichen Selbständigkeit, seine Existenz [. . .] nicht der Willkür eines anderen [. . .] verdanken zu können», weshalb der berechtigte Anspruch der Frau auf Freiheit und Gleichheit sowenig wie bei Handwerksgesellen und Dienstboten für die Bürgerrechte genüge.[11] Die «droits de l'homme et du citoyen» waren vor allem Männerrecht geblieben. Dieses Erbe der politischen Kultur des Ancien Régime wurde zuerst für die unselbständigen Männer abgebaut. Selbst das Wahlrecht erhielten die Frauen in den meisten Ländern nicht vor dem Ende des Ersten Weltkriegs – oder sogar des Zweiten.

Eine Geschichte der Monarchie muß aber auch von bemerkenswerten Ausnahmen handeln und prüfen, wie sie in das Bild der Männerpolitik passen. Bei Griechen und Germanen, bei Römern und Byzantinern stoßen wir auf regierende Herrscherinnen, und im neuzeitlichen Europa gab es nicht nur Frauen, die informell einen gewaltigen politischen Einfluß ausübten – etwa Katharina von Medici oder Madame

[10] Institutio Principis christiani Cap.IX, 326 f.

[11] Metaphysik der Sitten (Rechtslehre) II,1, § 46, nach *Staff* 159.

de Pompadour oder Luise von Preußen –, sondern zahlreiche Herrscherinnen kraft dynastischen Erbrechts, von denen einige wie Isabella I. von Kastilien, Elisabeth I. von England, Maria Theresia von Österreich, Katharina II. von Rußland zu den maßgebenden Gestalten der europäischen Geschichte zählen. England befand sich 1553–1603 kontinuierlich unter weiblicher Herrschaft, Rußland mit kurzen Unterbrechungen 1725–96, Österreich 1740–80; die Niederlande hatten 1507–67 fast ununterbrochen Regentinnen oder Landvögtinnen.

Die politische Männerkultur hatte bisweilen Probleme damit. Der schottische Reformator John Knox faßte 1558 in «The First Blast of the Trumpet against the Monstrous Regiment of Women» die Standardeinwände zusammen. Frauenherrschaft ist gegen die Gesetze der Natur, wie bei Aristoteles zu lesen ist, und gegen Gottes ausdrücklichen Willen, wie Bibel und Kirchenväter bezeugen. Wegen der körperlichen und moralischen Schwäche der Frau ist der Mann das Haupt des «naturall body», der Familie, und sie nur der Leib – wie kann sie dann das Haupt des «politike body» sein? Frauen sind daher zwar erbberechtigt, aber nicht amtsberechtigt.

Als jedoch die Protestantin Elisabeth die Katholikin Mary beerbte und sich über Knox verärgert zeigte, trat dieser den Rückzug auf dem von Calvin gewiesenen Weg an. Grundsätzlich verstoße Frauenherrschaft zwar gegen das Gesetz Gottes und der Natur, aber in besonderen Fällen sei sie wegen des Versagens der Männer der ausdrückliche Wille Gottes, wie im Falle der Richterin Deborah in der Bibel. Freilich hatte Elisabeth immer noch Probleme. Paulus untersagte Frauen das Wort in der Kirche – also konnte sie nur «Verwalter» («governor») und nicht mehr «Haupt» («head») der Kirche sein wie ihr Vater. In der Politik mochte die Frau zwar über dem Mann stehen, in der Ehe aber stand sie unter ihm – für Elisabeth ein Grund mehr, nicht zu heiraten. Obwohl sie ihre Weiblichkeit geschickt als Herrschaftsinstrument einzusetzen wußte, mußte sie dennoch mit dem Anspruch auf «the Heart and Stomach of a King» wie angeblich alle «power women» bis zum heutigen Tag ihre Stellung durch männliche Eigenschaften, die allein für Politik qualifizieren, legitimieren.

Aber auch dann blieb es noch bei einer Grenze, die Herrscherinnen selten oder nie überschreiten konnten. Der Krieg war und blieb Männersache, zumindest solange er eine Art von persönlicher Beteiligung verlangte und keine bloße Schreibtischentscheidung wie von Margaret Thatcher gegen Argentinien. Frühneuzeitliche Herrscherinnen haben selten erfolgreiche militärische Initiativen ergriffen. Staatsbildung und Kriegführung hingen in der europäischen Neuzeit aber eng zusammen. Die Gewalttätigkeit der Staatsgewalt machte sie zur Männersache.

b) Raum und Grenze

Eine Karte des vormodernen Europa, die klar abgegrenzte Länder in einheitlichen Flächenfarben darstellt, ist eine irreführende Rückprojektion der modernen Staatenwelt, nichts anderes als die Erfindung einer zu dieser passenden Vorgeschichte. Auch wenn wir nicht mehr von bloßen Personenverbänden, sondern von territorialer Gliederung des Raumes ausgehen, bleibt es bei einer bunten Vielfalt sich überlappender Zugehörigkeiten unterschiedlichen Charakters, die nicht wie heute sachlich und sprachlich auf einen modernen Nationalstaat als maßgebende geographische Ebene bezogen werden, als dessen bloße «Untergliederungen» einerseits, als seine «internationalen» Beziehungen andererseits.

Die Regel sind statt dessen zahlreiche kleine räumliche Einheiten, Dörfer, Städte, Herrschaften, mit eigenem, je verschiedenem Rechtsstatus – «das» Recht kommt konkret nur als «mein» Recht, als Sonderrecht, als Privileg vor – sowie oberhalb davon größere Zuständigkeitsbezirke verschiedener Herrschaftsinstanzen, die sich nicht decken, sondern überschneiden; administrative, finanzielle, militärische, gerichtliche, kirchliche Kompetenzen sind nicht gebündelt, sondern ungleichmäßig verteilt. So konnten im Frankreich des Ancien Régime die für ein Dorf zuständigen Ämter in ganz verschiedenen Orten liegen. Es ist zwar richtig, daß es auch im Mittelalter klar definierte und im Bedarfsfall sorgfältig mit Grenzsteinen und dergleichen markierte, lineare Grenzen gegeben hat. Aber die Rede von der vormodernen Grenz*zone* statt der modernen Grenz*linie* hat dennoch ihre Berechtigung, weil wirtschaftliche, politische, kirchliche und andere Grenzen oft genug nicht deckungsgleich waren, ein Besitztum wirtschaftlich auf die eine, politisch auf die andere Seite gehören konnte. Moderne Staatsbildung lief deshalb, geographisch gesehen, entweder darauf hinaus, alle Grenzlinien zur Deckung zu bringen oder zumindest den unbestrittenen Vorrang der politischen durchzusetzen. Dabei konnten Geographie und Geschichte zu Rechtfertigung herangezogen werden wie für die «natürlichen Grenzen» Frankreichs, die seit dem 17. Jahrhundert erwähnt, aber erst in der Revolution zum Programm wurden. Es dauerte daher lange, bis die Untertanen nicht nur im offenen Oberrheinraum, sondern auch in den Pyrenäentälern sich daran gewöhnt hatten, daß sie nur auf eine Seite gehörten, auch wenn solche Vorstellungen der Zentralgewalt bisweilen durchaus ihrem lokalen Abgrenzungsbedürfnis entgegenkommen mochten.

Da es noch keine einheitliche Zugehörigkeit gab, blieben auch die Diskurse vieldeutig. So konnte «patria» im Mittelalter das eigene Dorf oder die eigene Stadt bezeichnen, einen kleinen Landstrich oder ein größeres Land, das Gebiet eines Stammes oder ein Königreich, den Vorläufer des modernen «Vaterlandes», das den Begriff schließlich monopolisieren sollte, bisweilen sogar das himmlische Vaterland. Denn zusätzlich gab es auch das Bewußtsein, zu der einen Christenheit zu gehören.

Man wird vielleicht unterstellen dürfen, daß nach Information und Interessenlage Zugehörigkeitsgefühl zu größeren Einheiten eher eine Sache der Eliten war, während die Mehrzahl der Menschen sich in jener durch persönliche Erfahrung vertrauten lokalen Lebenswelt verwurzelt wußte, die nach Erkenntnissen der Völkerkunde das ursprüngliche menschliche Gemeinwesen darstellt. Die einst als naturwüchsig betrachteten deutschen «Stämme» waren nämlich so gut ein Produkt sekundärer Ethnogenese wie die afrikanischen, wobei sich dieser Vorgang grundsätzlich eher durch seine Dimension als durch seine Qualität von späterer Staats- und Nationbildung unterscheidet.

Die bekannte schwerfällige Langsamkeit vormoderner Kommunikation, die technologisch erst im 19. Jahrhundert durch Eisenbahn und Telegraf überwunden wurde, entspricht dieser Lage der Dinge, kann aber nicht einfach als ihre Ursache bezeichnet werden, denn in gewisser Hinsicht war sie auch deren Folge. Der politische Wille der wachsenden Staatsgewalt konnte nämlich im 18. Jahrhundert auch ohne technologische Revolution bereits erhebliche Fortschritte bewirken. Feste Straßen, Stafettennetze und Signalsysteme hatten ja nicht nur dem Imperium Romanum weiträumige Herrschaft auch mit einfacher Technologie ermöglicht.

Universalmonarchie

Die Vielgestaltigkeit der herrschaftlichen Durchdringung des Raumes mußte auch die «Monarchie» in Theorie wie Praxis zu einer mehrdeutigen Größe werden lassen, deren Entwicklung keineswegs teleologisch auf den einheitlichen modernen Staat als notwendiges Endergebnis programmiert war.

Wie bereits der Begriff «Monarch» (Alleinherrscher) besagte, konnte es nach der römisch-christlichen Tradition strenggenommen nur einen Herrscher geben, den «römischen» Kaiser, dessen Universalmonarchie Weltherrschaft bedeutete, freilich mit einer selbstverständlichen, doppelten Einschränkung. Erstens war mit «Welt» nur die abendländische, lateinische Christenheit gemeint, die wie überall üblich dazu neigte, sich als Inbegriff von «Welt» überhaupt zu betrachten. Zweitens war diese Weltherrschaft nie als homogener Superstaat konzipiert – diese Staatsidee gab es noch gar nicht –, sondern nach dem Zerfall des Reiches Karls des Großen stets nur als Hegemonie des Kaisers, der oberster Gesetzgeber, oberster Richter, Schiedsrichter zwischen streitenden Fürsten und Wahrer des Weltfriedens, schließlich Vorkämpfer gegen das Anti-Weltreich der Osmanen sein, aber in diesem Rahmen den europäischen Königen ihre Autonomie belassen sollte. Denn daß es neben dem Kaiser noch andere Monarchen gab, war längst selbstverständlich geworden.

Im Heiligen Römischen Reich Deutscher Nation blieb dieser hegemoniale Anspruch erhalten, Maximilian I. hat damit geliebäugelt, und sein Enkel Karl V. hegte nicht nur ähnliche Pläne, sondern schien zeitweise sogar die Chance zu ihrer Verwirklichung zu haben. Seine bourbonischen Rivalen machten ihm dies zum Vorwurf, hätten aber nur zu gerne selbst die Kaiserrolle übernommen. Als das habsburgische Kaisertum nach der Teilung von Karls Erbe unter den europäischen Mächten an die dritte Stelle nach Spanien und Frankreich rückte, löste sich das Konzept der Universalmonarchie vom Kaisertum. Nach Versuchen, es zur Legitimation gegenreformatorischer Hegemonieansprüche Spaniens oder gar des Papstes einzusetzen, wurde es zum polemischen Instrument der propagandistischen Diffamierung des jeweils mächtigsten Herrschers Europas umgedreht, zunächst Spaniens, im Zeitalter Ludwigs XIV. dann Frankreichs. Als Gegenentwurf diente jetzt das von England propagierte *europäische Gleichgewicht*, ein Zeichen dafür, daß jede Form von Reichsbildung in Europa endgültig gescheitert und die mit dem Kaisertum rivalisierende «nationale» Monarchie der Sieger war.

Zusammengesetzte Monarchie

Doch ein solches Königreich war noch kein moderner Staat, sondern immer noch eine «zusammengesetzte Monarchie» («composite monarchy» nach Helmut G. Koenigsberger) aus verschiedenen Ländern, die zwar in der Regel bereits auf Dauer verbunden, aber noch nicht zu einem einheitlichen Gemeinwesen integriert waren. Im Deutschen könnte man ein solches Gebilde, in dem die drei konstitutiven Einheiten des modernen Staates nur rudimentär vorhanden sind, als «Reich» bezeichnen. Es handelt sich dabei aber nicht um eine skurrile Besonderheit der frühneuzeitlichen Geschichte Europas, sondern um eine notwendige Durchgangsphase auf dem Weg zur Staatsbildung. Sie zog Nutzen aus älterer erfolgreicher Bündelung von Bestandteilen der geschilderten inhomogenen Herrschaftsstruktur Europas, indem sie deren Ergebnisse auf höherer Ebene zu größeren und, wie sich zeigen sollte, überwiegend dauerhaften politischen Gebilden zusammenführte. Die blumenreiche Aufzählung von Ländern in Herrschertiteln war also nicht barocker Schwulst, sondern Demonstration legitimer Ansprüche.

Sogar Frankreich wies bis zur Revolution insofern Züge einer zusammengesetzten Monarchie auf, als randständige Gebiete wie Bretagne, Languedoc, Provence, Dauphiné, Bourgogne einen besonderen Rechtsstatus und zum Teil eigene Ständeversammlungen besaßen. Noch in der Revolution wurden Franzosen aus anderen Provinzen nicht selten als Ausländer registriert.[12] Von Spanien wurde noch lange im Plural gesprochen, denn es handelte sich um Kastilien einerseits, Aragon und 1580–1640 auch Portugal andererseits. Dabei waren die historischen Bestandteile Kastiliens enger zusammengewachsen als die Länder der Krone Aragon, wo Aragon, Katalonien, Valencia, die Balearen, Neapel, Sizilien, Sardinien jeweils beträchtliche Eigenständigkeit besaßen. Außerdem war keineswegs ausgemacht, daß die Verbindung Kastiliens mit Aragon und nicht diejenige mit Portugal sich als die dauerhaftere erweisen sollte. Auch in Italien waren Savoyen und Piemont nur durch ihr Herzogshaus verbunden, um im 19. Jahrhundert wieder getrennt zu werden, und der 1557 erworbene Stato di Siena behielt noch lange einen Sonderstatus im Großherzogtum Toskana.

England hatte Wales erst 1536/43 regelrecht eingegliedert. Die Personalunion mit Schottland seit 1603 wurde 1707 nicht durch gleichberechtigten Zusammenschluß, sondern durch Inkorporation in eine Realunion verwandelt. Irland war ursprünglich eine zusätzliche Herrschaft (Lordship) des Königs, bis sich Heinrich VIII. 1541 vom irischen Parlament zum «King imperiall», zum kaisergleichen, das heißt souveränen König machen ließ, was allerdings auf die Oberhoheit des englischen Parlamentes hinauslaufen sollte, bis die Union von 1800 auch Irland in Großbritannien inkorporierte. Diese Vorgänge sollen im 20. Jahrhundert anscheinend sämtlich wieder rückgängig gemacht werden. Die Länder Skandinaviens waren seit dem 14. Jahrhundert lose im Unionskönigreich von Kalmar verbunden. Als die Union Anfang des 16. Jahrhunderts zerbrach, blieben bis ins 19. Jahrhundert Norwegen, Island und Grönland mit Dänemark, Finnland mit Schweden vereinigt, behaupteten aber ein Mindestmaß eigener Identität. Polen und Litauen, ebenfalls seit dem 14. Jahrhundert durch eine gemeinsame Dynastie verbunden, haben erst 1569 ihre Institutionen zusammengelegt, aber immer noch nicht restlos. Auch hier wäre im Spätmittelalter eine Union mit Böhmen oder Ungarn eine realistische Alternative gewesen.

12 *Gerhard* 335.

In Deutschland hat der Herrscher eher Länder verloren als gewonnen; entsprechende Vorgänge spielten sich statt dessen in Territorien ab. Paradigmatisch erscheint der Fall von Brandenburg-Preußen, wo die drei zufällig erworbenen, grundverschiedenen und räumlich getrennten Länderkomplexe (Ost-)Preußen, Brandenburg und Kleve erst von der Dynastie zu einem Staat «Preußen» gemacht wurden, erfolgreich, aber dennoch nicht auf Dauer. Dasselbe gilt in größerem Maßstab für das Reich der deutschen Habsburger. Es bestand aus drei Länderkomplexen, die ihrerseits wieder zusammengesetzte Monarchien waren, deren Bestandteile erhebliche Autonomie beanspruchten, 1. die österreichischen Erbländer: Österreich ob und unter der Enns, Steiermark, Kärnten, Krain, Tirol, u. a., 2. die Länder der Krone Böhmen: Böhmen, Mähren, Schlesien und bis 1635 die Lausitzen, 3. Ungarn mit den Nebenländern Siebenbürgen und Kroatien, abermals einem «regnum tripartitum». Eine staatliche oder gar nationale Integration war nur in begrenztem Umfang möglich; dank des Ausgleichs von 1867 ist die «Doppelmonarchie Österreich-Ungarn» (!) die letzte «zusammengesetzte Monarchie» Europas geblieben, um schließlich bis 1918 an den zum Nationalstaat drängenden Kräften zu scheitern.

Kam eine zusammengesetzte Monarchie durch Eroberung zustande, bestand theoretisch die Möglichkeit zur rücksichtlosen Eingliederung kraft Kriegsrecht. Praktisch reichte die Macht des Eroberers aber selten dazu aus, wie gerade die Habsburger in Ungarn erfahren mußten, so daß es zu Arrangements mit den örtlichen Eliten kam, ähnlich wie in jenen Fällen, in denen das Land geerbt oder erheiratet worden war. Die einzelnen Länder wurden in der Regel als getrennte Einheiten angesehen, behielten ihre Rechte und Einrichtungen und wurden behandelt, als ob der König nur König jedes einzelnen von ihnen sei. Dennoch ergaben sich daraus zwei Probleme. Erstens befand sich der Hof nicht in Oslo, Dublin oder Zaragoza, sondern in Kopenhagen, London und Madrid. Ein Vizekönig bedeutete keine volle Entschädigung für diesen Verlust. Zweitens bestand meist ein erheblicher Gewichtsunterschied zwischen dem Hauptland Dänemark, England oder Kastilien und dem Nebenland Norwegen, Irland oder Aragon. Wegen dieses Unterschieds war keine bundesstaatliche Lösung möglich, die Gleichberechtigung voraussetzt – außerdem mußte sie erst noch erfunden werden.

Solange die lokalen Eliten zufrieden blieben, mochte alles gutgehen. Wenn eine stärkere Integration in ihrem Interesse lag wie 1569 in Polen und 1707 in Großbritannien, war sogar diese möglich. Es galt ihre Recht zu respektieren, vor allem das Indigenatsprinzip bei der Ämterbesetzung. Zusätzlich gab es allerhand Möglichkeiten einer Elitenintegrationspolitik. Kaiser Karl V. hatte bereits den hochangesehenen burgundischen Ritterorden vom Goldenen Vlies für den Hochadel aller seiner Reiche geöffnet. Andere Herrscher folgten diesem Beispiel mit ihren eigenen Orden. Spanische Könige haben sorgfältig ausgewählte Adelige ihrer Nebenländer zu Grandes de España erhoben.

Eine kritische Situation ergab sich, wenn weniger belastete Nebenländer auf einmal stärker zu finanziellen Leistungen herangezogen wurden; der spanische Minister Olivares hat auf diese Weise eine Krise der Monarchie ausgelöst. Ein religiöser Gegensatz machte die Dinge noch schlimmer wie im Falle des niederländischen Aufstands gegen Philipp II. von Spanien, wo es aber auch um Steuern und kirchliche Einkünfte ging. Doch sogar der bloße Versuch, die religiös definierte Identität eines Nebenlandes anzutasten, wie ihn Karl II. in Schottland unternahm, konnte genügen, um Widerstand auszulösen.

Solche Konflikte ergaben sich aus dem Wachstum der Staatsgewalt von selbst und brauchten keine langfristige Zielplanung. Erst die aufgeklärten Reformmonarchien des 18. Jahrhunderts arbeiteten allerorten, und zwar weithin erfolgreich an der planmäßigen Vereinheitlichung ihrer Länder, was sich als entscheidende Etappe der Staatsbildung erweisen sollte. Die preußische Königskrönung 1701, die englisch-schottische Union 1707, die Unterdrückung der Sonderrechte Aragons in der Nueva Planta 1707–16, die Einigung der Habsburger mit den Ungarn 1711 waren erste Schritte auf diesem Weg.

2. Varianten

a) Gemeinsamkeiten

Die differenzierte Untersuchung der Entwicklung der europäischen Monarchien nach Ländern macht bisweilen aus der Not eines beschränkten wissenschaftlichen Horizonts die Tugend patriotischer Borniertheit, die Gemeinsamkeiten nicht wahrhaben will, weil sie liebgewordenen Vorstellungen von nationalen Sonderwegen widersprechen. Dabei gleichen sich alle diese Monarchien mindestens ebensosehr, wie sie sich unterscheiden. Aus gemeinsamen Ursprüngen erwachsen, setzen sie sich überall aus denselben Bausteinen zusammen, die aber gemäß den von Fall zu Fall verschiedenen Rahmenbedingungen zu verschiedenen Zeiten, in verschiedener Mischung und mit verschiedener Gewichtung auftreten. Daraus ergeben sich unterschiedliche Problemlösungen, hinter denen aber bei genauem Hinsehen immer noch die gemeinsamen Muster zu erkennen sind.

Die Befugnisse eines europäischen Monarchen wurden erstmals 1791 in Frankreich genau umschrieben. Vorher danach zu fragen heißt anachronistisch vom modernen Verfassungsstaat her denken, denn in der Theorie waren sie bis dahin unbeschränkt; ein König konnte selbstverständlich alle Gewalt in Anspruch nehmen, die er für seine Aufgabe, den Schutz von Frieden und Recht, benötigte. Anscheinend blieben nur skandinavische Könige teilweise an den Konsens regionaler Volks- und Adelsversammlungen gebunden, die anderen waren schon im Früh- und Hochmittelalter ausgesprochene Autokraten. Bis zum Ende des Ancien Régime war die allgemein verbreitete Rede von der «absoluten» Gewalt des Königs, die sogar in Polen auftaucht, keine Leerformel, sondern bezog sich auf den generellen Sachverhalt, daß die Befugnisse des Herrschers im Rahmen seiner Prärogative grundsätzlich unumschränkt geblieben waren. Dazu gehörten die große Politik einschließlich der Entscheidung über Krieg und Frieden, die Bestellung der Amtsträger, die Rechtsetzungsgewalt einschließlich der Suspendierung von Gesetzen und der Dispens von ihrer Beachtung, schließlich eine fast beliebige Ausnahmegewalt, wenn das Gemeinwohl bedroht erschien.

Einschränkungen ergaben sich nur aus den Machtverhältnissen, konnten aber bisweilen nachträglich rechtlich fixiert werden. Zum Beispiel konnte Kaiser Karl V. 1521 Luthers Lehre durchaus kraft eigener Machtvollkommenheit verbieten, aber die Exekution des Verbots im Reich hing vom guten Willen der Stände ab. Zum Beispiel kann der englische Monarch noch heute ohne das Parlament Krieg erklären, ist aber seit 1689 für den Unterhalt eines Heeres auf das Unterhaus angewiesen. In England und Polen wurden der monarchischen Prärogative zwar Grenzen gesetzt, ausdrücklich aufgehoben wurde sie aber nur im Reich durch den Westfälischen Frieden, der dem Kaiser im Gegensatz zum europäischen Regelfall nicht mehr alle Befugnisse beließ, die ihm nicht ausdrücklich entzogen waren, sondern nur noch diejenigen, die ihm ausdrücklich zuerkannt wurden. Insofern war das Reich seit 1648 der erste Verfassungsstaat.

Vor allem in England hatte sich zwar die Auffassung durchgesetzt, daß auch der König dem Recht des Landes unterworfen sei. Aber dieses Recht betraf im Gegensatz zur modernen Gesetzgebung nicht viele Gegenstände. Wichtiger war daher die gemeineuropäische Beschränkung monarchischer Gewalt durch das göttliche und natürliche Recht mit seinem Billigkeitsgrundsatz sowie durch die verschiedenen Fundamentalgesetze der jeweiligen Länder wie Unveräußerlichkeit der Krondomäne, Konfessionszugehörigkeit des Herrschers, Erbfolge usf. Zwar konnte die Beachtung dieser Regeln juristisch weder eingeklagt noch erzwungen werden, aber sie war viel besser dadurch gesichert, daß sie Grenzen der tatsächlichen Macht des Herrschers markierten. Die wichtigste Grenze hieß Freiheit und Eigentum («Liberty and Property» in der maßgebenden englischen Formulierung) im Sinne von «Freiheiten», das heißt korporativen oder individuellen Rechten (Privilegien) einerseits, im Sinne der uneingeschränkten Verfügung des Menschen nicht nur über seine Güter, sondern auch über seine Person andererseits. Ein Fürst, den nach Überschreitung dieser Grenze gelüstete, hatte die längste Zeit keinen geeigneten Erzwingungsapparat zur Verfügung – seine Amtsträger waren ja auch in die Ordnung von Freiheit und Eigentum eingebunden – und hätte obendrein als legitim empfundenen Widerstand provoziert.

Die unvermeidliche Steigerung der Ressourcenextraktion für den Kriegsfall mußte also mit den mächtigeren Untertanen ausgehandelt werden. Zu diesem Zweck entstanden häufig auf Initiative der Monarchen Ständeversammlungen mit dem Recht zur Beratung und Steuerbewilligung. Obwohl sie eine Wurzel des modernen Parlamentarismus darstellen, standen sie von Haus aus dem Herrscher keineswegs gleichberechtigt gegenüber, bis ins 17. Jahrhundert selbst in England und Polen nicht. Sie galten zu Recht viel eher als Einrichtungen zur Steigerung von dessen Macht. Nicht der König, sondern nur der König-im-Parlament (King-in-Parliament) konnte in England Gesetze (Statutes) erlassen und Steuern beschließen, aber das Parlament ohne den König konnte gar nichts tun, denn bis 1642 existierte es ohne ihn überhaupt nicht.

Auch das Lehenswesen war zwar ein Verhältnis auf Gegenseitigkeit, brauchte aber deswegen noch nicht desintegrierend zu wirken. Es war in den verschiedenen europäischen Ländern ungleich ausgebildet und spielte im Norden und Osten sowie in Kastilien keine große Rolle. In England, Frankreich und bis in die Stauferzeit auch im Reich konnte es aber zur Stärkung der Herrschergewalt eingesetzt werden, insofern es eine größere Abhängigkeit der Mächtigen vom Herrscher begründete. Nur eine schwache Monarchie verkehrte diese Rolle ins Gegenteil.

Schwäche der Monarchie wurde in Europa weder durch das Lehenswesen, noch durch die Ständeversammlungen, noch durch Kriege an sich verursacht, sondern durch dynastische Krisen, Aussterben des Herrscherhauses und Nachfolgekämpfe. Noch in der Negation bestätigt sich die zentrale Rolle der Monarchie für das Gemeinwesen! Ursprünglich war eine Verbindung von Geblüts- und Wahlrecht üblich. Der Herrscher wurde der Königssippe entnommen, mußte aber nicht der Erstgeborene sein und bedurfte der Anerkennung durch die Großen des Landes, um die Herrscherweihe empfangen zu können. Außerdem war vielerorts eine Teilung des Reiches möglich. Erst allmählich setzten sich das Erstgeburtsrecht (Primogenitur) und das Unteilbarkeitsprinzip durch; für die österreichischen Länder wurde es erst 1713 festgeschrieben! Wenn diese Entwicklung allerdings unterbrochen und die Unterbrechung nicht durch eine starke Herrscherpersönlichkeit wieder korrigiert wurde, konnten Ständevertretungen folgenreiche Zugeständnisse erpressen, so in Ungarn und Polen im Mittelalter, in Schweden im 18. Jahrhundert. Im Reich und zunächst auch in Skandinavien blieb es unter solchen Umständen bei der tendenziell schwächeren Wahlmonarchie. Auch wo aus demselben Hause gewählt wurde, ließen sich durch Wahlkapitulationen Zugeständnisse erlangen.

Die bleibende relative Schwäche der monarchischen Zentralgewalt in Deutschland und ihr fast völliges Wegfallen in Italien hat dort seit dem späteren Mittelalter unterhalb der Ebene des traditionalen sakralen Königtums neue Monarchien entstehen lassen, gleichsam Aufsteiger oder Parvenüs im Kreise der Monarchen. Dabei gab es zwei Modelle. In der deutschen Landesherrschaft bündelte ein Hochadeliger verschiedene Rechte schließlich zu einer Territorialherrschaft, in der italienischen Signorie verstand es ein Stadttyrann, seine Gewalt zu einer dynastischen Herrschaft über Stadt und Umland auszubauen.

Absolutismus?

Skandinavischen Monarchen gelang es allerdings im 17. Jahrhundert, die Stände gegeneinander auszuspielen und auf diese Weise gesetzlich eine unumschränkte Monarchie ohne Ständevertretung und ohne Bindung an Gesetze einzuführen. Dies waren die einzigen Fälle von real existierendem «Absolutismus» in Europa, denn überall sonst blieb es bei zumindest partieller Respektierung von Sonderrechten und zumindest regionalen Ständeversammlungen, auch in Frankreich und Preußen, die als Prototypen des Absolutismus galten.

Wie viele Abstracta mit dem Suffix «-ismus» stammt auch «Absolutismus» aus dem 19. Jahrhundert. Nach erstem Auftreten in der Französischen Revolution wurde der Begriff in kritischer Absicht für die spanische Restauration nach 1823 benutzt, um dann in Deutschland durch Verschwisterung mit dem «absoluten Geist» Hegels eine Wendung ins Positive zu erfahren (Reinhard Blänkner). Nun wurde eine notwendige Phase für die staatsbildende Teleologie der Weltgeschichte daraus oder wiederum ein negatives Gegenbild von Autokratie, Despotie und Bürokratie zum liberalen englischen «Sonderweg» (Nicholas Henshall), im einen wie im anderen Fall konstitutiv für den historischen Legitimationsdiskurs des eigenen Regimes.

Es ist zwar richtig, daß die Monarchie eine regelmäßig durchlaufene Durchgangsphase der Entstehung des modernen europäischen Staates war und sich selbst gerne als «absolut» bezeichnete. Aber damit war nur die bereits geschilderte königliche Prärogativgewalt gemeint, die überall, auch in England, denselben Charakter, höchstens verschiedenen Umfang hatte. Auf der anderen Seite hat sich inzwischen herausgestellt, daß Englands Monarchie auch nach 1689 viel stärker war als angenommen und sich ebenfalls eine zentralistische Bürokratie schuf (John Brewer). Das historiographische Konstrukt «Absolutismus» ist heute in nicht rekonstruktionsfähiger Weise dekonstruiert, so daß man auf den Begriff verzichten sollte.[1]

Aufgeklärter Reformabsolutismus?

Zählebige Grundlage «absolutistischer» Begriffsbildung war das 1847 von dem Nationalökonomen Wilhelm Roscher geschaffene Schema «konfessioneller Absolutismus» mit den Protagonisten Philipp II. und Ferdinand II. und dem Wahlspruch «Cuius regio eius religio» – «höfischer Absolutismus» mit Ludwig XIV. und «L'état c'est moi» – «aufgeklärter Absolutismus» mit Friedrich dem Großen und Joseph II. und «Le roi le premier serviteur de l'état». Angesichts des evidenten Rationalismus seiner Vertreter hat sich der «aufgeklärte Absolutismus» davon am besten behauptet, obwohl dieser Begriff vor Roscher nicht nachzuweisen ist. Aber Joseph wie Friedrich betrachteten sich in der Tat als erste und im Grunde einzige Diener ihrer Staaten, weil nur vom Herrscher zu erwarten sei, daß er sich restlos mit dem Staatsinteresse identifiziere – bis zur Arbeitssklaverei unter Verzicht auf Privatleben. Aber wenn gute Regierung systematisch sein muß und System nur aus einem Kopf, und sei es ein mittelmäßiger, hervorgehen kann, ergibt sich eben eine extreme Autokratie, die alles selber machen will. Autoritär hergestellte Rationalität auf allen Gebieten sollte den Staat zu einem gut funktionierenden Uhrwerk machen, mit dem Glück der mehr denn je entmündigten Untertanen als Zwischen-, der weiteren Steigerung der Staatsmacht als Endziel.

Glück der Untertanen – das hieß unter anderem Vereinheitlichung und Humanisierung von Recht und Justiz. Das ist fast alles, was bei genauem Zusehen von der humanitär-emanzipatorischen Seite der Aufklärung im «aufgeklärten Absolutismus» noch übrigbleibt (Jean Meyer) – von der gekonnten Selbstinszenierung des «Philosophen von Sanssouci» abgesehen. Deswegen könnte man den weniger ideologischen Begriff «Reformabsolutismus» vorziehen (Günther Birtsch).

[1] *Hinrichs, Ernst,* Abschied vom Absolutismus? In: *Asch/Duchhardt* 353–71.

Oder sich an die unausweichliche «Dialektik der Aufklärung» erinnern: Rationalität schafft Macht, solche Macht aber neue, möglicherweise perfektere Unterdrückung.

b) Besonderheiten

Deutschland (Reich)

Ein «Deutsches Reich» gab es erst 1871, vorher ein «Heiliges Römisches Reich Deutscher Nation», bis in die frühe Neuzeit hinein durchaus mit latenten imperialen Hegemonieansprüchen, war doch seit dem 10. Jahrhundert die Anwartschaft auf die Kaiserkrönung mit der Königswürde dieses Reiches verbunden. Daraus ergab sich die besondere Möglichkeit, bei Lebzeiten des Kaisers einen zusätzlichen «römischen König» als designierten Nachfolger zu wählen – eine dynastische Stabilisierung der Wahlmonarchie, mit der polnische Könige vergebens geliebäugelt haben. Zwar ließ sich Karl V. 1530 noch einmal vom Papst zum Kaiser krönen, aber bereits Maximilian I. hatte 1508, am Romzug gehindert, den Titel eines «erwählten römischen Kaisers» angenommen. Damit genügten hinfort die Wahl und Krönung in Frankfurt (Krönung bis 1531 in Aachen) für das Kaisertum. Der Papst, der aus dem Recht der Kaiserkrönung zeitweise die Befugnis zur Kontrolle der Königswahl, wenn nicht sogar Oberhoheitsansprüche abgeleitet hatte, war endgültig ausgeschaltet. Seine Rolle war bereits reduziert, seit sich aus dem Kreis der Erstwähler im 13. Jahrhundert das Kollegium der sechs oder sieben Kurfürsten herausgebildet und in der Goldenen Bulle von 1356 das ausschließliche Recht zur Mehrheitswahl des «rex in imperatorem promovendus» erhalten hatte: Mainz, Köln, Trier, Pfalz, Sachsen, Brandenburg sowie Böhmen mit einer reduzierten Sonderstellung. Die Vogtei der Römischen Kirche war ja das einzige Recht, das der Kaiser dem König voraus hatte, obwohl die Befugnisse eines Königs bei Lebzeiten eines Kaisers ausschließlich von letzterem bestimmt wurden.

Auch das Königtum galt noch lange als ostfränkisches, dann als römisches, aber nicht als deutsches. Denn einerseits kamen die Begriffe «deutsch» und «Reich der Deutschen» (Regnum Teutonic[or]um) erst im Hochmittelalter auf, andererseits umfaßte bereits das Königtum seit dem 10. Jahrhundert drei Königreiche (Regna), das deutsche, burgundische (Westalpenraum bis zur Rhone) und (ober)italienische. Es handelte sich um ein «imperiales», kaum um ein «nationales» Königtum. Auch die mittelalterlichen Stammesherzogtümer waren ursprünglich nicht ethnische Gebilde, sondern Neuschöpfungen der fränkischen Reichsaristokratie des 9. Jahrhunderts.

Diese Sachverhalte müssen betont werden, weil es ein Grundproblem der deutschen Geschichte ist, warum deutsche Könige anders als westeuropäische keinen nationalen Machtstaat zustande gebracht haben. Auch wenn heute das vergleichsweise schwache Reich des Spätmittelalters und der Frühneuzeit gerne als alternative politische Lebensform zum Machtstaat angepriesen wird, bleibt Erklärungsbedarf für diesen «Sonderweg». Bestimmte, seit den Anfängen des Reiches vorgegebene Strukturen erwiesen sich im Zusammenspiel mit kontingenten Faktoren wie dem Aussterben von Dynastien als Wettbewerbsnachteile deutscher Monarchen. Sie lassen sich zu fünf Problemen bündeln (Karl-Friedrich Krieger):

1. Während in Westeuropa außer Spanien der König als oberster (Lehens-)Herr von Grund und Boden galt, war in Deutschland das Eigengut des Adels (Allod) und damit kronunabhängige Adelsherrschaft weit verbreitet. Zwar war es möglich, solche Herrschaft in Lehensbeziehungen einzubinden, aber das wirkte nur unter starken Königen integrierend. Der vielberufene «Leihezwang» für heimgefallene Lehen hat sich allerdings inzwischen als Legende erwiesen. Die Könige verfügten einfach über keine Beamten zur direkten Verwaltung, aber stets über zuverlässige Lehensnehmer. Auch die Privilegien Kaiser Friedrichs II. für die geistlichen und weltlichen Fürsten (1220/32) sollten deren Stellung zu einer vizeköniglichen für den Kaiser machen, konnten aber ebenfalls in Schwächung des Reichs umschlagen.

2. Das Reich war für straffe Kontrolle einfach zu groß, so daß sich «königsnahe» Zonen (Schwaben, Franken, Obersachsen) von wenigstens noch «königsoffenen» (Rheinland) und ausgesprochen «königsfernen» (Norden, Westalpen) unterscheiden lassen. Erst im Spätmittelalter kam es zu einer «Verdichtung» der bis dahin ziemlich «offenen» Ordnung des Reiches (Peter Moraw), die bezeichnenderweise mit der Ausbildung eines deutschen Nationalgefühls Hand in Hand ging.

3. Der Versuch einer planmäßigen Reichsgutspolitik mit Verwaltung durch Königsdienstmannen (Ministerialen) scheiterte an den dynastischen Kontinuitätsbrüchen. Das Reichsgut ging verloren, und die Ministerialen verschmolzen mit dem Adel. Die Lösung, die königliche Gewalt planmäßig in Teile zu zerlegen und als Lehen an den Adel zu vergeben, bedeutete bei Schwäche der Krone ihren Verlust. Der König sollte nie mehr eine Reichsverwaltung zustande bringen, und Machtentfaltung war ihm nur noch auf der brüchigen Grundlage von Konsens oder kraft seines Hausguts als Territorialherr möglich.

4. Zwar gab es wie in Westeuropa Anläufe zur Einführung des Erbrechts, die aber im 13.Jahrhundert zugunsten des freien Wahlrechts auf-

gegeben werden mußten. Mehrfacher Dynastiewechsel ließ den seit Mitte des 15.Jahrhunderts gewählten Habsburgern nur noch die Möglichkeit eines Hausmachtkönigtums. Das Zwischenspiel des Wittelsbacher Kaisers Karl VII. (1742–45) läßt erkennen, wie sehr die Möglichkeiten kaiserlicher Politik inzwischen von den Ressourcen des Hauses Habsburg abhingen.

5. Lange vor dem Aufkommen des österreichisch-preußischen Gegensatzes war das Reich schon durch dualistische Spannungen geprägt: Kaiser–Papst, Reich–Hausmacht, König–Kurfürsten, König–Stände. Das Kurfürstenkollegium beanspruchte neben der Königswahl und besonderen Privilegien für die Kurlande immer wieder die Mitregierung neben dem König. Das Kollegium der übrigen reichsunmittelbaren Fürsten kam hinzu, als der König Ende des 15. Jahrhunderts dringend Geld brauchte, dazu in untergeordneter Rolle die Reichsstädte. An die Stelle des Hoftags trat der Reichstag.

Die Kompetenzverteilung blieb freilich unklar. Die Reichsreform, von der seit der Mitte des 15. Jahrhunderts die Rede war, sollte zwar die Zentrale stärken, aber der König verstand darunter Stärkung seiner eigenen Stellung, die Stände hingegen strebten nach weitgehender Mitregierung. Als Maximilian I. Hilfe suchte, kamen 1495 vier Reformgesetze zustande: ein ewiger *Landfriede* mit Gewaltmonopol der Reichsjustiz, die einem nicht mehr rein kaiserlichen *Kammergericht* anvertraut wurde, während eine «Handhabung Friedens und Rechts» genannte *Exekutionsordnung* die Vollstreckung den Ständen und regelmäßigen Reichstagen übertrug, schließlich eine allgemeine *Reichssteuer,* der «Gemeine Pfennig», zur Finanzierung von Gericht und Reichsaufgaben. Mangels Reichsbürokratie gelang es dem Reich aber nicht, die Untertanen direkt zu besteuern, was den Ausschlag für die Entwicklung eigener Staatlichkeit des Reiches hätte geben können. Es blieb weiter auf Matrikularbeiträge der Stände angewiesen und war finanziell damit endgültig deren Kostgänger geworden. Schließlich konnten die Stände 1500 dem bedrängten König Maximilian die Einrichtung eines *Reichsregiments* abtrotzen, eines ständischen Vollzugsausschusses anstelle des Königs, das aber bald an Geldmangel einging.

Die gewaltige Macht des Weltreichs Karls V. wurde keineswegs nur als Bedrohung, sondern auch als Chance für Deutschland empfunden. Beides kommt in der *Wahlkapitulation* von 1519 zum Ausdruck, wie sie von nun an jeder Kaiser bewilligen mußte, ein Grundgesetz in der Form eines Herrschaftsvertrags mit den Kurfürsten. Diese sorgten darin vor allem für sich selbst, suchten aber darüber hinaus den Einsatz ausländischer Machtmittel gegen das Reich auszuschließen und zur Stärkung von dessen Organen beizutragen.

Freilich spielte Deutschland in Karls Politik lange nur eine Nebenrolle, was nicht wenig zur Entfaltung der Reformation und damit indirekt zu weiterer Steigerung der Macht des fürstlichen Hochadels beitrug. Sein Widerstand gegen das Reichsoberhaupt war jetzt religiös legitimierbar. Er führte nach Sieg, dann Niederlage des Kaisers zum Kompromiß des Augsburger Religionsfriedens 1555. Die gleichzeitige Exekutionsordnung vertraute den Reichsfrieden den in Kreisen organisierten Ständen fast ohne Mitwirkung des Kaisers an.

Aber der Religionsfriede war immer noch ein «offenes» Verfassungsgesetz, denn seine Auslegung blieb strittig und letztlich eine Machtfrage. Als Ferdinand II. in günstiger Kriegslage 1629 mit dem Restitutionsedikt kraft kaiserlicher Machtvollkommenheit eine einseitige Interpretation zugunsten der Katholiken versuchte, wurde ihm Streben nach absoluter Herrschaft vorgeworfen. Er scheiterte am kurfürstlichen Widerstand, auch des katholischen Maximilian von Bayern, der dem Edikt zunächst nicht abgeneigt war.

Nach der kaiserlichen Niederlage schuf der Westfälische Friede, das «Instrumentum Pacis Caesareo-Suecicum Osnabrugis anno 1648 erectum» (IPO) eine geschlossene Verfassung. Die Landeshoheit der Reichsstände wurde festgeschrieben als Ius territoriale und als Freiheit zum Bündnis auch mit ausländischen Mächten, außer gegen Kaiser und Reich. Gesetze, Gesetzesinterpretation, Kriegserklärung, Friedensschluß und Verträge waren künftig Reichstagssache. Dem Kaiser blieben die Rollen des obersten Lehensherrn und des Vogts der Reichskirche, die durch seinen Reichshofrat ausgeübte Gerichtshoheit neben dem ständischen Kammergericht und das Recht zur Standeserhöhung, besonders die Erhebung von Reichsfürsten. Damit ließ sich nicht nur eine politische Klientel schaffen, sondern durch die Reichshofratsjustiz erfolgreich in Territorien hineinregieren, allerdings nur in mittlere und kleinere und bei günstiger politischer Konstellation, wie sich 1713–55 in Mecklenburg und 1763–70 in Württemberg zeigen sollte.

Das Reich war keine Monarchie und auch kein reiner Fürstenbund, sondern ein neuartiges, zweistöckiges Herrschaftssystem, dessen theoretische Analyse nicht wenig zur späteren Erfindung des Bundesstaates beitragen sollte. Seine Stabilität reichte freilich nicht aus, um die von der Französischen Revolution ausgelöste Krise zu bewältigen. Als Österreich, Preußen und viele kleinere Stände rücksichtslose Wachstumspolitik auf Kosten des Reiches betrieben, das heißt vor allem seiner geistlichen, städtischen und kleinen adeligen Mitglieder, die bisher die Klientel des Kaisers gebildet hatten, war das Ende gekommen. 1806 wurde das Reich aufgelöst; es entließ zwei Großmächte und zahlreiche Mittelstaaten aus seinem Schoß.

Deutschland (Territorien)

In Deutschland hat sich der moderne Staat im Gegensatz zu allen anderen Ländern Europas auf der Ebene der Territorien durchgesetzt. Die Würfel dafür sind endgültig aber erst 1648 gefallen. Zur Zeit Karls V. glichen deutsche Fürstentümer stärker den üblichen europäischen Hochadelsherrschaften als werdenden modernen Staaten. Kein Wunder, ist doch deutsche Landesherrschaft durch Sammeln und Bündeln von Herrschaftsrechten verschiedenster Art zustande gekommen, durch Kauf, Tausch, Erbschaft, Heirat, Schenkung oder auch Gewalt. Es handelte sich um Grundherrschaft, Vogtei, Hoch- und Niedergericht, Bann- und Lehnrechte, dazu Königsrechte (Regalien) wie das Münz-, Zoll- und Geleitrecht, das Forst-, Jagd- und Fischereirecht, das Befestigungsrecht, das Bergregal, das Judenregal und andere mehr. Manchmal bildete ein geschlossener Komplex von Hoch- und Niedergerichtsbarkeit den Kern, an den das übrige angelagert wurde,[2] das war aber nicht die einzige Möglichkeit. Insgesamt wurden solche Rechte mehr und mehr im Sinne der vordringenden eigentumsrechtlichen Herrschaftsauffassung (dominium) verstanden.

Die Folge waren Erbteilungen, durch die Fortschritte der Herrschaftsbildung wieder verlorengehen konnten. 1352 machte die Goldene Bulle die Kurlande unteilbar, aber erst 1495 wurde in Württemberg die Unteilbarkeit des Landes mit Primogeniturerbfolge festgelegt, in Bayern 1506, in Brandenburg 1603, in Österreich, wo noch im 17. Jahrhundert Teilungen vorgenommen wurden, endgültig erst 1713, anderswo erst kurz vor Ende des Reiches.

Unteilbarkeit gehört in den Zusammenhang des Übergangs von der Landesherrschaft zum Territorialstaat, einer von der Person des Inhabers unabhängig existierenden Anstalt. Die meist aus finanziellen Gründen geschaffenen Landstände konnten zu deren Zusammenhalt beitragen. Da der Landesfürst bis ins 15. oder 16. Jahrhundert keine Gesetzgebungshoheit besaß, entstanden die ersten Landes- und Policeyordnungen oft auf Betreiben von Landständen durch Vereinbarung mit diesen. Zwar tauchten schon im 14. Jahrhundert auch Formeln wie «princeps imperator in territorio suo» auf, wurden aber sehr vorsichtig rezipiert und erst in der Neuzeit Gewohnheitsrecht.[3] Einen weiteren Staatsbildungsschub brachte die reformatorische Transformation landesherrlicher Kirchenherrschaft in regelrechte Landeskirchen, und zwar bei den Katholiken kaum weniger als bei den Evangelischen.

2 *Lutz, Ulrich,* Baar.
3 *Schubert,* Fürstliche Herrschaft 82.

Konfessionelle Identität stärkte die territoriale, als der Territorialstaat zusätzlich zum Konfessionsstaat wurde. Aus dem Bündel von Rechten wurde dann bis ins 17. Jahrhundert das Ius territoriale, bis ins achtzehnte die eigenständige, nicht mehr vom Reich hergeleitete Landeshoheit, der freilich durch das Reichsrecht und die Rechte der Untertanen teilweise die Hände gebunden blieben. Von «Souveränität» sollte man nur in Fällen wie Brandenburg-Preußen sprechen, wo der Landesherr mächtig genug war, um sich über solche Grenzen hinwegzusetzen und mit der normativen Kraft des Faktischen neues Recht zu schaffen.

Freilich war das 1415 erworbene Kurfürstentum Brandenburg für die fränkischen Hohenzollern zunächst eher ein Nebenland und nur durch seinen Rang wertvoll gewesen. Nachdem sich die Hauptlinie dort etabliert hatte, verwandelte ein fränkischer Vetter als Hochmeister des deutschen Ordens dessen ostpreußisches Restterritorium 1525 in ein evangelisches Herzogtum unter polnischer Lehenshoheit. Die Brandenburger als Eventualerben traten 1618 die Nachfolge seines Sohnes an, nachdem sie sich 1609–14 mit Kleve, Mark und Ravensberg einen Teil der jülich-klevischen Erbschaft gesichert hatten. Die Bekehrung der Dynastie zum Calvinismus 1613 kam zu spät, um aus verschiedenen Ländern mit lutherischer Mehrheit und katholischer Minderheit noch einen reformierten Konfessionsstaat zu machen. Statt dessen spielten der Neustoizismus eine wichtige ideologische Rolle und später der protestantisch-überkonfessionelle Hallesche Pietismus, der ebenso brauchbare wie folgsame Untertanen zu produzieren versprach.

Den Ausschlag für den Erfolg gab der dynastische Glücksfall der Abfolge von vier tüchtigen und langlebigen Fürsten, die 1640–1786 kontinuierlich am Aufbau einer starken und weithin vereinheitlichten Monarchie arbeiten konnten. Der «große Kurfürst» Friedrich Wilhelm brachte zugunsten seines stehenden Heeres den «Coercion-Extraction-Cycle» in Gang, drängte die Stände zurück und setzte ständige Steuern durch, erwarb schließlich durch wendige Außenpolitik 1660 die Souveränität für Ostpreußen. Darauf gründete Friedrich III./I. 1701 durch Selbstkrönung seine neue Königswürde, «ein Meisterwerk der Staats[-bildungs]kunst» (Friedrich II.). Friedrich Wilhelm I., Preußens «größter innerer König», schuf das einheitliche Verwaltungssystem und den Anspruch auf Untertanendisziplin, beides im Dienst des Heeres. Friedrich II. nutzte dieses Heer, um Preußen durch Eroberung Schlesiens zur Großmacht sowie sich selbst und sein Land zum politischen Mythos zu machen, der sich später im national-deutschen Sinn transformieren ließ.

Österreich hingegen erhielt schon bei seiner Erhebung zum unabhängigen Herzogtum 1156 durch das Privilegium minus eine herausragende Stellung, die von den Habsburgern von 1282 bis ins 14. Jahrhundert weiter ausgebaut wurde, durch Erwerb von Steiermark, Kärnten, Krain, Tirol, Vorarlberg und durch Fälschung des Privilegium maius, das erst 1453 kraft Bestätigung durch den Habsburger Kaiser Friedrich III. rechtskräftig wurde. Darin schrieben sie sich den Titel Erzherzog und größere Vorrechte als die Kurfürsten zu, vor allem vom Reich unabhängige Regierung und Justiz. Wie bei jenen galt ein Anschlag auf den Fürsten als Majestätsverbrechen! Nicht zuletzt dank ihrer getrennten Ständeversammlungen waren diese «deutschen Erbländer» aber trotz der Errichtung gemeinsamer Behörden durch Maximilian I. wenig integriert und wurden mehrfach geteilt. Die Annahme einer «österreichischen Gesamtstaatsidee» im 16. Jahrhundert (Hermann Ignaz Bidermann) ist anachronistisch.

Durch Erbfall kamen 1526 die Länder der Kronen Böhmen und Ungarn hinzu, soweit letztere sich nicht unter osmanischer Herrschaft befanden. Wie später die Wettiner 1697 in Polen, die Hohenzollern 1701 in Preußen, die Welfen 1714 in England erreichten die Habsburger durch außerdeutsche Königskronen eine Rangerhöhung, sofern sie nicht ohnehin die Kaiserwürde bekleideten. So konnte Maria Theresia kraft Primogenitur auch in weiblicher Linie gemäß Privilegium maius und ständischer Zustimmung regierende Königin werden, aber der Kaiser mußte ein Mann sein. Erst die Zustimmung Ungarns zu dieser Nachfolgeregelung 1722 hat aus den Ländern der Monarchie ansatzweise einen Gesamtstaat werden lassen.

Die vollständige Rückeroberung Ungarns bis 1699/1719 hatte eine Stärkung, der Verlust Schlesiens 1742 eine Schwächung der Monarchie zur Folge, die durch energische Reformen im Sinne des «Coercion-Extraction-Cycle» kompensiert wurde. Trotz fortdauernder Selbständigkeit der Länder wurde eine staatliche Verwaltung geschaffen, die stärker zum bäuerlichen Untertanen durchgriff als in Preußen. Nur in Ungarn blieb es beim hergebrachten System. Der Versuch Josephs II., die politische Identität Böhmens und Ungarns zu ignorieren – er ließ sich in diesen Ländern nicht krönen – und eine einheitlich bürokratisch organisierte Monarchie zu schaffen, scheiterte. Leopold II. gelobte 1791, Ungarn als ein «regnum liberum» nicht «ad normam aliarum provinciarum» zu regieren. Nachdem ein neuer Vereinheitlichungsversuch durch die oktroyierte Verfassung von 1849 ebenfalls mißlungen war, wurde die Doppelmonarchie 1867 bis zum Ende festgeschrieben. Aber auch innerhalb der beiden Reichsteile sollte sich die ethnische Uneinheitlichkeit der Bevölkerung als Wettbewerbsnachteil gegenüber dem viel kleineren, aber straffer zu organisierenden Preußen erweisen.

Neben den beiden Großmächten und den werdenden Mittelstaaten wie Bayern, Hannover, Sachsen, Württemberg enthielt die variantenreiche Karte deutscher Monarchien noch ein weiteres, in Europa nahezu einmaliges Modell, das geistliche Fürstentum. Die Mehrzahl der deutschen Bischöfe sowie etliche Prälaten und sogar Prälatinnen waren reichsunmittelbare Fürsten, die von ihren jeweiligen Kapiteln gewählt wurden. Das lief freilich entweder auf Sekundogenituren von Fürstenhäusern hinaus, etwa der Wittelsbacher am Niederrhein, oder auf ein Monopol des Reichsadels bis hin zu geistlicher Dynastiebildung durch Nepotismus, etwa im Hause Schönborn. Dabei war ihr Fürstentum, das Hochstift, nicht mit ihrem kirchlichen Sprengel, dem Bistum, deckungsgleich, lag bisweilen nicht einmal vollständig innerhalb des letzteren. Und wo die bischöfliche Kathedralstadt sich als Reichsstadt selbständig gemacht hatte, lag die Residenz des Hochstifts außerhalb, für Augsburg in Dillingen, für Köln in Bonn, für Lübeck in Eutin usf. Die Wahlmonarchie im allgemeinen und die Abhängigkeit vom wählenden Domkapitel und seiner Wahlkapitulation im besonderen schwächte die geistlichen Fürsten. Dafür scheint die Belastung der Untertanen infolge weitgehender Abwesenheit der Wachstumsspirale der Staatsgewalt geringer gewesen zu sein. In einigen Fällen wurden ihnen sogar die Wohltaten aufgeklärter Entwicklungspolitik zuteil.

Italien

Der mittelitalienische Kirchenstaat der Päpste, der ausgehend von der Schenkung des Frankenkönigs Pippin 756 bis gegen 1300 fast seine endgültige Gestalt erreicht hatte, war ein ähnlich strukturiertes Gebilde, einschließlich der Möglichkeit für italienische Adelsfamilien, durch den Nepotismus der Wahlmonarchen zu fürstlichem Rang aufzusteigen, zu souveränen Herzögen zuletzt die Farnese 1545 in Parma und Piacenza.

Nachdem die Päpste das Große Schisma und den Konziliarismus überstanden hatten, war ihre Stellung allerdings stärker als die eines deutschen Fürstbischofs. Zwar versuchte auch das Kardinalskollegium mittels Wahlkapitulationen Einschränkungen und Mitregierungsansprüche durchzusetzen, aber die Päpste pflegten alles zu beschwören und nichts zu halten – kraft Plenitudo Potestatis standen sie über solchem positivem Recht. Sixtus V. (1585–90) hat das Kardinalskollegium dann endgültig entmachtet, weitgehend auf Spitzenbürokraten der kirchlichen und kirchenstaatlichen Verwaltung reduziert und auf die damals modernen, spezialisierten Kollegien (in Rom: Kongregationen) verteilt. Da auch die Autonomie des Hochadels wie der Kommunen seit dem 14./15. Jahrhundert auf ein kontrollierbares Maß gebracht worden war, scheint die geistlich-weltliche Doppelmonarchie mit ihrem einzigartig intensiven Machtanspruch im 16./17. Jahrhundert sogar einen Entwicklungsvorsprung im Staatsbildungsprozeß besessen zu haben (Paolo Prodi), nicht zuletzt dank eines modernen und von zusätzlichen kirchlichen Einnahmen aus anderen Ländern gespeisten Finanzwesens. Als dieser Ressourcenzufluß freilich von den betroffenen Mächten im 17./18. Jahrhundert unterbunden wurde und der Wettbewerbsvorteil eines besonders qualifizierten Verwaltungspersonals von Klerikern infolge anderswo entwickelter besserer Lösungen ins Gegenteil umschlug, verkam der wirtschaftlich eher schlecht ausgestattete Kirchenstaat zu einem kläglichen Anachronismus.

Politisch-geographisch bildete der Kirchenstaat eine Grenzzone zwischen den beiden Teilen Italiens, die sich vom 6. Jahrhundert bis 1861 getrennt entwickelt haben, mit Folgen bis heute. Im Süden der Halbinsel und auf Sizilien eroberten normannische Zuwanderer im 11./12. Jahrhundert die langobardischen, byzantinischen und arabischen Besitzungen und errichteten 1139 ein erbliches Königreich autokratischen Charakters nach byzantinischem Vorbild. Alle Gewalt ging vom Monarchen aus, der alleinigen Quelle von Recht und Gesetz. Es galt als Sakrileg, eine königliche Entscheidung anzuzweifeln, denn trotz formeller päpstlicher Lehenshoheit wegen Verleihung der Königswürde galt die auch in weiblicher Linie erbliche Krone als von Gott unmittelbar ohne kirchliche Mitwirkung verliehen.

Der Staufer Heinrich VI. erheiratete und eroberte 1194/95 dieses Reich und versuchte es wie sein Sohn Friedrich II. (1198–1250) zum Kern einer starken «modernen» Monarchie zu machen. Die Herstellung einer Landverbindung zum Reich scheiterte aber an den Päpsten und den Kommunen Oberitaliens, bis die dynastische Krise zum Zusammenbruch und zur Eroberung durch die Anjou führte. In Sizilien schon 1282, in Neapel 1435 wurden diese vom aragonesischen Herrscherhaus abgelöst, das im 14. Jahrhundert Sardinien eroberte und 1504 nach Sizilien und Sardinien auch Neapel in ein Vizekönigreich der Krone Aragon verwandelte. Unterdessen war das straffe monarchische Regime längst lokaler Adelsherrschaft gewichen. Im Zuge europäischer Mächtekonflikte fiel Neapel 1714, Sizilien 1720 an Österreich, Sardinien 1720 an Savoyen. Aber 1735 wurde in Neapel und Sizilien eine Sekundogenitur der spanischen Bourbonen eingerichtet.

Oberitalien gehörte seit 962 als Regnum italicum zum Reich, nur Venedig schied 1523 definitiv aus. Freilich spielte die Königsgewalt nach dem Ende der Staufer nur noch eine marginale und gelegentliche Rolle, die man aber auch nicht unterschätzen sollte. Immerhin brachte es der Kaiser als Lehensherr noch 1692–1720 durchaus fertig, von oberitalienischen Fürsten viele Millionen Subsidien für seine Reichskriege gegen Frankreich einzutreiben.[4]

Aber im 13./14. Jahrhundert übernahmen in den meisten der konfliktgeplagten Stadtkommunen Aufsteiger als «Domini» oder «Signori» die Macht, zu deren Legitimierung dann Papst oder Kaiser herangezogen werden konnten, zum Teil gegen Bares. So ließen sich die Este 1264 von einer sorgfältig inszenierten Volksversammlung zu Stadtherren von Ferrara ausrufen, um sich diese Stellung als Vikare des päpstlichen Lehensherrn bestätigen zu lassen. 1452 wurden sie vom Kaiser zu Herzögen des dazu erworbenen Reichslehens von Modena und Reggio erhoben, 1471 vom Papst zu Herzögen auch von Ferrara. Im Zuge dieser Machtbildungsprozesse wurden kleinere Kommunen von größeren unterworfen; die Entwicklung zum Territorialstaat ist nicht zu verkennen. Machiavellis «Fürst» war eine Art nachträglich geschriebenes Lehrbuch für solche monarchischen Parvenüs!

Am wichtigsten wurde das Herzogtum Mailand unter den Visconti, das 1402 kurz vor Errichtung eines oberitalienischen Königtums zu stehen schien. 1450 fiel es an den Schwiegersohn des letzten Visconti aus der Söldnerführerfamilie Sforza, die freilich in die Kämpfe zwischen Habsburg und Valois geriet, in deren Verlauf die mailändische Lombardei 1535–1714 spanisch wurde, um dann an Österreich zu fallen.

In Florenz hatte die Bankiersfamilie Medici seit 1434 ein Regime indirekter Kontrolle errichtet, das 1494 scheiterte und seine Wiederherstellung 1512 und 1530 der Tatsache verdankte, daß 1513–21 und 1523–34 Angehörige der Familie Päpste waren. So kam es 1530/37 zur Errichtung eines erblichen Herzogtums, das 1569 vom Papst zwar nicht zum Königtum, aber immerhin zum Großherzogtum erhoben wurde. Nach Aussterben der Medici wurde es von den Großmächten Maria Theresias Gemahl Franz Stephan und damit den Habsburgern übertragen. Großherzog Leopold, der spätere Kaiser, hat hier 1765–90 aufgeklärte Reformen durchgeführt, in deren Kontext auch der erste Verfassungsentwurf Europas entstand.

Savoyen-Piemont ging auf Adelsherrschaft über Alpenpässe zurück. Es wurde 1416 Herzogtum; 1430 versuchten die «Statuta Sabaudiae» die Befugnisse des Herzogs bereits römisch-rechtlich zu definieren. Dynastische Krisen und eine französische Besetzung 1536–59 wurden schließlich durch Errichtung einer starken Monarchie beendet. Hauptzweck der direkten Besteuerung ohne ständische Bewilligung und des Ausbaus einer effizienten Regionalverwaltung war die Finanzierung des Heeres, eine durchaus der preußischen vergleichbare Situation. Die

[4] *Waquet* 89–96.

Einigung Italiens im 19. Jahrhundert sollte wie diejenige Deutschlands von einer ursprünglich randständigen «Militärmonarchie» ausgehen.

Frankreich

Trotz willkürlicher Teilungen des zerfallenden Karolingerreichs bildete sich allmählich ein westfränkisches Reich als stabile Einheit heraus, dessen Krone seit 888 im Wechsel mit den Karolingern mehrfach von den mächtigsten Regionalfürsten aus der Familie der Grafen von Paris getragen wurde, bis sie die ersteren nach deren Aussterben 987 endgültig ablösen konnten. Dieses Haus der Capetinger blieb bis 1328, mit seinen Nebenlinien Valois und Bourbon sogar bis 1793/1848 auf dem Thron, eine dynastische Kontinuität, deren Bedeutung für die Staatsbildung gar nicht überschätzt werden kann. Zwar wurde der König zunächst noch gewählt, aber durch Designation und Weihe eines Sohnes bei Lebzeiten gelang es bis ca. 1200, das Erbrecht des Erstgeborenen einzuführen.

Zunächst kontrollierte der Rex Francorum nur etwa ein Zehntel des Reiches, die sogenannte Krondomäne, das Francia genannte Gebiet im Norden, während der Rest in ein rundes Dutzend Fürstentümer zerfiel, die an Umfang und Struktur dieser königlichen Herrschaft sehr ähnlich waren und recht gut regiert wurden. Aquitanien, Burgund, Flandern, Normandie, Toulouse waren besonders wichtig. Aber die Könige verstanden mit ihrem Amtscharisma zu wuchern, das sie aus dem Kreis gleichmächtiger Fürsten heraushob. Durch Verbindung des feudalen mit dem sakralen Moment mittels des neuplatonischen Denkens in kosmischen Hierarchien durch Suger von Saint-Denis hatte es besondere Steigerung erfahren. Der König stand als Lehensherr des gesamten Landes an der Spitze einer Pyramide aus Vasallen und Aftervasallen, aber diese Stellung war eine quasi-priesterliche, durch die Königsweihe als Sacramentum Ministerii verliehene.

Als sich unter Philipp II. Augustus (1180–1214) die Bezeichnung Rex Franciae statt Rex Francorum einbürgerte, bedeutete dies einen Zugewinn an transpersonaler Staatsvorstellung und eine Ausweitung des Begriffs «Francia» auf das ganze Land. Philipp hatte den englischen Königen ihren Besitz in Nordfrankreich abgenommen und die Krondomäne auf diese Weise vervielfacht. Seine Nachfolger konnten ihr weitere der großen Lehensfürstentümer eingliedern, gaben sie freilich bald wieder als Apanagen[5] an jüngere Söhne aus, was aus dem 1363 neuvergebenen Herzogtum Burgund einen gefährlichen Rivalen der Krone entstehen ließ. Freilich ein eher atypischer Fall, denn an und

[5] Ad panem, d. h. zum Lebensunterhalt.

für sich dürfen Apanagen trotz Risiko als wirkungsvolles Mittel zur Sicherung der Krongewalt gelten. Erstens stellten sie jüngere Söhne zufrieden und sicherten so die Thronfolge des Erstgeborenen, zweitens fielen sie beim Aussterben der Nebenlinien automatisch an die Krondomäne zurück.

Die lange Herrschaft Ludwigs IX. des Heiligen (1226–70) war ein Glücksfall, weil sein konsequentes und erfolgreiches Bemühen um Gerechtigkeit und Frieden (Justizreform, Fehdeverbot) und seine vom Billigkeitsgrundsatz und christlichen Idealen geleitete «äußere» Politik dem Königtum einen gewaltigen Prestigewinn einbrachten. Seine Heiligsprechung schon 1297 bedeutete weitere Steigerung der Religion royale, der spezifischen religiösen Stilisierung des französischen Königtums. Komplementär dazu suchte Philipp IV. der Schöne (1285–1314) gegen Papst und letzte Lehensfürsten die Macht der Krone mit Hilfe seiner Legisten durch den Anspruch auf die kaisergleiche Stellung eines römischen Princeps zu mehren.

Ludwig X. hinterließ 1316 nur eine Tochter. Obwohl weibliche Erbfolge anderswo üblich war, griffen die Brüder des Königs nach der Krone. Als die Dynastie 1328 mit ihnen endgültig ausstarb, lehnten die Großen Eduard III. von England, den Sohn einer Capetingerin, ab und wählten Philipp VI. aus der Nebenlinie Valois. Erst im 15. Jahrhundert wurde dieses aus der Praxis entsprungene strenge Männererbrecht als «salisch» bezeichnet, unter Berufung auf eine privatrechtliche Regel der alten salischen Franken. Seine Anwendung löste den Hundertjährigen Krieg mit England 1337–1453 aus, der zusammen mit dynastischen Krisen schließlich zum Verlust der Krone an den mit Burgund verbündeten englischen König führte. Von der Religion royale inspirierte Visionen brachten jedoch Jeanne d'Arc aus Domrémy dazu, nach der Befreiung von Orléans den Thronfolger zur Krönung nach Reims zu führen und ihm damit den entscheidenden Legitimitätsvorsprung zu verschaffen. Ihr Wirken blieb zwar Episode – der nationale Jeanne-d'Arc-Kult stammt aus dem 19./20. Jahrhundert –, es bildete aber die Grundlage für ein Arrangement mit Burgund und die Vertreibung der Engländer.

Jetzt war der Weg frei für die weitere Steigerung königlicher Macht, insbesondere durch Ludwig XI. (1461–83). Das Netz königlicher Verwaltungs- und Justizbehörden (Parlamente) wurde ausgebaut, die Kirche bis 1516 dem königlichen Stellenbesetzungsrecht unterworfen und die Erhebung der im Krieg geschaffenen Steuern durch die Krone ohne ständische Bewilligung zum Gewohnheitsrecht gemacht. Lehensfürstentümer fielen durch Erbschaft oder Heirat an die Krone; Ende des 15. Jahrhunderts waren Krondomäne und Königreich fast deckungsgleich. Als letzte sollten Orléans 1498 sowie Bourbon 1523 und 1607 folgen.

In Reaktion auf ihre zeitweilige Schwäche hat die französische Monarchie vom 14. zum 16. Jahrhundert ihren Anspruch aufs äußerste gesteigert, zunächst durch die sogenannten Grundgesetze (Lois fondamentales) des Königreiches: 1. den Ausschluß der Frauen von der Thronfolge seit 1316, 2. die Volljährigkeit des Königs mit 13 Jahren seit 1374, 3. seine sofortige Nachfolge beim Tod des Vorgängers seit 1403 und 1407, 4. die Einschränkung der Gewalt eines Regenten, der seit 1380, dann 1483 auch für Minderjährige nur in deren Namen tätig sein durfte, 5. die Unveräußerlichkeit der Krondomäne und Kronrechte, auf die der König bei der Krönung vereidigt wurde. Die einzigartige, religiös begründete Würde des Königs fand ihren Niederschlag im Titel Rex christianissimus (Roi très chrétien) und der Anrede Votre (Sacrée) Majesté. In der Theorie galten alle Franzosen als unmittelbare Untertanen eines Königs, dessen unumschränkte gesetzgeberische und jurisdiktionelle Prärogative um 1400 in den Formeln zum Ausdruck kam «Was der König will, will das Gesetz» (Si veut le roi, si veut la loi) und «Denn so gefällt es uns» (Car tel [est] notre [bon] plaisier), was zum festen Bestandteil königlicher Verfügungen wurde. Wenn Ständeversammlungen noch eine Rolle spielten, dann weniger die Generalstände, als regionale, die in der Bretagne, Burgund und der Languedoc bis zum Ende des Ancien Régime erhalten blieben. Das Immediatverhältnis zu allen Untertanen und deren Steuerkraft war die wichtigste Errungenschaft der französischen Krone, vor allem im Vergleich zum Kaiser.

Allerdings kam es nach einem ersten Höhepunkt 1559–89 unter drei schwachen, z. T. minderjährigen Königen zur Krise der konfessionellen Bürgerkriege. Aber die Stärke des Königtums erwies sich gerade darin, wie rasch der Thronerbe Heinrich IV. Bourbon (1589/98–1610) die Macht der Krone wiederherstellen konnte, sobald er 1593 zum Katholizismus übergetreten war und sich dem Krönungsritual unterzogen hatte – trotz falschem Ort und Salbungsöl. Seine Bekehrung war «echt», aber nicht im Sinne einer Hinwendung zum Lehrgebäude des Konzils von Trient, sondern zur katholisch definierten Religion royale mit ihrer wirksamen Königsmystik. Er gilt daher als Erneuerer der absoluten Monarchie, die dann von den Ministern Richelieu (1624–42) und Mazarin (1643–61) weiter ausgebaut und von Ludwig XIV. (1643/61–1715) auf ihren Höhepunkt geführt wurde.

Im Rahmen der europaweit üblichen monarchischen Prärogative besaß der französische König im Gegensatz zum englischen die uneingeschränkte Gesetzgebungshoheit. Obwohl ein Ausufern königlicher

Regelungsakte die Folge war, ergab sich daraus keineswegs ein einheitliches königliches Recht wie in England. Denn neben königlichen Gesetzen galten die regionalen Varianten des nordfranzösischen Gewohnheitsrechts und das südfranzösische römische Recht sowie das kanonische Recht der Kirche. Der König war an die naturrechtlichen Prinzipien der Billigkeit (Aequitas) und des Gemeinwohls sowie an die Grundgesetze des Königsreichs gebunden, nicht aber an das positive Recht. Aber selbst monarchistische Theoretiker wie Bossuet forderten im Sinne der Stoa seine freiwillige, moralisch gebotene Unterstellung unter das von ihm selbst gegebene Gesetz.

Obwohl der Monarch als Quelle der Gerechtigkeit galt und jederzeit jedes Verfahren an sich ziehen konnte, war sein Verhältnis zu seinen eigenen kollegialen Obergerichten, den Parlamenten, keineswegs immer eindeutig «absolutistisch». Diese hatten nämlich aus der Aufgabe, die königlichen Verfügungen zu registrieren, ein Kontrollrecht und die Befugnis zur Verweigerung der Registrierung und zu Einwänden (Remonstrances) abgeleitet, obwohl ein Gesetz an und für sich mit der Siegelung durch den Kanzler und der Verkündigung in Kraft trat. Allerdings konnte der König in einer feierlichen, zusätzlich mit den Pairs de France und anderen Großen angereicherten Sitzung des gesamten Parlaments (Lit de Justice) die Registrierung befehlen, denn «wo der König anwesend ist, erlischt die Gewalt der Magistrate, wie die Sonne die Sterne verblassen läßt»[6]. Nach der Opposition gegen das Ministerregime, die in der Beteiligung der Parlamente an den Aufständen der Fronde 1648–53 kulminierte, wurden sie von Ludwig XIV. gebändigt. Ludwig XV. hat sie nach neuen Konflikten 1771 sogar abgeschafft, was Ludwig XVI. zu seinem eigenen Schaden rückgängig machte, denn die Parlamentsopposition wurde zur Wegbereiterin der Revolution.

Bereits im zentralen Herrschaftsapparat, der zur Wahrnehmung der Aufgaben der Prärogative diente, konnte es also Widerstände geben. Er wurde allerdings erfolgreich reorganisiert und unter Kontrolle gebracht. Dabei erwiesen sich die zentripetalen Tendenzen des Verwaltungs- und Justizsystems und der einheitlichen königlichen Armee ebenso als hilfreich wie die Kontrolle einer für das Königreich maßgebenden «höfischen Gesellschaft» durch den Herrscher.

Neben dieser wohlbekannten zentralen Perspektive des Regimes gibt es aber diejenige der Kontrolle des Landes, die ein ganz anderes Bild bietet. Obwohl der König nicht mehr verlangte als Gehorsam

[6] «Là ou le roi est présent, les magistrats n'ont pas de puissance, de même que le soleil éteint les astres.» (Loyseau nach *Barbey* 183)

und Steuern, war selbst dieses Ziel auf die Dauer nur durch Aushandeln mit den lokalen Eliten zu erreichen, denn deren Obstruktion konnte den Vollzug einer Politik, die ihnen mißfiel, durchaus lahmlegen. Da die königlichen Amtsträger als Käufer ihrer Ämter praktisch unabsetzbar waren, schlossen sie sich oft genug der Opposition an. Weil die Eliten aber den geringsten Teil der Steuerlast trugen, ließen sie in dieser Hinsicht durchaus mit sich reden – ein Sachverhalt, der ebenso für das englische System und wahrscheinlich die meisten Ständevertretungen Europas gilt. Das wirkungsvollste Machtmittel bestand nicht in gelegentlicher, auf Wirkung berechneter Gewaltanwendung, sondern in planmäßiger Patronage zwecks Aufbau einer zuverlässigen Anhängerschaft und Neutralisierung oppositioneller Faktionen. Nicht anders wurde auch das englische Parlament dazu gebracht, der Krone genehme Beschlüsse zu fassen.

Portugal und Spanien

Die Iberische Halbinsel ist das Paradigma zusammengesetzter Monarchien. Das hängt damit zusammen, daß ihre Königreiche nicht unmittelbar aus der Völkerwanderungszeit überkommen waren, sondern erst durch die Rückeroberung (Reconquista) von den Moslems zwischen dem 9. und 13. Jahrhundert zustande kamen, und zwar ausgehend von verschiedenen, abwechselnd mit einander kooperierenden und rivalisierenden Zentren des Nordrandes. Daraus ergaben sich drei, nicht zuletzt auch sprachlich verschiedene Einheiten, 1. Portugal im Westen, 2. der große Block Kastilien in der Mitte, dessen verschiedene historische Bestandteile weitgehend integriert wurden, mit Ausnahme des erst 1512–15 eroberten Königreichs Navarra, das noch im 19. Jahrhundert eine Sonderstellung innerhalb Kastiliens behielt, schließlich 3. die Krone Aragon im Osten, deren Teile, das Königreich Aragon, die Grafschaft Katalonien und die neueroberten Königreiche der Balearen und Valencias seit 1319 durch ewige Union verbunden, aber keineswegs institutionell integriert waren. Daß keine gesamtiberische Monarchie zustande kam, weil Portugal trotz der Personalunion mit Spanien 1580–1640 seine eigenen Wege ging, war ebenso Ergebnis historischer Kontingenz wie die dauernde Verbindung der Kronen Aragon und Kastilien seit 1479 infolge der Heirat Ferdinands und Isabellas. Im Ausland wurde zwar bald vom König von «Spanien» im Singular gesprochen, im Lande selbst aber noch im 19. Jahrhundert eher im Plural vom «Rey de las Españas», bereits eine Vereinfachung gegenüber der bis dahin üblichen Aufzählung aller Landesteile im Herrschertitel.

Im Gegensatz zu anderen waren die spanischen Königtümer von Anfang an weitgehend territorial und nicht als Personenverbände definiert. Das ergab sich einerseits aus der Reconquista, knüpft aber andererseits auch an das romanisierte Recht des von den Arabern vernichteten Westgotenreiches an, das im Fuero Juzgo, dem Rechtsbuch von León weiterlebte. Hier wurde bereits ein Unterschied zwischen dem König als Person, dem König als Amt und dem Land gemacht. Der Begriff der «naturaleza» als eine Art von Proto-Staatsangehörigkeit spielte eine große Rolle, wobei die Bezeichnung als Vasall des Rey y señor natural weniger ausdrückliche Lehensabhängigkeit meinte als allgemeine Untertanentreue. Das Lehenswesen war ja gering entwikkelt. Wo es eine größere Rolle spielte wie in Katalonien, hatten die Adelsgeschlechter daneben eine umfangreiche Grundlage unabhängigen Eigenguts. Die Reconquista stärkte die Könige zusätzlich, weil sie die Operationen und die Verteilung der Beute leiteten und legitimierten, und dabei nicht nur große Adelsherrschaften, sondern auch privilegierte Stadtgemeinden schufen.

Die Herrschaft eines Königs datierte überall vom Tode seines Vorgängers. Salbung und Krönung, die es in westgotischer Tradition ursprünglich gegeben hatte, verschwanden allmählich; in Kastilien kam die Krönung im 14., in Aragon im 15. Jahrhundert endgültig außer Gebrauch. Zum Schluß handelte es sich häufig um Selbstkrönungen, um uneingeschränkte Vollgewalt auch gegenüber der Kirche zu demonstrieren. Ausschlaggebend waren statt dessen Proklamation und Vereidigung des neuen Herrschers und der Treueid der Untertanen. Im 17. Jahrhundert war die spanische Monarchie zwar streng katholisch, aber im Gegensatz zu Frankreich und sogar England bar jeder Sakralität, jedes Gottesgnadentums. Sogar der Titel Sacra Católica Real Majestad wurde Ende des 16. Jahrhunderts durch das simple Señor ersetzt.

Dabei galten zumindest die Könige von Kastilien und Portugal als kaisergleiche, absolute Monarchen im Besitz der «soberanía», wie schon im Rechtsbuch der «Siete Partidas» Alfons' X. aus dem 13./14. Jahrhundert zu lesen ist. In Kastilien war die Rede vom «podério real absoluto» seit dem 15. Jahrhundert selbstverständlich. Damit ist der Gebrauch der Prärogative im europaweit üblichen Sinn gemeint, deren Grenzen aber nicht nur in Aragon mit seinen starken Ständen, sondern auch in Kastilien vor allem hinsichtlich des Rechts eine besondere Ausprägung erfuhren. Zwar war der König alleiniger Gesetzgeber und Inhaber aller Jurisdiktion, es wurde aber ausdrücklich erwartet, daß sich seine Gesetze und Entscheidungen im Rahmen des Rechts bewegten. Formal hatten sie im Regelfall mit Rat des Rates, das heißt in protobürokratisch formalisiertem Verfahren mit Gegenzeichnung zustande zu kommen. Ähnlich wie die französischen Parlamente beanspruchte auch der Kastilienrat ein Remonstrationsrecht (replicación). Vor allem aber war es übliche Praxis, Verfügungen, die material gegen Gesetz und Recht verstießen, insbesondere wenn sie anerkannte Privilegien von Individuen verletzten, anzunehmen, aber nicht auszuführen und an den König-im-Rat zu appellieren. «Gehorchen, aber nicht ausführen» (Obedézcase, pero non si cumpla) hieß die berühmte Formel dafür.

Außerdem war zumindest für neue Steuern die Zustimmung der kastilischen Stände, der Cortes, erforderlich, so schwach deren Stellung auch sein mochte. In der Krone Aragon hingegen war der Herrscher trotz Anspruchs auf dieselbe absolute Prärogativgewalt durch vertragsartige Abmachungen mit den Ständen seiner Länder gebunden (pactismo). Anders als in Kastilien wurde hier der Untertaneneid erst *nach* Vereidigung des Monarchen geleistet. Die Stände dieser Länder stellten sehr viel umfassendere Vertretungen der Eliten dar und sollten regelmäßig einberufen werden. Steuern waren von ihnen schwerer zu bekommen; Steuererhebung und Ausgabenkontrolle lagen darüber hinaus ebenfalls in ihrer Hand. Außerdem benötigten königliche Gesetzesinitiativen die Zustimmung der Stände, damit geltendes Recht (Constitucions, Ordinaments, Furs, Fueros) daraus wurde. Außerdem gab es in Aragon einen Oberrichter (Justicia), der zwar vom König ernannt wurde, aber ausdrücklich über die Beachtung der Rechte des Landes durch die Krone zu wachen hatte und zu diesem Zweck mit rechtlichen Eingriffsmöglichkeiten ausgestattet war.

In Kastilien und Portugal wurde die Krone seit dem Hochmittelalter an den jeweils ältesten Sohn, bei Ermangelung von Söhnen an die jeweils älteste Tochter vererbt. In Navarra galt dasselbe Recht mit der Maßgabe, daß Töchter nicht zur Herrschaft berechtigt waren, sondern die Krone nur ihrem Ehemann weitergeben konnten. In Aragon scheint es keine generelle Regelung gegeben zu haben. In kritischen Fällen wurde aber je nach Machtverhältnissen ohnehin von den Regeln abgewichen. In Portugal kam durch den Aufstand von 1640 statt des spanischen Urenkels Manuels I. der Herzog von Braganza als Sohn einer anderen Enkelin auf den Thron. Vor allem aber wurde nach dem Aussterben der degenerierten spanischen Habsburger 1700 die Erbfolge im spanischen Weltreich zum Problem der europäischen Machtpolitik und löste den Spanischen Erbfolgekrieg aus. Da die spanischen Gemahlinnen der französischen Könige Ludwig XIII. und Ludwig XIV. verzichtet hatten, galten die österreichischen Habsburger als erbberechtigt. Ludwig XIV. meldete dennoch Ansprüche an, weil er die spanische Mitgift nicht erhalten hatte, und verstand es, seinen Enkel Philipp auf den spanischen Thron zu bringen. Prompt erhoben die Länder der Krone Aragon den Habsburger Karl zum König, der allerdings 1711 als Nachfolger seines Bruders Joseph I. Kaiser wurde. Weil damit eine Neuauflage des Reiches Karls V. drohte, kam er für die Seemächte nicht mehr in Frage. Der siegreiche Bourbone Philipp V. sah sich berechtigt, der rebellischen Krone Aragon in den Decretos de nueva planta 1707–16 die politischen Sonderrechte abzuerkennen. Diese Vereinheitlichung des Territoriums und der Institutionen gab die Grundlage für aufgeklärte Reformen 1746–88 ab, die eine Zuspitzung des monarchischen Anspruchs bedeuteten, wie er schon im 17. Jahrhundert vertreten wurde, aber keinen grundsätzlichen Wandel. Ähnliches gilt auch für den portugiesischen Reformabsolutismus des Ministers Pombal unter Joseph I. (1750–77).

England

Nach dem Herzogtum Normandie und dem Königreich Sizilien wurde England durch die Eroberung von 1066 die dritte der straff organisierten normannischen Monarchien und diejenige, die überlebte, denn nach der japanischen und der päpstlichen ist sie die älteste, die noch existiert. Freilich konnte sie ältere Strukturen des angelsächsischen Königtums mitbenutzen, insbesondere dessen volksrechtliche Elemente wie die Gliederung des Landes in Grafschaften (Shire, County), die allgemeine Besteuerung und die Regierung mittels knapper schriftlicher Weisung des Monarchen, des Writ (lateinisch: Breve). Kraft Eroberung wurde alles Land Königsland, es gab kein Eigengut (Allod) mehr wie in Deutschland. Nach dem Grundsatz «kein Land ohne Herr» (nulle terre sans seigneur) existierten nur noch Krongut oder vom König vergebene, erbliche Lehen, die weiterverliehen werden konnten. Trotz der an bestimmten Gebieten haftenden Adelstitel wurden die Lehen aber planmäßig gestreut und wurde das Entstehen geschlossener Adelsherrschaften verhindert. Außerdem gab es in allen Lehenseiden einen Treuevorbehalt zugunsten des Königs sowie einen allgemeinen Treueid auf ihn. Die Besteuerung wurde ebenso beibehalten und gestrafft wie die Grafschaftsverfassung; dabei stützte sich der König auf den Vizegrafen, den Sheriff, dessen Stellung ein widerrufbares Amt blieb, auch wenn er aus zuverlässigen Kronvasallen ausgewählt wurde.

Primogenitur bürgerte sich zwar erst bis 1377 ein, aber durch Designation des Erben und andere, bisweilen blutige innerdynastische Verfahren war die Wahl längst verschwunden. Heinrich II. (1154–89), Thronerbe aus dem Hause Plantagenet, gebot zusätzlich über halb Frankreich. Er wurde für England zum wichtigsten Begründer eines einheitlichen königlichen Rechts, des Common Law. Die Hochgerichtsbarkeit war stets in der Hand der Krone geblieben. Darauf beruhten die Justiz königlicher Reiserichter, die sich vor Ort auf den Sheriff und zur Tatsachenfeststellung auf eine Jury aus zwölf Geschworenen stützten, und schließlich die Entstehung ständiger zentraler Gerichtshöfe in der Hauptstadt London/Westminster. Dort fertigte die Kanzlei gegen Bezahlung Writs zur Einleitung von Verfahren aus, die hohe Rechtssicherheit boten, daher vielgenutzt und eine reiche Einnahmequelle wurden. Obwohl die Könige noch im 13. Jahrhundert die Gott allein verantwortliche, nur durch den Krönungseid gebundene Vollgewalt (plenam potestatem et liberum regimen) einschließlich Gesetzgebungshoheit beanspruchten, verbreitete sich bereits die Vorstellung, daß auch der König unter diesem königlichen Recht stehe.

1215 zwangen aufständische Barone den bedrängten König, in der Magna Charta Libertatum die Privilegien der Kronvasallen und anderer freier Engländer zu bestätigen. Sie sollten Freiheit und Eigentum nur noch durch Urteil von ihresgleichen oder nach Common Law verlieren können, außerordentliche Feudalabgaben nur noch «per commune consilium regni nostri» möglich sein. Das heißt, die Erweiterung des auf die Angelsachsen zurückgehenden königlichen Rats der Großen des Landes zu einer Art Vertretung des Reiches, einem Ort des Gesprächs (Parliamentum) über Recht und Gnade, Steuer und Politik zeichnete sich ab. 1236 kam es dort zum erstenmal zum Beschluß eines «Statute». Im 15. Jahrhundert wurde Statute zur Bezeichnung für ein Gesetz, das mit Zustimmung der Communitas Regni, das heißt im Parlament, zustande gekommen war und vor den Common-Law-Gerichten galt, was für andere königliche Verfügungen (Proclamations, Ordinances) nicht zutraf. Aber die Einschränkung der königlichen Gewalt durch Statute Law hielt sich deswegen in engen Grenzen, weil die Zahl der Statutes vor dem Gesetzgebungsstaat des 19./20. Jahrhunderts sehr gering blieb und ein Statute *gegen* den Monarchen praktisch nicht möglich war. Vor allem die Kriege mit Frankreich waren es gewesen, die Parlamente für das Aushandeln neuer Steuern zur regelmäßigen Einrichtung werden ließen (Model Parliament 1295), freilich noch lange Zeit Ereignisse, nicht Institution und bloße Ergänzungsmaßnahme königlicher Herrschaft. «Der König hält seinen Hof in seinem Rat in seinen Parlamenten[!]» hieß es um 1300.[7]

Deutlicher werden Vorstellungen von den Grenzen königlicher Gewalt in den fünf Absetzungen englischer Könige zwischen 1327 und 1485 durch Konsens der Stände und des Volkes, weil sie sich als ungerecht (iniustus) oder unfähig (inutilis) erwiesen hatten. Hier ist ein vom Land und nicht mehr vom König abgeleiteter Anspruch des Par-

7 *Schnith, Karl* in: Handbuch der europäischen Geschichte, Bd. 2, 830.

laments zu erkennen. Allerdings hielt man bis 1688 eine zusätzliche Verzichterklärung für erforderlich, und der Nachfolger legitimierte sich nicht nur durch den von Gott verliehenen Sieg über den ungerechten Vorgänger, sondern auch durch Unterstellung eines Erbrechts sowie durch Salbung und Krönung.

So auch Heinrich VII. Tudor, der die Thronfolgekämpfe nach dem Ende des Krieges mit Frankreich, für die der Romancier Walter Scott im 19. Jahrhundert die Bezeichnung «Rosenkriege» erfunden hat,[8] siegreich beendete. Als Usurpatoren blieben die Tudors darauf angewiesen, ihr uneingeschränktes Gottesgnadentum im politischen Handeln wie in der propagandistischen Inszenierung ihrer Monarchie ganz besonders zu betonen. Dazu kam die Schwäche durch fehlende Nachkommen, die zu ihrem Aussterben bereits nach drei Generationen führte. Seit 1893 war daher von einer «New Monarchy», einem «Tudor Despotism», einem «absolute government» der Tudors die Rede, was erheblich zur Entstehung des modernen Nationalstaates beigetragen habe. Man entdeckte sogar europaweit eine ganze Generation «neuer Monarchen» (neben Heinrich VII. vor allem Ludwig XI. von Frankreich, Ferdinand von Aragon, Kaiser Maximilian I.), die sich durch rücksichtslose Machtpolitik und Nutzung «moderner» Möglichkeiten in Kriegswesen, Verwaltung und Propaganda ausgezeichnet hätten. Inzwischen wurde aber soviel Kontinuität zur vorangegangenen Zeit festgestellt, daß auch die 1953 erfundene «Tudor revolution in government» (Geoffrey R.Elton), die Verwaltungsreform Thomas Cromwells unter Heinrich VIII. in den 1530er Jahren, weniger revolutionär aussieht. Die neue Monarchie bestand einfach darin, daß bereits die letzten Vorgänger der Tudors, dann diese selbst, das allgemeine Bedürfnis nach Ordnung durch eine machtvollere Monarchie befriedigt haben, aber mit eher traditionellen Mitteln.[9]

Heinrich VIII. hat seinen Krönungseid, die Gesetze und Gebräuche des Landes zu achten und die Kirche zu schützen, eigenhändig um den Vorbehalt ergänzt: soweit daraus kein Nachteil für seine kaisergleiche Gewalt entstehe,[10] war aber wie seine Tochter Elisabeth klug genug, sich nicht allzu genau über seine Machtvollkommenheit zu äußern. Statutes und Steuern konnten nur im Parlament beschlossen werden, das inzwischen eine feste Form hatte und aus Lords und Commons bestand. Ansonsten war der Monarch von Gottes Gnaden in seiner Prärogative unbeschränkt, stand aber nicht nur unter Gott, sondern

8 *Lander,* Crown and Nobility 57.

9 J. R.Green nach *Goodman* 1–8, 76–81.

10 *Ullmann,* This Realm 183.

auch unter dem Recht des Landes. Seine Herrschaft war insofern begrenzt, aber es gab kein Widerstandsrecht gegen sie, kein Verfahren, die Einhaltung der Grenze zu erzwingen. Zeitgenössische Experten nannten dieses englische Regime «Dominium politicum et regale», im Gegensatz zur reinen Monarchie (Dominium regale) Frankreichs eine Mischung aus Monarchie und Republik (Dominium politicum). Das Parlament aus König, Lords und Commons galt ja als Verwirklichung des aus der Antike überkommenen Mischverfassungsideals aus Monarchie, Aristokratie und Demokratie.

Das alles war unstrittig. Die Konflikte, die schon unter Elisabeth einsetzten und schließlich zum Bürgerkrieg führen sollten, drehten sich nicht um die königliche Prärogative, sondern um deren Ausmaß und konkreten Gebrauch, also nicht um den abstrakten Gegensatz von «Absolutismus» und «Konstitutionalismus» oder um einen geradlinig eskalierenden Konflikt zwischen Krone und Parlament um die englischen Freiheitsrechte. So blieb unklar, ob die durch die Reformation erworbene Kirchenhoheit dem König allein zustehe oder Sache des Königs-im-Parlament sei. Karl I. hat versucht, ohne Parlament auszukommen und seine Prärogative bis zur Grenze des Möglichen ausgereizt, mit der Erhebung unbewilligter Steuern nicht ohne Erfolg, wurde doch gerichtlich festgestellt, eine Notlage (Necessitas) des Gemeinwesens entbinde ihn von den gewöhnlichen Regeln. Nur weil er durch den Konflikt mit den Schotten ins Räderwerk des Coercion-Extraction-Cycle geriet, kam es zur Krise.

Als er 1649 vor Gericht stand, um wegen Tyrannei und Führens eines Bürgerkrieges verurteilt und hingerichtet zu werden, berief er sich unter anderem auf den alten Rechtssatz «the King can do no wrong», der in England bis 1947 uneingeschränkt in Geltung blieb.[11] Er will aber nicht besagen, daß der König zu keinem Unrecht fähig sei, sondern nur, daß er rechtstechnisch nicht vor sein eigenes Gericht geladen werden könne. Wie überall in Europa mußten statt dessen seine Minister die Verantwortung übernehmen – Strafford und Laud wurden ebenfalls hingerichtet. Für den König wurden weniger monarchistische Auslegungen herangezogen. Man unterschied zwischen dem «politischen» und «privaten» Körper des Königs und schrieb die Übeltaten dem letzteren zu. Oder rechnete das Parlament zum politischen Körper des Königs. Oder erklärte, ein König, der Unrecht tue, höre automatisch auf, König zu sein – ein Grundsatz, der in der Glorious Revolution 1688 benutzt wurde und in der französischen Verfassung von 1791 wiederkehrt. Aber so ähnlich hatte man schon bei mit-

[11] *Henshall* 82.

telalterlichen Königsabsetzungen argumentiert, wenn dem König der Bruch des Krönungseides vorgeworfen wurde.

Die Militärdiktatur Oliver Cromwells lief praktisch auf eine neue Monarchie hinaus, ersatzweise wurde 1660 die alte restauriert – offensichtlich war sie unentbehrlich. Die Feudalrechte des Königs blieben abgeschafft, und seiner Prärogative wurden einige finanzielle und rechtliche Grenzen gesetzt, ansonsten blieb es bei seiner Prärogative. Der Konflikt zwischen Gottesgnadentum und revolutionärer Parlamentshoheit lebte wieder auf und eskalierte wegen der als bedrohlich empfundenen Begünstigung der Katholiken durch Jakob II. zur Glorious Revolution 1688/89, die aber nur eine Tochter des Königs und dessen mit ihr vermählten Neffen Wilhelm III. von Oranien auf den Thron brachte. Die Verfassung hingegen wurde durch die Bill of Rights und die definitive Neufassung des Krönungseides eindeutig geklärt.

Steuererhebung ohne Gesetz wurde ebenso verboten wie die Suspendierung von Gesetzen oder die Dispens von ihnen durch den Herrscher, desgleichen der Unterhalt eines stehenden Heeres in Friedenszeiten. Der Monarch mußte schwören, das Land nach den Statutes des Parlaments und dem Common Law und im gesetzlich festgelegten Protestantismus zu regieren. Zu diesem Zweck regelte die Act of Settlement 1701 die protestantische Thronfolge und fügte die für die Herrschaft des Rechts grundlegende Unabsetzbarkeit der Richter hinzu. Der Monarch stand jetzt eindeutig unter dem Gesetz, die Krone war zu einem «Staatsamt» geworden.[12] Weiter war ihre Prärogative aber nicht eingeschränkt, ja nicht einmal definiert worden. Wahl der Minister, Ämterbesetzung, große Politik, Krieg und Frieden lagen weiter uneingeschränkt beim Monarchen und wurden von Wilhelm III. energisch für seine antifranzösische Politik genutzt. Dieser angebliche erste «konstitutionelle» Monarch war ein starker, ja im oben dargelegten Sinn «absoluter» Monarch.

Die weitere Entwicklung zum modernen Parlamentarismus ergab sich allmählich aus der Notwendigkeit, für die Finanzierung der Politik der Krone eine Mehrheit im Parlament, vor allem im finanziell ausschlaggebenden Unterhaus zu finden. So konnten sich die Minister unter der Führung des Premiers bis ins 19. Jahrhundert von Vertrauensleuten der Krone für diesen Zweck zu Vertrauensleuten des Unterhauses wandeln und schließlich die Krone politisch weitgehend entmündigen.

12 *Kluxen, Kurt* in: Handbuch der europäischen Geschichte, Bd. 4, 326.

Dänemark und Schweden

In Dänemark, Norwegen und Schweden entstanden Gesamtkönigtümer wohl erst im 8./9. Jahrhundert, wobei Südschweden noch bis ins 17. Jahrhundert zu Dänemark gehörte. Der nach Geblütsrecht gewählte oder angenommene König mußte anschließend von den Versammlungen (Thingen) der einzelnen «Länder» seines Reiches angenommen werden. Die Königsgewalt war begrenzt und beruhte anscheinend eher auf der Gefolgschaft als auf Amtsbefugnissen. Der Hochadel hatte eine starke, auf unabhängiges Eigen gegründete Stellung; wo später das Lehenswesen eindrang, sollte es nie eine Rolle als durchgehendes politisches Organisationsprinzip spielen.

Die Christianisierung samt dem in allen drei Ländern ebenso wie in England auftretenden Mythos eines heiligen Gründerkönigs, die teilweise darauf Bezug nehmende kirchlichen Krönung und die kirchliche Selbständigkeit unter eigenen Landeserzbischöfen scheinen die Monarchie gestärkt zu haben. Aber nur Norwegen wurde zum Erbreich, während Dänemark und Schweden bis in die Neuzeit Wahlmonarchien blieben, auch wenn in der Regel nach dem Primogeniturprinzip gewählt wurde. Aber der gegenseitige Treueid von König und Volk erhielt auf diese Weise eine politisch konstitutive Bedeutung, und seit dem 14./15. Jahrhundert konnten Wahlkapitulationen (dän. Håndfaestninger) des Königs mit den Wählern zur Regel werden. Obwohl die skandinavischen Könige zusammen mit den Großen, in Schweden seit ca. 1200 angeblich sogar allein, Gesetze gaben, blieben sie durch Eid und Wahlkapitulation besonders eng an das Recht gebunden.

Ende des 14. Jahrhunderts führte die dynastische Entwicklung zu einem gemeinsamen Königtum, der Union von Kalmar, dessen Herrschaftsanspruch von Estland und Finnland bis Island und Grönland reichte. Eine Realunion wurde nicht daraus, aber grenzüberschreitende Interessen des Hochadels hielten die Union trotz Krisen am Leben, bis Schweden sich nach heftigen Konflikten 1523 mit der Königswahl Gustav Wasas der dänischen Führung entzog. Norwegen hingegen blieb bis 1814 mit Dänemark vereinigt.

In Dänemark wie Schweden beanspruchten wenige Hochadelsfamilien, die die hohen Reichsämter innehatten und im jeweiligen Reichsrat versammelt waren, nicht nur die Königswahl, sondern auch die ständige Mitregierung «mit Rat des Rates» (schwed. «met råds råde»). Daneben gab es gelegentliche Versammlungen von Vertretern der übrigen Stände, die in der Neuzeit als Reichstage eine festere Struktur annahmen. Wie King – Lords – Commons in England ließ sich die skandinavische Trias König – Reichsrat – Reichstag im 16. und frühen 17. Jahrhundert als ideale Mischverfassung aus monarchischer Majestas, aristokratischer Auctoritas und demokratischer Libertas deuten. Wenn damals vom Rex absolutus die Rede ist, so heißt das, wie üblich, «außenpolitisch» Souveränität, «innenpolitisch» Prärogative.

Die Reformation brachte mit den enteigneten Kirchengütern und der Kirchenherrschaft einen Machtgewinn für die Kronen. Außerdem wurden Norwegen 1536 zur Strafe für Widerstand von den Dänen seine eigenen Institutionen genommen, während es in Schweden 1544 zur Einführung der Erbmonarchie kam, die unter Gustav II. Adolf 1611–32 einen Höhepunkt ihrer Macht erreichte, obwohl oder gerade weil sie im Einklang mit dem Reichsrat funktionierte.

In Dänemark hatte Friedrich III. die beherrschende Stellung des Reichsrats 1648 in seiner Handfeste noch einmal bestätigt, aber nach einer katastrophalen Niederlage gegen Schweden wendete sich das Blatt. Während der Hochadel teilweise Verrat übte, trugen die übrigen Stände schwere finanzielle und militärische Verteidigungslasten, wobei sie sich mit der Monarchie zusammenfanden. So konnte mit Hilfe der Reichstagsstände 1660 die Handfeste kassiert, der Reichsrat abgeschafft und die Erbmonarchie mit Dominium absolutum, die «Eingewalt» (Enevaelde) eingeführt werden. Abgesichert wurde sie 1665 durch die vom König erlassene Lex Regia (Kongelov), die vor allem die Erbfolge regelte, aber in §§ 2–6 eine in Europa einmalige gesetzliche Regelung absoluter königlicher Vollgewalt enthält, die Stellung über dem positiven Recht, alleinige Legislative, Bestellung aller Amtsträger und völlige Kirchenhoheit. Auf dieser Grundlage sollte Dänemark eine beachtliche Modernisierung durch die Krone erleben.

Die schwedischen Reichsräte wurden vom «dänischen Unwesen» abgeschreckt, der junge König Karl XI. und seine Berater aber angezogen, galt es doch die zur Kriegsfinanzierung an den Hochadel veräußerten Krongüter durch «Reduction» unter teilweiser Mißachtung des Eigentumsprinzips zurückzunehmen. Das gelang, weil der König sich mit Hilfe des ebenfalls von Ressentiments gegen den Reichsrat erfüllten Reichstags schrittweise die Eingewalt (Envälde) verschaffte. Die Souveränitätserklärung von 1693 befreite ihn von der Bindung an Schwedens Gesetz und stellte fest, er könne «nach eigenem Belieben und als ein christlicher König» regieren. Sein Nachfolger Karl XII. verlegte die Krönung 1697 vom Traditionsort Uppsala in die Residenz Stockholm, ließ die Stände schwören, während er jeden Eid ablehnte und sich schließlich die Krone selbst aufsetzte, um zu demonstrieren, daß er sie ohne kirchliche oder ständische Vermittlung kraft Erbrecht unmittelbar von Gott habe – das Vorbild für Königsberg 1701.

Das Scheitern der Kriegspolitik des Autokraten führte aber im Gegensatz zu Dänemark bereits 1720 einen Umschwung herbei. Ein parlamentarisches Regime des Reichstags entstand, in dem König und Reichsrat nur noch eine Art Vollzugsausschuß für die Zeit zwischen dessen Sitzungen darstellten. Unzufriedenheit mit dem «Parteienwesen» ermöglichte aber 1772 einen Staatsstreich Gustavs III., der ein aufgeklärtes Regime preußisch-österreichischer Art einführen wollte. Die Krisen nach seiner Ermordung 1792 führten statt dessen allmählich zu einer modernen Gewaltenteilung.

Böhmen, Polen, Ungarn

In allen drei Ländern kam im 10. Jahrhundert eine zentrale Herrschaftsbildung zum Abschluß, die unter kaiserlicher oder päpstlicher Mitwirkung durch Eingliederung in die dominierende politische Kultur Europas «gekrönt» wurde, in Ungarn sogar einschließlich Verschwägerung mit dem Kaiserhaus, das hieß Aufnahme in die «Familie der Könige». Die Fürsten ließen sich taufen und wurden in Ungarn 1000, in Polen 1000 oder 1025, in Böhmen endgültig 1198 aus verschiedenen Rücksichten zu Königen erhoben. Der Böhmenherzog Wenzel und der Ungarnkönig Stephan avancierten zu heiligen Gründerkönigen, ihre angeblichen Kronen zu «nationalen» Palladien. Vor allem der Mythos der «Heiligen Krone Ungarns» hat bis in die neueste Zeit hohe politische Bedeutung besessen. In allen drei Ländern bildete sich aus alten Geschlechtern einerseits, durch Fürstendienst andererseits ein Adel, der in Polen und Ungarn sehr zahlreich, aber formal nicht rangmäßig differenziert war; der Hochadel der polnischen oder ungarischen Magnaten war lange Zeit allein durch Reichtum und Macht hervorgehoben, während in Böhmen wie in Österreich eine Trennung hochadeliger (Frei-)Herren und niederadeliger Ritter entstand. Diese Sonderentwicklung mag damit zusammenhängen, daß das Lehenswesen in Polen und Ungarn kaum eine Rolle gespielt hat.

Die böhmische Przemyslidendynastie expandierte nach allen Seiten, starb aber 1306 aus. Kaiser Heinrich VII. verschaffte das Land seiner Familie, den Luxemburgern. Sein Enkel Kaiser Karl IV. (1347–78) wurde zum eigentlichen Gründer der Krone Böhmen, die dank seiner Erwerbungen hinfort aus Böhmen, Mähren, Ober- und Niederlausitz sowie Schlesien bestand, dessen polnische Herzöge damals Lehensträger der Krone Böhmen wurden. Für Böhmen wurde die Primogeniturerbfolge durchgesetzt; nur bei fehlenden Erben sollte Wahlrecht der Stände gelten.

In Polen, das im 12.–14. Jahrhundert in zahlreiche Herzogtümer zerfallen war, wurde 1295/1320 als Reaktion auf die böhmische Expansion das Königtum erneuert und von Kasimir dem Großen[13] (1333–70) durch Rückgriff auf Lehenswesen und römisches Recht weiter ausgebaut, unter anderem mit Hilfe der transpersonalen Vorstellung einer mehr oder weniger abstrakten Krone Polen (Corona Regni Poloniae) als Inbegriff der Herrschaft.

Alle drei Königtümer waren ursprünglich stark und im zeitüblichen Rahmen mehr oder weniger unumschränkt. Vor allem dynastische Nachfolgekrisen haben auf die Dauer zu einem Aufstieg des Adels und der Entstehung monarchisch-aristokratischer Mischregimes geführt. In Ungarn erhielt der Adel schon 1222 das Widerstandsrecht und das Versprechen jährlicher Reichstage. Der Bürgerkrieg nach dem Aussterben der Arpaden 1301 brachte schließlich das Haus Anjou an die Macht. Ludwig I. der Große (1342–82) regierte zwar erfolgreich, bezeichnenderweise fast ohne Reichstage, starb aber ohne Söhne. Auch daß hundert Jahre später der Wahlkönig Mathias Hunyadi (Corvinus, 1458–90) Ungarn noch einmal zur Vormacht des Südostens machen konnte, hatte keine Auswirkungen auf die Stellung des Königtums. Der Zweikammer-Reichstag mit der Magnatentafel aus Hochadel und Bischöfen und der Ständetafel aus gewählten Abgeordneten des Niederadels der Grafschaften (Comitate) und Städte war faktisch längst zur festen Einrichtung geworden. Er beanspruchte die Steuerbewilligung und die Mitwirkung an der Gesetzgebung. Als auch Matthias ohne Erben starb, wurde zwar ein polnischer Jagiellone gewählt, aber die Habsburger standen bereits in Wartestellung. Nach der Niederlage von Mohács 1526 gegen die Osmanen kamen sie in einer Doppelwahl zum Zuge, neben ihnen Johann Zápolya, der Wojwode von Siebenbürgen. Schließlich machte der Sultan 1541 Zentralungarn zur osmanischen Provinz und Siebenbürgen zum Lehensfürstentum, während den Habsburgern das westliche Restungarn mit der heutigen Slowakei und dem Nebenland Kroatien verblieb.

In Polen starben die Piasten mit Kasimir 1370 aus. Bereits sein Nachfolger Ludwig von Ungarn mußte dem Adel, der Szlachta, Zugeständnisse machen. Nach seinem Tod – er hatte keine Söhne – wurde seine Tochter Hedwig «zum König» erhoben und mit dem Erbfürsten Jagiello von Litauen vermählt, der nach seiner Taufe 1386 ebenfalls zum König gewählt wurde. Die vertragliche Zusage der ständigen Verbindung Litauens mit Polen erschien ihm vorteilhafter als diejenige mit Rußland, nicht zuletzt im Hinblick auf die Erbfeindschaft mit dem Deutschen Orden, der nun zumindest kein Recht zu Heidenkreuzzügen mehr hatte. Aber Litauen blieb Erbreich, während Polen

13 Sein Beiname stammt aber erst aus dem 16. Jahrhundert.

Wahlkönigtum geworden war. Auch wenn der Adel durchaus bei der Jagiellonendynastie blieb, war jede Königswahl Verhandlungssache und brachte neue Zugeständnisse ein. Nach Sicherung der persönlichen Rechte der Adligen wurde 1454 verfügt, daß das Landesaufgebot nur noch mit Zustimmung der regionalen adeligen Landtage (Sejmiki) einberufen werden durfte, die dadurch institutionalisiert wurden. Sie oder regional zusammengefaßte Generallandtage beschlossen jetzt Steuern und Feldzüge, bis ein neuer König 1493 erstmals einen Reichstag (Sejm) aus dem königlichen Rat (Senat) einerseits, gewählten Vertretern der Landtage (Landboten) andererseits abhielt. Sein Nachfolger konnte den Fortbestand der Verbindung von Polen und Litauen sowie den Ausgleich zwischen Magnaten und Mitteladel nur durch Hinnahme einer weiteren Aufwertung der Ständevertretung sichern; die Konstitution des Sejm von Radom 1505 machte die königliche Gesetzgebung für immer von der Zustimmung des Senats und der Landboten abhängig.[14] Damit war das triadische parlamentarische System auch hier etabliert.

Dennoch ließ sich der polnische König immer noch im mehrfach umschriebenen Sinn als absolut bezeichnen, denn ohne ihn und erst recht gegen ihn war keine Entscheidung möglich. Die häufige Rede von seiner Plenitudo potestatis in der königlichen Kanzlei war mehr als nur ein Schlagwort, denn sie sollte ihm gestatten, sich im Notfall (necessitas) über Gesetze hinwegzusetzen.[15] So wollte sich noch der Wahlkönig Stefan Batory Ende des 16. Jahrhunderts in einer Weise mit dem Staat identifizieren, wie sie sonst nur Ludwig XIV. nachgesagt wird: «Mea persona et Respublica idem sunt, ego Reipublicae personam gero».[16] Der Reichstag konnte zwar Steuern verweigern, aber ohne Zustimmung des Königs keine Gesetze machen. Das Gewicht der Landboten war gering, und auch die Abhängigkeit des Königs vom Senat hielt sich in Grenzen, denn 1. war er bis 1606 formal noch nicht an dessen Rat gebunden, 2. brauchte er ihn nicht einzuberufen, 3. bestellte er die Senatoren und entschied über ihr Aufrücken in der Ämterhierarchie, 4. stattete er sie mit der Verwaltung von Teilen der Krondomäne aus. Man konnte zwar als Magnat geboren werden, aber der König war durchaus in der Lage, neue Magnaten zu schaffen. Auch die zeitweilige Zusammenarbeit der Krone mit dem mittleren Adel

[14] Der Kernsatz, nach dem das Statut «Nihil novi» heißt, lautet: «[. . .] nihil novi constitui debeat per Nos et successores nostros sine communi Consiliariorum et Nuntiorum Terrestrium consensu», nach *Rhode* in: Handbuch der europäischen Geschichte, Bd. 3, 1018.

[15] Vgl. *Uruszak* in: *Padoa-Schioppa* 176 f.

[16] Nach *Grzybowski* 706 f.

zur Wiederherstellung der Kronrechte Mitte des 16. Jahrhunderts war erfolgreich, vor allem durch die Verwirklichung der lange geplanten Realunion mit Litauen 1569, dessen Niederadel in vollem Umfang an den Privilegien des polnischen teilhaben wollte.

Das Aussterben der Jagiellonen 1572 und der Übergang zur freien Königswahl – das litauische Erbrecht war 1569 gefallen – durch alle persönlich (viritim) anwesenden Adeligen sollte sich zwar auf die Dauer als der entscheidende Einbruch erweisen, bedeutete aber zunächst noch keine Katastrophe für die Königsmacht. Zwar wurde die königliche Prärogative durch eine doppelte Wahlkapitulation erheblich eingeschränkt, der König der Aufsicht eines ständigen Ausschusses von 16 Senatoren unterstellt und das Widerstandsrecht auf den gesamten Adel ausgedehnt. Doch wie üblich scheiterte der Ständeausschuß an den Kosten, so daß die Könige bis Mitte des 17. Jahrhunderts weiterhin den Reichstag kontrollieren und erfolgreiche Außenpolitik machen konnten. Ein Aufstand (Rokosz) unter Berufung auf das Widerstandsrecht gegen das angebliche Streben des Königs nach dem absolutum dominium scheiterte 1606.

Erst die katastrophalen Niederlagen Mitte des 17. Jahrhunderts gegen Schweden, Russen und Kosaken zugleich führten nicht nur zum rapiden Zerfall der restlichen Königsmacht, sondern zur Desintegration des politischen Systems und zur sogenannten «Adelsdemokratie» des Reichstags, mit dem Liberum Veto als Inbegriff der dort angewandten destruktiven Verfahrenstricks. 1652 brachte erstmals das Veto eines Landboten, der aber Strohmann eines Magnaten war, einen Reichstag zum Scheitern. Dem Einfluß des Auslandes waren Tür und Tor geöffnet, so daß schließlich Rußland und Preußen eine recht brutale Außensteuerung betreiben konnten. Erst die Annexionen des Jahres 1772, die 1. Teilung Polens, lösten einen enormen Aufschwung aufgeklärten Reformwillens aus. Kein Veto kam mehr vor, und 1791 wurde der Verfassungsentwurf einer ziemlich modernen, konstitutionellen Monarchie verabschiedet – vor dem französischen. Die Antwort der Mächte war die 2. Teilung 1793 und nach einem Aufstand die 3. Teilung 1795, durch die Polen erst einmal von der Landkarte verschwand.

In Böhmen führte die Hussitenbewegung des 15. Jahrhunderts zur Schwächung des Königtums; die Landesordnung von 1500 schrieb die Herrschaft des Hochadels fest. 1526 war der Habsburger Ferdinand I. zwar vertragsgemäß der Erbe seines bei Mohacs gefallenen Schwagers Ludwig II. von Böhmen und Ungarn, wurde aber nur von den Nebenländern angenommen, während die eigentlichen Böhmen auf einer formellen Wahl bestanden und ihr Wahlrecht bestätigt haben wollten. Bezeichnenderweise verschaffte der «Bruderzwist im Hause Habsburg»

Anfang des 17. Jahrhunderts den Ständen in allen habsburgischen Ländern weiteren Auftrieb; alle Beteiligten waren zu weitreichenden Zugeständnissen an sie gezwungen. Monarchische Reaktion und ständische Gegenreaktion führten dann zum Experiment eines ständischen Regimes in Böhmen und geradewegs in den Dreißigjährigen Krieg. Nach der böhmischen Niederlage und einer starken Dezimierung der bisherigen Herrenschicht wurden die Verhältnisse hier durch die «Vernewerte Landesordnung» von 1627 im monarchischen Sinn revidiert. Das Wahlrecht wurde abgeschafft, die Erbmonarchie eingeführt, Gesetzgebung und Ämterbesetzung wurden ausschließliches Königsrecht. Den Ständen blieb eine begrenzte Steuerbewilligungsbefugnis.

Die Ungarn schlugen sich besser, ganz wörtlich mit mehreren Aufständen gegen «absolutistische» und «gegenreformatorische» Versuche der Habsburger, auch nachdem diese 1699/1719 Herren von ganz Ungarn und Siebenbürgen geworden waren. Leopold I. hatte dem Reichstag 1687 erklärt, er könne zwar kraft Eroberungsrecht eine absolute Monarchie wie in Böhmen einführen, wolle aber aus angeborener Milde (die wohlkalkulierte Clementia austriaca des Nicht-Tyrannen, die Widerstand unbillig macht!) die ungarische Ordnung respektieren, falls die Ungarn dafür auf ihr Wahl- und Widerstandsrecht verzichteten. Das geschah. Für weitere Schritte gedachte Leopold auf günstige «occasionen» zu warten. Sein ziemlich «absolutistisches» Projekt eines «Einrichtungswerks» für Ungarn ließ sich aber nicht verwirklichen, und auch spätere Versuche schlugen fehl, bis hin zu Joseph II. und Schwarzenberg. Wie in Spanien konnten mißliebige königliche Verfügungen mißachtet, das hieß hier «cum respectu ad acta» gelegt werden. Es blieb beim trialistischen Mischregime, aber nur, was Ungarns innere Politik anging. Die Außenpolitik war unbestrittene Prärogative des Kaisers und Königs.

3. Formen und Symbole

Wenn Macht ein Kommunikationsmedium zwischen Personen ist, dann läßt sich Macht stabilisieren, indem Kommunikation der Ordnung fester Formen und Symbole unterworfen wird. Konzentriert sich Macht beim Monarchen, wird formalisierte und symbolische Kommunikation dort besonders hoch entwickelt sein, vor allem solange Macht durch persönliche Beziehungen wichtiger ist als solche durch bürokratische Organisation. Formen und Symbole der Monarchie stellen Macht nicht nur dar, sie sind selbst ein Teil monarchischer Macht. Aber darin erschöpfen sie sich nicht. Eine Königsweihe mag im Sinne des mittelalterlichen Sakramentsverständnisses die Verleihung des Amtscharismas bewirken, die sie bezeichnet, aber sie kann darüber hinaus noch viele andere Funktionen haben, bis hin zum bloßen Unterhaltungswert. Ein Fürstenhof mag der Inbegriff von Herrschermacht sein, aber er ist zugleich ein erstrangiger Wirtschaftsfaktor, ein Brennpunkt der «guten» Gesellschaft, ein Faktor der Entwicklung von Kunst und Musik usf.

a) Hof und Herrschaft

Der Hof des Königs, die Curia Regis, läßt ihre ursprüngliche Multifunktionalität bereits durch die Mehrdeutigkeit des Begriffs erkennen. Denn «Hof» kann erstens die Zentralregierung, zweitens den organisierten Großhaushalt des Herrschers, drittens den Ort, wo er sich aufhält, wo er «Hof hält», bezeichnen, wobei eine klare Unterscheidung aber oft kaum möglich ist. Das liegt daran, daß die drei Bedeutungen ursprünglich identisch waren. Der mittelalterliche Reisekönig führte seinen Haushalt mit sich, wo immer er Hof hielt, und regierte durch Angehörige dieses Haushalts. Die Zentralbehörden, die Gerichte, ja sogar die Ständeversammlungen sind durch allmähliche Verselbständigung aus dieser Curia Regis hervorgegangen. Deutsche Hofordnungen regelten noch im 16. Jahrhundert zugleich die Organisation der Zentralverwaltung des Fürstentums. Aber auch wo die Zentralbehörden längst getrennt sind wie in Rom, bleiben begriffliche und sachliche Zusammenhänge bestehen. Mit der Curia Romana, der Römischen Kurie, wie man heute sagt, der Corte di Roma, dem Römischen Hof, wie es früher hieß, sind dort die Zentralbehörden und nicht der Hofstaat, die Famiglia des Papstes gemeint. Aber die maßgebenden Amtsträger gehören kraft Amtes oder päpstlicher Gunst auch zum Hofstaat. Ähnliches gilt auch für die großen Monarchien Europas und ihre konstitutionellen Nachfolgerinnen. Dabei brauchte der Hofrang nicht der politischen Stellung eines Amtsträgers zu entsprechen, so etwa bei Bismarck, und konnte umgekehrt ein Hofrang auch ohne Amt in den Zentralbehörden gewaltige politische Macht beinhalten wie im Falle des spanischen Ministers Olivares, dessen strategische Machtgrundlage in der Stellung des Oberkämmerers und des Oberstallmeisters bestand. Denn kraft dieser Ämter hatte er jederzeit, auch während der wichtigsten «Freizeitbeschäftigung», der Jagd, Zugang zum König und konnte den Zugang anderer kontrollieren.

Die Päpste haben wohl als erste eine elaborierte und ritualisierte Hofhaltung entwickelt, vor allem als sie im 14. Jahrhundert in Avignon seßhaft waren. Nach italienischen Renaissancehöfen, den Höfen

Karls IV. in Prag und des Matthias Corvinus in Ungarn spielten die Herzöge von Burgund im 14./15. Jahrhundert eine Schlüsselrolle für die Entwicklung europäischen Hoflebens. Diese Herren vieler Länder waren wahrscheinlich darauf angewiesen, ihre von Haus aus inkohärente Herrscherrolle kunstvoll zu stilisieren. Als reiche Fürsten hatten sie auch die Mittel dazu. Von hier stammt der Orden vom Goldenen Vlies, der begehrteste der höfischen Ritterorden. Von hier stammt das strenge burgundische Hofzeremoniell, das ebenfalls von habsburgischen Erben übernommen und 1548 zum spanischen und europaweit zum Vorbild wurde. Im 17. Jahrhundert wurde dieses Modell durch den französischen Hof von Versailles als Maßstab abgelöst. Wie heute noch üblich, entspricht die kulturelle Hegemonie der politischen! Angeblich hat jeder deutsche Duodezfürst gemeint, er müsse Ludwig XIV. und dessen Hof imitieren.

Neben der unterschiedlich weitreichenden Beteiligung am Regierungsgeschäft gehörte es zu den Grundfunktionen eines Hofes, das tägliche Leben und dessen Unterhalt zu organisieren, die Sicherheit des Fürsten und zugleich den Zugang zu ihm zu gewährleisten, sein Prestige manifest zu machen, ja noch zu steigern und bei alledem die Machteliten, vor allem den Adel, zu integrieren und zu neutralisieren. Eine ungeheuer aufwendige Bautätigkeit sollte nicht nur den wachsenden Hof beherbergen und einen passenden Rahmen für die Herrschaftsrituale abgeben, sondern Macht und Herrlichkeit des Fürsten den Untertanen wie dem Ausland sinnenfällig demonstrieren.

Neben den höchsten Militär- und Staatsämtern wie Connetable und Kanzler gehörten im neuzeitlichen Frankreich eine ganze Reihe von Hofämtern zu den Grands officiers de la couronne, vom Grand aumonier (Großalmosenier) und Grand maître de l'hôtel du roi (Großhofmeister) bis zum Grand veneur (Großjägermeister) und Grand fauconnier (Großfalkenmeister). Sie gingen an den Hochadel, zahlreiche mittlere Chargen an die niedrigeren Ränge der Aristokratie. Die symbolischen Dienstleistungen wurden breit gestreut und exakt geregelt, um möglichst vielen etwas zu bieten; die reale Arbeit taten andere Leute. Allein für eine königliche Mahlzeit wurden in Versailles 51 dienstbare Geister aufgeboten. Schon unter Heinrich IV. zählte der königliche Haushalt ohne das Militär 1517 Personen, 1744 sollen dann ca. 10 000 Menschen im Schloß von Versailles gewohnt haben. Der Versuch, den Adel an den Hof zu binden, hatte Erfolg; 1664 wurden bei einem Fest «nur» 600 Höflinge gezählt, um 1680 aber lebten ca. 3000 Adelige als ständige «Gäste» in Versailles, wegen der prohibitiven Kosten vermutlich überwiegend von Pensionen des Königs. Diese Kosten beliefen sich nach den Aufzeichnungen Colberts 1661–1683 auf

10–15 Mio Livres im Jahr, das waren 12–14 % der Ausgaben der Krone. Der Hof Karls I. von England (1625–40) trieb weniger Aufwand mit der Integration des Adels, bot aber ansonsten ein entsprechendes Bild und verzehrte die runde Hälfte der Kronausgaben. Und als der Kaiser im 17. Jahrhundert endgültig in Wien seßhaft geworden war, wuchs sein Hof rasch auf ca. 2000 Personen an, mit dem Gefolge aller Beteiligten auf ca. 25 000, nach anderen Berechnungen sogar 40 000 Menschen, die 1749 4–5 % der Staatsausgaben verschlangen.

Die allerorten anzutreffende unscharfe Trennung zwischen Hof- und Reichsämtern hat im Reich ein eigentümliches dreistufiges System hervorgebracht. Die Kurfürsten bekleideten die Erzämter des Reiches. Die Erzbischöfe von Mainz, Trier und Köln waren Erzkanzler für Deutschland, Burgund und Italien, die Kurfürsten von Böhmen, Pfalz, seit 1623 Bayern, Sachsen und Brandenburg Erzschenk, Erztruchseß, Erzmarschall und Erzkämmerer. Für die Alltagsgeschäfte bestellte der Mainzer einen Reichsvizekanzler, die anderen vergaben Erbämter als Lehen, von denen aber nur der Reichserbmarschall von Pappenheim echte Befugnisse behielt, hauptsächlich bei der Durchführung von Reichstagen. Realen Gehalt hatten eher die kaiserlichen Hofämter, die weitgehend den spanischen entsprachen. Der Obrist-Hofmeister hatte anders als der spanische Mayordomo mayor eine wichtige politische Aufgabe als Vorsitzender des Geheimen Rates. Daneben gab es den Obrist-Kämmerer (Camarero mayor, dann Sumiller de corps), den Obrist-Hofmarschall (Aposentador mayor) und den Obrist-Stallmeister (Caballerizo mayor). Auch der österreichische Hof war ein Adelshof, aber in einem etwas anderen Sinn als in Frankreich, denn hier galt es, führende Familien der einzelnen Länder der Dynastie zu einer mehr oder weniger einheitlichen «Reichsaristokratie» der Gesamtmonarchie zu verschmelzen.

Daneben gab es im Reich etliche hundert weitere Fürstenhöfe, deren Vielfalt nur typologisch beizukommen ist (Volker Bauer): 1. Der zeremonielle Hof als durchritualisierte repräsentative Öffentlichkeit mit politischem Geltungsanspruch, in Berlin bis 1713, in Dresden und Bonn nach französischem, in München und Bamberg nach spanischem Vorbild, personalintensiv und teuer wie dort. 2. Als kostengünstige Variante für kleinere Territorien der Musenhof wie in Wolfenbüttel oder später Weimar. 3. Der hausväterliche Hof nach dem Muster von Sachsen-Gotha[1], der aus der Not fehlender Mittel die Tugend sparsamer Biederkeit machte. Nur in Brandenburg-Preußen war die

1 Programmatisch festgehalten in *Veit Ludwig von Seckendorffs* Teutschem Fürstenstaat 1656.

Reduzierung der Hofkosten von 412 000 Talern auf 52 000 seit 1713 politisches Programm gewesen. 4. Der gesellige Hof Friedrichs II. stellte das «Privatleben» des Herrschers den reduzierten Repräsentationsaufgaben und -ausgaben voran, freilich ohne daß sie vollständig verschwunden wären. Neben Sanssouci hat Friedrich II. das Neue Palais errichtet.

Privatisierung erwies sich aber als generelle Tendenz. Selbst in Frankreich funktionierte das «klassische» höfische System mit dem Monarchen im Mittelpunkt kaum über die 1680er Jahre hinaus. Nur Ludwig XIV. hat das Spiel mit dem ganzen Einsatz seiner Person gespielt, der Regent Philipp von Orleans, Ludwig XV. und Ludwig XVI. zogen sich immer mehr daraus zurück, was vom Weimarer Höfling Goethe als Anfang der Selbstaufhebung der Monarchie gedeutet wurde: «Friedrich [. . .] schläft in einem Feldbette [. . .] Joseph [. . .] auf der Erde. Die Königin von Frankreich entzieht sich der Etiquette. Diese Sinnesart geht immer weiter bis der König von Frankreich sich selbst für einen Mißbrauch hält.»[2]

Es gibt Hofkritik, seit es Höfe gibt. Bereits das Alte Testament bietet Material dazu. Durch den Humanismus wurde sie endgültig zum Allgemeinplatz – parallel zum Aufstieg der modernen Staatsgewalt? An keinem Ort der Welt sei der Mensch so massiert allen Lastern ausgesetzt, neben Intrige und Verschwendung nicht zuletzt auch sexuellen. Immerhin wurde die Maitresse zur höfischen Institution und einem Ludwig XV. schließlich als Bindung fast ebenso lästig wie die Ehefrau. Massenhafte ungebundene Sexualität, so hieß es, habe an den Höfen zu einem «Sieg des Weibchens» mit seinem naturgegebenen Hang zum Luxus geführt und damit für den Aufstieg des Kapitalismus wichtige Nachfrage kreiert (Werner Sombart).[3] Der frustrierte Hochadelige Louis de Rouvroy, Duc de Saint-Simon (1675–1755) hat in seinen Erinnerungen mit der Schilderung des Hofes Ludwigs XIV. und der Régence den Klassiker der Hofkritik und die Vorstellung einer funktionslosen, rein parasitären Hofgesellschaft geschaffen, die nur noch Zweck ihrer selbst ist. Immerhin werden viele seiner Beobachtungen von den nicht weniger bedeutenden Briefen der Schwägerin Ludwigs XIV. Liselotte von der Pfalz bestätigt.

Aber die Sozialwissenschaften haben über Sombart hinaus wichtige Funktionen der höfischen Gesellschaft ausfindig gemacht. Zunächst einmal sollen demonstrativer Müßiggang (conspicuous leisure) heute wie damals demonstrieren, daß man es nicht nötig hat zu arbeiten,

2 Nach *Bauer* 107.

3 Luxus und Kapitalismus, 1912, nach *Bauer* 12.

demonstrativer Konsum (conspicuous consumption), daß man sich alles leisten kann, und auf diese Weise sozialen Status sichern (Thorstein Veblen).

In Frankreich zumindest hat der König Teilen des Adels, die im Zeichen der Geldwirtschaft Schwierigkeiten damit hatten, diesen Lebensstil an seinem Hof dank seiner wachsenden Verfügung über die Ressourcen des Landes weiter ermöglicht, sie dadurch aber auch in bisher unbekannter Weise von sich abhängig gemacht. Auf der einen Seite nutzte er dabei als einzige Quelle aller Gnaden die adelige Rivalität um Prestige mittels eines elaborierten Systems von Zeichen und Symbolen. Auf der anderen Seite unterwarf er die Beteiligten den Regeln des höfischen Spiels und disziplinierte sie dadurch, machte sie «höflich» und trug dadurch zu ihrer Zivilisierung bei, die schließlich für den Rest der Gesellschaft Maßstäbe setzen sollte. Seit dem Buch vom «Hofmann» (Cortigiano) des Baldassare Castiglione 1528 gab es «Lehrbücher» für das erfolgreiche Verhalten bei Hofe. Freilich wurde auch der Fürst selbst durch diesen «Königsmechanismus» der besonderen höfischen Rationalität unterworfen (Norbert Elias).

War der Königshof im Mittelalter vielleicht nur der erste unter den Adelshöfen gewesen, so konnte nach den Standards der Neuzeit sich nur noch der König einen «richtigen» Hof leisten. Mit der Monopolisierung ökonomischer Chancen war die Monopolisierung sozialer Chancen verbunden, bis zur Suspendierung des adeligen Abstammungsprinzips zugunsten königlicher Rang- und Titelverleihung, die im dänischen und russischen Dienstadel des 18. Jahrhunderts ihren Höhepunkt erreichen sollte. Für die übrigen Untertanen steigerte der Herrschaftskult – «das höfische Fest ist Gottesdienst»[4] – durch Massensuggestion das Charisma des Herrschers und dadurch die Distanz zu ihm. Wenn es nicht zur Repräsentation von Macht reichte, dann wenigstens zur Prätention von Macht, ersatzweise durch kulturellen statt militärischen Aufwand (Jürgen von Kruedener).

Allerdings erliegt dieses Bild der Einseitigkeit der Quellen höfischer Selbstdarstellung und übersieht die nicht minder wichtige Perspektive der nicht so sehr politischen als sozialen Beziehungen des Hofes zum Land (Court and Country in klasssischer englischer Formulierung). Als zentraler Patronagemarkt des Landes ist der Hof nämlich keineswegs Zweck seiner selbst, sondern durch Vernetzung mit den regionalen Eliten wichtigstes Instrument zur informellen Kontrolle des Landes, wo die formelle durch eine moderne Bürokratie noch fehlt (Roger Mettam, Sharon Kettering, Ronald Asch und andere).

4 *Von Kruedener* 31.

b) Hauptstadt und Residenz

«Residenz» ist eine auf den Herrscher, «Hauptstadt» eine eher auf das Land zugeschnittene Kategorie, beide kamen in der Regel während der Neuzeit zur Deckung, was ursprünglich keineswegs der Fall zu sein brauchte. Die meisten Könige wurden nämlich erst im 16. Jahrhundert oder noch später endgültig «seßhaft». Frühes Königtum war nicht nur in Europa überwiegend Reisekönigtum. Der Herrscher und sein Hof konnten unter naturalwirtschaftlichen Bedingungen möglicherweise gar nicht auf Dauer an ein und demselben Ort unterhalten werden. Außerdem erwartete das Volk allerorten, irgendwann unmittelbar mit dem Königsheil des Herrschers in Berührung zu kommen, während dieser darauf angewiesen war, überall selbst nach dem Rechten zu sehen.

Allerdings gab es auch unter diesen Bedingungen feste Anlaufstellen auf Königsgut, die nicht nur in Deutschland als «Pfalz» (Palatium) bezeichnet wurden. Daraus konnten sich Stadtpaläste wie der Louvre in Paris oder Landschlösser wie diejenigen in der Umgebung von Paris und an der Loire entwickeln. Paris erhielt spätestens durch die Capetinger als Cathedra Regni Hauptstadtcharakter, vor allem als es im 12. Jahrhundert bevorzugte Königsresidenz war. Die aus der Curia Regis ausgegliederten Zentralbehörden nahmen hier ihren Sitz. Die Hauptstadtfunktion ergab sich wie anderswo aus der Residenzfunktion, obwohl beide bis 1789 deutlich getrennt blieben, denn die Könige lebten überwiegend auf den erwähnten Landschlössern, bis Ludwig XIV. in Versailles eine ständige Residenz schuf.

London hatte zunächst Winchester als wichtigste Rivalin, bis sich seit dem 13. Jahrhundert eine der französischen entsprechende Konstellation einspielte. Dabei dürfte zusätzlich eine Rolle gespielt haben, daß sich hier wie dort mit der Grablege der Dynastie ein Zentrum des Königskultes in der Nähe befand, in Westminster bzw. Saint-Denis.

Das Reich hatte nicht zuletzt wegen fehlender dynastischer Kontinuität nie eine Hauptstadt – oder viele: Nürnberg, Aufbewahrungsort der Reichskleinodien und theoretisch Ort des ersten Reichstags jedes Königs – Augsburg, zentraler Finanzplatz und längere Zeit fast regelmäßiger Ort der Reichstage – Regensburg, seit 1663 Sitz des immerwährenden Reichstags – Frankfurt, Wahl- und später auch Krönungsstadt – Prag, glanzvoller Kaisersitz unter Karl IV. und Rudolf II. – Wien, Hauptresidenz der Habsburger und Sitz ihrer rudimentären Reichsbehörden. Dazu kamen Hauptstädte größerer Territorien, von denen Berlin und München bis heute faszinierend geblieben sind, Dresden es vielleicht wieder werden wird. Und schließlich in geistlichen Fürstentümern die erwähnte merkwürdige Doppelung von kirchlicher Haupt- und Kathedralstadt einerseits, fürstlicher Residenzstadt andererseits.

Im eigentlichen Burgund blieb Dijon mit der Grablege der Dynastie in Champmol das Zentrum, während in den wichtigeren «niederen Landen» der Herzöge die Residenz wechselte. Aber Brüssel war die Hauptstadt des wichtigen Landes Brabant und bereit, vom Hof nicht nur zu profitieren, sondern sich seine Anwesenheit auch Geld kosten zu lassen. Dazu kam politisches Wohlverhalten im Gegensatz zu Brügge und Gent sowie ein schöner Park für die Jagd. Es wurde zur bevorzugten Residenz und schließlich im 16. Jahrhundert als Sitz der Zentralbehörden zur Hauptstadt der Niederlande.

Während die Länder der Krone Aragon schon im Mittelalter ihre Hauptstädte Barcelona, Zaragoza und Valencia hatten, dazu Neapel und Palermo (trotz Rivalität Messinas), hat in Kastilien erst Philipp II. das wenig bedeutende, aber zentral gelegene Madrid zur ständigen Hauptstadt gemacht, auch wenn Philipp III. seine Residenz vorübergehend noch einmal in Valladolid aufschlagen sollte. Im Laufe der Zeit wurde Madrid von einem Kranz von königlichen Residenzen umgeben, an erster Stelle die 1563–84 errichtete, multifunktionale Anlage von San Lorenzo de el Escorial, die Residenz, Mausoleum der Dynastie, Kirche und Kloster, Bildungsstätte und Kunstsammlung zugleich war.

Architektur

Im weiteren Sinn gehört der Escorial zu den Schloß- und Palastbauten der Renaissance, deren sorgfältig geplante, geometrische Regelmäßigkeit «das additive Konglomerat»[5] mittelalterlicher Burgen und Stadtresidenzen ablöste. Die Renaissance hat auch die Gärten «geometrisiert», einem regelmäßigen, häufig symmetrischen Grundriß unterworfen. Sie lagen aber oft ohne viel erkennbaren Zusammenhang neben dem Schloß. Erst die Barockarchitektur hat den Garten, jetzt besser Park, ja sogar die umgebende Landschaft mit dem Schloßbau zu einem imposanten Gesamtkunstwerk der Herrschaftsarchitektur verschmolzen. Das Barockschloß gilt zu Recht als vollkommener ästhetischer Ausdruck der europäischen Monarchie und der von ihr geschaffenen höfischen Welt, als Tempel der Religion royale, als Bühne des «Theaterstaats».

Während Renaissanceschlösser mit ihren Innenhöfen im Sinne mehrfacher Symmetrie zentriert und geschlossen waren, wurden nun

5 *Wagner-Rieger* in *Buck,* Hofkultur, Bd. 1, 58.

Anlagen von beträchtlicher Quererstreckung fast ohne Binnenhöfe geschaffen, die nur noch im Hinblick auf *eine* zentrale Achse symmetrisch waren. Das Zentrum konnte durch einen dominierenden Mittelrisalit mit vorgelagertem offenem Ehrenhof noch stärker betont werden. In Versailles lag dort das für die höfischen Rituale so wichtige königliche Schlafzimmer. Man baute für die Ansicht, wozu die achsiale Einordnung des Baus und seines Parks in die Umwelt gehörte, die wir seit Versailles überall beobachten können, am großartigsten vielleicht in Turin. [*Abbildung 1 a–d*] Wo die Schloßparks nach 1720 nach der englischen Gartenmode im Sinne künstlicher «Natürlichkeit» umgestaltet wurden, blieben die großen Achsen in der Regel erhalten. Dazu kamen jetzt fürstliche Privatresidenzen wie Petit Trianon oder Sanssouci als Ausdruck des partiellen Rückzugs aus den Zwängen der höfischen Gesellschaft.

Versailles wurde Vorbild für viele Schlösser Europas. Freilich kam es in Italien und Spanien, unter Wiener Einfluß im Reich sowie in Ost- und Nordeuropa zu Verbindungen mit dem älteren Mehrhöfetypus der Renaissance, in Schönbrunn, Pommersfelden und Würzburg so gut wie in St.Petersburg, Madrid und Caserta.

In Frankreich verharrte der Monarch im Zentrum und ließ Besucher zu sich kommen. Anders in Deutschland, wo Treppenhäuser in den Barockschlössern besondere Bedeutung erhielten, eignen sie sich doch hervorragend als Bühne für Machtrituale. Wie ein moderner Revuestar wirkte ein Fürst am imposantesten, wenn er gekonnt eine Treppe herabschritt. Für Pommersfelden hat der Fürstbischof daher das Treppenhaus persönlich entworfen.

Der fürstliche «bauwurmb», wie das im frühneuzeitlichen Deutschland hieß, konnte in der vollständigen Neugründung von Haupt- und Residenzstädten kulminieren. Auf die größte europäische Städtegründungswelle im Mittelalter folgte damals eine zweite. Ein Katalog neuzeitlicher Planstädte zählt drei Neugründungen im 15. Jahrhundert auf, 20 im 16. Jahrhundert, 69 im 17. Jahrhundert, 44 im 18. Jahrhundert, zwei im 19. Jahrhundert,[6] zur «Peuplierung», als Festungen und als Residenzen. Manchmal handelte es sich um radikale Neugestaltung einer bereits bestehenden Siedlung wie in Turin, manchmal um eine völlige Neugründung wie im ganz ähnlichen, wenig jüngeren Mannheim. Das 1703 gegründete und schon 1712 in halbfertigem Zustand zur Hauptstadt erhobene St. Petersburg sollte gegen das traditionale heilige Moskau zum Symbol des neuen, westlich-modernen Rußland werden.

6 Klar und lichtvoll 339–63.

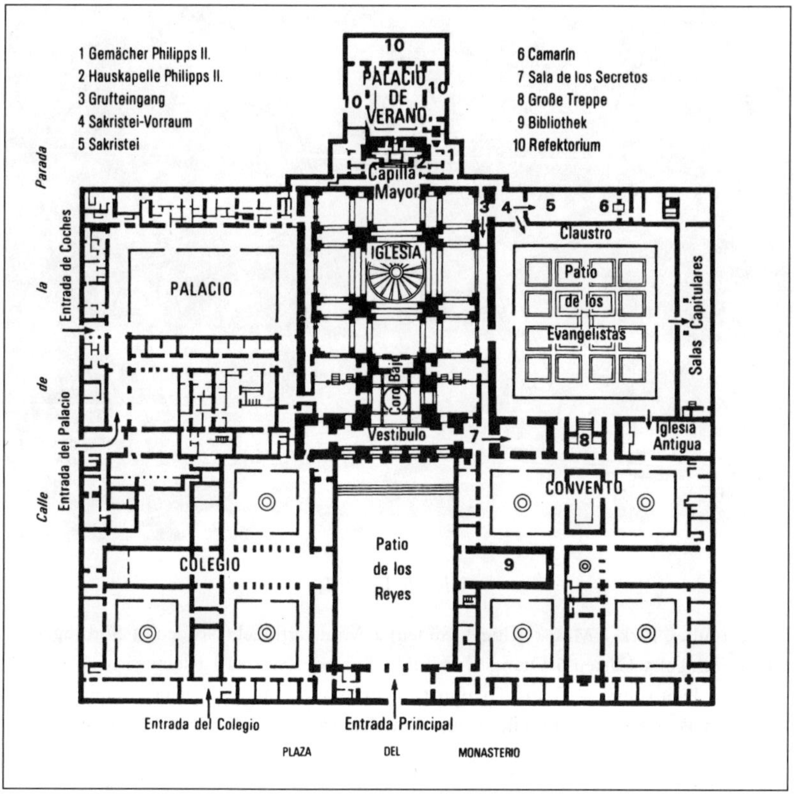

Abb. 1a: Der Escorial

Der Plan des ab 1715 errichteten badischen Karlsruhe mutet wie ein konsequent radikalisiertes Versailles an: Der Schloßturm ist dank der nach den 32 Richtungen der Windrose von ihm ausstrahlenden radialen Alleen der gemeinsame Mittelpunkt der Stadt und der Landschaft, des Hardtwalds. Das Schloß öffnet sich als Zweiflügelanlage weit gegen die Stadt und umfaßt eine Kombination aus Ehrenhof und französischem Garten. Davor schließen neun Richtungen der Windrose acht als Stadt bebaute Sektoren ein, die zusätzlich durch zwei konzentrische Ringstraßen und eine alte Tangentialstraße begrenzt werden. Am Schnittpunkt dieser Tangentiale mit der Symmetrieachse des Schlosses befindet sich der Marktplatz mit den Kirchen, wo eine neue Fürstengruft angelegt wurde. Vieles mutet bekannt an, und doch hat sich die Funktion verschoben. Denn weniger das Ritual der Monarchie steht hier im Mittelpunkt als die Aufgaben von Regierung und Verwaltung.

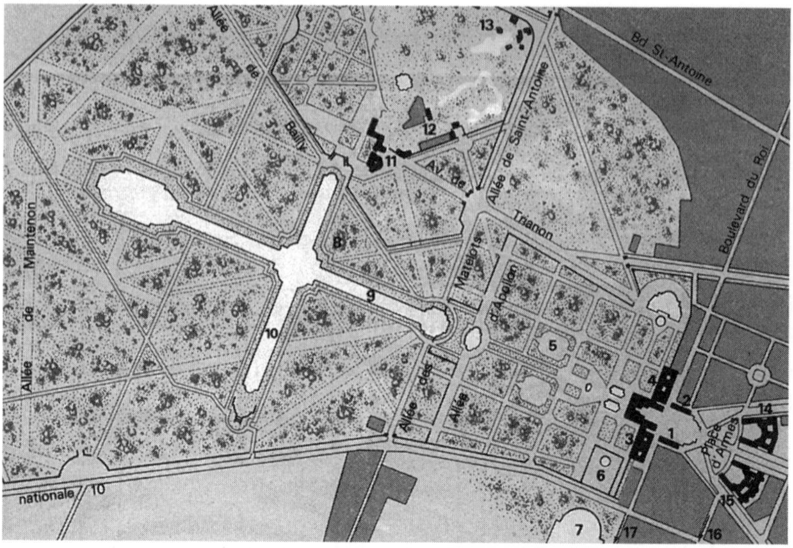

Abb. 1b: Versailles

Versailles, Park **1** Ministerflügel (Süden) **2** Ministerflügel (Norden) **3** Südflügel **4** Nordflügel **5** Gärten **6** Orangerie **7** Pièce d'Eau des Suisses **8** Kleiner Park **9** Grand Canal **10** Petit Canal **11** Grand Trianon **12** Petit Trianon **13** Hameau **14** Grandes Ecuries **15** Petites Ecuries **16** Ehemaliger Gemüsegarten des Königs **17** Parc Balby

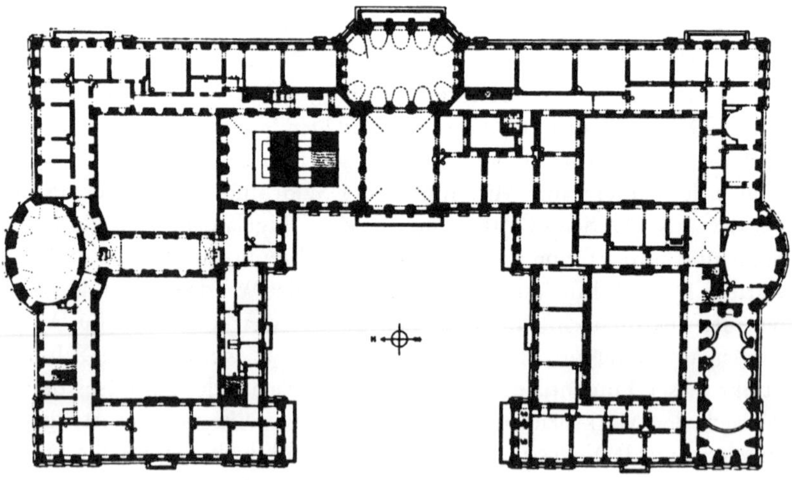

Abb. 1c: Würzburg, Residenz

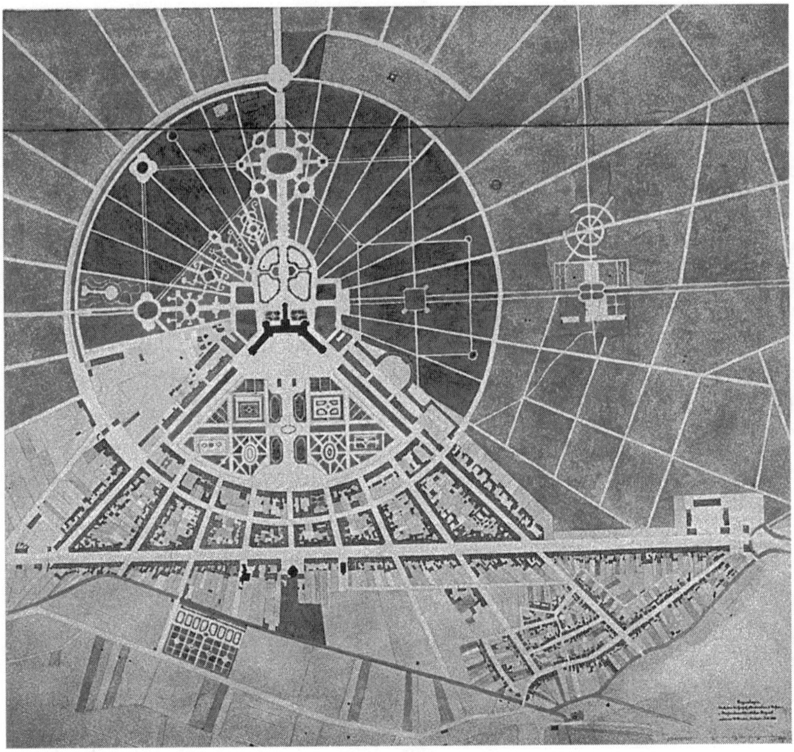

Abb. 1d: Karlsruhe 1779/80

c) Zeremoniell und Ritual

Der gemeinsame Nenner von höfischer Gesellschaft und höfischer Architektur ist das höfische Zeremoniell, weil es das Handeln jener Menschen in diesen Räumen regelt. Die Begriffe «Zeremoniell» und «Ritual» lassen sich kaum scharf trennen. Ritual bietet durch stereotype Wiederholung Verhaltenssicherheit, es ist primär Aktion und nicht Repräsentation. Zeremoniell macht die Aktion zum Schauspiel, ist ästhetisiertes, visuell betontes Ritual. Man könnte zwischen der Krönung als Ritual und dem Unter-der-Krone-Gehen als Zeremonie unterscheiden (Karl Leyser).[7] Vor allem aber ist Zeremoniell ein System von Ritualen, das schließlich im 17./18. Jahrhundert sogar verwissenschaftlicht wurde.[8]

[7] Nach *Paravicini,* Zeremoniell und Raum 14.

[8] Z. B. von *Rohr.*

Höfisches Zeremoniell schreibt zunächst einmal den Rang fest, sogar wörtlich im Brief durch Anrede und Schlußformel sowie das Respektsspatium zwischen Anrede und Textbeginn, in Spanien bei Briefen an den Papst sechs Fingerbreiten, bei Briefen an den Kaiser vier. Aber jedes Detail des täglichen Umgangs konnte Rangdifferenz ausdrücken, so daß für Spontaneität kein Raum mehr blieb. So war am burgundischen Hof geregelt, welche Damen Hand in Hand gehen durften und welche eine andere dazu auffordern konnte. In Frankreich war genau festgelegt, wer in wessen Gegenwart sitzen durfte und welche Art Sitzgelegenheit ihm oder ihr gegebenenfalls anzubieten war. So hatten selbst Kardinäle in Gegenwart des Königs zu stehen, während ihnen bei der Königin wenigstens ein Hocker angeboten wurde. Die Kleidung enthielt ein sorgfältig geregeltes System von Statussymbolen, die bei Hofe wahrscheinlich ernster genommen wurden als in der übrigen Gesellschaft, wo die Flut von Kleiderordnungen wohl eher von ihrer Mißachtung als ihrer Respektierung zeugt. Das Vorrecht, in Gegenwart des Königs den Hut auf dem Kopf behalten zu dürfen, war eine der wichtigsten Auszeichnungen der Grandes de España, einer von Karl V. geschaffenen Sonderklasse des Hochadels. Auf der anderen Seite wurde Unhöflichkeit gegen einen Vertreter der Krone in Frankreich als politisches Delikt verfolgt, gegen Standesgenossen bedeutete sie eine Ehrverletzung, die unter Mißachtung des werdenden staatlichen Gewaltmonopols mit Waffengewalt gesühnt wurde, spontan oder im regulierten Duell, allen Verboten zum Trotz. Adeliges Ehrgefühl blieb auch unter der Monarchie regulatives Prinzip der Eliten, wie bereits Montesquieu erkannt hat.[9] Aber die Monarchie versuchte, es durch ihr Gewaltmonopol zu zähmen und in für ihre Zwecke nützliches, höfisches Prestigegerangel zu transformieren. Es konnte dabei geradezu die Aufgabe einer modernen Geschäftsordnung übernehmen, wie im Falle des zeremoniellen Umfrageverfahrens bei Abstimmungen deutscher Stände (Stollberg-Rilinger). Schließlich war das Zeremoniell nicht nur Bestandteil, sondern sogar Waffe der zwischenstaatlichen Politik. Vor allem Präzedenzstreitigkeiten gehörten zum täglichen Brot der Diplomaten.

Auf diese Weise wurde das Zeremoniell zum Instrument rigider sozialer Disziplinierung nicht nur für Höflinge, sondern auch für die Monarchen selber, deren Königsrolle meist nicht frei gewählt war und durchaus zur Zwangsjacke geraten konnte. In Frankreich spielte sich das Leben des Königs grundsätzlich in der Öffentlichkeit ab, auch wenn der freie Zugang zum Monarchen durch die Praxis einge-

[9] De l'esprit des lois III 6.

schränkt wurde. Inbegriff dessen war die Audienz, während die Majestät auf dem Kackstuhl thronte, und vor allem das Lever, das zeremoniell geregelte Ankleiden des Königs, wenn er aus dem Bett aufstand. In Spanien gab es zwar auch ein Lever, aber hier wurde die Majestät eher durch Abschließung des Monarchen betont. Zentrum war nicht sein öffentlich zugängliches Schlafzimmer, sondern das nur für ausgewählte Personen erreichbare Arbeitszimmer; für breitere Kreise gab es einen Audienzsaal. Das Alltagsleben des Königspaars war aber ebenfalls bis ins Detail geregelt; sogar für die Umstände des Beischlafs gab es Vorschriften. Der Geschlechtsakt war ein Staatsakt, über dessen Vollzug die Diplomaten berichteten.

Spanien übernahm sein strenges Hofzeremoniell 1548 vom burgundischen Hof, der es seinerseits möglicherweise nach dem Vorbild von Mallorca entwickelt hat. Johan Huizinga hat das burgundische Zeremoniell als exzessive ästhetische Stilisierung adeliger Existenz gedeutet, während bereits Ludwig Pfandl darin ein Wiederaufgreifen archaischer Tabuisierung des Herrschers, «eine profanierte und säkularisierte Kulthandlung größten Ausmaßes» erkannte.[10] Zeremoniell erschöpft sich also weder in wohlkalkulierter sozialer Strategie noch in selbstvergessener Ästhetik, sondern es gehört zur unsterblichen Großfamilie der Machtrituale. Weil Macht und ihre Ausübung nie restlos rational zu begründen sind, braucht es rituellen Rückgriff auf irrationale Momente. Rituale, die solche Begründung leisten, sind aber keine bloßen Masken der Macht, sie *sind* Macht.

Der kulturelle Begründungskontext der europäischen Monarchie bestand in Sakralität und Legalität, in der Abhängigkeit vom transzendenten Gott des Christentums und der Bindung an das von ihm herrührende Recht. Die Monarchie hat das Ausrinnen der Transzendenz aus dem Bewußtsein der europäischen Eliten bezeichnenderweise nicht überlebt. Zur Zeit ihrer Geltung mochte dieser Art Sakralität zwar die anderswo übliche magische Dimension abgehen, sie wurde aber durch spezifische Formen christlicher Sakralität kompensiert. Fast regelmäßig taucht die Figur des heiligen Königs auf, der die Herrschaft einer Dynastie als deren Stammvater legitimiert und dabei an die Stelle eines vorchristlichen Gottes treten kann. Oder er hat eine entscheidende Wende herbeigeführt, etwa durch die Christianisierung seines Volkes. Beides gilt z. B. für Stefan von Ungarn. Oder seine Herrschaftspraxis, seine reale oder fiktive Rolle als Gesetzgeber, gilt als vorbildlicher Maßstab wie bei Eduard dem Bekenner in England. Zu Recht wird er als himmlischer Patron seines Volkes betrachtet, zu

10 *Pfandl* 130 f.

Recht werden Rituale der Religion royale mit ihm verknüpft, etwa die Krönung mit seiner Krone, auch wenn diese nachweislich jüngeren Ursprungs ist.

Königsweihe und -krönung waren ursprünglich die wichtigsten Rituale der Monarchie, die Krone ihr wichtigstes Symbol. Als Corona Regni konnte sie sogar zum Synonym für den transpersonalen Charakter des Königtums werden. Anscheinend galt nur von der Heiligen Krone Ungarns, daß sie allein die volle Legitimität verlieh. Manchmal standen sogar verschiedene Kronen zur Auswahl, oder es wurden neue angefertigt, so auch für die Kaiserkrönung in Rom. Allerdings brachten die deutschen Könige bisweilen ihre Reichskrone mit, um zu vermeiden, daß der Papst durch Verleihen einer Krone einen Anspruch konstruieren könne. Könige wurden ursprünglich mit einem Diadem, einem bloßen Kronreif gekrönt, denn die Bügelkrone war das Symbol der kaiserlichen Vollgewalt. Ihre Übernahme durch die Könige, die in Ungarn für das 13. Jahrhundert belegt ist, in Frankreich für das 14. Jahrhundert, in England seit dem frühen, in Polen seit dem späten 15. Jahrhundert, im 16. Jahrhundert dann allgemein, drückte den Anspruch auf kaisergleiche Stellung aus.

Allerdings führte die Abwehr kirchlicher Ansprüche in Spanien zu Selbstkrönungen und seit dem 14. Jahrhundert zum Verzicht auf die Krönung – ein Philipp II. von Spanien hat wahrscheinlich nie in seinem Leben eine Krone getragen. Vermutlich ohne Kenntnis dieses Vorbilds führte dieselbe Interessenlage dann im 17./18. Jahrhundert in Schweden und Preußen zum selben Ergebnis, nur daß hier eher ständischen Ansprüchen begegnet werden sollte – soweit es in diesen protestantischen Ländern kirchliche Selbständigkeit noch gab, war sie darin aufgegangen. Im Reich blieb es zwar bei der kirchlichen Krönung eines katholischen Kaisers, aber die latente Säkularisierung des Kaisertums im bikonfessionellen System ließ die Wahl und den Eid auf die Wahlkapitulation zum entscheidenden Rechtsakt werden. Verschiedene Entwicklungen konvergierten also in der rationalistischen Vorstellung der Aufklärung, daß die Herrscherwürde durch Erbfolge oder Wahl erworben werde und die Krönung nur das Ergebnis für die Massen, die nicht zum Gebrauch der Vernunft fähig seien, sinnenfällig darstellen solle.

Kirchliche Krönung bedeutet aber keineswegs Abhängigkeit von der Kirche, im Gegenteil, in England und Frankreich kam darin zum Ausdruck, daß die Krone die Kirche erfolgreich in den Dienst ihrer eigenen, christlichen, aber weitgehend autonomen Sakralität gestellt hatte. Diese hat sich besonders eindruckvoll im Glauben an die Heilkraft der königlichen Berührung von Skrofulösen niedergeschlagen, wie sie in Frankreich noch 1825, in England zuletzt von Anne im frühen 18. Jahrhundert geübt wurde. Skrofulose ist eine tuberkulöse Entzündung der Lymphknoten, die lange Zeit ausdrücklich Morbus regius genannt wurde. Die königliche Wunderkraft wurde auf die durch die Salbung erworbene Amtsheiligkeit zurückgeführt. Obwohl es sich um ein archaisches Ritual handelt, wurde es anscheinend vor allem in der Neuzeit praktiziert, wegen steigender «Nachfrage» des monarchiebewußteren Volkes einerseits, zur Steigerung der Legitimation der Monarchen andererseits. Wenn zunächst Heinrich IV., anschließend Ludwig XIII. sogar exzessiv darauf zurückgriffen, dann war Selbstvergewisserung des von den Hugenotten in Frage gestellten französischen Sakralkönigtums gemeint. Selbst eine außenpolitische Stoßrichtung, eine Art von «mirakulösem Imperialismus» fehlt nicht, wenn die Heilungen von Ausländern besonders sorgfältig dokumentiert wurden, etwa von Untertanen des spanischen Erbfeindes, denen zu Hause so etwas nicht geboten wurde. In England erhielt der Ritus seine feste Form bemerkenswerterweise durch den Usurpator Heinrich VII. Die steigende Tendenz unter Elisabeth wurde ebenfalls zur Bekämpfung von Zweifeln an ihrer Legitimität genutzt. Ihren Höhepunkt erreichte die Praxis dann unter der Restauration. Ausgerechnet der Lebemann Karl II. hat im Jahresdurchschnitt 4600 Personen die rituelle Berührung gewährt. Das Ritual hatte sich von der Krönung abgelöst.

Auf die Krönung folgte als nächstes Herrscherritual der feierliche Einzug in die Landeshauptstadt und andere Städte, in Frankreich und den Niederlanden Joyeuse Entrée genannt, mit einem elaborierten Festzug und künstlerisch wie politisch oft höchst aussagekräftigen Dekorationen entlang dem «Prozessionsweg». Trotz altorientalischer und römischer Vorbilder – der Einzug Jesu in Jerusalem am Palmsonntag spielte ebenso eine Rolle wie römische Triumphzüge – haben diese Einritte des Spätmittelalters und der Frühneuzeit den spezifischen Charakter eines politischen Dialogs zwischen Herrscher und Untertanen, wo Programme beider Seiten artikuliert, vor allem aber städtische Privilegien bestätigt und im Gegenzug die Huldigung der Stadt nebst Geschenk entgegengenommen wurden. In Frankreich verschwand dieses politisch konstitutive Gegenseitigkeitsmoment im 17. Jahrhundert vollständig; das Geschenk wurde zur Sondersteuer. Im Reich hingegen spielten Um- und Einritte vor allem in geistlichen Fürstentümern noch lange eine wichtige Rolle, umstritten vor allem in Kathedralstädten, die der weltlichen Hoheit des Bischofs nicht unterstanden. Erst mit der Rechtsgleichheit bürokratischer Gesetzesstaaten wurde das Ritual inhaltsleer, und verkam schließlich zum Umzug von Karnevalsprinzen.

Auch Tod und Begräbnis des Machthabers werden zu politischen Ritualen; noch heute existiert der medienwirksame Ritus des Staatsbegräbnisses. Obwohl die Hinfälligkeit des menschlichen Körpers des Königs durchaus realistisch wahrgenommen wurde, konnte seine Beisetzung zu einem regelrechten «Mysterienspiel» der Religion royale ausgestaltet werden (Ralph Giesey). Und die königlichen Grabstätten wie Saint-Denis oder der Escorial wurden sakral wie politisch in herausragender Weise stilisiert – ein konkurrierendes Programm der Grabmäler des Hauses Bouillon in Cluny hat Ludwig XIV. mit Zerstörungsmaßnahmen beantwortet.

d) Darstellung und Mythos

Dynastien versuchten sich auch der Geschichte und der Künste zu bemächtigen, denn auch deren Darstellung ihrer Macht war selbst Macht, übt bisweilen sogar noch Macht über das moderne, wissenschaftliche Geschichtsbild von ihnen aus. Das Verhältnis der Monarchie zu den Künsten lief dabei auf ein gegenseitiges Geben und Nehmen hinaus: Aufträge und Förderung gegen Darstellung im Sinne des Auftraggebers. Mäzenatentum war wie schon bei Gaius Cilnius Maecenas (ca. 70–8) selbst keine rein ästhetische, sondern primär eine politische Angelegenheit. Ähnlich wie er und wie später die mittelalterliche Kirche als damals größte Auftraggeberin, haben auch fürstliche Mäzene der Neuzeit vom Künstler die Produktion von Symbolen erwartet, die Rang und Macht des Gönners zum Ausdruck bringen, allenfalls auch einmal fehlende Macht kompensieren würden. Ein solches Kunstwerk sollte seinen Auftraggeber direkt oder indirekt verherrlichen; notfalls konnte er Prestige auch durch bloßen Besitz eines Kunstwerks, durch Beschäftigen eines berühmten Künstlers oder einfach durch Freigebigkeit gewinnen – Liberalitas galt als Herrschertugend. Durch Planmäßigkeit und Entpersönlichung wurde Mäzenatentum schließlich zur Kulturpolitik und Propaganda, ein Schritt, der im Frankreich Richelieus und Colberts zu beobachten ist.[11] Kunst konnte aber auch in den Dienst der Huldigung der Untertanen gestellt werden, etwa wenn diese ihrem Fürsten voll Dankbarkeit ein Standbild stifteten. Sie ließ sich sogar als diplomatische Waffe einsetzen. So zwang Ludwig XIV. 1664 den Papst, in Rom ein Denkmal für die eigene Niederlage in einem Zwischenfall mit Frankreich errichten zu lassen.

An sich war es ein Vorteil der Monarchie, daß dort die Staatsgewalt immer durch eine konkrete Person verkörpert wurde, die sehr viel

[11] Dazu unten I 4.

leichter als ein abstrakter Staat und seine wechselnden Diener zum Gegenstand publikumswirksamer Darstellungen gemacht werden konnte. Die Person eines Herrschers konnte so zu einer Art von Gesamtkunstwerk aufgebaut werden, aber im Grunde verdient der Hof als Ganzes mit seiner architektonischen Bühne und seinem Zeremoniell zu allererst diese Bezeichnung, ein überdimensionales, ununterbrochenes politisches Ballett, bei dem alle mittanzen mußten, sie mochten wollen oder nicht. In diesem Rahmen konnte das höfische Fest, das die von der Architektur geschaffene «Bühne» erst richtig mit Leben erfüllte, dann als Gesamtkunstwerk zweiten Ranges, das höfische Theater samt Oper und Ballett als solches dritten Ranges gelten.

Die reiche Tradition höfischer Feste der Renaissance war von einer Philosphie geprägt, die an die Übermittlung der Wahrheit durch Bilder glaubte und zugleich von esoterischen Geheimlehren fasziniert war. Daraus ergaben sich immer kompliziertere symbolische Gefüge, deren Ver- und Entschlüsselung wissenschaftlichen Charakter anzunehmen begann. Die Emblematik entwickelte sich zu einer Wissenschaft der symbolischen Aussage. Ein Emblem besteht aus einem symbolischen Bild, einer Sentenz und einem längeren Kommentar, die eine moralische oder politische Nutzanwendung daraus ziehen. Dazu kam die umfassende Kenntnis der antiken Mythologie und ihrer symbolischen Verwendbarkeit. Alles kulminierte in Lehrbüchern für die Produzenten und wohl auch die Rezipienten symbolischer Bilder wie der «Iconologia» des Cesare Ripa von 1593.

Auch wenn höfische Feste der reinen Unterhaltung dienen mochten, haben sie dennoch Visionen autokratischer Herrschaft vermittelt, die sich erstaunlich glichen, und zwar nicht nur, weil alle Fürsten auf das Repertoire antiker Imperatorendarstellung zurückzugreifen pflegten. Dabei haben Fürsten selbst als Schauspieler oder Tänzer mitgewirkt, um durch ihre Rolle eine Botschaft zu vermitteln. Das Theater mochte ihnen bisweilen auch einmal einen kritischen Spiegel vorhalten, aber nur, um sie systemkonform im Sinne der Fürstenspiegelliteratur vor Exzessen zu warnen. Durch den Druck von Schauspielen und Musikwerken wurden höfische Feste populär, mit zum Teil bis heute anhaltender Wirkung; dazu kam die noch wenig untersuchte Gattung der illustrierten Festbeschreibungen. Die französische Restauration versuchte daher nach 1815 sehr gezielt wieder an die höfische Festtradition des Ancien Régime anzuknüpfen, um die wirkungsvollen festlichen Arrangements der Revolution zu ersetzen.

Die Visualisierung personalistisch verstandener Herrschaft erfolgte aber vor allem durch Herrscherporträts in Gestalt von Gemälden oder Skulpturen, bis hin zu imposanten Reiterdenkmälern nach römischem

Vorbild. Dabei ist zwar seit dem 17. Jahrhundert eine Tendenz zur «privaten» Darstellung des Fürsten, etwa im Familienkreis, auszumachen. Auf der anderen Seite erreichte aber das «verkleidete» oder Identifikationsporträt erst im 16./17. Jahrhundert seinen Höhepunkt, als die Sitte, einen Herrscher als einen populären Heiligen (Maximilian I. als St. Georg) oder einen biblischen Helden (Federigo Gonzaga als David) darzustellen, vom mythologischen Porträt abgelöst wurde, etwa von Ludwig XIII. als Perseus, der Andromeda vom Drachen befreit, womit die «Befreiung» der Stadt Arles von den Hugenotten 1622 gemeint war. Beliebteste Retter- und Heldengestalt war Herkules, der infolgedessen auf unzähligen Herrscherporträts wiederkehrt, bis hin zu Wilhelm III. in England. Aber auch Orpheus wurde geschätzt, der die reißenden Tiere – das hieß die Untertanen – mit seiner Musik zähmt und besänftigt. Verwandt war die Darstellung als antiker Herrscher, wobei sich Alexander der Große besonderer Beliebtheit erfreute. Und bei der reichhaltigen Natursymbolik bestand zumindest hinsichtlich der keineswegs auf Ludwig XIV. beschränkten Darstellung des Herrschers unter dem Symbol der Sonne ebenfalls eine Verbindung zu antiken Vorbildern.

Nun hat sich Ludwig XIV. sowenig für die Sonne gehalten wie Maximilian I. für St. Georg. Es handelt sich vielmehr um einen symbolischen Diskurs, der nicht die Person des Herrschers, sondern Archetypen der Herrscherrolle präsentieren will (Françoise Bardon). Diese modischen Verkleidungen spiegeln allgemeinverbindliche Vorstellungen vom Herrscher, nicht wie er ist, sondern wie er sein soll (Martin Warnke). Der mythologisch-emblematische Fiktionsapparat beinhaltet also eine Objektivation von Herrschaftsverständnis weg von der Person und hin zu den Aufgaben und Pflichten. Allerdings läßt sich nicht immer ein einschlägiger politischer Kontext konstruieren. Ein mythologisches Thema kann Spielerei sein und schlicht zur Legitimation eines Aktporträts dienen wie die Göttin Diana im Falle der Diane de Poitiers, der Maitresse Heinrichs II. von Frankreich.

Bei Texten lassen sich die politischen Momente häufig leichter isolieren als bei Kunstwerken mit ungeklärtem Entstehungszusammenhang. Doch kann auch hier die Befangenheit in einem selbstverständlichen Diskurs aufschlußreicher sein als eine wohlkalkulierte Botschaft. So waren die französischen Römerdramen 1545–1643 keine politischen Tendenzstücke, sondern nutzten den humanistischen Bildungsstoff, um moralisch zu belehren und zu unterhalten. Nichtsdestoweniger transportierten sie eine ziemlich einheitliche monarchische Ideologie. Für Shakespeare lassen sich ähnliche Überlegungen anstellen. Wenn er freilich auf Geschichtswerke zurückgriff, die vom Privy Council expurgiert und approbiert waren, geriet er in den

Abb. 2: «Man sieht sofort, daß die Majestät aus der Perücke gemacht ist, den hochhackigen Schuhen und dem Mantel . . . So stellen Barbiere und Flickschuster die Götter her, die wir anbeten.» (William Thackeray)

Bannkreis der Textsorte, die besonders gerne zur politischen Legitimation herangezogen wurde und wird, der Historiographie. In ihrer vorwissenschaftlichen Phase konnte es vorkommen, daß sie mangels Quellen frei erfundene Geschichte in politischer Absicht produzierte, die hinterher vom historischen Erfolg verifiziert wurde, so im Falle des Hauses Württemberg.

Ludwig XIV. von Frankreich hat sich aber nicht auf diese Weise, sondern durch die sorgfältige Inszenierung seiner Person als Gesamtkunstwerk einen «angeseheneren» Platz in der Geschichte gesichert, als seiner wirklichen politischen Bedeutung entspricht. Das beginnt mit dem Äußeren. Er war nur ca. 1,60 m groß und seit 1659 kahlköpfig, aber hohe Absätze und eine hohe Perücke glichen das aus [*Abbildung 2*]. Zur Wahl des Sonnenemblems kamen immer neue Bezüge auf die verschiedensten Götter und Heroen, so daß der König gewissermaßen allegorisch «überladen» wurde, mit der Folge, daß er und sein Zeitalter als «klassischer» Höhepunkt der Geschichte und sogar dem Altertum überlegen galten, eine Auffassung, der noch Voltaire gehuldigt hat. Auf Gemälden, bei Festen, wo der begeisterte Tänzer Ludwig in die Rolle des Sonnengottes Apollo schlüpfen mochte, und in der Literatur wurde die königliche Sippe als der Olymp präsentiert. Mehr noch als freigebige Prachtentfaltung sollte die Rolle des Siegers im Krieg, für die Ludwig ohne Zögern die innenpolitischen Errungenschaften seiner Anfangsjahre zu opfern bereit war, zum Ruhm (Gloire) als höchstem Wert des Herrscherlebens beitragen. Medaillen, Standbilder, Triumphbögen entstanden zu den bescheidensten Anlässen. Selbst der Tod des Königs wurde bühnenmäßig inszeniert; ein großartiges Begräbnis folgte.

Selbstverständlich wurde ihm zur Zeit seiner Siege, anscheinend zuerst 1672, von seinen begeisterten Untertanen die Bezeichnung Ludovicus Magnus, «der Große», verliehen, bezeichnenderweise aber keineswegs als einzigem zeitgenössischem Monarchen. Nachdem das Prädikat «der Große» in Antike und Mittelalter in Konkurrenz mit anderen Epitheta gestanden hatte und oft auch etwas anderes bezeichnete als historische Größe, wurde es im Zeitalter der absoluten Monarchie geradezu zur «Normalausstattung» des Herrschermythos, um bald danach aus der Geschichte zu verschwinden.

Gesamt*kunstwerk* meint auch Künstlichkeit. Das heißt, Selbstinszenierung und Fremdinszenierung schufen ein Herrscherbild, das der Wirklichkeit nur teilweise entsprach. Es ist Teil eines Herrschermythos, der durch den massiven Einsatz der antiken Mythologie hier besonders augenfällig wird. Ein historischer Mythos war derjenige des heiligen Königs, ein utopischer der verborgene und zum Heil seines Volkes einst wiederkehrende Herrscher wie Sebastian von Portugal oder Friedrich Barbarossa. Ein Mythos ist nicht unwahr, aber seine Wahrheit ist nicht diejenige der empirisch nachprüfbaren Protokollaussage. Er bewältigt komplexe Zusammenhänge mittels symbolischer Vereinfachung. In diesem Sinn schuf die Inszenierung des Sonnenkönigs einen Mythos, der den Zeitgenossen die «Wahrheit» der damaligen Herrscherrolle nahebrachte. Selbst die Nachwelt steht teilweise noch in seinem Banne.

4. Diskurs und Theorie

Wie aus der Monarchie der Staat, so geht aus dem Monarchiediskurs der Staatsdiskurs hervor, das bedeutet, die konventionelle, selbstverständliche Rede von einer Hyperinstitution «Staat», die durch Texte «festgeschrieben» wird, die von Inhabern der Staatsgewalt selber hervorgebracht (Gesetze, Verordnungen, politische Reden) oder von Juristen und Historikern über sie geschrieben wurden (Verfassungen, theoretische und historische Erörterungen). Freilich hinkt die Entwicklung des Monarchiediskurses hinter der Entwicklung der Monarchie her. Lange schien überhaupt kein Bedarf an theoretischer Reflexion zu bestehen. Das hatte zwei eng zusammenhängende Gründe. Erstens entwickeln sich politische Ideen nicht abgelöst von der Wirklichkeit aus reiner Freude am Denken, sondern aus konkretem Bedarf an der intellektuellen Bewältigung instabiler Machtverhältnisse, sei es in legitimatorischer oder in kritischer Absicht. Nicht das Denken stellt die Probleme, sondern das – in diesem Falle politische – Leben. Die noch unentwickelte europäische Monarchie war aber lange Zeit so selbstverständlich, daß kaum jemand das Bedürfnis verspürte, über sie nachzudenken. Zweitens hätten für ein solches Vorhaben die Kategorien gefehlt. Es gab noch kein eigenes politisches Denken, symbolischer Ausdruck war wichtiger. Die Kirche war die unangefochtene Herrin des intellektuellen und damit auch des politischen Diskurses. Infolgedessen hatten Texte über die Monarchie entweder theologischen Charakter, dabei aber eher praktisch-liturgischen als grundsätzlich-theoretischen, oder aber moralischen, handelten von den sittlichen Anforderungen an den Fürsten.

Letztere bildeten die zählebige Gattung der *Fürstenspiegel,* die ihre Wurzeln bei Plato und der Stoa hat und bis weit in die Neuzeit die maßgebende Textsorte des Monarchiediskurses blieb. Es ging dabei nicht um die Institution Monarchie und ihre Struktur, sondern um das richtige sittliche Verhalten des Herrschers und seine Erziehung. Politik war die Ausübung bestimmter Tugenden, die pädagogisch eingeübt werden mußten. Tyrannis im Gegensatz dazu die Lasterhaftigkeit schlechthin, was sogar als Selbstdisqualifikation des Herrschers gedeutet werden konnte

Dazu kam mit der Bibel und ihrer Auslegung durch die Kirchenväter die jüdisch-christliche Komponente. David und Salomo als vorbildliche Könige des Alten Testaments wurden zum Typus des Königs, ebenso die Königsherrschaft Christi nach dem Neuen Testament. Dabei bedeutete Typus nicht einfach nur Vorbild, sondern realen Sinnzusammenhang zwischen biblischem Königtum, Gottesherrschaft und aktueller Königsherrschaft. Durch das Symbol der Salbung wurde der König «christus Domini» (Gesalbter des Herrn), was mehr als ein Wortspiel ist, denn er rückte dadurch als Imago oder Vicarius Dei oder Christi in größtmögliche Nähe zu Christus. Die Königsweihe galt bis zur Ausbildung der Lehre von der Siebenzahl der Sakramente ebenfalls als Sakrament. Paradigmatisch kam diese Königsideologie im Mainzer Krönungsordo von ca. 960 zum Ausdruck, der europaweit als Vorbild gedient hat. Sein ganzheitlich-sakrales Verständnis vom Königtum bildete die einheitliche Herrschaft des Monarchen über die weltlichen wie die kirchlichen Einrichtungen der Christenheit ab, wie sie von den Merowingern bis zu den Saliern selbstverständlich war.

a) Die Suche nach dem autonomen Diskurs

Mit den revolutionären Veränderungen seit dem Investiturstreit des 11. Jahrhunderts zerbrach diese selbstverständliche religiös-politische Einheit zwischen Kirche und Königtum. Die damals beginnende Ausbildung getrennter und großenteils verschriftlichter Rechte einer Mehrzahl von Königtümern und Herrschaften, von Städten und Kaufleuten läßt aber erkennen, daß die beginnende politische Segmentierung bald viel weiter ausgriff. Auf Grund geänderter Machtverhältnisse war Königsherrschaft von nun an nicht mehr selbstverständlich, sondern bedurfte besonderer Legitimation. Im Bereich der oberitalienischen Städte wurde schließlich sogar die bis dahin übliche Selbstverständlichkeit monarchischer Herrschaft in Frage gestellt.

Zunächst ging es freilich um die theoretische Emanzipation der Monarchie von der Kirche, die durch ihre Reformbewegung aus einem Bestandteil der Monarchie zu deren Widerpart geworden war. Die Kirche war aber immer noch Herrin des Diskurses, so daß sich die entstehende Monarchietheorie ungefähr zweihundert Jahre lang schwer damit tat, sicheren Boden für eine nicht-kirchliche Begründung des Königtums unter die Füße zu bekommen. Endgültig erreicht war dieses Ziel erst mit der Rezeption der um 1260 vollständig ins Lateinische übersetzten «Politik» des Aristoteles. Jetzt erst konnte es so etwas wie eine weltliche Wissenschaft von Politik geben. Freilich war der Schöpfer des Begriffs «scientia politica» immer noch ein Theologe – Thomas von Aquin.[1] Und dieses neue politische Denken war keineswegs im modernen Sinne säkular, sondern operierte nach wie vor im Rahmen des christlichen Weltverständnisses; es versuchte nur, sich von dessen kirchlicher Kontrolle zu lösen. Eine wichtige Rolle spielte dabei das Recht, dessen Verankerung in der göttlichen Weltordnung zwar außer Zweifel stand, das aber dennoch unabhängig von der Kirche gedacht werden konnte, vor allem seit der Wiederbelebung des römischen Rechts im 11./12. Jahrhundert. In Texten des 12./13. Jahrhunderts ist sein Einfluß bei der Umschreibung der Monarchenrolle bereits zu spüren. Die staufische Formel vom «Sacrum Imperium» verbindet die alte Vorstellung vom Gesalbten des Herrn mit dem neuen Herrscherbild des römischen Rechts. Der Satz «Princeps legibus solutus est» erhielt eine Schlüsselrolle im Monarchiediskurs.

Anschließend wurde die Suche nach einem autonomen Monarchiediskurs im 13. Jahrhundert in den neurezipierten Texten des Aristoteles fündig, insbesondere der «Politik», die Thomas von Aquin mit einem

[1] Nach *Mertens* in *Fenske* 170.

Aristoteleskommentar und der Schrift «De Regimine Principum» bereits 1265 zur theoretischen Begründung von Herrschaft heranzog. Allerdings sollte sich Aristoteles auf die Dauer als «trojanisches Pferd» der Monarchietheorie erweisen, weil er bei seiner Untersuchung der drei guten und ihnen entgegengesetzten drei schlechten Verfassungen (Königtum, Aristokratie, Politeia – Tyrannis, Oligarchie, Demokratie [sic!]) keineswegs der Monarchie die Palme gewährte, sondern einer Verbindung von Aristokratie und Politie. Bei entsprechender Nachfrage aus dem praktischen Kontext wird sich daraus eine Begründung der ständischen Mischverfassung als wichtigster und folgenreichster Alternative zur europäischen Monarchie entwickeln lassen.

Zunächst war aber nicht Verfassungslehre gefragt, sondern natürliche Begründung von Politik und Herrschaft als letzter Schritt der theoretischen Emanzipation der Monarchie von der Kirche. Diese hatte mit Augustinus (De Civitate Dei 19,15) und Gregor dem Großen (Moralia 21–32) politische Herrschaft als Folge des Sündenfalls betrachtet und damit als Bestandteil der Heilsgeschichte, für die sie zuständig war. Thomas aber formulierte nach Aristoteles: «der Mensch ist [bereits] seiner Natur nach ein politisches Lebewesen»[2] (homo naturaliter est animal politicum) und gründete damit die politische Ordnung auf die Schöpfungsordnung oder – wie die neue Sprachkonvention für Jahrhunderte lauten sollte – auf die Natur, und nicht mehr auf die Erlösungsordnung.

Damit war der Weg frei für eine autonome Legitimation der Monarchie, die Thomas vom theoretischen Kontext her gesehen erstaunlicherweise, im praktischen Kontext hingegen erwartungsgemäß durch Rekurs auf die Natur vornahm. Leitung gehe in der Natur nämlich immer von einem Einzelnen aus, angefangen mit Gottes Herrschaft über das All. Deswegen hätten die Völker unwiderruflich Fürsten über sich gesetzt. Allerdings müsse deren Macht so eingegrenzt werden, daß sie nicht leicht eine tyrannische Gewaltherrschaft errichten könnten, wie sie es meistens täten. Wie diese Einschränkungen aussehen sollten, verrät uns Thomas aber nicht. Tyrannenmord jedenfalls sei verwerflich, weil er vom Schlechten zum Schlimmeren führe; dem Christen bleibe nur Leiden, es sei denn, das Volk entziehe dem Tyrannen wegen Bruch des Herrschaftsvertrags den Gehorsam oder veranlasse einen Höheren, etwa den Papst, ihn abzusetzen.

Was sich mit den thomistisch-aristotelischen Argumenten machen ließ, zeigen zwei Schriften zur Legitimation höchst unterschiedlicher monarchischer Ansprüche. Johannes Quidort von Paris «De regia pote-

2 Nach ebd. 212.

state et papali» (1302) verteidigte das französische Königtum Philipps IV. des Schönen gegen die Machtansprüche Papst Bonifaz VIII., indem er es strikt natürlich begründet. Französische Könige habe es lange vor den Päpsten gegeben.

Dante Alighieris «De Monarchia» (ca. 1317) ist vielleicht als nachträglicher Versuch zu verstehen, den Herrschaftsanspruch des in Italien gescheiterten Kaisers Heinrich VII. zu legitimieren. Für Dante ist eine Universalmonarchie erstens zur Erreichung des irdischen Glücks in allgemeinem Frieden notwendig. Diese Universalmonarchie hat zweitens das römische Volk durch göttliche Fügung dank seiner Virtus erlangt. Da es die Universalmonarchie vor der Kirche gab, kann sie drittens nicht vom Papst abhängen, dessen geistliche Aufgabe ohnehin ein anderes Ziel hat. Die Konstantinische Schenkung ist nichtig, weil ein Kaiser nicht zum Verzicht auf seine Monarchie befugt ist. Demgemäß wurde Dantes Schrift vor allem von papstkritischen Kreisen rezipiert, noch im 16. Jahrhundert in der Umgebung Karls V. und Ferdinands I.

b) Radikalisierung und Differenzierung

Ein neuer Diskurs etablierte sich im Spätmittelalter nicht in der weltlichen, sondern in der kirchlichen Politik, wenn auch seit langem von der Kanonistik vorbereitet. Dem unumschränkten Herrschaftsanspruch des Papsttums wurde in der Krise des großen Schismas und durch die Reformkonzilien die Lehre von der Kirche als Korporation gegenübergestellt, die durch ihre Repräsentanten, vor allem das Generalkonzil, die letztinstanzliche Entscheidungsgewalt ausübt. Ob diese Gedanken ursprünglich aus dem weltlichen oder dem kirchlichen Diskurs stammen, ist unklar.

Der etablierte Monarchiediskurs jedenfalls wurde durch sie zunächst nicht in Frage gestellt, sondern verstärkt, als der philosophische Realist Juan de Torquemada die nominalistische Lehre von der Korporation als juristischer Person (persona ficta) 1449 in seiner «Summa de Ecclesia» attackierte. Eine Fiktion, ein bloßes nomen, könne keine eigene Realität haben, das Ganze sei nicht mehr als die Summe seiner Teile. Statt dessen wird dem realen Fürsten die Totalität der Macht und der Befugnisse zugeschrieben, an der die Untertanen als Korporation mangels realer Identität nur partizipieren können. Nicht das Haupt, der Papst, ist Teil der Korporation, der Kirche, sondern die Korporation Teil ihres Hauptes.

Da Torquemada weithin abstrakt vom Fürsten und seltener vom Papst handelte, bot sich diese philosophisch aufgebesserte Neuauflage der hochmittelalterlichen Lehre von der Plenitudo Potestatis des Papstes problemloser als jene zur Übernahme in den säkularen Politikdiskurs einer absoluten Monarchie an, für den am Ende des Mittelalters im Zeichen allgemeinen monarchischen Machtgewinns der angeblichen «New Monarchies» neuer Bedarf bestand. Sie hatte allerdings eine transpersonale Konzeption vom Haupt zur Voraussetzung, soll heißen, daß mehr denn je zwischen der privaten und der politischen Person des Königs, zwischen Person und Amt unterschieden wurde.

Seit dem 14./15. Jahrhundert folgte auch der monarchische Diskurs der generellen Tendenz zur nationalen oder territorialen Ausdifferenzierung der Christenheit. Im 16. Jahrhundert kam die konfessionelle hinzu, die aber weniger eigenständige Varianten des politischen Diskurses hervorgebracht hat, als immer noch behauptet wird. Schließlich spielte das lebensweltliche Interesse der Diskursteilnehmer, durch das sie zur Auseinandersetzung mit der Monarchie veranlaßt wurden, seine modifizierende Rolle.

John Fortescue, einst oberster Richter Englands unter dem Hause Lancaster, dürfte sein Buch «De Laudibus Legum Angliae» 1468–70 im burgundischen Exil gegen die Monarchie der Yorks geschrieben haben. In Anlehnung an Aristoteles unterscheidet er unumschränkte Monarchie (dominium regale) und Republik (dominium politicum), wobei der Vorzug Englands in der Verbindung beider Systeme zum Dominium regale et politicum besteht, einer Monarchie, in der Gesetze und Steuern der Zustimmung des Volkes bedürfen, was sowohl mehr Wohlstand als auch größere Machtentfaltung ermöglicht. Denn unumschränkte Monarchien gehen auf gewaltsame Unterwerfung durch Tyrannen zurück, während die eingeschränkte Monarchie durch die Untertanen mit Herrschaftsvertrag eingerichtet wurde und daher auf Konsens statt auf Zwang beruht.

«La Grant Monarchie de France» des Claude de Seyssel, eines langjährigen Dieners Ludwigs XII., sieht 1515 auch die «autorité absolue» eines möglicherweise schlechten Königs gezügelt durch «Religion, Justice, Police». Ein gläubiger König kann gar nicht tyrannisch handeln – oder muß zumindest den Anschein vermeiden, weil das Volk, uralten Mustern folgend, Mißgeschicke des Landes nur zu gerne auf religiöse Unzulänglichkeit des Königs zurückführt. Weiter sind die Obergerichte (Parlamente), deren Mitglieder nur wegen Amtsmißbrauch abgesetzt werden können, ausdrücklich dazu eingerichtet worden, die königliche Macht in Justizsachen zu zügeln. Schließlich besteht «Police» in der selbstverständlichen Beobachtung bestimmter, seit langer Zeit geltender Gesetze früherer Könige (Lois fondamentales), etwa des Verbots, Krondomäne zu veräußern. Solche Grenzen bedeuten keine Minderung königlicher Macht – ist etwa Gottes Allmacht gemindert durch seine fehlende Fähigkeit, Böses zu tun?

Der König allerdings kann Böses tun. Ob Seyssels Zügel dann noch greifen? Oder rechnet er mit Konsensverweigerung und Widerstand der Untertanen? Bereits wenige Jahre später ist bei Jean Ferrault oder Guillaume Budé nicht mehr viel Einschränkung der unumschränkten «Majesté royalle» übriggeblieben.

Humanisten wie Erasmus von Rotterdam, dessen Fürstenspiegel «Institutio Principis Christiani» ebenfalls von 1515 stammt, setzten demgegenüber auf eine frühzeitige Erziehung des Fürsten zur Humanität, die sich dann in konservativer Wohlfahrtspolitik eines «Landesvaters» niederschlagen würde, vor allem aber im Verzicht auf Kriege, das Übel schlechthin. Damit würde auch die Belastung der Untertanen durch Steuern überflüssig. Standen sie der Praxis näher, wie der Jurist Thomas Morus, dann blieb ihnen neben bitterer Kritik an der Verdorbenheit der politischen Gegenwart der Entwurf einer idealen Alternative, eines «Utopia» (1517). Mag diese Schrift als unverbindliches Spiel oder als regulative Idee für praktische Politik gedacht gewesen sein – sie eröffnete die Entwicklung der neuzeitlichen Utopie als einer Gattung politischer Literatur, die sozialen und politischen Wandel durch Entwürfe besserer Welten zu bewältigen versuchte. Doch seitdem der moderne Staat seinen totalen Gipfelpunkt erreicht hat, nicht zuletzt auch durch Versuche, politische Utopien zu verwirklichen, ist utopisches Denken nicht mehr glaubwürdig. Weit mehr Akzeptanz finden seither Anti-Utopien, die den Glauben an eine bessere politische Welt durch den Entwurf einer noch schlimmeren ad absurdum führen.

c) Niccolò Machiavelli und der Diskurs der Staatsräson

Der wesentliche Wandel des politischen Diskurses wurde von einem zum Vernunftmonarchisten mutierten frustrierten Republikaner ausgelöst, einem Sekretär der Republik Florenz, der schließlich sein und seiner Heimat Heil von einem Fürsten aus dem Hause Medici erhoffen mußte. In Italien haben um 1500 instabile Machtverhältnisse eine Veränderung des politischen Diskurses hervorgerufen, der republikanisch begann und monarchisch endete!

Machiavellis «Discorsi sopra la prima deca di Tito Livio», zwischen 1513 und 1517 geschrieben, 1531 nach seinem Tod gedruckt, möchten in Anlehnung an Livius am römischen Exempel republikanische Politik für Florenz lehren. Freilich kommen ihm dabei sein kosmologischer Fatalismus und anthropologischer Pessimismus in die Quere, um ihn auf Umwegen zur Monarchie zu führen. Nicht nur der Kosmos unterliegt einem Zyklus ständigen Niedergangs bis zum Neubeginn, sondern, wie bei Aristoteles und Polybios, auch die politische Verfassung. Als ihre Vermehrung die Menschen zum geordneten Zusammenleben zwang, entstanden Vorstellungen von Sittlichkeit und Gerechtigkeit, und der Tüchtigste wurde zum Monarchen gewählt. Als dessen Erben zu Tyrannen verkamen, wurde deren Herrschaft von den Besten des Volkes durch Aristokratie ersetzt, die alsbald zur Oligarchie degenerierte und durch eine demokratische Volkserhebung gestürzt wurde. Nachdem auch die Demokratie zur Anarchie verkommen war, flüchtete man unter die Herrschaft eines großen Mannes, und alles begann von neuem. Nur eine Mischung aus Fürsten-, Adels- und Volksherrschaft wie in Rom konnte vorübergehend größere Stabilität garantieren. Eigentlich ist es ja nicht möglich, aus dem vom Schicksal (fortuna) mittels der inneren Notwendigkeit (necessità) der menschlichen Triebe und der äußeren Notwendigkeit der Umstände bestimmten Gang der Dinge auszubrechen. Politische Tugend (virtù) allerdings, das ist mannhaftes und zugleich wohlkalkuliertes Wollen und Handeln, vermag unter Umständen eine vom Schicksal gebotene Chance (occasione) wahrzunehmen und ihm auf diese Weise ein Schnippchen zu schlagen.

In der Politik setzt Machiavelli auf politische und religiöse Gründergestalten. Denn obwohl die Menschen schlecht sind, war ein durch gute Gesetze geleitetes Volk wie die Römer zu innerer Freiheit und äußerer Machtentfaltung fähig. Gute Gesetze aber beruhen auf Erziehung und diese auf Religion. Machiavelli ist keineswegs areligiös, aber er unterwirft Religion wie Moral einem neuen, höchsten Wert, dem Patriotismus. Wenn es um Sein oder Nichtsein des Vaterlandes geht, gelten keine sittlichen Bedenken mehr. Deswegen sind politische Gründer im Notfall – «Necessitas» wird das bei absolutistischen Monarchen heißen – vom Sittengesetz dispensiert, ohne daß damit grundsätzlich Böse in Gut verkehrt würde.

Hier wäre dann der Anti-Fürstenspiegel «De principatibus», bekannter als «Fürst» (Principe), von 1513 (gedruckt 1532) in die Argumentation der Discorsi einzufügen, denn der Gründer eines neuen, freien Florenz und Italien kann nur ein Fürst sein. Das erfolgreiche Handeln alter und neuer Monarchen liefert Exempel für die Analyse verschiedener Arten von Fürstenherrschaft und ihrer jeweiligen spezifischen Wachstums- und Verfallsfaktoren, wobei Machiavellis Sympathie den durch Virtù neuerworbenen Fürstentümern gehört. Seinen schlechten Ruf verdankt Machiavelli dem offenherzigen Realismus seiner politischen Verhaltenslehre für erfolgreiche Fürsten. Da sich Furcht erzeugen läßt, Liebe aber nicht, sollte der Fürst wohldosierte furchterregende Maßnahmen ergreifen. Wortbruch und Grausamkeit gehören zu seinem Geschäft, allerdings möglichst ohne die Frauen und das Eigentum der Untertanen anzutasten, denn dort sind sie am empfindlichsten. Vor allem ist stets der Anschein von Treue und Gottesfurcht zu wahren, denn positiver Augenschein und aufsehenerregende Maßnahmen erzeugen Ansehen, die wichtigste Grundlage der Herrschaft.

Fast wider Willen hat Machiavelli einen revolutionären Beitrag zum Monarchiediskurs geleistet, nicht durch Einsichten in die monarchische Verfassung, sondern durch Offenlegung der Regeln des politischen Geschäfts und die Umwertung der politischen Werte. Politisches Handeln wurde zwar nicht zum Selbstzweck, aber durch Unterordnung unter den Patriotismus als höchsten Wert von seiner theoretischen Ausrichtung auf religiöse und moralische Ziele gelöst und radikal wie nie zuvor säkularisiert. Von nun an konnte die Monarchie, später der Staat als Selbstzweck gedacht werden, offensichtlich die angemessene Antwort auf die Frage, worauf es mit den instabilen Machtverhältnissen um 1500 hinauswollte.

Doch Machiavellis Innovation war zu radikal, um rasch akzeptierte Konvention zu werden. Die Rezeption seiner «unmoralischen» Ratschläge erfolgte auf Umwegen, und seine Säkularisierung der Politik blieb noch lange tabu. Im Gegenteil, infolge der Glaubensspaltung trat Europa erst jetzt in sein konfessionelles Zeitalter ein, in dem die Symbiose von Religion und Politik sich enger gestaltete als zuvor, allerdings politisiert unter Führung und Kontrolle der werdenden Staaten, nicht mehr der Kirchen. Aber ein christlich-moralischer Politikdiskurs blieb noch bis ins 17. Jahrhundert die Norm. Machiavellis Lehren wurden auf dem Umweg über die Annalen und Historien des Tacitus in den politischen Diskurs eingeschmuggelt, denn dort ergaben sich tiefe Einblicke in das monarchische System und seine «machiavellistischen» Machttechniken. Wichtiger als der literarische «Tacitismo» Italiens wurden aber zwei «Politiklehrbücher», beide aus dem Jahr 1589.

Giovanni Botero, Exjesuit und dem expansiven Fürstenhaus von Savoyen nahestehend, benutzte in «Della ragion di Stato» Tacitus, um Machiavellis Lehren christlich zu entschärfen. Dafür hat er den Begriff «Staatsräson» eingeführt, «die Kunde von den Mitteln, die geeignet sind, eine Herrschaft zu begründen, zu erhalten und zu erweitern». Solche Mittel wären Herrschertugenden, die richtige Behandlung der Untertanen, Befestigungen und Intrigen zum Schutz vor äußeren Feinden, Geld und eine blühende Wirtschaft, schließlich der sachgerecht geführte Krieg.

Justus Lipsius «Politicorum seu civilis doctrinae libri sex» beruhen auf der neustoischen Moralphilosophie seiner «De constantia libri duo»

(1584). Die Kräfte des Geistes vermögen den selbstverantwortlichen Menschen zur Seelenstärke im Kampf mit öffentlichen und privaten Übeln befähigen. Die Lehre von der Politik wird so zu einer elitären Tugendlehre, wobei die Klugheit (prudentia), von nun an ein Schlüsselwort des monarchischen Diskurses, zur zentralen Herrschertugend aufrückt und so ein Bündnis von Macht und Tugend ermöglicht. Die Politiklehre besteht in einer kunstvollen Montage von Klassikerzitaten, vor allem aus Tacitus, wobei die Grenze von Beschreibung und Bewertung systematisch verwischt wird. Betrug im politischen Geschäft bedarf je nach Grad der Unerlaubtheit gesteigerter Rechtfertigung durch die Prudentia politica des Herrschers. Diese kunstvoll ausbalancierte Theorie bot anders als Machiavelli und betont christliche Theoretiker wie Botero dem Politiker die Möglichkeit, bei der Ausübung seines Geschäfts ein gutes Gewissen zu behalten. Daher kann der Einfluß des Lipsius bei allen Konfessionen gar nicht überschätzt werden. Er war der Lieblingsautor des ebenso absolutistischen wie katholischen Maximilian I. von Bayern und wurde laut Gerhard Oestreich zur Grundlage des Preußentums.

Was bei Botero und Lipsius noch auf die fürstliche Herrschaft als Ganzes bezogen war, nahm in Frankreich unter Richelieu, der zum ersten Mal offen Machtgewinn als Staatszweck nannte, eine außenpolitische Wende. Ein ehemaliger Hugenottenführer im Dienste der außenpolitischen Expansion Frankreichs, der Duc Henri de Rohan, wurde mit «De l'Interest des Princes et Estats de la Chrestienté» (1638) zum Ideologen dieser außenpolitischen Kehre der Staatsräson. Fürstliches Interesse läuft auf Machtzuwachs hinaus, je länger desto mehr besonders mit außenpolitischen Mitteln. In diesem Sinn vor allem wurde Staatsräson im 17./18. Jahrhundert selbstverständlicher Bestandteil des monarchischen Diskurses.

d) Konfession und Politik von Luther bis Bodin

Mit der Integration der Hugenotten zeichnete sich in Frankreich die Möglichkeit konfessionsneutraler Machtpolitik ab, die freilich nicht unwiderruflich verwirklicht werden konnte. Und sie war auf Außenpolitik beschränkt, während im Innern Konfessionalisierung auf der Tagesordnung blieb. Dennoch hat die Konfessionalisierung erstaunlich wenig zum Monarchiediskurs beigetragen. Die Konfessionen haben bloß gemeinchristliche, konfessionsneutrale Versatzstücke je nach politischer Konstellation komplementär eingesetzt. Als die französische Monarchie aggressiv gegenreformatorische Politik betrieb, griffen protestantische Monarchiefeinde (Monarchomachen) zu ständischen Widerstandstheorien. Sobald Heinrich IV. den Protestanten Garantien bot und damit den Katholiken Anlaß zu Befürchtungen gab, mauserten sich Protestanten zu strammen Monarchisten und Katholiken zu Monarchomachen bis zum «Tyrannenmord» am König 1610. Das alles hat mit der jeweiligen Theologie wenig oder nichts zu tun; der politische Standort der Konfessionen ergab sich überwiegend aus ihren politischen Rahmenbedingungen.

Die Reformatoren blieben ja bis weit in die Reihen der Radikalen hinein obrigkeitsgläubige Monarchisten. Martin Luther «Von weltlicher Obrigkeit, wie weit man ihr Gehorsam schuldig sei» (1523) beharrte auf dem strengen Gehorsamsgebot der Bibel. Das politische Geschäft der Fürsten mag abscheulich sein, aber sie führen das Schwert im Auftrag und Dienste Gottes. Nur wenn sie die Gewissen bedrängen, ist passive Gehorsamsverweigerung gestattet, die aber mit unbedingter Leidensbereitschaft einhergehen muß. Gott allein ist Richter über die Missetaten der Fürsten.

Da Herrschaft für Philipp Melanchthon auf den Sündenfall zurückgeht, sind schlechte Herrscher eine normale Strafe für die Sünden des Volkes. Als Humanist verbindet er aber in seinem Kommentar zur Politik des Aristoteles (1530) die biblischen mit naturrechtlichen Argumenten zur Begründung des Gehorsamsanspruchs der Obrigkeit, deren beste Form er anders als jener in der Monarchie findet. Diese naturrechtliche Ordnung ist neben dem Dekalog vor allem im römischen Recht niedergelegt.

Erst spät ließ sich Luther von seinen fürstlichen Partnern zur Bejahung des Widerstands gegen den Kaiser gewinnen, und zwar ausschließlich mit dem rein politischen Argument, die Fürsten seien eben keine Untertanen, sondern Amtsträger mit obrigkeitlichen Pflichten. Hier kommt die übliche, aber meistens ziemlich ungenau formulierte Wunschvorstellung von irgendwelchen institutionellen Kontrollinstanzen für die Monarchie zum Tragen, für die humanistisch gebildete Autoren sich auf die spartanischen Ephoren zu berufen pflegten. Wenn Calvin in seiner «Institutio Christianae Religionis» (Ausgabe letzter Hand 1559) eine Mischung aus Aristokratie und Politie (Demokratie) für die ideale Verfassung erklärte, dann folgte er Aristoteles und dem praktischen Bedarf seiner eigenen städtischen Lebenswelt. Grundsätzlich haben aber auch bei ihm alle Obrigkeiten Anspruch auf den uneingeschränkten Gehorsam der Christen; schlechte Fürsten unterliegen allein Gottes Strafe. Nur Amtsträger wie die Ephoren, das wären die Stände, können der Willkür der Könige entgegentreten.

Katholische Systematiker haben auf der Grundlage aristotelisch-thomistischer Naturrechtsargumente die Monarchie stärker eingeschränkt als die großen Reformatoren. Der Theologe Francisco de Vitoria hat zwischen 1528 und 1533 gelehrt, daß die öffentliche Gewalt aus dem naturrechtlichen Ordnungsbedarf des Volkes stamme und von diesem unwiderruflich einem Monarchen anvertraut worden sei; Widerstand komme daher nicht in Frage. Dieses Gemeinwesen sei aber mit dem werdenden Einzelstaat identisch, es könne weder eine kaiserliche noch eine päpstliche Weltherrschaft geben, auch wenn dem Papst die Möglichkeit bleibe, um des Glaubens willen einen abtrünnigen Fürsten abzusetzen.

Der Laienjurist Fernando Vázquez de Menchaca führte dann 1559–64 nicht nur die antike Vorstellung eines vorstaatlichen Urzustandes erneut in die Debatte ein, sondern erklärte allein vernunftgemäße und auf einen Vertrag mit den Beherrschten gegründete Herrschaft für legitim. Da der König für das Gemeinwesen da ist und nicht umgekehrt, hat das Volk ihm nur soviel Befugnisse übertragen, wie er zur Erfüllung seiner Aufgaben braucht, und kann diese jederzeit zurücknehmen.

Für den Jesuiten Juan de Mariana war zwar in «De rege et regis institutione» (1599) die Monarchie die beste Form staatlicher Überwindung des chaotischen Urzustandes, aber nur eine beschränkte Monarchie. Der König stehe unter den Gesetzen, sogar seinen eigenen, «princeps legibus solutus non est». Da der Herrschaftsvertrag im Prinzip kündbar sei, könne das Volk einen Tyrannen absetzen und zum Tode verurteilen; im Notfall sei sogar seine Tötung durch einen gut beratenen Privatmann zulässig. Marianas Buch wurde infolgedessen nach der Ermordung Heinrich IV. in Paris verbrannt – und im Prozeß gegen Karl I. von England zitiert.

Der Systematiker der spanischen Spätscholastik Francisco Suárez kam 1612/13 zu ähnlichen Ergebnissen. Auch bei ihm ist der autonome Einzelstaat die Communitas perfecta, deren Leitungsgewalt vom Volk unwiderruflich auf den Herrscher übertragen wird, durch einen ausdrücklichen oder einen stillschweigenden Vertrag, wie er durch Hinnahme einer Eroberung zustande kommt. Da die Gewalt vom Volke stammt, kann es kein monarchisches Gottesgnadentum geben, und Widerstand ist durchaus rechtens, wenn der Fürst den Herrschaftsvertrag brechen sollte.

Die Ablehnung der gottunmittelbaren Monarchie zugunsten einer Übertragung der von Gott stammenden Gewalt durch das Volk war gegen König Jakob I. von England und Schottland gerichtet, der 1589 in «The True Law of Free Monarchies» eine uneingeschränkte, über den Gesetzen stehende, unmittelbar von Gott hergeleitete königliche Gewalt beanspruchte und den Herrschaftsvertrag ebenso wie das Widerstandsrecht bestritt. Weil Papst Pius V. 1570 Königin Elisabeth abgesetzt und ihre Untertanen vom Treueid entbunden hatte, verlangte Jakob 1606 von den englischen Katholiken einen Eid, in dem das Recht des Papstes, Könige abzusetzen, zum Widerstand gegen sie aufzurufen und Tyrannenmord zu rechtfertigen, verworfen wurde. Daher die Ablehnung der gottgesetzten unumschränkten Monarchie nicht nur durch Suárez, sondern auch durch den Jesuitenkardinal Roberto Bellarmino in «De controversiis» (1586–93) und dem Fürstenspiegel «De officio principis christiani» (1619). Daher auch bei ihm die Potestas indirecta in temporalibus des Papstes, um des Seelenheiles willen einen tyrannischen und häretischen Herrscher abzusetzen.

Die Zukunft des monarchischen Diskurses sollte allerdings einer Position gehören, die in Frankreich als Reaktion auf den konfessionellen Bürgerkrieg entwickelt wurde und auf die Monarchie als Garantin des Friedens statt der Glaubenseinheit setzte. Ihre Vertreter wurden daher als «politiques» abqualifiziert, als Leute, die wie Machiavelli politische Werte höher schätzten als den rechten Glauben der einen oder anderen Kirche. Jean Bodin mit seinen «Sechs Büchern über den Staat» (Six Livres de la République) 1583 (lateinisch 1586) wurde dabei wegweisend, vor allem als Begründer des für den späteren Staatsdiskurs grundlegenden Souveränitätsbegriffs. «Unter der Souveränität ist die dem Staat (république) eignende absolute und zeitlich unbegrenzte Gewalt zu verstehen, von den Lateinern ›maiestas‹ [. . .] genannt.»[3] Diese Gewalt kann monarchisch, aristokratisch oder demokratisch sein, nur eine Mischverfassung ist wegen der erforderlichen Einheitlichkeit ausgeschlossen. Wegen der Schlechtigkeit der Menschen ist analog zur Ordnung der Natur aber die Alleinherrschaft vorzuziehen. Durch die Übersetzung der Formel «legibusque soluta potestas» mit «absolute Gewalt» wurde Bodin zum Begründer des Diskurses der absoluten Monarchie, der im 19. Jahrhundert in die Begriffsprägung «Absolutismus» münden sollte.

Alle Beschränkungen dieser monarchischen Gewalt entfallen. Sie ist durch Unterwerfung der Untertanen, nicht durch einen Vertrag mit ihnen entstanden, unbefristet und wie die päpstliche Plenitudo Potestatis an keine Gesetze gebunden. Sie ist freilich noch nicht konsequent transpersonal, denn Verfügungen eines Herrschers gelten wie bisher nur für dessen Lebensdauer und müssen vom Nachfolger zumindest stillschweigend bestätigt werden. Für ein personales Verständnis absoluter Gewalt hätte die Bindung an die Kontinuität einer ab-

[3] In der lateinischen Ausgabe: «Maiestas est summa in cives ac subditos legibusque soluta potestas».

strakten Krongewalt nämlich bereits eine Einschränkung bedeutet. Die Gesetzgebungshoheit ist der Inbegriff der Souveränität, aus der sich alles weitere ableitet: ausschließlicher Anspruch auf die Treue der Untertanen, Entscheidung über Krieg und Frieden, Beamtenbestellung, Justiz- und Finanzhoheit usf. Mit dieser begrifflichen Konzentration der Souveränität auf das Gesetzgebungsmonopol überwindet Bodin das herkömmliche Konzept einer Mehrzahl von Herrscherrechten (Regalien), die getrennt und veräußert werden können, und entwirft das zukunftsträchtige Konzept einer einheitlichen Staatsgewalt, auch wenn diese noch an eine natürliche Person gebunden bleibt.

Der Souverän unterscheidet sich aber vom Tyrannen durch die doppelte Bindung an das Recht Gottes und der Natur sowie die Grundgesetze des Königreiches (lois fondamentales). Er muß also im Regelfall Verträge halten sowie das Privateigentum und die Familie respektieren. Das ist bereits in der Definition des «Staates» enthalten. «Der Staat ist die dem Recht gemäß geführte und mit souveräner Gewalt ausgestattete Regierung einer Vielzahl von Familien und dessen, was ihnen gemeinsam ist». Das vom Familienvater monarchisch regierte Haus ist also strenggenommen «staatsfrei», ebenfalls eine sehr traditionale Vorstellung, die aber zur Folge hat, daß auch für Bodin der Herrscher für rechtmäßige Besteuerung als Zugriff auf das Privateigentum der Untertanen deren Zustimmung braucht.

Die Mißachtung von Grundgesetzen wie der Thronfolgeordnung oder dem Verbot, Krondomänen zu veräußern, verbietet sich bereits deswegen, weil sie auf eine Selbstaufhebung der Monarchie hinauslaufen würde. Es gibt aber keine Möglichkeit, den König zur Einhaltung des Rechts zu zwingen, auch Tyrannei berechtigt nicht zum Widerstand.

e) Von absoluter, gemischter und doppelter Monarchie zu Gewaltenteilung und Bundesstaat

Der monarchische Diskurs weist Divergenzen und Konvergenzen auf, die gemäß dem Primat der Praxis den Divergenzen und Konvergenzen der monarchischen Politik folgen. So sollte der englische Bürgerkrieg mit Hobbes wie der französische mit Bodin jene Beiträge zum Monarchiediskurs hervorbringen, die zur Grundlage des späteren Staatsdiskurses wurden. Zunächst freilich dominierte statt der Theorie Jakobs I. die Lehre von der gemischten Monarchie, wie sie von Thomas Smith in «De Republica Anglorum» (ca. 1565, gedruckt 1583) festgehalten wurde. Danach hat der Fürst absolute Gewalt (hath absolutelie in his power) über Krieg, Frieden und Außenpolitik, Ämterbesetzung, Münze, Maße und Gewichte, das Recht zur Dispens von Gesetzen, während die gesamte Justiz in seinem Namen stattfindet; dies alles stellt die «prerogatives royalles» dar. Gesetzgebung und Steuerbewilligung aber nimmt der «prince in parliament» vor, wo die ganze Nation zusammen mit ihm vertreten ist. Der King-in-Parliament ist also nichts weiter als die letztmögliche Steigerung monarchischer Macht.

Die aufkommenden Konflikte drehten sich um das Ausmaß der Prärogative und waren eher praktischer Natur. Aber der Jurist und Oppositionspolitiker Edward Coke hat dem König dabei bedeutet, er unterstehe nicht allein Gott, sondern auch dem Common Law. Da dieses Recht die Kumulation juristischen Sachverstands von Jahrhunderten darstelle, beanspruchte Coke dafür sogar die Superiorität über Krone *und* King-in-Parliament, was auf die spätere «judicial review» der Legislative und Exekutive durch unabhängige Richter hinausläuft.

In Polen hatte der Reformhumanist Andrzej Frycz Modrzewski in «De Republica emendanda» (1548–49, gedruckt 1554) ebenfalls eine gemischte, aber starke Monarchie entworfen. Vereinheitlichtes Recht und ein zentrales, mittels einheitlicher Steuern unterhaltenes Heer sollten die Grundlage königlicher Macht bilden. Aber Gesetze werden vom König auf dem Reichstag gegeben, und er steht selbst unter dem Gesetz – «princeps legibus solutus» ist für Modrzewski die Formel der Tyrannei. Deshalb liegt die Rechtsprechung in den Händen unabhängiger, auf Lebenszeit bestellter Richter.

Eine besondere Herausforderung für den monarchischen Diskurs stellte das Reich dar, denn nur hier gab es eine «mehrstöckige» Monarchie, wo der Kaiser einerseits, die mächtigeren Fürsten andererseits beide monarchische Souveränität beanspruchen konnten. Dabei befand sich die Gewichtsverteilung zwischen beiden bis 1648 und darüber hinaus in Veränderung und war stärker als in anderen Ländern durch das Problem der gesetzlich festgelegten Mehrkonfessionalität des Reiches zusätzlich belastet. Die Antwort auf die Konflikte war die Entstehung einer besonderen Wissenschaft vom öffentlichen Recht des Reichs um 1600, der «Reichspublizistik».

Bodin war rasch rezipiert worden und wirkte wie ein Funke im Pulverfaß.[4] Allerdings war strittig, wer hier Träger der laut Bodin unteilbaren Souveränität sein sollte. Er selbst hatte das Reich zur Fürstenaristokratie erklärt, was mit Ausnahme des Habsburg-Gegners Bogislaw Philipp von Chemnitz (Pseudonym: Hippolytus a Lapide, 1640) abgelehnt wurde. Es blieb also nur der Ausweg, gegen Bodin eine Art Teilung der Souveränität einzuführen, *Majestas* und *Imperium*

[4] *Stolleis,* Bd. 1, 177.

oder *Majestas realis* und *Majestas personalis* zu unterscheiden, das heißt das oberste Recht am Staat und die Regierungsbefugnis des Monarchen. Dann ließ sich das erstere den Ständen, die letztere dem Kaiser zuweisen. Oder man konnte die *Majestas personalis* zwischen Kaiser, Kurfürstenkolleg und Reichstag aufteilen. Samuel Pufendorf hatte unter dem Pseudonym Severinus de Monzambano 1667 in «De Statu Imperii Germanici» das Reich «irregulär und einem Monstrum ähnlich» genannt, weil es den Zustand der beschränkten Monarchie bereits hinter sich gelassen habe, aber noch nicht völlig zum Staatenbund zerfallen sei und insofern in keine der klassischen Kategorien des Aristoteles passe. Denn einen Bundesstaat gab es weder im politischen Diskurs noch in der Wirklichkeit. Aber der Diskurs der Reichspublizistik hat ihn denkbar gemacht und zu praktischen Lösungen beigetragen, als in England nach 1689 die Rechtsfigur des King-in-Parliament anläßlich der Umverteilung der Souveränität zugunsten des Parlaments neu interpretiert werden mußte und als 1787 in den USA die erste bundesstaatliche Verfassung der Welt geschaffen wurde.

England war vorübergehend Republik gewesen, was zu einem bemerkenswerten Aufschwung radikaler und republikanischer Diskurse führte, aber zugleich mit Thomas Hobbes' «Leviathan»[5] 1651 die radikalste Begründung von Alleinherrschaft überhaupt hervorbrachte. Als krönender Abschluß eines materialistischen, in der Weise der Geometrie deduktiv, aber zugleich mit empirischem Anspruch entwickelten philosophischen Systems beruhte sie auf dem damals modernsten Stand der Wissenschaft. Der Mensch des Thomas Hobbes ist ein von Leidenschaften getriebenes Wesen, vor allem vom Willen zur Macht und von der Furcht. Das Zusammenwirken von beiden führt im vorstaatlichen Naturzustand zum Krieg aller gegen alle. Recht und Unrecht können dabei sowenig existieren wie Mein und Dein. Zwar vermag die Vernunft aus dem Naturgesetz der Selbsterhaltung das Friedensgebot, die goldene Regel (Behandle andere, wie du von ihnen behandelt sein möchtest!) und andere Sätze abzuleiten, aber diese haben keine Geltung, da niemand sie erzwingt. So verzichten die Menschen im Interesse ihrer Selbsterhaltung auf ihre Freiheit und errichten durch Vertrag eine Herrschaft über sich, durch die sie sich repräsentiert sehen. Dieser Vertrag ist zugleich Gesellschafts- und Herrschaftsvertrag, denn er errichtet zugleich den Staat und etabliert den Souverän. Naturzustand und Vertrag sind zwar philosophische Konstrukte, aber der Naturzustand herrscht in der Realität in den Beziehungen zwischen den Staaten, und die reale Entstehung von Staaten aus der elter-

[5] Vgl. Hiob 3,8; 40,25; Psalmen 74,15; 104,26; Jesaja 27,1.

lichen Gewalt oder durch Eroberung hat kraft stillschweigender Akzeptanz die Kraft eines Vertrags.

Aus dem Staatszweck Sicherheit ergibt sich die unumschränkte Stellung des Souveräns. Er kann seine Gewalt nicht verwirken und nicht ausgewechselt werden; Widerstand kommt nicht in Frage. Er steht über dem Gesetz, kann kein Unrecht tun und nicht bestraft werden. Das Naturgesetz erhält seine Verbindlichkeit erst durch ihn, denn Gut und Böse, Recht und Unrecht, Mein und Dein beruhen ausschließlich auf seiner Setzung. Er entscheidet über Krieg und Frieden sowie die erforderliche Besteuerung; da nur er das Privateigentum ermöglicht, besteht es nur mit einem Vorbehalt zu seinen Gunsten. Weiter stehen ihm Ämterbesetzung, Justiz und die Belohnung und Bestrafung der Untertanen zu. Er entscheidet auch über die Religion, denn Kirche und Staat sind identisch, Geistliche sind Staatsbeamte. Auch die christlichen Gebote sind staatliche Gesetze, denn andere gibt es nicht. Diese Befugnisse sind als integrale Bestandteile der Souveränität unübertragbar. Damit wird verteilte Zuständigkeit ebenso hinfällig wie die Unterscheidung der klassischen Staatsformen des Aristoteles, obwohl ein Monarch als Souverän Hobbes' Vorstellungen durchaus entspricht.

Vom Souverän des Thomas Hobbes reden, heißt weit mehr als bei Bodin nicht mehr vom Monarchen, sondern bereits vom modernen Staat reden; der Übergang vom Monarchiediskurs zum Staatsdiskurs zeichnet sich ab, denn dieser Souverän hat die Haupteigenschaften des Staates:[6] das Gewaltmonopol über die als homogen angenommene Untertanenschaft für ein klar umgrenztes Gebiet, vor allem das Recht zu töten, um Herrschaft und Recht durchzusetzen. Herrschaft findet bereits im Medium gleichen Rechts oder gleicher Rechtslosigkeit für alle statt. Dabei gilt der Souverän als Repräsentant des Volkes, als Produkt einer Identifikationsoperation, die später von Rousseau auf die Spitze getrieben wird.

Dennoch darf Hobbes nicht anachronistisch als Prophet des totalen Staates mißverstanden werden, trotz der notorischen Begeisterung Carl Schmitts und anderer konservativer Ideologen für das von Hobbes erdachte Ungeheuer. In Theorie und Praxis ließ der frühneuzeitliche Kontext auch einem Untertanen des Hobbes'schen Staates viel Freiraum. Erstens bezog sich der Religionszwang nur auf die öffentliche Praxis; der Staat übte noch keinen Gesinnungszwang aus wie heute. Zweitens bedeutete Hobbes' Rechtspositivismus, nach dem nur gilt, was ausdrücklich gesetzt ist, ein hohes Maß an Sicherheit. Er hat ja als erster den für liberales Strafrecht grundlegenden Satz «nulla poe-

6 *Tully* 17 f.

na sine lege» systematisch entfaltet! Außerdem sind einer rudimentären frühneuzeitlichen Staatsgewalt intensive Eingriffe wie im totalen Staat schlicht unmöglich. Wo sich der Souverän aber nicht geäußert hat, darf der Untertan tun und lassen, was er will. Drittens ist der Staat noch nicht Zweck seiner selbst, sondern verdankt sich dem Staatszweck Selbsterhaltung der Bürger. Befehle des Souveräns, die diesem Staatszweck widersprechen, dürfen mißachtet werden, weil sie nichtig sind. So kann der Souverän den Untertan zwar töten, darf ihm aber nicht befehlen, sich selbst zu töten. Sollte der Staat gar seinen Stiftungszweck, Sicherheit zu garantieren, nicht mehr erfüllen, dann erlischt jede Verpflichtung der Untertanen. Zwar ist Widerstand nicht rechtens, aber ein rechtswidrig begonnener Aufstand kann den Tod des Leviathan herbeiführen, den dieser durch seine Ohnmacht verdient hat.

Als Lehrer der absoluten Monarchie rezipiert wurde Hobbes nicht in England, sondern auf dem Kontinent, in Frankreich in den «Mémoires» Ludwigs XIV. (1666–71) und der «Politique tirée des propres paroles de l'écriture sainte» des Jacques-Bénigne Bossuet (1679, gedruckt 1709), freilich sekundär zum Gottesgnadendiskurs. In Deutschland hingegen hat die Hobbes-Rezeption zur Ablösung des philosophisch-juristischen Naturrechtsdiskurses vom theologischen beigetragen, wozu er bei den Spaniern von Vitoria bis Suárez noch gehört hatte. Deren Ergebnisse wurden durch die Vermittlung von Hugo Grotius von Samuel Pufendorfs «De Jure Naturae et Gentium Libri VIII» (1672, Kurzfassung 1673) übernommen, aber unter dem Einfluß von Hobbes in ein säkulares System des Naturrechts verwandelt. Zum gegenseitigen Schutz schließen sich die Menschen durch einen Gesellschaftsvertrag zusammen, befinden über die Regierungsform und bestellen durch Unterwerfungsvertrag eine Obrigkeit. Deren Herrschaft gilt immer als rechtens und durch die Autorität des Naturrechts legitimiert. Auch bei Christian Thomasius «Fundamenta Juris Naturae et Gentium» (1705) besteht der praktische Kontext in der Legitimation der lutherischen Variante des absolutistischen deutschen Territorialstaats. Er schließt an Grotius, Hobbes und Pufendorf an, setzt die Säkularisierung des Naturrechts fort und tilgt erfolgreich dessen katholisch-spanische Herkunft aus dem deutschen Diskurs. Die fürstliche Souveränität ist wie bei Pufendorf unumschränkt; die Gewissensbindung des Fürsten an das Naturrecht läuft wie bei Bossuet auf einen frommen Rat hinaus, erzwingbar ist vom Fürsten nichts. Erzwingbar ist bei Thomasius aber auch von den Untertanen nur das rechtmäßige, nicht aber das sittliche Verhalten. Stärker noch als bei Hobbes wird das politische Leben auf die Rechtssphäre beschränkt, die

Moral dem Privatleben überlassen, ebenso der Glaube – nicht aber die Kirche, die auch hier zum öffentlichen Rechtsbereich gehört.

Um dieselbe Zeit hatten John Lockes «Two Treatises of Government» die traditionelle englische Lehre von der beschränkten Monarchie des Regimen regale et politicum eines King-in-Parliament bereits in den modernen Gewaltenteilungsdiskurs transformiert. Da sie 1690 zur Glorious Revolution gedruckt wurden und der dort getroffenen Regelung der Machtverteilung zwischen Krone und Parlament entsprachen, galten sie als deren Legitimation und wurden entsprechend rasch in den Diskurs integriert. In Wirklichkeit dürften sie bereits 1679 gezielt gegen den absolutistischen Theoretiker Robert Filmer geschrieben sein, der die unumschränkte Monarchie natürlich aus der väterlichen Gewalt im allgemeinen und biblisch aus derjenigen des Stammvaters Adam im besonderen abgeleitet hatte. Für Locke hingegen ist politische Gewalt etwas völlig anderes. Sie besteht im Recht, zum Schutze des Gemeinwohls und besonders des Eigentums Gesetze mit Sanktionen zu schaffen und zu vollstrecken. Sie entsteht ebenfalls aus einem staatslosen Naturzustand völliger Gleichheit und Freiheit, der aber im Gegensatz zu Hobbes kein Krieg aller gegen alle war, sondern ein Zustand gegenseitigen Wohlwollens, reguliert von den Grundsätzen der Sozialmoral des Naturrechts. Daher konnte der Mensch mittels Aneignung durch Arbeit bereits Eigentümer werden, ja zur Konservierung und Übertragung von Eigentum das Geld erfinden. Damit war die Neigung, sich Gewalt über Person und Eigentum anderer zu verschaffen aber so sehr gewachsen, daß die Menschen sich jetzt zur «Erhaltung ihres Eigentums», d. h. «ihres Lebens, ihrer Freiheiten und ihres Vermögens» zu einem Staat zusammenschlossen und eine Obrigkeit schufen.

Dieser weitere Eigentumsbegriff schließt also Person, Rechte und Eigentum im engeren Sinn ein. Daß seine Entstehung in den vorstaatlichen Raum verlegt wird, während es bei Hobbes überhaupt erst durch den Staat zustande kommt, läuft auf den Schutz der Privatsphäre vor beliebigem staatlichem Zugriff, zunächst vor allem durch Besteuerung, hinaus. Dem Wachstum der Staatsgewalt entsprechen also Versuche, sie auf einen klar umgrenzten öffentlichen Sektor zu beschränken. Bis dahin waren Herrschaft und Eigentum zwei Seiten derselben Sache gewesen, im Begriff Dominium zusammengefaßt. Jetzt wird Eigentum begrifflich privat und Herrschaft öffentlich.

Fast noch wichtiger für die weitere Entwicklung des politischen Diskurses ist der bei Locke gegenüber Hobbes und vielen seiner Vorgänger veränderte Charakter des Naturzustandes. Durch einen anthropologischen Paradigmenwechsel von säkularer Bedeutung ist aus einem Leben in allgemeiner Feindschaft ein Verhältnis gegenseitigen

Wohlwollens geworden, statt Bosheit wird Güte zum axiomatischen Grundcharakter des Menschen. Im Gegensatz zur aristotelisch-scholastischen Tradition gingen die Vertreter des neuzeitlichen Monarchiediskurses bis dahin von einem pessimistischen Menschenbild aus. Auch wo Melanchthon auf der natürlichen Soziabilität des Menschen nach Aristoteles aufbaute, meinte er dies mit dem patristischen Axiom der Staatsbegründung als Folge des Sündenfalls verbinden zu müssen. Bei Machiavelli als dem Inbegriff säkularen Politikverständnisses ist der Pessimismus sogar noch stärker ausgeprägt. Wie moderne Konservative sind diese Monarchietheoretiker von der allgemeinen Minderwertigkeit der Menschen überzeugt, die infolgedessen zu ihrem eigenen Besten der Bevormundung bedürfen, entweder durch die wenigen Hochwertigen, die es gibt – das sind natürlich die Konservativen selber –, oder aber durch die Monopolisierung der Bosheit bei einem einzigen, der dann wenigstens die Bosheit der übrigen stillegt.

Der Monarchiediskurs des 16./17. Jahrhunderts erscheint so als Ringen mit einer Dauerkrise, die freilich nicht ohne weiteres zu identifizieren ist. Möglicherweise handelte es sich um die Instabilität der Machtverhältnisse, die durch den Wachstumsschub der Staatsgewalt in diesen beiden Jahrhunderten in Verbindung mit dem Konfessionskonflikt zustande kam und der man begegnen wollte, indem man sich der Monarchie, die diesen Schub verursacht hatte, in die Arme warf. Dann könnte die Wende des politischen Diskurses zum Optimismus seit Locke als Reaktion auf eine erste Stabilisierung des neuen Staatensystems seit dem späten 17. Jahrhundert erklärt werden.

Allerdings bleiben Außenpolitik und Krieg bei Locke immer noch ein Feld, wo keine Gesetze gelten, sondern der Naturzustand im Sinne eines latenten dauernden Kriegszustandes herrschte. Im Innern des Gemeinwesens freilich kommt durch das vertraglich festgelegte und von Locke erstmals ausführlich begründete Mehrheitsprinzip Ordnung zustande. Konsens wird großgeschrieben; der Mensch ist keineswegs durch stillschweigende Hinnahme an das Gemeinwesen gebunden, in dem er geboren wurde, sondern nur durch ausdrückliche Zustimmung. Welche Bezeichnung einem Staat zukommt, hängt davon ab, wer die oberste Gewalt inne hat, die Legislative, die für die anderen Gewalten die Regeln festsetzt. Die Trennung der Gewalten übernimmt Locke aus dem praktischen Kontext der englischen Verfassung seiner Zeit, legitimiert sie aber zusätzlich mit der Anfälligkeit des Menschen für Machtgier. Die Exekutive vollzieht die Gesetze, die Föderative sorgt für die äußere Sicherheit. Zwar liegen beide in der Hand des Monarchen, der auch an der Legislative beteiligt ist, vor allem durch das Recht, diese einzuberufen. Aber die begriffliche Unterscheidung erscheint notwendig, weil die Exekutive an Gesetze gebunden ist, die Föderative aber nicht. Die Rechtsprechung hingegen gilt noch als Bestandteil der Exekutive, wird sie doch durch königliche Richter ausgeübt und hat es mit dem Vollzug von Gesetz und Recht zu tun.

Der Monarch hat dank Bündelung der Gewalten in seiner Person und ständiger Befaßtheit mit dem politischen Geschäft nach wie vor die Schlüsselposition inne; alleiniger Souverän ist er freilich nicht mehr. Wenn er tyrannisch das Recht verletzt, ganz besonders das unverlierbare Recht des Menschen auf Unversehrtheit seiner Person und seines Eigentums, oder sich gegen die Legislative wendet, darf ihm unter Berufung auf letztere Widerstand geleistet werden. Sollte gar die Legislative das Gemeinwohl mißachten, bleibt dem Volk die höchste Gewalt, sie durch eine Erhebung abzuberufen, deren Erfolg, weil er nur kraft göttlicher Vorsehung möglich ist, nach uralter Tradition dem Volke recht gibt. Das ist aber kein Widerstand gegen die Staatsgewalt mehr, weil diese sich zuvor durch Mißachtung des Staatszwecks selbst aufgelöst hat.

Ging Lockes Beitrag zum Diskurs aus dem praktischen Kontext Englands hervor, so scheint bei Charles-Louis de Secondat de Montesquieu in «De l'esprit des lois» (1748) der theoretische Kontext zu dominieren, handelt es sich doch um eine historisch-ethnographisch-juristische Untersuchung der Bedingungen der Möglichkeit optimaler Politik. Die Vielfalt menschlicher Sitten und Gesetze wird als Produkt bestimmter Prinzipien geschildert, mit der aufklärerischen Absicht, die Menschen durch Einsicht in die wirklichen Zusammenhänge von ihren Vorurteilen zu befreien – angeblich die vierte Neubegründung der Politikwissenschaft nach Aristoteles, Thomas von Aquin und Machiavelli. Engerer Untersuchungsgegenstand sind für den Juristen Montesquieu die Gesetze, in denen sich Politik niederschlägt.

Im Urzustand unter Naturgesetzen sind die Menschen friedlich; erst durch ihre Vergesellschaftung kommt es zu Machtkonflikten. Zu deren Bewältigung müssen sich die Menschen Gesetze für drei Rechtsbereiche geben, das Völkerrecht zwischen den Völkern, das Staatsrecht zwischen Regierenden und Regierten, das Bürgerrecht, deutsch besser: Zivilrecht, zwischen den Bürgern. Diese Gesetze entspringen zwar der immer gleichen Vernunft, müssen aber dem jeweiligen Volk und seinen Lebensumständen angepaßt werden. Diesen komplexen Zusammenhang nennt Montesqieu «esprit des lois», was man treffender nicht als «Geist», sondern als «politische Kultur» wiedergeben könnte.

Montesquieu faßt Aristokratie und Demokratie unter der Kategorie Republik zusammen und stellt daneben Monarchie, Alleinherrschaft nach Gesetzen, sowie Despotie, Alleinherrschaft nach Willkür. Obwohl unter Umständen jede Regierungsform ihre Berechtigung hat, ist sein Wertmaßstab doch die Freiheit, «das Recht, alles zu tun, was die Gesetze erlauben». Diese hängt aber keineswegs direkt von der Regierungsform ab; auch Republiken wie Venedig können tyrannisch sein. Freiheit gibt es nämlich nur dort, wo die politische Ordnung der menschlichen Neigung zum Machtmißbrauch institutionelle Schranken setzt.

Daher die ausführliche Untersuchung Englands als Paradigma der Gewaltenteilung.[7] Dabei bezieht er sich auf Lockes Dreiteilung der Gewalten ebenso wie auf die traditionelle englische Unterscheidung von King, Lords und Commons, führt aber bei dieser Gelegenheit durch vergleichende Abstraktion die zusätzliche Unterscheidung von Legislative, Exekutive und Judikative ein, die seither zum Standardrepertoire des politischen Diskurses gehört. Sein Interesse gehört freilich der Rolle des Adels, insbesondere des französischen Amtsadels als vermittelnder Zwischengewalt zwischen Fürst und Volk, die den Unterschied von Monarchie und Despotie ausmacht. Deswegen ist die adelige Ehre das gestaltende Prinzip der Monarchie gegenüber der [politischen] Tugend [des Patriotismus] in der Republik, dem Terror in der Despotie. Nur wenn die Zwischengewalten eine angemessene politische Rolle behalten, bleibt Frankreich Monarchie, sonst entartet es zur Despotie, eine Botschaft, die Louis de Jaucourt im 11. Band der «Encyclopédie» (1766) im Artikel «Monarchie» wiederholt hat.

Um dieselbe Zeit unternahm der englische Jurist William Blackstone mit den «Commentaries on the Laws of England» (1765–69) den Versuch einer rationalistischen Systematisierung des Common Law, die unter «The Rights of Persons» auch die Monarchie behandelte.[8] Auch für ihn besteht die wichtigste Garantie der «public liberty» in der Existenz einer von der Exekutive getrennten, unabsetzbaren Richterschaft, analog zu den französischen Parlamenten. Doch obwohl Blackstone von Gewaltenteilung ausgeht und bereits von «checks and balances» schreibt, erscheint seine Darstellung stark monarchiezentriert. Die Legislative liegt keineswegs beim Parlament, sondern bei «king and both houses of parliament». Grundlage des Gemeinwesens ist «the original contract between king and people», der im Krönungseid greifbar wird. Die Person des Königs ist heilig und kann in keinem Fall vor Gericht gezogen werden (the king can do no wrong). Sollte er freilich den «original contract» verletzen, «subvert the constitution», «violate the fundamental laws», dann bedeutet dies [seit 1688 W. R.] seine Abdan-

[7] Buch XI, Kapitel 6.

[8] *Blackstone* 148–209.

kung und die Vakanz des Thrones. In der Wahrnehmung der ihm allein zustehenden Befugnisse, insbesondere Außenpolitik, Entscheidung über Krieg und Frieden, Leitung der Exekutive und der Kirche, Mitwirkung an der Gesetzgebung, «in the exertion of lawful prerogative, the king is and ought to be absolute; that is, so far absolute, that there is no legal authority that can either delay or resist him». Die Gehorsamspflicht kennt insofern keine Einschränkung und keinen Widerstand. Sollten die Interessen des Landes verletzt werden, werden die Minister vom Parlament durch Impeachment zur Rechenschaft gezogen. Die Monarchie wird transpersonal verstanden, mit der Folge politischer Unsterblichkeit des Monarchen. «The King never dies». Im Todesfall, im Falle der «disunion of the king's natural body from the body politic» geht die Krone automatisch auf den Erben über, «the royal dignity remains perpetual». Diese sehr traditionale Konstruktion erhält aber bei Erörterung der exekutiven Befugnisse des Monarchen eine ausgesprochen moderne Wendung. Da die Verfassung die Exekutive ihm allein überträgt – das britische Kabinett hatte damals noch keine legale Existenz –, ist der König nicht nur der oberste, sondern streng genommen der einzige Amtsträger der Nation («magistrate of the nation»). Aus einer mystischen Größe ist die Krone ganz trocken zum Staatsamt geworden.

Die politische Macht des Königs dürfte allerdings in der Mitte des 18. Jahrhunderts den von Blackstone beschriebenen rechtlichen Befugnissen längst nicht mehr entsprochen haben, das wird gerade durch den Hinweis auf die Rolle von Kabinett und Premierminister deutlich. Nichtsdestoweniger haben die amerikanischen Verfassungsväter, die ihren Blackstone gelesen hatten, ihren Ersatzkönig auf Zeit, den Präsidenten der USA, nach dem Idealmodell des englischen Königs gestaltet, als einzigen von der Verfassung bestellten exekutiven Amtsträger der Nation, ohne Kabinett, aber mit weitreichenden, vom Kongreß unabhängigen Vollmachten.

f) Der Monarch als Staatsamt

Der Monarch als einziges Staatsamt läßt sich als Restbestand des Monarchiediskurses im Staatsdiskurs begreifen. Noch bei Bodin und Hobbes gab es ja keinen Staat als abstrakte Hyperinstitution, sondern nur den souveränen Monarchen und seine Herrschaft. Erst als dieser bei Locke und Montesquieu funktional als Baustein eines politischen Systems dargestellt wurde, konnte eine Monarchie als von ihrem Herrscher unabhängig existierender Staat gedacht werden. Damit wurde die totale Säkularisierung des Herrschaftsvertrags durch Funktionalisierung möglich. Jetzt war nicht mehr das Gemeinwesen ein Anhängsel des Monarchen, das seine politische Identität von diesem bezog. Die Verhältnisse hatten sich umgekehrt, der Monarch wurde zum Funktionär des Gemeinwesens und seine Rolle durch diese Aufgabe definiert.

Der praktische Kontext dieses Wandels bestand in dem erreichten Stand des Wachstums der Staatsgewalt, die jetzt nicht mehr auf eine Person reduziert gedacht werden konnte, der theoretische in der Entsakralisierung der Herrscherrolle, die nicht mehr auf den Willen Gottes zurückgeführt wurde. Beim Herrschaftsvertrag der Scholastik spielte das Volk stets nur die Rolle des Vermittlers für die letztlich von Gott verliehene Herrschergewalt. Seit Hobbes war diese transzendente Verankerung im Gottesgnadentum überflüssig geworden. Der rein naturrechtliche Herrschaftsvertrag wurde jetzt selbstverständlicher Bestandteil des monarchischen Diskurses. Die Herrscherrolle war nicht mehr transzendent, sondern nur noch funktional durch ihre Leistungen für den Staat zu legitimieren. Bereits bei Hobbes ist zu erkennen, wie brüchig diese Legitimation ausfallen konnte. Ein von Gott eingesetzter Herrscher konnte nie überflüssig werden, sondern sich höchstens durch Pervertierung seiner Rolle zum Tyrannen eine Blöße geben. Was aber sollte geschehen, wenn ein vom Volk durch rein weltlichen Herrschaftsvertrag bestellter Fürst nicht mehr im Sinne des Staatszwecks Gemeinwohl «funktionierte»? Die Monarchie stand und fiel mit ihrer Sakralität; ohne ihre transzendente Verankerung war sie theoretisch am Ende, auch wenn sie im praktischen Kontext noch weiterlebte. Ihre zentrale Rolle im politischen Diskurs aber war in jedem Falle ausgespielt. Der politische Diskurs war hinfort ein Staatsdiskurs.

Dem später sogenannten «aufgeklärten Absolutismus» des 18. Jahrhunderts freilich erschien die absolute Monarchie immer noch durch eindeutige praktische Vorzüge unschlagbar legitimiert. Johann Heinrich Gottlob Justi erklärte sie zu einer sehr einfachen Maschine, mit der die Staatszwecke daher am wirksamsten erreicht werden könnten. Die Erfahrungen in der Toskana, in Preußen und in Österreich schienen dies zu bestätigen.

Friedrich II. von Preußen hat aber nicht nur praktisch, sondern auch als politischer Schriftsteller zum neugefaßten Monarchie- und Staatsdiskurs beigetragen. Er sah seine Herrschaft juristisch durch dynastische Erbfolge begründet, grundsätzlich aber durch den Gesellschafts- und Herrschaftsvertrag. Nach dem Zusammenschluß zum gegenseitigen Schutz entstanden Gesetze, und das Volk gab sich Herrscher zu deren Aufrechterhaltung. Daher ist der Fürst von Anfang an «nur der erste Diener des Staates», das heißt für den Stoiker Friedrich «der erste Richter, der erste Feldherr, der erste Finanzbeamte, der erste Minister der Gemeinschaft [. . .] nicht [. . .] um zu repräsentieren, sondern um seine Pflichten zu erfüllen». Philipp II. von Spanien und Ludwig XIV. von Frankreich hatten zwar ein ähnliches Pflichtbewußtsein an den Tag gelegt, aber ohne Bezug auf den Staat als ihnen übergeordnetes Abstractum. 1751 hingegen konnte der französische Minister Turgot feststellen, daß der König nur der «chef d'état» und ein Mensch wie andere sei.[9]

In seinen Vorträgen für den preußischen Kronprinzen erwähnte Carl Gottlieb Svarez den Titel «von Gottes Gnaden» nur noch als historisches Relikt aus einer Zeit, «da es Mode war, daß der Theologe alles [. . .] erklärte». In Wirklichkeit beruhe die Staatsgewalt auf dem bürgerlichen Vertrag zur Förderung der gemeinsamen Glückseligkeit, das heißt der Sicherheit von Person und Eigentum sowie der Ermöglichung von Selbstentfaltung durch Übertragung der Konfliktregelung an den Staat. Der absolute Monarch, der dieser Aufgabe am besten gerecht zu werden vermag, erscheint daher als «der Verwahrer, der Depositarius des allgemeinen Willens und der gemeinschaftlichen Kräfte der ganzen Gesellschaft».[10] Freilich – aufgeklärte Vernunft konnte sich auch andere Lösungen für die Ordnung des Gemeinwesens vorstellen.

9 Nach *Boldt* in: GG 213.
10 Nach *Conze* in: GG 185.

II.
HERRSCHAFTSAUFBAU UND INSTITUTIONENBILDUNG

Der Alltag von Herrschaft ist Verwaltung (Max Weber). Das gilt zwar auch für die europäische Monarchie, aber zunächst nur im übertragenen Sinn, denn es fehlt ihr noch lange an einem bürokratischen Verwaltungsapparat, der bis zum letzten Untertan durchgriffe. Lange wurde überhaupt kein Unterschied zwischen Justiz, Regierung und Verwaltung gemacht, und selbst die Zentralbehörden, die der Regierung entsprächen, waren nur rudimentär entwickelt. Das Wachstum der Staatsgewalt bestand also zunächst einmal im allmählichen Aufbau eines organisierten Herrschaftsapparats, wobei entsprechende Institutionen gebildet wurden oder sich selber bildeten.

1. Institutionskultur

a) Institution

«Institution» und «Organisation» sind keineswegs Synonyme, obwohl sie häufig so verwendet werden, weil sie sich nämlich überschneiden. Wie alle historisch hochgesättigten sozialwissenschaftlichen Begriffe ist auch derjenige der Institution so umfassend, daß er theoretisch geradezu amorph wird und von Fall zu Fall durch einen exakteren ersetzt werden sollte, wenn einer zur Verfügung steht (M. Rainer Lepsius). Man kann freilich aus der Not der Unschärfe die Tugend der Generalisierung machen (Birgitta Nedelmann), vor allem als Historiker, der eine epochen- und kulturenübergreifende Kategorie des Institutionellen suchen muß (Reinhard Blänkner). In einem solchen allgemeinen Verständnis sind Institutionen relativ dauerhafte, durch Internalisierung ausgebildete Verhaltensmuster und Sinnorientierungen (Karl Acham), die zwischen kultureller Sinnproduktion und sozialem Verhalten vermitteln wie die Sozialisation zwischen Kultur und Person (M. Rainer Lepsius). Insofern können wir unterstellen, daß einer bestimmten Kultur oder Epoche auch eine bestimmte Institutionskultur entspricht.

Wie die Einehe eine soziale, so ist die Monarchie eine politische Institution. Aber Institutionen sind, weil kulturell definiert, nicht nur

Strukturen, sondern auch Prozesse. Sie sind kulturellem Wandel unterworfen, etwa indem sie durch andere ersetzt werden, die durch schleichende Institutionalisierung (Birgitta Nedelmann) entstehen. So wird das institutionalisierte Verhaltensmuster, daß legitime Sexualbeziehungen in der Einehe stattzufinden haben, als modales, das heißt statistisch häufigstes Verhalten durch nicht-eheliche Lebensgemeinschaften auf Widerruf abgelöst, die inzwischen längst zur Institution einer neuen Sexualkultur geworden sind. Formal entsprechende, aber ungleich kompliziertere Vorgänge beobachten wir in der Geschichte der Staatsgewalt.

Vollentwickelten Institutionen entsprechen Organisationen und sie legitimierende ideelle Objektivationen (Karl Acham). Organisationen sind selbständige, für bestimmte Zwecke geschaffene soziale Gebilde (Renate Mayntz). Aber Institutionen erschöpfen sich nicht in solcher funktionaler Zweckrationalität, sondern bedürfen kultureller Sinnstiftung durch Legitimation. Für Herrschaftsinstitutionen unterschied Max Weber[1] drei reine Typen von Legitimitätsgeltung, 1. die *rationale*, die auf dem Glauben an die *Legalität* gesatzter Ordnungen und das Weisungsrecht der durch sie zur Herrschaft Berufenen beruht, 2. die *traditionale*, die auf den Glauben an die Heiligkeit geltender Tradition und die Legitimität der durch sie zur Herrschaft Bestellten gegründet ist, 3. die *charismatische* der Hingabe an eine außergewöhnliche Person und die von ihr geschaffene Ordnung. Gehorsam beruht im ersten Fall auf der Legalität der Anordnung, im zweiten auf Pietät gegenüber dem Gewohnten, im dritten auf persönlichem Vertrauen.

Charismatische Herrschaft fällt als außerordentliche aus dem Rahmen, auch wenn sie durch Veralltäglichung des Charismas stabilisiert werden kann, ein Vorgang, der bei der Entstehung von Monarchien eine Rolle gespielt haben dürfte. Ansonsten wird in der Regel die moderne legale Herrschaft nach Weber der vormodernen traditionalen gegenübergestellt, wobei aber die Versuchung groß ist, die Typologie stillschweigend in Genealogie zu verwandeln. Das ist zwar nicht ganz falsch, denn natürlich geht in der Regel die traditionale der modernen Herrschaft voraus. Es ist aber auch nicht ganz richtig, denn was typologisch reinlich zu trennen ist, befand sich historisch teilweise in Gemengelage mit nicht intendierten Folgen für die Entwicklung der Staatsgewalt als Ergebnis. So konnte der «moderne» Amtsbegriff durch den «traditionalen» Eigentumsbegriff transformiert und dadurch der Ämterhandel ermöglicht werden, während diese «traditionale» Einrichtung gleichzeitig in ein Instrument «modernen» Staatskredits ver-

[1] Wirtschaft und Gesellschaft 159.

wandelt wurde. Mit dieser Einschränkung behält aber die Gegenüberstellung der beiden Herrschaftstypen ihren Wert als heuristisches Diagnoseinstrument.

Moderne Herrschaft ist legal, weil sie auf einem System expliziter und absichtlich gesetzter, aber abstrakter rechtlicher Regeln beruht. Der Befehl orientiert sich an einer unpersönlichen Ordnung, und der Gehorsam wird nicht einer Person, sondern dem unpersönlichen Gesetz geleistet. Insofern ist auch die Zuständigkeit des Befehlshabers sachlich begrenzt.

Traditionale Herrschaft beruht auf oft ziemlich unsystematischen, hergebrachten Ansprüchen, deren Geltung in erster Linie durch ihr Alter begründet ist. Gehorcht wird nicht einem sachlich Vorgesetzten, sondern einem persönlichen Herrn. Das heißt, die Gehilfen der Herrschaft sind nicht durch Diensttreue gebundene Beamte eines abstrakten Staates, sondern von Dienertreue geleitete Gefolgsleute des Inhabers der werdenden Staatsgewalt. Und die Beherrschten sind nicht Mitglieder eines Verbandes, also Bürger, sondern bloße Untertanen. Freilich sind auch die Entscheidungen des Herrn in der einen oder anderen Weise an Rechtsgrundsätze gebunden, deren Verletzung als Treuebruch von der Herrenseite gilt und unter Umständen zu Widerstand berechtigt. Das ist in traditionaler Sprache der Bereich der *Justitia.* Daneben wird dem Herrscher aber vom Herkommen im Rahmen des Sittengesetzes ein weiter Spielraum willkürlicher Entscheidungsfreiheit zugebilligt. Das ist das Feld der *Gratia.*

Elementarform traditionaler Herrschaft ist nach Weber die *patriarchale* ohne jeden Verwaltungsstab, unumschränkte Patria Potestas im Haushalt, darüber hinaus eher loser Einfluß, der in die Nähe charismatischer Herrschaft geraten mag. Wenn der Herr aber beträchtliche Güter besitzt und Herrschaft durch Vergabe dieser Güter an Diener und Untertanen ausübt, spricht Weber von *patrimonialer* Herrschaft, im Grunde einem überdimensionierten, dezentralisierten Haushalt. Erweitert der Herrscher mittels der Machtmittel seines Patrimoniums seine Herrschaft über dessen Grenzen hinaus und beherrscht auch Untertanen, die nicht zu diesem gehören, dann handelt es sich um *patrimonialstaatliche* Herrschaft. Aus der Sicht der Finanzgeschichte wäre dies der *Domänenstaat,* für den ja die Regel gilt, daß der Fürst von seinem Eigengut leben und seine Aufgaben mit dessen Mitteln erfüllen müsse. Eine weitverbreitete Variante des Patrimonialstaats ist der *Feudalstaat*, dessen «Verwaltung» ursprünglich auf der Vergabe von Herrengut als Lehen an die Amtsträger beruht. Die übliche Aneignung der Lehen durch die Lehensträger ist ebenfalls nur eine Spielart der Appropriation der Amtsmittel durch patrimoniale Amtsträger bis hin zum Kauf eines Amtes, die infolge fehlender finanzieller Alternativen weitverbreitet ist. Die Diener patrimonialer Herrschaft werden im Patrimonialstaat zu patrimonialen Beamten, deren Kerngruppe aber durch Bezeichnungen wie Kämmerer, Marschall, Seneschall die Herkunft aus dem fürstlichen Haushalt erkennen läßt.

Typologisch erweisen sie sich zumindest auf den ersten Blick als das Gegenteil des modernen, vor allem des deutschen Bürokraten, wenn man ihr Verhalten dessen zwölf Hauptmerkmalen nach Weber gegenüberstellt:

1. Der moderne Beamte ist persönlich frei und leistet dem Staat als Institution seinen sachorientierten Gehorsam. Sein Vorgesetzter vertritt ihm gegenüber die staatliche Autorität, selbst wenn seine persönliche Autorität gering ist. – Der patrimoniale Bedienstete kann sogar unfrei sein wie die Ministerialen des Mittelalters. In jedem Fall beruht sein Dienst auf persönlicher Treue gegenüber seinem Herrn und Vorgesetzten, wobei persönliche Eigenschaften große Bedeutung bekommen können.

2. Moderne Bürokratie hat eine feste und transparente Amtshierarchie, die jedem einen exakt definierten Platz zuweist. – Die Ämterhierarchie der patrimonialen Verwaltung ist uneindeutig, weil erstens immer neue Ämter neben alte gestellt werden und zweitens das persönliche Vertrauensverhältnis zum Herrn nicht nur hinter den Kulissen, sondern ganz offiziell den Ausschlag gibt.

3. Entsprechendes gilt für die präzis umschriebene Zuständigkeit des modernen Beamten. – Hingegen führen die beiden vorgenannten Eigenheiten patrimonialer Verwaltung zu Kompetenzenkonkurrenz, und der Fürstendiener hütet sich, in jedem Fall von den ihm formal zustehenden Kompetenzen Gebrauch zu machen, sondern versucht gerne, sich durch Sonderauftrag für den Einzelfall abzusichern.

4. Niemand hat Anspruch auf einen modernen Beamtenposten. – Dem stehen vielleicht informelle, aber im Gegensatz zur modernen Ämterpatronage keineswegs illegitime Ansprüche auf patrimoniale Ämter gegenüber. Der Herr hat Gefolgsleute zu versorgen, bestimmte Familien haben einen stillschweigenden Anspruch auf Vererbung eines Amtes erworben, im Falle von Ämterkauf bisweilen sogar einen legalen.

5. Es ist genau festgelegt, welcher Vorgesetzte nach welchen Regeln welche Beamte bestellen darf. – Die Rekrutierungsregeln, wenn es welche gibt, bleiben oft leere Formalität gegenüber informellem Einfluß innerhalb oder außerhalb der Institution und gegenüber willkürlicher Entscheidung des Herrn.

6. Fachqualifikation ist wichtig oder ausschlaggebend. Sie ist in der Regel durch Nachweis einer mit Prüfung abgeschlossenen Spezial-

ausbildung zu erbringen. Dazu kann eine Aufnahmeprüfung, eine Art «Lehrzeit» in der Behörde mit weiterer Prüfung vor der endgültigen Einstellung kommen, wie das deutsche Referendariat. – Ausbildung wird zwar immer wichtiger, aber sie hat häufig allgemeinen Charakter; die Regeln der Dienstaufgabe kann man auch noch im Amt erlernen. Ausbildung gibt aber nur selten gegenüber den informellen Beziehungen eines Kandidaten den Ausschlag. Im Zweifelsfall wird ein zuverlässiger Diener mehr geschätzt als ein kompetenter.

7. Ein moderner Beamter erhält feste, sorgfältig nach Rang abgestufte Bezüge. Sein Beschäftigungsverhältnis ist lebenslänglich und kann nur von ihm, nicht aber vom Staat gekündigt werden, solange er sich nichts zuschulden kommen läßt. Er besitzt einen Pensionsanspruch. – Dem steht ein buntes Bild von Möglichkeiten gegenüber: ehrenamtliche Tätigkeit, Amt als Lehen, Amtseinkünfte nur als Sporteln vom Publikum, Amtsbezüge nicht in Geld, sondern in Naturalien, Nutzungsrechten (Wohnung, Ackerland) oder Mischungen daraus. Es konnte eine Regelamtsdauer geben, oder das Verbleiben war in das Ermessen des Herrn gestellt, oder es wurde im Anstellungsvertrag zusammen mit den Bezügen festgelegt. Eine Alters- und Witwenversorgung konnte völlig fehlen oder aber bereits recht «modernen» Charakter annehmen.

8. Für moderne Beamte ist ihre Tätigkeit der einzige oder zumindest der Hauptberuf. – Solange der Berufsgedanke keine Rolle spielte, konnte der Umfang der Tätigkeit variieren; Ämterhäufung aus ökonomischen oder politischen Gründen war nicht selten.

9. Zum Beamten gehört die Laufbahn mit Aufstieg nach Alter oder Leistung und dem Urteil der Vorgesetzten. – Auch als sich allmählich Laufbahnen herausbilden, bleiben diese variabel, und persönliche Momente sind für den Aufstieg wichtiger als formalisierte Kriterien.

10. Der moderne Beamte hat ungeachtet der üblichen Kleinkorruption die ihm zur Verfügung stehenden sachlichen Verwaltungsmittel grundsätzlich streng von seinem Privatbereich zu trennen. – Der patrimoniale Amtsträger kann sich je nach Gepflogenheit und Rechtslage Amtsmittel aneignen. Im Extremfall des Ämterkaufs wird das Amt sogar sein Privateigentum.

11. Der moderne Beamte arbeitet in der Regel eine bestimmte Zeit in einem von seiner Wohnung getrennten Büro, wo sich seine Tätigkeit in genau geregelter Aktenführung niederschlägt. – Patrimoniale Behörden hingegen befinden sich häufig in der Wohnung des Amtschefs oder allenfalls in Räumen des fürstlichen Schlosses. Ursprünglich werden nur rechtlich relevante Akte von Urkundencharakter, höchstens noch Einnahmen und Ausgaben registriert. Und auch nach

Übergang ins Aktenzeitalter bleibt es mancherorts üblich, daß Amtsinhaber die von ihnen erzeugten Akten als ihr Privateigentum ansehen, so daß man sie heute in ihrem Familienarchiv wiederfindet.

12. Eine Behörde unterliegt einem klaren Disziplinarrecht mit Kontrolle durch die Vorgesetzten und Sanktionen bei Verstößen. – Es gibt zwar schon seit dem Mittelalter Kontrollverfahren, vor allem, was die Finanzen angeht (Sindacato in Italien, Residencia in Spanien), die aber infolge fehlender Systematik sowie informeller Einflüsse nicht immer wirkungsvoll ausfallen.

Der moderne Beamte des Max Weber erweist sich freilich in doppelter Hinsicht als *Idealtypus,* zum einen als Abstraktion, die in der Wirklichkeit nicht vorkommt, zum anderen als Idealisierung der im Beamten kulminierenden, zweckgerechten Rationalität des modernen Fachmenschen, ein Konstrukt, das in Webers Denken eine Schlüsselrolle spielte. Jeder weiß, daß moderne Bürokraten sich anders verhalten, ja, daß ihr konkretes Verhalten manchmal eher demjenigen des patrimonialen Amtsinhabers als des Weberschen Idealtypus entspricht. Dabei handelt es sich keineswegs um bloße Unzulänglichkeiten individueller Mitglieder eines an und für sich perfekten Apparats, nicht um eine Art von parasitärer bürokratischer Subkultur, sondern um Konsequenzen aus der Organisation selbst und Bestandteile ihrer Institutionskultur. Denn zum einen neigen bürokratische Regeln dazu, zum Selbstzweck zu werden statt Sachzwecken zu dienen. Zum anderen entwickelt sich aus den sozialen Beziehungen und der Kleingruppenbildung innerhalb der Behörde ein vom Herrschaftsinteresse abweichendes Bürokrateninteresse (Robert K. Merton). Parkinson's Law hat diesen Sachverhalt witzig übertreibend, aber wissenschaftlich ernst zu nehmend[2] auf den Punkt gebracht und gezeigt, warum Behörden immer weiter wachsen, dabei immer mehr zum Selbstzweck werden und sich angeblich ab einer bestimmten Größe schließlich ohne Außenkontakte nur noch mit sich selbst beschäftigen können – ein Anti-Idealtypus von nicht geringerem heuristischem Wert als derjenige Max Webers.

Allerdings wissen wir heute, daß das beträchtliche soziale Eigenleben von Bürokratien, das einer Rationalität folgt, die nicht diejenige Webers ist, durchaus in den Dienst der Herrschaftszwecke gestellt werden kann, daß Bürokratie dort am besten funktioniert, wo es gelingt, die informellen sozialen Netzwerke innerhalb der formalen Organisation zur Erhöhung der Effizienz einzusetzen (Michel Crozier, Albert Breton/Ronald Wintrobe).

[2] Vgl. *Breton/Wintrobe* 154–61.

Da sich das beobachtete Handeln von Organisationen nicht restlos im Sinne Webers aus dem Organisationszweck erklären läßt und ihre inneren Machtverhältnisse keineswegs der theoretisch vorhandenen Befehlshierarchie zu entsprechen brauchen, hat Niklas Luhmann formale und informelle Organisation durch seine funktionalistische Systemtheorie auf einen elementaren gemeinsamen Nenner zurückgeführt. Menschliches Zusammenleben kann nur auf der relativen Verläßlichkeit gegenseitiger Verhaltenserwartungen beruhen, die «das ordnende Element in jedem Handlungssystem» sind.[3] Stabilisierung der Verhaltenserwartungen durch Formalisierung, was nichts anderes ist als Organisation, entscheidet daher über die Stabilität eines sozialen Systems, das nichts anderes ist als ein Handlungssystem. Handlungssysteme bestehen aus Handlungen, die in typischer Weise wiederholbar sind, nicht aus Personen. Denn Menschen als Personen sind selbst Systeme, die durch Handlungen in soziale Systeme verflochten sind, als ganze Personen aber außerhalb bleiben, zur Umwelt spezifischer Handlungssysteme gehören.

Auf diese Weise ist erstens der nach Weber noch unaufhebbare Gegensatz von formalem und informellem, amtlichem und privatem, korrektem und korruptem Verhalten zu bewältigen. Denn dieselbe Handlung kann in verschiedenen Handlungssystemen verschiedene Bedeutungen haben. So brauchen die Regeln der Ethik und der Selbstverwirklichung, die für das System menschliche Person gelten, in dem System Politik, an dem diese Person Anteil hat, gerade nicht zu gelten. Spätestens seit Machiavelli ist ja bekannt, daß für die Individualethik funktionales Verhalten politisch dysfunktional sein kann und umgekehrt. Dabei zeigt sich, daß der Gegensatz von formalem und informellem Verhalten umso stärker empfunden wird, je stärker ein soziales System formalisiert ist. Daher erlaubt der relativ geringe Organisationsgrad vormoderner Herrschaftsapparate in deren Schoß problemlos ein für heutiges Verständnis unvorstellbares Maß an informellem Verhalten.

Zweitens läßt sich funktionalistisch die unverzichtbare Bedeutung von Fiktionen für Privatleben wie Politik begreiflich machen. Man kann nämlich Fiktionen wie diese, daß ein König oder Minister für sein Amt qualifiziert sei, oder wenigstens die Akten, die er unterschrieben hat, zur Kenntnis genommen und die betreffende Entscheidung selbst getroffen habe, weder entlarven noch wörtlich nehmen, ohne das System zu zerstören. Denn sie dienen der Überwindung systembedingter Schwachstellen der Erwartungsstruktur und halten

[3] *Luhmann,* Funktionen und Folgen 26.

deren Funktionieren auch dann aufrecht, wenn sich legitime Erwartung und faktische Möglichkeiten nicht decken.

Drittens erklärt sich so die manchmal schwer verständliche Loyalität von Angehörigen des Herrschaftsapparats. In einer Organisation führt Formalisierung von Erwartungen zu Mitgliederrollen, die das Verhalten definieren, das von Mitgliedern erwartet wird. Auf der Seite der Mitglieder entspricht dem die Erwartung, daß sich die Mitgliedschaft als vorteilhaft erweisen werde. Die Organisationsleitung braucht daher nicht für jeden Einzelfall interessegeleitete Motivation der Mitglieder zu mobilisieren, sondern kann sich auf einen Fundus von Routinemotivation, die generelle Erwartung von Gewinnbeteiligung an der Herrschaftsausübung, verlassen. Deshalb neigen Erzwingungsstäbe (Gefolgschaft, Garde, Polizei) dazu, loyal zu bleiben, eine Erwartung, die wiederum für den selbstverständlichen Gehorsam der Untertanen wichtig ist, die sich einerseits daran gewöhnt haben, daß sie nichts zu sagen haben, andererseits aber damit die Mindesterwartung von Ordnung verbinden.

Hier lassen sich jüngere Erkenntnisse über *Mikropolitik* einfügen, die das individuelle Handeln des Subjekts wieder stärker berücksichtigen. Dafür wurde die Spieltheorie herangezogen, die unter «Spiel» ein strategisches Vorgehen von Beteiligten an Machtprozessen versteht, das zur Erreichung eines Ziels möglichst wenig dem Zufall überläßt, sondern wie beim Schach möglichst viele «Züge» des Gegners und die angemessenen eigenen Reaktionen darauf samt ihren Folgen vorauszuberechnen versucht. Es handelt sich also durchaus um ein rationales Kalkül, aber anders als bei Weber nicht im Interesse des Herrschaftsapparats, sondern für Zwecke des Individuums wie Aufstieg innerhalb oder außerhalb des Systems oder allgemeine Verbesserung der eigenen Existenzbedingungen oder sogar höchst irrationale Lust an Machtspielen.

b) Kultur

Eine politische historische Anthropologie von Herrschaftsinstitutionen[4] ist also längst nicht mehr auf die Gegenüberstellung von traditional und modern angewiesen. Im Gegenteil, das scheinbar dysfunktionale Weiterleben traditionaler Elemente hat sich nicht als Anachronismus, sondern als funktional höchst sinnvoller und insofern durchaus mo-

[4] *Politische historische Anthropologie* verstanden als derjenige Zweig des Faches historische Anthropologie, der politische Institutionen der europäischen Geschichte zum Thema macht, im Gegensatz zu einer *historischen politischen Anthropologie,* unter der ich die jeweilige historische Ausweitung politischer Untersuchungen im Fach Völkerkunde verstehen möchte.

derner Bestandteil von Institutionen erwiesen. Aber auch Umschreibung vormoderner Institutionskultur bietet daher ein komplexeres und vor allem keineswegs widerspruchsfreies Bild. Früher hätte man aus teleologischer Perspektive von der Ungleichzeitigkeit des Gleichzeitigen gesprochen.

Vormoderne Institutionskultur läßt aber dennoch bestimmte Leitmotive erkennen, die ihr einen unverwechselbaren Charakter verleihen. Grundlegend ist die relativ geringe, wenn auch zunehmende Bedeutung von formaler, organisationsbezogener Sachorientierung gegenüber informellen persönlichen Beziehungen. Ihr entspricht eine Rechtsauffassung, die eine allgemeine Gerechtigkeitsidee unmittelbar mit den Rechten von Gruppen und Individuen verbindet, aber kaum Rechtsgleichheit für alle kennt. Was überall fehlt, ist jene systematische Gleichförmigkeit und Einheitlichkeit, jener Wille zur allumfassenden Rationalität, die seit dem 18. Jahrhundert zum wichtigsten Merkmal der Moderne werden sollte, ein Sachverhalt, der uns erst mit ihrem Schwinden im kulturellen Übergang zur Postmoderne richtig bewußt geworden ist.

Grob vereinfacht, geben zuerst Institutionen den Ton an, die keine oder nur schwach formalisierte Organisationen sind und auf mehr oder weniger elementarer Gruppensolidarität beruhen. Gruppensolidarität ist zunächst eine *potentielle*, das heißt vorhandene, aber ruhende Beziehung, eine Art von «sozialem Kapital» (Pierre Bourdieu). Als *Blutsverwandtschaft* ist sie *zugeschrieben,* dem Menschen von Geburt an mitgegeben, ebenso als *Landsmannschaft,* ein heutzutage eher unwichtiger Zusammenhang, dessen Bedeutung aber in einer uneinheitlichen Welt partikularer Solidaritäten gar nicht überschätzt werden kann. Andere potentielle Beziehungen werden *erworben,* die *künstliche Verwandtschaft* durch Heirat oder Patenschaft, die Solidarität weiterer Gruppen durch *Mitgliedschaft,* etwa in kirchlichen Orden oder Bruderschaften, in Zünften oder Hochschulen. Soziales Kapital trägt Zinsen, sobald potentielle Beziehungen zu konkreter Interaktion genutzt und dadurch *aktuell* werden. Die praktizierte Gruppensolidarität kann dann entweder *vertikal* sein zwischen ungleichrangigen Personen wie im Falle des *Nepotismus* oder der *Patron-Klient-Beziehung.* Oder sie ist *horizontal* und wird dann gerne *Freundschaft* genannt, womit aber keine emotionale Beziehung verbunden sein muß; es kann sich genauso gut um ein bloßes soziales Geschäft auf Gegenseitigkeit handeln. «Freund» kann in der Quellensprache freilich auch ein höflicher Euphemismus für einen bloßen Klienten sein. Außerdem sind Transformationen möglich, zum Beispiel kann ein Klient zum Freund aufrücken oder gar zum Schwiegersohn, also zum künstlichen Verwandten.

Die Familie spielt die zentrale Rolle in diesem System, das bekanntlich in manchen Teilen der Welt immer noch stärker ist als der Staat. In der Vormoderne war sie daher gestaltendes Subjekt der Politik und nicht – wie heute – mißmutig geduldetes Objekt derselben. Das soziale Verantwortungsbewußtsein gehört nämlich fast auschließlich dem engeren oder weiteren Familienverband, allenfalls noch den «Freunden» (womit im Frühneuhochdeutschen ohnehin die Verwandten bezeichnet wurden), und nicht dem Gemeinwesen. Im Gegenteil, das soziale Umfeld und erst recht die Staatsgewalt können als ausgesprochen feindlich empfunden werden. Man begegnet ihnen mit Mißtrauen, meint nicht nur, ihnen nichts schuldig zu sein, sondern des ständigen Schutzes gegen sie zu bedürfen. Diesen Schutz – Protektion im ursprünglichen Sinn des Wortes – findet man nur bei der Familie, höchstens noch bei Freunden und Patronen. Eine Familie macht daher ihre eigene Politik, die beim Streben nach sozialem Aufstieg und in den Strategien zur Behauptung des sozialen Status am besten zu beobachten ist. In der Renaissance wurde ein derartiges Verhalten nach antikem Muster mit der religiösen Frömmigkeit in der Gerechtigkeitspflicht der *Pietas* zusammengefaßt, als «die tätige Verehrung, die man Gott, der Patria und den Eltern schuldet, oder anderen, die an der Stelle der Eltern stehen».[5] Dabei braucht «Patria» nicht das Vaterland im modernen Sinn zu bedeuten; es kann die lokale Solidarität von Landsleuten damit gemeint sein.

Nepotismus und andere Arten rücksichtsloser, unter anderem auf Aneignung von Ressourcen des Gemeinwesens gerichteter Familienpolitik waren daher nicht nur selbstverständliches Verhalten, sondern geradezu sittliche Pflicht. Auf Mißbilligung stieß sie nur, wenn sie so exzessiv betrieben wurde, daß sie anderen Familien keine Chance mehr ließ, auf dieselbe Art Beute zu machen. Auf der anderen Seite wurden Familienressourcen gepoolt, um einem vielversprechenden Mitglied den Aufstieg zu ermöglichen. Selbst von weit entfernten Verwandten wurde erwartet, daß sie im Bedarfsfall Hilfestellung leisteten. War dann eine Stelle mit Verfügung über Mittel und Chancen erreicht, konnte man die Rückzahlung der sozialen Schulden mit Zinsen erwarten.

Wahrscheinlich gab es viel mehr Familiendisziplin als Sozialdisziplin, denn auch die Behauptung des erreichten Status konnte Opfer verlangen, die anscheinend ohne Murren erbracht wurden. *Soziale*

5 «Pietas [. . .] est debitus cultus erga Deum, patriam et parentes, eosque qui nobis parentum loco sunt.» *Reinhard,* Papa Pius 264 nach dem weitverbreiteten Wörterbuch des Ambrosius Calepinus.

Reproduktion war eng mit biologischer Reproduktion gekoppelt. Zuwenig Kinder, vor allem Söhne zu haben konnte die Familie gefährden, es sei denn man beugte dem Verschwinden des Namens rechtzeitig vor durch seine Übertragung auf einen Schwiegersohn oder durch Adoption. Zu viele Nachkommen konnten aber ebenfalls gefährlich werden, wenn sie trotz durch Fideikommiß rechtlich festgeschriebener, ungeteilter Vererbung von Vermögen und Status an den Erstgeborenen Versorgungsansprüche erhoben. Die Mitgiften vieler Töchter konnten eine Familie ruinieren; deshalb steckte man sie lieber in Klöster, die es billiger machten. Die Familiengründung jüngerer Söhne konnte ebenfalls zu kostspielig werden; deshalb versuchte man sie in der Kirche zu versorgen oder verlangte zumindest Ehelosigkeit von ihnen – Maitressen und Bastarde waren billiger. Allerdings mußten sie sich bereit halten, bei der legitimen Reproduktion einzuspringen, falls der Erstgeborene keine Kinder bekam. Deswegen haben persönlich fromme Geistliche aus guter Familie oft keine höheren Weihen empfangen, um sich für den Notfall den Weg in den Ehestand offenzuhalten, etwa der Kölner Erzbischof Ferdinand von Bayern, dessen Bruder Kurfürst Maximilian I. jahrzehntelang ohne Erben blieb. Ein Lebensentwurf war nicht auf Selbstverwirklichung gerichtet, sondern auf «Familienverwirklichung». Dabei stand das mentale Konstrukt der Familienehre im Mittelpunkt, ein eminent «historisches» Phänomen, denn je länger die Ahnenreihe und je reiner das Geblüt, desto höher war das akkumulierte symbolische Kapital. Bisweilen wurde mit gefälschten Stammbäumen nachgeholfen. Die Internalisierung der Verantwortung für die Familienehre bewies oft mehr disziplinierende Kraft als die durchaus mögliche Verhängung von Sanktionen durch die Familie.

Derartige Familienpolitik ist natürlich vor allem von Eliten bekannt, den fürstlichen Dynastien und den adeligen Geschlechtern, die sich in dieser Hinsicht wenig von den fürstlichen unterschieden. Aber Adel bedeutete ja nichts anderes, als eine (angesehene) Familie zu haben. Das Zeitalter vormoderner Familienpolitik ist also bereits per definitionem das Zeitalter politischer Dominanz des Adels. Auch wo diese Dominanz auf die Dauer durch Aufsteiger aus dem Dritten Stand sozial gefährdet erscheint, bleibt sie kulturell in Kraft, denn diese Aufsteiger haben nichts Eiligeres zu tun, als sich so vollständig wie möglich in den Adel zu integrieren und ihrerseits die geschilderte Familienpolitik zu betreiben. Der bleibende adelige Charakter der Monarchien mit der Ehre als zentralem Wert bestimmt also ebenfalls die vormoderne Institutionskultur.

Angesichts der ausschlaggebenden Bedeutung persönlicher statt sachlicher Beziehungen konnte Macht nicht nur auf die Familie gegründet werden, sondern benötigte zusätzliche Helfer. Neben Familienpolitik und Adelsdominanz war deshalb die Pflege dyadischer Beziehungen zu Freunden und Klienten ein drittes Charakteristikum vormoderner Institutionskultur. Im Gegensatz zur Familienpolitik, wo die Familie nicht nur Mittel, sondern auch Zweck ist, hat diese Art Mikropolitik nur instrumentellen Charakter, in der Regel für den Erwerb und die Behauptung von Macht. Daher ihre zahlreichen Varianten, denn das Grundmuster einer dyadischen Abhängigkeit zum gegenseitigen Nutzen kann leichter den jeweiligen Gegebenheiten angepaßt werden als das familienpolitische, dessen Bezugsgröße ein für alle Mal feststeht.

Freundschaft ist eine erworbene Beziehung unter Gleichen, mit der die Erwartung gegenseitiger Nützlichkeit verbunden wird, auch wenn sich auf dieser Basis ein stabilisierendes Solidaritätsethos entwickelt oder sogar eine emotionale Bindung zustande kommt. Wenn die komplette Reziprozität der Beziehungen nicht immer gewährleistet ist, dann kann das von Vorteil sein, denn ein «Leistungsvorschuß» bindet den Empfänger an den Geber.

Unter solchen Umständen sind *Patronage-Klientel-Beziehungen* bisweilen kaum von Freundschaft zu unterscheiden; denn wenn das Ungleichgewicht zwischen Freunden allzu eindeutig und permanent wird, ist die Grenze zur Patronage überschritten. Patronage-Klientel-Beziehung heißt ein dyadischer interpersoneller Kontrakt, durch den ein *Patron* einem oder mehreren *Klienten* relativ dauerhaften Schutz oder andere Vorteile gewährt. Dafür erbringt der Klient Gegenleistungen, die in der Regel sowenig wie diejenigen des Patrons vertraglich festgelegt sind. Er darf aber nicht in der Lage sein, die Leistungen des Patrons auszugleichen, es muß bei Asymmetrie bleiben, sonst zerfällt die Beziehung oder geht in Freundschaft über. Ein klienteläres Netzwerk ist ja primär durch die Beziehungen der einzelnen Klienten zum Patron strukturiert und kaum durch Beziehungen der Klienten untereinander.

Die Schlüsselrolle derartiger Solidaritätsbeziehungen für vormoderne Institutionskultur läßt besonders deutlich erkennen, daß Macht kein fester Besitz des Mächtigen ist, sondern auf Kommunikation und Interaktion mit den anscheinend Ohnmächtigen ebenso beruht wie auf deren Leistungen und Erwartungen.

Die zahlreichen historischen Varianten dieses Grundmusters dyadischer Beziehungen zum gegenseitigen Nutzen unterscheiden sich vor allem durch den Grad ihrer Formalisierung und ihrer davon, aber nicht nur davon abhängigen Stabilität. Im vorreformatorischen und nachreformatorisch-katholischen Europa durchdrang Patronage sogar das ganze Universum. Denn seit alters hatte ein Heiliger die Rolle des Patrons einer Person, Familie, Kirche, Gemeinde, Nation usf., was bedeutete, daß er sich vor Gott für diese seine Schutzbefohlenen einsetzte. Dafür wurde ihm Verehrung entgegengebracht – aber auch einmal Mißachtung, wenn er «versagt» hatte. Umgekehrt hieß noch im 20. Jahrhundert in Süditalien und auf Malta der sehr irdische, vielleicht sogar mafiose Patron einer Klientel «santo» (der [Schutz-]Heilige).

Die Familie und ihr Haushalt bildeten in der Regel den Kern eines derartigen Beziehungsnetzes. «Familia» und «Familiares» bezeichneten ja zunächst nicht die Familie in unserem Sinn, sondern den Haushalt, die Höflinge, die Gefolgschaft und andere Getreue eines Herrn. Da frühe Herrschermacht sich nicht auf formale Organisation stützen konnte, lag es nahe, die durch Gütervergabe an solche Leute gestifteten Abhängigkeitsverhältnisse und damit die Herrschaft rechtlich zu stabilisieren. Das Lehenswesen war insofern nichts anderes als eine durch Formalisierung stabilisierte Klientelpolitik, die sogar ihr eigenes Lehensrecht hervorgebracht hat. Freilich blieb der personale Charakter immer noch so ausgeprägt, daß eine dynastische Krise dieses eigentlich zur Stärkung des Lehensherrn konstruierte System einseitig zum Vorteil der Lehensträger ausschlagen lassen konnte.

Im Spätmittelalter und zu Beginn der frühen Neuzeit tritt das Lehenswesen infolge der Ausbreitung der Geldwirtschaft und des Vordringens anderer Institutionen politisch in den Hintergrund. In Nordwesteuropa wird es vorübergehend abgelöst durch das System der Indentured Retainers in England, der Bonds of Manrent in Schottland, das etwas unglücklich als «Bastard Feudalism» bezeichnet wurde. Es handelt sich um einen befristeten oder unbefristeten Loyalitätsvertrag mit einem Herrn, oft gegen Unterhalt in dessen Haushaltung und Geldzahlungen. Da die erwarteten Dienstleistungen häufig militärischer Art waren, ist eine Verwandtschaft mit der frühmittelalterlichen Gefolgschaft ebenso zu erkennen wie vor allem mit dem frühneuzeitlichen Söldnertum.

Patronage-Klientel-Beziehungen im engeren Sinn, die vom 16. bis 18. Jahrhundert ihre große Zeit erlebten, entbehrten jeder rechtlichen Formalisierung. Offensichtlich war die politische Welt so starken Wandlungsprozessen unterworfen, daß eine allzu stabile Bindung sich für beide Seiten kontraproduktiv ausgewirkt hätte. Zwar scheinen sie zumindest in französischen Adelskreisen des späten 16./frühen 17. Jahrhunderts zeitweise auf emotional besetzte Treuebindung hinausgelaufen zu sein. Aber die Regel dürfte eine eher geschäftsmäßige Auffassung dieser Beziehungen gewesen sein. Das ergibt sich unter anderem aus der Beobachtung, daß ein Klient mehrere Patrone gleichzeitig haben konnte, was in Wahlmonarchien wie Polen und der römischen Kirche der Absicherung gegen eine ungewisse Konstellation in der Zukunft dienen sollte.

Für den Herrscher war der Zweck des Systems vor allem die informelle Kontrolle des Landes auf der regionalen und lokalen Ebene, für die ihm keine ausreichende formale Organisation zur Verfügung stand. In der Erbmonarchie Frankreich gelang es nach einer Phase, in der die Kardinal-Minister die Patronagepolitik kontrolliert hatten, unter Colbert die Klientelpolitik zu modernisieren, das heißt für den König zu monopolisieren. Die großen Familien verloren ihren Einfluß, die hierarchische Pyramide der Patronage-Klientel-Beziehungen wurde abgeflacht. Sehr viele Klein-Patrone, die der Krone nicht mehr gefährlich werden konnten, operierten jetzt als Klienten der Krone und als lokale Makler der königlichen Patronage. In der Wahlmonarchie Polen hingegen hatte der Kanzler Jan Zamoyski als Vertrauensmann des Königs Stefan Batory ähnlich wie die französischen Kardinalminister eine gewaltige Klientel aufgebaut. Aber das Ergebnis war keine Stärkung der Kronmacht wie in Frankreich. Denn es kam kein Vertrauensverhältnis zum gewählten Nachfolger des Königs zustande, so daß die an Zamoyskis Sohn vererbte Klientel in die Stütze einer Magnatendynastie anstelle der Krone transformiert wurde.

In Erbmonarchien hingegen führte der Weg von der Vielfalt persönlich herrschender Herren zur unpersönlichen Souveränität des Staates als abstrakter Institution über die Indienstnahme der zentripetalen Effekte der Klientelpolitik durch die wachsende Staatsgewalt. Macht und Reichtum des Herrschers zogen immer Klienten an, wodurch Macht und Reichtum gesteigert und der Zulauf immer größer wurden. Neben Legitimitätsanspruch und schlichter Gewaltanwendung war das mittels Klientelpolitik mobilisierte Eigeninteresse der Untertanen eine der drei Säulen, auf die sich der werdende moderne Staat stützen konnte, bis eine ausgebaute Lokalverwaltung dieses Instrument anscheinend entbehrlich machte.

Dennoch leben Elemente dieser personalen Herrschaft auch im vollentwickelten modernen Staat weiter. Damit ist nicht die politische Subkultur mehr oder weniger illegaler Ämterpatronage gemeint. Es handelt sich vielmehr um zwei offizielle und tragende Bestandteile seines Institutionensystems, nämlich erstens um die moderne Ministerverantwortlichkeit, die ja aus dem persönlichen Treueverhältnis eines Dieners (Minister) zu seinem fürstlichen Herren entstanden ist. Dieser Diener mußte unter Umständen mit seinem Leben für die Politik seines Herrn einstehen, ihn unter Einsatz seiner Person gegen Angriffe «decken», unter parlamentarischen Verhältnissen dann nur noch das

Geld für dessen Politik beschaffen und diese mit seiner Gegenzeichnung «decken». Zweitens wäre das «besondere Treueverhältnis» des deutschen Berufsbeamten zum Staat zu nennen, das im Beamteneid seinen symbolischen Ausdruck findet. Erst die Ersetzung von Ministern durch Manager und von Beamten durch Angestellte analog zur Privatwirtschaft würde das Ende dieser immer noch konstitutiven «feudalen Residuen» bedeuten.

Der von persönlichen Beziehungen beherrschten Institutionskultur entsprach eine Rechtskultur, in der die allgemeine sittliche Idee der Gerechtigkeit ihren angemessenen Ausdruck nicht in Rechtsgleichheit für alle, sondern im Recht der einzelnen Gruppe oder Person fand. «Das Recht» erschien in erster Linie als «unser» oder «mein Recht.» Infolgedessen lief die Aufgabe einer Staatsgewalt von geringem formalem Organisationsgrad vor allem darauf hinaus, jedem sein Recht zu schaffen. Staatsgewalt war Rechtsprechung; der Begriff «Jurisdictio» umfaßte die gesamte «Staatstätigkeit» außer der Kriegführung und schloß ursprünglich Regierung und Verwaltung mit ein.

Unter diesen Umständen waren allgemeinverbindliche Regelungen im Sinne moderner Gesetze und Verordnungen nicht nur kaum möglich, sondern überhaupt nicht gefragt. Das heißt, es wurde nach dem Prinzip des *Reskripts* verfahren, reagiert und nicht agiert. Die Mehrzahl der Jurisdiktionsakte gingen nicht auf Initiative des Herrschers und seiner «Regierung» zurück, sondern auf Verlangen von Untertanen, denen prozeßförmig (Justitia) oder auf dem Gnadenweg (Gratia) entsprochen wurde. Die von der Zentrale produzierten Dokumente stellten daher meistens nicht nur Antworten auf Eingaben (Bittschriften, Suppliken) dar, sondern wurden auch von den Bittstellern selbst entworfen und von der Zentrale nur ausgefertigt. Selbst die Gesetzgebung des englischen Parlaments produzierte bis ins 19. Jahrhundert überwiegend derartige «Privatgesetze» für Einzelfälle, während doch nach modernem Verständnis ein Gesetz in erster Linie durch seine Allgemeingültigkeit definiert ist.

Dem entsprach ein hohes Maß von organisatorischem Wildwuchs, das einer anderen als der modernen Rationalität folgte. Herrschaftsapparate wachsen und wuchsen vom Machtzentrum ausgehend, von innen nach außen, gleichsam in konzentrischen Ringen. Ein Amt entsteht in der unmittelbaren Nähe zum Machthaber zur Dienstleistung für ihn. Es verselbständigt sich im Laufe der Zeit und entfernt sich vom Machtzentrum, entweder um eine eigenständige Machtstellung zu erwerben oder um zur Sinekure oder zum bloßen Ehrentitel zu verkommen. Man könnte von der Abfolge Erzämter – Erbämter – Hofämter im Reich sprechen oder von der Reihenfolge Großes Siegel

– Geheimsiegel – Privatsiegel mit den entsprechenden Amtsträgern in England und anderswo, vor allem aber von der Ausdifferenzierung der Zentralbehörden aus dem königlichen Rat, während gleichzeitig im Zentrum immer neue engste Ratsgremien für die große Politik gebildet wurden. Letztendlich sind heute aus den kleinen Kabinetten der Herrscher des 18./19. Jahrhunderts riesige Konglomerate von Ministerialbürokratien mit Eigenleben geworden, während sich bei den Machthabern neue Institutionen für dieselben Aufgaben gebildet haben wie das Bundeskanzleramt oder die Beraterstäbe des amerikanischen und des französischen Präsidenten.

Heute mag die Besitzstandswahrung der Amtsträger zwar juristisch oder informell gesichert sein, aber gegenüber organisatorischem Innovationsbedürfnis noch so dubiosen Charakters wird ihr höchstens sekundäre Bedeutung zugebilligt, wofern sie nicht sogar als illegitimes, dem öffentlichen widersprechendes Privatinteresse gilt. In der Vormoderne hingegen standen Besitzstandswahrung und Innovationsbedürfnis in gleichberechtigter Konkurrenz, denn das Recht des Einzelnen oder der Korporation band auch den Willen des Herrschers. Je älter ein Amt war, desto stärker war der Rechtsanspruch seines Inhabers. Systematische Reorganisation des Herrschaftsapparats bedeutete infolgedessen Revolution und war kaum möglich. Und selbst ein einzelnes Amt konnte nicht ohne weiteres durch ein anderes ersetzt werden. In der Regel wurde ein neues neben einem alten geschaffen und mit dem Einsatz monarchischer Autorität sowie informellen Mitteln dafür gesorgt, daß es sich in der Konkurrenz durchsetzte. Selbst die Beseitigung eines Amtes durch Nichtbesetzung wie im Falle des französischen Connétable oder seine Kontrolle durch Unterbesetzung mit einem minderberechtigten kommissarischen Inhaber, dem Garde des Sceaux (Siegelbewahrer) statt des Kanzlers in Frankreich, den Lords of the Treasury bzw. the Admiralty statt des Lord Treasurer bzw. Lord Admiral of England, scheint nur unter besonders günstigen Umständen möglich gewesen zu sein. Das Ergebnis waren unübersichtliche Institutionen mit unklarer oder sogar im Fluß befindlicher Kompetenzverteilung, ein Zustand, den auch aufgeklärter Reformwille nicht vollständig beseitigen konnte – es brauchte eine Revolution dazu.

2. Zentralmacht

a) Vom Fürstenhof zum Behördenwesen

Wachstumspunkt der werdenden monarchischen Staatsgewalt war die Zentrale. Hier zuerst wurden differenzierte Machtapparate aufgebaut, die der Kontrolle über das Land dienen sollten, dieses Ziel aber nicht vor dem 18./19. Jahrhundert in überzeugendem Umfang erreichten. Bereits die Wahrnehmung der ursprünglichen Herrscheraufgaben brauchte Unterstützung. Kriegführung war kaum ohne Hilfe von Untertanen möglich, und auch die Justiz des obersten Richters bedurfte zur Absicherung des Rates, denn einsame Entscheidungen, die sich nicht auf geschriebenes Rechts stützen konnten, waren stets dem Verdacht auf Rechtsverletzung ausgesetzt, der auch vor dem Fürsten nicht Halt machte. Freilich waren Rat und Hilfe zunächst kaum institutionalisiert. Es blieb dem Herrscher überlassen, wen er als Beisitzer seines Gerichts, als politische Ratgeber und zur militärischen Unterstützung heranziehen wollte. Im Ergebnis übernahm überall in Europa der fürstliche Haushalt, seit dem Hochmittelalter überwiegend Hof, lateinisch Curia, genannt, die Regierungsaufgaben und wurde zu diesem Zweck zu einer Mehrzweck-Quasi-Institution ausgebaut, «quasi» deswegen, weil lange Zeit weder die Beteiligten noch das Verfahren feststanden. Während für Routineaufgaben die Angehörigen des Haushalts (Familiares) eingesetzt wurden, war es sinnvoll, zur Erzielung von Konsens über wichtigere Angelegenheiten einen breiteren und prominenteren Kreis von Untertanen heranzuziehen. Aus diesem erweiterten Hof sollten die ständischen Vertretungskörperschaften hervorgehen. Außerdem gab es am Hofe Spezialisten, Leute, die Urkunden oder Briefe schreiben konnten, rechtskundige Höflinge, Fachleute für das komplizierter werdende Finanzwesen – das waren die Keimzellen der Kanzlei, der Obergerichte, der Finanzbehörden, der «echten» Zentralinstitutionen, die durch Ausdifferenzierung aus dem Hof hervorgingen. Dabei vermögen die sachlichen und zeitlichen Varianten abermals die gemeinsamen Grundmuster kaum zu verbergen.

In *Deutschland* waren Haushaltsämter der umherziehenden Familia oder Curia Regis auch für die Regierung des Reiches zuständig. Dazu wurden bei wichtigen Anlässen Große des Reiches zu Hoftagen (Curia generalis, generale Parlamentum) zusammengerufen. Diese waren aber von organisatorischer Beliebigkeit gekennzeichnet, bis ihnen im 15. Jahrhundert größere Einheitlichkeit von Zusammensetzung und Verfahren institutionellen Charakter gab; 1495 taucht die Bezeichnung Reichstag auf.

Ein ordentlicher Ratgeber konnte auf Dauer verpflichtet werden (Consiliarius), auch als Geheimer Rat (Consiliarius a secretis, Secretarius [!]). Doch konnte es sich dabei auch nur um einen Ehrenrang handeln. Bis ins 12. Jahrhundert spielte die Hofkapelle eine wichtige Rolle, denn die Bischöfe wurden großenteils aus ihren Kaplänen rekrutiert. Dann trat der Hof- oder Reichskanzler mit seinen Protonotaren und Notaren in den Vordergrund, meist unabhängig vom Mainzer Erzkanzler. Die königliche Justiz lag im 13.–15. Jahrhundert beim Hofgericht unter dem Hofrichter, das dann vom Kammergericht unter dem Kammerrichter mit einer zunehmenden Zahl gelehrter Beisitzer abgelöst wurde. Mit Kammer wird auch die Finanzbehörde bezeichnet, die aber angesichts der schwachen königlichen Finanzen rudimentär blieb. Hofämter und Richter bildeten den Kern eines Hofrats, der sich im Spätmittelalter vom Hofe absonderte, unter anderem durch die ausdrückliche Bestellung, Vereidigung und Besoldung seiner Räte. Es handelte sich immer noch um ein Gremium von undefinierbarer Plastizität und universaler Zuständigkeit, das auch als zusätzliches Gericht tätig werden konnte.

Mit der Behördenreform Maximilians I. 1498 setzte eine stärkere Institutionalisierung ein. Sie war auf den größeren Verwaltungsbedarf der Erbländer zurückzuführen, sollte aber zugleich Alternativen zur Reichskanzlei und dem nunmehrigen Reichskammergericht bieten, die unter ständischen Einfluß geraten waren. Ein Reichshofrat sollte sie als oberste Regierungs- und Justizbehörde verdrängen. Eine Hofkanzlei für Österreich sollte nebenbei die Reichskanzlei neutralisieren, eine neugeschaffene Hofkammer die kaiserlichen Finanzen in Ordnung bringen.

In *Sizilien* waren wegen der starken Stellung des Monarchen mit fester Residenz die Zentralinstitutionen weiter entwickelt. Zwar war die Curia Regis abgesehen vom Kern der höchsten Amtsträger zunächst ebenfalls ein amorphes Gebilde mit fließender Zugehörigkeit und Identität. Aber im 12./13. Jahrhundert wurden ein professionelles Hofgericht und die Finanzbehörden Duana und Kammer eingerichtet. Die Schriftlichkeit der Verwaltung nahm zu, und das Jurastudium an der 1224 gegründeten Universität Neapel leistete dem Aufstieg professioneller Königsdiener mit Diensteid, Besoldung, Rechnungslegung und Schadenshaftung Vorschub. Die Curia generalis der Landesvertreter diente vor allem der Bekanntmachung des Herrscherwillens.

Curia Regis hieß auch in *England* die Ratsversammlung königlicher Bediensteter und der Großen des Reichs mit wechselnder Zusammensetzung. Bei besonderen Anlässen sollten vom 11. bis 16. Jahrhundert Magna Concilia (Great Councils) Rat und Konsens produzieren. Die größte und allmählich durch besondere Verfahren ausgezeichnete Versammlung dieser Art wurde seit dem Ende des 13. Jahrhunderts als Parlamentum bezeichnet. Sie blieb aber lange eher Ereignis als Institution; erst mit der endgültigen Ablösung vom Monarchen und seinem Hof 1642 ist das englische Parlament selbständige Institution geworden.

Die Ausdifferenzierung der Zentralbehörden begann bereits im 12. Jahrhundert. Infolge der hohen Schriftlichkeit gab es um 1200 die Kanzlei als organisierte Behörde mit festem Sitz in London, um 1380 mit über hundert Mitarbeitern, als die deutsche Reichskanzlei nur wenige Personen zählte. Ihre Verselbständigung ist auch daran abzulesen, daß der König sich im 13. und erneut im 14. Jahrhundert neben dem vom Kanzler geführten Großen Siegel neue, persönliche Siegel zur Steuerung der Regierung schuf. 1179 beschrieb der «Dialogus de Scaccario», der Dialog über den Exchequer, das Funktionieren dieser fertig ausgebildeten zentralen Finanz- und Rechnungsbehörde. Ebenfalls im 12. Jahrhundert wurde ein Justiciarius oberster Richter und Stellvertreter des Monarchen. Mitte des 13. Jahrhunderts hatte ihn der Kanzler aus der führenden Rolle verdrängt, und die Justiz hatte wegen des ausgesprochen technischen Charakters des englischen Rechts beschleunigte Professionalisierung und Institutionalisierung erlebt. Zwei zentrale Obergerichte, der Court of King's Bench, der ursprünglich in Gegenwart des Königs tagte, und der Court of Common Pleas, entstanden noch im 12. Jahrhundert und hatten sich im 13. Jahrhundert vom Hof abgelöst, waren selbständige Einrichtung mit eigener Registerführung und Sitz in London geworden.

Schließlich wird seit dem 13. Jahrhundert auch ein besonderer königlicher Rat erwähnt (Concilium privatum oder secretum). Zu den wechselnden Mitgliedern gehörten immer die Inhaber der höchsten Ämter einschließlich der beiden Chief Justices. Um 1400 hatte er einen eigenen Sekretär und war das Herzstück der königlichen Regierungsgewalt. Seine ca. sieben Mitglieder kamen fast täglich zusammen. Wie andere «Hofräte» befaßte er sich auch mit Justizfällen, soweit sie nicht dem Common Law unterlagen. Im 15. Jahrhundert wuchs er auf über hundert Mitglieder an und wurde schwerfällig, bis in den 1530er Jahren ein engeres Gremium von ein bis zwei Dutzend Leuten, der Privy Council, die Geschäfte übernahm; seit 1540 wurden Protokolle geführt. Tagten dieselben Leute zusammen mit den beiden Oberrichtern als Gerichtshof, wurden sie nach dem Deckengemälde ihres Sitzungssaals als Star Chamber bezeichnet. Zwar gehörten immer noch viele Mitglieder dieser Behörden zum Household des Königs, aber die organisatorischen Beziehungen hatten sich doch gelockert, und es bestand längst keine institutionelle Identität von Hof- und Regierungsorganen mehr.

In *Frankreich* bestand der königliche Haushalt aus Rittern bescheidener Herkunft und hatte, abgesehen von der Kapelle, den üblichen amorphen Charakter. Als aber im 12. Jahrhundert Macht und Aufgaben der Krone zunahmen, wurde ein Unterschied zwischen der Maison oder dem Hôtel du roi und der Curia Regis als politischer Instanz gemacht, die sich bis ins 14. Jahrhundert in eine Reihe spezialisierter Institutionen verzweigte.

Seit dem 12. Jahrhundert hatten die Könige feste Räte, die ab 1269 Bestallungsbriefe und feste Einkünfte erhielten und vereidigt wurden. Um 1300 konnte der Rat sogar in Abwesenheit des Königs Urkunden ausstellen. Im 14. Jahrhundert wurde Conseiller du roi ein verbreiteter Ehrentitel. Bereits im 13. Jahrhundert hatten sich die Curia in Parlamento, das Pariser Parlament, als Obergericht und die Curia in Comptis, die Chambre des Comptes, als oberste Finanz- und Rechnungskammer verselbständigt. Aber der verbleibende Grand Conseil befaßte sich weiter mit Rechtsfällen und wurde schließlich Ende des 15. Jahrhunderts als weiteres Obergericht etabliert, ebenfalls mit Sitz in Paris. Für die große Politik hatten die Könige schon früh einen engeren Conseil secret aus den Spitzen des Adels, den Inhabern der Kronämter und sonstigen ausgewählten Würdenträgern herangezogen.

Es blieb aber bei einer gewissen Unklarheit der Zuordnung bis hin zur partiellen Rekonstitution der alten Curia Regis durch gemeinsame Sitzungen von Conseil und Parlement zu besonderen Anlässen. Die Generalstände hingegen, die seit dem frühen 14. Jahrhundert etabliert waren, scheinen hier besonders früh den Zusammenhang mit dem Hof verloren zu haben, möglicherweise einfach wegen der Größe des Landes.

In *Burgund* befaßte sich im 14./15. Jahrhundert ein undifferenzierter herzoglicher Rat mit wechselnden Mitgliedern gleichermaßen mit Regierung, Verwaltung und Justiz. Aber Mitte des 15. Jahrhunderts wurde aus dem Grand Conseil ein Obergericht, ein Parlement, für die Niederlande mit Sitz in Mecheln. Der Hofrat als gemeinsames Regierungsgremium aller Länder wurde 1531 endgültig in drei spezialisierte Gremien gegliedert, den Conseil d'État aus 6–12 Hochadeligen und 2 Juristen für die große Politik, den Conseil privé aus 5–8 Juristen für Gesetzgebungs-, Verwaltungs- und Justizsachen, den Conseil des Finances für Domänen- und Steuerangelegenheiten.

In *Kastilien* und León ist die Curia Regis seit dem 11. Jahrhundert zu belegen: eine Curia ordinaria aus der königlichen Familie, den Hofämtern, der Gefolgschaft und den gerade anwesenden Großen, die auch als Gericht fungierte, und eine Curia extraordinaria, plena, generalis als Reichsversammlung zu besonderen Anlässen, aus der sich im 13. Jahrhundert die Ständevertretung der Cortes entwickelte. Schon im 12. Jahrhundert hatte sich die Kanzlei unter dem Kanzler abgelöst, während im 14. Jahrhundert eher neben als in der Curia ein neuer, kleinerer Rat für die täglichen Regierungsgeschäfte entstand. Unter den «Katholischen Königen» Ferdinand und Isabella wurde dieser Consejo Real de Castilla zum täglich zusammentretenden, zentralen Regierungsorgan des Landes.

Die Entwicklung in *Portugal* und den Ländern der Krone *Aragon* verlief ähnlich. Aber aus den in Aragon seit dem 11. Jahrhundert als erweiterte Curia nachweisbaren Adelsversammlungen entstanden außergewöhnlich starke Ständevertretungen. Damit hängt zusammen, daß aus dem auch anderswo anzutreffenden Hofrichter seit dem 13. Jahrhundert ein Justicia mayor de Aragon wurde, der von der Krone weitgehend unabhängig und sogar mit ihrer Überwachung beauftragt war.

Die relative Schwäche des *dänischen* und *schwedischen* Wahlkönigtums führte dazu, daß der königliche Rat sich zu einem vom Monarchen ziemlich unabhängigen Reichsrat mit dem Recht der Königswahl und weitreichenden Mitregierungsansprüchen entwickelte. Geborene Mitglieder waren die Inhaber der höchsten Reichsämter, die aber in den Familien des Hochadels fast erblich geworden waren. In Schweden mußte der König 1371 dem Rat die Selbstergänzung zugestehen oder sich 1441 wenigstens verpflichten, ohne Zustimmung des Rats kein neues Mitglied zu ernennen. Dieser mächtigen Hochadelsvertretung standen die aus den üblichen Herrentagen erwachsenen Reichstage der übrigen Stände gegenüber.

Möglicherweise hängt die Dominanz des Hochadels in Skandinavien wie in Ostmitteleuropa mit der fehlenden Lehensbindung der Großen an die Krone zusammen. In *Polen* verblieb die erweiterte Curia Regis aus geistlichen und weltlichen Würdenträgern, die seit dem 13. Jahrhundert zu beobachten ist, zwar zunächst ganz im Schatten der Krone. Aber infolge der notwendigen Arrangements der Krone mit dem Adel entstand seit dem Ende des 14. Jahrhunderts aus der Curia neben dem kleinen persönlichen Beratergremium des Monarchen, einem Consilium secretum, von dem bald nichts mehr zu hören war, das mächtige Consilium magnum oder supremum, auch Consilium totius Regni in conventione genannt, das erhebliche Mitregierungsrechte erlangte und schließlich als Senat zum Oberhaus des Reichstags wurde. Es bestand aus den höchsten Würdenträgern des Landes, die zugleich als Magnates die Spitzen der Adelsgesellschaft waren.

Magnaten haben auch in *Ungarn* seit dem 11. Jahrhundert die wichtigsten Ämter bekleidet und am Königshof als Berater und Richter gedient. Die seit dem 13. Jahrhundert eingeführte weitere Adelsversammlung entwickelte sich zum Reichstag, in dem die Magnaten das Oberhaus bildeten. Ansonsten hat sich nur die Kanzlei als offenbar unentbehrliche Einrichtung aus dem königlichen Hof ausdifferenziert.

Die allgemeine Entwicklung lief also zu unterschiedlichen Zeitpunkten überall (1) auf eine institutionelle Trennung des Hofes als Haushalt vom Hof als Herrschaftsorganisation hinaus. Dabei ging die letztere (2) überall Hand in Hand mit der Ausbildung einer Kanzlei, fast überall (3) auch von einem oder mehreren Obergerichten, während (4) zentrale Finanzbehörden oft spät und keineswegs in allen Ländern entstanden. Hingegen entwickelten sich (5) überall aus der zum Hof – oder Herrentag erweiterten Curia Ständevertretungen, die freilich nicht überall so stark waren wie in Aragon. Zentrales Regierungsorgan wurde (6) ein in der Regel aus der Rest-Curia gebildeter Rat, der sich in Nord- und Ostmitteleuropa in der Hand des Hochadels zu einem ziemlich unabhängigen Machtzentrum entwickelte. Freilich führte die institutionelle Differenzierung nicht immer zu einer völligen Trennung der verschiedenen Zweige. Vor allem (7) die alten und neuen Reichs-, Kron- und Hofämter gehörten häufig sowohl dem Hof als auch dem Rat oder verschiedenen neuen Behörden an und verdienen daher besondere Berücksichtigung.

b) Hof-, Kron- und Reichsämter

Die formale Unterscheidung von Ämtern des königlichen Haushalts von solchen, die der Krone als Institution oder gar dem von ihr unterschiedenen Reich zuzuordnen sind, ist selbst in der Neuzeit oft nicht eindeutig möglich. Für die Frühzeit aber besagt die Zusammenstellung der drei Begriffe vor allem, daß die drei Bereiche weitgehend identisch waren. Das will allerdings nicht besagen, daß sie als öffentliche Ämter aus den privaten des germanischen Fürstenhaushalts hervorgegangen wären, vor allem den vier «klassischen», die überall anzutreffen sind: (1) Der *Seneschall* oder *Truchseß* (Dapifer), der für den gesamten Haushalt und seine Versorgung zuständig war, (2) der *Kämmerer* (Camerarius, Cubicularius), dem nicht nur die Wohnräume und die Versorgung mit Möbeln und Kleidung, sondern auch die Schatzkammer und daher die Finanzverwaltung unterstanden, (3) der *Mundschenk* (Pincerna, Buticularius), der für die Getränke und manchmal für die königlichen Weinberge zu sorgen hatte, (4) der *Marschall* (Comes Stabuli), der nicht nur für die Reittiere und Stallungen, sondern für die Beförderung des

Reisehofes und seine gesamte Logistik verantwortlich sein konnte. Denn diese Ämter und andere wie der *Hausmeier* (Maior Domus), der *Pfalzgraf* (Comes Palatii oder palatinus), der *Erzkaplan* (Archicapellanus), sind nämlich teilweise auch von öffentlichen Ämtern der Spätantike (Honores) abzuleiten.[1] Die Unterscheidung von öffentlich und privat erweist sich als anachronistisch und die Vorstellung vom germanischen Adelshaushalt als Wurzel moderner Regierung als einseitig. Die Hofämter nahmen von Anfang an Aufgaben für das Reich war. Öffentlich (publicus) war einfach alles, was zum Bereich des Herrschers gehörte. Daher waren die hohen Ämter am Hof die ersten Institutionen einer Art von Zentralregierung. Sie wurden später zwar von anderen Institutionen zurückgedrängt, spielten aber in der Neuzeit vielerorts immer noch eine politische Rolle.

An den Höfen der Merowinger und Karolinger gab es neben Seneschall, Mundschenk, Kämmerer und Marschall noch die «Marescalci», eigentlich «Pferdeknechte» unter dem Comes Stabuli, aus denen die Marschälle von Frankreich unter dem Oberbefehl des Connétable werden sollten. Der Hausmeier (Maiordomus Regis) überließ den Haushalt dem Seneschall und übernahm die Politik, bis die Hausmeierdynastie der Karolinger sich an die Stelle der Merowinger zu setzen verstand und das Hausmeieramt daraufhin vorsorglich abschaffte. Aber Hofmeister in entsprechender Stellung hatten später anderswo beträchtliche politische Bedeutung.

Dauerhafter, aber höchst wandelbar war das Amt des Pfalzgrafen, ursprünglich der Verwalter und Richter der Königspfalz, dann noch vor dem weitverbreiteten Hofrichter der oberste Richter anstelle des Königs. In dieser Funktion konnte das Amt regionalisiert werden, so in den Nachfolgereichen des Karolingerreiches, in England und in Polen. In Deutschland wurde ein Territorialfürst daraus, der Pfalzgraf bei Rhein, in Frankreich eine Auszeichnung für große Kronvasallen, in Polen ein Amt der Regionalverwaltung, der *Woiwode*. Es konnte sich aber auch eine Statthalterschaft für das ganze Reich anstelle des Königs daraus entwickeln wie im Falle des ungarischen *Palatin* und beim deutschen Pfalzgrafen, wenn auch beschränkt auf die Thronvakanz und in Konkurrenz mit dem Kurfürsten von Sachsen. Schließlich beanspruchten vor allem Kaiser und Papst in Spätmittelalter und Neuzeit das Recht, «Privatleute» zu *Hofpfalzgrafen* zu ernennen, mit einträglichen Befugnissen im Bereich der Gratia (Bestellung von Notaren, Promotion von Doktoren, Legitimierung von Bastarden).

[1] *Werner, Karl Ferdinand* in: Lexikon des Mittelalters, Bd. 1, 548 f.

Wie an den wichtigsten europäischen Höfen hatten die Hofämter auch in *deutschen Territorien* formelle und informelle politische Befugnisse, von den älteren insbesondere der Marschall. In Österreich war er als Landmarschall Führer des Heerbanns und ordentlicher Landfriedensrichter. Mit dem Titel Landeshauptmann wurde er schließlich zum Chef der Landesverwaltung. Das Amt eines Hofmarschalls hatte man davon abgetrennt. Zu dieser jüngeren Generation von Hofämtern gehörte auch der Hofmeister, der als vom Haushofmeister unterschiedener Landhofmeister zum allgemeinen Stellvertreter des Fürsten aufsteigen konnte.

Auch in *England* gab es wie im Reich und vielen seiner Territorien sich ablösende «Generationen» von Hofämtern, weil die älteren in bestimmten Adelsfamilien erblich geworden waren. Die Aufgaben des Constable übernahm der Marshal, dessen Amt freilich ebenfalls erblich wurde. Für den Chamberlain trat einerseits der Lord Treasurer ein, andererseits der Chamberlain of the Household, für den Steward (Seneschall) der Steward of the Household. Diese Ämter konnten ebenso wie dasjenige des Lord Admiral von der Krone auch im 16./17. Jahrhundert frei besetzt werden – «during good behaviour» hieß das auf Englisch. Neben dem Kanzler, dem Siegelbewahrer und dem Treasurer galten aber auch der Chamberlain und der Steward of the Household als geborene Berater des Königs und Kernbestand seines Rates – anachronistisch gesprochen eine Art von Ministern ohne Geschäftsbereich.[2]

Eine Abweichung von der europäischen Normalentwicklung ergab sich aus Republik und Protektorat 1642–60, das «putting in commission» der hohem Ämter. Das lange Parlament und sein Staatsrat hatten durch Komitees für die verschiedenen Aufgabenbereiche regiert, und auch unter Cromwell wurden die Ämter des Kanzlers, Treasurers und Admirals durch Kollegien wahrgenommen. Erstaunlicherweise haben die Stuarts der Restaurationszeit und Wilhelm III. nach 1689 dieses System außer für den Kanzler nicht nur beibehalten, sondern sogar ausgebaut. Kollegien galten damals europaweit als letzte Errungenschaft administrativer Effizienz. Außerdem ließen sich durch ein Kollegium mehr Ansprüche befriedigen, widerstreitende Interessen neutralisieren und individuelle Machtpositionen verhindern.[3] Wiederholt seit 1667, endgültig seit 1714 trat an die Stelle des Lord High Treasurer of England das vom Komitee der Lords of the Treasury geleitete

[2] So *Elton*, Tudor Constitution, 1. Aufl., 91.

[3] Jedenfalls ist es nicht nötig, Demokratietheorie oder Calvinismus zur Erklärung zu bemühen wie *Hatschek* 443–46.

Schatzamt. Nichtsdestoweniger konnte ihr Vorsitzender, der *First Lord of the Treasury*, zum Premierminister werden, der bis heute diesen Titel führt. Ebenso wurde zuerst 1690, dann endgültig 1708 der Lord High Admiral abgeschafft und die Admiralität als Kollegium mit dem First Lord of the Admiralty als Marineminister organisiert. Aber auch in zahllosen anderen Bereichen, vor allem im Finanzwesen machte damals die Regierung durch Commissioners Schule.

In *Frankreich* verschwand der Bouteillier de France wie die Mundschenken anderer Länder stillschweigend von der Bildfläche, während der Chambrier de France bedeutungslos wurde, weil er nichts mit den Kronfinanzen zu tun bekam. Das Amt des Seneschall, das in die Hände des Hochadels geraten war, wurde seit 1191 nicht mehr besetzt, obwohl es in der Zeugenreihe königlicher Urkunden noch bis 1331 hieß «dapifero nullo». Aber seit 1203 konnte die Bezeichnung Sénéchal für Verwalter neuerworbener Gebiete der Krondomäne im Plural verwendet werden.

Der Connétable war zum Oberbefehlshaber und bisweilen Stellvertreter des Königs avanciert, der das Reichsschwert als Zeichen seiner Würde führte, wie seine Unterbefehlshaber, die Maréchaux de France, ihre Marschallstäbe. Seine große Macht führte im 16. Jahrhundert dazu, daß das Amt mehrfach unbesetzt gelassen wurde, und zwar schon bevor sein Inhaber Charles de Bourbon 1523 zu Karl V., dem Gegner seines Königs, übergegangen war. Unter Richelieu wurde es 1627 abgeschafft und seine Aufgaben auf die Marschälle übertragen. Ebenfalls 1627 wurde der dem Connétable entsprechende Admiral de France durch eine Art Marineminister ersetzt, 1669 durch den Staatssekretär für die Marine, während gleichzeitig das Admiralsamt erneuert wurde, aber nur als Sinekure und fette Pfründe für königliche Bastarde.

Die *Iberische Halbinsel* hatte ebenfalls ihre Almirantes, Condestables und Mariscales, während das weiterbestehende Amt des Maiordomus geteilt wurde in den eigentlichen Haushofmeister (Mayordomo) und eine Art Landhofmeister mit Jurisdiktionsbefugnissen außerhalb des Hofes, in Kastilien Merino mayor (Maiorinus), in Aragon Mayordomo de fuera oder Baile general. In der Krone Aragon entwickelte sich aus der Notwendigkeit herrscherlicher Präsenz in gleichberechtigten Ländern und in Überseebesitzungen die Einrichtung eines Lugartenente königlichen Blutes oder eines Gobernador general, dessen Befugnisse im Unterschied zum ersteren nicht mit dem Tode des Herrschers erloschen. Daraus entstand der hochadelige Vizekönig der Neuzeit als tragende Säule der zusammengesetzten Monarchie Spaniens und seiner Kolonien, der ja persönlicher Vertreter des Monarchen blieb und nicht bürokratischer Dienstvorgesetzter der Behörden war, die direkt mit der Zentrale verkehren konnten.

In *Skandinavien* tauchte neben den klassischen vier Ämtern und dem Kanzler im Spätmittelalter vorübergehend ein Reichshofmeister in führender politischer Rolle auf. In Dänemark machte man einen Unterschied zwischen dem königlichen Kanzler und dem Reichskanzler, dem früheren Justitiarius, die zusammen mit dem Marschall den harten Kern des Reichsrats bildeten. In Schweden waren dies seit der Regierungsform von 1634 endgültig die Inhaber der fünf Ämter des Truchseß, Marschalls, Admirals, Kanzlers und Schatzmeisters oder Kämmerers.

In *Polen* und *Ungarn* findet sich zunächst die ganze Palette der Ämter «karolingischer Tradition» einschließlich des Comes palatinus, dazu in Ungarn ein Hofrichter (Judex Curiae). Soweit diese Ämter unter habsburgischer Herrschaft in Ungarn überlebten, wurde ihnen wenig Spielraum gelassen. Die Stellung des unabsetzbaren hochadeligen Palatin blieb oft unbesetzt, seine Befugnisse als Haupt der Landesregierung wurden von einem Statthalter (Locumtenens regius), seine richterlichen von einem Palatin-Stellvertreter, seine militärischen von zwei Landeskapitänen wahrgenommen. In Polen hingegen führte die Entwicklung der Adelsherrschaft dazu, daß die Inhaber der sieben höchsten Ämter als Magnaten noch im 18. Jahrhundert die Schlüsselpositionen des politischen Systems innehatten. Sie waren doppelt besetzt, je einmal für Polen und für Litauen. Die ersten fünf waren außerdem ex officio Mitglieder des Senats. Neben zwei Großmarschällen, die geradezu Stellvertreter des Königs waren, gab es je zwei Hofmarschälle, Großkanzler, Vizekanzler, die in das Großkanzleramt nachzurücken pflegten, Großschatzmeister, Großhetmane als Oberbefehlshaber und ihnen nachgeordnete Feldhetmane.

Kanzler und Kanzleien

Daß das Amt des Kanzlers als einziges neben dem militärischen Rang des Marschalls in unserer politischen Kultur wenigstens verbal überlebt hat, zeigt bereits an, daß es das wichtigste und unentbehrlichste der älteren Ämtergeneration gewesen ist. Der Preis für das Überleben waren allerdings Transformation und Bedeutungsverlust, denn dem Kanzler blieb fast nirgends die politisch führende Rolle.

Da ein gewisses Maß von Schriftlichkeit in der Form von Pergamenturkunden auch in einer vorwiegend analphabetischen Welt zur Jurisdiktion gehörte, wurden Experten dafür benötigt, die ursprünglich fast nur noch in den Reihen des Klerus zu finden waren. Mit der zentralen Macht der Monarchen scheint auch die Schriftlichkeit ihrer

Verwaltung zugenommen zu haben; daher das besondere Wachstum der päpstlichen und der englischen Kanzlei und deren eindrucksvolle Registerserien. Die explodierende Schriftlichkeit des Papier- und Aktenzeitalters bei gleichzeitiger Wertminderung des administrativen Einzelschriftstücks hat dann alle Behörden zu Schreibstuben gemacht und die Kanzlei in den Hintergrund gedrängt. Ausgehend von ihren bisherigen konnte sie aber in vielen Fällen neue Aufgaben übernehmen, häufig statt der allgemeinen Jurisdiktion eine spezielle, nämlich einen Teil der Justiz.

Merowingische Referendare und karolingisch-nachkarolingische Kapläne waren die ersten Urkundenschreiber gewesen. Die Begriffe Kanzler und Kanzlei tauchen nirgends vor dem 11. Jahrhundert auf; frühmittelalterliche «Kanzleien» sind eine Erfindung der Urkundenforscher. In *Deutschland* wurde aus dem Erzkaplan des Königs der Erzkanzler, seit den Sachsenkaisern der Erzbischof von Mainz, zugleich aus dem Oberschreiber der Hof- oder Reichskanzler, ein Amt, das von Bischöfen wahrgenommen und politisch so einflußreich wurde, daß die Leitung der Kanzlei an den Protonotar überging, der seit dem 13. Jahrhundert auch Vizekanzler hieß. Der Apparat wuchs mit den Aufgaben: Von Karl IV. sind ca. 10 000 Urkunden bekannt, für Maximilian I. ist mit über 100 000 zur rechnen.[4] Seit Maximilian waren die Oberleitung der Reichskanzlei, seit Mitte des 16. Jahrhunderts Reichshofkanzlei, und die Ernennung des am Kaiserhof tätigen Reichsvizekanzlers zwischen Mainz und dem Kaiser umstritten. Theoretisch sollten sie im Einvernehmen erfolgen, wobei sich der Kurerzkanzler seine Befugnisse in der kaiserlichen Wahlkapitulation zu sichern versuchte. Die Wiener Reichshofkanzlei gliederte sich in eine deutsche und eine italienische Expedition unter Reichsreferendaren. Der Reichsvizekanzler hatte einen Sitz im Geheimen Rat des Kaisers und vertrat den Kurerzkanzler im Reichshofrat.

Daneben wurde die 1620 wiedererrichtete und 1654 als kollegiales Entscheidungsorgan reorganisierte österreichische Hofkanzlei zur obersten Verwaltungs- und Justizbehörde der Erbländer. Die 1527 gegründete böhmische Hofkanzlei wurde nach Wien verlegt und ihr unterstellt, dazu kamen 1690 eine ungarische, 1696 eine siebenbürgische Hofkanzlei als Wiener Koordinationsinstanzen für die betreffenden Länder. Infolge der territorialen Expansion folgten Anfang des 18. Jahrhunderts eine spanische, eine italienische und eine niederländische, später eine illyrische und eine galizische. Unter Joseph I. und Karl VI. gab es zwei Hofkanzler für Politik und Justiz, dann für äußere

4 Nach *Moraw* in: Deutsche Verwaltungsgeschichte, Bd. 1, 41.

und innere Angelegenheiten. Maria Theresia hat 1742 die auswärtigen und Reichsangelegenheiten einer neuen Haus-, Hof- und Staatskanzlei übertragen, deren Staatskanzler als Außenminister an die Spitze der Hierarchie traten, Kaunitz 1753–92, Metternich 1821–48. Vermutlich hat sich die Bezeichnung dieses neugeschaffenen politischen Leitungsamtes als «Kanzler» nicht nur auf Preußen ausgewirkt, wo Hardenberg ebenfalls Staatskanzler war, sondern auch auf die Bezeichnung der deutschen Regierungschefs im 19./20. Jahrhundert als Reichs- oder Bundeskanzler. Weiter hat die Kaiserin 1749 definitiv die Justizangelegenheiten abgetrennt und einer obersten Justizstelle zugewiesen. Die Restkanzleien wechselten Aufgaben und Namen, doch lief die Entwicklung seit Joseph II. schließlich auf je eine zentrale Verwaltungsbehörde für die ungarischen und die nicht-ungarischen Länder der Monarchie hinaus.

Aus dem Aufstieg der deutschen Territorien und der Zunahme der Schriftlichkeit ergab sich seit dem 13. Jahrhundert die Beschäftigung mehrerer Schreiber unter einem Protonotar, der im 14. Jahrhundert gelegentlich, im 15. Jahrhundert endgültig als Cancellarius oder Cantzler bezeichnet wurde. Qualifikation und Geschäftskenntnis konnten ihn zum wichtigsten Berater seines Herrn werden lassen. Anscheinend erreichten die Kanzler im 15./16. Jahrhundert den Höhepunkt ihrer politischen Bedeutung. Zugleich wurden die Geistlichen aus diesem Amt durch juristisch gebildete Laien verdrängt, in Hessen 1489, Württemberg 1492, Pfalz um 1500. Aber die weitere Behördendifferenzierung ließ ihn wieder an Einfluß verlieren. Die Kanzlei wurde zur Justizbehörde wie in Hessen oder den welfischen Territorien, wenn sie nicht völlig verschwand wie in Württemberg und schließlich auch in Hessen. In Brandenburg-Preußen war der Kanzler im 15. Jahrhundert eines der wichtigsten Ämter; zusammen mit dem Marschall, später dem Kämmerer leitete er den Geheimen Rat. Aber im Zuge der Behördendifferenzierung endete er im 18. Jahrhundert trotz des imposanten Titels Großkanzler als bloßer Justizminister – wie der englische Lordkanzler bis heute.

Die Erfindung des *Writ* hat *England* führend in schriftlicher Verwaltung gemacht und die Entwicklung seiner Kanzlei beschleunigt. Seit dem späten 13. Jahrhundert war der Kanzler einer der maßgebenden Politiker und wahrscheinlich der Vorsitzende des königlichen Rates. Noch Kardinal Wolsey spielte die Rolle eines «Premierministers» Heinrichs VIII. Bis zu seinem Sturz 1529 waren nur wenige Laien Kanzler gewesen; meistens hatte es sich um Bischöfe gehandelt. Mit seinem Nachfolger Thomas More beginnt eine fast ununterbrochene Reihe von Laien in diesem Amt. Das hängt bereits mit einem Wandel der

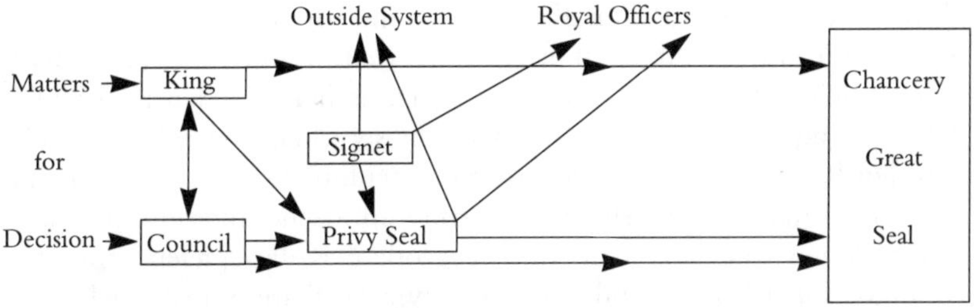

Abb. 3 a: Geschäftsgang zur Ausfertigung unter dem Großen Siegel

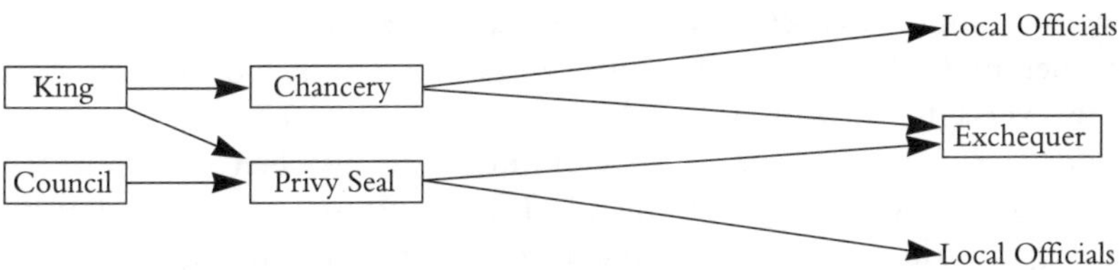

Abb. 3 b: Geschäftsgang für die Autorisierung von Auszahlungen

Amtsaufgaben und einer damit verbundenen Verminderung der Bedeutung des Kanzlers zusammen.

Der Kanzler war zuständig für die Ausstellung von Urkunden unter dem Großen Siegel (Great Seal). Im 13. Jahrhundert entstand daneben das Geheimsiegel (Privy Seal) in der Hand des Lord Keeper of the Privy Seal, woraus ebenfalls eine selbständige Behörde wurde. Daraufhin begann im 14. Jahrhundert das persönliche Siegel des Monarchen (Signet) in der Hand seines Sekretärs ebenfalls eine Rolle zu spielen. Es entwickelte sich eine komplizierte Abfolge von gesiegelten Schriftstücken, bis eine Entscheidung des Königs oder des Council als Urkunde unter dem Großen Siegel ausgefertigt oder eine Auszahlung durch den Exchequer oder örtliche Amtsträger vorgenommen werden konnte. [*Abbildung 3*] Aber trotz oder vielleicht gerade wegen des elaborierten Formalismus kamen dabei alle erdenkbaren Möglichkeiten vor. Der Zufall mochte seine Rolle spielen, wer im Augenblick gerade greifbar war, aber auch der Gesichtspunkt, daß nur Verfügungen unter dem Großen Siegel höchste Rechtssicherheit gewährten, aber deswegen im Regelfall eine Verfügung (warrant) unter dem Privy Seal voraussetzten. Für Interessenten konnte das zu teuer oder zu langwierig sein, für die Zentrale hingegen war Irreversibilität ihrer Entscheidungen vielleicht gar nicht wünschenswert. Das verwirrende Bild entsteht durch die fehlende Planmäßigkeit des improvisierenden Übergangs von älterer justizförmiger zu jüngerer verwaltungsförmiger Herrschaft, wie er sich auch an römischen und französischen Quellen beobachten läßt. Solange Herrscher vor allem Recht sprechen und mit ihren Urkunden Recht setzen, müssen ihre Entscheidungen der Vermutung auf Irreversibilität unterliegen. Andersartige politische und administrative Operationen, die jetzt eine immer größere Rolle spielen, brauchen weniger formalisierte und unschwer widerrufbare Schriftstücke von Aktencharakter. Das ist aber nicht mehr das Geschäft der Kanzlei.

Auf der anderen Seite führte die Zuständigkeit des Kanzlers für Dokumente höchster Rechtskraft einerseits, für Writs für die Einleitung von Common Law-Prozessen andererseits dazu, daß er auch für Petitionen und hilfsweise Rechtsmittel zuständig wurde, wo das Common Law versagte. So wurde die Chancery seit dem 14. Jahrhundert zu einem Gerichtshof sowohl nach Common Law als auch vor allem für die dort nicht in Frage kommende Billigkeitsjustiz (Aequitas, Equity Law) und für Fälle, die dort nicht vorkamen, wie Prozesse von Ausländern, die nicht nach Common Law klagen konnten. Seit dem 15. Jahrhundert wurden ihre wichtigeren Ämter gerne mit Graduierten des kanonischen oder römischen Rechts besetzt, und bald waren die Kanzler selbst bekannte Juristen, so bereits Thomas More.

Das *Papsttum* profitierte ebenfalls von einer relativ hochentwickelten Schrift- und Rechtskultur, derjenigen des italienischen Notariats. Doch nahm seine Kanzlei erst im 11. Jahrhundert festere Gestalt an. Aber bereits im 12./13. Jahrhundert blieb das Amt des Cancellarius unbesetzt, und ein Vicecancellarius von bescheidenem, seit dem 14. Jahrhundert aber ebenfalls Kardinalsrang hatte die Leitung. Die Durchsetzung der päpstlichen Monarchie über die Gesamtkirche im 13./14. Jahrhundert führte zum Ausbau der Kanzlei zu einem umfangreichen Apparat mit komplizierten und kostspieligen Verfahren der Urkundenproduktion und Registerführung. Aus verschiedenen «Abteilungen» der Kanzlei entstanden gegen Ende des Mittelalters und zu Beginn der Neuzeit selbständige Behörden: die Datarie unter dem Datar als universaler Gnadenhof für Pfründenverleihung, Dispensgewährung und Ämterverkauf, die Signatur mit ihren Referendaren zur Vorberatung der Justiz- und Gnadenfälle, die Secretaria Apostolica zur Verfertigung weniger formalisierter Schriftstücke als der von der Kanzlei produzierten Bullen. Man kann damit rechnen, daß die päpstliche Kanzlei und ihr Verfahren nicht nur den spanischen Monarchien, sondern auch der französischen und anderen zum Vorbild gedient haben.

In *Frankreich* verschwand der Titel des Erzkanzlers im 11. Jahrhundert, und das Amt des Hofkanzlers wurde schon damals unbesetzt gelassen.

Aber der Siegelbewahrer, der die Befugnisse wahrnahm, rückte bis ins 14. Jahrhundert wieder zum Chancellier de France auf. Er war als Vorsitzender des königlichen Rats, Sprecher des Königs vor den Ständen und Verhandlungspartner auswärtiger Mächte eine Art Regierungschef; außerdem stand er an der Spitze des Justizwesens und partizipierte als einziger Amtsinhaber an der Sakralität des Monarchen. Der König ernannte ihn nach Belieben, aber auf Lebenszeit. Fiel er in Ungnade, konnte er nur durch Übertragung seiner Geschäfte an einen absetzbaren Siegelbewahrer (Garde des sceaux) kaltgestellt werden.

Neben dem Großsiegel (grand sceau) entstanden das Geheimsiegel des Königs (scel du secret) sowie das Kleinsiegel (petit sceau), als im 15. Jahrhundert die Kanzlei des Parlaments (petite chancellerie) von der grande chancellerie des Königs getrennt wurde. Neugegründete Parlamente erhielten weitere petites chancelleries, theoretisch alle unter Leitung des Kanzlers. Seit Philipp dem Schönen nahm die königliche Gesetzgebung unter dem Geheimsiegel statt dem Großsiegel zu; der Monarch und seine Umgebung kamen wie in Rom und England in vielen Fällen ohne die Kanzlei aus.[5]

Das gehobene Kanzleipersonal bestand aus den Notaires et secretaires du roi, seit dem 13. Jahrhundert eine Korporation, spätestens seit dem 15. Jahrhundert ein käufliches und erbliches Amt, das persönlichen Adel und Steuerfreiheit mit sich brachte. Daher die Vermehrung von 60 Stellen 1482 auf 506 bis 1657 und ein Stand von immerhin 300 bei Ende des Ancien Régime. Für juristische Aufgaben bediente sich der Kanzler der Maîtres des requêtes de l'hôtel du roi, die daher in der Neuzeit zu Berichterstattern in dem von ihm geleiteten Conseil privé wurden. Wie die römischen Referendare, die entsprechende Aufgaben in der Signatur wahrnahmen, entwickelten sie sich zur üblichen Eingangsstufe in die höhere Verwaltungskarriere.

Durch diese Arbeit konnte ein starker Kanzler wie Pierre Seguier 1633–49 trotz der Dominanz Richelieus und Mazarins zum zentralen Partner der Regionalverwaltung werden, einschließlich der Intendanten, die ihm nicht selten ihre Stellung zu verdanken hatten.[6] Da der Kanzler außerdem die Aufsicht über die Wissenschaften und Künste sowie die Kontrolle des Buchdrucks ausübte, blieb sein Amt bis zum Ende des Ancien Régime eine Art von kombiniertem Innen- und Justizministerium mit beträchtlicher Machtstellung. Dennoch wurde er auch in Frankreich auf den zweiten oder dritten Platz der politischen Hierarchie zurückgedrängt.

5 *Rigaudière, Albert* in *Padoa-Schioppa* [s.Recht und Justiz] 76.

6 Vgl.: Lettres et mémoires.

Auch die einzelnen Herrschaften der *Niederlande* hatten früh ihre Kanzler. Ihre versuchte Integration kam am frühesten dadurch zum Ausdruck, daß seit 1385 ein für alle Länder der Herzöge von Burgund zuständiger Kanzler nachzuweisen ist, der auch Vorsitzender des Rates war. Kaiser Karl V. hat daraus die Stellung eines Großkanzlers aller Reiche des Kaisers gemacht, die allerdings nach dem Tod Mercurino Gattinaras 1530 nicht wieder besetzt wurde.

Die Kanzlei von *Aragon* mit einem Juristen als Vizekanzler an der Spitze war nach dem Vorbild der päpstlichen organisiert, während der Kanzler Vorsitzender des Rats geworden war. In *Kastilien* waren die Erzbischöfe von Toledo und Santiago seit dem 13. Jahrhundert Erzkanzler für Kastilien und León, aber ein Hofkanzler (Cancellarius Domini Regis) mit einem differenzierten Stab leistete die Arbeit. Im 14./15. Jahrhundert wurde das Amt geteilt in einen Großkanzler des Großsiegels (Sello mayor) und einen Großkanzler des Hofsiegels (Sello de la poridad oder de corte), der den König begleitete. Daraus wurden rasch bloße Sinekuren, während die Amtsaufgaben von Kammerschreibern und königlichen Sekretären wahrgenommen wurden. Das war möglich, weil auch hier die Dokumente einen immer weniger feierlichen Charakter annahmen. Im 16. Jahrhundert hatte sich die Kanzlei weitgehend vom Hof gelöst und war zum Obergericht mit Sitz in Valladolid geworden, theoretisch unter einem erblichen Kanzler aus dem Hochadel, faktisch unter einem Lugarteniente. Schon 1494 wurde für den Süden des Landes eine zweite Real Audiencia y Chancilleria in Ciudad Real, später Granada gegründet, weitere Audiencias sollten folgen. Die Kanzler aber waren wie auch in Portugal längst von der politischen Bühne verschwunden.

Auch der *dänische* Reichskanzler war zu einem Oberrichter geworden, während die Kanzlei und der politische Einfluß beim Königskanzler lagen, der bis zur Reformation eigentlich nur den Bischof von Roskilde als Großkanzler zu vertreten hatte. Dazu wurde im 16. Jahrhundert eine deutsche Kanzlei für Schleswig-Holstein geschaffen. Die Einherrschaft verwandelte beide Kanzleien in Kollegien ähnlich wie in Österreich und ließ die Kanzlerstellen unbesetzt. In *Schweden* vertrat im 15. Jahrhundert der Hofkanzler den Bischof von Strängnäs als «geborenen» Kanzler. Die Kanzlei, die seit 1626, endgültig 1634 ebenfalls als «modernes» Kollegium organisiert war, wurde auf die Dauer zur wichtigsten Instanz für Außen- wie Innenpolitik. Ihre Räte und Sekretäre bearbeiteten alle möglichen Dinge und trugen sie direkt dem Monarchen vor. Im 19. Jahrhundert ging daraus das Außenministerium hervor.

In *Ungarn* war nach deutschem Vorbild immer einer der beiden Erzbischöfe Kanzler, während die Kanzlei von einem Vicecancellarius geleitet wurde. Da aber viele Aufgaben beim Palatin und beim Hofrichter lagen, hat die Kanzlei nie eine große Bedeutung erlangen können.

Anders in *Polen*, wo die Kanzlei wichtigstes Regierungsorgan wurde und infolge der rudimentären Behördenentwicklung auch blieb. Die Kanzler waren für die Außenpolitik zuständig, hatten ihr eigenes Gericht und sollten darüber wachen, daß der König die Verfassung einhielt. Faktisch war diese Machtstellung des dritten Mannes im Reich nach dem König und dem Marschall aber weniger von formellen Befugnissen als von seinem informellen Einfluß als Magnat abhängig.

Der überall in Europa entstandene Hofkanzler des Mittelalters ist in Dänemark, Spanien und Ungarn auf die Dauer verschwunden, während er anderswo die institutionelle Differenzierung überlebt hat, allerdings überall außer in Polen dank eines Funktionswandels. Häufig wurde er in die Justiz abgedrängt. Nur in Frankreich blieb ihm eine Rolle in der Innenpolitik und im königlichen Rat. In anderen Fällen erhielt er die Außenpolitik, was in Österreich den neugeschaffenen Staatskanzler wieder zum ersten und wichtigsten «Minister» des Monarchen machte. Das blieb aber eine Ausnahme, denn im Regelfall war diese Rolle längst von anderen übernommen worden.

Schatzmeister und Finanzminister

Schriftlichkeit von Verwaltung war eine ziemlich gleichförmige Aufgabe und leicht zu zentralisieren, so daß die Geschichte der Kanzleien weithin einem einheitlichen Grundmuster folgte. Das Finanzwesen und seine Leitung hingegen wiesen von Land zu Land große Unterschiede auf. Das mußte sich (1) bereits aus den unterschiedlichen wirtschaftlichen Ressourcen ergeben. Seine Zentralisierung war ohnehin nur in einer Geldwirtschaft sinnvoll, aber nie vollkommen möglich, weil (2) fürstliche Einnahmen häufig am Ort ihres Aufkommens ausgegeben wurden und nur Überschüsse in die Zentrale gelangten – wenn es welche gab. Ein Budget als Gesamtübersicht und Voranschlag konnte aber nicht nur deswegen nicht zustande kommen, sondern (3) auch wegen der selbstverständlichen Praxis des ausgabenorientierten Wirtschaftens. Der Fürst setzte den Bedarf fest, der Finanzminister hatte das nötige Geld dafür zu besorgen – darin bestand in vielen Fällen die ganze vormoderne Finanzpolitik! Dabei herrschte (4) überall eine Zwei- oder sogar Dreiteilung der Finanzen vor. Auf der einen Seite die ordentlichen Finanzen (Camerale, Kammergut, Domänen), die nach dem Grundsatz «der König soll von seinem Eigen[gut] leben» eigentlich zur Finanzierung der Herrschaft genügen sollten. Dabei wurde bisweilen zusätzlich zwischen dem persönlichen Eigentum des

Monarchen (Kammergut) und dem Krongut (Domänen) unterschieden. Auf der anderen Seite die außerordentlichen Finanzen (Contributionale, Steuern), die zusätzlich erhoben werden mußten. Die dazu erforderliche Zustimmung von Ständevertretungen läßt das Bild je nach deren Machtstellung noch unterschiedlicher ausfallen. Nichtsdestoweniger sind die Leiter des Finanzwesens in England, Frankreich und Spanien zeitweise oder auf Dauer in die maßgebende Rolle neben dem Monarchen aufgerückt, freilich nicht mehr als «traditionale» Schatzmeister, sondern bereits als «moderne» Finanzminister.

Die klägliche Reichsfinanz in *Deutschland* bot dazu allerdings keinen Ansatzpunkt. Reichsgut gab es kaum noch, und die Reichssteuern wurden als Matrikularbeiträge der Reichsstände von diesen bei den Untertanen eingetrieben, in bestimmten Reichsstädten (Legstädten) einbezahlt und vom Reichspfennigmeister eingesammelt und abgerechnet. Obwohl dieser auch Kredite vermittelt hat, blieb er ein untergeordneter Amtsträger anscheinend meist bürgerlicher Herkunft.

In größeren *deutschen Territorien* wurden die Kämmerer, Kammermeister, (Land-)Rentmeister, Landschreiber usf. meist von einer kollegial organisierten Kammer abgelöst, deren Zuständigkeit freilich nicht auf die Finanzen beschränkt sein mußte, sondern sich auf die gesamte Domäne und im Extremfall auf alles außer der Justiz erstrecken konnte. So war auch im *Kirchenstaat* die Apostolische Kammer nicht nur die Finanzbehörde der Kirche, sondern darüber hinaus für die Verwaltung des Staates verantwortlich.

In *Brandenburg-Preußen* bestand zwar neben der Domänenverwaltung ein besonderes General-Kriegs-Komissariat für die direkten Steuern. Aber auch dieses wurde 1712 als Kollegium neu organisiert und 1723 mit der Domänenverwaltung zum kollegialen General-Ober-Finanz-Kriegs-und-Domänendirektorium (Generaldirektorium) zusammengelegt. Die Finanzverwaltung erwies sich zwar als Vorreiter der administrativen Modernisierung, aber ein machtvoller Finanzminister war so nicht möglich.

Anders in *England*, das schon im 12. Jahrhundert mit dem Exchequer eine effiziente zentrale Finanzbehörde besaß. Der untere Exchequer diente dem Zahlungsverkehr, der obere der Abrechnung. Wahrscheinlich waren im Spätmittelalter im Exchequer wie in der Kanzlei über hundert Leute beschäftigt. Der Exchequer hat alle Einnahmen an sich gezogen und getrennte Finanzinstitutionen auf die Dauer stets aufgesaugt. Die Chamber als königliche «Privatschatulle» hat nie eine große Rolle gespielt; der Versuch der frühen Tudors, sie zur zentralen Finanzbehörde zu machen, scheiterte. Leiter des Finanzwesens war der Treasurer, unter ihm seit dem 13. Jahrhundert mit eigenem Siegel der

Chancellor of the Exchequer – heute noch der Titel des wirklichen britischen Finanzministers. Dabei waren William Cecil Lord Burghley und sein Sohn und Nachfolger Robert Earl of Salisbury im 16./17. Jahrhundert keineswegs die einzigen Inhaber des Amtes des Lord Treasurer, die schon damals die Rolle des leitenden Ministers spielten. Nach Umwandlung dieses Amtes in ein Kollegium wurde der First Lord of the Treasury im 18. Jahrhundert definitiv zum zunächst noch informellen britischen Premierminister. 1827 galt es als «embarrassing, if not impossible for the First Minister to hold any other office».[7] Das lag wohl weniger daran, daß das Wachstum der britischen Verwaltung vom 17. bis 19. Jahrhundert kriegsbedingt vor allem im Finanzbereich stattfand, als an der Hauptaufgabe jedes Premierministers, im Unterhaus eine Mehrheit für die Finanzierung der Politik zustande zu bringen. Seine Führungsrolle ist also das Ergebnis der einzigartigen Finanzhoheit des britischen Parlaments.

In *Frankreich* hingegen hatte die Krone wegen der günstigen Entwicklung der Krondomäne erst 1295–1355 auf Steuern (Finances extraordinaires) zurückgreifen müssen, im 15. Jahrhundert aber deren regelmäßige Erhebung ohne Bewilligung der Generalstände durchgesetzt. Für die Finances ordinaires waren vier Trésoriers de France, für die extraordinaires vier Généraux des finances zuständig, und zwar jeweils für ein Viertel des Landes. Als Kollegium erstellten diese acht Messieurs des finances eine Art Budget und suchten Deckungslücken zu schließen, notfalls durch von ihnen selbst gewährte Kredite. Infolge Verpachtung der meisten indirekten Steuern an Finanziers (Fermiers généraux) spielten solche Vorschüsse stets eine große Rolle. Da auch Messieurs des finances demselben engen Kreis von Familien der Hochfinanz entstammten, erregte ihre Macht schon im 16. Jahrhundert Besorgnis. Wichtige Entscheidungen wie die Steuerfestsetzung blieben daher dem königlichen Rat in seiner Eigenschaft als Conseil des finances vorbehalten, und ein hoher Amtsträger (Kanzler, Connétable, Grand Maître de l'Hôtel) übernahm die Budgetkontrolle.

1523 wurde die Trennung der beiden Einnahmearten weitgehend beseitigt und mit dem Trésor de l'épargne in Paris eine Art Zentralkasse errichtet. Die Trésoriers und Généraux wurden zu Regionalbeamten gemacht, 1552 ihre Ämter zusammengelegt und die Zahl der Trésoriers généraux und ihrer Amtsbezirke, der Généralités, allmählich stark erhöht. Die Gesamtverantwortung lag nun beim königlichen Finanzrat, faktisch bei seinem prominentesten Mitglied, das kraft königlicher Ernennung oder einfach infolge dieser Rolle häufig die Bezeichnung

7 Premierminister Wellington nach *Williams*, 18th-Century Constitution 73.

Surintendant des finances führte, eine Übergangserscheinung zwischen einer zusätzlichen Rolle des maßgebenden Politikers einerseits, einem regelrechten Amt andererseits. Intendanten oder Superintendenten für alles mögliche begegnen uns im 16./17. Jahrhundert an vielen Stellen in Europa. Einer der mächtigsten Surintendants, Sully, wurde weder ernannt noch beauftragt, sondern hat sich diese Aufgabe kraft Vertrauens Heinrichs IV. einfach angeeignet.

Theoretisch handelte es sich seit der Mitte des 16. Jahrhunderts auch hier um ein Kollegium, denn damals wurden die sieben oder acht Intendants des finances als Gehilfen des Surintendant und ein Contrôleur général für die Abrechung mit der Chambre des comptes geschaffen. Faktisch behielt aber der Surintendant die Leitung, dessen Stellung im 17. Jahrhundert zum Amt geworden war, nach dessen Abschaffung 1661 der Contrôleur général, denn die formelle Befugnis des Conseil royal des finances unter Vorsitz Ludwigs XIV. mußte vom damaligen Amtsinhaber Colbert mit Inhalt erfüllt werden. Der Kanzler verlor die Restzuständigkeit für die Finanzen, und die Ernennung und Kontrolle der Provinzintendanten wurden von ihm auf den Contrôleur général übertragen, möglicherweise tatsächlich eine revolutionäre Wende von der justizförmigen zur bürokratischen Verwaltung Frankreichs (Michel Antoine). Innenpolitisch blieb der Generalkontrolleur während des Ancien Régime ein fast allmächtiger Despot, auch wenn bisweilen ein mit der «vornehmeren» Außenpolitik befaßter Premierminister die erste Geige spielte. In der finanziellen Dauerklemme gegen Ende wurde der Finanzchef dann selbst zum Premierminister, mit der paradoxen Folge, daß anders als im 17. Jahrhundert ein Premier durch Intervention der Hochfinanz, vor allem der Fermiers généraux, gestürzt werden konnte.

In *Kastilien* ging die Leitung der Finanzen im 14. Jahrhundert vom Mayordomo mayor an je vier Contadores mayores und Tesoreros mayores über; für das Rechnungswesen wurden hochspezialisierte Contadurias eingerichtet. Anscheinend blieb es bei geteilter Verantwortung ohne Einbindung in den königlichen Rat, bis Gattinara in den 1520er Jahren die finanziellen Zuständigkeiten im Sinne des «modernen» Kollegialprinzips in einem neuerrichteten Consejo de Hacienda zu bündeln begann, der in das seit damals ausgebildete System der zentralen Ratskollegien eingegliedert wurde. Im 18. Jahrhundert wurde aber das Einzelamt eines Superintendente de la Real Hacienda geschaffen, offensichtlich nach französischem Vorbild, obendrein im Zuge der Entmachtung der Ratskollegien durch Staatssekretäre 1720 eine Secretaría de Hacienda. Verschiedene mächtige Minister des 18. Jahrhunderts vereinigten diese mit der Superintendencia und dem Amt des Präsidenten des Consejo de Hacienda in ihrer Hand, nicht zuletzt im Hinblick auf ihre Reformprojekte.

In *Schweden* dürfte sich der moderne Finanzminister aus einem Ende des 18. Jahrhunderts geschaffenen Staatssekretär für die Finanzen entwickelt haben. Das Reichsschatzmeisteramt blieb in der Neuzeit bisweilen unbesetzt. Wichtiger waren die Kammermeister und Kammerräte, aus denen im 17. Jahrhundert ein Kammerkollegium gebildet wurde. Auch in *Dänemark* schuf die Einherrschaft anstelle älterer Finanzbehörden ein Finanzkollegium.

In *Ungarn* wurde der Schatzmeister sogar schon 1528 von den Habsburgern durch eine Kammer ersetzt, die von der Wiener Hofkammer abhängig wurde. Nur in *Polen* blieb es angesichts des unterentwickelten Finanzsystems bei der Finanzverwaltung durch die königlichen Schatzmeister, die sich zwar persönlich bereichern konnten wie ihre Kollegen überall in Europa, Colbert eingeschlossen, aber anscheinend nie eine wichtige politische Rolle spielten.

Soweit nicht die Unterentwicklung des Finanzwesens zum Weiterleben mittelalterlicher Einrichtungen führte, überwog die Tendenz, die Finanzverwaltung einem Kollegium anzuvertrauen. Nur unter besonderen Bedingungen kam es zu einem «modernen» Einzelminister mit besonderer Führungsrolle.

c) Sekretäre und Minister

Aber dennoch sollte nicht den Kollegien, die im 16./17. Jahrhundert offenbar als modernste administrative Errungenschaft galten, die Zukunft gehören, sondern dem Einzelminister, nicht dem Kollegial-, sondern dem Direktorialprinzip. Durch Transformation des mittelalterlichen Kanzler- und Schatzmeisteramtes entstanden wegweisende Modelle. Daneben spielte die neuzeitliche Institution des Staatssekretärs eine wichtige Rolle. Außerdem wurden Versuche mit Vertrauensleuten des Herrschers in der Übergangszone zwischen formellen und informellen Befugnissen angestellt, den Günstling-Premierministern, die zwar der Konstellation des langen 17. Jahrhunderts angemessen waren, sich aber auf Dauer als institutionelle Sackgasse erweisen sollten.

Staatssekretäre und Sekretariate

Während «Staatssekretär» heute in Deutschland nur den höchsten Beamten eines Ministeriums bezeichnet, werden in England und den USA ebenso wie einst im deutschen Kaiserreich die Minister selbst so genannt; in Rom ist sogar der Titel des päpstlichen «Premierministers» daraus geworden. Ursprünglich bezeichnet «Secretarius» aber nichts anderes als eine Vertrauensperson. Der im Mittelalter häufig vorkommende «Consiliarius et secretarius noster» brauchte nichts mit Schriftverkehr zu tun zu haben, sondern war ein vertrauter Berater des betreffenden Fürsten. Wieder einmal erweist sich eine informelle Beziehung als Grundlage einer formellen Institution. Denn in Frankreich und an der päpstlichen Kurie von Avignon wurden im 14. Jahrhundert immer wieder diejenigen Schreiber und Notare als «Secretarii» bezeichnet, denen die Abfassung wenig formalisierter, dafür aber hochvertraulicher Schriftstücke oblag.

In *Deutschland* blieb es insofern bei diesem Zustand, als die «echten» Sekretäre, die seit dem Spätmittelalter auch hier auftauchen, nie zu einer führenden Rolle, zu «Ministern» im modernen Sinn aufsteigen konnten. Zwischen dem 15. und dem 17. Jahrhundert finden sich in Österreich, Württemberg, Hessen, Sachsen, Fulda und anderswo Kammersekretäre, die aber weniger mit Finanzsachen als mit vertraulichen Angelegenheiten des Fürsten befaßt waren, das «persönliche Büro» seines «persönlichen Regiments» darstellten. Das entspricht zwar durchaus der süd- und westeuropäischen Entwicklung, aber die Beziehung des Fürsten zu den zentralen Gremien blieb in Deutschland zu eng, als daß dazwischen Platz für eine neue Institution gewesen wäre.

Im 18. Jahrhundert freilich, als die Behördenentwicklung weiter gediehen war, gab es neue Anläufe zu einem persönlichen Regiment mit Hilfe eines engeren Stabes, die für eine grundlegende Neuverteilung der Rollen aber vermutlich zu spät kamen. Am bekanntesten ist die Regierung Friedrichs II. von Preußen «aus seinem Kabinett» mittels seiner einflußreichen, aber subalternen Kabinettsräte und -sekretäre, die eine frühe Parallele in der Regierungsweise Philipps II. von Spanien hatte. In Sachsen gab es schon vorher das Geheime Kabinett, dessen Abteilungsleiter als Kabinettsminister oder Staatssekretäre bezeichnet wurden und als Adelige anders als ihre preußischen Kollegen durchaus eine Chance für eine Rolle westeuropäischer Art hätten haben können. In Kurmainz konnte eine Machtergreifung des Geheimen Sekretärs nur durch Reaktivierung des Geheimen Rats vermieden werden.[8] Die deutsche Entwicklungstendenz entspricht also der süd- und westeuropäischen, nur das Ergebnis fällt aus dem Rahmen.

Denn in England, Frankreich und Spanien gab es von königlichen Sekretären zu «Ministern» aufgestiegene Staatssekretäre seit dem 16. Jahrhundert, Rom und andere Länder folgten im 17. Jahrhundert nach.

[8] *Droege* in: Deutsche Verwaltungsgeschichte, Bd. 1, 719.

In *England* hängt dies mit der Ablösung der Siegel von der Person des Monarchen zusammen. Zuerst wurde seit ca. 1300 der Inhaber des Privy Seal als King's Secretary bezeichnet. Sobald er zum selbständigen Keeper of the Privy Seal geworden war, traten neue Privatsekretäre mit dem neuen Siegel, dem Signet, an seine Stelle, untergeordneter, aber bereits Mitglieder des Rates. Thomas Cromwell hat 1536–40 als Principal Secretary dieses Amt zur Schaltstelle der Zentralregierung machen können, (1) dank des Vertrauens des Monarchen, dessen Ehe- und Finanzprobleme er gelöst hatte, (2) weil nach der Ersetzung Wolseys durch More der Kanzler endgültig zum bloßen Richter geworden war, (3) dank der Plastizität des Amtes, dessen Befugnisse nirgends umschrieben und daher faktisch unbegrenzt waren. Nach seinem Sturz wurde das Amt zweigeteilt. Die Sekretäre Elisabeths I. amtierten als Chefminister im gesamten Bereich der Innen- und Außenpolitik und waren die Korrespondenzpartner der Diplomaten wie der Spione, außerdem wie schon Cromwell die Vertreter der Krone im Unterhaus. Ende des Jahrhunderts tauchte zum erstenmal die Bezeichnung Secretary of (E)state auf; das improvisierte Amt war zur Institution geworden.

Allerdings war unbeschadet fester Befugnisse der Staatssekretäre immer noch das persönliche Vertrauen des Monarchen für die Rolle des «Premierministers» ausschlaggebend. William Cecil hat diese Stellung mitgenommen, als er 1572 vom Staatssekretär zum Schatzmeister befördert wurde. Mit Clarendon unter Karl II. 1660–67 hatte zum letzten Mal ein Kanzler die Stellung inne, bevor sie endgültig an den First Lord of the Treasury fiel. Nur noch ausnahmsweise wurde sie 1757–61 von einem Staatssekretär bekleidet, dem älteren Pitt.

Seit dem späten 16. Jahrhundert gab es einen Rangunterschied zwischen dem Senior und dem Junior Secretary und eine Arbeitsteilung in der Außenpolitik zwischen dem Northern Department für Nord-, Mittel- und Osteuropa und dem Southern Department für West- und Südeuropa. Zeitweise gab es im 18. Jahrhundert einen dritten Staatsekretär für Schottland oder für die Kolonien. Bei dessen Abschaffung 1782 wurde dann eine neue Geschäftsverteilung eingeführt; der eine Staatssekretär erhielt die inneren Angelegenheiten und die Kolonien, der andere die Außenpolitik. Aber das englische Staatsekretariat kann mit seiner Ausrichtung auf eine aktenmäßig abzuwickelnde Innen- und Außenpolitik und der geringen Formalisierung seiner Befugnisse bereits von Anfang an als das erste moderne Ministerium Europas gelten.

In *Frankreich* wie in Rom bremste die frühe Einbindung in das traditionelle Behördensystem zunächst die Entwicklung. Auf den wenig formalisierten Brevets des französischen Königs findet sich seit dem

14. Jahrhundert ebenso wie später auf den Breven der Päpste zwar bereits die Gegenzeichnung des Sekretärs. Aber die Secrétaires du roi blieben trotz ihrer Vertrauensstellung im königlichen Haushalt Untergebene des Kanzlers und waren viel zu zahlreich für eine führende Stellung.

Abermals waren es das informelle Vertrauen des Königs und die damit verbundenen Aufgaben, die den einen oder anderen Sekretär auszeichneten, eine Rolle, die anscheinend an Verwandte und Klienten «vererbt» werden konnte.[9] Unter Franz I. taucht bereits die Bezeichnung Secrétaire d'Éstat für einen auf, der damit betraut war «de dépescher les matières d'Éstat», das war die Ausfertigung der Beschlüsse des Königs und des Rates (dem die Sekretäre aber von Haus aus nicht angehörten), die Erledigung der diplomatischen und eines Teils der administrativen Korrespondenz. Heinrich II. setzte die Zahl endgültig auf vier fest und nahm eine Geschäftsverteilung vor, nach der jeder für einen Teil Frankreichs und das angrenzende Ausland zuständig sein sollte: (1) für Nordwestfrankreich, England und Schottland, (2) für die Bretagne, Südfrankreich, Spanien und Portugal, (3) für Nordostfrankreich, Deutschland und die Schweiz, (4) für Südostfrankreich, Italien und den Nahen Osten. Diese Ordnung wurde mehrfach geändert; 1626 sah die Zuständigkeit so aus: (1) für das königliche Haus, Paris und Zentralfrankreich, (2) für die gesamte Außenpolitik, Südwestfrankreich und die dort konzentrierten Hugenotten, (3) für Ostfrankreich, die Normandie und die Bretagne mit der dort konzentrierten Atlantikflotte, (4) für den Krieg, die Artillerie, eine Reihe zentralfranzösischer Landschaften, die Dauphiné und die Provence sowie die Mittelmeerflotte. Jeder hatte einen Monat lang Dienst beim König, um beim Lever Befehle für den Schriftverkehr entgegenzunehmen. Der außenpolitische Sekretär war jetzt Mitglied des obersten Staatsrats, dazu kam der jeweils diensthabende zum Protokollieren. Nur im untergeordneten Conseil privé waren alle vier Staatssekretäre geborene Mitglieder. Das heißt trotz ihrer universalen Zuständigkeit waren sie keine «Minister», eine Bezeichnung, die den Mitgliedern des engsten Rates und Vertrauensleuten des Herrschers vorbehalten blieb. Insgesamt blieb ihre Rolle bescheidener als die ihrer englischen Kollegen.

Das runde halbe Dutzend Escribanos y notarios del rey im spätmittelalterlichen *Kastilien* scheint zunächst unbeschränkte Zuständigkeit bei fließender Geschäftsverteilung besessen zu haben, bis sich unter den Katholischen Königen, die sie stärker in Anspruch nahmen, eine gewisse Spezialisierung einbürgerte. Seit Karl V. läßt sich eine ganze

[9] Vgl. *Sutherland* 12–15.

Hierarchie von Sekretären beobachten, einschließlich Sekretären von anderen, wichtigeren Sekretären, mit Möglichkeiten des Nachrückens und der Übertragung oder Vererbung des Amtes, das aber nicht käuflich war. Dazu kamen die Sekretariate der neugeschaffenen Ratskollegien, wobei aus dem Sekretär des Staatsrats (Consejo de Estado) der Staatssekretär (Secretario de Estado) wurde. Philipp II. machte 1556 den Geistlichen Gonzalo Pérez, der ihn nach England begleitet hatte, zum Staatssekretär. Bei dessen Tod 1566 wurde geteilt, sein unehelicher Sohn Antonio Peréz erhielt das Staatssekretariat für den Süden, Gabriel de Zayas dasjenige für den Norden. Nach Peréz Sturz 1579 soll Juan de Idiáquez als einziger Staatssekretär amtiert haben. Als er 1587 Mitglied des Staatsrats wurde, wurde das Amt wie zuvor unter seine beiden Vettern Martin und Franciso de Idiáquez geteilt, die es bis zum Tod des Königs 1598 behielten. Daneben spielte Philipps Privatsekretär Mateo Vázquez de Leca, Protegé und politischer Erbe des früheren «Ministers» Kardinal Espinosa, eine strategische Rolle, denn Philipp verkehrte schriftlich «aus dem Kabinett» mit seinen Behörden.[10]

Im 17. Jahrhundert gab es mehrere Sekretäre des Staatsrats, und auch der königliche Privatsekretär, jetzt Secretario de Estado y del Despacho universal genannt, wurde zu ihnen gezählt. An dieses Amt und das französische Vorbild konnte der Bourbone Philipp V. mit seinen Reformen anknüpfen. Bis 1721 schuf er in Konkurrenz zu den alten Ratskollegien fünf Secretarias de Despacho, die mit ihrer klaren Sachzuständigkeit das Modernste waren, was damals in Europa existierte und als unmittelbare Vorläufer moderner Fachministerien gelten können: (1) die primera Secretaria de Estado blieb für die große Politik zuständig; dazu kamen (2) die Secretaria de Gracia y Justicia, (3) de Hacienda, (4) de Guerra, (5) de Marina e Indias.

Die *Päpste* haben ihre Sekretäre zunächst der Apostolischen Kammer zugeordnet, um die vertraulichen Schriftstücke dem umständlichen Verfahren der Kanzlei zu entziehen. 1487 wurden die Apostolischen Sekretäre aber als eigene Korporation von Kaufämtern konstitutiert und doch dem Vizekanzler unterstellt, denn die weniger formalisierten Breven wurden inzwischen wie die Bullen der Kanzlei ebenfalls für Justiz- und Gratialsachen verwendet, während der politische Schriftverkehr des Papstes erneut bei ein oder zwei der Apostolischen Sekretäre konzentriert wurde, den Secretarii domestici oder secreti. Allerdings waren Breven immer noch Urkunden und für den modernen Geschäftsverkehr mit den neuen diplomatischen Vertretungen, den Nuntiaturen, und der Verwaltung des Kirchenstaats viel zu aufwendig.

10 Vgl. *Riba y García.*

Infolgedessen spaltete sich dieses neue päpstliche Sekretariat im 16. Jahrhundert in ein Brevensekretariat für besondere Gnadenerweise und Verfügungen, eines für lateinische Schreiben und ein Sekretariat für Staatssachen, das heißt diplomatische und Verwaltungskorrespondenz in italienischer Sprache.

Die Bezeichnung Segretario di Stato für den Chef des letzteren tauchte aber erst um 1600 auf, vermutlich weil er als bloßer Sekretär im Status einem Vertrauten des Papstes im Kardinalsrang nachgeordnet bleiben mußte, in der Regel einem Neffen mit dem Titel Sopraintendente dello Stato ecclesiastico oder schlicht Cardinal Nipote, der die Korrespondenz unterzeichnete und als deren Adressat galt. Faktisch wurde die Politik aber oft direkt zwischen Papst und Staatssekretär gemacht, so daß dieser schließlich seit Mitte des 17. Jahrhunderts regelmäßig Kardinal wurde und 1692 an die Stelle des Kardinalnepoten treten konnte. Bis 1967 war er als «Minister» für Kirchenpolitik informell die wichtigste Figur der Kurie, bis er durch die Reformen 1967/88 als eine Art «Ministerpräsident» den anderen Kurienbehörden auch formell übergeordnet wurde – die stolzeste Laufbahn eines europäischen Staatssekretärs.

In *Schweden* hingegen könnte es sich um direkte Vorläufer der modernen beamteten Ministergehilfen handeln. Einer der Sekretäre des Kanzlers erhielt dort 1629 diese Bezeichnung, weil er Hochadeliger war. Aber bis zum 18. Jahrhundert wurde daraus die Amtsbezeichnung der Abteilungsleiter der Kanzlei, aus der sich die bürokratische Infrastruktur der modernen Zentralregierung entwickelt hat.

Mit dem Staatssekretär hat sich das Aktenzeitalter seinen eigentümlichen Amtsträger hervorgebracht, der aber nicht ohne weiteres die Tradition hinter sich lassen und die unbestrittene politische Führungsrolle übernehmen konnte. Insofern könnte man das Verhältnis zwischen römischem Staatssekretär und Kardinalnepoten als markantestem Vertreter der europäischen Gattung Günstling-Premierminister durchaus als paradigmatische Auseinandersetzung zwischen administrativer Modernität und Tradition ansehen.

Günstling und Minister

Je mehr sich Zentralinstitutionen modernen Verhältnissen nähern, desto weniger lassen sich Funktionsbegriffe wie «Minister» oder gar «Premierminister» vermeiden. Doch wenn «Minister» im 17. Jahrhundert häufiger mit politischer Bedeutung auftaucht, dann ist fast nie ein Amt oder eine Institution gemeint, sondern eine ad hoc entstandene Funktion, ein Auftrag, der allein vom jederzeit widerrufbaren Willensentschluß eines Herrschers abhing. Richelieu, der Frankreich

1624–42 regierte, führte als Leiter der Politik den Titel Ministre d'état, hat aber nie ein Amt in den französischen Zentralbehörden bekleidet. Man müßte daher die Bezeichnung Premier oder Principal ministre, die ihm seit 1629/30 von der öffentlichen Meinung verliehen wurde, eigentlich nicht mit «Premierminister», sondern mit «erster Diener» wiedergeben, aber noch nicht erster Diener des Staates, sondern immer noch erster Diener des Königs.

Richelieu spielte damit aber keine einmalige Rolle, sondern ist nur das prominenteste und erfolgreichste Exemplar einer ganzen Gattung von Politikern mit einer spezifischen Führungsrolle gewesen, die ich *Günstling-Premierminister des langen 17. Jahrhunderts* nennen möchte, denn sie tauchen zwar massiert im 17. Jahrhundert auf, treten aber bereits im 16., ja 15. Jahrhundert in Erscheinung und gelegentlich auch noch im 18. Jahrhundert. In katholischen Ländern handelte es sich nicht selten um Geistliche, die kraft ihrer Stellung mit der Kardinalswürde den höchstmöglichen nichtfürstlichen Rang erreichen konnten.

In *Frankreich* war bereits Kardinal Georges d'Amboise als Vertrauensmann Ludwigs XII. der Leiter der Politik gewesen, Kardinal Charles de Guise spielte als Verwandter der Könige und Haupt seiner Familienfaktion Mitte des 16. Jahrhunderts eine ähnliche Rolle, übrigens nicht zuletzt auch als Finanzpolitiker. Für Heinrich IV. arbeitete Maximilien de Béthune, Duc de Sully, seine Witwe Maria de Medici stützte sich auf Concino Concini, den Ehemann ihrer Vertrauten Eleonora Galigai. Nach dessen Ermordung probierte es Ludwig XIII. mit seinem Falkner Albert de Luynes, nach dessen Tod dann mit Richelieu, auf den Jules Mazarin folgte. Nach dessen Tod wollte Ludwig XIV. die politische Koordinationsaufgabe des Premierministers persönlich übernehmen, konnte sich dabei aber auf loyales Personal aus der Schule Mazarins stützen, vor allem Jean Baptiste Colbert, der aber trotz seiner Bedeutung für die Geschichte Frankreichs stets Werkzeug des Herrschers blieb, während die Kardinalminister eine Art zweites Ich ihrer Monarchen gewesen waren.

In *England* hat Heinrich VIII. die Regierung für zwanzig Jahre Kardinal Thomas Wolsey überlassen, bis dieser 1529 an der Eheaffäre des Königs scheiterte. «Obwohl Heinrich die letztinstanzliche Kontrolle über die Geschäfte nie aufgab, war es Wolsey, der regierte. Er entwarf die Politik, die Heinrich übernahm, und sorgte dafür, daß sie durchgeführt wurde» (G. R.Elton),[11] eine Beschreibung des Verhältnisses von König und Minister, die sich ohne weiteres auf die anderen Fälle übertragen läßt. Die Günstlinge Elisabeths I. und Jakobs I. konnten neben

11 *Elton,* England under the Tudors 75.

den eigenwilligen Monarchen und der Sekretärsdynastie Cecil nie die Politik monopolisieren. Erst Karl I. überließ seinem Freund, dem Liebhaber seines Vaters, George Villiers, Duke of Buckingham, die Rolle eines allmächtigen Ministers.

In *Spanien* kam die Zeit der allmächtigen Privados (Vertrauten) oder Validos (Günstlinge) mit Philipp III., unter dem Francisco Gómez de Sandoval y Rojas, Duque de Lerma, 1598–1618 am Regieren allerdings wenig interessiert und daher selber auf Sub-Günstlinge angewiesen war, bis ihn sein eigener Sohn verdrängte. Anders der Mentor und Minister Philipps IV., Gaspar de Guzmán, Conde-Duque de Olivares, trotz seines Scheiterns wohl der bedeutendste Vertreter der Gattung neben Richelieu, zumindest bedeutender als sein Nachfolger Luis de Haro.

Bei den *deutschen* Habsburgern ließen sich Ansätze zu dieser Rolle bereits bei Kardinal Matthäus Lang, dem Vertrauten Maximilians I., entdecken. Kardinal Melchior Klesl war dann als Direktor des Geheimen Rats unter Kaiser Matthias ein typischer Günstling-Premierminister. Bei Ferdinand II. hatte der steiermärkische Adelige Hans Ulrich von Eggenberg diese Stellung, während Leopold I. seinen Erzieher Johann Ferdinand Graf Porzia zum Chef des Geheimrats erhob. Prinz Eugen von Savoyen war durch militärische Erfolge 1703 zum Präsidenten des Hofkriegsrats aufgestiegen; unter Karl VI. wurde er darüber hinaus Vorsitzender der Geheimen Konferenz, die den Geheimen Rat ersetzt hatte, und Koordinator der gesamten Regierung.

In *Brandenburg-Preußen* hat Friedrich III./I. bei Regierungsantritt 1688 seinen ehemaligen Lehrer Eberhard Danckelmann mit Gegenzeichnung aller Ausfertigungen betraut und ihn 1695 zum Premierminister und Oberpräsidenten aller Regierungskollegien ernannt. Um so tiefer war dessen Sturz 1697.

In der *römischen* Wahlmonarchie war der Günstling-Premierminister am weitesten zur Institution gediehen, denn 1538–1689 pflegten alle Päpste einen Verwandten, möglichst einen Neffen, zum Kardinal zu erheben und zum Superintendens Status ecclesiastici zu ernennen. Dadurch wurde er zum Korrespondenzpartner der päpstlichen Diplomaten und Administratoren und zum Vorsitzenden der Regierungsgremien des Staates.

In Rom läßt sich besonders deutlich beobachten, daß der soziale Aufstieg einer Familie des Niederadels oder städtischen Patriziats, seltener der Unterschichten fast regelmäßig den Hintergrund der Günstling-Premierminister bildet. Demgemäß haben sich fast alle gewaltig bereichert, mit Mazarin als Rekordhalter, und eine dauerhafte Anhebung des Status ihrer Familie erreicht. Freilich handelte es sich keineswegs um Nettoprofite, denn von einem loyalen Diener wurde erwartet, daß er notfalls seine Eigenmittel nicht schonte. So blieb Olivares auf enormen Verlusten sitzen, und nach Buckinghams Ermordung ließ sich nicht mehr feststellen, wieviel von seinen 70 000 Pfund Schulden er privat oder für die Krone eingegangen war.

Für die Gewinnung der Gunst des Herrschers erwies es sich als vorteilhaft, wenn der zukünftige Minister oder seine Familie bereits am Hof präsent waren wie die Richelieu oder Eggenberg; daher die verschiedenen ehemaligen Lehrer oder Hofmeister in der Reihe. Doch selbst bei ihnen und erst recht bei Neulingen spielte Protektion die wichtigste Rolle. Auch Richelieu mußte zuerst die Königinmutter gewinnen, um als ihr Vertrauensmann in den Rat zu kommen und sich dann dort zu ihrem Gegner und Mann des Königs zu mausern. Auch der schöne George Villiers mußte Jakob I. erst einmal von einer – witzigerweise puritanischen – Hoffaktion «nahegebracht» werden, um eine Hofrolle zu erhalten, aus der später die des Ministers wurde.

Im persönlichen Vertrauensverhältnis zwischen Herrscher und Minister, auf das alles ankam, spielten erotische Motive aber nur selten eine Rolle. Buckingham war ja nicht der Minister seines Liebhabers, sondern von dessen Sohn, der einen starken, zuverlässigen und vor allem fleißigen Freund brauchte. Die Mentorenrolle war sehr viel wichtiger; Richelieu, Mazarin und vor allem Olivares waren geradezu als politische Erzieher ihrer Herren tätig, deren Kritik hingenommen, bisweilen aber auch mit Gereiztheit beantwortet wurde. Doch scheint eine demonstrative Demutsgeste des Ministers genügt zu haben, um diese bedrohliche Situation zu korrigieren: Olivares küßte den Nachttopf Philipps IV. und zog sich zurück ...

Die emotionale Bindung stellt aber nur ein Begleitphänomen sachlicher Bedürfnisse der Monarchen dar, wie es im Zeitalter personaler Beziehungen unvermeidlich war. In Rom kann das Verhältnis dank objektiv vorgegebener Blutsverwandtschaft nämlich ganz unemotional ausfallen. Und obwohl ein Ludwig XIII. lernte, seine emotionalen Bedürfnisse mit unpolitischen Günstlingen zu befriedigen, behielt Richelieu das Monopol seines Vertrauens. Natürlich handelte es sich nicht selten um das Zusammentreffen schwacher Herrscher mit starken Ministern, aber schwache Monarchen gab es auch zu anderen Zeiten, ohne daß deswegen regelmäßig ein Günstling-Premierminister aufgetreten wäre.

Das grundlegende Sachproblem bestand darin, daß die herkömmliche Ausgestaltung der Herrscherrolle dem werdenden modernen Staat nicht mehr angemessen war. Der Herrscher war immer noch der erste Edelmann seines Reiches einerseits, eine hochstilisierte Symbolfigur andererseits, mit begrenzten praktischen Aufgaben wie der Vorstellung eines vorbildlichen Lebensstils, dem Vollzug der Machtriten, der Wahrung von Frieden und Recht, gegebenenfalls durch Kriegführung. Die Rolle des Chef-Koordinators von Politik und Bürokratie, der seine Tage mit Aktenstudium und Beratungen statt mit Repräsentation und Jagd verbrachte, war neu und nicht vorgesehen. Und der zentrale Machtapparat hatte noch keine stabile Institution für diese Aufgabe entwickelt. Im Zeitalter vorwiegend personaler Beziehungen dürfte eine sachlich-organisatorische Problemlösung auch nicht ohne weiteres in Frage gekommen sein. Zunächst war ein Umdenken, ein Wandel der Institutionskultur erforderlich.

Zwar haben sich manche Monarchen wie Philipp II. oder Ludwig XIV. sowie einige Päpste der neuen Aufgabe gestellt, aber die Mehrzahl litt darunter, daß sie auf die neue Rolle nicht vorbereitet war. Doch gerade die hochstilisierte Papstmonarchie läßt erkennen, daß ein Günstling-Premierminister auch einem fleißigen und selbständigen Herrscher durch seine Zeremonialfunktion von Nutzen sein konnte. Zur Monarchenrolle gehörten Distanz zu den Niederungen der Alltagsgeschäfte und die Stellung über den rivalisierenden Hofparteien. Weil aber Alltagsgeschäfte und Parteinahme sein müssen, benützte der Fürst ein Alter Ego, einen Minister, dessen Einsatz bei Verhandlungen oder beim Unterschreiben von Dokumenten es ihm gestattete, selbst den nötigen Abstand zu wahren. Notfalls konnte der Minister sogar als Sündenbock dienen, um das Gesicht des Herrschers zu wahren.

Da die Stellung des Ministers unter diesen Umständen der institutionellen Stabilität entbehrte, hing sie völlig von der Person des Fürsten ab. Jede Erkrankung des Herrn konnte eine Krise bedeuten. Noch zermürbender war freilich die ständige Gefahr, über eine Laune oder Intrige zu stürzen. Wahrscheinlich sind die chronischen Krankheitserscheinungen eines Richelieu, Buckingham, Olivares schlicht auf diesen Stress zurückzuführen. Ausschlaggebend war die Kontrolle des Zugangs zum Machthaber, der dem Minister jederzeit offenstehen mußte. Außerdem mußte er wissen, wer sich seinem Herrn näherte, um feindlichen Einfluß fernzuhalten. Daher seine Hofämter oder seine Dienstwohnung im Palast.

Am wichtigsten war die Kontrolle des Personals am Hof und im Land, also eine weitgehende Monopolisierung der Patronage, der Stellenbesetzung und Vergabe von Gnadenerweisen (Pensionen, Standeserhöhungen, Begnadigungen usf.) in der Hand des Ministers. Wer wie Richelieu wichtige Stellen mit Verwandten oder zuverlässigen Klienten besetzen konnte, kontrollierte das Land, weil er auf die Dienertreue seiner Kreaturen zählen konnte. Damit wurde er aber fast automatisch zum Protagonisten des Wachstums monarchischer Macht, denn dieses Verfahren bedeutete einerseits Ausschaltung rivalisierender hochadeliger Patronagemacht, konnte sich andererseits gegen jene nur durch Berücksichtigung der Interessen der Krone durchsetzen.

Außenpolitisch neigten nicht wenige Minister zu ehrgeiziger Kriegspolitik, um die Macht ihrer Herren zu steigern. Erfolge konnten ihre Stellung nur sichern. Aber Mißerfolge haben selten zu ihrem Sturz geführt, zu eng war die Bindung zwischen Diener und Herr. Gestürzt wurden solche Minister, wenn überhaupt, dann bezeichnenderweise durch Gegner aus den Reihen der Dynastie.

So war der Günstling-Premierminister des langen 17. Jahrhunderts kein Korruptionsphänomen, sondern ein durchaus angemessener Versuch, Koordinationsprobleme zu lösen, die im Übergang von personaler zu bürokratischer Regierungsweise auftreten mußten.

d) Ratssystem und Kollegialprinzip

Vermutlich hat die ehrwürdige Fiktion, daß es der Herrscher selber ist, der im Rat mit dem Rat seiner Räte regiert, dazu beigetragen, daß die zentrale Institutionenbildung im 16./17. Jahrhundert auf Kollegien hinauslief und kaum auf hierarchisch nach dem Direktorialprinzip organisierte Behörden. Zusätzlich dürften dabei die Hoffnung auf bessere Ergebnisse durch Häufung von Sachverstand und die Absicht, individuelle Machtballung zu verhindern, ihre Rolle gespielt haben.

Der Hofrat, der in *Deutschland* seit dem 16. Jahrhundert im Reich wie in seinen größeren Territorien anzutreffen ist, unterschied sich von der undifferenzierten Curia des Fürsten zunächst nicht durch genauer umschriebene Zuständigkeit, sondern war nach wie vor für Geschäfte aller Art zuständig, auch für Justizsachen. Denn zum einen waren die Hofgerichte jüngeren Ursprungs, zum anderen konnte jeder Untertan sich mit einer Bittschrift (Supplik) auch in Justizsachen an den Fürsten wenden und landete dann beim Rat, der dadurch zum Obergericht wurde. Die Neuerung bestand vielmehr in einer festen Organisation mit Sitzungsterminen, Verfahrensvorschriften und ständigen Mitgliedern, die zum Teil auf Grund juristischer Qualifikation vertraglich eingestellt, vereidigt und besoldet wurden.

So war der 1498, endgültig 1559 gegründete Reichshofrat eigentlich zum Regierungs-, Verwaltungs- und Justizorgan für das Reich wie die Habsburger Erbländer bestimmt. Aber im 17. Jahrhundert war für die erbländischen Sachen die kollegial reorganisierte österreichische Hofkanzlei zuständig, für die große Politik der Geheime Rat. Dem Reichshofrat blieben die Reichsjustizsachen, so daß er sich zum zweiten obersten Reichsgericht entwickelte. Der für Reich wie Erbländer zuständige Geheime Rat wird zuerst 1527 erwähnt. In Abwesenheit des Kaisers wurde er vom Obrist-Hofmeister geleitet. Der enge Kreis von vier bis sechs Geheimräten wuchs aber rasch an, so daß sich spezialisierte Ausschüsse einbürgerten, 1669 für die Außenpolitik die Geheime Konferenz. Aber auch diese expandierte erneut, so daß abermals engere Gremien geschaffen werden mußten, bis Maria Theresias Behördenreform diese Einrichtungen beseitigte.

In *deutschen Territorien* entstanden Hofräte vor allem im 16. Jahrhundert, Geheimräte eher im 17. Jahrhundert, wodurch die Hofräte auch hier auf reine Justizorgane reduziert wurden. Zusätzlich gab es aber bereits im 16. Jahrhundert «abgesonderte» Räte für zwei Bereiche, die spezielle Vorkenntnisse verlangten, nämlich Kollegialorgane für Kirche und Krieg. Lutherische Konsistorien entstanden zuerst während der Reformation in Sachsen und Hessen, 1564 folgte ein reformierter Kirchenrat in der Pfalz. Aber auch katholische Länder errichteten ihre Geistlichen Räte nach dem Vorbild des bayerischen von 1570. Einen ständigen Hofkriegsrat benötigte nur die Großmacht Österreich, wo er 1556 mit Präsident und mehreren Räten gegründet wurde. Er verband die Aufgaben des Oberkommandos mit denen der Militärverwaltung und -versorgung sowie des Befestigungswesens. Unter den Präsidenten Raimund Montecuccoli 1668–80 und Eugen von Savoyen 1703–36 dürfte er den Höhepunkt seiner Bedeutung erreicht haben. In Bayern gab es einen Kriegsrat nur mit Unterbrechungen, in Brandenburg-Preußen nur für kurze Zeit. Außerdem wurden auch die aufblühenden Finanzbehörden, meist als Kammer bezeichnet wie die österreichische Hofkammer, kollegial organisiert, ebenso wie bisweilen die Kanzleien, vor allem, wo sie sich mit Justizsachen zu befassen hatten, und schließlich auch viele Einrichtungen der Regionalverwaltung. [*Abbildung 4*]

In *Brandenburg-Preußen* hat es nie einen Hofrat gegeben, sondern der Fürst regierte mit seinen Räten «aus der Kammer», bis 1604 ein organisierter Geheimer Rat geschaffen wurde. Diese Ableitung des Geheimen Rats aus dem persönlichen Regiment statt aus dem Hofrat dürfte aber eine Ausnahme darstellen.[12] Der «große Kurfürst» Friedrich Wilhelm hat 1651 den brandenburgischen Geheimen Rat erstmals zum obersten Gremium für alle seine Länder gemacht und eine Zuständigkeitsverteilung unter den Mitgliedern eingeführt. Aber die Zukunft gehörte den Finanzbehörden. Das 1723 durch Verschmelzung der Do-

[12] *Willoweit* in: Deutsche Verwaltungsgeschichte, Bd. 1, 320 u. *Conrad* Bd. 2, 247 gegen *Oestreich,* Das persönliche Regiment.

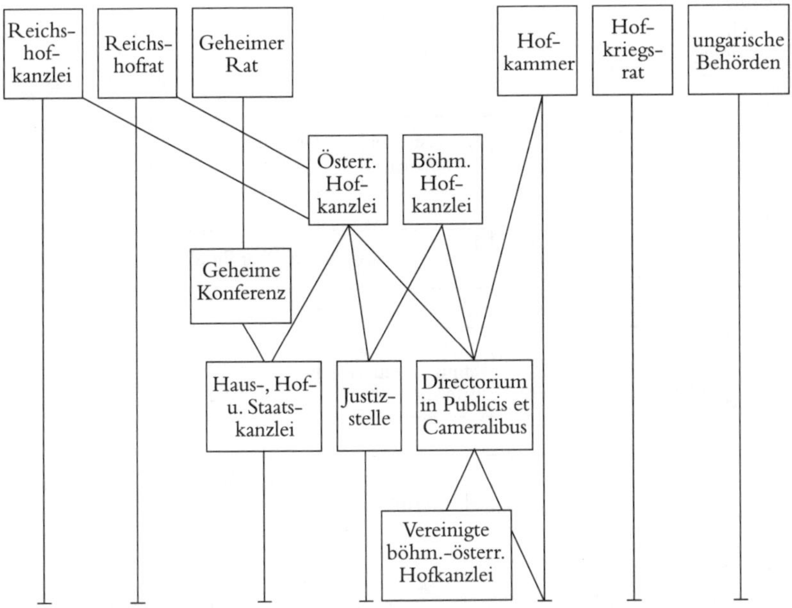

Abb. 4: Genealogie östereichischer Zentralbehörden der Neuzeit

mänen- und Steuerbehörde geschaffene Generaldirektorium stand offiziell unter dem Präsidium des Königs; ansonsten verfuhren die vier Abteilungsleiter, die Geheimen Etats-Minister, im Plenum kollegial. Die Abteilungen verbanden das Real- mit dem Lokalprinzip, das heißt, sie waren jeweils für bestimmte Sachgebiete und unabhängig davon außerdem für bestimmte Länder der Monarchie zuständig. Friedrich II. fügte weitere Departements und zusätzliche, unabhängige, direktorial organisierte und nur ihm persönlich verantwortliche Behörden hinzu, vor allem für das neuerworbene Schlesien. Der Geheime Rat bestand nur noch aus den Ressortchefs für Außenpolitik (Kabinettsministerium), Justiz (Großkanzler) und Kirche (Geistliches Departement). [*Abbildung 5*]

Bereits Maria Theresias Reformen griffen auf das preußische Vorbild zurück. Aber das 18. Jahrhundert ist ganz allgemein durch Versuche gekennzeichnet, den vermehrten Staatsaufgaben durch neue Behörden gerecht zu werden, die dank Direktorialprinzip und Beschränkung auf klar abgegrenzte Sachaufgaben effizienter arbeiteten als die Kollegialorgane, ohne eine gefährliche Machtballung zu ermöglichen. Aber die konservative Schwerfälligkeit der Kollegialorgane ist nicht zuletzt auf ihre streng formalisierten Verfahrensregeln zurückzuführen, die ur-

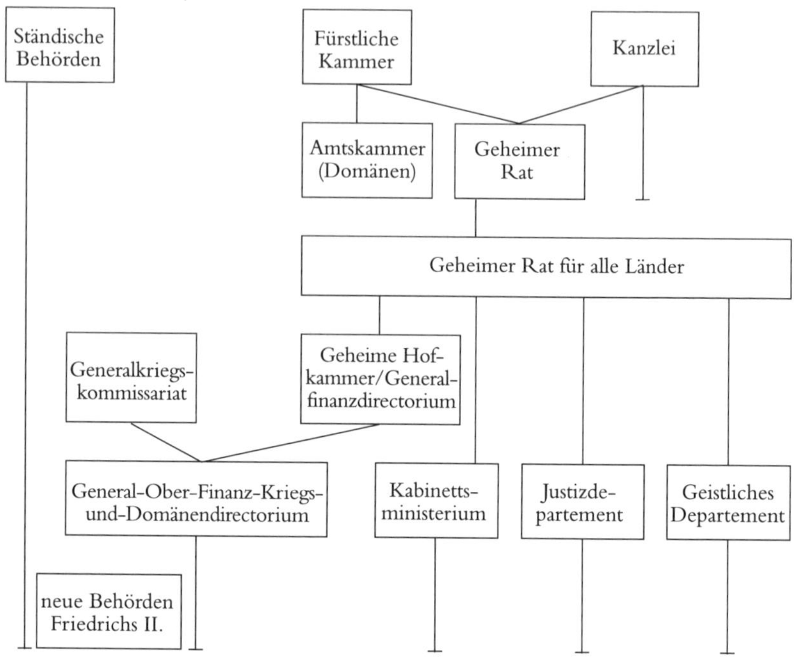

Abb. 5: Genealogie brandenburg-preußischer Zentralbehörden der Neuzeit

sprünglich einen Fortschritt an rechtlicher Genauigkeit dargestellt hatten. Danach waren alle Sachen streng getrennt zu behandeln. Nach der Proposition oder Relation des Bearbeiters der Angelegenheit fragte der Vorsitzende die Voten der Anwesenden in fester, meist sozial bestimmter Reihenfolge ab. Eine Diskussion mit Änderung der Voten war ursprünglich nicht zulässig, im bayerischen Hofrat erst seit 1750. Auf die Voten folgte der Beschluß, in Anwesenheit des Fürsten durch diesen allein, sonst mit Stimmenmehrheit zur Vorlage bei ihm.

Auch in *England* hatte der bis 1540 aus dem Council ausgegliederte Privy Council immer wieder mit Wachstumsschüben zu kämpfen. Elisabeth hatte ihn auf ein rundes Dutzend Mitglieder reduziert, von denen nur vier oder fünf regelmäßig anwesend waren, insbesondere der Treasurer und der Secretary. Aber unter den Stuarts nahm die Zahl so stark zu, daß wichtige Dinge mit informellen Beratergruppen entschieden wurden. Daher forderte die Parlamentspartei bereits 1642, die Zahl auf 25 Privy Councillors zu begrenzen, diese, wie schon 1612 angeregt, im Einvernehmen mit dem Parlament zu bestellen und ausdrücklich für alle politischen Entscheidungen verantwortlich zu machen. Aber ungeachtet der wachsenden Bedeutung des Parlaments war die Krone erst im 19. Jahrhundert gezwungen, auf das Recht, ihre Berater nach Belieben zu wählen, zugunsten des Parlaments zu verzichten.

Der Rat war das Entscheidungsgremium für die gesamte Regierung und Verwaltung, nicht zuletzt die öffentliche Ordnung. Dazu kam wie überall eine Flut von an den Monarchen gerichteten Petitionen. Rechtsfälle wurden an die zuständigen Gerichte verwiesen oder von den beiden Gerichtshöfen verhandelt, die im 15./16. Jahrhundert noch einmal aus dem königlichen Rat hervorgegangen waren. Die Star Chamber befaßte sich mit Kriminalfällen (der Sache nach, denn das Common Law kennt keinen Unterschied von Zivil- und Strafrecht), Rechtsverweigerung und der Durchsetzung königlicher Erlasse (Proclamations), denn diese konnten nur dann auf die Common Law Courts sowie Leib- und Lebensstrafen zurückgreifen, wenn ihnen Bezug auf parlamentarische Gesetze (Statutes) möglich war. Der Court of Requests des Keeper of the Privy Seal mit seinen vier Richtern (Masters of Request) entschied über zivilrechtliche Petitionen von Armen, die sich kein Common Law- oder Equity-Verfahren leisten konnten. Angeblich entsprach er dem französischen Conseil privé mit seinen Maîtres des requêtes, der ebenfalls als Arme-Leute-Gericht tätig geworden sei.[13] Die Juristenzunft hatte etwas gegen diese Billigkonkurrenz, die Parlamentspartei lehnte die Star Chamber als effizientes Instrument der Kronmacht ab. Infolgedessen haben beide Gerichte die erste Revolution nicht überlebt – ältere Abkömmlinge der Curia Regis behaupteten ihr Monopol gegen jüngere.

In *Frankreich* unterlag der königliche Rat im 16. Jahrhundert ebenfalls einer Wachstumstendenz, die aber in eine Professionalisierung und Differenzierung in spezialisierte Abteilungen oder Sitzungstypen mündete. Seit 1657 sollten theoretisch 80 % der Mitglieder Räte aus den Reihen des Juristenadels der Robins sein. Zur Gruppe der Conseils de gouvernement mit wenigen, teilweise identischen, handverlesenen Mitgliedern, die stets in Gegenwart des Königs in den königlichen Gemächern tagten und deren Beschlüsse Arrêts en commandement hießen, gehörte unter Ludwig XIV. zunächst der Conseil des affaires oder Conseil d'En Haut[14], der zwei bis dreimal in der Woche die Richtlinien der Politik bestimmte. Allein seine Mitglieder hießen Ministre d'état. Das waren der Premierminister, falls es einen gab, der Kanzler, der Finanzchef, der Staatssekretär für das Auswärtige sowie die eine oder andere Persönlichkeit königlichen Vertrauens. Dieselbe

13 *Hatschek* 416 f. nach Edward Coke.

14 Angeblich so genannt, weil er im Obergeschoß tagte.

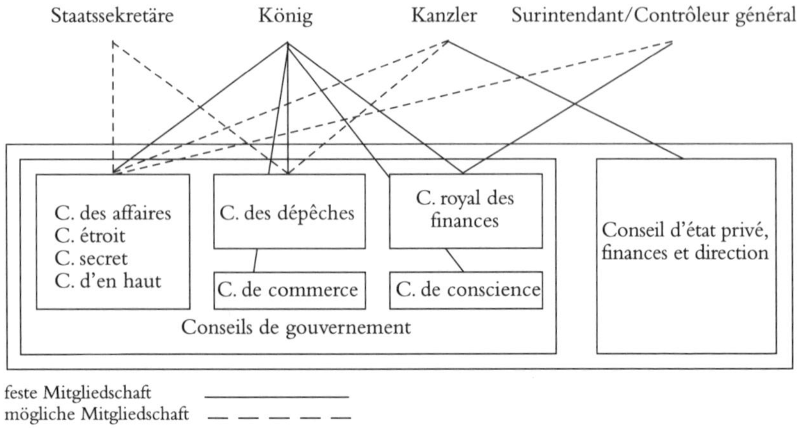

Abb. 6: Differenzierung des königlichen Rates

Gruppe tagte mit den zuständigen Staatssekretären als Conseil des dépêches für die Korrespondenz mit den Provinzen. Seine Bedeutung ging im 18. Jahrhundert zurück. Weiter gab es einen Conseil des finances, erweitert um die führenden Finanzbeamten und schließlich einen besonderen Conseil de conscience aus dem königlichen Beichtvater und anderen Hofgeistlichen für die Besetzung kirchlicher Pfründen, ein personalpolitisch wichtiges Vorrecht der Krone.

Die Masse der Conseillers d'état und der Maîtres des requêtes war in dem umfangreichen Rest-Rat tätig, der in einem eigenen Trakt des Schlosses von Versailles tagte, in Staatssachen als Conseil d'état et des finances, in Justizsachen als Conseil privé oder Conseil des parties. Staatssachen waren vor allem Steuer- und Ämterkonflikte, Justizsachen die Überwachung der gesamten Rechtsprechung. Der leere Stuhl des Königs stand wie im preußischen Generaldirektorium immer am Kopfende des Tisches, faktisch hatte der Kanzler den Vorsitz. Aber der Staatsrat verlor an Bedeutung und war 1697 völlig verschwunden, nur der Geheimrat bestand als Kassationshof weiter. [*Abbildung 6*]

Gegen die Zurückdrängung alter Ämter und des Kollegialitätsprinzips setzte nach dem Tod Ludwigs XIV. eine heftige Reaktion des Hoch- und des Amtsadels ein. Der Regent errichtete daraufhin 1715 mit der sogenannten Polysynodie ein radikales Kollegialsystem. Die Entscheidung lag beim Regentschaftsrat unter seinem Vorsitz, dem von sechs, dann sieben spezialisierten Räten zugearbeitet wurde, für Außenpolitik, Krieg, Finanzen usf. Aber das System erwies sich als allzu konfliktträchtig und mußte 1718 aufgegeben werden. Von nun an verlagerte sich der Schwerpunkt weg von Ratsgremien auf die Arbeit des Königs und gegebenenfalls des Premierministers mit den einzelnen Ministern, vor allem aber der Minister mit ihren Untergebenen, ihren umfassend ausgebauten Büros mit den Commis, wie man die aufkommenden modernen Bürokraten in Frankreich nannte, schließlich auf allerhand Sonderkommissionen. Dabei entstand 1745–91 aus dem Staatssekretariat des königlichen Hauses das Ministère de l'intérieure. Im Schoße der alten Ordnung hatte sich bereits die bürokratische Spezialisierung und Hierarchisierung gegen das stärker justizförmige Kollegialprinzip durchgesetzt.

Möglicherweise orientierte sich die Polysynodie am konsequenten Kollegialsystem der *spanischen* Zentrale des 16./17. Jahrhunderts. Der ursprünglich einzige königliche Rat, der Consejo Real de Castilla, erhielt zahlreiche Konkurrenten und verlor an Bedeutung, obwohl sein Präsident immer noch den ersten Rang nach dem König bekleidete. Er bereitete die Gesetze vor, beaufsichtigte die Lokalverwaltung und war Appellationsinstanz für die Chancillerias und Audiencias. Philipp II. hat den Consejo de Estado Karls V. endgültig zur spanischen Institution gemacht; ihm waren die Staatssekretäre zugeordnet. Er befaßte sich mit der großen Politik, strenggenommen zwar nur beratend, aber die Mitgliedschaft galt dennoch als besondere Auszeichnung. Der Consejo de Guerra hatte ursprünglich ähnlichen Charakter, wurde aber 1584 für die Militärverwaltung und -justiz zuständig. Schließlich gab es noch zwei Räte kirchlicher Provenienz, die wie der Staats- und der Kriegsrat für (fast) alle Länder der zusammengesetzten Monarchie zuständig waren und ebenfalls von der Krone bestellt wurden, der bereits 1483 gegründete Consejo de la Suprema y General Inquisición unter dem Inquisidor general und der Consejo de la Cruzada aus dem 16. Jahrhundert für staatliche Steuern auf kirchliche Einnahmen.

Neben diesen nach dem Realprinzip konstituierten Räten wurden andere nach dem Lokalprinzip für einzelne Länder eingerichtet, wobei aber für Kastilien neben dem Consejo de Castilla weitere Gremien zuständig waren: der Consejo de Ordenes (1494) für die von der Krone kontrollierten, reichen Ritterorden von Santiago, Calatrava und Alcantara, der Consejo de Cámara (ca. 1520) für Gnadenerweise (u. a. Ämterbesetzung einschließlich Bistümer), der Consejo de Hacienda (1523) für die Finanzen. Für die Krone Aragon wurde 1494 ein Consejo de Aragon errichtet, für die Kolonien 1523 der Consejo de Indias, 1525 der Consejo de Navarra, 1559 der vom Aragonrat getrennte Consejo de Italia für die dortigen Besitzungen, 1580 der Consejo de Portugal, als dieses Königreich an Philipp II. fiel, schließlich 1588 der Consejo de Flandes für Belgien.

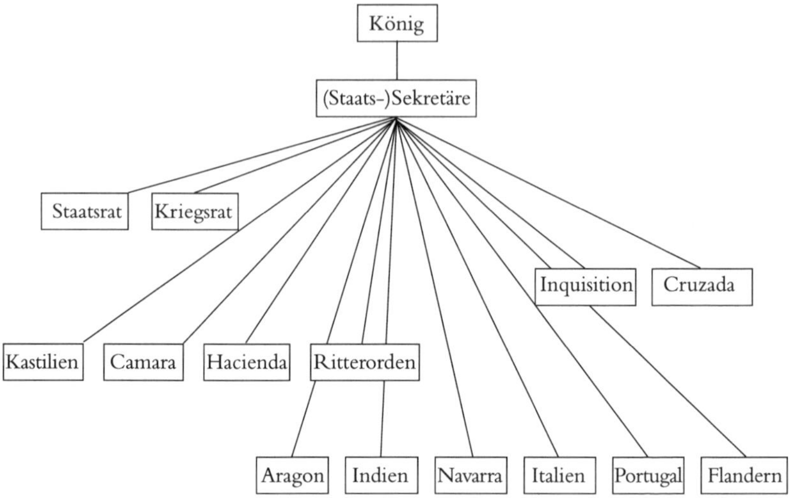

Abb. 7: Zentrale Ratskollegien der spanischen Monarchie

Diese Räte waren oberstes Regierungs-, Verwaltungs- und Justizorgan für ihre Länder. Sie hatten eine innere Hierarchie und Sekretäre; neben Adel und Klerus spielten die Juristen (Letrados) überall eine große Rolle. Da die Entscheidung immer beim König lag, der aber außer gelegentlich im Staatsrat nie anwesend war, gingen die Beschlüsse als schriftliche Consultas an den Herrscher, was den Sekretären eine Schlüsselrolle bescherte. Philipp II. hat hauptsächlich durch Marginalien auf den von ihnen gefertigten Schriftstücken regiert. Diese Regierungsweise hatte besonders viel Koordinationsbedarf – ein dankbares Feld für den Günstling-Premierminister. [*Abbildung 7*]

Unter den Bourbonen verschwand eine Reihe von Räten infolge Verlustes der betreffenden Länder von selbst; Aragon wurde in Kastilien integriert. Die verbleibenden wurden von den Staatssekretären als modernen Fachministern in den Hintergrund gedrängt, die 1787–92 vorübergehend sogar zu einer Art Kabinett zusammengefaßt waren. Dazu kamen in zunehmendem Umfang mehr oder weniger informelle Ausschüsse (Juntas). Wie anderswo wurden Modernisierungsexperimente unternommen, aber ohne an die Fundamentalsstrukturen zu rühren.

Möglicherweise hat Spanien zum Vorbild gedient, als Papst Sixtus V. 1588 die *römische Kurie* nach dem Kollegialprinzip reformierte. Auch der Papst hatte ja seinen Rat, das Kardinalskollegium, das im Spätmittelalter durchaus aristokratische Mitherrschaftsgelüste an den Tag legte.

Dieses schwerfällige, aber dem päpstlichen Absolutismus unter Umständen immer noch gefährliche Gremium hat Sixtus in 15 Ausschüsse (Kongregationen) gegliedert, mit der Möglichkeit mehrfacher Mitgliedschaft, denen streng nach Zuständigkeit getrennt Geschäfte der Kirche oder des Kirchenstaats zugewiesen wurden. Jede Kongregation erhielt einen Karrierebürokraten (Prälaten) als faktisch höchst einflußreichen Sekretär. Für die Kirche waren die römische Inquisition und die für die Tridentinische Reform zuständige Konzilskongregation am wichtigsten, für den Kirchenstaat die Consulta unter dem Kardinalnepoten, ein weltlichen Hofräten verwandtes oberstes Justiz- und Verwaltungsorgan. Später kamen weitere hinzu, etwa die Congregazione del buono regimine für die «moderne» Aufgabe der «tutelle administrative», die Überwachung der kommunalen Selbstverwaltung im Hinblick auf eine der Steuerleistung abträgliche Verschuldung. Die Vollversammlung der Kardinäle, das Konsistorium, wurde zur Zeremonialbühne degradiert, obwohl es dort gelegentlich immer noch zu dramatischem politischem Schlagabtausch kam.

Die hochadeligen Ratsgremien *Nord- und Osteuropas* ließen sich nicht im Sinne des Kollegialprinzips transformieren. Aber die schwedische Regierungsform von 1634 schuf fünf spezialisierte Regierungskollegien unter Leitung der maßgebenden Reichsräte. Die Einherrschaft bevorzugte demgegenüber eine hierarchische Bürokratie, wie sie 1713 in den sechs Abteilungen der Kanzlei verwirklicht wurde. Da die Ständeherrschaft 1719–72 Rat und Kollegien wieder aufgewertet hat, existierten schließlich wie in anderen Ländern beide Prinzipien nebeneinander. In Dänemark führte die Einherrschaft zur Reorganisation der Regierung in sieben Kollegien: dänische Kanzlei, deutsche Kanzlei, Finanz, Armee, Marine, Wirtschaft, Justiz. Die herausgehobene Stellung ihrer Präsidenten, unter anderem als Mitglieder des übergeordneten Geheimeconseil [!], läßt sie aber fast wie moderne Fachminister erscheinen.

e) Ministerverantwortlichkeit und Ministerrat

Im 18. Jahrhundert, vor allem in seiner zweiten Hälfte läßt sich europaweit eine zweite Welle machtvoller Premierminister identifizieren: neben Walpole, Newcastle, dem älteren Pitt in England Fleury, Choiseul, Turgot, Vergennes und andere in Frankreich, in Portugal Pombal, in Neapel Tanucci, in Österreich Kaunitz, in Mainz Stadion, in Hannover Münchhausen, in Sachsen Brühl, in Dänemark der jüngere Bernstorff. Schon Friedrich II. von Preußen hat maliziös eine neue Häufung schwacher Fürsten als Ursache identifiziert. Dadurch wurde aber nur manifest, daß die Teilmodernisierungen der Verwaltung den Koordinationsbedarf weiter gesteigert hatten. Die Apparate waren größer geworden, und den neuen hierarchischen Spezialbehörden fehlten die Kommunikationsmöglichkeiten der alten Kollegien.

Die Premierminister der neuen Generation entsprachen im Sozialprofil der älteren; allerdings gab es weniger Juristen und kaum noch Geistliche in ihren Reihen. Zwar waren auch für sie nicht so sehr die Ämter, die sie bekleideten, als das Vertrauen des Fürsten, das gegen Hofintrigen behauptet werden mußte, und ein elaboriertes Klientelwesen die entscheidenden Machtgrundlagen. Aber das Vertrauensverhältnis zum Herrscher hatte jetzt stärker sachlich-funktionalen als personal-emotionalen Charakter; meistens handelte es sich nicht mehr um Günstlinge. Und ihre Tätigkeit mußte sich nach den veränderten Verhältnissen richten. So war das wichtigste Vorrecht französischer Premierminister nicht mehr die Ratsmitgliedschaft, sondern die Befugnis, bei der Arbeit des Königs mit einzelnen «Fachministern» anwesend zu sein. Aber das blieb alles noch im Rahmen des Ancien Régime. Nur die einzigartige Vermittlerrolle des englischen Premiers zwischen Monarch und Parlament sollte darüber hinausführen.

Zwar zeichnet sich das zukünftige Endergebnis der zentralen Institutionenbildung an verschiedenen Stellen bereits im 18. Jahrhundert deutlich ab: die Bündelung zentraler Macht bei Fachministern, die für die politische Zweckmäßigkeit ihrer Handlungen verantwortlich sind und als Ministerrat (Kabinett) unter einem Premier tätig werden; darunter eine hierarchisch nach dem Direktorialprinzip organisierte Bürokratie. Dieses moderne System – erst jetzt kann man von «System» sprechen – entstand aber erst durch die Kodifizierung der Ergebnisse des englischen Parlamentarismus in der Französischen Revolution und ihre Weiterentwicklung im modernen Konstitutionalismus.

Vormoderne «Minister» mögen im Normalfall mehr Spielraum gehabt haben als moderne, in kritischer Lage konnte sich ihre undifferenzierte Verantwortlichkeit für ihr Tun aber als lebensgefährlich erweisen. Denn erstens wurde nicht wie heute unterschieden zwischen (1) politischen Fehlern, (2) Vergehen gegen die Verfassung und politische Gesetze und (3) privaten zivil- oder strafrechtlichen Verbindlichkeiten. Solange die spezielle Verantwortung für politische Fehler unbekannt war, wurden solche gar nicht so selten zwecks Verfolgung in Verbrechen umdefiniert. Zweitens beruhte seine Stellung auf einem Totalverhältnis persönlicher Abhängigkeit vom Monarchen, so daß dessen Ungnade im Extremfall die Hinrichtung zur Folge haben konnte. Der vormoderne Minister lebte gefährlicher als der moderne, weil er anders als dieser mit Haut und Haaren und Vermögen, unter

Umständen sogar mit dem Vermögen und Leben seiner Familie für seine Handlungen einstehen mußte.

Bis 1376 wurde im englischen Parlament ein Verfahren zur Ausschaltung mißliebiger Diener des Königs entwickelt, das Impeachment, die Anklage durch die Mehrheit des Unterhauses vor dem Oberhaus, das als Gerichtshof tätig wurde. Die Verfassung der USA hat diese Möglichkeit übernommen. In England wurde das Impeachment 1450–1621 nicht angewandt, im Gegensatz zu einem Terrorinstrument des 15. Jahrhunderts, des Act of Attainder, das ist eine Verurteilung durch Gesetz, ohne daß der Angeklagte auch nur angehört wurde. Heinrich VIII. ließ den in Ungnade gefallenen Thomas Cromwell auf diese Weise beseitigen, und das Lange Parlament machte gegen Strafford und Laud davon Gebrauch, wobei Straffords politisch anstoßerregende, aber nicht ohne weiteres strafbare Handlungen einfach zu Hochverrat deklariert wurden. Doch auch beim Impeachment konnte das Strafmaß von bloßer Amtsenthebung bis zur Hinrichtung reichen.

Nach der Restauration gewöhnten sich ehrgeizige Politiker daran, bei sich bietender Gelegenheit die Waffe des Impeachment gegen ihre Rivalen einzusetzen – eine besonders schwerfällige Art von parlamentarischem Mißtrauensantrag. Dabei war 1678/79 zum ersten Mal davon die Rede, daß ein Minister nicht nur für die Rechtmäßigkeit, sondern auch für die Zweckmäßigkeit (utility) seiner Handlungen verantwortlich sei.[15] Nach der damals entwickelten Whig Theory of Government handelt der König nur auf Rat, die Ratgeber sind verantwortlich, es sei denn, sie treten zurück. Das Parlament kann den Rücktritt schädlicher Ratgeber verlangen und durch Verweigerung der Mittelbewilligung erzwingen. Infolge der eindeutigen Finanzhoheit des Parlaments nach der Glorious Revolution konnte auf diese Weise das einfache Vertrauen oder Mißtrauen des Unterhauses wichtiger werden als das Impeachment. Auch die Tories bekehrten sich jetzt zu dieser Art von Ministerverantwortlichkeit. Zu einem formellen parlamentarischen Mißtrauensantrag kam es aber erst 1782; vorher wurden die Probleme offenbar informell abgewickelt.

Inzwischen waren die institutionellen Verhältnisse auch auf der Gegenseite geklärt; aus dem Privy Council hatte sich das Cabinet herauskristallisiert. Karls II. Versuche zur Reorganisation seines Rates, zeitweise in spezialisierte Komitees nach französischem Vorbild, hatten immer wieder einen engeren Ausschuß höchster Amtsträger für die große Politik hervorgebracht, der auch unter Wilhelm III. und Anna tagte, anscheinend meistens in Gegenwart des Monarchen, und damals

[15] *Grewe* 33.

Cabinet Council hieß. Daneben gab es einen noch engeren Beraterkreis, der sich unter der führungsschwächeren Anna verselbständigte und zur Institution zu werden begann. Daraus entwickelte sich das Efficient oder Inner Cabinet des 18. Jahrhunderts mit dem First Lord of the Treasury, den beiden Staatssekretären und zwei bis drei weiteren hohen Würdenträgern, dessen Beschlüsse dann vom Cabinet Council aus ca. einem Dutzend hohen Amtsträgern, das inzwischen ohne den Monarchen tagte, bestätigt wurden. Die Mitgliedschaft war zwar an Ämter gebunden, aber die Ämter konnten den erwünschten Personen verliehen werden. Allerdings hatten beide Einrichtungen, obwohl sie längst Institutionen geworden waren, bis ins 19. Jahrhundert keine legale Existenz, sowenig wie der Premierminister, dessen Stellung im Lichte der Erfahrungen mit den Günstling-Premierministern des 17. Jahrhunderts sogar eher als suspekt galt. Formell existierte nur der Privy Council, und obwohl das Kabinett längst Gegenstände in Angriff nahm, ohne daß der König einen entsprechenden Wunsch geäußert hatte, pflegte der Monarch viele Geschäfte getrennt mit den einzelnen Ministern abzuwickeln, wie es eigentlich formal korrekt war.

Aus diesem Stand der Dinge oder was sie dafür hielten haben die französischen Verfassungsväter 1791 ihre Lehren gezogen und das Verhältnis von Monarch und Minister erstmals rechtlich festgeschrieben. Der Monarch steht zwar unter dem Gesetz, kann aber nicht zur politischen Verantwortung gezogen werden, sondern dankt durch eine Verfassungsverletzung automatisch ab. Er regiert durch die von ihm ernannten Minister; jede seiner Anordnungen bedarf nach französischer Kanzleitradition der Gegenzeichnung eines Ministers, der dadurch die Verantwortung übernimmt. Diese Verantwortung ist aber strafrechtlich definiert als Verstoß gegen die Menschenrechte und die Verfassung, die nationale Sicherheit und die korrekte Finanzgebahrung und wird gerichtlich geahndet. Die Minister dürfen nicht dem Parlament angehören, und es gibt weder Ministerrat noch Premierminister – das alles erschien korruptionsverdächtig.

Zwar durften bald Parlamentarier Minister werden, und die Praxis der Auseinandersetzung mit dem Parlament führte wie in England zur Ausbildung eines Kabinetts unter einem Premierminister. Aber die volle parlamentarische Verantwortlichkeit der Minister für die politische Zweckmäßigkeit ihrer Handlungen, die sich in England 1841 definitiv durchgesetzt hatte, ließ auf dem Kontinent bis zur Parlamentarisierung der konstitutionellen Monarchie auf sich warten, in Deutschland bis 1918.

3. Personal

Die Ausdehnung des Machtapparats der werdenden Staatsgewalt vom überschaubaren Kreis des Hofes auf Zehntausende von Amtsinhabern benötigte zusätzliches loyales Personal. Das gilt nicht nur für die Machteliten, die an den politischen Entscheidungen beteiligt sind, sondern auch für die Amtsträger, die sie ausführen sollten. Zwar konnten Amtsträger kraft Amtes zur Machtelite zählen oder Ämter kraft Zugehörigkeit zu ihr erworben werden, aber die Zugehörigkeit zur Machtelite setzte kein Amt voraus; auch eine königliche Mätresse wie Madame de Pompadour konnte dazugehören. Denn die werdende Staatsgewalt mußte sich einerseits beim Aufbau ihrer Organisation der gesellschaftlichen Gegebenheiten bedienen. Andererseits führte ihre Personalpolitik zu erheblichem sozialem Wandel; die Entwicklung des modernen Staates trug insofern zu der oft unterschätzten, in Wirklichkeit aber erheblichen sozialen Dynamik der Ständegesellschaft bei.

a) Fürstendienst und Ständegesellschaft

Da es zunächst noch keinen Staat im modernen Sinn gab und die Gesellschaft selber diese politische Stelle einnahm, war gesellschaftliche Macht unmittelbar auch politische Macht. Ein führender gesellschaftlicher Status, in der Regel derjenige des Adels, war daher automatisch mit Herrschaftsansprüchen verbunden. Wie der Adel wahrscheinlich durch Verbindung von Personen, die zugeschriebenen autonomen Status beanspruchen konnten, mit solchen zustande gekommen ist, die ihren Rang erst durch Fürstendienst erworben haben, so konnte seine Herrschaft einerseits die stärkste Rivalin der Monarchie darstellen, andererseits aber auch zum Fürstendienst herangezogen, ja zu diesem Zweck erst geschaffen werden. So ist das Lehenswesen nicht nur als Verstärkung zentrifugaler Adelsherrschaft zu verstehen, sondern auch als Versuch, mangels personeller Alternativen in der Frühphase des Staatsbildungsprozesses den etablierten Herrschaftsstand in zentripetaler Absicht als regionales «Verwaltungspersonal» der Krone zu benutzen.

Der werdende moderne Staat kam nicht ohne Adel aus, während der voll entwickelte ihn nicht mehr benötigte und seine konkurrierende politische Machtrolle konsequent zerstören konnte. Denn er hatte sich personelle Alternativen aus dem Klerus und dem Dritten Stand aufgebaut, die freilich zunächst dazu neigten, sozial wieder im Adel aufzugehen, bis die Moderne die ständischen Bindungen des Staatsdienstes zusammen mit der gesamten Ständegesellschaft beseitigte und im Extremfall die Staatsdienerschaft endgültig zu einem eigenen Stand erhob.

Das Ancien Régime hingegen war kulturell eine Adelsgesellschaft geblieben. Mancher Monarch verstand sich ausdrücklich als erster Edelmann seines Reiches. Adel definierte sich als erbliche Machtelite, als eine auf geheimnisvolle Weise im Sperma adeliger Männer weitergegebene Eigenschaft. Denn die besonderen adeligen Tugenden wie Tapferkeit, Treue, Großzügigkeit usf., die eng mit dem adeligen Ehrbegriff verknüpft sind, galten als erblich. Daraus ergaben sich eine selbstverständliche, weil angeborene Führungsrolle und der Anspruch auf die entsprechenden Positionen auf allen Ebenen des Gemeinwesens. Politik und Krieg galten in erster Linie als Aufgabe des Adels, wie noch 1794 im Preußischen Allgemeinen Landrecht zu lesen ist. Nicht nur lokale Adelsherrschaft, sondern auch ein Anrecht auf die höheren Ämter im Fürstendienst und die Offiziersstellen im Heer erschienen als Selbstverständlichkeit. Daher wurden nicht-adelige Aufsteiger entweder automatisch kraft Amtes zu Adeligen, wie es in Frankreich weithin üblich war, oder aber gewohnheitsmäßig in den Adelsstand erhoben. Damit wurde zugleich der adelige Anspruch respektiert und der Aufsteiger in den traditionellen Herrschaftsstand integriert.

Aus dem Anspruch auf herausragende Eigenschaften und besondere Aufgaben wurden die Privilegien des Adels abgleitet, insbesondere der eigene Gerichtsstand oder wenigstens eine besondere Behandlung vor Gericht und die Steuerfreiheit oder wenigstens eine bevorzugte Behandlung in dieser Hinsicht. Denn obwohl das soziale Grundmuster überall gleich war, ergaben sich beträchtliche Unterschiede in den einzelnen Ländern, angefangen mit der Zahl, die sich zwar meist um 1–3 % der Bevölkerung bewegte, aber durchaus zwischen 0,5 % und weniger (Finnland, Norwegen) und 100 % (Baskenland, polnische Adelsdörfer) schwanken konnte. Überall gab es zwar die Ausgrenzung einer kleinen Gruppe von sehr reichen und mächtigen Hochadeligen, die aber in Polen und zunächst auch in Schweden und Ungarn nicht durch eine starre Hierarchie mit Titeln, sondern informell erfolgte und anscheinend größerer Mobilität unterworfen blieb. Umgekehrt entsprach zwar die englische Gentry dem übrigen Niederadel Europas, war aber im Gegensatz zu diesem nur als soziale Lebensform, nicht aber durch klare rechtliche Grenzen definiert. Der englische Adel genoß keinerlei steuerliche Vorrechte, wußte sich solche aber informell durch seine Machtstellung zu verschaffen, während die traditionelle Steuerfreiheit der kastilischen Hidalgos nur für traditionelle Steuern galt, die kaum mehr ins Gewicht fielen, also zum bloßen Statussymbol geworden war.

Die Sonderstellung des Adels wurde von der Staatsgewalt ebenfalls symbolisch in Frage gestellt. Die Einführung des Räderns auch für den Adel 1758 in Portugal und das erstmalige Hängen eines Lords in England 1760 waren eine Herausforderung. Die egalitäre Ideologie der Moderne, später die Industrialisierung mit dem Aufstieg einer neuen Plutokratie stellten seine sozialen Grundlagen in Frage, der vollentwickelte bürokratische Staat und das moderne Verkehrswesen, das staatliche Lokalverwaltung überhaupt erst möglich machte, seine politischen. Formell wurden seine Vorrechte seit der Französischen Revolution fast überall beseitigt; nur in Ungarn gab es bis 1843 ein Adelsmonopol für öffentliche Ämter. Informell gab es eine soziale und politische Führungsrolle des Adels aber nicht nur dort, sondern auch in Deutschland und England bis ins 20. Jahrhundert. Das kann als Weiterleben des Ancien Régime bis 1918 gedeutet werden (Arno Mayer), aber auch als Anpassungsleistung des Adels an die Moderne (Heinz-Gerhard Haupt). Von einem formellen Adelsmonopol konnte im Gegensatz zu früher aber nicht mehr die Rede sein.

In fünf größeren deutschen Territorien waren 1660–1720 von 147 Geheimen Räten zwar nur 39 % adeliger Herkunft, doch wurde mehr als die Hälfte der nicht-adeligen schließlich geadelt. In Brandenburg wurden 1610 alle hohen Ämter dem Adel reserviert; 1604–1740 waren sechs Siebtel aller Geheimräte adelig. Die Könige des 18. Jahrhunderts haben ihn gezielt zur tragenden Schicht ihres jungen Staates entwickelt. In England waren Lionel Cranfield im 17. Jahrhundert und Benjamin Disraeli im 19. Jahrhundert die bis dahin einzigen Angehörigen der Machtelite, die nicht aus der Nobility oder wenigstens der Gentry kamen, sich aber umgehend deren Lebensstil anglichen. Von den 42 Premierministern des 18. und 19. Jahrhunderts waren 34 Peers oder Nachkommen von Peers; die anderen kamen fast alle aus der Gentry.[1] Ähnliches gilt für die Staatssekretäre. In Frankreich waren die Offiziersstellen und die Hofämter dem Adel reserviert, während fast alle höheren Stellungen in Regierung, Verwaltung und Justiz, schließlich sogar in den Städten zwar für Nichtadelige offenstanden, aber den persönlichen oder gar erblichen Adel mit sich brachten. Trotz aller Ressentiments des alten Adels waren solche Amtsadeligen nach einigen Generationen meist voll integriert.

Eine rational-systematische, geradezu «moderne» Organisation erfuhr der formale oder informelle Regelaufstieg höherer «Staatsdiener»

1 *Beckett* 407 f.

in den Adel durch die dänische Rangtabelle von 1671/99 und die nach deren Vorbild gestaltete russische von 1722. In Dänemark erhielt jeder Kronbedienstete einschließlich der Offiziere einen seinem Dienstgrad entsprechenden, nicht-erblichen Adelsgrad, der ihm den Vorrang nicht nur vor allen nach ihm aufgelisteten, sondern auch vor dem Geblütsadel einräumte, eine Höherbewertung des Dienstes der Monarchie, die anderswo nicht ohne weiteres möglich gewesen wäre. In Rußland wurden drei parallele Rangtabellen für Hof-, Zivil- und Militärämter geschaffen, jede mit 14 Stufen, die Adelsrang verliehen, aber nur für das Militär und die Klassen 1–8 der beiden anderen Tabellen den erblichen.

Die Ergänzung des Adels durch Neunobilitierte war aber nicht nur politisch, sondern auch rein biologisch sinnvoll, denn man muß mit dem Aussterben von einem Viertel bis einem Drittel der adeligen Familien pro Jahrhundert rechnen. Eine gewisse Alternative bot die horizontale Mobilität des Adels, der ja in seinen höheren Schichten eine ausgesprochen internationale Gesellschaft gewesen ist. Sogar «eingewanderte» Monarchen gab es wie Katharina II. von Rußland. Am attraktivsten war sicher der Kriegsdienst, aber auch die adeligen Räte der Fürsten stammten nicht selten aus anderen Ländern; 38 % waren es in Bayern 1511–98.

Im Vergleich zum Adel bietet die Rolle der beiden anderen Stände im expandierenden Machtapparat der werdenden Staatsgewalt ein weniger eindeutiges Bild. Sie waren im Gegensatz zu ihm keine Herrschaftsstände, so daß die Beteiligung von Geistlichen oder Angehörigen des Dritten Standes im Einzelfall soziale Mobilität voraussetzte oder zur Folge hatte, wofern nicht politisch wichtige Geistliche von vorneherein aus dem Adel rekrutiert wurden. Denn der altkirchliche Klerus war ja kein Geburtsstand, sondern auf ständige Neurekrutierung angewiesen, weil das Zölibatsgebot den Geistlichen legitime Nachkommenschaft versagte. Diese grundsätzliche Fremdrekrutierung und die damit verknüpfte Bindung an ein kirchliches Amt im Dienste der abstrakten, hierarchischen Institution Kirche machten den Klerus zum ersten Beamtenstand Europas (Otto Hintze).[2]

Freilich zu Beamten einer oft genug mit dem werdenden Staat konkurrierenden Institution, die im Papsttum und der deutschen Reichskirche selbst staatlichen Charakter annahm. Es konnten also durchaus Loyalitätskonflikte auftreten, wenn die Fürsten es nicht verstanden, die Kirche ihres Landes samt ihren Pfründen vollständig ihrer Kontrolle zu unterwerfen. Denn es war natürlich eine attraktive Möglichkeit

2 *Hintze,* Beamtenstand (1911), in: *Hintze,* Abhandlungen, Bd. 2, 67.

für sie, ihre Diener mit fremden Ressourcen, das heißt durch Ausstattung mit kirchlichen Pfründen zu unterhalten. Wichtiger dürfte aber zunächst das Quasimonopol des Klerus für Bildung gewesen sein, denn lange Zeit waren die Geistlichen fast die einzigen, die Lesen und Schreiben konnten und die Rechtssprache Latein beherrschten. Daher lagen die meisten Kanzleien bis ins Spätmittelalter in ihrer Hand. Deshalb wurden sie gerne zu Gesandtschaften herangezogen oder wenigstens daran beteiligt, zusätzlich auch wegen der Fähigkeit, lateinische Reden zu halten, bis ihnen humanistisch gebildete Laien auch darin den Rang abliefen. Selbst in der Justiz und der Finanzverwaltung hatten sie lange das Übergewicht. Noch im 13. Jahrhundert waren die meisten englischen Richter der beiden englischen Benches Kleriker, aus dem Exchequer verschwanden sie erst im 14. Jahrhundert, in der Chancery blieben sie noch im 15. Jahrhundert maßgebend. In französischen Parlamenten wurden die Stellen bis Mitte des 15. Jahrhunderts paritätisch mit Geistlichen und Laien besetzt, im Finanzwesen bekleideten Kleriker Mitte des 14. Jahrhunderts noch ein Drittel der Ämter. In den zentralen Ratsgremien blieben sie länger präsent. Im 17. Jahrhundert stellten Bischöfe 17 % der Mitglieder des spanischen Staatsrats, und in Frankreich waren bis zur Revolution verschiedene Premierminister Bischöfe oder sogar Kardinäle.

Die Reformation hat den geistlichen Stand zwar in der theologischen Theorie beseitigt, nicht aber in der sozialen Praxis, wo die Diener der neuen Kirchen vielerorts ihren Charakter als Stand behaupteten. Die Möglichkeit der legalen biologischen Selbstreproduktion seit Entfallen des Zölibats konnte sogar zu verstärkter Oligarchisierung durch Selbstrekrutierung führen wie im Falle Württembergs. Dort waren im 18. Jahrhundert 44,1 % der Pfarrer Söhne von Pfarrern, 23,4 % von Beamten, 19,6 % von anderen Stadtbürgern, besonders Lehrern, nur 0,8 % von Bauern. Dabei gerieten sie aber in jedem Fall unter verstärkte Kontrolle der weltlichen Gewalt und wurden im Extremfall in manchen deutschen Territorien zum zweiten Mal, aber in neuer Weise zu einer Art von Beamtenschaft.

Das gilt auch in sozialer Hinsicht, denn die evangelischen Pfarrer wurden zum Bestandteil der durch Regelausbildung an Universitäten professionalisierten «Staatsdienerschaft» vorwiegend städtischer Herkunft, deren Gewicht seit dem Spätmittelalter zunahm. Dabei handelte es sich in erster Linie um Juristen, die außer in England das römische Recht, meistens in Verbindung mit dem kanonischen studiert hatten. Der Doctor utriusque iuris (I. V. D.) wurde fast zur europäischen Standardqualifikation für Personal der werdenden Staatsgewalt. Bereits italienische Quellen des 13. Jahrhunderts sprachen vom

«Ordo iuris peritorum»[3], den Montaigne im 16. Jahrhundert «den vierten Stand» nannte,[4] nicht ohne Kritik an dessen schon damals unangemessen großer Bedeutung. Unangemessen insofern, als die übliche Behauptung, das römische Recht sei rechtstechnisch überlegen gewesen, ebensowenig zu verifizieren ist wie die selbstverständliche Unterstellung, das Studium an Universitäten oder englischen Inns of Court habe für Justiz- und Herrschaftspraxis brauchbare Fertigkeiten vermittelt. Statt dessen dürfte das römische Recht für die werdende Staatsgewalt deswegen attraktiv gewesen sein, weil es ihr neue Legitimationsinstrumente zur rationalen Begründung ihrer Expansion lieferte, während die Juristen ihre auf diese Weise errungene Rolle weniger durch Kompetenz als durch die üblichen sozialen Techniken der Professionalisierung abzusichern verstanden, vor allem durch eine hochspezialisierte Fachsprache auf der Grundlage des ohnehin elitären Latein, in England des Law French. Wer mitherrschen oder auch nur mitreden wollte, mußte Jura studieren, wie der alte Herrschaftsstand, der Adel zu seinem Kummer feststellte. Er wußte das auf diese Weise verlorene Terrain zwar wiederzugewinnen, hatte es aber künftig mit Leuten bescheidenerer Herkunft zu teilen, die sich allerdings nur zu gerne in den Adel integrieren ließen – wenn dieser dazu bereit war. Der Herrschaftsapparat unterlag also einer «doppelten Aristokratisierung», durch die wieder zunehmende Zahl adeliger Fürstendiener einerseits, durch den Aufstieg zahlreicher neuer Leute im Fürstendienst in den Adel andererseits.

Diese Homines novi kamen seltener vom Land als aus der Stadt, können aber deswegen nicht ohne weiteres als «bürgerlich» bezeichnet werden. Denn erstens entstammten sie vor allem in den Anfängen häufig genug dem Stadtadel, zweitens gab es «den Bürger» als allgemeine Bezeichnung für einen Teil des Dritten Standes vor dem 18. Jahrhundert überhaupt nicht, sondern nur Bürger einer bestimmten Stadt, und deswegen kann drittens von einer allgemeinen bürgerlichen Mentalität dieser Leute sowenig die Rede sein wie von einem Verrat an ihrer historischen Aufgabe, die Moderne heraufzuführen (trahison de la bourgeoisie), wenn sie bei sich bietender Gelegenheit nichts Eiligeres zu tun wußten, als im Adel aufzugehen. Auf der anderen Seite zeichnete sich europaweit eine besondere Affinität des niederen Adels zum Fürstendienst und damit auf die Dauer auch zum Jurastudium ab. In England kamen 1603–41 sogar fast 80 % der Common Lawyers aus der Gentry, und als der Anteil seit dem späten 17. Jahrhundert auf etwa

3 *Fried* 168 f., 245.
4 Nach *Pérez* 443.

65 % sank, nahm gleichzeitig die Zahl der Juristensöhne zu.[5] Die Identifikation verfilzter Netzwerke, ja regelrechter «Dynastien» von Juristen wird auch von der kritischen jüngsten Forschung bestätigt.[6]

Allerdings bestand im 16./17. Jahrhundert auch in Deutschland noch kein Juristenmonopol für den Fürstendienst. Neben ständisch, aber nicht juristisch qualifizierten Adeligen und Klerikern sind vor allem die Humanisten und die Finanzspezialisten zu nennen, beide ebenfalls Produkte des städtischen Milieus. Unter Kaiser Karl IV. im 14. Jahrhundert hatten das oberdeutsche und das Prager Wirtschaftsbürgertum möglicherweise eine größere Rolle gespielt als die Juristen. Seine Mitglieder endeten nicht selten auf Bischofsstühlen.[7] Enea Silvio Piccolomini, später Papst Pius II., war im 15. Jahrhundert einer der prominentesten Fälle einer Humanistenkarriere in Königskanzlei und Diplomatie. Aber die humanistische Bildung wurde immer mehr zur Voraussetzung des Fachstudiums und so mit der Jurisprudenz kompatibel. «Letrado» hatte auf Spanisch ursprünglich jeden Universitätsabsolventen bezeichnet, sogar eine Theologen, verengte sich aber rasch auf den Juristen, denn im 17. Jahrhundert kamen in Salamanca und Valladolid auf einen Theologen 20 Juristen.[8] Auf der anderen Seite hatten damals die genuesischen Bankiers in Italien und Spanien im Fürstendienst eine besonders ausgeprägte Führungsrolle erlangt; sie avancierten durch Kauf zu Herren von Fürstentümern, zu Kommandeuren und Ministern, zu Kardinälen und bisweilen sogar zu Päpsten.

b) Rekrutierung, Professionalisierung und Mobilität

Eine eindeutige soziale Zuordnung der expandierenden Dienerschaft der wachsenden Staatsgewalt ist also nicht möglich. Bei der unbestreitbaren führenden Rolle des Adels handelte es sich nämlich oft weniger um die Herkunft des Amtsträgers als um eine soziale Zusatzqualität des Amtes. Das entspricht der allgemeinen Erkenntnis, daß Machteliten nie ausschließlich aufgrund ihrer gemeinsamen sozialen Herkunft rekrutiert werden, wenn dieser Gesichtspunkt überhaupt eine Rolle spielt. Je nach politischer Kultur kann man durch Erbfolge, Usurpation, Kauf, Kooptation, Ernennung, Wahl oder Delegation ein Amt erhalten und in eine Elite gelangen. Immer spielt dabei soziale Siebung eine Rolle, die sich aber nicht darauf beschränkt, allgemein Kandidaten aus der «richtigen» soziale Gruppe auszuwählen, sondern vor allem

5 *Levack* 10 f.
6 Z. B. *Schieckel; Moraw* 146.
7 *Moraw* 92, 96, 100.
8 *Pérez* 444 f., 447.

durch personenspezifische Interaktion im sozialen Netzwerk der Elite wie des Kandidaten gesteuert wird. Bekanntheit und Protektion geben dabei den Ausschlag. Eliten brauchen strenggenommen gar kein soziales Substrat, sondern beruhen primär auf Interaktion. Wenn es eine gemeinsame Voraussetzung für Amtsinhaber gab, dann weniger eine bestimmte Standeszugehörigkeit als vielmehr ganz einfach Reichtum.

Da viele Ämter, vor allem solche in Selbstverwaltungsorganen, zunächst ehrenamtlich oder halbehrenamtlich wahrgenommen wurden, war Abkömmlichkeit die Voraussetzung dafür – man mußte sich das Amt wirtschaftlich und biographisch leisten können. Auch von besoldeten Amtsträgern im Fürstendienst, insbesondere Diplomaten, wurde erwartet, daß sie erhöhten Aufwand im Dienst ihres Herrn zumindest teilweise aus eigenen Mitteln bestritten. Manchmal erhielten sie auch bloß das ihnen zustehende Gehalt nicht ausbezahlt. Schließlich konnte man zahlreiche Ämter ganz einfach kaufen, entweder informell durch Bestechung des Fürsten oder ihm nahestehender Personen, manchmal der Gemahlin oder Mätresse, oder ganz formell und vollkommen legal auf einem von fürstlichen Verkäufern und privaten Wiederverkäufern beschickten Ämtermarkt.

Dieses unter vormodernen Bedingungen europaweit, ja weltweit anzutreffende Rekrutierungsverfahren gilt zu Unrecht als Inbegriff von Korruption. Da in der Regel die erforderliche Mindestqualifikation Voraussetzung für den Kauf eines Amtes war, dürfte es auch nicht mehr untüchtige Amtsinhaber produziert haben als die moderne Ämterpatronage durch Parteien oder «Seilschaften». Möglicherweise war der Verkauf an den Meistbietenden demgegenüber sogar neutraler und damit gerechter. Und wenn der Ämterhandel der Ausbildung einer modernen Bürokratie im Wege stand, dann hatte er in früheren Phasen der Staatsbildung durchaus Vorteile für die werdende Staatsgewalt, die seine Legalisierung verständlich machen. Deswegen trat er vor allem dann und dort auf, wo ein bestimmter politischer Entwicklungsstand mit einem bestimmten sozio-ökonomischen zusammentraf.

Zunächst hatte der mittelalterliche Ämterhandel zu dauerndem Verlust des Amtes an den Käufer durch Verpachtung oder Verpfändung geführt, ähnlich wie bei der Vergabe als Lehen. Seit dem Spätmittelalter aber wurde nur ein beschränktes Nutzungsrecht verkauft, während das Amt hinfort in der Herrschaftsorganisation des Verkäufers verblieb. Als Muster hat nun nicht mehr das Lehen, sondern die kirchliche Pfründe (beneficium) gedient, die zwar auf Lebenszeit vergeben wurde, aber für eine feste Aufgabe im kirchlichen Apparat. Die Erblichkeit des weltlichen Beneficium, des Lehens, hat also keine Entsprechung beim kirchlichen Beneficium, der Pfründe. Dieses entspricht vielmehr dem weltlichen Officium, dem Amt (französisch office), wohingegen das kirchliche Officium eine besondere Art Amt, nämlich eine nach Belieben besetzbare Stellung von der Art des weltlichen Commissarius gewesen ist.

Das Papsttum hat wahrscheinlich den Anfang mit der Übertragung seines Benefizienrechts auf nicht-geistliche Ämter gemacht, als Innozenz III. es auf die Dienststellung der Kanzleischreiber anwandte. Im 14. Jahrhundert galt eine Schreiberstelle als Pfründe, der Inhaber war unabsetzbar, konnte aber auf seine Stelle verzichten (resignieren). Zusammen mit der Sitte, bei der Amtsverleihung eine geschenkartige Abgabe zu leisten, hat dies dazu geführt, daß dieses Amt als erstes an der römischen Kurie weiterverkauft werden konnte. Bonifaz IX. hat dann Ende des 14. Jahrhunderts als erster Papst auch seinerseits solche Stellen verkauft. Seine Nachfolger haben das System bis zum Ende des 16. Jahrhunderts mit beträchtlicher Findigkeit weiter ausgebaut; 1592 gab es 3706 Kaufämter mit einem Gesamtwert von gut 4 Mio Goldscudi. Dennoch wurden dabei zwei grundlegende Fehler vermieden. In Rom sind die Ämter grundsätzlich nie erblich geworden, und das Verbot der Simonie, des sündhaften Verkaufs geistlicher Gnaden, wurde wenigstens so weit respektiert, daß kirchliche Ämter wie Abt, Bischof, Kardinal in der Regel nicht verkauft wurden, zumindest nicht direkt. Dennoch wurden die Amtsaufgaben, mit denen sich Einnahmen für die Käufer erzielen ließen, immer knapper, so daß schließlich aus den Einkünften des Papsttums dotierte Titularämter ohne jede Aufgabe geschaffen wurden, bis 1520 der Verkauf der Ritterwürde an die Stelle des Ämterverkaufs trat. Der Handel mit Adelstiteln, der vor allem in England, Frankreich und im Reich seine Rolle spielte, ist dem Ämterhandel eng verwandt.

In Frankreich war dessen System am höchsten entwickelt. Nachdem Ludwig XI. 1467 verfügt hatte, daß Ämter nur noch durch Tod, Verzicht oder gerichtlich festgestellten Mißbrauch verloren gehenkonnten, kam der Ämterhandel dort richtig in Schwung, so daß die Krone, die seine Transaktionen zu legalisieren begonnen hatte, schließlich anfing, sich auf eigene Rechnung zu beteiligen und Franz I. 1521/22 eine eigene Zentralkasse dafür einrichtete. Ein Amtsinhaber konnte mit königlicher Erlaubnis zugunsten eines Dritten verzichten (resignieren), das hieß, sein Amt verkaufen oder vererben, mußte aber danach noch 40 Tage leben, sonst fiel das Amt automatisch an die Krone zurück. Außerdem konnte man eine Survivance (im Benefizienrecht Expektanz genannt) für einen zukünftigen Inhaber erwerben, dem die Stelle beim Tod des Vorbesitzers dann automatisch zufiel – alles nach dem Muster des Benefizienwesens und gegen Bares für die Krone, versteht sich! Durch Heinrich IV. wurde dann 1604 eine jährliche Abgabe von 1/60 des Amtswerts eingeführt (droit annuel oder Paulette), deren regelmäßige Entrichtung die 40-Tage-Klausel unwirksam und das Amt auch ohne Resignation erblich machte. Damit wurden Ämter zum erblichen, verkäuflichen, pfändbaren, beleihbaren und teilbaren Bestandteil von Privat- und Familienvermögen. In Troyes haben von 176 Élus des 16./17. Jahrhunderts 36 % ihr Amt vom Vorbesitzer oder dessen Erben gekauft, 28 % hatten es geerbt, 14,5 % haben von der Krone neugeschaffene Ämter gekauft, 1,5 % sie als Geschenk erhalten.[9] Obwohl der Verkauf von Richterstellen als weltliche Simonie verboten war und den Parlamentsmitgliedern noch im 16. Jahrhundert ein Eid vorgeschrieben wurde, daß sie nichts dafür bezahlt hätten,[10] wurden sie genauso verkauft wie andere. Die Krone schuf immer wieder neue Ämter, ja ganz neue Gerichte zum Zwecke des gewinnbringenden Verkaufs. So war die Zahl der Kaufämter 1665 auf 46 047 gestiegen, bis 1789 auf 64 960.

In den spanischen Königreichen scheint es schon im Mittelalter privaten Ämterhandel gegeben zu haben, während die Krone erst unter Karl V. selbst ins Geschäft eingestiegen ist, möglicherweise nach niederländischem Vorbild. Allerdings blieb der Verkauf auf Stellen der kommunalen Selbstverwaltung, Schreiber und Notare sowie den Unterbau des Justizapparats beschränkt; erst im 17. Jahrhundert wurden in Amerika Stellen von Corregidores und Richtern der Audiencias verkauft.

Anderswo wurde der Ämterhandel weniger konsequent ausgebaut; es blieb bei gelegentlichen Abschöpfungen, die selten systematischen Charakter annahmen. Möglicherweise auch, weil in Ländern wie England, Österreich, Preußen, Schweden ein umfangreicher Verwaltungsapparat später entstand als an der römischen Kurie, in Frankreich und in Spanien, so daß man bereits ohne Ämterhandel auskommen konnte. Statt dessen verkaufte man Adelstitel oder Offizierspatente, in England bis 1871. Auch in Frankreich hat die Käuflichkeit der Notariate das europaweite Ende des Ämterhandels mit dem Ancien Régime bis ins 20. Jahrhundert überlebt.

Das «staatliche» Angebot auf dem Ämtermarkt kam dadurch zustande, daß die werdende Staatsgewalt in der Entwicklung privater Geschäfte dieser Art eine Chance erkannte, in für sie besonders günstiger Weise Leibrenten als Bestandteil ihres Kredits zu plazieren. Ämterverkauf ist nämlich ein Rentenkredit mit Zinsüberwälzung. Weil der Ver-

9 *Böse* Bd. 1, 130.
10 *Doucet* Bd. 1, 407.

kauf eines Amtes nichts anderes ist als die antizipierte Kapitalisierung seines Ertrags, erhielt die Staatsgewalt mit dem Kaufpreis ein verlorenes Darlehen, das nicht sie, sondern das Publikum durch Sporteln und Gebühren verzinsen mußte. Da sich der Bedarf des Publikums an gebührenpflichtigen Dienstleistungen aber nicht beliebig steigern ließ, mußte irgendwann zum Verkauf von Ämtern übergegangen werden, deren Verzinsung nur noch durch ein Gehalt aus der Staatskasse erfolgen konnte. Damit verkehrte sich der Vorteil für den Fiskus in Frankreich in eine Belastung, während die Päpste rechtzeitig zu echten, nicht mehr amtsgebundenen Ewigrenten übergegangen sind.

Ähnliches gilt für die politischen Konsequenzen. Denn zunächst erwies sich der Ämterhandel in Frankreich als Mittel, die Ämterpatronage des Hochadels durch eine Art Vergabemonopol des Hofes zu ersetzen. Doch als die Amtsinhaber ihr korporatives Eigeninteresse auch gegen die Krone vertraten wie die Parlamente im 18. Jahrhundert, wurde damit das Ende des Ancien Régime eingeläutet.

Die Nachfrage der Käufer war in einer mit dem Maßstab der Ehre geschichteten Gesellschaft sicherlich durch den Wunsch nach Prestigegewinn zu erklären, vor allem wenn persönlicher oder gar erblicher Adel mit einem Amt verbunden war. Dazu konnten nützliche Privilegien wie Steuerfreiheit oder ein besonderer Gerichtsstand kommen. Auch die eigentlichen Amtseinkünfte waren oft nicht zu verachten. Wenn sie unter denjenigen aus Handel und Gewerbe lagen, so boten sie dafür größere Sicherheit. Und das Einkaufen in eine Ämterlaufbahn konnte langfristig, bisweilen nach mehreren Generationen, ungeahnte Perspektiven für sozialen Aufstieg eröffnen und wurde daher gerne gezielt in die Familienstrategie eingebaut.

Denn die Professionalisierung, die zunehmende Bedeutung des Berufsadministrators, ging notwendigerweise mit der Entstehung einer Standardlaufbahn einher, die freilich in Rom und in Frankreich im 16./17. Jahrhundert weniger einer modernen Beamtenkarriere als dem altrömischen Cursus honorum glich. Es gab eine bestimmte Reihenfolge, in der Ämter üblicherweise bekleidet wurden, und darüber hinaus die Möglichkeit, sich für bestimmte Zweige (Justiz, Finanz, Diplomatie usf.) zu spezialisieren. Infolgedessen kam viel darauf an, den Zugang zu den typischen Eingangsstufen (in Rom Referendar, in Frankreich Maître des requêtes) für die Familie offen zu halten. Dazu war der Ämterkauf gegebenenfalls hervorragend geeignet.

Professionalisierung bedeutet (1) spezialisierte Ausbildung, (2) Absonderung vom als «Laien» abqualifizierten Rest der Menschheit, unter Umständen mit Hilfe einer besonderen Berufsorganisation, (3) auf überlegenen Sachverstand gegründete Selbständigkeit und Verantwortlichkeit von Entscheidungen, (4) die Vorstellung, daß bestimmte Dienstleistungen der Zweck des Berufs und daher den «privaten» Interessen des Berufsmenschen voranzustellen sind. Die Reihenfolge der Aufzählung dürfte derjenigen der Entwicklung entsprechen, denn der Dienstleistungsgedanke ist sicher zuletzt entstanden.

Am Anfang stand die neue Bildungsinstitution Universität, von der zunächst die Kirche systematisch Gebrauch machte. Seit dem hohen Mittelalter waren fast alle Päpste Universitätsabsolventen, die kirchlichen Gerichte und die Domkapitel, der Episkopat und die römische Kurie gerieten in die Hand der Akademiker, besonders der Kanonisten. Dabei konnten beim Studium geknüpfte Netzwerke eine karrierewirksame Rolle spielen. Im weltlichen Bereich ist die Professionalisierung von unten nach oben, von den Amtsträgern in die Machteliten vorgedrungen, die noch länger vom Adel besetzt blieben. Seit Gründung der Hochschule von Neapel 1224 zur Produktion neuer, fachkundiger, aber völlig vom König abhängiger Fürstendiener läßt sich dieses Motiv zur Universitätsgründung mindestens bis ins 18. Jahrhundert durchgehend feststellen. In Oxford und Cambridge, in Salamanca und Valladolid wurden zusätzliche Colleges bzw. Colegios für diesen Zweck gestiftet. Ein Unterbau von Eliteschulen entstand, vor allem das planmäßig ausgebaute System der Jesuitenkollegien, während spezielle Bildungsstätten für den Adel zusätzlich moderne Fremdsprachen, Fechten, Tanzen und dergleichen lehrten. Verstärkt durch die Glaubensspaltung wurde im 16./17. Jahrhundert großer Wert darauf gelegt, daß die Eliten zwecks einwandfreier Sozialisierung im eigenen Land studierten, erfolgreich aber nur in Süd- und Westeuropa. Die traditionelle Peregrinatio academica der Nordeuropäer verschwand erst im 18. Jahrhundert, als die heimischen Universitäten mit eng auf die zukünftige Karriere ausgerichteten Studiengängen aufwarten konnten, etwa Preußen seit Errichtung der Kameralistiklehrstühle in Halle und Frankfurt an der Oder 1727. Dazu kamen neuartige Fachbildungsstätten wie Militärakademien und vor allem Ingenieursschulen. Die Techniker sind die ersten modernen Fach- und Berufsmenschen gewesen.

Damit sollte sich auch das Prüfungswesen verändern, das angesichts der undurchsichtigen Graduierungspraxis vieler Hochschulen bisher in der Regel nur der Feststellung der Mindestqualifikation gedient und außer in manchen kirchlichen Bereichen keinen Wettbewerbscharakter gehabt hatte. So wurde in vielen deutschen Ländern für höhere Justiz- und Verwaltungsstellen eine Proberelation nach dem Vorbild des Reichskammergerichts eingeführt, bei der ein Kandidat dem Kollegium über einen Fall Rede und Antwort stehen mußte. Die moderne staatliche Leistungsprüfung hingegen entstand erst seit dem 18. Jahrhundert.

Die zunehmende Domestizierung der Universitäten durch die Fürsten machte die Akademiker aber keineswegs ohne weiteres zu folgsamen Speichelleckern der Staatsgewalt. Die Rolle der englischen Universitäten im Bürgerkrieg hat schon Thomas Hobbes veranlaßt, schärfere staatliche Überwachung zu fordern. Man hat oppositionelle Aktivitäten frühneuzeitlicher Intellektueller sogar auf Frustration durch Akademikerüberschuß zurückführen wollen. Entsprechende Befürchtungen wurden schon im 16. Jahrhundert geäußert, in Spanien wie dann bei deutschen Kameralisten des 18. Jahrhunderts unter anderem mit dem Tenor, zu viele junge Leute aus den Unterschichten könnten kraft akademischer Bildung in höhere Stellungen streben und nicht mehr genug Facharbeiter übrigbleiben. Deswegen sollten die akademischen Berufe einer begrenzten Zahl von Abkömmlingen des Adels und des höheren Bürgertums vorbehalten bleiben. In Württemberg wurde tatsächlich ein derartiger sozialer Numerus clausus eingeführt.

Denn der Personalbedarf des expandierenden Herrschaftsapparats bei gleichzeitigen partiellen Vorbehalten gegen den Adel bedeutete an und für sich eine enorme Chance zum Aufstieg für Angehörige des Dritten Standes, wie sie bisher höchstens die Kirche geboten hatte. In Spanien strömten im 16. Jahrhundert arme Studenten sogar vom Land in großer Zahl an die Universitäten, zwecks «Verbessern des Standes» (mejorar de estado); 1568 erschien ein besonderer Studienführer für sie, «El estudioso de la aldea». Ihre Chancen verschlechterten sich aber rasch. Begabung mochte zwar eine notwendige Bedingung für sozialen Aufstieg darstellen, nicht aber die hinreichende, denn der Weg in den Machtapparat bedurfte der Protektion durch einen Insider, vielleicht einen Landsmann. Absolventen von Jesuitenschulen wurde der Weg bisweilen durch den Einfluß des Ordens geebnet – oder durch ehemalige Schulkameraden. Selbst bei Ämterkauf war Protektion nicht überflüssig, wenn es darum ging, wer bei mehreren Angeboten den Zuschlag erhalten sollte. Fleiß, die Bereitschaft, auch unangenehme Aufgaben zu übernehmen und gegebenenfalls rasch auf die Seite der jeweils maßgebenden Faktion im Apparat zu schwenken, vermochten den weiteren Weg zu sichern.

Besiegelt wurde der Erfolg durch den Erwerb des Adels, Kauf eines adeligen Landguts, Pflege eines aristokratischen Lebensstils und schließlich das Connubium mit dem alten Adel oder wenigstens dem älteren Neuadel früherer Amtsträger, manchmal erst in einer späteren Generation. Gehörte man einmal dazu, etwa zur Pariser Noblesse de robe oder zur eng vernetzten Oligarchie des sogenannten «Staatspatriziats» von Hannover, hatten die Nachkommen es weniger schwer und konnten dank Status und Familienprotektion begehrte Stellen wie die der Richter am Pariser Parlament oder am Reichskammergericht erwerben, die nur theoretisch Neuankömmlingen offenstanden, faktisch aber überwiegend mit Angehörigen des Dienstadels besetzt wurden. Wenn die Familie genug Vermögen und Status akkumuliert hatte, mochten ihre Angehörigen aus den dienstadeligen Justiz- und Verwaltungsämtern in den altadeligen Kriegsdienst wechseln oder sich überhaupt aus dem Fürstendienst zurückziehen. Im Landadel aufgegangener ehemaliger Dienstadel konnte auf diese Weise als Bestandteil der lokalen Oligarchie sogar unter die Gegner der werdenden Staatsgewalt geraten.

4. Lokalmacht

Das in der Mitte des 20. Jahrhunderts selbstverständliche Gewaltmonopol des Staates auf lokaler Ebene, das Immediatverhältnis jedes einzelnen Untertanen zur Staatsgewalt, stellte den konkretesten Inbegriff von Herrschaft als Verwaltung dar. Erst mit ihm war der moderne Staat vollständig verwirklicht. Ursprünglich war die Zentralmacht lokal nur schwach und obendrein oft diskontinuierlich präsent; die Lokalmacht lag in anderen Händen. Die Anerkennung der fürstlichen Oberhoheit änderte wenig daran, denn regionale Einheiten unterschiedlicher Größe waren nicht nur wirtschaftlich und sozial in sich geschlossen und relativ autark, sondern auch politisch und symbolisch. Denn mit ihnen identifizierte sich der Untertan in erster Linie, ein Element politischer Kultur, dessen Einfluß sich auch die fernen Herrscher nicht entziehen konnten.

Die wirkliche Lokalmacht bestand in Adelsherrschaft oder Gemeindeautonomie, meistens aus einer Mischung von beidem mit unterschiedlicher Gewichtung der Bestandteile; die exklusive polnische Adelsherrschaft und die beinahe-Republiken der deutschen Reichsstädte können als die beiden Extreme gelten. Landwirtschaftlicher Regelungsbedarf scheint aber selbst unter adeliger Gutsherrschaft ein Minimum kommunaler Selbstverwaltung sichergestellt zu haben, während auf der anderen Seite viele Stadtrepubliken weniger genossenschaftlich als oligarchisch-exklusiv regiert wurden.

Lokalmacht war noch nicht Bestandteil einer einheitlichen Staatsgewalt, die es nicht gab, und verstand sich häufig auch nicht als von der höchsten Obrigkeit eines Königs verliehen, sondern als autonom im Sinne eigenen Rechts. Zwischen Spätmittelalter und Frühneuzeit wurde sie häufig in Ständevertretungen organisiert, die nicht nur die

Mitregierung, sondern in der Gestalt des Indigenatsprinzips auch ein Monopol für die lokalen Ämter beanspruchten.

Die Ausbildung eines effizienten lokalen Verwaltungsapparats der Staatsgewalt ließ aber nicht nur wegen solcher Widerstände zu wünschen übrig, sondern schlicht auch aus Kostengründen. Wie in ihren späteren Kolonien in Übersee praktizierten die werdenden europäischen Staaten damals auch zu Hause «indirect rule», eine von wenigen Vertretern der Staatsgewalt beaufsichtigte Selbstverwaltung durch lokale Eliten als die billigste Lösung. Ergänzend in kritischen Fällen mit massivem Gewalteinsatz ein Exempel zu statuieren wie Ludwig XIV. 1660 gegen das widerspenstige Marseille war weniger aufwendig, als eine umfangreiche Bürokratie zu unterhalten. In der Regel drang die staatliche Verwaltung gar nicht bis auf die unterste Ebene vor. Daß in Preußen «der Staat beim Landrat aufhörte»,[1] war vielleicht nicht typisch, aber es kennzeichnet den allgemeinen Sachverhalt. Infolgedessen bot sich als Aushilfe der Rückgriff der Staatsgewalt auf den kirchlichen Apparat an, dessen Pfarrer im letzten Dorf präsent waren und daher bis ins 18. Jahrhundert immer wieder mit «staatlichen» Aufgaben bedacht wurden.

Eine administrative Vereinheitlichung des Landes war nicht machbar und erschien kulturell auch gar nicht wünschenswert. Selbst die französische Monarchie hatte kein Langzeitprogramm zur Zentralisierung des Landes wie später die Revolution und Napoleon. Was so aussieht, ergab sich als nicht beabsichtigte, wenn auch vermutlich gern akzeptierte Nebenwirkung aus ungleich bescheideneren Anforderungen an die Untertanen. «Uniformité» bedeutete nur Geld und Gehorsam.[2] Solange die Ordnung aufrechterhalten wurde und die Steuern eingingen, die der König für seine große Politik brauchte, war er es zufrieden. Für letzteren Zweck freilich bürgerte sich keineswegs nur in Frankreich die «tutelle administrative» ein, eine zunehmend verschärfte Aufsicht über die Finanzen der Gemeinden, die ja die Hauptsteuerzahler waren. Sie konnte in der Tat langfristig zu deren Entmündigung führen, von der autonomen, geschlossenen Bürgergemeinde zur «verstaatlichten», offenen Einwohnergemeinde mit bloßer staatlicher Auftragsverwaltung oder höchstens mit Teilautonomie von Staates Gnaden.[3]

Im Gegensatz zur kommunalen Selbstverwaltung hat die Adelsherrschaft das Ancien Régime nicht überlebt. Anders als jene war sie nicht mit den bürgerlichen Gleichheitsvorstellungen vereinbar, sondern ver-

1 Vgl. *Rosenberg* 39.

2 *Dubost.*

3 Das ist der reale Gehalt der in ihrer intentionalen Gestalt nicht mehr aufrechterhaltenen These von der Kontinuität zwischen Ancien Régime und Revolution in Frankreich, vgl. *Tocqueville,* Der alte Staat 49, 60, 72.

körperte den Inbegriff der Anstoß erregenden Ständegesellschaft. Erst die radikale Beseitigung dieser uralten Sozialstruktur durch die Französische Revolution und die Entwicklung des 19. Jahrhunderts ermöglichten die vollständige Durchsetzung eines rationalen, bürokratischen Zentralismus von Staaten, die inzwischen auch über die finanziellen, personellen und rechtlichen Ressourcen dafür verfügten.

a) Regionale Institutionen der Zentralmacht

Wegen seiner Unschärfe ist der moderne Begriff «Region» gut geeignet, die verschiedenen Ebenen der nicht-zentralen Institutionen der werdenden Staatsgewalt zusammenzufassen, deren Zahl nach Größe und Struktur des Landes verschieden sein konnte, obwohl sich meistens eine mittlere Provinz- von einer untersten Lokalebene trennen läßt. Wie bei der Ausbildung der zentralen Institutionen lassen sich auch bei den regionalen häufig mehrere Wellen oder Generationen von Agenten zentralen Machtwillens unterscheiden, weil die älteren Amtsträger von den lokalen Eliten aufgesaugt und dadurch ihrer ursprünglichen Bestimmung entfremdet wurden. Neue Amtsträger waren aber zunächst oft nur Reiserichter und Sonderkommissare mit befristetem Auftrag wie schon die karolingischen Missi dominici, bis sie dann ihrerseits in ihrem Sprengel seßhaft wurden.

So wurden in *Frankreich* die Verwalter der Krondomäne (prévôts), die ihr Amt nicht mehr als Lehen, sondern durch Pacht und schließlich Kauf und damit doch auf Dauer erhielten, seit dem 12. Jahrhundert der Aufsicht eines aus der Curia Regis entsandten reisenden Bailli unterworfen, der im 13. Jahrhundert in einem Sprengel von 10–20 Prévôtés seßhaft wurde. Damit entsprach sein Amt demjenigen des seit dem 12. Jahrhundert zur Verwaltung neuerworbener Gebiete der Krondomäne vervielfachten Seneschall. Im 16. Jahrhundert gab es ca. 80–100 Baillages und Sénéchaussées; 1789 infolge des Ämterhandels über 400. Das Interesse am Verkauf von Ämtern könnte auch dazu beigetragen haben, daß der Bailli bis zum 16. Jahrhundert auf ein Ehrenamt für Adelige mit wenigen Restbefugnissen reduziert und eine Reihe von Vertreterämtern für seine Rechtsprechungs-, Militär- und Finanzaufgaben geschaffen wurde.

Im 13. Jahrhundert mußten die Baillis bereits reisenden Untersuchungskommissaren (Inquisitores) unterworfen werden. Zugleich tauchten zuerst in Grenzprovinzen Gouverneurs auf, hochadelige Militärbefehlshaber mit bisweilen vizeköniglicher Stellung. Seit den Hugenottenkriegen gab es sie in ganz Frankreich, ein Versuch, den Hochadel mit seiner Klientel in den Dienst der Kronautorität zu stellen, der statt dessen nicht selten mit erblicher Regionalherrschaft endete, obwohl es sich formal um eine jederzeit widerrufbare königliche Commission handelte. Im 18. Jahrhundert waren die 39 Provinz- und 114 Festungsgouverneure aber reine Ehrenämter und Pfründen des Adels geworden.

Dazu dürfte indirekt die letzte Welle von Commissaires départis pour l'exécution des ordres du roi (1551) beigetragen haben, die Intendants de justice, police et finances (1633). Als Commissarius wurde schon im Mittelalter der Inhaber eines jederzeit widerrufbaren Auftrags bezeichnet, der sein Amt weder als Lehen noch als Pfründe noch durch Kauf auf Dauer erworben hatte. Im 16./17. Jahrhundert kam für manche dieser Leute die Bezeichnung Superintendent oder Intendant auf, in Frankreich zuerst 1555, dann erneut im frühen 17. Jahrhundert, als aus Inspektionsreisen ausgewählter Maîtres des requêtes ein ständiger Auftrag zur Oberleitung des regionalen Finanzwesens, zur Kontrolle der Trésoriers und ihrer Untergebenen, der Élus, zwecks Verbesserung des Steuereingangs geworden war. Dazu kamen bald entsprechend weitgefaßte Befugnisse in der Justiz, für die Überwachung der Gemeinden und das Militärwesen. Anläufe zur Beseitigung der Intendanten scheiterten am Finanzbedarf der Kriege. 1768 hatten jede der 35 Généralités einen, Toulouse und Montpellier als Hälften der Ständeprovinz Languedoc einen gemeinsamen. Unterbezirke, Départements genannt [!], wurden von Subdélégués verwaltet. Dem Intendanten von Bordeaux unterstanden 17 davon, dazu ein Subdélégué général als Stellvertreter mit neun Sekretären für die verschiedenen Ressorts. Intendant wurde man als Maître des requêtes für einige Jahre, um dann den Ort zu wechseln und schließlich als Conseiller d'état nach Paris zurückzukehren. Der Intendant vertrat nicht etwa den König, das war bis 1789 Vorrecht des Gouverneurs, sondern den Staat als Abstraktion (Michel Antoine). Nichtsdestoweniger scheint auch er wie seine Vorgänger auf dem besten Weg gewesen zu sein, in seinem Amtsbezirk Wurzeln zu schlagen.[4]

Das Modell *Englands* erscheint auf den ersten Blick als die radikale, freiheitliche Alternative dazu, als Übernahme der Staatsgewalt durch die regionale Selbstverwaltung statt als deren Zurückdrängung durch die Zentrale wie in Frankreich. Beim zweiten Blick finden sich aber nicht nur gemeinsame Bausteine, sondern sogar verwandte Ergebnisse, die auf die stabile Macht lokaler Oligarchien hinauslaufen. Regionale Verwaltungseinheit ist noch heute die angelsächsische Grafschaft (Shire, dann County), seit der frühneuzeitlichen Beseitigung von Aus-

[4] So die These von *Paul Ardascheff* (1909) nach *Mousnier,* Institutions, Bd. 2, 533 f.

nahmen wie Wales oder Durham flächendeckend. Der Graf wurde aber schon im 10./11. Jahrhundert zum bloßen Ehrentitel, während der Verwalter des Königsguts und Vollstrecker königlicher Aufträge, der Sheriff (Praefectus Regis, shire-reeve) die Leitung übernahm. Unterabteilung war die Hundred, auf Deutsch Hundertschaft, aber wohl nicht von Männern, sondern von Bauerngütern, die auch auf dem Kontinent anzutreffen ist.

Das Sheriffamt wurde nicht erblich, sondern von der Zentrale aus den Reihen des regionalen Adels besetzt, in der Neuzeit nur noch für ein Jahr. Seine Ausübung war der Kontrolle durch den Exchequer unterworfen, während die Justiz durch Writs der Zentrale gesteuert, vom Sheriff organisiert, aber von königlichen Reiserichtern zusammen mit lokalen Geschworenen (Jury) ausgeübt wurde. Diese einheitliche königliche Justiz blieb im Grunde der einzige direkte Erzwingungsapparat der Krone, während die übrige Regionalverwaltung zwar in ihrem Namen und Auftrag (Commission), aber von Angehörigen der lokalen Elite ehrenamtlich ausgeübt wurde. Dabei spielte neben dem Hochadel (Nobility) der Niederadel (Gentry) eine immer wichtigere Rolle. Mitte des 15. Jahrhunderts mag es insgesamt 2500 Gentry-Familien gegeben haben, die auf County-Ebene engagiert waren, dazu weitere 7500, deren Einfluß nicht über das Kirchspiel (parish) hinausreichte, das als Untereinheit anstelle der Hundred und des Dorfes trat.[5] Bei weitgehend justizförmiger Auftragsverwaltung durch königliche «Kommissare» regionaler Herkunft sollte es bis ins 19. Jahrhundert bleiben; es kam auf Dauer weder zur feudalen Appropriation dieser Ämter noch zu deren Verkauf.

Statt des Sheriffs spielten dabei seit dem 14. Jahrhundert die Friedensrichter (Justices of the Peace) eine immer wichtigere Rolle. Unter den Tudors gab es durchschnittlich 40–50 pro County, die in vierteljährlicher gemeinsamer Sitzung (Quarter Sessions) über schwerere Fälle Recht sprachen, während mindestens zwei von ihnen sich seit dem späten 16. Jahrhundert auf Petty Sessions mit den Bagatellfällen der Divisions der Grafschaft befaßten. Ihr Handeln blieb zwar grundsätzlich justizförmig, schloß aber je länger desto mehr die Durchführung von Gesetzen (Statutes und Proclamations) sowie von Sonderaufträgen der Zentrale ein, entsprach also den Aufgaben des Privy Council und der Star Chamber, deren lokale Agenten sie waren. Ihre Einmischung in Details erweckt bisweilen den Eindruck eines «Polizeistaates».[6] Den Reiserichtern blieben nur die Kapitalverbrechen –

[5] *Brown* 149.
[6] *Hatschek* 481.

und die Aufsicht über die Friedensrichter. Zusätzlich wurde im 16. Jahrhundert ein Quorum besonders zuverlässiger oder kompetenter Friedensrichter eingeführt, deren Beteiligung an wichtigen Entscheidungen obligatorisch war. Weiter wurde einer zum Custos Rotulorum, das heißt zum Verantwortlichen für die Aktenführung und damit die Korrektheit des Verfahrens bestellt. Dazu kam schließlich ein nicht durch Commission, sondern durch Urkunde unter dem großen Siegel ernannter Lord-Lieutenant, häufig aus dem Hochadel, dessen Rolle an die des französischen Gouverneurs erinnert. Er war zunächst für das Militärwesen und im Zusammenhang damit für Ruhe und Ordnung verantwortlich, doch erstreckte sich seine Zuständigkeit bald auch auf Tätigkeitsfelder der Friedensrichter.

Seit den frühen Stuarts und dem Bürgerkrieg ging die Kontrolle der Krone zurück, und die Autonomie der lokalen Eliten nahm zu. Das Parlament wurde zu einer Art Clearing House für deren Interessen, wo sich die sogenannte «Squirarchy» maßgeschneiderte Gesetze produzierte, etwa die Game Act von 1671 gegen Wilderer, vor allem aber die unzähligen Private Acts für Einzelfälle, aus denen die Masse der Gesetzgebung bestand. Nach der Glorious Revolution kann man von der «uneingeschränkten Souveränität der Friedensrichter» sprechen,[7] von konsequenter, kollektiver Adelsherrschaft, denn Kontrolle fand weder von oben noch von unten statt; Parlamentswahlen waren selten geeignet, etablierte lokale Machtpositionen in Frage zu stellen. Seit dem Ende des 17. Jahrhunderts schuf die Krone zwar einen modernen Beamtenapparat, aber nur für die Erhebung der indirekten Steuern. Der Krone kam es darauf an, im Parlament die Finanzierung ihrer Außenpolitik sicherzustellen, während sie innenpolitisch der Squirarchy das Feld überließ. Aber dieser eingespielte Interessenausgleich zwischen Zentralmacht und Lokalmacht gestattete es der Krone, stark und schwach zugleich zu sein, stark durch eine erfolgreich finanzierte Außenpolitik, schwach durch Verzicht auf die administrative Durchdringung des Landes. Erst der soziale Wandel des 19. Jahrhunderts erzwang langsam einen Wandel dieses Arrangements.

Im Gegensatz zu England und Frankreich hat in *Deutschland* die Schwäche des Königtums dazu geführt, daß das Lehenswesen nicht zur Stärkung, sondern zur Schwächung der Krone führte und die zunehmende Desintegration des Reiches auch nicht durch neue königliche Beauftragte aufzuhalten war. Was es in der Neuzeit an regionaler Organisation des Reiches gab, nämlich die Reichskreise, beruhte in der Tradition des bündischen Wesens des Mittelalters fast ausschließlich

[7] *Hill* 114.

auf ständischer Selbstorganisation, aber nicht mehr von Lokaloligarchien, sondern von Herren selbständiger Herrschaften bis hin zu quasi-souveränen Territorien.

Deren Regionalorganisation ergab sich zum Teil aus ihrer Vergangenheit, einerseits aus der Zusammenfassung älterer Territorien zu größeren Gebilden wie Österreich oder Brandenburg-Preußen, andererseits aus der Entstehung der Territorialherrschaft nicht aus der allgemeinen Herrschergewalt eines Königtums, sondern aus der Addition und dann erst Integration verschiedenster Rechte. Das Ergebnis war daher oft nicht ein geschlossenes Land, sondern mühsam arrondierter Streubesitz inhomogener Besitzungen.

Seit dem 13. Jahrhundert entstand fast überall das Amt als Inbegriff territorialer Regional- und Lokalverwaltung, wo ein besoldeter Amtmann (Vogt, Pfleger usf.) die Rechte des Herrn an Abgaben und Diensten wahrnahm sowie als Richter und Militärbefehlshaber für Frieden und Recht zu sorgen hatte. Diese Aufgaben konnten auch auf mehrere Amtsträger (Keller, Landrichter) verteilt werden. Bei hochentwickelter Autonomie der Adelsherrschaften im Lande konnte das Netz der Ämter auf das Kammergut, auf die fürstlichen Domänen beschränkt bleiben.

So gab es in den *österreichischen Ländern* zu Beginn der Neuzeit einen Landeshauptmann als Vertreter des Landesherrn für Landfrieden und Rechtsprechung sowie einen Vicedom für die Finanzen, vor allem das Kammergut. Denn die Steuererhebung lag weitgehend in den Händen ständischer Behörden. Maximilian I. hat darüber Regimente oder Regierungen für Ländergruppen geschaffen, für Niederösterreich im weiteren Sinn (Donauösterreich und Innerösterreich) in Linz, dann Wien, für Oberösterreich im weiteren Sinn (Tirol und die Vorlande) in Innsbruck und für Vorderösterreich in Ensisheim, dann Freiburg, das aber Innsbruck unterstellt blieb. Sie bestanden aus einem Statthalter, einem Kanzler und adeligen und gelehrten Räten, die für Regierungs- und Justizsachen in zwei Senate gegliedert waren. Unabhängig davon wurden in Wien und Innsbruck Kammern für die Finanzen errichtet.

In Brandenburg wurden für das Steuerwesen in landständischer Hand regional Kreise als ständische, faktisch adelige Selbstverwaltungsorgane eingerichtet, unter einem Direktor, seit 1701 Landrat, der vom Fürsten auf Vorschlag der Kreisstände aus dem lokalen Adel ernannt wurde und damit zugleich Vertreter des Monarchen wie der Adelsinteressen war. Das Amt wurde in andere Länder *Brandenburg-Preußens* übertragen, während zur Kontrolle der Steuern der Städte für eine oder mehrere ein landesherrlicher Steuerrat (Commissarius loci) eingesetzt wurde, der bald die gesamte Verwaltung im Sinne der

Tutelle administrative beaufsichtigte. Die obersten Kollegien neuerworbener Länder existierten unter dem Namen Regierungen als Obergerichte weiter, während der Schwerpunkt der Verwaltung auf den Finanzen lag. Parallel zur Errichtung des Generaldirektoriums wurden die regionalen Kammern für die Domänen und Kriegskommissariate für die Steuern zu kollegialen Kriegs- und Domänenkammern zusammengefaßt, von denen es 1740 in der Monarchie neun gab. Eine straffe landesherrliche Bürokratie bis herab zur mittleren Ebene baute lokal auf begrenzter Autonomie der Städte und fast unbegrenzter Autonomie des Adels auf unterster Ebene auf.

Maria Theresia modernisierte auch die *österreichische* Regionalverwaltung, zum Teil nach preußischem Muster. Eine Regierung wurde zum bloßen Gericht (Justizstelle) und für Finanzen und Verwaltung durch eine kollegiale Repräsentation und Kammer, seit 1763 Gubernium ersetzt. Darunter wurden Kreisämter unter Kreishauptleuten als Unterinstanz zur Aufsicht über Gemeinden und Grundherren eingerichtet. Joseph II. erweiterte ihre Befugnisse, aber seine rational-schematische Neugliederung der Gubernialbezirke, die fast die Departements der Französischen Revolution vorwegnahm, ließ sich nicht aufrechterhalten.

Im 13./14. Jahrhundert war das Königreich *Kastilien* in Amtsbezirke von Merinos und Adelantados unter den drei Merinos mayores von Kastilien, León und Galicien sowie den beiden Adelantados mayores von Murcia und Andalusien gegliedert, sämtliche mit allumfassender Zuständigkeit, wobei aber die Adelantados im «Frontbereich» der Reconquista besondere militärische Befugnisse besaßen. In der Krone *Aragon* entsprachen dem die Veguers oder Bailes unter den Lugartenentes oder Gobernadores der drei Länder. Urbanisierung und Feudalisierung ließen diese Ämter zu erblichen Ehrentiteln des Adels werden, denn das Land gliederte sich hinfort in Señoríos (Grundherrschaften) einerseits, Realengos (Domänenbezirke) andererseits, wobei die letzteren weitgehend mit den königlichen Städten und deren umfangreichen Landbezirken identisch waren. Die Städte hatten sich seit dem 13. Jahrhundert zu Landfriedensbünden (Hermandades) zusammengeschlossen, die von den Katholischen Königen planmäßig zur Durchsetzung ihrer Krongewalt benutzt wurden.

Sie setzten allerorten die schon im Mittelalter auftauchenden Corregidores als Aufsichtsorgane der städtischen Selbstverwaltung ein, Adelige oder Juristen, die dieses Amt auf unbestimmte Zeit, faktisch meist für 5–6 Jahre erhielten. 1597 gab es in Kastilien neben den Adelsherrschaften, den 19 Verwaltungsbezirken für Besitzungen der königlichen Ritterorden und den alten Adelantamientos von Burgos,

León und Palencia 68 Corregimientos verschiedener Größe. In ähnlicher Weise gliederte sich *Portugal* im 17. Jahrhundert in 26 Comarcas, wo seit alters ein königlicher Corregedor über die Selbstverwaltung der Gemeinden die Aufsicht führte, der freilich ca. 27 % des Landes als autonome Grundherrschaften entzogen blieben. Wegen seiner großen Vollmachten mußte sich ein kastilischer Corregidor nach Ablauf seine Amtszeit einem Residencia genannten prozeßförmigen Überprüfungsverfahren unterziehen. Im 17. Jahrhundert wurde seine Amtszeit auf ein Jahr mit zweimaliger Verlängerungsmöglichkeit beschränkt und jeweils eine Gruppe von Corregimientos der Aufsicht eines Mitglieds des Kastilienrats unterstellt.

Nach der rechtlichen Nivellierung Aragons begannen die Bourbonen 1718 mit der Einführung von Intendentes nach französischem Muster, aber mit stärkerer Ausrichtung auf militärische Aufgaben. In Aragon, Navarra und dem Baskenland war je einer für eines der alten Länder zuständig, in Kastilien orientierten sich ihre Provincias, die Vorläuferinnen der modernen, an den 17 oder 18 Städten, die in den Cortes vertreten waren. Dort war der Intendente in Personalunion Corregidor, ansonsten Vorgesetzter der übrigen.

Schwedens Teilkönigtümer und -rechtsbezirke mit Gauen als Lokaleinheiten hielten sich zunächst als Ding- und Gerichtsbezirke, wurden aber allmählich von königlichen Statthaltern oder sogar regionalen Regierungskollegien kontrolliert. Seit dem 17. Jahrhundert wurde das Land dann konsequent in seine heutigen Län (wörtlich «Lehen») unter Landeshauptleuten mit Sekretären und Kämmerern aufgeteilt, während lokal die Kirchspiele mit den lutherischen Pfarrern in der Schlüsselrolle die Gaue ablösten. Dabei ging aber eine weitgehende Selbstverwaltung von unten mit einer hochentwickelten Bürokratisierung von oben einher, die seit dem 18. Jahrhundert Unabsetzbarkeit und Pensionierung der Beamten kannte.

Ganz anders *Polen*, wo die älteren königlichen Regionalämter mit den 33 Woiwoden (Pfalzgrafen) und 85 Kastellanen (Burggrafen) an der Spitze im 18. Jahrhundert weitgehend bloße Ehrentitel geworden waren, soweit sie nicht die Senatorenwürde mit sich brachten. Die reale Lokalgewalt lag in den Händen der regionalen Adelslandtage (Sejmiki).

Auch in *Ungarn* entwickelten sich aus den königlichen Grafschaften unter einem Grafen (Comes, Ispán, auf Deutsch Gespan) bis 1723 39 Komitate als eine Art regionaler Adelsrepubliken mit weitreichender Autonomie. Die Krongewalt blieb allerdings stärker als in Polen und ließ sich die Kontrolle der Politik des gesamten Landes nicht entwinden.

b) Kontrolle von Regionen

Nirgendwo war es mit der Einrichtung eines regionalen Verwaltungsapparats der Zentrale getan. Nicht nur in Polen und Ungarn, sondern auch in den meisten anderen Ländern lag die Lokalmacht so weitgehend bei den örtlichen Eliten, daß die zentrale Kontrolle von Regionen bloß durch die Institutionen eines Verwaltungsapparats nicht zu gewährleisten, sondern nur mittels dessen Ergänzung durch informelle Verfahren möglich war, das hieß in erster Linie Einbindung jener Eliten in Klientelverbände der Zentrale. Um diesem Sachverhalt in der historischen Analyse gerecht zu werden, war aber zuvor Verständnis für die eigentümliche politische Kultur jener Zeit erforderlich, als Gemeinwesen nicht mehr als Lehensordnungen und noch nicht als bürokratische Systeme organisiert werden konnten. Die Folge ist ein ungleichmäßiger Forschungsstand, dem man am besten durch Schilderung exemplarischer Fälle der am besten erforschten Felder England und Frankreich gerecht wird.[8]

In *England* handelte es sich in erster Linie um die informelle Kontrolle des Unterhauses und der Parlamentswahlen durch die Krone, die seit den ersten Anläufen zur Parlamentsreform als Inbegriff der «old corruption» galt. Aber Lewis Namier hat schon 1929 den Paradigmenwechsel zur realistischen Sicht der Dinge eingeleitet und gezeigt, daß Mitte des 18. Jahrhunderts fast die Hälfte der Unterhaussitze normalerweise durch politische Patronage einflußreicher Leute oder der Regierung besetzt wurden. Von einem Unterhausmitglied wurde erwartet, daß es im Zeitalter der Privat Acts zum Nutzen seiner «Freunde», das heißt seiner Wähler und vor allem seiner politischen Patrone tätig wurde, wie er seinerseits Gunsterweise von der Regierung erwarten konnte, falls er zu ihren Freunden zählte. Da es keine Parteien im Sinne der heutigen gab, die zwischen dem Parlamentarier und dem Wähler einerseits, dem Parlamentarier und dem Staat andererseits vermitteln sollen, konnte ein Unterhausmitglied im eigenen Interesse nichts Besseres tun, als sich zu seinen mikropolitischen Freunden zu halten. Heute hingegen ist bedingungslose Loyalität zum Parteiapparat vorteilhafter, denn dort werden die Chancen vergeben. Solches Verhalten galt als sittlich vollkommen korrekt (honest), unanständig war nur, sich in kritischer Lage der eigenen Freunde zu einem Seitenwech-

[8] Neben England und Frankreich existieren einschlägige Forschungen vor allem für Polen, während in Deutschland dank prosopographischer Studien zwar zahlreiche Detailergebnisse vorliegen, für die es aber an einer systematischen Zusammenschau fehlt, wie sie das von mir geleitete Forschungsprojekt zur römischen Mikropolitik des frühen 17. Jahrhunderts in Italien und Europa anstrebt.

sel bewegen zu lassen wie zum Beispiel ein Politiker, dem von der Gegenseite damit gedroht wurde, alles bei ihm angelegte Geld abzuziehen.[9]

Namiers Analyse wird aber nicht nur vorgehalten, daß sie die traditionelle Überschätzung ideologischer Gegensätze in der englischen Politik durch eine übertriebene Unterschätzung ersetzt habe, sondern auch die einseitige Konzentration auf die Wahlen und die Manipulation der Wähler. Hermann Wellenreuther möchte daher unter anderem am Beispiel der Interaktionsnetze des John Duke of Bedford, eines der reichsten Grundbesitzer Englands, die mögliche Verwurzelung der Verhaltensmuster der Wähler in längerfristigen klientelären Bindungen herausarbeiten. Dabei erweist sich bereits die Terminologie des klientelären Diskurses als weitgehend identisch mit der französischen, italienischen und spanischen.

Der Marktflecken Bedford selber stand unter der Kontrolle einer lokalen Oligarchie, die das Bürgerrecht vergab und so traditionell die Wahlen im Sinne der Gegner des Herzogs beeinflußte. Dieser verstand zwar alle außerhalb der Stadt lebenden Bürger für sich zu gewinnen, um damit bei der Wahl 1747 die gegnerischen Kandidaten zum Aufgeben zu zwingen und seine eigenen durchzubringen. Die städtischen Machthaber ließen sich aber so nicht verdrängen, denn sie ernannten kurzerhand hundert auswärtige Neubürger, die sie unterstützten. Aber der Herzog besetzte in seiner Eigenschaft als Kabinettsmitglied und Lord Lieutenant die Ämter der County, von denen die Stadt abhängig war, mit seinen Leuten, plazierte unter 23 Justices of the Peace 14 seiner Anhänger, von denen 13 in Bedford wohnten. Er sorgte dafür, daß Petitionen um Entlassung aus dem Militär, um Stellen in der Steuerverwaltung oder der Marine Erfolg hatten, er machte eine namhafte Stiftung zugunsten der Gemeindefinanzen, er verschaffte lokalen Handwerkern und Kaufleuten Aufträge von seiner Gefolgschaft unter der Gentry der County – alles Möglichkeiten, die dem bisherigen Patron des Städtchens nicht zur Verfügung standen. 1766 war das Ziel erreicht: Eine Delegation der Stadt reiste nach London, um mit dem Herzog über die kommenden Wahlen zu verhandeln. Die Bewirtung der Wähler anläßlich der Wahl war nur noch ein Ritual zur Bestätigung des langfristig angelegten Wechsels des Patrons. Massive Wählerbestechung war im Gegensatz zur Legende von der «old corruption» eher die Ausnahme als die Regel; wichtiger war die Bindung der Wähler als Pächter, Darlehensnehmer und Empfänger von Gunstbeweisen verschiedenster Art.

[9] *Namier,* Structure 93.

Frankreichs etatistische Historiker blieben länger blind für die mikropolitische Dimension, bis sie von Roland Mousnier im Zuge seiner «Bekehrung» vom Kommunisten zum Konservativen entdeckt wurde, aber mit einseitiger Überbewertung der in Patronage-Klientel-Beziehungen bisweilen enthaltenen emotionalen Treuebindung. Demgegenüber hat Sharon Kettering ihren geschäftsmäßigen Charakter in den Mittelpunkt gestellt, vor allem mit ihrer etwas anachronistischen Kategorie des Patronagemaklers (broker), der zwischen Pariser Angebot und provençalischer Nachfrage auf dem Patronagemarkt vermittelte. Historisch handelte es sich aber um ganz normale Klienten eines Pariser Patrons, die ihrerseits zugleich Patrone einer Klientel in der Provence waren und auf diese Weise maßgebend zur Kontrolle dieser Provinz durch die Krone beitrugen.

Henri de Forbin-Maynier, Baron d'Oppède, war 1655–71 erster Präsident des Parlaments von Aix-en-Provence und nacheinander Klient Mazarins und Colberts. Wie er hatte auch sein Rivale um das zum Verkauf anstehende Amt des ersten Präsidenten, Charles de Grimaldi, Marquis de Régusse, zweiter Präsident, zahlreiche Verwandte, Freunde und Klienten in der Provence. Régusse gewann zunächst das Vertrauen von Michel Mazarin, dem sein Minister-Bruder 1645 das Erzbistum Aix verschafft hatte. Nach Michels Tod 1648 bombardierte er den Minister mit Ergebenheitsadressen und profilierte sich gegen die Fronde als Führer jener Minderheit im Parlament, die zu Mazarin hielt. Der Marquis-Titel war ein erster Lohn. Dank seines Einflusses hielten Stadt und Parlament dem Minister auf dem Tiefpunkt seiner Macht 1651 die Treue. Als Mazarin 1652 seinen angeheirateten Neffen, den Duc de Mercoeur, als Gouverneur in die Provence schickte, fand dieser bei Régusse Hilfe nicht nur zur Einnahme des Widerstandsnestes Toulon, sondern auch beim Städtetag in Aubagne, der prompt um Verbleib Mercoeurs als Gouverneur nachsuchte. Das war Mazarin besonders lieb, denn er hatte das Amt um 400 000 livres gekauft und verkaufte es nun für 600 000 an Mercoeur.

Oppède war bis dahin einer der Führer der Frondeure gewesen, weil er auf die Unterstützung Condés als Haupt der Fronde hoffte, um erster Präsident zu werden. Aber 1652 ging er auf die Seite Mazarins über und löste damit beim provençalischen Adel eine Welle von Übertritten aus. Sein Einfluß vor allem veranlaßte Toulon, sich zu ergeben. Als das Präsidentenamt 1653 endlich für 180 000 livres auf den Markt kam, meinte der selbstsichere und geizige Régusse nur 165 000 bieten zu müssen, so daß Oppède für den vollen Preis den Zuschlag erhielt. Beide eilten nach Paris, wo Régusse einen Michel Mazarin gewährten Kredit von 60 000 livres anmahnte. Er wurde von Colbert ausbezahlt und mit dem Auftrag heimgeschickt, den provençalischen Städtetag in Manosque zur Bewilligung der königlichen Steuerforderung zu bewegen. Er scheiterte unter anderem deswegen, weil die maßgebende Kommune Aix fest in der Hand von Klienten Oppèdes war. Daher brachte letzterer es fertig, auf dem Städtetag in Orange 1655 durch seinen Onkel, den ersten Consul von Aix, die übrigen Städtevertreter zur gewünschten Steuerbewilligung zu bewegen. Daraufhin wurde er als erster Präsident bestätigt und blieb *die* Stütze der Krone in der Provence.

Oppède reiste häufig nach Paris, um den Kontakt mit seinem Patron zu pflegen, und setzte sein Vermögen großzügig für politische Zwecke ein, während Régusse ebenso reich, aber viel zurückhaltender war. Er stammte aus einer Kaufmannsfamilie aus La Ciotat; erst sein Vater hatte in den Amtsadel eingeheiratet. Die Forbin hingegen waren zwar im 14. Jahrhundert ebenfalls Kaufleute in Marseille gewesen, hatten diesen Schritt aber viel früher geschafft. Und die Maynier zählten auch schon seit ca. 1500 zum Amtsadel des Parlaments von Aix. Oppède war also kein Mitglied des alten Schwertadels, verfügte aber über so viele alte Familienverbindungen, daß er für Mazarin die bessere Wahl war. Die Pariser Patronage stellte er zunächst in den Dienst der eigenen Familie. Ein Bruder wurde Bischof von Toulon, ein Sohn erhielt eine königliche Dispens für den Erwerb eines Präsidentenamtes am Parlament von Aix in zartem Alter, für andere gab es Offiziers- und Kapitänsstellen.

Seine Hauptaufgabe war es aber, mit mikropolitischen Methoden dafür zu sorgen, daß die Institutionen der Provence im Pariser Sinn funktionierten. Als Mazarin die Rebellen von Marseille für Hochverrat bestrafen lassen wollte, aber im zuständigen Parlament von Aix mit Sympathien für sie rechnen mußte, veranlaßte Oppède, daß von den zwölf Richtern der Grand Jours-Kammer des Parlaments, die zu diesem Zweck nach Marseille entsandt wurde, acht seine Klienten waren. Die Urteile erhielten die gewünschte Schärfe. Nach Mazarins Tod 1661 bewilligte der Städtetag von Lambesc statt den von Oppède für die Krone geforderten 600 000 livres nur 50 000, schließlich 150 000, ein klarer Affront für den neuen Mann Colbert. Oppède eilte nach Paris, überzeugte den Minister von seiner «Unschuld» und erhielt eine zweite Chance. Zwei Monate vor der nächsten Versammlung in Saint-Rémy wurden dort sieben Kompanien Militär einquartiert, nicht nur eine Drohung für die Zukunft, sondern auch eine Plage für die Gegenwart. Oppède bearbeitete die Städtevertreter einzeln und erreichte sein Ziel, unter anderem mit regionalpolitischen Argumenten wie dem, daß das Geld zwar für königliche Truppen bestimmt sei, aber für in der Provence stationierte und daher dort ausgegeben werde. Bis zu seinem Tod 1671 blieb er der Vertrauensmann Colberts; sein Rivale wurde kaltgestellt.

Noch unter Heinrich IV. hatten hochadelige Freunde der Krone in den Provinzen diese Rolle gespielt. Richelieu und Mazarin schufen statt dessen eine Minister-Klientel aus mittlerem Adel, Amtsadel und geistlichen Amtsinhabern, die mit den Intendanten zusammenarbeiteten. Colbert setzte diesen Kurs fort, aber in einem sehr viel kälteren und geschäftsmäßigeren Ton. Außerdem konzentrierte Ludwig XIV. die königliche Patronage am Hof; die maßgebenden Patronagemakler saßen jetzt dort und nicht mehr in der Provinz. Diese eigentümliche Mischung aus bürokratischer und personaler Lokalmacht entspricht deswegen nicht dem reinen Typ patrimonialer Herrschaft, weil sie gezielt zur «Verstaatlichung» durch die Zentralmacht, also teleologisch gesehen zu ihrer eigenen Aufhebung eingesetzt wurde. In England scheint sich nach dem Siebenjährigen Krieg tatsächlich eine Auflösung traditioneller Reziprozitätsverhältnisse zugunsten einer individualistischen politischen Kultur abzuzeichnen.

III.
PARTNERSCHAFT UND WIDERSTAND

Herrschaftsaufbau und Institutionenbildung liefen auf allmähliche Unterwerfung von Adelsherrschaft und Gemeindeautonomie durch den wachsenden Apparat der monarchischen Staatsgewalt hinaus. Der Widerstand von Adel und Untertanen, wenn sie welchen leisteten, war demgegenüber nicht generalisiert, weil es ihnen an alternativer Organisation mangelte. Wo jedoch von der Monarchie mehr oder weniger unabhängige Institutionen existierten, war generalisierter Widerstand gegen das Wachstum der zentralen Staatsgewalt nicht nur möglich, sondern sogar wahrscheinlich, weil das Personal solcher Institutionen andere Interessen als diejenigen der Monarchie verfolgte und dafür konkurrierende Legitimationsideologien entwickelte. Dann verlief die Unterwerfung konfliktreich; in einigen Fällen scheiterte sie sogar.

Der klassische Fall einer solchen autonomen, mit der monarchischen Staatsgewalt konkurrierenden Institution mit selbstbewußtem eigenem Personal war die lateinische Kirche. In ihrer institutionellen Entwicklung war sie der monarchischen Staatsgewalt nicht nur voraus, sondern sie hat in mancher Hinsicht sogar das Vorbild für diese abgegeben, denn die römische Kirche war die erste absolute Monarchie und der erste Staat des Abendlandes. Doch der konfliktreiche Dualismus geistlicher und weltlicher Gewalt im Mittelalter sollte im Zeitalter der Reformation in die Reduktion der Kirche zur Juniorpartnerin der werdenden Staatsgewalt münden. Aber die Kirche war schon vorher ebenso häufig Partnerin wie Konkurrentin der Staatsgewalt gewesen.

Kann man Justiz und Ständewesen in ähnlicher Weise als institutionelles Gegenüber der Staatsgewalt betrachten? Justiz ist doch ihr ältester Inbegriff, der Justizapparat ihre Kreation, und auch die Ständevertretungen sind in der Regel durch fürstliche Initiative zustande gekommen. Aber beide haben dank der Entwicklung autonomer Interessen ihres Personals mancherorts und zeitweise eben doch sehr erfolgreich Gegenpositionen zur monarchischen Staatsgewalt bezogen. Die englischen Juristen stellten Gegner der Stuartmonarchie, und die französischen Parlamente verstanden sich als die besseren Vertreter der Interessen des Landes, bis hin zur Einleitung der Revolution. Die notorischen Konflikte der Monarchen mit den in der Regel von Adelsinteressen dominierten Ständen schienen sogar auf einen dualistischen Ständestaat hinauszulaufen, beschrieben als Ellipse mit zwei Brennpunkten, dem Monarchen und den Ständen. In Langzeitperspektive wurde die Kirche als Hauptkonkurrent monarchischer Staatsmacht von den Ständen abgelöst. Wo die republikanischen Alternativen zur Monarchie nicht aus autonomen Gemeinden hervorgingen, hatten auch sie ständischen Charakter.

Adelsherrschaft und Ständewesen, Landgemeinde und Stadtgemeinde, Kirche und Justiz blieben weithin von der monarchischen Staatsgewalt unabhängige institutionelle Felder. Konflikt und Zusammenspiel mit ihnen wechselten sich ab, was aber meistens auf die schließliche Eingliederung dieser Institutionen in die einheitliche Staatsgewalt hinauslief.

1. Adelsherrschaft und Ständewesen

a) Adelsherrschaft

Die politischen Ansprüche des Adels erstreckten sich auf fünf Felder, die eng zusammenhingen: 1. auf die Ämter der Zentralmacht, 2. auf lokale Herrschaft, 3. auf das Lehenswesen, das ursprünglich zentrale Kontrolle der Lokalmacht sicherstellen sollte, aber oft genug nur zu deren besseren Begründung diente, 4. auf die höheren Stellen in der alten Kirche mit dem Extremfall der deutschen Reichskirche, deren Fürstbistümer, -abteien und Kanonikate fast nur mit Adel besetzt wurden, 5. auf das Ständewesen, das eine Art Transformation von kollektiver Lokalmacht in Partnerschaft der Zentralmacht darstellte. Zwar waren Klerus, Städte und bisweilen sogar Bauern in den Ständeversammlungen vertreten, aber diese Stände waren in den meisten Fällen nicht nur schwächer als der Adel, sondern zusätzlich von diesem «unterwandert». Wichtige Pfründen der Kirche waren in der Regel in adeliger Hand. Städte entsandten Vertreter ihrer Oligarchien, die manchmal adelsgleichen Status beanspruchten (Barcelona, Nürnberg), in jedem Falle aber zu analogen Vorstellungen neigten. Klerus und Dritter Stand waren häufig in ihrer Eigenschaft als Inhaber von Grundherrschaft Mitglieder von Ständeversammlungen, Grundherrschaft aber war eine Adelsrolle, stellte sie doch den Inbegriff von Adelsherrschaft überhaupt dar und bildete häufig die Grundlage sowohl der adeligen Mitgliedschaft in den Ständeversammlungen als auch der kollektiven adeligen Lokalmacht, als bloßer Großgrundbesitz auch noch bei den englischen Friedensrichtern.

Der europäische Adel unterschied sich von demjenigen anderer Kulturen dadurch, daß lokale Herrschaft über Land und Leute nicht nur die Grundlage seiner Existenz bildete, sondern überwiegend auch durch Residenz auf dem Land verwirklicht wurde. Mit seinen Burgen und Schlössern hat er große Teile der europäischen Kulturlandschaft in einzigartiger Weise geprägt. Die Landbewohner Europas waren daher großenteils zunächst Untertanen des Adels und standen nur in einem Mediatverhältnis zur werdenden Staatsgewalt; ein Immediatverhältnis zu ihr konnte bisweilen geradezu als Adelsmerkmal dienen, gleichgültig, ob die Adelsherrschaft nun durch Usurpation oder Übertragung von Rechten der Krone zustandegekommen oder eine vorstaatliche Einrichtung eigenen Rechts war.

Zentral waren dabei die deutsche Grund- und Gutsherrschaft, die französische Seigneurie, die italienische Signoria territoriale, der spanische Señorío, die portugiesische Senhoria, im Mittelalter auch noch der englische Manor, die alle als Herrschaft über Land mit den darauf lebenden Menschen trotz aller Unterschiede als Varianten ein und desselben Grundmusters gelten dürfen. Wichtigste Rechtsfigur war das doppelte Eigentum am Land, von italienische Juristen mit Hilfe des römischen Rechts geschaffen, um der faktischen Entwicklung des Mittelalters gerecht zu werden. Danach hatte der Grundherr das Obereigentum (Dominium directum) mit dem Recht, das Land unter bestimmten Umständen neu zu vergeben, dem Anspruch auf Abgaben und oft einem daran hängenden adeligen Titel, der Grundholde hingegen hatte das Nutzeigentum (Dominium utile) mit mehr oder weniger gut, nicht selten bis zur Vererbung gesicherten Nutzungsrechten.

Dieses Feudalsystem im weiteren Sinn – im Unterschied zum Lehenswesen als Feudalsystem im engeren Sinn – stand und fiel mit der Ständegesellschaft des Ancien Régime und ihrem Adel. In Polen und Ungarn durften daher in der Neuzeit grundsätzlich nur Adelige Land erwerben, in Bayern, Brandenburg-Preußen, Österreich, Savoyen und Schweden waren ihnen wenigstens die ausdrücklich als adelig registrierten Güter (Landtafelgüter, Rittergüter) vorbehalten. Anderswo konnten kirchliche Institutionen oder Angehörige des Dritten Standes Grundherrschaften erwerben, wobei aber oft etwas von der Adelsqualität daran haften blieb, etwa die Mitgliedschaft im adeligen Teil der Ständeversammlung. Vor allem blieb Grundherrschaft die wichtigste Voraussetzung zur Nobilitierung. Der Lebensstil eines Großgrundbesitzers, wenn auch nicht mehr Grundherrn, war in England nötig, um in die Gentry aufgenommen zu werden, konnte aber auch in anderen Ländern dazu benutzt werden, um sich den Adel zu ersitzen; «vivre noblement» hieß das in Frankreich. Auch die preußischen Junker waren primär als Rittergutsbesitzer definiert.

Zur *französischen* Seigneurie gehörten in der Regel neben der Grundherrschaft die Niedergerichtsbarkeit unter königlicher Aufsicht und die Qualität eines Lehens, weil hier anders als in Deutschland das ganze Land ins Lehenssystem einbezogen war (nulle terre sans seigneur). Das war aber zum bloßen adeligen Rangklassensystem geworden, und auch die Justiz scheint wie die polizeilichen Regelungsbefugnisse für die Untertanen vor allem als statusrelevantes Herrschaftsrecht geschätzt worden zu sein. Eigenwirtschaft war traditionell mit Abgaben vom Bauernland und nutzbaren Vorrechten verknüpft, konnte aber im 18. Jahrhundert durchaus im Sinne agrarkapitalistischer Guts- oder Pachtwirtschaft umgebaut werden. Intendanten der Krone haben dem bisweilen entgegengewirkt – um die bäuerlichen Steuerzahler nicht zu verlieren, denn die Seigneurs gehörten häufig zu den von direkten Steuern befreiten Privilegierten.

Auf der *Iberischen Halbinsel* gab es vor allem im Norden Grundherrschaften, deren Bauern Frondienste leisteten, später Abgaben zahlten oder bereits Pächter waren (Señorío solariego). Im Neuland war stattdessen vor allem eine Art Gerichtsherrschaft üblich (Señorío jurisdiccional, die Verbindung von beiden hieß Señorío de solar y jurisdicción), die zum eigentlichen Rückhalt der wachsenden Adelsherrschaft wurde. Die Bauern erhielten dort ihr Land zu freiem Eigen oder ewigem Nießbrauch (dominio útil), waren aber der Justiz der Richter ihres Herrn unterworfen und hatten verschiedene Abgaben zu entrichten. Im Prinzip unterlag diese Rechtsprechung in Kastilien und Portugal der Aufsicht der königlichen Corregidores/Coregedores, während die Feudaljustiz in Aragon bis 1592 ziemlich uneingeschränkt blieb. In ihrer finanziellen Notlage verkaufte die Krone seit dem 16. Jahrhundert Teile ihrer Domäne (Realengo) und errichtete damit neue Gerichtsherrschaften, übrigens auch in Neapel zur Freude aufstiegswilliger Bankiers. Als die traditionale Lokalherrschaft 1811–37 abgeschafft wurde, kontrollierte sie angeblich 68 % des Landes mit 25 000 Siedlungen, darunter 5000 Städten; ganze Provinzen wie Cordoba befanden sich in der Hand von Señores.

Italien kannte neben seinem früh verstädterten Adel überall auch ländliche Grundherrschaft, in die das städtische Patriziat im 16./17. Jahrhundert hineindrängte, nicht zuletzt in Verbindung mit dem Erwerb von Adelstiteln, die ihm bisher gefehlt hatten. Selbst in den Landgebieten der Republik Venedig gab es sie. Aber Ausmaß und Ausbildung wechselten von Territorium zu Territorium. Während in Neapel im 17. Jahrhundert ca. 50 % der Bevölkerung unter Adelsherrschaft lebten, waren es in der Toskana nur 4 %, in der Umgebung Roms zwischen 35 und 60 %, in den Marche des Kirchenstaats hingegen nur 3 %. Und wenn in Neapel die Macht der Barone über ihre Untertanen ähnlich groß war wie in Spanien, dann wurden die Grundherren von Savoyen-Piemont von der herzoglichen Gewalt in ihren Befugnissen beschnitten und strenger Aufsicht unterworfen. Ähnliches galt für die Toskana und die Lombardei, obwohl Mailand ebenfalls spanisch war.

In *Deutschland* wurden die Herrschaftsrechte des Grundherrn stark verdinglicht und getrennt, so daß Grundherrschaft, Gerichtsherrschaft, Kirchenherrschaft nicht nur dorf-, sondern auch höfeweise in verschiedenen Händen liegen konnten. Wo aber umgekehrt Grundherrschaft und Kontrolle des neuaufkommenden Dorfgerichts zusammenfielen, bildete sich auf der Basis des Niedergerichts eine regelrechte Dorfherrschaft aus, so unter anderen die bayerischen Hofmarken. Dabei war aber der Bezug der Grundrente wichtiger als die Eigenwirtschaft des Herrn. Östlich der Elbe führte die steigende Nachfrage nach Exportgetreide hingegen zu deren Intensivierung, dem Einziehen von Bauerngütern oder der Verschlechterung des bäuerlichen Status zur Erbuntertänigkeit mit Pflicht zur Fronarbeit (zweite Leibeigenschaft). Zusätzlich gingen weithin Gerichtsbarkeit, Besteuerungsbefugnis und andere Zuständigkeiten vom Fürsten auf den Herrn über, der damit als Richter sowie niedere Verwaltungs- und Polizeistelle Obrigkeit seines Gutes war (Gutsherrschaft). In Preußen blieb er bis 1848 Richter, bis 1872 Polizeibehörde. Auch in Österreich und den deutschen Mittelstaaten verschwanden Patrimonialjustiz und Herrschaftsrechte meist erst im Zuge der Revolution von 1848; die finanzielle Ablösung der wirtschaftlichen Herrenrechte konnte sich bis ins 20. Jahrhundert hinziehen.

In *England* gingen die Grundherren seit der Krise des 14. Jahrhunderts mehr und mehr zur Verpachtung des Landes im modernen Sinn über. Das doppelte Eigentum des Feudalsystems wurde durch das einfache des modernen Großgrundbesitzers mit Pächtern ersetzt, mit dem Ergebnis, daß noch 1880 66 % der Britischen Inseln ca. 7000 Familien gehörten, von denen ca. 5500 die ökonomische, soziale und politische Elite des Landes bildeten.[1] Zwar gab es längst keine Grundherrschaft mehr, aber mittels des Systems der königlichen Auftragsverwaltung, die in Wirklichkeit adelige Selbstverwaltung war, beherrschten Hochadel und Gentry das Land dennoch mit einer Konsequenz, die in Europa ihresgleichen suchte – außer in den Gutsherrschaftsgebieten des Ostens.

[1] *Cannadine* 9–11, 16 f.

In *Schweden* hingegen gab es 1527 schon 52 %, Ende des 18. Jahrhunderts 70 % bäuerliche Volleigentümer und Steuerzahler, 1527 daneben 22 % Adelsbauern, 21 % Kirchenbauern, 5 % Kronbauern. In der Reformation übernahm die Krone das Kirchengut, überließ ihre Bauern aber zur Kriegsfinanzierung der Großmachtzeit weithin dem Adel, um sie sich anschließend in ziemlich brutaler Weise zurückzuholen (Reduktionen). Doch obwohl es durchaus grundherrschaftliche Justiz gegeben hat, blieben alle Bauern persönlich frei und ihre Versammlungen in den Kirchspielen das Rückgrat der Lokalverwaltung; adelige Herrschaft hielt sich in Grenzen.

Anders in *Dänemark*, wo wie in Ostelbien seit dem 14. Jahrhundert die Gutsherrschaft dominierte, bis schließlich 1773 die allgemeine Schollenbindung eingeführt wurde. Dank konjunkturellen Aufschwungs und marktwirtschaftlicher Reformprogramme wurde sie aber bereits 1788 ebenso wie die Patrimonialgerichtsbarkeit wieder abgeschafft; bis 1830 war das ganze Land in der Hand bäuerlicher Eigentümer.

Polen konnte seit dem 15. Jahrhundert vom inzwischen dominierenden Adel im politischen Selbstbedienungsverfahren zum Extremfall der Gutsherrschaft und zweiten Leibeigenschaft gestaltet werden. Denn die Lokalmacht lag vollständig bei den ca. 70 adeligen Landtagen (sejmiki), deren gewählte Vertreter (Nuntii Terrae, Landboten) außerdem das Unterhaus (Landbotenstube) des Reichstags (Sejm) bildeten, das seit dem 17. Jahrhundert als Träger der «summa Potestas» galt. Das Oberhaus, der Senat, bestand aus den hohen, meist der Magnatenschaft angehörenden geistlichen und weltlichen Amtsträgern, so daß angesichts des Niedergangs der Kronmacht nur noch Interessengegensätze innerhalb des Adels dessen totale Dominanz bremsen konnten. So konnten die Adeligen die Schulzenhöfe der Kolonisationszeit zum Herrenland schlagen und die Fronarbeit ausbauen. 1520 wurde ein Wochentag unbezahlte Arbeit auf dem Herrenland als Mindestleistung festgesetzt, im 17. Jahrhundert waren zwei bis drei Tage üblich, im 18. Jahrhundert vier. Landflucht wurde seit 1496 mit zunehmender Einschränkung der Bewegungsfreiheit quittiert. Da die seit 1501 einzig zuständigen königlichen Gerichte Klagen gegen die Grundherren grundsätzlich abwiesen, konnten diese eine fast unumschränkte Herrschaft über ihre schollenpflichtigen Untertanen ausüben. Deren Veräußerung unterlag aber anders als in Rußland rechtlichen Beschränkungen und kam eher selten vor. Im Gegensatz zu den meisten Ländern Europas existierte in Polen abgesehen von etlichen Städten, Kirchen- und Krongütern keinerlei Lokalherrschaft neben der adeligen; nur in Ungarn und Ostelbien sowie zeitweise in Dänemark und auf anderer Grundlage in England gab es vergleichbare Verhältnisse. Allerdings gilt für Polen mit seiner hohen Adelsdichte von 7,5 % (ca. 1790) noch viel mehr als für Europa allgemein, daß keineswegs jeder Adelige Grundherr war und damit voll an der adeligen Herrschaft partizipierte. Um 1790 machten die Magnaten und der übrige Gutsbesitzeradel 16,7 % des Adels und 1,25 % der Bevölkerung aus; 40 % des Adels hatten nur bäuerlichen Kleinbesitz, 20 % waren Pächter von Gütern, 23,3 % landloser Dienstadel.[2]

Auch *Ungarns* Adel setzte Anfang des 16. Jahrhunderts die gesetzliche Verankerung der Leibeigenschaft durch. Versuche der Habsburger, hier Einfluß zu nehmen, konnten lange Zeit abgewehrt werden. Im 17. Jahrhundert war das adelige Comitatsgericht letzte Instanz für die Gutsuntertanen geworden. Im wesentlichen übten die Adelsversammlungen der 33 Comitate (1662) eine ähnlich totale Lokalherrschaft aus wie in Polen. Sie entsandten auch die zwei Vertreter zur unteren Tafel (alsó tábla) des Reichstags, dessen obere (felsö tábla) auch hier hauptsächlich aus Bischöfen und Magnaten bestand. Aber das althergebrachte bessere Recht der Siebenbürger «Sachsen» und das der Neusiedler des 18. Jahrhunderts in der zentralen Tiefebene bedeutete eine Auflockerung der Verhältnisse; es gab freie und wohlhabende Bauern in Ungarn. Außerdem war die Monarchie im 18. Jahrhundert stark genug geworden für weitreichende Eingriffe. 1767 wurden die bäuerlichen Lasten vereinheitlicht, 1785/90 die Erbuntertänigkeit aufgehoben und die Freizügigkeit gestattet, 1840 die Ablösung der Lasten ermöglicht und 1848 die Fron und die Obrigkeit des Gutsherrn abgeschafft.

b) Ständewesen und Staatsbildung

Ständeversammlungen bestanden nach zeitgenössischen Definitionen aus denjenigen Untertanen oder Vertretern derjenigen Korporationen, die einen gewohnheitsrechtlichen Anspruch darauf hatten, in bestimmten Landesangelegenheiten vom Fürsten zumindest gehört zu werden, wofern sie nicht sogar ein Mitentscheidungsrecht besaßen. Von modernen Volksvertretungen unterschieden sie sich dadurch, daß sie Einzelinteressen oder höchstens deren Summe (Rousseau: volonté de tous) vertraten und nicht das Gesamtinteresse des Volkes (Rousseau: volonté générale). Freilich konnten moderne Volksvertretungen aus ihnen hervorgehen, wenn sie sich wie das englische Parlament im 18. Jahrhundert oder der Dritte Stand in Frankreich 1789 als National-

[2] Nach *Müller* in *Wehler* 217–42.

vertretung neu definierten. Umgekehrt wurden Parlamente des deutschen Frühkonstitutionalismus unzutreffend als Stände bezeichnet, um den folgenreichen Begriff Parlament zu vermeiden.

Für den einfachen Sachverhalt, daß vormoderne Herrschaft bei größeren Ansprüchen nicht ohne Konsensbildung auskam, wurde von den Kanonisten durch Neuinterpretation eines Satzes aus dem römischen Vormundschaftsrecht eine Rechtsgrundlage geschaffen, die seit dem 13. Jahrhundert im weltlichen Recht nachzuweisen ist: «Was alle [in ähnlicher Weise] angeht, muß von allen bewilligt werden» (Quod omnes [similiter] tangit, ab omnibus comprobetur).[3] Die Reformkonzilien des Spätmittelalters beruhten auf diesem Prinzip; sie dürften Modellfunktion für weltliche Ständeversammlungen gehabt haben. Damals vollzog sich ein Wandel in der Vorstellung von Repraesentatio, mit der ursprünglich nicht Vertretung, sondern reale oder symbolische Verkörperung von etwas gemeint war. Auf diese Weise «repräsentiert» der Fürst das Land – er «ist» das Land. Und ebenso vertreten Stände zunächst nicht das Land, sie «sind» das Land (Otto Brunner). Erst als neben geborenen Mitgliedern Vertreter von Korporationen auftauchten, kam der moderne Repräsentationsbegriff zum Tragen. Nichtsdestoweniger konnten Stände die Landeseinheit auch gegen den Fürsten verkörpern, etwa nach dynastischen Landesteilungen in Hessen.

Neben dieser allgemeinen Rechtsgrundlage gab es häufig eine konkrete in Gestalt eines Herrschaftsvertrags, mit dem Sonderfall der Wahlkapitulation in Wahlmonarchien, die aber die Stände nur stärkte, wenn diese die Wähler waren und nicht ein engeres Gremium wie in der Kirche, im Reich, in Skandinavien. Auch wo der Fürst nicht gezwungen war, wie in Brabant als Bedingung des Treueids der Untertanen einen Vertrag zu beschwören, konnte sein Krönungseid zu einem fiktiven, politisch aber höchst wirksamen Herrschaftsvertrag umgedeutet werden wie in England oder Aragon.

Der Ursprung der Ständeversammlungen ist regelmäßig in kriegerischen oder dynastischen Herrschaftskrisen zu suchen, die der Monarch nicht ohne Hilfe bewältigen konnte, seltener in Problemen des Landes wie der Münzpolitik der spätmittelalterlichen Niederlande. In jedem Fall lief die Krisenbewältigung aber auf kurz oder lang auf die Bewilligung einer Geldhilfe, sprich Steuer, durch die Stände hinaus. Ein Eingriff ins Privateigentum war ja nur mit Zustimmung der Betroffenen rechtens, vor allem aber mangels Verwaltungsapparat nur im Einvernehmen mit den lokalen Machthabern durchführbar. Zwar konnte ständische Selbstorganisation (Städtebünde, aragonesische Conjuratio-

[3] Cod. 5,59,5,2.

nes, deutsche Adelsgesellschaften) eine Grundlage der Ständeversammlungen bilden, aber deren Zustandekommen hing letztlich von der Initiative des Monarchen ab. Weil das Ständewesen eine monarchische Veranstaltung war, konnten die Ständeversammlungen auch nur vom Fürsten einberufen werden. Ein Selbstversammlungsrecht war europaweit selbst für Lokalversammlungen anscheinend eher die Ausnahme als die Regel; die Verpflichtung zur regelmäßigen, etwa jährlichen Einberufung war schon viel. Selbstversammlung konnte bereits Revolution bedeuten (Niederlande, Böhmen). Ein religionspolitischer Gegensatz der Ständemehrheit zum Herrscher hat im 16./17. Jahrhundert dabei häufig, freilich selten auf Dauer zur Stärkung der Stände beigetragen; neben einem gemeinsamen, die üblichen Partikularinteressen überwölbenden Motiv hat er die Legitimation ständischen Widerstands gleich mitgeliefert. Auch die deutschen Fürsten sind zunächst auf diese Weise groß geworden.

Neben einer bereits hochentwickelten Monarchie setzte das Aufkommen des Steuern bewilligenden Ständewesens auch die Geldwirtschaft voraus. Beides zusammen erklärt die «Verspätung» Mittel-, Nord- und Osteuropas, wo Ständeversammlungen selten vor dem 15. Jahrhundert auftreten, gegenüber West- und Südeuropa, wo wir sie fast überall seit dem 13./14. Jahrhundert finden, mit León, wo 1188 erstmals Städtevertreter herangezogen wurden, als ältester in Europa. Die Annahme einer Kontinuität mit früheren Hoftagen des Mittelalters verbietet sich erstens im Hinblick auf den dort noch ziemlich beliebigen Teilnehmerkreis, der etwa in Hessen, Kurpfalz und Württemberg auch Große des Landes einschloß, die dann nicht Untertanen des Territoriums wurden. Zweitens fehlte jenen die Periodizität, die Ständeversammlungen erst zu Institutionen gemacht hat (Ernst Schubert).

Die äußerst unterschiedliche soziale Zusammensetzung läßt durchaus Grundregeln erkennen. Der Adel fehlte nur in Kastilien und den Marche, wo es sich seit dem 16. Jahrhundert um reine Städteversammlungen handelte, sowie in verschiedenen deutschen Territorien, wo es keinen gab oder er ins Reich «ausgewandert» war wie die Reichsritter und -grafen in Württemberg. Dann handelte es sich um Vertreter städtischer oder ländlicher Gemeinden. Überall sonst war der Adel nicht nur vertreten, sondern dominierte die Versammlungen, mit alleiniger Ausnahme der niederländischen Generalstände. In Polen war er faktisch einziger Stand; ähnliches scheint auch für die lokalen Ständeversammlungen zu gelten, die es in vielen Ländern unterhalb der allgemeinen und der regionalen gab. In Kastilien kann sein Fehlen auf der rein städtischen Ständeversammlung eher als Zeichen von Stärke als von Schwäche gedeutet werden. Klerusvertreter sind manchmal infolge der Reformation verschwunden, zumindest ging ihre Bedeutung zurück. Vom Dritten Stand waren die Städte bei weitem am wichtigsten; «echte» Bauernvertreter gab es in deutschen Kleinterritorien, Tirol, Vorarlberg, Ostfriesland, Teilen der Niederlande und Schweden. Obwohl sie die Masse der Steuerzahler stellten, hatten sie neben anderen Ständen wenig zu sagen; häufig galten sie als durch ihre adeligen oder geistlichen Herren vertreten, die Steuern beschlossen, aber nicht bezahlten, bisweilen durch die benachbarten Städte (Trier, Württemberg). Ein einziges Gremium aller Anwesenden mit gemeinsamen Verhandlungen war eher die Ausnahme, die Regel war Untergliederung nach Ständen in Bänke, Häuser, Kurien und dergleichen mit eigener Organisation. Die übliche Halbierung der oberen Stände machte maximal sechs davon möglich: hoher Klerus – niederer Klerus – Hochadel – Niederadel – Städte – Landgemeinden, wovon aber in unterschiedlicher Kombination anscheinend nirgends mehr als vier üblich waren.[4]

Der Adel hatte prinzipiell das Recht zur persönlichen Anwesenheit; jeder einzelne Adelige vertrat sich selbst, handelte «viritim». Dieses Recht konnte auf dem Personalprinzip oder dem Realprinzip beruhen oder auf einer Verbindung von beiden. Zum Beispiel waren in der Neuzeit in Polen bei Landtagen und der Königswahl, in Schweden auch beim Reichstag alle Adeligen teilnahmeberechtigt, in Bayern, Brandenburg und dem Languedoc nur die Inhaber bestimmter Güter, die nicht unbedingt adelig zu sein brauchten, in Kurköln und Jülich-Kleve aber wurden zu einem registrierten Adelsgut noch 16 adelige Ahnen verlangt. Kirchliche und weltliche Institutionen ließen sich durch ihre Häupter (Bischof, Bürgermeister) vertreten oder bestellten ihre Bevollmächtigten durch eine Art von Wahl, ebenso lokale Adelskorporationen für übergeordnete Versammlungen wie die Landbotenstube des polnischen Reichstags oder die untere Tafel des ungarischen Reichstags. Auch in dieser Hinsicht war das englische Parlament eine typische Ständeversammlung. Der Hochadel und die Bischöfe wurden persönlich zum Oberhaus geladen, für das Unterhaus galt in den Grafschaften einheitliches Wahlrecht der Grundbesitzer mit 40 Shilling Mindestjahreseinkommen, während die privilegierten Gemeinden (Boroughs) jede ihr eigenes Wahlrecht hatten; mühsam lassen sich dabei wenigstens sechs Typen konstruieren. House of Commons bedeutete ursprünglich nicht Vertretung des gemeinen Mannes, sondern der

4 Nur der schwäbische Kreistag hatte fünf Bänke: geistliche Fürsten – Prälaten – weltliche Fürsten – Grafen und Herren – Städte.

Gemeinden und Korporationen (Universitäten) des Landes (Communitates totius Regni).

Vertreter von Partikularinteressen brauchten eine Vollmacht ihrer Auftraggeber; daher war zunächst das imperative Mandat die Regel. Immer wieder mußten die Monarchen in Einberufungsschreiben darauf dringen, daß Vertreter wenigstens für die dort genannten Tagesordnungspunkte, insbesondere die Steuerbewilligung in bestimmter Höhe, eine hinreichende, wenn schon keine pauschale Vollmacht vorlegen konnten. Immer wieder beriefen sich Vertreter darauf, daß sie vor einem Beschluß den Willen ihrer Auftraggeber in Erfahrung bringen müßten – das ist das «Hintersichbringen», mit dem manche Ständeversammlung verzögert oder zum Scheitern gebracht wurde. Da sie auf Steuerbelastung hinauszulaufen pflegten, konnten Abwesende nach traditioneller Vorstellung eine Leistung verweigern, die sie nicht mitbeschlossen hatten. Außerdem galten die Tagungen selbst als lästige und kostspielige Pflicht. Diäten wie in Hildesheim, Köln, Paderborn wurden anscheinend selten bezahlt und mußten dann oft von den Auftraggebern aufgebracht werden; in Pommern wurde die Versammlung immerhin vom Herzog verköstigt. Obwohl die Teilnahme keineswegs ins Ermessen der Geladenen gestellt blieb, ließ die Anwesenheit oft zu wünschen übrig, und eine Verlängerung der Tagung wurde mit Abreise beantwortet.

Regelmäßig anwesend waren daher in erster Linie politisch maßgebende und selbst am Ergebnis interessierte Stände wie die deutschen Kurfürsten beim Reichstag, während bei den übrigen häufig Bereitschaft bestand, die Geschäfte bis hin zur Steuerbewilligung einem ständigen Ausschuß zu übertragen. Dieser trat bei deutschen Landständen nicht selten völlig an die Stelle der Vollversammlung, so seit 1669 die bayerische Landschaftsverordnung, die sich schließlich sogar durch Zuwahl selbst ergänzte. Unter diesen Umständen konnte es auch vorkommen, daß Amtsträger des Fürsten zugleich als Ständevertreter ihrer Sprengel tätig wurden wie zum Beispiel die habsburgischen Vögte der vorderösterreichischen Kameralherrschaften. Die formelle oder informelle Plazierung vom Fürsten abhängiger Personen in den Ständeversammlungen war aber darüber hinaus eine allgemein verbreitete und akzeptierte Herrschaftstechnik, nicht zuletzt auch in England, wo die Vernachlässigung dieses sogenannten Parlamentsmanagements durch Karl I. zu dessen Sturz beigetragen haben dürfte. Aus allen diesen Gründen konnten Stände und vor allem ständische Ausschüsse in die Hände kleiner Gruppen von Berufspolitikern geraten; in Deutschland wäre dafür neben dem immerwährenden Reichstag auch der schlesische Conventus publicus seit 1662 zu nennen.

Weil er sich an das römisch-rechtliche Prozeßverfahren anlehnte (Ernst Schubert), wies der Ablauf von Ständetagen europaweit eine erstaunliche Ähnlichkeit auf. Auch hier wurde Herrschaft justizförmig ausgeübt. Auf einen Gottesdienst folgte in einer Plenarsitzung die Prüfung der Vollmachten und die Verlesung der Proposition des Monarchen, in der die Tagesordnung enthalten war, auch in England, Polen und Ungarn vor Ober- und Unterhaus gemeinsam (Thronrede). In der Regel zogen sich dann die Teilgremien zu getrennter Beratung und Beschlußfassung zurück, gaben sich ihre Bedenken und Beschlüsse gegenseitig zur Kenntnis und setzten gegebenenfalls gemeinsame Ausschüsse zu deren Abgleichung ein. Um den prozeßhaft-formalisierten Charakter der Verhandlungen zu umgehen, konnten sich ganze Gremien vorübergehend zu Ausschüssen erklären, das englische Unterhaus zum Committee of the Whole House, der Landtag von Siebenbürgen zur Nationalversammlung. Schließlich legten sie meist in einer weiteren Plenarsitzung ihre Replik auf die Proposition vor. War der Fürst nicht einverstanden, antwortete er mit einer Duplik, auf die eine weitere Verhandlungsrunde und eine Triplik der Stände folgten und so fort, bis man sich entweder geeinigt hatte oder ergebnislos auseinandergegangen war. Ein Ergebnis wurde als Abschied oder Rezeß urkundlich festgehalten, erhielt Rechtskraft aber erst durch die Ratifikation des Fürsten.

Für Beschlüsse der Teilgremien wie der Gesamtversammlung, wo die einzelnen Teilgremien dann meistens nur eine Stimme hatten, war teils das ältere Einstimmigkeits-, teils das später entstandene Mehrheitsprinzip üblich. Nicht selten entschieden Teilgremien nach Stimmenmehrheit, während für den Gesamtbeschluß ihre Übereinstimmung erforderlich war. Da ursprünglich nur die je eigene Zustimmung als bindend galt, blieb Einstimmigkeit wünschenswert, während in der Praxis das Mehrheitsverfahren auf dem Vormarsch war. Allerdings gab es eine Art Folgepflicht für die überstimmte Minderheit, um endgültige Einstimmigkeit herzustellen, und wo die Mehrheit wie im deutschen Reichstag durch hierarchisch geordnete Umfrage ermittelt wurde, konnten die minder wichtigen Vertreter sich den zuerst abgegebenen Voten der wichtigeren anschließen.

Wichtigste Aufgabe der Stände und Grundlage ihrer Macht war die Steuerbewilligung. Auch von den absoluten Monarchien konnten nur Dänemark und Schweden, nicht aber Frankreich und Kastilien, Österreich und Sachsen ganz ohne sie auskommen. Zumindest Steuererhöhungen wurden mit den kastilischen Cortes und den französischen Provinzialständen ausgehandelt. Verhandlungen des Fürsten mit einzelnen Ständen oder Lokalversammlungen wurden häufig von beiden Seiten als vorteilhafter angesehen. Wo die Stände die Schulden des Landesherrn übernommen hatten wie in vielen deutschen Territorien, konnten sie zwar nicht selten die Steuerverwaltung in eigene Regie nehmen, unterlagen aber zu deren Aufrechterhaltung einer Bewilligungsautomatik. Außerdem schufen sich Landesherren wie der Brandenburger neue Steuersysteme neben den ständischen.

Wenn niemand Widerspruch erhob (Verschweigen der Stände), konnten die Monarchen eine bewilligte Steuer weiter erheben und auf diese Weise Gewohnheitsrecht schaffen. So soll im 15. Jahrhundert das Steuererhebungsrecht der französischen Könige ohne ständische Zustimmung zustande gekommen sein. Deutsche Landstände suchten sich dagegen durch Schadlosbriefe oder Reverse der Landesherren zu schützen, in denen ihnen bestätigt wurde, daß die Steuerbewilligung unbeschadet ihrer Rechte und freiwillig erfolgt sei. Die Monarchen konnten statt dessen aber eine längerfristige Bewilligung durchdrücken wie in Brandenburg und Österreich oder unter Berufung auf Bedürfnisse des Gemeinwohls (necessitas) Steuern kraft ihrer Notstandsgewalt erheben – wenn sie stark genug waren.

Wo es an Lokalverwaltung fehlte, waren die Stände auch mit der Steuererhebung befaßt. Zumindest in der Oberpfalz haben sie die Gelegenheit benutzt, für sich mehr von den Untertanen einzutreiben, als sie an den Landesherrn abführen mußten. Aber viele Reichsfürsten gingen genauso vor, benutzten den Zwang der Reichssteuern, um die Steuerbewilligung ihrer Stände in Gang zu bringen, und ließen sich mehr bewilligen, als sie dem Reich schuldig waren.

Im Gegenzug zur Steuerbewilligung pflegten die Stände Beschwerden (Gravamina) vorzubringen. Aus Vorschlägen zu deren Beseitigung konnte Gesetzgebung erwachsen, entweder unter Mitwirkung der Stände wie in Aragon, England, Schottland, Schweden, Polen und Ungarn, oder hinterher durch die Krone wie in Frankreich noch im 16. Jahrhundert. Europäische «Policeygesetzgebung» ging nicht selten auf ständische Initiative zurück. Wichtig war dabei, ob die Gravamina erst nach der Steuerbewilligung zur Sprache kommen durften oder ob ihre Abstellung zu deren Bedingung gemacht werden konnte.

Die große Politik galt demgegenüber als Prärogative des Herrschers, konnte freilich eine Rolle spielen, insofern sie Kosten verursachte. So gab es in einigen deutschen Ländern wie Bayern, Brandenburg-Preußen und Sachsen zeitweise ein Mitspracherecht auf diesem Gebiet. Zur ständischen Kontrolle der Regierung kam es in den Nordniederlanden, in Polen, in England ab 1689, in Schweden im 18. Jahrhundert und 1619/20 in Böhmen. Anläufe zu ständischer Staatsbildung sind aber in Böhmen, England, Schweden, auf lange Sicht auch in den

Niederlanden stets gescheitert, weil das Ständewesen auf Partikularinteressen beruhte und daher die Einheitlichkeit als Grundprinzip des modernen Staates im Gegensatz zur Monarchie entweder gar nicht oder nur für kurze Zeit unter besonderen Bedingungen herstellen konnte. Monarchen vermögen Initiativen zu entwickeln, Stände können fast nur reagieren; daher bewährte sich der englische Kompromiß unter monarchischer Führung.

Das Ständewesen war für Monarchien auf einem mittleren Entwicklungsniveau ein ausgezeichnetes Instrument zur Mobilisierung von Ressourcen, zur Produktion von Konsens und Landespatriotismus – nur zu gerne griffen die neo-absolutistischen deutschen Mittelstaaten nach 1806 auf dieses Integrationsinstrument zurück. Infolge ihrer partikularistischen Fundamentalstruktur standen sie aber der weiteren Staatsbildung im Wege und mußten verschwinden, entweder durch Abschaffung nach dem Recht des Siegers wie in der Oberpfalz 1628, in Aragon 1707, in Schlesien 1740, oder durch einfache Nichteinberufung. In Frankreich hat die Krone die Generalstände 1614 zum letzten Mal einberufen und sich gegebenenfalls mit anderen zentralen Versammlungen beholfen (Klerus, Notabeln), bis die Krise 1788 zum Rückgriff auf die Generalstände zwang. Französische Provinzialstände sind im 17. Jahrhundert ebenfalls serienweise auf der Strecke geblieben, so daß nur wenige Ständelandschaften (Pays d'états) übrig blieben [*Abbildung 8*]. Aber auch in deutschen Territorien und in Skandinavien, in Spanien und in Portugal ist dies die Zeit des Ständesterbens. Nur wo sie sich erfolgreich zur Nationalrepräsentation zu mausern verstanden, hatten sie eine Chance zu überleben.

Otto Hintze versuchte, das europäische Ständewesen auf die beiden Typen Zwei-Kammer-System und Drei-Kurien-System zu reduzieren und damit zugleich zwei alternative Pfade zur Staatsbildung zu identifizieren, (1) vom Sippenstaat über den Ständestaat des Zwei-Kammer-Typs zur parlamentarischen Monarchie englischer Art, (2) vom Sippenstaat über den Feudalstaat und den Ständestaat des Drei-Kurien-Typs zur absoluten Monarchie.[5] Trotz Wiederbelebung durch Thomas Ertman läßt sich diese typologische Zuschärfung auf zwei Alternativen aber weder theoretisch noch empirisch halten. Das Alte Reich als «doppelstöckiges» ständisches Gemeinwesen mit so eigentümlichen ständischen Institutionen wie den Reichsregimentern, den Reichskreisen, der Reichsritterschaft, erweist sich dabei als besonders sperrig. Statt dessen tun wir besser daran, von einem einheitlichen

5 Typologie der ständischen Verfassungen des Abendlandes (1930), in: *Hintze,* Bd. 1, 120–39.

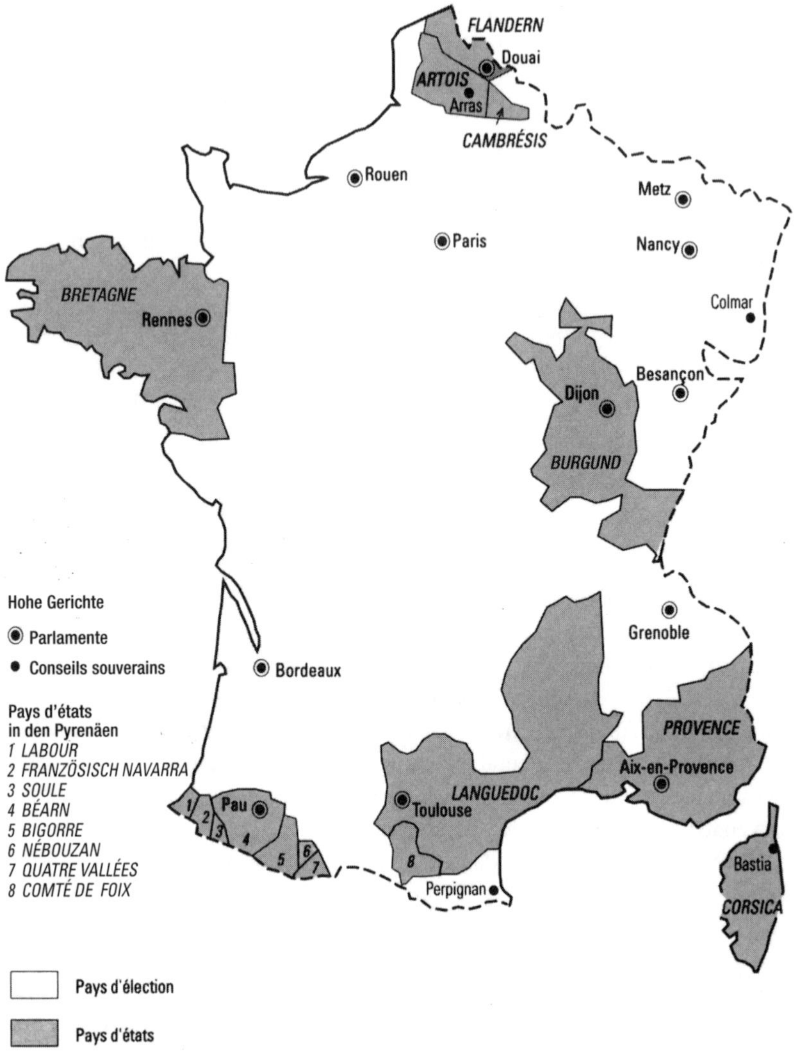

Abb. 8: Die Pays d'états in Frankreich Ende des 18. Jahrhunderts

Entstehungsprozeß des Ständewesens durch Erweiterung der Curia Regis sowie einem ziemlich einheitlichen Grundmuster als Ergebnis auszugehen und die Bedeutung der Zusammensetzung und Gliederung der jeweiligen Ständeversammlungen nicht zu überschätzen. Sie sind zwar auf die unterschiedlichen sozialen Rahmenbedingungen, insbesondere das unterschiedliche Gewicht von Adel und Städten, in den verschiedenen Ländern zurückzuführen, daneben aber auch auf rein kontingente Vorgänge. So ließe sich das englische Unterhaus mit seinen Grafschafts- und Städtevertretern analog zur unteren Tafel des ungarischen Reichstags durchaus als Dreiständeversammlung in nuce auffassen, wenn nicht anders als dort der niedere Klerus seit dem 14. Jahrhundert definitiv ausgeschieden wäre und die englische Kirche ihre eigenen Parlamente, die Convocations der Kirchenprovinzen Canterbury und York, behauptet hätte, bis diese infolge Einbeziehung des Klerus in die Normalbesteuerung nach 1689 überflüssig wurden.

Günter Barudio hat dem dualistischen Denkschema König-Stände das in Skandinavien besonders ausgeprägte trialistische König-Reichsrat-Reichstag gegenübergestellt. Damit wird man einerseits der allmählichen Ausweitung der Curia Regis vom Rat zur Ständeversammlung gerecht, andererseits dem zeitgenössischen Diskurs der idealen Mischverfassung aus monarchischer Majestas, aristokratischer Auctoritas und demokratischer Libertas. Die Zeitgenossen hatten dabei mit der Interpretation adelsdominierter Reichstage als demokratisch keine Probleme, denn nicht nur im Extremfall Polen bestand das «politische Volk» grundsätzlich nur aus dem Adel. Auch im englischen Diskurs gab es ja keinen Dualismus König-Parlament, sondern den Trialismus des King-in-Parliament aus König, Lords und Commons, wobei die Lords durchaus als der ältere, hochadelige Reichsrat gelten dürfen. Auch die deutschen Kurfürsten verstanden sich als ein Reichsrat nicht nur in, sondern auch neben dem Reichstag.

Als entscheidende Variable für die unterschiedliche Ausgestaltung dieses Grundmusters hat Kazimierz Orzechowski die politische Geographie identifiziert. War ein Land nicht zu groß und traditionell zentralistisch, konnte es ein unitarisches Ständesystem mit nur einer Versammlung haben wie England oder Portugal. Andere, vor allem große Länder und zusammengesetzte Monarchien hatten plurale Systeme, wobei es je nach dem Grad der Integration horizontale mit parallelen, gleichrangigen, aber durchaus ungleichgewichtigen Versammlungen geben konnte wie in der spanischen Monarchie, in Österreich und Brandenburg-Preußen oder vertikale mit einer Hierarchie von Versammlungen wie in Polen oder Ungarn und in besonderer

Weise auch im Reich. Frankreichs äußerlich vertikales System funktionierte wegen der Aufgabenteilung – die Generalstände befaßten sich kaum mit Steuerbewilligung – eher als horizontales. Zentrale Versammlungen in vertikalen Systemen waren sekundär, nachträglich errichtet, neigten aber dazu, die primären zu mediatisieren. In großen Ländern wie Frankreich ging es nicht ohne Wahlen, aus denen dann neue untergeordnete Sekundärversammlungen hervorgehen konnten. So entstanden die Reichskreise als Wahlbezirke, aber die Kreistage übernahmen bald andere Aufgaben. Unitarische und vertikale Systeme erlaubten außerdem die Integration des erweiterten königlichen Rates als erste Kammer.

c) Ständischer Widerstand und Widerstandsdiskurs

Frühneuzeitlicher Widerstand gegen die werdende Staatsgewalt war noch kein Widerstand gegen den Staat als Monopolisten legitimer Gewaltanwendung. Noch konnten Einzelne ein Recht auf Waffen zur Durchsetzung ihres Rechts beanspruchen, auch deswegen, weil die Obrigkeit noch nicht die einzige Quelle des Rechts war. Sie war erst dabei, sich das eine wie das andere Monopol zu verschaffen, den Untertan, auch den adligen, zu entwaffnen und die ausschließliche Rechtshoheit zu erwerben. Solche Ansprüche der Monarchen dürften im 16./17. Jahrhundert Widerstand erst richtig provoziert haben, Widerstand, der häufig zusätzliche Legitimation durch den Anspruch erhielt, den wahren Glauben zu verteidigen.

Aus diesem Grund beschränkte sich Widerstand keineswegs auf die Stände unter Führung des Adels, sondern erfaßte oft genug auch die Masse der Untertanen, die eigene Beschwerden gegen die Staatsgewalt hatten. Denn deren Ansprüche an die Steuerkraft der Untertanen stiegen ebenso wie die Versuche, ihr Verhalten einer strikteren Disziplin zu unterwerfen. Adelig-ständischer Widerstand erfolgte also gar nicht selten Hand in Hand mit Volksaufständen, nach dem zeitgenössischen Urteil Francis Bacons wurde er sogar nur dadurch unwiderstehlich. Grundherren konnten ja durchaus ein Interesse daran haben, zusammen mit ihren Untertanen steigende Steuern zu bekämpfen, um ihre eigenen Einkünfte sicherzustellen. Auf der anderen Seite konnten Volksbewegungen auf diese Weise kompetente Führer erhalten und möglicherweise ihre Legitimität aufbessern. Denn das Volk war zwar für viele ständische Widerstandsideologen die Quelle der Herrschermacht, doch hatte das konkrete Volk des dritten Standes in den meisten Ländern nicht nur kein Fehde- und Widerstandsrecht, sondern nichts zu sagen und schlicht zu gehorchen.

Nach Francis Bacon kam es zu Ausbrüchen wegen religiösen Neuerungen, Steuern, Veränderungen von Gesetzen und Gewohnheiten, Verletzung von Privilegien, Bevorzugung von Fremden, Unterdrükkung und Not, Bedrängnis durch entlassene Soldaten usw. Aber gewöhnliche Leute waren schwer in Bewegung zu setzen, wenn sie nicht von den Großen aufgehetzt wurden. Und die Großen hatten wenig Macht, wenn das Volk nicht aufstandsbereit war. Man mußte also Beschwerdemöglichkeiten schaffen (Gravamina), Hoffnungen erwecken und vor allem darauf achten, daß keine Führung für Unzufriedene vorhanden war.

Die Gegenseite konnte demgegenüber an einen traditionellen Widerstandsdiskurs christlichen, antiken und germanischen Ursprungs anknüpfen. Für Christen gab es strenggenommen nur Gehorsam gegenüber der Obrigkeit im Sinne von Römer 13. Sündhaftem Ansinnen war nach Apostelgeschichte 5,29 mit Gehorsamsverweigerung zu begegnen, die aber die Bereitschaft zum Martyrium einzuschließen hatte. Freilich stand daneben die Vorstellung, daß Herrschaft zwar letztinstanzlich von Gott, unmittelbar aber vom Volke stamme und eine Sache auf Gegenseitigkeit, konkret eines Herrschaftsvertrags sei. Das konnte auf die naturrechtliche Befugnis zur Absetzung eines Herrschers bei Rechtsverletzung hinauslaufen, weil Herrschaftszweck und Verfassungsbindung die Grenze des Gehorsams markierten.

Falls ein Herrscher durch notorische Rechtsverletzung zum Tyrannen entartete, wurde die Möglichkeit der Absetzung durch einen Höheren, etwa den Papst, diskutiert, oder die Absetzung durch das Volk, wobei das Verfahren unklar blieb, schließlich die Tötung durch einen Einzelnen, der Tyrannenmord, als letzter Ausweg. Thomas von Aquin und Baldus de Ubaldis unterschieden den Usurpator (tyrannus ex defectu tituli) vom legitimen Herrscher, der zum Tyrannen verkommen war (tyrannus ex parte exercitii). Widerstand gegen ersteren konnte geradezu zur Pflicht werden, während letzterem häufig Anspruch auf Gehorsam zugestanden wurde, um Aufruhr und Bürgerkrieg zu vermeiden, die als größere Übel galten als Tyrannei.

Die Reformatoren lehrten zunächst den uneingeschränkten, leidensbereiten Gehorsam des Christen auch gegenüber einer ungerechten Obrigkeit. Luther öffnete sich aber schließlich dem juristischen Argument, daß die Fürsten als Magistratus inferiores in bestimmten Fällen ein Widerstandsrecht gegen den Kaiser als Magistratus superior hätten, und erklärte Widerstand gegen den Kaiser als Verbündeten des apokalyptischen Ungeheuers, des Papstes, am Ende sogar zur Pflicht. Magdeburgs bedrängte Lutheraner gingen 1550 noch darüber hinaus: Jeder

Fürst könne zum apokalyptischen Tyrannen entarten, während auch städtische Obrigkeiten Magistratus inferiores seien.

Von hier und nicht von den Calvinisten ging das protestantische Widerstandsrecht aus. Calvin hatte seiner Gehorsamslehre zwar schon 1536 einen Abschnitt über Ständeversammlungen als populares Magistratus eingefügt, die wie die Ephoren in Sparta zur Dämpfung königlicher Machtlust verpflichtet seien, aber nicht gesagt wie. Während die deutschen Lutheraner in der relativen Rechtssicherheit nach dem Augsburger Religionsfrieden 1555 Gedanken an Widerstand aufgaben, praktizierten die Calvinisten inzwischen vielerorts Widerstand, meistens in ständischen Formen und mit eher säkularer Begründung.

Théodore de Bèze hatte schon 1554 die Magdeburger Thesen übernommen und damit calvinistischen *französischen* Hochadeligen Argumente geliefert, mit denen sie als Magistratus inferiores eine Revision der Machtverhältnisse zu ihren Gunsten betreiben konnten. Nach der Bartholomäusnacht argumentierte François Hotman als erster der sogenannten «Monarchiefeinde» (Monarchomachen) in der «Franco Gallia» 1573 historisch mit Wahl und Absetzung der Frankenkönige durch das Volk, das heißt die Stände, mit seiner Kontrolle durch deren alljährliche Versammlung und mit seiner Bindung an die Grundgesetze des Reiches. In de Bèzes anonymer Schrift «Du droit des Magistrats sur leurs subjects» 1574 ging es um den zum Tyrannen entarteten legitimen Fürsten. Ihn könnten die Stände, die ihn eingesetzt haben, wegen Bruch des Herrschaftsvertrags auch absetzen. Ersatzweise hätten die Magistrate den Widerstand einzuleiten. In ähnlicher Weise hat auch Johannes Althusius in seiner «Politica» 1603 den Ephoren, sprich Ständen, nicht nur das Recht, den Summus Magistratus zu wählen, reserviert, sondern auch, ihn abzusetzen, wenn er zum Tyrannen entarten sollte. Den gewöhnlichen Untertanen blieb nur der passive Widerstand der Gehorsamsverweigerung. In den pseudonymen «Vindiciae contra Tyrannos», angeblich von Hubert Languet und Philippe Duplessis-Mornay, spielte 1579 die Vorstellung eines doppelten Bundes die zentrale Rolle, erstens zwischen Gott, König und Volk im Sinne des Alten Testamentes, wodurch Verletzung göttlicher Gebote durch den König Vertragsbruch und Grund zum Widerstand wurde. Zweitens zur Herrschaftsbegründung zwischen König und Volk, denn das Volk als Ganzes stehe über dem König und dieser auch im weltlichen Bereich unter dem Gesetz, so daß ungerechte Herrschaft auch hier Widerstand legitimierte, freilich nur durch Amtsträger und Stände.

Die Theologie des Covenant, des Bundes eines Volkes mit Gott nach dem Vorbild des Alten Israel, hatte bereits 1557 und 1559 in *Schottland* zur Bezeichnung von adelig-ständischen Bünden der Reformierten gegen die katholisch-monarchistische Regentschaft gedient. Auf dieser Grundlage galten das Volk wie der Einzelne zum Widerstand gegen gottlose Tyrannen berechtigt, ja verpflichtet. Das Richterbuch des Alten Testaments lieferte theologische Legitimation.

In *Frankreich* hatten sich die Calvinisten freilich inzwischen zu Monarchisten gemausert, als ihnen ihr ehemaliger Glaubensbruder Heinrich IV. 1598 mit dem Edikt von Nantes einen rechtlich gesicherten Status bot, während umgekehrt seit den ersten Zugeständnissen der Krone an die Hugenotten 1574 Katholiken zu Monarchomachen wurden. Dabei konnten sie auf Theorien spanischer und italienischer Theologen (Vitoria, Bellarmino, Mariana, Suarez) zurückgreifen, die dem monarchischen Machtanspruch im Interesse der Kirche und insbesondere des Papstes Grenzen setzten. Für die 1576 gegründete katholische Liga waren Kirche und Volk, d. h. Papst und Stände, zur Absetzung des Königs berechtigt. Da auch der Tyrannenmord an einem entarteten Herrscher gerechtfertigt wurde, erlag Heinrich III. 1589 einem Attentat, ebenso Heinrich IV. 1610.

Bald nach Schottland und Frankreich hatten auch die *Niederlande* den Beginn adelig-ständischen Widerstands unter calvinistischem Vorzeichen erlebt. In diesem hochurbanisierten Gebiet spielten freilich kommunale Bewegungen eine größere Rolle. Widerstand konnte hier auf eine lange Tradition zurückblicken. Außerdem fanden sich hier alle von Bacon aufgezählten Motive für das Entstehen einer gemeinsamen Widerstandsbewegung von Adel und Volk: religiöse Neuerungen einerseits durch eine aggressive calvinistische Kirche, andererseits infolge Verfremdung der alten Kirche durch Neugründung von Diözesen und Ketzerverfolgung von besonderer Brutalität, weiter hohe Steuerforderungen, die ebenso wie die neuen Diözesen bestehendes Recht verletzten, die Dominanz des landfremden Ministers Granvelle in Staat und Kirche, schließlich die Belastung durch die landfremden Soldaten des spanischen Königs.

Seit dem Bildersturm von 1566 herrschte Krieg mit Unterbrechungen bis 1648. Dabei spielten die eher gemäßigten Generalstände eine maßgebende Rolle in der Auseinandersetzung mit der spanischen Krone. Sie wurden erst damals aus einer bloßen Addition von Provinzständen zu einem Gesamtkorpus, freilich nur, um durch die konfessionelle Polarisierung wieder zerrieben zu werden. 1579 entstanden mit der Union von Arras das katholische Belgien und mit der Union von Utrecht die protestantischen Niederlande des Nordens. Der ständische Führer Wilhelm von Oranien schlug sich auf die Seite des Nordens, wurde 1580 vom König geächtet und 1584 ermordet.

Mit seiner Apologie hatte Oranien das verzerrte Bild vom sadistischen Finsterling Philipp II. geprägt. Wegen Verletzung des Herrschaftsvertrags durch Philipp als Herzog von Brabant mit Steuerforderungen, Entsendung fremder Truppen, Münzverschlechterung und rechtswidrigen Gerichtsverfahren habe er, Oranien, als Landstand von Brabant die Pflicht zum Widerstand gehabt. Ähnlich argumentierten die nördlichen Generalstände, als sie 1581 Philipp den Gehorsam aufkündigten, um sich einen neuen Souverän und Schutzherrn zu suchen. Erst als sie keinen fanden, wurden sie fast wider Willen zur Republik. Philipp habe sie unter Verletzung seiner Eide zu Sklaven seiner Tyrannei machen wollen, was im einzelnen geschildert wurde. Statt berechtigte Beschwerden der Stände anzunehmen, habe er die Beschwerdeführer als Majestätsverbrecher bestrafen lassen. Dadurch habe er ipso iure seine Herrschaft über die Niederlande verwirkt, so daß alle Verpflichtungen und Eide von Amtsträgern und Untertanen ihm gegenüber nicht mehr bänden und ein neuer Herrschaftsvertrag möglich sei. Diese erste «Unabhängigkeitserklärung» der Geschichte hat bis in die Details des Tyranneidiskurses der berühmteren der USA von 1776 zum Vorbild gedient.

In *Böhmen* hatte der kinderlose Kaiser Rudolf II. im Konflikt mit seinen Brüdern die Stände durch Zugeständnisse zu gewinnen versucht und ihren Protestanten 1609 Gewissensfreiheit, das Recht zum Kirchenbau sowie eine politische Selbstorganisation unter Defensoren gewährt. Die harte Linie seiner Nachfolger führte 1618 zum Bruch durch rituelle Defenestratio der Statthalter. Die Stände versuchten zwar wie üblich die Schuld auf die bösen Minister des guten Herrschers zu schieben, setzten aber unverzüglich eine Regierung ständischer Direktoren ein und rüsteten. Der Konflikt eskalierte, und ein Generallandtag aller Länder der Krone Böhmen beschloß mit der Confoederatio Bohemica am 31. Juli 1619 eine wohldurchdachte, gemeinsame ständische Verfassung, der es aber nicht gelang, die horizontale Pluralität der Ständeversammlungen durch eine vertikale zu ersetzen. Die maßgebenden Landesämter sollten fest in ständischer und protestantischer Hand bleiben, die Defensoren zur festen Institution werden, mit der einzigartigen Befugnis, notfalls den Landtag einzuberufen. Das Königtum wurde zum Wahlamt mit begrenzten Befugnissen und in einer an Althusius gemahnenden Weise ständischer Aufsicht unterstellt. Der Wahlkönig Friedrich V. von der Pfalz konnte die Niederlage der Böhmen gegen die Ligaarmee 1620 aber nicht verhindern, nach der das Land rekatholisiert und seine ständische Verfassung monarchisch revidiert wurde (Vernewerte Landesordnung 1627).

Adelig-ständischer Widerstand hatte in Böhmen seit der Hussitenzeit Tradition, war aber doch nicht in dem Maße legalisiert wie bei den östlichen Nachbarn, wo sich der ungarische Adel seit der Goldenen Bulle von 1222, der polnische seit den Privilegien Wladislaws II. Jagiello (1386–1434) ein verbrieftes Widerstandsrecht zuschrieb. In Polen wurde das Grundrecht des Adels auf Gehorsamsverweigerung als «Articulus de non praestanda oboedientia» 1573 in die ständige Wahlkapitulation aufgenommen. Ein bewaffneter Zusammenschluß gegen den König (Rokosz) seitens des calvinistischen Adels endete 1607 zwar mit einer für den Protestantismus folgenreichen Niederlage. Aber der König konnte sich kein Strafgericht leisten und erklärte beschwichtigend, er strebe nicht nach dem «absolutum dominium»; der Rokosz wurde für die Zukunft sogar gesetzlich legitimiert.

In *Ungarn* verbanden sich konfessioneller und verfassungspolitischer Widerstand noch deutlicher und vor allem langfristiger als in Polen und Böhmen. Er richtete sich nicht nur gegen die Gegenreformation der Habsburger, sondern ebenso gegen ihre Anläufe zur Errichtung einer unumschränkten Monarchie. Aufstände fanden Rückhalt am halbunabhängigen Fürstentum Siebenbürgen, wo Toleranz für fünf verschiedene Konfessionen herrschte. Die Türkenkriege des 17. Jahrhunderts überschnitten sich immer wieder mit Aufständen des Adels und des Volkes, bis zu Leopolds I. Triumph über die Osmanen 1683–99. 1687 mußte sich der Reichstag mit der Erblichkeit der Krone und der Aufhebung des Widerstandsrechtes abfinden. Freilich führte extremer Steuerdruck 1703–11 zu einem neuen Aufstand, in dessen Verlauf Kaiser Josef I. 1707 als König von Ungarn abgesetzt wurde. Erst als im Spanischen Erbfolgekrieg Truppen frei wurden, konnte die Bewegung unterdrückt werden. Die Privilegien des Adels samt seiner inneren Herrschaft über Ungarn wurden aber nicht angetastet und die Protestanten toleriert. Mit diesem ständischen Erfolg kehrte Friede ein, bis Josef II. versuchte, die ständische Selbstverwaltung durch zentralisierte kaiserliche Verwaltung zu ersetzen. Vor beginnenden Unruhen mußte auch er Ende der achtziger Jahre den Rückzug antreten.

Ganz offensichtlich bildeten das spätere 16. und das 17. Jahrhundert den Gipfelpunkt adelig-ständischer Widerstandsbewegungen. Was vor dieser Zeit stattgefunden hatte, stellte sich nicht deutlich als Widerstand dar, sondern ging in der allgemeinen Gewalttätigkeit auf, in der es auch noch keine scharfen Grenzen zwischen inneren und äußeren Konflikten gab. Außerdem war das institutionalisierte Gewaltmonopol der Monarchen noch nicht genug ausgeprägt, um einen deutlichen Gegenpol für Widerstand zu markieren. Jetzt aber expandierte die monarchische Macht, was mit Kriegen und Steuerdruck verbunden war, einer Hauptbeschwerde der Widersacher. Damit waren breitere Kreise zu mobilisieren, ebenso durch die konfessionellen Gegensätze, die in den meisten Ländern immer noch wichtiger waren, als viele Historiker annehmen möchten. Außerdem war der Adel im Gegensatz zu später damals immer noch bereit, zum Widerstand die Waffen zu ergreifen. Vielleicht haben ihn erst seine Niederlagen von der Unausweichlichkeit des monarchischen Gewaltmonopols überzeugt.

In der Mitte des 17. Jahrhunderts häuften sich adelig-ständische Widerstandsbewegungen sogar in der konfessionell homogenen *spanischen* Monarchie. Der Versuch, den infolge Olivares' neuer Großmachtpolitik steigenden Steuerdruck von Kastilien gleichmäßiger auf die anderen Länder der Monarchie zu verteilen, hatte dort Verweigerung und Unruhen zur Folge. Die verhaßte Einquartierung von Truppen als Reaktion führte in Katalonien zum Kleinkrieg zwischen Soldaten und Bauern. 1640 wurde der Vizekönig ermordet, die Stände traten auf die Seite der Aufständischen und nahmen schließlich für französische Hilfe Ludwig XIII. als Fürsten an. Nun schlug sich auch der portugiesische Adel auf die Seite der Gegner Kastiliens; 1640 begann dort der erfolgreiche Unabhängigkeitskrieg. Und noch nach dem Sturz des Ministers lösten neue Steuern 1647 Volksaufstände in der Stadt Palermo sowie in Stadt und Königreich Neapel aus. Die Folge war aber nur eine machtpolitische Schwächung Spaniens, keine Veränderung des Regimes, das wenig später die kastilische Ständevertretung vollends einschlafen lassen konnte.

Als ähnlich fest etabliert erwies sich die Monarchie in *Frankreich*, obwohl sie 1648–53 noch einmal eine gefährliche Krise erlebte, als in der Fronde adelig-ständische Widerstandsaktionen und Volksbewegungen, Unruhen in Paris und in den Provinzen zusammentrafen. Daß sie sich nicht eigentlich verbanden, war allerdings einer der Gründe für ihre Niederlage. Die Regentschaft einer Ausländerin (Anne d'Autriche) mit einem ausländischen Minister (Mazarin) seit 1643 hatte die persönlichen Treuebande zur Krone gelockert und Ressentiments gegen die Regierung ermöglicht. Kriegsbedingt hoher Abgabendruck traf auch den Amtsadel im Pariser Parlament, das sich daraufhin zum Sprecher der Unzufriedenheit des Landes machte und die Abschaffung der Intendanten, die Garantie persönlicher Freiheiten und vor allem das Steuerbewilligungsrecht verlangte. Ein Gegenschlag führte zum Aufstand, zur Flucht des Hofes und zur Regierungsübernahme durch das Parlament, das die Pariser zu den Waffen rief. Der Hochadel, dessen Spitzen anstelle der Königinmutter die Regentschaft beanspruchten, revoltierte ebenfalls, zahlreiche städtische Aufstände folgten. Mazarin mußte weichen, konnte aber dank der allgemeinen Uneinigkeit 1653 im Triumph zurückkehren. Ludwig XIV. selbst, für den die Demütigung durch die Fronde lebenslang ein Stachel blieb, vermochte sich energisch zum Fixpunkt des Bedürfnisses der Franzosen nach Ruhe und Ordnung zu machen. 1655 verbot er dem Parlament jeden Widerspruch, seit 1657 wurden die Intendanten wiedereingeführt, und als die Stadt Marseille sich den Vorstellungen der Krone widersetzte, erschien der König 1660 persönlich mit einer Armee, ließ ihre Befestigungen schleifen und nahm ihr für immer ihre Privilegien.

Von nun an sollte es in Frankreich keinen nennenswerten adelig-ständischen Widerstand mehr geben, wie er sich zwischen 1559 und 1660 gehäuft hatte. Natürlich ging es dem Adel dabei um die Wahrnehmung seiner Interessen, aber diese konvergierten in der politischen Idee der gemischten Monarchie, der traditionellen Teilung der Macht zwischen Krone und Ständen, ein rückwärtsgewandtes Ideal, aber, wie der Fall England zeigen wird, gleichzeitig durchaus eine zukunftsträchtige Alternative für Staatsbildung. Aus dieser Sicht war die absolute Monarchie mit dem aufkommenden Regime von Bürokraten und Technokraten eine Perversion von Politik, eine Verletzung der Verfassung des Landes, gegen die für den Adel geradezu eine «Pflicht zur Revolte» bestand (Arlette Jouanna). Mit der Entschärfung des Konfessionskonflikts ging dem Adel allerdings das einigende Band verloren, so daß sich seine inneren sozialen Gegensätze auswirken konnten, wofern er nicht ebenso wie die Großen in das landesweite Patronagenetz der Krone eingebunden wurde.

In *England* führte der Widerstand gegen die Monarchie zum dramatischen Höhepunkt der Verurteilung und Hinrichtung eines Königs durch ein ständisches Gericht 1649. Die englische Monarchie war zwar stark, solange sie im Einklang mit dem Parlament operierte, verfügte aber über so geringe eigene Ressourcen, daß ihre Abhängigkeit von parlamentarischen Steuerbewilligungen sich im Konfliktfall als Achillesferse erwies. Konflikte um die königlichen Befugnisse und die anglikanische Kirchenpolitik 1621–29 veranlaßten die parlamentarische Opposition zur Wiedereinführung des Impeachment, der Anklage durch das Unterhaus vor dem Oberhaus, ein Instrument gegen mißliebige königliche Amtsträger. Karl I. versuchte anschließend ohne Parlament zu regieren und nicht-parlamentarische Geldquellen zu erschließen. Als er sich aber kirchenpolitisch mit den Schotten anlegte und 1638 auf bewaffneten Widerstand stieß, ließ sich ein Parlament zur Geldbeschaffung nicht mehr umgehen.

Dieses Parlament begann 1640 mit der Entmachtung der Krone, beseitigte durch Impeachment die königlichen Minister, dann die monarchiefreundlichen bischöflichen Oberhausmitglieder und trotzte dem König eine Serie einschneidender Reformgesetze ab. Vor allem machte es sich durch die gesetzliche Verpflichtung, alle drei Jahre ein Parlament einzuberufen und das bestehende nicht gegen seinen Willen aufzulösen, zu einer von der Krone unabhängigen Institution. Anstoßerregende Einrichtungen der Monarchie wie die Sternkammer wurden abgeschafft. Ein Irenaufstand gab der hysterischen Furcht vor papistischer Verschwörung und dem Mißtrauen gegen den König, der versucht hatte, die Oppositionsführer zu verhaften, den nötigen Auftrieb. Das Parlament verlangte jetzt, daß nur Personen seines Vertrauens königliche Räte werden dürften, und versuchte, dem König den Oberbefehl über die Streitkräfte zu entziehen. Karl sah in diesem Eingriff in seine Exekutive eine Verletzung der traditionellen englischen Verfassung der Monarchia mixta und sammelte Anhänger, der Bürgerkrieg war da. Die neue Berufsarmee des Parlaments war religiös wie politisch radikaler als dieses und errichtete 1649 eine Republik, die den König vor einen Sondergerichtshof stellte und wegen Überschreitung seiner Befugnisse sowie Kriegführung gegen das Parlament und damit gegen sein eigenes Volk anklagte. So wurde er als Tyrann, Hochverräter und Mörder zum Tode verurteilt und hingerichtet.

Die ständische Republik litt freilich weiter an Konflikten zwischen dem Parlament und der Armee und wurde daher 1653 von der ersten europäischen Militärdiktatur unter Oliver Cromwell abgelöst. Diese blieb aber ein Minderheitsregime, so daß nach dem Tod des Diktators 1658 die Rückkehr zu einer modernisierten Variante der traditionellen Verfassung 1660 dem Wunsch der Mehrheit der politischen Klasse entsprach. Die Beziehungen zwischen Krone und Parlamenten durchliefen aber erneut labile Phasen, bis die Religionsfrage abermals zu ständischem Widerstand führte. Gegen die Rekatholisierungspolitik Jakobs II. riefen Vertreter des Parlaments 1688 dessen Tochter Maria (II.) und Schwiegersohn Wilhelm (III.) von Oranien zu Hilfe. Da Jakob kampflos aufgab, konnte das Parlament die Krone vergeben und ein Regime schaffen, in dem diese zum Staatsamt unter der Oberhoheit parlamentarischer Legislative und Geldbewilligung wurde. Hier hat ständischer Widerstand erfolgreich den Weg zur modernen parlamentarischen Demokratie eingeschlagen – aber das konnte man 1689 noch nicht wissen.

Nach dem langen 17. Jahrhundert gab es in Europa kaum noch gewaltsamen adelig-ständischen Widerstand. Der Adel war gezähmt, das Ständewesen weithin beseitigt, das monarchische Gewaltmonopol etabliert. Im Reich freilich erlaubte es die «zweistöckige» Monarchie Ständen und Untertanen noch im 18. Jahrhundert vor Kaiser und Reichsgerichten gegen ihre Fürsten zu prozessieren, mit Erfolg allerdings nur in günstiger politischer Konstellation und gegen mittlere, mindermächtige Reichsstände wie Mecklenburg und Württemberg.

Denn entscheidend sind auch und gerade für Widerstand stets die jeweiligen Machtverhältnisse. Daher konnten die Revolutionen in Amerika und Frankreich, die am Anfang der Moderne stehen, noch einmal an die Tradition ständischen Widerstands anknüpfen. Ihr Weiterleben in moderner Widerstandstheorie, etwa im pompösen Artikel 20 IV des Grundgesetzes, hat aber in den heutigen hochkomplexen Gemeinwesen kaum noch reale Bedeutung, es sei denn unter ganz besonderen Bedingungen wie 1989 in der DDR.

2. Gemeinden und Republiken

a) Volkswiderstand und populärer Widerstandsdiskurs

Die Untertanen, die zu den Waffen griffen, verstanden sich bis zum 17. Jahrhundert oft nicht als Aufständische, sondern glaubten, ihr gutes Recht zu verteidigen, und zweifelten nicht daran, daß der König, wenn er davon erführe, ihnen und nicht seinen korrupten Dienern Recht geben würde. «Vive le roi sans la gabelle» hieß das in Frankreich, «Viva il re e mora il malgoverno» in Neapel. Eine Gewaltkultur, in der Bürgerkrieg ein normaler Bestandteil des politischen Lebens war und Herrscherwechsel durch Mord erfolgte, gehörte zwar inzwischen der Vergangenheit an, denn in der Frühneuzeit dürften die Untertanen Gewalt je länger desto mehr nur als letzte Möglichkeit, Recht zu bekommen, betrachtet haben. Insofern müßte die weitere Ausbildung des Rechtswegs zu einer Reduzierung gewaltsamen Widerstands geführt haben. Denn die Untertanen verfügten jetzt über eine differenzierte Palette von Widerstandsmöglichkeiten, die sie geschickt zu nutzen wußten. Je nach Land konnten Leistungsverweigerung, Streik, Rechtsweg, symbolische Gewaltaktion, Aufstand zum Einsatz kommen, bisweilen auch alle in wohlkalkulierter Abfolge. Wenig spektakuläre Formen alltäglicher Obstruktion könnten sogar besonders wirkungsvoll gewesen sein. Im 16. Jahrhundert scheint in Rom ebenso wie im 17. Jahrhundert in England die Weigerung, Kriminalität vor Gericht zu bringen und mit der Justiz zusammenzuarbeiten, eine übliche Art und Weise gewesen zu sein, der kollektiven Abneigung gegen die Disziplinierungsanstrengungen der Staatsgewalt Ausdruck zu verleihen.[1]

Im Gegensatz zum ständischen artikulierte sich der populäre Widerstandsdiskurs kaum als theoretische Reflexion, sondern in Beschwer-

1 Vgl. *Ingram* und *Blastenbrei* 118–33.

deschriften, Dokumenten der Justiz und dergleichen oder muß sogar aus dem Verhalten der Leute, insbesondere ihren symbolischen Aktionen, rekonstruiert werden. Oberster Wert war dabei stets die Gerechtigkeit. «Triebfeder der Revolten ist nicht das Elend, sondern die Ungerechtigkeit. [. . .] Politische Gewalt entzündet sich an Meinungen, nicht an Zuständen.» (Yves-Marie Bercé) Nicht Ungleichheit als solche erregte Anstoß, sondern der Versuch, sie zur rechtswidrigen Bedrükkung des gemeinen Volkes zu benutzen.[2] Nicht die Hungersnot führte zum Aufstand, sondern die Verletzung der Normen der vorkapitalistischen «moral economy» (Edward Palmer Thompson), in der Versorgung den Vorrang vor dem Profit hatte und jeder seine «Hausnotdurft» als Minimallebensstandard beanspruchen konnte.

Volkswiderstand war komplexer als adelig-ständische Aktionen; das Zusammenspiel mit jenen stellt nur eine seiner Möglichkeiten dar. Denn hier handelte es sich um vier Parteien mit verschiedenen möglichen Kombinationen. (1) Die Bauern, die europaweit die Masse der Bevölkerung darstellten und den überwiegenden Teil des Sozialprodukts erwirtschafteten, standen nicht nur (2) der Staatsgewalt gegenüber, sondern (3) auch ihren Grundherren, die mit der Staatsgewalt um den bäuerlichen Mehrwert konkurrierten. Dazu kamen (4) die Städter, die von der Umverteilung des Sozialprodukts vom Land in die Stadt durch adelige oder geistliche Grundrentenbezieher und von einer Versorgungspolitik der Obrigkeit profitierten, die aus Furcht vor den konzentrierten städtischen Volksmassen die Bauern über den Getreidepreis zu deren Gunsten schädigte. Dennoch machten sie häufig mit den Bauern gemeinsame Sache. Wenige Bauernaufstände verliefen ohne Beteiligung von Stadtbewohnern; viele sind sogar von städtischen Kommunikationszentren ausgegangen.

Für die ursprünglichen Erzeuger des Sozialprodukts, deren durchschnittlicher Lebensstandard nahe am Existenzminimum lag, spielten neben den wachsenden Ansprüchen der werdenden Staatsgewalt der wirtschaftliche Wandel und die Konjunktur eine wichtige Rolle. Der Übergang von der Subsistenz- zur Marktwirtschaft führte zu Konflikten um die Marktchancen zwischen Grundherrn und Bauern und zu gesteigerten Ansprüchen der Herren, die auch bei Inflation standesgemäß leben wollten. Ein ausgewogenes Verhältnis von Rechten und Pflichten, wenn es ein solches gegeben haben sollte, mußte zum Schaden der Bauern auf der Strecke bleiben. Da dieser wirtschaftliche Wandel aber nach Ländern zeitlich verschoben und obendrein infolge unterschiedlicher Rahmenbedingungen in verschiedener Weise mit verschie-

2 In *Schulze,* Aufstände 67.

denen Ergebnissen stattfand, ergab sich ein zeitlich weit gestrecktes und erheblich differenziertes Spektrum von Volkswiderstand. Während der Druck der werdenden Staatsgewalt sich in den meisten Ländern auf das 16./17. Jahrhundert konzentrierte, waren wirtschaftliche Momente lange zuvor und danach wirksam; Volksaufstände gegen Grundherren und anläßlich von Wirtschafts- und Versorgungskrisen traten infolgedessen vom Spätmittelalter bis tief ins 19. Jahrhundert auf. Die Revolutionen von 1848 waren in Deutschland und Frankreich noch durch Bauernerhebungen gekennzeichnet. Im spanischen Bürgerkrieg und in den ehemaligen Kolonien Europas gehörte die Bauernrevolution auch im 20. Jahrhundert zum Spektrum der politischen Konflikte.

Nachdem die Mißernten der 1580er Jahre Aufstände ausgelöst hatten (Romans, Neapel), häuften sie sich in der Krise der 1590er Jahre wie nie zuvor (England, Finnland, Frankreich, Österreich, Ungarn, Ukraine). Auch das 17. Jahrhundert brachte keine Beruhigung, auf Revolten der ersten zwei Jahrzehnte (Augsburg, Oberrhein, England, Ungarn, Rußland) folgte die Krise der 1620er Jahre (Österreich, Neapel), die vor allem in Frankreich in eine jahrzehntelange Kette von Aufständen überging. Die Jahrhundertmitte mit ihren Mißernten erlebte einen neuen Höhepunkt (England, Frankreich, Neapel, Sizilien, Spanien, Österreich, Ukraine, Rußland, Schweiz). In Frankreich und dem spanischen Imperium verband sich Steuerdruck als Ursache mit den Wirtschaftskrisen, während in England, wo die Unterschichten vor Einführung der Excise 1646/47 kaum besteuert wurden, politische und religiöse Momente eine größere Rolle spielten. Im östlichen Mitteleuropa und in Osteuropa war die Belastung durch die Grundherrn (Fron/Robot, Leibeigenschaft) neben dem Druck der werdenden Staatsgewalt relativ wichtiger; religiöse Impulse dürfen hier aber ebenfalls nicht unterschätzt werden (deutscher Bauernkrieg 1524/25, Österreich, Ungarn).

Gegen Ende des 17. Jahrhunderts schien die Zahl der Erhebungen in vielen Gebieten West- und Mitteleuropas zurückzugehen, zumindest richteten sie sich nicht mehr bevorzugt gegen die werdende Staatsgewalt. Vielleicht hatte diese die Untertanen durch eine stabile Herrschaftsordnung des «bargaining by riot» entwöhnt und ihnen mit einem funktionierenden Justizsystem eine Alternative für ihre Beschwerden gegen die Herren geboten. Angesichts zahlloser Prozesse wird für das Reich und neuerdings auch für Frankreich von «tendenzielle[r] Verrechtlichung sozialer Konflikte» gesprochen (Winfried Schulze);[3] seit 1590 schrieben deutsche Juristen über «Bauernrecht».

[3] *Schulze,* Widerstand 141.

Möglicherweise zeichnen sich dahinter sogar die Konturen der modernen Grund- und Menschenrechte ab (Wolfgang Schmale). Auf der anderen Seite könnte das autoritätsgläubige Austragen politischer Konflikte vor Gericht, das die deutsche politische Kultur immer noch kennzeichnet, durch eifrige Wahrnehmung dieses Angebots des Obrigkeitsstaates üblich geworden sein. Anderswo hat gerade der Modernisierungsdruck der Staatsgewalt zu neuem Widerstand geführt, etwa 1766 dem Motín de Esquillache in Spanien und vor allem seit 1793 der Vendée in Frankreich, wo der revolutionäre Pariser Staat mit Aushebungen und Zerstörung der kirchlichen Struktur in nie gekannter Weise in das Leben der bäuerlichen Gemeinden eingriff.

Denn die ländlichen und städtischen Gemeinden Europas waren die soziale Grundlage des Volkswiderstands. Er scheint bald nach ihrer Entstehung im Mittelalter begonnen zu haben, während sein Verschwinden mit der «Verstaatlichung» der Gemeinden im 19./20. Jahrhundert zusammenfiel. Sie haben nicht nur die organisatorische Infrastruktur geliefert, sondern auch den Bezugspunkt für emotionale Identifikation. Im Bewußtsein des Volkes gab es nur eine grundlegende Loyalität, die lokale. Da Widerstandsbewegungen und ihre «Armeen» deshalb im Grunde Koalitionen von Gemeinden waren, fehlte es ihnen oft an Zusammenhalt. Deshalb war ihnen die werdende Staatsgewalt trotz ihrer wenig entwickelten Organisation meistens überlegen.

Infolgedessen kann man dem Volkswiderstand nur gerecht werden, wenn man von der Gemeindeebene ausgeht. Wahrscheinlich war nicht die landesweite Schwurgenossenschaft der kastilischen «Comunidades» 1520/21 typisch, sondern die ländliche Provence 1596–1715, die als ausgesprochen friedlich galt, bis die Untersuchung auf Gemeindeebene nicht weniger als 374 lokale, unkoordinierte Aufstände zutage förderte, ein Befund, der nicht nur für den Mittelmeerraum verallgemeinerungsfähig sein könnte.[4]

Obwohl die Landgemeinde meist nicht völlig autonom und von erheblichen sozialen Spannungen geprägt war, vermochte sie auf Seuchen, Nahrungsmangel und Bürgerkrieg immer noch mit Verfestigung ihrer kollektiven Identität zu reagieren. Vermutlich begegnete sie den internen Konflikten mit einem Redistributionssystem, bei dem die Reicheren die Ärmeren mitzuernähren hatten. Erst wenn dessen Funktionieren durch äußere Bedrohung gefährdet erschien, kam es zur Reaktion der gesamten Gemeinde bis hin zum Aufstand. Ebenso reagierten Städter, wenn ihr Wohlergehen durch Eingriffe von außen be-

[4] *Kamen* in *Schulze* Aufstände, 13–22; dazu neuerdings *Blickle,* Resistance 1997.

droht wurde. Dabei waren ländliche wie städtische Volksbewegungen weniger naiv und utopisch, als lange angenommen wurde. Sie waren nicht nur von Emotionen, sondern auch von recht rationalem Pragmatismus geprägt.

Man kann die ausschlaggebende Bedeutung der Gemeinde auch durch Gegenproben plausibel machen, etwa wenn Störenfriede durch Verbannung ganz wörtlich expatriiert und damit dem sozialen Tod überantwortet wurden – «patria» war noch nicht die Nation, sondern die engere Heimat! Vor allem aber läßt sich das Fehlen größerer Bauernkriege im England der Neuzeit überzeugend mit der Auflösung der traditionellen Dorfgemeinde durch die sozioökonomische Entwicklung erklären.

Im Vergleich zum adelig-ständischen Widerstand blieben die Erfolge des Volkswiderstands bescheiden, aber er war keineswegs vergeblich. Der gewaltsame Protest konnte tatsächlich Verbesserungen erzwingen; selbst die Niederlage im deutschen Bauernkrieg führte nicht direkt zur völligen Unterdrückung und Entmündigung der Bauern, wie man früher glaubte. Die werdende Staatsgewalt lebte weiter in ständiger Furcht vor Volksaufständen; es gab einen regelrechten politischen Anti-Diskurs dazu.[5] Erst im 18. Jahrhundert war der Staatsapparat so selbstsicher geworden, daß Kaiser Leopold II. einen kleinen Bauernaufstand zum nützlichen Instrument zur Bändigung des Adels erklären konnte.[6]

b) Landgemeinden und Stadtgemeinden

Nicht nur bei Aufständen waren Land- und Stadtgemeinden oft nicht reinlich zu trennen. Bereits ihre begriffliche Unterscheidung stößt auf Schwierigkeiten, denn die Merkmale des Idealtypus «Stadt» nach Max Weber: (1) Befestigung, (2) Markt, (3) Gericht, (4) Verbandscharakter, (5) Autonomie, sind einerseits nicht bei allen Städten, andererseits aber durchaus auch bei Landgemeinden anzutreffen. Eine besondere wirtschaftliche, soziale und politische Lebensform entwickelte sich wohl nur in größeren Städten und unter einem Teil von deren Bevölkerung. Man kann sich im Grunde nur an die formelle Stadtrechtsverleihung und die Selbstbezeichnung der Gemeinde halten, wobei freilich abermals Unterschiede auftreten, etwa der besondere Rang der Civitas (City) in Italien und England. Diese fehlende Trennschärfe der Kategorien Land- und Stadtgemeinde entspricht aber ihrem gemeinsamen Ursprung und ihrer gemeinsamen politischen Rolle in der Vormo-

5 Vgl. *Weber,* Prudentia.

6 Nach *Schulze,* Aufstände 262.

derne. Denn auch das europäische Dorf als überwiegende ländliche Siedlungsform geht nicht anders als die meisten Städte auf das Hoch- und Spätmittelalter zurück.

Daraus ergab sich als gemeinsame Grundform politischer Kultur der *Kommunalismus* (Peter Blickle), der darin besteht, «daß die Organisation gemeinschaftlicher, alltäglicher Belange (ausgedrückt in Satzungshoheit, Administration und Rechtspflege), die Friedewahrung nach innen und außen und die aus beiden resultierenden Rechtsnormen als autochthone Rechte einer Gemeinde von allen Mitgliedern in gleicher Berechtigung und Verpflichtung wahrgenommen werden. Berechtigung und Verpflichtung erwachsen aus der selbstverantwortlichen Arbeit als Bauer und Handwerker im genossenschaftlichen Verband.»[7] Dabei weist diese politische Lebensform eine hohe Affinität zur republikanischen Form des Gemeinwesens auf; je höher die Entwicklung des Kommunalismus, desto stärker der latente Republikanismus, um so wahrscheinlicher die Entstehung einer Republik, eines «Freistaates», dessen Vollmitglieder nicht nur frei sind *zur* Selbstbestimmung, sondern vor allem frei *von* monarchischer Fremdbestimmung. Allerdings ist dieser Satz nicht umkehrbar. Es gibt keinen Republikanismus ohne Kommunalismus, aber durchaus praktischen Kommunalismus ohne einen expliziten republikanischen Diskurs, so etwa in den deutschen Reichsstädten. Gemeindeautonomie fehlte zwar fast nirgends in Europa, solange es keine effiziente Lokalbürokratie gab, aber sie trat in höchst unterschiedlichen Mischungsverhältnissen mit Adels- und Fürstenherrschaft auf, mit denen sie weniger im Dauerkonflikt als in arbeitsteiliger Zusammenarbeit existierte.

Wenn man Europas Land- und Stadtgemeinden nach dem Grad ihrer Autonomie in unabhängige, abhängige und eine Zwischengruppe gliedert, wo der Grad der Abhängigkeit durch Interaktion mit der werdenden Staatsgewalt immer wieder neu bestimmt werden mußte (Wim Blockmans), dann kann man zwar übertreibend von einem «Europa der 1000 Republiken» sprechen und dessen Bedeutung für die Entstehung demokratischer Selbstbestimmung betonen. Aber ein direkter Zusammenhang zwischen vormodernem Kommunalismus und Republikanismus und modernen demokratischen Republiken besteht nur in der Schweiz. Überall sonst führt der Weg zum modernen Staat über die Monarchie [*Abbildung 9*]. Beide haben der Gemeinde seit dem 18. Jahrhundert ihre Autonomie genommen und sie endgültig verstaatlicht, Selbstverwaltung in Auftragsverwaltung verwandelt. Heutige kommunale Selbstverwaltung existiert zum Nutzen und von

7 *Blickle,* Kommunalismus 535.

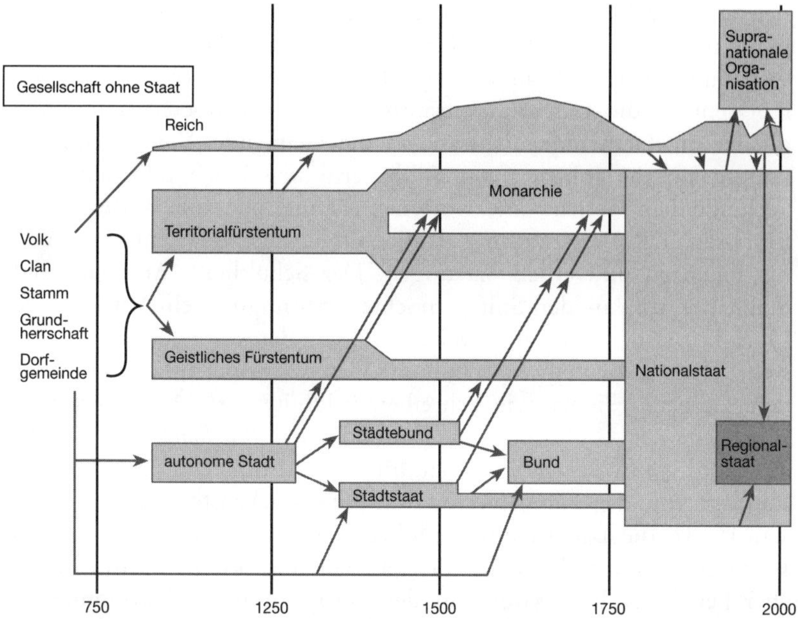

Abb. 9: Entwicklung von Formen der Territorialherrschaft in Europa

Gnaden des Staates, was durch finanzielle Abhängigkeit unmißverständlich zum Ausdruck kommt. Wo die traditionelle Bürgergemeinde durch die moderne Einwohnergemeinde, der Gemeindebürger durch den Staatsbürger ersetzt wurde, hatte die Gemeinde das elementare Recht, über ihre Mitgliedschaft zu befinden, an den Staat verloren. Für den Einzelnen freilich konnte dies Zugewinn an Gleichheit und Gerechtigkeit bedeuten, denn Gemeindeautonomie vermag mit erheblicher lokalbornierter Klüngelwirtschaft einherzugehen – «clancularia capitula» hieß das 1615 in Köln. Trotz theoretischer «gleicher Berechtigung» wurden Europas Land- und Stadtgemeinden überwiegend oligarchisch regiert, und sei es nur aus dem praktischen Grund, daß bei der üblichen Ehrenamtlichkeit Abkömmlichkeit erforderlich war.

Landgemeinden

Landgemeinden können, müssen aber nicht mit Dörfern identisch sein. Es kann sich auch um größere Einheiten handeln wie Kirchspiele (England, Schweden), Talschaften (Alpen, Pyrenäen), Gerichte (Bayern, Graubünden) oder sogenannte Bauernschaften (Ostfriesland).

Zwei Zonen hoher ländlicher Gemeindeautonomie, die vorübergehend oder dauernd etliche Republiken hervorgebracht haben, lassen sich identifizieren, der Alpenraum zwischen Salzburg und der Dauphiné mit Teilen Oberdeutschlands einerseits, Friesland und Skandinavien ohne Dänemark andererseits. Im *oberdeutsch-schweizerischen Raum* repräsentiert die Gemeindeversammlung aller vollberechtigten Mitglieder die Gemeinde, denn sie *ist* die Gemeinde. Vollberechtigung konnte auf die Inhaber von Vollbauernhöfen beschränkt sein, aber auch alle dem Gericht unterworfenen Männer oder alle waffenfähigen umfassen. Die Versammlung wählte ihre Amtsträger, entschied über die Finanzen und erließ Satzungen. Der Schultheiß, Amman, Vogt, Stabhalter usf. an der Spitze mochte ursprünglich ein Vertreter der Obrigkeit sein, wurde aber weitgehend von den Gemeinden selbst bestellt. Dazu kamen ein Ausschuß, die Vierer, Zwölfer usf., sowie besoldete Gemeindediener wie Schreiber, Feldhüter usf. Ähnlich sah das Regiment der Großbauern in den südlichen *Randländern der Nordsee* aus, während in *Schweden* das Gauthing (häradstinget) bis zum 18. Jahrhundert von der Kirchspielversammlung (sockenstämma) verdrängt wurde, wo die Bauern mit königlichen Amtsträgern, professionellen Richtern und vor allem den Pfarrern der Staatskirche zu tun hatten, aber bei dieser Interaktion mit der Obrigkeit mehr Autonomie behaupteten, als bisher angenommen wurde.[8]

In *Nordwest-, West- und Südwestdeutschland* waren Gemeindeversammlungen die Regel, die je nach Herrschaftsverhältnissen eine ähnlich weitgehende Autonomie genossen wie im Alpenraum, während sie anderswo nur ein Vorschlagsrecht für die Amtsträger hatten und diese wieder anderswo von der Herrschaft bestellt wurden. Ähnliches gilt auch für das Erlassen von Dorfordnungen und dergleichen. Häufig hatte das Leitungsamt die Doppelfunktion eines Vertreters der Herrschaft einerseits, der Gemeinde andererseits, auch in Württemberg, wo die Dörfer ihre Schultheißen wählten und der Herzog sie nur bestätigte. Sein Versuch, sie durch ernannte Beamte zu ersetzen, scheiterte 1770 an den Landständen.

Trotz gleichmäßigerer Ausbildung adeliger Herrschaft unterschieden sich die Verhältnisse in *Belgien, Nord- und Mittelfrankreich* wenig von den deutschen, während im *Süden* Dorf und Stadt nur noch durch Größenunterschied getrennt waren. Dort lag die Macht überall bei der Oligarchie eines auf Lebenszeit bestellten Rates, ganz ähnlich wie in den Städten Kastiliens. Im Norden hingegen befaßte sich die Assemblée générale de la communauté d'habitants, der Haushaltungsvorstände, unter ihrem gewählten Syndic mit der Regelung der Landwirtschaft, der Ortspolizei, der Verteilung der Steuerlast und gegebenfalls

8 *Österberg.*

der Wahl von Vertretern zu Ständeversammlungen. Auf die Dauer wurde sie allerdings von der Tutelle administrative der Subdélégués der Intendanten vor allem in finanziellen Dingen so sehr entmündigt, daß die Verstaatlichung der Gemeinden durch Napoleon nicht mehr viel ändern mußte.

In *England* war die sich auflösende Dorfgemeinde vom Kirchspiel (Parish) abgelöst worden, wo die Versammlung der beitragspflichtigen Mitglieder ihren Churchwarden für Gemeindeangelegenheiten wählte, während die Friedensrichter den Overseer of the Poor für den Vollzug der königlichen Armengesetze, den Surveyor of the Highways und den Petty Constable für die Ortspolizei ernannten. Diese Ehrenämter waren in der Hand der örtlichen Oligarchie (Parish Gentry). Ihre Inhaber pflegten sich mit dem Pfarrer und einflußreichen Standesgenossen in der Sakristei (Vestry) zur Erledigung der Gemeindegeschäfte zu treffen. Nur selten stand dieser Closed Vestry eine Open Vestry mit ständigen Ausschüssen der Gemeindeversammlung gegenüber.

In *Bayern*, im *mittleren und östlichen Deutschland* hatten die Gemeinden eher ein Mitwirkungs- als ein Selbstverwaltungsrecht. Weil es im Kolonialland mit Hufenflur und fehlender Allmende weniger Regelungsbedarf gab und das Gericht und die Bestellung des Schulzen bei der Herrschaft verblieben waren, dürften die Gemeindeinstitutionen dort von vorneherein schwach entwickelt gewesen sein. Dennoch scheint die Gemeinde wenigstens in Brandenburg im 18. Jahrhundert wieder an Bedeutung gewonnen zu haben.

In *Polen* und *Ungarn* hingegen unterlag sie rigoroser Adelsherrschaft, obwohl es auch in Polen zur Regelung der Arbeit, der Leistungen und der öffentlichen Ordnung eine Dorfversammlung mit einem Rat und einem Vorsteher gab, der dem Gutsherrn mancherorts sogar vorgeschlagen werden durfte. Auch hier existierte rudimentäre Selbstverwaltung, weil man sie brauchte!

Stadtgemeinden

Erwartungsgemäß scheint sich die Abstufung ländlicher und städtischer Autonomie europaweit zu entsprechen – mit einer Ausnahme: Wo Städte Herrschaft über Landgemeinden ausübten, sah es mit deren Selbständigkeit kaum anders aus als unter Adelsherrschaft. Vor allem besaßen sie keinerlei Mitbestimmungsrechte auf höherer Ebene. Trotz gelegentlicher Untertanenbefragungen durch die Stadt Bern blieb es dort und anderswo bei der exklusiven Herrschaft der Stadtgemeinde.

Die Organisation der Stadtgemeinden Europas bietet zwar ein Bild von verwirrender Vielfalt, läßt aber doch ein gemeinsames Grundmuster erkennen. Wo es nicht bei der ursprünglich weitverbreiteten Herrschaft eines Gremiums der Stadtaristokratie blieb wie in Nürnberg oder deren Ausbildung vom Monarchen begünstigt wurde wie in Kastilien oder vielen deutschen Städten durch Kaiser oder Landesherren, wurde die Partizipation friedlich oder revolutionär, egalitär oder differenziert auf alle Vollbürger ausgeweitet. Dies war häufig immer noch ein begrenzter Personenkreis, etwa aus Angehörigen der Zünfte und entsprechender Korporationen. Außerdem konnte aus deren Reihen meist nur ein Amt bekleiden, wer wohlhabend genug war, um abkömmlich zu sein. Praktisch handelte es sich infolgedessen oft nur um sukzessive Ergänzungen der städtischen Oligarchie, die sich je länger desto mehr nicht mehr als Vertretung der Gemeinde, sondern als deren gottgesetzte Obrigkeit betrachtete. Ihr Organ war der Rat oder ein System von Räten, das meistens die obersten Amtsträger bestimmte und zahlreiche Ausschüsse aus seiner Mitte für die vielfältigen Geschäfte des Gemeinwesens einsetzte. Wo die Ratsmitgliedschaft nicht lebenslänglich war, gab es komplizierte Systeme von Wahl und Kooptation, die Alleinherrschaft ebenso verhindern sollte wie Pöbelherrschaft («Demokratie»), aus der Alleinherrschaft hervorzugehen pflegte. Nichtsdestoweniger gab es für Wahlen und zur Konsensbildung in kritischen Fällen zusätzlich entweder eine Vollversammlung der Bürger oder einen Großen Rat, der sie oder ihre Korporationen einigermaßen repräsentierte.

Unabhängige Städte finden sich in Europa in größerer Zahl nur in *Mittel- und Oberitalien.* Aber diesen Rang erreichten dort nur wenige, die seit alters ihr Umland kontrollierten mit weiteren Städten darin wie Monza unter Mailand oder Prato unter Florenz. Von Anfang an war keines dieser städtischen Territorien kleiner als 1000 km^2. Dazu kam bisweilen die Unterwerfung gleichrangiger Nachbarstädte wie Pavia und Cremona durch Mailand, Pisa und Siena durch Florenz. Bezeichnend war vor allem die hochentwickelte Gesetzgebung der italienischen Städte, deren Statuta frühzeitig den «modernen» Anspruch einer umfassenden Regelung aller Lebensbereiche erhoben. Republiken blieben auf die Dauer aber nur Genua, Lucca und Venedig; die übrigen wurden durch ihre Signori in Monarchien überführt.

Neben schweizerischen und niederländischen Städten, die als Mitglieder jener Republiken autonom wurden, wären nur noch Ragusa/Dubrovnik in Dalmatien zu nennen, eine Republik nach dem Muster ihrer früheren Herrin Venedig, sowie Novgorod am Ilmensee mit seinem riesigen Territorium, das sich aber zwischen Polen und Rußland nicht behaupten konnte und 1478 von letzteren annektiert wurde.

Die meisten europäischen Städte mußten ihren Status immer wieder neu mit ihren fürstlichen Herren aushandeln («bargaining cities» nach Wim Blockmans). Am besten fuhren dabei zunächst die *niederländischen*, insbesondere die flandrischen Städte mit Brügge und Gent an der Spitze, die 1302 sogar den Oberlehensherrn ihres Grafen, den französischen König, in offener Feldschlacht besiegten. Sie hatten im 13./14. Jahrhundert Spielraum zur uneingeschränkten republikanischen Selbstentfaltung, die wie in Italien in einer umfassenden Gesetzgebung zum Ausdruck kam. Wachsender Steuerdruck der Burgunder, dann der Habsburger und ökonomischer Niedergang führten zu Krisen, aus denen schließlich im niederländischen Aufstand die Republik des Nordens und die Territorialisierung des Südens hervorging.

Ähnlich günstig, aber dauerhafter entwickelte sich die Stellung der ca. 60, meist im königsnahen Süddeutschland gelegenen *deutschen Reichsstädte,* die sich mit dem schwachen König als Stadtherrn weitgehender Unabhängigkeit erfreuten, allerdings um den Preis erheblicher finanzieller Leistungen und der Möglichkeit einseitiger königlicher Eingriffe von der Art der Verfassungsänderungen Karls V. 1548 («Hasenräte»). Im königsfernen Norden hatte eine Reihe von *autonomen Landstädten* (Olaf Mörke) oder *Semi-Reichsstädten* (Heinz Schilling) wie Braunschweig, Erfurt, Göttingen, Magdeburg, Münster eine vergleichbare Unabhängigkeit von ihren Landesherren erreicht, um sie im Lauf der Neuzeit wieder an ihre Fürsten zu verlieren. Auch der Stern der Reichsstädte war neben der steigenden Fürstenmacht im Sinken, so daß sie nach 1803 problemlos von den neuen Mittelstaaten annektiert werden konnten.

Die Handelsmetropole Barcelona hatte im 13. Jahrhundert eine nahezu unabhängige Stellung mit eigener Flotte und eigenem Militär errungen. Auch anderen Städten mußte die Krone *Aragon* damals weitgehende Selbstverwaltung einräumen, so daß sie trotz wirtschaftlichen Niedergangs im Spätmittelalter und zunehmenden Gewichts der Krone in der Neuzeit noch eine starke politische Stellung behielten, nicht zuletzt in den Ständeversammlungen.

In *Kastilien* hatte die Reconquista mit der Kontrolle der königlichen Städte über weite Landgebiete (Comunidades de Villa y Tierra) eine enge Symbiose mit der Krone hervorgebracht. Diese förderte schon im Mittelalter die Verdrängung der Bürgerversammlung (Consejo abierto) durch ein oligarchisches Stadtregiment von Alcaldes (Richtern) und Regidores (Stadträten), deren Stellen lebenslänglich, erblich und schließlich käuflich wurden. Die katholischen Könige bedienten sich des Städtebundes der Santa Hermandad als Ordnungsmacht, zogen aber gleichzeitig mit ihren Corregidores die Zügel ihrer Aufsicht an. Die revolutionäre Reaktion der Comuneros 1520/21 gegen Karl V.

scheiterte, aber die Symbiose mit der Krone begann erst im späten 16. Jahrhundert infolge steigenden Steuerdrucks bei wirtschaftlicher Stagnation zum Nachteil der Städte auszuschlagen. Die 18 privilegierten Städte, die von den Cortes noch übriggeblieben waren, hatten keinen großen Spielraum mehr.

Später, aber ähnlich deutlich war der Übergang von weitgehender Unabhängigkeit zur völligen Abhängigkeit in *Frankreich,* wo Toulouse und Marseille sich noch im 16. Jahrhundert stolz als «République» bezeichneten, im 17. Jahrhundert aber ihre Privilegien verloren hatten und von königlichen Beamten kontrolliert wurden. Die Krone förderte den Oligarchisierungsprozeß und verkaufte schließlich die städtischen Ämter auf eigene Rechnung, während Justiz, Finanzen und Polizei unter der Aufsicht der Intendanten standen.

In *England* war Inbegriff des städtischen Status eine königliche Charter of Incorporation, die Bürgermeister, Schöffen und Bürger (Mayor, Aldermen, and Burgesses) als juristische Person (Body corporate and politic) konstituierte. Dem konnte Wildwuchs vorangehen; so betrachtete sich London schon im 12. Jahrhundert als Korporation mit eigenen Gerichten und Gesetzgebungsrecht von der gleichen Verbindlichkeit wie das parlamentarische, obwohl es erst 1608 eine Charter erhielt. Da die Städtevertreter die Unterhausmehrheit stellten, war die Monarchie ähnlich wie in Kastilien an zuverlässigen Partnern interessiert, während es für die Gegenseite keine bessere Sicherung der eigenen Stellung als die Bindung an die Krone geben konnte. Beides förderte die Oligarchisierung, so daß der Große Rat (Common Council) der meisten englischen Städte schon im 16. Jahrhundert seine Befugnisse an kleine Cliquen von lebenslänglichen Aldermen verlor, die sich durch Kooptation ergänzten.

Neben den wenigen Reichsstädten und Semi-Reichsstädten gab es 3500–4000 *deutsche Landstädte*, die keineswegs alle von Anfang an von ihren Landesherren am kurzen Zügel geführt wurden, sondern teilweise einen beachtlichen Autonomiespielraum besaßen. Diese «German Home Towns» (Mack Walker) mögen durchaus eine latent republikanische politische Kultur gepflegt haben, die aber an Lokalborniertheit krankte und daher wenig zukunftsträchtig war. Außerdem war auch hier obrigkeitlich geförderte Oligarchisierung üblich, was mit der Eingliederung in die staatliche Verwaltung enden konnte, in Preußen unter Friedrich Wilhelm I., in Österreich 1808, als Preußen bereits wieder zu begrenzter Selbstverwaltung im Staatsinteresse übergehen wollte.

Ostmitteleuropäische Städte mögen eine gewisse Selbstverwaltung besessen haben, waren aber in Ungarn bisweilen, in Polen überwiegend

Gründungen und Besitz von Adelsfamilien. Es gab freilich Ausnahmen mit größerer Autonomie wie Danzig und andere preußische Städte, Lemberg oder die fünf Teilstädte Prags.

c) Bünde

In einer politisch inhomogenen Welt ohne staatliches Gewaltmonopol beanspruchte jeder Inhaber herrschaftlicher Gewalt einschließlich autonomer Gemeinden das Recht, mit seinesgleichen Bündnisverträge einzugehen, gleichgültig ob er seinerseits einen Oberherrn hatte oder nicht. Deshalb konnten zum Beispiel Landstädte ohne weiteres der Hanse angehören. Ob auf Zeit oder auf Dauer, Bünde wurden immer für Zwecke abgeschlossen; im Gegensatz zu Staaten waren sie nie Selbstzweck. Wichtigste Zwecke waren der Landfriede, gegebenenfalls einschließlich Sicherung des Handels, weiter die Verteidigung der eigenen Rechte und des eigenen Status sowie bisweilen auch die gegenseitige Hilfe gegen aufmüpfige Untertanen, also Aufgaben des späteren staatlichen Gewaltmonopols. Bünde wurden durch feierliche Eide bekräftigt. Bundesversammlungen sollten der Regelung gemeinsamer Angelegenheiten dienen. Dabei hatten die Vertreter oft nur imperatives Mandat, und es war Einstimmigkeit erforderlich, weil die unterlegene Minderheit einfach austreten konnte. War ein Schiedsgericht vorgesehen, so konnte auch dessen Anerkennung kaum erzwungen werden. Anstelle oder neben gemeinsamen Institutionen hatten manche Bünde einen führenden Vorort wie Lübeck in der Hanse, der sich aber der Gefolgschaft seiner Mitglieder nie sicher sein konnte. Bünde sollten, modern gesprochen, Lücken im Leistungsangebot der werdenden Staatsgewalt füllen. Daher konnten sie sich aus Ergänzungen zu Alternativen im Staatsbildungsprozeß entwickeln und zur Grundlage vormoderner Republiken werden.

Landfriedens- und Städtebünde kamen zwar überall in West- und Mitteleuropa vor, haben aber in Deutschland am längsten eine Rolle gespielt, offensichtlich als Komplementärphänomen zur unterentwickelten Staatlichkeit des Reiches. Am bekanntesten ist die Hanse, die aber nach eigenem Bekunden im Gegensatz zu ihren vier Auslandskontoren nie Institution oder juristische Person gewesen ist, sondern nur eine Art von ständigem Bündnis zur Sicherung des Handels. Dichter strukturiert waren die Bünde, die oberdeutsche Städte im 13./14. Jahrhundert zur Verteidigung ihrer Reichsfreiheit gegen die expandierenden Territorien schlossen. Da seit der Goldenen Bulle 1356 nur noch Landfriedensbünde rechtens waren, mußten sie sich als solche stilisieren und mit König, Fürsten und Adel zusammenarbeiten. 1488 brachte Kaiser Friedrich III. Städte, Fürsten und Ritter Südwestdeutschlands zum Schwäbischen Bund gegen Bayern zusammen. Unter Maximilian I. wurde Bayern einbezogen und der Bund zu einem effizienten Element der Landfriedenswahrung. 1499 wurde er im «Schwabenkrieg» gegen die Eidgenossen eingesetzt, 1525 zur Niederschlagung des Bauernkriegs. In beiden Fällen stand Bund gegen Bund, denn nicht nur die Eidgenossen gehörten, wie schon der Name sagt, zur bündischen Tradition, sondern auch die Organisationsmodelle der aufständischen Bauern waren ihr verpflichtet. Die damals in oberdeutschen Stadt- und Landgemeinden weitverbreitete Ausrichtung am Schweizer Vorbild wollte ja auch nichts anderes besagen.

Die Ordnung des Schwäbischen Bundes von 1500 sah Gleichberechtigung der Fürsten, Ritter und Städte vor. Jede der drei Gruppen stellte einen Bundeshauptmann, sieben der 21 Bundesräte und einen der drei Bundesrichter. Eine schlagkräftige Justiz-, Finanz- und Militärverfassung ermöglichte die Aufrechterhaltung der öffentlichen Ordnung, die das Reich nicht mehr leisten konnte. Adel und Städte waren daher an seinem Fortbestand interessiert, aber die Fürsten ließen ihn infolge divergierender Interessen 1534 auslaufen. Das Zeitalter der konfessionellen Bünde unter fürstlicher Führung hatte begonnen. Nichtsdestoweniger versuchte Kaiser Karl V. 1547/48 einen ähnlich strukturierten allgemeinen Reichsbund unter seiner Führung zu schaffen, scheiterte aber am Widerstand der Stände. Statt dessen wurden die Reichskreise zu Erben des bündischen Organisationsmodells, insbesondere in Süddeutschland. Oder Bünde wurden, ganz wörtlich als «Verschwörungen» oder «Eidgenossenschaften», zur Grundlage von Republiken.

d) Republiken

Souveräne Republiken ohne einen Oberherrn (superiorem non recognoscentes) scheinen sich in Europa bis ins 16. Jahrhundert erfolgreich eher in Randzonen des Staatsbildungsprozesses entwickelt zu haben, in Gebirgen und an Küsten, wo Kommunalismus möglicherweise leichter zu konsequentem Republikanismus fortschreiten konnte (Schweiz, Venedig, Ragusa). Im 17. Jahrhundert hingegen enstanden sie in Kernzonen durch Auseinandersetzung mit der werdenden Staatsgewalt (Niederlande, England). Sie konnten aus einzelnen Stadtgemeinden hervorgehen (Venedig, Ragusa) oder aus Bünden (Schweiz, Niederlande). Allerdings scheint die erste Möglichkeit in der Neuzeit nicht mehr bestanden zu haben. Wahrscheinlich war inzwischen größere Machtentfaltung erforderlich geworden, gleichzeitig aber die Chance für Städte, wie Venedig die dafür grundlegenden Eroberungen zu machen, weitgehend verschwunden.

Venedig

In Venedig wurde die Marginalität einer Flüchtlingsgemeinde in den Lagunen der Adria durch geschickte Wahrnehmung der damit verbundenen Chancen in einen ökonomischen und politischen Wettbewerbsvorteil verwandelt. Als Welthandelsmacht mit Kolonien im östlichen Mittelmeer in zahlreiche italienische und mediterrane Konflikte verstrickt, blieb seine Elite in der Regel mit wohlinformierter und geschickter Schaukelpolitik erfolgreich. Und nach dem Niedergang des Handels seit 1550 behauptete die Stadt als Gewerbe- und Touristenzentrum ihre Unabhängigkeit bis 1797, angeblich dank der Stabilität ihrer republikanischen Verfassung, die ihrerseits nicht nur auf exzellenten Institutionen, sondern zusätzlich auf der Friedlichkeit und politischen Selbstdisziplin der Elite beruht haben soll.

Das Institutionengefüge [*Abbildung 10*] war gewiß einzigartig, erweist sich aber zugleich auch als erfolgreichster Fall des dreistufigen Standardsystems europäischer Stadtgemeinden mit Großrat – mehr oder weniger kompliziertem Kleinratsgefüge – leitenden Amtsträgern nebst unzähligen Exekutivausschüssen, mit einer sorgfältigen Teilung

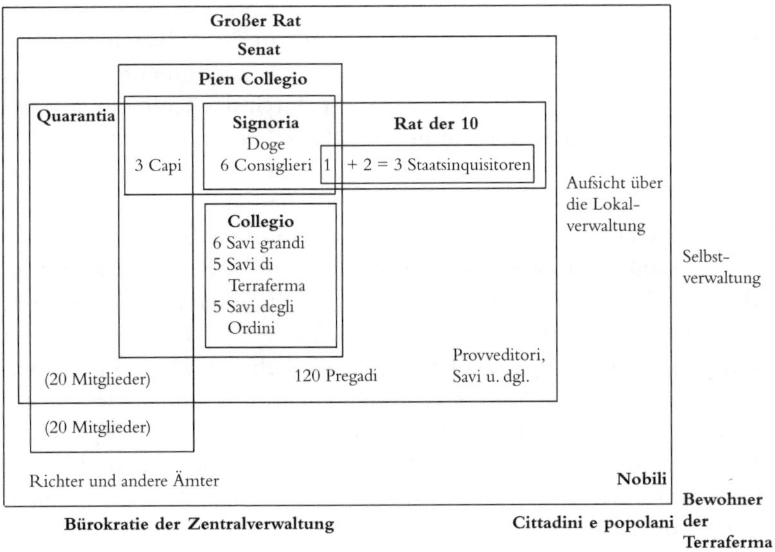

Abb. 10: Zentralinstitutionen Venedigs

der Macht, nicht aber einer klaren modernen Gewaltentrennung in Legislative, Exekutive und Jurisdiktion. Die Macht des auf Lebenszeit gewählten Monarchen, des Dogen, der aus dem byzantinischen Statthalter, dem Dux, hervorgegangen war, mag anfangs ziemlich unumschränkt gewesen sein, wurde aber bald durch Räte eingeschränkt, die ihm von der Volksversammlung beigegeben wurden. Im 14. Jahrhundert war das Ratssystem fertig ausgebildet. Zugleich wurde die Mitgliedschaft im Großen Rat (Maggior Consiglio) auf die erwachsenen Mitglieder der im Goldenen Buch registrierten Aristokratie beschränkt, das waren gegen Ende des 16. Jahrhunderts ca. 2500 Personen aus ca. 200 Familien und 4–4,5 % der städtischen Bevölkerung. Venedig blieb eine strikte «Adelsdemokratie»; 1423 wurde die Volksversammlung auch formell abgeschafft.

Der Große Rat war theoretisch der Inhaber der Souveränität, faktisch wurden ihm wichtige Entscheidungen vorgelegt, vor allem aber besetzte er durch komplizierte geheime Wahlverfahren alljährlich die 6–800 Ämter, die seinen Mitgliedern vorbehalten waren, vom Dogen bis zu den zahlreichen Senatsausschüssen (Provveditori oder Savi) für die verschiedensten Aufgaben. Der Doge hatte theoretisch nur noch Zeremonialaufgaben, aber wegen seiner zentralen Stellung dennoch viele Einflußmöglichkeiten. Handeln durfte er nur zusammen mit seinen sechs Räten (Consiglieri), die mit ihm und den drei Vorsitzenden des Rates der Vierzig (Capi de' Quaranta) die Signoria bildeten, eine Art kollektives Staastoberhaupt mit Vorsitz in allen Räten und zugleich zentraler Exekutivausschuß, der täglich zusammentrat, einmal in der Woche zum Pien Collegio ergänzt durch das Collegio aus drei Ausschüssen von Savi. Sie alle gehörten dem Senat mit ca. 300 Mitgliedern an, dessen Kern aus 60 vom Großen Rat gewählten und weiteren 60 von diesen kooptierten Pregadi bestand; dazu kamen die Hälfte der Vierzig und die erwähnten zahlreichen Spezialausschüsse. Seine Zuständigkeit war allumfassend, während der Rat der Vierzig, in den eher Nachwuchspolitiker gewählt wurden, seinen Schwerpunkt in der Justiz hatte. Eine besondere Einrichtung war der Rat der Zehn (Consiglio dei dieci), dem allerdings zusätzlich der Doge mit seinen sechs Räten angehörte. Diese 17 waren für die Sicherheit des Staates und die Aufrechterhaltung der Verfassung zuständig. Sie operierten unter Geheimnisschutz, ihre Beschlüsse waren inappellabel und konnten nur von ihnen selbst wieder aufgehoben werden. Notfalls konnten sie auch einen des Umsturzes verdächtigen Dogen absetzen und hinrichten lassen. Um Effizienz und Geheimhaltung zu verbessern, wählten sie seit 1539 zwei aus ihrer Mitte und einen der Dogenräte zu Staatsinquisitoren, die nichts mit der kirchlichen Inquisition zu tun hatten, sondern die eigentliche Geheimpolizeibehörde gewesen sind – mit getrenntem Archiv.

Die hohe Machtvollkommenheit und das schnelle und rücksichtslose Geheimverfahren der Inquisitoren und der Zehn verkörperten effiziente Führung, die sonst in dem auf breite Partizipation und gegenseitige Kontrolle abgestellten System zu kurz zu kommen drohte. Insofern stellte es eine optimale Komplementärinstitution zu den übrigen Räten dar. Die politische Selbstdisziplin der Nobili beruhte aber nicht so sehr auf Furcht als auf der Teilhabe an den Früchten der Macht durch die Ämter, die seit dem Rückgang der Handelsgewinne im 15. Jahrhundert für viele zur Existenzgrundlage wurde. Es gab zwar eine tonangebende engere Oligarchie, aber es fiel für alle etwas ab. Auf diese Weise waren sie in das Institutionensystem mit seinem geregelten Cursus Honorum eingebunden und gewöhnten sich daran, ihre Konflikte mit den Stimmkugeln auszutragen und nicht mit den Waffen wie ihre Standesgenossen in anderen italienischen Städten des Mittelalters.

Für die Mittelschicht der 5–8 % Cittadini und die Masse der Popolani gab es die vierfache Zahl bescheidenerer, aber immer noch lukrativer Ämter, während die Gemeinden der Untertanen auf dem Festland scharfer Aufsicht unterlagen, aber die übliche Selbstverwaltung behalten hatten. Zusammen mit der verhältnismäßig erfolgreichen Wohlfahrtspolitik der Stadt dürfte dies der Grund dafür gewesen sein, daß die Herrschaft der Nobili nie erfolgreich angefochten wurde.

Eidgenossenschaften

Der Plural soll darauf hinweisen, daß das Corpus Helveticum des 17./18. Jahrhunderts neben der Eidgenossenschaft der 13 Orte (1513) die Republiken der Drei Bünde (Graubünden) und des Wallis umfaßte, die mit der Schweiz verbunden, aber selbständig waren und erst 1803 und 1814 als Kantone integriert wurden. Außerdem soll damit wenigstens angedeutet werden, daß es im Alpen- und Pyrenäenraum weitere Bünde und Republiken dieser Art gegeben hat, die nur weniger erfolgreich waren. So ist der Fünftälerbund des Grand Escarton Briançonnais beiderseits der Wasserscheide der Westalpen unter französischer Oberhoheit 1713 untergegangen, als in moderner Weise die Wasserscheide zur Grenze zwischen Frankreich und Savoyen-Piemont gemacht wurde (wie noch 1919 in Tirol).

Die Eidgenossenschaft im engeren Sinn beruhte auf einem Landfriedensbund des 13. Jahrhunderts, der expandierte und sich im 14. Jahrhundert erfolgreich gegen Versuche der Habsburger behauptete, ihre Stammlande in der heutigen Nordschweiz auszubauen. Im 15. Jahrhundert waren die taktisch innovativen Schweizer Krieger vorübergehend eine «Großmacht», wurden aber rasch erfolgreich kopiert und konnten außerdem beim Rüstungswettlauf der werdenden Staaten bald nicht mehr mithalten. Sie hatten aber bis dahin im Norden das Land bis zum Bodensee und Hochrhein, im Süden bis zum Genfersee sowie das Tessin erobert und ihre faktische Unabhängigkeit vom Reichsverband durchgesetzt. Das brachte Zulauf, aber die acht alten Orte Zürich, Bern, Luzern, Uri, Schwyz, Unterwalden, Glarus und Zug bestanden auf ihrem Vorrang und gewährten Interessenten nur den minderen Status zugewandter Orte mit einseitigen Burgrechtsverträgen. Da es sich dabei überwiegend um Städte handelte, fürchteten die Länderorte Uri, Schwyz, Unterwalden und Glarus (Zug war halb Stadt, halb Land) die Majorisierung durch die Städte, denn Zürich, das zum Vorort der Eidgenossenschaft geworden war, und Bern waren längst mächtiger als sie. Erst nach schweren Konflikten wurden bis 1513 Fribourg, Solothurn, Basel, Schaffhausen und Appenzell als Vollmitglieder aufgenommen, aber diese fünf neuen Orte behielten einen gelinde minderen Rang unter den dreizehn, insbesondere, was die Regierung und Ausbeutung der Untertanenländer anging. Der Preis war das Unterbleiben einer Bundesreform, die den Städten das Übergewicht gegeben hätte. Die Einführung der Reformation durch Zürich und Bern seit 1523 wurde noch einmal mit einem gewaltsamen Anlauf dazu verknüpft, führte aber zur Niederlage und zur Errichtung eines konfessionell paritätischen Regimes durch den zweiten Kappeler Landfrieden 1531, lange vor dem Reich oder irgend einem anderen Land. Allerdings blieben Bundesreform und Konfessionsgegensatz bis zum Ende des Ancien Régime 1798 und in neuer Form im 19. Jahrhundert latente Probleme und lösten mehrere Bürgerkriege aus, die aber immer durch maßvolle Kompromißlösungen beendet wurden.

Reform hätte die Errichtung eines einheitlichen Bundes gleichrangiger Mitglieder bedeutet, aber die Schweiz wurde 1803 zum erstenmal ein Staatenbund, 1848 ein Bundesstaat. Bis 1798 war sie kein Bund, auch nicht Rechtsperson mit eigenem Siegel gewesen, sondern ein kompliziertes Bundesgeflecht (Hans Conrad Peyer), in dem bestimmte Orte gruppenweise oder einzeln unbefristet («ewig») mit anderen und zugewandten verbündet waren, aber keineswegs alle mit allen. Auch die Untertanenländer gehörten einzelnen Orten oder Gruppen von Orten, aber keines davon allen gemeinsam. So war die alte Schweiz der Inbegriff uneinheitlicher vormoderner Herrschaftsverhältnisse, die auch mit so bescheidenen Vereinheitlichungs- und Modernisierungsmaßnahmen wie der Reichsreform seit 1495 nicht zu vereinbaren waren und daher zum Ausscheiden der Schweiz aus dem Reichsverband führten, 1648 definitiv.

Daß dieses Gebilde trotzdem seit dem 14. Jahrhundert als Bund (Confoederatio Helvetica) bezeichnet wurde, lag daran, daß sich aus seinen Schiedsverfahren ein gemeinsames Beschlußfassungsorgan entwickelt hatte, die Tagsatzung aus je zwei Vertretern der 13 Orte und je einem besonders privilegierter zugewandter Orte wie des Wallis' und Graubündens, die bisweilen mehr als zwanzigmal im Jahr in Baden (Aargau) oder Frauenfeld zusammentrat und nach schriftlichen Instruktionen durch Umfrage mit Mehrheit entschied. Lag keine Instruktion vor, war zu Hause anzufragen (heimbringen), was Vertagung bedeuten konnte. Zwischenzeitlich führte der Vorort Zürich die Geschäfte und konnte unter Umständen eine Entscheidung im Umlaufverfahren herbeiführen. Das alles war freilich nur in einem so kleinräumigen Gebilde möglich.

«Souverän» waren unter diesen Umständen die einzelnen Kantone, das hieß aber je länger desto mehr exklusive Oligarchien, die sich als gottgesetzte Obrigkeiten betrachteten und ihre erbliche Kontrolle der Ämter und des Kleinen Rats in Bern sogar gesetzlich festzuschreiben wußten. Auch die Länderkantone waren keine Bauerndemokratien, wie behauptet wurde, sondern standen trotz Souveränität der Landsgemeinde, der Vollversammlung der waffenfähigen Männer, de facto unter der Kontrolle lokaler Oligarchen, die nicht nur zwischenzeitlich die Macht ausübten, sondern das souveräne Volk massiv zu manipulieren wußten, notfalls durch Stimmenkauf.

Ähnliche Verhältnisse sind auch in den 49 Gerichtsgemeinden Graubündens nachzuweisen, die sich ursprünglich zu drei getrennten Bünden gruppiert hatten, dem Gotteshausbund um Chur und im Engadin, dem Grauen Bund am Vorder- und Hinterrhein und dem Zehngerichtebund im Prättigau um Davos, seit dem 17. Jahrhundert aber auf dem gemeinsamen Bundestag direkt mit der Mehrheit ihrer Stimmen entschieden. Auch das Wallis war eine Art Bund aus sieben Zenden, zu denen jeweils mehrere Gemeinden gehörten. Beide Republiken hatten auch ihre Untertanenländer wie die Eidgenossen, unterschieden sich aber in anderer Hinsicht von ihnen. Erstens handelte es sich um homogene Bünde von Landgemeinden mit jeweils nur einer Stadt, Chur und Sitten. Zweitens waren es echte Bünde mit gemeinsamer Ordnung und ständigen Organen. Drittens lag die Souveränität nichtsdestoweniger bei den Gemeinden, das heißt, alle Beschlüsse mußten dort vom Volk ratifiziert werden. Hier soll die historische Wurzel des Schweizer Referendums liegen (Wolfgang A. Liebeskind), das die alte Schweiz bezeichnenderweise ja gerade nicht gekannt hat.

Ihre faktische Entmündigung wurde von den Schweizer Bürgern aber nicht ungern hingenommen, solange es keine Beschwerden gab und regelmäßige Volkssouveränitätsrituale zelebriert wurden. Mehr Partizipation hätte für den gemeinen Mann nur Belastung bedeutet. Krisen freilich konnten zum Aufruhr führen, dem typischen Ausweg des Hilflosen in einem System, das keine anderen Möglichkeiten bietet.

Obwohl die Schweiz sich inzwischen zum Bundesstaat gemausert hat, weist sie als einzige moderne Republik Kontinuität zu einer vormodernen auf, von der sie bestimmte politische Eigentümlichkeiten geerbt hat, die sie bis vor kurzem als Alternative zum modernen Machtstaat erscheinen ließen: das Gemeindebürgerrecht, die Möglichkeit, sich mit überschaubaren politischen Einheiten zu identifizieren, den Bundesrat als kollegiales Staatsoberhaupt mit eher bescheidenem Auftreten, das dem Fehlen des politischen Ehrgeizes eines nationalen Machtstaats entspricht. Ob der Preis einer gewissen Lokalborniertheit dafür zu hoch ist?

Niederlande und England

Die Republik der Vereinigten Niederlande ist zwar aus einer Ständerevolution mit Volksbewegung hervorgegangen, war jedoch gerade deswegen politisch ausgesprochen konservativ, was sich aber problemlos mit einzigartigen wirtschaftlichen und kulturellen Innovationen vereinbaren ließ. Ausgangspunkt war die politische Besitzstandswahrung gegen die wachsende Staatsgewalt. Deshalb suchte man sich nach Verlassen Philipps II. zunächst einen neuen Monarchen; erst als man keinen fand, wurde man zu einer Republik wider Willen, die aber nicht nur beim Amt des Statthalters für einen nicht mehr vorhandenen Herrscher ihre institutionelle Struktur beibehielt.

Der ewige Bund von Utrecht 1579 – hier spricht man von «Bondgenoten» wie in der Schweiz von Eidgenossen – regelte die gemeinsame Kriegführung, deren Finanzierung sowie die Religionspolitik und sah zur Koordination gemeinsame Ständetagungen vor. Daraus entwickelten sich die Generalstände (Staten-Generaal, Generalstände), die seit 1583 in Den Haag und seit 1594 ständig tagten. Die ursprünglichen Bundesgenossen hatten neben dem harten Kern Holland und Seeland nur einen Teil der nordniederländischen Provinzen, dafür aber etliche südniederländische Partner umfaßt. Die Kriegsentwicklung führte aber bis ca. 1600 zu einer reinlichen Trennung von Nord und Süd, so daß die Republik schließlich aus den sieben Provinzen Holland, Seeland, Gelderland, Utrecht, Overijssel, Groningen, Friesland bestand, dazu als achte Drenthe, das durch Groningen vertreten wurde, und die gemeinsam verwalteten Generalitätslande südlich des Rheins – man fühlt sich an zugewandte Orte und Untertanenlande der Schweizer erinnert.

Die Generalstaaten bestanden aus Delegationen der sieben Provinzialstände, die teilweise sehr zahlreich, aber oft langfristig mit denselben Leuten besetzt waren. Die Provinzialstände von Holland, die im selben Gebäude tagten, nahmen gelegentlich sogar vollzählig an den Generalständen teil. Jede Provinz hatte eine Stimme, so daß Vorberatungen in den Delegationen nötig waren, wenn keine Instruktionen vorlagen. Man konnte dann Anweisungen von zu Hause einholen oder vorbehaltlich der Billigung durch die Provinzialstände abstimmen. In wichtigen Fragen war Einstimmigkeit erforderlich, denn die Souveränität lag nicht beim Bund, sondern den Provinzen, die gegebenenfalls ihren eigenen Weg gehen konnten. Die Niederlande waren ein Staatenbund und kein Bundesstaat. Es gab zwar einen theoretisch von den Provinzen unabhängigen Staatsrat des Bundes für Militärangelegenheiten, der aber keine große Rolle spielte und von entsprechenden Ausschüssen der Generalstaaten entmachtet wurde.

Diese ständigen Ausschüsse waren einer der Gründe, weshalb das schwerfällige System trotz der konfligierenden Partikularinteressen überhaupt funktionierte. Am wichtigsten aber war die Arbeitsteilung zwischen General- und Provinzialständen. Während die ersteren die Außen- und Kriegspolitik betrieben, wo vor allem in kritischer Lage Konsens möglich war, blieb die Innenpolitik den letzteren. Schließlich gab es eine nicht unumstrittene, aber deutliche Führungsrolle der Provinz Holland, die 58,3 % des Bundeshaushalts aufbrachte. Insbesondere war ihr Ratspensionär, der besoldete Geschäftsführer ihrer Stände, ständiges Mitglied der Generalstaaten und informeller Außenminister des Bundes.

Der Statthalter war kein Bundesamt, sondern bestand in der Personalunion von Provinzstatthalterschaften. Er war der Militär- und oft auch Flottenbefehlshaber und hatte in allen Provinzen außer Holland eine legale Ämterpatronage, die ihm gewaltigen politischen Einfluß ermöglichte. Die Stellung war faktisch im Hause Oranien erblich mit Hofhaltung in Den Haag und standesgemäßer und politisch folgenreicher Verschwägerung mit den Dynastien von England und Preußen, mußte aber immer wieder neu besetzt werden. Daher konnten die Niederlande 1650–72 und 1702–47 auch ohne Statthalter auskommen, im ersten Fall als Reaktion auf den Versuch eines monarchistischen Staatsstreichs, im zweiten wegen Fehlens eines direkten Erben. Die Wiedereinführung wurde jeweils durch eine militärische Bedrohung erzwungen. 1815 konnten die Oranier dann eine regelrechte Monarchie errichten.

Die höchst unterschiedlich aufgebauten sieben Provinzialstände setzten sich überall aus Vertretern des Adels und des Dritten Standes zusammen, in Friesland und Groningen gab es auch Bauern darunter. Sie tagten nicht ständig, hatten aber teilweise stehende Ausschüsse.

Den Ausschlag haben aber überall die insgesamt 57 Städte gegeben, die in den verschiedenen Ständen und damit indirekt in den Generalstaaten vertreten waren (stemhebbende steden), vor allem in Holland, wo sie 18 von 19 Stimmen hatten, mit der Weltmetropole Amsterdam an der Spitze. Schon Zeitgenossen haben gemeint, strenggenommen seien nicht die Provinzen, sondern ihre Städte die Souveräne. Deren Stadtrat (vroedschap) wurde seit dem 16. Jahrhundert überall durch Kooptation auf Lebenszeit ergänzt. Die Oligarchie der ca. 2000 Personen, mit denen die ca. 70 Gremien auf Stadt-, Provinz- und Bundesebene besetzt waren, wurden als «Regenten» bezeichnet; es handelte sich meist nicht mehr um Kaufleute, sondern um Rentiers mit leicht aristokratischem Lebensstil.

In England bemühte sich das revolutionäre Parlament zunächst um juristische Korrektheit. Da es ohne König keine Statutes beschließen konnte, erließ es den königlichen Proclamations entsprechende Ordinances, indem es von der Rechtsfiktion ausging, es sei der eigentliche Rat des abwesenden und von seinem korrupten Privy Council abhängigen Monarchen. Regiert wurde durch Parlamentsausschüsse mit einem Committee of Safety an der Spitze und lokale Ausschüsse von Parlamentsanhängern anstelle der königlichen Amtsträger. Doch als das Unterhaus England nach der Hinrichtung des Königs 1649 unter Berufung auf die Volkssouveränität zum Commonwealth and Free State erklärte, hatte eine Ständerevolution zum erstenmal in der Geschichte mit der bewußten Errichtung einer Republik geendet. Deren Staatsrat konnte das niederländische Vorbild nicht verleugnen; man könnte sie sogar ebenfalls als eine, angesichts der Parlamentssouveränität freilich nur informelle Föderation lokaler Gentry-Republiken unter Führung Londons bezeichnen.

Allerdings konnten die Republikaner keine Neuwahlen riskieren, weil sie sich in der Minderheit wußten. Da sie auch den Ansprüchen der Armee nicht entsprachen, wurde die Republik 1653 durch die Militärdiktatur Oliver Cromwells ersetzt, ebenfalls die erste der europäischen Geschichte. Zwar war im Instrument of Government des Offiziersrats neben dem Reichsverweser (Lord Protektor) und dessen von der Armee besetztem Rat auch ein gemeinsames Einkammerparlament für England, Schottland und Irland vorgesehen. Aber dieses wurde so lästig wie jenes der Monarchie, so daß Cromwell rasch darauf verzichtete. Seine Herrschaft lief auf eine neue Monarchie hinaus, so daß die Wiederherstellung der erheblich konsensfähigeren alten 1660 nach dem Tod des charismatischen Diktators 1658 nur konsequent war. Die konservative Republik wider Willen der Niederländer war erfolgreicher als das Ergebnis der britischen Verfassungsrevolution.

e) Republikanischer Diskurs

Mit teilweiser Ausnahme der englischen beruhten Europas frühneuzeitliche Republiken nicht auf Reflexion, sondern auf Improvisation. Abermals mit Ausnahme Englands wurden sie nicht als Republiken gegründet, sondern sind unter je besonderen Umständen aus dem allgemeinen Substrat des europäischen Kommunalismus einerseits, des Stände- und Bündewesens andererseits herausgewachsen. Ähnlich pragmatisch ist auch ihre allgemeine Oligarchisierung als Folge des Abkömmlichkeitsprinzips zustandegekommen. Ihr generell defensiver und partikularistischer Charakter machte sie im Staatsbildungsprozeß den offensiven und auf Vereinheitlichung gerichteten Monarchien von vorneherein unterlegen. Auf dem Weg zum modernen nationalen Machtstaat zumindest waren sie keine Alternative; das läßt gerade die weiterlebende Schweiz überdeutlich erkennen.

Es ist daher nicht erstaunlich, daß ein spezifisch republikanischer Diskurs lange Zeit nur rudimentär und punktuell vorhanden war. Maßgebende antike Theorien (Aristoteles, Polybios) bezogen sich auf die damaligen Stadtgemeinden und waren daher grundsätzlich republikanisch, aber in impliziter Weise, denn sie integrieren das monarchische Moment durch das Ideal der Mischverfassung. Der Antagonismus von Monarchie und Republik war kein Thema. Daher konnten sie von der monarchischen Welt Alteuropas ohne weiteres in deren Sinn gedeutet werden.

Erst durch die Auseinandersetzung der Republiken Venedig und Florenz mit der expandierenden Monarchie Mailand kam seit 1400 expliziter Republikanismus auf. Der Venezianer Strang mit den Protagonisten Gasparo Contarini und Donato Gianotti schuf einen regelrechten Venedig-Mythos von einer gemeinwohlorientierten politischen Klasse und einer perfekten Verwirklichung des Mischverfassungsideals, der man Rezepte zur Errichtung funktionierender Institutionen entnehmen könne. Als Protagonist des Florentiner Stranges gilt Niccolò Machiavelli, der Vernunftmonarchist in republikanischer Absicht, der weit mehr wegen seiner «unmoralischen» Ratschläge berühmt wurde als durch seine Erörterung, wie ein auf Freiheit, gute Gesetze und die Tugend des Patriotismus gegründetes republikanisches Gemeinwesen zustande zu bringen sei. Zentral war für ihn der Waffendienst für das Vaterland. Daher setzte er sich auch in Praxis für Miliztruppen eines Volkes in Waffen anstelle der berufsmäßigen Söldner ein – mit kläglichem Erfolg.

Im Gegensatz zur niederländischen hat die englische Republik sofort einen markanten republikanischen Diskurs hervorgebracht: Henry

Parkers «Jus Populi» (1644), die Flugschriften des Dichters John Milton 1641–60, das «First Agreement of the People» der Levellerbewegung (1647) und die Debatten der Armee darüber in Putney wären zu nennen, vor allem aber James Harringtons praktische Utopie «Oceana» (1656). Er verband die englische County-Selbstverwaltung samt ausschlaggebender Rolle des Grundbesitzes mit massiven Anleihen beim alten Rom, vor allem aber bei Venedig, und erklärte Machiavelli zum Theoretiker seines Gemeinwesens, das auf dem Gemeinwohl und damit der Herrschaft nicht von Menschen, sondern von Gesetzen beruhen sollte, während Hobbes es auf Privatinteressen und damit die Herrschaft von Menschen statt von Gesetzen gegründet hätte. Sein System der geheimen Wahl (ballot) nach venezianischem Muster, sein Zweikammerparlament, wo der Senat die Vorlagen erarbeitet, über die das Volkshaus nur abstimmen darf, und die jährliche Neuwahl von einem Drittel der Abgeordneten sollten noch Zukunft haben. Die Idee der Mischverfassung ist bei ihm aber immer noch lebendig. Das gilt in den Niederlanden auch noch für die Brüder de la Court und für Spinoza, die nach dem gescheiterten monarchistischen Staatsstreich von 1650 erstmals klar republikanische Entwürfe entwickelten. Sie wandten sich zwar gegen die Monarchie, hielten aber entsprechend den realen Verhältnissen der Niederlande ein demokratisch temperiertes aristokratisches System für optimal.

Im Zeichen von aufgeklärter Monarchiekritik und anthropologischem Optimismus hat dann Montesquieu die klassischen aristotelischen Kategorien Aristokratie und Demokratie erstmals zur Republik zusammengefaßt und gemeinsam der Monarchie gegenübergestellt. Dabei sollte patriotische Tugend das Prinzip der Republik sein wie Ehre dasjenige der Monarchie. Jean-Jacques Rousseaus «Contrat social» (1762) beruht ganz und gar auf dieser Tugend, die nichts anderes ist, als die Übereinstimmung der Einzelwillen mit einem Gemeinwillen, der sich durch seine Orientierung am Gemeinwohl von der bloßen Addition von Partikularinteressen zu einem Gesamtwillen unterscheidet. Nur unter dieser Voraussetzung ist es möglich, daß der Einzelne Bestandteil einer Kollektivperson Staat wird, die bereits definitionsgemäß nichts anderes als das Gemeinwohl wollen kann. Nur so ist es sinnvoll, daß er in direkter Demokratie ohne Gewaltenteilung als Bürger Mit-Souverän ist und daher als Untertan nur Gesetzen gehorchen muß, die er sich selbst gegeben hat. In verschiedenen Schriften der Jahre 1784–98 hat Immanuel Kant unter anderem zwar diese direkte Demokratie als tyranneiverdächtig abgelehnt und für eine Republik mit Gewaltenteilung als Garantie für Freiheit, Gleichheit und durch Zustimmung legitimierte Gesetze plädiert. Aber auch er lehrte Tugend, denn der politische

Mensch müsse so handeln, daß die Maxime des eigenen Willens jederzeit Prinzip allgemeiner Gesetzgebung sein könnte.

John G. A. Pocock zog eine große Linie des klassischen Republikanismus patriotischer Tugendhaftigkeit vom Florentiner Bürgerhumanismus über Harrington zur amerikanischen Revolution. Dann aber sei dort eine neue Republiktheorie aufgekommen, nach der die sittliche Unterwerfung des privaten unter das öffentliche Interesse nur in einer rohen Zeit nötig gewesen sei. Im Zeichen des Marktes aber lasse sich Tugend durch das Privatinteresse selbst ersetzen, weil man inzwischen mittels politischer Techniken wie der Gewaltenteilung mit Checks and Balances die Interessen auszubalancieren und in Gemeinwohl zu transformieren wisse. Die seitherigen begrenzten Erfolge dieses Systems lassen die nostalgische Rekonstruktion eines besseren Republikanismus begreiflich erscheinen, selbst wenn dieser sich als Fehlinterpretation entpuppen sollte.

3. Kirche und Kirchen

a) Christliche Nicht-Identität und die Grundlagen von Kirchen und Staaten

Konflikt oder Partnerschaft von Kirche und Staat – das ist bereits eine anachronistische Perspektive, denn erstens gibt es solche Großorganisationen lange Zeit überhaupt nicht, sondern nur geistliche und weltliche Herrschaft entsprechender, wenig entwickelter Institutionen über Menschen, oft sogar dieselben Menschen. Zweitens ist die europäische politische Kultur im Guten wie im Bösen auf Dauer vom Christentum und der Kirche geprägt, auch wo man das nicht wahrhaben will (Benedetto Croce), mit der Folge, daß der europäische Staat im Gegensatz zu anderen Arten von Gemeinwesen selbst in seiner säkularsten Variante religiösen Charakter hat. Verlangt er nicht oft genug von seinen Dienern nicht nur treues Verhalten, sondern auch die richtige Gesinnung? Der Staat will und muß geglaubt werden, so daß seine augenblickliche Krise als politische Glaubenskrise verstanden werden kann. Wenn die lateinische Kirche der erste Staat war, dann ist der europäische Staat vielleicht die letzte Kirche – gewesen. Solange das Christentum politisch bedeutsam war, bot es aber auch Alternativen, war doch seine lateinische Variante von den Ursprüngen her trotz aller Partnerschaft nie total mit dem politischen Gemeinwesen identisch – nicht einmal im päpstlichen Kirchenstaat, der auch seine Konflikte zwischen «Kirche» und «Staat» kannte.[1]

[1] Vgl. *Prodi,* Pontefice 249–93.

Grundlage dieser Nicht-Identität war (1) paradoxerweise die jüdisch-christliche Entsakralisierung der Welt, die nicht mehr von Göttern bewohnt oder gar selbst Gott war, sondern von einem Gott jenseits von ihr aus dem Nichts geschaffen wurde. Diese radikale Transzendenz entband radikale Säkularität freier politischer Weltgestaltung. Auch eine angestrebte Verchristlichung der Welt verstand sich nicht mehr von selbst. (2) Weiter ist mit dem Juden Jesus die Subjektivität in die Welt gekommen (Friedrich Hegel), das heißt aus der Lehre der Gottesebenbildlichkeit jedes Menschen mit einer individuellen unsterblichen Seele ergibt sich eine Unverfügbarkeit der menschlichen Person, wie sie keine andere Kultur gekannt hat, obwohl Menschenwürde und Selbstbestimmung des Individuums auch in Europa oft erst gegen Kirche und Staat durchgesetzt werden mußten. (3) Außerdem ermöglichte die jüdisch-christliche Vorstellung einer Heilsgeschichte mit Anfang und Ende, die sich grundlegend vom zyklischen Geschichtsbild aller anderen Kulturen außer China unterschied, erstmals Fortschrittsglauben, politischen Optimismus, Utopie. Aber der christliche Gott war (4) kein Stammesgott mehr wie der Gott Israels, sondern verband dessen monotheistische Eifersucht mit dem Anspruch auf universale Anerkennung, mit dem Befehl, alle Völker zu taufen. Deswegen wurden Missionare zu Gründervätern Europas und zu Pionieren der europäischen Expansion.

Ebenso folgenreich war die Verbindung mit dem Imperium Romanum, trotz oder gerade wegen ihrer Widersprüchlichkeit. Die ursprüngliche Staatsverneinung legte (1) in den Christenverfolgungen den Grund zum passiven Widerstand gegen die Staatsgewalt aus Gewissensgründen, eine latente Möglichkeit auch nachdem (2) die Gehorsamspflicht in weltlichen Dingen seit Konstantin in ein Bündnis mit dem Imperium verwandelt wurde. Das «getaufte» Imperium machte das christliche Universalreich mit dem Zentrum Rom bis in die Neuzeit hinein zur politischen Leitvorstellung, mit der sich auch unabhängige Könige auseinandersetzen mußten. (3) Die Kirche selbst wurde jetzt «römisch» und auf diese Weise im Medium der lateinischen Sprache für Europa zur Vermittlerin der lateinischen Kultur, die sich in der Neuzeit zwar von der Kirche emanzipieren sollte, aber bis ins 18. Jahrhundert autoritative Geltung behielt. (4) Für Kirche und Politik zentral war dabei die Übernahme und Weitergabe des Römischen Rechts. Daß die lateinische Kirche in erster Linie Rechtskirche und nicht etwa Geist- oder Liebeskirche wurde, daß sie sich konkret zunächst einmal als hierarchisch organisierter Herrschaftsverband verwirklichte, unterscheidet sie von allen anderen Religionen einschließlich des orthodoxen Christentums. Ihr Recht beruhte auf römischer

Grundlage, entfaltete sich Hand in Hand mit der Wiederbelebung des römischen Rechts und trug entscheidendes zur Verwissenschaftlichung des Rechtes bei. Weil das Kanonische Recht überall in Europa galt, das Römische aber eigentlich nur subsidiär, wurde der kanonische Prozeß zum Modell für den gemeinrechtlichen Zivilprozeß. Europas Juristen sind durch die Schule der Kirche gegangen, die (5) auf Grund ihres Bildungsmonopols bis weit ins Mittelalter auch Herrin des politischen Diskurses blieb.

Die römische Rechtskirche besaß aber nicht nur in der Theorie, sondern auch in der institutionellen Praxis einen Vorsprung vor werdenden Staaten. Päpstlicher Alleinherrschaftsanspruch (Plenitudo Potestatis), Zentralismus, Verwaltungsapparat und Steuerwesen ließen sie im Mittelalter zum Modell des modernen Staates werden. Auch weltliche Gewalten mußten ihr Führungspersonal zunächst aus der Kirche rekrutieren. Besonders folgenreich war, daß dabei (1) der kirchliche Amtsbegriff, der die Priester zu den ersten Beamten gemacht hat, europaweit rezipiert wurde. Als die meisten Monarchien außer England noch eher «Personenverbandstaaten» gewesen sind, war die Kirche (2) mit ihren Kirchenprovinzen, Bistümern, Archidiakonaten und Pfarreien bereits auf dem Weg zum Flächenstaat, auch wenn das vormoderne Privilegienwesen das Territorialprinzip zugunsten der Orden durchlöcherte, was erst vom Konzil von Trient korrigiert werden konnte. Weiter ist (3) das kirchliche Vorbild für die ständischen Vertretungskörperschaften und deren Verfahren nicht zu übersehen. Schließlich ist (4) der Einfluß der Klöster auf die politische Kultur zu beachten. Frühneuzeitliche Sozialdisziplinierung war nicht ausschließlich auf den Neustoizismus angewiesen, wenn die monastische Disciplina wohlgeordneter Gemeinschaften als Vorbild dienen konnte und von den Klöstern als den ersten Schulen Europas weitergegeben wurde.[2]

Gegen die faktische Kirchenherrschaft oströmischer Kaiser, deren unitarische politische Theologie dem Monophysitismus östlicher Kirchen glich, setzte Rom mit der Zwei-Gewalten-Lehre ein Modell, das den zwei Naturen Christi seiner Theologie entsprach: «Die geheiligte Autorität der Bischöfe und die kaiserliche Gewalt», die Christus vorsorglich getrennt hat, haben die Welt zu regieren (Papst Gelasius 494). Zwar übten Merowinger, Karolinger, Sachsen und Salier eine nicht weniger unitarische Kirchenherrschaft aus, an der die Kaiserkrönung durch den Papst zunächst nichts änderte. Aber dieses Regime war auf die Dauer den wachsenden spirituellen Ansprüchen nicht gewachsen.

[2] *Knox* in *Prodi,* Disciplina 63–99.

Die Kirchenreform des 11. Jahrhunderts strebte nach Freiheit der Kirche von Laiengewalt. Papst Gregor VII. machte das Verbot der Besetzung geistlicher Ämter, vor allem der Bistümer, durch Laien wie Kaiser und Könige zum Gegenstand des erbitterten Investiturstreits, der zwischen 1097 und 1122 durch Kompromisse beigelegt wurde. Danach sollte der Bischof vom Kapitel gewählt, vom Metropoliten in seine geistlichen, vom König in seine weltlichen Befugnisse investiert werden, insbesondere die fürstliche Herrschaft im Rahmen der deutschen Reichskirche. Aber daran schloß sich in Wellen der Immunitätsstreit um die Jurisdiktion weltlicher Gerichte in kirchlichen Dingen und über kirchliches Personal sowie die weltliche Besteuerung des Klerus, denn beides wurde von der Kirche bestritten. Sie hat diese Ansprüche nie aufgegeben, sie bis zum Ende des Ancien Régime aber weniger denn je verwirklichen können, schon gar nicht auf der unteren Ebene der Pfarreien, wo die Lokalgewalten in kirchlichen Dingen nicht weniger mächtig waren als in weltlichen.

In der Theorie entsprachen den beiden Naturen Christi, der göttlichen und der menschlichen, die beiden Seiten des Menschen, die geistliche und die weltliche, wobei die Welt allerdings im Verdacht stand, vom Bösen beherrscht zu werden, und daher der helfenden Herrschaft der Kirche bedurfte.

Für die Praxis wurde daraus in typisch römischer Weise eine doppelte rechtliche Unterscheidung abgeleitet, von *Spiritualia* und *Temporalia* im Sachenrecht, von *Klerus* und *Laien* im Personenrecht, mit der dualistischen Struktur der Christenheit als welthistorisch einmaliger Folge. Beide Felder gehörten unter eigene Jurisdiktion, kirchliche beziehungsweise weltliche, wobei sich aber konfliktträchtige Überschneidungen nicht vermeiden ließen. Die Ehe unterstand als Sakrament der Kirche, ebenso der Besitz von Kirche und Klerus, der deshalb von weltlichen Steuern befreit war, während Laienbesitz der kirchlichen Besteuerung durch den Zehnten unterlag. Der Klerus insgesamt beanspruchte als Standesvorrechte neben der Steuerfreiheit (Privilegium Immunitatis) vor allem den ausschließlichen Gerichtsstand vor kirchlichen Gerichten (Privilegium Fori). Daß viele Leute dem Klerus nur beitraten, um in den Genuß dieser Vorrechte zu kommen, verschärfte die Konflikte mit der werdenden Staatsgewalt, die im Zuge der Ausweitung ihrer Aufgaben auch nach Kontrolle über das Ehe- und Familienrecht streben mußte.

Aber dieser für Europa grundlegende Dualismus von kirchlicher und weltlicher Herrschaft bestand nicht in einem klar getrennten Gegenüber, sondern in dialektischer Verschränkung bis zum Paradox. Einerseits suchte die Kirche mit dem Königreich Christi die Welt zu überwinden, wollte aber um dieses Zieles willen die Herrschaft über die Welt. Andererseits strebten weltliche Herrscher nach Unabhängigkeit von kirchlicher Bevormundung, mußten zu diesem Zwecke aber auf den sakralen Charakter ihrer Stellung bauen und sich die Kontrolle über die Kirche ihres Landes sichern.

Von Gregor VII. (1073–85) über Innozenz III. (1198–1216) und Innozenz IV. (1243–54) zu Bonifaz VIII. (1294–1303) bauten die Päpste einen theologisch begründeten Weltherrschaftsanspruch auf. Zur uneingeschränkten Herrschaft über die Kirche (Plenitudo Potestatis) kam das Eingriffsrecht in weltliche Herrschaft wegen der Sündhaftigkeit des Menschen, für die sich die Kirche zuständig wußte, zum Beispiel auch, wenn ein Herrscher durch willkürliche Erhebung neuer Steuern sündigte. Die allegorische Begründung der zwei Gewalten mit der Lehre von den zwei Schwertern nach Lukas 22,35–38 wurde so gedeutet, daß der Papst beide, das geistliche und das weltliche, empfangen und das letztere nur an den Kaiser weitergegeben habe. Das Kaisertum galt jetzt als päpstliche Gnade, was den Papst zu Wahlprüfung und Bestätigung berechtigte. Als Vicarius Christi statt Petri beanspruchte der Papst schließlich die Vollgewalt über das Universum einschließlich der Heiden, was noch zur Legitimation der europäischen Kolonialexpansion dienen konnte. «Alle Gewalt geht vom Papste aus», konnte man im 14. Jahrhundert hören.[3]

b) Fürstliche Kirchenherrschaft

Die päpstlichen Oberhoheitsansprüche sind nur vom 11. bis 13. Jahrhundert bisweilen erfolgreich gewesen, obwohl sie noch in der Neuzeit aufrechterhalten wurden und 1570 im Versuch Pius' V., Elisabeth von England abzusetzen, zum Ausdruck kamen. Die unumschränkte päpstliche Kirchenherrschaft hingegen erreichte unter dem Papsttum von Avignon im 14. Jahrhundert vor allem im Pfründen- und Finanzwesen ihren eindrucksvollen Höhepunkt. Doch mit dem großen Schisma 1378–1417, als zeitweise drei konkurrierende Päpste gegeneinander ausgespielt werden konnten, und mit den daraus erwachsenen Reformkonzilien (Konstanz 1414–18, Basel 1431–37/49), die der dominierenden monokratischen Ekklesiologie eine «ständische» Alternative mit Oberhoheit des Konzils gegenüberstellten, begann die endgültige Wende zugunsten der werdenden Staatsgewalten. Besonders bemerkenswert ist, daß diese Konzilien sich bereits in Nationen gliederten und daß sie oder die Päpste jetzt Verträge (Konkordate) mit den Herr-

3 Nach *Vauchez* in: Geschichte des Christentums, Bd. 6, 273.

schern dieser Nationen und anderen Fürsten abschlossen. Dabei konnten die letzteren sich erhebliche Rechte über die Kirchen ihrer Länder sichern, die aber oft nur auf nachträgliche Legalisierung von Eingriffen hinausliefen, die sie mit ihrer Kirchenvogtei, ihrem Kirchenpatronat, ihrer Kirchenlehensherrlichkeit oder einfach ihrem Notrecht im Dienste des Gemeinwohls begründet hatten. Der polyzentrische europäische Staatsbildungsprozeß hatte die universale Kirche eingeholt. Aus einer Seniorpartnerin wurde zwischen dem 14. und 16. Jahrhundert eine Juniorpartnerin der Staatsgewalt. Aus dem Vorbild der Staatsbildung, der Herrin des politischen Diskurses und der tonangebenden Konfliktpartnerin wurde sie zu einer Institution, die zwar noch selbständig tätig war, aber je länger desto mehr im vorgegebenen Rahmen der werdenden Staatsgewalt, wenn sie dieser nicht sogar im eigenen Interesse zuarbeiten mußte. Diese Entwicklung sollte ihren Abschluß in der Reformation finden und das Verhältnis von Kirche und Staat im konfessionellen Zeitalter bestimmen.

Viele Elemente dieses fürstlichen Kirchenregiments sollten auch noch das vollentwickelte Staatskirchentum des 18./19. Jahrhunderts kennzeichnen. Zwischen dem 14. und 16. Jahrhundert wurde vielerorts das fürstliche Plazet eingeführt, die Genehmigungspflicht für kirchliche Akte auswärtigen, besonders päpstlichen Ursprungs, womit sich unliebsame Stellenbesetzungen, Geldforderungen, Eingriffe in die Justiz abwehren ließen. Der Recursus ab abusu war die Anrufung eines weltlichen Obergerichts gegen wirkliche oder angebliche Mißbräuche geistlicher Gerichte unter Mißachtung des kircheninternen Instanzenzugs. Von zentraler Bedeutung für die Verfügung über die Ressourcen des Landes und für die fürstliche Personalpolitik war das Recht zur Besetzung kirchlicher Pfründen, meistens in Form der Nomination, eines verbindlichen Vorschlagsrechts, das zum Kirchenpatronat gehörte, der das frühere Eigenkirchenrecht fortsetzte. Eigenmächtige Besteuerung des Klerus und der Pfründen wurde üblich, man ließ sich aber auch gerne Privilegien dafür verleihen. Auf der anderen Seite sollten der Abfluß von Geld aus dem Land, vor allem nach Rom, verhindert und der weiteren Zunahme kirchlichen Grundbesitzes, der sogenannten «toten Hand» durch Amortisationsgesetze vorgebeugt werden. Schließlich nahmen sich weltliche Obrigkeiten sogar das Recht zur Kirchenvisitation und Klosterreform oder ließen es sich geben, die dann durch gemischte Kommissionen aus Geistlichen und fürstlichen Amtsträgern durchgeführt wurden. Fürstliche Reform konnte sogar auf die Aufhebung von Klöstern hinauslaufen.

Die Anhäufung solcher Kompetenzen mündete häufig in Anläufe zur Anpassung der kirchlichen Organisation an die Bedürfnisse staatlicher Kontrolle, vor allem der älteren kirchlichen Geographie an die jüngere staatliche, denn häufig deckten sich die Grenzen der Kirchenprovinzen und Bistümer nicht entfernt mit den politischen. Daß ein «ausländischer» (Kirchen-)Fürst im eigenen Lande etwas zu sagen haben sollte, galt als unerträglich, weil es dem Prinzip monarchischer Einheit der Staatsgewalt widersprach. Die Gründung von Landesbistümern oder wenigstens die Anpassung der kirchlichen Grenzen blieb daher bis heute ein kirchenpolitischer Programmpunkt. Im Mittelalter konnten ständige Legaten die päpstlichen Rechte für ein Land erhalten. In Sizilien war der Herrscher selbst Legatus natus des Papstes, in Ungarn erhob er ebenfalls diesen Anspruch. In England erhielt Kardinal Wolsey als Vertrauensmann des Königs und Leiter der Politik 1523 die Würde eines Legatus a latere auf Lebenszeit. Dazu fanden sich die Päpste der Neuzeit aber später nicht mehr bereit.

In *Italien* kontrollierten Fürsten und Stadtrepubliken gewohnheitsrechtlich oder kraft päpstlicher Privilegien ihre Kirchen und besetzten deren wichtige Pfründen. Neben dem Kirchenstaat stand nur das Königreich Neapel bis zu einem gewissen Grad zur Disposition des Papstes. In *Spanien* begünstigten Reconquista und Conquista die königliche Kirchenherrschaft. Plazet und Recursus ab abusu waren schon im Mittelalter üblich, die Päpste genehmigten immer wieder verschiedene Formen staatlicher Besteuerung der Kirche, gestatteten die Übernahme der reichen Ritterorden durch die Krone und die Errichtung einer «staatskirchlichen» Inquisition. Die Könige erhielten den Universalpatronat für das neueroberte Königreich Granada ebenso wie für ihre amerikanischen Kolonien, wo die päpstliche Autorität nur noch mit Mühe gegenüber der königlichen Kirchenherrschaft zur Geltung gebracht werden konnte. Die *portugiesische* Krone hatte für ihren Einflußbereich ähnliche Vollmachten. Die Mission in Übersee wurde zwar von Orden durchgeführt, aber abhängig von den Kronen Kastiliens und Portugals, die sie finanzierten und kontrollierten. Eine 1622 geschaffene zentrale römische Missionsbehörde (Congregatio de Propaganda Fide) war darauf angewiesen, von der französischen Krone unterstützte Missionare gegen diejenigen Portugals auszuspielen. Dafür verfolgte die portugiesische Inquisition solche Missionare bisweilen als Ketzer, denn die staatskirchlichen Rechte der Krone galten als Glaubensartikel.

Die *französischen* Könige nutzten Schisma und Konzilszeit, um die Kirche ihrer Aufsicht zu unterstellen, und legten sich gegen päpstliche Ansprüche auf die Freiheiten der Gallikanischen Kirche fest, die auf weitgehende Unabhängigkeit der Bischöfe und des Königs hinausliefen. 1448 wurde der Appel comme d'abus eingeführt, 1475 das Plazet.

1514 bewilligte das Konkordat von Bologna dem König die Besetzung der 93 französischen Bistümer und der 527 im Konsistorium vergebenen Klöster. Damit war die königliche Kirchenherrschaft sichergestellt, obwohl der Papst einen Teil seiner Abgaben behielt. In *England* hatten erste Konflikte um kirchliche Privilegien (Ermordung Thomas Beckets 1170) mit Erfolgen der Kirche geendet, aber im Zeichen des Hundertjährigen Krieges emanzipierte sich die Krone mit Hilfe des Parlaments energisch vom französischen Papsttum in Avignon (1351 und 1391 Statutes of Provisors gegen päpstliche Pfründenbesetzung, 1353 und 1393 Statutes of Praemunire gegen kirchliche Justiz). Der Klerus wurde besteuert, konnte aber dadurch seine «Kirchenparlamente» (Convocations) zu festen Einrichtungen machen. Der Einfluß der Krone verschaffte ihr politisch zuverlässige Bischöfe als Amtsträger, Oberhausmitglieder und Kreditgeber.

Deutsche Prälaten waren Fürsten der Reichskirche, die aber gerade deswegen und wegen der korrespondierenden Schwäche der Reichsgewalt keine geschlossene Landeskirche wurde. Auf der anderen Seite waren viele Fürsten noch zu schwach, um in Konflikten mit Rom und den Bischöfen der Reichskirche das exemplarische Programm des «In seinen Landen ist der Herzog (von Kleve) Papst»[4] vollständig zu realisieren. In 1446–48 abgeschlossenen Konkordaten konnten sich die Habsburger und andere Fürsten zwar die Nomination für manche Benefizien sichern, aber die päpstlichen Rechte blieben weithin in Geltung, so daß die «Gravamina Nationis Germanicae» gegen Rom weiter Ressentiments schüren konnten. In *Ungarn* ergab sich aus dem Anspruch der Krone ein mit harter Hand geübtes Besetzungsrecht für Bistümer, während im übrigen *Nord- und Osteuropa* die Kirche zwar eine reiche und mächtige Partnerin der Kronen geworden war, die üblichen Konflikte aber noch nicht dieselbe Schärfe wie in Westeuropa erreichten. Hier sollte die Weichenstellung erst durch die Reformation erfolgen, die anderswo nur vollendete, was längst vorhanden war.

Denn Martin Luther hat die angesagte Unterwerfung der Kirche durch die werdende Staatsgewalt erfolgreicher und endgültiger legitimiert als Marsilius, Occam oder Wycliff im 14. Jahrhundert, ohne daß dies seine Absicht gewesen wäre. Aber die Rechtfertigung allein durch den Glauben, der aus der allgemein zugänglichen Heiligen Schrift von jedermann begründet werden konnte, statt durch Sakramente und gute Werke, machte den gesamten kirchlichen Apparat professioneller Heilsvermittlung mit einem Schlag überflüssig. Klerus und Kirchengut hatten ihre Existenzberechtigung verloren. Alles schien auf radi-

4 «Dux Cliviae est papa in territoriis suis», nach *Feine* 499.

kale Trennung der «zwei Reiche» Kirche und Welt hinauszulaufen, denn die Kirche sollte nur noch durch das Wort Gottes wirken, während alles übrige an die weltliche Gewalt fiel.

Weil die weitgehende Reduzierung der Kirche auf bibel- und geistgeleitete Gemeinden in Deutschland zur Revolution des Bauernkriegs geführt hatte, nahm hier seit etwa 1525 mit Billigung der politisch hilflosen Reformatoren die werdende territoriale Staatsgewalt die Sache in die Hand und schuf durch Übernahme des Kirchenguts wie der kirchlichen Aufgaben, nicht zuletzt auch im Bildungs- und Fürsorgebereich, ihre evangelischen Landeskirchen. Dänemark, England und Schweden folgten aus anderen, nicht zuletzt politisch-finanziellen Gründen. Die Kirche als unabhängige Institution hörte damit auf zu existieren. Evangelische Bischöfe wurden von deutschen Fürsten überhaupt nicht geduldet, in England und Schweden verloren sie den Rest ihrer Unabhängigkeit. Häufig wirkte die Kirche wie ein zusätzlicher Zweig des fürstlichen Herrschaftsapparats, dessen zunehmend akademisch professionalisiertes Personal häufig mit den Juristen der entstehenden staatlichen Bürokratie sozial eng verflochten war. Zwar gab es unabhängige, ja staatsfeindliche Varianten von Protestantismus. Aber solche wurden entweder unterdrückt wie die Täufer oder blieben politische Minderheiten wie die Hugenotten. Luthers Theologie hat den Dualismus von geistlicher und weltlicher Gewalt, der als Grundlage moderner Freiheit gelten darf, einerseits auf die Spitze getrieben, andererseits aber durch reale Entmachtung der geistlichen ad absurdum geführt. In der Praxis wurde er zugunsten einer neuen unitarischen Monarchie suspendiert, die als bürokratische perfekter ausfiel als alle Träume mittelalterlicher Hierokraten, aber jetzt in der Hand der weltlichen Gewalt lag. In Deutschland kam es sogar zu einer Re-Sakralisierung des protestantischen Fürstentums, zur Verwandlung des Landesherrn in einen Amtmann Gottvaters und schließlich in den «Landesvater», der seither zum dubiosen «Vater Staat» mutiert ist.

Die kirchliche Position war dadurch geschwächt, daß es künftig mehrere, miteinander konkurrierende Kirchen gab, die schon deswegen von weltlicher Unterstützung abhängig waren. Auch die alte Kirche war künftig nur noch eine unter mehreren und löste sich obendrein wegen ihrer Abhängigkeit von den erstarkenden Staatsgewalten mehr denn je in weitgehend selbständige Staats- und Landeskirchen auf. Unumschränkte päpstliche Kirchengewalt gab es nur noch im Kirchenstaat; überall sonst konnte der Papst durch Kompromisse fast nur noch sein Gesicht wahren. Mit Hilfe ihrer Landeskirchen integrierten die werdenden Staaten Religion und Politik nicht weniger total als die mittelalterliche Christenheit. Sie verlangten sogar mehr Unterwerfung von den gläubigen Untertanen als jene. Religion wurde so nicht nur zum Ziel, sondern auch zum Mittel sozialer Disziplinierung.

Obwohl der Anstoß zu dieser Entwicklung von der evangelischen Bewegung ausging, zeichnete sich rasch eine Parallelität im evangelischen und katholischen Bereich ab, der die ältere Historiographie mit dem dialektischen Konstrukt: innovative Reformation – reaktionäre, konfliktträchtige Gegenreformation – Befriedung durch den konfessionell neutralen absolutistischen Staat – nicht gerecht wurde.

Die absolute Monarchie war nämlich alles andere als konfessionell neutral, sondern erklärt intolerant, weil diese auf die jeweilige Staatskirche gegründete Intoleranz eine Quelle ihrer Macht darstellte. Ein religiöser Fundamentalkonsens diente (1) ihrer politischen Identitätsbildung. Der Katholizismus konstituierte die nationale Identität Portugals, Spaniens, später Frankreichs und Polens wie der Protestantismus diejenige Englands oder Schwedens, wobei die Bedrohung durch andersgläubige äußere Feinde diese Wirkung enorm steigerte. Für deutsche Territorien war solche konfessionelle Identität sogar noch wichtiger, weil hier Identität auf keine anderen Alteritäten als die dynastische und die konfessionelle gegründet werden konnte. So konnte die «Bavaria sancta» Maximilians I. noch das Bayern des 20. Jahrhunderts prägen. Deswegen brauchte ein katholischer Herrscher aber keine Politik im Sinne Roms zu machen. Philipp II. von Spanien oder Maximilian I. von Bayern trieben zwar streng katholische Politik, aber sie wußten besser als der Papst, was gut für die Kirche war, nämlich was den Interessen Spaniens oder Bayerns diente.

Aber die Kirchen verloren großenteils nicht nur ihre Selbständigkeit, sondern (2) auch ihre Güter an den politischen Seniorpartner. Reformation bedeutete Übernahme von Kirchengut durch die werdende Staatsgewalt, selbst wenn der Begriff «Säkularisation» anfechtbar erscheinen sollte, weil bisweilen ein Teil für kirchliche und soziale Zwecke verwendet wurde. Das war aber keine evangelische Besonderheit, hat doch die französische Krone die Glaubenskriege des 16. Jahrhunderts unter anderem durch den Verkauf von Kirchengut finanziert. Außerdem wurde der katholische Klerus ungeachtet seiner theoretisch aufrechterhaltenen Steuerfreiheit in Bayern oder im Kirchenstaat nicht weniger hart besteuert als in Frankreich oder Spanien, auch wenn man sich um päpstliche Genehmigung bemühte und mit der Fiktion arbeitete, es handle sich um freiwillige Leistungen (Don gratuit in Frankreich), die dem Klerus nicht verboten waren. Immerhin konnte der Klerus seinen korporativen Charakter wenigstens soweit wahren, daß wie in England die Convocations in Spanien die Congregación del Clero de Castilla y León und in Frankreich die Assemblée du clergé als

Partner der Staatsgewalt auftraten, wobei die letztere sich einen ständigen Apparat nicht nur zum Geldeintreiben, sondern auch zur Interessenvertretung schuf.

Schließlich leistete Kirche unter fürstlicher Herrschaft (3) ihre Beiträge zur Formung der Untertanen. Die Unterdrückung von Privilegien des Klerus war ein Schritt zur Überwindung der Ständegesellschaft durch moderne Rechtsgleichheit, mochte diese bisweilen auch eher in gleicher Rechtlosigkeit bestehen. Vor allem aber suchten gemeinsame Anstrengungen von Kirche und Staat die Untertanen an eine disziplinierte Lebensführung zu gewöhnen, zunächst im Sinne der jeweiligen konfessionellen Christlichkeit. Daß dafür bei allen Konfessionen weitgehend identische oder bei strukturellen Unterschieden wenigstens funktional äquivalente Verfahren und Institutionen eingesetzt wurden, berechtigt uns, anstelle der erwähnten dialektischen Epochendreiheit Reformation – Gegenreformation – Absolutismus, auf die evangelische Bewegung bereits um 1530 ein Zeitalter der «Konfessionalisierung» folgen zu lassen, das erst mit den letzten politischen Maßnahmen zur Herstellung konfessioneller Einheit nach 1730 ganz zu Ende ging (Vertreibung der Salzburger Protestanten).

Mit einem standardisierten Glaubensbekenntnis wurde die Religion der Untertanen «geeicht», Vereidigung eingeschlossen. Massiver Propaganda entsprach ebenso massive Zensur, ein konfessionalisiertes Bildungswesen sollte orthodoxe Amtsträger oder sogar Untertanen hervorbringen, während Andersgläubige vertrieben und der Kontakt mit ihnen auch jenseits der Grenzen möglichst unterbunden wurde. Über die Teilnahme an den kirchlichen Riten, an Sakramentenempfang und Gottesdienst, wurde sorgfältig Buch geführt. Unterscheidungsriten wie die katholische Heiligenverehrung, das gemeinprotestantische Abendmahl mit Brot und Wein oder die reformierte Ablehnung religiöser Bilder wurden besonders betont. Alte und neue Institutionen ließen sich zur Kontrolle einsetzen, insbesondere die Kirchenvisitation, der bei autonomen reformierten Gemeinden die Kontrolle von Glauben und Sitte durch die Ältesten entsprach (Konsistorium, Presbyterium). Solche «staatskirchliche» Konfessionalisierung kann als erste Phase der «Sozialdisziplinierung» durch die werdende Staatsgewalt gelten. Einerseits war nämlich im Bereich des Glaubens am ehesten mit der Bereitschaft der Untertanen zu rechnen, sich zu unterwerfen und die neuen Regeln im Interesse des eigenen Heils zu verinnerlichen, andererseits waren die Pfarrer lange Zeit die einzigen Amtsträger, die den letzten Untertanen auf dem Land unmittelbar erreichen konnten. Noch im 18. Jahrhundert mußten sie vielerorts als Agenten der Staatsgewalt dienen.

Zwar mag langfristig kulturelle Säkularisierung für die Entstehung des modernen Staates wichtiger gewesen sein, die frühneuzeitliche Konfessionalisierung war aber eine unvermeidliche Durchgangsphase, wenn nicht sogar Voraussetzung für jene, denn kein nicht-konfessionalisiertes Gemeinwesen hat sich zum modernen Staat entwickelt. Zwar wird von jüngerer mikrohistorischer Forschung den Obrigkeiten der Erfolg bei der Sozialdisziplinierung weitgehend bestritten, zumindest bis ins 18. Jahrhundert. Es spricht aber vieles dafür, daß zumindest die Konfessionalisierung durchaus erfolgreich gewesen ist, nicht zuletzt deswegen, weil es den Obrigkeiten gelang, die Untertanen zu veranlassen, die Sache selbst in die Hand zu nehmen und im Einklang mit ihnen zur Selbstkonfessionalisierung zu schreiten.

Konflikte zwischen Kirche und Staat haben diesen Prozeß offensichtlich nicht beeinträchtigt. In *Südeuropa* expandierte die Staatsgewalt weiter auf Kosten des Papsttums. *Venedigs* Staatskirchentum führte schließlich 1606 zum Interdikt und an die Schwelle eines Krieges mit dem Papsttum; der von Frankreich vermittelte Kompromiß war in Wirklichkeit ein Sieg der Republik. Die *spanische* Krone erhielt 1523 das Nominationsrecht für die spanischen Bistümer und wichtigere Benefizien, bestand aber nach wie vor sorgfältig auf ihrer Kirchenherrschaft bis hin zu heftigen Konflikten mit dem Kirchenreformer Carlo Borromeo in Mailand. Philipp II. hatte die Beschlüsse des Reformkonzils von Trient nur angenommen, soweit sie königlichen Rechten keinen Abtrag täten.

In *Frankreich* haben Krone und Stände 1614 diese Annahme völlig abgelehnt, nur die Klerusversammlung fand sich 1615 dazu bereit. Denn das 17. Jahrhundert erlebte die eindrucksvolle Erneuerung des französischen Katholizismus, nachdem Frankreich in der Zeit der Hugenottenkriege 1562–98 zeitweise fast zur Vormacht des Calvinismus gegen das katholische Spanien zu werden schien. Statt einer konfessionell eindeutigen Lösung war schließlich nur noch ein Kompromiß möglich gewesen, der den katholischen Charakter der Monarchie aufrechterhielt, aber den Protestanten im Edikt von Nantes 1598 einen anerkannten Minderheitenstatus mit privatrechtlicher und politischer Gleichberechtigung garantierte. Nationalkirchliche Tendenzen waren mit dem Erstarken der Monarchie neu aufgelebt und brachten in einem Konflikt mit Rom 1682 die Declaratio Cleri Gallicani hervor, die dem Papst die Gewalt über die Fürsten bestritt, ihn der Autorität des Generalkonzils unterstellte und seine ordentliche Amtsführung an das Gewohnheitsrecht der französischen Kirche statt an das Konzil von Trient binden wollte. Krone und Papsttum fanden demgegenüber zwar ab 1693 einen Modus vivendi, nicht zuletzt dank gemeinsamer

Gegnerschaft gegen die innerkirchliche Opposition des augustinisch-rigoristischen Jansenismus, aber das gallikanische Denken lebte zusammen mit diesem im Oppositionsmilieu weiter, insbesondere in den Parlamenten. Vermutlich wollte Ludwig XIV. nicht nur unter Einfluß streng kirchlicher Kreise sein Land konfessionell vereinheitlichen, sondern sich auch im Konflikt mit Rom als der bessere Katholik profilieren, als er nach langjährigen Schikanen 1685 das Edikt von Nantes aufhob, was die verbotene Flucht von ca. 200 000 Hugenotten und Aufstände in den Cevennen auslöste.

Kaiser Karl V. hatte zwar ein evangelisches *Deutschland* verhindert, aber durch verspätetes Einschreiten gegen die Reformation wegen anderer politischer Prioritäten die Entstehung eines bi-konfessionellen Reiches ermöglicht. Nach bewaffneten Konflikten erhielten die Landesherren im Augsburger Religionsfrieden 1555 das Recht, die Landesreligion zu bestimmen (Cuius regio eius religio). Zur Glaubensfreiheit für Reichsstände gehörte Glaubenszwang für Untertanen, gelinde gemildert durch das Recht auszuwandern. Allerdings blieb das System wegen des katholischen Kaisertums und der Reichskirche ungleichgewichtig und konfliktanfällig, so daß 1648 sicherheitshalber Mehrheitsentscheidungen in Religionssachen auf dem Reichstag zugunsten des Zwangs zu gütlicher Einigung ausgeschlossen wurden.

Protestantische Juristen haben zur Begründung des deutschen Landeskirchentums drei Systeme erarbeitet, die 1783 auf die Begriffe Episkopalismus – Territorialismus – Kollegialismus gebracht wurden (Daniel Nettelbladt). *Episkopalismus* bestand einfach im Übergang der bischöflichen Rechte auf den Landesherrn als Summus Episcopus. Demgegenüber leitete der *Territorialismus* die unbeschränkte Kirchenhoheit des Fürsten aus seiner unumschränkten Hoheit über sein Land ab, freilich nur im weltlichen Sinn, so daß ein Fürst nicht denselben Glauben haben mußte wie die Untertanen. Zwar konnte er kraft Staatsräson auch über Lehre und Predigt entscheiden, aber Glauben und Gewissen blieben dennoch frei, weil sie als rein innerlich und damit jedem Zugriff entzogen galten, eine bemerkenswerte Weiterentwicklung der Gedanken Martin Luthers. Der *Kollegialismus* ging ebenfalls von staatlicher Kirchen*hoheit* aus, einem äußeren Aufsichtsrecht im Interesse des Gemeinwohls, während die Kirche ihre inneren Angelegenheiten wie jedes «Kollegium» (Korporation, Verein) im Staate selbst regelte, diese Kirchen*gewalt* aber unwiderruflich an ihr Mitglied Landesherr delegiert hatte.

Die *dänische* Staatskirche glich bald weitgehend einer deutschen lutherischen Landeskirche, während die *schwedische* Krone nach Befriedigung ihrer finanziellen Bedürfnisse einen konfessionellen Schaukelkurs steuerte. Erst im Zeichen polnisch-katholischer Bedrohung wurde das Land seit 1593 endgültig lutherisch, aber die Kirche konnte dank Bischofsverfassung und Reichsstandschaft ein gewisses Maß an Selbstverwaltung und politischem Einfluß behaupten.

Die hergebrachte Kontrolle der Ecclesia Anglicana durch die Krone machte eine Trennung von Rom für Heinrich VIII. von *England* erst interessant, als seine Ehescheidung nur auf diese Weise zustande zu bringen war. 1534 ließ er sich endgültig zu «the only supreme head in [!] earth of the Church of England» erklären, ohne Weihegewalt (potestas ordinis), aber mit unumschränkter Hoheit (potestas jurisdictionis) einschließlich des Rechts, über den Glauben zu entscheiden. Die Bischöfe wurden finanziell erpreßt, der Klerus härter besteuert denn je, und die Klosteraufhebungen 1535–40 brachten der Krone 1,3 Mio Pfund ein, dann durch notgedrungene Veräußerung dieser Güter eine solide Anhängerschaft der Kirchentrennung unter den Käufern aus der Oberschicht. Das Land wurde nach Heinrichs theologischem Zickzackkurs nämlich nur zögernd protestantisch; erst die katholische Reaktion unter Maria I. und die katholische Bedrohung der Herrschaft Elisabeths I. brachten einen protestantischen Konsens zustande. Theologisch stand die Anglikanische Kirche jetzt eher den oberdeutschen Reformierten (Bucer) nahe als den Lutheranern, hatte aber die katholische Kirchenorganisation mit Bischöfen, Pfründenwesen und eigenem Kirchenrecht wenig verändert beibehalten.

Radikale Calvinisten (Puritaner) wollten die Kirche von diesen Resten des Papismus reinigen und eine synodale Kirchenverfassung durchsetzen, wie dies in Schottland gelungen war, während die Krone einen gemäßigten Anglikanismus und die Bischofsverfassung auf dem Programm hatte und dadurch 1638–40 die Revolution auslöste. Die Sieger schafften die Bischöfe ab und «säuberten» die Pfarrerschaft, waren aber nicht bereit, den Vorschlägen zur Errichtung einer Freiwilligkeitskirche zu folgen, deren Pfarrer von Spenden und eigener Arbeit leben sollten. Die Gentry wollte weder auf den Kirchenpatronat und den Zehnten verzichten, die sich weitgehend in ihrer Hand befanden, noch auf die Möglichkeit, die Pfarrer zum Wirken im Sinne der bestehenden Ordnung anzuhalten. Selbst hier galt der überwältigenden Mehrheit eine einzige, mit dem politischen Gemeinwesen deckungsgleiche Kirche als selbstverständlich, Freiwilligkeitsgemeinden hingegen von vorneherein als subversiv. Immerhin wurden unter Cromwell gesetzestreue Sekten geduldet. Die relative Toleranz erstreckte sich aber nie auf Papisten, die in Irland bis weit ins 18. Jahrhundert nicht nur unterdrückt, sondern mehrfach erbarmungslos verfolgt wurden – im Interesse der englischen Herrschaft über diese Kolonie.

Die außergewöhnlich brutale Wiederherstellung der Staatskirche nach 1660, die unter anderem politische Rechte vom Besuch des anglikanischen Gottesdienstes abhängig machte, war das Werk des Parlaments, während die Könige kraft ihrer Dispens- und Suspendierungsgewalt 1662, 1672, 1687, 1688 Indulgenzerklärungen erließen, die allerdings zugunsten der Katholiken gemeint waren und daher Widerstand, ja schwere Krisen auslösten. Die Folge einer frei erfundenen Papistenverschwörung (Popish Plot) war 1678 die verschärfte Test Act, nach der Amtsträger und Parlamentarier das anglikanische Abendmahl nehmen und den königlichen Supremat beschwören mußten. Die Politik des Katholiken Jakob II. zugunsten seiner Glaubensgenossen führte schließlich zur Glorious Revolution 1688 und zur Festschreibung der protestantischen Thronfolge 1701. «To unite their Majesties' Protestant subjects» hob die Toleration Act 1689 für nicht-anglikanische Protestanten die Pflicht zum Besuch des anglikanischen Gottesdienstes auf; ihre Sekten wurden rechtsfähige Vereinigungen. Seit 1718 konnten sie Amtsträger, seit 1727 Unterhausmitglieder werden. Da mit dem «divine right of kings» auch das «divine right of bishops» zumindest politisch weggefallen war, nahm die anglikanische Kirche mehr und mehr den Charakter einer privilegierten Großsekte mit öffentlichen Aufgaben an; zum Beispiel waren nur anglikanische Ehen vollständig rechtskräftig. Es handelte sich aber immer noch um ein protestantisches Konfessionssystem zweiten Grades, das heißt mit Toleranz gegen Protestanten, aber dezidiert intolerant gegen Katholiken, die nach wie vor als Staatsfeinde galten.

Der Aufstand der *Niederlande* wurde unter anderem durch die größte und erfolgreichste staatskirchliche Reorganisationsmaßnahme der Frühneuzeit ausgelöst, die Schaffung eines den politischen Verhältnissen angepaßten, geschlossenen Systems von 17 Bistümern in drei Kirchenprovinzen unter dem Primas von Mecheln, Kardinal Granvelle, der zugleich der maßgebende Minister war. Statt dessen schien sich im Aufstand fanatischer Calvinismus durchzusetzen, der eine wichtige Triebkraft des Widerstands bildete. Der Führer der Erhebung, Wilhelm von Oranien, und viele städtische Regenten verbanden humanistische Duldsamkeit im Sinne des Erasmus von Rotterdam mit ökonomischem Interesse an der Vermeidung überflüssiger Konflikte und wollten daher ein tolerantes Gemeinwesen schaffen. Heftige Konflikte zwischen strengen und gemäßigten Calvinisten (Gomaristen und Arminianern) endeten 1619 mit dem Sieg der ersteren. Aber dennoch spielte sich in der Republik kein stramm calvinistisches Staatskirchentum ein, sondern ein Nebeneinander einer privilegierten «Öffentlichkeitskirche» und zahlreicher anderer Gemeinschaften. Erstere war die offizielle Konfession; nur ihr Mitglieder waren Vollbürger und konnten Ämter bekleiden. Sie wurde vom Staat subventioniert und kontrolliert. In ihrem Schatten konnten aber Arminianer, französische reformierte Flüchtlinge, Lutheraner, Katholiken, Täufer, Juden und sogar Antitrinitarier fast ungestört ihrem Glauben leben.

In *Osteuropa* erfolgte der Glaubenswechsel weithin differenziert nach ethnischen und sozialen Gruppen. Während große Teile des polnischen und des ungarischen Adels sich dem reformierten Bekenntnis Genfer oder Züricher Provenienz zuwandten und der böhmische Adel seinen hussitischen Utraquismus zuerst lutherisch, dann calvinistisch ergänzte, wurden die Slowaken, die Slowenen und die deutschen Städte weitgehend lutherisch. Dazu kamen starke Reste der alten Kirche und radikale Gruppen wie die Antitrinitarier in Siebenbürgen und Polen. Dabei verbündete sich der refomierte Adel gerne mit der Ständeopposition gegen die expandierende Monarchie. Die Folge war die gewaltsame Rekatholisierung *Böhmens* nach der Niederlage 1621, während in *Ungarn* der Glaube des Monarchen zwar ebenfalls an Boden gewann, das reformierte Bekenntnis zahlreicher Adeliger aber weiterhin geduldet werden mußte.

In *Polen* schien alles auf Toleranz hinauszulaufen, nachdem sich Calvinisten, Lutheraner und Böhmische Brüder im Consens von Sandomir 1570 auf gegenseitige Duldung geeinigt und im Interregnum 1573 die Freigabe des Glaubens für Adelige [!] durchgesetzt hatten. Die Antitrinitarier konnten auf Adelsland sogar eine Hochschule unterhalten. Aber die katholisch gebliebene Krone war immer noch so stark, daß nach der Niederlage der Widerstandsbewegung von 1607 viele Adelige ähnlich wie in Ungarn ihren Vorteil in der Rückkehr zum Glauben des Königs fanden. Die Orthodoxen der Ukraine sollten durch die Union von Brest 1596 mit der katholischen Kirche gegen die russische Expansion an Polen gebunden werden, was aber nur zum Teil gelang. In der Ukraine setzte nämlich als Reaktion eine orthodoxe Selbstkonfessionalisierung ein. Da die Orthodoxie sonst von der Konfessionalisierung nicht berührt wurde, ist damit erneut deren Zusammenhang mit konfessioneller Konkurrenz und nationalen Konflikten nachgewiesen. Auf die allmähliche Erosion der reformierten und der orthodoxen Machtstellung folgte in Polen die endgültige Identifikation von polnisch und katholisch in den Jahren 1648–67 im Kampf auf Leben und Tod mit den aufständischen Kosaken und dem orthodoxen Rußland einerseits, dem lutherischen Schweden andererseits. Im autonomen *Siebenbürgen* hingegen blieb es bei der Regelung von 1557, als die katholische, die lutherische, die reformierte und die antitrinitarische

Kirche als gleichberechtigte Landeskonfessionen «rezipiert» und die orthodoxe wenigstens «toleriert» wurden.

c) Parität und Toleranz

Einen Toleranzdiskurs konnte es vor der Reformation nicht geben, weil das Problem des religiösen Pluralismus innerhalb der Christenheit bis dahin kaum existierte. Die verschiedenen Lösungen, die in der Praxis notwendig geworden waren, sollten nur bis zur Wiederherstellung der Glaubenseinheit gelten – «tolerari» hieß zunächst nur: einstweilen hinnehmen, solange es nicht anders geht! Die Parität im Reich (1648: aequalitas mutua exactaque) hat wenig mit moderner Toleranz zu tun, sondern verdient eher die Bezeichnung «Intoleranz zu zweit» auf Kosten aller anderen. Die dadurch geschaffene Rechtssicherheit und politische Unbeweglichkeit hat noch mehr als der bäuerliche Widerstand jene Umsetzung politischer Konflikte in Rechtsfragen gefördert, die deutsche politische Kultur bis heute charakterisiert (Michael Stolleis).

Auf der anderen Seite forderten religiöse Minderheiten anstelle paritätischer Festschreibungen gerne Gewissensfreiheit für sich selbst, aber nur um, einmal an die Macht gelangt, die anderen zu unterdrükken. In der Gewißheit, die Wahrheit zu besitzen, blieb man überall (in der katholischen Kirche bis 1965) bei dem maßgebenden Grundsatz des Kirchenvaters Aurelius Augustinus:

«Es gibt eine ungerechte Verfolgung, die Verfolgung der Kirche Christi durch die Gottlosen; und es gibt eine gerechte Verfolgung, die der Gottlosen durch die Kirche Christi [. . .] Die Kirche verfolgt aus Liebe, die Gottlosen aus Grausamkeit.»[5]

Nur Humanisten wie Erasmus von Rotterdam plädierten für den Primat des Lebens vor der Lehre und daher für praktische Menschlichkeit einerseits, Konzentration der theologischen Auseinandersetzung auf das wirklich Wesentliche andererseits – eine erste Andeutung der Begründung von Toleranz durch Skepsis. Spiritualisten wie Sebastian Franck bestanden in der Nachfolge des frühen Luther auf der rein geistigen Auseinandersetzung. Sowieso kenne nur Gott allein die wahren Christen, die es möglicherweise auch bei Türken und Heiden gebe. Damit war der übliche Ketzerbegriff erledigt.

In der Krise der Hugenottenkriege veröffentlichte Sebastian Castellio, der aus dem intoleranten Genf Calvins geflohen war, 1551–63 verschiedene Schriften, in denen er nach Franck und Erasmus Toleranz biblisch zu begründen versuchte. Muß nicht nach dem Gleichnis vom

[5] Nach *Lecler* Bd. 1, 122.

Weizen und Unkraut die Trennung von Rechtgläubigen und Irrenden bis zum Jüngsten Tag aufgeschoben werden? Sind nicht die Ketzerverfolger selber Ketzer, weil sie darin gegen den Willen Gottes verstoßen? Zwar vermag auch er noch nicht auszuschließen, daß Ketzer möglicherweise bestraft werden müssen – da es nur eine Wahrheit geben kann, hat vor dem 17. Jahrhundert niemand die Forderung nach Glaubenseinheit in Frage gestellt –, aber die Todesstrafe ist ebenso unchristlich wie nutzlos. Im Gegenteil fügten die «Politiker» hinzu, Duldsamkeit ist sogar unbedingt notwendig für das Überleben der französischen Monarchie und für die niederländische Prosperität.

Verständlicherweise wurde die Toleranzdiskussion vor allem in den Niederlanden, im hugenottischen Exilmilieu, in England und seinen nordamerikanischen Kolonien weitergeführt, während in konfessionell einheitlichen Ländern wie Italien alles beim alten blieb. Im Jahr der Toleration Act 1689 veröffentlichte John Locke «A Letter concerning Toleration». Für ihn entspricht nur Toleranz dem christlichen Gebot der Nächstenliebe, und die Staatsgewalt hat keinerlei Zuständigkeit in Glaubensdingen. Staatsgefährdende Lehren freilich dürfen nicht geduldet werden, weder Papisten, die einem ausländischen Herrn gehorchen, noch Atheisten, die die Moral untergraben.

Erst der hugenottische Exulant Pierre Bayle hat es im Brief über den Kometen 1682 und in Artikeln seines Dictionnaire 1696/97 gewagt, Toleranz auf Skepsis gegenüber absolutem Wahrheitsanspruch zu gründen und die bisher selbstverständliche Verbindung von Glaube und Moral aufzuheben, indem er die Möglichkeit eines tugendhaften Atheismus nachwies. Damit hatte die Aufklärung freie Bahn für ihre unablässige Forderung nach Toleranz. Deren Verwirklichung brauchte freilich noch lange, denn sie hing nicht nur davon ab, daß eine Staatsgewalt erkannte, daß sie die konfessionelle Basis ihrer Macht nicht mehr benötigte, sondern auch davon, daß historische Konstellationen auftraten, in denen bestehende Regelungen trotz des dem Ancien Régime ganz besonders eigenen institutionellen Trägheitsprinzips abgeschafft werden konnten.

Generell ließ die Intoleranz in der zweiten Hälfte des 18. Jahrhunderts deutlich nach. In England und nach Voltaires publizistischer Kampagne gegen Protestantenverfolger allmählich auch in Frankreich erhielten religiöse Minderheiten in aller Stille mehr Bewegungsfreiheit. Nachdem Maria Theresia noch erheblichen Druck auf Nicht-Katholiken ausgeübt hatte, gewährte ihnen Joseph II. 1781 halböffentliche Religionsausübung und weitgehende bürgerliche Gleichberechtigung. Allerdings handelte es sich wie im Preußen Friedrichs II. und des Allgemeinen Landrechts nur um Glaubens- und Gewissensfreiheit der einzelnen Untertanen. Seit 1782 in Österreich, 1791 in Frankreich, 1812 in Preußen wurden sie auch auf die Juden ausgedehnt. Für die äußeren Angelegenheiten der Kirchen blieb es aber bei staatlicher Kontrolle. Selbst in den USA, deren neue Verfassungen die weitere Entwicklung beeinflußt haben, brauchte die tatsächliche Gleichberechtigung religiöser Minderheiten in manchen Staaten ihre Zeit. Zwar setzte sich im 18./19. Jahrhundert nicht nur Toleranz, sondern allgemeine Glaubens- und Gewissensfreiheit durch. Hinter die französische Erklärung der Menschen- und Bürgerrechte von 1789 führte kein Weg zurück. Die neuen Verfassungen des 19. Jahrhunderts und sogar die deutsche Bundesakte von 1815 garantierten die Religionsfreiheit. Aber der damit eigentlich verbundene Anspruch des Einzelnen auf vollständige bürgerliche Gleichberechtigung war so noch keineswegs verwirklicht. Vor allem aber hinderte die individuelle Gewissensfreiheit die Staatsgewalten nicht daran, ihre gewohnte Kirchenherrschaft weiterzuführen. Religionsfreiheit und Staatskirchentum galten als durchaus vereinbar.

d) Vom Staatskirchentum zum Ende der Symbiose

Die staatliche Kirchenherrschaft erreichte sogar erst mit ihrer dritten Welle im 18./19. Jahrhundert den Höhepunkt. Eigentlich kann sie erst jetzt als Staatskirchentum bezeichnet werden, weil sie von einer voll entwickelten Staatsgewalt betrieben wurde, voll entwickelt auch insofern, als sie die Dienste der Kirchen nicht mehr benötigte. Denn nicht nur ihr politisches Monopol war jetzt vollständig ausgebildet, auch ideologisch war sie durch rationale Staatsbegründung aus Natur und Geschichte oder gar durch Rousseaus politische Identitätsphilosophie zur Selbstversorgerin geworden. Die frühneuzeitliche Rolle der Kirchen als Juniorpartner der Staatsgewalt war damit ausgespielt, ihr Weg zu bloßen gesellschaftlichen Vereinigungen und Interessengruppen innerhalb des Staates vorgezeichnet. Allerdings waren sie immer noch so wichtig, daß die politische Kontrolle über sie als nützlich, wenn nicht notwendig galt. Dabei tendierten die Staaten dazu, sich im Sinne der deutschen Kollegialtheorie auf die äußere Kirchenhoheit zu beschränken, die als Bestandteil des staatlichen Gewaltmonopols galt, und die innere Kirchengewalt diesen selbst zu überlassen. Wo deren Grenzen strittig waren und in den Res mixtae wie Ehe und später Schule war die rücksichtslose Durchsetzung des staatlichen Hoheitsanspruchs allerdings selbstverständlich. Bis zum Ersten Weltkrieg war es weltweit auch üblich, daß katholische Bischöfe dem Staat einen Treueid zu leisten hatten. In Spanien wurde er 1953 abgeschafft, in Italien 1984. Er existiert noch in Haiti sowie teilweise im Bistum Basel und in Deutschland, wo ihn das Reichskonkordat auf Verlangen Hitlers wieder eingeführt hatte.

In fast allen katholischen Ländern wurde im 18. Jahrhundert ein Staatskirchentum von radikaler Konsequenz eingeführt, das vor allem in der Toskana und in Österreich eine Verbindung mit dem aufgeklärten Reformkatholizismus einging. 1759–68 wurden die als reaktionär und papsttreu geltenden Jesuiten aus Portugal, Frankreich, Spanien und Italien ausgewiesen, 1773 der Papst gezwungen, den Orden aufzuheben. Als Extremfall gilt der «Josephinismus» der Habsburger Monarchie, der aber in vielem bereits auf Maria Theresia und ihren aufgeklärten Minister Kaunitz zurückging und insofern nur den mit bürokratisch-rationalistischer Radikalität durch über 6000 Detailverordnungen forcierten Höhepunkt des alten österreichischen Systems darstellte.

Die Französische Revolution brachte Toleranz und bürgerliche Gleichberechtigung, aber kein Ende des Staatskirchentums. Im Gegenteil, nach Enteignung des Kirchengutes sollten die Pfarrer und Bischöfe – Klöster und Domkapitel wurden abgeschafft – gewählte, besoldete und vereidigte Staatsbeamte werden, höchstens in Glaubensdingen gab es einen Rest kirchlicher Unabhängigkeit. Die darüber ausgebrochenen Konflikte wurden zwar durch Napoleons Konkordat von 1801 beigelegt, aber 1802 wurde zusätzlich ein strenges Staatskirchentum mit Plazet, Recursus ab abusu und Vereidigung auf die Gallikanischen Artikel von 1682 etabliert. Es kennzeichnet den Machtwillen des neuen Staates, daß für Reformierte, Lutheraner und Israeliten jeweils eine ähnliche staatskirchliche Organisation geschaffen wurde.

In Spanien hatte schon das Ancien Régime in seiner Finanzkrise mit der Enteignung von Kirchengut begonnen, die sich weit ins 19. Jahrhundert hinzog und das jeweilige Verhältnis Staat-Kirche widerspiegelt. Wie in Portugal war der Katholizismus abwechselnd Staatsreligion oder vom Staat getrennt. In Italien wurden zunächst die alten staatskirchlichen Verhältnisse wiederhergestellt, aber da die nationale Einigung gegen den Papst erfolgte, hatte die damals eingeführte Trennung von Kirche und Staat ausgesprochen antikirchlichen Charakter.

In Deutschland waren durch Herrschaftssäkularisation der Reichskirche und Vermögenssäkularisation der landsässigen Klöster sowie Mediatisierung der mindermächtigen Reichsstände, Reichsstädte und -ritter geschlossene moderne Mittelstaaten entstanden, aber kein einziger hatte noch eine konfessionell homogene Bevölkerung. Es blieb zwar bei der hergebrachten konfessionellen Ausrichtung der Staatsgewalt, aber diese war nur noch in Bayern und Österreich katholisch. Durch besondere Behörden ausgeübte staatliche Kirchenhoheit herrschte überall. Zusätzlich unterstanden die meisten evangelischen Kirchen der Kirchengewalt ihres fürstlichen Summus Episcopus, der in Preußen 1817 eine «freiwillige» Union der Lutheraner und Reformierten veranlaßte und bei Widerstand mit Militär durchsetzte.

Hatte sich im Mittelalter der Staat von der Kirche emanzipieren müssen, so war jetzt, nachdem von der kirchlichen Juniorpartnerschaft nur noch die staatliche Kontrolle übrig geblieben war, die Emanzipation der Kirche vom Staat angesagt. Im Falle der katholischen Kirche stießen deren seit Trient gesteigerten Machtansprüche (Rudolf Reinhardt) mit den ebenfalls wachsenden der Staatsgewalt zusammen, so daß der Ablösungsprozeß hier oft konfliktreich verlief. Er wurde mehr und mehr durch Konkordate, zweiseitige Verträge zwischen Kirche und Staat, geregelt, wobei als kirchliche Vertragspartei im Gegensatz zu früher nur noch das Papsttum in Frage kam. Die revolutionäre Beseitigung der landeskirchlichen Strukturen des Ancien Régime lief nämlich langfristig auf einen Machtgewinn des Papsttums hinaus, das jetzt seine zentralistische Kirchenmonarchie zum ersten Mal vollständig verwirklichen konnte. Nachdem die selbstbewußte Gallikanische Kirche von der Revolution vernichtet worden war, war es der Papst, der im Konkordat von 1801 eine neue Kirche nach den Wünschen Napoleons schuf, schematisch mit einem Bistum pro Departement. Noch 1763 hatte ein Trierer Weihbischof unter dem Pseudonym Febronius ein episkopalistisches Programm veröffentlicht, 1786 forderten die deutschen Erzbischöfe als Reaktion auf die Errichtung der Nuntiatur in München eine deutsche Nationalkirche. Nach der Zerschlagung der Reichskirche und der Säkularisation des Kirchenguts mußte das Papsttum bei der Schaffung neuer kirchlicher Strukturen aber nur noch auf die deutschen Staaten Rücksicht nehmen. Ehrwürdige Bistümer verschwanden wie Konstanz oder wurden im Rang herabgestuft wie Mainz. Die protestantischen Kirchen hingegen waren ohne übernationale Stütze als Landeskirchen noch stärker vom Staat abhängig als die katholischen. Deshalb erfolgte ihre Ablösung, wenn überhaupt, dann durch graduelle Reduzierung staatlicher Kontrolle sowie innerkirchliche Differenzierungsprozesse wie die wachsende Bedeutung von Freikirchen in Skandinavien.

Nach den Revolutionen von 1848 ließ der staatskirchliche Druck vielerorts nach. Über die papalistische Offensive Pius' IX. (Syllabus 1864, Unfehlbarkeitsdogma 1870) regte sich staatlicherseits nur noch auf, wer sich aus politischen Gründen darüber aufregen wollte. Zu solchen Gründen gehörte die neuartige parlamentarische Aktivität katholischer Gruppen wie des deutschen Zentrums, die Bismarck als bedrohlich empfand. Der von ihm eingeleitete «Kulturkampf» (Rudolf Virchow) 1871–76 brachte zwar längst überfällige Modernisierungsmaßnahmen wie die Zivilehe und Zivilstandesregister, erwies sich aber mit dem Versuch, noch einmal die staatliche Kirchenhoheit durchzupauken, als anachronistisch. Der Obrigkeitsstaat war der passiven Renitenz des Volkskatholizismus nicht gewachsen; die Kirche hatte die politisch moderneren Kräfte auf ihrer Seite.

Konfliktträchtig war auch die Kontrolle der Schule, insbesondere die von der französischen Dritten Republik betriebene Durchsetzung eines konsequent laizistischen Bildungssystems unter Ausschaltung der bisher dominierenden kirchlichen Anstalten. Zunächst wurde das weitergeltende staatskirchliche System Napoleons repressiv eingesetzt, dann aber 1904 das Konkordat gekündigt und 1905 die Trennung von Kirche und Staat durchgeführt.

Der Sturz der Monarchie nach dem Ersten Weltkrieg brachte für die evangelischen Kirchen Deutschlands das Ende des Ancien Régime, das die katholische hundert Jahre früher erlebt hatte. Doch hatten sie genug Selbstverwaltung und synodale Elemente entwickelt, um der neuen Lage wenn nicht ideologisch, so doch organisatorisch gewachsen zu sein. Das neue deutsche Staatskirchenrecht war ein Kompromiß, die «hinkende Trennung» von Kirche und Staat (Ulrich Stutz). Der Staat bleibt dabei strikt neutral, gewährt aber bestimmten Religionsgemeinschaften den Status öffentlich-rechtlicher Körperschaften mit unbeschränkter Selbstbestimmung im Rahmen der Gesetze und dem Privileg, von ihren Mitgliedern Steuern zu erheben.

Nicht nur in Deutschland bestand und besteht die Möglichkeit, weitere Einzelheiten durch Konkordate mit der katholischen Kirche, durch Kirchenverträge mit der evangelischen zu regeln. Eine neue Blütezeit der Konkordatspolitik begann, mit der Beilegung des Dauerkonflikts zwischen Italien und dem Papsttum durch die Lateranverträge 1929 als Höhepunkt. Konkordate und Kirchenverträge können analog zu den völkerrechtlichen nicht einseitig gekündigt oder abgeändert werden, obwohl sie innerstaatliche Verhältnisse regeln. Die Tatsache, daß die Staatsgewalt mit den Kirchen Verträge auf der Grundlage formaler Gleichberechtigung abschließt, beweist, daß sie bis heute nicht Körperschaften oder Interessengruppen wie andere geworden sind. Aber das Ausmaß der Privilegien, das sie sich vertraglich zu sichern vermögen, geht seit dem Zweiten Weltkrieg rapide zurück, neuerdings auch in Spanien und Italien.

Demgegenüber erlebten die protestantischen Staatskirchen auf den britischen Inseln und in Skandinavien eine ruhigere Entwicklung.

Zwar hat sich längst Religionsfreiheit durchgesetzt und sogar die Einheit des Bekenntnisses innerhalb der Kirchen aufgelöst, aber bei einer milden Form des Staatskirchentums ist es geblieben. In Schweden zahlen sogar Nichtmitglieder der Staatskirche wegen deren öffentlicher Aufgaben Kirchensteuer an dieselbe. Paradoxerweise sind infolge der politischen Entwicklung faktisch, in Finnland und Island auch formell, nicht mehr Monarchen, sondern Parlamente und Regierungen Inhaber der Kirchenhoheit, so daß auch Andersgläubige oder Ungläubige über innere Angelegenheiten der Kirchen entscheiden können. Die finnische Lösung, daß nur Parlamentarier, die der Kirche angehören, stimmberechtigt sind, und die Vorlagen der Kirchenversammlung nur annehmen oder ablehnen können, hat keine Nachahmung gefunden. Die naheliegende Lösung der Trennung von Kirche und Staat wurde bisher nur von den anglikanischen Kirchen Church of Ireland 1871 und Church of Wales 1920 gewählt.

Der zunehmende gesellschaftliche Pluralismus läßt Vorrechte für Gruppen, deren Mitgliederzahl und Bedeutung zurückgeht, immer weniger gerechtfertigt erscheinen, zumal wenn sie für die Staatsgewalt immer mehr zur politischen quantité négligeable werden. Infolgedessen ist allerorten mit zunehmender Trennung von Kirche und Staat zu rechnen, möglicherweise die Vollendung der kirchlichen Emanzipation vom Staat, sicher das Ende einer zweitausendjährigen politischen Symbiose.

4. Recht und Justiz

Recht ist heute von der Staatsgewalt monopolisiert. Substaatliche Einheiten wie die Kirchen mögen ihr eigenes Recht haben; dieses gilt aber nur von Staates Gnaden und in einem staatlichen Rahmen. Suprastaatliche Organisationen wie die UNO oder EU haben ihr Recht, das inzwischen zwar die Mitgliedstaaten bindet und nicht mehr ohne weiteres gekündigt werden kann, aber letztinstanzlich immer noch auf deren Rechtssetzungsgewalt beruht. Dieser Sachverhalt ist jedoch eine spezifische Errungenschaft des modernen europäischen Staates und unterscheidet sich von dem, was in anderen Kulturen und bis in die frühe Neuzeit in Europa Recht war. Recht war ursprünglich identisch mit Religion, Moral und Sitte, von denen es in einem Differenzierungsprozeß abgelöst wurde, dabei aber mehr und mehr unter den Einfluß der Politik geriet. Ursprünglich und zwischenzeitlich existierte es ganz oder teilweise unabhängig von der werdenden Staatsgewalt, aber diese hat sich im Zuge ihres Wachstums Recht und Justiz vollständig unterworfen.

Diese Geschichte macht die Mehrdimensionalität jeder Rechtsentstehung deutlich, die vom heutigen staatlichen Rechtssetzungsmonopol verschleiert wird. Recht ist nämlich immer (1) ein Machtmittel der jeweils Herrschenden, (2) ein Reflex der jeweiligen gesellschaftlichen Verhältnisse, (3) ein Ausdruck der jeweiligen sittlichen Überzeugungen (z. B. Abtreibungsrecht), (4) ein Ausfluß der jeweiligen gesellschaftlichen Sitten, die sozioökonomisch oder moralisch determiniert sein können, aber nicht müssen (z. B. Familienstruktur). Recht ist also zugleich materiell und ideell begründet, zugleich von Herrschenden auferlegt und von Beherrschten erzwungen, zugleich rationales Konstrukt von Gesetzgebern und Ausfluß von Gefühlen der Menschen (Harold J. Berman). Sein Zweck ist Reduktion von Komplexität (Niklas Luhmann). Die Fülle des Lebens wird auf Standardfälle reduziert und damit regulierbar gemacht; man weiß, woran man ist und was man zu erwarten hat. Sozialer Wandel verlangt allerdings Änderung des Rechts. Die Entwicklungsdynamik heutiger Gesellschaften erlaubt es nicht mehr, Recht an einer unwandelbaren Natur des Menschen festzumachen, sondern braucht nach Bedarf veränderbares, das heißt aber rein positives Recht. Die Unzahl rechtlicher Normen und ihre ständige Änderung durch rechtliche Verfahren könnten freilich in die dialektische Selbstaufhebung des Rechtsstaats münden, wenn die Verwirklichung des europäischen Ideals, daß nicht Menschen, sondern Gesetze über die Menschen herrschen und Macht auf diese Weise zähmen, durch regelmäßige beflissene Anpassung des Rechts an wechselnde Machtverhältnisse ersetzt wird.

a) Grundlagen

Wie der europäische Staat aus archaischer Herrschaft, so ist das europäische Recht aus archaischem hervorgegangen. Dessen Nähe zur physischen Gewalt (Blutrache) hängt mit dem personalen und konkreten Charakter der Rechtsvorstellung zusammen, nach der *mein Recht* und *das Recht* deckungsgleich sind. Das angelsächsische Recht geht bis heute im Gegensatz zum kontinentaleuropäischen durchaus erfolgreich von dieser vormodernen Logik des Einzelfalls anstelle der Logik des Allgemeinen aus. Dazu kamen religiöse Vorstellungen von der erforderlichen Wiederherstellung einer gestörten Ordnung, die wenig mit individueller Schuld und Sühne zu tun hatten. Ritueller Ausgleich dieser Art lebte in der frühneuzeitlichen Compensatio, in der Kirche im Ablaß weiter, der Möglichkeit, eine Strafe durch eine Zahlung oder eine andere Leistung zu ersetzen. Oder in der Symbolik der «spiegelnden Strafen», dem Abhauen der Schwurhand bei Meineid, der Kastration bei Sexualdelikten usf.

Ohne staatliche Zwangsgewalt war Justiz bis zu einem gewissen Grad von freiwilliger Kooperationsbereitschaft der Parteien abhängig. Deshalb spielte in der Entwicklung der «staatlichen» Gerichte der Straftatbestand der Mißachtung einer Vorladung (Contumacia) eine große Rolle. Aber archaische Parteien wurden nicht nur durch Furcht vor ihren Gegnern, sondern auch von ihrem Glauben an die Weltordnung vor Gericht getrieben. Daher die gerichtliche Auseinandersetzung mit magischen Rechtsmitteln wie verschiedenen Gottesurteilen (Zweikampf, Feuerprobe usf.) oder dem Reinigungseid des Beklagten mit elf Eideshelfern statt moderner Beweisverfahren.

Der Eid war in Antike und Judentum ein religiöser Akt, den Christen aber ausdrücklich verboten (Mat 5,33–37). Bezeichnenderweise wurde er in der archaischen Welt des Frühmittelalters dennoch zum religiösen Fundament von Justiz und Herrschaft, ein Sakrament wie Taufe oder Eucharistie (Paolo Prodi). Der zunehmende Dualismus von Kirche und Welt hat ihm zwar diesen Charakter genommen, er blieb aber die mit transzendenter Sanktion belegte Grundlage der gesamten politischen, gesellschaftlichen, ja sogar wirtschaftlichen Ordnung. Während in der radikalen Reformation das biblische Eidverbot gegen kirchlichen und weltlichen Herrschaftsanspruch wiederbelebt wurde, bezog die den Universitäten nachgemachte Vereidigung auf die rechte Lehre im Zeitalter der Konfessionalisierung erstmals über die nachprüfbare Handlung hinaus die Gesinnung mit ein. Aber das Verschwinden des Glaubens an die transzendente Sanktion für Meineid beraubte das Ancien Régime neben dem Verlust der religiösen Legitimation der Monarchie eines weiteren, aus archaischen Zeiten überkommenen Stabilisierungsfaktors. Moderne Eide beruhen nur noch auf der schwachen Grundlage der Ehrenhaftigkeit des Schwörenden und den gesetzlichen Strafen für Meineid.

Recht*sprechung* war mündlich, bestand in der Einigung der Gerichtsgemeinde auf einen Rechtssatz, die am leichtesten möglich war, wenn dieser als altehrwürdig galt; gutes Recht war bis in die Neuzeit alt, neues Recht mußte sich als alt ausgeben, um akzeptiert zu werden. Darüber hinaus beruhte sie auf strenger Formalisierung. Die Mitglieder der Gerichtsgemeinde hatten sich zur rechten Zeit am rechten Ort zu treffen und die rechten Schritte vorzunehmen, andernfalls bestand Verdacht auf Ungültigkeit der Rechtshandlung. Der Richter mit seinem Stab in der Hand hatte den Vorsitz, er verkündete das Urteil und veranlaßte seine Vollstreckung, aber gefunden wurde es nicht von ihm, sondern von ausgewählten, rechtskundigen Urteilern (Geschworene, Schöffen), oft zwölf an der Zahl, aber nicht nach deren Ermessen, sondern nach ihrer Kenntnis der üblichen Entscheidung. Dabei war Einstimmigkeit ebenso erforderlich wie die einhellige Zustimmung des Umstands, der Gerichtsgemeinde. Bereits der Gebrauch einer falschen Formel konnte ein Verfahren scheitern lassen. Legitimation durch Verfahren (Niklas Luhmann) war in der archaischen Justiz und dem von ihr abgeleiteten römischen und angelsächsischen Aktionenrecht[1] lange von grundlegender Bedeutung. Noch im 18. Jahrhundert war das Verfahren modifiziert mancherorts lebendig,[2] und die angelsächsische Kombination von Einzelrichter und Jury kann diese Herkunft bis heute nicht verleugnen.

Die archaische Rechtspraxis ist nicht direkt in Quellen belegt, sondern wurde durch Vergleich frühmittelalterlicher Rechtsbücher und skandinavischer Rechtsaufzeichnungen des 12./13. Jahrhunderts mit der «Germania» des Tacitus und Befunden der Völkerkunde gewonnen. Dieses Recht war aber nicht «rein» germanisch, denn die skandinavischen Texte beruhten nicht nur auf dortigem Gewohnheitsrecht, sondern auch auf Vorlagen aus dem übrigen Europa und sogar dem mosaischen Recht der Bibel (Elsa Sjöholm). Es handelte sich wahrscheinlich überhaupt nicht um «germanisches» Recht, sondern um archaisches Recht, das auch anderswo anzutreffen ist.

Archaisches Recht weist eine gemeinsame formale Grundstruktur auf, ist aber material extrem variantenreich, es ist lokal, regional, auf alle Fälle dezentral. Der deutsche Reisekönig konnte zwar die Rechtsprechung an seinem Aufenthaltsort übernehmen, aber nach lokalem Recht und mit lokalen, rechtskundigen Beisitzern. Der schwedische König mußte von jeder Rechtslandschaft seines Reiches gesondert angenommen werden. Der Herrscher war Hüter, aber nicht Herr des Rechts. Zwar konnte die starke Krongewalt Englands auch auf solcher Grundlage ein einheitliches königliches Recht mit einer einheitlichen königlichen Justiz zustandebringen. Aber das römisch-kanonische Recht entsprach dank Schriftlichkeit und Einheitlichkeit den Bedürfnissen der werdenden Staatsgewalt besser und wurde so zum Ius commune Europas.

Das überlieferte, von Tribonianus auf Befehl des oströmischen Kaisers Justinian kodifizierte und 533/34 in Kraft gesetzte römische Recht war damals schon 1000 Jahre alt. Erst in der Spätantike hatte es den archaischen Charakter des Aktionenrechts verloren; das Prinzip der Rechtsentwicklung anhand von Einzelfällen war ihm aber geblieben. Die Sammlung bestand aus drei Teilen: (1) Der «Codex Iustinianus»

1 Die formale Korrektheit der einzelnen Prozeßschritte, der Legis Actiones, war im älteren römischen Recht ausschlaggebend, ebenso die Wahl des richtigen Writ im englischen, daher der Begriff Aktionenrecht.

2 Vgl. *Carlebach* Bd. 2, 183–89.

(zitiert Cod. oder C.) ist eine systematische Sammlung der Kaisergesetze seit Hadrian, (2) die «Digesta» oder «Pandectae Iustiniani» (Dig. oder D.) sind eine Musterfallsammlung in 50 Büchern mit dem anderthalbfachen Umfang der Bibel aus Schriften römischer Juristen, besonders Ulpian, Paulus, Papinian aus dem 2. nachchristlichen Jahrhundert, (3) die «Institutiones» (Inst. oder I.) sind ein amtliches Lehrbuch. Öffentliches Recht, Strafrecht, Verfahrensrecht, Privatrecht sind in getrennten Teilen vertreten, der Schwerpunkt liegt auf dem letzteren. Die Sammlung war aber zunächst nicht erfolgreich und geriet großenteils in Vergessenheit. Erst nach ihrer Wiederentdeckung im 12. Jahrhundert wurde sie als «Corpus Iuris», seit dem 13. Jahrhundert als «Corpus Iuris Civilis» (C. I. C.) bezeichnet.[3] Die überlebenden Restbestände, das sogenannte Vulgarrecht, gingen teilweise in die gemischte Rechtskultur der Germanenreiche auf römischem Boden ein, von denen die «Lex Romana Visigothorum» (506) bis weit ins Mittelalter die wichtigste Rechtsquelle der Iberischen Halbinsel bleiben sollte.

b) Kirchenrecht und juristische Revolution Europas

Nirgends lebte die römische Rechtstradition aber so ungebrochen weiter wie in der römischen Rechts- und Juristenkirche, deren «Kirchenväter» häufig juristisch gebildet waren wie Ambrosius oder Gregor I. Infolgedessen waren Innovationen im weltlichen Bereich in der Regel in der Rechtsanstalt Kirche vorgedacht und erprobt worden. Deshalb spielte die kirchliche Rechtsentwicklung auch die entscheidende Rolle für die juristische Revolution des 11./12. Jahrhunderts, die wichtigste Epochengrenze der europäischen Rechtsgeschichte, denn mit ihr begann die Überwindung des archaischen Rechts durch die wissenschaftliche Rechtspflege. Damit war ein Fundament des modernen Staates gelegt. Man kann den «Ursprung der westlichen Rechtstradition in der päpstlichen Revolution» sehen (Harold J. Berman), dem päpstlichen Herrschaftsanspruch seit Gregor VII. und seiner juristischen Begründung. Die «Welt» reagierte auf diese Herausfordungen durch die «Kirche» mit der Entwicklung ihres eigenen Rechts und schließlich der Ausbildung des modernen säkularen Staates.

Vor dem 11. Jahrhundert gab es in Europa kein Recht als selbständiges Regelungssystem, sondern eine Vielzahl von Rechtsgewohnheiten

3 Wobei «civilis» nicht Zivilrecht im heutigen Sinn meint, sondern das Recht der römischen Reichsbürger. Die Abkürzung C. I. C. wird allerdings auch für nicht weniger als drei kirchliche Gesetzbücher verwendet, das «Corpus Iuris Canonici» des Spätmittelalters, den «Codex Iuris Canonici» von 1917 und dessen Neufassung von 1983.

und -setzungen, die von anderen Arten der sozialen Kontrolle wie der Sitte oder des Denkens wie besonders der Theologie nicht zu trennen waren und obendrein nur lokale Geltung hatten. Es gab keine Berufsjuristen und kaum theoretische Reflexion über Recht. Vom späten 11. bis zum frühen 13. Jahrhundert aber wandelte sich in Westeuropa der geistige und politische Charakter des Rechts in revolutionärer Weise. Es begann, sich aus seiner selbstverständlichen Verwurzelung in Sitte und Glauben zu lösen, denn es mußte jetzt seine Gerechtigkeit vor rationaler Prüfung behaupten. Im Rahmen des allgemeinen Wandels jener Zeit waren drei Faktoren dafür besonders wichtig: (1) das Auftreten anspruchsvoller Zentralgewalten in Kirche und Welt, (2) die von diesen geförderte Entstehung eines professionellen Juristenstandes, (3) die Tätigkeit von Rechtsschulen, die diese Leute und ihre neue Art, Recht als selbständiges System zu denken, hervorbrachten.

Als Ergebnis entstanden die westlichen Rechtssysteme: (1) das kanonische Recht der Kirche, (2) die Rechtssysteme der europäischen Monarchien unter dessen Einfluß und zugleich im Konflikt mit ihm, (3) das Lehensrecht und (4) das Recht der Grundherrschaft, (5) das Recht autonomer Stadtgemeinden und (6) das Handelsrecht ihrer Kaufleute. Zwar war neben dem kanonischen höchstens das Handelsrecht europaweit einigermaßen einheitlich, aber die Varianten der übrigen vier wiesen gemeinsame Grundmuster auf, nicht zuletzt, weil sie unter dem Einfluß des neubelebten römischen Rechts standen.

Auf der Grundlage der im 11. Jahrhundert in Pisa wiederentdeckten, einzigen vollständigen Handschrift des Corpus Juris bearbeiteten die Juristen der Universität Bologna im 12. Jahrhundert, die sogenannten Glossatoren, die Digesten mit der damals modernsten wissenschaftlichen Methode, dem Quaestionenverfahren der scholastischen Theologen. Diese Art Exegese eines «heiligen» oder autoritativen Textes scheint rechtsethnologisch weltweit die Ausnahme und auf die monotheistischen Juden, Christen und Moslems beschränkt zu sein. «Normal» wäre die Weiterentwicklung des Rechts an Fällen, wie es auch die Art römischer Juristen gewesen war (R. C.van Caenegem). Den Ertrag der Glossatorenarbeit faßte Accursius um 1230 in den 96 940 auf den Rand rund um den Text geschriebenen Erklärungen der Glossa ordinaria zusammen, die bis ins 17. Jahrhundert selbständige Rechtsquelle blieb. Auf dieser Grundlage schrieben dann die Postglossatoren (Kommentatoren, Konsiliatoren) ihre Gutachten (Consilia) und Traktate zu Einzelfragen, nicht selten politischen im Dienste italienischer Stadtrepubliken und des Kaisertums. Dabei avancierten die Äußerungen des Bartolus de Sassoferrato (1313–57) und des Baldus de Ubaldis (1320–1400) ebenfalls zu Rechtsquellen.

Was Systematik angeht, hatte allerdings das Kirchenrecht bereits um 1140 durch die «Concordantia discordantium Canonum» des Gratian (auch: «Decretum Gratiani») einen Vorsprung gewonnen. Diese Privatarbeit, die das ältere Material (Bibelstellen, Konzilsbeschlüsse, Kirchenväterzitate, Papstbriefe, Stücke aus dem Corpus Iuris) nicht nur ordnete, sondern auch kommentierte, erlangte rasch kanonische Geltung und wurde von den Decretisten der neuentstehenden Kirchenrechtswissenschaft glossiert. Dazu kam eine wachsende Zahl päpstlicher Entscheidungen (Decretalen), die schließlich von Gregor IX. 1234 als systematisch geordnete, amtliche Sammlung veröffentlicht wurden, der «Liber Decretalium extra Decretum vagantium», kurz «Liber Extravagantium» oder «Liber Extra», 1298 und 1317 durch offizielle Nachträge ergänzt («Liber Sextus» und «Clementinae»). Die Bearbeitung durch die Decretalisten brachte im 14. Jahrhundert ebenfalls eine Glossa ordinaria hervor. Decretum und Decretalen hießen seit der römischen Druckausgabe von 1580/82 offiziell «Corpus Iuris Canonici».

Während das römische Recht trotz seines Ansehens eher eine akademische Angelegenheit blieb und strenggenommen nur subsidiär im Bedarfsfall galt, konnte das kanonische Recht überall gleiche und unmittelbare Geltung für Klerus und Laien beanspruchen. Römischrechtlich durchtränkt hat es dabei Elemente römischer Rechtskultur verbreitet.[4] Die frühen und vielfältigen Auswirkungen dieser nicht nur durch die Kirche, aber doch in erster Linie von ihr vermittelten Rechtskultur bis England und Skandinavien widersprechen der älteren Vorstellung einer zeitlich und inhaltlich klar definierbaren «Rezeption» des römischen Rechts in Deutschland und anderswo. Statt dessen handelte es sich um einen höchst diffusen rechtsgeschichtlichen Prozeß; möglicherweise läßt sich überhaupt nur die jeweilige «Machtübernahme» durch römisch-rechtlich geschulte Juristen einigermaßen datieren.

Das kanonische Recht wurde zum Schrittmacher der Weiterentwicklung des Prozeßrechts. Seit dem 12. Jahrhundert gab es bischöfliche Berufsrichter (Officiale), die schneller, billiger und mehr an materialer Gerechtigkeit als an formaler Korrektheit orientiert entschieden. Die vielseitige Zuständigkeit geistlicher Gerichte machte es möglich, daß sie vom Publikum lieber in Anspruch genommen wurden als weltliche; die Klagen über Mißbräuche geistlicher Gerichte mögen zum Teil dem Brotneid weltlicher Juristen entstammen. Anstelle des archaischen Formalprozesses entwickelten geistliche Gerichte nach dem Muster der spätrömischen Beamtenjustiz einen kanonischen Zi-

4 Vgl. z. B. *Gouron* in *Padoa Schioppa* 67.

vilprozeß, der im 13. Jahrhundert bereits von weltlichen Gerichten wie dem Pariser Parlament übernommen und als römisch-kanonischer Prozeß Gemeingut der europäischen Rechtskultur wurde. Es handelte sich um ein schriftliches Verfahren, das mit zunehmender Verfeinerung nur noch von Berufsjuristen durchgeführt werden konnte – der Rechtsanwalt trat auf.

Um dieselbe Zeit wurde im Strafrecht der archaische Accusationsprozeß («Wo kein Kläger ist, da ist auch kein Richter») durch den moderneren Inquisitionsprozeß ersetzt («per Inquisitionem Iudicis ex Officio suo») mit der Pflicht zur Verfolgung der Straftaten von Amts wegen (Offizialmaxime) und zur Erforschung der Wahrheit durch Augenscheinnahme, Zeugenbefragung und Geständnis des Angeklagten (Instruktionsmaxime). Abgesehen vom «endlichen Gerichtstag» wurde auch dieses Verfahren weitgehend schriftlich abgewickelt. Der Inquisitionsprozeß hat eine schlechte Presse nicht nur, weil der Ketzerprozeß seine bekannteste Variante darstellt, sondern auch weil er wegen der Wichtigkeit von Geständnissen zur Einführung der Folter geführt hat, bisweilen sogar für Zeugen. Diese war also kein archaisches Relikt, sondern ein juristischer «Fortschritt» gegenüber Gottesurteil und Reinigungseid, vor allem wenn sie tatsächlich kontrolliert, wohldosiert und protokolliert angewandt wurde. Durch Friedrich II. in Sizilien, Ludwig IX. in Frankreich und zunehmend auch vor deutschen Gerichten wurden im 13. Jahrhundert Elemente des archaischen Verfahrens durch solche des Inquisitionsprozesses ersetzt. Seine Einführung bedeutete einen wichtigen Schritt zur fürstlichen Kontrolle der Justiz, weil er ebenso wie der neue Zivilprozeß Justiz zum Beruf und öffentlichen Amt machte und den Instanzenzug kannte, während archaische Gerichte aus Laien bestanden und stets in erster und letzter Instanz geurteilt haben. Nun erst war die Errichtung eines königlichen Justizapparats möglich und sinnvoll.

Die regelmäßige Anwendung der Folter gehört in den Zusammenhang der weitgehenden Rechtlosigkeit des Angeklagten in Strafprozessen des Ancien Régime. Auch in England hatte er nicht einmal Anspruch auf einen Rechtsbeistand. Erst die Aufklärung sollte Änderungen einleiten, deren Verwirklichung aber oft bis weit ins 19. Jahrhundert dauerte. Während die Folter in Frankreich, Österreich, Preußen und Polen schon im späten 18. Jahrhundert verschwand, dauerte ihre Abschaffung in Schweden bis 1822, in Baden und im Kanton Zürich bis 1831, im Kanton Glarus bis 1851. Das englische Common Law kannte wegen seiner archaischen Herkunft die Folter nicht; inoffiziell wurde sie aber durchaus angewandt, vor allem wenn politische Interessen im Spiel waren. So konnte der Jurist Blackstone im 18. Jahrhundert zu dem Schluß gelangen, die Folter sei ein Werkzeug der Staatsgewalt, nicht des Gesetzes. Das trifft auch die Situation des 20. Jahrhunderts, in dem die Folter in den meisten Staaten üblich ist und es keinen geben dürfte, wo nicht wenigstens der Folter verwandte Verhörmethoden angewandt werden.

Der Einfluß des römisch-kanonischen Rechts war also zunächst eher formaler und indirekter als materialer und direkter Natur. Dazu gehört auch das seit dem 13. Jahrhundert europaweit auftretende Bedürfnis, das geltende Recht schriftlich festzuhalten oder neu zu fassen. Das brauchte nämlich keineswegs zur Übernahme römisch-rechtlicher Inhalte zu führen, sondern konnte sich auf die Anwendung der neuen wissenschaftlichen Methoden auf herkömmliches Recht beschränken. Schriftlichkeit galt aber offensichtlich als die erste Stufe dieser neuen Rationalität. Dabei konnte es sich um Privatarbeiten wie das Decretum Gratiani oder um amtliche Gesetzbücher wie den Liber Extra handeln, wobei die faktische Geltung aber davon nicht abhängig war – noch benötigte Recht zur Geltung nicht unbedingt «staatliche» Autorität. Aber eine Reihe der neuen Rechtsbücher war dennoch bereits Produkt des Machtanspruchs der werdenden Staatsgewalt.

So Friedrichs II. «Liber Augustalis» (Konstitutionen von Melfi) für Sizilien 1231, so Sammlungen städtischer Gesetze Oberitaliens wie der «Liber Statutorum et Legum Venetorum» 1242. In England gibt es nur die privaten, aber umfassenden Arbeiten von Ranulf Glanvill aus dem späten 12. Jahrhundert (Tractatus de Legibus et Consuetudinibus Angliae) und von Henry de Bracton von ca.1240 (De Legibus et Consuetudinibus Angliae), ebenso im zeitweise königslosen Deutschland, vor allem den «Sachsenspiegel» des Eike von Repgow aus der ersten Jahrhunderthälfte. Auch in Frankreich beginnt man mit privaten Aufzeichnungen des Gewohnheitsrechts wie derjenigen für Beauvais durch Philippe de Beaumanoir um 1280 (Coutumes de Beauvaisis), aber 1454 ordnete die Krone ein festes Verfahren unter Mitwirkung ihrer Richter und der Provinzialstände an, so daß im 16. Jahrhundert die meisten Regionalrechte gedruckt vorlagen.

In Kastilien, wo die königliche Gesetzgebung traditionell eine große Rolle spielte, war die Krone von Anfang an beteiligt. Selbst das Regional- und Lokalrecht der Fueros, das Foralrecht als Inbegriff des spanischen Partikularismus bis heute, mochte zwar material aus Gewohnheitsrecht bestehen, beruhte aber formal je länger desto mehr auf königlicher Verleihung in Gestalt eines Privilegs. Der «Fuero Juzgo», der neueroberten Städten wie Cordoba, Sevilla, Murcia verliehen wurde, war jedoch nichts als eine spanische Übersetzung des «Liber Judicum» von 694, einer Gesetzessammlung westgotischer Könige, der

«Fuero Viejo» des kastilischen Adels eine Kompilation älterer Gesetze. Der einheitliche «Fuero Real» von 1252–55 blieb ebenfalls Partikularrecht von Städten wie Burgos, Madrid, Valladolid, denen er ausdrücklich verliehen worden war. Erst der Alfons dem Weisen zugeschriebene «Libro del Fuero» von 1256–58, der Foralrecht mit dem Ius commune verband, wurde in der Endfassung von 1348 als «Siete Partidas» allgemeines, aber nur subsidiär geltendes Recht, an dritter Stelle nach den königlichen Gesetzen und den lokalen Fueros. Portugal hat ihn zu seinen Foraes rezipiert, während die Länder der Krone Aragon ihr eigenes Gewohnheitsrecht aufzeichneten und dann auf den Ständeversammlungen fortschrieben (Fori Valentiae 1238/39, Fori Aragonum 1247, Usatici Barchinonae 1251).

In Dänemark blieb es bei drei Regionalrechten, von denen das von Schonen 1203–12 aufgezeichnet wurde (Skanske Lov), das jütische 1241 (Jyska Lov), während die Kronen in Norwegen 1274 und Schweden 1347–52 Rechtsbücher für das ganze Land zustande brachten (Magnus Lagaboetirs Landslag und Magnus Erikssons Landslag bzw. Stadslag). In Schweden gingen dem allerdings seit dem 13. Jahrhundert zahlreiche Lagböcker, königlich bestätigte Rechtsbücher, und Rättsböcker, halboffizielle Aufzeichnungen von Regionalrecht, voran, und das Königsrecht erlangte erst in der Fassung König Christophs von 1442 wirkliche Geltung. Nur in Böhmen, Polen und Ungarn blieben entsprechende Initiativen noch lange ohne Erfolg, mit Ausnahme der «Statuta Casimiri», in denen Kasimir der Große 1356–62 das polnische Recht festhalten wollte.

Auch in materialer Hinsicht vollbrachte die neue Rechtswissenschaft wichtige Anpassungsleistungen. Die Übernahme des unbeschränkten römischen Eigentumsbegriffs, des Dominium, was ja zugleich Herrschaft bedeutet, paßte gut in ein Zeitalter rechtlich autonomer Gewalten mit begrenzten Befugnissen der Monarchen. Dadurch wurde die weltgeschichtlich einmalige und wirtschaftlich enorm folgenreiche Rechtssicherheit für Privateigentum in Europa grundgelegt. Weil hier Besteuerung nur mit Zustimmung der Betroffenen möglich war, entstand das Ständewesen. Eine staatliche Steuerhoheit und allgemeine Steuerpflicht wurden erst durch die Rechtsfiktion der Volkssouveränität möglich.

Gleichzeitig wußten die Juristen aber auch dem geteilten Nutzungsrecht des Mittelalters gerecht zu werden. Aus verschiedenen Arten römischer Herausgabeklage für Eigentümer und Pächter, Vindicatio directa und utilis, entwickelten sie die grundlegende Rechtsfigur des Feudalsystems, die Unterscheidung von Dominium directum und utile. Und es bereitete ihnen auch keine Schwierigkeiten, eine oberitalienische Sammlung der gewohnheitsrechtlichen Regeln des Lehenswesens aus dem 12./13. Jahrhundert, die «Libri Feudorum», als fünftes Buch in das damals in vier Teile gegliederte Corpus Iuris aufzunehmen.

Die besondere Bedeutung des Eigentums in der abendländischen Kultur verknüpft mit dem christlichen Personalismus lehrte den westlichen Menschen, sich in besonderer Weise als Eigentümer zu verstehen, als Eigentümer nicht nur seiner Güter, sondern auch seiner Rechte und seiner Person (John Locke). In China brauchte kein Kaiser als Käufer von Grund und Boden aufzutreten wie mancher abendländische Fürst (Herbert Franke). Und wenn es auch hier nicht an Theorien fehlte, die den Herrscher zum Obereigentümer von allem Eigentum seiner Untertanen machen wollten, dann wurden stets Theorien dagegengesetzt, die auch ihn dem Recht unterwarfen. Privilegien von Untertanen und Korporationen wurden als «Freiheiten» bezeichnet; der schillernde Begriff Freiheit konnte daher sogar geographische Bedeutung bekommen. Solche spezielle Freiheiten sind aber zu Wegbereitern allgemeiner Bürgerfreiheiten geworden, weil sie dem Anspruch der Staatsgewalt Grenzen zogen. Dialektisch verschränkt mit dem Wachstum der Staatsgewalt erfolgte die wachsende Emanzipation des Individuums, bis es dem Staat seine Grundrechte abzutrotzen vermochte und dessen Justizapparat schließlich in der Theorie sogar zu deren Hüter umfunktionieren konnte (Janet Coleman). Zwar nahmen Leges fundamentales und Ius humanum erst im 18. Jahrhundert allmählich die Bedeutung moderner Grund- und Menschenrechte an, und der moderne Menschenrechtsdiskurs begann erst mit der Erklärung von 1789, aber diese hat nicht etwa ein menschenrechteloses Zeitalter beendet. Der Widerstandsdiskurs im allgemeinen und die Dokumente von Untertanenprozessen im besonderen zeigen ein hohes Grundrechtebewußtsein an, das sich auf die alte Gerechtigkeit und die alten «Freiheiten» der Gemeinden gründete (Wolfgang Schmale). Die Staatsgewalt konnte sich daher des Rechtes und der Justiz nur mit dem Anspruch bemächtigen, daß staatliches Rechtswesen mehr Gerechtigkeit bringen werde. Offensichtlich war der Erwartungsdruck so groß, daß dieser Anspruch bis zu einem gewissen Grad sogar eingelöst wurde.

c) Unterwerfung der Justiz und Verstaatlichung des Rechts

Der Weg zur Kontrolle des Rechts mußte über die Kontrolle der Justiz führen, denn die praktische Sorge für die Gerechtigkeit galt unwidersprochen als eine der beiden ursprünglichen Herrscherpflichten, während das Recht selbst zunächst seinem Zugriff nicht ohne weiteres unterlag. Sizilien und England mit ihrer starken zentralen Krongewalt konnten diesen Weg besonders frühzeitig einschlagen, England mit dem dauernden Erfolg der ausschließlichen Geltung des königlichen Rechts durch das Monopol der königlichen Justiz. Zwar enthält das englische Recht durchaus Elemente römisch-kanonischen Ursprungs; selbst seine spätere Bezeichnung «Common Law» ist nur eine Übersetzung von «Ius commune». Aber es wurde bereits vor dessen europaweiter massiver Übernahme von einer starken Monarchie standardisiert und professionalisiert. Dieser Entwicklungsvorsprung zusammen mit der interessierten Trägerschaft durch eine professionelle, aber eben nicht römisch-rechtlich geprägte Juristenzunft haben es gegen spätere Einflüsse vom Kontinent weitgehend immunisiert. Die Gemeinsamkeiten mit dem übrigen Europa sind eher in älteren archaischen, monarchischen und feudalen Schichten zu suchen. Oder in jüngerer Zeit, als die Notwendigkeiten des Welthandels im 18. Jahrhundert Übernahmen aus dem Vertragsrecht des Ius commune erzwangen. Dabei spielte der Einfluß Schottlands eine Rolle, wo im 16./17. Jahrhundert im Gegensatz zu England unter französischem und niederländischem Einfluß eine Synthese von einheimischem und römischem Recht entstanden war.

Das von Heinrich II. im 12. Jahrhundert geschaffene System beruhte (1) auf der Steuerung der Justiz durch spezifizierte königliche Weisungen (writs), die der Kanzler ausstellte, und (2) der Konzentration der Justiz bei dem runden Dutzend Richter der zentralen königlichen Gerichte King's Bench, Exchequer und Court of Common Pleas (Chief Justice, im Exchequer Chief Baron, mit je 2–4 Puisne Judges/Barons), die vom 14. bis 19. Jahrhundert viermal jährlich für ca. 3 Wochen in Westminster zu Gericht saßen (Law Terms), die übrige Zeit aber paarweise auf einer von sechs festgelegten Routen (Circuits) das Land bereisten, um mit Hilfe der lokalen Sheriffs und Geschworenen Zivil- und Kriminalfälle zu entscheiden (Assizes). Der Exchequer hatte sich wegen des Zusammenhangs von Verschuldung und Steuerleistung zu einem mit den Common Pleas konkurrierenden Zivilgericht entwikkelt, während King's Bench als oberstes Gericht für Landfriedens- und Revisionsfälle zuständig war. Revision war allerdings nur «by writ of error» möglich, das heißt wegen Formfehlern. Das System konnte seinen archaischen Ursprung nicht verleugnen, denn es war strikt aktionenrechtlich, kannte strenggenommen nur eine Instanz und keine Trennung von Zivil-, Straf- und öffentlichem Recht. Aber auch (3) die planmäßige Verwendung von lokalen Geschworenen (Jury) zur Feststellung zivil- oder strafrechtlicher Tatsachen und schließlich auch zur Feststellung von Schuld oder Unschuld des Angeklagten dürfte nicht nur auf das Befragungssystem karolingischer Königsboten (Inquisitio, englisch Inquest) zurückgehen, sondern ebenfalls auf die Urteilssprecher archaischer Justiz.

Archaisch war im Grunde auch die Weiterentwicklung des Rechts entlang von Fällen (Case Law), die durch die Stare-Decisis-Doktrin ermöglicht wurde, nach der Urteile, später vor allem solche von Obergerichten, bindenden Charakter für zukünftige Fälle derselben Art haben. So konnte das Common Law im 16. Jahrhundert als «the Common Custome of the Realm» definiert werden. Das von der Gesetzgebung geschaffene Statute Law hatte demgegenüber eher subsidiären Charakter, sollte das Common Law ergänzen oder den Zeitumständen anpassen, wie es besonders dramatisch in der englischen Reformation geschah. Aber nachdem «der englische Justinian» Edward I. (1239–1307) nach einem Bürgerkrieg durch zahlreiche Gesetze das Recht wieder stabilisiert hatte, wurden bis ins 19. Jahrhundert unter keinem König mehr so viele Statutes geschaffen. Der maßgebende Jurist Edward Coke hat schließlich schon im frühen 17. Jahrhundert die Weiterentwicklung des Rechts durch jahrhundertelange Anstrengung der Weisheit des Juristenstandes für verbindlicher erklärt als selbst Entscheidungen des Monarchen und des Parlaments und bereits eine Theorie im Sinne der modernen «judicial review» entwickelt.[5]

Diese Weisheit wird nach wie vor durch Erfahrung erworben, der aber seit dem 14. Jahrhundert eine Ausbildung in vier halb zünftischen, halb klösterlichen Gemeinschaften in London vorausgeht (Lincoln's Inn, Gray's Inn, Inner Temple, Middle Temple). Erst neuerdings wird dem noch ein Universitätsstudium vorgeschaltet. Da sich Prozeßparteien schon im 12./13. Jahrhundert kaum mehr selbst vertreten konnten, entstand der Beruf des Rechtsanwalts, differenziert in die Barristers mit dem ausschließlichen Recht, vor Gericht zu plädieren, und die gewöhnlichen Attorneys, heute Solicitors, für alles übrige.

Allerdings führte das hochformalisierte Common Law zu Härten und erwies sich häufig als zu unelastisch für neue Aufgaben. Dem sollten Alternativen abhelfen, vor allem die Ziviljustiz der Kanzlei nach dem Grundsatz der naturrechtlichen Billigkeit (Aequitas, englisch Equity) einerseits, die Einrichtung der Justices of the Peace in den Counties andererseits. Das populäre Anliegen einer grundlegenden Rechtsreform mit County Courts anstelle der Zentralgerichte und einer Rechtskodifikation im Taschenbuchformat kam jedoch selbst in der englischen Revolution nicht zum Zuge. Die Common Lawyers, die nicht nur die Ansprüche der Krone legitimiert, sondern im Sinne Cokes auch die Opposition inspiriert hatten, behaupteten ihr System,

5 *Holmes* in *Padoa Schioppa* 287.

während konkurrierende Einrichtungen der Krone wie die Star Chamber verschwanden. 1701 wurden die Richter faktisch unabsetzbar, so daß sie sich zu einer selbständigen Gewalt im Staate entwickeln konnten, aber keiner gleichberechtigten wie in den USA, denn sie blieben nach wie vor der uneingeschränkten Souveränität des an keine geschriebene Verfassung gebundenen Parlaments unterworfen.

In anderen Ländern Europas nutzte die Krone ihre oberste Rechtsprechungsbefugnis zur Errichtung eines fürstlichen Justizapparats erst nach der juristischen Revolution unter Verwendung von deren Errungenschaften. Es gelang ihr aber während des Ancien Régime nirgends, die autonome Lokaljustiz der Adelsherrschaften und Gerichtsgemeinden völlig zu verdrängen und auf diesem Weg eine Rechtseinheit herzustellen. Da Verwaltung ursprünglich mit Justiz identisch war, entspricht das Bild mit seinen Abstufungen weitgehend demjenigen der politischen Lokalmacht. In Polen und Ungarn dominierte der Adel auch die Justiz, ungeachtet der drei zentralen Gerichtshöfe der ungarischen Krone. In Polen scheint die Kronjustiz nicht einmal zu einer stabilen Institution geronnen zu sein. In Schweden blieb es zwar bei den Gerichtsgemeinden unterer und mittlerer Stufe, aber an der Spitze gab es bereits im 14. Jahrhundert ein Kollegium königlicher Berufsrichter. 1614/15 wurde in Stockholm ein kollegiales königliches Obergericht geschaffen (Svea Hofrätt), 1623–1635 daneben und darunter weitere in Turku für Finnland, Dorpat für Livland, Jönköping für Südschweden (Göta Hofrätt). Hier galt neben dem einheimischen das römische Recht, das Verfahren war schriftlich und lateinisch, womit Rechtsanwälte nötig wurden. Obergerichte des Ius commune waren fast immer Kollegien; auch in Ober- und Mittelitalien wurde 1502–99 in vielen Städten eine kollegiale Rota für Zivil-, bisweilen auch Kriminalfälle errichtet, wahrscheinlich nach dem Vorbild der Sacra Romana Rota einerseits, der französischen Parlamente andererseits.

Frankreich war durch eine Vielfalt von Recht und Justiz gekennzeichnet. Neben dem Gewohnheitsrecht der Coutumes im Norden, dem römischen Recht im Süden und der königlichen Gesetzgebung waren das Kirchenrecht, das Handelsrecht und dann auch die Entscheidungen der Obergerichte (arrêts) wichtig. Die feudale, kommunale und korporative Justiz blieb bestehen, wurde aber der Kontrolle der königlichen unterworfen; die Blutgerichtsbarkeit ging völlig an diese über. Die Justizpolitik Ludwigs des Heiligen (1226–70) setzte die Appellation an königliche Gerichte bei Rechtsverfälschung und -verweigerung durch, eine beträchtliche Steigerung der Königsmacht, die damit in die Lehen hineinregierte. Später nutzte die Krone das römisch-rechtliche Delikt der laesa Majestas (lèse Majésté), des Verbrechens gegen Krone und Reich, um gegen Barone und Städte vorzugehen. Das Majestätsverbrechen war zwischen 1140 und 1160 gleichzeitig in verschiedenen südeuropäischen Ländern wiederentdeckt und unverzüglich politisch eingesetzt worden.[6]

Schließlich gab es über dem Richter eines Grundherrn oder königlichen Prévôt die zweite Instanz des Lieutenant général, civil oder criminal eines Bailli oder Sénéchal. Verschiedene Baillages wurden zwecks Schaffung käuflicher Ämter seit 1552 zur dritten Instanz der Présidiaux ausgebaut. Vierte und letzte Instanz waren die Kammern der 13 Parlamente und, rangniedriger, aber funktionsgleich, vier Conseils souverains, die bis 1769 geschaffen wurden.[7] Das Pariser Parlament hatte den größten Bezirk und besondere Bedeutung, war aber den anderen nicht übergeordnet. Daneben gab es verschiedenerlei königliche Spezialjustiz mit eigenem Instanzenzug bis zu Obergerichten wie den Chambres des Comptes für Rechnungskontrolle und Domänen, den Cours des Aides für die Steuerjustiz. Alle Gerichte waren mit Berufsjuristen besetzt, deren Stellen meist käuflich waren. Wenn ihre Standesinteressen betroffen waren, konnte es zu heftiger Opposition der Parlamente gegen die Krone kommen, die, national drapiert, schließlich die Französische Revolution auslösen sollte. Gegenmaßnahmen wie die vollständige Ersetzung der Parlamente durch moderne Gerichte mit nicht-käuflichen Stellen 1771 wurden stets aus politischem Kalkül zurückgenommen.

In Kastilien gab es oberhalb der adeligen und kommunalen Gerichte die kollegialen Chancillerías oder Audiencias und als letzte Instanz die Justiz-Sala des Consejo de Castilla, in Portugal die kollegiale Casa da Suplicação in Lissabon und parallel für den Norden die Relação do Porto, darüber als Revisionsinstanz die Mesa dos Desembargadores di Paço. Grundsatzentscheidungen (assentos) und Urteile (arrestas) der Casa wurden gesammelt, weil sie anders als die entsprechenden Entscheidungen des Kastilienrats (Autos accordados) Begründungen enthielten. Eine bemerkenswerte Besonderheit des stärker ständisch geprägten Aragon war die Entwicklung des seit 1265 von den Cortes gewählten Justicia Mayor de Aragon, der 1432 unantastbar, 1442 unabsetzbar gemacht wurde, wegen seiner Kontrollbefugnisse gegenüber der Krone und ihrer Justiz. Durch einen von ihm gezeichneten Befehl wurden rechtswidrige Vorhaben verboten und Verfahren unterbrochen (Proceso de firma de derecho); auf sein Verlangen mußten ihm Gefan-

6 Vgl. *Chiffoleau* 183–213.

7 Siehe Abbildung 8, wo aber das kleine Parlament von Trévoux bei Lyon, das 1661–1775 existierte, fehlt.

gene und Schriftstücke ausgeliefert werden (Proceso de manifestación). Allerdings konnte er seit 1528 nur aufgrund der Stimmenmehrheit seiner fünf Locumtenentes tätig werden. Bezeichnenderweise haben aragonesische Juristen die Manifestación nicht traditionell, sondern aus dem römischen Recht begründet (Cod. 8,40,13 und Dig. 43,29,4). Philipp II. hat im Konflikt um seinen Sekretär Antonio Pérez den Justicia 1592 gewaltsam entmachtet; durch Bestellung seiner Beisitzer hielt die Krone ihn künftig unter Kontrolle. Als Manifestación und Firma 1707/11 und 1835 abgeschafft wurden, waren sie längst außer Gebrauch gekommen.

In Deutschland bestand die Reichsjustiz im wesentlichen aus zwei konkurrierenden obersten Gerichten, dem Reichskammergericht in Speyer, seit 1693 in Wetzlar, neben dem Justicia von Aragon wohl das einzige ständisch geprägte Obergericht Europas, und dem kaiserlichen Reichshofrat in Wien, der summarischer und daher rascher vorgehen konnte. Allerdings war die Appellation an die Reichsgerichte, die nur in Zivilsachen möglich war, durch die Privilegia de non appellando et evocando beschränkt, die bis 1654 jeder größere Reichsstand erhalten hatte. Aber viele davon waren begrenzt, etwa durch Höhe des Streitwerts, und nicht so umfassend wie für die Kurfürsten seit 1356, obwohl bei Rechtsverweigerung selbst dort Appellation möglich war. Außerdem war deren Privileg auf das Kurland begrenzt; Brandenburg-Preußen konnte erst 1745 seine Ausdehnung auf das ganze Staatsgebiet erzwingen.

Aber der Gebrauch des römischen Rechts, dann einer bis zum 17. Jahrhundert erarbeiteten gemischt römisch-deutschrechtlichen Prozeßordnung wurde maßgebend für das Justizwesen, das die Landesherren seit dem Spätmittelalter in ihren Territorien schufen. Der Erwerb der hohen Gerichtsbarkeit hatte ja eine wichtige Rolle unter den vielerlei Rechten gespielt, aus deren Bündelung schließlich die Landeshoheit hervorgehen sollte. In größeren Territorien entstanden zunächst «moderne» Hofgerichte, dann bis zum 18. Jahrhundert drei- bis vierstufige Justizsysteme mit geregeltem Instanzenzug. Die Schaffung eines gemeinsamen Obergerichts war dabei entscheidend für die Vereinheitlichung einer zusammengesetzten Monarchie. Das Ausscheiden Preußens aus der Reichsjustiz wurde durch die Errichtung des Berliner Obertribunals für alle Länder der Monarchie besiegelt; in Österreich war die 1749 geschaffene Oberste Justizstelle gemeinsame Oberinstanz außer für Ungarn. Kleine Herrschaften, die sich keinen modernen Justizapparat leisten konnten, behalfen sich mit dem eigentümlichen Verfahren der Aktenversendung zur Entscheidung an eine juristische Fakultät.

Modernität und Unabhängigkeit der deutschen Justiz hielten sich freilich in Grenzen. Auf unterster Ebene blieb es weithin bei der adeligen Patrimonialgerichtsbarkeit und bisweilen bei den Formen der archaischen Gerichtsgemeinde, selbst wenn diese inzwischen mit Amtsträgern des Landesherren besetzt war. Auf oberster beanspruchten mächtige Fürsten wie die preußischen Könige oder Maria Theresia ein Recht des Monarchen, als höchster Gerichtsherr jederzeit durch «Machtspruch» in ein zivil- oder strafrechtliches Verfahren einzugreifen. Das konnte, mußte aber nicht auf einer Bittschrift (Supplik) beruhen, denn Untertanen hatten überall das Recht, sich damit direkt an den Herrscher zu wenden. In Frankreich gab es sogar ein differenziertes juristisches Instrumentarium der persönlichen Justiz des Königs.[8] Im Reich hatte ein Kaiser mit etlichen Räten in summarischem, rechts-, aber nicht prozeßförmigem Verfahren Wallenstein als Rebellen zum Tode verurteilt. Noch im 18. Jahrhundert kam die Verschärfung von Strafen bei der fälligen Bestätigung des Urteils durch den Landesherrn ebenso vor wie eine Verurteilung durch ihn unter Umgehung der Justiz. Trotz gelegentlicher Proteste gegen solche Eingriffe war die Justiz mehr denn je ein Organ des Monarchen und nicht des Staates, wie es sich unter den besonderen Bedingungen Englands abzeichnete.

Im Gegensatz zu England, Frankreich und Kastilien war die korporative Stellung der Juristen im Reich offenbar nicht stark genug, um eine straffe Unterwerfung unter staatliche Kontrolle zu verhindern. Die damalige preußische Regelung bestimmt noch die heutige deutsche Juristenausbildung. 1755 wurde für Justizanwärter das Assessorenexamen bei einem Obergericht geschaffen; je nach Ergebnis führte es zur Beschäftigung bei einem Ober- oder einem Untergericht. 1793 gab es dann drei Ausbildungsstufen Auskultator – Referendar – Assessor, jeweils mit einem Staatsexamen dazwischen. Die Verwandlung der Rechtsanwälte in Staatsbeamte 1781/93 machte diesen Weg auch für sie verbindlich, selbst über die erneute Freigabe des Anwaltsberufs im 19. Jahrhundert hinaus. 1869 wurde die Auskultur abgeschafft, aber die einheitliche staatliche Juristenausbildung blieb.

Ursprünglich hatte man gehofft, die Klarheit des von der Aufklärung reformierten Rechts würde die traditionell übel beleumundeten Rechtsanwälte überflüssig machen – schon Colbert hatte versucht, sie aus der Kolonie Kanada fernzuhalten. Dann wollte man sie wenigstens disziplinieren und schaffte zu diesem Zweck in Preußen 1738 die Trennung von Advokaten und Prokuratoren ab, bevor man sie schließlich zu Beamten machte. Die angeblich «typisch englische» Zweiteilung

[8] *Durand* in *Padoa Schioppa* 307 f.

des Berufs war keine dortige Besonderheit, sondern als Folge des römisch-kanonischen Verfahrens und der Standespolitik arrivierter Juristen früher europaweit üblich. Dem Barrister entsprach der Advokat, Avocat, Abogado, Dottore collegiato, dem Attorney/Solicitor der Prokurator, Procureur, seit 1791 Avoué, Procuratore usf. Inzwischen ist sie weitgehend verschwunden, in Frankreich allerdings erst 1971, und wird neuerdings sogar in England in Frage gestellt.

Die Unterwerfung der Justiz war vermutlich einfacher als diejenige des Rechts, denn diese setzte erhebliche Veränderungen im Rechtsverständnis voraus. Nach Isidor von Sevilla wurde Recht (Ius) seit dem Frühmittelalter als aus schriftlichem Gesetz (Lex) und mündlich überlieferter Gewohnheit (Mos) bestehend gedacht. Durch Verschriftlichung wurde Gewohnheit allerdings zum Gesetz. Die römisch-kanonische Rechtstheorie leitete beides in letzter Instanz vom Volkswillen ab, wobei der Consuetudo als Rechtsgewohnheit die Desuetudo entspricht, wenn nicht nur Gewohnheitsrecht, sondern auch geschriebene Gesetze durch die stillschweigende Übereinkunft konsequenter Nichtbeachtung außer Kraft gesetzt werden. Die Gesetzgebung hatte das römische Volk durch die Lex Regia dem Kaiser übertragen, der daher ebenso wie der Papst die uneingeschränkte Befugnis beanspruchen konnte, Gesetze zu geben, aufzuheben, verbindlich zu interpretieren und von ihrer Befolgung zu dispensieren. Bezeichnenderweise taucht zugleich im 13. Jahrhundert der Begriff «Ius positivum» auf: von Menschen gemachtes, das heißt von einer Autorität gesetztes Recht.[9] Diese Gesetzgebungshoheit wurde seit dem Mittelalter sukzessive von Königen, Stadtrepubliken und deutschen Landesherren in Anspruch genommen, bis sie Bodin zum Inbegriff des neuen Konstrukts der Souveränität machen konnte. Dabei wurde in Monarchien nie bezweifelt, daß die Gesetzgebungsgewalt beim Herrscher liege, selbst in England nicht. Nur die Ausübung im Konsens mit den Untertanen wurde gefordert – das genügte manchmal für eine Revolution.

Dabei war der Gesetzesbegriff aber unschärfer als heute und erlaubte nur eine ungenaue Allgemeindefinition: Gesetze sind Ergebnis der Rechtssetzung durch eine Autorität.[10] Verschieden war bereits der Geltungsanspruch, denn schon die römischen Gesetze hatten selten den Charakter einer modernen Lex generalis, sondern stellten gemäß dem Grundprinzip der Rechtsfortbildung entlang Einzelfällen pragmatische Maßnahmegesetze aus aktuellem Anlaß dar. In den meisten Ländern Europas scheinen Gesetze bis weit in die Neuzeit hinein

9 *Gagnér* nach *Stolleis,* Condere leges 96.

10 Nach *Diestelkamp,* Beobachtungen 390.

hauptsächlich erlassen worden zu sein, um Rechtssicherheit für Zweifelsfälle zu schaffen, wenn das lokale Gewohnheitsrecht versagte. Das könnte auch zur Erklärung ihrer üblichen unvollständigen Durchsetzung herangezogen werden. Anders als heute hatte das zentrale, nicht das lokale Recht die subsidiäre Funktion, wie im Reich ausdrücklich festgestellt wurde.

Damit wird nicht nur die reagierende, nicht agierende Regierungsweise durch Reskript verständlich, sondern auch die unserem Rechtsverständnis diametral entgegengesetzte zentrale Bedeutung des Privilegs. Privilegien sind Spezialgesetze zugunsten einzelner Personen und Gruppen, «quasi privatae Leges» (Gratian), instabil und bestätigungsbedürftig, aber von unbestrittener Rechtskraft. 1708–13 verabschiedete das englische Parlament neben 192 allgemeinen immer noch 190 Personal or Private Acts. Gewohnheitsrechtliche Privilegien gerieten durch die Expansion staatlicher Rechtssetzung in Bedrängnis. In Frankreich war es üblich, aus ihrer Bestätigung, das heißt ihrer Transformation in geschriebenes Gesetzesrecht, eine Geldquelle für die Monarchie zu machen.

Um 1500 läßt sich europaweit ein neuer Aufschwung der Gesetzgebung feststellen, nun allerdings mit ausgesprochen nationalem oder territorialem Charakter und der Tendenz, möglichst jede Konkurrenz für die werdende Staatsgewalt auf dem Gebiet der Rechtssetzung auszuschalten. Dabei bedient man sich seit 1471 immer regelmäßiger des Buchdrucks, um Texte von authentischer Einheitlichkeit in größerer Zahl zu verbreiten. Selbst in Ungarn erkannte der Reichstag die Zeichen der Zeit und veranlaßte 1498 die Aufzeichnung des Gewohnheitsrechts durch Stephan Werböczy. Dessen leicht römisch-rechtlich beeinflußtes «Tripartitum Opus Iuris consuetudinarii inclyti Regni Hungariae» wurde zwar zunächst nur informell rezipiert, blieb aber nichtsdestoweniger bis 1945 in Geltung.

In Kastilien nahmen die katholischen Könige mit der Sammlung der «Ordenanzas Reales de Castilla» (auch: «Ordenanzas de Montalvo») 1486 die Rechtsvereinheitlichung in Angriff, die aber ebenso wie die Leyes de Toro 1505 die Lage eher komplizierter gemacht haben, bis 1567/69 die umfassende Sammlung der «Recopilación de Leyes de estos Reynos» erschien (auch: «Nueva Recopilación»); eine entsprechende Sammlung für die Kolonien kam erst 1680 zustande (Recopilación de las Leyes de Indias). Portugiesische Könige hatten schon im 15. Jahrhundert entsprechende Sammlungen geschaffen, die überarbeitet 1521 als «Ordenações Manuelinas» veröffentlicht und fortgeschrieben unter spanischer Herrschaft wie danach im unabhängigen Portugal bestätigt wurden.

Im Reich häuften sich von der Mitte des 15. bis ins 17. Jahrhundert die Landes- und Gerichtsordnungen, ursprünglich nicht selten Aufzeichnungen des geltenden Rechts auf Betreiben der Stände, die damit ihre Rechte sichern wollten. Zunächst konnten auch die Städte noch mithalten, die ihr Recht zum Teil schon im Mittelalter aufgezeichnet hatten (Hamburg 1270, Augsburg 1281) und nun mit ihren «Stadtrechtsreformationen» zu vom Ius commune geprägten Neubearbeitungen schritten (Nürnberg 1479/84, Freiburg im Breisgau 1520). Auch in Territorien konnte die Gesetzgebung in verbesserter und umfassenderer Form wiederholt werden, wobei Verbesserung häufig in der Zurückdrängung des Landesrechts durch das Ius commune bestand, so im «New Landtrecht des Fürstenthumbs Würtemberg» 1555 oder in «Landrecht, Polizei-, Gerichts-, Malefiz- und andere Ordnungen der Fürstentumen Obern- und Niederbayern» 1616, einem Gesetzeswerk für das gesamte öffentliche, Privat- und Strafrecht einschließlich Sondergebieten wie Forst- und Jagdwesen. Auch die Reichsgesetzgebung hat neben der mehrfach erweiterten Reichspolizeiordnung des 16. Jahrhunderts 1532 die «Constitutio Criminalis Carolina» (Kaiser Karls V. und des Heiligen Römischen Reiches peinliche Gerichtsordnung) zustande gebracht, die mit festumrissenen Tatbeständen, dem Grundsatz der Schuldhaftung und anderen Neuerungen eine erhebliche Verbesserung des Strafrechts bewirkte. Auch wenn Reichsgesetze nicht unmittelbar galten, war es doch üblich, sie ebenso wie Gesetze anderer Territorien zu kopieren und als eigenes Recht in Kraft zu setzen.

Denn jene Gesetzgebungswelle beinhaltete auch eine Ausweitung der Kompetenz; die werdende Staatsgewalt wuchs mit neuen Aufgaben, die sie sich selbst zuschrieb. Einschlägige Gesetze, die unter dem Begriff «Policeyordnungen» zusammengefaßt werden, befaßten sich mit Religion, Sittlichkeit, Sicherheit und Ordnung, Landwirtschaft, Gewerbe, Handel, Verkehr, Bauwesen, Kultur und Wissenschaft, Fremden, Armen und Fürsorge. «Policey» leitet sich vom griechischen «Politeia» (Gemeinwesen) her und meint schlicht Innenpolitik im Interesse des Gemeinwohls.[11] Erst im 18. Jahrhundert erfolgte die Verengung auf Sicherheit und Ordnung und später auf die für diesen Zweck geschaffene «Polizei»-Truppe. Nicht der Begriff, wohl aber die Sache tauchte europaweit auf, zuerst im Spätmittelalter im Westen, besonders in Frankreich, dann im 16./17. Jahrhundert in Nord-, Mittel- und Südeuropa, schließlich im 18. Jahrhundert im Osten. Gerade weil diese Gesetzgebung derzeit intensiv erforscht wird, werden neuerdings im-

11 Und wird deshalb neuerdings zur begrifflichen Unterscheidung von der modernen «Polizei» altväterisch «Policey» geschrieben.

mer mehr Zweifel an ihrer Verwirklichung angemeldet. Konsequente Durchsetzung von Gesetzen war kein Merkmal des frühmodernen Staates (Jürgen Schlumbohm).

Nachdem die wachsende gesetzgeberische Aktivität der werdenden Staatsgewalt zu einer Schwerpunktverschiebung von bloßer Aufzeichnung des Gewohnheitsrechts zu Gesetzessammlungen geführt hatte, erreichte der säkulare Prozeß der «Verstaatlichung» des Rechts im 18./19. Jahrhundert seinen Abschluß durch moderne Kodifikationen. Dabei machte der «juristische Nationalismus» ebenfalls weitere Fortschritte; bereits im 17. Jahrhundert wurde auch das Ius commune, das römische Recht, an die Rechtsordnung bestimmter Länder angepaßt. Es gab jetzt ein römisch-deutsches, römisch-schwedisches, römisch-holländisches Recht.[12] Zugleich wurde Kritik an der fehlenden Systematik selbst der neuesten Sammlungen laut. Rationalistischer Ehrgeiz lief auf einen systematischen Neubau des Rechts von Grund auf hinaus. Statt des notorisch unsystematischen römischen Rechts sollte das Naturrecht als Grundlage dienen, jene Rechts- und Moralgrundsätze, die mittels der Vernunft aus der Natur des Menschen abgeleitet werden können und für alle Menschen verbindlich sind.

Die spanischen Theologen Francisco de Vitoria und Francisco Suárez hatten dies im 16. Jahrhundert auf antiker und mittelalterlicher Grundlage klar herausgearbeitet. Ein stärker säkulares Naturrecht etablierte sich im Deutschland des 17./18. Jahrhunderts mit Samuel Pufendorf und Christian Thomasius, bis der maßgebende Rechtsphilosoph der Aufklärung Christian Wolff 1740–48 in seinem achtbändigen «Ius Naturae Methodo scientifica pertractatum» eine perfekte Rechtssystematik mit logisch zwingendem Anspruch schuf, gegründet auf sorgfältig definierte Begriffe einer exakten Fachsprache. Seine syllogistische Methode, die juristische Entscheidung des Einzelfalls aus einem lückenlosen System von Obersätzen, allgemeinen Begriffen und konkreten Regeln schrittweise abzuleiten, ist im Grunde immer noch Gemeingut der Rechtswissenschaft (Hans Schlosser). Robert Joseph Pothier (1699–1772) ging von den Rechtsquellen aus, ordnete zunächst Digestenmaterial zu einer luziden Darstellung rationaler Prinzipien von allgemeiner Gültigkeit, schuf dann durch Vergleich ein Recht der Coutumes insgesamt und schrieb schließlich wegweisende systematische Abhandlungen über die meisten Gebiete des Privatrechts. Sogar das Common Law wurde in den klassischen «Commentaries on the Laws of England» von William Blackstone 1765–69 im Geiste aufgeklärter Naturrechtslehre zu einer eleganten Systematik geordnet.

12 Letzteres heute noch in Südafrika.

Eindrucksvollste materiale Errungenschaft der Aufklärung war die Humanisierung des Strafrechts. Thomasius profilierte sich als Gegner der Ketzer- und Hexenprozesse und der Folter. Wegweisend sollte aber vor allem Cesare Beccarias Schrift «Dei delitti e delle pene» (Von Verbrechen und Strafen) 1764 werden, die 60 Ausgaben in verschiedenen Sprachen erlebt hat. Nicht nur, daß er ein Wort für Selbstmörder, ledige Kindsmörderinnen und andere bemitleidenswerte Opfer der Justiz einlegte. Er bestritt vor allem die Berechtigung der Todesstrafe, denn Strafen hatten für ihn nicht der Gerechtigkeit zu dienen, sondern allein der Prävention, weshalb sie nicht mehr Leid als unbedingt nötig zufügen durften, eine Auffassung, die sich nicht so schnell durchsetzen sollte. Das Zuchthaus- und Gefängniswesen, das im 17./18. Jahrhundert seinen ersten Aufschwung erlebte, hatte jedenfalls nichts damit zu tun, dafür viel mit obrigkeitlicher Disziplinierungspolitik. Großherzog Peter Leopold von Toskana allerdings brachte im Zuge seiner Justizreform 1786 ein nach Beccarias Ideen gestaltetes Strafgesetzbuch mit nur 119 Paragraphen heraus (Leopoldina), das Justiz und Polizei trennte, die Tortur und erstmals auch die Todesstrafe abschaffte und die Erziehung durch Strafe anstrebte.

Das «Danske Lov» von 1683 hingegen beruhte mehr auf mittelalterlichen Rechtstraditionen als auf modernen Theorien, aber es schuf erstmals staatliche Rechtseinheit unter Aufhebung älteren Rechts. Deswegen beginnt mit ihm die Welle mehr oder weniger aufgeklärter, aber durchweg auf Rechtseinheit als Staatseinheit gerichteter systematischer Kodifikationen. Daß es sich dabei um die rechtsgeschichtliche Endphase des Wachstums der Staatsgewalt handelte, ist daran zu erkennen, daß viele dieser Gesetzbücher modifiziert noch heute in Geltung sind. Das alle Rechtsgebiete regelnde «Sveriges Rikes Lag» von 1734 steht stärker unter dem Einfluß des Naturrechts und besitzt höheres gesetzestechnisches Niveau. Von den drei Gesetzbüchern des Freiherrn von Kreittmayr für Bayern ist der «Codex Iuris Bavarici criminalis» 1751 mit Bestimmungen über Folter, Hexerei und dgl. weniger aufgeklärt als das Prozeßrecht «Codex Iuris Bavarici judiciarii» 1753 und der «Codex Maximilianeus Bavaricus civilis» 1756, der bis 1900 galt.

Entsprechende Arbeiten führten in Preußen erst Ende des Jahrhunderts zum Ziel. Mit einer neuen Prozeßordnung entstand ein umfassendes Gesetzbuch, das dem Geist der Aufklärung verpflichtet war, aber auch das Ius commune berücksichtigte. Da es maßgebenden Kreisen im Zeitalter der Französischen Revolution allzu aufgeklärt vorkam, erschien es erst 1794 entschärft als «Allgemeines Landrecht für die Preußischen Staaten» (zitiert ALR), um bis 1900 in Geltung zu bleiben. Als Spitzenleistung aufgeklärter Staatsgewalt strebte es mit

19194 Paragraphen eine so lückenlose obrigkeitliche Regelung des rechtlich faßbaren Lebens an, daß richterliche Interpretation und sogar Kommentare zunächst ausdrücklich verboten wurden.

In Österreich war die «Constitutio Criminalis Theresiana» von 1768 zwar ein bloßer Endpunkt des traditionellen Strafrechts, brachte aber erstmals Rechtsvereinheitlichung für die Monarchie. Arbeiten am Zivilrecht führten nach Teil- und Probepublikationen (Josephinisches Gesetzbuch 1787, Westgalizisches Gesetzbuch 1798) erst 1812 zu dem hervorragenden «Allgemeinen Bürgerlichen Gesetzbuch für die gesamten Deutschen Erbländer der Österreichischen Monarchie» (ABGB), das novelliert noch heute gilt. Entsprechende Experimente im Strafrecht mündeten 1803 ins «Gesetzbuch über Verbrechen und schwere Polizey-Übertretungen».

Die komplizierten Rechtsverhältnisse Frankreichs hatten zur Folge, daß auch der Ehrgeiz Ludwigs XIV. und Colberts sich mit Teilkodifikationen zum Zivilprozeß 1667, zum Strafprozeß 1670, zum Handels- und Seerecht 1673 und 1681 begnügen mußte. Nach den Turbulenzen der Revolution konnten die Neuerungen erst unter Napoleon und mit seiner energischen Mitwirkung zusammengefaßt werden, wobei die Arbeiten Pothiers eine wichtige Rolle spielten. Im «Code civil» kam 1804 eine harmonische Verbindung aus Coutumes, römischem und Naturrecht zustande, mit 2281 knappen und sprachlich glänzend formulierten Artikeln ein Meisterwerk, das modifiziert heute noch gilt und weltweit als Vorbild gedient hat, in Baden und im Rheinland, in den Niederlanden und in Polen, in den romanischen Ländern Südeuropas und Lateinamerikas, in den französischen Ex-Kolonien einschließlich Louisianas und Quebecs. Daneben entstanden der «Code de procedure civile» 1806, der «Code de commerce» 1807, der «Code d'instruction criminelle» (Strafprozeß) 1808 und der «Code pénal» 1810.

In Deutschland trafen sich aufgeklärte Kritik an der staatlichen Bevormundung mit der Überzeugung der Historischen Rechtsschule, daß Recht nicht Produkt allgemeiner Vernunft, sondern der Tradition eines Volkes in bestimmten historischen Verhältnissen sei. Allerdings sei die Rechtsfortbildung inzwischen nicht mehr Sache praktischer Gewohnheit, sondern der Rechtswissenschaft, die sich zu diesem Zweck bei klassischen Spitzenleistungen wie dem römischen Recht in die Schule begeben müsse. Das bezog sich freilich in erster Linie auf das Zivilrecht, während die Staatsgewalt wie immer stärker am Strafrecht interessiert war, wo Gesetzgebungsmonopol und Gewaltmonopol konvergieren. Infolgedessen entstanden zwischen dem vorbildlichen bayerischen Kriminalgesetzbuch von 1813 und dem vom Code pénal beeinflußten preußischen Strafgesetzbuch von 1851, von dem sich das Reichsstrafgesetzbuch von 1871 (StGB) herleitet, zwar verschiedene Strafrechtskodifikationen, aber nur in Sachsen 1863 ein Zivilrecht nach österreichischem Vorbild. Doch dank der historischen Pandektistik und der Naturrechtstradition wies das 1900 endlich in Kraft gesetzte «Bürgerliche Gesetzbuch für das Deutsche Reich» (BGB) eine klare Systematik und perfekte Begrifflichkeit auf, ist aber in seiner kasuistischen Gründlichkeit ausgesprochen schwierig. Dennoch gewann es hohes Ansehen und wurde in der Schweiz, Griechenland, Japan, Brasilien, Thailand und Peru als Vorbild benutzt. Das Schweizerische Zivilgesetzbuch von 1912 (ZGB) ist allerdings bewußt volkstümlicher sowie im Hinblick auf richterliche Rechtsfortbildung unvollständig und stellt damit eine Alternative zum Perfektionismus des BGB dar.

Neben dem deutschen und dem französischen gibt es weltweit natürlich auch einen englischen Rechtskreis aus vielen ehemaligen Kolonien, an der Spitze den USA, der aber im Gegensatz zu den anderen nicht durch den Einfluß von Kodifikationen konstituiert ist.

Denn alle europäischen Staaten außer Großbritannien haben vom 18. bis 20. Jahrhundert ihr kodifiziertes Recht geschaffen und mit der Herstellung der lückenlosen, staatlich kontrollierten Rechtseinheit den Staatsbildungsprozeß zu seinem juristischen Ziel geführt. Gleichzeitig wurde auch der Justizapparat endgültig und total verstaatlicht. Es gab künftig grundsätzlich nur mit einem oder mehreren Berufsjuristen besetzte staatliche Gerichte und zwar in der Regel drei bis vier Instanzen, wobei das oberste Gericht auch ein bloßer Kassationshof sein konnte. Justiz und Verwaltung mit Ausnahme der Polizei waren strikt getrennt, ebenso, wenn auch bisweilen weniger streng, die Zivil- und die Strafjustiz. Eine besondere Verwaltungsgerichtsbarkeit wurde üblich. Die Forderung des Liberalismus nach Geschworenengerichten ähnlich der angelsächsischen Jury wurde je nach Regime abwechselnd verwirklicht und wieder verworfen, wie sich besonders deutlich in Spanien beobachten läßt. Üblich wurde der Kompromiß einer begrenzten Beteiligung von Laienrichtern am Strafprozeß. Mit der Judicature Act 1873 begann schließlich auch der Umbau der englischen Justiz, die jetzt neben einem obersten Zivil- und einem Appellationsgericht ca. 400 County Courts hat, während das Gericht für schwere Straftaten aus dem Richterkreis nach Bedarf besetzt und mit einer Jury ausgestattet wird. Sämtliche Gerichte entscheiden aufgrund eines einzigen Writ sowohl nach Common Law als auch nach Equity; allerdings gewinnt im Zeichen des Sozialstaats neues Gesetzesrecht und damit die moderne Staatsgewalt gegenüber dem traditionellen Richterrecht auch hier mehr und mehr an Boden.

IV.
MACHTMITTEL UND MACHTPOLITIK

Inhabern von Staatsgewalt geht es um Macht als «die Chance, innerhalb einer sozialen Beziehung den eigenen Willen auch gegen Widerstreben durchzusetzen» (Max Weber). Ursprünglich beruhte diese Chance auf der Möglichkeit, physische Gewalt einzusetzen. «Krieg ist also ein Akt der Gewalt, um den Gegner zur Erfüllung unseres Willens zu zwingen» (Carl von Clausewitz). Beeinträchtigt wurde dies durch gleichartige Chancen anderer Leute. Wegen dieser Konkurrenz mußten Quantität und Qualität der bewaffneten Macht ständig gesteigert werden. Das war aber nur bei steigenden Ressourcen möglich, die von den Untertanen kommen mußten. Entscheidung für den expandierenden Machtstaat verlangte daher Steigerung der inneren Staatsmacht. Die wachsende bewaffnete Macht brauchte wachsende Ressourcenextraktion, diese einen wachsenden Verwaltungs- und nicht selten auch bewaffneten Erzwingungsapparat, der wiederum zusätzliche Ressourcen benötigte. Ressourcenextraktion und Erzwingungapparat schaukelten sich auf diese Weise in einem irreversiblen Prozeß gegenseitig auf. Soldat und Steuereinnehmer gemeinsam gründeten den Staat, denn Machtpolitik und Machtmittel bedingten sich gegenseitig. Doch sind zwar Machtmittel als hinreichende Bedingung für Machtpolitik erforderlich, nicht aber umgekehrt. Das heißt, die Machtmittel stellen den Schlüssel zum System dar. Deswegen ist von ihnen auszugehen.

Zunehmende Komplexität der Welt hatte aber Differenzierung von Machtmitteln und Machtpolitik zur Folge. Die Inhaber der Staatsgewalt lernten, daß es vorteilhafter war, die politischen Aufgaben in eigene Regie zu nehmen und nicht länger an private «Subunternehmer» zu vergeben und daß Ressourcenabschöpfung durch Ressourcenpflege, durch Wirtschafts-, Bevölkerungs- und Sozialpolitik, optimiert werden konnte. Auf der anderen Seite mußte bisweilen noch im 19. Jahrhundert zur innenpolitischen Repression Militär benutzt werden, weil die Polizei als Instrument des inneren Gewaltmonopols erst im Entstehen war. Auch die äußere Machtpolitik entwickelte diplomatische Prozeduren mit speziellem Personal als alternatives Instrumentarium zur Anwendung militärischer Gewalt, aber auch ständige Geheimdienste für Spionage, Bestechung, Erpressung und Mord. Darüber hinaus stellten die Inhaber der Staatsgewalt neue kulturelle Möglichkeiten in ihren Dienst, von schreibkundigen Klerikern über humanistische Redekünstler zum neuen Medium des Buchdrucks. Innere und äußere Propaganda gehörten ebenso dazu wie komplementäre Zensur und die gezielte Prägung von Kultur und Sprache in vereinheitlichender Absicht; der «Erfindung der Nation» entsprach die Erfindung der Nationalsprache und der Sprachgemeinschaft, von der Gründung der Académie Française 1635 bis zur bewußten Kreation einer gemeinsamen serbokroatischen Sprache im 19. und ihrer ebenso bewußten Zerstörung im späten 20. Jahrhundert. Da für diese Machtprozesse das Ende des Ancien Régime keinen echten Einschnitt bedeutet, werden sie bis in die Moderne verfolgt, auf die sie in mancher Hinsicht als Selbstläufer sogar hinauswollten.

1. Ressourcen

a) Strukturmuster

Ausgaben

Staaten wirtschaften ausgabenorientiert; nur im 19. Jahrhundert scheint es Ausnahmen gegeben zu haben. Erst recht beruhte Staatsbildung auf ausgabenorientiertem Vorgehen. Dabei machte die horrende Differenz zwischen den Ausgaben in normalen und in Kriegszeiten Ressourcenextraktion nötig und leitete damit um 1300 den Wachstumsprozeß der Staatsgewalt ein. In Florenz beliefen sich die ordentlichen Jahresausgaben Mitte des 14. Jahrhunderts auf 40 000 Fiorini, während der Krieg von 1378 gegen den Papst 2,5 Mio kostete, die drei Kriege gegen die Visconti 7,5 Mio, die Eroberung Pisas 4,5 Mio.[1]

Das Volumen der Ausgaben stieg seit damals insgesamt ständig an, allerdings häufig eher diskontinuierlich. Adolph Wagner hat daher 1863–93 das «Gesetz der wachsenden Staatsausgaben» entwickelt, das aus neuen Bedürfnissen neue Staatsaufgaben und damit steigenden Staatsbedarf ableitet. Kriege bringen wichtige Schübe, denn kriegsbedingter Anstieg der Staatsausgaben wird zwar anschließend wieder reduziert, aber kaum auf den Vorkriegsstand.[2] Es handelt sich nicht um ein mathematisch exaktes ökonomisches Gesetz, aber um eine zutreffende Trendbeschreibung. Dabei dürften vormoderne Zahlen für Ausgaben häufig zu niedrig liegen, weil es kein einheitliches Gesamt-

1 Nach *Spaggiari* in: Storia d'Italia 817 f.

2 *Timms* Kritik erscheint offensichtlich ideologisch begründet, denn 1961 durften Kriege nicht als integrierender Bestandteil des westlichen politischen Systems gelten, weil Marxisten eben dieses behauptet hatten.

budget gab, ein Teil der Einnahmen bereits am Ort ihres Aufkommens ausgegeben wurde und so überhaupt nicht in die zentralen Kassen und Bücher der Staatsgewalt gelangte.

Ein Vergleich des Ausgabenvolumens läßt bereits deutlich die Machtverhältnisse erkennen. Große deutsche Städte wie Augsburg oder Nürnberg gaben im 15./16. Jahrhundert nicht weniger aus als größere Territorien wie Hessen oder Württemberg. Aber die rivalisierenden Mächte Frankreich und Spanien erreichten um 1580 bereits das Fünfzig- bis Hundertfache. Um 1700 hatten Neulinge wie Österreich, Brandenburg-Preußen oder die Niederlande ihre Ausgaben vervielfacht, aber die führenden Mächte bildeten eine Klasse für sich, wobei Spanien allerdings keine Steigerung verzeichnen konnte, während England fast das Doppelte, Frankreich mehr als das Dreifache ausgab. In den Kriegen um 1800 beliefen sich Frankreichs Ausgaben auf das Siebenfache der niederländischen, österreichischen und preußischen Niveaus, während England sogar das Siebzehnfache benötigte. Bezeichnenderweise hatte Frankreich die höchsten jährlichen Zuwachsraten 1590–1690 mit 2,2 %, England 1690–1770 mit 3 %.

Der Anteil dieser Ausgaben am Bruttosozialprodukt ist allerdings nicht zuverlässig zu ermitteln. Hingegen kann im 20. Jahrhundert dieser Anteil, die sogenannte Staatsquote, sogar als Meßgröße dienen. Sie hatte in Frankreich 1913 9,7 % des BSP erreicht, in England 7,1 %, in Deutschland wegen der forcierten Aufrüstung 15 %. Im ersten Weltkrieg waren es 1916 in Frankreich 36,6 %, in England sogar 58 %, der deutsche Wert scheint wegen Leistungen besetzter Gebiete niedriger gelegen zu haben. Im Zweiten Weltkrieg sollten die Militärausgaben 1941 in Deutschland 61 %, in England 63 % und in den USA 42 % des Bruttosozialprodukts erreichen. Kriegsfolgelasten und der Ausbau des Sozialstaats hielten die Staatsquote nach dem Kriegsende hoch und führten zu weiterem Anstieg. 1974–76 war sie im Durchschnitt der OCED-Länder auf 41,4 % gestiegen; inzwischen dürfte sie 50 % hinter sich gelassen haben.[3]

Was die Verteilung der Ausgaben angeht, so lagen in Fürstenstaaten um 1500 die Ausgaben für den Hof bei 10–40 %; England, Frankreich und Burgund wandten damals 14–28 % Zahlungen zur friedlichen Förderung ihrer Interessen wie Geschenke, Pensionen, Bestechungen und dergleichen auf. Das kriegerische Kastilien war eines des wenigen Länder, wo 1500 bereits ein Schuldendienst von 12 % auftauchte; nur Württemberg verwendete 1483 nicht weniger als 55 % seiner Ausgaben für diesen Zweck. Andere Fürsten waren sicher auch verschul-

[3] Nach *Webber/Wildavsky* 438, 440 f., 451, 470, 495 sowie *Aubin/Zorn* Bd. 2, 185.

det, aber offensichtlich kurzfristig und in so ungeregelter Weise, daß ihre Verbindlichkeiten nicht leicht zu erkennen sind.

Im 16. Jahrhundert gingen Hof- und Regierungsausgaben gegenüber dem Komplex Schuldendienst, Kriegskosten und Transferzahlungen an Klienten relativ zurück. Sogar das institutionell wenig entwickelte Reich hatte jetzt seinen regelmäßigen Zinsendienst. Die führende Macht Kastilien hatte Militärausgaben zwischen 14 und 29 %, während der Schuldendienst sich um 40 % bewegte. Im Nebenland Neapel sanken die Militärausgaben von 51 % (1574) auf 27 % (1627), aber der Schuldendienst stieg von 31 % auf 56 %.

Im 17. Jahrhundert verwendeten die Monarchien im Durchschnitt die Hälfte ihrer Ausgaben für Krieg und Militär. Die Spitzenwerte liegen aber nicht im Dreißigjährigen Krieg, dessen aus den Kriegsschauplätzen gepreßte Kontributionen in den Budgets kaum auftauchen, sondern in den «moderneren», «staatlicheren» Kriegen gegen Ende des Jahrhunderts, als Frankreich auf 76 %, Dänemark auf 88 %, Österreich auf 93 % der Ausgaben kam. Für den Schuldendienst mußte Neapel jetzt die Hälfte ausgeben, Kastilien 40 %, England 30 %, während andere Länder, sogar Frankreich, bei 20 % oder darunter blieben, zum Teil allerdings, weil diese Kosten verschleiert oder übergewälzt wurden.

Im 18. Jahrhundert lag der Median der Kriegskosten bei 54 %, der Schuldendienst bewegte sich in ähnlichen Bereichen, alle übrigen Ausgabenposten waren zu Restgrößen verkommen, die zusammen höchstens 20 % ausmachen konnten. Frankreich gab 1750 insgesamt 273,8 Mio Livres aus, davon 102 Mio für das Militär, 67,6 Mio für Zins und Tilgung, 28,2 Mio für den Hof und 19,1 Mio für außenpolitische Transferzahlungen. Dazu kamen allerdings 122,2 Mio, die vor Ort ausgegeben wurden, und 40,2 Mio Erhebungskosten, also eine Gesamtbelastung des Steuerzahlers von 436,2 Mio Livres.[4]

Im 19. Jahrhundert scheint sich wenig verändert zu haben. In Preußen entfielen 1821 45 % auf das Militär und 20 % auf den Schuldendienst, obwohl die Staatsaufgaben hier inzwischen im Gegensatz zu anderen Ländern einen Teil des Bildungswesens, den Straßenbau und den Unterhalt der Gendarmerie mit einschlossen.[5] Erst im Zeichen des Interventions- und Sozialstaates begann parallel zur Expansion der öffentlichen Ausgaben deren Neustrukturierung, die trotz unterschiedlicher Probleme und Regimes doch ähnliche Ergebnisse produziert hat. So wurden 1968 für Sicherheit und Verteidigung in Großbritannien 12,8 %, in der Bundesrepublik 12,2 % ausgegeben, für

4 Nach *Riley* 1986, 57–61.

5 Nach *Zorn* Bd. 2, 176.

Bildung 11,4 % und 11,6 %, für soziale Sicherung und Gesundheit 26,3 % und 22 %, für Verkehrswesen 7,8 % und 6,4 %, für Wohnungsbau 5,9 % und 25 % (ein Ausnahmewert gegenüber 5,7 % 1960 und 3,4 % 1970).[6]

Einnahmen

Heute können Staatsausgaben nur durch Steuern ermöglicht werden, definiert als kraft staatlichen Gewaltmonopols erhobene Abgaben ohne Gegenleistung.[7] Die Steuerhoheit ist integrierender Bestandteil der Souveränität und Kriterium für Staatlichkeit überhaupt. Das bedeutet aber, daß sie erst zusammen mit der souveränen Staatsgewalt entstehen konnte. Zwar wurde auf der Grundlage der Bibel wie des römischen Rechts die Besteuerung schon früh gerechtfertigt[8] und der Begriff des Fiskus erhielt im 13. Jahrhundert in grotesker Analogie zum Corpus Christi mysticum wieder den Charakter einer vom Herrscher unabhängigen Rechtsperson.[9] Doch für die Praxis galt immer noch der Grundsatz, daß der Fürst seine eng begrenzten Aufgaben mittels seines Eigenguts zu erfüllen habe. Nur in vom Lehensrecht genau umschriebenen Ausnahmefällen konnte er eine einmalige außerordentliche Beihilfe von seinen Vasallen und Untertanen verlangen. Daher tragen alte Steuern die sprechenden Bezeichnungen «bede» (Bitte), «subsidy», «contribution», «don gratuit» usf.

In der Theorie blieb das Besteuerungsrecht zunächst auf Papst und Kaiser beschränkt. Noch 1627 verhängte die Bulle «In coena Domini» den Kirchenbann über alle, die ohne Berechtigung neue Steuern erhöben.[10] Faktisch freilich hatte sich einerseits der Kreis der Berechtigten erheblich ausgeweitet, während andererseits der auf bestimmte Fälle begrenzte Ausnahmecharakter der Steuer verschwunden war.

Deutsche politische Schriftsteller akzeptierten zwischen 1590 und 1670 die ständige Steuer und hängten die Rechtsschranke «Utilitas publica» und «urgens Necessitas» immer niedriger, bis schließlich gewöhnlicher öffentlicher Alltagsbedarf genügte. Die Juristen neigten hingegen nach wie vor dazu, im Sinne des Gegenseitigkeitsprinzips auf einer gerechten Begründung und Verteilung der Belastung sowie einer der Notwendigkeit entsprechenden Obergrenze zu bestehen[11] –

6 BRD nach ebd. 195 berechnet, ergänzt nach Meyers Enzyklopädisches Lexikon Bd. 5, 1978, 105, Großbritannien nach *Webber/Wildavsky* 515.

7 Nach *Franke,* Einkommensbesteuerung 1.

8 Vgl. *Isenmann* in *Bonney* 1995.

9 Vgl. *E. H. Kantorowicz,* Christus-Fiskus, nach *Kellenbenz/Prodi* 12 f.

10 Nach *Prodi* in *Kellenbenz/Prodi* 14–19.

11 *Stolleis* in *de Maddalena/Kellenbenz* 26, 34.

auf lange Sicht vergeblich. Denn schon 1589 hatte Giovanni Botero festgestellt, daß außerordentliche Steuern in der Regel umgehend zu ordentlichen wurden.

Mit dem Eigengut des Herrschers (Domäne, Krongut, Kammergut) war eigentlich alles gemeint, was der unmittelbaren Herrschaft des Fürsten und nicht derjenigen des Adels unterstand, wobei die Stellung des Kirchenguts bereits umstritten war. In diesem Sinn gehörten die Reichsstädte zum Reichsgut, die österreichischen Landstädte zum Kammergut und schließlich seit dem 16. Jahrhundert ganz Frankreich zur Krondomäne. In diesem weiten Bereich war Ressourcenabschöpfung keineswegs ohne weiteres möglich und bedurfte häufig der Zustimmung der Untertanen. Anders verhielt es sich mit Domänen im engeren Sinn, den direkt von der Krone bewirtschafteten Ländereien. Auch die Regalien, finanziell nutzbare Rechte wie das Münzrecht, das Zollrecht, das Markt- und Geleitrecht, die Bergbauhoheit und andere mehr, ja sogar das unbestrittene fürstliche Recht auf Ämterbesetzung (kein Regal im strengen Sinn) konnten zur Ressourcenabschöpfung benutzt werden. Weil wenig entwickelte Volkswirtschaften mit hohem Subsistenzanteil steuerbare Ressourcen vor allem im außenwirtschaftlichen Sektor produzieren, hatten die Zölle in den frühen Phasen der europäischen Staatsfinanz zentrale Bedeutung.

Von Domänen im engeren Sinn ist die Rede, wenn der Wandel der Staatseinnahmen als Entwicklung vom «Domänenstaat» zum «Steuerstaat» beschrieben wird. Im Domänenstaat stammten die Ressourcen aus dem Eigengut, im Steuerstaat aus von den Untertanen erhobenen Abgaben. Die Übergangsphase gemischter Wirtschaft hat Gerhard Oestreich 1967 als «Finanzstaat» bezeichnet.[12] In Hessen kamen die Einkünfte 1560–68 zu 78 % und um 1704 immer noch zu 52 % aus den freilich mit enteignetem Kirchengut angereicherten Domänen, der Rest aus Steuern. In Frankreich hingegen waren die Domänen weitgehend veräußert, so daß ihr Beitrag zu den Staatseinkünften trotz Colberts Reformen minimal blieb. Eine der Wurzeln von Englands relativer «Modernität» dürfte darin zu suchen sein, daß es bereits im 14. Jahrhundert kein Domänenstaat war und möglicherweise nie einer gewesen ist.[13] Auch das durch die Klosteraufhebung im 16. Jahrhundert gewonnene Krongut wurde rasch wieder veräußert. In Preußen allerdings kamen dank der rigiden Bewirtschaftung der Domänen seit Friedrich Wilhelm I. 1740 nicht weniger als 46 % der Staatseinnahmen von dort. Wenn dieser Anteil bis 1821 auf 15,9 % ab-

12 Vgl. *Krüger,* Finanzstaat.

13 So *Bonney* in *Bonney* 1995, 447.

sank, dann waren dafür zunächst relativ höhere Steuereinnahmen verantwortlich. Auch Dänemark und Schweden waren dank der Reformationsgewinne 1620/30 solide Domänenstaaten, mit 36,9 % bzw. 44,8 % Einkünften aus dieser Quelle. Dazu müßte man in Dänemark 29,2 % aus dem Zollregal, dem Sundzoll, schlagen und in Schweden 23,1 % aus dem Bergregal, dem Silber- und Kupferbergbau. Erst durch die kriegerische Politik der Könige des 17. Jahrhunderts setzte auch hier der Wandel zu Steuerstaat ein. Kastilien und Portugal bezogen ebenfalls reiche Einnahmen aus dem Zoll- und dem Bergregal, insbesondere dank Handel und Bergbau ihrer Kolonien. Neben den Zöllen wären der königliche Fünfte von Gold und Silber sowie das Quecksilbermonopol der kastilischen Krone zu nennen.

Niemand zahlt gerne Steuer. Eine latente Überzeugung, Besteuerung sei eine Verletzung des Rechts, konnte und kann daher jederzeit aktiviert werden. Wahrscheinlich ist eine relativ hohe Steuermoral nur aufrechtzuerhalten, wenn die Steuerpflichtigen glauben, ihre Besteuerung sei sinnvoll, transparent und gerecht. Parlamentarische Bewilligung und das Fehlen formeller Steuerprivilegien gelten als Gründe dafür, daß die Engländer eine größere Steuerlast als die Franzosen mit wenig Murren ertrugen, während es dort immer wieder zu Konflikten und schließlich zur Revolution kam. Daß die englische Oberschicht sich informell steuerlich bevorzugte, war eben nicht so leicht wahrzunehmen. Umgekehrt diente gezielte Besteuerung bestimmter Gruppen bereits in den italienischen Stadtrepubliken des 14./15. Jahrhunderts als politische Waffe. Vor allem aber gehörten Steuerverweigerung und Steueraufstände in vielen Ländern fest zum politischen System, bisweilen erfolgreich, häufig aber auch mit Steuererzwingung durch Militär als Folge, beides ist aus Frankreich und Österreich bekannt. Subtiler verlief hingegen meistens der Machtkampf um die Steuerbewilligung zwischen Fürsten und Ständen.

Allerdings war unzulänglicher Steuereingang auch auf eine unzulängliche Finanzverwaltung zurückzuführen, der man aber durch Verpachtung der Steuern an Finanziers begegnen konnte. Diese waren im Gegensatz zu korrupten Amtsträgern aus Eigeninteresse am Steuereingang interessiert, während die Staatsgewalt den Steuerertrag von ihnen vorab ohne eigene Kosten erhalten und sogar das günstigste Angebot auswählen konnte. Außerdem konnten die Steuerpächter zusätzlich als Kreditgeber herangezogen werden. Aber eine zentrale staatliche Finanzverwaltung, wie sie in England seit 1671/83 aufgebaut wurde, sollte sich politisch wie finanziell als geringere Belastung erweisen.

In Ländern mit entwickelter Geldwirtschaft ließen sich dank des Münzregals Inflationsgewinne durch Münzverschlechterung erzielen.

Daß es sich dabei um eine verschleierte Steuer handelte, war schon im 14. Jahrhundert bekannt, als Philipp VI. von Frankreich seine Einkünfte 1349 durch eine Abwertung um 67 % steigerte. Im kastilischen Spätmittelalter verlor der Maravedí in 130 Jahren bis zur Stabilisierung von 1504 95 % seines Wertes. Das Great Debasement 1545–51 schlug für die englische Krone mit 46 % (1,2 Mio Pfund) Nettogewinn zu Buche. Das böhmische Münzkonsortium der Kipper- und Wipperzeit 1622 brachte durch Prägung geringerwertiger Münze nicht nur den Teilhabern Gewinn, sondern in dreifacher Weise auch dem Kaiser, erstens durch Inflation, zweitens durch die Verpachtung des Münzmonopols, drittens durch Schadensersatzforderungen nach seiner Beendigung. Schließlich hat noch Friedrich II. den Siebenjährigen Krieg durch Münzverschlechterung mitfinanziert, die allerdings vor allem auf Kosten des sächsischen Geldes ging und nebenbei zu politischen Zwecken die polnische Währung untergraben sollte.

Auch die Ausgabe von Papiergeld ist nichts anderes als inflationäre Geldvermehrung. Erstmals wurde sie unter Ludwig XIV. in größerem Umfang erprobt, mit Kursverlust bis zu 70 %. John Law versuchte bald danach erneut, das französische Hartgeld durch Papiergeld zu ersetzen, das Hartgeld in die Hand zu bekommen und damit die Staatsschulden zu tilgen, abermals mit katastrophalen Folgen, unter anderem weil wieder zu viel Papier ausgegeben wurde. Auch in der Revolution wurden mehr Assignaten gedruckt, als ihrer Deckung durch die enteigneten Kirchengüter entsprach. 1796 war ihr Kurs auf weniger als 1 % des Nennwerts gesunken. Die Staatsfinanzierung mit Papiergeld war ebenso wie die Rückkehr zum Hartgeld 1803, wobei der neue Franc bezeichnenderweise den Wert der Livre tournois von 1785 erhielt, nur möglich durch die Ausplünderung der besiegten Länder mittels Assignatenexport und Kriegsentschädigungen.

Verschiedene Steuerarten können verschiedene ökonomische, soziale und politische Folgen haben, die aber oft weniger eindeutig ausfallen, als behauptet wird. Wir unterscheiden direkte und indirekte Steuern sowie vor allem bei den ersteren Quotitäts- und Repartitionssteuern.

Indirekte Steuern haben den fiskalischen Vorzug, daß ihnen kaum jemand entkommen kann, aber den sozialen Nachteil, daß sie regressiv sind, das heißt reich und arm nominal gleich, real aber ungleich belasten. Außerdem sind sie leicht zu erheben, wenn sie Transaktionen auf dem Markt betreffen, die einen kommunikativen «Flaschenhals» durchlaufen, an dem der Fiskus einfach zugreifen kann. Demgemäß wurden sie zunächst an Grenzen und Verkehrswegen als Zölle auf Außen- und Fernhandel erhoben. Sobald die Güter des täglichen Bedarfs aber nicht mehr in Subsistenzwirtschaft, sondern für den Markt erzeugt wurden, kam die Akzise (excise) an Stadttoren oder beim Verbraucher hinzu. Allerdings war die Besteuerung von Lebensmitteln wie Getreide, Wein, Bier, Fleisch zwar ertragreich, aber aufruhranfällig, weil sie die Grundversorgung betraf und so die Moral Economy des Volkes berührte. Die Ungerechtigkeit dieser regressiven Besteuerung wurde von Zeitgenossen durchaus erkannt und in Schriften des seit 1868 so genannten «Akzisestreits», der sich ab 1684 in Deutschland abspielte, dadurch hinwegargumentiert, daß man die Steuer zur Gegenleistung des Untertanen für den staatlichen Schutz seiner Person deklarierte, der für alle gleich sei. Für die Entschärfung des Konfliktpotentials und die Sicherung des Ertrags erfolgversprechender war die Erhebung beim Erzeuger statt beim Verbraucher, wie sie in England mit Erfolg praktiziert wurde.

Mit solchen Verfahren nähern sich die Verbrauchssteuern aber den direkten Steuern. Es war ja in Teilen Italiens und Frankreichs üblich, einen bestimmten pro-Kopf-Konsum von Salz festzusetzen und zu besteuern, ganz gleich ob die Menge verbraucht wurde oder nicht. Salzhandel war in vielen Ländern ein Kronmonopol; später wurde das Tabakmonopol wichtig. Monopole können aber ebenfalls als eine Art indirekter Besteuerung angesehen werden, weil die Festsetzung des Preises ins Belieben des Inhabers gestellt ist.

Indirekte Steuern lassen sich aber auf sämtliche Transaktionen erheben, nicht nur auf solche des Marktes wie die alte spanische Alcabala von 8–14 % auf Verkäufe aller Art oder die moderne Sales Tax und Mehrwertsteuer, sondern auch auf die Benutzung von Verkehrswegen und -mitteln oder sogar auf Verwaltungsakte mittels des Zwangs, gestempeltes Papier dafür zu kaufen. England hat auf diese Weise im 18./19. Jahrhundert hohe Einnahmen erzielt und sich in Amerika damit unbeliebt gemacht. In Italien spielt die von Napoleon eingeführte carta bollata heute noch eine entsprechende Rolle.

Bei den heute üblichen direkten Quotitätssteuern wird der Steuerbetrag pro Steuersubjekt oder -objekt festgesetzt, der Gesamtertrag ergibt sich daraus. Bei den früher weit verbreiteten Repartitionssteuern, etwa der französischen Taille personnelle oder den englischen Subsidies, wurde hingegen der geforderte Gesamtertrag festgesetzt und anschließend auf die Steuerpflichtigen bzw. ihre Bezirke und Gemeinden aufgeteilt, nicht selten mangels Finanzbürokratie durch Amtsträger der Selbstverwaltung, die für Ausfälle persönlich hafteten, was die Erhebung vereinfachte, aber der Willkür Tür und Tor öffnete.

Direkte Steuern wurden zunächst entweder vom Bodenertrag gezahlt oder für eine eindeutige Maßgröße, die sich der Erfassung nicht entziehen konnte, also vor allem pro Kopf, pro Herd (Haushalt), pro

Hütte, pro Fenster, pro Kamin, heute in Frankreich pro Wohnung, einst pro Wagen oder Wagenrad, heute pro Auto. Die Bauern stellten im Ancien Régime nicht nur die Mehrheit der Bevölkerung, sondern erwirtschafteten auch die Masse des Sozialprodukts und waren die wichtigsten und oft fast die einzigen Steuerzahler. Daß sich die Reichen und Mächtigen der normalen Besteuerung weitgehend zu entziehen wissen, ist der weltgeschichtliche Normalzustand[14] und keine Besonderheit Frankreichs im Ancien Régime oder der Bundesrepublik Deutschland von heute. Im Ancien Régime allerdings wurden sie von Zeit zu Zeit recht brutal für Sonderzahlungen zur Kasse gebeten, etwa Zwangsanleihen, die nie zurückgezahlt wurden. Auf der anderen Seite haben die Ärmsten der Armen, die nichts Besteuerbares besaßen, ihren Anteil durch Arbeit abgeleistet, ein System, dessen sich europäische Kolonialherrschaft noch im 20. Jahrhundert gerne bediente.

Seit dem 15. Jahrhundert wurden Versuche mit progressiver Besteuerung von Vermögen und Einkommen gemacht, obwohl der Begriff «progressive Besteuerung» erst 1767 geschaffen wurde.[15] In der Regel versuchte man unbewegliches wie bewegliches Vermögen über den Ertrag zu erfassen, so schon der Florentiner Catasto von 1427 und der deutsche «Gemeine Pfennig» von 1495. Allerdings erwies sich die Erfassung des Geldvermögens trotz Vereidigung oder Appell an die Denunziation durch Nachbarn als schwierig oder unmöglich, so daß man sich oft gerade bei den Reichsten mit einer freiwilligen Pauschalzahlung begnügte. Letztlich blieb alles doch wieder am Land hängen. So wurde aus dem Monthly Assessment von 1642 auf das gesamte Einkommen aus Geld, Gütern, Ämtern und Land bis 1692 die Land Tax von 20 %, 4 Shilling vom Pfund Einkommen aus Landbesitz. Aber auch sie beruhte auf der manipulierbaren lokalen Einschätzung des Landbesitzes und keineswegs auf dessen exakter Erfassung.

Landeskunde und Kataster

Weil es für das Land als wichtigste steuerbare Ressource zunächst an zuverlässiger Information für eine effektive und gerechte Besteuerung fehlte, unternahm die werdende Staatsgewalt im eigenen Interesse erhebliche Anstrengungen, dem abzuhelfen und sich in geradezu wissenschaftlicher Weise über Land und Leute, sprich die eigenen oder gegnerischen Ressourcen zu informieren.

Die Abschlußberichte der venezianischen Gesandten stellten häufig eine Art politischer Landeskunde dar. Politische Schriftsteller ver-

[14] *Webber/Wildavsky* 23.
[15] Nach *Bonney* in *Bonney* 195, 485.

öffentlichten erste staatenkundliche Werke, etwa Giovanni Botero 1588–96. Aber um diese Zeit hatte König Philipp II. von Spanien 1575 und 1578 bereits versucht, durch Fragebögen den Zustand seiner Länder exakt zu erfassen. Solche Fragebögen wurden spätestens seit 1571 von der Apodemik, der neuen Kunst des wissenschaftlichen Reisens entwickelt, aber vor allem im 17. Jahrhundert in vielen Ländern von den Obrigkeiten eingesetzt, etwa 1664 von Colbert. In Deutschland wurde die politische Geographie oder Staatenkunde seit Johann Andreas Bose 1657 und Hermann Conring 1660 zum Universitätsfach, das mit Gottfried Achenwall und seiner Schule in Göttingen im 18. Jahrhundert seinen Höhepunkt erreichte. Achenwall hat sie «Statistik» genannt, doch war damit erst seit dem 19. Jahrhundert Quantifizierung gemeint. Diese ging auf William Pettys «Political Arithmetic» von 1681/90 zurück, die sich vor allem mit der Bevölkerungsentwicklung befaßte. Nachdem eine zahlreiche Bevölkerung im politischen Denken von einer Belastung zu einer Ressource avanciert war, hat Johann Peter Süßmilch, bezeichnenderweise preußischer Militärpfarrer, 1742 auch in Deutschland ihre wissenschaftliche Untersuchung begründet. So konnte mit der schwedischen Volkszählung von 1749 die moderne Statistik beginnen.

Auch die politische und fiskalische Nutzung der Kartographie begann seit dem 16. Jahrhundert. Kolonialpolitik brachte in Sevilla bereits im frühen 16. Jahrhundert eine kartographische Schule hervor; Spanien selbst allerdings blieb sehr viel schlechter erfaßt. In Bayern ließ der Herzog seit 1554 durch den Mathematiker Philipp Appian das ganze Land vermessen. Dessen «Bairische Landtafeln» 1:144 000 waren bis ins 19. Jahrhundert in Gebrauch. In England erreichte der planmäßige Gebrauch von Karten für vielerlei militärische, politische und wirtschaftliche Zwecke einen Höhepunkt unter Elisabeths Minister Burghley. In Frankreich stand zunächst das militärische Interesse im Vordergrund, aber unter Ludwig XIV. war die Verwendung von Karten zu administrativen Zwecken selbstverständlich geworden, und kulminierten dann in den Atlanten des Nicholas Sanson.

Solche Karten waren aber als Grundlage für eine exakte Besteuerung des Landes nicht zu brauchen. Detaillierte Grundstückskarten zur Klärung von Besitzverhältnissen tauchten zwar im frühen 16. Jahrhundert in Venezien und den Niederlanden auf und fanden sich bis zum 18. Jahrhundert an vielen Stellen Europas. Güter und Wälder wurden vermessen, Flurbereinigung und Landverteilung an Kolonisten festgehalten, etwa in Irland seit dem 16. Jahrhundert. Aber die Grundlage für die Besteuerung des Bodenertrags bestand nach wie vor aus schriftlichen Listen, die damals gemeint sind, wenn von Katastern die Rede ist. Flächendeckende Katasterkarten entstanden zuerst in Schweden, als Gustav Adolf das Land seit 1628 unter Anleitung von holländischen und deutschen Geometern systematisch vermessen ließ. Aber die «Geometriska Jordeböckerna» dienten anscheinend zunächst nicht steuerlichen Zwecken, wurden jedoch für die Güterreduktion zugunsten der Krone und die neue Militärverfassung (indelningsverk) von 1682 herangezogen. Moderne Katasterkarten in größerem Umfang entstanden in Europa zuerst in der Lombardei seit 1718. Dieser Kataster diente als Vorbild für Piemont-Savoyen, Toskana, Neapel, Sizilien und Spanien; zum Teil wurden die Fachleute gleich mitgeliefert. Allerdings blieben die Kataster hier wie in Frankreich großenteils Stückwerk; in England kamen sie für die herrschenden Landbesitzer überhaupt nicht in Frage. Hingegen wurde unter Maria Theresia und Joseph II. eine Kartierung und katastermäßige Erfassung der Habsburger Monarchie durchgeführt. In Frankreich hat erst Napoleon seit 1807 eine flächendeckende Katasterkartierung beginnen können, die Jahrzehnte bis zu ihrer Vollendung benötigte, aber nichtsdestoweniger sofort europaweit außer in England als Vorbild für die seither überall geschaffenen Katasterkarten (im Dezimalmaßstab) wirkte.

Fiskalische Belastung

Steuergerechtigkeit ist nicht nur ein Gebot der Moral, sondern auch der fiskalischen und politischen Vernunft. Deswegen ist es für den Staatsbildungsprozeß bedeutsam, daß die Reichen und Mächtigen sich zwar damals wie stets der normalen Besteuerung entzogen, aber auf andere Weise als heute: die frühen Kapitalisten ganz einfach und informell dadurch, daß Geldvermögen schwer erfaßt werden konnte und daher kaum besteuert wurde, während die Hauptsteuerlast auf dem Land und dem Verbrauch lag, Klerus, Adel und andere formal steuerlich Privilegierte dank einer sozialen Ordnung, die grundsätzlich auf Ungleichheit gegründet war. So konnte es zu dem nur aus heutiger Sicht befremdlichen Zustand kommen, daß in vielen Ländern Europas Ständevertreter Steuerbewilligungen aussprachen, von denen sie überhaupt nicht betroffen waren, sondern allenfalls ihre Untertanen. Wenn diese fiskalische Belastung der Untertanen die Einkünfte der Herren beeinträchtigte, dann hatten sie die Möglichkeit, legal oder illegal einen mehr oder weniger großen Anteil der Steuer für sich zu behalten, wenn sie diese für den Fürsten, der ja häufig noch keine Finanzbeamte hatte, eintreiben mußten. Es hat sogar den Anschein, als hätten Europas Monarchen bisweilen nur durch ausdrückliche Förderung solcher Praxis Ständevertretungen zur Steuerbewilligung veranlassen können.

Steuerliche Privilegierung beruht zunächst auf Privilegierung als rechtlichem Normalzustand. Jeder hat sein eigenes Recht und schaut darauf, daß es möglichst viele Vorrechte gegenüber anderen enthält. Die beanspruchte generelle Steuerfreiheit von Klerus und Adel wurde darüber hinaus mit der besonderen Qualität dieser Stände sowie ihren angeblichen besonderen Leistungen für das Gemeinwesen begründet.

Die fiskalische Geschichte des Klerus, des Adels und anderer Privilegierter ist aber keineswegs nur die ihrer steuerlichen Vorrechte. Sie ist ebenso oder noch mehr die Geschichte der schleichenden Untergrabung oder sogar formellen Beseitigung dieser Rechte durch die wachsende Staatsgewalt, die Privilegierte zunächst mehr oder weniger diskret zur Kasse bat, um ihre Vorrechte dann in dem Augenblick rücksichtslos zu beseitigen, als sie diese Leute nicht mehr als politische Partner benötigte. Wenn die allgemeine Steuerpflicht noch vor der allgemeinen Wehrpflicht und der allgemeinen Schulpflicht die Grundlage staatlicher Modernität bildet, dann sind Reformation und Französische Revolution nicht nur, aber auch Maßnahmen der Staatsgewalt, um ein für alle Mal die steuerlichen Vorrechte zunächst des Klerus, zweieinhalb Jahrhunderte später auch des Adels und anderer Privilegierter zu beseitigen. Damals verlor die katholische Kirche ihre Güter und Privilegien auch in derjenigen Hälfte Europas, in der sie die Reformation notdürftig überlebt hatte.

Trotz ihres Anspruchs auf steuerliche Immunität war sie längst zu finanziellen Leistungen herangezogen worden. Ende des 16. Jahrhunderts bestritt der Klerus nominell 15 %, real sogar 36 % der Staatseinnahmen Kastiliens,[16] ein im Hinblick auf den Reichtum der Kirche angemessener, im Vergleich zum Adel aber überproportionaler Anteil. In Frankreich mußte der Klerus immer häufiger mit päpstlicher Genehmigung 5–10 % seiner Einkünfte als Decimen an die Krone abführen, 1516–88 insgesamt 101 mal. 1561 wurde das System durch den Vertrag von Poissy zwischen Krone und Klerus institutionalisiert. Hinfort zahlte der Klerus regelmäßig ordentliche Decimen von 1,3 Mio Livres im Jahr an die Krone, wurde aber zusätzlich immer wieder zu Sonderleistungen veranlaßt. Dafür hatte er das Vorrecht, diese Beträge durch seine Klerusversammlungen selbst zu erheben und zu verwalten. Zusätzlich finanzierte die Krone die Hugenottenkriege mit päpstlicher Genehmigung durch Enteigung von Kirchengut im Wert von 20 Mio Livres. Der Klerus hat insgsamt ca. 10 % der Kroneinnahmen auf-

16 Die älteste Abgabe, zwei Neuntel vom Zehntaufkommen der Kirche, war längst in die weltlichen Steuern integriert; daher die Differenz.

gebracht, freilich mit sinkender Tendenz. In anderen katholischen Ländern sah es nicht anders aus; in Italien kamen noch päpstliche Sondersteuern hinzu

Beim Adel ist das Bild ebenfalls alles andere als eindeutig. Häufig war der Adel von direkten, durch die Stände bewilligten Steuern befreit, nicht aber von indirekten. In Kastilien und Portugal waren die indirekten Steuern (Alcabala, Miliones, Sisas) aber sehr viel drückender als die direkten. Außerdem erhob Kastilien vom Adel Abgaben anstelle des Militärdienstes und sogar eine Art Erbschaftssteuer (medias anatas). Das adelige Steuerprivileg war so zu einem ständischen Distinktionsmerkmal ohne viel praktische Bedeutung geworden. In Frankreich war der Adel zwar von der nordfranzösischen Taille personnelle befreit, aber nur teilweise von der südfranzösischen Taille réelle, einer Art Grundsteuer, und auch nicht von den im Laufe der Zeit eingeführten Ergänzungsabgaben zur Taille, der Capitation (1695), Dixième (1710), Vingtième (1750 u. ö.) sowie den indirekten Steuern. In anderen Ländern mag die Lage günstiger gewesen sein, sie lief aber selten auf totale Steuerfreiheit hinaus, sondern nur auf höchst unterschiedliche Vorrechte. Keine Steuerfreiheit gab es in England und verschiedenen italienischen Ländern. Man darf aber nicht übersehen, daß die Rolle des Adels in der englischen Lokalverwaltung sowie sein Einfluß auf den Regierungsapparat in fast allen Ländern zu regressiver Besteuerung führten, sogar innerhalb des Adels selbst. Zumindest für Frankreich läßt sich zeigen, daß die relative Steuerleistung um so niedriger ausfiel, je höher der Adelsrang war.[17]

Die gesamtwirtschaftliche Bedeutung dieses regressiven Privilegiensystems ist schwer einzuschätzen, obwohl die Unterbesteuerung des Geldvermögens damals wie heute wachstumsfördernd gewirkt haben dürfte. Insgesamt wird man aber davon ausgehen müssen, daß es sich primär um ein politisches und nicht um ein ökonomisches System gehandelt hat. Ökonomische Vorrechte dienten der Stabilisierung des Bündnisses der werdenden Staatsgewalt mit Kirche und Adel – solange sie auf dieses Bündnis angewiesen blieb!

Der «normale» Steuerzahler und seine Belastung haben sich trotz aller Berechnungen bisher der Forschung immer noch weitgehend entzogen, obwohl klar ist, daß die Steuerlast von den Unterschichten, vor allem von den Bauern und zwar möglicherweise nur von bestimmten Gruppen der Bauern getragen wurde. So hatten in Kastilien 1631 Adelsbauern nur die Hälfte der Zahlungen der Kronbauern zu leisten. In Ostmitteleuropa scheint es zeitweise aus diesem Grund so-

[17] Nach *Swann* in *Scott* Bd. 1, 142–73.

gar eine Art Flucht in die Leibeigenschaft gegeben zu haben. Klar ist auch, daß die Steuerlast zunahm, was aber wiederum mit der Konjunkturentwicklung zu verrechnen wäre.

Kredit

Wer rasch große Ressourcen für einen Krieg mobilisieren mußte, konnte sich nicht auf den gemächlichen Eingang von Steuern verlassen, zumal die erforderlichen Summen den Jahressteuerertrag weit überstiegen. Von einer im März 1671 beschlossenen Steuer waren in England nach einem halben Jahr 20 %, nach einem Jahr 60 %, nach anderthalb Jahren 85 % eingegangen, der Rest brauchte z. T. bis 1687.[18] Machtpolitik brauchte den Staatskredit noch vor der Steuer, denn oft genug mußten neue Steuern erst geschaffen werden, um Kredite zu ermöglichen oder zu bedienen. Nicht zuletzt, weil die Geldwirtschaft dafür die Voraussetzung war, stellte sie die Grundlage für die Bildung des modernen Staates dar.

Seit dem 12./13. Jahrhundert verbanden Geschäftsleute aus Nordwesteuropa und Italien, vor allem Firmen aus der Toskana (Siena, Florenz, Lucca) Fernhandel und Geldgeschäft. Sie bezahlten etwa englische Wolle mit den Taxen, die sie für die Apostolische Kammer in Nordwesteuropa eingesammelt hatten und dann dem Papst vom Erlös dieser Wolle in Italien auszahlen konnten. Für große Anleihen an Fürsten schlossen sie sich manchmal zu regelrechten Syndikaten zusammen, und infolge der Insolvenz fürstlicher Gläubiger kam es im 14. Jahrhundert zu den ersten spektakulären Firmenzusammenbrüchen. Messen wie diejenigen von Genf dienten als Clearing House. Seit dem 14./15. Jahrhundert konnten die englischen, französischen und spanischen Könige zum Teil auf Finanziers ihrer eigenen Länder zurückgreifen; außerdem waren niederländische und oberdeutsche Städte zu Finanzplätzen avanciert. Die Städte entwickelten ein eigenes Kreditwesen, das dem der Fürsten an Solidität überlegen war. Venedig begann im späten 12. Jahrhundert mit rückzahlbaren Zwangsanleihen, Genua und Florenz folgten, während nördlich der Alpen der Verkauf von Leibrenten eine größere Rolle spielte. So konnten unter anderem die Schweizer Städte ihren Aufstieg finanzieren.

Kurzfristige Kredite, wie sie Fürsten häufig in Anspruch nahmen, hatten drei oder sechs Monate Laufzeit, oder bis zu einem festen Termin im Folgejahr. Verzinsung war nicht zulässig, aber es wurde eben ein höheres Kapital für die Rückzahlung eingesetzt. Der aufs Jahr umgerechnete Effektivzins konnte sich zwischen 12 % und über 40 %

18 Nach *Carruthers* 59.

bewegen. Als Sicherheit wurden Güter, Juwelen, Einnahmen, auch aus Steuern, verpfändet und gingen nicht selten verloren.

Langfristiger Kredit existierte in zwei Formen. Bei Leibrenten erhielt der Gläubiger jährlich, halbjährlich oder alle vier Monate eine Rente von 7–10 % des Kapitals, das mit seinem Tod verloren war. Beim Zinskauf (Cens), wo ein Zins von 4–6 % als Ertrag einer Immobilie deklariert wurde und daher nicht gegen das Zinsverbot verstieß, lief die Verzinsung bis zur Tilgung. In den italienischen Städten wurde daraus bereits die konsolidierte Schuld entwickelt, bei der das Rentenkapital überhaupt nicht mehr zurückgezahlt wurde, aber letztendlich die Rente von ihrem Ersterwerber weiterverkauft werden konnte. Außerdem wurde hier die korporative Organisation der Staatsgläubiger erfunden (Compere, Monti).

Auch im 16. Jahrhundert waren die großen Finanzplätze in erster Linie Handelsstädte, wo am ehesten Kapitalüberschuß für Kredite zu finden war. Venedig monopolisierte den örtlichen Kredit für seine eigenen Zwecke, während die Finanziers aus seiner Rivalin Genua europaweit aktiv waren, insbesondere im spanischen Imperium und an der römischen Kurie. Für Frankreich war Lyon der wichtigste Finanzmarkt; hier waren deutsche und italienische Firmen zu finden. Daneben spielten die Schweizer Städte eine wichtige Rolle – der Zusammenhang finanzieller und politischer Affinität ist deutlich zu erkennen. Karl V. wiederum borgte in Antwerpen, was Folgen für die Entwicklung des niederländischen Rentenkredits hatte, der auf ständisch verwaltete Steuern fundiert wurde. Hier war aber auch die oberdeutsche Hochfinanz aktiv, vor allem die Fugger und andere Augsburger Firmen.

Nicht nur in den großen Zentren, sondern auch in kleineren Städten wie Basel oder Straßburg finden wir jetzt überall öffentliche Banken, die nicht nur Pfandleihanstalten und Depositenbanken waren, sondern auch Wechsel- und Kreditgeschäfte durchführten. Wechselbriefe und Obligationen aller Art wurden im Lauf des Jahrhunderts verkäuflich. Ein Wertpapiermarkt entstand; bald wurden die ersten Börsen gegründet.

Wo Finanziers dringenden Bedarf von Fürsten ausbeuten konnten und die Sicherheiten unzureichend erschienen, konnten sie exorbitante Zinsen verlangen. 1552–56 mußte Kaiser Karl V. 49 % für kurzfristige Kredite bezahlen. Das Ergebnis war Zahlungsunfähigkeit, die Serie der sogenannten Staatsbankrotte Frankreichs 1559 und 1598, Spaniens 1557, 1560, 1575 und 1596. Sie brachten die Friedensschlüsse von Cateau Cambrésis 1559 und Vervins 1598 hervor, weil den Kontrahenten Geld und Kredit zum weiteren Kriegführen fehlten. Es handelte sich aber nur um vorübergehende Liquiditätskrisen mit Moratorien und Zwangskonversionen zu Lasten der Gläubiger. Rückzahlbare, kurzfristige, hochverzinsliche Kredite wurden zwangsweise in nicht rückzahlbare, langfristige, niederverzinsliche Renten verwandelt. Die Kronfinanz hatte nun wieder Luft und konnte erneut mit dem kurzfristigen Borgen anfangen – bis sich derselbe Vorgang wiederholte.

Allerdings verloren die Fürsten auf diese Weise an Kredit, denn im Gegensatz zu juristischen Personen wie einer Stadt galten zumindest kurzfristige Schulden eines Fürsten noch immer als seine persönliche Angelegenheit und mußten nicht unbedingt von seinem Nachfolger anerkannt werden. Daher machten sich die französischen Könige seit 1522 den solideren Kredit ihrer Städte zunutze und gaben Renten auf das Hôtel de Ville von Paris und anderer Städte aus, die mit deren Steuern verzinst wurden.

Denn nicht nur Städte, sondern auch Fürsten boten neben der kurzfristigen Kreditaufnahme bei Bankiers langfristige niedrigverzinsliche Obligationen auf dem entstehenden Wertpapiermarkt zum Kauf an: Zeitrenten, Leibrenten, Ewigrenten mit jeweils niedrigerer Verzinsung. Auch der weitverbreitete Ämterhandel ist zumindest in seiner voll ausgebauten französischen, römischen und kastilischen Form nichts als ein Rentenkredit mit Zinsüberwälzung, der sich freilich nicht unbegrenzt ausdehnen ließ. Daher schuf Papst Clemens VII. aus der Florentiner Bankiersfamilie Medici nach dortigem Vorbild im Krieg mit dem Kaiser 1527 als echten Rentenkredit den Monte della Fede mit einer Stückelung in Anteile (luoghi) von 100 scudi. Dieser ersten modernen Anleihe der Päpste sollten noch viele weitere folgen. Allerdings war es durchaus üblich, eine solche Anleihe en bloc mit Disagio an Bankiers zu verkaufen, um die benötigten Mittel sofort zu erhalten.

Wie nicht anders zu erwarten, erlebte das kriegerische 17. Jahrhundert ein enormes Anschwellen der Staatsschulden, die in vielen Ländern zu neuen Staatsbankrotten der geschilderten Art führten, vor allem abermals einer ganzen Serie in Spanien. In Frankreich hat eine Zahlungseinstellung 1648 die Fronde ausgelöst. In England wurde nach dem Bankrott von 1672 endgültig das zukunftsträchtige niederländische, letztlich auf Italien zurückgehende System niedrigverzinslicher Ewigrenten mit ständischer Garantie der Fundierung übernommen (Financial Revolution). Dazu gehörte auch die Gründung der Bank of England 1688/89 und die Ausgabe von Banknoten durch sie. Ausgesprochene Staatsbanken oder auch Stadtbanken, die als Kreditgeber für ihre Regierungen tätig wurden, waren aber in Venedig bereits 1587, in Amsterdam 1609 und in Schweden 1656 entstanden.

In Frankreich, Spanien und Österreich, wo die Gründung von Banken zunächst nicht gelang, spielten Finanziers nach wie vor die Schlüsselrolle. Allerdings jetzt weniger genuesische als jüdische und protestantische, deren internationale Verflechtung es ihnen gestattete, die von ihren fürstlichen Geschäftspartnern benötigten Summen aufzutreiben. Portugiesische Neuchristen bedienten unter Olivares die spanische Staatsfinanz. Ein früher Vertreter der «Banque protestante» war Wallensteins Finanzier Hans de Witte aus den Niederlanden, ein später der letzte Finanzminister des alten Frankreich Jacques Necker aus Genf. In Deutschland benutzten der Kaiser und alle größeren Fürsten jüdische Hoffaktoren, aus deren Reihe verschiedene der internationalen jüdischen Banken des 19. Jahrhunderts hervorgehen sollten. Auch Friedrich II. von Preußen hat seine zweifelhaften Finanzmanöver im Siebenjährigen Krieg mit Hilfe jüdischer Geschäftspartner durchgeführt.

Diese Internationalität des Kapitals nahm im 18. Jahrhundert weiter zu. Amsterdam, Frankfurt, Genf waren jetzt führende Finanzplätze. Auf der anderen Seite gingen die meisten Länder zur Gründung von Staatsbanken über, die Noten ausgeben sowie den Geldumlauf und den Kredit kontrollieren sollten: 1703 Wiener Stadtbank, 1736 Kurantbanken in Kopenhagen, 1762 Riksens Ständer Bank in Stockholm, 1765 Königliche Giro- und Lehnbank in Berlin, 1776 Caisse d'escompte in Paris (nach Überwindung des Schocks der gescheiterten Banque générale des John Law von 1716), 1782 Banco de San Carlos in Madrid. Allerdings gelang es vor allem in Kriegszeiten nicht immer, die Papiergeldinflation unter Kontrolle zu halten. Auf der anderen Seite hatten die Zinsen für langfristige Kredite trotz der Kriege einen säkularen Tiefpunkt erreicht, mit 2,5–3 % in den Niederlanden. Die kritische Entwicklung mancher Staatsfinanz dürfte inzwischen eher eine Frage vormoderner Strukturen als unzulänglicher Ressourcen geworden sein. Nicht zuletzt die bemerkenswerte finanzielle Konsolidierung des 19. Jahrhunderts legt diesen Schluß nahe.

b) Varianten

England

Der politische Wettbewerbsvorteil früher Zentralisierung einschließlich der Finanzen erleichterte einer starken Krone trotz Bindung an einen ständischen Bewilligungsmechanismus fiskalische Innovationen. So konnten die Tudors steigende Steuerbewilligungen erhalten, darunter die neue Repartitionssteuer des multiplizierbaren Subsidy. Exzessive und propagandistisch nicht hinreichend vorbereitete Forderungen vermochte allerdings selbst der «Despot» Heinrich VIII. nicht durchzusetzen. Nicht revolutionär, wie Elton behauptete, sondern ganz allmählich hat sich unter den Tudors die Praxis durchgesetzt, Steuern nicht mehr nur für die außerordentliche Aufgabe der Kriegführung, sondern regelmäßig bereits für die ordentlichen Ausgaben der Krone zu bewilligen.

Im 17. Jahrhundert wurde die Autorität der Krone in Frage gestellt. Karl I. versuchte nicht ohne Erfolg, die parlamentarische Steuerbewilligung zu umgehen, scheiterte aber, als er den Krieg gegen die Schotten nicht mehr ohne parlamentarische Steuern weiterführen konnte. Doch zeitigte gerade der Sturz der Monarchie weitere Steigerung der Ressourcenmobilisierung; 1643 führte das Parlament die Akzise (excise) ein, was den Königen nie gelungen war. Damit wurden in England zum erstenmal die Unterschichten besteuert. Von nun an dominierten parlamentarische Bewilligungen die Einnahmen [*Abbildung 11*]. Versuche der Restauration, eine auf Zölle und Excise gegründete neue Variante des alten Prinzips «the King should live on his own» einzuführen, konnten beim Stand der politischen Entwicklung nicht mehr gelingen. 1672 kam es anläßlich des Kriegs gegen die Niederlande zum

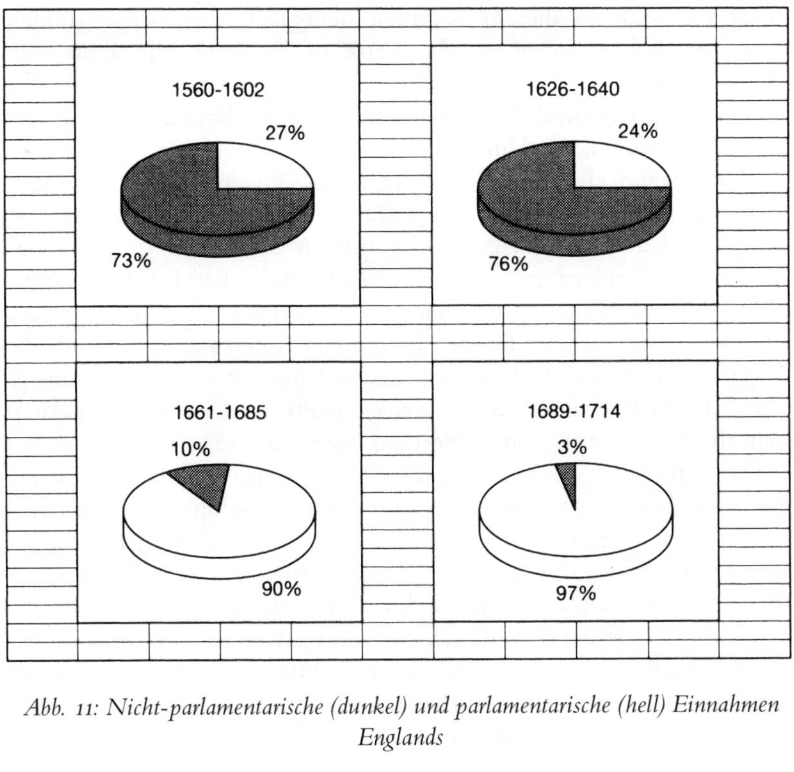

Abb. 11: Nicht-parlamentarische (dunkel) und parlamentarische (hell) Einnahmen Englands

Staatsbankrott. Die Glorious Revolution führte infolgedessen auch zur «Financial Revolution», einem längeren Prozeß von «trial and error», der erst nach Bewältigung des «South Sea Bubble», der ersten Spekulationskrise auf dem Aktienmarkt, in der Mitte des 18. Jahrhunderts zum Abschluß kam.

Die politische Klasse entschied sich dafür, dem neuen König Wilhelm III. in seinem Krieg gegen Ludwig XIV. zu folgen, weil nur so das neue Herrschaftssystem außenpolitisch abgesichert werden konnte. Aber der König wurde finanziell kurz gehalten, erhielt die Zölle nicht, wie üblich, auf Lebenszeit, sondern nur auf vier Jahre bewilligt und 200 000 Pfund weniger, als er selbst im Frieden benötigte, vom Schuldendienst ganz abgesehen. So wurde die regelmäßige Einberufung des Parlaments sichergestellt, das nun die Kriegsfinanzierung und die Fundierung der Staatsschuld übernahm. Diese bestand neben der kurzfristigen, schwebenden Schuld aus langfristigen, vom Parlament auf Steuereinnahmen fundierten und garantierten Obligationen auf Zeit oder für ein oder zwei Leben, die nicht mehr rückzahlbar waren, dafür aber auf dem Wertpapiermarkt gehandelt werden konnten, der nun nach niederländischem Vorbild in den Kaffeehäusern der Exchange Alley entstand. In diesem Rahmen übergaben drei neugegründete große Kapitalgesellschaften, die Bank of England, die East India Company und die South Sea Company, ihr gesamtes Kapital dem Staat als nicht rückzahlbaren Kredit; neben der Verzinsung erhielten sie dafür Monopole und andere Privilegien.

Nun begann ein Jahrhundert der Kriege gegen Frankreich (1689–97, 1702–13, 1739–63, 1775–83, 1792–1815). Weil England seit 1453 keine langdauernden Kriege mehr geführt hatte, begann im Gegensatz zu anderen Ländern erst jetzt der Schub zum «fiscal-military state» (John Brewer). Im Krieg wurden 61–74 % der Ausgaben militärischen Zwecken gewidmet. Im Frieden ging dieser Anteil auf 49 %, Ende des 18. Jahrhunderts auf 30 % zurück, rechnet man aber den Zinsendienst dazu, der ja überwiegend für Kriegskredite zu leisten war, gelangt man für das ganze 18. Jahrhundert auf Werte um 90 %.

Die Kurve der Steuereinnahmen begann anzusteigen, und schoß dann im Krieg gegen die Revolution und Napoleon steil nach oben. Die geschätzte Staatsquote stieg von 6 % Mitte des 17. Jahrhunderts auf 19 % um 1800. Der Anteil der direkten Steuern stieg zwar an, denn Kriege lassen sich nur mit direkten Steuern finanzieren, aber der Schwerpunkt lag bei den indirekten Steuern. Weil die politische Klasse mit den wichtigsten Steuerzahlern der wichtigsten direkten Steuer, der Land Tax, identisch war, wurde diese nie exzessiv erhöht. Dennoch wurde das regressive Steuersystem hingenommen, weil die indirekten

Steuern wenig sichtbar und einigermaßen gerecht erhoben wurden. Außerdem erfreute sich England einer günstigen Konjunktur, und die Kriege beruhten auf einem breiten nationalen Konsens, versprachen sie doch die Chancen des britischen Handels zu verbessern.

Aber im Gegensatz zum Geschichtsbild der Whig-Historiographie hat das Wachstum des Steuerstaates auch hier zum Wachstum des staatlichen Machtapparates geführt. England, im 17. Jahrhundert noch eine zweitklassige Macht, wurde im 18. zur führenden Militär- und Seemacht der Welt mit einem starken Staatsapparat, vor allem einer umfangreichen Finanz- und Militärverwaltung. Die öffentliche, parlamentarische Kontrolle der wachsenden Staatsgewalt machte diese eher stärker als schwächer, nicht nur weil Kontrolle Effizienz zu steigern vermag, sondern vor allem weil parlamentarischer Konsens der Politik wie der Besteuerung ein Maß von Legitimität verlieh, das sonst unbekannt war. Was dem britischen «fiscal-military state» an «despotic power» abging, gewann er an «infrastructural power», die wirkungsvollere Politik gestattete als eine «absolute Monarchie» (John Brewer).

Frankreich

Frankreich war größer und schwerer zu zentralisieren. Aber die Krone gewann im Hundertjährigen Krieg die Befugnis, Steuern aus eigener Machtvollkommenheit zu erheben, freilich nicht, weil die Stände 1439 auf ihr Bewilligungsrecht verzichtet hätten. Es wurde vielmehr bloß hingenommen, daß die Krone einmal bewilligte Steuern aufgrund nicht ganz eindeutiger Dokumente weiter eintrieb und auf diese Weise neues Gewohnheitsrecht schuf. Das wurde dadurch erleichtert, daß die Generalstände selten einberufen wurden und die Krone lieber mit regionalen Ständeversammlungen verhandelte, wo keine Regelungen für das ganze Land entstehen konnten. Auf diese Weise gewöhnten die Könige die Franzosen ans Steuerzahlen ohne ständische Bewilligung, außer in den Gebieten der Pays d'état am Rande. Da es 1484–1560 keine schweren Krisen und keine Versammlungen der Generalstände gab, konnte sich diese dezentrale, aber starke Monarchie solide etablieren.

Für die Kriege der französischen Könige im 16. und 17. Jahrhundert erwies sich allerdings das aufgrund frühzeitig erworbenen Besteuerungsrechts entwickelte Steuersystem als ziemlich starr und rückständig. So waren französische Könige gezwungen, «moderne» Politik mit «altmodischer» Finanz zu betreiben. Sogar der als Reformer bedeutende Minister Sully versuchte noch, einen Edelmetallschatz in der Bastille anzulegen, was ungefähr gleichzeitigen Thesaurierungsaktionen Papst Sixtus' V. in Rom und Herzog Maximilians I. in München entsprach. Ganz abgesehen von der wirtschaftsschädlichen deflationierenden Wirkung waren Kriege längst nicht mehr auf diese Weise, sondern nur noch durch Kredite zu finanzieren. Auch die preußischen Edelmetallreserven des 18. Jahrhunderts waren im Kriegsfall rasch aufgebraucht.

Vor allem aber erwies sich die frühzeitige Festlegung auf relativ altmodische, kostspielige, unbeliebte und nicht nur deshalb politisch schädliche Kreditformen als Achillesferse der Kronfinanz. Erstens war die Verpachtung der wichtigsten indirekten Steuern (Gabelle, Aides) an Finanziers, die auf kostspielige Vorfinanzierung und Kreditgewährung hinauslief, nicht mehr zu ändern. 1750 kostete die Erhebung von 273,8 Mio Livres Steuern zusätzliche 40,2 Mio, von denen 19 Mio in die Taschen der Steuerpächter flossen. Zweitens war auch die hier besonders hoch entwickelte Kreditform des Ämterhandels nicht mehr rückgängig zu machen. Infolgedessen gab es in Frankreich bis 1778 ca. 70 000 «Beamte», die aber keine Bürokraten waren, sondern unabsetzbare Inhaber einer privilegierten Position. Trotz Vordringens moderner Beamten, der Intendanten mit ihrem Apparat und der Commis de fermes im Dienste der Steuerpächter, blieb der Innovationsspielraum eingeengt. Drittens war der Kredit der Krone traditionell schlecht; neue Rentenkredite der Krone waren längst nur noch mit der Bürgschaft von Städten und anderen Korporationen möglich. Deswegen hat die absolute Monarchie die korporativ-genossenschaftlichen Strukturen des alten Frankreich nicht in modernisierender Absicht bekämpft, wie es gelegentlich heißt, sondern war im Gegenteil darauf angewiesen, sie zu stützen, denn auf ihnen beruhte ihr Kredit. [*Abbildung 12*]

Schwere Finanzprobleme waren daher ständige Begleiter der französischen Politik. Archaische Lösungen wie die Münzverschlechterung 1690–94 brachten wenig, so daß dieses Verfahren 1726 aufgegeben und die Währung endgültig stabilisiert wurde. Die Einnahmen mußten durch Steuererhöhungen gesteigert werden, mit den üblichen kriegsbedingten Schüben. Setzt man den Durchschnitt der friedlichen Jahre 1600–30 mit 100 an, dann erreichte der Nominalindex 1785 2557, der Realindex 1126. Das war nur mit direkten Steuern zu leisten, zunächst der Erhöhung der Taille von durchschnittlich 37 Mio Livres 1630–34 auf 158 Mio 1640–44. Prompt kam es zu großen Steueraufständen. Zur Erfassung des Klerus, des Adels und anderer Privilegierter, wozu die Inhaber vieler Kaufämter zählten, wurden immer neue Anläufe mit allgemeinen Kopf- oder Ertragssteuern (Capitation, Dixième, Vingtième) gemacht, wegen hartnäckigen Widerstands aber mit geringerem Erfolg, als theoretisch möglich gewesen wäre.

Mit bemerkenswerter Parallelität zum englischen South Sea Bubble ging in Frankreich 1718–20 der Versuch des Schotten John Law, Staats-

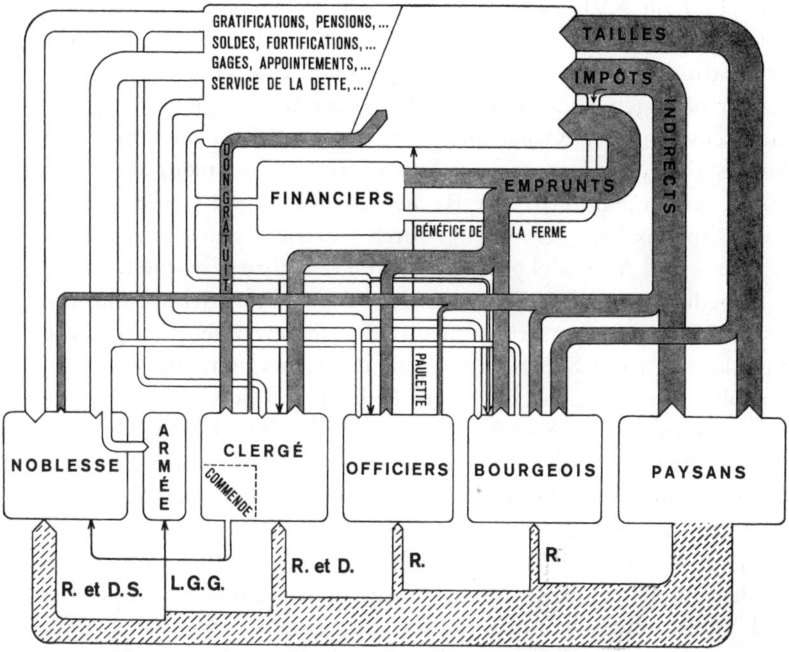

Abb. 12: Finanzwesen und Gesellschaft im Frankreich des Ancien Régime
hell = Ausgaben, schattiert = Einnahmen
R. Grundrente, D. S. = Ertrag der Grundherrschaft, L. G. G. = Einquartierung, D. = Zehnten

finanz und Wirtschaft mit den noch unzureichend beherrschten Instrumenten Aktien und Papiergeld auf eine neue Grundlage zu stellen, in einer überhitzten Spekulationskrise unter. Wie in England waren Vorbehalte gegen finanzpolitische Modernisierungsmaßnahmen die Folge. Aber die Lage der französischen Staatsfinanzen des 18. Jahrhunderts war keineswegs so hoffnungslos, wie es die revolutionäre Legende vom korrupten Ancien Régime haben wollte. Die französische Finanzpolitik ist nicht aus finanziellen, sondern aus politischen Gründen gescheitert. Unter Ludwig XVI. wurden in einer «Bureaucratic Revolution» bereits Korporationen von Kaufbeamten durch moderne Finanzbehörden ersetzt (John Bosher). Die Revolution und Napoleon haben hier wie im militärischen Bereich auf Errungenschaften des Ancien Régime aufgebaut, ohne davon zu sprechen. Die Belastung der Franzosen durch die Kriege blieb ziemlich konstant und lag insgesamt niedriger als die der Briten. Dank neuer Abgabentypen scheint das französische Steuersystem sogar bei den direkten Steuern weniger regressiv gewesen zu sein als das britische. Und die finanzielle Lage unter Ludwig XVI. soll weniger kritisch gewesen sein als früher. Zur Katastrophe kam es aus dem politischen Grund, daß die aufgestauten Ressentiments gegen die Ungerechtigkeiten des Steuersystems wegen des hartnäckigen Widerstands der Privilegierten bei gleichzeitiger Führungsschwäche der Krone nicht länger unterdrückt werden konnten. Anders als früher konnten die Finanziers, die allgemein als Schurken galten, jetzt nicht mehr zur Rechenschaft gezogen werden, denn sie waren inzwischen zu einem durch soziale Vernetzung mit dem Schwert- und Amtsadel geschützten Teil der Elite geworden.

Es bedurfte der Revolution, um das durch frühe Schübe auf altmodischem Niveau erstarrte französische Finanzsystem aufzubrechen. Nun konnten die Steuerprivilegien, die Kaufämter, die letzten Binnenzölle, der Kirchenzehnte, die Feudallasten sowie vorübergehend sogar alle indirekten Steuern abgeschafft und Besteuerung und Kredit auf eine neue Grundlage gestellt werden. Zunächst ließ sich dank der Assignateninflation, dann der Kriegsbeute faktisch ohne Steuern auskommen, bis die Reformen endlich griffen: die Grundsteuer der Taxe foncière als wichtigste direkte Steuer und die zusätzlich zu den Zöllen wieder eingeführten indirekten Steuern, insbesondere auf Getränke und Tabak. Wahrscheinlich zahlten die Franzosen wie die Engländer 150 Jahre früher nach ihrer großen Revolution mehr Steuern als unter dem Ancien Régime.

Spanien und Portugal

Das spanische Imperium lebte hauptsächlich von Kastilien, das nicht nur die Mehrheit der politischen Klasse, sondern auch die Masse des Steueraufkommens hervorbrachte. Gegen Ende des Mittelalters hatte die kastilische Krone weitgehende Steuerhoheit gewonnen und konnte nach Belieben Münzverschlechterung betreiben, bis zur Einführung von Kupferwährung (vellon) im 17. Jahrhundert. Das amerikanische Silber floß ja aus dem Land wegen der in Spanien höheren Inflation und zur Finanzierung von im Ausland aufgenommenen Kriegskrediten. Die Kriegskosten der Großmachtpolitik waren höher als alle Mittel der Krone, trotz erbarmungslosen Anziehens der Steuerschraube. Die Staatsbankrotte 1567, 1575, 1596, 1607, 1627, 1647, 1653 stehen alle im Zusammenhang mit Kriegen. Die stärkere steuerliche Belastung der anderen Länder des Imperiums scheiterte in Aufständen. Es mußte wieder auf Kastiliens relativ hochentwickelte steuerliche Infrastruktur zurückgegriffen werden, die aber auf einer schwachen Wirtschaft beruhte. Auf der anderen Seite hat Portugal in der zweiten Hälfte des 18. Jahrhunderts dank Gold und Diamanten aus Brasilien, der Zölle und des Tabakmonopols (24,4 %, 24,15 %, 17 % der Staatseinnahmen) eine gesunde Staatsfinanz besessen – aber es führte eben keine Kriege!

Das spanische Regierungssystem war eines der fortgeschrittensten in Europa. Aber bereits unter Philipp II. wurden Aufgaben der zentralisierten Kriegsverwaltung an lokale Instanzen und private Unternehmer übertragen. Es lassen sich dabei aber keine negativen Folgen für die Macht und die militärische Leistungsfähigkeit der Krone ausmachen. Wenn sie nicht zur Finanzierung weiterer Verwaltungsexpansion in der Lage war, daher auf Militärunternehmer zurückgriff und so die Ressourcen des Hochadels mobilisierte, dann erscheint diese Lösung den Umständen vollauf angemessen.

Die Teilmodernisierung des Regierungssystems durch die Bourbonen im 18. Jahrhundert stieß im Bereich der Staatsfinanz auf Schwierigkeiten. Dem schlechten Kredit der Krone war auch mit dem Beginn der Enteignung des Kirchengutes 1788 nicht abzuhelfen, die zunächst auf eine Umschuldung zu Lasten der Kirche hinauslief, weil man Kirchengüter für Staatsobligationen erwerben konnte, während die kirchlichen Institutionen dafür eine Rente erhalten sollten.

Niederlande

In diesem reichen Land hatten die Forderungen Karls V. bereits Mitte des 16. Jahrhunderts den auf ständische Steuern fundierten Rentenkredit hervorgebracht, der Englands «Financial Revolution» zum Vorbild dienen sollte. Die Stände sicherten sich dabei die Kontrolle über die Steuern. Bezeichnenderweise scheiterte der Herzog von Alba mit der Einführung der Alcabala ebenso wie Wilhelm von Oranien mit der Besteuerung des Immobilienertrags. Die Republik stützte sich im Krieg gegen Spanien vor allem auf den modernen Rentenkredit ihrer führenden Provinz Holland. Sie war von der Wirtschaftskrise des 17. Jahrhunderts nicht betroffen und verfügte daher über zahlreiche wohlhabende Anleger im Inland. Wie später in England gestattete es die wirtschaftliche Prosperität, den Schwerpunkt der Besteuerung bei den Akzisen zu belassen, die 1640 71 % des Steueraufkommens erbrachten. Außerdem wurden in den Niederlanden die niedrigsten Zinsen der Welt bezahlt. Auch hier führte der Weg vom Kriegsstaat zum Steuerstaat, nicht aber zum Machtstaat, weil die Impulse einer starken Zentralgewalt fehlten.

Italien

Wenn in England die dritte, in den Niederlanden die zweite Phase der «Financial Revolution» stattgefunden hat, dann die erste in den ober- und mittelitalienischen Städten des Mittelalters, bei denen das hochentwickelte Finanz- und Kreditsystem des *Papsttums* in die Lehre gegangen war. Selbst hier hingen das Anziehen der Steuerschraube und die Ausweitung des Kreditvolumens fast immer mit Kriegen zusammen, manchmal indirekt durch päpstlichen Subsidien für Kriege gegen Türken und Ketzer. Obwohl Einkünfte aus der Kirche über den Grundstock der Einnahmen aus dem Kirchenstaat hinaus Manövriermasse boten, machte der Zinsendienst stets die Hälfte bis zwei Drittel der Ausgaben aus. Aber Rom hat die Kaufämter nie erblich werden lassen, und seine Konversionen hochverzinslicher Leibrenten (Monti vacabili) in niedrigverzinsliche Ewigrenten (Monti non vacabili) vermieden den anderswo üblichen Betrug an den Anlegern, so daß Bankrott vermieden wurde und der Papstkredit attraktiv blieb. Weniger die wirtschaftliche Schwäche des Kirchenstaates, als die politische Struktur der klerikalen Wahlmonarchie hat hier die «normale» Entwicklung zum modernen Machtstaat blockiert. In extremem Gegensatz zu England stand hier einem Anspruch auf «despotic power» ohnegleichen eine unheilbare Schwäche der «infrastructural power» gegenüber.

Von den wenigen selbständigen Staaten Italiens hat *Savoyen-Piemont* trotz seiner Entwicklung zum Militärstaat wenig auf öffentliche Kredite zurückgegriffen – möglicherweise nicht die einzige strukturelle Verwandtschaft mit Brandenburg-Preußen. Anscheinend war die wirtschaftliche Entwicklung vor allem in Piemont günstig, so daß die keiner ständischen Bewilligung mehr bedürfenden Steuereinnahmen ausreichten und im Kriegsfall durch Subsidien der jeweiligen Verbündeten aufgestockt wurden.

In der *Toskana* lagen die Dinge umgekehrt. Das Großherzogtum hat kaum Kriege geführt, aber als Reichslehen und seit 1740 als Herrschaft des Gemahls Maria Theresias 1692–1720 1,656 Mio scudi, 1740–65 6,766 Mio scudi für die Kriege der Habsburger abgeführt. Auch wenn zur Finanzierung Kredite aufgenommen werden mußten, war dieses Verfahren anscheinend billiger, als selbst Krieg zu führen. Man konnte es vermutlich deswegen bei überwiegend indirekten Steuern und einem altmodischen Staatsapparat belassen.

Deutschland und Schweiz

Auch hier waren Reichssteuern fast immer Kriegssteuern. Das Reich hatte freilich keine Domänen mehr und scheiterte mangels eigener Verwaltung mit dem für die Staatsbildung ausschlaggebenden Versuch, 1495 mit der Reichssteuer des Gemeinen Pfennigs direkt auf die Steuerkraft der Untertanen durchzugreifen. Es blieb finanziell Kostgänger seiner Stände, seine Steuern gingen als deren Matrikularbeiträge ein, während die Fürsten Reichssteuern geschickt benutzten, um die Steuerbewilligung ihrer Landstände auszuschalten, weil gegen Reichssteuern auf Landesebene kein Widerstand möglich war. Landtage folgten auffallend eng dem Rhythmus der Reichstage und wurden häufig dazu benutzt, die Untertanen erheblich zu übersteuern. Außerdem diente § 180 des Jüngsten Reichsabschieds von 1654, der die Untertanen zur Finanzierung von Festungen und Garnisonen verpflichtete, zum Brechen ständischen Widerstands.

Brandenburg-Preußen

Trotz Detailkorrekturen gilt Brandenburg-Preußen weiter als Paradigma des Coercion-Extraction-Cycle von Heeresfinanzierung und Staatsbildung. Kurfürst Friedrich Wilhelm hat nach dem Dreißigjährigen Krieg für sein stehendes Heer von den Ständen aller drei Landesteile die dauernde Erhebung der «Kontribution», wie die Kriegssteuer in Deutschland hieß, erreicht, in Ostpreußen unter Einsatz von Militär. Die damit verbundene zeitliche Befristung hat er unter Berufung auf die übergesetzliche «Necessitas» souverän mißachtet; der Mechanismus des «Verschweigens» funktionierte auch hier. Dazu hat er aus eigener Machtvollkommenheit in den Städten nach holländischem Vorbild die Akzise eingeführt. Die nach Domänen und «Kriegsgefällen» – so hießen die Steuern noch – getrennten Einnahmen mußten aber im Kriegsfall durch Sudsidien größerer Mächte aufgestockt werden, auch unter König Friedrich I., obwohl dieser keine finanzielle Mißwirtschaft trieb, wie sein Sohn behauptete, sondern die Einnahmen weiter steigerte.

Diese Abhängigkeit wollte Friedrich Wilhelm I. überwinden, was ihm vor allem deshalb gelang, weil seinem Heeresausbau kaum Kriegskosten entsprachen. Die Domäneneinkünfte wurden auf 3,3 Mio Taler, die Steuern auf 3,6 Mio gesteigert, Domänen- und Steuerverwaltung zusammengelegt, Steuern wurden mit militärischer Gewalt eingetrieben. Obwohl schließlich 72 % der Ausgaben für das von 40 000 auf 83 000 Mann verstärkte Militär verwendet wurden, konnten noch 8,7 Mio Taler thesauriert werden. Dennoch scheint die Pro-Kopf-Belastung der Untertanen durch das Militär niedriger gewesen zu sein als in England, Frankreich und Österreich.

Friedrich II. benutzte die Armee zum Kriegführen, brachte sie auf 200 000 Mann Friedensstärke und verwendete dafür 65 % seiner Ausgaben, konnte aber dank Erwerb Schlesiens einen Schatz von 55 Mio ansammeln. Erst im Siebenjährigen Krieg wurde die Finanzlage kritisch. Aber Friedrich hat 28 Mio englische Subsidien erhalten, ca. 20 Mio Kontribution aus Sachsen und Mecklenburg gepreßt und beträchtlichen Gewinn aus Münzverschlechterung gezogen. Auch die Deflation nach Kriegsende lief auf eine nachträgliche Kriegssteuer hinaus. Friedrichs Nachfolgern standen in den Kriegen um 1800 keine derartigen Möglichkeiten mehr zur Verfügung, so daß Preußen 1818 nicht weit vom Staatsbankrott entfernt war.

Österreich

Die Habsburger Monarchie war bald nach dem katastrophalen Dreißigjährigen Krieg wieder in kostspielige Zweifrontenkriege verwickelt. Aber der Ausbau des Staatsapparats erfolgte hier viel zögerlicher. Noch im 19. Jahrhundert blieben Domänen- und Steuereinkünfte (Camerale und Contributionale) getrennt. Bei 10,3 Mio Gulden Einnahmen 1695 betrugen die Militärausgaben 22,7 Mio, gegenüber 2,5 Mio Gulden 1656. Trotz Subsidien war man auf Kredite angewiesen, so daß die Verschuldung von 30 Mio Gulden 1612 auf 60 Mio 1711 und 265 Mio 1765 anstieg. Reformversuche scheiterten weniger an wirtschaftlicher Rückständigkeit, die auch für Preußen galt, sondern am Hochadel, der nicht nur in den einzelnen Ländern, sondern auch in der Zentrale den Ton angab und daher erfolgreich Widerstand leisten konnte.[19] Es gelang allerdings, den Staatskredit mit Hilfe der Wiener Stadtbank 1705 auf eine solide Grundlage zu stellen, während die Gründung einer Staatsbank am schlechten Kredit der Krone scheiterte.

Erst die Katastrophe beim Regierungsantritt Maria Theresias hat den Schub in der Entwicklung des Steuerstaats und der Entmachtung der Stände eingeleitet, der anderswo schon im 17. Jahrhundert zu beobachten war. Die Zentralbehörden wurden reorganisiert, die ständische Selbstverwaltung in den Ländern durch landesherrliche Mittelbehörden zurückgedrängt, sogar in den Kreisen landesherrliche Beamte eingesetzt. Die Stände wurden zu längerfristiger Steuerbewilligung gezwungen und mancherorts als bloße Steuererhebungsbehörde in die reformierte Verwaltung eingebaut. So konnte der Siebenjährige Krieg geführt, aber nicht gewonnen werden; gegen Ende stand der Bankrott vor der Tür. Nach vergeblichen Sanierungsversuchen führten weitere Kriege zur Fortschreibung der Verhältnisse. Die napoleonischen Kriege suchte man mit Sondersteuern und einer Papiergeldinflation zu bewältigen, die das 19. Jahrhundert auch nach dem Staatsbankrott von 1811 weiter belastete.

[19] So *Bérenger* 592–651.

Dänemark und Schweden

Ohne Kriege blieben Dänemark und Schweden solide Domänenstaaten. 1630 aber begannen sich die Folgen der Kriege Christians IV. und Gustav Adolfs abzuzeichnen; die ständische Bewilligung von Sondersteuern in Höhe von 21,1 % und 14,9 % des Haushalts war notwendig geworden. Auf Dauer führten die Kriege trotz französischer und russischer Subsidien für Schweden auch hier zu den üblichen Engpässen, die unter anderem durch Veräußerung von Krongut an den Adel beseitigt werden sollten. Dennoch verstanden es die Monarchen beider Länder, durch geschicktes Taktieren zwischen den Reichsräten und Reichstagen ihren finanzpolitischen Spielraum zu steigern. So wußte Karl X. Gustav den Reichsrat für so weitgehende Rüstungen zu gewinnen, daß schließlich nur noch ein Offensivkrieg gegen Polen sinnvoll war. Da die Finanzierung nur über Kredite gegen Überlassung von Staatseinnahmen und Domänen möglich war, versuchte er zugleich unter dem Druck des Krieges freie Bahn für die Wiederenteignung veräußerten Kronguts (Reduktion) zu erlangen, die erst seinem Nachfolger gelingen sollte. Aber die schwedische Armee mußte schließlich 1682 auf unmittelbaren Unterhalt durch die Bauern gegründet werden (Einteilungswerk); als dies in neuen Kriegen nicht genügte, war der Abstieg der schwedischen Großmacht besiegelt, denn die Ressourcen des Landes hatten sich als unzureichend erwiesen.

Polen

Hier herrschte strikte Trennung von Staatsschatz, den Steuerbewilligungen des Reichstags für die Kriege, und Kronschatz, den Domänen, die eigentlich für alles übrige aufkommen mußten. Selbst die Eintreibung der Steuern war Sache des Reichstags. Dabei war der politisch allein maßgebende Adel steuerfrei und der Steuerfuß für die Landsteuer veraltet. Antizipation durch Kredite war kaum möglich und eine langfristig fundierte Staatsschuld überhaupt nicht. Der exklusiv aristokratische Charakter des politischen Systems und die damit zusammenhängende Wirtschaftsform ließen trotz ähnlicher Verfassungsstrukturen das Gegenteil der englischen Verhältnisse zustandekommen. Unter den Bedingungen ständischer Freiheit konnte ein Steuer- und Machtstaat offenbar nur entstehen, wenn nicht nur eine kontinuierliche politische Führung, sondern vor allem eine prosperierende Marktwirtschaft als Rahmenbedingungen gegeben waren.

c) Verlaufsmuster

Die europäische Regelentwicklung[20] vom Domänenstaat zum Steuerstaat begann mit traditionalen Gemeinwesen, die dank geringen «Staatsbedarfs» von nicht-steuerlichen Einkünften und gelegentlichen traditionalen Abgaben leben konnten. Der Monarch verfügte über Domänen und Regalien als Eigengut, möglichst reich bemessen, um ihn zur Ausübung der Herrschertugend der Freigebigkeit (liberalitas, milte) zu befähigen. Die durch Rücksicht auf den Adel gebotene Beibehaltung dieser Königsrolle sollte unter den Bedingungen des Steuerstaates zur zusätzlichen Umverteilung des Sozialprodukts von unten nach oben führen, die vor allem in Frankreich Ärgernis erregte.

Dem steigenden «Staatsbedarf» durch Kriege versuchte man zunächst mit traditionalen Methoden zu begegnen: Steigerung der Einkünfte aus Domänen und Regalien, abwechselnde Verpfändung und «Reduktion» von Domänen, möglicherweise unter Berufung auf ein Veräußerungsverbot, Anleihen gegen Pfänder aus Domänenbesitz, Ämterverkauf als Frühform der Rentenemission, vielleicht Anhäufung eines Schatzes in Edelmetall, Münzverschlechterung und Veränderung des Münzwerts als Frühformen manipulierter Inflation. «Staaten», die in dieser Frühphase relativ stark waren, konnten durch gründliche Anwendung solcher Methoden ihre eigene Weiterentwicklung blockieren (Verlust des Reichsguts in Deutschland, Ausbau des Ämterhandels in Frankreich). Jedenfalls genügte seit dem Hochmittelalter keinem Herrscher mehr sein Eigengut für seine Politik.

Jetzt erwies sich das Vorhandensein eines modernen, geld- und marktwirtschaftlichen Sektors als politischer Wettbewerbsvorteil. Mit den Städten und ihrem Handel kam ein neues Moment in die Finanzgeschichte. Zwar sind Städte in Oberitalien, den Niederlanden, im Reich und anderswo zur Staatsbildung auf eigene Rechnung übergegangen, gerieten aber nicht anders als die Fürsten unter den steigenden Kostendruck militärischer Konflikte, bis nur noch die größten von ihnen (Amsterdam, Augsburg, Bern, Genua, Venedig usw.) mithalten konnten und schließlich ebenfalls ihre Selbständigkeit verloren oder ins Hintertreffen gerieten.

Fürstliche Stadtherren hingegen bauten die Zölle und indirekten Steuern aus, zunächst beim Außenhandel wie dem englischen Wollexport des Spätmittelalters, dann aber die moderneren indirekten Steuern auf den inneren Umsatz und Konsum vom Typ der Alcabala, der Gabelle und der Akzise. Angesichts des fehlenden Beamtenapparats

20 Im Sinne von *H. H.Hinrichs,* General Theory.

und der Notwendigkeit von Antizipationskredit war Verpachtung dieser indirekten Steuern üblich, was sich bei frühzeitiger Stabilisierung des Steuerpächtersystems durch ständige Vorschüsse ebenfalls als irreversibles Präjudiz für die weitere Entwicklung der Staatsfinanz erweisen konnte wie in Frankreich. Doch erlaubte die «transpersonale Staatsvorstellung» jetzt nicht mehr die dauernde Appropriation der Steuer durch die Pächter wie früher bei der Verpfändung von Domänen und Regalien. England ist aber mit dem endgültigen Übergang zu staatlicher Excise-Verwaltung sicher besser gefahren. Doch vor allem hing der Erfolg indirekter Steuern von der wirtschaftlichen Prosperität ab.

Indirekte Steuern, vor allem Zölle, konnten als Regalien gelten, wurden aber auch von Ständevertretungen bewilligt. Das war vor allem für die moderneren Varianten der direkten Steuer erforderlich, die auf eine Heranziehung des Nettoeinkommens von Haushalten und Unternehmen abzielten. Aber der Weg zur progressiven Einkommensteuer des 19./20. Jahrhunderts begann bei ziemlich schwerfälligen und ungerechten Kopf-, Grund- und Ertragssteuern. Steuergerechtigkeit bei der Grundsteuer setzte einen Kataster voraus, zu dessen Erstellung aber bereits eine starke Zentralgewalt mit einigermaßen effektiver Administration erforderlich war.

Direkte Steuern sind das fiskalische Instrument mit der größten Elastizität für steigenden Militärbedarf. Deshalb war die Modernisierung des Steuerwesens ein Produkt des Kriegsstaates. Die notwendige Bewilligung durch Ständevertretungen spielte dabei eine politisch ambivalente Rolle. Sie stand einerseits dem Zugriff der Staatsgewalt auf die Ressourcen der Untertanen im Weg, erleichterte diesen Zugriff aber auch durch konsensuelle Legitimation, wenn die Bewilligung einmal ausgeprochen war, wie sich nicht nur in England beobachten läßt. Weil stabile Herrschaft die Unterstützung der Untertanen, zumindest der Eliten voraussetzt, waren Ständeversammlungen auch aus der Perspektive der Monarchen nützlich und daher oft genug deren Schöpfung.

Doch wo sie ihre Stellung nicht politisch oder finanziell zementiert hatten, vor allem durch Übernahme der landesherrlichen Schulden samt Steuererhebung durch ständische Organe, erschienen sie den Monarchen entbehrlich, sobald sich die Untertanen an die Legitimität regelmäßiger Besteuerung gewöhnt hatten, so daß die Fürsten die Steuern aus eigener Machtvollkommenheit erheben konnten. Dieser Zeitpunkt war für die französischen Generalstände schon im 15. Jahrhundert gekommen, für die kastilischen Cortes im 16. Jahrhundert. Der Schwerpunkt lag jedoch im 17. Jahrhundert, als französische Provinzialstände abstarben, als englische Könige ohne Parlament zu regieren versuchten, als deutsche Fürsten ihre Ständeversammlungen kaltstellten, als skandinavische Monarchen ihre Alleinherrschaft einführten. Österreich konnte diesen Weg erst im 18./19. Jahrhundert einschlagen und war auch dann noch zu besonderen Arrangements mit Ungarn gezwungen. Das 17. Jahrhundert scheint also auch aus finanzgeschichtlicher Perspektive das für die moderne Staatsbildung entscheidende gewesen zu sein, während die Modernisierungsleistungen des Reformabsolutismus im 18. Jahrhundert wie Versuche «verspäteter» Mächte wirken, mit neuen Instrumenten das 17. Jahrhundert nachzuholen.

Auf der anderen Seite wurden die größten finanzpolitischen Errungenschaften demnach in einer Periode tendenzieller wirtschaftlicher Stagnation erzielt. Offensichtlich wußte der politische Ehrgeiz der rivalisierenden Monarchen damals keinen besseren Rat, als sich die Mittel zu weiterer politischer Expansion durch politischen Zwang zu sichern. Dann wäre es auch kein Zufall, daß England und die Niederlande als einzige nicht von der «Krise des 17. Jahrhunderts» gebeutelten Länder andere Wege einschlugen. Dank wirtschaftlicher Prosperität konnten sie sich eine Fortsetzung des bis dahin üblichen, stärker auf Konsens gerichteten Kurses leisten.

Finanzpolitische Modernisierung bedeutet Verschiebung des Steuerobjekts von der Landwirtschaft zum Außenhandel, dann zum Konsum und schließlich zum Nettoeinkommen aller Untertanen und ihrer Unternehmen. Finanzgeschichtlich modern ist eine Gesellschaft, wo der geldwirtschaftliche Sektor dominiert, Notenbanken die Geldausgabe übernehmen und die Wirtschaft über die Organisationsform der Aktiengesellschaft mit beschränkter Haftung verfügt. Daraus ergibt sich die Ausweitung von Geldumlauf und Kreditvolumen. Dieser Zustand wurde frühestens im 19. Jahrhundert erreicht, aber in England hatte man sich ihm bereits beträchtlich genähert, mit der Folge eines fast unerschöpflichen Staatskredits als politischem Wettbewerbsvorteil.

d) Wirtschaftspolitik und Wirtschaftsdiskurs

Da die Wirtschaft die wichtigste Rahmenbedingung der Staatsfinanz ist, hätte es nahegelegen, daß die werdende Staatsgewalt die Vermehrung der Ressourcen, die sie abzuschöpfen gedachte, mit politischen Mitteln zu beeinflußen versuchte. Planmäßige politische Regelung der gesamten Wirtschaft eines Landes gibt es aber erst seit dem 20. Jahrhundert. Vorher fehlte es lange am praktischen und theoretischen Instrumentarium, ja sogar an der Vorstellung, ein «Staatsgebiet» sei selbstverständlich eine «natürliche» Einheit des Wirtschaftslebens. Dennoch übte die werdende Staatsgewalt durch ihre Surplusabschöpfung, ihre dadurch ermöglichten Ausgaben und durch ihren Rechtsschutz für Privateigentum selbstverständlich stets Einfluß auf die Wirtschaft aus. Außerdem führte die ungleiche Wirtschaftsentwicklung verschiedener Länder dazu, daß Maßnahmen zur Verbesserung der eigenen Wettbewerbschancen getroffen wurden: Zölle, Handelsverträge, Erwerb von Kolonien, Förderung abschöpfungsträchtiger Gewerbe, Geheimnisschutz für Produktionsverfahren, aber auch Abwerbung von Experten und «Industriespionage». Privilegien wurden verliehen und Monopole errichtet. Forstschutzmaßnahmen sollten den Schiffbau sichern. Dubioser Münzpolitik standen Maßnahmen zur Vereinheitlichung und Sicherung der Währung gegenüber. Sogar die deutschen Reichskreise hatten damit Erfolg.

Pioniere der Wirtschaftspolitik wie der Staatsbildung waren die Städte, deren Machthaber oft selbst wirtschaftliche Interessen hatten. Städte waren einerseits Orte «modernster» Wirtschaftsentwicklung, andererseits geschlossene Gemeinwesen mit starker Arbeitsteilung, intensiver Interaktion und hohem Regelungsbedarf. Aber städtische Marktpolitik orientierte sich nicht an Wettbewerb und Wachstum, sondern an den Grundsätzen der Moral Economy, bei der ausreichende Versorgung für alle als Gerechtigkeitsgebot im Mittelpunkt stand. Die herrschende kirchliche Lehre zog dem Gewinnstreben nicht nur mit dem Zinsverbot enge Grenzen; Reichwerden galt ursprünglich als verwerfliches Verlassen des gottgegebenen Standes, in den man hineingeboren war. Demgemäß galt städtische Politik in erster Linie der Ordnung des Gemeinwesens und dem Wohlverhalten seiner Mitglieder.

Auch als die werdenden Staaten seit dem 16. Jahrhundert diese «gute Policey» zu ihrer Sache machten, geschah dies in ordnungs- und sozialpolitischer Absicht. Versorgung, aber auch Disziplinierung der Untertanen, öffentliche Ordnung, Bekämpfung von Landfahrern, Fürsorge für Bedürftige und dergleichen erhielten in der Gesetzgebung der europäischen Monarchien wie der deutschen Territorien seit dem Spätmittelalter wachsende Bedeutung. Wenn Untertanen zur Arbeit angehalten wurden, dann immer noch zuerst aus ordnungs- und moralpolitischen Gründen. Wirtschaftliche Folgen verstanden sich freilich von selbst.

Wie in den Städten spielte auch in den werdenden Staaten die Sicherung der Getreideversorgung eine zentrale Rolle, besonders für die wachsenden Hauptstädte mit ihren bedrohlichen Unterschichten. Seit der zweiten Hälfte des 16. Jahrhunderts stoßen wir infolge Teuerung und Bevölkerungszunahme europaweit auf organisierte Getreideversorgung und Getreideversorgungsbehörden. Ein neuer Schub zeichnet sich Ende des 18. Jahrhunderts ab, als die Preise den Löhnen davonliefen und die Bevölkerung abermals rasch zunahm. Für die Ärmsten zu sorgen war nicht nur Herrscherpflicht, sondern auch Gebot der Staatsräson, denn alle frühneuzeitlichen Politiker wußten, daß die Machtverhältnisse nur solange stabil blieben, wie die Unterschichten der Hauptstadt keine Not litten. Die Folge war eine Ressourcenumverteilung vom Land in die Stadt, mit dem üblichen Ergebnis, daß immer neue notleidende Arme in die großen Städte strömten, wo es Brot gab. Nicht überall handelte es sich um öffentliche Subventionierung oder gar Finanzierung wie im päpstlichen Rom. In England gelang es seit Ende des 17. Jahrhunderts, sogar die Riesenstadt London über den freien Markt zu versorgen. Auch in Paris gab es keine Behörde, aber ein kompliziertes Regelsystem, das von der «Policey» kontrolliert und gelegentlich durch Importe seitens der Krone ergänzt wurde.

Im 17. Jahrhundert allerdings wurde die politische Vorherrschaft der Moral Economy von derjenigen der «Political Economy» abgelöst, die sich mit der Frage beschäftigte «wie man Wohlstand und Reichtum des Volkes und [damit] des Staates erhöhen kann» (Adam Smith). Daher wurde dieser Begriff, der erstmals in Frankreich 1611 als «oeconomie politique» nachzuweisen ist, 1755 und 1821 als «Staatswirtschaft», 1824 als «Nationalökonomie» ins Deutsche übersetzt. Als Reaktion auf Krisen tauchten wirtschaftspolitische Traktate freilich bereits im 16. Jahrhundert in Spanien und in Neapel auf. Die Moral Economy aber wurde in die Unterschichten abgedrängt, wo sie bis heute lebendig blieb.

Die bereits im Mittelalter vorhandene Vorstellung, daß Wohlstand in der Anhäufung von Edelmetall, die beste Wirtschaftspolitik daher in der Sicherstellung eines Edelmetallüberschusses bestehe, mußte den Vertretern des entstehenden Steuerstaates naheliegen. Solcher Politik, die besonders deutlich im Spanien des 16./17. Jahrhunderts zu beobachten ist, ging es aber ausschließlich um die Füllung der Staatskasse und nicht um die Wirtschaft. Es handelte sich noch nicht um «Merkantilismus», sondern um «Fiskalismus» (bullionism). Scheinbar protektionistische Zölle waren häufig als reine fiskalische Abschöpfungsmaßnahmen konzipiert.

Merkantilismus versuchte statt dessen, zunächst die Wirtschaft zu fördern, um dadurch höhere Staatseinnahmen zu erzielen. Der Begriff ist nicht zeitgenössisch, sondern von der kritischen Bezeichnung «Merkantilsystem» bei Adam Smith abgeleitet. Es fehlte im 17./18. Jahrhundert aber nicht an merkantilistischen Theoretikern in verschiedenen

Ländern Europas. Die deutsche «Kameralistik», die Kunst, die Staatskasse (Kammer) zu füllen, wurde 1727 in Preußen Universitätsfach. Es gab aber keine einheitliche merkantilistische Theorie, denn es handelte sich eher um Reflexionen über eine politische Praxis, wie sie vor allem in der Wirtschaftspolitik Colberts bis in die 1670er Jahre verkörpert war.

Dabei sind fast am wichtigsten die unreflektierten Prämissen: (1) daß der Handel die Quelle des Wohlstandes sei – es handelte sich um das Zeitalter der Zölle und der indirekten Steuern –, (2) daß der durch Handel geschaffene Wohlstand eine feste Größe sei, bei dem Gewinn für den einen Verlust für den anderen bedeutete. Die Vorstellung des Wirtschaftswachstums war noch unbekannt. Auf diese Weise wurde merkantilistische Politik zu einer Art Krieg mit anderen Mitteln und konnte durchaus in bewaffnete Konflikte wie die drei niederländisch-englischen Kriege (1652–54, 1664–67, 1672–74) münden. Englands anti-niederländische, merkantilistische Navigation Act 1652 hatte sie ausgelöst. Endziel war die Anhäufung von Edelmetall durch eine aktive Zahlungsbilanz, mit einer aktiven Handelsbilanz als Grundlage. Sie sollte hergestellt werden durch billige Einfuhren von Rohstoffen und teure Exporte von Fertigwaren. Diesem Zweck diente die Zollpolitik einerseits, eine gezielte Gewerbeförderungspolitik andererseits.

Die ländliche Bevölkerungsmehrheit wurde in den ökonomischen Diskurs erst Mitte des 18. Jahrhunderts von den Physiokraten einbezogen, den Entdeckern des Wirtschaftskreislaufs und der ersten wirtschaftswissenschaftlichen Schule überhaupt. Für sie war Landbesitz und der durch landwirtschaftliche Arbeit erzielte Mehrwert die einzige Quelle des Wohlstandes. Damit trat statt des Handels die Produktion in den Mittelpunkt, und die Vorstellung vom wirtschaftlichen Wachstum wurde möglich. Aufgeklärt-natürliche Wirtschaft hatte außerdem frei zu sein, daher auch die Forderung nach Handels- und Gewerbefreiheit. Die Steuer sollte auf eine einzige vom Bodenertrag reduziert werden – die höhere Bedeutung direkter Steuern entspricht einer neuen Phase der Finanzgeschichte, obwohl physiokratische Reformprojekte wenig erfolgreich verliefen.

Die physiokratische Entdeckung der Produktion und des Marktes bildete die Grundlage des klassischen Marktwirtschaftsdiskurses bei Adam Smith. Er glaubte zwar an die produktive Wirkung der individuellen Interessen, überließ deren Koordination aber keineswegs den Gesetzen des Marktes allein und die notwendige Korrektur nicht nur der Konkurrenz. Vielmehr bedurften auch für ihn Einzelegoismen der Regulierung durch Sympathie für die Mitmenschen, aus der Sinn für Gerechtigkeit hervorgeht, und durch positive Gesetze des Staates, die durch einen normativen Rahmen individuelles Wirtschaftshandeln erst ermöglichen. Allerdings sollte von nun an die Wirtschaft dem Staat die Aufgaben stellen und nicht umgekehrt wie bisher.

Wahrscheinlich hätte Smith dennoch keinen Widerspruch zwischen der Political Economy und der Moral Economy gesehen, weil der generellen Prosperität inzwischen ein ebenso genereller Optimismus entsprach, im Gegensatz zum bisher vorwaltenden anthropologischen Pessimismus. Deswegen konnten Vertreter der Staatsgewalt überzeugt sein, daß behutsam lenkende Eingriffe genügten, um den optimalen Ablauf der Wirtschaft mit den besten Folgen für Gesellschaft und Gemeinwesen sicherzustellen, während sie sich bis dahin in ständigem Kampf mit den Kräften des Bösen in der Welt und im menschlichen Herzen wähnten. Erst mit ersten großen industriellen Wirtschaftskrisen sollte sich das wieder ändern.

e) Fiskalische Vereinheitlichung im 19./20. Jahrhundert

Englische Errungenschaften wie legislative Kontrolle, einheitliches Budget, fundierte Schuld, Zentralbank, professionelle Finanzverwaltung wurden seit der Französischen Revolution von Frankreich übernommen und verbreiteten sich weiter über Europa, nicht nur weil man ihre Vorzüge erkannte, sondern auch weil infolge kriegsbedingter Finanzkrisen oft gar nichts anderes übrig blieb. Seither sieht die Finanzgeschichte Europas viel einheitlicher aus.

Mit der Aufhebung aller Steuerprivilegien durch die allgemeine Steuerpflicht überschritt der Staat bei den Einnahmen die Schwelle zur Modernität. Die Zahl der Steuern wurde reduziert, auch wenn es in Preußen bis 1870 teilweise bei der unterschiedlichen steuerlichen Behandlung von Stadt und Land blieb, durch Verbrauchssteuern einerseits, die Klassensteuer, eine mild progressive Vermögenssteuer, andererseits. Auch anderswo behielten die indirekten Steuern auf Güter des täglichen Bedarfs und die Zölle große Bedeutung, in England erbrachten sie bis 1840 drei Viertel, bis 1875 zwei Drittel der Staatseinnahmen, in Frankreich waren sie noch in der Dritten Republik lange die wichtigste Einnahmequelle, das neue Deutsche Reich war überwiegend auf sie angewiesen, weil es im Gegensatz zu seinen Ländern kaum direkte Steuern, sondern nur deren Matrikularbeiträge erhielt – wie das alte Reich im 16. Jahrhundert!

Die effizientere Finanzverwaltung, die Vorstellung der Gleichheit vor dem Gesetz und die allmählich erkennbare wirtschaftliche Besserstellung breiter Bevölkerungsschichten erlaubten es, auf die alte Idee einer allgemeinen progressiven Einkommensteuer als zentraler oder sogar einziger direkter Steuer zurückzukommen. Sie war in England, Preußen und Schweden in der Notlage der napoleonischen Kriege bereits eingeführt worden, jedoch auf Dauer am Widerstand der Interessenten gescheitert. Doch als sie sich in England seit 1842 als Kompensationsinstrument zur Entlastung der potentiell revolutionären Industriearbeiter von den indirekten Abgaben auf Lebensmittel bewährte, als mit den Anfängen eines noch recht paternalistischen Wohlfahrtsstaates eine milde Umverteilung von oben nach unten zum Selbstschutz der oberen Schichten konsensfähig wurde, und erst recht nach der Ausweitung des Wahlrechts in verschiedenen Ländern wurde sie schließlich akzeptabel, um schließlich zur «demokratischen Steuer» schlechthin zu avancieren. Zwischen 1850 und 1914 wurde sie in allen größeren europäischen Ländern eingeführt. Die Expansion der Staatsaufgaben durch den Sozialstaat und die beiden Weltkriege haben nicht nur zu neuer Vermehrung der Steuerarten geführt, sondern vor allem zu einer früher unvorstellbaren Steigerung der steuerlichen Belastung. Die Einkommensteuer überschritt ursprünglich selten 5–10 %. In Preußen lag der Höchstsatz 1891 bei 4 %, in der Bundesrepublik Deutschland 1975 bei 56 %. Dieses Steuersystem ist inzwischen so fest etabliert, daß ein Regierungswechsel ungeachtet vollmundiger Programme nur marginale oder gar keine Veränderungen bewirken kann.

Die Modernisierung des Staatskredits nach englischem, dann französischem Vorbild lief auf fünf Maßnahmen hinaus: (1) Verrechtlichung, denn aus patrimonialen Kammerschulden, einem ständischen Kreditwerk, Ämterkapital und anderem mehr entstand ein öffentlichrechtliches Staatsschuldenwesen mit (2) Zentralisierung der Zuständigkeit und (3) Unifizierung zu einer einzigen Staatsschuldenmasse, mit (4) Fundierung auf einen einheitlichen staatlichen Schuldenfonds und (5) Kommerzialisierung, denn an die Stelle von Kreditgebern wie Kirche, Stände, Steuerpächter trat der Wertpapiermarkt mit den Privatbanken à la Rothschild, die im 19. Jahrhundert die großen Staatsanleihen plazierten und gut daran verdienten.

Die allgemeine Verbreitung des Papiergeldes hat vor allem nach Aufgabe der Bindung an Edelmetall neue Möglichkeiten staatlicher Finanzierung eröffnet. So wurde der Erste Weltkrieg von Deutschland noch eher konventionell mit Kriegskrediten, dann Sondersteuern finanziert, der Zweite hingegen neben Steuererhöhungen und verschleierten Zwangsanleihen bei Geldinstituten durch das Drucken von neuem Geld.

Auch wenn parlamentarische Kontrolle in solchen Fällen versagte, hat sich das Budgetrecht einer Volksvertretung als stärkster Hebel der

Parlamentarisierung und Demokratisierung von Regimes erwiesen. Das lehrt nicht nur das altehrwürdige englische Beispiel, sondern auch die Entwicklung der deutschen Neoabsolutismen zu demokratischen Verfassungsstaaten.

Das liberale 19. Jahrhundert kannte im Sinne des Prinzips «laissez faire» keine Wirtschaftspolitik als Globalsteuerung, sondern bemühte sich, die traditionellen rechtlichen Schranken wirtschaftlicher Betätigung zugunsten von Gewerbefreiheit und Freihandel abzubauen, allerdings hauptsächlich dort, wo man es sich leisten konnte, das heißt in Großbritannien. Anderswo blieb es im Bedarfsfall durchaus bei Schutzzöllen, Subventionen und dem zunftähnlichen Innungswesen. Und auch in Großbritannien selbst ging die rechtliche Freisetzung der Wirtschaft von alten Fesseln Hand in Hand mit einer Fülle neuer Regelungen für neu auftauchende Probleme von Schiffahrt und Städtebau, Handel und Verkehr, Produktion und Arbeit, Regelungen, die außerdem im Gegensatz zu früher jetzt tatsächlich durchgesetzt wurden. 1894 klagte die liberale Zeitschrift «The Economist», der Staat sei zum «universal intervener» geworden – selbst im Mutterland des Liberalismus kündigte sich der Interventionsstaat an.

Außerdem beeinflussten nicht nur die öffentlichen kommunalen Dienstleistungen und die Ende des Jahrhunderts aufkommenden Sozialversicherungen die Wirtschaft, sondern die Staaten waren auch selbst als Unternehmer tätig, Großbritannien auf dem Kriegswerft- und Rüstungssektor, andere durch massives Engagement im Eisenbahnbau, dem größten Geschäft des Jahrhunderts. Vor allem entwickelte sich die staatliche Post in vielen Ländern zu einem der größten Arbeitgeber.

Selbst im Zeichen offizieller wirtschaftspolitischer Abstinenz hat die Staatsgewalt also bereits im 19. Jahrhundert die Wirtschaft in ganz erheblichem Maße beeinflußt. Die kriegswirtschaftliche Mobilisierung im Ersten Weltkrieg nahm dann ein bisher unbekanntes Ausmaß an und führte überall zur mehr oder weniger umfassenden Lenkung der Wirtschaft durch den Staat. Die Rückkehr zu Vorkriegszuständen war danach nicht mehr ohne weiteres möglich, vor allem als zur Staatsaufgabe der Bewältigung der unmittelbaren Kriegsfolgen die indirekte Folge der Weltwirtschaftskrise seit 1929 hinzukam. Seither ist die staatliche Verantwortung für die Volkswirtschaft und eine entsprechende Wirtschaftspolitik eine Selbstverständlichkeit geworden und auch wirtschaftstheoretisch legitimiert. Jetzt entstanden Wirtschaftsministerien mit einem den «klassischen» Ressorts vergleichbaren Gewicht, in Großbritannien erst 1969! Selbst die schärfste neo-liberale Wirtschaftspolitik ist ja aktive, gestaltende Politik mit massiven Eingriffen in Wirtschaft und Gesellschaft und keineswegs passives Gewährenlassen der Wirtschaftskräfte im Sinne eines liberalen «Nachtwächterstaates», den es freilich in Wirklichkeit nie gegeben hat.

2. Gewalt

a) Krieg und Militär

Zur politischen Kultur von Gemeinwesen gehört auch eine je spezifische Gewaltkultur, wobei physische Gewalt in politischer Absicht zunächst einmal als kriegerische auftritt. Für die besondere Gewaltkultur Europas gilt (1) seit der griechischen Hoplitenphalanx Disziplin als charakteristisch, die unerläßliche Voraussetzung für den Einsatz geschlossener Infanterieformationen, die seit damals fast immer eine schlachtentscheidende Rolle gespielt haben, was sich durchaus mit der Rolle schwerer Reiter vom Mittelalter bis tief in die Neuzeit vereinbaren läßt. (2) Weiter kämpften Europäer, um den Gegner zu vernichten, was beim Zusammenstoß mit anderen Kulturen, wo es eher auf rituellen Schlagabtausch oder Gefangennahme des Gegners ankam, zu deren Nachteil ausschlagen konnte. Disziplin und Vernichtungswille als Inbegriff westlicher Gewaltkultur waren für den Erfolg der europäischen Kolonialexpansion wichtiger als (3) die technische Überlegenheit, die auf hohe Innovationsbereitschaft zurückzuführen ist, diese wiederum auf die spezifisch europäische Rivalität werdender Staaten mit ähnlichem Potential. Oft ging es dabei um Störung und Wiederherstellung des Gleichgewichts zwischen Angriffs- und Verteidigungswaffen, zwischen Artillerie und Befestigungen, zwischen Feuerkraft und Panzerung von Schlachtschiffen, zwischen Raketen und Abwehrsystemen. Die Geschichte Europas war ein ständiger Rüstungswettlauf, freilich mit wechselndem Tempo. Daher war (4) die wirtschaftliche und politische Fähigkeit entscheidend, die dafür nötigen Ressourcen aufzubringen, was über den Coercion-Extraction-Cycle den entscheidenden Impuls zur Staatsbildung abgegeben und zur Selektion der dabei schließlich erfolgreichen aus hunderten rivalisierender Herrschaften geführt hat. Vor der Errichtung eines Gewaltmonopols lag die Gewaltschwelle niedrig, und viele fühlten sich berechtigt, sie im Bedarfsfalle zu überschreiten. Die Vorstellung eines zumindest latenten Kriegs aller gegen alle in vorstaatlicher Zeit (Thomas Hobbes) mag zwar Fiktion sein, sie ist aber nichtsdestoweniger eine zutreffende Trendbeschreibung.

Doch nicht nur der allgemeine Trend, sondern auch die militärischen Details liefen weit mehr auf Kontinuität hinaus, als auf eine «militärische Revolution» im 16. Jahrhundert (Michael Roberts, Geoffrey Parker). Bereits im Hochmittelalter waren Belagerungen wichtiger als Feldschlachten, und Söldner gewannen gegenüber dem ohnehin befristeten Lehensaufgebot an Boden. Stehende Einheiten wurden im 15. Jahrhundert nicht nur in Frankreich und Burgund, sondern auch in Kastilien und Ungarn aufgestellt, feste Geschützparks von Kaiser Maximilian I. so gut wie von französischen Königen. Wirklich neu waren Veränderungen der Infanterietaktik und des Befestigungswesens, die mit dem Vordringen der Feuerwaffen zusammenhängen, vor allem aber die Zunahme der Heeresgröße von ca. 20 000 Mann um das Jahr 1500 auf ca. 150 000 Mann um 1635, freilich eher ein politisch-finanzielles als ein militärisches Phänomen.

Infanterietaktik vom 15. bis 17. Jahrhundert

Die neue Infanterietaktik hatte von Haus aus nichts mit Feuerwaffen zu tun. Vielmehr entwickelten die Schweizer auf Grundlage ihrer taktisch eher improvisierten Siege schon im 14. Jahrhundert den Spießergewalthaufen, ein Viereck von 3000–7000 Kämpfern mit 6 m langen Spießen. Die gefällten Spieße der ersten fünf Reihen ragten aus dem eng geschlossenen Haufen hervor, so daß jeder Reiterangriff an diesem stählernen Igel abprallen mußte. Diszipliniert, durch Trommeln koordiniert vorrückend, walzte er alles nieder – außer einem noch stärkeren gegnerischen Haufen. Hellebardiere im Innern des Karrees verliehen zunächst dem Vorrücken Schubkraft, um anschließend den geschlagenen Feind niederzumetzeln.

Diese Taktik wurde wegen ihres Erfolges bis zum 16. Jahrhundert allgemein übernommen, besonders erfolgreich von den deutschen Landsknechten, den Todfeinden und Hauptkonkurrenten der Schweizer auf dem europäischen Söldnermarkt. Neben der schweren Reiterei bestanden die Heere aus einem oder mehreren solcher Gewalthaufen. Da jetzt die Masse zählte, mußten sie schon deswegen immer zahlreicher werden. Doch wenn es gelang, die unwiderstehlichen Gewalthaufen zur Auflösung zu verleiten oder ihre Front aufzubrechen, waren sie verloren. Letzteres wurde durch die neuen Feuerwaffen möglich, Feldartillerie, wie sie die Franzosen schon früh mit sich führten, und Handfeuerwaffen wie die leichte Arkebuse und später die schwere, nur aufgelegt abzufeuernde Muskete. Mitte des 16. Jahrhunderts waren die Franzosen und Spanier bereits zur Hälfte mit Schußwaffen ausgerüstet.

Hauptvorzug der Feuerwaffen war ihre Durchschlagskraft; eine Musketenkugel konnte auf 200 m einen Plattenpanzer durchlöchern, was selbst Armbrustbolzen nicht leisteten. Ihre Schwäche war fehlende

Zielgenauigkeit und langsame Schußfolge. Während ein Bogenschütze 5–15 Pfeile in der Minute abschießen konnte, galt ein Musketenschuß in der Minute noch im späten 17. Jahrhundert als Spitzenleistung. Reine Schützeneinheiten waren daher Reiterangriffen fast ebenso hilflos ausgeliefert wie die Spießträger den Feuerwaffen. Infolgedessen ging man im 16. Jahrhundert zwecks gegenseitiger Deckung zu gemischter Aufstellung von Schützen und Spießern über, wobei die Fortschritte der Feuerwaffen und Schützentaktik die letzteren immer überflüssiger machte, bis mit Einführung des Bajonetts Ende des 17. Jahrhunderts jeder Schütze im Bedarfsfall sein eigener Pikenier war. Die Schützen wurden als zweite Frontreihe in die Gewalthaufen eingefügt, häufiger aber an den Ecken und Flanken des Pikeniergevierts aufgestellt, hinter das sie sich dann zurückziehen konnten. Der entscheidende Wandel kam dann mit der Steigerung der Feuergeschwindigkeit durch Einführung des Contremarsches, die in der Regel den niederländischen Statthaltern Wilhelm von Nassau und Moritz von Oranien in den 1590er Jahren zugeschrieben wird (Oranische Heeresreform), obwohl er neuerdings als bereits früher bekannt gilt. Für die Oranier war es eine produktive Rezeption antiker Quellen, der Lehren des Justus Lipsius über römische Militärdisziplin und der bis dahin wenig beachteten spätantiken Taktikschrift des Aelian. Die Schützen wurden mehrere Reihen tief aufgestellt, die erste Reihe feuerte und zog sich zum Laden durch die Lücken der Aufstellung zurück, die zweite feuerte und zog sich zurück und so fort, mit kontinuierlichem Salvenfeuer als Ergebnis.

Allerdings kam es jetzt mehr als bisher auf Disziplin und Übung an. Daher wurde die Handhabung der Waffe und der ganze Ablauf in einzelne Bewegungen zerlegt, die methodisch gelehrt und durch Einzelkommandos gesteuert werden konnten. Die Ausrüstung mit einheitlichen, nach Kaliber standardisierten Waffen als Voraussetzung wurde umgehend ebenfalls verwirklicht. Der Drill, das Exerzieren war geboren und wurde durch illustrierte Handbücher weiterverbreitet. Militärische Führung wurde zur Wissenschaft, die auf neugegründeten Militärakademien gelehrt wurde (1608 Sedan, 1616 Siegen, 1625 Colegio Imperial Madrid).

Im Kampf waren jetzt kleinere Einheiten notwendig. Kompanien von 250 Mann mit elf Offizieren wurden durch solche von 120 Mann mit 12 Offizieren abgelöst, das Regiment von 2000 Mann durch das Bataillon von 580. Im Gefecht wurden seine 250 Pikeniere in der Mitte, seine 300 Schützen auf den beiden Flügeln aufgestellt, jeweils zehn Glieder tief, die Bataillone aber nach römischem Vorbild hintereinander in drei Treffen. Ein Heer von 12 000 Mann bestand nicht mehr aus vier Gewalthaufen, sondern aus 24 Bataillonen, die leichter in Reserve gehalten und nach Bedarf verschoben werden konnten. Gustav Adolf von Schweden hat diese Taktik weiter vervollkommnet und um den Ausbau einer standardisierten Feldartillerie ergänzt. Die Schlacht am Weißen Berg 1620 wurde in traditioneller Aufstellung durch Reiter- und Pikenierattacken gewonnen. 1645 bei Jankow hatten beide Seiten hingegen längst die ausgedünnte Front kleiner Einheiten übernommen; hier entschied die Feuerkraft.

Söldnerheere und Militärunternehmer

Neben dem Lehensaufgebot und dem Söldnerwesen gab es seit alters das allgemeine Landesaufgebot aller waffenfähigen Männer, die Miliz, die aber wegen schlechter Ausbildung nur zur Landesdefension zu brauchen war. Englische Versuche, das ganze Heerwesen auf die Militia zu gründen, verliefen so wenig erfolgreich wie jene Machiavellis; spätestens im Bürgerkrieg kämpften auch in England Söldner und Berufssoldaten. Das englische Heerwesen unterschied sich nur noch durch die parlamentarische Finanzkontrolle und daraus herrührende geringe Friedensstärke vom übrigen Europa. In Kastilien konnte seit 1494 jeder zwölfte Mann zwischen 20 und 45 Jahren zum Militärdienst herangezogen werden, freilich zum bezahlten Söldnerdienst, so daß auf dieser Grundlage der Kern der spanischen Berufsarmee entstand. Nur in Schweden wurde Anfang des 17. Jahrhunderts eine allgemeine, zwanzigjährige Militärdienstpflicht für Bauern verwirklicht. Die Wehrpflichtigen wurden registriert, die Regierung setzte jedes Jahr die Rekrutenzahl fest und wies den Gemeinden ihre Quote zu. Ferner schufen die Habsburger zur Verteidigung gegen die Türken durch Ansiedlung von Wehrbauern die eigentümliche Einrichtung der Militärgrenze.

Im Regelfall wurden aber nach Bedarf freiberufliche Söldner kurzfristig angeworben und entlassen. Nur in der Schweiz hatte das «Reislaufen» offiziellen Charakter und stand unter der politischen und finanziellen Kontrolle der Machthaber der Kantone. Während Schweizer nach Beendigung ihres Dienstes heimkehren konnten, blieben andere Söldner oftmals weiter entwurzelt. Arbeitslos umherziehende, «gartende» Landsknechte galten im Reich des 16. Jahrhunderts als Landplage. In Italien ging die Banditenplage in Kriegszeiten zurück, weil die Räuber andere Arbeit hatten, und schwoll im Frieden wieder an.

Da die Nachfrage mangels Staatsapparat wenig organisiert verlief, geriet der Söldnermarkt in die Hände von freien Unternehmern des Kriegsgewerbes, die nicht nur die benötigten Truppen besorgten, sondern auch die Kriegführung übernahmen. Krieg war nicht «privatisiert», denn er war ja zuvor nicht «öffentlich» gewesen, aber er wurde als Auftragsgeschäft der Staatsgewalt von Privaten durchgeführt, die allerdings für die Dauer ihres Auftrags amtlichen Charakter, sprich Offiziersrang und entsprechende Vollmachten, etwa zur Disziplinarjustiz, erhielten. Die ältesten Vertreter der Gattung waren die italienischen Condottieri; «condotta» heißt «Vertrag». Nicht selten verfügten sie über eine feste Gefolgschaft und wurden mit dieser von italienischen Mächten auf Dauer in Dienst genommen, einschließlich Errichtung eines Denkmals nach Ableben (Hawkwood, Gattamelata, Colleoni). Im 15. Jahrhundert konnte Francesco Sforza mit seiner Familienarmee sogar seinen Arbeitgeber als Herzog von Mailand beerben, während die Montefeltro von Urbino Feldherrndienste zum Ausbau ihrer Herrschaft zu nutzen wußten. Im 16. Jahrhundert hat der Entwicklungsstand der Staatsgewalt so etwas nicht mehr gestattet; Wallenstein und Bernhard von Weimar scheiterten in Mecklenburg und Franken mit dem Versuch, unter die Reichsfürsten aufzusteigen. Außerdem wurden die Truppen jetzt nur noch von Fall zu Fall angeworben und nicht mehr auf Dauer unterhalten. Aber die Nachfrage gestattete dennoch schöne Gewinne einschließlich des Erwerbs von Adelsherrschaften, so daß im Dreißigjährigen Krieg insgesamt 1500 Militärunternehmer verschiedener Größenordnung tätig waren.

Sobald ein Militärunternehmer seine Kapitulation (so heißt ein Vertrag unter Rangungleichen) über ein Regiment, bisweilen über eine ganze Armee mit dem Kriegsherrn abgeschlossen, Werbepatent und Kriegsartikel erhalten hatte, betraute er entweder Subunternehmer mit der Werbung oder ließ selbst die Werbetrommel rühren. Er wurde General seiner Armee oder Obrist seines Regiments, ein Subunternehmer wenn nicht Obrist dann Hauptmann eines Fähnleins. Stellvertreter der Befehlshaber waren der Leutnant, Obristleutnant und Generalleutnant; bei Unternehmern ohne militärische Fähigkeiten wurden sie zu Truppenführern. Für die Ordnung waren der Feldwebel oder Sergeant, (Sergeant) Major und Generalmajor zuständig. Das Fähnlein hatte außerdem seinen Fähnrich sowie Korporale oder Rottmeister als Gruppenführer und Unteroffiziere. Bei der Musterung mußte ein Beauftragter des Kriegsherrn darauf achten, daß nur kriegstüchtige Leute in Dienst genommen wurden, keiner sich mehrmals anwerben ließ und die Abteilung die vereinbarte Soldatenzahl erreichte, denn Betrug war gang und gäbe. König Franz I. von Frankreich soll die Schlacht von Pavia 1525 auch deswegen verloren haben, weil die Stärke seiner Truppen 30 % unter dem Soll lag. Der Angeworbene erhielt ein Handgeld und wurde auf die Kriegsartikel vereidigt, die seine Pflichten und die disziplinarische Ordnung festlegten. Von seinem Monatssold mußte er sich, gegebenenfalls seine Angehörigen und sein Pferd unterhalten. Waffen und Ausrüstung brachte er oft selbst mit, bis sich die vom Unternehmer oder Kriegsherrn gestellte einheitliche Bewaffnung, seit dem 17. Jahrhundert auch die einheitliche Kleidung, die Uniform, durchsetzten. Auf Ausbleiben des Solds pflegten Söldner mit Streiks oder Meutereien zu reagieren, im Extremfall mit Kriegführung auf eigene Rechung (Rom 1527, Antwerpen 1585) oder Staatsstreich (England 1647 und 1653). Ursprünglich waren die Söldnerheere ja in hohem Maße von Selbstorganisation und Selbstverwaltung geprägt, einschließlich genossenschaftlicher Justiz, was aber seit 1600 von den meisten Kriegsherren unterbunden wurde.

Die Finanzierung erfolgte grundsätzlich durch vertraglich vereinbarte Zahlungen des Kriegsherrn an den Unternehmer. Wenn sie ausblieben, konnte dieser zusätzlich als Kreditgeber der Staatsgewalt auftreten. Wallenstein ließ sich das Geld dazu von seinem Bankier Hans de Witte beschaffen. Tilgung und Verzinsung erfolgten weniger aus der Kasse des Kaisers als durch planmäßig in Freund- und Feindesland erpreßte Zahlungen, Kontributionen genannt. Nicht nur in Brandenburg-Preußen entwickelte sich daraus die wichtigste direkte Steuer, der dieser Name blieb.

Festungsbau und Belagerung

Feuerwaffen waren als Belagerungsartillerie seit der Mitte des 15. Jahrhunderts von ausschlaggebender Bedeutung, weil die relativ hohen und dünnen Mauern mittelalterlicher Städte und Burgen ihnen nicht gewachsen waren. Bereits Leon Battista Alberti schlug ca. 1440 eine wie Sägezähne angelegte Festungsmauer oder sogar eine sternförmige Anlage als Gegenmittel vor. Seit Anfang des 16. Jahrhunderts verbreitete sich diese «trace italienne» über Europa, mit drei wichtigen Neuerungen: (1) Regelmäßig aus der Mauer vorspringende Bastionen, von denen man jede Stelle der Anlage seitlich unter Feuer nehmen konnte, (2) statt hoher dünner Mauern verhältnismäßig niedrige, aber sehr tiefe Anlagen, die schwerer zu zerschießen waren und Platz für Verteidigungsgeschütze boten, (3) Erschwerung des Zugangs zur Mauer durch Gräben, Vorwerke jenseits davon und ein freigehaltenes Schußfeld. Wassergefüllte Gräben sollten das Legen von Minen, das heißt das Graben eines Stollens unter die Festungswerke und deren Sprengung durch eine Pulverladung, durch Belagerer erschweren. Weil dreieckige Bastionen den viereckigen oder halbrunden überlegen waren, kam es schon im 16. Jahrhundert zu dem sternförmigen Festungsgrundriß, der von Ludwigs XIV. Festungsbaumeister Vauban in seinen über 300 Bauten immer weiter vervollkommnet wurde. [*Abbildung 13 a-b*] Die Kosten waren exorbitant, so daß nur die größeren Mitbewerber im

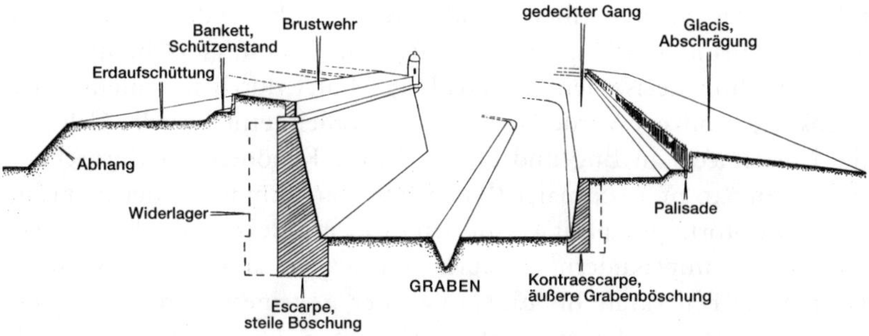

Abb. 13 a: Bastionensystem: Querschnitt

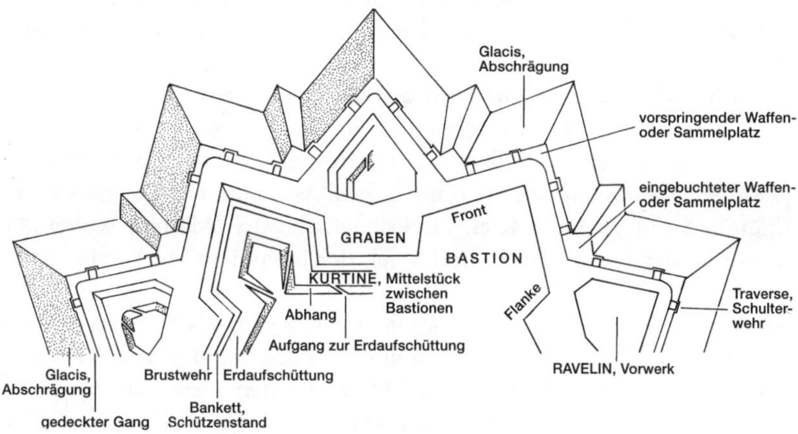

Abb. 13 b: Bastionensystem: Draufsicht

Rüstungswettlauf mithalten konnten; Stadtstaaten wie Siena blieben jetzt endgültig auf der Strecke. Außerdem konnte man diese Festungen bei Feldzügen nicht einfach umgehen und hinter sich lassen; das war zu gefährlich. Da ihre aufwendige Belagerung aber Monate, sogar Jahre dauern konnte, geriet diese ebenfalls zu einem Kostenfaktor ersten Ranges.

Seekrieg und Marine

Bis ins 15. Jahrhundert war der Seekrieg nur eine Variante des Landkriegs mit dem Ziel, das feindliche Schiff durch Rammen zu versenken oder durch Entern zu erobern. Dazu war die als Ruderschiff gut zu manövrierende Galeere wie schon in der Antike am besten geeignet. Eine Revolution der Seekriegsführung begann erst mit der Einführung der Schiffsartillerie und ihrer anschließenden Übernahme auf neue, manövrierfähige Segelschifftypen. Als um 1500 die unzuverlässigen schmiedeeisernen Hinterladergeschütze durch aus einem Stück gegossene bronzene Vorderlader ersetzt wurden, erhielten die Galeeren des Mittelmeers an Bug und Heck schwere Kanonen mit Kernschußweite von 640 m, maximaler Reichweite von 3 km und einer beträchtlichen Zerstörungskapazität. Auf den großen Galeassen der Venezianer, die sowohl mit Rudern als auch mit Segeln angetrieben wurden, konnte die Feuerkraft bis ca. 1540 weiter gesteigert werden, wie die Osmanen 1571 bei Lepanto erfahren mußten. Galeerenrudern wurde zum Bestandteil des Strafenrepertoires der Justiz; manche Binnenländer betrieben sogar einen schwunghaften Handel mit Sträflingen. Aber stark bemannte Galeeren hatten bei hohen Kosten einen geringen Aktionsradius und kamen daher bis ca. 1600 als Schlachtschiffe außer Gebrauch.

Im 16. Jahrhundert hatte dafür die wendige Galeone ihre ausgereifte Gestalt als Standardkriegsschiff erhalten, das verbessert, aber im Grunde unverändert erst von den Dampfschiffen des 19. Jahrhunderts abgelöst wurde. Es handelte sich um Schiffe von 400–600 to Wasserverdrängung mit geradem Kiel, Hecksteuer und drei Masten, wobei der Vor- und der Hauptmast Vierecksegel, der Besanmast ein Latein-, später ein Gaffelsegel erhielten. Diese Verbindung der Vorzüge des Rahsegels und des Lateinsegels ermöglichte es, anders als früher vor dem Wind, am Wind und durch Kreuzen gegen den Wind in alle Richtungen zu segeln. Mit Artillerie auf Deck drohten diese hochbordigen Schiffe allerdings zu kippen, bis man um 1500 aufklappbare Geschützpforten in die Seiten der Schiffe sägte und so die schweren Geschütze tiefer und auf mehreren Decks übereinander aufstellen konnte. Das war nicht nur statisch günstiger, sondern gestattete es auch, gegnerische Schiffe durch tiefe Treffer zu versenken. Damit war die Taktik der Breitseite und bald auch der Kiellinie geboren. Die schwer bestückten Kampfschiffe fuhren hintereinander her, weshalb sie vom 17. bis zum 20. Jahrhundert «Linienschiffe» genannt wurden, um dann in individuellen Artillerieduellen dem gegenüber aufgefahrenen Gegner die eigene Breitseite zu verabreichen. Eine Variante bestand im Durchbrechen der gegnerischen Linie, um deren Schiffe an Bug oder Heck zu treffen, ihnen gar das Steuer wegzuschießen, ohne sich selbst ihren Breitseiten auszusetzen.

Die Breitseiten-Linien-Taktik war angeblich bei den iberischen Mächten in Übersee schon seit den Anfängen der Kolonialzeit üblich. In Europa war sie nicht etwa ein Ergebnis der Armadaschlacht, sondern wurde erst 1639 von den Niederländern, 1653 offiziell auch von den Engländern eingeführt. Inzwischen hatten die Holländer erfolgreich schlankere Kriegsschiffe von ca. 300 to mit geringem Tiefgang, niedrigen Aufbauten und nur einem Kanonendeck eingeführt. Die Franzosen standardisierten das Zwei-Typen-System auf 74-Kanonen-Linienschiffe mit zwei Decks und 26-Kanonen-Fregatten mit einem Deck.

Königliche Flotten gab es zwar in Westeuropa spätestens im 15. Jahrhundert, aber die Aufgaben ihrer Schiffe konnte zwischen Krieg und Handel wechseln; außerdem schwankte ihr Bestand extrem. Ständige «staatliche» Flotten von Kriegsschiffen gab es erst, seit die kurzlebige englische Republik 1649–53 mit ihrem Flottenausbau im Zuge einer merkantilistischen Handels- und Kolonialpolitik den Rüstungswettlauf zur See angestoßen hatte, zunächst mit den Niederländern, dann den Franzosen, nebenbei den Spaniern. Dabei stiegen die englischen Marineausgaben von 1,5 Mio £ in den Jahren 1585–1604 auf 19 Mio £ 1689–97; die Kosten für den Bau eines Linienschiffs hatten sich unterdessen verfünffacht, von der Infrastruktur an Häfen, Werften, Kanonengießereien usf. ganz abgesehen So trug auch die Marine das ihrige zur Ressourcenextraktion bei.

Verstaatlichung der Gewalt

Krieg wurde von den Militärunternehmern des 17. Jahrhunderts anders als früher nur noch mit «staatlicher» Lizenz betrieben. Der alte Grundsatz, daß nur eine legitime Obrigkeit überhaupt zur Kriegführung berechtigt sei, mit dem englische und französische Könige schon im Hochmittelalter Adelsfehden zu unterbinden versuchten, war inzwischen nicht nur auf die werdenden Staatsgewalten eingeengt, sondern obendrein allmählich auch durchgesetzt worden. Ursprünglich gab es eine Art Kontinuum legitimer, wenn auch nicht immer legaler Gewalt von der Blutrache des Einzelnen zum Krieg des Königs. Nur mühsam konnten Kirche und Könige zeitlich, räumlich und personell begrenzte Gottes- oder Landfrieden durchsetzen. Christen mochten Gewaltanwendung unter sich als Fortsetzung eines Rechtsstreits mit anderen Mitteln ansehen, während sie Nichtchristen wie vor allem den Osmanen Rechtlosigkeit, Feindseligkeit und Aggressivität unterstellten. Aber die Glaubensspaltung schuf zur äußeren eine innere Grenze. Protestanten pflegten Katholiken so radikale Feindschaft zuzuschreiben, daß sie Verträge mit Ketzern von vorneherein als ungültig ansehen würden – was tatsächlich von katholischen Theologen gelehrt wurde.

Bei Binnenkonflikten unter christlichen Brüdern war der Unterschied zwischen Krieg und Fehde noch im 16. Jahrhundert oft eher quantitativer als qualitativer Natur; Kriegserklärungen hatten immer noch die Form fehderechtlicher Absage. Moderne, «völkerrechtliche» Kriegserklärungen bürgerten sich erst im 17. Jahrhundert ein. Anachronistisch gesprochen verhielt sich ein Fehdeführender, wie wenn er ein «Völkerrechtssubjekt», ein «Staat» wäre. Aber es gab eben noch keinen exklusiven Kreis von Völkerrechtssubjekten als Monopolisten legitimer Gewaltanwendung. «Rechte Gewalt» war vielmehr auch noch für den Einzelnen möglich, wenn er sein Recht nur durch Gewalt bekommen konnte. Aber es gab Regeln dafür.

Und die traditionelle christliche Lehre vom gerechten Krieg war in Sachen legitimer Gewaltanwendung sehr viel restriktiver als die gesellschaftliche Praxis. Ursprünglich hatten die Christen Krieg und Militär abgelehnt; sie wurden vom Imperium Romanum auch als Kriegsdienstverweigerer verfolgt. Beim Arrangement mit Welt und Krieg griff dann Augustinus nicht auf das gewalttätige Alte Testament zurück, sondern auf die rechtliche Bändigung des Krieges durch die Römer, bei denen die Feststellung des gegnerischen Unrechts und die formelle, ja rituelle Kriegserklärung eine große Rolle spielten. So wurde der Neuzeit durch christliche Theologen die Vorstellung vermittelt, daß Krieg nichts Naturhaftes sei, sondern eine Art Rechtsgeschäft und daher nur unter der Bedingung seiner Gerechtigkeit zulässig. Langfristig wurde aber die fürstliche Autorität des Kriegsherren zur Grundbedingung der Gerechtigkeit. Nach Thomas von Aquin waren noch drei Dinge für einen gerechten Krieg erforderlich: (1) die Vollmacht des kriegführenden Fürsten (auctoritas principis), (2) ein gerechter Grund, eine Schuld der Angegriffenen (causa justa), (3) die gute Absicht der Kriegführenden (intentio recta), vor allem ein gerechter Friede als Kriegsziel.[1]

Nach Anläufen seit dem 12. Jahrhundert konnte die Fehde 1413 in Frankreich, 1495 im Reich endgültig verboten werden. Mitte des 16. Jahrhunderts hatten Kaiser und Fürsten die legitime Gewaltanwendung tatsächlich in ihren Händen konzentriert. Sogar das Austragen persönlicher Konflikte durch Zweikampf, das Duell, wurde nicht nur vom Konzil von Trient[2] und zunehmend auch vom weltlichen Recht verboten, sondern dieses Gewaltverbot wurde zumindest bei politischer Opportunität auch unerbittlich durchgesetzt, obwohl es in aristokratischen Kreisen bis in die Gegenwart als sozial legitim galt und daher zum Teil toleriert wurde. Doch wenn die allgemeine Gewalttätigkeit tatsächlich zurückgegangen sein sollte, die staatlich organisierte Gewalt nahm dafür zu, als innere Repression einerseits, vor

1 Summa theologica 2 II 40,1.
2 XXV de ref. 19.

allem aber als äußerer Krieg andererseits. Die Jahre 1500–1700 waren die bei weitem kriegerischsten, die Europa bisher gesehen hatte, denn in 95 % der Jahre herrschte Krieg, durchschnittlich alle drei Jahre wurde ein neuer begonnen, wobei Dauer und Ausmaß der Kriege dramatisch zunahmen. Dabei handelte es sich bis zum Dreißigjährigen Krieg kaum um Staatenkriege, sondern um Staatsbildungskriege (Johannes Burkhardt). Nicht so sehr das Machtverhältnis zwischen bestehenden Staaten stand in Frage, als deren Existenz und Struktur.

Die Vermehrung der Kriege und ihre zunehmende Monopolisierung durch die werdende Staatsgewalt wurden seit dem frühen 16. Jahrhundert von Zeitgenossen reflektiert. Der Humanist Erasmus von Rotterdam (Adagium «Dulce Bellum Inexpertis» 1515, «Querela Pacis» 1517, «Militaria / Soldatenbeichte» 1522) hielt Kriege für unvereinbar mit der Humanität wie der Lehre Christi und wies nach, daß es einen gerechten Grund und eine gute Absicht nur in der Theorie, nicht aber in der Praxis geben könne. Die Zukunft gehörte allerdings jenen Denkern, die dem Wachstum der Staatsgewalt Rechnung trugen und daher vor allem auf das Argument der fürstlichen Autorität abhoben wie der Thomas-Kommentator Cajetan (1507–20), für den nur der Kreis der Berechtigten ein Problem darstellte. Nur noch Könige und etliche Republiken gehörten für ihn dazu. Um dieselbe Zeit gelangten die Reformatoren von anderen theologischen Prämissen aus zu ähnlichen Ergebnissen. Für Martin Luther («Von weltlicher Obrigkeit» 1523, «Ob Kriegsleut auch in seligem Stand sein können» 1526) stand das Gewaltmonopol der Obrigkeit bereits fest; kein Untertan und schon gar kein Bauer war berechtigt, die gewaltsame Durchsetzung des Rechts selbst in die Hand zu nehmen. Die protestantische Emanzipation der weltlichen Obrigkeit von kirchlicher Bevormundung hat dazu geführt, daß im Protestantismus die Legitimität eines von der Obrigkeit geführten Krieges feststand. Zwar durfte ein christlicher Soldat nur in einem gerechten Krieg kämpfen, aber im Zweifelsfall hatte er zu unterstellen, daß die Obrigkeit im Recht sei.

Nachdem spanische Spätscholastiker wie Francisco de Vitoria diese Kriegshoheit allen unabhängigen Gemeinwesen zugesprochen hatten, beschränkte ein Kriegsrichter Philipps II. von Spanien, Baltasar de Ayala («De iure et officiis bellicis et disciplina militari» 1582) die Frage der Gerechtigkeit von Kriegen auf die Ethik, während für das Recht allein entscheidend sei, ob die Befugnis zum Kriegführen vorliege. Weil sie nur Fürsten zustehe, könnten Rebellen wie die Niederländer sie nie beanspruchen, selbst wenn ihre Sache gerecht wäre. Damit wurde die bisher undenkbare Möglichkeit eröffnet, daß ein Krieg für beide Seiten gerecht sein konnte, sofern sie dieses Souveränitätsrecht besaßen. Nun war es müßig geworden, das «ius ad bellum», das Recht zum Kriegführen, in Frage zu stellen. Die Staatsgewalt konnte sich nach Belieben auf eine «necessitas perpetua» des Gemeinwesens berufen, mit bezeichnender Parallele zu ihrer Argumentation beim Übergehen von Ständerechten, das ja meist anläßlich Steuererhebung für Kriege stattfand. Das Interesse galt jetzt dem «ius in bello», der rechtlichen Regelung des als unvermeidlich hingenommenen Krieges mittels Konventionen eines neuen Völkerrechts. So hat Hugo Grotius («De iure belli ac pacis» 1625) versucht, den Krieg durch Detailvorschriften erneut zu einem geordneten Rechtsgeschäft zu machen, jetzt freilich zwischen souveränen Staaten.

Es scheint aber fraglich, ob die Durchsetzung des staatlichen Gewaltmonopols eine Verminderung von Gewalt bewirkt hat. Wahrscheinlich hat es nur zu ihrer Konzentration geführt, verbunden mit qualitativer und quantitativer Steigerung. Sie geriet bis heute mehr und mehr in die Hände professioneller Gewaltspezialisten, Soldaten und Polizisten auf der einen Seite, Berufsverbrecher auf der anderen, während der Rest der Bevölkerung in den meisten Ländern total entwaffnet wurde. Die rechtliche Regelung von Gewaltausübung durch das staatliche Gewaltmonopol schien zum ersten Mal zu ihrer erfolgreichen Einhegung zu führen, als der Krieg im Sinne des Hugo Grotius im späten 17. und im 18. Jahrhundert zu einer Art von völkerrechtlich geregeltem, zwischenstaatlichem Rechtsgeschäft zu werden schien. Zum zweiten Mal nach den Erfahrungen mit revolutionären und nationalistischen Volkskriegen, als zuerst im Kriegsächtungspakt von 1928 und erneut angesichts der Ereignisse des Zweiten Weltkriegs zumindest der Angriffskrieg «verboten» wurde. Die ehemaligen «Kriegsminister» heißen daher inzwischen «Verteidigungsminister».

Die internationalen Genfer Abkommen über den Schutz von Verwundeten, die Rechte von Kriegsgefangenen und die Schonung der Zivilbevölkerung von 1864, 1929 und 1949 setzten aber bereits die Existenz staatlicher stehender Heere voraus. Vorher hatte man angefangen, gefangene gegnerische Söldner gut zu behandeln, weil sie einen Wert darstellten. Man konnte sie austauschen, gegen Lösegeld freigeben oder für die eigene Armee anwerben. In den Kriegen zwischen Österreich und Preußen galt seit 1741 ein Abkommen, nach dem Gefangene ähnlich wie eigene Soldaten in Städten einquartiert wurden und weiter ihre Löhnung von der eigenen Seite erhielten. Heute hingegen beanspruchen auf der einen Seite kriminelle Terroristen völkerrechtlichen Kombattantenstatus, während auf der anderen Seite die Genfer Konvention ungestraft mißachtet werden kann, wo gewalttätige Aktionen nicht mehr als Kriege definiert werden.

Stehende Heere

Die Verstaatlichung der Heere ergab sich allmählich aus dem Söldnerwesen, wobei Teile des Militärunternehmersystems weiterlebten, auch in Preußen. Manchmal vermietete die Staatsgewalt selbst ihr Heer wie ein Unternehmer (Hessen); ein Subventionsempfänger wie Preußen war zwar ebenfalls nicht weit von diesem Geschäft entfernt, hatte aber wenigstens noch ein eigenes politisches Interesse am betreffenden Krieg.

Aber die Söldner wurden jetzt erfolgreich in disziplinierte Soldaten verwandelt. Der kurzfristige Dienst wurde zum langfristigen oder unbefristeten, die genossenschaftlichen Rechte der Truppen entfielen. Während der Geldsold im 16. Jahrhundert für Angehörige der Unterschichten eine ökonomisch interessante Alternative darstellte, wurde er nun herabgesetzt oder in Naturalversorgung umgewandelt. Im literarischen Soldatenbild löste der verächtliche Trottel den selbstbewußten Gauner ab.

Wichtigste militärische Innovation des 18. Jahrhunderts war das robuste Steinschloßgewehr, das drei Schuß pro Minute ermöglichte. Damit ließ sich die für kontinuierliches Feuer erforderliche Tiefe einer Infanterieformation auf drei Reihen reduzieren, die zudem dank der Erfindung des Bajonetts die Aufgabe der Pikeniere selbst übernehmen konnten. Außerdem wurde die Artillerie nicht nur technologisch professioneller, sondern dank leichterer Kanonen vor allem beweglicher.

Das stehende Heer entstand in Frankreich in den Kriegen der Mitte des 17. Jahrhunderts. Aber die Regimenter dieser Armee wurden von den Obristen als Militärunternehmer weitgehend unabhängig zusammengestellt und finanziert, während unter ihnen die entsprechende «Kompaniewirtschaft» der Hauptleute den Ausschlag für das Befinden der Kompanie und deren Schlagkraft gab. Die Finanzierung aus der königlichen Kriegskasse ersetzte nur die vorgestreckten Mittel. Offiziersstellen und -patente waren käuflich, obwohl noch 1781 die Adelsprobe als Voraussetzung verschärft wurde. Allerdings hatten die Kriegssekretäre Michel le Tellier und sein Sohn Marquis de Louvois unter Ludwig XIV. eine organisatorische Straffung durchgeführt, die auf ein bisher unbekanntes Maß staatlicher Kontrolle hinauslief, die Schlagkraft verbesserte und den Ausbau auf über 300 000 Mann ermöglichte. Die Gliederung wurde vereinheitlicht, die Befehlshierarchie geregelt und versucht, auf die Kompetenz der Befehlshaber oder wenigstens der Vizebefehlshaber, die wie die Oberstleutnants Karriereoffiziere waren, Einfluß zu nehmen. Vor allem aber wurde eine zivile Militärverwaltung aufgebaut, die Mannschaftsstärke, Versorgung und

Besoldung regelmäßig überprüfte. Frankreich wurde in Regionen eingeteilt, die für die Unterbringung und Versorgung ihnen zugewiesener Truppenteile verantwortlich waren. Die Unterbringung in Kasernen wurde immer üblicher; das lag auch im Interesse der Disziplin. In den 1680er Jahren konnte schließlich die generelle Uniformierung der Armee durchgeführt werden. Bei Feldzügen wurden die Truppen aus rückwärtigen Magazinen oder durch organisierte Requirierung unterhalten. Diese Logistik war eine neue und sehr aufwendige Seite der Staatstätigkeit. Abgedankte Offiziere konnten eine Pension erhalten, während für die Unterbringung von Invaliden ab 1671 in Paris das weitläufige Hôtel des Invalides errichtet wurde.

Ab Mitte des 18. Jahrhunderts versuchte ein zweiter Modernisierungsschub, ausgehend von technischen Truppen wie Artillerie und Pionieren, für Offiziere eine professionelle Kriegsschulausbildung mit anschließendem Leistungsaufstieg durchzusetzen, trotz Abschaffung der Kompagniewirtschaft mit begrenztem Erfolg. Es wurde aber eine Professionalisierung, Bürokratisierung und Verstaatlichung eingeleitet, auf der die Revolution nur aufzubauen brauchte.

Trotz aller Unvollkommenheiten erwies sich das stehende Heer Ludwigs XIV. als effektives Instrument staatlicher Machtpolitik und wurde daher europaweit nachgeahmt, selbst im feindlichen England, besonders gründlich aber von den ehrgeizigen Monarchen Rußlands und Preußens. Friedrich Wilhelm I. brachte den «Miles perpetuus» seines Vaters und Großvaters auf 80 000 Mann und stellte das gesamte Staatswesen in den Dienst des Heeresausbaus; auch seine Verwaltungs- und Finanzreformen dienten hauptsächlich diesem Zweck. «Preußens größter innerer König» war also in erster Linie der «Soldatenkönig». Seit 1725 trug er selbst nur noch Uniform, eine symbolische Identifikation von Heer und Staat, die nicht nur in Deutschland Schule machen sollte. Vor allem aber steigerte er den Drill, dem Soldaten stehender Heere überall unterworfen waren, zum Extrem. Sein Sohn Friedrich II. machte von diesem Instrument machtpolitischen Gebrauch und brachte es auf 200 000 Mann. Der Musensohn und Philosoph erwies sich dabei als ebenso unerbittlicher Drillmeister wie sein Vater. Der Soldat müsse vor seinen Offizieren mehr Angst haben als vor dem Feind, meinte er. Seine Schlachten wurden mit hoher Verlustbereitschaft geschlagen. Dank Drill konnte die Feuergeschwindigkeit so gesteigert werden, daß Zielen nicht mehr möglich war, es gab keinen Befehl dafür, und die preußischen Musketen hatten keine Visiervorrichtung. Wichtiger war dem König ohnehin der anschließende Sturmangriff mit gefälltem Bajonett. Auch der Reiterkampf wurde mit solcher Härte geführt, daß der hohe Verschleiß an Pferden nicht mehr von den Kavalleristen selbst, sondern nur noch vom Staat ausgeglichen werden konnte. Infolgedessen fielen ca. 40 % der Soldaten, selbst wenn der König siegte, und von 15 einfachen Soldaten, die beim Beginn des Siebenjährigen Krieges 1756 dabeigewesen waren, lebte am Ende 1763 nur noch einer.

Obwohl ein Viertel der jungen Männer Preußens in der Armee diente, bestand die im Verhältnis zur Bevölkerungszahl größte Armee Europas nur zu ca. einem Drittel aus Untertanen. Wegen der zweifelhaften Rekrutierungsmethoden waren Drill und brutale Disziplin ebenso eine Notwendigkeit wie der Kampf in geschlossener Formation. Desertion, die Geißel aller stehenden Heere, wurde unerbittlich bestraft. Allerdings hatte bereits Friedrich Wilhelm I. mit dem «Kantonreglement» von 1733 das willkürliche Anwerbungsverfahren im Inland durch genaue Regeln ersetzt. Preußen wurde in Aushebungsbezirke (Kantons) eingeteilt, und diese wurden bestimmten Regimentern zugewiesen. Die männliche Jugend wurde in die Listen des betreffenden Regiments eingetragen (enrolliert) und hatte eine rote Halsbinde oder ein Büschel am Hut als Zeichen der Zugehörigkeit zum Militär zu tragen. Eingezogene mußten lebenslang, seit 1792 zwanzig Jahre dienen, faktisch aber in Friedenszeiten nur zwei oder drei Monate im Jahr zum Exerzieren (Revue). Die übrige Zeit waren sie als «Urlauber» in der heimischen Landwirtschaft tätig, Angeworbene aus städtischen Unterschichten und Ausländer als «Freiwächter» im städtischen Gewerbe. Da die Truppen nicht kaserniert waren, sondern in städtischen Privatquartieren lagen, machte der Soldatenanteil zusammen mit den Beurlaubten, die aber ebenfalls der Militärgerichtsbarkeit unterstanden, bis zur Hälfte der Bevölkerung aus. Durch Versorgungseinrichtungen (Militärwaisenhaus 1724, Charité 1726, Invalidenhaus 1746) und die Nachfrage nach Ausrüstung und Verpflegung, die mit gezielter Förderung von Rüstungs- und Textilbetrieben befriedigt wurde, wurde das Militär für die städtische Wirtschaft wichtig. Beurlaubte hatten ständig ein Uniformteil zu tragen und am Sonntag in voller Uniform in der Kirche zu erscheinen, wollten sie sich nicht der Desertion schuldig machen. Dieses System der Zwangsrekrutierung war aber auf die Unterschichten beschränkt und wurde im Rheinland nicht angewandt; Städte wie Berlin waren gegen Abgaben davon befreit.

Hingegen wurde der Adel von Friedrich Wilhelm I. und Friedrich II. planmäßig in das System einbezogen; er stellte fast alle Offiziere. Seine Söhne wurden in Kadettenanstalten gezwungen und so ins Militär gedrängt. Das 1717 geschaffene preußische Kadettenkorps dürfte anderen Ländern als Vorbild gedient haben. Obwohl in Preußen Offiziere zeitweise Heiratsverbot erhielten, weil Friedrich II. keine Pensionen an Offizierswitwen mehr zahlen konnte, erwies sich der Offiziersdienst dank des Kantonsystems als hinreichend attraktiv, um eine Identifikation des Adels mit dem preußischen Staat herbeizuführen. Mäßig wohlhabende Junker konnten nämlich als Hauptleute einer Infanteriekompanie oder Kavallerieschwadron Einnahmen bis zum Vierfachen ihres Gehalts aus dieser Stellung beziehen. Friedrich Wilhelm I. hatte zwar das Militärunternehmertum und den Kauf von Offiziersstellen fast völlig beseitigt und sich die Kontrolle über die Stellenbesetzung gesichert, die «Kompaniewirtschaft» aber bestehen lassen. Der Hauptmann erhielt von der Kriegskasse Pauschalbeträge für seine Truppe, von denen er mehr oder weniger legal beträchtliche Anteile auf Kosten der Mannschaften für sich abzweigen konnte, vor allem, wenn die «Kantonisten» aufs Land, die «Freiwächter» in die Stadt beurlaubt oder die letzteren gar an Unternehmer vermietet waren. Dazu kamen mögliche Korruptionsgewinne durch Gewährung des Abschieds, wenn das Ablösegeld hoch genug ausfiel, bei Gewährung des Trauscheins oder durch Zurückstellung von Wehrpflichtigen.

Preußen stellt den Extremfall eines verstaatlichten stehenden Heeres französischen Musters dar, das nur durch rücksichtslose Ausrichtung der wirtschaftlichen und gesellschaftlichen Kräfte auf das Militär aufrechtzuerhalten war. Dadurch konnten schließlich militärische Werte auf Dauer eine überproportionale Rolle spielen. Der preußische «Militarismus» war nichts als eine besonders hochentwickelte Verstaatlichung des Kriegswesens und Militarisierung des Gemeinwesens im Dienste von Staatsbildung. Daher haben Staaten wie Preußen, die einen aufwendigen Militärapparat nur durch extreme Mobilisierung der inländischen Ressourcen unterhalten konnten, absolutistisch-autoritäre Regimes entwickelt, während in friedlicheren oder reicheren Ländern ständische Mitbestimmung erhalten blieb und die Grundlage späterer Demokratisierung abgeben konnte (Brian Downing).

Nicht nur in Preußen konnte die steigende Nachfrage nach Soldaten vom traditionellen Söldnermarkt allein nicht mehr befriedigt werden. Es ging nicht ohne die Zwangsverpflichtung von Untertanen, so daß sich der Trend zur allgemeinen Wehrpflicht bereits abzeichnete, obwohl solcher Zwang immer noch im Sinne der ständischen Gesellschaft sozial differenziert, das heißt vor allem auf Bauern und andere Unterschichtenangehörige ausgeübt wurde. Infolgedessen erlebte das 18. Jahrhundert eine bemerkenswerte Wiederbelebung von Milizmodellen, wobei die Staatsgewalt die ursprünglich weitverbreitete ständische Kontrolle des Landesaufgebots zu beseitigen wußte. Dabei bewegte sich der Charakter der Milizen in den verschiedenen Ländern zwischen einer von der Berufsarmee getrennten Truppe zur Territorialverteidigung und einem Rekrutenreservoir für die Berufsarmee wie beim schwedischen «Einteilungswerk» von 1682 oder eben auch beim preußischen Kantonsystem.

Vom revolutionären Volkskrieg zum Ende des staatlichen Kriegsmonopols

Neben der Wiederbelebung der Miliz stellte im 18. Jahrhundert der erfolgreiche Einsatz irregulärer leichter Reiter und Infanterie zum «kleinen Krieg» (guerilla) eine vielversprechende Innovation dar. Weiter wurde in Frankreich die aus Infanterie-, Kavallerie- und Artillerieverbänden zusammengesetzte Division eingeführt, als selbständige Operationseinheit eine Armee im kleinen. Getrennt marschieren, vereint schlagen, hieß eine neue taktischen Möglichkeit. Schließlich wurde statt der Schützenlinie (ordre mince) die tiefgestaffelte Kolonne für den Sturmangriff (ordre profond) erprobt, mit dem Ergebnis kleiner Einheiten, die nach Bedarf in beiden Formationen operieren konnten (ordre mixte). Siegreich wirkten sich diese Elemente aber erst seit der Französischen Revolution aus. Das Erfolgsgeheimnis bestand in der Verbindung des Professionalismus der alten Berufsarmee mit dem nationalen Enthusiasmus eines Volkes in Waffen unter der Führung diktatorischer Regimes und schließlich des genialen Feldherrn Napoleon. Dessen Kriegskunst beruhte auf der Ausnutzung der neuen Beweglichkeit und Schnelligkeit, verbunden mit der Fähigkeit, den Überblick über sämtliche Einzeloperationen zu behalten und sie erfolgreich zu koordinieren.

Auf der anderen Seite verstanden es seine Gegner, vor allem die preußischen Reformer um Scharnhorst, Boyen, Gneisenau, Clausewitz, nicht nur seine militärischen, sondern auch seine politischen Erfolgsrezepte zu übernehmen. Das Wehrgesetz von 1814 ersetzte auch in Preußen eine Armee von Berufssoldaten, deren Disziplin auf dem Stock beruhte, durch ein Volk in Waffen. Allerdings führte die Reaktion auf die Revolution und Napoleon zu einem Ausgleich der Mächteinteressen und bescherte Europa daher einige Jahrzehnte ohne große Konflikte. Insofern waren die revolutionären Massenarmeen der allgemeinen Wehrpflicht zunächst einmal entbehrlich, kleinere, im konservativen Sinn zuverlässige und billigere Heere waren gefragt, denn es handelte sich einerseits um das Zeitalter ausgeglichener Budgets, andererseits aber auch schon steigender Kosten infolge beginnender Technisierung. Die allgemeine Wehrpflicht wurde nicht abgeschafft, aber so selektiv gehandhabt, daß von der Gesellschaft isolierte Berufsarmeen entstanden. Daß die «richtigen» Leute Offiziere wurden, ließ sich in Frankreich durch das konservative Milieu der Offiziersschule erreichen, in Preußen und Österreich durch das traditionelle Übergewicht des Adels, in England durch den 1681–1871 üblichen Kauf der Offizierspatente. Nur in Süddeutschland scheint es mancherorts «politisch unzuverlässige» Offiziere gegeben zu haben.

Der Krimkrieg 1853–56 stand als erster unter dem Einfluß moderner Technik. Gewehre mit gezogenen Läufen erlaubten zielgenaue Schüsse auf größere Entfernung. Dampfschiffe erleichterten Transport und Versorgung. Der Telegraf ermöglichte eine schnelle Verbindung von Regierung und Kommandeuren vor Ort einerseits, eine aktuelle Kriegsberichtserstattung in der aufkommenden Massenpresse andererseits. Die wichtigste technologische Errungenschaft des 19. Jahrhunderts für den Krieg war aber die Eisenbahn. Nun konnten Truppen mit ungeahnter Geschwindigkeit bewegt und leichter als bisher versorgt werden, so daß es keine zahlenmäßige Obergrenze für den Einsatz von Heeren mehr gab. Der Amerikanische Bürgerkrieg 1861–65 war aber nicht nur deshalb der erste moderne und fast schon totale Krieg. Denn er wurde von breitem nationalem Konsens getragen und dank industrieller Überlegenheit und größerer Bevölkerungszahl mit massivem Einsatz von Eisenbahnen und Dampfschiffen gewonnen. Er kostete 625 000 amerikanische Soldaten das Leben, mehr als jeder andere Krieg, an dem die USA beteiligt waren. Und er lief auf die ideologisch motivierte Ausmerzung der südlichen Gesellschaftsform hinaus.

Vor allem durch den preußischen Generalstab, im Gegensatz zu anderen Ländern keine Ansammlung von Intendanturbürokraten, sondern eine Elite hochkarätiger militärischer Planer, die theoretische Schulung und praktische Erfahrung vereinten, wurde Kriegführung zur modernen Wissenschaft. Der Erfolg gegen Frankreich 1870/71 beruhte freilich auch auf der Zurückhaltung Bismarcks gegenüber militärischen Wunschvorstellungen, obwohl gerade er dem preußischen Militär ein politisch-parlamentarischer Kontrolle entzogenes Immediatverhältnis zum Monarchen gesichert hatte. Aber Bismarcks deutsche Einigungskriege waren als «verspätete Staatsbildungskriege» (Johannes Burkhardt) weitgehend «altmodische» Mächtekonflikte, die mit begrenzten Kräften begrenzte Ziele erreichten, politisch kontrolliert und daher möglichst rasch abgeschlossen wurden.

Dennoch sind hier wie im amerikanischen Bürgerkrieg auch schon Elemente des «absoluten Krieges» im Sinne des preußischen Theoretikers Carl von Clausewitz («Vom Kriege» 1832–34) anzutreffen, eines Krieges, der mit aller nationalen Energie und mit dem Ziel eines totalen Sieges geführt wird, wobei der Krieg eine Eigengesetzlichkeit entwickeln und sich politischer Kontrolle entziehen kann. In der französischen Revolution war ja die bellizistische Begeisterung für den

Volkskrieg wiederbelebt worden, nach der ein Volk erst in reinigenden «Stahlgewittern», wie Ernst Jünger 1920 formulieren sollte, ganz zu sich selber finden kann. In Deutschland vermochten sich auch Kant und Hegel solchen Gedanken nicht zu verschließen, die später im 19. Jahrhundert von Treitschke verkündet wurden, vom Krieg als Erzieher der Nation, der im Gegensatz zum «faulen» Frieden den Opfermut als höchste Tugend hervorbringt. Als der Westen im 20. Jahrhundert derartige Ideen zu verabscheuen lernte, erlebten sie in der Dekolonisation ihre Wiederauferstehung, wo es hieß, daß nur die Gewalt des Befreiungskrieges aus der Kolonie eine Nation machen könne. In Kreisen des deutschen Generalstabs meinte man aber seit Ende des 19. Jahrhunderts ebenfalls zu wissen, daß dieser Sorte Krieg die Zukunft gehören würde, was sich zwar als richtig erweisen sollte, aber möglicherweise auch eine self-fulfilling prophecy gewesen ist!

Gegen Ende des 19. Jahrhunderts begann ein vom beschleunigten technologischen Fortschritt in Gang gesetzter verschärfter Rüstungswettlauf zwischen den europäischen Mächten sowie den USA und Japan, der bis Ende des 20. Jahrhunderts angehalten hat. Durch rasche Nutzung naturwissenschaftlich-technischer Neuerungen einen militärischen Vorsprung gegenüber den Nachbarn zu gewinnen lief auf eine immer stärkere Technisierung des Krieges einerseits, eine unaufhaltsame Explosion der Kosten andererseits hinaus. Das begann im seit alters am stärksten technisierten Bereich, bei der Marine, wo zwischen 1800 und 1900 aus hölzernen Segelschiffen bis 2000 to stahlgepanzerte Schraubendampfer bis 20 000 to (Dreadnoughts) wurden, von denen angeblich die Weltherrschaft abhängen sollte (Alfred T. Mahan). Zu Lande erhöhten hochexplosive, rauchlose Chemikalien Reichweite und Durchschlagskraft der Feuerwaffen, Infanteriegewehre mit Patronen erlaubten gezieltes Feuer bis zu 1000 m, das wassergekühlte Maschinengewehr mehrere hundert Schuß in der Minute, neue Kanonen ein Artilleriefeuer über mehr als 20 km Entfernung aus verdeckter Stellung heraus. Die Artillerie wurde zur entscheidenden Waffe auf dem Schlachtfeld. Da eine gut ausgebaute und bestückte Stellung kaum mehr zu bezwingen war, behauptete der Pole Iwan Bloch, daß ein erfolgreicher Angriff unmöglich und der Krieg als Mittel der Politik damit überholt sei («La guerre future» 1898).

Die Militärplaner setzten dem zum Trotz auf Massenarmeen, die verlustreiche Sturmangriffe, vor allem aber großangelegte Umfassungsmanöver uneinnehmbarer Stellungen erlauben sollten, wie sie der preußische Generalstabschef Schlieffen ohne Rücksicht auf die politischen Kosten geplant hatte. Dadurch kam zum technologischen Wettrennen vor 1914 ein solches der Heeresvergrößerung. Die Geburtenrate erhielt jetzt eine enorme politische Bedeutung. Man kam erfolgreich auf die allgemeine Wehrpflicht zurück, wobei Werte und Normen der militärischen Subkultur in erstaunlichem Umfang in die Gesellschaft eindrangen. Mut und Opferbereitschaft, Führerschaft und Disziplin erschienen notwendig, um die unausweichlichen Konflikte zu bestehen, die der eigenen Nation nur die Alternative Sieg oder Untergang lassen würden. Die Völker hatten gelernt, sich mit ihrer Nation zu identifizieren, und lernten jetzt, daß deren Existenz vom siegreichen Kampf gegen andere Nationen abhing. So wurde im Ersten Weltkrieg die totale Mobilisierung aller Ressourcen der Gesellschaft und das jahrelange Ertragen von Hunger und anderen Leiden möglich, denn die Ermattungsstrategie schloß jetzt eine rücksichtslose Wirtschaftsblockade gegen die feindliche Zivilbevölkerung ein. Die Heere waren ja nur noch Stellvertreter kriegführender Nationen, so daß es nahe lag, die Nation selbst zu treffen, wenn man siegen wollte. Umgekehrt konnte die Niederlage des Heeres dem Versagen der Nation in die Schuhe geschoben werden (Dolchstoßlegende). Unter diesen Umständen war die Herstellung allgemeiner politischer Partizipation nicht mehr zu vermeiden, freilich mit der Kehrseite der planmäßigen Mobilisierung der Massenleidenschaften.

Der Zweite Weltkrieg beruhte wie der Erste auf einem Massenaufgebot von Soldaten und einer ideologiegestützten Mobilisierung der Zivilbevölkerung mit allen Ressourcen in einem nie zuvor dagewesenen Ausmaß. Paradoxerweise stellte er zugleich die Wende zur Kriegführung der zweiten Hälfte des 20. Jahrhunderts dar, dem Duell von Experten für hochkomplexe Waffensysteme, während die Masse der Soldaten und der Zivilbevölkerung nur noch Hilfsdienste zu leisten hat. Erstmals hatte die Mehrzahl der Kriegsdienstleistenden keine unmittelbare Feindberührung mehr, sondern war damit beschäftigt, die komplizierte logistische Infrastruktur des Krieges in Gang zu halten. Das bedeutete einen neuen Trend zur hochtrainierten Berufsarmee, zugleich aber auch, daß man unter Mißachtung der eben erst geschaffenen völkerrechtlichen Grundsätze zum Schutz von Nichtkombattanten eigentlich nichts Besseres tun konnte, als auch die Zivilbevölkerung und damit die Infrastruktur des Gegners vernichtend zu treffen. Die Luftstreitkräfte des Zweiten Weltkriegs waren von vorneherein für diese Strategie bestimmt, die im Einsatz der Atombomben gegen Japan kulminieren sollte.

Der anschließende Rüstungswettlauf schien auf eine Abschaffung des Krieges hinauszulaufen, denn die Atomwaffen der USA und UdSSR erreichten eine Vernichtungskapazität, die ihren Einsatz unmöglich machte. Ein konventioneller Krieg kam aber auch nicht mehr in Frage, weil im Falle der Niederlage einer Seite stets deren Rückgriff auf Atomwaffen drohte. Dazu kamen die prohibitiven Kosten, von denen die UdSSR schließlich in die Knie gezwungen wurde, obwohl der gigantische Militärapparat hier wie dort längst zum Selbstzweck und zu einer der mächtigsten Interessengruppen geworden war. Weltweit lief der Kalte Krieg aber dennoch nicht auf Frieden hinaus, im Gegenteil. 1945–90 wurden 283 bewaffnete Konflikte gezählt, freilich weniger zwischenstaatliche Kämpfe oder reine Bürgerkriege als kleinere Auseinandersetzungen innerhalb eines Landes mit anschließender Intervention von außen. Solchen «low intensity conflicts» wird möglicherweise die Zukunft gehören (Martin van Creveld). Sie folgen aber keinen bisher bekannten Regeln. Keiner begann mit formeller Kriegserklärung und endete mit formellem Friedensvertrag. Das Ignorieren des äußeren und inneren staatlichen Machtmonopols ist ebenso notorisch wie der fehlende offizielle Kombattantenstatus vieler Kämpfer und die entsprechende Mißachtung des Schutzes von Nicht-Kombattanten. Für den Krieg der Zukunft scheint das staatliche Gewaltmonopol nicht mehr zu gelten!

b) Repression und Polizei

Polizei im modernen Sinn ist die berufsmäßige Monopolorganisation für legitime staatliche Gewaltanwendung nach innen wie das Militär für diejenige nach außen. Diese klare Aufgabenteilung zwischen Militär und Polizei ist ein Merkmal der westlichen politischen Kultur, das deren vollentwickelten modernen Staat abermals von anderen Gemeinwesen unterscheidet. Das Fehlen einer leistungsfähigen staatlichen Polizei und die Notwendigkeit, statt dessen zur Repression im Inneren Militär einzusetzen, erweist sich nämlich in Geschichte und Gegenwart als Kennzeichen einer schwachen Staatsgewalt.

Diese klare Trennung des inneren vom äußeren Gewaltmonopol ist historisch darauf zurückzuführen, daß die moderne Polizei, die erst im 18./19. Jahrhundert entstand, ihren Ursprung gerade nicht im Bereich der bewaffneten Macht, sondern, wie der Name sagt, im Politikfeld der «Policey», der innenpolitischen Sorge für das Gemeinwohl hatte. Inhaltlich handelte es sich um die eigentliche Wachstumszone der Staatsgewalt in der Neuzeit, nämlich ihre über die klassischen Aufgaben Justiz, Militär, Finanz hinausgehenden Aktivitäten, häufig Dinge, die nicht justiziabel und daher traditionell nicht gesetzlich geregelt waren, nichtsdestoweniger aber Regelungsbedarf aufwiesen. Das Verhältnis von Rechtsordnung und Polizeigewalt war daher zumindest in Deutschland bis ins 20. Jahrhundert nicht vollständig geklärt. Der monumentale «Traité de la police» des Nicolas Delamare faßte Anfang des 18. Jahrhunderts die in Paris anstehenden Polizeimaterien zusammen: Religion, Moral, Gesundheitswesen, Ernährung (der mehr als die Hälfte des erhaltenen Textes gewidmet ist!), Wege und Bauten, Sicherheit und Ordnung, Wissenschaft, Handel, Gewerbe, Dienstboten und Arbeiter, Armenwesen. Auch in Deutschland gab es noch im 19. Jahrhundert eine ähnlich weite Vorstellung, die sich bis heute in der Bau-, Gesundheits-, Lebensmittelpolizei und dergleichen gehalten hat, daneben aber seit dem 18. Jahrhundert die Einengung auf das Feld Sicherheit und Ordnung, etwa durch das preußische Allgemeine Landrecht:[3]

«Die nötigen Anstalten zur Erhaltung der öffentlichen Ruhe, Sicherheit und Ordnung und zur Abwendung der dem Publico oder einzelnen Mitgliedern desselben bevorstehenden Gefahr zu treffen, ist das Amt der Polizei.»

Vorsorge anstelle bloßer Reaktion hatte bereits die ältere «Policey» von der hergebrachten Justiz unterschieden. Das Präventionsprinzip trennte die Polizei endgültig vom Militär, das beim Einsatz für innere Sicherheit ja nur reagieren kann. Die Polizei hingegen gehört wie bereits ihre Vorgängerin, die «Policey»-Gesetzgebung, zur modernen, aktiven Herrschaftsweise durch Erlaß und Prävention anstelle der traditionalen, reaktiven durch Reskript und Repression.

Die institutionelle Entwicklung innerer Sicherheitsorgane brauchte freilich ihre Zeit. Der frühneuzeitliche «Policey-Staat», der alles mögliche zu regeln versuchte, war kein moderner «Polizeistaat» und hatte deswegen wenig Erfolg. Auch der vielberufene «Lieutenant (général) de Police (de la Ville, Prévôté et Vicomté) de Paris», dessen Pariser Stadtpolizei des 18. Jahrhunderts ein wichtiges Vorbild geworden ist, hatte sich nicht nur um Feiertagsheiligung, Prostituiertenüberwachung, Buchzensur, Getreideversorgung, Straßenreinigung, Müllabfuhr, Findelkinder und vieles andere zu kümmern, sondern er war von Haus aus gar kein Administrator, sondern Richter. Da die beiden Richter des prévôt am Pariser Stadtgericht (Châtelet), der «Lieutenant civil» und der «Lieutenant criminel», sich um die Zuständigkeit für die «police» stritten, die zwar Zivilrecht wie Strafrecht betraf, aber selbst keines von beiden war, wurde 1667 eine dritte Lieutenantsstelle dafür geschaffen, ein weiteres, für 150 000 Livres käufliches Richteramt. Einmal pro Woche sprach er Recht, was bis zur Verurteilung eines Päderasten zum Feuertode gehen konnte. Doch zugleich wurde er zum Exekutivbeamten der königlichen Minister, mit denen er einmal pro Woche in Versailles konferierte, das heißt zum königlichen Verwaltungschef für die riesige, im-

3 Teil II, Titel 17, § 10, hier nach *Siemann* 64.

mer etwas bedrohlich empfundene Hauptstadt. Für diese Zwecke standen ihm ca. 3000 Mitarbeiter zur Verfügung, vor allem verschiedene, zu regelmäßigen Patrouillen eingesetzte Wachtruppen, die notfalls durch Militär der Pariser Garnison verstärkt wurden. Daneben gab es Spezialeinheiten wie die Feuerwehr oder die insgesamt 160 Buchzensoren, vor allem aber 48 Justizkommissare, die Hilfsorgane der Justiz aller drei Lieutenants waren, und 20 Inspektoren, die mit Hilfe von Spionen je eines der 20 Quartiere der Stadt zu überwachen hatten und außerdem zentral für ein bestimmtes Arbeitsgebiet wie Preiskontrolle oder Verfolgung der Päderastie zuständig waren.

Dieses Pariser Modell wurde als vorbildlich empfunden und sollte zumindest in Haupt- und Großstädten nachgeahmt werden, 1718 in St.Petersburg, 1742 in Berlin, 1751 in Wien, freilich nicht immer sehr erfolgreich. Als Friedrich II. 1769 den Befehl gab, in Berlin endlich die Pariser Polizei einzuführen, war dafür kein Geld vorhanden. Die von Joseph II. 1789 geschaffene Polizeihofstelle für Sicherheit und Verbrechensprävention unter Johann Anton Graf Pergen hingegen entwickelte sich rasch zu einer Staatsschutzbehörde mit umfassendem Überwachungsapparat. Franz II. und Metternich bekamen jeden Morgen den aktuellen Polizeibericht zum Frühstück vorgelegt. Wirklich repressiv wurde diese Polizei aber erst, als dem Polizeiminister 1852 die damals neugeschaffene Gendarmerie unterstellt wurde. Jetzt erhielt auch Preußen 1848 seine zentrale politische Polizei beim Berliner Polizeipräsidium, die schließlich 1933 zum Gestapa und 1939 zum Reichssicherheitshauptamt ausgebaut wurde. In Frankreich konnte Fouché unter Napoleon das 1795 geschaffene Polizeiministerium zur Zentrale eines Überwachungssystems ausbauen, erhielt aber nie die Kontrolle über die Gendarmerie und die lokale Polizei, nicht einmal über den 1800 als Nachfolger des Lieutenant de police bestellten Polizeipräfekten von Paris.

Auf dem Land scheint man sich weitgehend auf nachbarschaftlichen Selbstschutz, allenfalls auf gewählte Amtsträger der Gemeinde wie den englischen Village Constable verlassen zu haben. Er wurde seit dem 14. Jahrhundert für die Exekutive auf unterster Ebene verantwortlich und daher auf den König vereidigt. Er war auch für die öffentliche Ordnung zuständig und konnte Verhaftungen vornehmen. Bis zum 19. Jahrhundert war der High Constable of the Hundred, einer Unterabteilung einer County, ein von den Justices of the Peace bestellter, hauptamtlicher und besoldeter Amtsträger geworden, der die Aufsicht über die nebenamtlichen Petty Constables der Gemeinden führte. Im Bedarfsfall konnten die Friedensrichter eine Special Constabulary aus zuverlässigen Leuten aufbieten.

In London hatte jede der 26 Wards einen Constable, der über eine Truppe von Watchmen gebot. Das entsprach der Praxis in anderen größeren Städten Europas, die neben Feuer- und Nachtwächtern für einzelne Stadtteile Gassenknechte (Augsburg) oder Gassenwächter (Zürich) zur Aufrechterhaltung der Ordnung unterhielten. Außerdem leisteten sich größere Städte eine zentrale Eingreiftruppe von Stadtsoldaten. In kleineren Städten verfügte die Obrigkeit wenigstens über einen Büttel oder «Polizeidiener», der aber eher «Mädchen für alles» als Polizist gewesen ist.

Städtisches Sicherheitsbedürfnis konnte auf das Umland ausgreifen und dabei Verbindungen mit der werdenden Staatsgewalt eingehen wie die Santa Hermandad (Heilige Bruderschaft) der Städte Kastiliens, die schon Ende des 15. Jahrhunderts eine wirkungsvolle, landesweit tätige Polizeitruppe geschaffen hatte. Ihre berittenen Armbrustschützen unter einem Rat und einem Richter (Alcalde) sorgten zunächst in der Umgebung der Stadt für Ordnung, bis Ferdinand und Isabella sie 1476 auch für die Kriminalität in den Städten zuständig machten. Übeltäter kamen in das Gefängnis der Bruderschaft, ihr Verfahren vor dem Alcalde mußte binnen neun Tagen beendet sein. Die Strafen waren hart, Prügel, Verstümmelung oder Erschießen mit der Armbrust vor der Stadt waren üblich; selbst die Inquisition galt als milder.

Ansonsten scheint die Selbsthilfe der Gemeinden aber nicht ausgereicht zu haben, um landesweite Sicherheit zu gewährleisten, vor allem als die nichtseßhafte Bevölkerung als zunehmende Bedrohung empfunden wurde. Bezeichnenderweise richten sich die ersten landesweiten Sicherheitsmaßnahmen europäischer Monarchen gegen umherziehende entlassene Soldaten und sind daher von der Militärgerichtsbarkeit abgeleitet, die als unbestrittener Bestandteil der königlichen Prärogative keinen Beschränkungen unterlag. Der Provost-Marshall der Tudors dürfte allerdings aus genau diesem Grunde in der Revolution verschwunden sein, während die französische Maréchaussée zum Modell der europaweit verbreiteten Gendarmerie wurde, einer paramilitärischen staatlichen Polizeitruppe, der traditionell vor allem Sicherheit und Ordnung auf dem Lande oblag.

Wie der Name sagt, handelte es sich um Untergerichte und eine Art berittener Militärpolizei der für die Militärjustiz zuständigen Marschälle von Frankreich, deren Befugnisse von der Krone immer weiter ausgedehnt wurden. Dazu mag auch die Tatsache beigetragen haben, daß es sich bis 1778 für die Amtsträger und Offiziere, bis 1720 auch für die Mannschaften um Kaufämter handelte. Bald gab es in jeder Provinz einen Prévôt général und in wichtigeren Städten zusätzlich einen Prévôt subalterne, seit 1720 Lieutenant, jeder mit einem Gericht aus einem rechtskundigen Assesseur, einem Procureur du Roi und einem Greffier. Vor allem aber waren 2–3000 Archers, seit 1760 Cavaliers, die diesen Prévôts unterstanden, in Brigaden zu fünf Mann über Frankreich verstreut stationiert mit der Aufgabe, entlang bestimmter Routen im Monat 15 Patrouillen zu reiten. 1778 gab es 565 Brigaden mit 2825 Mannschaften. Verhaftete mußten vom Gericht des Prévôt oder Lieutenant binnen 24 Stunden in Gegenwart des Assesseur verhört werden, einen Verteidiger gab es nicht, obwohl die Verhängung der Todesstrafe möglich und eine Appellation ausgeschlossen war. Meistens handelte es sich um Diebstahl, Landstreicherei, Gewalttätigkeit, Straßenraub und dergleichen. Die Maréchaussée stand außerdem ganz allgemein zur Disposition des Gouverneurs und vor allem des Intendanten.

Da die Revolution die Marschälle abgeschafft hatte, verlieh sie der Maréchaussée 1791 den vakanten Namen Gendarmerie nationale.[4] Napoleon organisierte sie straff militärisch-zentralistisch und machte sie zur inneren Stütze seines Polizeistaats. Hinsichtlich Personal und Struktur untersteht sie seither dem Kriegsministerium, für ihre Aufgaben aber dem Innen- und dem Justizministerium. 1815 waren es 18 000 Mann in 2170 Brigaden zu acht Mann, davon 1550 beritten, 620 zu Fuß. Paris hatte seine eigene Truppe, die 1875 4000 Mann zählte und die traditionelle Bezeichnung Garde républicaine führte.

Die Gendarmerie diente schon zu Napoleons Zeiten europaweit als Vorbild, nicht zuletzt den deutschen Territorien, wo es mancherorts «Landreiter» und andere Streifen als Vorläufer gegeben hatte. Den neuen Mittelstaaten kam das umfassendere, moderne Kontrollinstrument der Gendarmerie aber wie gerufen. Sie wurde in Sachsen 1810, in Bayern, Mecklenburg und Preußen 1812, in Württemberg 1823, in Baden 1829 eingerichtet. Vor allem aber haben Italien und Spanien ein ähnlich dualistisches Polizeisystem geschaffen wie Frankreich, wo eine militärische, weitgehend kasernierte Gendarmerie neben einer staatlichen oder kommunalen «zivilen» Polizei steht. Wo es beide Arten ziviler Polizei gibt, kann man sogar von einem trialistischen System sprechen. Aus Piemont wurde der 1814 geschaffene Corpo di carabinieri (reali) übernommen, eine militärische Polizeitruppe, die zugleich dem Kriegs- und dem Innenministerium unterstand. Daneben gibt es seit 1852, erneut 1944, eine «zivile» staatliche Polizei, den Corpo guardia pubblica sicurezza. Obendrein haben größere Städte ihre Vigili urbani. Auch in Spanien besteht seit 1844 die Guardia civil als Teil des

[4] Die schon 1788 abgeschaffte Gendarmerie de France war eine Art Adelsgarde gewesen.

Heeres, in der 1940 die 1829 gegründeten Carabineros aufgegangen sind, daneben die im Cuerpo nacional de policia zusammengefaßte zivile staatliche Polizei, schließlich neuerdings eine Reihe von Polizeikräften der Regionen.

Allerdings wurde nicht nur in England, wo es keine Gendarmerie gab, sondern auch in Frankreich, Österreich, Preußen und Rußland während des 19. Jahrhunderts nach wie vor Militär zur Unterdrückung innerer Unruhen eingesetzt, zu deren Bekämpfung die Polizei als zu schwach erschien.

Die moderne englische Polizei entstand in London und – was gerne übersehen wird – in Dublin. Das traditionelle System der Gemeindeconstables war dem Bevölkerungsdruck und den Ängsten der Besitzenden vor Revolution und Kriminalität auf Dauer nicht gewachsen. Schon 1749 errichtete der Romancier Henry Fielding als Londoner Friedensrichter die Detektivgruppe der Bow Street Runners, zur Ablösung der bisherigen Thief Takers, die kommerziell auf eigene Rechnung gearbeitet hatten und bisweilen selbst Kriminelle waren. Weitere Patrouillen folgten und als erste professionelle Einheit die Thames River Police. An eine umfassende Lösung wagte man sich aber noch nicht. Im «kolonialen» Dublin hingegen ging es immer noch um den Schutz der herrschenden protestantischen Minderheit vor der beherrschten katholischen Mehrheit, so daß gründlichere Maßnahmen hier leichter durchzusetzen waren. So konnte aus der 1786 geschaffenen Polizeitruppe für Dublin bis 1822 die Royal Irish Constabulary, eine paramilitärische, kasernierte Gendarmerietruppe, werden. Der irische Freistaat hat sie 1922 sofort durch eine zivile Polizei ersetzt, während sie im britischen Nordirland als Royal Ulster Constabulary bis vor kurzem ihre traditionelle repressive Rolle gegenüber Katholiken weiterspielen konnte.

Einer ihrer Organisatoren war Robert Peel, der 1829 als Innenminister die gesetzliche Einrichtung der Metropolitan Police für London durchsetzte, zunächst 3000 Mann (Peelers, Bobbies) unter zwei Commissioners, gegliedert in 17 Divisions unter Superintendents, diese wieder in je 4 Subdivisions unter einem Inspector, weiter in je 4 Sections unter Sergeants mit ca. 10 Mann. Die Polizisten erhielten eine Guinee pro Woche und waren mit einem blauen Frack und Zylinderhut zivil uniformiert. Ihre einzige Waffe war zunächst ein Schlagstock, aber entgegen dem zählebigen Mythos vom unbewaffneten Bobby ließ die Ausrüstung mit Schußwaffen nicht lange auf sich warten.

Die Truppe bewährte sich und wurde in Counties und auf Regierungsinitiative in den neuen Großstädten nachgeahmt, bis 1856 die County and Borough Police Bill die Einrichtung einer modernen

Polizei obligatorisch machte, freilich nach wie vor in regionaler Verantwortung mit Kontrolle durch das Home Office. Die englische Polizei als Weiterentwicklung der hergebrachten kommunalen Modelle hatte ursprünglich eine klare Alternative zum französischen Gendarmeriesystem dargestellt, unterliegt aber inzwischen ebenfalls einer schleichenden Verstaatlichung.

Auch auf dem Kontinent wurden kommunale Polizeikräfte geschaffen, freilich kostenbedingt zuerst in begrenztem Umfang. Nach ersten Anläufen seit 1829 erhielt Paris 1854 eine zivile Polizeitruppe. Entsprechend schufen sich Städte und Gemeinden unter Kontrolle von Präfekt und Innenminister ihre Sergents de ville und Gardes champêtres. Auch in Deutschland blieb Polizei Gemeindesache, obwohl sie überall der neuformierten Staatsgewalt unterstand. Preußische Bürgermeister waren seit 1808 als Polizeichefs nur noch dem Staat verantwortlich, angesichts der kommunalen Finanzierung machte das aber wenig Unterschied gegenüber der süddeutschen Doppelverantwortlichkeit vor Staat und Bürgerschaft.

Preußen konnte sich eine geringe Polizeidichte leisten, weil im Notfall immer Militär zur Verfügung stand. Doch ließen sich auf diese Weise neue Probleme nicht präventiv bewältigen. So wurde unter dem Eindruck der Revolution 1848 in Berlin mit der «Schutzmannschaft» erstmals eine professionelle Polizei nach dem zivilen Londoner Muster geschaffen, rekrutiert aus Berliner Bürgern. Regelmäßiger Patrouillendienst sollte Sicherheit auf den Straßen schaffen. Bereits 1851/52 wurde die Schutzmannschaft aber militärisch reorganisiert und uniformiert. Sie diente vielen deutschen Städten als Vorbild. Einen Entwicklungsschub erlebte sie aber erst in den 1890er Jahren im Zeichen der Sozialistenfurcht. Damals wurde die Gendarmerie verstärkt, in vielen Städten die Polizei verstaatlicht, in anderen erfolgreich auf ihre Verstärkung gedrängt. Da dieser Ausbau nicht wie bisher mit ehemaligen Soldaten zu machen war, ergab sich eine zunehmende Entmilitarisierung, aber auch Professionalisierung der Polizei; 1901 gründeten Städte des Ruhrgebiets eine gemeinsame Polizeischule.

In der Weimarer Republik wurde diese Entwicklung durch die Einrichtung einer einheitlichen staatlichen Schutzpolizei abgebrochen. Zwar war die Polizei Ländersache, es gab jedoch einheitliche Regelungen. Die Gendarmerie wurde entmilitarisiert, dafür aber in verschiedenen Ländern eine kasernierte Landes- oder Bereitschaftspolizei neugeschaffen. Das «Dritte Reich» konnte hier mit seiner einheitlichen Ordnungs- und Sicherheitspolizei anknüpfen, die jetzt Reichssache geworden war. In der Bundesrepublik ist die Polizei strikt Ländersache, in diesem Rahmen aber einheitlicher und staatlicher denn je. 1950 führten die Länder im Zuge des Kalten Krieges wieder die kasernierte Bereitschaftspolizei ein, 1951 legte sich der Bund mit dem Bundesgrenzschutz eine vom Grundgesetz nicht vorgesehene Bundespolizei zu. Im Gleichschritt mit der Terrorismuskrise erfolgte seit 1967 dann eine massive «Aufrüstung» und die restlose Verstaatlichung der deutschen Polizei, die 1973 in Stuttgart, 1975 in München ihren endgültigen Abschluß erreichte.

Die süddeutschen Länder hatten schon 1863/71 die Erfüllung der polizeilichen Aufgaben an Gesetze gebunden, während die preußische Allgemeinermächtigung erst seit 1882 eine Einschränkung erfuhr (Kreuzberg-Urteil). Nach den Erfahrungen mit dem nationalsozialistischen Polizeistaat wurde das Polizeirecht der Bundesrepublik in noch weit größerem Umfang rechtsstaatlich gestaltet. Der Betroffene kann seine Rechte gegenüber der Polizei einklagen, die Polizei hat bei ihrer Tätigkeit auf Verhältnismäßigkeit der Mittel zu achten, die Anwendung physischen Zwangs, vor allem der Schußwaffengebrauch ist gesetzlich geregelt. Nichtsdestoweniger wird die Staatsgewalt stets in der Lage sein, ihr polizeiliches Handeln nach Bedarf zu legalisieren – soweit das überhaupt noch nötig ist, denn die technischen Möglichkeiten der Polizei sind inzwischen derart, daß Ermächtigungen zu ihrem Gebrauch sich erübrigen, weil sie sowieso nicht kontrolliert werden können.

3. Diplomatie

Diplomatie läßt sich umfassend definieren als nicht-kriegerische Interaktion von Gemeinwesen – nur in diesem Sinne ist sie «friedlich», nicht aber im Sinne von gewaltfrei, denn erstens war sie oft genug Vorbereitung des Krieges oder seine Fortsetzung mit anderen Mitteln, zweitens enthält ihre geheimdienstliche Komponente nicht selten Gewalt bis hin zum Mord. Sie kann aber zu Recht als maßgebende Institution des modernen westlichen Staatensystems (Martin Wight) gelten. Ihre Entwicklung verlief parallel zu derjenigen des modernen Staates, denn sie war die institutionelle Konsequenz der Tatsache, daß die Pluralität rivalisierender Gemeinwesen in Europa nicht durch Reichsbildung abgelöst wurde wie anderswo, sondern sich als Dauerzustand etablierte. Sie nahm ihren Anfang im 15. Jahrhundert in Ländern mit weit entwickelter Staatlichkeit, wurde im 16./17. Jahrhundert zu einem geregelten System und erreichte im 18./19. Jahrhundert den Höhepunkt ihrer Bedeutung. Seit dem Ersten Weltkrieg ist ihr Gewicht infolge des Wandels von Staat und Mächtesystem im Sinken begriffen, so daß 1970 festgestellt werden konnte, wenn es Außenministerien und Botschaften nicht längst gäbe, wäre es keineswegs nötig, sie zu erfinden (Zbigniew Brzezinski).

Die gemischte Zuständigkeit englischer und französischer Staatssekretäre für Teile des eigenen Landes und die Außenbeziehungen zu den angrenzenden Nachbarländern war durchaus funktional, solange eine klare Trennung von Innen- und Außenpolitik noch nicht möglich war. Diese Trennung war aber die Voraussetzung für Diplomatie als selbständige Institution. Sie blühte, als die europäischen Staaten immer noch im Aufstieg begriffen, immer noch «hungrig» waren (Heinz Duchhardt) und blieb daher meistens im Schatten des Krieges. Diplomaten wurden von Anfang an als lizensierte Spione betrachtet, so daß mißtrauische Herrscher wie Heinrich VII. von England erwogen, sie alle auszuweisen, denn noch erschienen sie entbehrlich. Allerdings bewegte sich die politische Kultur auf die Dauer eher in friedliche Richtung, wozu die Diplomatie mit der Entwicklung eines Instrumentariums für Friedensschluß und Friedenssicherung ihren Beitrag geleistet hat, theoretisch Hand in Hand mit derjenigen eines Völkerrechts, das den Frieden zur Norm erhebt.

a) Diplomaten

Zwar kannten schon die alten Hochkulturen Gesandte, die kraft Gegenseitigkeitsprinzips unter dem besonderen Schutz der Götter standen und als unverletzlich galten, aber nirgendwo finden sich *ständige* diplomatische Vertreter wie im modernen Staatensystem. Auch die Consules der italienischen Kaufleutekolonien in den Häfen des Ostmittelmeeres, die seit dem 12. Jahrhundert auftauchten, waren gewählte Oberhäupter dieser Kolonien und nicht Diplomaten. Freilich gehörte die Vertretung wirtschaftlicher Interessen im fremden Land ebenso wie die Justiz über die eigenen Landsleute zu ihren Aufgaben, so daß die weite Verbreitung der Konsuln infolge der europäischen Handelsexpansion und die Übernahme ihrer Kontrolle durch die Staatsgewalt des jeweiligen Heimatlandes schließlich zur Ausbildung des konsularischen Dienstes als Seitenzweig des diplomatischen führte.

Die kleinräumigen und vorstaatlichen politischen Beziehungen des Mittelalters machten persönliche Treffen und Verhandlungen von Machthabern leicht. Man konnte sich aber auch eines Nuntius für eine Botschaft oder eines bevollmächtigten Procurators für Verhandlungen bedienen. Aus dessen «plena potestas» wurde der diplomatische «plénipotentiaire». Ständige Prokuratoren an der römischen Kurie scheinen sich im 15. Jahrhundert in diplomatische Vertreter verwandelt zu haben, ebenso die ständigen Agenten oder Residenten, die italienische

Mächte im 15. Jahrhundert bei einander unterhielten. Das Herzogtum Mailand machte Mitte des 15. Jahrhunderts mit Vertretern in Florenz, Rom, Genua, Venedig und Neapel den Anfang, die anderen zogen nach, offensichtlich unter dem stets wirksamen Zwang, beim Ausbau des Diplomatennetzes nicht hinter Rivalen zurückzubleiben.

Außeritalienische Mächte zeigten zunächst wenig Interesse, auch als ständige Vertreter aus Italien sich bei ihnen niederließen. So hatte der Papst 1450 einen ständigen Nuntius – diese Bezeichnung wird bald nur noch für päpstliche Diplomaten gebraucht – in Spanien, um 1500 in Venedig, bis 1523 in Frankreich, Portugal und beim Kaiser, zunächst häufig Laien. Aber bis zum endgültigen Ausbau des Systems der ständigen Nuntiaturen unter Gregor XIII. (1572–85) und seinen Nachfolgern wurden diese fester Bestandteil der geistlichen Kurienlaufbahn. Ihre Inhaber waren in der Regel Bischöfe, und die wichtigeren wurden anschließend fast routinemäßig zum Kardinal befördert. Für den Herrscher, bei dem der Nuntius akkreditiert gewesen war, handelte es sich dabei um eine Prestigefrage, aber auch um die Möglichkeit, auf diese Weise einen zuverlässigen Vertreter der eigenen Interessen an der Kurie zu gewinnen, im günstigsten Fall sogar einen freundlich gesinnten Papst. Im Unterschied zu den anderen waren päpstliche Vertreter allerdings neben dem politischen Vertretungs- und Informationsgeschäft auch mit kirchlichen Aufgaben betraut.

Die großen Monarchen Europas hingegen hielten sogar untereinander *ständige* Vertretungen zunächst nicht für erforderlich, obwohl sie inzwischen ihren Vasallen das Recht zur Entsendung von Botschaftern bestritten und es für alle Zukunft als Souveränitätsrecht der werdenden Staatsgewalt reklamierten. Ferdinand von Aragon und Kaiser Maximilian I. hatten Ausgang des 15. Jahrhunderts Vertreter in London, aber der französische König entschloß sich erst unter dem Druck der Habsburger Übermacht zum Ausbau seiner Diplomatie; 1515 hatte er einen auswärtigen Botschafter, 1547 zehn. Den anderen Mächten blieb nichts anderes übrig als nachzuziehen, obwohl der Ausbau des diplomatischen Netzes in der zweiten Hälfte des 16. Jahrhunderts durch die konfessionelle Polarisierung Europas verlangsamt oder sogar rückgängig gemacht wurde. Aber die verschiedenen Friedensschlüsse und Verträge 1598–1609 führten zur Wiederaufnahme der Beziehungen auf breiter Front, so daß seit diesem Zeitpunkt in West- und Mitteleuropa ein ausgebautes System diplomatischer Vertreter existierte.

Ein ständiger Vertreter konnte Orator, Procurator, Commissarius, Secretarius, Nuntius, Deputatus, Legatus, Consiliarius, Ambassador heißen oder mehrere Bezeichnungen verbinden, bis sich im 16. Jahrhundert die letztgenannte durchsetzte. 1620 erschien das Buch von

Juan Antonio de Vera «El embajador», wichtig vor allem in der französischen Ausgabe «Le parfait ambassadeur» von 1642. Erste Aufgabe blieb noch lange die Informationsbeschaffung, was zu regelrechten Spionagenetzen und entsprechendem Mißtrauen der Gegenseite führen konnte. Auch das ältere, bei den Osmanen und in Osteuropa noch länger lebendige System, den fremden Botschafter als Gast vollständig freizuhalten, diente seiner Kontrolle durch Vertreter des Gastgebers.

Informationsbeschaffung bedeutete regelmäßige Depeschen an den heimatlichen Hof, die allmählich mehrere, nach Sachbetreffen getrennte Schreiben umfaßten. Kuriere waren allerdings für Routinepost zu teuer, die normale Post aber nicht nur langsam, sondern vor allem dem gegnerischen Zugriff ausgesetzt. Zur Sicherung begegnen schon im 15. Jahrhundert einfache Zahlen-Chiffren, die seit dem 16. Jahrhundert professionalisiert wurden. Es gab Experten zum Chiffrieren und Dechiffrieren, Lehrbücher und Code-Knacker. Venedig hatte der Berichterstattung früh systematischen Charakter gegeben; heimkehrende Botschafter mußten zusammenfassende Abschlußberichte (Relazioni) vorlegen, die seit 1425 registriert wurden.[1] Wegen der häufig uneindeutigen Machtverhältnisse und ungeklärten Zuständigkeiten an den heimatlichen Höfen haben Diplomaten bisweilen vorsichtshalber oder auf ausdrückliche Weisung an verschiedene Personen und Institutionen parallel oder sogar differenziert berichtet, während auf der anderen Seite maßgebende Politiker zu Hause ihre eigene Außenpolitik neben der amtlichen betrieben. So schrieben kaiserliche Vertreter parallel an die Reichshofkanzlei und die Hof- und Staatskanzlei, Prinz Eugen unterhielt seinen eigenen Briefwechsel mit den österreichischen Diplomaten, und König Ludwig XV. betrieb zeitweise seine persönliche Geheimdiplomatie neben der offiziellen.

Bei zeremoniellen Aufgaben kam für Diplomaten alles auf Sicherung oder gar Steigerung des Prestiges seines Herrn an. Behauptung seines Ranges war manchem Monarchen wichtiger als Behauptung von Teilen seines Reiches. Schon die Symbolik eines Titels hatte höchste Bedeutung. Noch Mitte des 17. Jahrhunderts weigerte sich der besiegte Kaiser Ferdinand III., Ludwig XIV. als «Majesté Royale» anzureden. Erst auf dem Friedenskongreß von Nijmwegen 1676–79 einigte man sich darauf, solchen durch Herrschertitel ausgedrückten Besitzansprüchen keinen Präjudizcharakter mehr zuzubilligen.

Vor allem zwischen französischen und spanischen Diplomaten spielten seit dem 16. Jahrhundert Präzedenzstreitigkeiten eine große Rolle.

[1] Ranke hat sie dann zu einer Hauptquelle für die Anfänge der neueren Geschichte gemacht.

Als der spanische Botschafter in London Anfang des 17. Jahrhunderts seine Präzedenz vor dem französischen durchsetzen konnte, galt dies als diplomatischer Triumph. Eine Wiederholung dieses Sieges in einer regelrechten Straßenschlacht des Personals der beiden Botschaften mit 50 Toten anläßlich des Einzugs des neuen schwedischen Botschafters 1661 veranlaßte Ludwig XIV. allerdings, dem erschöpften Spanien mit Krieg zu drohen und so eine öffentliche Entschuldigung des spanischen Botschafters in Paris zu erzwingen. Um die Lähmung der Geschäfte durch derartige Konflikte zu vermeiden, wurden runde Tische, Räume mit einer Tür für jeden Vertreter und anderes mehr erfunden, bis der Rationalismus der Aufklärung die Überwindung dieses Prestigedenkens möglich machte.

Da die konsequente Wahrnehmung der Interessen seines Auftraggebers als erste Pflicht des Diplomaten galt, konnte die vom römischen wie vom kanonischen Recht vorgesehene Immunität der Diplomaten problematisch werden. Es war aber ohnehin strittig, ob die grundsätzlich anerkannte Immunität auch das Botschaftspersonal einschloß, ob sie sich außer der Befreiung von Steuern und Zöllen auch auf andere zivilrechtliche Verbindlichkeiten, nicht zuletzt Schulden im Gastland, und auf Straftaten des Botschafters erstreckte, vor allem aber, was bei Vergehen gegen den Fürsten des Landes, insbesondere der anfangs gar nicht so seltenen Beteiligung an Verschwörungen zu geschehen habe. Ein Spezialproblem des konfessionellen Zeitalters stellten die Botschaftskapläne und -kapellen «feindlicher» Konfessionen und ihre Attraktivität für die eigenen Untertanen dar. Allmählich bürgerte sich trotz erheblicher Abweichungen bis ins 18. Jahrhundert die Exterritorialität der Botschaft ein, mit der Ausweisung des Diplomaten als einziger möglichen Sanktion, in der meist fiktiven Erwartung der Bestrafung durch seinen Auftraggeber.

Gehälter in fester Höhe gab es erst gegen Ende des 16. Jahrhunderts, zunächst bei den päpstlichen Nuntien, die aber oft nicht gezahlt wurden oder nicht ausreichten, so daß die Diplomaten aus eigenen Mitteln zuschießen oder sich verschulden mußten. Bis ins 18. Jahrhundert konnten sie wenigstens auf ein aus Prestigegründen meist sehr reich bemessenes Abschiedsgeschenk des «Gastgebers» hoffen.

Speziell, wenn auch noch nicht ausschließlich für Außenpolitik zuständige Stellen entstanden in der Zentrale spätestens im 16. Jahrhundert, insbesondere die Staatssekretäre. In Frankreich wurde deren regional verteilte Zuständigkeit zwischen 1589 und 1626 bei einem gebündelt, so daß es seit dem 17. Jahrhundert regelrechte «Außenminister» gab, deren Behörde im 18. Jahrhundert europaweit zum bürokratischen Vorbild wurde. In England hatte im 18. Jahrhundert meist einer der beiden Staatssekretäre die Führung in der Außenpolitik, bis 1782 das einheitliche Foreign Office ins Leben trat. Aber eine «altmodische» Kollegialbehörde wie die schwedische oder russische war der Aufgabe nicht weniger gewachsen, ebenso die österreichische Hof- und Staatskanzlei, nachdem sie die Oberhand über die rivalisierende Reichskanzlei gewonnen hatte.

Die Professionalisierung der Diplomatie kam seit der Zeit Ludwigs XIV. in einer halbwegs einheitlichen Hierarchie zum Ausdruck: nach dem Botschafter (ambassadeur, orator, legatus) auf dem zweiten Rang der Gesandte (envoyé, ablegatus), immer noch mit Recht auf Audienz beim Herrscher des Gastlandes, an dritter Stelle dann der Resident, seit dem Wiener Kongreß 1815 Geschäftsträger (chargé d'affaires), der nur beim Außenminister akkreditiert war. Durch den Rang des eigenen Vertreters konnte man die Einschätzung der Partnermacht und Art der Beziehungen zu ihr zum Ausdruck bringen. Botschafter unterhielt man ursprünglich nur bei wenigen Mächten; 1914 hatte Großbritannien neun, Frankreich zehn. Erst im 20. Jahrhundert sind alle Missionschefs zu Botschaftern avanciert. Der Einsatz eines adeligen Vertreters in den höheren Rangklassen galt als protokollarisch erforderlich oder zumindest nützlich. 1697–1715 waren 34 von 38 spanischen Diplomaten Hochadelige (titulos), davon 14 Herzöge. Mindestens bis zum Ersten Weltkrieg blieb der diplomatische Dienst in allen Ländern überwiegend eine Domäne des Adels und wurde oft weniger nach sachlicher als nach sozialer Qualifikation besetzt. Hingegen wandelten sich die Sekretäre allmählich aus Privatbediensteten der Botschafter zu staatlich bestellten, vereidigten und besoldeten Legationssekretären mit Pensionsanspruch. Man brauchte sie zur Wahrung der Kontinuität und Professionalität. Denn eine planmäßige Ausbildung der zukünftigen Diplomaten wurde im 18. Jahrhundert zwar ständig gefordert, aber bis ins 19. nirgends verwirklicht. Von verschiedenen Anläufen blieb nur die 1701 gegründete Pontificia Accademia dei Nobili Ecclesiastici am Leben, die 1712 geschaffene französische Académie politique war spätestens 1721 am Ende. Immerhin galt das Studium diplomatischer Korrespondenz als Vorbereitung auf die Diplomatenlaufbahn, so daß seit dem 17./18. Jahrhundert Wert auf diplomatische Archive gelegt wurde. Allmählich konnten Staatssekretäre und Diplomaten daran gewöhnt werden, ihre Akten nicht mehr als Privateigentum zu betrachten. Als Handreichung für Außenpolitiker und deren Nachwuchs war auch die zunehmende Zahl gedruckter Vertragssammlungen gedacht; Dumont wird heute noch zitiert. Schließlich wurde den zukünftigen Diplomaten Sprachstudium und Auslandserfahrung empfohlen, etwa an Vertretungen des eigenen Landes. Der Attaché war ursprünglich ein junger Mann, der auf eigene Kosten an einer Auslandsvertretung das diplomatische Handwerk lernen wollte. Erst allmählich wurde auch er vom Staat besoldet.

Diese Trends setzten sich im 19. Jahrhundert, dem klassischen Zeitalter der modernen Diplomatie, zunächst ungebrochen fort. Mitte des Jahrhunderts wurde in Frankreich als Voraussetzung für den diplomatischen Dienst eine Licence en droit oder eine Aufnahmeprüfung verlangt, wie sie Spanien, England und andere Länder geschaffen hatten. Aber diese Prüfungen waren für Leute mit (in Deutschland auch: aus) den richtigen Verbindungen bloße Formsache. Erst die Einführung eines anonymen Aufnahmeconcours mit anschließender dreijähriger Probezeit und zweitem Examen in Frankreich 1880 schuf objektive Standards, die allmählich auch von anderen Ländern übernommen wurden. Bis 1914 setzte sich auch ein stärker bürokratischer Arbeitsstil durch.

Die Zahl der ernsthaft an der internationalen Politik beteiligten Staaten wuchs kaum; die Politik blieb überschaubar. Die Einbeziehung der außereuropäischen Welt ging nur langsam vonstatten und beschränkte sich lange auf Konsuln. 1835 begann das Osmanische Reich mit dem Aufbau eines Botschaftersystems; die Entsendung eines osmanischen Diplomaten nach Teheran 1849 dürfte der erste Fall sein, in dem nichteuropäische Länder untereinander sich des europäischen Instruments Diplomatie bedienten. Ende des Jahrhunderts wurden Japan und China, die wie das Osmanische Reich ursprünglich keine Außenbeziehungen auf Gegenseitigkeit gekannt hatten, ebenfalls Bestandteile des Systems. Zusammen mit seinem Staatsmodell exportierte Europa seine Diplomatie als dessen integrierenden Bestandteil.

Erst gegen Ende des 19. Jahrhunderts zeichneten sich grundlegende Neuerungen ab. Die preußische Erfindung des Militärattachés (1830) verbreitete sich weltweit, kein Nachwuchsdiplomat, sondern ein Offizier zum Beobachten oder gar Ausspionieren potentieller Gegner. Da die internationalen Wirtschaftsbeziehungen an Bedeutung gewannen, wurden seit 1880 zusätzlich zum konsularischen Dienst Handelsattachés eingestellt. Frankreich war führend in der auswärtigen Kulturpolitik, mit planmäßiger Gründung von Auslandsschulen seit 1843, energischer seit 1909 zur Verbreitung von Sprache und Kultur Frankreichs. Mit dem Aufkommen der Massenpresse im späteren 19. Jahrhundert mußten Zeitungen beobachtet und beeinflußt werden. Pressebüros wurden eingerichtet und brachten gezielt Nachrichten in Umlauf. Außenpolitik wurde auf diese Weise «öffentlicher», was aber nicht besagen will, daß sie stärkerer parlamentarischer Kontrolle unterlag. Im Gegenteil, es zeichnete sich eine neue Art Außenpolitik ab, durch die Diplomatie alten Stils weitgehend überflüssig wurde. Dank der Entwicklung der Nachrichten- und Verkehrsverbindungen wird sie inzwischen von den Außenministern oder den Regierungschefs selbst und ihren Stäben gemacht, die rasch Kontakt aufnehmen und sich ebenso rasch besuchen oder treffen können. Sogar persönliche Sympathien und Antipathien scheinen wieder Bedeutung zu bekommen.

Nichtsdestoweniger steht der abnehmenden Bedeutung des diplomatischen Dienstes eine eindrucksvolle zahlenmäßige Zunahme gegenüber, (1) teilweise wegen der Vermehrung souveräner Staaten durch die Dekolonisation. Sie wollen alle ihre Diplomaten, und diese Tätigkeit scheint ausgesprochen attraktiv zu sein, aus welchen Gründen auch immer. Die Diplomatenbevölkerung Londons Anfang der 1990er Jahre wurde so auf gut 17 000 Personen geschätzt. Eine Folge war, daß 1961 nach Vorarbeiten der UNO und einer Konferenz von 81 Staaten die gewohnheitsrechtlichen Privilegien der Diplomaten durch einen Vertrag völkerrechtlich kodifiziert wurden. (2) Weiter entsprach der Ausdehnung der Staatsaufgaben eine Expansion der Auslandsvertretungen vor allem auf dem Gebiete von Wirtschaft und Technologie, aber auch der geheimdienstlichen Tätigkeit, mit enormer Zunahme des Personals als Folge, zum Beispiel am Quai d'Orsay 1945–81 von 447 auf 2699 Bedienstete. Wahrscheinlich wird nirgends so deutlich wie in der internationalen Politik, wie wenig das Wachstum des Staatsapparats mit Gewinnen für den Bürger verbunden ist – sofern er nicht im Staatsdienst steht.

b) Mächtesystem

Diplomatie verdankt ihre Entstehung einer Stabilisierung der Instabilität von Staatenbeziehungen, wie es sie nur in Europa gegeben hat. Anderswo handelte es sich entweder um Reichsbildung ohne ebenbürtige Konkurrenz oder um instabile Mächtesysteme. In Europa hingegen entstand ein Mächtesystem, das im 18./19. Jahrhundert, als seine Bestandteile überwiegend zu modernen Staaten wurden, trotz wechselnder Beziehungen eine beträchtliche Stabilität erreichte. Im Gegensatz zu den werdenden Staaten, seinen Bestandteilen, ist dieses Staatensystem selbstreferentiell (Niklas Luhmann), das heißt Vorgänge im System beziehen sich auf andere Vorgänge im System, von außerhalb des Systems muß nichts eingebracht werden, während für die Staatsbildung ja gerade der Außenfaktor der Rivalität mit anderen, der Krieg, konstitutiv wurde. Ein solches System läßt sich aber nicht quasi-institutionell von einer übergeordneten Instanz steuern wie ein Staat. Selbst der Konsens der Mitglieder kann diese Aufgabe nicht übernehmen, weil seine Ergebnisse nicht erzwingbar sind, jede Abmachung jederzeit einseitig aufgekündigt werden kann. In der Neuzeit funktionierte es statt dessen dank «unsichtbarer Hände» wie ein Markt, handelte es sich doch um einen Machtmarkt mit heftiger Konkurrenz. Zwischenstaatlich gab es nämlich kein Machtmonopol, allenfalls, wie auf vielen Märkten, ein Oligopol, die Pentarchie der Großmächte. Das Kommunikationsinstrument der Konkurrenten, das ganz im Sinne eines Marktes deren Entscheidungen einbrachte und damit nichtintendierte Ergebnisse produzierte, war die Diplomatie. Sie bereitete Kriege vor, die andere Ergebnisse hervorbrachten, als ihre Auftraggeber gewünscht hatten, und schloß Frieden, mit denen sie bereits den nächsten Krieg vorprogrammierte.

Das System hieß bei den Zeitgenossen «die Christenheit oder Europa» (Novalis), wobei der zweite Begriff den ersten allmählich ersetzte; um 1700 konnten sie noch gegeneinander ausgetauscht werden. Sein Systemcharakter kommt aber deutlicher in der Formel zum Ausdruck, die für sein Funktionieren gefunden wurde, das Gleichgewicht. Das europäische Gleichgewichtsprinzip hat selbst ausgesprochen selbstreferentiellen Charakter, denn es diente zunächst zur Bezeichnung eines politischen Sachverhalts, dann wurde daraus ein normativer Diskurs, der schließlich wieder auf das politische Verhalten zurückwirkte. Seine Definition von 1806 als «diejenige Verfassung nebeneinander bestehender und mehr oder weniger miteinander verbundener Staaten, vermöge deren keiner unter ihnen die Unabhängigkeit oder die wesentlichen Rechte eines anderen ohne wirksamen Widerstand von irgendeiner Seite und folglich ohne Gefahr für sich selbst beschädigen kann» (Friedrich Gentz)[2] läßt viele Möglichkeiten offen. Sollte es sich um einen Zustand handeln oder eine regulative Idee, um ein System, in dem sich zwei gleichstarke Mächte die Waage halten, oder eines, in dem dem drohenden Übergewicht einer Macht durch alle anderen gemeinsam begegnet wird, oder eines, in dem eine Reihe gleichstarker Mächte verhindert, daß eine aus ihrer Mitte eine hegemoniale Rolle spielen kann? Vor allem ist das politische Gewicht, das gleich sein soll, bis heute nicht exakt zu erfassen und vergleichbar zu machen. Macht empirisch zu messen ist noch niemand geglückt. Dennoch können wir nicht ohne den Begriff auskommen, weil er nicht nur historisch, sondern ausgesprochen geschichtsmächtig gewesen ist.

Auch seine Ursprünge sind im Italien des 15. Jahrhunderts zu suchen, wo die Staatsbildungskonflikte bis zum Frieden von Lodi 1454 den Prototyp der späteren europäischen Pentarchie hervorbrachten, ein

2 Nach *Fenske* 985.

System der fünf dominierenden Mächte Mailand, Venedig, Florenz, Rom und Neapel. Obwohl deren Gleichgewicht keineswegs stabil war, wurde darüber seit 1439 rund hundert Jahre reflektiert, wobei man gelegentlich der Seemacht Venedig die maßgebende Rolle für seine Aufrechterhaltung zuschrieb – eine bemerkenswerte Analogie zur späteren Rolle Großbritanniens. Es wurde dann auf den Gegensatz Habsburg-Valois/Bourbon angewandt und schließlich auf den Widerstand Europas gegen die Hegemonie Ludwigs XIV., in beiden Fällen als Alternative zum angeblichen Streben nach der Universalmonarchie. In Deutschland wurde der Begriff zwar erst nach 1648 auf das paritätische Verhältnis der Konfessionen bezogen – vorher hatten beide Seiten ja gerade nach Beseitigung des konfessionellen Gleichgewichts gestrebt –, wohl aber schon im Vorfeld der Friedensschlüsse, spätestens 1629 auf die politischen Machtverhältnisse.

Zwischen den Friedensschlüssen von Utrecht 1713 und Nystad 1721 hatte sich das europäische Gleichgewichtssystem etabliert; das 18. Jahrhundert wurde seine große Zeit. Verbindlich tauchte es erstmals im Friedensvertrag von Utrecht auf, wo es hieß, Frankreich und Spanien sollten zur Sicherung des Friedens «justo potentiae aequilibrio» getrennt bleiben. Nach der Akzeptanz Rußlands und dem Aufstieg Preußens gab es seit der Jahrhundertmitte das System der fünf großen Mächte (Pentarchie) Großbritannien, Frankreich, Österreich, Preußen, Rußland, das trotz Unterbrechungen über hundert Jahre Bestand haben und Europa im 18./19. Jahrhundert längere friedliche Zeitabschnitte bescheren sollte.

Allerdings fanden schon die Zeitgenossen, eigentlich sichere das Gleichgewichtsprinzip keineswegs den Frieden, weil ja zu seiner Aufrechterhaltung Kriege geführt werden müßten. Demgemäß sind die meisten Kriege jener Zeit Koalitionskriege. Bei Völkerrechtlern des 18. Jahrhunderts findet sich durchaus die Vorstellung, daß zur Aufrechterhaltung des Gleichgewichts geführte Präventivkriege gerechte Kriege seien. Aber ideologisch motivierte Kriege gehörten damals der Vergangenheit oder der Zukunft an; das konfessionelle Zeitalter war vorüber, und das nationale hatte noch nicht begonnen. Kriege gingen vom Interesse und dem Ehrgeiz der Monarchen und ihrer Minister aus. Vergrößerung des eigenen Territoriums, günstigere Grenzen, Ausnutzen der Schwäche eines Nachbarn, vor allem aber dynastische Zwischenfälle wie das Aussterben eines Herrscherhauses oder ein Erbfall, wo man eigene Ansprüche anmelden konnte, gaben im 18. Jahrhundert den Ausschlag – und lösten Reaktionen zur Wahrung des Gleichgewichts aus.

Aufkommende Mächtekonflikte ließen sich freilich noch im 19. Jahrhundert auch durch Einvernehmen der großen Mächte regeln, weil ihnen kraft stillschweigenden Konsenses durch das Konvenienz- und Kompensationsprinzip ein beträchtlicher Operationsspielraum eingeräumt wurde, allerdings nicht selten zu Lasten Dritter. Das Prinzip der Convenance besagte, «daß Verschiebungen auf der Territorialkarte Europas im Sinn von Grenzveränderungen, Teilungen, Ländertausch usw. sehr wohl statthaft waren, sofern sie von einem Grundkonsens der (übrigen) Großmächte getragen wurden, der in aller Regel mit entsprechenden (territorialen oder dynastischen) Kompensationen zu erkaufen war» (Heinz Duchhardt).[3] Auf diese Weise wurde 1735 der abgehalfterte Polenkönig Stanislaus Lesczinski Herzog von Lothringen, Herzog Franz Stephan von Lothringen aber Großherzog der Toskana, wo die Medici passenderweise [convenit!] gerade ausgestorben waren. Das Machtkartell der Großmächte unterwarf schwächere Staaten durchaus seinem Diktat, auch wenn es aus Gründen des Gleichgewichts ihre Existenz zumindest im 18. Jahrhundert nicht bedrohte. Die polnischen Teilungen seit 1772 lassen allerdings erkennen, wozu Großmachtpolitik gegebenenfalls im Stande war. Die Orgie von Konvenienz und Kompensation, die sich im Zeichen von Säkularisation und Mediatisierung in Deutschland abspielte, gab auch kleineren Staaten Anteil an solcher Beute, allerdings im Interesse der Hegemonialmacht Frankreich. Und die Neuordnung Europas 1814/15 verlief in denselben Bahnen. Kein Wunder, daß auch in der europäischen Expansion Kolonien und Halbkolonien wie das Osmanische Reich, Iran und China nach den bewährten Spielregeln von Konvenienz und Kompensation traktiert wurden.

Das «europäische Konzert» der fünf Großmächte, das sich spätestens 1823 wieder um das besiegte Frankreich ergänzt hatte, funktionierte zwar während des größeren Teils des 19. Jahrhunderts im Sinne des Gleichgewichtsprinzips, ließ aber auch deutliche Destabilisierungserscheinungen erkennen. Der Krimkrieg 1854–56 versetzte der englisch-russischen Kooperation einen schweren Stoß, und die Einigung Deutschlands und Italiens bis 1871 bedeutete einen beunruhigenden Machtzuwachs Preußens und das Auftauchen eines sechsten Großmachtanspruchs. Vor allem aber hatte sich das Mächtesystem inzwischen weltweit ausgedehnt; die englisch-russische und englisch-französische weltpolitische Rivalität wurden zwar in Gleichgewichtskategorien erörtert, ließen sich damit aber nicht bewältigen. Schließlich waren die außereuropäischen Großmächte Japan und USA in das hergebrachte Mächtesystem kaum zu integrieren. Außerdem wurde die Gleichgewichtsdoktrin in Deutschland als Instrument der Briten zur

[3] Balance of Power 17.

Sicherung ihrer Hegemonie weithin abgelehnt. Bismarck schätzte sie überhaupt nicht. Gleichwohl könnte sein Bündnissystem als letzter Versuch zur Stabilisierung des europäischen Konzerts betrachtet werden.

Mit dem Pariser Friedenskongreß 1919 wurde die Gleichgewichtsdoktrin verabschiedet. Die neue Weltordnung sollte auf dem nationalen Selbstbestimmungsrecht der Völker und der organisierten kollektiven Sicherheit beruhen. Gleichgewicht und Machtkartell von Großmächten lebten aber als Elementarbestandteile von Politik weiter, letzteres notdürftig verschleiert im Völkerbundsrat und später im Sicherheitsrat der UNO, während ersteres im Zeitalter des Kalten Krieges in der Balance of Terror der hochgerüsteten Weltmächte USA und Sowjetunion kulminierte.

Auch für die Geschichte des Friedenschließens bedeutete 1919 eine Wende. Es handelte sich nämlich um den letzten in einer langen Reihe europäischer Friedenskongresse, die man mit dem Kongreß von Arras 1435 gegen Ende des Hundertjährigen Krieges zwischen England und Frankreich, dem «Wiener Kongreß des Mittelalters» (Friedrich Schneider), beginnen lassen könnte, spätestens aber mit dem 1648 beendeten Westfälischen Friedenskongreß von Münster und Osnabrück. Begrenzte Kriegsziele und Druck der Kriegskosten führten im vormodernen Europa oft dazu, daß schon zu Anfang des Konflikts Friedensfühler ausgestreckt und die Dienste von Vermittlern in Anspruch genommen wurden. Immer häufiger fand das Aushandeln von Friedensschlüssen aber auf diplomatischen Kongressen statt. Schon in den 1720er Jahren, dann verstärkt im 19. Jahrhundert wurde das Instrument des Kongresses außerdem präventiv zur Kriegsvermeidung verwendet. Das war aber nur möglich durch einen impliziten Grundkonsens über Krieg und Frieden. Krieg war kein ideologisch aufgeladener Totalkonflikt, sondern eine legitime Form begrenzter Auseinandersetzung über begrenzte Interessen, gewissermaßen eine Art von Rechtsgeschäft. Friede sagte nichts darüber aus, ob der Sieger im Recht gewesen war, sondern unterstellte spätestens seit dem 17. Jahrhundert beiden Seiten die berechtigte Wahrnehmung ihrer, wenn auch widerstreitenden Interessen. Er suchte einen endgültigen Schlußstrich unter die Angelegenheit zu ziehen und war grundsätzlich auf ewig, das heißt unbefristet abgeschlossen. Daher wurde darauf geachtet, keiner Seite unerträgliche Bedingungen aufzuerlegen oder sie über Gebühr zu demütigen. Demgemäß gingen juristische und andere Begründungen in den Texten deutlich zurück.

1919 wurde dieser Grundkonsens aber endgültig aufgekündigt, denn auf den totalen Krieg sollte ein totaler Friede folgen, der künftige Kriege unmöglich machen wollte. Als Mittel zu diesem Zweck galten die Verwirklichung des nationalen Selbstbestimmungsrechts und die Errichtung des Völkerbundes zur kollektiven Friedenssicherung. Aber beides wurde zugleich gezielt zur Schwächung des besiegten Gegners und zum Vorteil der Sieger eingesetzt. Das neue System ist aber nicht nur an der Sprengkraft dieser inneren Widersprüche gescheitert, sondern an der Fundamentalstruktur von Mächtepolitik. Völkerrechtlich organisierte kollektive Sicherheit zwischen Staaten ist wie Völkerrecht überhaupt nur auf freiwilliger Basis möglich und hält daher nur so lange wie die Interessen der Beteiligten. Zwar besteht die Möglichkeit kollektiver Sanktionen, aber nur wenn die Großmächte mitspielen, deren Machtkartell nach wie vor den Ton angibt.

c) Völkerrecht

Weil Völkerrecht (Ius Gentium, droit des gens, Law of Nations) strenggenommen Staatenrecht ist, trägt die Verdrängung des Begriffs durch «International Law» nur zur Klärung bei. Es läßt sich heute definieren als die Gesamtheit der durch Vertrag oder Gewohnheit zustande gekommenen Rechtssätze, die Beziehungen zwischen Staaten und anderen Völkerrechtssubjekten (internationalen Organisationen) regeln. Die begriffliche Unschärfe kam bezeichnenderweise dadurch zustande, daß der von Cicero geschaffene lateinische Begriff «Ius Gentium» im 16. Jahrhundert übersetzt wurde, als eine Beschränkung auf Staatenbeziehungen noch nicht abzusehen war.

Bei den Römern und im Mittelalter waren mit Ius Gentium jene Rechtsgrundsätze gemeint, die bei allen Völkern galten und insofern natürlich auch politisch wichtig waren. Vom Mittelalter bis in die Gegenwart bestand die Alternative, das Völkerrecht entweder mit dem Naturrecht zu identifizieren und damit von menschlicher Setzung unabhängig zu machen, oder es ausschließlich als positives Recht zu definieren, als menschliche Setzung durch Gesetz, Vertrag oder Gewohnheit. Das bedeutet, daß es im ersten Falle seinen unverfügbaren Geltungsgrund in Gesetzen Gottes oder der Menschennatur hätte, im zweiten Falle hingegen ausschließlich auf den Konsens der Beteiligten gegründet wäre. Völkerrecht als positivem Recht fehlen dann aber die drei Wesensmerkmale von Recht überhaupt, der Gesetzgeber zur allgemeinverbindlichen Festsetzung, der Richter zur allgemeinverbindlichen Entscheidung von Streitfällen, die allgemein anerkannte Zwangsgewalt mit Sanktionen zur Durchsetzung.[4]

[4] *Adolf Lasson* 1882 nach *Steiger* 131.

Für Hobbes und Pufendorf, Locke und Thomasius gab es insofern kein positives, auf Verträge gegründetes Völkerrecht. Zwischen den werdenden Staaten herrschte allein das Naturrecht, was bei Hobbes den latenten Krieg aller gegen alle bedeutete. Pragmatische Gleichgewichtssysteme mochten daraus immerhin erwachsen. Völkerrecht als Naturrecht konnte allerdings bei dem Aufklärer Christian Wolff («Jus gentium» 1749) auch eine verbindliche Vergesellschaftung der Staaten beinhalten, wie die «Civitas maxima» der Stoa ein Überstaat, der Recht setzen und dessen Befolgung erzwingen kann. Emer de Vattel, Wolffianer und Klassiker des modernen Völkerrechts («Le droit des gens ou principes de la loi naturelle» 1758), reduzierte diese Einrichtung wieder auf freiwillige Grundlage, obwohl er sie zukunftsträchtig sogar als «société des nations» bezeichnete. In der Tat beruht, was in jüngerer Zeit an internationalen Organisationen geschaffen wurde, durchweg auf der Grundlage von Verträgen, obwohl die Tradition des Naturrechtsdenkens im Hintergrund vielleicht nicht nur bei der Namengebung eine Rolle gespielt hat.

Weil das Ius Gentium schon für Ulpian, Thomas von Aquin und Bartolus über das Naturrecht hinaus positives Gewohnheitsrecht enthielt – die Sklaverei zum Beispiel galt nur gewohnheitsmäßig als allgemein rechtens –, entwickelten spanische Theoretiker seit Francisco de Vitoria und Fernando Vasquez eine Doppelung von Ius Gentium naturale und Ius Gentium secundarium positiven Ursprungs, die schließlich von Francisco Suárez («Tractatus de legibus» 1612) zu einer klaren Abgrenzung gebracht wurde. Er unterschied das Recht der Völker intra se, gemeinwesenintern, und inter se, im Verkehr untereinander und wollte nur das letztere als Völkerrecht im engeren Sinne gelten lassen. Außerdem war für ihn Völkerrecht immer positives Recht; Grundsätze wie Vertragstreue gehörten bereits zum Naturrecht. Hugo Grotius («De iure belli ac pacis» 1625) unterschied demgemäß Ius naturale und Ius voluntarium, wobei das letztere dann in Ius civile und Ius Gentium zerfiel. Allerdings wurden auch positive Völkerrechtsgrundsätze mittels der natürlichen Vernunft gefunden und konnten daher dem Naturrecht nahestehen. So gehörten Verträge eigentlich nicht zum Völkerrecht, gerieten aber durch Ableitung vom naturrechtlichen Grundsatz der Vertragstreue doch hinein. Bei Wolff, Vattel und ihren Nachfolgern gab es dann aus dem Naturrecht abgeleitetes Völkerrecht einerseits, positives Völkerrecht andererseits, das aus Vertragsvölkerrecht und Gewohnheitsvölkerrecht bestand.

Praktisch sind ja seit dem 17. Jahrhundert zwischenstaatliche Verträge, vor allem die großen Friedensverträge, zum Kernbestand des Völkerrechts geworden. Zusätzlich gab es ebenfalls seit dem 17. Jahrhundert Konventionen zwischen kriegführenden Mächten über die Aufrechterhaltung von Handel und Verkehr im Kriege, vor allem aber auch über die Behandlung von Kriegsgefangenen.

Der Niederländer Hugo Grotius hatte sich zuerst einen Namen als Verteidiger der Freiheit der Meere (Mare liberum) gegen englische Ansprüche auf Seehoheit über die Nordsee und den Atlantik gemacht, obwohl die Niederländer in ihren Kolonien selbstverständlich gegen die Engländer das «Mare clausum» praktizierten. Schon vorher gab es den Dauerkonflikt zwischen den iberischen Mächten, die seit dem 15. Jahrhundert mit christlich-universalistischer Begründung ausschließliche Kolonial- und Seehoheit beanspruchten, und den Franzosen, Niederländern und Engländern, die nicht bereit waren, diesen Anspruch zu respektieren. Seit dem Frieden von Cateau Cambrésis 1559 ist die 1611 genauer fixierte Vorstellung von einem rechtsfreien Raum in Übersee nachzuweisen (No peace beyond the line). Jenseits des Meridians der Azoren und des Wendekreises des Krebses galt für die Spanier die eigene Seeherrschaft, für die anderen die Freiheit der Meere, faktisch das Recht des Stärkeren oder der Hobbes'sche Krieg aller gegen alle.

In Europa selbst stand und steht zur Debatte, wieweit sich die Souveränität eines Landes auf See hinaus erstreckt. Cornelis van Bynkershoek («De dominio maris» 1702) differenzierte zwischen Küstenmeer, Binnenmeer und Weltmeer und gestand einen Herrschaftsanspruch nur für die ersten beiden zu, für Küstenmeere einen Kanonenschuß weit, seit 1780 eine Dreimeilenzone. Außerdem wurde damals im amerikanisch-englisch-französischen Krieg gegen den neuen britischen Seeherrschaftsanspruch das Konzept der bewaffneten Seeneutralität unter russischer Führung erstmals erfolgreich verwirklicht.

Neutralität im Kriege ist zwar so alt wie dieser selbst, konnte in Europa aber strenggenommen erst akzeptabel werden, als die Vorstellung verschwand, im Krieg müsse eine Partei im Recht, die andere im Unrecht sein. Bis zum 18. Jahrhundert wurden Neutralitätserklärungen und -verträge immer üblicher, die Rechte und Pflichten der Neutralen wie der Kriegführenden ihnen gegenüber immer genauer herausgearbeitet. Grundlegend ist das Recht des Neutralen auf territoriale Unversehrtheit. Er hat das Recht, mit den Kriegführenden Beziehungen zu unterhalten, muß sie aber gleich behandeln und darf keiner Seite Waffenhilfe leisten. «Wohlwollende Neutralität» ist also keine.

Schließlich entwickelten Bynkershoek, Vattel und andere das neue Konzept von Neutralität als völkerrechtlichem Dauerzustand. Die Schweiz hatte sich in der Praxis seit langem in allen Kriegen neutral verhalten; 1815 wurde ihre immerwährende Neutralität von den

Mächten garantiert. Dauernd neutral sind inzwischen auch der Vatikanstaat (1929) und Österreich (1955).

d) Geheimdienste

Nach 1945 sollen in westlichen Hauptstädten 40–45 % des diplomatischen Personals der Sowjetunion KGB-Angehörige gewesen sein, in manchen Entwicklungsländern bis zu 75 %, deren Aufgabe auch in der Überwachung der eigenen Diplomaten bestand, obwohl sie selbst kaum über niedere Ränge hinauskamen – ein Extremfall, aber kein Ausnahmefall! Da Informationsbeschaffung erste Aufgabe des modernen Diplomaten war, können die Nachrichtendienste ohne weiteres als ein Seitenzweig der Diplomatie betrachtet werden. Bezeichnenderweise war der Verfasser eines maßgebenden Diplomatenhandbuchs, der Niederländer Abraham de Wicquefort, sein Leben lang nicht nur als Diplomat, sondern auch als Informant für verschiedene Regierungen tätig, bis er 1675 enttarnt und verhaftet wurde.

Dabei waren außenpolitischer Geheimdienst und innenpolitische Geheimpolizei lange Zeit sowenig zu trennen wie Außenpolitik und Innenpolitik. Das galt auch für die Extremfälle der Verschwörung und des politischen Mordes. Bis ins 17. Jahrhundert schrieben viele Politiker ihrer Obrigkeit das Recht oder sogar die Pflicht zu, gefährliche innere und äußere Gegner im Interesse des Gemeinwohls ermorden zu lassen. Schließlich sind die politischen, finanziellen und menschlichen Kosten eines Mordes weit niedriger als die eines Krieges. Seit Grotius gilt politischer Mord zwar als völkerrechtswidrig, ob er deswegen aber seltener oder nur diskreter stattfindet, weiß man nicht.

Mord gehörte seit dem Mittelalter zum politischen Instrumentarium des venezianischen Rates der Zehn und seiner Staatsinquisitoren. Hier blühte nicht nur Bespitzelung und Denunziation, sondern Venedig war auch ein «internationales» Zentrum für die zuerst in Italien aufkommenden, professionellen Informanten und Nachrichtenhändler der Neuzeit, mit gleitendem Übergang zu diplomatischen Agenten einerseits, Verfassern und Vertreibern von «Avvisi» und «Newen Zeytungen», also den Anfängen des Pressewesens, andererseits.

Es war dann die keineswegs unberechtigte Furcht vor der «papistischen Weltverschwörung» gegen das protestantische «auserwählte Volk» der Engländer und seine Königin Elisabeth I., die den Staatssekretär und entschiedenen Protestanten Francis Walsingham veranlaßte, einen organisierten Nachrichtendienst zu schaffen, während die Engländer bis dahin solche «italienischen Methoden» mit Verachtung gestraft hatten. Jetzt aber spielte in Vorwegnahme des 20. Jahrhunderts ideologisch begründete Solidarität eine große Rolle, denn Walsinghams europaweites Informantennetz bestand neben englischen Diplomaten, freiberuflichen Nachrichtenhändlern und plazierten Spionen – einer saß sogar in einem Zentrum der gegnerischen Aktivitäten, dem Englischen Kolleg in Rom, ein anderer scheint der Dramatiker Christopher Marlowe gewesen zu sein – vor allem aus protestantischen Glaubensgenossen. Der Auslandsnachrichtendienst hatte auch die gefährlichen katholischen Emigranten im Auge zu behalten, abermals ein wohlbekanntes Muster. 1582/83 erhielt Walsingham Briefe von ca. 500 Informanten, oft mehrere aus einer Stadt. Dazu unterhielt er hauptamtliche Agenten im Landesinneren, die auf das Aufspüren der aus dem Ausland eingeschleusten Priester spezialisiert waren. Von Verhafteten erpreßte man durch Folter weitere Informationen. Walsinghams größter Erfolg war die Aufdeckung der Verschwörungen um die in England inhaftierte Mary Stuart, die 1587 die Hinrichtung dieser gefährlichen Rivalin seiner Königin ermöglichte.

Republik, Protektorat und Restauration hatten wie noch Wilhelm III. und seine Nachfolger ebenfalls allen Grund, Anschläge ihrer Gegner zu fürchten. Daraus ergab sich eine weitere Blüte des englischen Geheimdienstes mit merkwürdiger, aber bekanntlich nicht untypischer Kontinuität zwischen ideologisch total entgegengesetzten Regimes. Samuel Morland, der solchen gedient hatte, rechtfertigte geheimdienstliche Tätigkeit sogar theoretisch als Ausdruck des notwendigen Mißtrauens der Regierung gegen andere Mächte wie die eigenen Untertanen! Schon im 17. Jahrhundert gab es eine Art von ständigem Unterstaatssekretär für die Nachrichtendienste.

Jetzt konnte das Öffnen von Briefen und Dechiffrieren fremder Diplomatenkorrespondenz dank des weiterentwickelten Postwesens planmäßiger denn je betrieben werden. 1665 galten die Engländer unter Kennern als die geschicktesten Brieföffner der Spionagewelt. Der 1703–1844 existierende Decyphering Branch des Secret Office war ein erbliches Unternehmen der Familie Willes, die ihre Künste auch vor der wissenschaftlichen [!] Neugier eines Gottfried Wilhelm Leibniz geheimhielt. Sie verloren aber an Bedeutung, als die Diplomaten trotz hoher Kosten ihre Post nur noch durch Kuriere befördern ließen.

Codeknacker waren aber nicht immer erfolgreich; eine Mitte des 17. Jahrhunderts von Antoine Rossignol erfundene Chiffre wurde erst in den 1870er Jahren bezwungen. Denn in Frankreich gab es selbstverständlich ebenfalls ein cabinet noir unter dem Außenminister, wo das Brieföffnen in noch breiterem Umfang betrieben wurde; auch Minister und Mitglieder des Königshauses waren vor ihm nicht sicher. Und die Geheime Kabinetts-Kanzlei der Österreicher, die unter Karl VI. eine Gestalt erhalten hatte, die sie bis 1848 beibehalten sollte, galt sogar als besonders effizient. Selbstverständlich zeitigten die Turbulenzen der Jahre 1789–1815 eine neuen Blüte geheimdienstlicher Aktivitäten. Napoleon soll es geschätzt haben, Gesprächspartner mit Hinweisen auf deren vertrauliche Korrespondenz zu konfrontieren. Auch das System Metternich arbeitete mit denselben Methoden, die 1848 nur für kurze Zeit verschwanden. Gegen Ende des 19. Jahrhunderts gab es selbstverständlich in Frankreich, Österreich und Rußland cabinets noirs; in Paris wurde die gesamte diplomatische Korrespondenz routinemäßig geöffnet. Nur in Großbritannien erregte das Öffnen der Briefe des italienischen Flüchtlings Giuseppe Mazzini einen solchen Sturm der Entrüstung, daß das Secret Office mit seinem Decyphering Branch 1844 geschlossen wurde und diese Art Informationsbeschaffung längere Zeit aus der Übung kam.

Bezeichnenderweise änderten sich die Dinge in Großbritannien wieder durch militärische Initiative. Im Zeichen des allmählichen Wandels des Kriegers zum Techniker wurde auch der technische Kampf an der Kommunikationsfront immer wichtiger, vor allem infolge des Rüstungswettlaufs vor dem Ersten Weltkrieg und dann erst recht im Zeichen der beiden Weltkriege und der neuartigen Rivalität bedrohlich expansiver ideologischer Systeme. Das 20. Jahrhundert erlebte ein explosives Wachstum der Geheimdienste und der Penetration des diplomatischen Dienstes durch sie. Die Schließung des amerikanischen Cypher Bureau (Black Chamber[!]) durch Außenminister Henry L. Stimson 1929 mit der Begründung «gentlemen do not read each other's mail» blieb Episode.[5] Bekanntlich ist auch Spionage in befreundeten Ländern gang und gäbe, neuerdings freilich vor allem mit wirtschaftlichem Schwerpunkt, wie man unter anderem Präsident Clintons Anweisungen entnehmen kann. Ungeachtet der gigantischen Dimensionen, die das Geheimdienst(un)wesen inzwischen angenommen hat, und seiner gewaltigen Kosten, war und ist seine außenpolitische Bedeutung nach dem übereinstimmenden Urteil so kompetenter wie verschiedener Sachkenner wie Lewis Namier und Markus Wolf aber erstaunlich gering. Wenn es nicht schon vorhanden wäre, müßte man es sicher nicht erfinden!

[5] Nach *Hamilton/Langhorne* 190.

4. Kulturpolitik

Kulturpolitik als Machtpolitik gehört zwar zur politischen Kultur eines Gemeinwesens, stellt aber nur einen engen Ausschnitt daraus dar, nämlich die bewußte Kontrolle und Instrumentalisierung bestimmter kultureller Felder durch und für die Staatsmacht. 1919 hat sie der preußische Kultusminister Carl Heinrich Becker zeitbedingt definiert als «bewußte Einsetzung geistiger Werte im Dienste des Volkes und des Staates zur Festigung im Innern und zur Auseinandersetzung mit anderen Völkern nach außen».[1] Heute betrifft Kulturpolitik die fünf Felder Religion, Kunst, Medien, Bildung und Wissenschaft, Freizeit und Sport. Davon sind Freizeit und Sport jüngsten Datums, während Religion und Kunst zwar die ältesten Felder politischer Aktivität darstellen, gerade deshalb aber lange nicht vollständig politisch instrumentalisierbar waren. Religiöses Engagement und symbolische Selbstdarstellung waren nicht Werkzeuge, sondern integrale Rollenbestandteile der werdenden Staatsgewalt. Fürsten, die im 16. Jahrhundert den Glauben wechselten, waren sich selbstverständlich der politischen Nützlichkeit dieses Schrittes bewußt. Nichtsdestoweniger war er Sache ihrer persönlichen Überzeugung und sei es nur ihres gewohnten Kirchenregiments, ihrer real praktizierten Ekklesiologie. Erst als Kurfürst August von Sachsen katholisch wurde, um 1697 König von Polen zu werden, handelte es sich um ein reines Nützlichkeitskalkül, wie es noch die französischen Antiklerikalen der Dritten Republik veranlaßte, im Nahen Osten als Protektoren desselben Katholizismus aufzutreten, den sie innenpolitisch bekämpften. Da sich für das Verhältnis der Staatsgewalt zur Kunst ähnliche Überlegungen anstellen lassen, bleiben die Medien sowie Bildung und Wissenschaft als bevorzugte Felder instrumentalisierter Kulturpolitik.

a) Medien

Sprache

Kontrolle des Urmediums Sprache wurde erst möglich, als nicht mehr das vorgegebene Latein die Sprache von Bildung und Herrschaft war, sondern verschiedene Landessprachen zu Schrift-, Rechts- und in der Reformation auch zu Kirchensprachen wurden und sich für die Staatsgewalt Möglichkeiten eröffneten, in diesen Prozeß einzugreifen. Ein

[1] *Becker, Carl Heinrich*, Kulturpolitische Aufgaben des Reiches, Leipzig 1919, 13, nach *Alter* 53.

Vorbild boten italienische Humanisten, die seit Petrarca im 14. Jahrhundert auch das Italienische gepflegt hatten, bis sich schließlich die Accademia della Crusca, die erste europäische Sprachakademie, 1582 die planmäßige Standardisierung des Italienischen zur Aufgabe machte.

Spanier und Portugiesen betrachteten ihre Sprachen seit dem 15./16. Jahrhundert analog zum Latein, der Sprache des Imperium Romanum, als Mittel und Symbol ihrer weltweiten Herrschaftsansprüche. Die kastilische Grammatik des Humanisten Antonio de Nebrija von 1492, die erste für eine europäische Nationalsprache überhaupt, erklärte das Kastilische zum Herrschaftsinstrument eines spanischen Zeitalters, das auf das lateinische gefolgt sei. Zwar ließen sich die Indianer Amerikas nie richtig hispanisieren, aber auf der Iberischen Halbinsel selbst war Sprachpolitik erfolgreich. Wie sich die portugiesische Monarchie gegen die spanische behauptete, so entstand aus einem Regionaldialekt die portugiesische Staats- und Nationalsprache. Das Kastilische wurde seit 1714 von einer königlichen Sprachakademie mit Wörterbuch und Grammatik gepflegt, während zugleich mit der Autonomie der Krone Aragon auch deren Sprachen entfielen. Die seit 1768 erzwungene Dominanz des Kastilischen als Instrument eines Einheitsstaates sollte ihren Höhepunkt im 20. Jahrhundert erreichen, um erst im Zuge der Dezentralisierung Spaniens nach 1979 revidiert zu werden.

Auch in Frankreich schrieben Humanisten im frühen 16. Jahrhundert Verteidigungen der Landessprache. 1539 bestimmte die Ordonnance von Villiers-Cotterets, daß Gesetzgebung und Justiz sich hinfort statt des Lateinischen des Französischen zu bedienen hätten. Anstrengungen zur Reinigung und Pflege des Französischen kulminierten in der Gründung der Académie Française nach Florentiner Modell 1635, der diese Aufgabe samt Herausgabe von Wörterbuch und Grammatik seither obliegt. Unter Ludwig XIV. wurde Sprachpolitik zwecks Integration neuerworbener Gebiete betrieben, freilich differenziert, im Elsaß behutsam, im Roussillon brutal. Für einfache Leute wurden dabei frankophone Pfarrer und Predigten eingesetzt. Die Revolution erblickte zwar in der Sprache ein wesentliches Medium der Einheit der Nation, aber die Verbreitung des Französischen wurde hauptsächlich von lokalen Revolutionären vorangetrieben. Nur 1794 kam es zu einer kurzen, wenig erfolgreichen Phase linguistischen Terrors. Es war eher zur Erleichterung der Steuererhebung, daß Napoleon 1803 verfügte, daß alle actes publiques künftig in französischer Sprache auszufertigen seien. Langfristig sorgten aber vor allem der Militärdienst und die einheitliche Grundschule der Dritten Republik für die erstaunliche sprachliche Homogenisierung des Landes.

In England waren seit der normannischen Eroberung 1066 die «politischen» Sprachen das Latein der (kirchlichen) Amtsträger sowie Französisch im Parlament und vor den Common Law Courts, wo das Law French erst 1731 abgeschafft wurde. Unter dem Einfluß des Krieges mit Frankreich drang das Englische seit dem 14. Jahrhundert aber im Parlament vor, und im Chancery Court wurde schon damals das Londoner Englisch verwendet. Seit ca. 1420–60, als sich Englisch in Wirtschaft und Politik allgemein durchsetzte, entwickelte sich daraus das Standard English. Diese Vorgänge scheinen ebenso wie die Ausbreitung des Englischen über die keltischen Nachbarländer weitgehend ohne bewußte Steuerung abgelaufen zu sein. Seit dem 16. Jahrhundert allerdings wurde die englische Sprache in Irland gezielt verbreitet, um mit diesem Instrument die «wilden» Iren zu zivilisieren, das hieß zu anglisieren.

Die Deutschen taten sich schwerer mit ihrer «Muttersprache», gerade weil sie lange Zeit nicht zum Zwecke politischer Vereinheitlichung oder Abgrenzung instrumentalisiert wurde. Als Josef II. für die Österreichische Monarchie einen Versuch zur Zentralisierung durch einheitliche deutsche Verwaltungssprache unternahm, stieß er vor allem bei den Ungarn auf heftigen und erfolgreichen Widerstand. Umgekehrt blieb es im dänischen Gesamtstaat auch unter der zentralistischen absoluten Monarchie beim Nebeneinander von Deutsch in Schleswig-Holstein und Dänisch in Dänemark und Norwegen, bis sich Ende des 18. Jahrhunderts eine heftige national-dänische Reaktion ankündigte. Im Zeichen des Nationalismus sollte Sprachpolitik überall eine Eigendynamik entwickeln, die weit über ihren rational kalkulierten Einsatz als machtpolitisches Instrument hinausführte.

Zensur

Zwar ist oft schon das Medium Sprache selbst die politische Botschaft, aber es vermittelt zusätzlich auch politisch bedeutsame Inhalte, deren sich das kulturpolitische Zwillingspaar Propaganda und Zensur annimmt. Ihre Möglichkeiten erlebten einen quantitativen wie qualitativen Schub mit der Erfindung des Buchdrucks, der zweiten Medienrevolution der Geschichte, bedeutsam genug, um erst mit ihr die Neuzeit beginnen zu lassen. Schließlich war auch die Reformation, die traditionell als Epochenscheide betrachtet wird, nur durch den Buchdruck möglich geworden. Sie stellte aber nicht nur den ersten Höhepunkt gedruckter Propaganda dar, sondern löste auch einen mächtigen Entwicklungsschub der Zensur aus. Freilich teilte sich die werdende Staatsgewalt diese selbstgestellte Aufgabe noch lange Zeit mit Kirchen, Universitäten und in England zusätzlich mit der Druckerzunft, wobei das Zusammenwirken höchst unterschiedlich und insgesamt wohl nicht sehr wirkungsvoll ausfiel. Auch kirchliche Zensurmaßnahmen haben selten zu massiver Vernichtung von Büchern geführt; das sollte modernen Staaten des 20. Jahrhunderts vorbehalten bleiben. Die Zensur hatte zunächst dem Schutz des Glaubens, der Moral und der Ehre von Einzelpersonen zu dienen, bald aber auch der Verteidigung des Gemeinwesens und des Fürsten gegen Kritik. Im 18. Jahrhundert übernahm der Staat die Führung in Zensurangelegenheiten und machte diese nach der Französischen Revolution zu einem Bestandteil seines von Polizeiorganen ausgeübten Gewaltmonopols. Die eigenständige Zensur der katholischen Kirche, die im 19./20. Jahrhundert neben der staatlichen weiterexistierte, wurde 1967 weitgehend abgeschafft; die Indexkongregation mit ihrem Verzeichnis verbotener Bücher ist nur noch Geschichte.[2]

Traditionell lag die Buchzensur bei den theologischen Fakultäten. Zuerst wurde in Mainz, der Stadt Gutenbergs, die bischöfliche Vorzensur für theologische Schriften eingeführt und 1487 vom Papst für die ganze Kirche vorgeschrieben. 1496 beanspruchte Kaiser Maximilian I. ein Buchregal als kaiserliches Majestätsrecht, besonders im Hinblick auf Gewinne aus der Erteilung von Druckprivilegien, einer Frühform des copyright. Die Reformation führte schließlich zu den Regelungen der Reichspolizeiordnung von 1577, die bis 1806 galten. Danach hatten die jeweiligen Obrigkeiten die Drucker zu überprüfen, zuzulassen, zu überwachen und die Vorzensur über ihre Produktion auszuüben. Autor, Drucker, Ort und Jahr des Drucks waren auf dem Titelblatt anzugeben. Dazu kam eine Nachzensur bei den Buchhändlern (Revision oder Visitation) und bisweilen sogar bei den Käufern, die sich durch Erwerb verbotener Bücher ebenfalls strafbar machten. In katholischen Gebieten wurde nach Vorzensur durch Beauftragte der Bischöfe und Orden die kirchliche Druckerlaubnis (Imprimatur) erteilt; kirchlich verbotene Bücher waren seit 1564 gemäß Beschluß des Trienter Konzils im römischen Index Librorum Prohibitorum verzeichnet. Dazu kam die enge Zusammenarbeit mit dem Landesherrn, der seine Zensoren gern aus dem Klerus nahm. Es gab territoriale Verzeichnisse verbotener Bücher zum Gebrauch der Ortsbehörden und Grenzkontrollen, in Bayern 1566 sogar eine Liste erlaubter Bücher.[3] Seit 1648 wurden auch politische Schriften gegen Frieden und Reichsverfassung einbezogen. Ein kaiserlicher und päpstlicher Bücherkom-

[2] Ihr vollständiges Archiv ist inzwischen im Rahmen des Archivs der römischen Glaubenskongregation frei zugänglich.

[3] *Neumann* 78–84.

missar hatte seit 1579 die Frankfurter Buchmesse zu überwachen, auf Einhaltung der Druckprivilegien zu achten und die 1577 vorgeschriebenen Pflichtexemplare für die Wiener Hofbibliothek einzutreiben. Das «Zeitalter der Aufklärung» hat keineswegs sofort eine Lockerung der Zensur bewirkt, im Gegenteil, der Fortschritt an Rationalität und Effektivität bei den Behörden konnte «dem Zensursystem eine ganz neue, beängstigende Qualität geben» (Dieter Breuer).

Der gute Ruf Preußens in Zensurfragen ist nämlich vor allem auf die gekonnte Selbstdarstellung Friedrichs II. zurückzuführen, dessen berühmte Anweisung, der «Berlinischen Privilegierten Zeitung» Freiheit zu lassen, weil «Gazetten wenn sie interessant seyn sollten nicht geniret werden müßten» (1740), nur für den Lokalteil galt und nach sechs Monaten zurückgenommen wurde; Zeitungen und politische Literatur unterlagen in den folgenden Kriegsjahren sogar besonders scharfer Kontrolle. 1742 wurde für Berliner Drucker und 1749 für ganz Preußen die Vorzensur durch eine zentrale Kommission von Spezialisten eingeführt; Universitäten und Akademien waren zur Selbstzensur verpflichtet. Liberale Momente der Zensurpraxis waren nach Friedrichs Tod bald verschwunden.

In Österreich blieb die 1730 errichtete staatliche Zensurkommission in geistlicher Hand. In Niederösterreich hatten die Universität Wien und der Bischof die Vorzensur, die Regierung die Nachzensur bis hin zu Haussuchungen nach ketzerischen Büchern bei der Verfolgung des österreichischen Kryptoprotestantismus. Die Verwaltungsreformen Maria Theresias und Josephs II. brachten straffe Zentralisierung in staatlicher Hand und allmähliche Verdrängung der Jesuiten aus der Zensur-Hof-Kommission durch Aufklärer. Doch wurden immer noch so viele Bücher verboten, daß deren seit 1756 veröffentlichtes Verzeichnis zu einem gesuchten Führer für verbotene Literatur avancierte, woraufhin es 1777 selbst verboten und nur noch den Zensoren zugänglich gemacht wurde. Erst Josephs II. Zensurgesetz von 1781 führte zu einer Liberalisierung auf breiter Front zugunsten aufgeklärter, vor allem «nützlicher» Literatur, nicht zuletzt im Interesse der wirtschaftlichen Entwicklung der Buchproduktion. Die Zensurkommission wurde aufgelöst, ihre Aufgabe der Studien-Hof-Kommission übertragen. Protestantische Literatur war nicht mehr verboten, wurde an Katholiken aber nur gegen Bezugschein abgegeben. Schwierigkeiten hatten eher katholische Veröffentlichungen, die der aufgeklärten Kirchenpolitik des Kaisers widersprachen. Selbst Gebetbücher wurden nun vom Staat zensiert.

Die Verschärfung in der Revolutionszeit führte wieder zu intellektueller und politischer Bevormundung, wie sie von den Karlsbader

Beschlüssen bis 1848 im ganzen Deutschen Bund praktiziert wurde; ein liberales badisches Pressegesetz von 1832 mußte noch im selben Jahr auf Druck des Bundes zurückgenommen werden. Die Revolution von 1848 brachte in Deutschland den Sieg des Prinzips der Meinungs- und Pressefreiheit und das endgültige Ende der staatlichen Vorzensur – einer ihrer wenigen bleibenden Erfolge. Allerdings blieb es bei einer Nachzensur mit Verboten, Prozessen und Strafen. Auch nach Abschaffung jeder Zensur 1918 ließ sich die Pressefreiheit bei entsprechender Einstellung der Justiz mit Strafprozessen wegen Unsittlichkeit, Gotteslästerung, Beleidigung und falscher Anschuldigung einschränken, eine Praxis, die auch in den Mutterländern der modernen Freiheitsrechte, in England und den USA, immer noch eine Rolle spielt.

Die englische Krone etablierte rasch ihre Kontrolle über den Buchdruck, gewährte Druckprivilegien und sogar Monopole für bestimmte, etwa juristische Bücher, nicht zuletzt zum Schutz des einheimischen Gewerbes. Da sich die kirchliche Vorzensur in der kritischen Lage nach der Trennung von Rom nicht bewährte, nahm die Krone die Sache in die Hand und veröffentlichte 1529 das erste Verzeichnis verbotener Bücher von ganz Europa. Unter Elisabeth wurde die Kontrolle in erster Linie von verschiedenen Amtsträgern der Anglikanischen Kirche wahrgenommen. Die praktische Verwaltung der Vorzensur und Kontrolle des Buchmarkts in Zusammenarbeit mit der Kirche lag aber bei der Londoner Druckerzunft, der Stationers Company, die 1557 ihre Charter of Incorporation erhalten hatte.[4] Zur Sicherung ihres Monopols erhielt sie das Recht zur Haussuchung und Beschlagnahme der Produkte illegaler Konkurrenz und unzensierter, nicht lizensierter Veröffentlichungen.

Das revolutionäre Parlament versuchte angesichts radikaler Publikationen, das Kontrollsystem der Monarchie weiterzuführen, freilich nicht sehr erfolgreich. Auf eine Befragung wegen seiner anstößigen Ehescheidungstraktate in eigener Sache reagierte der Dichter-Politiker John Milton 1644 mit seiner «Areopagitica», der ersten großen Programmschrift für die Pressefreiheit, die noch Generationen Argumente liefern sollte. Die Restauration regelte die obligatorische Vorzensur und die Druckprivilegien und -monopole 1662 ebenfalls durch Parlamentsgesetz. Danach sollte juristische Literatur von den Oberrichtern zensiert und lizensiert werden, historische und politische von den Staatssekretären, theologische, philosophische, wissenschaftliche und künstlerische von den Bischöfen, Veröffentlichungen der Universitäten

[4] «Stationarius» war ursprünglich ein seßhafter Buchhändler im Gegensatz zum wandernden Buchführer.

von deren Vizekanzlern. Nur die Häuser von Peers waren gesetzlich gegen Durchsuchung geschützt. 1663 wurde als Helfer der Staatssekretäre ein Surveyor of the Press bestellt. Offensichtlich bestand ein enger Zusammenhang mit dem Informations- und Spionagesystem. Dennoch dürfte höchstens die Hälfte der veröffentlichten politischen Pamphletliteratur mit der vorgeschriebenen Genehmigung erschienen sein. Mitglieder der Stationers Company waren selbst am verbotenen Geschäft damit interessiert. Zensur auf parlamentarischer Grundlage war offenbar kontrovers und ineffizient. Noch nicht einmal die unzulässigen Berichte aus dem Parlament ließen sich verhindern. Daher wurde die Regulation of Printing Act 1694 nicht mehr verlängert. Von nun an war nur noch Nachzensur möglich, das hieß vor allem Strafverfolgung vor Gericht wegen «seditious libel», der Veröffentlichung aufrührerischer Flugschriften und Zeitungen. Seit 1771/75 durfte auch aus dem Parlament berichtet werden. Der Markt konnte aber mit Besteuerung oder Subventionen beeinflußt werden; außerdem wurde im Zeichen der Französischen Revolution 1792 die Verfolgung wegen Libel wirkungsvoller geregelt. Erst nach 1860 war mit dem Verschwinden jeder Regierungskontrolle vollständige Pressefreiheit erreicht. Dafür gab es seit 1857 die Obscene Publications Bill, die erst 1959 liberal novelliert wurde.

Auch in Frankreich verband sich bei der Überwachung der Presse das Interesse an den Inhalten mit demjenigen an den Druckrechten. Auch hier wurde daher eine Drucker- und Buchhändlergilde geschaffen. Die Zensur lag bei der theologischen Fakultät der Sorbonne, daneben bei Bischöfen, Inquisitoren und Gerichten; außerdem griff bisweilen der König selbst ein. Doch mit dem Anschwellen der evangelischen Bewegung gab die Krone den Zensoren freie Hand, behielt sich 1563 aber das Recht auf anschließende Erteilung der Druckerlaubnis vor. Als der Kanzler, der für die Presse zuständig war, 1624 drei königliche Zensoren bestellte, ging die Zensur trotz dauernder Opposition der Theologen und der Parlamente allmählich an die Krone und überwiegend in Laienhand über. Seit 1723/44 war Vorzensur obligatorisch. Der Chef du bureau oder Directeur oder Inspecteur général de la librairie mit sieben Mitarbeitern schlug dem Kanzler Zensoren für die neun Bücherklassen Theologie, Jurisprudenz, Medizin und Naturwissenschaft, Literatur usf. vor, deren Zahl 1745–89 von 73 auf 178 anwuchs. Vor allem unter Chrétien des Malesherbes 1750–63 wurde die Zensur so großzügig gehandhabt, daß sogar Voltaire zufrieden war. Aber auch danach drückten die Zensoren gerne ein Auge zu. Außerdem konnten Bücher im Ausland, in der Provinz oder heimlich in Paris gedruckt werden, häufig mit fiktivem Druckort. Angesichts der fehlenden Zensur in den nördlichen Niederlanden war Amsterdam als solcher besonders beliebt, weil unverdächtig.

In Italien und Spanien spielte die kirchliche Inquisition eine Rolle; die Päpste setzten bisweilen ihre Nuntien zur europaweiten Verfolgung von Druckerzeugnissen und ihren Verfassern ein. Diese Instanzen gerieten aber nicht selten in Konflikt mit der staatlichen Kirchenhoheit und der Aufklärung. Neben der Verhinderung glaubens- und sittenwidriger Schriften trat auch hier das Interesse der Staatsräson an der Unterdrückung von Regimekritik immer mehr in den Vordergrund. In Piemont wurde schließlich ein königlicher Verlag mit Druckerei geschaffen, um Kontrolle durch ein Monopol sicherzustellen. In Spanien war seit 1502 eine königliche Druckerlaubnis durch den Kastilienrat erforderlich. Dennoch hatte sich im 18. Jahrhundert trotz der Inquisition ein beachtlicher Spielraum für Veröffentlichungen ergeben.

Die Französische Revolution brachte die von den Aufklärern längst geforderte Pressefreiheit, die in Frankreich seither im Prinzip stets aufrechterhalten wurde. In der Realität wurden aber bereits 1797 alle Zeitungen unter Polizeiaufsicht gestellt, anschließend die Pariser politische Presse bis 1811 von über 75 auf vier Titel reduziert. Dazu kam ein striktes Informationsmonopol der Regierung und anscheinend der Einsatz von Besteuerung und Subventionierung, nicht zuletzt auch bei der Provinzpresse. Hier wie bei der 1810 wieder eingeführten Vorzensur hatten die jeweiligen Präfekten einen breiten Ermessensspielraum, während in Paris ein schärferer Wind wehte. Dennoch hat sich die französische Presse europaweit eine so starke Stellung erworben, daß ihr neue Zensurgesetze 1835 nichts mehr anhaben konnten.

Propaganda

Die werdende Staatsgewalt nutzte das neue Medium Buchdruck von Anfang an offensiv als Machtmittel. Die Möglichkeit, ihre Verfügungen in beliebiger Anzahl herzustellen und zu verteilen, bedeutete Intensivierung von Herrschaft durch Kommunikation. Allein für Frankreich 1598–1643 wird mit ca. 500 000 verschiedenen Drucken von königlichen Erlassen gerechnet (Henri-Jean Martin). Neugeschaffene Staatsdruckereien konnten darüber hinaus aber auch Tendenzliteratur aller Art produzieren. Man könnte die seit 1626 auf Missionsliteratur in vielen Sprachen spezialisierte Druckerei der Propagandakongregation [!] in Rom nennen oder seit 1640 die Imprimerie royale in Paris. Napoleon I. unterhielt sogar Felddruckereien für Armeezeitungen, um die Stimmung seiner Truppen anzuheizen.

Gedruckte Propaganda entstand fast zugleich mit dem Buchdruck. Bereits der in vieler Hinsicht äußerst «moderne» Kaiser Maximilian I.

hat nicht nur an Publikationen zur Idealisierung seiner Person arbeiten lassen, sondern auch die Untertanen Venedigs durch gedruckte Proklamationen gegen ihre Herren aufzuhetzen versucht. Allerdings dürfte Richelieu in der Planmäßigkeit seines propagandistischen Vorgehens alle Vorgänger übertroffen haben. Er förderte ganze Autorenmannschaften, bei denen er nicht nur politische Pamphlete, sondern auch umfangreiche wissenschaftliche Abhandlungen sowie Gedichte und Theaterstücke in Auftrag geben konnte. Dabei konnte königstreue Gesinnung ebenso eine Rolle spielen wie die Zuwendung einer reichlich bemessenen Pension. Eine Gruppe solcher Schriftsteller formierte sich seit 1630 zur 1635 formell errichteten Académie Française, die im wesentlichen aus Richelieus Klienten bestand und ihm neben ihren sprachpolitischen Aufgaben als weitere Propagandawerkstatt diente. 1636 und 1638 produzierten ihre Mitglieder Rechtfertigungen seiner Politik. Aber schon 1624–27 hatte er seine Außenpolitik durch Lohnschreiber verteidigen lassen. Als Pierre Corneille 1637 in der Tragödie «Le Cid» dem adeligen Ehrbegriff den Vorrang vor dem Gehorsam gegen den König einzuräumen schien, führte der Kardinal nicht nur eine kritische Stellungnahme der Académie Française herbei, die ihm den Vorwand zu Unterdrückungsmaßnahmen bot, sondern veranlaßte darüber hinaus Desmarets de Saint-Sorlin zu einem Drama «Roxane», das die Pflicht gegen den Souverän an die erste Stelle setzte.[5] Neben Dichtern und Dramatikern wußte Richelieu auch Historiker zu mobilisieren, die in ziemlich durchsichtiger Verkleidung bei der Behandlung anderer Figuren die Politik ihres Patrons ins rechte Licht zu rücken verstanden. Darüber hinaus bediente er sich der aufkommenden periodischen Presse, zunächst des 1611 gegründeten Mercure français, der 1624–1638 unter der Leitung des Kapuzinerpaters Joseph, der «grauen Eminenz» Richelieus, stand. Da er als Jahrbuch zu schwerfällig war, veranlaßte Richelieu 1631 die Gründung der «Gazette», eines Wochenblattes von vier, später acht Seiten mit dem Monopol für politische Information.

Nach der kirchlichen Reformation wurden der Dreißigjährige Krieg und der Westfälische Friede das zweite große Medienereignis und das erste rein politische. Zeitungen, Flugblätter und Flugschriften nahmen einen gewaltigen Aufschwung; die Publizistik dürfte nach Ansicht von Zeitgenossen sogar zur Kriegsverlängerung beigetragen haben. Im sogenannten Kanzleienstreit haben die Pfälzer und die kaiserliche Partei 1622 dreimal durch Veröffentlichung von erbeuteten Akten die bösen Absichten der Gegenseite angeprangert («Literae interceptae»,

[5] Nach *Mettam* in *Scott* [s.Adelsherrschaft], Bd. 1, 119.

«Anhaltische Kanzlei», «Cancellaria Hispanica»), ein Verfahren, das bis zu den sogenannten Farbbücher des 19./20. Jahrhunderts Schule machte. Britische Blau-, deutsche Weiß-, französische Gelb-, russische Orange-, österreichisch-ungarische Rotbücher suchten die Schuld jeweils dem Gegner zuzuschieben, allerdings eher auf Grund der eigenen Akten. Zur Zeit des Westfälischen Friedens gab es offensichtlich bereits eine breite, politisch interessierte Öffentlichkeit, denn die Friedensverhandlungen waren ebenfalls von einer Druckschriftenkampagne begleitet. Für den Text der Friedensverträge wird eine Massenauflage von 28 000–42 000 Exemplaren veranschlagt.

Ludwig XIV. und seine Mitarbeiter waren Meister der Selbstdarstellung des Königs durch Herrscherporträts, die massenhaft unters Volk geworfen wurden, durch Monumentalarchitektur und durch höfisches Ritual. Die Prägung von Münzen und Medaillen wurde zu Propagandazwecken forciert und eine besondere Akademie mit der Herstellung der Entwürfe betraut, wie denn überhaupt die verschiedenen, auf Colberts Betreiben gegründeten weiteren Akademien gezielt der Beeinflussung der öffentlichen Meinung dienen sollten. Auch die publizistische Auseinandersetzung erreichte in Ludwigs Kriegen einen neuen Höhepunkt. Nach Colbert übernahm dessen Neffe Jean-Baptiste Colbert de Torcy, Außenminister 1699–1715, die Leitung der Propaganda. Zeitschriften wie das 1665 gegründete «Journal des Savans[!]» und die «Mémoires de Trévoux» der Jesuiten ließen sich zeitweise mittels Subventionen in den Dienst der Regierungspropaganda stellen. Vor allem wurden seit 1701 zahlreiche Flugschriftenschreiber beschäftigt, aber auch gelehrte historisch-juristische Werke in Auftrag gegeben.

Die politische Bedeutung der Druckmedien erreichte einen Höhepunkt im 18. Jahrhundert auf den Britischen Inseln, wo sich infolge der zunehmend parlamentarischen Regierungsweise eine in den Londoner Kaffeehäusern lokalisierbare politische Öffentlichkeit gebildet hatte und die Notwendigkeit, Wahlen zu gewinnen, den Flugschriften wie den Zeitschriften und teilweise bereits täglich erscheinenden Zeitungen steigende Bedeutung verlieh. Viele große Namen der englischen Literatur jener Zeit wie Joseph Addison, Daniel Defoe, Richard Steele, Jonathan Swift sind als politische Journalisten tätig gewesen. 1762 wurde erstmals ein politischer Konflikt mit Zeitungsartikeln ausgefochten. Ein Permanent Undersecretary des Treasury beobachtete die Presse, gab gegebenenfalls juristischen Rat und schrieb selbst für die Regierung. Der Übergang zum geheimdienstlichen Informantensystem war dabei wieder einmal fließend. Selbst wenn Medienkampagnen nichts nützen, gilt es doch in den Medien präsent zu sein, Flagge zu zeigen, und sei es nur, um dem Gegner nicht das Feld zu überlassen.

Daß Friedrich II. von Preußen das geschickt beherzigte, hat nicht wenig zu seinem anhaltenden Ruhm beigetragen. Er hat als begabter Autor nicht nur langfristig an seinem eigenen Nachruhm gearbeitet, durch literarische und philosophische, politische und historische Schriften, durch Briefe und Aufzeichnungen von Gesprächen, durch Pflege von Kontakten zu aufgeklärten Meinungsführern. Er hat sich auch als Meister kurzfristiger Propaganda erwiesen, indem er seit 1741 seine eigenen militärischen Erfolge unter Pseudonym selber beschrieb, in Berliner Zeitungen drucken und im Ausland verbreiten ließ. Daß man ahnte, wer der Autor war, steigerte den Erfolg noch. Auch andere, subtilere Methoden funktionierten glänzend, gleichgültig, ob sie auf Initiative des Königs, auf die Gesinnung ihrer Urheber oder bloß auf die sich selbst aufschaukelnde Nachfrage nach fritzischen Devotionalien zurückzuführen waren. Zahlreiche Gedichte, Lieder und Dramen zur Verherrlichung des Königs kamen seit 1750 auf den Markt, und seit den 1750er Jahren wurden im preußischen Iserlohn Tabaksdosen mit Darstellungen der Siege Friedrichs in hoher Stückzahl erzeugt.

Napoleon hat nicht nur das politische Ritual, sondern auch die Propaganda durch Planmäßigkeit zu einem neuen Höhepunkt geführt. Zu dem Bericht der Geheimpolizei erhielt er auch einen täglichen Bericht seiner «Pressereferenten». Neben den Zensurmaßnahmen wurde die öffentliche Meinung vor allem durch das strikte Nachrichtenmonopol des «Moniteur» und des «Journal de l'Empire» manipuliert. Er fand Nachahmer wie Metternich, aber im Zeichen der Pressefreiheit nach 1848 wurden neue Methoden notwendig. Bismarck nutzte die subventionierte «Norddeutsche Allgemeine Zeitung» zu wirkungsvoller Informations- oder Desinformationspolitik, eine massive Meinungsbeeinflussung war aber so nicht mehr möglich. Selbst die totale Kontrolle der Medien durch ein Regime wird ja von großen Teilen des Publikums mit spöttischer Ablehnung und dem Aufbau eines «schwarzen» Nachrichtenmarkts beantwortet.

b) Bildung und Wissenschaft

Bildung und Wissenschaft waren ursprünglich nicht Aufgabenfelder der werdenden Staatsgewalt, sondern weit eher ihrer Rivalen, der Kirche einerseits, der Gemeinden und anderer autonomer Korporationen andererseits. Erst seit dem 18. Jahrhundert begann auch ihre völlige Unterwerfung, die allerdings ihr Ziel häufig nicht vor dem 19./20. Jahrhundert erreichte. So wurde neben der allgemeinen Steuerpflicht und der allgemeinen Wehrpflicht schließlich die allgemeine

Schulpflicht die dritte tragende Säule der Staatsmacht über die Untertanen. Vorher hatten Gemeinden oder kirchliche Einrichtungen wie Pfarreien oder Orden die Schulen und Hochschulen getragen, manchmal auch beide gemeinsam; die Universitäten waren darüber hinaus meistens autonome Korporationen, häufig mit eigenem Stiftungsvermögen. Akademien schließlich kamen zunächst als private Zusammenschlüsse von Gelehrten oder Künstlern zustande.

Universitäten

Die straffe königliche Kontrolle der 1224 gegründeten Universität Neapel blieb lange eine Ausnahme. Die meisten anderen Universitäten beschafften sich zwar päpstliche, seltener kaiserliche Privilegien, manchmal auch beides, denn nur eine Universalgewalt konnte die europaweit anerkannte Bezeichnung Studium generale mit Recht zur Verleihung der Licentia ubique docendi, der Graduierung, verleihen. Im übrigen kam es aber kaum zu Eingriffen in die Autonomie der hohen Schulen. Erst mit dem großen Schisma begann seit ca. 1400 europaweit eine Territorialisierung der Universitäten. So wurde Paris allmählich der königlichen Kontrolle unterworfen, Padua derjenigen der Republik Venedig. Doch vor allem kam es jetzt zu einer Welle von Neugründungen, wobei es neben fürstlichem Ehrgeiz und der Absicht, die lokale Wirtschaft zu fördern, um die Heranbildung von qualifiziertem Personal für das Territorium ging. Durch «nationale» Trennung von der Universität Prag entstand 1409 Leipzig, 1419 gründeten die Herzöge von Mecklenburg zusammen mit dem Bischof und den Bürgern der Stadt die Universität Rostock, 1425 der Herzog von Brabant mit Hilfe der Stadt und des Kollegiatkapitels St.Peter die Universität Löwen, 1434 erhielt Catania eine Hochschule, angeblich als Kompensation für die Verlegung des Hofes nach Palermo. Die intellektuelle Polarisierung infolge der Reformation verstärkte die Territorialisierung weiter. Studenten sollten jetzt auch vor Ansteckung mit dem falschen Glauben bewahrt werden. 1559 verbot der spanische König das Auslandsstudium außer in Coimbra, Bologna und Rom. Eine weitere Neugründungswelle war die Folge. Vor allem deutsche Landesherren ergriffen die Initiative; im konfessionellen Zeitalter entstanden im Reich zahlreiche neue Hochschulen. Typisch ist die Gründung von Gießen 1607 durch den lutherischen Landgrafen von Hessen-Darmstadt, weil die hessische Landesuniversität Marburg unter dem Einfluß von Hessen-Kassel calvinistisch geworden war.

Doch die Mitwirkung von Papst und Kaiser, Städten und kirchlichen Institutionen auch bei landesfürstlichen Gründungen läßt erkennen, daß Territorialisierung noch lange keine vollständige Staatskontrolle bedeutete. Besonders der Jesuitenorden spielte auf katholischer Seite ein große Rolle im Hochschulwesen. So blieb es in Frankreich bei dem traditionellen Zusammenwirken von Kirche und Krone, von etlichen staatlichen Reformen des 17. Jahrhunderts im Rechts- und Medizinstudium abgesehen. In Spanien behielten die Universitäten soviel Autonomie, daß aufgeklärte Reformanläufe trotz Unterstützung der Krone erst nach 1750 Erfolge zeitigten. In Portugal hingegen hat der aufgeklärte Premierminister Pombal 1772 eine durchgreifende Reform erzwungen, in der alle Einzelheiten staatlich geregelt und sogar die Lehrbücher vorgeschrieben waren. In England unterlagen die beiden Universitäten dem Kirchenregiment der Krone, behielten ihren anglikanischen Charakter und verkamen, ganz im Gegensatz zu Schottland, dessen Hochschulen im Zeitalter der Aufklärung zu den führenden Europas zählten.

In Deutschland führten staatliche Initiativen zur Erneuerung, zunächst im 1694 eröffneten preußischen Halle, ärmlich ausgestattet, aber unter dem Einfluß von Aufklärung wie Pietismus intellektuell führend – bis beide Strömungen miteinander in Konflikt gerieten. Nach dem Vorbild Halles wurde 1733–37 für das Kurfürstentum Hannover die Universität Göttingen gegründet, immer noch mit einem kaiserlichen Privileg, aber im aufgeklärten Sinn als Stätte freier Forschung und zur Pflege nützlicher Wissenschaften. Der erste Kameralistiklehrstuhl wurde 1727 in Halle errichtet, Göttingen folgte 1755 nach Wien und Leipzig. Die Göttinger Reformen strahlten nämlich bald auf das übrige Deutschland aus, auch auf die katholischen Länder mit Hochschulen wie Würzburg, Ingolstadt, Wien, Freiburg. Vorbild wurde Göttingen auch als ausgesprochene Staatsuniversität. Sie besaß kein eigenes Stiftungsvermögen mehr, sondern wurde aus der Staatskasse unterhalten, Berufungen nahm ein staatlicher Kurator vor. Die österreichische Hochschulreform unter Maria Theresia folgte diesem Vorbild der Verstaatlichung. Der Staat übernahm Finanzierung und Verwaltung der Universitäten, überwachte Prüfungen und Wahlen, berief die Professoren, erließ Studienordnungen und legte Lehrbücher fest. Die Kontrolle der Jesuiten über die theologischen und philosophischen Fakultäten war bereits beseitigt, bevor der Orden 1773 aufgehoben wurde.

Die Verstaatlichung der Universitäten gipfelte in der Zentralisierung der französischen in einer strikt reglementierten Université Impériale, ein System, das für romanische Länder vorbildlich wurde. Auch Bayern ging in Landshut zunächst einen ähnlichen Weg. Praktische Ausbildung spielte mehr denn je eine zentrale Rolle. Die staatliche Reorganisation der Universitäten ging daher Hand in Hand mit dem

Ausbau des staatlichen Prüfungs- und Berechtigungswesens. In bewußtem Gegensatz dazu betonte die 1810 neugegründete Universität Berlin die Einheit von Forschung und Lehre. Außerdem erhielt sie ungeachtet ihres inzwischen selbstverständlichen staatlichen Charakters ein hohes Maß korporativer Autonomie mit weitreichender Lehr- und Lernfreiheit, Promotions- und Habilitationsrecht, wozu später das Vorschlagsrecht für Neuberufungen kam, die allerdings von der neuen Zentralbehörde für Kultus und Unterricht nach eigenem Ermessen vorgenommen werden konnten.

Der Verstaatlichung von Wissenschaft und Bildung entsprach ja die Schaffung entsprechender Behörden, die in Deutschland meistens zum Innenministerium gehörten; selbständige Kultusministerien gab es in Preußen seit 1817, in Sachsen seit 1831, in Österreich seit 1849. In Frankreich wurde 1804 ein Kultusministerium, 1824 ein Erziehungsministerium eingerichtet, in Spanien, wo die Verwirklichung der Reformvorhaben länger auf sich warten ließ, war das 1847 geschaffene Ministerium für öffentliche Arbeiten für Bildung zuständig.

Das Berliner Modell wurde nicht nur vom preußischen Bonn und bayerischen München übernommen, sondern prägte die deutsche Universitätslandschaft bis heute. Es fand dank seiner Erfolge auch anderswo Anklang, denn die Verbindung staatlicher und körperschaftlicher Elemente kam bis zu einem gewissen Grad angelsächsischen Vorstellungen entgegen, wo die Universitäten stets ein hohes Maß der traditionellen korporativen Autonomie behalten haben. Sogar rein private Hochschulen sind dort weiterhin üblich, was auf dem Kontinent bis vor kurzem nur bei kirchlicher Trägerschaft möglich war. Entscheidend ist allerdings, daß inzwischen hier wie dort an der letztinstanzlichen Erziehungs- und Wissenschaftshoheit des Staates kein Zweifel mehr möglich ist. Ob rigide oder großzügig, in jedem Fall reguliert der Staat das Bildungswesen und finanziert es auch zu einem mehr oder weniger großen Anteil. Ähnlich wie die Kirchen besitzen die Universitäten Autonomie nur noch von Staates Gnaden.

Akademien

Das gilt inzwischen auch für die Akademien der Wissenschaften und Künste, obwohl sie ursprünglich noch weit mehr als die Hochschulen «privaten» Charakter hatten, denn sie waren von Haus aus nur Vereinigungen gelehrter Männer, die sich völlig selbständig ihre Regeln gaben und verwalteten, durch Zuwahl ergänzten und in Privathäusern zu regelmäßigen Sitzungen trafen. Seit der Schließung der platonischen Akademie in Athen durch Justinian 529 war der Akademiegedanke zumindest im Westen in Vergessenheit geraten, bis ihn Mitte des

15. Jahrhunderts die Humanisten in Florenz, Rom und Neapel zu neuem Leben erweckten. 1462–1521 bestand die von dem Philosophen Marsilio Ficino gegründete Academia Platonica von Florenz, die europaweit als Vorbild gewirkt hat. Unter anderem gründete Konrad Celtis in Städten des Reichs seine Sodalitates nach diesem Vorbild. Italienische Modelle dürften auch für andere Typen von Akademiegründungen das Vorbild abgegeben haben, nicht nur die Sprachakademie der Crusca für die Académie Française und die deutschen Sprachreinigungsgesellschaften.

Naturwissenschaftliche Akademien tauchten schon im 16. Jahrhundert auf. 1603 rief Fürst Federico Cesi in Rom dann die naturforschende Accademia dei Lincei ins Leben, die inzwischen als Nationalakademie Italiens wiederbelebt wurde. Treffen englischer Naturforscher seit 1645 wurden 1662 als Royal Society inkorporiert. Um dieselbe Zeit begannen ähnliche Treffen in Paris, seit 1666 unter dem Patronat des Ministers Colbert, bis 1699 daraus die Académie des Sciences wurde. In Deutschland machte ein kaiserliches Privileg 1688 aus der Academia Naturae Curiosorum von 1652 die Academia Caesarea Leopoldina Carolina Germanica Naturae Curiosorum, die schließlich 1878 ihren Sitz in Halle nahm.

In Italien entstanden auch die ersten Akademien für Musik und bildende Künste, die freilich bis heute im Gegensatz zu anderen Akademien den Schwerpunkt auf der Ausbildung des Künstlernachwuchses legen, bisweilen nicht ohne einen nationalen Ehrgeiz. Auf die Musikakademie della Fama in Venedig 1558 folgten die Accademia Filoarmonica in Bologna 1666, die Académie royale de musique in Paris 1669 und die Accademia dell'Arcadia in Rom 1690. Vorbild der Kunstakademien wurde die Accademia di San Luca in Rom 1593/1635. Die 1648 gegründete Académie royale de peinture et de sculpture dominierte bald die französische Kunst und übte europaweiten Einfluß aus. Die Royal Academy of Arts in London wurde 1768 unter anderem in einer Art nationaler Reaktion gegründet, um gegen die Überfremdung durch den französischen Geschmack eine englische Schule der Malerei zu schaffen.

Die Beteiligung der werdenden Staatsgewalten beschränkte sich überwiegend auf Privilegierung, besonders die Verleihung des Status einer Korporation, und allenfalls auf ein gewisses Mäzenatentum. Eine planmäßige Akademiepolitik scheint nach Richelieu vor allem Colbert betrieben zu haben, der 1663 der Académie Française die sogenannte Petite Académie für Geistes- und Geschichtswissenschaften an die Seite stellte; seit 1701 heißt sie Académie des inscriptions et des belles-lettres. Dazu kamen seine naturwissenschaftliche und die

Kunstakademien. Kurfürst Friedrich III. von Brandenburg-Preußen betrieb die Aufwertung seines Staates nicht nur durch Erwerb der Königskrone 1701, sondern im französischen Stil durch Gründung der Berliner Akademie der schönen Künste 1696 und 1700 der Societät der Scienzien unter Mitwirkung von Leibniz, aus der später die Akademie der Wissenschaften Preußens und schließlich der DDR werden sollte.

Das 18./19. Jahrhundert war die große Zeit der fürstlichen, später staatlichen Akademiegründungen. Offensichtlich ist eine Akademie der Wissenschaften ein kulturpolitisches Statussymbol, obwohl es sicher auch darum ging, Wissenschaften und Künste organisiert in den Dienst der Staatsgewalt zu stellen. Wichtig wurden besonders Madrid 1714, St.Petersburg 1724, Stockholm 1741, Kopenhagen 1742, Philadelphia 1743, Göttingen 1751, München 1759, Lissabon 1779, Boston 1780, Prag 1784. 1806 faßte Napoleon die vier bestehenden Akademien zum Institut de France zusammen (1832 sollte als fünfte Klasse noch die Académie des sciences politiques et morales hinzukommen). Darauf folgten, nach wie vor mit interessanten Parallelen zur Staatsentwicklung, Amsterdam 1808, Budapest 1825, Dresden 1846, Wien 1847, die British Academy London 1901, Heidelberg 1909 und so fort. Fast alle waren oder wurden staatliche, zumindest öffentlich rechtliche, von der Staatskasse abhängige Einrichtungen, die bisweilen einer staatlich organisierten Arbeitsteilung mit den Universitäten unterlagen.

Schulen

Die politische Entwicklung des Schulwesens folgte dem Muster der Universitäten. Die privaten, kommunalen und kirchlichen Einrichtungen wurden zunächst staatlicher Aufsicht und Kontrolle bei weiterdauernder nicht-staatlicher Trägerschaft unterworfen und endlich mehr oder weniger vollständig «verstaatlicht», ein Vorgang, der allerdings durch seine Kosten gebremst werden konnte.

Seit alters waren Schulmeister in vielen Städten Europas Privatunternehmer. Größere Schulen, vor allem Lateinschulen als Vorläufer der modernen Sekundarschulen, wurden entweder von kirchlichen Institutionen oder von Gemeinden getragen, häufig auf der Grundlage von Stiftungen. Dazu kamen im 16. Jahrhundert besondere Schulen für den Adel. Die Reformation in Verbindung mit der humanistischen Bewegung brachte auch hier einen Entwicklungsschub; es galt ja auch, die jeweilige Rechtgläubigkeit des Unterrichts zu sichern. Die Katholiken waren dabei im Vorteil dank des Jesuitenordens, der allein 1548–1615 europaweit 372 höhere Schulen gründete. Diese Kollegs und ihr Unterricht waren durch die Studienordnung von 1599 weitgehend vereinheitlicht und entsprachen in jeder Hinsicht dem für das 16./17. Jahrhundert modernsten Stand.

In Skandinavien, Großbritannien und Frankreich blieb es im 18. Jahrhundert weitgehend bei den hergebrachten Verhältnissen; Staat und Kirche machten höchstens Rahmenvorgaben und übten eine Erfolgskontrolle aus. Nach der Revolution wurde dann das gesamte Schulwesen Frankreichs verstaatlicht, was aber im 19. Jahrhundert zu immer wieder aufflammenden Konflikten mit der Kirche führte, deren Mitwirkung zunächst noch unentbehrlich war. Ein landesweites laizistisches Schulsystem konnte erst von der Dritten Republik realisiert werden. Im Gegensatz dazu galt vor allem das Elementarschulwesen in England noch im 19. Jahrhundert als Angelegenheit privater Initiative, um nicht zu sagen von Wohltätigkeit. Die Anfänge einer staatlichen Schulverwaltung entwickelten sich aus Staatszuschüssen dafür. Erst 1870 wurde eine gesetzliche Regelung für ein landesweites, aber dezentralisiertes System privater und kommunaler Elementarschulen geschaffen, 1880 die allgemeine Schulpflicht eingeführt.

Nach etlichen Vorläufern des 17. Jahrhunderts erlebte das 18. Jahrhundert in Deutschland den Durchbruch staatlicher Schulaufsicht und -politik. In Preußen wurde 1717 und erneut 1763 die allgemeine Schulpflicht auch auf dem Lande verfügt – wenn eine Schule vorhanden war. Die Pietisten in Halle hatten bereits Ende des 17. Jahrhunderts Seminare für Grund- und Sekundarschullehrer eingerichtet, auf die Preußens Gemeinden nach königlichem Befehl zurückgreifen konnten. Doch blieb es trotz der Einrichtung einer zentralen Schulverwaltung (1787 Oberschulkollegium) bei Gemeindezuständigkeit und kirchlicher Schulaufsicht. Erst im Zuge des Kulturkampfs wurde 1872 das staatliche Schulmonopol gesetzlich festgelegt. In ähnlicher Weise unterstellte Savoyen-Piemont 1771/72 das gesamte Schulwesen dem Staat, aber immer noch in Zusammenarbeit mit der Kirche, bis im Zuge der Einigungskonflikte 1859–77 ein laizistisches Schulsystem französischen Zuschnitts mit allgemeiner Schulpflicht eingeführt wurde.

Österreich und Portugal waren wie bei den Hochschulen so auch im übrigen Schulwesen die Länder mit der frühesten und rigidesten Verstaatlichung bereits im 18. Jahrhundert. Allerdings setzte nach Pombal in Portugal eine kirchliche Reaktion ein wie in Frankreich nach Napoleon. Die österreichischen Reformen 1751–74 kulminierten in der Allgemeinen Schulordnung, nach der in allen Ortschaften ein- bis zweiklassige Volksschulen, in größeren Städten dreiklassige Hauptschulen und in den Landeshauptstädten vierklassige Normalschulen zur Lehrerausbildung einzurichten waren. Die allgemeine Schulpflicht wurde 1781 nachdrücklich eingeschärft. 1780 gab es im Gebiet des heutigen Österreich 2041 Volks- und 37 Hauptschulen; der Schulbesuch ließ aber wie überall noch zu wünschen übrig.

Was uns hier im 18. Jahrhundert begegnet, wurde im 19. Jahrhundert überall zum Programm: der allgemeine, gesetzlich und polizeilich erzwungene Volksschulbesuch nicht nur zur religiösen und sittlichen, sondern auch zur politischen und wirtschaftlichen Disziplinierung der Masse der Bevölkerung. Die höheren Schulen, Gymnasium und Oberrealschule in Deutschland ebenso wie das französische Lycée, blieben hingegen noch lange eine Angelegenheit der bürgerlichen Elite, denn im Gegensatz zur Volksschule verlangten sie Schulgeld. England hatte die Sekundarschule sowieso privater Initiative überlassen, neben lokalen Grammar Schools die wegen ihrer Internate theoretisch allgemein zugänglichen und deswegen so genannten «Public Schools». Erst 1899–1902 errichtete Großbritannien eine zentrale Schulbehörde mit einem landesweiten System von Primar- wie Sekundarschulen.

Die Schulpolitik des 20. Jahrhunderts hat sich dann überall mit mehr oder weniger Verzögerung neben der allgemeinen Verbesserung des Schulwesens des nachhinkenden Ausbaus der Mädchenbildung angenommen, weiter der Entwicklung eines differenzierten Angebots an Sekundarschulen und schließlich der planmäßigen Steigerung der Zahl der höheren Schüler und Hochschüler aus wirtschaftlichen und sozialen Gründen. Aufgaben von solchem Ausmaß und solchen Kosten konnte nur der Staat bewältigen; sie sind Bestandteil des modernen Sozialstaatskonzepts geworden, Ursache weiteren Wachstums der Staatsgewalt, aber auch Ursprung und Folge sozialen und politischen Wandels.

V.
MODERNITÄT UND TOTALITÄT

Mit der Französischen Revolution trat der moderne Staat endgültig ins Leben, mit Einheitlichkeit von Territorium, Staatsvolk und Staatsgewalt, mit Souveränität nach innen und außen. Der Begriff «Staat» wurde im 19. Jahrhundert endgültig Bestandteil des politischen Diskurses. Aber damit war der Entwicklungsprozeß der Staatsgewalt noch nicht beendet, im Gegenteil, sie war im 19./20. Jahrhundert im Zuge des allgemeinen Modernisierungsprozesses zu erheblicher weiterer Steigerung fähig. Ihre inzwischen erworbene Kompetenzenkompetenz erlaubte es, die Staatszuständigkeit unbegrenzt ins Totale auszuweiten, zur totalen Daseinsvorsorge einerseits, zur totalen Verfügung über die Untertanen bis zur administrativen Vernichtung ganzer Gruppen von ihnen andererseits. Das beruhte paradoxerweise auf gesteigerter Partizipation der zu Staatsbürgern mutierten Untertanen, was Verfassung und Demokratie bedeuten konnte, in jedem Falle aber dank des Konstrukts der Volkssouveränität auf die Fiktion der Identität von Staat und Bürger hinauslief, die letzterem in seiner Eigenschaft als Untertan keine Ausflucht in einen staatsfreien Raum mehr ließ. Diese Identität kulminierte in der Idee der Nation und ihrer politischen Verwirklichung im Nationalstaat als der jüngsten Regelform von Staatlichkeit, die imstande war, alle Untertanen in einem bisher nicht gekannten Ausmaß emotional zu mobilisieren. Mehr als ein Symbol dieses Wandels ist die Verdrängung des religiösen durch den politischen Märtyrer, die Ersetzung der Heiligenstatue durch das Kriegerdenkmal. Der traditionelle Zusammenhang von Staatsbildung und Krieg setzte sich nämlich ungebrochen fort. Bis in die Gegenwart sind auch die Nationalstaaten alle aus Kriegen entstanden.

1. Von der Monarchie zur Demokratie

a) Grundlagen und Grundfragen

Die Abschaffung der Ständegesellschaft des «Feudalsystems» durch die Französische Revolution bedeutete erst den Anfang der gesellschaftlichen Modernisierung Europas, die in mancher Hinsicht erst im 20. Jahrhundert ihren Abschluß erreichte, es sei nur an die Gleichberechtigung der Frauen erinnert. Die europaweite Entwicklung zu gleichberechtigter politischer Partizipation lief aber dialektisch zugleich auf weiteres Wachstum der Staatsgewalt hinaus. Die absolute Monarchie neigte zur Nivellierung ihrer Untertanen, das heißt aber auch zur Auflösung der hierarchischen und korporativen politischen Gesellschaftsordnung, die sie ursprünglich getragen hatte. Der Mensch – genauer: immer noch der Mann – kam allmählich nicht mehr nur mittelbar als Mitglied eines Haushalts, einer Korporation, einer Gemeinde, eines Standes mit der Staatsgewalt in Kontakt, sondern wurde als Individuum staatsunmittelbar. Bezeichnete das Wort «Bürger» ursprünglich stets nur den Bürger einer bestimmten Stadt, so entstand nun auf dem Umweg über den nivellierten Untertan der einheitliche Staatsbürger. Aus der Bürgergemeinde einer privilegierten Minderheit wurde allmählich die Einwohnergemeinde, in der jeder Staatsbürger, der zufällig dort wohnt, die gleichen Rechte besitzt.

Durch dieses Immediatverhältnis zwischen Individuum und Staat bekamen einerseits intermediäre Instanzen wie Korporationen, Gemeinden, Stände, Kirchen, die bisher integrierende Bestandteile des hierarchischen, durch Privilegien regulierten politischen Systems gewesen waren, andererseits aber auch neuentstehende Formen von Selbstorganisation wie Vereine, Parteien, Gewerkschaften, Verbände einen anderen politischen Stellenwert. Im besonders konsequenten deutschen Staatsdenken nach G. W. Friedrich Hegel, Lorenz von Stein und Robert von Mohl werden sie als ein vom Staat getrennter Bereich definiert, als «bürgerliche Gesellschaft», als «System der Bedürfnisse» (Hegel), das «durch das Interesse erzeugt wird» (von Stein) und sich auf Kosten der Allgemeinheit durchsetzen möchte, während der Staat ohne Partikularinteresse dem Wohl der Allgemeinheit zu dienen hat. Dem entspricht bei Rousseau der Unterschied von Gesamtwillen (volonté de tous) und Gemeinwillen (volonté générale), der ja im Gegensatz zum ersteren nicht die Summe der Einzelinteressen sein soll. Freilich wurde diese Vorstellung von der gesellschaftlichen Überparteilichkeit des Staates als «Lebenslüge des Obrigkeitsstaates» (Gustav Radbruch) denunziert. Angelsächsisches politisches Denken kennt diese strikte Unterscheidung von Staat und Gesellschaft ohnehin nicht, sondern neigt dazu, die Staatsgewalt als Produkt und Teil der Gesellschaft zu betrachten.

Staatsunmittelbarkeit des Individuums hieß aber auch unmittelbarer Zugriff der Staatsgewalt auf den Einzelmenschen, konkret die Ersetzung aller autonomen Zwischengewalten durch eine staatliche Verwaltung, die bis zum letzten Untertan reichte. Adelsherrschaft verschwand völlig, während kommunale Selbstverwaltung auf staatliche Auftragsverwaltung reduziert wurde. Die Französische Revolution schuf eine Regional- und Lokalverwaltung aus standardisierten Einheiten bis herab zur Gemeinde. Die neue Regionaleinheit, das Département, wurde bewußt als Kunstprodukt ohne Tradition angelegt; ursprünglich sollten die ersten 83 Départements sogar quadratisch und nur noch nummeriert sein. Das hohe Maß an Selbstverwaltung, das zunächst mit dem neuen System verbunden war, verschwand rasch, als Napoleon mit dem von der Zentrale nach Belieben ernannten und abgesetzten, aber mit allen Vollmachten ausgestatteten Préfet eine autoritäre Zentralisierung einführte, die für die französische Verwaltung mindestens bis zur sogenannten Regionalisierung von 1982 charakteristisch bleiben sollte. Bürgermeister werden erst seit 1884 gewählt; vorher wurden auch sie ernannt.

Die zunächst 31, später 50 spanischen Provincias mit ihren Gobernadores gingen zwar auf das alte System von Villa y Tierra zurück, konnten aber das Vorbild der französischen Départements und ihrer Präfekten dennoch nicht verleugnen; erst seit 1979 wird der Zentralismus durch Regionalautonomie ersetzt.

Auch in Deutschland imitierte man zunächst das napoleonische System, vor allem in Bayern, dessen Kreise von 1808 den Départements zum Verwechseln glichen. Auf die Dauer wurde aber statt dessen die preußische Gliederung maßgebend: Regierungsbezirke und Kreise unter hierarchisch organisierten Regierungen statt der kollegialen Kriegs- und Domänenkammern und Landräte als staatliche Beamte. Provinzen als größere Einheiten erhielten Oberpräsidenten, die nicht Vorgesetzte der Regierungspräsidenten, sondern Partner regionaler Ständevertretungen sein sollten, die aber nur zögernd ins Leben gerufen wurden. Auch in Österreich erhielten die Kronländer erst allmählich einen Teil Autonomie zurück, nachdem zunächst eine straffe Beamtenhierarchie vom Landeschef über die Kreise herab zu den zwecks Verwaltungsintensivierung neueingerichteten Bezirken geschaffen worden war.

In England hingegen ließen sich neue Probleme des Verkehrs-, Armen- und Gesundheitswesens zunächst mit der üblichen ehrenamtlichen Selbstverwaltung im Auftrag der Krone durch neue lokale Gremien unter Aufsicht neuer Zentralbehörden bewältigen. Aber schon 1835 wurde erstmals für 178 Städte unter Aufhebung ihrer bisherigen Einzelprivilegien eine einheitliche kommunale Selbstverwaltung eingeführt. Doch erst 1888 verschwand die Vielfalt der Instanzen zugunsten einheitlicher, gewählter County Councils, wozu 1894 Parish und District Councils kamen, eine Selbstverwaltung von Staats wegen, die vor allem mit finanziellen Mitteln zentraler Kontrolle unterworfen werden konnte.

Aber die Beibehaltung des Selbstverwaltungsgrundsatzes führte in Großbritannien zu einem langsameren Vordringen des Berufsbeamtentums als auf dem Kontinent, wo man für die Übergangszeit von absoluter Monarchie zum Verfassungsstaat geradezu von «Souveränität der Verwaltung» sprechen konnte. In Preußen entsprach der Ideologie des überparteilichen Staates diejenige des Beamtentums als des allgemeinen, über Partikularinteressen erhabenen Standes. Max Webers einflußreiche Bürokratietheorie ist vom preußischen Modell inspiriert, das Deutschland zum «klassischen Land des Beamtentums» in Europa gemacht hat (Otto Hintze). Modernes Beamtentum beruht (1) auf der Gleichheit des Zugangs zu Ämtern für alle Bürger, (2) auf dem Konzept abstrakter Staats- statt personaler Fürstendienerschaft, wie es bereits 1783 von Joseph II. im sogenannten «Hirtenbrief» formuliert wurde, (3) auf gesteigerten Ansprüchen an professionelle Qualifikation und Einsatzbereitschaft der Beamten und (4) auf der landesweiten Vereinheitlichung der Beamtenhierarchie und -besoldung sowie ihrer Vorgehensweise. Die Professionalität sollte seit dem späten 18. Jahrhundert durch geregelte Ausbildung, vor allem aber durch schriftliche Leistungsprüfungen mit Wettbewerbscharakter sichergestellt werden. Während Preußen sich als Pionier der Juristenausbildung erwies, wurde dieses Prüfungswesen zuerst in Bayern eingeführt, wo die Haupt-Landespragmatik über die Dienstverhältnisse der Staatsdiener vom 1. Januar 1805 und die Verfassungen von 1808 und 1818 das neue Beamtenrecht mit öffentlich-rechtlichem Treuverhältnis, Unkündbarkeit und Anspruch auf Altersversorgung festschrieben. Dazu kam nach dem Vorbild des preußischen Militärs die Überwachung durch die Vorgesetzten mit regelmäßigen Berichten und zum Teil sogar Benotungen.

In Frankreich tauchte der moderne Beamte zwar um dieselbe Zeit auf, aber neben den etablierten officiers und commissaires in eher marginaler Rolle im technischen Bereich, wo die 1747 gegründete École des ponts et chaussées bereits Aufnahme-, Versetzungs- und Abschlußprüfungen nach dem Concours-System kannte, das von der 1794/95 gegründeten École polytechnique und später weiteren Grandes écoles übernommen wurde. Nichtsdestoweniger spielte das für die Beamtenrekrutierung noch keine Rolle; sie war seit Napoleon nur dadurch modern geworden, daß jetzt politische Zuverlässigkeit den Ausschlag gab. Erst seit 1871 wurde in Abwandlung deutscher Vorbilder allmählich für den gesamten Staatsdienst ein System von Concours eingeführt und 1899 gesetzlich vorgeschrieben. Italien hat es kopiert.

England hatte Bedarf an modernen Beamten zunächst für Indien, dessen um 1800 geschaffener Indian Civil Service mit seiner 1856 eingeführten allgemeinen Aufnahmeprüfung dem Mutterland seit den

1870er Jahren als Vorbild diente. Allerdings waren die Beamtenprüfungen eher Bildungs- als Fachexamina, denn der britische Civil Servant wurde nicht ausgebildet, sondern sozialisiert, das heißt, er lernte sein Geschäft vor Ort. Zu dieser aus der Honoratiorenverwaltung überkommenen Rolle des Gentleman-Administrators gehört es auch, daß er sich eher dem politischen System als der einzelnen Regierung verpflichtet fühlte und daher unabhängiger handelte als deutsche oder französische Beamte.

Auf der Gegenseite wurde durch die soziale und politische Freisetzung des Individuums die alte Idee der Volkssouveränität auf einmal politisch brisant. Bisher hatte sie wenig unmittelbare Bedeutung besessen, weil sie politisch nur durch Zwischeninstanzen wie die Ständevertretungen vermittelt zum Ausdruck kam. In diesem Sinne ist in England immer noch das Parlament auch in der Theorie souverän und nicht bloß in der Praxis wie anderswo. Jetzt aber trat das Volk als amorphe Masse rechtsgleicher Individuen unmittelbar der Staatsgewalt gegenüber; die autonome politische Bedeutung der Zwischengewalten war entfallen. Damit hatte sich auch die Vorstellung einer politischen Nation von wenigen Privilegierten auf das gesamte, politisch mobilisierte Volk ausgeweitet. Dieses neue Direktverhältnis von Volk und Staat bedurfte der rechtlichen und organisatorischen Regelung, was in einem durch Zwischengewalten strukturierten Gemeinwesen überflüssig gewesen war. Eine solche stärker als andere Gesetze auf Dauer gestellte Regelung heißt Verfassung. Allerdings versuchten die Sieger von 1814/15 Europa zunächst nach den historisch-dynastischen Legitimitätsregeln des Ancien Régime neuzuordnen, die freilich dazu nicht ausreichten, vor allem nicht in Frankreich nach allem, was dort 1789–1814 geschehen war. Deshalb wurden ergänzend Verfassungen erlassen, aber möglichst ohne Bezug auf die Volkssouveränität. «Heute ist die Revolution monarchisch», meinte der konservative Theoretiker Joseph de Maistre 1814 dazu.

b) Verfassungsstaat

«Constitution» und das jüngere deutsche Wort «Verfassung» bezeichneten zunächst allgemein einen Zustand, etwa den Gesundheitszustand eines Menschen, dann auch den des «body politic», des Gemeinwesens. Vor allem in England wurde daraus im 16./17. Jahrhundert ein Synonym, dann ein übergeordneter Begriff für «government» und «fundamental laws». Auf der anderen Seite bezeichnete «Constitutio» auch das Einzelgesetz. In Amerika entstand daraus der moderne Begriff von Constitution, die (1) in einer einzigen Urkunde schriftlich niedergelegt ist, (2) vom Volk ausgeht und für die Staatsgewalt unverfügbar ist, (3) neben der Regelung der Regierungsform auch die Garantie der Menschenrechte enthält. Nach der Französischen Revolution wurde dieser Verfassungsbegriff von Europas Monarchen zunächst auf die bloße schriftliche Regelung der Regierungsform reduziert. Doch liegt bereits darin moderne politische Rationalität, die das Ancien Régime erheblich überschreitet.

Grund- und Menschenrechte fehlten nicht nur in Verfassungstexten, sondern auch in der Praxis. Die Versammlungs- und Vereinsfreiheit brauchte in den meisten Ländern außer in Frankreich noch länger als die Pressefreiheit, um sich durchzusetzen. In Teilen Mitteleuropas war bis zum ersten Weltkrieg eine behördliche Heiratserlaubnis erforderlich, die nur bei Nachweis einer zur Familiengründung hinreichenden Existenzgrundlage gewährt werden sollte. Durch die Erfordernis eines solchen Nachweises ließ sich die Niederlassungsfreiheit einschränken; der Weg zur Einwohnergemeinde war auch deswegen mit Widerstand gepflastert. Ganz wie im Ancien Régime sollte dadurch der weiteren Vermehrung der Armen ebenso vorgebeugt werden wie der Belastung der Gemeinden durch den Zuzug von bedürftigen Einwohnern. Das Zensuswahlrecht sorgte dafür, daß sich diese sozialen Einschränkungen auch politisch niederschlugen. Arme blieben ohne politische Rechte.

Großbritannien

Obwohl sich der moderne demokratische Verfassungsstaat vom englischen Parlamentarismus herleitet, die britische «Verfassung» im 19. Jahrhundert weltweit als Vorbild betrachtet wurde und die britischen Kolonien im Zuge ihrer Emanzipation alle eine Verfassung erhielten, besitzt England bis heute weder eine Erklärung der Menschenrechte noch eine geschriebene Verfassung. Die entsprechenden geschriebenen und ungeschriebenen Regeln des politischen Geschäfts, die es natürlich auch hier gibt – allerdings immer noch in der kumulativ-unsystematischen Form des Ancien Régime – können vom Parlament jederzeit durch gewöhnlichen Mehrheitsbeschluß abgeändert werden. Eine Verfassungsgerichtsbarkeit gibt es nicht. Bereits Thomas Jefferson hat diese uneingeschränkte Souveränität des Parlaments als kollektiven Despotismus denunziert. Die Forderung nach einer Verfassung muß aber an der Souveränität des Parlaments scheitern, denn wie soll ein Parlament, das weder an seine eigenen Beschlüsse noch an die seines Vorgängerparlaments gebunden ist, ein Recht schaffen können, das auch durch Parlamentsbeschluß nicht abgeändert werden kann?[1] Das

[1] *Van Caenegem* 198–200.

ist immer noch die Aporie der monarchischen Plenitudo Potestatis des Papsttums. Die Alternative einer Volksabstimmung ist aber durch die Parlamentssouveränität kraft virtueller Repräsentation des Volkes ausgeschlossen.

Doch hat dieses unsystematische, auf gelegentliche improvisierte Nachbesserung in der Art des Ancien Régime gegründete «System» den Vorzug, daß die «Verfassung» ohne viel Aufwand den politischen Erfordernissen angepaßt werden kann, sofern sich die Mehrheit der politischen Klasse überzeugen läßt, daß eine Veränderung in ihrem Interesse liegt. So entstand das Reformgesetz von 1832 aus Furcht vor einer revolutionären Entwicklung wie auf dem Kontinent. Mit seiner bescheidenen Revision des Wahlrechts öffnete es den Weg zu dessen schrittweiser Ausweitung, die jeweils durch parteitaktisches Kalkül angesichts sozialen und politischen Wandels zustande kam. Sie hat dann ihrerseits grundlegende Veränderungen der britischen Politik bewirkt, vor allem die langsame Ablösung der Aristokratie durch eine neue Führungsschicht von Besitz und Bildung, die in der weitgehenden Entmachtung des Oberhauses durch das Unterhaus mit der Parliament Act 1911 mehr als nur symbolischen Ausdruck fand. Das absolute Veto des Oberhauses wurde in ein suspensives verwandelt, und Finanzgesetze wurden von seiner Zustimmung weitgehend unabhängig gemacht. Rascher bürgerten sich nach der Erfahrung von 1832 aber drei neue, informelle Verfassungsgrundsätze ein, daß (1) die Verfassung nicht mehr revolutionär wie im 17. Jahrhundert, sondern evolutionär durch Parlamentsgesetz zu verändern sei, daß (2) das Parlament sich grundsätzlich nach dem Volkswillen zu richten habe und daß (3) die Regierung von der Mehrheit des Unterhauses gestellt werden müsse. Rechtlich bestellt zwar der Monarch die Minister, die aber seit dem 18. Jahrhundert vom Vertrauen des Parlaments abhängig sind und nicht gegen es regieren können. Als der Regierung Melbourne 1841/42 trotz Neuwahlen von beiden Häusern das Vertrauen verweigert wurde, berief Königin Victoria den Oppositionsführer Robert Peel zum Premierminister, obwohl er nicht ihr Vertrauen, sondern «nur» das des Parlaments besaß. Damit hatte die Krone bei der Ministerbestellung zugunsten des Parlaments abgedankt und eine neue Konventionalregel der ungeschriebenen britischen Verfassung aufgestellt, daß bei Mißtrauen der Commons nur die Alternative Rücktritt der Regierung oder Neuwahlen in Frage kommt. Damit hatte außerdem in Großbritannien das Prinzip der parlamentarischen und nicht mehr strafrechtlichen politischen Ministerverantwortlichkeit gesiegt. Ende des 19. Jahrhunderts erwarb der Premier das Recht, seine Minister nicht nur auszuwählen, sondern auch zu entlassen, und 1905 wurde endlich seine inzwischen nicht mehr bestrittene Existenz durch Aufnahme in die Hofrangliste offiziell sanktioniert.

Schweden

Neben Großbritannien war Schweden bis zur Verabschiedung der Verfassung seiner parlamentarischen Monarchie im Jahre 1975 das einzige Land Europas ohne formelle Verfassung, jedoch mit vier, für die evolutionäre Art des Verfassungswandels kennzeichnenden Grundgesetzen, auf denen die Staatsordnung beruhte: der Regierungsform (1809), Nachfolgerin früherer Dokumente derselben Art, der Thronfolgeordnung (1810), dem Parlamentsgesetz (1866), wodurch der alte Vierkammerreichstag durch ein modernes Zweikammerparlament ersetzt wurde, das aber seit 1971 auf eine Kammer reduziert ist, und dem Gesetz über die Pressefreiheit (1949).

Frankreich

Frankreich war Vorbild Europas nicht nur wegen der ersten, tatsächlich in Kraft getretenen geschriebenen Verfassung, sondern auch als konstitutionelles Laboratorium, denn kein anderes Land bietet ein verfassungshistorisch so bewegtes Bild. Dabei ist 1789–1958 ein zyklischer Wechsel von parlamentarischen und monarchischen Regimes nicht zu übersehen, freilich mit ebenso deutlichen infrastrukturellen Kontinuitäten: konsequentem Zentralismus mit straffer Verwaltungs- und Polizeihierarchie und dem Präfekten als Schlüsselfigur, zeitweise soziale und personelle Kontinuität des Apparats über Regimewechsel hinweg, eine ebensolche Kontinuität der etatistischen und nationalistischen Ideologie und trotz aller Unterbrechungen eine alternative parlamentarisch-demokratische Praxis zum britischen Modell.

Bereits die Erklärung der Menschenrechte machte 1789 die Nation zum Inhaber der Souveränität und das Gesetz zum Ausdruck des Allgemeinwillens. Die Verfassung von 1791 schuf ein Staatsbürgerrecht und verkündete die staatsbürgerliche Gleichheit – aber immer noch waren einige Franzosen gleicher als andere. Knapp drei Siebtel der Männer waren wegen Armut vom Stimmrecht ausgeschlossen und die Frauen sowieso. Dennoch waren die politischen Rechte weitreichender als in manchen späteren Verfassungen Frankreichs. Es herrschte Gewalteilung zwischen der Exekutive, dem König und seinen Ministern, der Einkammerlegislative, womit die Einheit der Nation betont und ein konservatives Oberhaus vermieden werden sollte, und der Justiz, die vereinheitlicht und um die angelsächsischen Geschworenengerichte, das Palladium aller Liberalen, erweitert wurde. Allerdings hatten der König ein aufschiebendes Veto bei der Gesetzgebung und die Versammlung ein Mitspracherecht in der Außenpolitik.

Die Radikalisierung im Krieg und nach dem Sturz der Monarchie brachte 1793 die Verfassung eines radikaldemokratischen Sozialstaats hervor, die allerdings wegen des Krieges nie in Kraft trat. Der Menschen- und Bürgerrechtskatalog enthielt erstmals neben dem Recht auf Eigentum auch soziale Grundrechte wie den Anspruch auf Bildung, auf einen Arbeitsplatz, auf Unterstützung im Notfall und verkündete sogar die Pflicht zum Widerstand gegen Rechtsverletzungen der Staatsgewalt. Anträge auf Frauenwahlrecht wurden verworfen, doch erhielten die Frauen rechtliche Gleichstellung, die allerdings von Napoleon ebenso wie die Sklavenbefreiung wieder rückgängig gemacht wurde. Statt Gewaltenteilung sollte die Exekutive in der Hand eines Ausschusses der Legislative liegen. Diese selbst war nur für ein Jahr zu wählen und außerdem an die Zustimmung der Wähler zu ihren Gesetzen gebunden; Ansätze zur Volksbefragung hatte es schon in der Verfassung von 1791 gegeben.

In Wirklichkeit herrschte 1793/94 die Diktatur des Wohlfahrtsausschusses,[2] die keine Verfassung hinterlassen, dafür aber erstmals totalitären Terror vorexerziert hat. Sie stand und fiel mit der Jakobinermehrheit im Nationalkonvent, der Unterstützung durch die revolutionären Pariser Volksmassen und der Kontrolle über die Provinz mittels der ca. 3000 Jakobinerclubs einerseits, revolutionärer politischer Kommissare aus Paris andererseits. Sonderjustiz im Schnellverfahren mit dem Ziel der Todesstrafe und andere Terrormethoden sowie die neuartige Forderung nach der politisch richtigen Gesinnung vervollständigten diese Antizipation staatlicher Zukunft.

Die Direktorialverfassung von 1795 suchte durch strikte Gewaltentrennung und zusätzliche Aufsplitterung der Institutionen einer Machtkonzentration bei Legislative oder Exekutive vorzubeugen. Fünf gleichberechtigte Direktoren bildeten die kollektive Exekutive, die Minister waren wie beim Wohlfahrtsausschuß nur deren Laufburschen. Die Legislative bestand aus dem Rat der Fünfhundert mit dem Gesetzesvorschlagsrecht und dem Rat der Alten, der über diese Vorlagen entschied. Von den Direktoren wie den Mitgliedern der Legislative mußte jedes Jahr ein Fünftel bzw. ein Drittel ausscheiden und durch Neuwahl ersetzt werden; Wiederwahl war erst nach einer Karenzzeit möglich. Gleichheit war wieder Rechtsgleichheit; die sozialen Grundrechte waren verschwunden. Da ständig neue Oppositionelle von rechts und links in die Legislative gewählt wurden, konnte sich das

2 Eigentlich «Gemeinwohlausschuß» (Comité du salut publique).

Regime nur mittels immer neuer Staatsstreiche behaupten. Der letzte führte 1799 zur Militärdiktatur Napoleons.

Seine Konsulatsverfassungen von 1799 und 1802 und die Verfassung des Kaisertums 1804 unterschieden sich hauptsächlich durch zunehmende Steigerung der Macht des Staatschefs und abnehmende Befugnisse der kläglichen Zweikammerlegislative, die schließlich ganz verschwand. Gesetzesvorlagen, die nur vom Staatschef kommen konnten, waren ursprünglich zuerst vom Tribunat, danach vom Corps législativ zu verabschieden. Später regierte der Kaiser nur noch mit Dekreten. Wichtiger war der Senat aus lebenslangen Mitgliedern, der im Einvernehmen mit der Regierung durch «Sénatus-consulte» Verfassungsänderungen vornahm und die Mitglieder der Legislative bestellte. Zur Ausarbeitung der Gesetzesvorschläge und als oberstes Verwaltungsgericht bestellte der Staatschef einen Staatsrat, in dem sich juristischer Sachverstand konzentrierte und der sich als tragende Säule eines bürokratisch-legalistischen Herrschaftssystems in leicht veränderter Form bis heute gehalten hat. Die Exekutivmacht Napoleons war dabei fast unbeschränkt. Unter anderem ernannte er alle Beamten und Richter bis zur unteren Ebene. Als Kaiser erhielt er die Befugnis, notfalls seinen Nachfolger zu adoptieren, die nicht einmal die Könige des Ancien Régime besessen hatten. Auf der anderen Seite wurden die rechtlichen und gesellschaftlichen Errungenschaften der Revolution garantiert; so galt der Grundsatz der Rechtsgleichheit auch für den neuen Adel des Empire. Und die Verfassungen wurden wie schon 1793 durch teilweise manipulierte Volksabstimmungen angenommen, eine neuartige, zukunftsweisende Legitimationstechnik.

Auch die Restauration der Monarchie mußte das Ergebnis der Revolution anerkennen; Tatsache und Inhalt der Verfassung von 1814 sind so zu verstehen, obwohl sie formal einseitig vom König oktroyiert wurde und mit ihrer Bezeichnung «Charte constitutionelle» (Verfassungs*urkunde*) sowie ihrer Einleitung den Eindruck eines königlichen Privilegs zu erwecken versuchte. Aber sie schwieg zu der Frage nach dem Inhaber der Souveränität und garantierte einen Teil der Grundrechte. Und das Modell der Gewaltenteilung war immer noch präsent, obwohl der König die gesamte Exekutive und die alleinige Gesetzesinitiative besaß. Gesetzgebung und Budgethoheit lagen bei einer Zweikammerlegislative englischen Typs aus Pairskammer und Deputiertenkammer, die dank ihrer finanziellen Befugnisse den entscheidenden Beitrag zur Ausbildung eines parlamentarischen Systems mit Ministerverantwortlichkeit leisten sollte. Vor allem aber hat die erneuerte Monarchie am napoleonischen Verwaltungssystem mit Ernennung aller Amtsträger durch die Zentrale festgehalten und keinerlei Interesse gezeigt, das Wachstum der Staatsgewalt rückgängig zu machen.

Die Revision der Charte bei Errichtung der Julimonarchie 1830 erfolgte durch Beschluß der Legislative im Sinne eines Vertrags mit dem König, der zwar noch der Dynastie entstammte, aber nur auf die Verfassung vereidigter erster Bürger und bar jeder exogenen Legitimation war. Der Katholizismus war auch nicht mehr Staatsreligion. Gesetzesinitiative war jetzt auch den Kammern möglich, wobei die Pairskammer nicht ohne Parallelen zur englischen Entwicklung aus einem Erbadelsgremium in eine Notabelnversammlung von Besitz und Bildung verwandelt wurde.

Die Verfassung der zweiten Republik von 1848 war bereits konservativer als deren Anfänge. 1850 wurde das 1848 wieder eingeführte allgemeine Männerwahlrecht durch einen juristischen Kniff auf zwei Drittel reduziert. Aber mit Volkssouveränität und Widerstandsrecht, sozialen Grundrechten, Einkammerparlament und Möglichkeit zur Verfassungsänderung war sie zur Demokratie zurückgekehrt, allerdings zur Sicherheit mit strenger Gewaltenteilung amerikanischer Art, mit einem auf vier Jahre vom Volk direkt gewählten Präsidenten, der die Minister nach Belieben bestellen konnte, was durchaus als Rückschritt gegenüber den «parlamentarischen» Ministerien der Monarchie angesehen werden kann.

Da der Präsident aber erst nach vierjähriger Karenzzeit wiedergewählt werden konnte, war nach dem Wahlsieg eines Neffen Napoleons I. dessen Staatsstreich fast vorprogrammiert, der freilich von der konservativen Mehrheit durch Plebiszit abgesegnet wurde. So konnte 1852 zunächst eine Präsidialverfassung entstehen und dann das Kaisertum wiederhergestellt werden. Das Corps législatif mit nur einer Kammer war ohne Gesetzesinitiative zu einem Schattendasein verurteilt. Erst 1860 wurde ihm mehr Macht zugestanden und 1869 die parlamentarische Regierungsweise britischer Art mit dem Senat als Oberhaus eingeführt – zu spät.

Nach dem Zusammenbruch des zweiten Empire wollte die Mehrheit der Nationalversammlung zwar die Monarchie, konnte sich aber über die Einzelheiten nicht einigen. So kam es zu einer «vorläufigen», seit dem Wahlsieg der Republikaner 1879 endgültigen Republik, die ihre Form nicht durch eine Verfassung, sondern durch drei Verfassungsgesetze von 1875 über die Organisation der Staatsgewalt, die Organisation des Senats und die Beziehungen der Staatsgewalten zueinander erhielt. Die Nationalversammlung bestand aus Senat und Deputiertenkammer, die zusammen den Präsidenten wählten, der wie sein Vorgänger 1848 nur durch Botschaften oder die Minister mit ihnen verkehrte. Auf diese Weise bildete sich das Kabinettssystem mit dem theoretisch überhaupt nicht vorgesehenen Ministerpräsidenten aus, obwohl theoretisch bis heute der Staatspräsident erster Vorsitzender des Ministerrats ist. Der Senat wurde 1884 endgültig in eine Kammer von Regionalvertretern umgewandelt. Dank Zurückhaltung der Präsidenten spielte sich Parlamentsherrschaft mit häufig wechselnden Kabinetten, aber wenig verändertem Personal ein, die auch die 1946 geschaffene vierte Republik kennzeichnen sollte.

Deren elaborierte Verfassung entstammte dem Bedürfnis, sich vom Vichy-Regime und der dritten Republik, auf deren Boden es gewachsen war, zu distanzieren. Ihr Grundrechtekatalog enthielt jetzt die Garantie der Rechtsgleichheit für Frauen, die 1945 erstmals mit abstimmen durften. Die zweite Kammer sollte ursprünglich ganz entfallen und wurde als Rat der Republik in ziemlich reduzierter Form aufgenommen. Neu waren ausführliche und komplizierte Bestimmungen über das Kolonialreich. Insgesamt aber stand der Rückkehr zur Regierungsweise der dritten Republik wenig im Wege – bis das Parteiensystem sich durch Selbstblockade angesichts der kritischen Entwicklung des Algerienkonflikts als handlungsunfähig erwies, so daß einem Putsch nur durch Ermächtigung des konsensfähigen Charles de Gaulle durch die Nationalversammlung begegnet werden konnte.

Dessen Verfassung von 1958 konstruierte als fünfte Republik eine merkwürdige Mischung aus parlamentarischer Kabinettsregierung mit Zweikammersystem und Präsidialregime mit teils amerikanischen, teils bonapartistischen Zügen. Letztere bestehen vor allem im Recht des nun durch Volkswahl bestellten Präsidenten, sich im Referendum an das Volk zu wenden. Das Kabinett unter dem Premierminister ist zwar dem Parlament verantwortlich und teilt sich mit diesem in die Gesetzesinitiative, wird aber vom Präsidenten bestellt und entlassen. Freilich ist er dabei im Gegensatz zu den USA an parlamentarische Mehrheiten gebunden, so daß sich nach Ausscheiden des charismatischen Führers de Gaulle de facto eine Art «konstitutionelle Wahlmonarchie» mit dem Präsidenten als Verkörperung des Volkswillens von gestern eingespielt hat.

Spanien und Portugal

Die Verfassungsentwicklung verlief hier im 19./20. Jahrhundert noch abwechslungsreicher als in Frankreich, nachdem die Verfassung von Cádiz 1812 und die portugiesische Verfassung von 1822 konstitutionelle Monarchien nach dem Muster der französischen von 1791 hatten schaffen wollen. Monarchistische Reaktion, Phasen konstitutioneller oder sogar parlamentarischer Monarchie, Republik und Diktatur wechselten in bunter Folge, zum Teil mit blutigen Bürgerkriegen, bis autoritär-faschistoide Diktaturen in Portugal 1926–1974 und in Spanien 1936/39–1975 auf ihre Art für Stabilität sorgten. In Spanien ist seither durch friedliche Machtübergabe 1978 die Verfassung einer parlamentarischen Monarchie möglich geworden, in Portugal durch eine im wesentlichen unblutige Revolution 1974 eine Republik. Entwicklungspolitische Erfolge im Rahmen der europäischen Gemeinschaft lassen erwarten, daß es erst einmal bei dieser Verfassungsordnung bleiben wird.

Niederlande und Belgien

Im nördlichen Vorfeld Frankreichs schuf die Revolution Satellitenstaaten nach französischem Muster, die Napoleon schließlich als Départements dem Empire eingliederte. Danach entschieden sich die nördlichen Niederlande 1814 gegen die alte Republik für eine konstitutionelle Monarchie unter der Statthalterdynastie Oranien und gaben sich eine entsprechende Verfassung. Die Großmächte schlugen Belgien dazu, mit der Maßgabe einer Verfassungsanpassung, gleicher Rechte für Protestanten und Katholiken sowie gemeinsamer Übernahme der Staatsschuldenlast. Die Anpassungsgespräche scheiterten am Widerstand der katholischen Bischöfe gegen Gewissensfreiheit und Staatsschule, aber der König erklärte sie für erfolgreich. Sein Regime war zentralistisch und absolutistisch mit einem dünnen konstitutionellen Überzug. Manche Grundrechte waren garantiert, aber kritische Stimmen aus Belgien wurden trotz Pressefreiheit administrativ zum Schweigen gebracht. Die erste Kammer des Parlaments bestand aus ernannten Aristokraten, die zweite aus Abgesandten lokaler Ständevertretungen. Seine Legislative war begrenzt, und das Budget galt für zehn Jahre. Die Minister waren bloße Gehilfen des Königs.

Ein kurzlebiges Bündnis der katholischen und der liberalen Opposition führte in der Revolution von 1830 zur Unabhängigkeit Belgiens mit einer zentralistischen und frankophonen konstitutionellen Monarchie – Flämisch galt als Bauerndialekt und war außerdem der Sprache des Unterdrückers aus dem Norden verwandt. Die belgische Verfassung von 1831 orientierte sich stark am britischen und niederländischen Vorbild sowie an den französischen Verfassungen von 1830 und 1791. Volkssouveränität, Grundrechte, Gewaltenteilung bei gemeinsamer Ausübung der Gesetzgebung durch den König und die beiden Kammern, das Abgeordnetenhaus und den Senat, eine gewählte Regionalvertretung aus Honoratioren, – die belgische Verfassung kam gerade recht, um europaweit zum Vorbild einer liberalen Monarchie zu werden. Folgende Verfassungen sollen von ihr beeinflußt sein: Spanien 1837, Griechenland 1844 und 1864, Piemont-Sardinien 1848/1870, Niederlande 1848, Preußen 1850, Bulgarien 1864, Rumänien 1868 und noch nach dem Ersten Weltkrieg Polen, Ungarn und die Tschechoslowakei.

1848 wurde die niederländische Verfassung unverzüglich durch Direktwahl der zweiten Kammer und jährliche Budgets, später durch Ausweitung des Wahlrechts liberalisiert. Aber selbst die neue Verfassung von 1983 änderte wenig, auch wenn sie durch Aufnahme sozialer Grundrechte, die religiöse Neutralität gegenüber dem einst festgeschriebenen protestantischen Charakter des Landes und die weitere Reduzierung der königlichen Befugnisse modernisiert wurde.

In Belgien führte die Ausweitung des Wahlrechts zum Aufbegehren der diskriminierten Flamen, so daß die Sprachenfrage zum Sprengstoff wurde. Da die französische Gruppe nicht bereit war, generelle Zweisprachigkeit des Landes zu akzeptieren, kam es seit 1970 zu mehreren Verfassungsrevisionen, bis Belgien 1993 ein Bundestaat mit zwei zusätzlichen Regionalregierungen wurde.

Deutschland

Der Deutsche Bund von 1815 brauchte als Staatenbund mit geringen bundesstaatlichen Elementen keine Verfassung. Hingegen wurde von maßgebenden Politikern verschiedener deutscher Einzelstaaten der politische Nutzen einer Verfassung für das Wachstum der Staatsgewalt unter den neuen Bedingungen durchaus geschätzt. Zwar kannte schon das ausgehende Alte Reich eine quasi-konstitutionelle Systematisierung des Normengefüges und die Idee der Einheit der Staatsgewalt, nicht aber die Vorstellung eines homogenen Staatsvolkes von Individuen. Diese konnte aber zur rechtlich-politischen Verschmelzung neuerworbener Landesteile zu einem neuen Staat nützlich sein. Daher erließ der bayerische König auf den Rat Napoleons schon 1808 eine vom Minister Montgelas entworfene Verfassung, deren Volksvertretung aber unverwirklicht blieb. Auch in Preußen sollte die Mobilisierung der Untertanen für den Staat durch die Reformen nach Hardenbergs Auffassung durch eine Verfassung gekrönt werden, aber die königlichen Verfassungsversprechen von 1810, 1815 und 1820 wurden aus Angst vor zuviel Demokratie nicht eingehalten.

Zunächst bestand in Deutschland ja eine beträchtliche Kontinuität zwischen dem Reformabsolutismus des 18. Jahrhunderts und dem Neo-Absolutismus der Reformzeit nach 1800 (Eberhard Weis). 1806–15 besaßen die Fürsten der deutschen Mittelstaaten eine Machtfülle wie nie zuvor oder danach. Mit der Auflösung des Reiches wurden sie überhaupt erst souverän und damit zur Staatsbildung durch Beseitigung von Privilegien befähigt. König Friedrich von Württemberg konnte jetzt ganz anders mit seinen Ständen umspringen als einst Herzog Carl Eugen. Freilich hatte nur er das Format für ein persönliches despotisches Regiment, überall sonst war schon seit dem 18. Jahrhundert die Ablösung der absoluten Monarchie durch einen «Beamtenabsolutismus» im Gange. Strenggenommen begannen die Monarchen allmählich überflüssig zu werden. Allerdings braucht Beamtenherrschaft ein gesetzlich geregeltes Verfahren. Daher wurde auch das verfassungslose Preußen der Jahre 1815–40 zwar nicht zum Rechts-, wohl aber zum «Gesetzesstaat» (Ernst Rudolf Huber). Der Staatsapparat hielt sich außer im Falle des Notstandes nicht mehr ohne weiteres zu jeder beliebigen Maßnahme gegenüber den Untertanen berechtigt, sondern verlangte insbesondere für Eingriffe in Freiheit und Eigentum eine gesetzliche Grundlage. Aber dieser verfahrensbedingten Selbstbeschränkung der Staatsgewalt fehlte die Garantie der Gesetzmäßigkeit zugunsten der Untertanen durch eine Verfassung.

Etablierte Staaten wie Preußen konnten sich den Verzicht auf eine Verfassung leisten, während die süddeutschen dieses zusätzliche Integrationsinstrument für ihren Zugewinn nicht ungenutzt lassen wollten. So entstanden vor 1830 in Deutschland 15 Verfassungen. Nach dem Vorbild der französischen Charte von 1814 handelte es sich um oktroyierte, einseitig vom Herrscher erlassene Verfassungen, so in Bayern und Baden 1818, in Hessen-Darmstadt 1820; nur die württembergische von 1819 beruhte auf einer Art von Vertrag mit der Ständevertretung. Verfassungstheoretiker versuchten freilich, die oktroyierten Verfassungen unter Berufung auf die Zustimmung des Volkes durch Wahlen in vereinbarte umzudeuten. Alle enthielten Grundrechtskataloge, beließen aber die gesamte Staatsgewalt beim Fürsten. Volksvertretungen bestanden aus zwei Kammern, davon die ersten mit ernannten oder erblichen Mitgliedern aus den Reihen des Geburts- und Amtsadels. Bewußt als Schutzschild gegen monarchische Tyrannei einerseits, gegen demokratische Pöbeldiktatur andererseits konzipiert, waren sie aber dennoch nicht rein reaktionär, sondern enthielten ein differenziertes Spektrum politischer Interessen (Bernhard Löffler). Die parlamentarischen Befugnisse standen beiden Kammern gemeinsam zu, das konnte in der Praxis ein gegenseitiges Vetorecht bedeuten. Ihre Kompetenzen beschränkten sich aber auf Steuerbewilligung, Mitwirkung an der Gesetzgebung und Petitionsrecht; sie besaßen weder Gesetzesinitiative noch Einfluß auf die Regierungsbildung.

Unruhen nach der französischen Julirevolution 1830 lösten einen Schub in der deutschen Verfassungsentwicklung aus. Kursachsen und Kurhessen erhielten 1831 erstmals eine Verfassung, Braunschweig 1832 eine neue Landschaftsordnung vom selben Standard, und in Hannover wurde 1833 die Kompromißlösung von 1819 ebenfalls durch eine «moderne» Verfassung ersetzt. Die kurhessische Verfassung war die bei weitem «radikalste», denn im Rahmen der üblichen «hinkenden Gewaltenteilung» (Ewald Grothe) hatte sie als einzige ein Einkammerparlament aufzuweisen, das erstmals die Gesetzesinitiave erhielt. Bürgerbewaffnung war ebenso vorgesehen wie die Vereidigung nicht nur der Abgeordneten und Staatsdiener, sondern auch des Militärs auf die Verfassung. Als 1850 ein Haushaltskonflikt ausbrach, der den späteren preußischen Verfassungskonflikt vorwegnahm, und der Kurfürst verfassungswidrige Notstandsmaßnahmen mit Militäreinsatz verfügte, verweigerten nicht nur die Gerichte und große Teile der Verwaltung, sondern fast das gesamte Offizierskorps samt Oberbefehlshaber unter Berufung auf den Verfassungseid den Gehorsam. Vergebens, denn der Widerstand wurde durch bayerische Truppen gebrochen, aber nicht vergessen!

Verfassungskonflikte gab es allerdings schon bald nach 1830 in zahlreichen Ländern. In den süddeutschen Staaten strebten die Parlamentarier nach Ausweitung ihrer Befugnisse, während gleichzeitig die Repression von Bundes wegen einsetzte. 1837 hob der neue König von Hannover die dortige Verfassung durch Staatsstreich auf, der Bund deckte ihn, drängte aber immerhin auf eine neue Verfassung, die mit erheblich eingeschränkten Rechten des Parlaments dann 1840 gewährt wurde.

Die Märzrevolution 1848 hatte fast überall ein Verfassungsrevision in Richtung auf ein parlamentarisches Regime mit allgemeinem Wahlrecht zur Folge, schon um auf diese Weise einer radikalen Volksbewegung zuvorzukommen. Vor allem schien sich jetzt die nationale Einigung Deutschlands abzuzeichnen; eine Nationalversammlung in Frankfurt entwarf eine am 27. März 1849 fertiggestellte Reichsverfassung. Hier hat für die Gestaltung eines Bundesstaates das amerikanische Vorbild ein bescheidene Rolle gespielt. Dem Reich wurden die Außenpolitik, die Aufsicht über Wirtschafts- und Verkehrspolitik und die Rechtsvereinheitlichung übertragen, seinen Bürgern umfassende Grundrechte zugeschrieben. Einem erblichen Kaiser, der die Exekutive durch seine Minister ausüben sollte, stand ein Zweikammerparlament mit Staaten- und Volkshaus gegenüber. Beide Seiten besaßen die Gesetzesinitiative und wirkten bei der Gesetzgebung zusammen, der Kaiser mit einem aufschiebenden Veto. Alle nicht ausdrücklich der Reichsgewalt zugeschriebenen Rechte blieben den Einzelstaaten (§ 5); das Reich sollte sich anscheinend mittels seiner Zollhoheit finanzieren (§ 35).

Doch bereits am 5.Dezember 1848 löste der preußische König, der wieder die Oberhand gewonnen hatte, die preußische Nationalversammlung auf und oktroyierte eine Verfassung, die inzwischen selbst den gemäßigten Konservativen unvermeidlich erschien. In der überarbeiteten Fassung von 1850 blieb sie samt dem zur Abwehr demokratischer Bestrebungen geschaffenen Dreiklassenwahlrecht bis 1918 in Geltung. Sie ging zwar nicht von der Volkssouveränität, sondern vom monarchischen Prinzip aus und entzog den königlichen Oberbefehl parlamentarischer Kontrolle, orientierte sich aber sonst wie schon der Entwurf der Nationalversammlung und andere deutsche Verfassungen der Revolutionszeit teilweise am belgischen Vorbild. Obwohl in vielen deutschen Staaten die Reaktion einen Teil der Errungenschaften der Märzrevolution wieder rückgängig machte (Grundrechte, Wahlrecht) und es in Hessen 1850–52, in Preußen 1860–66 zu Verfassungskonflikten kam, ist es in Deutschland doch bei dieser Art Verfassungsstaat geblieben.

Der Norddeutsche Bund von 1866 und das Deutsche Reich von 1871 suchten Eigenschaften des inzwischen untergegangenen Deutschen Bundes und des Frankfurter Reichsverfassungsentwurfs zu verbinden. Im Grunde handelte es sich umgekehrt wie 1815–66 um einen Bundesstaat mit staatenbündischen Zügen. Die Souveränität lag bei den fürstlichen Bundesmitgliedern bzw. ihrer Vertretung, dem Bundesrat; der preußische König übte sie als «Deutscher Kaiser» – nicht «Kaiser von Deutschland» – nur außenpolitisch allein aus. Befugnisse und Ressourcen des Reiches waren eng begrenzt. Der als Gegengewicht gegen befürchtete partikularistische Tendenzen nach allgemeinem Wahlrecht gewählte Reichstag besaß Gesetzgebungs- und Budgetrecht, aber eigentlich keine Befugnis zur parlamentarischen Kontrolle der Regierung, die strenggenommen nur aus ihrem Chef, dem Reichskanzler, bestand, der allein dem Kaiser verantwortlich war. Auch das Reich blieb insofern konstitutionelle Monarchie. Im Zuge der europaweiten Aufwertung der Exekutive durch zunehmende Staatsaufgaben unterlag diese föderalistische Reichsverfassung einem stark unitarischen Trend. Die Reichsinstitutionen wurden wichtiger als die preußischen, der Reichstag gewann an Gewicht. Doch wenn Preußen auf diese Weise anfing, im Reich aufzugehen, dann bedeutete das keinen preußischen Identitätsverlust, sondern eher eine «Verpreußung» des Reiches (Karl Erich Born).

Unter diesen Umständen entsprachen die Parlamentarisierung des Reiches 1918 und die ziemlich unitarische Reichsverfassung der demokratischen Weimarer Republik von 1919 durchaus dem politischen Trend. Als Gegengewicht zum parlamentarischen Regierungssystem des jetzt nach Verhältniswahlrecht gewählten Reichstags mit Reichskanzler und Reichskabinett wurde der Reichspräsident als Haupt der Exekutive vom Volk direkt gewählt, mit beträchtlichen Befugnissen für den Ausnahmezustand. In den Ländern hingegen war die Exekutive jeweils vollständig vom Einkammerlandtag abhängig.

Es waren aber nicht angebliche Konstruktionsfehler der Verfassung, die rudimentär bis 1945 in Geltung blieb, wie die Befugnisse des Reichspräsidenten oder das Verhältniswahlrecht, die den Übergang der Macht an den Nationalsozialismus ermöglichten, sondern das Versagen des Parteiensystems, das heißt letztlich das Fehlen demokratischer politischer Kultur. Dennoch versuchte das Grundgesetz für die 1949 gegründete Bundesrepublik Deutschland aufgrund der Erfahrungen der Weimarer Republik auch institutionelle Korrekturen vorzunehmen. Dabei handelt es sich neben einer starken föderalistischen Komponente, die aber wie unter den beiden Vorläuferverfassungen bereits wieder vom administrativen Alltag ausgehöhlt wurde, vor allem um ein konsequent parlamentarisches Regierungssystem, dem durch ein elaboriertes Wahlrecht und das konstruktive Mißtrauensvotum die nötige Stabilität verliehen werden soll. Dazu kommt eine starke Verfassungsgerichtsbarkeit und eine entsprechende Ausweitung der Grundrechte, nicht zuletzt in sozialstaatlicher Richtung. Das Konkurrenzunternehmen der ebenfalls 1949 gegründeten Deutschen Demokratischen Republik hingegen war seit Aufhebung der Länder 1952 ein straffer Zentralstaat, wo die gesamte Staatsgewalt direkt oder indirekt bei der Volkskammer lag, das heißt bei den sie kontrollierenden Instanzen der Sozialistischen Einheitspartei. Nach 1989 ist die DDR ersatzlos in der Bundesrepublik aufgegangen.

Dänemark

Die dänische absolute Monarchie befand sich zu Ende des 18. Jahrhunderts in der Hand einer aufgeklärten Reformpartei, die bis 1788 einen massiven antiaristokratischen Umbau der Gesellschaft eingeleitet hatte. Insofern konnte sich das Regime gegenüber Einflüssen der Französischen Revolution schmeicheln, vom allgemeinen Konsens getragen zu sein. Als 1834 erstmals provinzweise gewählte ständische Konsultativgremien zusammentraten, geschah dies in erster Linie als politische Reaktion auf die im Gefolge der Julirevolution erhobene Forderung nach einer gesonderten Verfassung für Schleswig-Holstein, das inzwischen als Teil des dänischen Gesamtstaates behandelt wurde. Während die Schleswig-Holstein-Frage 1848–66 eine kritische Wendung nahm, ging Dänemark selbst mit dem Grundgesetz von 1849 zur konstitutionellen Monarchie mit Zweikammersystem über, die sich nach konservativem Zwischenspiel 1866 schließlich 1901 zur parlamentarischen Regierungsweise mauserte. Die neue Verfassung der demokratischen Monarchie von 1953 brachte den Übergang zum Einkammerparlament.

Wo zweite Kammern nicht aus föderalistischen Rücksichten bestehen blieben, erwiesen sie sich als Überbleibsel des Konstitutionalismus des 19. Jahrhunderts, die der modernen Massendemokratie offensichtlich nicht mehr entsprechen. Das letzte Beispiel wäre die Abschaffung des Bayerischen Senats auf Grund der Volksabstimmung von 1998.

Schweiz

Das eidgenössische Bundesgeflecht wurde 1798 unter französischem Druck in den Einheitsstaat der Helvetischen Republik nach dem Muster der französischen Direktorialverfassung verwandelt. Wegen der instabilen Verhältnisse verfügte Napoleon aber die Wiederherstellung der Souveränität der immerhin neugegliederten Kantone (Mediation). Der Staatenbund wurde 1815 bestätigt und durch Neutralitätsgarantie stabilisiert. Kantone gaben sich jetzt Verfassungen, aber äußerst reaktionäre. Der weiterschwelende Gegensatz zwischen Liberalen und Konservativen kam 1847 wegen der kirchenpolitischen Kontroversen im Sonderbundskrieg zum Ausbruch. Der Sieg der Fortschrittswilligen ermöglichte den Bundesstaat von 1848, mit einer Bundesversammlung aus Nationalrat und Ständerat, der Vertretung der Kantone. Die Exekutive liegt beim siebenköpfigen Bundesrat, der Kabinett und kollektives Staatsoberhaupt zugleich ist; der Bundespräsident ist nur sein Vorsitzender. Der Bundesrat wird vom Parlament gewählt und ist ihm verantwortlich, kann aber sowenig abgesetzt werden wie er seinerseits das Parlament auflösen könnte. 1870/71 zeigte sich, daß die damals einzige Demokratie Europas ein unzulängliches Militärwesen besaß. Außerdem entbrannten neue kirchenpolitische Konflikte. Daher konnten die Radikalen die Verfassungsrevision von 1874 durchsetzen, die dem Bund die Militärhoheit, die Aufgabe der Rechtsvereinheitlichung und die Zuständigkeit für neue wirtschaftspolitische Aufgaben wie den Eisenbahnbau übertrug, kirchenpolitische Regelungen traf und nach dem Vorbild verschiedener Kantone das fakultative Referendum für Bundesgesetze einführte. 1891 kam das Initiativrecht des Volkes zur Teilrevision der Bundesverfassung hinzu.

Österreich und Ungarn

Hier geriet das reaktionäre System Metternich erst in der Revolution 1848 ins Wanken, die eine liberale und föderalistische Verfassung für die nicht zum Königreich Ungarn gehörenden Teile der Monarchie hervorbrachte, während sie in Ungarn zur Modernisierung der Ständeverfassung führte, aber mit verschärfter Diskriminierung der nichtmagyarischen Minderheiten. Zur Sicherung der Kronrechte wurde aber statt dessen 1849 eine Gesamtverfassung für das Kaisertum Österreich oktroyiert, die sich föderalistisch gab, aber alle nicht ausdrücklich den Ländern zugeschriebenen Befugnisse dem Reich vorbehielt. Da sie obendrein Ungarn nur als Kronland unter anderen behandelte, folgte die Separation Ungarns, die mit russischer Hilfe niedergeworfen wurde. Auch die oktroyierte Verfassung trat nie in Kraft und wurde 1851 beseitigt. Erst nach der Niederlage von 1859 kam es unter Druck der Gläubigerländer 1861 zur Einrichtung eines Reichsrates aus Herrenhaus und Abgeordnetenhaus und von 15 Landtagen. Schließlich wurde nach Verhandlungen mit Ungarn 1867 im sogenannten «Ausgleich» durch kaiserliche Verfügung und Beschluß des ungarischen Reichstags der Doppelstaat Österreich-Ungarn errichtet, jede Hälfte eine konstitutionelle Monarchie mit Zweikammerparlament, dazu gemeinsamen Außen-, Finanz- und Kriegsministern und gemeinsamen Parlamentsausschüssen. Das System sollte aber an den Ansprüchen der relativ benachteiligten slawischen Nationalitäten scheitern. Das deutsche Restösterreich gab sich als demokratische Republik 1920 eine föderalistische Verfassung, die 1929 dadurch gestrafft wurde, daß der Bundespräsident nach Weimarer Vorbild seither vom Volk gewählt wird, den Nationalrat einmal auflösen kann und Bundeskanzler und Minister ernennt. 1945 wurde diese Verfassung wieder in Kraft gesetzt. Restungarn blieb formell Monarchie und wurde erst 1946 Republik.

Italien

Hier folgte auf den Einmarsch der Franzosen 1796 ein Fülle von konstitutionellen Experimenten und territorialen Arrangements, die freilich 1814/15 in die Restauration der vorrevolutionären Verhältnisse mündeten. Verschiedene Bewegungen nahmen sich der Sache der nationalen Einheit und der politischen Freiheit an; die spanische Revolution 1820 sowie die europäischen Revolutionen von 1830 und 1848 lösten jeweils auch in Italien Aufstände aus, zunächst vergebens. Aber die 1848 nach Vorbild der revidierten französischen Charte gewährte Verfassung von Sardinien-Piemont (Statuto Albertino) blieb im Gegensatz zu allen anderen über die neue Niederlage hinaus erhalten. Daß sie ausdrücklich die Vereinbarkeit von Abgeordnetenmandat und Ministeramt vorsah, erlaubte den allmählichen Übergang zum parlamentarischen Regierungssystem. Ihr Geltungsbereich wurde einfach ausgeweitet, als sich Sardinien-Piemont erfolgreich an die Spitze der nationalen Einigungsbewegung setzen konnte. Sie blieb bis 1946 die Verfassung des geeinten Italien, formell auch unter dem faschistischen Regime. 1946 wurde durch Volksabstimmung die Monarchie abgeschafft und die Republik eingeführt. Deren 1947 beschlossene und 1948 in Kraft getretene demokratische Verfassung hat ein Zweikammerparlament und einen starken Präsidenten mit ähnlichen Befugnissen wie der österreichische. Die Richtlinien der Politik bestimmt allerdings der Ministerpräsident, soweit ihm das Parteiensystem die Möglichkeit dazu gibt.

c) Monarchiediskurs und monarchisches Prinzip

Da auch monarchische Verfassungen letztlich revolutionären Ursprungs waren, wurden sie vom strikt legitimistischen Monarchiediskurs des frühen 19. Jahrhunderts abgelehnt. Der Berner Aristokrat Karl Ludwig von Haller, der als Anti-Rousseau den «Götzen des bürgerlichen Contracts» stürzen wollte, hat mit seiner «Restauration der Staatswissenschaften» (1816–25) sogar den Namen für die Epoche abgegeben. Da Macht von Gott stammt und daher gut ist, wirkte die Macht des Stärksten staatsbegründend. Weil der Fürst zuerst da war und die Untertanen um sich gesammelt hat, ist er Eigentümer des Staates und kann nach Gutdünken entscheiden, ohne die Untertanen zu fragen, auch wenn er deren Rechte respektiert. Der französische Emigrant Louis-Gabriel Vicomte de Bonald erklärte in verschiedenen Schriften 1796–1818 die Volkssouveränität zum Sündenfall. Da alle Gewalt von Gott ausgehe, sei die natürliche Ordnung der Dinge die unumschränkte Herrschaft eines Monarchen, allerdings unter dem Gesetz des Gemeinwohls. Dem praktischen Kontext entsprachen solche Texte freilich längst nicht mehr, denn Verfassungen wurden im 19. Jahrhundert in allen Monarchien zur Selbstverständlichkeit, freilich meist im eingeschränkten Sinn des «monarchischen Prinzips» (Friedrich Schlegel).

In Georg Wilhelm Friedrich Hegels «Rechtsphilosophie» (1821)[3] ist «der Staat die Wirklichkeit der sittlichen Idee», die den Bürger in Pflicht nimmt und dadurch «zur substantiellen Freiheit» befreit. Im Staat wird die auf das Allgemeine bezogene gesetzgebende Gewalt von der für die besondere Anwendung zuständigen Regierungsgewalt unterschieden, die aber von der fürstlichen Befugnis zur letzten Entscheidung zusammengefaßt werden. Da Souveränität nur «ihrer selbst gewisse Subjektivität» sein kann, muß der Souverän eine reale Person

[3] Eigentlich: Grundlinien der Philosophie des Rechts oder Naturrecht und Staatswissenschaft im Grundrisse.

sein, eben der Monarch. Als natürliches Individuum gelangt er aber durch Geburt in seine Rolle, also muß die Monarchie erblich sein. Die Beteiligung einer Volksvertretung bleibt von untergeordneter Bedeutung; wichtiger ist die Beamtenschaft als der allgemeine, vom sittlichen Staats- statt vom unsittlichen Privatinteresse geleitete Stand.

Ideologe des deutschen monarchischen Konservatismus war der Rechtsphilosoph Friedrich Julius Stahl, der Hegels Rationalismus ebenso ablehnte wie dessen Trennung von Staat und Gesellschaft. Nach ihm bedient sich ein persönlicher Gott als Herr der Geschichte des christlich geprägten Staates als sittlichen Reiches zur autoritären Lenkung der Menschen. Der König «von Gottes Gnaden» hat seine Gewalt von diesem Gott und nicht vom Volk. Wie bei Hegel kann die souveräne Gewalt nicht geteilt werden und muß in einer Person liegen, dem König, von dem alle Herrschaft und alles Gesetz ausgehen. In der Schrift «Das monarchische Prinzip» setzte sich Stahl 1845 mit dem Anspruch der Volksvertretung auseinander und polemisierte gegen «das politische System des Westens [. . .]: die Volkssouveränität, die Theilung der Staatsgewalt, die Republik unter der Form der Monarchie, die Kammerherrschaft [. . .]. Sollte dieses System über unser Vaterland hereinbrechen, so wäre das ein Unglück [. . .].» Doch kommt die Rückkehr zum vorrevolutionären Zustand einer Landesverfassung partikularer ständischer Freiheiten nicht mehr in Frage, denn die Verfassung besteht inzwischen längst «aus Einem untheilbaren öffentlichen Gesetz». Dabei stellte er aber der faktischen Parlamentshoheit Englands das monarchische Prinzip gegenüber, «daß die fürstliche Gewalt dem Rechte nach undurchdrungen über der Volksvertretung stehe, und daß der Fürst thatsächlich den Schwerpunkt der Verfassung, die positiv gestaltende Macht im Staate, der Führer der Entwicklung bleibe, [. . .] daß der Fürst allein die Abfassung der Gesetze [Initiative] hat, die Stände[4] nur Zustimmung und Petition, daß er allein die Administration hat, [. . .] daß er sowohl sein eigenes fürstliches Einkommen als auch die Mittel des Staatshaushalts unabhängig von ständischer Willkühr mit Sicherheit besitzt, nur für fakultative Ausgaben oder für Erhöhungen oder [. . .] für Abänderungen im bisherigen [. . .] System [. . .] der Stände bedarf, endlich daß er alle diese Rechte wirklich und nicht scheinbar übt, und zu diesem Ende die Contrasignatur und Verantwortung der Minister [. . .] sich nicht weiter erstreckt als auf Einhaltung der Verfassung», also nur strafrechtliche, nicht politische Verantwortlichkeit. Im Falle eines Verfassungs-

[4] Dieser traditionelle Begriff wird als Gegensatz zu «Parlament» gewählt, will aber nicht das frühere Ständewesen reproduzieren.

konflikts läge die Entscheidung ebenfalls beim Monarchen allein. Für den Diskurs bezeichnend sind die Punkte, wo sich Stahl mit Hegel einig ist, nicht zuletzt in der Hochschätzung der Beamtenschaft auf Lebenszeit, die bei den Liberalen soviel Anstoß erregte.

Doch selbst liberale Antipoden des monarchischen Prinzips leiteten aus der Volkssouveränität kein parlamentarisches System englischer Art ab. Im französischen Kontext wurde Benjamin Constant mit «Principes de politique applicables à tous les gouvernements»[5] zum Protagonisten einer auf selbstverständliche Volkssouveränität gegründeten konstitutionellen Monarchie. Aber die Volkssouveränität ist nicht unbegrenzt; die Legislative darf die Gerechtigkeit und die private Existenz des Bürgers nicht verletzen. «Auch der Wille eines ganzen Volkes kann Unrecht nicht in Recht verwandeln.» Dann würde Gehorsamsverweigerung zur Bürgerpflicht. Die Monarchie wird als neutrale Gewalt (pouvoir neutre) unter fünf getrennten Gewalten definiert, das sind: (1) die königliche Gewalt, (2) die exekutive Gewalt der Minister, (3) die Gewalt, die das Element der Kontinuität repräsentiert, ein Oberhaus mit festen Mitgliedern, (4) die Gewalt, die die öffentliche Meinung vertritt, das gewählte Unterhaus, (5) die rechtsprechende Gewalt. Vermischt man sie, wird das Problem der Verantwortlichkeit der Exekutive unlösbar. Aber ein neutraler Monarch, der politisch führt, aber nicht in die eigentliche Regierung eingreift (le roi règne, mais il ne gouverne pas), kann im Bedarfsfall Minister absetzen, ohne daß er sie eines Vergehens überführen müßte. Er kann das Oberhaus durch Ernennung neuer Mitglieder korrigieren, das Unterhaus durch sein Veto sowie notfalls durch Auflösung und Neuwahlen, die Justiz durch sein Begnadigungsrecht. Seine Neutralität rührt von der Erblichkeit seiner Stellung her, die ihn aus dem politischen Kampf heraushält, wobei der offensichtliche Trend aber auf immer stärkere Zurückhaltung des Monarchen hinausläuft.

Im deutschen Kontext war dualistische Versöhnung von Monarchie und Volksvertretung anstelle des einseitigen monarchischen Prinzips bereits das höchste der Gefühle, so für Karl von Rotteck im «Lehrbuch des Vernunftrechts und der Staatswissenschaften» (1829–35) sowie in Beiträgen in dem mit Karl Theodor Welcker herausgegebenen «Staatslexikon» (1834–43). Obwohl er von der Volkssouveränität des Gesamtwillens nach Rousseau ausgeht, begründet er darauf keine Demokratie, sondern eine konstitutionelle Monarchie. Der Gesamtwille schafft nämlich ein «natürliches Organ», die Volksvertretung, und ein «künstliches Organ», die Regierung, als unwiderruflich eingerichtete Perso-

5 *Constant,* Werke, Bd. 4, 17–48.

nifikation der Staatsgewalt. Keine von beiden ist souverän, denn nur gemeinsam verkörpern sie den Gesamtwillen. Das legitimierte keinen Parlamentarismus, sondern wertete nur die Volksvertretung auf.

Freilich wurde die Instabilität dieses Modells bald wahrgenommen. Aufschlußreich dafür ist die Entwicklung bei Robert von Mohl, der in der ersten Auflage seines «Staatsrechts des Königreichs Württemberg» 1829 noch auf dem Boden des monarchischen Prinzips stand, in der zweiten 1840 von der gegenseitigen Blockierung im dualen System schrieb, um 1852 in «Das Repräsentativsystem» zum selben Schluß zu gelangen wie Karl Salomo Zachariä schon in den zwanziger Jahren, daß dieser Schwäche nur durch Korruption oder durch parlamentarische Regierung der Mehrheitspartei begegnet werden könne. Grundsätzlich blieb es aber beim monarchischen Prinzip, durch das parlamentarische Ministerium als Blitzableiter für die Opposition sollte es sogar gestärkt werden.

Seit 1830 kam es in Frankreich, Belgien, England zu einem erheblichen Parlamentarisierungsschub; die deutsche Entwicklung und der deutsche Diskurs gerieten ins Abseits, denn in Deutschland blieb der Monarch nicht verantwortlicher Träger der einheitlichen Staatsgewalt, freilich in deren Ausübung verfassungsmäßig gebunden und in der Praxis auf Arrangements mit der zweiten Kammer angewiesen. Aber für den Notfall wurde nach wie vor mit der Möglichkeit des Rekurses auf die vorkonstitutionelle monarchische Vollgewalt argumentiert. Johann Caspar Bluntschli hat 1851/52 in seinem «Allgemeinen Staatsrecht» diese konstitutionelle Monarchie ähnlich wie vor ihm Stahl zu einem eigenständigen deutschen Verfassungstyp erklärt, was noch 1963 von Ernst Rudolf Huber in dessen «Deutscher Verfassungsgeschichte» wiederholt wurde. Stabilisiert wurde sie nach Bluntschli vor allem durch die Verwaltung, was ihm ermöglichte, an dieser Stelle den Topos «moderner Staat» in den Diskurs einzuführen und diesen als selbstbewußt, prinzipiengeleitet, rationell und gesetzmäßig zu charakterisieren.

Auch das neugegründete Kaiserreich blieb konstitutionelle Monarchie und konnte überdies konstitutionellen Strukturschwächen durch Rückzug auf die in Personalunion verbundene preußische Monarchie begegnen. Das maßgebende «Staatsrecht des Kaiserreiches» von Paul Laband (1876–82) verstärkte zwar den einschlägigen Diskurs, ließ aber infolge seines Positivismus neue Legitimationsschwierigkeiten des monarchischen Prinzips erkennen. Das Gottesgnadentum überzeugte inzwischen sowenig wie der Hinweis auf politische Leistungen, die angeblich nur ein Monarch erbringen könne. Die Legitimität des Königtums beruhte schließlich nur noch darauf, daß es eben (noch) da war. Daher die Anstrengungen, die Monarchie nicht mehr religiös oder funktional, sondern historisch zu legitimieren. 1911 pries der Historiker Otto Hintze das monarchische Prinzip und die konstitutionelle Monarchie als «das eigenartige preußisch-deutsche System» und wollte seine Stabilität auch unter den Bedingungen der Moderne auf die preußische Tradition des Volkes in Waffen mit dem Monarchen als pflichtgeleitetem Repräsentanten der Staatsidee an der Spitze gründen. Allerdings war die historische Legitimation gerade historisch höchst anfechtbar, weil die deutschen Monarchien letztlich durch massivste Verletzung historischer Legitimität in der napoleonischen Ära entstanden waren.

Die deutsche konstitutionelle Monarchie hat zwar ein rundes Jahrhundert existiert, sich aber dennoch nicht als systemgerechter deutscher Sonderweg, sondern bloß als instabile Zwischenlösung auf dem Weg zur Parlamentarisierung erwiesen (Carl Schmitt, Ernst Wolfgang Böckenförde). Denn die Verfassungsbindung des Monarchen wurde (1) auf Dauer irreversibel, das Budgetrecht der Kammer mußte (2) langfristig zu verstärkter parlamentarischer Kontrolle und (3) der politischen statt strafrechtlichen Ministerverantwortlichkeit führen. Und (4) fehlte der Monarchie nach den von ihr selbst im Zeitalter der Aufklärung eingeführten säkularen Spielregeln eine verbindliche Legitimitätsgrundlage.

Trotz Bekenntnis zur Modernität war sie ja bereits Welten von der Entwicklung in West- und Nordeuropa entfernt. Zwar erhielten neugeschaffene Staaten wie die Niederlande, Belgien und vor allem diejenigen der Balkanvölker, die sich vom Osmanischen Reich emanzipierten, bis 1914 unter Mitwirkung konservativer Großmächte monarchische Verfassungen und dazu oft landfremde Dynastien, eine Politik, die Großbritannien noch nach dem Ersten Weltkrieg im Nahen Osten fortsetzte (Ägypten, Transjordanien, Irak). Erst 1918 wurde die demokratische Republik zur Regelform neuer Staaten. Aber ein französischer Jurist konnte doch schon 1885 feststellen, daß ein konstitutioneller König nichts als ein erblicher Präsident und ein Präsident nichts als ein König auf Zeit sei.

Obwohl auch englische Monarchen bis 1910 durchaus eine politische Rolle spielen konnten und wollten, hat Walter Bagehot in «The English Constitution» 1867 die Krone nicht mehr zu den «efficient parts of the constitution» gerechnet. Mit munterem Zynismus sieht er statt dessen ihren politischen Nutzen darin, daß sie (1) den Massen das Gefühl gibt, sie verstünden die Regierung, weil ihre Aufmerksamkeit auf eine Person konzentriert wird, die interessante Dinge tut, während in einer Republik viele Personen uninteressante Dinge tun. Weiter ist die Monarchie (2) quasi-religiöses Symbol der nationalen Einheit, (3) Haupt der guten Gesellschaft, das dem Volk die Show bietet, die es haben möchte, und (4) im Falle der Königin Victoria außerdem moralisches Vorbild. Schließlich verschleiert die Monarchie (5), wo die wirkliche Macht liegt, so daß sie ein Moment der Stabilität bieten kann, wenn die wirkliche Macht des Premierministers ins Wanken gerät. Im Grund bleibt dem Monarchen aber nur noch das Recht «gehört zu werden, zu ermutigen, zu warnen». Das mag nützlich sein, aber viel ist über die Monarchie danach nicht mehr zu sagen.

d) Wahlrecht

Die prinzipielle Gleichheit der Staatsbürger hat sich auch in Verfassungsstaaten keineswegs von Anfang an in gleichen Partizipationsmöglichkeiten für alle niedergeschlagen. Maßstab der Partizipationschancen und der potentiellen Demokratisierung ist die Einführung des allgemeinen und gleichen Stimmrechts für alle erwachsenen Frauen und Männer, wie es sich in Frankreich 1792 abzeichnete und für Männer wenigstens vorübergehend auch verwirklicht wurde, endgültig und europaweit aber erst Mitte des 20. Jahrhunderts. Das würde heißen, daß 40–50 % der Bevölkerung das Stimmrecht haben müßten, bei der zunächst üblichen Beschränkung auf die Männer 20–25 %.

Statt dessen finden wir für 1830 folgende Zahlen: Österreich, Dänemark, Portugal, Rußland, Spanien 0 %, Frankreich 0,5 %, Ungarn 1 %, Belgien 1,1 %, Großbritannien 2,1 %, Niederlande 3,5 %, Norwegen 8,5 %, Schweden 9 %;

für 1870: Italien 2 %, Belgien 2,2 %, Niederlande 2,9 %, Schweden 5,6 %, Österreich 5,9 %, Ungarn 6,5 %, Norwegen 7,5 %, Großbritannien 8 %, Portugal 9 %, Dänemark 15 %, Frankreich, Spanien, Schweiz 22–26 %;

für 1910: Ungarn 6,2 %, Italien 8,3 %, Portugal 12 %, Niederlande 14 %, Dänemark 17 %, Großbritannien 18 %, Schweden 19 %, Österreich, Belgien, Deutsches Reich, Spanien, Schweiz 21–23 %, Frankreich 29 %, Norwegen 33 %, Finnland 45 %.[6]

In solchen Reihen kommen unterschiedliche Entwicklungsrhythmen verschiedener Länder bei der Ausweitung des Wahlrechts ebenso zum Ausdruck wie die Vorbehalte gegen die politische Gleichheit der Menschen, ja bereits der Männer: Wenn Menschen von Natur ungleich sind, wäre es absurd, ihnen gleiche politische Rechte zu geben; ein Arbeiter kann nicht das gleiche politische Gewicht beanspruchen

[6] *Goldstein* 4 f.

wie sein Arbeitgeber, der Hunderte von Familien ernährt usf. Hatte die mittelalterlich-frühneuzeitliche Tradition politische Rechte an Grund- und Boden gebunden, so sollten jetzt Besitz und Bildung dominieren.

Für Wahlen zu den zweiten Kammern Europas war demgemäß die verbreitetste Einschränkung ein Steuer- oder Einkommens- oder Vermögenszensus. Bereits in der Französischen Revolution wurde 1791 mittels Mindeststeuerleistung zwischen 4,5 Mio Aktivbürgern über 25 Jahren und 2,5 Mio Passivbürgern ohne Wahlrecht unterschieden. Das allgemeine Wahlrecht der Verfassung von 1793 blieb Theorie, 1795 wurde wieder ein Zensus eingeführt. Soweit im Empire überhaupt gewählt wurde, herrschte ein ähnliches System. 1814–30 war eine Jahressteuer von 300 Francs Voraussetzung, ein Betrag, der 1830–48 auf 200 Francs herabgesetzt wurde; das bedeutete 0,5 % statt 0,3 % der Bevölkerung. Die zweite Republik führte dann 1848 schlagartig das allgemeine Männerwahlrecht ein, hinter das auch das zweite Empire nicht mehr zurück wollte, denn der Bonapartismus beruhte ja zunächst auf dem Votum konservativer Massen.

Die erste englische Reformbill hatte 1832 durch Neuordnung der Stimmbezirke und der Besitzqualifikation die Zahl der Wahlberechtigten von 2,1 % auf 4,2 % der Bevölkerung erhöht. Die nächste Ausweitung der Besitzqualifikation 1867 brachte den Anteil auf 8,3 %, die dritte 1884 auf 14,2 %; nun konnte das Zeitalter demokratischer Massenpolitik beginnen. 1885 wurden die Wahlkreise neu gegliedert und nur noch ein Abgeordneter pro Wahlkreis gewählt. 1918 erhielten alle Männer über 21 Jahren das Wahlrecht, dazu Frauen über 30, mit 48,6 % Wahlberechtigten als Ergebnis. 1928 folgte das allgemeine Frauenwahlrecht, was den Wähleranteil bis 62,8 % steigerte.

In Belgien wurde 1848 nur die Mindeststeuer herabgesetzt; erst 1893 folgte das allgemeine Männerwahlrecht. Italien verlangte zusätzlich noch eine Mindestbildungsqualifikation, was eine zusätzliche Diskriminierung des Südens bedeutete, wo die Analphabetenrate fast doppelt so hoch lag wie im Norden. Erst 1912 gab es das allgemeine Männerstimmrecht. Auch andere Länder wie Norwegen, Spanien, Ungarn, die Niederlande schufen solche Bildungsprivilegien.

Ein anderes Verfahren gestand Besitz und Bildung mehrere Stimmen oder höheres Gewicht der Stimmen zu. So erhielten in Belgien 1893 zwar alle über 25 Jahre alten Männer das Wahlrecht, aber nicht das gleiche, das erst 1919 folgen sollte. 1893 gab es nämlich eine zusätzliche Stimme für die Reichen und eine weitere für die Gebildeten, unabhängig vom Einkommen, so daß 850 000 Männer eine Stimme hatten, 290 000 zwei und 220 000 sogar drei. Frankreich, Schweden,

Finnland, Rußland und Österreich hatten zeitweise ähnliche Systeme. In Großbritannien konnten 7 % der Wähler, die in mehr als einem Wahlbezirk berechtigt waren, mehrere Stimmen abgeben.

Die Selektion durch das Klassenwahlrecht war im Grunde mit dem altständischen Kuriensystem verwandt. So gab der Vier-Kurien-Reichstag bis 1866 in Schweden, 1906 in Finnland jedem der vier Stände Adel, Klerus, Bürger, Bauern dasselbe Gewicht mit der Folge, daß 3 % der Bevölkerung, die zu den drei ersten Ständen zählten, das dreifache Gewicht der übrigen 97 % besaßen. Das 1849–1918 geltende preußische Dreiklassenwahlrecht ließ je ein Drittel der Wahlmänner von denjenigen der ca. 80 % wahlberechtigten Bürger wählen, die gemeinsam ein Drittel der Steuersumme des Wahlkreises aufbrachten, so daß 1908 in Essen der Industrielle Krupp der einzige Wähler seiner Klasse war. Damals wählten 3,8 % der Preußen in der ersten Klasse, 13,8 % in der zweiten und 83 % in der dritten. Ähnliche Systeme gab es in Rumänien und Rußland.

Ausgesprochen repressiv konnte sich die Praxis der offenen Abstimmung auswirken, wo lokale Potentaten oder Regierungsvertreter einschüchternd wirkten. Die Wahl war in Frankreich zwar theoretisch längst geheim, praktisch aber nicht vor ca. 1900. In Großbritannien wurde die geheime Abstimmung offiziell erst 1872 eingeführt, in Belgien 1877, Dänemark 1901, Österreich 1906, Ungarn und Preußen 1914.

Schließlich war das übliche hohe Wahlalter von 25 Jahren geeignet, den Wähleranteil der Unterschichten mit ihrer geringeren Lebenserwartung weiter zu reduzieren. Gelegentlich wurde bei Ausweitung des Wahlrechts das Alter heraufgesetzt, mit einer Nettoverminderung der Wählerzahl als Ergebnis, so in den Niederlanden 1897, Schweden 1909 und Ungarn 1913.

Auf der anderen Seite wurde auch die Wählbarkeit durch Mindestalter und Zensus drastisch reduziert; in Frankreich seit der Revolutionszeit. In vielen Ländern wurden Abgeordnete aus den Unterschichten außerdem durch das Fehlen von Diäten ferngehalten. In Norwegen wurden sie 1814 eingeführt, in den Niederlanden 1815, Belgien 1831, Dänemark 1849, Frankreich 1852, im Deutschen Reich 1906, in Italien 1911, Großbritannien 1912.

Schließlich gab es allerhand Methoden, mit denen eine Regierung die Wahlen zu ihren Gunsten beeinflussen konnte, manche davon wie die Wahlfälschung waren korrupt, andere wie die Parlamentsauflösung und Ausschreibung von Neuwahlen bei unerwünschtem Wahlergebnis vollkommen legal, wieder andere wie die Nutzung der Abhängigkeitsverhältnisse von Pächtern und Arbeitern eher ein Erbe des Ancien

Régime. Von Spanien, Italien und anderen Ländern des Mittelmeerraums und des Balkans heißt es, daß dort im 19. Jahrhundert nicht die Wahlen die Regierung, sondern die Regierung die Wahlen bestimmt habe. Wahlkreise wurden so zurechtgeschnitten, daß konservative ländliche Stimmen ein größeres Gewicht erhielten als städtische, Wahllokale so gewählt, daß bestimmte Wählergruppen es nur schwer erreichen konnten. Bekannte Oppositionelle erhielten unerbetene Steuerermäßigung, um sie als Wähler zu disqualifizieren. Soldaten und Beamten wurde befohlen, wie abzustimmen sei, oder sie wurden von vorneherein als Ja-Stimmen gezählt. Andere Wähler wurden eingeschüchtert oder gar terrorisiert. Oder die Parteien einigten sich über das Wahlergebnis und ließen den Inhalt der Wahlurnen entsprechend fälschen.

Die fast überall vorhandenen ersten Kammern wurden meistens ohnehin von der Regierung besetzt. In kritischer Lage konnte nicht nur in Großbritannien, sondern zeitweise auch in Frankreich, Portugal, Italien, Österreich und Ungarn das Instrument des Pairsschubs, der gezielten Ernennung einer hinreichenden Zahl neuer Mitglieder, eingesetzt werden. In den wenigen Fällen, in denen gewählt wurde, griffen dieselben Restriktionen wie bei den zweiten Kammern.

Für lokale Wahlen galt meistens ein ähnliches Wahlrecht wie auf Landesebene, bisweilen ein großzügigeres. Nur im Deutschen Reich widersprach das auch für Lokalwahlen angewandte preußische Dreiklassenwahlrecht eklatant dem allgemeinen Männerwahlrecht für den Reichstag.

Im 19. Jahrhundert gab es nirgends ein Frauenstimmrecht. Nach dem US-Staat Wyoming 1869 wurde es 1893 von Neuseeland als erstem Land der Welt eingeführt, während selbst die SPD es 1891 nur zögernd ins Parteiprogramm aufgenommen hatte. In Europa gingen Finnland 1906, Norwegen 1913 und Dänemark mit Island 1915 voran. Der Erste Weltkrieg löste einen Schub aus: 1917 die Niederlande und Rußland, 1918 Deutschland, Österreich, Polen, Schweden, Tschechoslowakei, 1920 die USA. 1928 folgten Großbritannien, 1931 Spanien, dann untere anderen Brasilien und Thailand 1932, Kuba und die Türkei 1934, die Philippinen 1937, Frankreich erst 1944 und die Schweiz sogar erst 1971. Einige Kantone hatten 1959 damit begonnen, während andere auch 1971 kein Frauenstimmrecht in kantonalen Abstimmungen zuließen. Liechtenstein war damals neben vier arabischen Ländern das einzige ohne Frauenwahlrecht, trotz der UNO-Konvention von 1952.

e) Plebiszit und Diktatur

Das von der Französischen Revolution zunächst 1790–98 zur Legitimation von Annexionen, dann 1793 und 1795 zur Verabschiedung von Verfassungen eingeführte Instrument der Volksabstimmung hat sich seither als Inbegriff direkter Demokratie wechselnder Beliebtheit erfreut. In der Schweiz ist das Referendum seit 1874 fester, in Frankreich seit 1958 gelegentlicher Bestandteil des politischen Lebens, während die angelsächsischen Länder es überhaupt nicht kennen und Deutschland angesichts des Gebrauchs, den Hitler davon gemacht hatte, es im Grundgesetz nicht mehr vorsieht und nur Kümmerformen in einigen Länderverfassungen kennt.

Für solche direkte Demokratie läßt sich ins Feld führen, daß der Bürger nur so persönlich über das entscheiden kann, was ihn unmittelbar angeht, und nur auf diese Weise in die Lage versetzt wird, allein Gesetzen zu gehorchen, die er sich selbst gegeben hat (Jean-Jacques Rousseau). Dagegen spricht, daß die Masse der Bürger ebenso borniert wie verführbar ist, einerseits dazu neigt, notwendige, aber unbequeme Innovationen zu blockieren wie in der Schweiz, andererseits sich allzu rasch vor den Karren von Demagogen wie Hitler spannen läßt.

Bei Max Weber ist plebiszitäre Herrschaft eine Mischung aus charismatischer und legaler. Charismatische Herrschaft soll auf persönlicher, emotionaler Hingabe an eine außergewöhnliche Führerpersönlichkeit beruhen, deren Bewährung zur Anerkennung der Herrschaft durch die Beherrschten führt. Im Falle der plebiszitären Herrschaft findet eine Veralltäglichung des Charismas statt, weil die Anerkennung durch formelle Volksabstimmung zur Legalisierung der Herrschaft des Führers benutzt und so legale Herrschaft begründet wird. Der Herrscher fühlt sich als Vertrauensmann der Massen und läßt sich diesen Anspruch durch Plebiszit bestätigen, aber wie im Falle der beiden Napoleon *nach* Eroberung der Staatsgewalt durch Staatsstreich. Im Unterschied zur Wahl kennt das Plebiszit keine Alternativen, sondern nur Zustimmung oder Ablehnung. Plebiszite beruhen in der Regel auf allgemeinem Stimmrecht, auch wenn sonst ein eingeschränktes oder überhaupt kein Wahlrecht gilt. Es gibt aber auch eine Art von selbstverständlicher Konkurrenz zum Parlament, das durch Plebiszite nicht überflüssig wird – wo sollten sonst Gesetze oder gar Budgets beschlossen werden? Bereits die beiden Napoleon haben gezeigt, daß hier die Möglichkeit einer Transformation von Demokratie in eine Diktatur oder eine neue Art von Monarchie gegeben ist, die im Gegensatz zu derjenigen des Ancien Régime nicht mehr durch Gottesgnadentum und Erblichkeit, sondern durch den Volkswillen legitimiert ist – wobei dieser Volkswille nicht minder fiktiv sein kann als Gottes Gnade!

Historisch lassen sich Plebiszite zur Legitimation von Herrschaft im Innern von solchen zur Legitimation territorialer Veränderungen unterscheiden, obwohl beides auch geschickt verknüpft werden kann wie bei Hitler. In beiden Fällen wird eine neue Rechtslage durch Plebiszit seltener geschaffen, als bloß anerkannt. Das gilt für die zahlreichen Abstimmungen, mit denen die Französische Republik 1790–98 die Annexion ihrer Eroberungen legalisierte, für ihre Verfassungsplebiszite von 1793 und 1795, für die vier Abstimmungen, durch die Napoleon 1800–1815 seine Herrschaft bestätigen ließ und schließlich auch für die drei Plebiszite 1851, 1852 und 1870, die das zweite Empire Napoleons III. und dessen gescheiterte Liberalisierung sanktionieren sollten.

Die acht Plebiszite, durch die 1848–70 die Vereinigung verschiedener Teile Italiens mit der Monarchie des Hauses Savoyen bekräftigt wurde, dienten der innenpolitischen wie der internationalen Absicherung. Bezeichnenderweise erfolgten sie auf der Grundlage des allgemeinen Stimmrechts, während für Parlamentswahlen ein extrem restriktives Wahlrecht galt. Auf diese Weise wurde das jakobinisch-revolutionäre Moment der Einigungsbewegung zur Begründung der neuen, ziemlich konservativen Staatsgewalt benutzt. Die Zustimmung lag meistens bei 80 % oder mehr; berücksichtigt man aber die Wahlbeteiligung, dann liefen in den Marche 62,46 % Ja-Stimmen auf nur 13,5 % der Bevölkerung hinaus.[7]

Nach dem Ersten Weltkrieg sollten Volksabstimmungen das Selbstbestimmungsrecht der Völker zum Ausdruck bringen, wofern nicht Verzicht auf Abstimmung (Südtirol), geschickte Ausdeutung des Ergebnisses (Teilung Oberschlesiens nach Stimmenmehrheiten und Kohlevorkommen) oder dessen schlichte Mißachtung (80 % der Vorarlberger wollten zur Schweiz) politisch opportun erschien.

Vor allem aber wurden sie im Sinne der mystischen Beziehung von Volk und Führer zur Legitimation von autoritären und totalitären Regimes des 20. Jahrhunderts herangezogen, allerdings in unterschiedlichem Umfang. Ihre Ergebnisse konnten durch Terror zustande gekommen oder schlicht gefälscht sein, in vielen Fällen ist aber durchaus mit tatsächlicher, höchstens propagandistisch manipulierter Zustimmung zu rechnen. Stalin ließ sich 1940 die Annexion der baltischen Staaten bestätigen, Mussolini 1929 die Lateranverträge und 1934 das abessinische Kolonialimperium. Besonders intensiv wurden Volksab-

[7] *Fimiani* 297.

stimmungen während der ersten Hälfte des Dritten Reiches genutzt: zur Legitimation der «Machtergreifung» durch die plebiszitären Novemberwahlen 1933, bei der Übernahme der Reichspräsidentschaft durch Hitler nach den SA-Morden 1934, der Saarabstimmung 1935, der Rheinlandbesetzung unter Bruch des Locarnovertrags 1936, dem Anschluß Österreichs 1938.

Dennoch ließ sich das Referendum nach dem Zweiten Weltkrieg erneut zur Legitimation von Verfassungswandel und territorialen Veränderungen einsetzen: Man könnte die Abschaffung der Monarchie in Italien und die Ablehnung, dann Annahme einer neuen Verfassung in Frankreich 1946 nennen oder die Ablehnung einer Europäisierung der Saar 1955. Da man sich mit dem Ergebnis durchaus verrechnen konnte, wurden im weltweiten Dekolonisationsprozeß Volksabstimmungen seltener veranstaltet, als man erwarten möchte, außer wenn das Ergebnis so sicher war wie die 99,72 % für die Unabhängigkeit Algeriens 1962. Aber wichtiger waren auf alle Fälle die vorangehenden Verhandlungen mit der Kolonialmacht.

Charles de Gaulle versuchte 1958 mit seiner 5. Republik das Referendum wieder ins europäische Verfassungsleben einzuführen. Der inzwischen fernsehvermittelte Direktkontakt zwischen dem charismatischen Führer und der Gesamtheit der Französinnen und Franzosen bildete für ihn wohl weit mehr als die neuen Institutionen die Grundlage seiner Republik.[8] Als er nach der Krise von 1968 das Referendum von 1969 verlor, war er demgemäß konsequent genug zurückzutreten. Seine weniger charismatischen Nachfolger konnten diese Seite seines Regimes nicht im selben Umfang aufrecht erhalten.

f) Kommunikation und Parteien

De Gaulles Gebrauch des Fernsehens war wohl ein erster europäischer Gipfelpunkt von «Telekratie», der von den Medien und zwar in erster Linie vom Fernsehen und der Werbewirtschaft getragenen Variante der modernen Massendemokratie, die inzwischen weltweit selbstverständlich geworden ist. Ihre Wurzeln liegen im späteren 19. Jahrhundert bei der Ausweitung des Wahlrechts einerseits, dem Aufkommen der auflagenstarken Billigpresse andererseits. Erst jetzt wurde vollständige politische Partizipation der Bevölkerung eines großen Staates nicht nur politisch, sondern auch technisch möglich. In Frankreich wählten 1792 trotz allgemeinen Wahlrechts nur 10–20 % der erwachsenen Männer zum Nationalkonvent, nur 30–33 % beteiligten sich an der Volksab-

[8] *David* 311 f.

stimmung über die Verfassung. Ähnliche Zahlen sind von späteren Plebisziten bekannt. 1848 hingegen wählten 84 % zur Nationalversammlung, und 1851 nahmen 81,2 % am Verfassungsplebiszit teil. Offensichtlich haben die Konflikte der Julimonarchie die Franzosen für die Bedeutung nationaler Wahlen sensibilisiert und für die moderne Massendemokratie reif gemacht. Das heißt aber nicht, daß sie vorher apathisch und ohne demokratischen Sinn gewesen wären. Aber dieser fand sein Betätigungsfeld im lokalen Bereich, wo ihre Interessen lagen.

Doch wenn Politik aufhört, elitär zu sein, bedarf sie mehr denn je der Organisation; zur Massendemokratie gehört die Massenpartei. Von Haus aus war der Begriff «Partei» in allen Sprachen negativ besetzt, denn das traditionelle politische Denken verknüpfte Gemeinwohl mit Eintracht und verband Interessengruppen verschiedenster Art mit verwerflichem Egoismus. Volksvertreter sollten kraft ihres persönlichen Ansehens als Repräsentanten des ganzen Volkes gelten, auch wenn sie von einzelnen Teilen des Landes delegiert wurden. Erst seit dem 18. Jahrhundert in England, seit dem 19. auf dem Kontinent wurde es allmählich möglich, politische Parteien als legitim und nützlich anzusehen. Aber noch 1832 wurden Parteien vom Deutschen Bund generell verboten. Nicht nur Hume 1752 und Hegel 1821, sondern auch noch Thiers 1872 und Bismarck 1881 fanden, daß Staat und Staatsmann über dem kleinlichen Interessengezänk der Parteien zu stehen hätten.

Wenn es schon politische Konflikte geben müsse, dann zwischen den Nutznießern der Monarchie und den Vertretern der Untertaneninteressen; in England, dem Mutterland der Parteiendemokratie, hieß das zunächst zwischen «Court» und «Country», seit der Exclusion Crisis 1678–83 zwischen «Tories», den Anhängern von Monarchie und Staatskirche, und «Whigs», die zur Widerstandstradition der Revolution und dem protestantischen Dissent neigten. Dieser Parteiengegensatz etablierte sich auch im Parlament, freilich dauernden Wandlungen bis zur Unkenntlichkeit unterworfen. Im 18. Jahrhundert war der programmatische Gegensatz weniger wichtig als das Netzwerk der Klientelverbände, wurde aber gegen Ende des Jahrhunderts wiederbelebt. Im Zeitalter parlamentarischer Honoratiorenpolitik konnte aber dennoch von einer Parteiorganisation nicht die Rede sein; niemand brauchte sie. Auch die britischen Wahlkämpfe wurden von lokalen Führern organisiert und abgewickelt.

Gerade die französischen Jakobiner hielten an der Einheit des politischen Allgemeinwillens nach Rousseau erbittert fest und lehnten «parti» als Synonym von «intrigants» ab. Nichtsdestoweniger erwiesen sie sich mit ihrem landesweiten System von Clubs als Pioniere einer zunächst noch losen und dezentralen Parteiorganisation.

In England bildeten die Parlamentsmitglieder mit dem Premierminister einerseits, dem Oppositionsführer andererseits eine Art nationales Forum der lokalen Honoratioren und ihrer Wahlkomitees. Nach der Reformbill von 1832 entstanden mit der Gründung des Carlton Club 1832 und des Reform Club 1838 halbinformelle Parteihauptquartiere mit Rechtsanwälten als nebenamtlichen Parteiagenten. Erst nach der Ausweitung der Wählerschaft 1867 wurden zentrale Parteibüros einerseits, lokale Associations der Parteien andererseits geschaffen, die im Gegensatz zu den bisher auch im Lande weitverbreiteten Clubs ihre zahlreichen Mitglieder aus der einfachen Bevölkerung relativ straff hinter einem lokalen Parteiführer organisierten.

Lokale «Häuptlinge» und Honoratioren dominierten die Politik in Spanien und Italien, wo instabile Verhältnisse oder eng begrenztes Wahlrecht nationale Parteiorganisationen lange nicht aufkommen ließen. Oft stand eine «Partei» vollkommen im Dienst ihres lokalen Bosses und nicht umgekehrt. Auch in Frankreich entwickelte sich Parteiendemokratie nach dem Ende des 2. Empire zunächst auf lokaler Basis, bis das Vereinsgesetz von 1901 die Bildung straffer nationaler Parteiorganisationen begünstigte. Bezeichnenderweise gingen dabei die Sozialisten voran, nicht nur, weil ihre weitreichenden Ziele eine schlagkräftige Massenorganisation verlangten, sondern auch, weil ihnen die traditionelle Möglichkeit fehlte, sich auf lokale Honoratioren zu stützen.

In Deutschland ließ die «Vereinsleidenschaft» (Thomas Nipperdey) der 1840er Jahre trotz des Parteienverbots politische Organisationen entstehen, die sich aber zunächst als lose Gesinnungsgemeinschaften um Presseorgane gruppierten. In der Frankfurter Nationalversammlung fanden sich dann die grundsätzlich ad personam gewählten Abgeordneten in verschiedenen Gasthäusern zu fünf Gruppen zusammen: Konservative, politischer Katholizismus, (Rechts-)Liberale, (links-)liberale Demokraten, sozialistische Arbeiterbewegung. In den 1860er Jahren entwickelten sich daraus organisierte Parteien, die im neuen Reich zum festen Bestandteil des parlamentarischen Lebens wurden.

Bis zum Ersten Weltkrieg war demokratische Politik in Europa weithin Parteienpolitik geworden. Das Grundgesetz der Bundesrepublik Deutschland hat die Aufgabe der Parteien, die demokratische Willensbildung zu organisieren, erstmals sogar ausdrücklich festgeschrieben (Art. 21,1). Allerdings hat sich die Wahrnehmung dieser Aufgabe in verschiedenen Ländern zu einer Art von politischem Monopol entwickelt. Überall sind die Abgeordneten theoretisch nur ihrem Gewissen unterworfen, überall herrscht statt dessen mehr oder weniger strenge Parteidisziplin. Darüber hinaus sind Regierung und Verwaltung einerseits, die einzelnen Bürger andererseits bei ihrer Willensbildung inzwischen ebenfalls unter die Vormundschaft der Parteiapparate geraten.

2. Vom Staat zur Nation

a) Grundlagen und Grundfragen

«Nation» ist ein uralter Begriff, während «Nationalismus» erst im 18. Jahrhundert auftauchte. Beide sind so sehr mit Geschichte angereichert, daß es nicht leicht ist, sie überzeugend zu definieren. «Die Nation ist das politisch mobilisierte Volk»[1] will vor allem besagen, daß jetzt das ganze Volk politisch geworden ist, nicht mehr nur der Adel, der im Europa des Ancien Régime, am deutlichsten in Polen, die politische Nation darstellte. Eine Nation wird durch gegenseitige Sympathie ihrer Angehörigen zusammengehalten, die zwischen diesen und anderen Menschen nicht besteht. Sie kann auf gleicher Rasse und Abstammung beruhen, auf Gemeinsamkeit von Sprache und Religion, auf Besitz eines bestimmten Territoriums. Am wichtigsten aber ist die gemeinsame Geschichte mit den kollektiven Gefühlen des Stolzes und der Scham, der Freude und des Leides, die sich daraus ergeben (John Stuart Mill 1861). Sie besteht in der Übereinkunft, diese historische Solidargemeinschaft fortzusetzen. «Das Dasein einer Nation ist [...] ein tägliches Plebiszit [... denn] Nationen sind nichts Ewiges. Sie haben einmal angefangen, sie werden enden.» (Ernest Renan 1882) [2]

Nationalismus wäre dann ein System von Vorstellungen und Werten, ein Symbolsystem, das einer solchen Großgruppe ihre Zusammengehörigkeit bewußt macht, ihr einen besonderen Wert zuschreibt und auf diese Weise die betreffende Großgruppe sozial integriert und gegen ihre Umwelt abgrenzt. Denn Großgruppen im allgemeinen und Nationen im besonderen leben in hohem Maß von der Abgrenzung gegen Andere. Nicht nur das Bedürfnis, sich mit einer Gruppe zu identifizieren, sondern auch dessen Ergänzung durch instinktive Xenophobie gehört vermutlich zur anthropologischen Grundausstattung des Menschen. Identität dürfte immer Alterität zur Voraussetzung haben.

Im Vollsinn liegt Nationalismus aber nur dann vor, wenn die Nation den höchsten Wert und die letzte Sinnstiftungsinstanz darstellt. Natio-

1 Nach *Alter* 1985, 16.
2 Nach *Alter* 1994, 46.

nalismus bekommt auf diese Weise religiöse Qualität. «Das Religiöse wird im Nationalen säkularisiert, das Säkulare sakralisiert» (Thomas Nipperdey). Die Französische Revolution errichtete Altäre des Vaterlandes, Berlin einen Altar für «die heilige Luise von Preußen». Es handelt sich zwar um von Menschen hergestellte Wirklichkeit, aber dennoch um eine heilige Wirklichkeit, weil sie sich der Verfügbarkeit des Menschen entziehen will, indem sie ihn durch den Entwurf einer Weltordnung transzendiert. Statt der Kirche wird das politische Kollektiv als Gemeinschaft der Lebenden, der Toten und der noch Ungeborenen zur profanen Transzendenz (Peter Berghoff). Auf dieser religiösen Qualität beruht die enorme Fähigkeit des Nationalismus zur emotionalen Mobilisierung, die in der Tat nur der religiösen vergleichbar ist (Alexis de Tocqueville). Das kann darauf zurückzuführen sein, daß die Religion im Zuge der Modernisierung zerfiel und der Nationalismus ihre Stelle einnahm. Ebensogut ist aber auch die Konvergenz von Nationalismus und herkömmlicher Religion möglich, vor allem dort, wo Religion eindeutige Abgrenzung von anderen Großgruppen ermöglicht wie auf den Britischen Inseln oder dem Balkan.

Die Erreichung eines bestimmten Entwicklungsstandes menschlicher Organisation bildet die Voraussetzung dafür. Höhere Verstädterung und steigende Mobilität verlangen und ermöglichen extensivere und intensivere Kommunikation, die ein Volk als größeren Verband erst konstituiert (Karl W. Deutsch). Vor allem in der modernen Industriegesellschaft verlangten Mobilität und Kommunikation nicht nur einen zentralistischen Staat, sondern auch eine homogene Kultur. Diese territoriale Identität von Staat und Kultur wird aber durch den modernen Nationalismus hergestellt (Ernest Gellner). Dem Einzelmenschen bietet er dabei die Erweiterung seines Ego durch Identifikation mit der Großgruppe und die Möglichkeit, Haß auf «Out-groups» zu projizieren, Frustration durch kollektive Erfolgserlebnisse zu kompensieren und seine Wünsche auf die Gruppe zu übertragen (Eugen Lemberg, Daniel Katz).

Daher stellt die Nation sowenig wie das Volk ein historisches a priori dar; beide sind keineswegs von Natur aus schon immer dagewesen, wie die Romantik behauptete. Ihre Geschichtlichkeit besteht nicht darin, daß sie quasi-naturwüchsig wachsen und welken würden, sondern darin, daß sie unter bestimmten Rahmenbedingungen von Menschen gemacht werden. Die 1983 von der «linguistischen Wende» hervorgebrachten Formeln «Imagined Communities» (Benedict Anderson) und «Invention of Tradition» (Eric Hobsbawm, Terence Ranger) sind nur als Formeln neu; wer wollte, konnte schon 1960 lesen: «Nationalbewußtsein ist gleichsam von Natur aus ‹künstlich›, ein Produkt geschichtlicher Entwicklung, das sich als ‹Natur› mißversteht» (Christian Graf von Krockow); noch deutlicher 1962: «Das Ideal der nationalen Souveränität entstand erst in wenigen Köpfen. Dann gewann es Anhänger in den Massen. Durch Erziehung und Propaganda wurde es schließlich Allgemeingut [. . .] Nationen werden geschaffen» (Walter Sulzbach).[3] Das entspricht dem 1971 formulierten Dreiphasenmodell für das nationale Erwachen der kleinen europäischen Völker: Phase A: weitgehend wertfreies Interesse weniger Intellektueller, das grundlegendes Wissen produziert – Phase B: nationale Agitation von Intellektuellen auf dieser Grundlage – Phase C: nationale Massenbewegung (Miroslav Hroch).[4] Nationaler Diskurs von Intellektuellen kann nationale Wirklichkeit schaffen. Die Nation existiert zunächst in den Köpfen, kann aber bald gewaltbereite Realität werden, denn Fremdenhaß und Kriegsbejahung gehören von Anfang an mit dazu; selbst Großbritannien ist «an invented nation [. . .] forged above all by war» (Linda Colley).

Auf den ersten Blick scheint sich in Europa ein grundlegender Gegensatz zwischen dem westeuropäischen und dem mittel- und osteuropäischen Weg zur Nation abzuzeichnen, zwischen subjektiver und objektiver Nation (Hans Kohn), zwischen Staatsnation und Kulturnation (Friedrich Meinecke). Vor allem in England, Frankreich und im Einwandererland USA führte der Weg vom Staat zur Nation, denn die Nation entstand als politische bewußte Gemeinschaft mit der Entwicklung des betreffenden Staates. Da Nation und Staat zusammenfallen, kann die Mitgliedschaft in einer solchen Nation durch subjektive Entscheidung erworben werden. Weiter östlich hingegen war die nationale Zugehörigkeit dem Belieben des Individuums entzogen, die Mitgliedschaft in einer Nation wurde nach Abstammung und Sprache objektiv zugeschrieben. Nationen oder, wie es dort hieß, «Nationalitäten» standen häufig im Gegensatz zum vorhandenen Staat und strebten danach, auf seine Kosten einen eigenen Staat für sich allein zu erhalten.

Der National*staat* ist also auch dort die Bezugsgröße, denn ein politisch mobilisiertes Volk hat infolge der Geschichte der Staatsgewalt keine andere Wahl, als die eigene Nation auf ihren gegenwärtigen oder zukünftigen Staat hin zu denken; bei Nationalbewußtsein ohne Nationalstaat handelt es sich um ein bloßes *noch nicht*.

Wenn man sich den notwendigen Zusammenhang von Staatsbildung und Nationbildung vor Augen hält und damit die Kategorie der

[3] Nach *Vogt* 22; sogar der rechtsstehende Johannes Haller hatte 1923 geschrieben: «Das deutsche Volk ist keine natürliche, sondern eine geschichtlich gewordene Einheit» (nach *Beumann* 1988, 587).

[4] Nach *Winkler* 155–72.

romantischen, im doppelten Sinne «reinen» Kulturnation verabschiedet, dann lösen sich zwei scheinbare Aporien der Nationalismusforschung wie von selbst auf. Erstens die verblüffende Tatsache, daß es seit dem Untergang der Sowjetunion zwar dem Anspruch nach nur noch Nationalstaaten gibt – in der Weltsprache Englisch wird «Nation» ohnehin als Bezeichnung für «Staat» gebraucht; die «United Nations» müßten eigentlich «Vereinigte Staaten» heißen –, aber in Wirklichkeit von 132 Staaten, die 1971 einer einschlägigen Untersuchung unterworfen wurden, nur 12 (9,1 %) zu mehr als 90 % aus einem einzigen Volk bestanden. In allen anderen lebten mehr als 10 % nationale Minderheiten, die in 39 Fällen (29,5 %) sogar mehr als 50 % der Bevölkerung ausmachten. Theoretisch gibt es zwar nur Nationalstaaten, praktisch aber fast nur multinationale Staaten. Allerdings bekennt sich kaum einer davon zu seinem multinationalen Charakter. Statt dessen erhebt eine Großgruppe den Anspruch, die Staatsnation zu sein und in diesem Sinne die Homogenität ihres Nationalstaates durchzusetzen, was zugleich auf weitere Steigerung der Staatsgewalt hinausläuft. Minderheiten geraten so in die Rolle potentieller oder wirklicher innerer Feinde oder, wenn sie Verwandte im feindlichen Ausland haben sollten, sogar in diejenige einer fünften Kolonne irgendeines Erbfeindes. Sie werden assimiliert, wenn das nicht gelingt, hinwegdefiniert, wenn sie auch das überleben, bisweilen auch eliminiert. Für den Möchtegern-Nationalstaat lauert im Hintergrund nämlich immer der Aufstand seiner Minderheiten, für seine Minderheiten aber stets der Völkermord durch die Mehrheit.

Zweitens verhielt es sich schon immer so, daß Nationen nur mit realem oder imaginiertem Bezug auf eine Staatsgewalt existierten. Die Nation war die abhängige, die Staatsgewalt aber die unabhängige Variable der historischen Entwicklung. Aber «Nation» war etwas anderes, aus heutiger Sicht unvollkommenes, solange die werdende Staatsgewalt etwas anderes, aus heutiger Sicht ebenfalls unvollkommenes, war. Die Behauptung, es könne vor der Französischen Revolution keine Nationen und keinen Nationalismus gegeben haben, ist deswegen genauso richtig oder falsch wie die entgegengesetzte Feststellung, es gebe Nationen und Nationalismus bereits im Mittelalter. Nationen im modernen Sinn kann es nämlich in der Tat erst mit ausgereifter Staatlichkeit geben. Nationen, die dem jeweiligen Entwicklungsstand der Staatsgewalt entsprachen, gibt es aber seit deren Anfängen. Insofern ist die Unterstellung eines irgendwie uneigentlichen Nationalismus vor 1789, die in Formulierungen wie «Proto-Nationalismus» oder «Nationalismus vor dem Nationalismus» zum Ausdruck kommt, eher anachronistisch. Dem nach vorne offenen, langfristigen Entwicklungsprozeß werden weichere Begriffe wie «Nationalbewußtsein» und «Nationen im Werden» besser gerecht.

b) Nationen im Werden

Vor dem Wachstum der Staatsgewalt im hohen Mittelalter scheint das Verhältnis der Menschen zum universalen Imperium Romanum und anschließend zur universalen Christenheit dieselbe emotionale Struktur gehabt zu haben wie später zur modernen Nation. Auch hier gab es ein Draußen, wo die Erbfeinde lauerten, Barbaren, Heiden, Moslems, Türken. Aber es gab einen entscheidenden Unterschied. Der politische Mensch, von dem hier die Rede ist, war der Angehörige einer Elite, des Adels, des Klerus, der städtischen Oberschicht. Die gleichmäßige nationale Mobilisierung des ganzen Volkes war erst im Zeichen der Gleichheit nach der Französischen Revolution möglich.

Soweit sich überhaupt etwas über das Bewußtsein einfacher Menschen in der Vormoderne feststellen läßt, müssen wir davon ausgehen, daß sie sich mit ihrer engeren Umgebung, ihrer «Face to Face Community» identifizierten, ihrer Grundherrschaft, ihrem Dorf, ihrem Tal, ihrer Stadt, und nicht selten bereits ihre Nachbarn mit xenophober Abneigung belegten. Auch die Völkerkunde geht davon aus, daß selbst Stämme oder Ethnien «erfunden», politisch gemacht wurden und die ältere Organisation der Menschheit statt dessen aus solchen kleinen Nachbarschaften bestand. Zum selben Ergebnis führt die Wortgeschichte von «Natio» und «Patria», auch wenn sie sich abermals nur auf die ursprünglich quellenmäßig allein faßbaren Eliten bezieht. «Natio» hat mit Abstammung zu tun, wobei die Abstammungsgemeinschaft seit dem 9. Jahrhundert zusätzlich durch Sitte, Sprache und Recht definiert wird. Der korrespondierende Begriff «Patria» kann eine Stadt mit ihrem Umland oder eine andere, kleine regionale Einheit bezeichnen, nicht selten die Gemeinschaft von Inhabern desselben Rechts.

Wahrscheinlich bewirkte der Anspruch von Königen, für eine größere «Patria» zu handeln, daß zumindest im Bewußtsein der Eliten größere, supragentile Nationen entstanden. Seit dem 11./12. Jahrhundert läßt sich jedenfalls eine Verschärfung der Heterostereotypen abendländischer Großgruppen feststellen, nicht zufällig um dieselbe Zeit, als Mobilität und Kommunikation in Europa stark zunahmen und sich die Anfänge des Wachstums der Staatsgewalten auf Kosten der Universalgewalten abzeichneten. Das Mittelalter kannte jetzt Oberschichtennationen mit gemeinsamem, häufig eher mythischem Geschichtsbewußtsein, dessen identitätsstiftende Funktion derjenigen der Abstammungssage einer Gens entsprach. Es entwickelte sich Hand in

Hand mit der Expansion der Königsmacht, die auf diese Weise schließlich eine englische und französische Nation schuf. Wahrscheinlich hat der Hundertjährige Krieg auf beiden Seiten das Nationalbewußtsein erheblich angeheizt. Die antienglische Proklamation der Jeanne d'Arc jedenfalls bot genug Anlaß, sie im 19./20. Jahrhundert zu einer Symbolfigur des französischen Nationalismus zu machen.

Auch Deutschland hatte starke Könige und dazu den besonderen Anspruch auf die Kaiserkrone. Die Formel «Heiliges Römisches Reich Deutscher Nation» bedeutete im 15. und 16. Jahrhundert, anders als man früher gemeint hatte, keine Einschränkung, sondern wollte gerade die Auszeichnung der Natio Germanica durch den Besitz des Imperiums betonen. Aber dem deutschen Königtum fehlte nicht nur der stimulierende Dauerkonflikt, sondern auch die räumliche und zeitliche Kontinuität, die trotz aller Krisen die Geschichtsmächtigkeit des englischen und französischen ausgemacht hat. Die historischen Aktivitäten der deutschen Humanisten und die antirömischen Affekte der Reformation lassen sich zwar durchaus bereits als «organisierter Nationalismus» bezeichnen, die politische Gestaltung des deutschen Nationalbewußtseins durch die Staatsgewalt ließ aber zu wünschen übrig, so daß es im 18./19. Jahrhundert statt dessen zu einer preußischen oder einer bayerischen Nation kam.

Auf der Iberischen Halbinsel war es «nur» Ergebnis historischer Kontingenz, daß Portugal zu einer eigenen Nation wurde, während andere, ebenso große Länder als Teile der kastilischen Monarchie in deren Nation aufgingen. Im 15./16. Jahrhundert gab es neben der kastilischen eine katalanische und eine aragonesische Nation, aber noch keine spanische. Von ihr ist nur bei der Abwehr fremder Ansprüche die Rede, etwa wenn der «defensive Nationalismus» der Comunerobewegung 1522 sich gegen die imperiale Politik Kaiser Karls V. wendet und verlangt, daß das von Kastilien bewilligte Geld wenn nicht dort, so zumindest in Spanien ausgegeben werden müsse.

In allen Fällen haben geographische, ethnische und sprachliche Sachverhalte ihre Rolle gespielt, jedoch nicht als starre Determinanten, sondern als plastische Komponenten. Entscheidend aber war immer die politische Formation; ihr gebührt die Priorität vor allen anderen Faktoren.

Nach der Reformation bot die Konfession neue Möglichkeiten zur Abgrenzung und Identitätsstiftung, wie sie bisher fast nur an den Außengrenzen der Christenheit eine Rolle gespielt hatten. Jetzt aber kamen sie wie gerufen zur Binnendifferenzierung Europas in Nationen, die ja mit derjenigen in Konfessionen Hand in Hand ging. Wahrscheinlich hängt das frühe und ausgesprochen konfessionell geprägte kastilische und portugiesische Nationalbewußtsein mit dem langdauernden Abgrenzungsprozeß gegen Moslems und Juden zusammen. Umgekehrt nutzten Protestanten wie Martin Luther oder John Knox zur Abgrenzung gegen die spanischen Protagonisten des Katholizismus den Vorwurf, diese «verhaßte Nation» bestehe aus Juden, deren Vorväter Jesus Christus gekreuzigt hätten.[5] England entwickelte sich angesichts realer oder imaginierter Bedrohung durch den römischen Antichristen und seine Helfershelfer seit dem 16. Jahrhundert zur protestantischen Nation, während sich ein entsprechender Bewußtseinswandel in Schweden erst Ende des 16. Jahrhunderts im Zeichen polnisch-katholischer Bedrohung identifizieren läßt. Polen forcierte seinen Katholizismus seit der Überschwemmung des Landes durch lutherische Schweden und orthodoxe Russen Mitte des 17. Jahrhunderts. In Italien versuchte eine starke nationale Strömung noch im 19. Jahrhundert, italienisch mit katholisch zu identifizieren; erst durch Mazzini löste sich der Nationalismus von der konfessionellen Bindung – um selbst Religion zu werden.

Da es in Deutschland keine Nationalkonfession gab, sondern die konfessionelle Spaltung 1555, endgültig 1648 reichsrechtlich festgeschrieben wurde, kam es hier statt dessen zum Zusammenspiel von Territorium und Konfession. Katholisches Bayern, katholisches Österreich, lutherisches Sachsen, reformierte Pfalz, schlußendlich über-konfessionell-protestantisches Preußen. In den katholischen Ländern manifestierte sich die konfessionelle Identität in einer bis heute attraktiven Sakrallandschaft. In evangelischen wurde Martin Luther zum Erfinder der deutschen Sprache stilisiert, des Inbegriffs von Nationalität nach neuerem Verständnis. Zumindest in Preußen und Bayern diente Konfession bis ins 19. Jahrhundert der Ausbildung eines landeseigenen Nationalbewußtseins – trotz der katholischen Schlesier und der evangelischen Franken. Aber die angebliche konfessionelle Spaltung der *deutschen* Nationalbewegung ist möglicherweise nur eine von der Historiographie perpetuierte Kulturkampfparole.[6]

c) Staatsnationen

Die moderne Nation beschränkt sich im Gegensatz zu früheren Formen nicht mehr auf die Eliten, sondern mobilisiert das ganze Volk. Außerdem stellt sie für die politisch mobilisierten Menschen den höchsten Wert und die letzte Sinngebungsinstanz dar. Im konfessionel-

5 Zitat bei *Grabes* in *Giesen* 142.

6 Vgl. *Langewiesche* 215 f.

len Zeitalter hatte Religion diese Rolle gespielt; wer rein politisch dachte, galt als schlechter Christ und unmoralischer Mensch wie Machiavelli. «Politiker» war noch im 17. Jahrhundert ein Schimpfwort. Auch wenn Politik nach dem Motto gemacht wurde, was gut für Bayern ist, ist auch gut für den Katholizismus, dann ließ sich doch nicht alles politische Handeln auf diese Weise legitimieren. Jetzt aber war die Nation selbst an die Stelle der Religion getreten. An die Stelle religiöser Politik trat politische Religion; politisches Handeln bedurfte hinfort keiner Fremdlegitimation mehr!

Der fertig ausgebildeten Staatsgewalt, die all ihrer Rivalen und Beschränkungen Herr geworden war, stand eine Gesellschaft gegenüber, in der traditionale Bindung an kleine ständische und regionale Gemeinschaften im Verschwinden war und die Industrialisierung eine nie gekannte Mobilisierung der Menschen und revolutionären sozialen Wandel ausgelöst hatte. Dem dadurch entstandenen neuartigen Legitimations- und Identifikationsbedarf von unten entsprach von oben das Interesse der Staatsgewalt an neuen Möglichkeiten zur Machtsteigerung und Ressourcenmobilisierung. Das Ergebnis war der moderne Nationalstaat.

Theodor Schieder hat 1971 drei Typen europäischer Nationalstaatsbildung unterschieden, die zeitlich aufeinander folgen: 1. nationale Transformation bestehender, alter «Staaten» in England und Frankreich, 2. «unifizierende Nationalstaaten» in Deutschland und Italien im 19. Jahrhundert, 3. «sezessionistische Nationalstaaten», die aus der Zerstörung «übernationaler Großstaaten» wie der Habsburgermonarchie 1919 hervorgingen.

Zur ersten Gruppe der hergebrachten Staatsnationen gehören neben England und Frankreich aber auch Dänemark und Schweden, Portugal und Kastilien. Die geglückte oder mißglückte Unterwerfung von Minderheiten wie Bretonen oder Katalanen, Walisern, Schotten und Iren oder Schleswig-Holsteinern änderte dabei zunächst wenig am nationalen Charakter der Staatsbildungsprozesse in diesen Ländern. Preußen war im 19. Jahrhundert ebenfalls weit auf diesem Wege fortgeschritten, Bayern unternahm heftige Anstrengungen, um die 33 Länder und Herrschaften, die es 1803–18 erworben hatte, zu einer bayerischen Nation zu verschmelzen, und sogar in Österreich-Ungarn zeichneten sich zunächst Erfolge dieser Art ab.

In solchen Staatsnationen wurde Nationbildung weitgehend von oben betrieben, gleichsam nach dem Motto «cuius regio eius natio» (Peter Alter), wobei die Analogie zur konfessionellen Staatsbildung nach der Formel «cuius regio eius religio» einem bereits angesprochenen Sachzusammenhang entspricht. Dabei brauchte die nationbildende

Staatsgewalt keineswegs von nationaler Absicht geleitet sein. Die Sprachpolitik Ludwigs XIV., der spanischen Bourbonen, Josephs II. und vielleicht sogar noch Napoleons I. sollte nur der administrativen Effizienz dienen, die nicht-intendierte Nebenwirkung aber bestand in nationaler Vereinheitlichung.

Spätestens mit der Französischen Revolution lief staatliches Handeln aber nachweisbar auf bewußte nationale Integration hinaus; das belegt bereits bauliche Hinterlassenschaft wie das Panthéon in Paris (1791) oder die Ruhmeshalle in München (1843–53). Bezeichnenderweise war das staatliche Vorgehen ziemlich regimeunabhängig, denn neo-absolutistische deutsche Könige handelten kaum anders als der revolutionäre Wohlfahrtsausschuß. Erleichtert wurde diese Politik nicht nur durch die gesteigerte Kommunikation, sondern auch durch die Expansion des Staatsapparats. Die Beamten waren leichter national zu disziplinieren als die übrigen Untertanen und konnten zudem als Multiplikatoren dienen. Vor allem die Wehrpflichtarmeen sollten sich in diesem Sinn als «Schule der Nation» bewähren, wo der jüngeren Bevölkerung die richtige nationale Haltung beigebracht wurde. Das begann mit der französischen Nationalgarde, deren Mitglieder 1789 schworen, nicht mehr Dauphinois oder Provençaux, Elsässer oder Lothringer, sondern nur noch Franzosen zu sein. Die Bedeutung von «Vaterland» (patrie), das die Académie Française noch 1776 rein lokal definiert hatte, erweiterte sich auf ganz Frankreich. Längerfristig wurde die allgemeine Schulpflicht zum wirkungsvollsten Werkzeug des Nationalstaates, vor allem wo es gelang, eine Lehrerschaft von untadeliger nationaler Gesinnung heranzuziehen. Die französische Grundschule paukte nicht nur eine rigide vereinheitlichte Nationalsprache ein, sondern vermittelte dazu jedem Franzosen Stolz auf diese seine einzigartige Sprache. Außerdem eigneten sich Heer und Schule hervorragend zur Einübung neuer nationaler Rituale und Symbole wie Hymne, Flagge und Herrscherbild.

Damit haben die europäischen Staatsnationen bis zum 19. Jahrhundert weltweit den Nationalstaat als neuen politischen Maßstab geschaffen. Schon die eindrucksvolle Machtentfaltung Frankreichs im Zeichen seiner Revolution hat Herrschern wie Völkern unmißverständlich klar gemacht, was das politische Erfolgsrezept der Zukunft sein würde. Seither gilt ein Staat ohne Nation als genauso unvollkommen wie eine Nation ohne Staat. Das Staatsvolk besteht nicht mehr aus der zufälligen Summe aller Einwohner eines Staatsgebietes, sondern aus der Nation als einer bewußten politischen Gemeinschaft, die ihren eigenen Staat beansprucht, frei von jeder Fremdherrschaft. Umgekehrt werden nur noch Völker mit Staat historisch und politisch ernst genommen.

Das Modell des modernen Nationalstaates wurde bereits im 19. Jahrhundert auch außerhalb Europas aufgegriffen, häufig um der Unterjochung durch Europa mit dessen eigenen Mitteln zu begegnen. Dieser «Reform-Nationalismus» (Peter Alter) wendete sich gegen die Bevormundung durch fremde Mächte, suchte die hergebrachte staatliche und kulturelle Identität zu bewahren, übernahm aber vom westlichen Gegner nicht nur dessen überlegene Technik, sondern vor allem seine politische Haupterrungenschaft, die nationale Ideologie. Der eindrucksvollste Fall war Japan, wo eine lange Zeit politisch höchst erfolgreiche Verbindung japanischer Tradition mit westlicher Innovation gelang. Mit begrenzterem Erfolg haben auch andere von den wenigen Ländern, die der Westen im 19. Jahrhundert noch nicht auf den Status von Kolonien herabgedrückt hatte, denselben Weg eingeschlagen: Ägypten, Iran, China, Thailand. In Madagaskar wurde der erste Anlauf vom französischen Imperialismus brutal gekappt, im Falle des Osmanischen Reiches erwies sich der Vielvölkerstaat als zu instabil. Erst seine heute noch nicht abgeschlossene, brutale Reduktion auf den Staat eines Volkes machte schließlich die nationale Wiedergeburt als Türkei möglich.

In Europa aber konnte das seit dem 19. Jahrhundert weitgehend akzeptierte Nationalstaatsprinzip eine Kriegserklärung an die bestehenden Verhältnisse bedeuten. Die bis dahin selbstverständlichen multinationalen Staaten wie die Habsburgermonarchie galten als «Völkergefängnisse», die durch Sezession zerbrochen werden mußten. Und die ebenfalls übliche Verteilung einer Nation auf mehrere Staaten galt als nicht minder untragbarer Zustand, der durch Vereinigung überwunden werden mußte. Staaten, denen es nicht gelang, auf dem geschilderten Weg der alten Staatsnationen zu Nationalstaaten zu werden, ihre Minderheiten zu assimilieren, zu gewinnen oder wenigstens zu unterdrücken, waren unter diesen Umständen in ihrer Existenz bedroht.

d) Vom Risorgimento zum Selbstbestimmungsrecht der Völker

«Risorgimento» (Auferstehung) heißt das nationale Erwachen Italiens, ein Begriff, der nicht nur wegen der Ausstrahlung Italiens auf die Nationalbewegungen des 19. Jahrhunderts zu deren umfassender Bezeichnung verwendet werden kann, denn damals begannen viele Völker, in ähnlicher Weise nach ihrem eigenen Nationalstaat zu streben. Konkrete Folgen waren neben der nationalen Einigung Deutschlands und Italiens bis 1871 die Sezession Belgiens von den Niederlanden 1831, Norwegens von Schweden 1905, Griechenlands 1830, Rumäniens, Serbiens, Montenegros 1878, Bulgariens 1908, Albaniens 1913 vom Osmanischen Reich.

Traditionell gesprochen, handelte es sich um Kulturnationen, die Staatsnationen werden wollten. Insofern bürgerliche Gruppen für die Nationalbewegung den Ausschlag gegeben haben, ging sie häufig Hand in Hand mit dem bürgerlichen Liberalismus und seinen Verfassungsbestrebungen. Wichtigstes Kriterium war aber meist die gemeinsame Nationalsprache. Der Weg zur Geburt einer modernen Nation aus Sprache, Kultur und Idee (Eugen Lemberg) führte daher nach dem Vorbild des italienische Renaissance-Humanismus über (1) Reinigung und Durchsetzung des Geltungsanspruchs einer Volkssprache, (2) Nachweis einer alten und hochstehenden literarischen Kultur sowie (3) einer stolzen gemeinsamen Geschichte. Vermutlich ist das Bedürfnis nach einer großen Literaturgeschichte eine Besonderheit der europäischen Kulturtradition, während das erste und das dritte Verfahren weltweit anwendbar sind. Dabei war und ist viel Raum für «Erfindungen». Spracharchitekten, deren Wirken oftmals bekannt ist, haben in der Mehrzahl der Fälle ein Idiom ausgewählt und zur Hoch- und Nationalsprache gemacht, wobei auch Fehlgriffe vorkommen konnten wie in Indien. Teilweise waren solche Sprachen gelehrtes Kunstprodukt wie das Rumänische, das ein Samuel Klein, der sich bald lieber Micu nannte, durch Romanisierung des Walachischen einschließlich Entscheidung für das lateinische Alphabet kreierte, oder fast vollständig erfunden wie das Neu-Hebräisch des Staates Israel, ganz überwiegend ein Werk des zionistischen Sprachforschers Ben Jehuda, ursprünglich Eliezer Jischak Perelman (Eric Hobsbawm). Der Wiederbelebung einer großen Vergangenheit sollte planmäßige Literatur- und Geschichtsforschung dienen. Die Gründung der Monumenta Germaniae Historica erfolgte 1819 in dieser Absicht. Ursprünglich trug jeder Band ihrer Editionen das Motto «Die heilige Liebe zum Vaterland beseelt uns». Andere Länder folgten diesem Vorbild. Wo es an großer Literatur und gemeinsamer Geschichte fehlte, konnte Erfindergeist mit Quellenfälschungen und Geschichtslegenden in die Bresche springen.

Der kulturnationalistische Diskurs des europäischen Risorgimento wurde besonders von Johann Gottfried Herders «Ideen zur Philosophie der Geschichte der Menschheit» (1784–91) und «Briefen zur Beförderung der Humanität» (1793–97) geprägt. Ausschlaggebend war seine romantisch-irrationale Vorstellung, daß allen bis dahin fleißig erforschten Kulturäußerungen eines Volkes ein gemeinsamer Volksgeist zugrunde liege, daß Völker also wie Einzelmenschen historische Individuen seien. Jedes Volk war für ihn ein Gedanke Gottes mit einer einmaligen Stellung und Aufgabe in der Weltgeschichte. Das schlägt abermals eine Brücke vom Nationalismus zur Geschichtswissenschaft, die ja bald die historischen Individualitäten verschiedener Größe zum Gegenstand ihrer Tätigkeit erklären sollte. Es haftet ihr deshalb von ihren Ursprüngen her ein subtil-nationalistischer Charakter an, den sie bis heute nicht los geworden ist!

Das Erwachen der Völker war von Anfang an alles andere als friedlich. Predigte Ernst Moritz Arndt 1813 zum Selbstschutz des deutschen Volkes den ewigen Haß auf die Franzosen, dann propagierte Paul de Saint-Victor 1871 das heilige Feuer des Hasses auf die Deutschen. Gewiß, beide schrieben in kritischer Lage ihrer Völker; zwischenzeitlich ging die nationale Spannung wieder zurück. Aber der Risorgimento-Nationalismus war von Anfang an eine gewalt- und kriegsbejahende Bewegung, wie es sich aus dem engen Zusammenhang von Staatsbildung und Nationbildung ergeben mußte. Herders Legitimation des nationalen Auserwähltheitsbewußtseins ist aber nur indirekt dafür verantwortlich. Wenn die Deutschen und Franzosen, Engländer und Amerikaner, Polen und Russen, Italiener und Juden, Inder und Japaner sowie viele andere seit dem späten 18. Jahrhundert ein Fülle alter und neuer Gründe fanden, weshalb ihre Nation kraft eines besonderen geschichtlichen Auftrags einzigartig sei, dann meinte einzigartig nämlich nicht mehr im Sinne Herders: anders als alle anderen, sondern vor allem: besser als alle anderen.

Dabei hatte doch der eigentliche Meinungsführer des Risorgimento-Nationalismus Giuseppe Mazzini (1805–72) grundsätzlich denselben friedlichen Standpunkt wie Herder bezogen, obwohl er aktiver Geheimbündler, kämpferischer Republikaner und Befürworter einer Emanzipation der Arbeiterklasse durch die nationale Bewegung war. Italien war seine Religion, aber dazu gehörte eine Aufgabe für den Fortschritt der ganzen Menschheit, denn anders als in der Aufklärung setzte sich für ihn die Menschheit nicht aus Individuen, sondern aus Völkern zusammen, die eine Sendung zum Nutzen der Menschheit zu erfüllen haben. 1831 gründete er den Bund der Giovine Italia, aber schon 1834 die Föderation der Giovine Europa!

Freilich war für Mazzini wie für die meisten seiner Zeitgenossen eine zum wirtschaftlichen Überleben hinreichende Größe die selbstverständliche Voraussetzung für einen Nationalstaat, den er deswegen den Iren verweigern wollte. Seine Karte des zukünftigen Europa umfaßte nur ein rundes Dutzend Staaten, von denen keiner ein «reiner» Nationalstaat gewesen wäre. Der Realismus dieses «Schwellenprinzips» (Eric Hobsbawm) gestattete schon damals die Frage, ob Belgien und Portugal nicht zu klein für einen Nationalstaat seien. Oder warum zwar Holland eine Nation sei, Hannover oder Parma aber nicht.

Die Verwandtschaft dieses nationalen Diskurses mit dem gleichzeitigen ökonomischen des Freihandels mit internationaler Arbeitsteilung nach dem Prinzip der komparativen Kosten liegt auf der Hand. Denn in beiden Fällen haben leistungsfähige Völker jeweils ihre besonderen Aufgaben und dienen durch freie Kooperation und Austausch dem Fortschritt der gesamten Menschheit.

Beide Diskurse sollten sich freilich von Anfang an als illusionär erweisen – die Nationalstaaten hatten andere, konfligierende Interessen, und die Vertreter der Nationalitäten, wie man die Möchte-gern-Nationen ohne eigenen Staat, deren Zahl sich rasch vermehrte, jetzt nannte, hielten Selbstverwirklichung durch Sezession ebenfalls für vordringlicher als die harmonische Arbeitsteilung zwischen den Völkern. Einer der Gründe für diese veränderte Haltung war in vielen Ländern der verstärkte Assimilierungs- und Entnationalisierungsdruck seitens der jeweiligen historischen Staatsnation, zum Beispiel die Magyarisierungspolitik in Ungarn nach 1867. Doch je mehr eine Gruppe einen Staat zu ihrem Nationalstaat macht, umso mehr Gegen-Nationalismen der übrigen Gruppen löst sie aus.

So kam es, daß sich der Nationalismus nach 1870 durch eine dreifache Radikalisierung vom bisherigen unterscheiden sollte. (1) Das «Schwellenprinzip» wurde stillschweigend aufgegeben; künftig beanspruchte jede Gruppe, die sich als Nation betrachtete, Selbstbestimmung und einen eigenen souveränen Nationalstaat. (2) Als Ursache wie Folge dieser Vermehrung von Möchte-gern-Nationen ohne politische Nationalgeschichte wurden ethnische Zugehörigkeit und Sprache zu den entscheidenden Maßstäben für Nationalität. Streng angewandt, etwa in der Hand von Juristen, erwiesen sie sich aber als ebenso unzuverlässig wie gewaltsam. Warum sollte ein Elsässer mit deutscher Muttersprache nicht Angehöriger der französischen Nation sein dürfen, wenn er dies wünschte? Warum mußte eine fast ausgestorbene Sprache wie das Irische zur Nationalsprache und zum Kriterium für die Vergabe sozialer Chancen gemacht werden? Warum mußte die Frage nach der Muttersprache bei Volkszählungen mehrsprachige Individuen zwingen, sich für *eine* Nationalität zu entscheiden? (3) Ebenfalls Ursache wie Folge dieser neuen Sicht der Dinge war eine ideologische Radikalisierung des Nationalismus, der jetzt nach rechts rückte, während er bisher mit liberalen und demokratischen, bisweilen sogar sozialistischen Ideen verknüpft gewesen war. Erst jetzt wurde er ausdrücklich zur Ideologie, denn das Wort «Nationalismus» läßt sich zwar bereits zur Zeit der Französischen Revolution nachweisen, aber nur selten. Eine regelrechte politische Ideologie dieses Namens entstand nicht vor dem Ende des 19. Jahrhunderts, und erst nach dem Ersten

Weltkrieg wurde der Begriff zur kleinen Münze des politischen und historischen Geschäfts.

Die Habsburger Monarchie hatte mit der Schaffung Österreich-Ungarns 1867 auf ihre historischen Staatsnationen gesetzt, wahrscheinlich, weil ihr angesichts der gegebenen Machtverhältnisse gar nichts anderes übrig blieb. Die Folge war ihre Zerschlagung in den Pariser Vorortverträgen von 1919, denen das Selbstbestimmungsrecht der Völker zugrunde gelegt werden sollte. Nur war dessen konsequente Anwendung wegen abweichender machtpolitischer Interessen einerseits, der weitverbreiteten Mischsiedlung der Sprachgruppen andererseits ein Ding der Unmöglichkeit. Die unausweichliche Folge war, daß zwar in Ostmitteleuropa ein Gürtel neuer Nationalstaaten entstand, diese aber ihrerseits nationale Minderheiten einschlossen, was die Probleme noch vervielfachte.

Im Zeichen des Kommunismus als eines politischen Prinzips, das dem inzwischen sonst überall maßgebenden nationalen übergeordnet war, schufen die neuentstandene Sowjetunion nach dem Ersten Weltkrieg und das bis dahin von schweren nationalen Gegensätzen geschüttelte Jugoslawien nach dem Zweiten komplizierte bundesstaatliche Systeme mit Teilrepubliken für die größeren Nationalitäten und verschiedenen Arten von autonomen Gebieten in deren Rahmen für die kleineren. Obwohl eine weitreichende kulturelle und sprachliche Autonomie vorgesehen war, dominierten auf Bundesebene mit dem Russischen und dem Serbo-Kroatischen ganz selbstverständlich die Sprachen der stärksten Nationalitäten. Und wie die seitherige Entwicklung gezeigt hat, war der Zusammenhalt nur garantiert, solange die Partei ihre unerbittliche Kontrolle über alle Eliten ausübte. Denn der radikale oder integrale Nationalismus erwies sich nach Zerfall des Kommunismus sofort als die stärkste politische Kraft, bis hin zu Bürgerkrieg und Völkermord.

e) Integraler Nationalismus

Der Begriff wurde 1900 von Charles Maurras, dem Gründer der faschistischen Action Française, geprägt, um die von ihm unterstellte Identität von Royalismus mit Nationalismus auszudrücken. Er setzte das Bestehen einer Welt von Nationalstaaten ebenso voraus wie die Wende des Nationalismus nach rechts, die in den 1870er/1880er Jahren stattgefunden hatte. Dieser neue Nationalismus der Ultras gilt weithin als Reaktion oder sogar Überkompensation der unteren Mittelschichten, die sich seit der ersten Wirtschaftskrise der Industriegesellschaft in den 1870er Jahren zwischen den sozial unangefochtenen Ober- und oberen Mittelschichten einerseits, der dynamischen Arbeiterbewegung andererseits existenziell bedroht fühlten. Gerade weil die untere Mittelschicht aus Angestellten, Handwerkern, Kleinkaufleuten und anderen Kleinbürgern sozial heterogen war, bot sich eine breite chauvinistische Sammlungsbewegung gegen Liberale, Sozialisten und Juden als Ausweg an. Konservative Machteliten konnten sich dann ihrer bedienen. Es gab aber erstaunlicherweise auch in der Arbeiterbewegung zunächst keinen kontradiktorischen Gegensatz des Internationalismus zum Nationalismus; Nationalgefühl und Klassenbewußtsein brauchten sich keineswegs auszuschließen. Offensichtlich können Menschen mehrere Loyalitäten nebeneinander pflegen, zumal in einer segmentierten Gesellschaft. Entscheidend ist, welcher Bindung im Konfliktfall der Vorzug gegeben wird. Das Zerbrechen der internationalen Solidarität der Arbeiterbewegung beim Beginn des Ersten Weltkriegs demonstrierte eindeutig, daß die Nation in der Tat zum obersten Wert der Menschen geworden war. Daß die Kriegsbegeisterung der Massen nach neueren Forschungen weniger einmütig war, als die bisher verwendeten Quellen nahelegten, ändert nur wenig an diesem Befund.

Der Radikalisierung des Nationalismus im ausgehenden 19. Jahrhundert lag ein kollektives Gefühl der Bedrohtheit zugrunde, das auf «vaterlandslose Gesellen» im Inneren – Juden, Katholiken, Sozialisten – ebenso projiziert werden konnte wie auf andere Nationen als äußere Feinde. Artikuliert wurde dieses dumpfe Empfinden als Mischung von Sozialdarwinismus und Rassismus, die sich als naturwissenschaftlich exakter Nachweis für die Unausweichlichkeit radikal nationalistischer Politik gebärdete. Wie im Kampf ums Dasein unter Tieren und Menschen dank der natürlichen Auslese nur der Tüchtigste überlebte und sich fortpflanzen konnte, so würde auch in einer Welt von Feinden die stärkste und tüchtigste Nation das Feld behaupten, Rohstoffgebiete, Absatzmärkte und Lebensraum erobern und eine große Zukunft vor sich haben. Insofern hängt nicht nur der neu aufkommende Bellizismus des damaligen hysterischen Rüstungswettlaufs, sondern auch die imperialistische Kolonialexpansion jener Jahrzehnte direkt mit dem neuen Nationalismus zusammen, auch in Großbritannien und den USA.

Dabei galt das Ergebnis dieses Kampfes der Nationen aber weitgehend als rassisch determiniert. Wie einst die Calvinisten sich ihrer Auserwähltheit durch Erfolge zu vergewissern suchten, so die neuen Nationalisten der behaupteten Überlegenheit der eigenen Rasse, abermals nicht zuletzt auch in Großbritannien und den USA. Adolf Hitler sollte bald die Probe aufs Exempel machen und dann 1945 die Niederlage der rassischen Unterlegenheit des deutschen Volkes in die Schuhe schieben. Arthur Gobineaus historische Thesen von der Überlegenheit der weißen Rasse von 1853/54 wurden erst in den 1890er Jahren dank Vacher de Lapouge und Houston Stewart Chamberlain wirklich populär; die «nordische Rasse» taucht anscheinend zuerst 1898 im Diskurs auf. Bezeichnend für die Herkunft des nationalistischen Denkens und äußerst folgenreich für die Zukunft war die kurzschlüssige Gleichsetzung von Rasse und Sprache, die aus der germanischen und der semitischen Sprachfamilie Rassenfamilien von Germanen und Semiten machte.

Der integrale Nationalismus verpflichtete den Einzelnen ohne ethische Vorbehalte auf einen einzigen Wert, die Nation, erstmals in der radikalen Phase der Französischen Revolution, deren Protagonisten bisweilen selbst vor den Kräften erschraken, die sie auf diese Weise entfesselt hatten. «Du bist nichts, dein Volk ist alles» wurde den Deutschen dann im «Dritten Reich» gepredigt, obwohl in dessen Ideengebräu strenggenommen die Rasse die Priorität vor der Nation und deren romantisch-hegemonialer Reichstradition haben sollte. Den Juden und Slawen konnte es freilich gleichgültig sein, ob sie der Rasse, der Nation oder dem Reich zuliebe ermordet wurden! Nur für die historische Haftung spielt diese Frage eine gewisse Rolle, etwa bei den Wiedergutmachungsleistungen der BRD, der DDR und Österreichs. Aber vom fanatischen Anhänger des integralen Nationalismus wurde nicht nur die Bereitschaft erwartet, im Interesse der Nation bedenkenlos zu morden, sondern ebenso jederzeit das eigene Leben für sie hinzugeben. Statt psychoanalytisch über die Lust am fremden und am eigenen Tod oder über Ernst Jünger zu spekulieren, sei nur darauf hingewiesen, wie sehr beides zur Machtsteigerung einer zu allem entschlossenen Staatsgewalt beiträgt.

Hochgradige Emotionalisierung durch integralen Nationalismus bedeutet auch eine gesteigerte Sensibilisierung für nationale Demütigungen. Das Individuum identifiziert sich dermaßen mit seiner Nation, daß es von nationalen Niederlagen persönlich tief verletzt wird. Politische und historische Interpretation mag den Vertrag von Versailles 1919 noch so sehr entschärft haben – es waren nicht seine tatsächlichen politischen Bestimmungen, sondern die Wunden, die er dem deutschen nationalen Selbstbewußtsein zugefügt hatte, die den Weg in den deutschen Hypernationalismus des «Dritten Reiches» ermöglichten.

Dessen Erfolg wurde wahrscheinlich nur durch die Weiterentwicklung der Kommunikation und der Medien ermöglicht, die eine Massenmobilisierung wie nie zuvor gestatteten. Das Aufkommen des integralen Nationalismus im späten 19. Jahrhundert fiel mit dem Triumph der billigen Tageszeitung in hoher Auflage zusammen. Bald kamen der

Rundfunk und der Film hinzu, deren Hitler und Goebbels sich virtuos zu bedienen wußten. Aber auch die Entwicklung der englischen Königsfamilie zu einer nationalen Ikone wurde erst auf diese Weise möglich. Heute gestattet das Fernsehen noch intensivere Beeinflussungsversuche. Voraussetzung ist allerdings, daß entweder die Beherrscher der Nation auch die Medien kontrollieren oder die Beherrscher der Medien Nationalisten sind oder sich zumindest dem Nationalismus öffnen, um profitbewußt auf die öffentliche Meinung einzugehen und diese dann ihrerseits wieder zu verstärken.

Zum seit der Französischen Revolution bewährten Repertoire nationaler Symbole und Rituale kam im Zeitalter des integralen Nationalismus der Sport, heute wahrscheinlich die wichtigste Möglichkeit nationaler Identifikation für die Massen. Die Olympischen Spiele und andere internationale Sportwettkämpfe hatten schon vor 1914, zum Teil bewußt gefördert, den Charakter eines Wettstreits zwischen Nationen und nicht mehr nur von Individuen oder Mannschaften angenommen, um in der Zwischenkriegszeit endgültig zu symbolischen nationalen Auseinandersetzungen zu werden. So konnte das Dritte Reich die Berliner Olympischen Spiele 1936 sehr gekonnt für seine Propaganda instrumentalisieren, und dem Menschen von heute fällt es immer noch leicht zu sagen: «*Wir* haben zehn Goldmedaillen gewonnen.»

Die Nationalsozialisten wollten die nationalen Fragen Europas auf ihre Weise mit gigantischen Ausrottungs- und Umsiedlungsmaßnahmen lösen. Das Ergebnis war, daß die Sieger ihrerseits versuchten, durch die Vertreibung von Millionen von Deutschen eine ethnisch einfarbige Landkarte Osteuropas herzustellen. Nicht mit totalem Erfolg, so daß inzwischen zusätzliche Aussiedlung von Menschen deutscher Abstammung vor allem aus Rumänien und der Sowjetunion stattfindet. Dabei gilt immer noch das alte ethnische Prinzip: Zur deutschen Nation gehört automatisch, wer deutscher Abstammung ist, mag es mit der sprachlichen und kulturellen Deutschheit noch so hapern. Wer hingegen als sprachlich und kulturell assimilierter Ex-Türke aus eigenem Entschluß Angehöriger einer deutschen Staatsnation werden möchte, hat es immer noch schwer. Deutschland sei kein Einwanderungsland, heißt es, was schieres nationalistisches Wunschdenken ist, verständlich in Zeiten knapper Arbeitsplätze, aber nichtsdestoweniger empirisch falsch. Am 21. Februar 1998 waren mindestens 23 % der Einwohner Münchens Ausländer. Bezeichnenderweise wird aber selbst in einer traditionellen Staatsnation wie Frankreich das Abstammungsprinzip mit seinen rassistischen Untertönen immer populärer. Allerorten wird das Problem des Verhältnisses hergebrachter nationaler

Identität und gesteigerter Migration nicht gelöst, sondern hinwegargumentiert, denn Nationalismus muß heute in Aporien münden. Dessen ungeachtet war er bis 1945 in Europa und ist er in vielen Teilen der Welt noch heute die wichtigste Kraftquelle der Staatsgewalt.

f) Nach-kolonialer Nationalismus

Nach dem Reform-Nationalismus unabhängiger Länder der außereuropäischen Welt im 19. Jahrhundert griffen die antikoloniale Emanzipationsbewegungen im 20. Jahrhundert auf den Risorgimento-Nationalismus Europas zurück. Gandhi, das wegweisende Vorbild, mochte sich noch so indisch gebärden, der Zusammenhang seines «Young India» mit Mazzini ist dennoch so wenig zu übersehen wie das Zutreffen der drei Phasen des europäischen Verlaufsschemas hier und anderswo.

Aber zum beherrschenden Modell der Dekolonisation und postkolonialen Welt wurde die Staatsnation, weil es an staatsfähigen Kulturnationen als Alternative zur Verwandlung ehemaliger Kolonien in unabhängige Staaten fehlte. Bereits die USA und die lateinamerikanischen Länder als erste unabhängige Kolonien wurden Staatsnationen, ebenso die ehemaligen britischen Dominions. Zwar droht der Risorgimento-Nationalismus des frankophonen Quebec immer wieder die Einheit Kanadas zu sprengen, aber das nach-koloniale Südafrika hat keine andere Wahl, als zur Staatsnation zu werden, wenn es seine politische Einheit behaupten will.

Das gilt strenggenommen für alle ehemaligen Kolonien, deren inhomogener Charakter vor allem daran abzulesen ist, daß mit wenigen Ausnahmen wie Indonesien und Madagaskar nirgends eine einheimische Sprache Staats- und Nationalsprache werden konnte. Indien ist mit Hindi gescheitert wie Pakistan mit Urdu, und südlich der Sahara findet Politik nach wie vor überwiegend auf Englisch, Französisch oder Portugiesisch statt, denn die Sprachen der ehemaligen Kolonialherren sind das einzige neutrale Medium für rivalisierende Sprach- und Kulturgruppen.

Doch nicht nur die Abhängigkeit der Nationbildung von der Staatsbildung bestätigt sich erneut, sondern auch die aus Europa bekannte Bedeutung des Krieges für beides. Krieg und Bürgerkrieg konnten nämlich in der Dekolonisation geradezu als Königsweg zur Nationbildung erscheinen, weil zufällig von imperialistischer Willkür zusammengewürfelte ethnische Gruppen, die oft genug keine andere gemeinsame Sprache hatten als jene der Kolonialherren und untereinander durch erhebliche soziale und kulturelle Gegensätze getrennt waren, nur durch gemeinsames Kämpfen, Sterben und Töten rasch zu einer Nation verschmolzen und so unwiderruflich von ihren bisherigen Herren getrennt werden konnten. Jedes andere Verfahren hätte sehr viel mehr Zeit benötigt. Ein Ergebnis dieser Art von revolutionärer Nationbildung war es, daß selbst die absurdesten kolonialen Grenzen bis heute stabil geblieben sind, genau wie viele der oft nicht minder absurden «nationalen» Grenzen, die in Europa von Kriegen und Friedensverträgen geschaffen wurden.

3. Sozialer und totaler Staat

a) Grundlagen und Grundfragen

Die höchstmögliche Steigerung politischer Partizipationschancen durch Demokratie und die höchstmögliche Steigerung der Identifikation des Bürgers mit dem Staat als Nation erwiesen sich zugleich als Instrumente zur höchstmöglichen Steigerung der Staatsgewalt zum totalen Staat.

Das bedeutet die «immer totalere Mobilmachung der Gesellschaft für den Staat», die «notwendig zu einer immer weitergehenden prinzipiell eigentlich unbeschränkbaren Kompetenz- und Machtausweitung des Staates» führt und «gleichzeitig eine totale Politisierung aller sozialen Lebensbereiche und Bezüge» hervorbringt, ohne Zuständigkeitsgrenzen über alles verfügt und schließlich die «Organisation einer totalen Herrschaft über die Seelen» anstrebt (Heinz O. Ziegler).[1] Dieser totale Staat wurde nirgends im engeren Europa so konsequent durchdacht und verwirklicht wie im staatsfrommen Deutschland, wo schon Johann Gottlieb Fichte 1796/97 einen totalen Polizeistaat entworfen hatte.[2] An Radikalität wurde das nationalsozialistische Deutschland nur noch von den Versuchen übertroffen, in der Sowjetunion und der Volksrepublik China die kommunistische Utopie ins Werk zu setzen. Trotz Hegel als möglichem gemeinsamem Vorläufer war dieser totale Staat in allen drei Fällen paradoxerweise auf theoretische Negation des Staates gegründet, was die Forschung bis heute irreführt. In allen drei Fällen hatten totalitäre Bewegungen den Staat unter einer Langzeitperspektive zum Instrument ihrer Politik gemacht, in der die weltweite klassenlose Gesellschaft oder die Weltherrschaft der Arier den

[1] *Ziegler, Heinz O.*, Autoritärer Staat oder totaler Staat. Tübingen 1932, 6, hier nach *Boldt* u. a. [s. Einleitung] 93 f.

[2] *Preu* 256.

Staat letztendlich überflüssig machen würde. Während im faschistischen Italien der Staat im Mittelpunkt stand und die Partei in seinem Dienst stehen sollte, hieß es in Deutschland: «Die nationalsozialistische Bewegung ist das Deutsche Reich, der deutsche Staat geworden [...] Nicht von ›Staatsgewalt‹, sondern von ›Führergewalt‹ müssen wir sprechen, wenn wir die politische Gewalt im völkischen Reich richtig bezeichnen wollen. Denn nicht der Staat als eine unpersönliche Einheit ist der Träger der politischen Gewalt, sondern diese ist dem Führer als dem Vollstrecker des völkischen Gemeinwillens gegeben» (Ernst Rudolf Huber).[3]

Die Folge war, daß neue Institutionen der Bewegung, manchmal sogar mehrere, neben die alten des Staates traten, eine Polykratie mit bewußt unklar gehaltenen Zuständigkeitsabgrenzungen, was Ernst Fraenkel 1941 «Dual State» genannt hat. Fast noch ausgeprägter war dieses anscheinend widersprüchliche Verhältnis von Partei und Staat in den vollentwickelten kommunistischen Systemen. Deswegen haben Franz Neumann, Hannah Arendt und Hans Buchheim auf Grund ihres positiven Staatsverständnisses den Staatscharakter totalitärer Herrschaft überhaupt bestritten. Aus der Sicht einer Geschichte der dynamisch am eigenen Wachstum arbeitenden Staatsgewalt erscheint solcher politischer Manichäismus allerdings absurd. Denn nicht zum ersten Mal wurden hier ursprünglich staatsfremde Impulse für diesen Wachstumsprozeß fruchtbar gemacht. Konfessionalisierung und Nationalismus spielten nicht nur eine ähnliche historische Rolle, sondern waren sogar in der Sache mit Spielarten des Totalitarismus verknüpft, der ja ebenfalls eine politische Religion darstellt. Und im Ergebnis wurden die Menschen mit dem Handeln einer Herrschaftsgewalt konfrontiert, die nichts anderes trieb, als was die Staatsgewalt schon immer getrieben hatte, nur zum Extrem gesteigert.

Extrem gesteigerte Staatstätigkeit ist aber auch ohne totalitären Terror längst eine Selbstverständlichkeit. Der moderne Interventions- und Sozialstaat stellt ungeachtet seiner relativen Friedlichkeit und Rechtlichkeit insofern auch eine totale Endstufe von Staatsgewalt dar. Was immer der moderne Mensch tut oder läßt, er stößt unweigerlich auf die Zuständigkeit der Staatsgewalt, die bereits Konflikte um seine Zeugung klärt, seinen Gelderwerb en detail regelt, seine «richtige» Gesinnung prüfen läßt, sich schließlich um die gewinnbringende Entsorgung seines Leichnams kümmert und in seine Hinterlassenschaft eingreift. Dabei ist offiziell zwar nicht der Staat der Zweck, sondern das Wohlergehen des Bürgers, aber im Konfliktfall erweist sich der Dienst

3 *Huber, Verfassungsrecht* 230, 289, nach *Boldt* u. a. 95.

am Gemeinwohl nicht selten doch als dünner ideologischer Firnis über dem Machtanspruch der Inhaber der Staatsgewalt.

b) «Vater Staat»

In Ägypten, Bayern und anderen deutschen Ländern, China, Japan, Marokko, Rußland, Tunesien, Zimbabwe wurde oder wird das Gemeinwesen analog zur Familie betrachtet und der Staatschef als «Landesvater» bezeichnet, seine Ehefrau oder ein weiblicher Staatschef als «Landesmutter».[4] Aber allein in Deutschland wird diese Metapher noch heute auf das abstrakte Konstrukt «Staat» übertragen und vom «Vater Staat» gesprochen. Die Deutschen haben eben den Schritt vom patriarchalischen zum kontraktuellen Monarchieverständnis, der paradigmatisch mit dem Namen John Lockes verbunden ist, theoretisch verspätet und praktisch überhaupt nicht getan. Der aufgeklärte Absolutismus mochte mit Herrschaftsvertragsideen kokettieren, in der Praxis steigerte er die obrigkeitliche Bevormundung nur noch weiter, und die deutschen Monarchien des 19. Jahrhunderts bildeten mit oder ohne Reformen darin seine direkte Fortsetzung, auch und gerade in der staatlichen Fürsorge für die Untertanen. Nirgends hängt der moderne Wohlfahrtsstaat historisch so eng mit der Politik des Ancien Régime zusammen wie in Deutschland. Auch als das Deutsche Reich seit 1883 den Weg zum modernen Sozialstaat einschlug, war von einer Aufgabe für den «monarchischen, landesväterlich regierten Staat» die Rede. Die autoritären Regimes in Europa gingen ja ganz allgemein den parlamentarischen bei der Einführung der Sozialversicherung voran, ein Befund, der den Zusammenhang von Sozialstaat und Totalstaat zusätzlich plausibel erscheinen läßt. Deutschland hat als Pionier der modernen Sozialversicherung mit dem Gedanken der sozialen Geborgenheit zwar einen bleibenden Beitrag zur Entwicklung des modernen Staates geleistet, nicht aber unbedingt des demokratischen, wie Ernst Fraenkel 1960 meinte.

Die öffentliche Sozialfürsorge des Spätmittelalters und der Frühneuzeit war ja weithin nichts als ein Teil der politischen Sozialdisziplinierung. Bei den eigenen Armen mochte Solidarität noch eine Rolle spielen, fremde hingegen wurden primär als Bedrohung für Sicherheit und Prosperität empfunden und abgeschoben. Ihre seit dem 17. Jahrhundert zunehmend angestrebte «Kasernierung» sollte dem Schutz des

[4] Ergebnis einer Befragung der Teilnehmer des Kolloquiums «Die Ausbreitung des europäischen Staates über die Erde – eine Erfolgsgeschichte?» am Historischen Kolleg in München 18.–21. März 1998.

Gemeinwesens, aber auch der Erziehung der Betroffenen zur Arbeit dienen. Die «Zucht» im «Zuchthaus» hatte nicht nur mit «Züchtigung», sondern auch mit Erziehung und deren Verinnerlichung durch «Selbstzucht» zu tun. Man glaubte ja, daß gesunde Arme immer Arbeit finden könnten und daher nur durch eigene Schuld arbeitslos und arm seien, eine Vorstellung, die, wirtschaftsliberal transformiert, noch das britische New Poor Law von 1834 prägte und sich auch heute wieder beträchtlicher Popularität erfreut. In Wirklichkeit lebten in den wohlhabenden oberdeutschen Städten des 16. Jahrhunderts neben 10–20 % Armen weitere 50 % der Bevölkerung an der Armutsgrenze, unter die sie bei jeder Krise rasch absinken konnten. Diese allgemeine Massenarmut wurde im 19. Jahrhundert durch die Bevölkerungsexplosion und die von der Industrialisierung ausgelöste wirtschaftliche Anpassungskrise zunächst zum Pauperismus gesteigert. Kirchliche, private und genossenschaftliche Fürsorge mochte unzulänglich sein, vor allem aber war sie zur Disziplinierung der Untertanen kaum geeignet. So ergriffen zuerst die städtischen Obrigkeiten des frühen 16. Jahrhunderts die Initiative zu obrigkeitlich regulierter und teilweise auch finanzierter Armenfürsorge. Wieder einmal erwies sich die Stadt als Vorläufer des Staates. Und auch wo es staatliche Sozialgesetzgebung gab wie in England ebenfalls schon im 16. Jahrhundert, blieb die praktische Durchführung und Finanzierung den Gemeinden überlassen, die zu diesem Zweck besondere Abgaben erheben durften.

Die Aufklärung führte den philanthropischen Solidaritätsgedanken und das Menschenrecht auf Glück in den Diskurs ein. In der Französischen Revolution garantierte bereits die Verfassung von 1791 öffentliche Fürsorge und Arbeitsbeschaffung und die Menschenrechtsliste der Jakobinerverfassung erklärte 1793: «Die Gesellschaft schuldet ihren unglücklichen Mitbürgern den Unterhalt, indem sie ihnen entweder Arbeit verschafft oder denen, die außerstande sind zu arbeiten, die Mittel für ihr Dasein sichert (Art. 21).» Aber auch das konservative Allgemeine Landrecht Preußens verpflichtete den Staat zur Versorgung bedürftiger Bürger und zur Arbeitsbeschaffung (I, 19, §§ 1–2). An der Praxis änderte sich aber zunächst wenig.

Auf der anderen Seite führte der neue Grundsatz möglichst großer wirtschaftlicher Freiheit keineswegs zu völliger staatlicher Abstinenz in der Wirtschafts- und Sozialpolitik. Der preußische Staat des 19. Jahrhunderts unterschied sich von demjenigen des 18. Jahrhunderts «nicht so sehr in den Zielen, als vielmehr in den Mitteln» (Götz Landwehr). Er beschränkte sich nämlich keineswegs auf die Gewährleistung von Recht und Sicherheit, sondern hielt die Sorge für Wohlfahrt und Wohlstand seiner Untertanen nach wie vor für seine Aufgabe. Freilich nicht mehr durch direkte Bevormundung, sondern indirekt durch Bereitstellung der rechtlichen, verkehrsmäßigen und pädagogischen Infrastruktur (Aktienrecht, Eisenbahnbau, Real-, Gewerbe- und Landwirtschaftsschulen usf.) sowie durch wirtschaftspolitische Maßnahmen wie die Aufhebung der Erbuntertänigkeit und die Gewerbefreiheit, von denen dank des Wirkens der Marktkräfte kurzfristig zwar Schwierigkeiten, langfristig aber Prosperität erwartet wurde. Dazu kamen Schutzmaßnahmen wie das Verbot der Kinderarbeit 1839, um gesunde Rekruten zu bekommen, die Berechtigung der Gemeinden, Zwangsmitgliedschaft von Arbeitern in genossenschaftlichen Unterstützungskassen anzuordnen und sogar die Arbeitgeber zur Beitragszahlung zu verpflichten 1845/49, das Verbot der Sonntagsarbeit und der Entlohnung in Waren 1849 usf.

Auch britische Gesetze beschränkten 1833–50 die Kinder- und Frauenarbeit und versuchten die Betriebssicherheit zu verbessern. Selbst das New Poor Law von 1834, das auf den ersten Blick nur alte repressive Traditionen wiederaufgriff, ist als wohlkalkulierter staatlicher Eingriff zu verstehen, um mittels der Marktgesetze einen politisch erwünschten sozialen Effekt zu erzielen. Armenunterstützung sollte weniger attraktiv als Lohnarbeit ausfallen, um die Armen auf den Arbeitsmarkt zu treiben und zu selbstverantwortlichem Handeln zu zwingen. Nicht beabsichtigte Wirkungen erzwungener Selbstverantwortlichkeit war der Aufschwung genossenschaftlicher Hilfskassen und der Gewerkschaften. Und ungeachtet der wirtschaftsliberalen Prinzipien wurde zur Kontrolle eine neue staatliche Zentralbehörde geschaffen.

Obwohl also zumindest in führenden Ländern im 19. Jahrhundert so gut wie im 18. an der staatlichen Verantwortung für die Wohlfahrt festgehalten wurde, kam es abgesehen vom Arbeiterschutz kaum zu allgemeinen und umfassenden Staatseingriffen. Erst als die sozialen Probleme der Industriegesellschaft durch das Massenwahlrecht politisiert wurden und sich der häufig als Bedrohung empfundene Druck der organisierten Arbeiterbewegung bemerkbar machte, während auf der anderen Seite die administrativen Kapazitäten und finanziellen Ressourcen der Staaten eine beträchtliche Steigerung erfuhren, kam es zur entscheidenden Wende, zur «Social Security» für die Massen im «Welfare State», auf Deutsch «Wohlfahrtsstaat» oder besser «Sozialstaat», der im deutschen Grundgesetz 1949 ebenso festgeschrieben wurde (Art. 20,1) wie in der spanischen Verfassung 1978 (Art. 1). «Jeder Mensch hat Anspruch auf soziale Sicherheit», hieß es 1948 in der Menschenrechtserklärung der UNO (Art. 22). Daraus können sich weitreichende «soziale Staatsziele» ergeben, nicht nur (1) Hilfe in der Not zur

Sicherung eines menschenwürdigen Existenzminimums und (2) Schutz gegen die Risiken des Lebens, sondern auch (3) soziale Gleichheit durch Abbau von Wohlstandsdifferenzen von Staates wegen bei (4) gleichzeitiger allgemeiner Hebung des Wohlstandes. Dazu muß der Sozialstaat (1) nationale Programme mit gesetzlicher Grundlage schaffen, auf deren Leistungen (2) ein Rechtsanspruch ohne jede Diskriminierung besteht, die deswegen aber (3) für bestimmte Personengruppen Zwangscharakter haben, unter Umständen auch für Arbeitgeber, und sogar für die öffentliche Hand selber.

Die Anfänge waren freilich ungleich bescheidener. Nach Pflichtversicherungen für Seeleute in Belgien 1844 und für Bergleute in Preußen und Österreich 1854 schuf das Deutsche Reich drei umfassende Pflichtversicherungen für Arbeiter und Angestellte, 1883 eine Krankenversicherung, deren Beiträge zu zwei Dritteln vom Arbeitnehmer, zu einem Drittel vom Arbeitgeber zu leisten waren, 1884 eine vollständig von den Arbeitgebern aufzubringende Unfallversicherung und 1889 eine Alters- und Invalidenrentenversicherung, wo Arbeitgeber und Arbeitnehmer je die Hälfte der Beiträge bezahlten und der Staat einen Zuschuß leistete, um in der Anfangszeit überhaupt Rentenzahlungen der neuen Reichsversicherungsanstalt zu ermöglichen; allerdings beliefen sich die Renten bis 1914 nur auf ein Neuntel bis ein Siebtel des Existenzminimums, und das Rentenalter lag bei 70 Jahren. 1910 waren 81 % der Erwerbsbevölkerung unfallversichert, 53 % rentenversichert und 44 % krankenversichert. Eine Arbeitslosenversicherung kam noch nicht zustande; sie sollte erst 1927 folgen. Neben der obrigkeitsstaatlichen Reformtradition und dem Versuch, auf diese Weise dem Anwachsen der Sozialdemokratie entgegenzuwirken, hat für Bismarcks Sozialgesetzgebung auch die von Lorenz von Stein 1842 und 1850 entwickelte Theorie des modernen Sozialstaats als Korrekturinstanz für Klassenkämpfe eine Rolle gespielt.

Bis 1915 folgten die meisten europäischen Länder dem deutschen Beipiel, in Süd- und Südosteuropa allerdings nur Italien. Die Entwürfe stammten aus der Beamtenelite; gehandelt wurde aber häufig vor Wahlen, bei denen Stimmengewinn für Parteien der Arbeiterbewegung befürchtet wurde. 1914 hatten 13 Länder Versicherung oder Unternehmerhaftung für Unfälle, 12 Krankenversicherungen und sieben Rentenversicherungen. Von diesen insgesamt 32 Versicherungen waren 18 verpflichtend und 14 freiwillig. Nach dem Zweiten Weltkrieg gab es vier Modelle für Zielvorstellung und Finanzierung: (1) umfassende und großzügig bemessene, aus Steuermitteln finanzierte Systeme sozialer Sicherung und Dienstleistungen (Schweden), (2) ebensolche Systeme mit knapp bemessenen und eher auf Vermeidung von Not gerichteten Leistungen (Großbritannien), (3) ebenfalls umfassende, aber nach Statusgruppen (Arbeiter, Angestellte) differenzierte und überwiegend beitragsfinanzierte Systeme (Deutschland), (4) auf bestimmte Gruppen begrenzte und hauptsächlich beitragsfinanzierte Systeme, eher als Ergänzung privater Vorsorge (Schweiz, USA). Dänemark ging 1891 vom deutschen Versicherungsprinzip ab und schuf eine staatliche Altersversorgung aus Steuermitteln ohne Beiträge für alle bedürftigen Bürger. Nach dem Vorbild von Neuseeland 1898, Neu-Süd-Wales 1900 und Victoria 1901 folgte Großbritannien 1908 mit derselben Einrichtung, 1913 Schweden. Bei der Arbeitslosenversicherung übernahm Großbritannien die Führung, führte 1914 eine Pflichtversicherung für einige Arbeitergruppen ein und dehnte sie 1920 auf alle Arbeiter aus.

In und nach dem Ersten Weltkrieg wurde fast überall nicht nur die Sozialversicherung, sondern auch das Arbeitsrecht verbessert (Achtstundentag). Nach dem Zweiten Weltkrieg folgte dann die Expansion des Sozialstaates, die 1950–1983 zu einer Erhöhung der Aufwendungen für soziale Sicherheit im westeuropäischen Durchschnitt von 9 % auf 25 % des Bruttoinlandsprodukts führte, Schweden mit 33 % und die Niederlande mit 32 % lagen darüber, die Schweiz mit 15 % darunter. Auf der einen Seite wurden die Leistungen erheblich verbessert, unter anderem durch ihre Koppelung an die Entwicklung von Löhnen oder Preisen wie 1957 im Falle der «Dynamisierung» der Renten in der Bundesrepublik. Auf der anderen Seite wurde der betroffene Personenkreis ausgeweitet, bisweilen auf die gesamte Bevölkerung. Um 1975 waren in den west-, mittel- und nordeuropäischen Ländern sowie Italien durchschnittlich 80,8 % der Erwerbstätigen unfallversichert, 91,2 % krankenversichert, 94 % rentenversichert, 63 % gegen Arbeitslosigkeit versichert. Zu 100 % krankenversichert waren die Briten, Dänen, Finnen, Norweger, Schweden und Schweizer, zu 100 % rentenversichert die Belgier, Dänen, Finnen, Niederländer, Norweger, Schweden und Schweizer. Acht west- und nordeuropäische Länder hatten damals eine aus Steuern finanzierte allgemeine Volksrentenversicherung, sechs sowie Italien einen ebenfalls überwiegend steuerfinanzierten nationalen Gesundheitsdienst mit niedrig bemessenen Basisleistungen für alle. Dänemark, Norwegen, Großbritannien und Irland schufen eine Einheitsversicherung für alle Lebenslagen, ein Weg, der in Frankreich schon 1947 am Boykott der Selbständigen scheiterte; es blieb dort bei Sozialversicherung nach Statusgruppen. Soweit Beiträge gezahlt wurden, brachten die Arbeitgeber im west- und nordeuropäischen Durchschnitt um 1975 40 % auf, die Versicherten 28,6 %, der Staat 27 %, Sonstige 4,6 %. Aber die Arbeitgeber holen sich ihren

Anteil über die Preise von den Kunden wieder, der Staat über die Steuern von allen Bürgern, so daß die Entfernung zu steuerfinanzierten Modellen in der Praxis gar nicht so groß ist.

Parallel, aber nicht unbedingt koordiniert mit der Regelung der sozialen Sicherung, entwickelte sich die staatliche Regulierung des Arbeitsmarkts, die allerdings von britischen Gewerkschaften als ihren Interessen nachteilig abgelehnt wurde. Indirekt regulierte der Staat aber auch in solchen Fällen durch das Arbeitsrecht, gesetzliche Sicherheitsvorschriften und dergleichen. Direkt und intensiv wurden die Arbeitsbeziehungen hingegen in Deutschland seit der Weimarer Republik von Staats wegen geordnet. Das deutsche Tarifvertrags- und Schlichtungswesen knüpft mit der Anerkennung der Existenz von Klassen durch staatliches Recht, der Möglichkeit der Rechtsschöpfung durch Klassenorgane und der rechtlichen Einhegung der Klassenkämpfe an die Überlegungen Lorenz von Steins an.

Die Expansion des Sozialstaates nach dem Zweiten Weltkrieg beruhte nicht mehr nur auf der Notwendigkeit von Problemlösungen, sondern auf umfassenden gesellschaftspolitischen Entwürfen von der Art des Beveridge-Plans (1942), Grundlage der Reformen der britischen Labour-Regierung nach 1945, aber auch international anregend, unter anderen in Belgien, den Niederlanden, Frankreich, Westdeutschland und der Schweiz, während die Skandinavier eher von ihrer eigenen sozialpolitischen Tradition ausgingen. Nahziel war die Sicherung eines menschenwürdigen, aber bescheidenen Lebensunterhalts für alle Staatsbürger, der endgültige Sieg über die Not. Darüber hinaus dachte William Beveridge aber an einen umfassenden egalitären Umbau der Gesellschaft durch den Staat. Dazu sollten die Kontrolle der Löhne und Preise gehören, die Verstaatlichung der Wirtschaft und des Wohnungsbaus sowie vor allem der Ausbau des Bildungswesens. Dahinter stand auch der Gedanke von John Maynard Keynes, daß relativ hohe Sozialleistungen entscheidend zur Stabilisierung der Kaufkraft beitrügen und daher von hoher konjunktur- wie allgemeinpolitischer Bedeutung seien.

Gesellschaftsplanung und Wirtschaftsplanung durch den Staat gingen spätestens seit dieser Zeit Hand in Hand. Letztere entstand zwar erst unter dem Zwang, die wirtschaftlichen Folgen des Ersten Weltkriegs zu bewältigen, ist aber inzwischen notwendige Voraussetzung für die Finanzierung der gigantischen Sozialausgaben einerseits, die Verarbeitung ihrer wirtschaftlichen Folgen andererseits. Die Planwirtschaft kommunistischer Länder wie der Sowjetunion, Chinas und der DDR schien sogar einen geringeren Aufwand an Sozialleistungen zu benötigen, weil eine entsprechend gelenkte Zentralverwaltungswirtschaft erwünschte sozialpolitische Wirkungen wie vor allem die Vollbeschäftigung von selbst zu erbringen versprach. Eine Arbeitslosenversicherung wurde daher nicht benötigt. Das Scheitern der Planwirtschaft hat dafür einen um so höheren sozialpolitischen Bedarf hinterlassen. Ein gewisses Maß an staatlicher Rahmenplanung für Wirtschaft und Gesellschaft ist inzwischen aber auch für neo-liberale Regimes unentbehrlich, denn auch sie müssen durch Staatsintervention erst einmal die Rahmenbedingungen für eine freie Marktwirtschaft nach ihren Vorstellungen herstellen. Wenn schon die Staatsgewalt des liberalen 19. Jahrhunderts keine wirtschaftspolitische Abstinenz üben konnte, wieviel weniger die heutige, die über einen ungleich größeren Anteil des Sozialprodukts disponiert und sehr viel abhängiger von ihren Wählern ist.

Bildungspolitik beansprucht in Deutschland besondere Dignität und pflegt einen speziellen Diskurs, gehört aber durchaus in den Zusammenhang der Entwicklung des sozialen Interventionsstaates mit egalitärer Tendenz. Vor allem durch Ausbau des Sekundar- und Hochschulwesens sollten allen Jugendlichen, nicht zuletzt den weiblichen, gleiche Bildungs- und damit auch Lebenschancen geboten werden. 1968 gaben England, Frankreich und die Beneluxländer zwischen 4,67 und 6,74 % ihres Bruttosozialprodukts für Bildung aus, der Anteil der Sozialversicherung bewegte sich 1965 zwischen 7,9 und 10,3 %.

Selbstverständlich wird unter diesen Umständen in den meisten Schulen und Hochschulen das gelehrt, was die Staatsgewalt für richtig hält, auch wenn demokratische Korrekturen an diesem Kanon möglich sind. Die Expansion der Staatskontrolle über Wirtschaft und Gesellschaft bedeutet aber nicht nur in diesem Bereich, sondern ganz allgemein zunehmende Bürokratisierung und Verrechtlichung. Elementare Kategorien menschlicher Existenz wie jung oder alt, gesund oder krank, gescheit oder dumm, fleißig oder faul, guter Lehrer oder schlechter Lehrer werden rechtlich normiert und standardisiert und damit mechanisch kontrollierbar. Personale Interaktion und personales Engagement gelten demgegenüber als unkontrollierbarer Störfaktor. Beziehungen sollen versachlicht werden, wenn nicht nach Verwaltungsvorschriften, dann mindestens nach Marktgesetzen. Aber diese Entwicklung muß nicht unbedingt Einschränkung persönlicher Entfaltungsmöglichkeiten bedeuten, das Gegenteil könnte richtig sein. Denn die Verlagerung der Kontrolle aus sozialen Nahverhältnissen wie der Familie und Verwandtschaft auf anonyme staatliche Verwaltungsstäbe schafft zusammen mit der Rationalität des Verfahrens und dem Rechtsanspruch auf die Leistung zusätzlichen individuellen Freiraum.

Wer allerdings diesen Freiraum in anderer als von der Staatsgewalt vorgesehener Weise nutzen möchte, hat es schwer. Hatte der bürgerliche Rechtsstaat des 19. Jahrhunderts nicht ohne Erfolg seine innenpolitische Zuständigkeit auf innere Sicherheit zu beschränken versucht, so bedeutet der moderne soziale Interventionsstaat eine Rückkehr zum früheren obrigkeitlichen Policeystaat, der sich auch schon in alles eingemischt hatte. Die bewaffnete Vollzugspolizei, die nicht zufällig zusammen mit dem liberalen bürgerlichen Staat entstand, sollte ursprünglich nur die gesellschaftliche Freiheit durch Gefahrenabwehr sichern. Nicht ihre weitere Aufrüstung schafft einen neuen Polizeistaat, sondern die Ersetzung ihrer Repressionsaufgabe durch einen beliebig ausdehnbaren Präventionsanspruch im Rahmen staatlicher Sozial- und Kontrolltechnologie, den Anspruch des Staates, Gesellschaft zu gestalten, notfalls gegen den Willen der Mehrheit oder zumindest einer großen Minderheit. Aber die Legitimation durch die Fiktion der Volkssouveränität gestattet es, Eingriffe der Staatsgewalt in die Gesellschaft als solche der Gesellschaft in sich selbst erscheinen zu lassen. Die rechtsstaatliche Bindung an das Gesetz ist bei inflationärer Professionalisierung und politischer Beliebigkeit von Gesetzgebung bedeutungslos geworden (Carl Schmitt).

Der liberale bürgerliche Nationalstaat, das goldene Zeitalter laut Hannah Arendt, wurde in einigen Fällen vom totalitären Staat abgelöst, in der Regel vom sozialen Interventionsstaat, der den Einsatz physischer Gewalt im Gegensatz zu jenem behutsamer handhabt, weil er ihn weniger nötig hat, sondern seine Ziele mit sanfteren Methoden zu erreichen versteht. Diese Ziele sind aber nicht minder weitreichend, denn auch wo er sich neo-liberal gibt, ist er auf Umgestaltung der Gesellschaft aus. Gewiß, die viel weitergehende Einschränkung persönlicher Freiheit und der bedenkenlose Einsatz physischer Gewalt bis hin zum blanken Terror unterscheiden den totalitären Staat in einer Weise vom Interventionsstaat, die jede Verharmlosung des Gegensatzes verbietet. Aber wieder einmal sollte uns die schwerwiegende Differenz nicht blind für ebenso schwerwiegende Gemeinsamkeiten machen, die den sozialen Interventionsstaat als bloße weiche Variante des totalen Staates erscheinen lassen.

c) Totaler Staat

Wenn der moderne Staat überhaupt seinem Ursprung nach ein Kriegsstaat gewesen ist, dann nimmt es nicht wunder, daß der notorisch gewalttätige totale Staat des 20. Jahrhunderts erst recht aus dem Krieg hervorgegangen ist, in Deutschland (und Italien, wenn man dessen Faschismus einbeziehen möchte) aus dem Ersten Weltkrieg, in Rußland dazu noch aus revolutionärem Bürgerkrieg, in China aus dem Zweiten Weltkrieg und revolutionärem Bürgerkrieg. Denn im Ersten Weltkrieg erfolgte zum ersten Mal in der Geschichte die totale Konzentration aller Kräfte des Volkes auf Vernichtung des Feindes durch die Staatsgewalt. Die Macht der Exekutive, in Deutschland bezeichenderweise der Heeresleitung, konnte fast bis zur Diktatur gesteigert werden.

Walther Rathenau hatte als erfolgreicher Organisator von Kriegswirtschaft schon 1915 darauf hingewiesen, daß diese zentrale Wirtschaftslenkung eng mit dem kommunistischen Modell verwandt sei und nicht ohne Folgen bleiben werde. Ähnliche Stimmen waren aus England zu hören. Nach dem Krieg war die Vorstellung weit verbreitet, daß die Zukunft dem Staatssozialismus gehören werde, ja sogar, daß der sozialistische Staat nur die Vorstufe zu etwas ganz neuem, dem totalen Staat sei.

Ernst Jünger glaubte im Frontkämpfer einen neuen Menschen zu erkennen, der archaisches Einzelkämpfertum mit disziplinierter Beherrschung der Technik verbindet. Damit wird der säkulare Prozeß der «totalen Mobilmachung» (1930) möglich, die auch im Frieden das ganze Volk erfaßt, die allgemeine Wehrpflicht durch die allgemeine Arbeitspflicht fortsetzt und nebenbei die Arbeiterfrage löst. Denn der neue Mensch wird schlechthin zum «Arbeiter» (1932), aber einem Arbeiter, der als Soldat diszipliniert seine Aufgabe in einer ungeheuren Produktionsmaschinerie erfüllt. Diese Aufgabe mochte wie der Kampf ihren Sinn in sich selbst tragen, sie diente aber auch der Vorbereitung kommender Kriege.

Für den erfolgreichen Generalquartiermeister der obersten Heeresleitung Erich Ludendorf («Kriegführung und Politik» 1922) war nicht mehr der Krieg die Fortsetzung der Politik mit anderen Mitteln, sondern umgekehrt auch Politik letztlich totaler Krieg, sozialdarwinistischer Kampf um Sieg oder Untergang. Politik müsse daher auch im Frieden auf die totale Mobilmachung der Nation hinauslaufen und habe mit militärischer Disziplin stattzufinden, um die Zusammenfassung aller Kräfte unter einheitlichem Kommando zu ermöglichen. In diesem Sinn wurde wenig später im «Dritten Reich» das gesamte deutsche Volk in ein Heer politischer Soldaten verwandelt. Militärische Metaphorik dominierte, allerorten gab es «Appell, Marschordnung, Schlacht, Sieg», und die Uniformierung öffentlicher Amtsträger griff auch in zivilen Bereichen immer weiter um sich.

Für den Staat des Sozialphilosophen Hans Freyer – wie Ernst Jünger auch nach 1945 hochangesehen – war schon 1925 der Krieg die rechte Lebensluft, im Krieg und zwar im Eroberungskrieg war der Staat am meisten Staat, Politik war bloß «Fortsetzung des Krieges mit veränderten Mitteln»,[5] hauptsächlich zur Steigerung des militärischen Potentials. Wie bei Jünger und Ludendorf konnte das nur auf autoritäre politische Ordnung hinauslaufen, auf einen Führer nach dem Modell des Stoßtrupp-Leutnants hier, des Feldherrn dort.

Der Führerstaat mit emotionaler Bindung zwischen Führer und Volk ist charismatische Herrschaft im Sinne Max Webers samt ihrer «Veralltäglichung», die im Dritten Reich bald zu beobachten war. Er beruht auf außeralltäglichen Qualitäten des Führers, deren Beschaffenheit und reales Vorhandensein aber unwichtig sind, solange sie von den Anhängern geglaubt werden und sich durch Erfolge bewähren. Die Rolle des Führers ist nicht rational begründet, sondern beruht auf einem Mythos; Mythos ist eine affirmativ präsentierte und glaubend angenommene Rede über grundlegende Sachverhalte. Auch die Rolle des Volkes wird durch einen Mythos definiert, im deutschen Fall durch den der Rasse. Auch hier kommt es weniger auf die Realität als auf den Glauben an, wobei das lange genug Geglaubte aber schließlich Wirklichkeit werden kann und soll. Glaube wird durch Propaganda und Erziehung erzeugt, daher die erstmalige Einrichtung eines Propagandaministeriums im Dritten Reich, daher die konsequente Kontrolle von Schule und Jugendorganisationen.

Der Führer gilt als Inkarnation des Volkswillens, so daß selbst seine plebiszitäre Interaktion mit dem Volk nicht nötig und bereits eine Form der Veralltäglichung ist. Der Verwaltungsstab des Führers ist keine Beamtenhierarchie mit Planstellen und Laufbahn, sondern ein improvisiertes Gefüge von berufenen Vertrauensleuten. Der Führerstaat ist wirtschaftsfremd, insofern er Wirtschaften als Selbstzweck verachtet und die Wirtschaft statt dessen in den Dienst seiner politischen Sendung nimmt. Allerdings stellt demgegenüber das Interesse des Verwaltungsstabes an der Stabilisierung des erworbenen Status und seiner materiellen Errungenschaften eine treibende Kraft für Veralltäglichung dar, die den Weg zum Arrangement mit der Wirtschaft und der bereits vorhandenen Bürokratie ebnet. Besiegelt wird Veralltäglichung aber durch eine Nachfolgeregelung, die Hitler vermutlich deswegen instinktiv bis zuletzt vermieden hat.

Der Staatsrechtslehrer Ernst Forsthoff – auch er nach 1945 weiter hoch angesehen – hat 1933 unverzüglich seinen Entwurf des kommenden «totalen Staates» vorgelegt, voll kluger Einsichten mit erschrekkenden Folgerungen. Er sieht, wie das 19. Jahrhundert den Staat vom

5 *Freyer* 142.

konkreten Träger der Staatsgewalt abgelöst, zum abstrakten Begriff gemacht und zur Neutralität des Rechtsstaats mit bürokratischer Zweckrationalität geführt hat. Gesellschaft als staatsfreier Lebensraum des Bürgers war daneben aber nur möglich, solange es in Gestalt der Monarchie eine wirkliche neutrale Instanz außerhalb der Gesellschaft gab. Mit der Demokratie mußte der Staat zur Beute der rivalisierenden gesellschaftlichen Kräfte werden.

Demgegenüber knüpft der totale Staat bei der soldatischen Disziplinierung und Wehrhaftmachung des Volkes an. Er ist bewußt Machtstaat, was den Liberalen ein Greuel war. Deren individualistisches Denken und Handeln muß daher durch eine neue Herrschafts- und Volksordnung ersetzt werden, die auf einer «weltanschaulich» begründeten Führerautorität beruht, die das Volk nur anerkennt, nicht etwa demokratisch verleiht. Der Inhalt dieser Weltanschauung wird klar, wenn die neue Machtelite rassisch definiert und aus den Kämpfern für den neuen Staat rekrutiert werden soll. Der totale Staat kann zwar auf die moderne Bürokratie nicht verzichten, etwa für Sozialfürsorge und Steuererhebung, wird aber keineswegs auf totale Bürokratisierung hinauslaufen. Neben formalisierte bürokratische Verwaltung tritt die befehlsförmige, neben den Beamten der politische Kommissar, der im Rahmen seines Auftrags selbstverantwortlich entscheidet und handelt. Die Einrichtung der Reichsstatthalter in den Ländern und die politischen Aufträge an Gauleiter der Partei sind der erste Schritt in diese Richtung.

Die Volksordnung beruht auf der Einheit des Willens, die aus dem Bewußtsein rassischer Gleichartigkeit und eines gemeinsamen historischen Schicksals erwächst. Aber dieser Wille ist nicht die volonté générale der Demokratie, sondern eine neue, totale Gemeinschafts- und Staatsgesinnung. Trotz eines gewissen privaten Handlungsspielraums für den Einzelnen gibt es keine individuelle Freiheit mehr im Sinne von 1789, sondern nur noch «die totale Inpflichtnahme jedes einzelnen für die Nation», die «den privaten Charakter der Einzelexistenz» aufhebt. Der Anspruch des Staates ist ein totaler. Wer sein persönliches Geschick nicht dem nationalen restlos unterordnet, wird zur Rechenschaft gezogen. Der totale Staat ist Arbeitsstaat im Sinne Ernst Jüngers; dem organisierten Arbeitsdienst kommt eine erzieherische Schlüsselrolle zu. An die Stelle der pluralistisch-amorphen liberalen Gesellschaft tritt eine berufsständische Ordnung, zusammengefaßt in einer Arbeitsfront, die dem Staat angegliedert ist, ohne in ihm aufzugehen.

Identität gründet letztlich in feindlicher Distanzierung zu Alterität, denn wie Volk und Volkszugehörigkeit ist «Feindschaft etwas Seinsmäßiges, Existenzielles» und hat nichts mit bloßen Meinungsverschiedenheiten zu tun. So besteht das Bewußtsein der Artgleichheit des Volkes vor allem «in der Fähigkeit, die Artverschiedenheit zu erkennen und den Freund vom Feind zu unterscheiden», und zwar vor allem dort, wo sie nicht durch Zugehörigkeit zu einer fremden Nation von vorneherein klar ist, sondern wie im Falle des deutschen Juden «die Illusion einer Artgleichheit und einer Zugehörigkeit zum Volke zu erwecken suchte». Weil solche Artverschiedenheit Lebensraum und Volkstum bedroht, «wurde der Jude, ohne Rücksicht auf guten oder schlechten Glauben und wohlmeinende oder böswillige Gesinnung zum Feind und mußte als solcher unschädlich gemacht werden». Würde er sich darauf beschränken, Jude zu sein, und hätte er nicht versucht, Deutscher zu werden, wäre er nur noch Fremder und nicht mehr Feind.[6]

Totaler Staat als totaler Krieg braucht den totalen Feind. Wenn er ihn nicht mitbringt, wie der Nationalsozialismus den Juden, muß er ihn erfinden, wie es in der Sowjetunion und in China mit der Produktion von immer neuen Klassenfeinden und Verschwörern erfolgreich geschah. Das ist mit der Formel von der «permanenten Revolution» gemeint, die bereits für den Terror der Jakobiner 1792–94 geschaffen wurde. In Rußland und China lagen oft überhaupt keine «realen» Vergehen vor und oft genug nicht einmal der «objektive» Sachverhalt der «falschen» Klassenzugehörigkeit. Im Gegenteil, nicht selten fanden sich «brave» Kommunisten zu ihrer eigenen Verblüffung plötzlich unter den Gegnern des Regimes wieder. Aber auf den fiktiven Charakter der Beschuldigung, der Tätern wie Opfern gleichermaßen klar gewesen sein dürfte, kam es dabei nicht an, häufig noch nicht einmal auf einen Vorwand, um wirkliche oder potentielle Rivalen im Kampf um die Macht zu beseitigen, sondern schlicht um die Konstruktion des totalen Feindes.

Im totalen Staat entspricht dem Gebot «Du sollst bereit sein, ‹für Führer, Volk und Vaterland› zu sterben!» das andere «Du sollst töten!» Die Sterbebereitschaft des Helden bedeutet für diesen die Möglichkeit symbolischen Überlebens durch das Kollektiv, im Sinne des nationalsozialistischen «Du bist nichts, dein Volk ist alles». Ebenso steht der totale Feind nicht für die Bedrohung des leiblichen Lebens, sondern der symbolischen Existenz im Kollektiv, die den leiblichen Tod transzendieren soll. Mit der Furcht vor dem Feind «erhält die Angst ein Gesicht, in das gespuckt, geschlagen und getreten werden kann» (Peter Berghoff). Der Kampf gegen den Feind, der den kollektiven und indi-

6 *Forsthoff* 38 f.

rekt den individuellen Tod symbolisiert, wird so zur Bestätigung der Vitalität des eigenen Überlebens, eine ungemein gewaltfördernde Vorstellung. Häufig sind äußere Feinde realer als innere, die sich als bloße Konstrukte erweisen mögen. Aber gerade in der Situation äußerer Bedrohung ist das Bedürfnis nach inneren Feinden um so größer, weil das Überleben und die Vitalität des politischen Körpers durch Beseitigung von politischer Krankheit und Schwäche gesichert werden muß. Während man sich gegen äußere Feinde schlicht verteidigen muß, handelt es sich gegen innere um therapeutische oder hygienische Maßnahmen der Säuberung, Vertilgung von Parasiten usf. Insofern war Antisemitismus bis zum organisierten Massenmord kein zufälliger Exzess, sondern ein integrierender Bestandteil des nationalsozialistischen totalen Staates, wie Ernst Forsthoff schon ganz zu Beginn mit aller Deutlichkeit festgestellt hatte.

Nicht mehr notdürftig verschleiert wie noch unter Stalin oder Mao, sondern ausdrücklich kraft staatsrechtlicher Lehre war im Dritten Reich der Wille des Führers Gesetz im wörtlichen Sinne. Der Führerwille schuf Recht, in welcher Form oder Formlosigkeit er auch vorliegen mochte. Von der Unabhängigkeit von Richtern oder Berufsbeamten konnte nicht mehr die Rede sein. Zwar führte das Nebeneinander von Staatsverwaltung und «Kommissaren» der Bewegung, häufig mehreren nebeneinander, zum wuchernden Wachstum der Organisationen und einem konfliktreichen Durcheinander von Kompetenzen. Aber Partei und Staat rückten auf die Dauer näher zusammen, denn die Beamtenlaufbahn kam, angefangen mit Schulzeit und Studium, unter Kontrolle der Partei, die außerdem von Anfang an Verwaltungsposten nicht nur zur Kontrolle, sondern auch als Pfründen mit Parteigenossen besetzte. Auf der anderen Seite drängten etablierte Beamten im eigenen Interesse in die Partei, denn ihre Mitgliedschaft war erwünscht. 1937 waren in Preußen 86 %, im übrigen Deutschland 63 % der Beamten Parteimitglieder, der Beamtenanteil an der Mitgliedschaft war schon 1933–35 von 6,7 % auf 29 % gestiegen. Im Krieg gab es schließlich über zwei Millionen großer und kleiner «Führer» in Deutschland. Der Staats- wie der Parteiapparat hatten sich kostenintensiv vervielfacht, dazu kam als riesige dritte Komponente der SS-Staat des Heinrich Himmler. Aber die Polykratie war kein Chaos und Hitler kein «schwacher Diktator». Unter den Bedingungen des Führerstaates konnte es eben keine Berechenbarkeit der Apparate mit verläßlichem Instanzenzug geben. Das mochte zwar bisweilen Nischen, Leerlauf, sogar stille Obstruktion hervorbringen, hieß aber nicht, daß Befehle überwiegend nicht befolgt worden wären. Vielmehr bewies das Regime bis zum Ende eine tödliche Effizienz.

Das lag nicht nur am hochentwickelten, vom Reichssicherheitshauptamt – eigentlich eine SS-«Behörde»! – koordinierten Repressionsapparat von Polizei und SS, mit der Gestapo und den Konzentrationslagern als gefürchtetsten Einrichtungen des Regimes, sondern an der willigen Kooperation breiter Kreise der Bevölkerung, deren eifrige Denunzianten keineswegs immer nur auf das Begleichen persönlicher Rechnungen aus waren. Totalitäre Regimes sind ja dadurch gekennzeichnet, daß grundsätzlich jeder ein «Feind» sein kann und daher verdächtig ist, so daß es zum Gebot der Selbsterhaltung wird, den anderen zu denunzieren, bevor man möglicherweise von ihm denunziert wird. Das totale Kollektiv bietet nur dem Geborgenheit, der bedingungslos mitspielt, denn es untergräbt die primären Solidaritäten von Familie, Nachbarn, Kollegen usf. und entläßt den Menschen dadurch zunächst einmal in totale Vereinzelung. Der totale Staat des Nationalsozialismus konnte so mit breitem Konsens der Bevölkerung rechnen, vermutlich zunächst der Mehrheit, zumindest aber einer hinreichend großen Minderheit. Insofern war die totale Einheit von Volk und Führer keineswegs reine Fiktion oder gar eine bloße Propagandalüge.

Nach Hannah Arendt beruhte der Erfolg der totalitären Bewegungen nämlich auf der Anomie des in der Massengesellschaft isolierten modernen Menschen, dem sie die Möglichkeit zur Identifikation mit einer einfachen, aber «wissenschaftlichen» Welterklärung und einem einfachen, aber grandiosen Entwurf der kommenden Geschichte anboten. Widerspruch wurde nicht geduldet, weder durch Menschen noch durch Tatsachen. Wenn Propaganda nichts half, dann der Terror, der widersprechende Menschen und Tatsachen vernichtete, damit der Entwurf stimmig bleiben konnte. Darüber hinaus dienten der Terror in seiner Willkürlichkeit und vor allem das System seiner Konzentrationslager dem Nachweis der beliebigen Formbarkeit des Menschen unter totaler Herrschaft, denn letztes Ziel des totalen Staates war keine neue Gesellschaft oder neue Welt, sondern ein neuer Mensch, «die Transformation der menschlichen Natur selbst».[7] Diese Interpretation macht verständlich, warum Deutsche Hitler bis zum Schluß unbeirrt die Treue hielten, um nach dem plötzlichen Verschwinden des totalen Führerstaates mit seinem Identifikationssystem ebenso plötzlich ganz «normal» zu werden und sich ihren weiteren Weg zu suchen, als sei nichts gewesen. Nicht oder zumindest nicht nur platter Opportunismus war dabei im Spiel, sondern ein radikaler Bewußtseinswandel infolge plötzlicher Entlassung aus der selbstverschuldeten Gefangenschaft des Kollektivs. Wahrscheinlich ließen sich in der Ex-DDR, der

[7] *Arendt* 701.

Ex-Sowjetunion und in China nach Mao ähnliche Beobachtungen anstellen.

In den 1920er Jahren, vor Stalins Alleinherrschaft, vor Hitler und vor Mao, wurden bereits Staaten als «totalitär» bezeichnet, die nicht parlamentarisch, sondern autoritär regiert wurden, was sich damals in Europa zunehmender Beliebtheit erfreute. Demgegenüber legte Hannah Arendt großen Wert auf den keineswegs graduellen, sondern grundsätzlichen, qualitativen Unterschied zwischen autoritären Regimes, Diktaturen, wie es sie in der Geschichte schon immer gab, und totalitären Regimes, die etwas radikal Neues waren. Autoritäre Herrschaft knebelt die Freiheit, totalitäre schafft sie ab, bringt den Menschen sogar dazu, die Freiheit zu verachten und sich für die Abschaffung seiner eigenen Freiheit zu begeistern. Die Menschen sind der Freiheit müde, meinte Mussolini, Freiheit ist nichts als Einsicht in die Notwendigkeit, schrieb Stalin. Der totale Staat nimmt den Menschen erbarmungslos in Anspruch, bis hin zur schuldhaften Verstrickung. Er gestattet dem Menschen nicht, sich nach eigenem Gutdünken zu entfalten, sondern will etwas anderes aus ihm machen, als er ist und sein möchte. Er hebt die inzwischen selbstverständliche Unterscheidung von staatlich erzwingbarem Recht und allein dem Gewissen unterworfener Moral auf und will uneingeschränkt über das ganze menschliche Leben verfügen, einschließlich des Gewissens. Er führt eine Umwertung aller Werte durch, versteht es «gut» und «böse» zu vertauschen. Mitleid wird Feigheit, Solidarität Verrat, Brutalität Edelmut und Mord Dienst am Volk. Weil er weiß, wohin es mit der Geschichte hinauswill, beansprucht der totale Staat für seine politische Aktion uneingeschränkte Verfügung über den Menschen und die Welt.

Zwar hat die NSDAP zunächst als Partei legal einen Anteil an der Macht erlangt, aber sie war sowenig wie der Kommunismus oder die verschiedenen europäischen Faschismen Partei im üblichen Sinn einer organisierten Vertretung gesellschaftlicher Gruppen und Interessen mit dem begrenzten Ziel, dafür nach etablierten politischen Spielregeln die Staatsgewalt in die Hand zu bekommen. Ihre Ziele reichten weiter, und ihre Methodenpalette war breiter; sie umfaßte vor, bei und nach Eroberung des Staates physische Gewalt und Terror, denn eigentlich stand Revolution auf dem Programm. Die Bezeichnung «Bewegung» ist daher viel angemessener als «Partei». Aber wenn die europäischen Faschismen als Bewegungen allerhand totalitäre Elemente enthielten, an die Macht gelangt lief ihre Herrschaft meist eher auf autoritäre Diktatur und nicht auf totalitäre Herrschaft hinaus, auch im Spanien Francos und sogar im Italien Mussolinis, wo der totalitäre Diskurs zunächst am vollmundigsten gepflegt wurde. Wahrscheinlich hat diese Erfahrung viele Zeitgenossen veranlaßt, die totalitäre Rhetorik des Nationalsozialismus ebenfalls nicht ernst zu nehmen – bis es zu spät war. Vom autoritären Staat wurden vielleicht reale politische Gegner ermordet, der Massenmord an fiktiven totalen Feinden blieb dem totalen Staat vorbehalten. Doch setzte er sich dabei keineswegs in Gegensatz zur bisherigen Entwicklung der Staatsgewalt, sondern steigerte sie nur zur äußersten Konsequenz legaler Bestialität.

d) Legalität und Bestialität

Zu den vielen Grotesken im Leben des NS-Juristen Carl Schmitt gehört sein Umgang mit dem Konzept der Legalität. 1932 hatte er mit der Schrift «Legalität und Legitimität» für die Präsidialherrschaft plädiert und den legalistischen Positivismus des parlamentarischen Gesetzesstaates verworfen. 1933 bezog sich Ernst Forsthoff in seiner Abrechnung mit der Weimarer Republik auf diesen Text und schrieb: «Wer den Staat hat, gibt die Gesetze, und, was nicht weniger wichtig ist, er legt sie aus. Er bestimmt darüber, was legal ist. Da nun die Rechtssetzung wie der Staat überhaupt formalisiert ist und keine wesensmäßige Beziehung mehr hat zu materialen Prinzipien des Rechts und der Gerechtigkeit oder zu unerschütterlichen Ordnungen, kann auch die Rechtssetzung in den Dienst jedes beliebigen politischen Zweckes treten. Die Legalität ist damit etwas rein Formales und besagt nicht mehr, als daß der Wille einer beliebigen Partei [. . .] zum Gesetzesbeschluß geworden [. . .] ist. Der Rang der Legalität besteht [. . .] in erster Linie darin, jedes Widerstandsrecht des Volkes gegen den legalen Staatsakt als Recht aufzuheben. Die Legalität ist das Mittel, den politischen Gegner dadurch zu treffen, daß man ihn für illegal erklärt, hors la loi stellt, ihn damit moralisch disqualifiziert und der Erledigung [sic! W. R.] durch die staatliche Apparatur [. . .] ausliefert. Der Ermessensspielraum insbesondere, den die Gesetze dem staatlichen Handeln in der Gesetzeshandhabung lassen müssen, gestattet es, diesem Handeln die Wendung gegen den politischen Gegner zu geben. Das war freilich nur so lange möglich, als es gelang, mit der Berufung auf die Legalität das dem Deutschen in besonderem Maße innewohnende Bedürfnis nach Rechtmäßigkeit anzusprechen.»[8]

Die vorweggenommene Selbstentlarvung läßt an Deutlichkeit nichts zu wünschen übrig, denn was hier der Weimarer Parteidemokratie vorgeworfen wird, entsprach haarklein der Praxis des totalen Staats im Dritten Reich. Den Grund nennt Werner Best, Jurist, Organisator

[8] *Forsthoff* 27 f.

des Gestapoterrors und Wegbereiter des Judenmordes, von dem sein Biograph schreibt: «Nach seinen Erfahrungen [. . .] war nämlich der weit überwiegende Teil der Beamten der Polizei durchaus bereit, dem NS-Regime loyal zu dienen, solange ihr Handeln juristisch und politisch hinreichend legitimiert wurde.»[9] Zwar stießen die beflissenen Hochschuljuristen, neben Carl Schmitt und Ernst Forsthoff besonders die sogenannte «Kieler Schule» mit Georg Dahm, Ernst Rudolf Huber, Karl Larenz, Franz Wieacker, mit ihren Anstrengungen, das Recht den Zielen des Regimes zu unterwerfen, bisweilen auf wenig Gegenliebe. Hitler und andere Führer der Bewegung respektierten keine rechtliche Bindung und hatten für Juristen im Grunde nur Verachtung übrig. Das aber ist nur die eine Hälfte der Wahrheit. Denn es handelte sich inzwischen eben nicht mehr nur um eine totalitäre Bewegung, sondern um einen werdenden totalen Staat. Deshalb bediente sich die Führung zwar der Gewalt, aber auch eines juristischen Diskurses zur Begründung ihrer Handlungen, etwa wenn Hitler die Morde von 1934 mit dem improvisierten Ausnahmezustand und seiner daraus abgeleiteten Rolle als «des Deutschen Volkes oberster Gerichtsherr» legitimierte und damit Carl Schmitt Material für unverzüglich nachgereichte juristische Argumente lieferte, oder wenn er bis zuletzt das Ermächtigungsgesetz als Grundlage seiner Diktatur stets rechtzeitig verlängern ließ.

Vor allem wurde sorgfältig darauf geachtet, nicht nur der Polizei, sondern dem gesamten Beamtenapparat die alltägliche Herrschaft des neuen Regimes in gewohnter juristischer Weise mundgerecht zu machen. Auch der im persönlichen Leben so «unordentliche» Adolf Hitler wußte nur zu gut, daß die rasche Stabilisierung seiner Macht über Deutschland nur der Loyalität des im Grunde verachteten Berufsbeamtentums zu verdanken war. Der Jurist und gelernte Bürokrat Wilhelm Frick spielte daher als Innenminister jahrelang eine wichtige Rolle, um den formal-legalistisch reibungslosen Ablauf des Verfassungswandels, der mörderischen Erbgesundheitspolitik, des Gestapoterrors, der Ausgrenzung der Juden und anderer Projekte des Regimes sicherzustellen. Zwar entsprachen Gesetze und Verordnungen des Dritten Reiches weithin nicht mehr den üblichen rechtsstaatlichen Maßstäben. Im Rahmen der neuen Art von Staat und Recht achtete Frick aber peinlich genau darauf, daß Entscheidungen legal korrekt zustande kamen und ausgeführt wurden. Der Führerstaat war zwar ein Willkürregime, sollte aber dennoch nicht in chaotischer Beliebigkeit versinken, sondern weiterhin soweit möglich von berechenbaren bürokratischen

[9] *Herbert* 189.

Prozeduren getragen werden. Frick mochte ein fanatischer Nationalsozialist gewesen sein und zum Schluß Geld unterschlagen haben, er war und blieb dennoch Beamter, der stolz darauf war, daß alles auf «ordentlichen Wegen» ablief, selbst der Judenmord. Entscheidend war, daß diese seine Dienste gebraucht wurden; erst als im Laufe des Krieges der Bedarf an Legalität zurückging und das Berufsbeamtentum entbehrlicher wurde, sank sein Einfluß und er wurde kaltgestellt.

Daneben gab es im zweiten Glied der Führerschaft, vor allem der SS, eine Reihe von zum Teil hochqualifizierten Juristen und Verwaltungsfachleuten wie Werner Best, Reinhard Höhn, Ernst Kaltenbrunner, Otto Ohlendorf, die ihrer Herkunft nach alles andere als gescheiterte Existenzen vom Schlage Hitlers, Görings, Goebbels' oder Heydrichs waren. Der Terrorapparat des Regimes wurde mit hoher administrativer Professionalität betrieben. In jedem Fall unterscheidet ihn sein staatlicher Charakter von anderen Pogromen. Wie Ernst Forsthoff angekündigt und Hannah Arendt bestätigt hat, kennzeichnete ihn nicht nur die organisatorische Perfektion der Abwicklung, sondern auch die kalte bürokratische Sachlichkeit, mit der er ins Werk gesetzt wurde. Man hatte vielleicht gar nichts gegen den einzelnen Juden als Menschen, aber es galt nun einmal, die sachliche Verwaltungsleistung der Beseitigung dieser Leute möglichst effizient zu bewältigen. Kein Problem für einen deutschen Beamten! Wenn man darauf verzichtet, die künstliche Unterscheidung von gutem Staat und bösem Nationalsozialismus aufrechtzuerhalten und sich der evidenten Einsicht stellt, daß das Dritte Reich so gut wie die Sowjetunion und die Volksrepublik China Staat gewesen ist, und zwar als totaler Staat die Extremform von Staat schlechthin, dann erweist sich die administrative Massenvernichtung von Menschen als die dazu passende extreme Aktivität der aufs höchste gesteigerten Staatsgewalt.

«Warum ist das deutsche Beamtentum Hitler gefolgt?» Diese Frage suchte Carl Schmitt 1950 in dem Aufsatz «Das Problem der Legalität» zu beantworten, der auf eine Zeugenaussage von 1947 zum Nürnberger Prozeß zurückgeht. Bezeichnenderweise beruft er sich jetzt auf einen katholischen Theologen, der wie er selbst der Forderung des Aristoteles, daß nicht Menschen, sondern Gesetze herrschen sollen, die Feststellung entgegengehalten hatte, daß Gesetze nichts anderes als der Ausdruck des Machtwillens wechselnder Menschen sind. Das beinhaltet eine Kritik des Legalitätsprinzips, das nach Schmitt in einem modernen, hochdifferenzierten Gemeinwesen nur noch «eine bestimmte Methode des Arbeitens und Funktionierens von Behörden» bedeute, wie das in der Tat bei Frick und anderen beobachtet werden kann. Weil das Wegfallen der dynastischen Legitimität 1918 in Deutschland nur «die staatliche Legalität als einzige Rechtsgrundlage des staatlichen Funktionierens» übriggelassen habe, sei Legitimität auf Legalität reduziert worden. Die Deutschen als «rührend legalitätsbedürftiges Volk» seien sowieso keines Widerstands gegen irgendeine Obrigkeit fähig, weil sie jederzeit ihre Unterwerfung unter die Obrigkeit mit einem «innerlichen Freiheitsgefühl» zu kompensieren gelernt hätten. Außerdem seien sie «ein Beamtenvolk» mit einem starken «Sinn für eine technisierte Disziplin, für Spezialisierung und Zuständigkeitsabgrenzung und für das Ideal eines reibungslosen Funktionierens [. . .] Das ist es.»[10]

Neuere Untersuchungen über deutsche Richter, Verwaltungs- und Hochschuljuristen geben Schmitts Selbsterkenntnis recht. Für das Personal der südwestdeutschen Innenverwaltungen wurde festgestellt: «Widerstand gegen das NS-Regime haben die administrativen Eliten Südwestdeutschlands nicht geleistet – weder aktiv noch passiv. Samt und sonders akademisch geschulte Juristen, verwalteten sie statt dessen auch die Unrechtspolitik des totalitären ‹Maßnahmenstaates› mit professioneller Routine» (Michael Ruck).[11] Die Mehrzahl übte politische Mindestanpassung bei uneingeschränkte dienstlicher Loyalität. Sachlicher, um legale Korrektheit bemühter Dienst unter wechselnden Regimes war nach 1945 ihre überwiegende und subjektiv durchaus geglaubte Schutzbehauptung, die eine erstaunliche, fast lückenlose personelle Kontinuität gestattete. Bei Hochschullehrern und Richtern sah es nicht anders aus. Dienstvorgesetzte und viele Parlamentarier, die damals über das Schicksal der Beamten zu entscheiden hatten, gehörten derselben politischen Kultur an, so daß das Überleben von Beamten mit guter Gesundheit vom Kaiserreich bis zur Bundesrepublik nicht einmal eine Lobby brauchte – die «richtigen» Entscheidungen fielen fast automatisch. Erst seit den 1960er Jahren zeichnete sich ein möglicher Wandel ab, denn die neue Beamtengeneration war in einer von der bisherigen Tradition teilweise abweichenden Weise sozialisiert worden. Bezeichnenderweise gab es keine derartige Kontinuität nach dem Untergang der DDR, denn die dortigen Verwalter staatlichen Unrechts gehörten einer anderen politischen Kultur an, waren oft genug nicht einmal «richtige» Juristen.

«Wir sind das Volk» lautete die Parole der ostdeutschen Bevölkerung 1989 und nicht etwa «Wir sind der Staat». Statt dessen wurde der Staatsgewalt mit jener Parole die grundlegende Identitätsfiktion der Volkssouveränität aufgekündigt. Schon bei Rousseau selbst ging die

10 *Schmitt,* Problem 446–48.
11 *Ruck* 257.

Begründung des Staates durch die Fiktion der Identität mit seinen Bürgern mit tiefem Mißtrauen gegen die jeweiligen Inhaber der Staatsgewalt einher. Es wäre naiv, allein von einer «freiheitlich-demokratischen Grundordnung» die definitive Überwindung des totalen Staates zu erwarten, zumal sie wahrscheinlich ohnehin nur eine weiche Variante des totalen Staates ist, weniger wegen personeller Kontinuitäten, als wegen der strukturellen Verwandtschaft dieser beiden Endstufen von 1000 Jahren Wachstum europäischer Staatsgewalt. Wie der allmähliche Abbau der verfassungsmäßigen Grundrechte in der Bundesrepublik Deutschland zeigt, sind sie auch beim demokratischen Staat, dem das Grundgesetz ihre Garantie anvertraut hat, keineswegs in den besten Händen. Möglicherweise wurde dabei sogar der Bock zum Gärtner gemacht, denn von Haus aus stammen die Grund- und Freiheitsrechte ja aus dem Widerstand gegen die Staatsgewalt. Was von dieser und ihren Juristen unter Umständen zu erwarten ist, schrieb Ernst Rudolf Huber 1937: «Es gibt keine persönliche, vorstaatliche und außerstaatliche Freiheit des Einzelnen, die vom Staat zu respektieren wäre.»[12] Vielleicht können wir aus dieser Geschichte lernen, aber es ist wahrscheinlich sicherer, auf den irreversiblen Strukturwandel der Staatsgewalt zu hoffen, der sich abzeichnet.

12 *Huber,* Verfassung 1937, 213, nach *Rüthers* 43.

VI.
KRISE UND TRANSFORMATION

1. Scheitern oder Transformation des Staates in der außereuropäischen Welt?

a) Grundlagen und Grundfragen

Nach 1990 gab es 192 souveräne Staaten auf der Welt, davon ca. 130 «alte» Entwicklungsländer und 20 neue in Osteuropa und dem Gebiet der ehemaligen Sowjetunion. Die meisten davon waren in den «United Nations» organisiert. Die Verwendung des Begriffs «Souveränität» zeigt bereits, daß sie sich alle am europäischen Staatsmodell orientieren, zu dem neben der inneren und äußeren Souveränität die Einheitlichkeit von Staatsgebiet, Staatsvolk und Staatsgewalt gehört. Zusätzliche Merkmale wie Demokratie und Menschenrechte hingegen können ohne Beeinträchtigung von Staatlichkeit durchaus fehlen, wie dies auch in Europa lange Zeit in vielen Ländern der Fall war. Ein anderes zusätzliches Merkmal hingegen ist integrierender Bestandteil dieses «Exportmodells» des europäischen Staates geworden: die Nationalität. Denn zumindest dem Anspruch nach handelt es sich bei allen 192 um Nationalstaaten wie in Europa. Man kann also zu recht von der «Globalisation of the modern state» sprechen (Ali Kazancigil).

Bei genauerem Zusehen allerdings erweist sich diese offensichtliche Erfolgsgeschichte des europäischen Staates in der außereuropäischen Welt als äußerst fragwürdig, und zwar nicht nur hinsichtlich der Erwartung, daß es sich wie seit kurzem überall in Europa auch im Rest der Welt durchweg um demokratische Regimes handeln müsse. Viel elementarer wird inzwischen von «Staatsversagen» gesprochen (Tetzlaff / Engel / Mehler), sogar vom «Staatszerfall» in Rwanda (Helmut Strizek), Somalia und Liberia oder von Ländern, die wie Algerien und Zaïre/Kongo nicht weit davon entfernt zu sein scheinen (I. William Zartman). Zwar ist diese bedenkliche Entwicklung der Staatlichkeit in Afrika gehäuft und besonders dramatisch aufgetreten, aber sie war und ist in verschiedenen Ländern Asiens, Lateinamerikas und neuerdings auch Europas ebenso zu beobachten. Als gemeinsame Ursache wird das Fehlen einer voll entwickelten «Civil Society» (Adam Ferguson 1767) genannt, die vom Staat zwar nicht zu trennen ist, aber doch unabhängig von ihm existiert. Im engeren Sinn sind damit organisierte gesamtgesellschaftliche Interessen gemeint, mit Institutionen wie Gewerkschaften, Kirchen oder autonomen Medien, im weiteren Sinn handelt es sich um politische Kultur als nirgends kodifiziertes weil selbstverständliches Sozialverhalten, das heißt, die stillschweigende Gewöhnung an die gewohnheitsmäßige Praxis moderner Staatlichkeit einerseits, an die Notwendigkeit von Konsens andererseits. Wenn das richtig ist, dann wäre der europäische Staat in der außereuropäischen Welt in der Tat weitgehend gescheitert, und zwar am Fehlen soziokultureller Infrastruktur europäischer Art, ohne die er offensichtlich nicht funktioniert. Dieses Scheitern kann als endgültig betrachtet werden, wenn man von grundsätzlicher kultureller Inkompatibilität des modernen Staates mit der jeweiligen einheimischen Kultur ausgeht, oder als vorläufig, wenn man von kulturellem Wandel die zukünftige Entwicklung einer lebendigen Zivilgesellschaft erwartet.

So eindeutig ist die Sachlage freilich nicht, weil das westliche Modell häufig formell oder informell rasch den soziokulturellen Bedingungen des betreffenden Landes angepaßt wurde. «Kaum einer der heutigen 45 afrikanischen Staaten hat das zum Zeitpunkt der Unabhängigwerdung meist in umfangreichen Verfassungskonferenzen mit der ehemaligen Kolonialmacht ausgehandelte politische System beibehalten» (Dirk Berg-Schlosser). Im Bereich des Islam werden religiös bestimmte, angeblich antiwestliche Staatsformen propagiert, in Iran bereits mit Erfolg. Der Schein einer einheitlichen Weltstaatengesellschaft trügt also nicht nur im Hinblick auf das Kriterium Demokratie. Nun könnte man genau diese Veränderungen am westlichen Staatsmodell dafür verantwortlich machen, daß es scheitern mußte, weil man das europäische Erfolgsmodell eben nicht konsequent genug angewandt hat. Aber Staaten mit unveränderten westlichen Institutionen sind ebenso wie solche mit angepaßten Einrichtungen sowohl unter den erfolgreichen als auch unter den gescheiterten zu finden. Offensichtlich muß man die einzelnen Fälle genauer durchmustern, bevor man allgemeine Aussagen riskieren kann. Dabei stellt sich dann rasch heraus, daß westlich und nicht westlich, kulturelle Anpassung oder Nicht-Anpassung, ja sogar modern und traditional viel zu unscharfe und oberflächliche Kategorien für komplizierte Vorgänge in der politischen Kultur der betreffenden Länder sind.

Vollständig übernommen wurde der europäische Staat höchstens formal. Der moderne Staat der außereuropäischen Welt ist dort keine exogene Struktur mehr, weil es sich in den seltensten Fällen noch um den unveränderten europäischen Staat handelt. Mit ihm hat der Westen zwar ein Angebot politischer Innovationen gemacht. Aber deren mehr oder weniger selektive Übernahme beruhte auf regional, sozial und kulturell unterschiedlichen autochthonen Grundlagen. Wie im Falle der englischen Sprache bedeutet Aneignung des westlichen Staates durch eine ehemalige Kolonie wie Indien oder Nigeria keineswegs bleibende Abhängigkeit, sondern weit eher Enteignung der früheren Besitzer der Sprache wie des Staatsmodells. Vom Staatszerfall abgesehen, handelt es sich bei Varianten des modernen Nationalstaates, die vom europäischen Muster abweichen, in der Regel sowenig um pathologische Zustände wie einst in Europa beim Heiligen Römischen Reich Deutscher Nation. Harsche Urteile entspringen in beiden Fällen historisch-politischer Borniertheit. Auch die vielberufenen Netzwerke persönlicher Beziehungen und Primärloyalitäten samt der damit einhergehenden «Korruption» sind aus dem vormodernen Europa bestens bekannt und keineswegs immer dysfunktional, sondern oft der einzige Weg, wie unter bestimmten Bedingungen erfolgreich regiert und verwaltet werden kann.

Die Frage nach dem Erfolg europäischer Staatsmodelle in der außereuropäischen Welt muß im Sinne teilweisen oder gar völligen Scheiterns beantwortet werden, wenn man von integraler Übernahme dieser Muster als Normalfall ausgeht. Aber damit ist die Frage bereits falsch gestellt, denn was in Wirklichkeit vorliegt, sind – mit Bedacht biologisch gesprochen – Hybridbildungen, die durch Kreuzungen von europäischer Staatlichkeit mit einheimischer politischer Kultur zustande kamen. Manche davon mögen überleben und zum Erfolg werden, andere sich als Fehlschlag erweisen. Sollte man statt vom Scheitern des europäischen Staates nicht besser von seiner Transformation durch die außereuropäische Welt sprechen?

b) Export des Ancien Régime

Das Ergebnis der Hybridisierung fällt nicht nur je nach Importland verschieden aus, sondern ist auch durch das jeweilige Exportland und seine Variante des europäischen Staates geprägt. Wahrscheinlich dürfte aber die horizontale Differenzierung nach europäischen Ländern weniger wichtig sein als die vertikale nach Epochen des europäischen Staatsbildungsprozesses. Die vielberufenen Gegensätze zwischen dem britischen und dem französischen Kolonialsystem erweisen sich nämlich bei genauem Zusehen hauptsächlich als theoretischer Natur, während sich die Praxis schon aus Kostengründen zu ziemlich ähnlicher Vorgehensweise nivellierte. Hingegen machte es einen beträchtlichen Unterschied, ob der fertige europäische Macht- und Nationalstaat des 19./20. Jahrhunderts die außereuropäische Welt prägte oder ob die selbst erst entstehende europäische Staatsgewalt des Ancien Régime expandierte.

Deren Werden spiegelte sich in folgenreicher Weise in dem geradezu utopischen Bedürfnis, auf kolonialem Boden politische Ordnungsvorstellungen zu verwirklichen, die sich in der Metropole nicht durchsetzen ließen. Bereits im spanischen Amerika wurde eine frühbürokratische Herrschaft errichtet, der die ausgedehnten Feudalherrschaften des Mutterlandes ebenso fremd blieben wie die dortigen Ständeversammlungen. Das neue Frankreich in Kanada war im Gegensatz zum damaligen Mutterland nicht nur rein katholisch, sondern auch in anderer Hinsicht der Versuch eines perfekten «Policeystaates». Seine Familienpolitik trug dazu bei, daß Kanada zeitweise die höchste Geburtenrate aufwies, die je in einem westlichen Land erreicht wurde. Nicht nur ständische Regungen blieben verpönt, sondern ursprünglich sollte auch das in Frankreich sehr selbständige Justizwesen durch das Verbot von Advokaten kurz gehalten werden. Im britischen Nordamerika fehlten die utopischen Impulse ebensowenig; sie kamen hier aber von Siedlern, die Gemeinwesen nach ihren Idealen zu gründen versuchten und sich ohnehin als die besseren Engländer fühlten.

Den Ausschlag gab der Zeitfaktor, denn die kolonialen Untertanen Englands, Frankreichs und Spaniens wurden zwei- bis dreihundert Jahre lang an ein bestimmtes politisches Regime und die Verhaltensmuster einer bestimmten politischen Kultur gewöhnt. Dadurch entstand eine feste soziokulturelle Grundlage für die spätere Bildung selbständiger Staaten und Nationen. Manche politische Grenzen in Amerika mögen ursprünglich nicht weniger willkürlich gewesen sein als diejenigen in Afrika. Aber man hatte Zeit, in sie hineinzuwachsen, wirtschaftliche wie politische Zentralitäten konnten sich ohne viel Einmischung Europas einspielen. Daher war ungeachtet der Konflikte zwischen umfassenderen und regionalen Lösungen die Identifikation mit einer neuen Staatsnation hier leichter möglich als später in Afrika nach einer Kolonialherrschaft von oft nur wenigen Jahrzehnten.

Die portugiesische wie die spanische Krone arbeiteten mangels eigener Ressourcen zunächst mit privater Initiative und privatem Kapital. Nach dem Vorbild der Besiedelung der Atlantikinseln erhielten in Brasilien «Donatarios» Land und Regalien mit der Auflage, Siedler anzusetzen, eine Mischung feudaler und kapitalistischer Landnutzung. Aber Indien war attraktiver, so daß die portugiesische Krone gegen französische Konkurrenz selbst Flagge zeigen und 1549 eine Kolonie mit dem Zentrum Sao Salvador de Bahia gründen mußte.

Die kastilische Krone gebot über größere Länder, und das spätere spanische Amerika war dank seiner Bodenschätze attraktiver. Sie war bereits stark genug, um bei minimalem Einsatz von Eigenmitteln dennoch die Kontrolle über die Conquista zu behalten und die Conquistadoren anschließend durch königliche Beamte zu ersetzen. Angeblich wurden bereits in die Verträge mit den Conquistadoren die juristischen Fallstricke eingebaut, über die sie später stürzen sollten. Trotz der «feudalen» Einrichtung der Encomienda, der Zuteilung von dienstbaren, später nur noch von abgabepflichtigen Indianern an Conquistadoren, die sich wegen der fehlenden Eigenmittel der Krone als unvermeidlich erwiesen hatte, wurde die Entstehung von Feudalherrschaften vermieden und ganz Spanisch-Amerika statt dessen als Mosaik von Stadtbezirken mit ausgedehntem Umland organisiert, denn in Kastilien hatten sich die Städte, die ebenfalls umfangreiche Landgebiete kontrollierten, als die beste Stütze der Krone erwiesen. Eine Ständevertretung wie die kastilische durften die amerikanischen Städte aber dennoch nicht bilden. Außerdem wurde die Kirche im spanischen Amerika fast restlos der königlichen Kontrolle unterworfen. Die Verwaltungshierarchie in Amerika trennte administrativ-jurisdiktionelle, militärische, fiskalische und kirchliche Behörden, freilich im Gegensatz zu moderner Gewaltenteilung ziemlich vormodern-unsystematisch. Wie meistens waren die Amtssprengel der verschiedenen Verwaltungszweige nicht deckungsgleich, und an strategischen Orten wurden die getrennten Befugnisse in der Person bestimmter Gouverneure wieder zusammengeführt, vor allem bei den zwei, im 18. Jahrhundert dann vier Vizekönigen in Mexiko und Peru, Buenos Aires und Bogotà. Grundsätzlich waren die Länder Amerikas (Las Indias) keine Kolonien, sondern gleichberechtigte Bestandteile der zusammengesetzten spanischen Monarchie unter kastilischer Hegemonie. Vizekönige gab es in Zaragoza oder Neapel so gut wie in Mexiko oder Lima. Aber die wirtschaftliche Abhängigkeit und der minderberechtigte Status vor allem der indianischen Bevölkerungsmehrheit liefen de facto doch auf einen kolonialen Status hinaus.

Besonders die mittelgroßen Verwaltungsbezirke Hispano-Amerikas, Generalkapitanate (Militärbezirke) und Audienciasprengel (Gerichtsbezirke) wie Chile oder Venezuela, mauserten sich später zu Nationalstaaten. Der Versuch, ganze Vizekönigreiche beisammenzuhalten, war hingegen zum Scheitern verurteilt. Auf der anderen Seite wurde dem Autonomiebedürfnis kleinerer Regionen durch föderalistische Lösungen Rechnung getragen, die freilich immer wieder von zentralistischen Phasen abgelöst werden sollten. Das wurde erleichtert durch die kulturelle und sprachliche Homogenität der Eliten. Der Indio wurde zwar gegenüber Spanien zum Symbol amerikanischer Identität stilisiert, spielte aber in der praktischen Politik nur in Mexiko eine größere Rolle. Die schwarzen Sklaven, die in Brasilien und der Karibik inzwischen die Bevölkerungsmehrheit stellten, erhielten ohnehin erst im Laufe des 19. Jahrhunderts ihre Freiheit. Was entstand, waren Nationalstaaten von Eliten aus Weißen oder Mestizen mit iberischer kultureller Identität. Dieses Erbe der hierarchischen Kolonialgesellschaft mit ihren extremen Statusunterschieden trennt die politische Kultur Lateinamerikas bis heute von derjenigen Europas und Nordamerikas.

Geschichte der Staatsgewalt und europäische Expansion in Beziehung setzen, heißt auch nach Rückwirkungen der Kolonialherrschaft auf die Staatsentwicklung in Europa fragen. Außer Impulsen für die Entwicklung des Völkerrechts waren diese eher negativer Natur. Die Edelmetallströme führten langfristig zur Verarmung von Spanien und Portugal, nachdem der Schein des Reichtums Spanien zu einer Großmachtpolitik verführt hatte, die über seine Kräfte ging.

Das Expansionsmodell, bei dem die werdende Staatsgewalt wenig mehr als ihre Autorität einbrachte, während Kapital wie Personal von «Privaten» kamen, galt im Prinzip auch für die Feinde der iberischen Mächte, für Frankreich, England und die Niederlande. Um 1600 wurde dort zur Kapitalmobilisierung die Chartergesellschaft geschaffen und in den Niederlanden zur Frühform der Aktiengesellschaft und des modernen Großkonzerns ausgebaut. Dazu kam die Privilegierung durch die jeweilige Staatsgewalt, im wesentlichen ein nationales Handelsmonopol und das Recht, Politik zu machen und Krieg zu führen.

Im Zeitalter des Imperialismus wurde dieses kostengünstige Modell wieder aufgegriffen, unter anderem von Bismarck. Zwar verfügten die Staaten inzwischen selbst über die Ressourcen für Kolonialpolitik, gingen aber dennoch von der Vorstellung aus, daß deren Nutznießer auch die Durchführung und Finanzierung übernehmen sollten. Dieser Versuch zur Privatisierung von Staatsaufgaben war angesichts der Gewinnorientierung der Partner des Staates zum Scheitern verurteilt, die Staatsgewalt mußte bald selbst einspringen.

Das heißt, die seit der frühen portugiesischen Expansion gewohnte Politökonomie des Kolonialismus spielte sich erneut ein, nach der die Staatsgewalt auf Kosten der Steuerzahler der Metropole die defizitären Infrastrukturkosten übernimmt, während die Profite von Privatleuten eingefahren werden. Nur in wenigen Ausnahmefällen wie den Niederlanden für etliche Jahrzehnte des 19. Jahrhunderts hat eine europäische Staatskasse Gewinne aus Kolonien gezogen. Infolgedessen neigte europäische Kolonialpolitik stets zu extremer Sparsamkeit, und die bewußte koloniale Staatsbildung fiel überwiegend kläglich aus. Nur Frankreich bildete im 17. Jahrhundert eine Ausnahme, weil der Minister Colbert erhebliche Mittel in den Ausbau des Indienhandels und der Kolonie Kanada investierte.

Die englische Krone konnte sich solches Engagement finanziell nicht leisten, war aber ebenfalls die Quelle von Privilegien und politischer Autorität für Privatinitiativen. Dabei kamen als Partner nicht nur Chartered Companies in Frage, sondern auch Einzelpersonen, «Proprietors», die ähnlich wie die portugiesischen Donatarios die Rechte von Feudalherren erhielten und in Maryland und Carolina undurchführbare, reaktionär-utopische Ständeordnungen planten. Hingegen verlegte die Massachusetts Bay Company 1630 ihren Sitz in die Neue Welt, so daß ihre Organisation mit Governor, Direktorenrat und Aktionärsversammlung zur Selbstverwaltung der Kolonie mutierte.

Die Krone beanspruchte zusammen mit dem Parlament die höchste Autorität über die Kolonien, deren Bewohner als englische Untertanen galten. Mit «Colony» war wohl zunächst «Ansiedlung» gemeint, die juristische Bezeichnung war «Dominions of the Crown», das heißt Bestandteile einer zusammengesetzten Monarchie wie in Spanien, aber mit Ausnahme Irlands, das ebenfalls als englische Kolonie betrachtet werden muß und in mancher Hinsicht als Vorbild diente, keine selbständigen Königreiche. Da die englische Monarchie weniger bürokratischen Charakter hatte als die spanische und statt dessen auf weitgehend kostenneutrale Selbstverwaltung im königlichen Auftrag setzte, verfügte sie über kein organisatorisches Konzept. Im Grunde blieb jede einzelne britische Kolonie bis ins 20. Jahrhundert weitgehend autonom, solange Ruhe herrschte und sie nichts kostete. Dabei führte die Notwendigkeit, die Siedler zur Finanzierung der Kolonialregierung heranzuziehen, in Amerika zu Mitbestimmungsansprüchen. Im Ergebnis pendelte sich überall eine Standardverfassung aus Governor, Council und gewählter Assembly ein, auch in Eigentümer- und Kompaniekolonien. Diese Reproduktion von King – Council – Parliament, der englischen Spielart der alteuropäischen ständischen Trias, führte dazu, daß London den Kolonisten immer wieder bedeuten mußte, sie sollten es sich ja nicht einfallen lassen, für ihre Assemblies die Befugnisse des englischen Parlaments in Anspruch zu nehmen. Auf den ersten Blick schien sich die Kontrolle der Krone nach Restauration und Glorious Revolution zu verstärken. Aber eine Versammlung war jetzt endgültig zum selbstverständlichen Bestandteil der Verfassung einer Kolonie geworden. Außerdem vollzog sich in den Kolonien wie in der Metropole ein Übergang der Macht von der Zentrale an die Counties. Konsens spielte eine zentrale Rolle, und die Kolonisten waren stolz darauf, freie Briten mit Selbstverwaltung und im Genuß der Freiheiten des Systems von 1688/89 zu sein. Die Festschreibung der Parliamentary Supremacy 1764/65 bedeutete deshalb für sie einen Schlag ins Gesicht, einen Versuch, sie der Errungenschaften der Glorious Revolution zu berauben, als deren gleichberechtigte Inhaber sie sich fühlten.

c) Neu-europäische Staatsbildung der ersten und zweiten Dekolonisation 1776–1931

Verletzung ihrer vom Mutterland abweichenden Interessen und ihres Rechts- und politischen Selbstbewußtseins veranlaßte die amerikanischen Kolonisten, sich schließlich von Großbritannien loszusagen. So entstand das neue Gemeinwesen auf der Basis der politischen Utopie, die besseren Briten zu sein. Seine Verfassungen schrieben wahrscheinlich nur fest, wie man in Amerika glaubte, daß die britische Verfassung hätte funktionieren müssen. Der politische Erfolg der neuen USA beruhte vor allem darauf, daß ihre Gesellschaft seit langem an die selbstverständliche Praxis einer bestimmten Art von Staatlichkeit und Konsensherstellung gewöhnt war. Kein anderes postkoloniales Staatswesen sollte über diese Grundlage einer politisch geschulten Zivilgesellschaft verfügen. Derartige Erfahrungen fehlten entweder weitgehend wie in Lateinamerika und später in Afrika oder sie waren nur wenige Jahrzehnte alt wie in Indien 1947.

Darüber hinaus stellten die Unabhängigkeitserklärung von 1776 und die amerikanische Bundesverfassung von 1787 wichtige Innovationen für den westlichen Staatsbildungsprozeß überhaupt dar. Uralte Gegenseitigkeitsprinzipien wurden in modernes Selbstbestimmungsrecht auf der Grundlage allgemeiner Volkssouveränität transformiert. Erstmals gründete sich eine Nation auf diese Weise selbst und zwar mittels einer besonderen Verfassungsurkunde, von den neuen Staatsverfassungen der USA abgesehen die erste der Geschichte und zumindest formal ein Vorbild für alle weiteren. Auch inhaltlich war die Bundesverfassung innovativ, weniger durch ihre Gewaltenteilung als in der erstmaligen Errichtung eines Bundesstaates mit klar aufgeteilter Souveränität, denn bis dahin hatte es nur Staatenbünde gegeben. Schließlich gelang es mit der North West Ordinance 1787, das weitere Wachstum der Nation verbindlich vorzuprogrammieren, eine ganz neuartige rationale Planung des politischen Prozesses.

Die zwischen 1810 und 1830 geschaffenen unabhängigen Staaten Lateinamerikas gehören trotz ihrer schmalen sozialen Basis doch derselben politischen Kultur an, die den modernen europäischen Staat hervorgebracht hat. Aber der Staatsbildungsprozeß setzte hier so unvermittelt ein, daß Schwierigkeiten gar nicht ausbleiben konnten – vielleicht ein zuwenig berücksichtigtes Lehrstück für das nachkoloniale Afrika. Er begann ja nicht mit einem Konflikt mit der zentralen

Autorität der Krone, sondern als treuhänderische Notlösung bis zur Rückkehr des von Napoleon verdrängten Königs, allerdings in Erwartung größerer Partizipation für die kolonialen Eliten, als diesen bisher gewährt worden war. Erst die anschließende reaktionäre Politik der Krone diskreditierte die Monarchie und führte zur Gründung von Republiken.

Dabei stellte sich heraus, daß es längst eine Art von Regionalpatriotismus gab, der sich an einer dominierenden Stadt orientierte, wo die politische Elite wohnte. Spanisch-Amerika war ja eine Welt von Städten, die wie Buenos Aires und Montevideo ganz alteuropäisch miteinander rivalisierten. Auch das Schwanken zwischen Föderalismus und Zentralismus kann als Wechsel zwischen städtischem Polyzentrismus und Monozentrismus erklärt werden, der oft genug auf die Alternative entweder Arrangements zwischen lokalen Bossen oder Diktatur eines Einzelnen hinauslief. Wahlen, wenn sie überhaupt stattfanden, bewirkten keinen Regierungswechsel, sondern dienten nur der Bestätigung bereits getroffener Entscheidungen, die häufig durch Staatsstreich zustande gekommen waren. Regionale oder Familienrivalitäten bedienten sich des Militärs, das in den Bürgerkriegen der Unabhängigkeitszeit eine ausschlaggebende Bedeutung auf Kosten der zerfallenen Zivilverwaltung gewonnen hatte. Aber es bildete noch keine nationale Kaste von Professionellen, sondern zerfiel in Faktionen verschiedener Anführer. Charismatische Führer mit regionaler Basis spielten die ausschlaggebende politische Rolle. Es war nicht gelungen, eine neue konsensfähige Autorität an die Stelle der spanischen Krone zu setzen. Die angestrengte Suche nach nationaler Identität kann als verzweifelter Versuch gedeutet werden, mit politischer Desintegration zurechtzukommen. Die Staatsbildung mußte hier der Nationbildung vorangehen.

In Brasilien ging der Staatsbildungsprozeß zunächst leichter vonstatten, weil er im Zeichen dynastisch-monarchischer Kontinuität stattfand. Beim französischen Überfall hatte die portugiesische Krone 1808 ihren Sitz nach Brasilien verlegt und das Land 1815 zum gleichberechtigten Königreich erklärt. Zwar kehrte der König 1821 nach Europa zurück, doch als die Portugiesen Brasilien wieder auf kolonialen Status reduzieren wollten, errichtete der dort verbliebene Kronprinz ein unabhängiges Kaisertum. Erst 1889 machte ein Militärputsch der Monarchie ein Ende; die neue Verfassung wurde nach dem Vorbild der USA gestaltet.

Der europäische Staatsbildungsprozeß hatte das Ancien Régime zu Hause noch kaum überwunden, da brachte er in Übersee bereits ein Fülle von Ablegern hervor. Daß dieses Beispiel längerfristig weiter

Schule machen sollte, war damals freilich noch nicht zu erkennen. Im Gegenteil, zwischen 1763 und 1840 errichtete Großbritannien in seinen alten und vor allem den zahlreichen neuerworbenen Besitzungen erstmals erfolgreich ein stramm autokratisches Regime, um sich gegen weitere Revolutionen zu sichern. Da die neuen Kolonien kaum mehr private Gründungen, sondern überwiegend Eroberungen der Regierung waren, hatte diese politisch freie Hand. Die Varianten des «Crown Colony Government» liefen auf einen starken Gouverneur mit Verfügung über die Finanzen hinaus, daneben einen Executive Council, der durch Beamte und ernannte Mitglieder zum Legislative Council erweitert werden konnte. Auf diese Weise konnten britische Kolonialbeamte ihre eigenen Gesetzgeber werden! Aber die Kronkolonien wurden nun vom neuerrichteten Kolonialministerium beaufsichtigt; bis dahin hatte es strenggenommen keine zentrale Behörde für die Kolonien gegeben. Ihre Bewohner waren British Subjects ohne Anspruch auf politische Partizipationsrechte.

In britischen Siedlerkolonien gab es allerdings bald wieder Probleme, zunächst in Kanada, wohin sich zahlreiche Loyalisten aus den USA geflüchtet hatten, denen man die gewohnte Vertretung nicht einfach vorenthalten konnte wie den Frankokanadiern, die ein absolutistisches Regime gewohnt waren. Mit der Constitutional Act für Kanada wurde 1791 erstmals bewußt der Versuch gemacht, die britische Verfassung in eine Kolonie zu übertragen. Neben einem Gouverneur (König) sollte es einen Exekutivrat (Council bzw. Kabinett), einen Legislativrat aus auf Lebenszeit ernannten Honoratioren mit Adelstiteln (House of Lords) und eine gewählte Assembly (House of Commons) geben. Dieses im Grunde überholte Regierungssystem ließ sich nicht mehr verwirklichen. Die Alternative war Lord Durhams Vorschlag, «Responsible Government» einzuführen (1839). Statt strikter Trennung der Gewalten sollte sich der Gouverneur daran gewöhnen, die politische Leitung Mitgliedern der Mehrheit einer gewählten Legislative zu überlassen und in inneren Angelegenheiten der Kolonie mit ihnen auszukommen, ohne London zu behelligen. Diese Regierung durch parlamentarisch verantwortliche Minister wurde in Kanada aber erst 1849 verwirklicht; sie war ja in Großbritannien selber erst im Begriff, sich durchzusetzen. Neuseeland und die meisten australischen Kolonien erhielten Responsible Government in den 1850er Jahren, die Kapkolonie folgte 1872, West Australien 1890, Natal 1894, schließlich Süd-Rhodesien 1923; es galt aber nur für die weißen Siedler. Mit der Einführung des Freihandels 1846–49 waren Kolonien nur noch eine kostspielige Belastung. Deshalb sollten sie am besten für sich selbst sorgen, vor allem finanziell.

Der nächste Schritt zur Staats- oder gar Nationbildung war der Zusammenschluß der Kolonien mit Selbstregierung zu Föderationen. Für Metropole wie Kolonien stand dabei die Besorgnis vor möglicher Bedrohung im Hintergrund, im Falle Kanadas durch die expandierenden USA. 1867 wurde durch britisches Gesetz die «Confederation of Canada» mit starker Bundesgewalt gegründet und dabei bewußt der Begriff «Dominion», die herkömmliche Bezeichnung eines Untertanenlandes, verwendet. Die «Colonial Laws Validity Act» stellte 1865 noch einmal ausdrücklich fest, daß das Parlament in Westminster Gesetzgebungsrecht auch für Kolonien besitze und ein englischen Gesetzen widersprechendes koloniales Gesetz nichtig sei.

1901 schlossen sich die australischen Kolonien zum weniger stark zentralisierten Commonwealth of Australia zusammen. Verfassungsänderung und -interpretation konnten jetzt weitgehend zur australischen Sache gemacht werden. Schließlich wurde 1906/07 nach dem Burenkrieg den beiden Burenrepubliken Transvaal und Oranje-Freistaat die Selbstverwaltung gewährt und 1910 zur Sicherung des wirtschaftlich wichtigen Südafrika aus ihnen und den beiden britischen Kolonien Kapland und Natal die ziemlich unitarische Südafrikanische Union gebildet, ein Land der Weißen wie die anderen auch, aber im Gegensatz zu jenen nicht mit einer «farbigen» Minderheit, sondern einer gewaltigen Mehrheit, deren Unterdrückung schließlich geradezu zum Daseinszweck des weißen Regimes werden sollte.

Spätestens seit der Gründung des australischen Bundes war deutlich zu erkennen, daß die vier weißen Kolonien Großbritanniens auf vollständige souveräne Staatlichkeit zusteuerten. Zwar trat die Krone 1914 ohne sie zu befragen in den Ersten Weltkrieg ein, aber das Ausmaß ihrer Kriegsbeteiligung bestimmten sie selbst, und in Versailles traten sie bereits als Mitunterzeichner des Friedensvertrags und als Mitglieder des neuen Völkerbunds in Erscheinung. Seit 1921 drängten Südafrika und Kanada auf völlige Gleichberechtigung mit Großbritannien; das Ringen um die Unabhängigkeit Irlands beschleunigte die Entwicklung. 1926 war das Ziel erreicht, 1931 wurde es im Statute of Westminster festgeschrieben. Die Colonial Laws Validity Act wurde für die vier Dominions aufgehoben. Anders als früher bezeichnete «Dominion» jetzt einen durch Personalunion mit der britischen Krone verbundenen souveränen Staat. Der Generalgouverneur wurde aus einem Aufpasser des britischen Kabinetts zum Vertreter des gemeinsamen Monarchen, faktisch zu einem Vizekönig, ein Begriff, den man in Kanada 1867 bewußt vermieden hatte, um diese Vorstellung bloßer Personalunion ja nicht aufkommen zu lassen.

Die weiße Dekolonisation hat weltweit neue Europa geschaffen, wenn auch von unterschiedlicher Nähe zum Vorbild. Verfassung und Recht orientierten sich überwiegend am britischen Muster, zum Teil am US-amerikanischen, das seinerseits vom britischen abstammte, daneben in Lateinamerika am französischen. Die USA, Neuseeland und Australien entwickelten sich zu regelrechten Nationalstaaten, während Kanada, Südafrika und viele lateinamerikanische Länder aus unterschiedlichen Gründen dabei Schwierigkeiten hatten. Manche dieser neuen Nationen überholten Europa nicht nur wirtschaftlich, sondern auch politisch, die USA als Machtstaat mit entsprechendem Sendungsbewußtsein, Neuseeland, das Großbritannien der Südhalbkugel, als egalitärer Sozialstaat, der 1893 als erstes Land der Welt das Frauenstimmrecht einführte. Neue «weiße» Staatsgründungen gab es außer Israel seither nicht mehr. Die Welt ist voll, und die Weißen wandern freiwillig nicht mehr aus. Andere wandern statt dessen in Europa und Amerika ein; Staaten haben sie dort aber noch nicht gegründet.

d) Import des europäischen Staates nach Japan, China und in die islamische Welt

Wenn wir die Monarchien des europäischen Ancien Régime als werdende moderne Staatsgewalten betrachten, warum dann nicht auch außereuropäische, insbesondere relativ gut organisierte wie Japan, China oder das Osmanische Reich? Etwa deswegen, weil sie ihren Weg zum modernen Staat nur dank Importen aus dem Westen gehen konnten? Auch in Europa geschah Staats- und Nationsbildung weithin dank des Imports von britischem Parlamentarismus und französischem Nationalismus und Konstitutionalismus. Oder weil China, Japan und die Moslems infolge fundamentaler kultureller Differenz zum Westen eine Art von kulturellem Immunschutz (Crawford Young) besaßen, der westliche Institutionen zunächst einmal abstieß, so daß es tiefgehender Eingriffe in den gesellschaftlichen Körper bedurfte, bis die oben angesprochene Hybridisierung gelingen konnte? Das mag richtig sein, trifft aber in abgeschwächter Form ebenfalls in Europa zu, etwa auf den anhaltenden deutschen Widerstand gegen westliche politische Kultur.

Japan und China waren sicherlich souverän, auch wenn statt dieses Begriffs universalistische kosmologische Ideologien verwendet wurden. Geographie und Xenophobie hatten zu einer klaren Abgrenzung oder sogar Abschließung der Länder geführt. Dem entsprach ein ausgesprochenes Nationalgefühl zumindest in der Elite. Auch von einer einheitlichen Herrschergewalt kann man sprechen. Im Gegensatz zu Europa gab es keine konkurrierenden Institutionen wie die Kirche;

vergleichbare Ansätze buddhistischer Sekten in Japan hatten die Einiger des Landes im 16. Jahrhundert erbarmungslos ausgemerzt. Wie in Europa waren es also vor allem die fehlende Einheitlichkeit des Staatsvolks und fehlende Effektivität des Staatsapparats, die den Hauptunterschied zur Moderne ausmachten. Der vormoderne Herrschaftsapparat Japans oder Chinas entbehrte wie derjenige Frankreichs oder Englands keineswegs der Rationalität, sondern nur ihrer spezifischen, bürokratisch-betriebswirtschaftlichen Variante im Sinne Max Webers, die deshalb zur besseren Unterscheidung Effektivität heißen soll.

Der Anstoß zum Wandel kam wie so oft auch in Europa von einer Krise, einer nationalen Demütigung. Daher war die Modernisierung der Streitkräfte die Schlüsselvariable, der alles andere untergeordnet wurde. Grundsätzlich wollte man ja an der hergebrachten kulturellen und politischen Ordnung festhalten, im Gegenteil, die Modernisierung sollte ihrer Stärkung dienen. Man kann sich aber die Produkte naturwissenschaftlich-technischer Rationalität nicht erfolgreich aneignen, ohne dieses Denken mit zu übernehmen. Und die Attraktivität einer fremden Kultur läßt sich nicht durch amtliche Beschränkung auf bestimmte Bereiche einengen.

So war man sich in Japan zwar über den Grundsatz «Japanischer Geist – westliche Technik» einig, aber weder darüber, wer die Reformen durchführen sollte, noch, wie weit man dabei gehen wollte, und auch nicht darüber, welche Variante des westlichen Kulturangebots, das inzwischen auch die USA einschloß, als Vorbild dienen sollte. Das Shogunat war keineswegs starr-konservativ, sondern durchaus reformwillig, trug aber genau dadurch zu seiner eigenen Schwächung bei und leitete den «Staatszerfall» ein. Schließlich übernahm die Samurai-Elite der südlichen Lehensfürstentümer die Macht und legitimierte sie, indem sie den Kaiser aus seiner jahrhundertelangen politischen Abstinenz holte, zur Abschaffung des Shogunats und zur «Erneuerung» der direkten Kaiserherrschaft veranlaßte, die nach dem Regierungsnamen des Kaisers dann «Meiji-Restauration» genannt wurde. Mit Entwicklungshelfern aus verschiedenen Ländern wurden Staat, Gesellschaft und Wirtschaft gründlich umgestaltet.

1871 wurde das System der Lehensfürstentümer abgeschafft, das Land nach französischem Muster zentralisiert und in Präfekturen gegliedert. 1872 fiel die Vierständegesellschaft mit den Vorrechten der Samurai und ihrer Fürsten, alle Japaner durften jetzt Familiennamen annehmen, ihren Beruf und Wohnsitz frei wählen, wurden gleich vor dem Gesetz, vor der Steuer und vor der allgemeinen Wehrpflicht. Die bisherige Aristokratie fand Aufgaben im neuen Staatsapparat. Die Samurai stellten zunächst nicht nur die Offiziere des Wehrpflichtheeres, sondern auch 70–80 % der Beamten und sogar knapp die Hälfte der modernen Unternehmer. Heer und Verwaltung, Recht und Erziehungswesen wurden zunächst weitgehend nach französischem Muster gestaltet – bis die japanische Elite Preußen entdeckte und dessen konservative politische Ordnung zweckmäßiger fand. Denn in den 1870er Jahren war den Führern des Landes die Begeisterung für den Westen viel zu weit gegangen.

Im Jahr 1881 begann die konservative Wende mit preußisch-deutschen Beratern. Aus mythischem und historischem Rohstoff wurde die Ideologie der Kaiserherrschaft als einzigartiger Inbegriff des Japanertums (kokutai) gezimmert und seit 1882 der Armee, seit 1890 allen Schülern des inzwischen nach deutschem Muster reorganisierten Bildungssystems eingeprägt. Diese spezifisch japanische Form des Nationalismus mit ihren imperialistischen Konsequenzen war also ein typisches Produkt der politischen Moderne. Ein preußischer Offizier reorganisierte die Armee. Deutsche Juristen schrieben das moderne Recht des Landes wieder um und gestalteten die Verfassung von 1889, auf die Japans Führung wegen innenpolitischem Regelungsbedarf und internationalem Ansehen nicht verzichten wollte. Sie folgte der oktroyierten preußischen von 1850, überhöhte deren monarchisches Prinzip aber noch durch die selbstverständlich vorausgesetzte göttliche Herkunft des Kaisers. Er war Inhaber aller drei Gewalten – diese europäische Kategorie machte man sich selbstverständlich zu eigen –, übte die Gesetzgebung aber im Normalfall zusammen mit einem Zweikammerparlament aus, das auch das Budgetrecht besaß, die Justiz durch unabhängige Richter. Die Minister der Exekutive waren aber allein ihm verantwortlich, das Militär unterstand wie in Preußen ebenfalls nur ihm, und ein parlamentarisch nicht verantwortlicher Staatsrat institutionalisierte informelle Einflüsse der Oligarchie auf den Herrscher, der die von ihm erwartete Führungsleistung ja nur ausnahmsweise persönlich erbringen konnte. Die Verfassung war konservativ, aber auf dem Hintergrund des ehemaligen japanischen Herrschaftssystems nicht reaktionär, denn die neu eingeführten westlichen Prinzipien Verfassungsmäßigkeit, Rechtsstaatlichkeit und parlamentarische Mitwirkung sollten sich auf die Dauer als entwicklungsfähig erweisen.

Der Erfolg gab dieser bemerkenswerten politischen Hybridbildung unverzüglich recht. 1895 hatte das neue Japan seinen ersten Krieg gegen den alten Rivalen China gewonnen, bis 1898 wurde es international als gleichberechtigt anerkannt, 1905 besiegte es die Weltmacht Rußland. Es war das erste nicht-weiße Mitglied im Club der imperialistischen Nationalstaaten geworden – mit den bekannten Folgen bis

1945. Die anschließend von den Amerikanern verordnete Demokratisierung wurde akzeptiert. Der kulturelle Wandel von der traditionalen Gruppenorientierung zum westlichen Individualismus, der ja die wesentliche Grundlage einer demokratischen Gesellschaft darstellt, scheint sich aber erst in jüngster Zeit abzuzeichnen.

Für China war die Rückgabe Hongkongs 1997 nicht nur wirtschaftlich interessant, sondern als letzte Wiedergutmachung der ungleichen Verträge, die ihm im 19. Jahrhundert von den imperialistischen Mächten aufgezwungen worden waren, ein nationaler Triumph. Denn im Gegensatz zu Japan war Chinas Widerstand gegen deren System immer wieder gescheitert; bis zum Ersten Weltkrieg hatte es sich so darin verstrickt, daß seine Souveränität erheblichen Einschränkungen unterlag und es als gemeinsame «Halbkolonie» der Mächte bezeichnet werden konnte. Ausländer hatten Territorialbesitz und Hafenrechte an den Rändern des Reiches und im Innern privilegierten Status, sie verwalteten die chinesischen Seezölle und waren die Gläubiger des hochverschuldeten Reiches, sie kontrollierten einen Teil der Eisenbahnen wie der Bodenschätze und unterhielten Kriegsschiffe auf dem Yangzi. Kriege wie Volksaufstände endeten stets mit chinesischen Niederlagen.

Das chinesische Herrschaftssystem war in kritischer Lage auf die Führung durch den Kaiserhof angewiesen, aber unter einer Serie von Kinderkaisern und der Kontrolle der Kaisermutter Cixi 1862–1908 war das nicht mehr möglich. Und der Partner des Kaisertums in der Kontrolle des Landes, die Aristokratie der Beamten und Großgrundbesitzer (shenshi), die mit der konfuzianischen Bildung zugleich die Staatsideologie monopolisiert hatte, brachte zwar verschiedene energische Reformer hervor, versagte sich aber in ihrer Mehrheit. Alternativen wie in Japan waren nicht vorhanden. Die traditionelle chinesische Lösung für derartige Herrschaftskrisen, der Übergang des «Mandats des Himmels» an eine neue Dynastie, hatte 1850–1864 ebenfalls versagt, nämlich der Versuch, in einem Aufstand ein «großes Reich des himmlischen Friedens» (Taiping tianguo) zu gründen, in dem die übliche Idealisierung der chinesischen Frühzeit eine bemerkenswerte Verbindung mit westlichen Einflüssen einging, bis hin zur radikalen Gleichheit, auch der Frauen, und der Abschaffung des Eigentums. Vermutlich weil dieses Programm den Shenshi zu radikal war, haben ihre regionalen Machthaber, nicht die kaiserliche Zentralregierung, mit eigenen Truppen die Rebellen niedergekämpft. Wahrscheinlich zeichnet sich bereits hier die Desintegration Chinas in Machtbereiche regionaler Militärbefehlshaber (warlords) ab, die in der Zwischenkriegszeit ihren Höhepunkt erreichen sollte.

Als die Kaisermutter sich seit 1905 zu ersten Reformen herbeilassen mußte, war es zu spät. Provinzfürsten und Revolutionäre verbanden sich, und der Kaiser mußte 1912 abdanken. Der naheliegende Weg von der Republik über die Militärdiktatur zur neuen Dynastie scheiterte 1916 mit dem Tod des Prätendenten, China brach auseinander. Die südwestchinesische Republik der Nationalpartei Guomindang war nur ein Teil unter anderen. Erneute Demütigung durch den Versailler Vertrag löste unter Studenten und Arbeitern die Bewegung vom 4. Mai 1919 gegen die dort bewilligten japanischen Ansprüche aus, die zur echten «Kulturrevolution» wurde, zur Absage an alle chinesischen Traditionen und zum Beginn begeisterter Verwestlichung. Der Guomindang gelang es bis 1926 im Bund mit der damals gegründeten kommunistischen Partei, anschließend gegen diese, große Teile des Landes und 1928 Peking zurückzugewinnen. Eine staatliche Reintegration Chinas von rechts schien sich abzuzeichnen. Aber 1937–1945 befand sich das Land im Krieg mit dem japanischen Imperialismus, wobei Guomindang und Kommunisten wieder verbündet waren. Nach der Niederlage Japans zerbrach diese Allianz. Doch nicht die an Menschen und Material weit überlegene, aber von Korruption zutiefst zerrüttete Guomindang gewann die Oberhand. Die Sympathien der Bauern und großer Teile der Shenshi gingen auf die tüchtigen, integren und anspruchslosen Kommunisten über, die eine erfolgreiche Landreform durchführten. 1949 war China eine kommunistische Volksrepublik geworden.

Das neue Regime betrieb eine brutale Politik wirtschaftlicher Entwicklung, sozialer Nivellierung und politischer Disziplinierung, die aber erstmals zur Errichtung eines stabilen modernen chinesischen Nationalstaates mit Gewaltmonopol führte. Die Mandschurei, Xinjiang und Tibet wurden zurückgewonnen. Damit wurde China wieder zum Vielvölkerstaat, aber mit eindeutiger Dominanz der Hanchinesen. Ihr moderner chinesischer Nationalismus, der sich bereits bei der Guomindang abzeichnete, unterscheidet sich vom europäischen dadurch, daß er sich primär nicht am Volk, sondern am historischen Territorium des chinesischen Reiches festmacht. Da dieses aber das Reich der Hanchinesen ist, gibt es trotz aller Nationalitätenpolitik nur eine nationale Identität, nämlich Chinese zu sein. In der Kulturrevolution sollten sogar die religiös-kulturelle Eigenart der Tibeter und der Islam der Turkvölker ausgemerzt werden. Politische Ansprüche werden nach wie vor als anti-chinesischer «Lokalnationalismus» unterdrückt. So ist vor allem die jüngste Geschichte Xinjiangs und Tibets von brutaler Unterdrückung und geplantem Identitätsverlust durch Masseneinwanderung hanchinesischer Siedler geprägt.

Die islamischen Gebiete im westlichen Mittelasien wurden von Rußland erobert und kolonisiert. Einige der Länder zwischen Iran und Marokko waren kürzere oder längere Zeit Kolonien, Protektorate oder Mandate Frankreichs und Großbritanniens. Andere wie das Osmanische Reich, Iran, zeitweise Ägypten blieben formell unabhängig, waren aber soweit fremder Kontrolle unterworfen, daß man auch hier von Halbkolonien sprechen kann.

Islamische Religion und Kultur hat sich dabei keineswegs als immun gegen das westliche Nationalstaatsmodell erwiesen, inzwischen aber «fundamentalistische» Bewegungen hervorgebracht, die beanspruchen, solche politischen Transplantate nachträglich abzustoßen. «Die Nationalität des Moslems ist sein Glaube», heißt es, oder «Der Koran ist unsere Verfassung».[1] In Iran war eine solche Bewegung siegreich, in Algerien wurde sie mit Gewalt um den Erfolg betrogen, in Ägypten bekämpft sie den bestehenden Staat mit terroristischen Methoden. Ist der säkulare westliche Staat am Islam gescheitert? Hat sich seine grundsätzliche Unvereinbarkeit mit dieser Religion herausgestellt, so daß sich für einen konsequenten Moslem die Religion oder der moderne Staat wechselseitig ausschließen müssen?

Wie in Süd- und Ostasien ergab sich erst durch Niederlagen gegen den christlichen Erbfeind der Moslems die Frage nach den Gründen für dessen neuartige Überlegenheit und der Möglichkeit, sie wettzumachen. Als diese Lage im Osmanischen Reich gegen Ende des 18. Jahrhunderts eintrat, wurde unverzüglich mit militärischen und technischen, später mit politischen, gesellschaftlichen und wirtschaftlichen Modernisierungsmaßnahmen reagiert, die in der Tanzimat-Periode 1839–1876 ihren ersten Höhepunkt erreichten. Wie in Japan um dieselbe Zeit bestand ein breiter Konsens darüber, daß nur allgemeine Reform das Reich retten könne, aber Dissens in der Frage, wie weit man dabei gehen dürfe, ohne die islamische Identität zu gefährden.

Es war ja theologisch ohne weiteres möglich, durch Errichtung neuer, rein säkularer politischer Institutionen neben den traditionellen islamischen eine Trennung der religiösen und der politischen Sphäre herbeizuführen. Bereits zur Zeit des europäischen Mittelalters hatte es solche Lösungen gegeben, denn die islamischen Herrscher waren wie die gleichzeitigen europäischen nur an Steuern und Gehorsam interessiert und überließen ihre Untertanen im übrigen weitgehend sich selbst, auch in religiösen Dingen, mochten sie sich persönlich auch als musterhafte Moslems geben. Dem entsprach eine Lehre der Religionsjuristen (Ulema), die gegebene Obrigkeiten als legitim hinnahm, ohne

[1] Nach *Zubaida* in *Blockmans,* Heritage 119–135.

irgendwelche Leistungen für die Religion von ihnen zu verlangen. Ein echtes islamisches Gemeinwesen hatte es nach dieser Auffassung ja nur zur Zeit des Propheten gegeben und würde es erst wieder in einer messianischen Zukunft unter dem Mahdi geben, nicht aber in der unzulänglichen Gegenwart.

Von konservativer Seite wurde dagegen mit dem Kalifat, der Stellung des Nachfolgers des Propheten als Haupt aller Gläubigen, argumentiert, die der osmanische Sultan seit 1517 innehabe, womit weder ein säkularer Staat noch die im Zuge von Verfassungsplänen diskutierte Volkssouveränität vereinbar seien. Die Sultane selbst freilich haben den Kalifentitel erst Ende des 19. Jahrhunderts benutzt, um den Pan-Islamismus für ihre außenpolitischen Zwecke zu mobilisieren und dem Ersten Weltkrieg den Charakter eines Heiligen Krieges für den Islam zu geben.

Islamische Modernisten in Kairo und Istanbul wollten demgegenüber durch richtige Auslegung des Koran dort nicht nur die Rechtfertigung westlicher Technologie und gesellschaftlicher Modernisierung, sondern auch von Verfassungsstaat und Demokratie finden. Demgemäß richteten die Osmanen ein preußisch modernisiertes Heer, dann eine moderne Verwaltung mit Ministerien ein; der Großvezir mutierte zum Ministerpräsidenten. Die Reformen führten freilich nicht zur politischen Stabilisierung, weil sie nicht oder nur durch exzessive Verschuldung zu finanzieren waren. Mit der Einrichtung einer internationalen Staatsschuldenverwaltung 1881 ging dem Reich die finanzielle Souveränität verloren. Die 1876 erlassene parlamentarische Verfassung wurde zwar bereits 1878 suspendiert, aber von der im westlichen Sinne fortschrittlichen Jungtürkenrevolution 1908 wieder in Kraft gesetzt, zunächst mit Vertretung aller Völkerschaften im Parlament – schon 1856 war die Gleichberechtigung der Nicht-Moslems angekündigt worden – und Vorstellungen von einer neu-osmanischen Nationalidee, die freilich rasch in einen engen türkischen Nationalismus umschlug und so zur Entfremdung der übrigen Völker beitrug. Der arabische Nationalismus war zunächst eher religiös-kultureller Natur gewesen, ließ sich aber im Ersten Weltkrieg von den Briten im 1916 begonnenen arabischen Aufstand erfolgreich gegen das Reich mobilisieren.

Unter Kemal Atatürk gelang es, aus dem Untergang des Osmanischen Reiches einen modernen türkischen Nationalstaat zu retten, der daher bis heute die Existenz seiner nicht-türkischen Minderheiten negiert. Die neue Türkei wurde in jeder Hinsicht radikal verwestlicht. Das Regime war allerdings nicht demokratisch, sondern eher faschistisch, mit Einparteiensystem und einer besonderen Rolle der Armee als Hüterin der kemalistischen Prinzipien, die auch nach der Demokratisierung des Landes immer wieder durch massive Interventionen in die Politik zum Ausdruck kommt. Auf der anderen Seite sind Kräfte am Werk, die diese konsequente politische Verwestlichung durch Re-Islamisierung ersetzen wollen.

Der Rest des Osmanischen Reiches fiel zum größten Teil als Völkerbundsmandat an England und Frankreich. Dabei wurden in ziemlich willkürlicher Weise neben Ägypten die neuen Staaten Syrien und Libanon, Irak und Transjordanien geschaffen, von denen der letzte eine rein künstliche Schöpfung darstellte. Nichtsdestoweniger haben sich alle behauptet und teilweise sogar einen Nationalismus entwickelt. Der Pan-Arabismus erwies sich demgegenüber stets als schwächer, selbst in der kurzlebigen Vereinigten Arabischen Republik (Ägypten und Syrien 1958–1961). Bezeichnenderweise schufen die Briten Monarchien, die Franzosen Republiken, aber beide arbeiteten auf moderne Staaten hin, auch wenn die Volksvertretung zu wünschen übrigließ.

Ägypten war dabei das einzige Land mit einer eigenen, uralten politischen Identität. Unter seinem albanischen Gouverneur Muhammad Ali (1805–1848) und dessen Dynastie besaß es nicht nur eine weitgehende Autonomie im Rahmen des Osmanischen Reiches, sondern erlebte eine Intensivierung der Staatsgewalt in modernisierender Absicht, wie in Istanbul ausgehend vom Militär und zunächst sogar in ausgesprochener Rivalität zum Reichszentrum. Der Staatsapparat wurde verwestlicht und säkularisiert, eine Gleichberechtigung der Nichtmoslems in Aussicht genommen. Aber die Überschuldung führte auch hier zum Souveränitätsverlust durch die britische Besetzung 1882. 1883–1907 übte der Generalkonsul Cromer mit einigen Dutzend von Ägypten bezahlten britischen Beratern an strategischen Stellen des Staatsapparats die indirekte, aber höchst wirkungsvolle Herrschaft über das Land aus. Von der finanziellen Sanierung ausgehend schufen die Briten ein modernes Ägypten, freilich mit einer von europäischen Interessen geprägten kolonialen Elite. 1914 erklärten sie die bisherige osmanische Provinz zum selbständigen Sultanat unter britischem Protektorat, mußten aber angesichts massiven Widerstands Ägypten 1922 formell, 1936 dann auch real die Unabhängigkeit als konstitutionelle Monarchie zugestehen. Die ägyptischen wie die übrigen arabischen Nationalisten erstrebten damals durchweg einen modernen, weitgehend säkularen Staat westlichen Musters.

Auch der arabische Sozialismus Gamal Abdel Nassers (1954–1970) orientierte sich an der osteuropäischen Zentralverwaltungswirtschaft mit Einparteienregime und intensiver bürokratischer Staatsintervention in alle Bereiche des Lebens. Auch die Religion wurde strikter

Staatsaufsicht unterworfen. Die gefährlichsten Gegner des Regimes, die Nassers Nachfolger Sadat ermorden sollten, waren strenge Moslems. Die seitherige begrenzte wirtschaftliche und politische Liberalisierung des Regimes hat an ihrer Feindschaft nichts geändert.

Eine ähnliche Bewegung schiitischer Provenienz konnte 1979 in Iran eine Islamische Republik errichten. Nach Ausschaltung des 1941–1953 dank alliierter Intervention existierenden parlamentarischen Regimes hatte der Schah eine Entwicklungsdiktatur in modernisierender Absicht praktiziert. Die Islamische Republik beruht demgegenüber auf der Volkssouveränität und weist die üblichen Institutionen und Verfahren moderner Staaten auf. Das Islamische besteht neben der Erzwingung einer Lebensführung nach dem Religionsgesetz, der Scharia, in dem mit der Volkssouveränität konkurrierenden Prinzip der Gottessouveränität, das heißt konkret der Leitung durch den obersten Rechtsgelehrten des Islam anstelle des verborgenen zwölften Imam. Ob dieser Grundsatz nach dem Tod der charismatischen Gründerfigur Khomeini auf Dauer seine Bedeutung behalten wird, bleibt abzuwarten. Klar ist nur, daß die Islamische Republik Iran sowenig wie die anderen, als «fundamentalistisch» bezeichneten Bewegungen hinter den modernen Nationalstaat zurück möchte. Und das nicht nur, weil sie ohne die Machtmittel des modernen Staates nicht auskommen können, sondern weil der moderne Nationalstaat sogar ihre unverzichtbare politische Grundlage darstellt. Sie leben nämlich von der Mobilisierung und der Partizipation des Volkes, von der Übertragung der Idee der Umma, der Gemeinschaft der Gläubigen, auf das eigene Gemeinwesen. Das ist aber überhaupt erst im modernen Staat möglich, denn in vormoderner Zeit gab es den Herrscher einerseits, die Untertanen und Gläubigen andererseits, aber keine politische Identität, die beide umschloß.

Auch im arabischen Westen, auf französischem Kolonialboden im Maghrib, zeichnet sich trotz anderer Voraussetzungen ein verwandtes Ergebnis ab. Algerien galt seit 1848/71 sogar als Teil Frankreichs, Marokko und Tunesien waren als Protektorate der kolonialen Durchdringung aber kaum weniger ausgesetzt. Die nachkolonialen Regimes haben von der Kolonialherrschaft befriedete, systematisch organisierte Territorien und einen modernen Staatsapparat geerbt. Außerdem hat sie durch Begünstigung der regionalisierten religiösen Reformbewegungen der Salafiyya einerseits, durch die Erweckung von Ressentiments wegen Diskriminierung der Moslems andererseits die nationale Identifikation mit dem Islam gefördert, die freilich erst heute – im Zeichen der Enttäuschung – von der Kontrolle des Staates über die Religion zur religiösen Kontrolle über den Staat umschlagen möchte.

Überall in der islamischen Welt sind also der moderne Staat oder zumindest seine spezifischen Hybridbildungen zur akzeptierten Selbstverständlichkeit geworden, allen gegenteiligen verbalen Kraftakten und dem irreführenden Zwang zu hermeneutischen Kunststücken bei der Koranauslegung zum Trotz.

e) Staatsbildung der dritten Dekolonisation in Asien und Afrika

Der Glaube der Kolonialmächte an die Superiorität ihrer eigenen politischen Institutionen konnte auch von ihren Untertanen genutzt werden, vor allem im Falle der Briten, wo die «weißen» Kolonien bereits den Weg von der Crown Colony zur Unabhängigkeit vorangegangen waren. Aber der autoritär-bürokratische Kolonialismus der Briten war nicht nur generell von tiefem, mehr oder weniger rassistischem Mißtrauen gegen die politischen Fähigkeiten von «Farbigen» erfüllt, sondern sich auch durchaus bewußt, daß die zufällig-willkürliche Konstruktion vieler Kolonien auf Gruppenkonflikte hinauslaufen könnte, wenn man sie zu früh sich selbst überließ.

Das galt auch für Indien, das zwar einerseits einen Sonderfall im Empire darstellte, aber andererseits wegen seiner Bedeutung nach dem Verlust Amerikas zur Musterkolonie nicht nur der Briten, sondern des Westens überhaupt wurde. Deswegen und weil es längst eine westlich gebildete einheimische Elite besaß, wurde Indien auch zum Vorbild der dritten, der «farbigen» Dekolonisation 1945–1975.

Neben Britisch-Indien, dem eher improvisiert gegliederten Erbe der East India Company, gab es auf dem Subkontinent über 500 Fürsten, die britische Untertanen und außen-, verkehrs- und rechtspolitisch eingegliedert, ansonsten aber unter der Kontrolle eines britischen «Residenten» autonom waren. Obwohl der Resident für den Notfall die britische Militärmacht hinter sich hatte, wurde von ihm erwartet, daß er ohne Probleme und Kosten mit «seinem» Fürsten zurecht kam. Das war das System der «indirect rule», das die Holländer auf Java im 18. Jahrhundert erfunden, die Briten in Indien weiterentwickelt und dann auf andere, vor allem afrikanische Kolonien übertragen hatten. Leitgedanke war die Minimierung der Verwaltungskosten. Politisch schien es eine noble Rücksichtnahme auf die einheimischen Strukturen zu bedeuten. In Wirklichkeit handelte es sich aber um eine Politik des geringsten Widerstandes durch Paktieren mit den Herrschenden, mit künstlicher Konservierung von patrimonialen Herrschaften, die sonst vielleicht längst verschwunden wären und auf alle Fälle der späteren Staats- und Nationbildung im Wege standen. Bezeichnenderweise wurden sie in Indien nach der Unabhängigkeit im Handumdrehen beseitigt.

Die Inder erhielten moderne Gesetze und Gerichte sowie eine ziemlich effiziente Verwaltung durch die Distriktsbeamten des elitären Indian Civil Service, der das Vorbild der Friedens- und Reiserichter nicht verleugnen kann, mit denen England vom Spätmittelalter bis ins 19. Jahrhundert regiert wurde, und der seinerseits dem Civil Service des Mutterlandes als Vorbild diente – einer der wenigen Fälle kolonialer Rückwirkungen auf die Staatsbildung in Europa. Die Inder waren aber an Gesetzgebung, Regierung und Verwaltung kaum beteiligt. Als sich aus finanziellen Gründen um die Jahrhundertwende erste Zugeständnisse auf unterster Ebene abzeichneten, wurden bereits separate Wählerschaften für Minderheiten, sprich Moslems, eingeführt. Diese wären in einem autoritären oder präsidialen System unproblematisch gewesen, konnten aber ein auf parlamentarische Mehrheitsbildung angewiesenes «responsible government» sprengen, wie es nach Indiens Beiträgen zum Ersten Weltkrieg nicht mehr zu umgehen war. 1920 erhielten Inder die weniger wichtigen Ministerien der Provinzen (Dyarchie), 1935 wurde dort der Parlamentarismus mit rein indischen Provinzregierungen eingeführt. In der Zentrale gab es zwar eine Legislative mit exklusiver Wählerschaft, aber die Macht der rein britischen Exekutive des Vizekönigs war ungebrochen.

Das Prinzip der getrennten Wählerschaften führte dazu, daß aus dem Konflikt zwischen dem theoretisch säkularen indischen Nationalkongreß und der Moslemliga 1947 eine getrennte Unabhängigkeit für Indien und Pakistan hervorging. Die indische Verfassung von 1950 hielt sich eng an das britische Gesetz von 1935 und übernahm das hierarchisch repressive koloniale Herrschaftssystem samt der Bürokratie, die nur in «Indian Administrative Service» umgetauft wurde. Dazu gehörte die starke Stellung der Zentrale samt einem mächtigen Zentralparlament britischen Zuschnitts. Zwar besteht daneben ein Föderalismus von inzwischen nach Sprachgesichtspunkten neugegliederten Bundesstaaten, der aber so stark unter der Kuratel des Bundes steht, daß man von «Quasi-Föderalismus» gesprochen hat. Allerdings gehört zur konsequenten Fortführung der britischen Tradition auch, daß das Militär bis heute unpolitisch geblieben ist und daß Indien über eine kritische politische Presse von hohem Niveau verfügt.

Gandhis alternative Vorschläge einer radikalen Dezentralisierung nach dem Subsidiaritätsprinzip wurden nur verbal berücksichtigt. Er war 1947 gerade rechtzeitig ermordet worden, um seine Ideale ungestraft mißachten zu können. Denn nirgendwo sonst sind so klare Alternativen zum modernen Staat entwickelt worden, auch wenn sie schon wegen ihrer systematischen Gründlichkeit als westlich inspirierte Hybridbildungen gelten müssen. Aber ihre Realisierung hätte nicht nur dem angestrebten modernen Herrschaftssystem widersprochen, sondern wegen ihrer Ausrichtung auf das Dorf auch dem strikt westlichen Industrialisierungs- und Modernisierungsprogramm Nehrus. Dadurch ist das neue Indien mehr den je ein Staat der Ober- und Mittelschichten geworden.

Das warf politisch keine Probleme auf, solange Nehru die Bundesstaaten durch Pflege persönlicher Beziehungen zu deren Führern unter Kontrolle hielt und solange die übermächtige Kongreßpartei zwischen Staat und Gesellschaft vermittelte. Seither ist es durch Machtkämpfe im Zentrum zu fahrlässiger Polarisierung und durch opportunistische Mobilisierung neuer Gruppen zu erheblicher Destabilisierung gekommen, denn ein klar konturiertes Parteiensystem als Alternative zum einstigen Monopol des Kongresses hat sich (noch) nicht gebildet.

In diesen Kontext gehört auch die politisch instrumentalisierte Wiedererweckung des Hinduismus, der sogenannte Hindu-Fundamentalismus, der dem säkularen indischen Staat mit seinen gut 11 % Moslems und anderen Minderheiten unter Anknüpfung an religiös-politische Göttermythen eine hinduistische Nationalidentität geben will. Höhepunkt war bisher die 1992 von der Bharatiya Janata Party, stärkste Partei der Wahlen von 1998, organisierte «spontane» Zerstörung der Moschee in Ayodhya, dem Geburtsort des Gottkönigs Rama vor 900 000 Jahren. Doch steht trotzdem zu erwarten, daß auch ein «Ramraj» (Herrschaft Ramas) unter der BJP in den Formen des modernen Staates stattfinden wird, allenfalls in seiner faschistischen Variante.

Ein mögliches Auseinanderbrechen der Indischen Union in Regionalstaaten würde auf dem Subkontinent nur den historischen «Normalzustand» wiederherstellen, denn die dauerhafte Einheit Indiens war ein Produkt der britischen Kolonialherrschaft. Noch deutlicher wird die Rolle der Kolonialherrschaft für die Staats- und Nationbildung in Südostasien, wo nicht weniger als drei heutige Nationalstaaten erst durch Kolonialherrschaft aus naturgeographischen Einheiten in politische verwandelt wurden.

Die Philippinen heißen nach König Philipp II. von Spanien, denn sie waren runde dreihundert Jahre spanische Kolonie. Auf ihren 7107 Inseln leben 84 sprachlich und ethnisch unterschiedene Gruppen, die erst durch die Kolonialherrschaft und ihren Katholizismus zu einer Nation geformt wurden. Die Moslems des Südens allerdings konnten bis in die Gegenwart nicht vollständig integriert werden. Die sozioökonomischen Verhältnisse wie die erste Unabhängigkeitsbewegung 1896–1898 entsprachen denjenigen Lateinamerikas. Aber die USA machten die Philippinen zur Kolonie, entließen sie freilich 1935 in die Autonomie und nach dem Zweiten Weltkrieg 1946 in die Unabhängigkeit. Allerdings blieb es bei informeller, vor allem wirtschaftlicher Abhängigkeit von den USA, deren Herrschaft das Land und seine Verfassung stark geprägt hat. Heute ist Englisch neben Tagalog/Pilipino die Landessprache, Spanisch im Verschwinden.

Auch Indonesien ist ein westlicher Kunstbegriff für die 13677 Inseln mit über 300 ethnischen Gruppen und über 120 Sprachen, die Niederländisch-Indien ausgemacht haben. Es ist heute mit 88 % seiner 180 Mio Einwohner die größte Moslemnation der Welt. Neben der ältesten kommunistischen Partei Asiens gehörte eine islamische Sammlungsbewegung in der Zwischenkriegszeit zu den Wegbereitern der Unabhängigkeit. Aber Bestrebungen, einen islamischen Staat zu schaffen, wurden stets unterdrückt. Die Staatsdoktrin Pancasila mit den fünf Prinzipien Glaube an einen Gott, Humanität, Nationalismus, Demokratie und soziale Gerechtigkeit kann westliche Inspiration nicht verleugnen, auch wenn die Parteiendemokratie unter der vom Militär kontrollierten, aber schon formal sehr autoritären Präsidialverfassung keine große Rolle spielt. Nach neuen fundamentalistischen Anläufen in den 1970er Jahren wurde der Islam gewaltsam entpolitisiert, spielt aber sozial eine große Rolle.

Auch ohne Demokratie ist Indonesien ein moderner Staat. Es besitzt schon seit der Zwischenkriegszeit mit der aus einer malayischen Handelssprache hervorgegangenen Bahasa Indonésia eine gemeinsame Staatssprache mit eigener Literatur. Eine scharf nationalistische Außenpolitik erreichte 1963 den Erwerb von West-Neuguinea und führte 1976 zur Annexion des portugiesischen Ost-Timor ohne Rücksicht auf den Willen der Einwohner. Hingegen scheiterte der Versuch, 1963 das britische Nord-Borneo zu erwerben, obwohl er bis an die Grenze des Krieges und bis zum Austritt Indonesiens aus der UNO getrieben wurde.

Sabah und Sarawak in Nord-Borneo wurden 1963 Bestandteile der neugegründeten Föderation Malaysia, eines Kunstprodukts britischer Dekolonisation, das sich dennoch als sehr stabil erwiesen hat. Neben den beiden Mitgliedern auf Borneo besteht es aus elf Fürstentümern der malayischen Halbinsel, deren Herrscher jeweils einen aus ihrer Mitte zum König des Bundes wählen. Singapur ist wegen Konflikten über die Rolle der Chinesen bereits 1965 wieder ausgeschieden. Die Stabilität des parlamentarischen Regimes in Malaysia beruht auf einem Bündnis von Parteien der drei ethnischen Gruppen, der malayischen Mehrheit, der Chinesen und der Inder. Im Gegensatz zu Indonesien erklärt die Verfassung den Islam zur Religion des Bundes. Angesichts seiner großen Bedeutung für die nationale Identität der Malayen ist die Regierung dazu übergegangen, die islamischen politischen Gruppen durch eine eigene Islamisierungspolitik zu überholen, die allerdings bis jetzt ihre Grenze am demokratischen und überwiegend säkularen Charakter der Verfassung findet.

Die postkoloniale Staatsbildung in Afrika südlich der Sahara unterscheidet sich bei allen Gemeinsamkeiten in zweifacher Hinsicht von derjenigen in Asien. Erstens gab es weit weniger als dort die Möglichkeit, an größere historische Gemeinwesen anzuknüpfen. Nicht zufällig mußte «Ghana» seine historische Identität buchstäblich weit herholen, denn ein Anknüpfen an das Aschantireich hätte sich nur auf einen Teil des Landes bezogen und war den anderen sowenig zuzumuten wie dem neuen Regime, das sich mit den traditionellen Häuptlingen nicht gut verstand. Afrikanische Staaten sind häufig noch künstlicher als andere, was sie besonders krisenanfällig macht. Da eine Nation meist nicht vorhanden war, mußte die Staatsbildung der Nationbildung vorangehen. Fast alle neuen Staaten Afrikas mußten bei der Sprache der ehemaligen Kolonialmacht als Staatssprache bleiben, denn wo keine Lingua franca vorlag wie das Kisuaheli in Ostafrika, bedeutete jede andere Entscheidung eine konfliktträchtige Bevorzugung einer Gruppe vor anderen, eine Situation, die in Indien zum Scheitern des Hindi als Staatssprache geführt hat.

Zweitens kann das Gewicht des Zeitfaktors im Hinblick auf Afrika gar nicht überschätzt werden. Wenn die Bildung einer Staatsnation aus einem künstlich geschaffenen kolonialen Territorium in Lateinamerika und auf den Philippinen dreihundert Jahre Vorlaufzeit hatte, anderswo in Asien wenigstens 150 Jahre, dann standen in Afrika unter den erwähnten erschwerten Bedingungen nur wenige Jahrzehnte zur Verfügung. Außerdem unternahmen die Kolonialmächte bis in die 1950er Jahre keinerlei Anstrengungen, um diese Entwicklung zu fördern, denn sie gedachten noch lange in Afrika zu bleiben. Während sich zumindest die Briten nach 1945 rasch auf die Dekolonisation Asiens eingestellt hatten, versuchten sie, Afrika gezielt zu einem wirtschaftlichen Ersatz für das Verlorene auszubauen, ähnlich die Franzosen, Belgier und Portugiesen. Nachdem die moderne Entwicklung Afrikas überhaupt erst in der Zwischenkriegszeit eingesetzt hatte, können die Jahre um 1950 geradezu als Höhepunkt des Kolonialimperialismus in Afrika bezeichnet werden. Erst um 1960 kam es unter innerem und äußerem Druck zum plötzlichen Kurswechsel und zur Unabhängigkeit der meisten afrikanischen Länder. Nur die portugiesischen Kolonien brauchten für ihre Unabhängigkeit 1974/75 einen Umsturz im Mutterland als Voraussetzung, in Zimbabwe war der Widerstand der weißen Siedler erst 1979 erschöpft, und in Namibia hat sich Südafrika erst 1988 zum

Einlenken entschlossen, bis es 1989/90 mit der Selbst-Dekolonisation begann. Das bedeutet aber, daß den Afrikanern der englischen und französischen Kolonien nur wenige Jahre Zeit zum Üben des aktiven Umgangs mit dem modernen Staat und den demokratischen Spielregeln gelassen wurden, von anderen Kolonialmächten ganz zu schweigen. Man bedenke, wie lange die Europäer und die Amerikaner selbst dazu gebraucht haben! Außerdem hatten allenfalls Afrikas Eliten Gelegenheit gehabt, den modernen Staat in seiner kolonialen Form längere Zeit kennenzulernen; die Masse der ländlichen Bevölkerung dürfte wahrscheinlich gar nicht recht gewußt haben, worum es sich dabei handelte. Das heißt nicht, daß sie nicht recht geschickt mit dem umzugehen verstanden hätte, womit sie zu tun bekam, doch das war wohl eher defensives Überlisten von Gewalthabern als demokratische Partizipation. Aber so konnten Verhaltensmuster eingeübt werden, die sich im nachkolonialen Gemeinwesen als politisch destruktiv erweisen mußten.

Denn der europäische Kolonialstaat war ja gar nicht der moderne Staat, den die frei gewordenen Völker erstrebten. Im Gegensatz zum modernen, demokratischen Staat war der koloniale in Afrika – und nicht nur dort – erstens autoritär und zweitens schwach. Das ist kein Widerspruch, sondern das zweite bedingt das erste. Für Frankreich 1880–1940 wurde sogar mit guten Gründen behauptet, es habe statt seiner eigenen demokratischen Republik im Grunde das Ancien Régime nach Afrika exportiert und diesen Sachverhalt mit vollmundigen kolonialtheoretischen Erörterungen nur verschleiert (Jean Fremigacci).[2]

Es gab nur eine rudimentäre europäische Verwaltung, die höchstens in der Zentrale den Namen Bürokratie verdiente. Einige hundert technisch schlecht ausgerüstete Administratoren mußten für viele Millionen Afrikaner genügen. Infolgedessen gab es wenig Kontakt zu den Massen der einheimischen Bauernbevölkerung. Wie der frühneuzeitliche war auch der koloniale «Staat» auf intermediäre Herrschaftsinstanzen lokalen Ursprungs angewiesen; dem Adel und den Kommunen Alteuropas entsprachen in dieser Hinsicht die verschiedenen Sorten afrikanischer Chiefs. Konnte der koloniale Staat unter diesen Umständen von seinen Untertanen überhaupt mehr verlangen als der frühneuzeitliche, nämlich Steuern und Gehorsam? War er überhaupt in der Lage, mehr an Leistungen für das Gemeinwohl zu erbringen als jener, nämlich die notdürftige Aufrechterhaltung von Sicherheit und Justiz? Ließ es sich vermeiden, daß er von den an juristische Abstraktionen ohnehin nicht gewöhnten Untertanen hier wie dort nur perso-

[2] *Fremigacci* in *Blockmans,* Heritage 89–115.

nalisiert wahrgenommen werden konnte? Mehr noch als der Gouverneur einer britischen Crown Colony hatte ein Generalgouverneur von Französisch-West- oder Zentral-Afrika, Madagaskar und Indochina die Stellung eines absoluten Monarchen. Er war offiziell Inhaber der gesamten Staatsgewalt (dépositaire des pouvoirs de la République),[3] die ihm durch einfache Dekrete des Präsidenten ohne parlamentarische Beteiligung übertragen wurde. Auf unterer Ebene spielten die vielberufenen «Könige im Busch», die Commandants des cercles, ebenso wie die britischen District Officers weniger die Rolle eines napoleonischen Präfekten mit seiner bürokratischen Infrastruktur als diejenige eines Intendant de police, justice et finances des Ancien Régime mit universaler Zuständigkeit und geringen Hilfsmitteln, dafür aber mit weitreichenden Vollmachten infolge des minderen rechtlichen Status der Untertanen («sujets», nicht «citoyens»).

Infolgedessen konnten die westlich geprägten Eliten, die den Staats- und Nationbildungsprozeß betrieben, ihren Staat zwar als Sozialstaat mit umfassender Interventionskompetenz konzipieren, modernste staatliche Globalplanung von Wirtschaft und Gesellschaft geradezu zum politischen Fetisch ihrer Regimes erheben, moderne Gesetzbücher produzieren (Äthiopien 1960) oder Verfassungen, die theoretisch zu den besten der Welt gehören (Nigeria 1976, Äthiopien 1994, Südafrika 1996). Was sie aber nicht konnten, war diese Entwürfe wenigstens so weit in Wirklichkeit umzusetzen, wie es in Europa mittlerweile üblich ist. Das lag sicherlich an politischen Fehlentscheidungen der euphorischen Anfangsjahre. Ein weiterer Grund mag in fehlenden Ressourcen zu suchen sein. Die sehr bewußte Aufrechterhaltung der ökonomisch extrem disparaten Geographie der ehemaligen Afrique Occidentale Française hat ja einige der ärmsten Länder der Welt hervorgebracht, die sich aufwendige Staatstätigkeit einfach nicht leisten können. Da einige reiche Länder wie Nigeria und Kongo aber unter derselben Krise leiden, kann es daran allein nicht liegen.

Ausschlaggebend dürfte statt dessen das im Zeitraffer angetretene Erbe einer Kolonialherrschaft mit unentwickelter Staatlichkeit gewesen sein, das Fehlen der etablierten Selbstverständlichkeit der Institutionen und Funktionen des modernen Staates, die Abwesenheit von entsprechenden festen politischen Verhaltensmustern der Bevölkerungsmehrheit. Diese Seite der «Zivilgesellschaft» ist wahrscheinlich noch wichtiger als organisierte Interessengruppen und unabhängige Medien. Statt dessen wird praktiziert, was man durch Hybridisierung vorkolonialer und kolonialer politischer Kultur gelernt hat, die «Poli-

3 *Fremigacci* 103.

tik des Fressens», wie ich Jean-François Bayarts «politique du ventre» übersetzen möchte. Eine Staatsklasse aus Politikern und Bürokraten bemächtigt sich des Sozialprodukts, ohne dafür Sicherheit, Justiz oder gar Wohlfahrt für die Massen zu produzieren. Der Staatsapparat dient in erster Linie als wichtigstes Instrument privater Akkumulation. Die einschlägigen, allzu kurzschlüssig als «Korruption» abgelegten Techniken des do-ut-des, des Klientelwesens, des Familismus, die für die Afrikaner «Regierbarkeit» auszumachen scheinen, konnten in der europäischen Frühneuzeit bei institutioneller Schwäche des werdenden Staatsapparats durchaus für das Funktionieren der Staatsgewalt und für deren weiteren Aufbau instrumentalisiert werden. Ob das in Afrika möglich sein wird? Überwunden wurden sie in Europa durch den Machtwillen der zentralen Staatsgewalt im Bündnis mit der bürgerlichen Gesellschaft, die solche «feudalen» Verfahren als korrupt denunzierte – und sie selbst daher nur verdeckt und zurückhaltend anwendet.

Zwischenzeitlich hat sich statt dessen in Afrika eher «Parastaatlichkeit» etabliert, «eine Herrschaftsform, in der gesellschaftliche Machtzentren und relevante nichtstaatliche Gruppen einen Teil der Souveränitätsrecht der Zentralmacht oder der anerkannten [. . .] Aufgaben im Kernbereich der staatlichen Verwaltung [. . .] an sich ziehen» (Trutz von Trotha). In Westafrika zumindest handelt es sich um die sogenannten «Nichtregierungsorganisationen» (NRO oder NGO) einerseits, das mehr oder weniger traditionale Häuptlingstum andererseits.

Da es sich bei den NRO häufig um Entwicklungshilfeorganisationen handelt, ergibt sich aus internationaler Perspektive eine Bestätigung der Behauptung, bei den meisten afrikanischen Staaten, und nicht nur diesen, handle es sich um bloße Quasi-Staaten mit unvollständiger Souveränität (Robert H. Jackson). Es fehlten ihnen nämlich die Mittel, die Nachfrage ihrer Untertanen nach staatlichen Dienstleistungen zu befriedigen und im zwischenstaatlichen Bereich völlig selbständige Politik zu betreiben. Demgemäß müßten sie sich Bevormundung durch die Weltbank und den Weltwährungsfonds ebenso gefallen lassen wie Interventionen zwischenstaatlicher Organisationen, vor allem der UNO, in ihre inneren Konflikte. Da es sich bei diesen Quasi-Staaten fast durchweg um ehemalige Kolonien handelt, erscheint in dieser Hinsicht der koloniale Status perpetuiert, freilich weniger als eindeutige Abhängigkeit, wie es die Theorie des Neo-Kolonialismus wollte, sondern eher als Abwesenheit von Möglichkeiten. Souveränität ist zwar nicht juristisch, wohl aber politisch skalierbar; es hat immer Staaten mit unterschiedlichem Maß von realer Unabhängigkeit gegeben. Aber sie haben meistens entweder ihre volle Souveränität durchgesetzt, oder sind untergegangen. Neu ist bei den heutigen Quasi-Staaten, die vermutlich die Mehrheit aller Staaten darstellen, daß ihnen völkerrechtlich dank gewandelter Gepflogenheiten der internationalen Politik ihr souveräner Status garantiert wird, freilich eine bloß passive Souveränität als Existenzsicherung und im Normalfall Schutz vor Intervention, während es an der aktiven politischen Entscheidungsfreiheit erheblich mangelt.

f) Ausblick

Der Zerfall des sowjetischen Imperiums seit 1989 und die Desintegration Jugoslawiens haben weitere Quasi-Staaten hervorgebracht. Das Verschwinden der Parteikontrolle hat eine Explosion von Nationalismus und Ethnizität ausgelöst. Dabei treten gehäuft Minderheitenprobleme auf, die bevorzugt mit den im Zweiten Weltkrieg entwickelten Verfahren von Verpflanzung, Vertreibung oder gar Vernichtung gelöst werden sollen. Restrußland selbst ist trotz russischer Dominanz ein Vielvölkerstaat geblieben und trägt dem in seiner neuen Verfassung durchaus Rechnung. Aber wie im Falle Afrikas bleibt unklar, wohin der Weg führen wird.

Bei seinem Weg über die Erde blieb der moderne Staat des Westens solange erfolgreich, als er entweder seine Zivilgesellschaft gleich mitbringen konnte wie im Falle der weißen Siedlerkolonien oder bereits eine autochthone politische Kultur vorfand, die eine Hybridisierung gestattete, wie in Japan und anderen asiatischen Ländern. In jedem Fall kam es darauf an, daß genug Zeit zur Verfügung stand, um Probleme zu lösen und politische Verhaltensmuster einzuüben. Dieser Zeitfaktor dürfte auch den Ausschlag dafür gegeben haben, daß die koloniale und postkoloniale Bildung von weitgehend künstlichen Staaten und Nationen in Asien eher erfolgreich, in Afrika hingegen eher kritisch zu verlaufen scheint, wenn wir die Elementarkriterien Stabilität und Leistungen für das Gemeinwohl anlegen.

Für die Zukunft könnte man daher erwarten, daß die Entwicklung auch in kritischen Fällen nach geraumer Zeit auf «normale» moderne Staaten hinauslaufen wird. Es ist aber auch nicht auszuschließen, daß die besonders in Afrika beobachteten Auflösungserscheinungen der Staatsgewalt mit ähnlichen Phänomenen in Europa konvergieren und auf das Ende des modernen Staates in seiner vollentwickelten Form hinauslaufen werden. Grob vereinfacht heißt das, wenn den modernen Staat Einheitlichkeit kennzeichnete, dann wird Uneinheitlichkeit hier wie dort zum Merkmal des postmodernen. Auch daß Staaten nicht zur Machtpolitik fähig sind, aber dennoch eine internationale Existenzgarantie besitzen, widerspricht ja nur dem überholten historischen Dogma, daß allein der nationale Machtstaat in der Geschichte zähle. Dabei hat doch die neuere Forschung über das Alte Reich oder die Geschichte der Schweiz, die auch nicht zu Machtpolitik fähig ist und von einer internationalen Bestandsgarantie lebt, die Bedeutung alternativer Formen verdeutlicht. Daß Parastaatlichkeit sich weiter ausbreitet, gilt im Augenblick auch im Westen als der politökonomischen Weisheit letzter Schluß. Autonomiebewegungen der verschiedensten Art fordern heute, was die belächelte katholische Soziallehre mit ihrem Subsidiaritätsprinzip schon lange vorgeschlagen hatte. Allerdings heißt sich dem Zugriff der Staatsgewalt entziehen noch nicht, daß eine Alternative zum modernen Staat vorläge.

Schließlich könnte man das Scheitern postkolonialer Staaten an der Aufgabe, Gemeinwohl herzustellen, sogar als eine weitere Selbstentlarvung der Staatsgewalt überhaupt auffassen, als zusätzlichen experimentellen Nachweis, was geschieht, wenn ihr gesellschaftliche Gegenkräfte fehlen. Daß der Staat für die Bereicherung und andere Zwecke der politischen Klasse da ist, erschiene so als der weltgeschichtliche Normalfall, die europäisch-nordamerikanische Geschichte, in der dabei Zugewinne für das Gemeinwohl angefallen sind, als die Ausnahme, die eine Begründung durch die Geschichte der Staatsgewalt braucht, und nicht umgekehrt.

2. Krise oder Transformation des Staates in Europa?

a) Delegitimation des Staates und «fundamentalistische Revolution»

Grob vereinfacht bestehen die inneren Ursachen für die kritische Entwicklung des modernen Staates in vielen außereuropäischen Ländern, vor allem in Afrika, in zuwenig Staat, in Europa hingegen in zuviel Staat, obwohl das Ergebnis paradoxerweise in beiden Fällen ähnlich ausfällt. In Europa hat die Entwicklung zur Demokratie, zum Nationalstaat, zum Sozialstaat und zum totalen Staat offensichtliche Obergrenzen des möglichen Wachstums der Staatsgewalt erreicht, deren Überschreiten durch weiteres Vorantreiben der vier Entwicklungsprozesse zum Umschlagen in Machtverlust der Staatsgewalt und Desintegration des modernen Staates führt.

Der voll entwickelte moderne Staat hatte sofort seine Negation im modernen Anarchismus hervorgebracht, den man mit William Godwins Programmschrift 1793 beginnen lassen könnte. Für Anarchisten benötigen der Mensch oder die Gesellschaft keinen staatlichen Zwang, weshalb der Staat entweder friedlich oder gewaltsam sein Ende finden müsse. Terroristische Anschläge von Anarchisten wurden freilich vom 19. Jahrhundert bis in die Gegenwart durch massiven Staatsterrorismus[1] erfolgreich unterdrückt. Aber vielleicht kommt statt dessen der friedliche Anarchismus der Verweigerung und staatsfremden Selbstorganisation zu einem Erfolg, weil fortschreitender Staatszerfall ihm eine «Marktnische» öffnet?

In der Bundesrepublik Deutschland erreichte das Wachstum der siegreichen Staatsgewalt seinen Höhepunkt in der Gemeindereform der 1960er/70er Jahre, mit der die Staatsgewalt sich die Reste kommunaler Autonomie und lokaler Basisdemokratie unterwarf. Zugleich verbreitete sich Furcht vor einem durch neue technische Hilfsmittel ermöglichten und durch Bekämpfung des Terrorismus legitimierten totalen Überwachungsstaat, wie ihn der Staatssicherheitsdienst der Deutschen Demokratischen Republik längst praktizierte. Denn das westdeutsche Datenschutzwesen kann getrost als bloße legalistische Augenwischerei bezeichnet werden. Aber die Hinterlassenschaft der DDR legt statt dessen die Vermutung nahe, daß derartige Überwachungssysteme zwar in der Tat den wirkungsvollen Zugriff auf bestimmte Personen gestatten, als unspezifische Kontrolle der gesamten Bevölkerung aber am Dateninfarkt scheitern müssen, so daß der totale Staat «1984» bereits die Obergrenze seiner Möglichkeiten erreicht hätte.

Vor allem aber hat er in Gestalt des «Dritten Reiches» einen entscheidenden Beitrag zur Delegitimation des modernen Machtstaates überhaupt geleistet. Nach dessen Massenmorden und dem von ihm entfesselten Weltkrieg mit seinen Folgen begannen sich auch staatsfromme Deutsche daran zu gewöhnen, den Staat nur noch nach seiner Nützlichkeit für ihre Interessen zu bewerten. Auf diese Weise konnte die wirtschafts- und sozialpolitisch erfolgreiche, demokratische Bundesrepublik allmählich loyale Anhänger erwerben. Allerdings haben sich die zu diesem Zweck seit 1957 gespendeten Wahlgeschenke der jeweils herrschenden Fraktion der politischen Klasse nur mittelfristig stabilisierend ausgewirkt; langfristig tragen ihre finanzpolitischen Folgen vielmehr zur Staatskrise bei.

Ein zweiter Delegitimationsschub, der zunächst Deutschlands westliche Partner betraf, kam durch die Dekolonisation zustande, vor allem durch die umstrittenen Kriege in Algerien und in Vietnam. Der Vietnamkrieg wurde zum Auslöser der von den USA ausgehenden Revolten der 1960er Jahre, deren Träger sich in bisweilen grotesker Weise

[1] Terrorismus allgemein definiert als «the purposeful use or threat of violence to create fear and/or compliant behavior» (*Stohl /Lopez* 7).

mit «anti-imperialistischen» Kämpfern der «Dritten Welt» identifizierten. Neben der generellen außerparlamentarischen Opposition haben sich auch die ethnoregionalistischen Gegner des modernen Staates, deren Bewegungen damals nicht zufällig ebenfalls einen großen Aufschwung nahmen, von antikolonialen Freiheitskämpfen inspirieren lassen. Von den Schotten, Walisern, katholischen Nordiren, Bretonen, Korsen, Okzitaniern, Galliziern, Katalanen, Basken, Flamen und Südtirolern fühlte sich eine ganze Menge von ihrem jeweiligen Nationalstaat durch «inneren Kolonialismus» unterdrückt und beanspruchte demgegenüber das nationale Selbstbestimmungsrecht, wobei besonders militante Minderheiten zu terroristischen Aktionen übergingen. Nationalismus und demokratischer Selbstbestimmungsanspruch dienten auf einmal nicht mehr der Stärkung der Staatsgewalt, sondern im Gegenteil ihrer Schwächung und versuchten Zersetzung.

Weltweit gab es eine unübersehbare Tendenz, sich nicht mehr mit Staaten, Nationen und anderen Großgruppen zu identifizieren, sondern mit kleineren Einheiten, Gruppen und Bewegungen. Man begann, sich primär nicht mehr als Franzose, sondern als Elsässer zu definieren, oder nicht mehr als Mensch, sondern als Frau. Man könnte diese für das Schicksal des modernen Staates so bedeutsame Entwicklung zusammenfassend als «fundamentalistische Revolution» bezeichnen, handelt es sich doch trotz aller Unterschiede im einzelnen um Bewegungen, die in religiöser oder quasi-religiöser Weise die Selbstverständlichkeit einer kulturellen Praxis wie den modernen Nationalstaat oder die Rollenverteilung zwischen den Geschlechtern radikal in Frage stellen und die kulturelle Identität revolutionär auf ein anderes Fundament stellen wollen. Da der Begriff «Fundamentalismus» aus der bunten Szene des nordamerikanischen Protestantismus stammt, könnte man mit einer weiteren Anleihe bei der Religionssoziologie behaupten, die «Sekte» als sich absondernde Kleingruppe werde dadurch aus einer Ausnahme zum Regelphänomen der Gesellschaft.

Obwohl sich auch in den christlichen Kirchen solche Vorgänge abspielen, ist religiöser Separatismus in Europa nur noch dort politisch relevant, wo Religion ein wesentliches Unterscheidungsmerkmal ethnischer Identität darstellt wie in Bosnien oder Nordirland. Ethnoregionalistische Bewegungen mögen zwar weniger radikal sein als religiöse, weil sie die Macht zur Durchsetzung ihrer Gruppeninteressen und nicht zur Neugestaltung des Gemeinwesens nach ihren Grundsätzen erstreben. Für den modernen Staat werden sie aber gerade dadurch gefährlicher als jene, weil sie ihn nicht übernehmen, sondern auflösen wollen. Immer mehr Menschen verlagern ihre emotionale Primäridentität von der Staatsnation auf ihre ethnische Gruppe, fühlen sich zuerst als Flamen oder Waliser und erst in zweiter Linie, wenn überhaupt noch, als Belgier oder Briten. Dabei hatte der Nationalismus der staatstragenden Nation eine Schrittmacherfunktion; die zahlreichen ethnischen Mininationalismen sind ohne ihn schwer vorstellbar. Auch an Militanz und historischer Mythenbildung nehmen viele von ihnen es gut und gerne mit ihm auf.

Wie bei der Bildung der bisherigen Staatsnationen haben ethnische Bewegungen mit territorialer Identität bessere Selbstbehauptungs- und Durchsetzungschancen. Die konfliktreiche Bildung des neuen Kantons Jura in der Schweiz hat gezeigt, wie wichtig die Kontrolle eines Territoriums für die Verselbständigung einer Minderheit ist. Sogar in Bayern können die geschlossen siedelnden Franken sich Ressentiments bis zu Separationsgelüsten gegen Münchens Zentralismus leisten, was für die zerstreut lebenden Angehörigen des ausdrücklich proklamierten «vierten bayerischen Stammes» der Sudetendeutschen trotz vollmundiger ethnischer Ideologie nicht in Frage kommen kann. Ethnizität ist ja in Europa sowenig wie in Afrika eine stabile natürliche Gegebenheit, sondern «erfunden», das heißt von Menschen «gemacht», und ständig in Veränderung begriffen. Sie läßt sich daher weder durch Sprache, noch durch Religion, Folklore, organisatorische oder territoriale Geschlossenheit allein noch durch Kombinationen dieser Kategorien allgemeinverbindlich definieren. Am ehesten läßt sie sich historisch an Territorien und Institutionen festmachen, was umgekehrt bedeutet, daß der ethnische Besitzstand am wirkungsvollsten durch ein eigenes Territorium und eigene Institutionen zu sichern ist – abermals ein aus der älteren Staats- und Nationbildung wohlbekannter Vorgang.

Dann könnten oder müßten sich bloße regionalistische Bewegungen, die in Europa zahlreicher sind als die ausgesprochen ethnischen, aber auf die Dauer in ethnoregionalistische verwandeln. Sollte die Franche Comté auf dem Weg von einer Identité comtoise zu einer Ethnicité comtoise sein? Immerhin haben künstlich geschaffene deutsche Mittelstaaten des 19. Jahrhunderts wie Baden oder Bayern planmäßig neue «nationale», aus gesamtdeutscher Perspektive später wieder «regionale» Identitäten geschaffen, die dann 1945 benutzt werden konnten, um die neue Bundesrepublik Deutschland regional vermittelt zu konstituieren. Entscheidend war freilich das Vorhandensein einer eigenen Staatsgewalt; die deutschen Länder waren Mini-Staatsnationen.

Die Verluste zweier Weltkriege und die föderalistische Struktur mögen Deutschland im Gegensatz zu anderen Ländern ethnoregionalistische Desintegrationstendenzen einstweilen erspart haben. Hingegen spielen hier wie überall inzwischen vielerlei alternative Gruppen eine Rolle, die im Schoße der von ihnen abgelehnten «Megamaschine» an der Errichtung von Gegengesellschaften arbeiten, für die sie ebenfalls demokratische Selbstbestimmung und Anerkennung ihrer autonomen Subkultur fordern. Seit den 1980er Jahren werden sie als «neue soziale Bewegungen» bezeichnet, weniger weil alle ihre Anliegen neu wären, als wegen ihrer Vielfalt gegenüber früher, als die Arbeiterbewegung die einzige soziale Bewegung war. Im engeren Sinn politisch sind die verschiedenen Bürgerinitiativen sowie die Friedens- und Anti-Atomkraft-Bewegungen. Aber nur die wirtschaftskritische ökologische Bewegung hat zunächst in Deutschland, inzwischen aber auch anderswo neue politische Parteien ins Leben gerufen, die freilich inzwischen auf einen Teil ihrer alternativen Politikvorstellungen verzichtet haben. Wirtschafts- und Gesellschaftskritik hat zahlreiche Gruppen mit alternativem Lebensstil hervorgebracht, wobei Weg und Ziel oft zusammenfallen: Kommunarden und Stadtflüchtlinge, städtische und ländliche Produktions-, Kredit- und Kulturgenossenschaften, jugendliche Protestbewegungen der verschiedensten Art. Den organisierten männlichen Homosexuellen entsprechen im Rahmen der Frauenbewegung die organisierten Lesbierinnen. Der Kampf um die Liberalisierung des Abtreibungsrechts ist immer für politische Konflikte gut, auch wenn ihre Gegner in Europa weniger Militanz an den Tag legen als in den USA. Neue Initiativen in bisher tabuisierten Bereichen deuten sich an, eine neue Euthanasiebewegung und erste Versuche der Pädophilen, in die Fußstapfen der Homophilen zu treten. Wie immer kleinere ethnoregionalistische Gruppen das Recht auf Selbstbestimmung beanspruchen können, dessen Monopolisierung durch größere Vorläufer als ebenso unbegründet wie ungerecht erscheint, so ist auch bei den sozialen Bewegungen nicht einzusehen, warum die einen demokratische Selbstbestimmung und einen anerkannten Status haben sollen, die anderen aber nicht.

Allen gemeinsam ist kritische Distanz zu den bestehenden Verhältnissen, als deren Garant und Exponent der Staat gilt. Der gelegentlichen Militanz bis zu Terroraktionen (Verwüstung eines Ladens durch Veganer mit der Parole «Metzger sind Mörder!») sind freilich durch die weitverbreitete basisdemokratische Spontaneität und den entsprechenden geringen Organisationsgrad Grenzen gesetzt. Aber dennoch sehen nicht nur ihre Mitglieder in den neuen sozialen Bewegungen die Vorhut einer neuen Ordnung. Ein linker Theoretiker wie André Gunder Frank, der lange auf die Revolution als einzige Chance der Dritten Welt gesetzt hatte, erwartet heute von den sozialen Bewegungen die freiwillige Transformation zum Sozialismus.[2]

2 *Reinhard,* Revolution 31 f.

Die Mitglieder rekrutieren sich vor allem aus Dienstleistungsberufen der Mittelschichten mit ihrer eigentümlichen «Gesinnungsethik» im Sinne Max Webers. Gesinnungsgemeinschaft als Grundlage einer Gegenkultur mit möglichst herrschaftsfreier Alltagspraxis wird angestrebt. Konsequenterweise neigt man dazu, unter sich zu bleiben, ein Separatismus der richtig Gesinnten und Lebenden bürgert sich ein, der durchaus auf eine Art von säkularer Sekte hinauslaufen kann.

Allgemein lassen sie sich als kritische Reaktion auf den Zustand von Wirtschaft, Gesellschaft und Staat erklären. Konkret handelt es sich zunächst einmal um kollektive Solidarstrategien im Kampf um die Ressourcenverteilung, denen durch innovative Originalität Erfolg beschieden ist, einschließlich Vermarktung des Zubehörs zu ihrem Lebensstil. Da gesellschafts- und politikkritisches Bewußtsein in Europa von einem hohen Sockel materieller Sättigung und Konsumdifferenzierung aus einsetzt, ist viel Raum für politisch zentrifugales Potential. Dem Durchbruch des Hedonismus von unten entspricht eine vom modernen Sozialstaat produzierte Anspruchsdynamik. Viele Menschen brauchten nicht mehr nach Lebenssicherheit und noch nicht einmal nach Lebensstandard zu streben, sondern konnten ihr Verlangen auf das viel knappere Gut subjektiver Befriedigung konzentrieren. Die Folge war Gruppenbildung nicht mehr zur Problemlösung, sondern zur gemeinsamen Selbstverwirklichung, woraus relativ homogene Erlebnismilieus entstanden. Auf den ersten Blick scheint es sich um typische Luxusphänomene von Überflußgesellschaften zu handeln.

Entsprechende Bewegungen in weniger entwickelten Ländern außerhalb Europas lassen aber erkennen, daß es nicht nur um die Erlebnisgesellschaft geht. Die mit dem Kampf für neue Ziele verbundene Suche nach Lebenssinn reagiert auf den «Diebstahl von Identität» durch ökonomische Konzentration und Globalisierung, durch politische Zentralisierung, durch Verrechtlichung und Bürokratisierung aller Lebensbereiche. Verhinderung basisdemokratischer Selbstbestimmung löst ein Gefühl «politischer Deprivation» aus, gewiß frustriertes Anspruchsdenken, aber eben nicht nur von hedonistischen Ansprüchen. Die Formel von der «Kolonisierung der Lebenswelt» (Jürgen Habermas) bezeichnet die massive Fremdbestimmung des Menschen durch anonyme Instanzen, die in Gestalt der Staatsgewalt ein Gesicht bekommen, auch wenn es das falsche sein mag, wo es sich in Wirklichkeit um Protagonisten ökonomischer Prozesse handelt, die sich lieber verborgen halten.

Auf dieselbe Fremdbestimmung laufen der politische Zentralismus und «innere Kolonialismus» hinaus, gegen den die ethnischen und regionalistischen Bewegungen rebellieren. Die verwandte Begriffsbildung läßt den Zusammenhang erkennen. Auch ihre Führer stammen meist aus demselben Milieu, häufig aus den akademisch gebildeten neuen Mittelschichten und aus Berufen, die mit dem Wort zu tun haben wie Lehrer oder Journalisten. Auch bei ihnen konkretisiert sich die Fremdbestimmung in persönlicher Enttäuschung, wenn sie in ihrer Laufbahn an eine Grenze stoßen, die nichts mit ihren Fähigkeiten, sondern nur mit ihrer Zugehörigkeit zu einer Minderheit zu tun hat. Das kann sich mit der zusätzlichen Frustration verbinden, daß sie ihre Muttersprache offiziell überhaupt nicht oder nur nach der Amtssprache des fremden Zentralstaats gebrauchen dürfen.[3]

Die soziale Konvergenz maßgebender Vertreter der ethnoregionalistischen und der sozialen Bewegungen ist auch deswegen besonders bemerkenswert, weil sich Gegner des modernen Staates damit als Produkt seiner Sozial- und Bildungspolitik erweisen, ähnlich wie Führer der Dekolonisation Produkte des kolonialen Bildungssystems waren. Die massive Expansion des staatlichen Bildungswesens erzeugt Massen von Mittelschichtenintellektuellen, die dann vom Staat nicht selten in ihren materiellen Lebensplanungen frustriert werden, häufiger aber noch in den ideellen Erwartungen, die ihr Bildungsweg geweckt hat. So könnte im deutschen Fall das illusionäre Demokratieverständnis, das der Politikunterricht vermittelte, seinen Teil zur Revolte von 1968 beigetragen haben, sobald die Studenten die reale Staatsgewalt kennengelernt hatten.

Zur Überwindung der Fremdbestimmung durch Selbstbestimmung ist nach der mehr oder weniger expliziten Vorstellung aller Gruppen eine Art von partikularistischer Dekonstruktion des modernen Staates erforderlich, jener Einheitlichkeit, die seine klassischen Merkmale Souveränität, Staatsgebiet, Staatsvolk, Staatsgewalt gegenüber vormodernen Verhältnissen gemeinsam kennzeichnet und als Inbegriff von Modernität überhaupt gelten darf. Bis zum 18. Jahrhundert erschien der Gedanke der Rechtsgleichheit fast absurd, hatte doch jeder Mensch einen anderen Rechtsstatus, freilich weniger als Person denn als Mitglied einer Korporation oder Gruppe. Recht war prinzipiell eher ein Vorrecht, ein Privileg, dessen wichtigste Eigenschaft war, daß andere sich *nicht* seines Genusses erfreuten. Die Rückkehr zu derartigen Zuständen wurde aber nicht erst von den verschiedenen partikularistischen Bewegungen angestrebt, sie war vielmehr längst im Gange, je mehr sich die moderne Gesellschaft in staatlich anerkannte Interessengruppen ausdifferenzierte. Nicht nur die politischen Parteien, sondern auch die Kirchen und die Universitäten glichen ihr Sozialprofil und

3 *Waldmann* 212.

Sozialverhalten demjenigen von Interessenverbänden an. Die immer noch geltende einheitliche rechtliche Grundausstattung des Staatsbürgers war selbstverständlich und wurde immer uninteressanter. Was in der Neo-Privilegiengesellschaft wirklich zählt, sind diejenigen Rechte, die man als Mitglied einer privilegierten Gruppe besitzt, und sei es nur ein reservierter Parkplatz. Hier können die neuen Bewegungen in ihrer Eigenschaft als Interessengruppen anknüpfen und diese Entwicklung weiter steigern. Sei es, daß sie sich eine privilegierte Stellung im Staate erstreiten, sei es daß sie den Staat erobern und nach ihren Vorstellungen umgestalten, mit der Einheit des Staates im Sinne staatsbürgerlicher Gleichheit ist es dann vorbei und möglicherweise sogar mit der Freiheit.

Denn der fundamentalistische Rückgriff auf das, was die jeweilige Bewegung für die Wurzeln menschlicher Existenz und Identität hält, kann einen totalitären Exklusivitätsanspruch mit sich bringen. Diese Wurzeln stehen nicht zur Diskussion. Ob Religion oder Quasi-Religion, es gibt in jedem Fall Wertvorstellungen und Verhaltensnormen, die nicht hinterfragt werden dürfen und bedingungslos als gültig angenommen werden müssen. Hohe emotionale Besetzung macht sie gegen Einwände immun, hängt doch die Identität der beteiligten Menschen an ihrer Rolle als Mitglied einer solchen Bewegung und nicht mehr als Bürger eines weltanschaulich neutralen Staates. «Jede Weltanschauung kann grundsätzlich fundamentalistischen Charakter annehmen, wenn sie von ihren Vertretern nicht – oder nicht mehr – reflektiert wird».[4] Das Reflexionsverbot dürfte nicht selten auf Verunsicherung durch die Geschichte, auf Angst vor der Moderne beruhen, denn der Kampf gegen den Modernisierungsdruck ist ein gemeinsamer Nenner solcher partikularistischen Bewegungen. Das bedeutet Kampf gegen den modernen Staat, von dem viel von diesem Druck ausging.

Grundsätzlich können dabei ständig neue Gruppen auftreten und ihre Ansprüche auf Kosten jener anmelden, die bereits erfolgreich waren. Die partikularistische Dekonstruktion des modernen Staates läßt sich bis ins Unendliche fortsetzen – oder zumindest bis zu seinem endgültigen Zerfall. Was angesagt erscheint, ist ein Gemeinwesen voll von intermediären Instanzen anstelle eines zentralen Staates, ein «neues Mittelalter» (Hedley Bull). Allerdings fehlen die gemeinsamen Wertvorstellungen, die mittelalterliche Ordnungen halbwegs zusammenhielten, so daß man besser von einer «Plural Society» oder einer «multikulturellen Gesellschaft» sprechen sollte, deren Bestandteile kulturell

[4] *Jäggi, Christian J./Krieger, David J.*, Fundamentalismus, Zürich 1991, 188 f.

autark sind und sich nicht mehr vermischen. Demgemäß ist auch die Tendenz zu «Legal Pluralism» oder «Legal Polycentricity» nicht zu übersehen, denn längst gilt nicht mehr alles Recht grundsätzlich für alle. Die Gesellschaft als Ganzes hat keinen gemeinsamen Willen mehr und wird nur durch die verbleibende Staatsmacht oder einige gemeinsame ökonomische Interessen zusammengehalten. Ihre Gruppen begegnen sich nur noch auf dem Markt. Die politische Identitätsphilosophie als Grundlage des politischen Gemeinwillens eines einheitlichen Staates hat zugunsten konkurrierender Gruppenidentitäten abgedankt. Das mag anstelle von Fremdbestimmung durch anonyme Riesenorganisationen wie den Staat in der Tat Selbstbestimmung in überschaubaren und von den Betroffenen selbst kontrollierten Einheiten bedeuten. «Staat ist ein Verhältnis, eine Beziehung zwischen den Menschen, ist eine Art, wie die Menschen sich zueinander verhalten; man zerstört sie, indem man andere Beziehungen eingeht, indem man sich anders zueinander verhält» (Gustav Landauer).[5] Freilich ist zu bezweifeln, daß Marktmechanismen zur Regelung der Beziehungen zwischen Gruppen mit hohem Exklusivitätsanspruch ausreichen, denn es ist längst bekannt, daß selbst ein Minimum praktischer Verständigungsbereitschaft zwischen Menschen nicht zum moralischen Nulltarif zu haben ist.

b) Zerfall des Sozialstaates

Nachdem die Reaktion auf Totalitarismus und Imperialismus die Delegitimation des modernen Staates in Europa eingeleitet hatte, wurde seine weitere Desintegration durch ethnische und demokratische Selbstbestimmungsansprüche beschleunigt. Sie konnten bereits an die Mutation des Staates zur Interessengruppendemokratie anknüpfen und konvergierten schließlich mit dem beginnenden Zerfall des Sozialstaates seit den 1970er Jahren, als in der ersten Ölpreiskrise klar wurde, daß die öffentlichen Mittel zu dessen Finanzierung nicht mehr ausreichten.[6] Die Finanzklemme wurde chronisch durch (1) staatliche Mißwirtschaft infolge der Parteien- und Interessengruppendemokratie, (2) Verlust von Ressourcen infolge wirtschaftlicher Globalisierung

[5] Nach *Oberländer* 62.

[6] Der Autor arbeitete als Hilfsreferent für den Schulentwicklungsplan im Oberschulamt Südbaden 1965/66 an der Mobilisierung der letzten ländlichen Bildungsreserven für das expandierende Schulsystem Baden-Württembergs und mußte als Kapazitätsbeauftragter des Historischen Seminars der Universität Freiburg 1974–77 dazu beitragen, dieselben Jugendlichen, die inzwischen Abitur gemacht hatten, im Dienste derselben Regierung von der Universität fernzuhalten – die staatlich finanzierbaren Studienplätze begannen knapp zu werden.

und (3) infolge teilweisen Rückzugs der Bürger in die staatsfreie Schattenwirtschaft, die bereits an und für sich eine Form von Staatszerfall darstellt.

Die Ausweitung der sozialpolitischen Aktivität des Staates unter demokratischen Bedingungen hatte eine dezentrale Vernetzung von Staat und Gesellschaft zur Folge, insbesondere mit den benötigten Experten einerseits, den interessierten Gruppen andererseits, die aber beide häufig organisatorisch verbunden sind. Politik besteht längst nicht mehr im Durchsetzen von Vorstellungen der Inhaber der Staatsgewalt, sondern im Aushandeln mit gesellschaftlichen Organisationen, die auf diese Weise ein Mitspracherecht für große Teile des Staatshaushaltes besitzen. Verbände von Arbeitgebern, Arbeitnehmern, Ärzten, Selbständigen, Landwirten, Krankenkassen, Versicherungsunternehmen usw. haben ihre Lobbyisten in den Parlamenten, basteln an Gesetzen und Haushalten mit und sind teilweise auch mit deren Ausführung befaßt. Konfessionelle Organisationen betreiben in manchen Ländern zahlreiche Fürsorge- und Bildungseinrichtungen, freilich teilweise mit öffentlichen Mitteln. In Deutschland waren die sechs großen kirchlichen und freien Wohlfahrtsverbände 1995 mit 937000 hauptamtlichen Mitarbeitern zusammen der viertgrößte Arbeitgeber des Landes. 35 % der Krankenbetten, 64 % der Altenheimplätze, 70 % der Jugendhilfeeinrichtungen und 77 % der sozialen Beratungsstellen wurden von ihnen angeboten, aber zu 90 % aus öffentlichen Mitteln finanziert.[7] In den Niederlanden spricht man von «Versäulung», anderswo von Neo-Korporatismus. Die Folge sind fragmentierte politische Diskurse und reduzierte staatliche Gestaltungsfähigkeit. Profilierte Politiker verzweifeln schon lange an den fehlenden Möglichkeiten zur positiv-gestalterischen Koordination von Politikprozessen, während sich eine Negativkoordination durch Selbstorganisation von selbst ergab. Der demokratische Sozialstaat erweckt zwar mit seiner Allgegenwart und Allzuständigkeit immer noch den Eindruck eines starken Staates, ist aber im Hinblick auf seinen innenpolitischen Handlungsspielraum längst zum schwachen Staat geworden, Opfer der Anspruchsdynamik der von ihm selbst geschaffenen sozialpolitischen Besitzstände und der Verschuldungsdynamik, die eng damit zusammenhängt.

Triebkraft ist der Wille der jeweiligen Inhaber der Staatsgewalt, an der Macht zu bleiben und deshalb die Gunst der Wähler zu gewinnen. Die Folge sind Wahlgeschenke oder mindestens eine Politik der Besitzstandswahrung, bei konfligierenden Interessen aber mehr oder

[7] Nach *Gerlach* u. a. 42.

weniger faule Kompromisse auf der Linie des geringsten Widerstandes und ohne allzuviel Rücksicht auf die Kosten. Eine langfristig verantwortliche Politik ist unter diesen Umständen nicht möglich, im Gegenteil, mit dem Ausweichen auf die Finanzierung der Ausgaben durch Kreditaufnahme, wenn die Steuereinnahmen nicht ausreichen, um alle zufriedenzustellen, werden kommende Generationen belastet. Allerdings sind Familien mit Kindern inzwischen in den meisten Ländern in der Minderheit, so daß die staatliche Schuldenpolitik von der Gegenwartsorientierung der kinderlosen Wählermehrheit ausgehen und auf die Sorge um die Zukunft weitgehend verzichten kann.[8] Aber dadurch nimmt sich die Staatsgewalt selbst die politischer Gestaltungsmöglichkeit. Bereits heute liegen die Staatsausgaben in vielen Ländern zum größten Teil von vorneherein fest. Der verbleibende geringe Spielraum der Parlamente macht ihr verfassungsmäßiges Budgetrecht zur Farce.

Rentensystem und Staatsverschuldung in Deutschland können für den Problemkreis paradigmatische Bedeutung beanspruchen. 1957 wurde als Wahlgeschenk unter Auflösung von Rücklagen die dynamische Rente eingeführt, das heißt die Sicherung des Lebensstandards der Rentner durch regelmäßige Anpassung an die Einkommensentwicklung. Damit wurde das Kapitaldeckungsprinzip aufgegeben und die Erwirtschaftung der Renten der jeweils arbeitenden Generation überlassen («Generationenvertrag»), was wegen steigender Lebenserwartung bei sinkender Kinderzahl inzwischen nicht mehr wie bisher möglich ist. 1993 hatten 100 Erwerbstätige 44,6 Ruheständler zu ernähren, bis 2020 wird das Verhältnis 1: 1 sein. Das System ist also auf Dauer nicht mehr zu finanzieren, denn erhöhte Beiträge bei sinkenden Leistungen werden die Wähler nicht honorieren. Das gilt ebenso für die allgemeine Konjunkturpolitik, wo staatliche Ausgabenerhöhung im Konjunkturtief zur Ankurbelung der Wirtschaft (Deficit Spending) eigentlich nach einem Aufschwung zurückgefahren werden müßte, was die Leistungsempfänger aber nicht hinzunehmen gesonnen sind. Besitzstände werden mit Zähnen und Klauen verteidigt. Der Sozialstaat muß daher die finanzielle Stabilität gefährden, von deren Aufrechterhaltung er doch abhängig ist.

Die Politik ist aus den angegebenen Gründen zur effektiven Intervention in den Systemzusammenhang nicht in der Lage und zieht sich mit neuer Kreditaufnahme aus der Affäre. Dabei gibt es die fleißig genutzte Möglichkeit, neben den Haushalten der Gebietskörperschaften (Bund, Länder, Gemeinden) die Haushalte der Sozialversicherungsträ-

[8] Vgl. ebd. 158 u. Anm.134.

ger zu belasten und sogenannte Schattenhaushalte aufzumachen wie das Bundeseisenbahnvermögen oder die Treuhandanstalt. Damit können die verfassungsmäßigen Grundsätze der Haushaltsführung und parlamentarischen Budgetkontrolle umgangen oder zumindest reduziert sowie im Bedarfsfall geschönte Haushalte vorgelegt werden. In Deutschland machten die Schulden der Gebietskörperschaften 1995 60,5 % des Bruttosozialprodukts aus, gegenüber 18,6 % 1970, mit den Schattenhaushalten aber 67,1 %. In Belgien und Italien lagen die Werte freilich noch viel höher. Ein wachsender Teil der Staatsausgaben und der Steuereinnahmen werden für den Zinsendienst benötigt, wodurch der finanzpolitische Handlungsspielraum des Staates weiter schrumpft. Da inzwischen selbst Zinszahlungen kreditfinanziert werden müssen und die Anschlußfinanzierungen, das sind fällige Verbindlichkeiten, die durch neue Kredite abgelöst werden müssen, ebenfalls steigen, tendiert die öffentliche Verschuldung zur unausweichlichen weiteren Steigerung («Schuldenfalle»).

Die notwendigen Folgerungen verstehen sich theoretisch von selbst. Der Sozialstaat in der hergebrachten Form ist am Ende und kann nur durch ein Minimalversorgungssystem in Kombination mit kapitalgedeckter Eigenleistung ersetzt werden. Dann könnten die öffentlichen Hände die Neuverschuldung senken, indem sie einen Überschuß der ordentlichen Einnahmen über die verringerten Ausgaben ohne die Zinsbelastung erwirtschaften. Ob der interventionsschwache Staat die nötigen Maßnahmen wird durchsetzen können, erscheint aber zumindest fraglich.

Gleichzeitig ist die staatliche Wirtschafts- und Steuerpolitik durch die Entwicklung der Weltwirtschaft in einer noch nie dagewesenen Weise unter Druck geraten, so daß die Schlagworte «Globalisierung» und «Standort Deutschland» inzwischen in aller Munde und zur wohlfeilen Ausrede für deutsches Staats- und Marktversagen geworden sind. Die sozialpolitisch bedingten hohen Lohnnebenkosten gelten als Wettbewerbsnachteil gegenüber anderen Ländern – 1984 standen einem Nettoarbeitslohn von 136 DM beim Arbeitgeber Nebenkosten von 160 DM gegenüber, was mit Steuern zu einem Leistungspreis von 410,60 DM führte.[9] Die angeblich ebenfalls kostentreibende Umweltpolitik läßt sich leichter stillschweigend verabschieden als die Sozialpolitik.

Große Unternehmen und Vermögen können das Kapital weltweit dorthin verschieben, wo die Rendite am höchsten und die Besteuerung am niedrigsten ist. Der Staat kann damit erpreßt werden, denn

[9] *Niessen/Ollmann* 44.

die vorhersehbare Reaktion auf steuer- oder sozialpolitische Unnachgiebigkeit besteht in Investitionen in anderen Ländern, wo die Wähler weniger kritisch, die Löhne niedriger, die Gewerkschaften schwächer, die Arbeiter schutzloser, die umweltpolitischen Vorschriften großzügiger sind. Zeitweise war es durchaus üblich, eine deutsche Belegschaft zu drängen, vorzeitig in Rente zu gehen, das bedeutet, ihren Unterhalt den Steuerzahlern zu überlassen, um dann die Produktion ins billigere Ausland zu verlagern. Das ist aber nicht die einzige Möglichkeit, wie Unternehmen ihre Kosten minimieren können, indem sie einen steigenden Anteil der Gesamtkosten der Allgemeinheit aufbürden. Sogar ihre Investitionen im eigenen Land sind eine zweischneidige Angelegenheit geworden, denn sie werden in erster Linie zum Wegrationalisieren qualifizierter Arbeitsplätze verwendet.

Dank dieser Umstände ist eine neue Blüte der Kleinstaaten zu verzeichnen, die bisher als politisch überholte Überreste der Welt des Ancien Régime galten. Ihre geringe Oberfläche und Bevölkerungszahl macht sie weniger anfällig für Pressionen als Großstaaten, vor allem wenn sie sich erfolgreich auf bestimmte Produkte und Dienstleistungen spezialisieren. Luxemburg, Liechtenstein und Monaco dienen als Gesellschaftssitz von Firmen und Wohnsitz von Reichen, weil Kleinstaaten sich niedrige Steuern leisten können. In Luxemburg ist jeder dritte Einwohner ausländischer Herkunft, in der Hauptstadt sogar jeder zweite, und in Monaco drängen sich neben 5000 Bürgern weitere 30 000 Wohnsitzinhaber, was die Bodenpreise auf das Sechsfache der nicht gerade billigen französischen Nachbarschaft emportreibt.[10]

Weltweit ist wegen des allgemeinen Überangebots an Arbeitskraft eine in ganz neuer Weise polarisierte Gesellschaft zu erwarten. Ein begrenzter Teil der Bevölkerung, der hoch und vor allem in der jeweils gerade gefragten Weise qualifiziert ist, wird in Reichtum und Luxus leben. Dem Rest bleibt die Wahl zwischen ungesicherter Niedriglohnarbeit und Arbeitslosigkeit. Das politische Problem wird im Zahlenverhältnis der beiden Gruppen bestehen. Eine Zweidrittelgesellschaft von Wohlhabenden hätte die Mehrheit und könnte bei Demokratie bleiben. Eine Gesellschaft mit zwei Dritteln Armen hingegen müßte zu einem autoritären Regime übergehen, um die Gefährdung des Wohlstandes zu vermeiden, Gefährdung weniger durch Rebellion als durch demokratischen Beschluß standortgefährdender sozialstaatlicher Maßnahmen.

Die sozio-ökonomische Globalisierung läßt also gleichfalls die Möglichkeit der Staatsgewalt schwinden, durch wirkungsvolle Wirt-

10 *Blockmans* 372.

schafts- und Sozialpolitik die Existenzgrundlagen des Gemeinwesens und seiner Bevölkerung souverän zu gestalten. Vielleicht ist der vielberufene «Nachtwächterstaat», den es im 19. Jahrhundert nie gegeben hat, jetzt endlich in Verwirklichung begriffen. In aller Stille hat er ja einen beträchtlichen Teil seiner Souveränität an die Marktkräfte verloren. Da das freie Spiel der Marktkräfte aber nur in Wirtschaftslehrbüchern vorkommt, handelt es sich konkret um die internationalen Gruppen, die den Markt beherrschen, insbesondere die Leiter großer Firmen – und die Mafia. Allerdings könnte es sein, daß die «Global Players», die meinen, den Staat als Garanten ihrer Geschäfte nicht mehr nötig zu haben, erst merken, daß dies ein Irrtum war, wenn es zu spät ist und sie ihn bereits zerstört haben. Beispielsweise dürfte der rechtliche Schutz von Erfindungen gerade in sensiblen Bereichen wie der Software-Entwicklung in seiner wirtschaftlichen Bedeutung nicht zu unterschätzen sein.

Verlust an Ressourcen und Souveränität findet schließlich weniger spektakulär, aber nicht weniger folgenreich auch binnenwirtschaftlich statt, durch massenhaften Rückzug der Bürger aus der offiziellen Wirtschaft in die sogenannte «Schattenwirtschaft», die offensichtlich so stark wächst, daß sie seit den 1980er Jahren steigende Beachtung findet. Allerdings beruhen die meisten quantitativen Angaben auf Schätzungen und können daher stark variieren. Es handelt sich um alle ökonomischen Aktivitäten, die zur gesamtwirtschaftlichen Wertschöpfung beitragen, ohne daß die staatlichen Wertschöpfungsregeln dabei Anwendung finden. Diese Art Wertschöpfung wurde für 1980 in der BRD und den USA auf 4–39 % des Bruttosozialprodukts geschätzt, in Italien auf 10–32 %.[11] Sie findet auf vier verschiedenen Sektoren statt, die sich nicht zuletzt auch in ihrem Verhältnis zur Staatsgewalt grundlegend unterscheiden.[12]

(1) Die im Haushalts- und Selbstversorgungssektor erzeugten Güter und Dienstleistungen gelangen nicht auf den Markt, sondern werden beim Erzeuger verbraucht. Hier wird dem Staat nichts vorenthalten, sondern aus sozialstaatlicher Perspektive profitiert er sogar von der unentgeltlichen Arbeit von Millionen von Haufrauen, weil diese damit meist keine Rentenansprüche erwerben. Außerdem geben Familien durch Kinderaufzucht verlorene Zuschüsse an die Gesellschaft, die sich in Deutschland in den 1990er Jahren auf bis zu 500 000 DM pro Kind und mehr beliefen.[13] Wahrscheinlich wird überhaupt hier die Hälfte

11 *Gretschmann/Heinze/Mettelsiefen* 22 f.; *Niessen/Ollman* 97; vgl. *Tanzi* 54.

12 *Thomas.*

13 *Gerlach* u. a. 40.

aller Arbeit geleistet, neuerdings mit beträchtlich erhöhter Produktivität dank der Entwicklung der Haushaltstechnologie.

(2) Beim informellen Sektor handelt es sich um Produktion in Haushalten, landwirtschaftlichen und gewerblichen Kleinbetrieben und um Verkauf ihrer Erzeugnisse durch Kleinhändler, häufig auf der Straße, also im Gegensatz zum Haushaltssektor um ein Marktgeschehen. Dieser Sektor wird vom Staat in der Regel nicht behelligt. Er spielt vor allem in Entwicklungsländern eine große, für viele Menschen vielleicht sogar lebensrettende Rolle, denn er ersetzt häufig fehlende sozialstaatliche Leistungen.

(3) Der irreguläre Sektor ist in erster Linie gemeint, wenn von «Schattenwirtschaft», «Black Economy», «Underground Economy», «economia sommersa» usf. die Rede ist. Seine Güter und Dienstleistungen werden vollkommen legal produziert, wohingegen ihre Vermarktung staatliche Regeln mißachtet. Am wichtigsten ist dabei wohl die Hinterziehung von Abgaben, von Einkommenssteuer, Mehrwertsteuer, Zöllen usf. Weiter spielt die Mißachtung arbeitsrechtlicher Vorschriften eine Rolle, von Mindestlöhnen, Arbeitszeiten, Verbot der Kinderarbeit und dergleichen. In Deutschland ist derzeit die kostengünstige Verwandlung von Arbeitnehmern in Scheinselbständige sehr beliebt. Ferner werden administrative Komplikationen umgangen, zum Beispiel baurechtliche Vorschriften oder Qualifikationen als Voraussetzung für bestimmte Arbeiten. Außerdem vermeiden irreguläre Arbeitgeber die Entrichtung von Sozialabgaben, während irreguläre Arbeitnehmer möglicherweise zugleich Arbeitslosenunterstützung oder Krankengeld beziehen. «Schwarzarbeit» verbindet nicht selten diese Interessen mit denjenigen an Steuerhinterziehung und der Umgehung von Vorschriften. Schließlich lohnt es sich gerade heute, ausländische Arbeitskräfte ohne Arbeitserlaubnis zu beschäftigen, weil sie mit Niedriglöhnen zufrieden sind und zusätzlich erpreßt werden können.

(4) Damit ist die Grenze zum kriminellen Sektor überschritten, wo sowohl die Güter und Dienstleistungen selbst als auch ihre Vermarktung und die Vermarktungsmethoden mehr oder weniger illegal sind. Häufig schließt sich noch die ebenfalls gesetzwidrige Tätigkeit des Geldwaschens an. Bekanntlich werden mit Drogen und Prostitution gewaltige Gewinne erzielt, wobei die Staatsgewalt mit der Besteuerung legaler Drogen wie Tabak und Alkohol beträchtliche Einnahmen erzielt und immer wieder Anläufe unternimmt, auch das älteste Gewerbe dem Fiskus zu unterwerfen.

Unter den Gründen für die Expansion vor allem des irregulären Sektors in Europa spielt mit Sicherheit die hohe Steuer- und Abgabenlast des Sozialstaats eine wichtige Rolle. Hochsteuerländer wie Schweden, Dänemark, Belgien, Deutschland haben nicht zufällig eine blühende Schattenwirtschaft, eine Art von «Demokratisierung des Steuerwiderstandes» (Klaus Gretschmann). In Deutschland wird angeblich der Löwenanteil des irregulären Sektors nebenbei von Unternehmen erwirtschaftet, die auch auf dem regulären Sektor tätig sind, 1983 sollen es 58 % gewesen sein.[14] Schwarzarbeiter können einen höheren als den tariflich vorgesehenen Lohn verlangen und ihre Leistung immer noch billiger als zum offiziellen Preis anbieten. Der Nachfrager kann sich auf diese Weise etwas leisten, wozu ihm sonst vielleicht die Mittel oder die Motivation gefehlt hätten. Oder es gab eine Lücke im legalen Angebot. Sicher spielt auch die Verkürzung der Arbeitszeit, der unbefriedigende, oft monotone Charakter der offiziellen Arbeit und die gesellschaftliche Aufwertung des Do-it-yourself eine Rolle («Eigenarbeitsgesellschaft»). Wahrscheinlich handelt es sich eher um Wertewandel als um eine reine moralische Verfallserscheinung. Im besonders sensiblen Bereich von Steuern und Abgaben geht verletztes Gerechtigkeitsgefühl gern mit dem Kosten-Nutzen-Kalkül Hand in Hand.

Die Ausfälle an Steuern und Sozialabgaben sind schwer einzuschätzen. Doch selbst wenn sie hoch sein sollten, stehen ihnen auch positive Wirkungen gegenüber. Manche wirtschaftliche Aktivitäten wären ohne ein günstiges «schwarzes» Angebot nicht zustande gekommen. Zwar gehen offizielle Arbeitsplätze verloren, aber die Gesamtwohlfahrt wird dadurch nicht beeinträchtigt, häufig genug auch die des Einzelnen nicht. Es entwickelt sich ein Wirtschaftsleben außerhalb staatlicher Kontrolle, das gar nicht so selten von Gruppen der sozialen Bewegungen getragen wird. Abermals konvergieren die Entwicklungstrends.

Die staatliche Reaktion ist wenig wirkungsvoll. Im Gegenteil, mit Pseudo-Privatisierungen und der Einrichtung von Schattenhaushalten schaffen die Staatsgewalt und die öffentlichen Hände ihre eigene Schattenwirtschaft. Dahinter steckt oft genug die Absicht, weitreichende sozialstaatliche Regelungen für das Personal zu umgehen und massiven Personalabbau wie in der Privatwirtschaft zu ermöglichen. Die seinerzeitige Reichsbahn ist der Deutschen Bahn damit bereits in der Weimarer Republik vorangegangen. Da es sich aber meist nach wie vor um Monopole oder zumindest Oligopole handelt, ist nicht zu erwarten, daß Dienstleistungen günstiger angeboten werden, solange der Nachfrager wenig Wahl zwischen verschiedenen Angeboten hat. Wähler, um die man werben mußte, waren daher vielleicht besser daran als sogenannte Kunden, die keine Wahl haben. Auf der anderen

14 Nach *Karmann* 17.

Seite dürften gewinnorientierte private Anbieter gar nicht in der Lage sein, bestimmte Leistungen des Sozialstaats, die sich einer direkten Kosten-Nutzen-Analyse entziehen (Schulunterricht, Sicherheit, Kunst und Wissenschaft), zu erschwinglichen Preisen für alle zu erbringen.

c) Internationalisierung und Europäische Union

In der Krise des Sozialstaates verbindet sich endogener Wandel durch extreme Steigerung der Modernität des europäischen Staates mit dem Einfluß weltweiter exogener Veränderungen, wie sie sich schon seit langem auch in der internationalen Politik abspielen. Alle Staaten sind viel stärker als früher in internationale Zusammenhänge und Organisationen eingebunden, was für schwächere unter ihnen bereits zum Verlust der uneingeschränkten Souveränität im klassischen Verständnis geführt hat. Unter den besonderen Bedingungen Europas nach 1945 ist darüber hinaus mit der Europäischen Union ein neuartiges Gebilde entstanden, das den souveränen Nationalstaat in noch weit höherem Maße obsolet werden läßt.

Ein europäischer Staat wie die Bundesrepublik Deutschland gehört heute unausweichlich Dutzenden von internationalen Organisationen an. An erster Stelle muß die UNO genannt werden, die sich trotz aller Schwächen im Vergleich zu ihrem Vorläufer, dem Völkerbund, durchaus bewährt hat. Dazu kommen der Internationale Gerichtshof (ICJ) sowie die zahlreichen Unterorganisationen der UNO, etwa für Landwirtschaft (FAO), für Gesundheit (WHO), für Arbeit (ILO), für Kultur (UNESCO), sowie eine Reihe älterer Weltorganisationen, die der UNO mehr oder weniger angegliedert sind wie der Weltpostverein (UPU) oder die Organisationen für Telekommunikation (ITU), Zivilluftfahrt (ICAO) und Seeschiffahrt (IMO). Entsprechende praktische Einrichtungen gibt es auch auf europäischer Ebene, zum Beispiel das europäische Patentamt (EPO), die Flugsicherungsvereinigung (EUROCONTROL) oder die Rheinschiffahrtsbehörde (CCNR). Eine eigene Gruppe bilden verschiedene entwicklungspolitische Institutionen wie der Weltwährungsfond (IMF) oder die Weltbank (IBRD). Wichtige Wirtschaftsorganisationen sind das Welthandelsabkommen (GATT) und die europäische-nordatlantische Organisation für wirtschaftliche Zusammenarbeit (OECD, früher OEEC). Dazu kommen die Militärbündnisse der Westeuropäischen Union (WEU) und des Nordatlantikpakts (NATO) sowie die ehemals blockübergreifende Organisation für Sicherheit und Zusammenarbeit in Europa (OSZE, früher KSZE). Schließlich gibt es einige Institutionen, die von den europäischen Ländern gemeinsam betrieben werden wie das Kernforschungszentrum (CERN) oder das Universitätsinstitut in Florenz (EUI).

Solche Einrichtungen beruhen in der Regel auf völkerrechtlichen Verträgen, durch die sich die Partner Verpflichtungen auferlegen, nicht zuletzt finanzielle. Satzungen sind zu respektieren wie die UNO-Charta mit der Festlegung auf friedliche Konfliktlösung, Handlungen sind vorgeschrieben wie Konsultationen (OSZE) oder untersagt wie bestimmte Zölle (GATT). Nach traditionellem Verständnis wird durch solche Bindungen die Souveränität der Vertragspartner nicht beeinträchtigt, im Gegenteil, sie bildet sogar deren völkerrechtliche Grundlage, zumal die meisten Verträge im Prinzip kündbar bleiben. Die UNO-Charta besteht ausdrücklich auf der gegenseitigen Anerkennung der Souveränität der Mitglieder, doch hat paradoxerweise gerade diese Regel zu der souveränitätsbeschränkenden Abhängigkeit der früheren Kolonien von der Staatengemeinschaft geführt. Auch die NATO mochte zwar ein Bündnis souveräner Staaten sein, aber in Wirklichkeit handelte es sich um ein Instrument amerikanischer Hegemonie, wo völlig klar war, wer das Sagen hatte. Entsprechend reagierte der souveränitätsbewußte französische Staatschef de Gaulle 1966 mit militärischem Ausscheren aus dem Bündnis. Von der einjährigen Kündigungsfrist für die Mitglieder machte angesichts der Bedrohung aus dem Osten aber nicht einmal er Gebrauch. Über derartige konkrete Abhängigkeiten hinaus scheint aber die gegenüber früher außerordentliche Verdichtung derartiger vertraglicher Bindungen zusammengenommen die souveräne außenpolitische Bewegungsfreiheit der Staaten ganz allgemein doch erheblich einzuschränken. Welcher Staat hätte heute noch die Möglichkeit zur beliebigen Kriegserklärung, die doch einst den Inbegriff von Souveränität ausgemacht hatte?

Ein aus praktischen Gründen allmählich geschaffenes, intensives völkerrechtliches Geflecht dieser Art wurde zur Grundlage der europäischen Union, die inzwischen aber längst darüber hinausgewachsen ist. Europäische Föderationspläne gab es spätestens seit dem 18. Jahrhundert; die Zeit der Weltkriege brachte ihnen neuen Auftrieb und beträchtliche Anhängerschaft. 1946 sprach Churchill von den Vereinigten Staaten von Europa – aber ohne Großbritannien. Der entscheidende Anstoß kam aber vom kalten Krieg, vom Bedürfnis, sich gegen die Bedrohung aus dem Osten zusammenzuschließen und zugleich das westdeutsche Potential zwar mit heranzuziehen, aber durch Einbindung ein für alle Mal zu bändigen. 1948 schlossen Großbritannien, Frankreich und die Benelux-Länder ein Verteidigungsbündnis (Westeuropäische Union), 1949 traten sie dem Nordatlantikpakt unter Führung der USA bei. 1948 organisierten sich die 17 Empfänger von Marshallplanhilfe von Island bis zur Türkei in der OEEC (seit 1961 OECD). 1949 gründeten zehn westeuropäische Länder unter Einschluß Großbritanniens den Europarat mit Sitz in Straßburg, ein Forum souveräner Staaten mit gemeinsamen Institutionen, das sich seit einer entsprechenden Konvention von 1950 vor allem um die Menschenrechte verdient gemacht hat. Ein Nachtrag von 1983 erklärte die Todesstrafe für abgeschafft.

Inzwischen war 1949 die Bundesrepublik Deutschland gegründet worden. Zur Kontrolle ihrer Kohle- und Stahlproduktion wurde auf Grund eines Vorschlags des französischen Außenministers Robert Schuman von 1950 (Schuman-Plan) ein wegweisender neuer Schritt gewagt. Die 1951 gegründete Montanunion für Kohle und Stahl, damals strategische Güter für den Wiederaufbau Europas, beruhte erstmals auf einem begrenzten Souveränitätsverzicht, was sie für England und Skandinavien unannehmbar machte. Die Benelux-Länder, Frankreich, Italien und Westdeutschland unterstellten ihre Montanindustrie auf fünfzig Jahre einer supranationalen Hohen Behörde mit einer beratenden Versammlung und einem besonderen Gerichtshof, die allerdings von einem Rat nationaler Minister überwacht wurde. Der inzwischen vereinbarte deutsche Verteidigungsbeitrag erregte französische Besorgnis, der die 1952 abgeschlossene Europäische Verteidigungsgemeinschaft (EVG) der Sechs abhelfen sollte. Deutschland erhielt keine Wehrhoheit, sondern wurde in eine gemeinsame Armee eingebunden. Daraufhin beschloß die parlamentarische Versammlung der Montanunion 1953 den Vorschlag einer Europäischen Politischen Gemeinschaft (EPG), die für Außenpolitik, Verteidigung, wirtschaftliche und soziale Integration sowie Menschenrechtsfragen zuständig sein sollte. Mit einem Zweikammerparlament aus einem direkt gewählten Volksrat und einem von den nationalen Parlamenten zu besetzenden Senat sowie einem dem Parlament verantwortlichen Exekutivrat hätte sie trotz eines beigeordneten Ministerrats echt bundesstaatlichen Charakter gehabt. Aber den Linken wie den Rechten Frankreichs gingen die Zugeständnisse an die Deutschen im EVG-Vertrag zu weit; 1954 lehnte ihn die Nationalversammlung ab. Statt dessen gelang es, die Aufnahme der Bundesrepublik in die Westeuropäische Union und 1955 in die NATO durchzusetzen, zwar mit eingeschränkter Wehrhoheit und Vorbehalten zugunsten der Besatzungsmächte, ansonsten aber weitgehenden Souveränitätsrechten (Pariser Verträge).

Damit waren politische Einigungsprojekte erst einmal erledigt, statt dessen stand wirtschaftliches Wachstum im Vordergrund des gemeinsamen Interesses. So kamen durch die Römischen Verträge vom 25. März 1957 eine Europäische Wirtschaftsgemeinschaft (EWG) und eine Europäische Atomgemeinschaft (Euratom) zustande, die Anfang 1958 in Kraft traten. Sie waren nach dem Vorbild der Montanunion konstruiert, nur daß ihre leitenden Verwaltungsgremien «Kommission» hießen. Außerdem wurden die Verträge auf unbegrenzte Zeit abgeschlossen. Noch 1957 folgten ein gemeinsames Parlament und ein gemeinsamer Gerichtshof für alle drei Gemeinschaften. 1965 wurden die Zusammenlegung der Kommissionen und Ministerräte beschlossen und 1967 durchgeführt; seither spricht man von der Europäischen Gemeinschaft (EG).

Da Kohle und Stahl an Bedeutung zurückgingen und die gemeinsame Atompolitik nur im Bereich der Forschung florierte, konnte die EWG mit ihrem allgemeinen Auftrag des Abbaus von Handelshindernissen und der Förderung von Prosperität rasch die Führung übernehmen und beträchtliche Dynamik entfalten. Ein hochprotektionistischer gemeinsamer Agrarmarkt entstand parallel zum Abbau der Handelsschranken bis zur Zollunion 1968 und der Übernahme der Außenhandelspolitik durch die Gemeinschaft. Schon 1959 hatten sich sieben andere Länder zu einer Freihandelszone (EFTA) zusammenzuschließen versucht, die aber bald zu einer Art Wartesaal für die Aufnahme in die EWG wurde. 1961/62 stellten Dänemark, Norwegen und Großbritannien Aufnahmeanträge, die allerdings 1963 am Veto des neuen französischen Staatschefs de Gaulle scheiterten. Er strebte zwar nach engerer politischer Union, die aber strikt staatenbündischen Charakter haben und unter eindeutiger französischer Führung stehen sollte. Dem sollte nach der Abwehr des britischen Rivalen der besondere deutsch-französische Freundschaftsvertrag von 1963 dienen. Als aber 1965 für den Ministerrat der Übergang von der Einstimmigkeit zu Beschlüssen mit Zweidrittelmehrheit anstand, wobei Frankreich trotz Gewichtung der Voten überstimmt werden konnte, und die Kommission nach der Erschließung unabhängiger Finanzquellen strebte, parierte de Gaulle soviel suprastaatliche Ansprüche mit der «Politik des leeren Stuhls». Seine Vertreter erschienen nicht mehr im Ministerrat, bis der Luxemburger Kompromiß von 1966 die seither gültige Regel aufgestellt hatte, daß ein Land erklären könne, der Beschluß berühre «intérêts très importants» seiner Politik, woraufhin dann bis zur Einstimmigheit weiterverhandelt werden müsse.

De Gaulles Rücktritt 1969 führte zu neuem Aufschwung. Noch im selben Jahr wurden der weitere Abbau der Handelshindernisse und für 1980 eine gemeinsame Währung beschlossen. Ein regelmäßig tagender Europäischer Rat der Staats- und Regierungschefs zusammen mit dem Kommissionspräsidenten sollte grundsätzliche politische Fragen vorantreiben und eine gemeinsame Außenpolitik fördern. 1973 konnten Großbritannien, Irland und Dänemark beitreten, der Beitritt Norwegens wurde dort durch Volksabstimmung abgelehnt. 1981 folgte Griechenland, 1986 kamen Spanien und Portugal dazu. Das sollte auch zur Stabilisierung der neuen demokratischen Regimes in jenen Ländern beitragen; wirtschaftlich hingegen kam dadurch ein neuartiges Entwicklungsgefälle in die EG, die sich bisher eher mit begrenzter Förderung ehemaliger Kolonien ihrer Mitglieder durch Assoziation befaßt hatte. Auf der anderen Seite übernahm jetzt Großbritannien die Rolle des Bremsers für weiterreichenden Souveränitätsverzicht. Die Rezession der 1970er Jahre löste aber auch anderswo Rückfälle in Nationalismus aus.

Nichtsdestoweniger erhielt die Gemeinschaft 1975 eigene Einnahmen zugesprochen; 1977 wurde ein Rechnungshof errichtet. Zur Vorbereitung der Währungsunion entstand 1979 das Europäische Währungssystem (EWS) mit der künstlichen Rechnungseinheit European Currency Unit (ECU). Durch gegenseitige Abstimmung sollte Währungsstabilität mit wenig schwankenden Wechselkursen erzielt werden, was nicht in jedem Falle glückte. Neue Impulse löste die 1979 eingeführte Direktwahl des europäischen Parlaments aus, das bisher von den nationalen Parlamenten beschickt worden war. 1984 beschloß es eine bundesstaatliche Verfassung mit europäischer Regierung und Zweikammerparlament. Vergebens, aber die Initiative erleichterte die Verabschiedung der Einheitlichen Europäischen Akte 1986, die erstmals die Gesamtheit der europäischen Beziehungen in der Gemeinschaft ins Auge faßte, wenn auch weiterhin unter Kontrolle der nationalen Regierungen. Die Vollendung der Wirtschaftsunion und die Währungsunion wurden ernsthaft geplant und die Kommission mit zusätzlichen Befugnissen ausgestattet, die der Präsident Jacques Delors energisch zu nutzen verstand. Auch andere Institutionen wurden verbessert; der Ministerrat durfte in Fragen des Binnenmarktes künftig mit einfacher Mehrheit entscheiden, das Parlament erhielt begrenzte Mitwirkung an der Gesetzgebung, konnte freilich immer noch vom Ministerrat überstimmt werden. Schließlich wurden erstmals Verfahren für eine gemeinsame Außen- und Militärpolitik vorgesehen. 1985 war ein erstes Schengener Abkommen über den freien Personenverkehr abgeschlossen worden, 1990 folgte ein zweites, das nach erheblichen Schwierigkeiten bis 1998 allmählich verwirklicht wurde.

Nach weiteren Konferenzen konnte schließlich das Vertragswerk von Maastricht am 7. Februar 1992 unterzeichnet und bis 1. November 1993 in den verschiedenen Ländern ratifiziert werden. Es stellt mit seinen «drei Säulen» einen Kompromiß zwischen den bundesstaatlichen und staatenbündischen Bestrebungen in der Gemeinschaft dar. In der

Wirtschafts- und Währungspolitik wird die Gemeinschaft gestärkt. Das Parlament darf künftig bei der Bestellung der Kommission mitwirken, deren Amtsdauer an seine Legislaturperiode gekoppelt ist. Außerdem wird es stärker an den Entscheidungen des europäischen Rates beteiligt. Mit einem Unionsbürgerrecht ist das aktive und passive Wahlrecht für Kommunal- und Europawahlen am Wohnort verbunden, nicht freilich zu den nationalen Parlamenten. Vor allem aber wurde der Weg zur gemeinsamen Währung «Euro» verbindlich festgelegt und eine weitgehend unabhängige Europäische Zentralbank in Frankfurt errichtet. Diese Bestimmungen aus Titel II des Maastrichter Mantelvertrags wurden in den Gründungsvertrag der EG von 1957 eingefügt, der mit seinen inzwischen weit über 300 Artikeln eine Art europäisches «Grundgesetz» geworden ist. Zusatzerklärungen gewähren vor allem Großbritannien und Dänemark zahlreiche Sonderrechte; diese beiden Länder beteiligen sich bis auf weiteres nicht an der Währungsunion. In gemeinsamer Sozialpolitik übt man sich vor allem auf britisches Drängen eher in Zurückhaltung und beläßt es bei vollmundigen Absichtserklärungen.

Die Bestimmungen über die Gemeinsame Außen- und Sicherheitspolitik (GASP) und über die Zusammenarbeit in den Bereichen Justiz und Inneres (ZJI) in den Titeln V und VI (die Titel III und IV ändern den Montanunions- und den Euratomvertrag) bilden die zweite und dritte Säule; sie beruhen nach wie vor auf der bloßen Zusammenarbeit der Regierungen, haben aber immerhin internationale Hilfsinstitutionen wie EUROPOL in Den Haag hervorgebracht. Die WEU soll im Rahmen der NATO zur Verteidigungskomponente der Gemeinschaft ausgebaut werden.

1995 traten Finnland, Österreich und Schweden bei; in Norwegen scheiterte der Beitritt abermals an einer Volksabstimmung. Damit hat die EU 15 Mitglieder und elf gleichberechtigte Amtssprachen, was 110 offizielle Übersetzungskombinationen erforderlich macht. In der Praxis rivalisieren hauptsächlich das Englische und das Französische, während das Deutsche, das immerhin inzwischen in der Gemeinschaft die meisten Sprecher zählt, möglicherweise Unterstützung von neuen Mitgliedern aus Osteuropa erhalten wird. Denn Polen, Ungarn, Bulgarien, Tschechien, die Slowakei, Rumänien, Lettland, Estland und Litauen, mit denen großenteils schon vertragliche Bindungen verschiedener Art existieren, haben bis 1996 die Aufnahme beantragt. Die Beitrittsanträge der Türkei (1987) und Zyperns (1990) wurden unter Verweis auf die Menschenrechtssituation in der Türkei und die ungelöste Zypernfrage nicht akzeptiert; möglicherweise hat auch Rücksicht auf den EU-Partner Griechenland dabei eine Rolle gespielt. Der Beitritt der Schweiz wurde dort schon 1992 durch Referendum abgelehnt.

Stärke und Schwäche der Union zugleich sind ihre unscharfen Zielvorgaben. «Immer engerer Zusammenschluß ihrer Mitglieder» kann ebenso verschieden ausgelegt werden wie viele wirtschaftliche Ziele der Verträge. Konkret geht es um die Verwirklichung eines einheitlichen Wirtschaftsraums, der auf den vier europäischen Grundfreiheiten beruht: freier Warenverkehr, freier Personenverkehr, gipfelnd in gemeinsamer Unionsbürgerschaft, freier Dienstleistungsverkehr, freier Kapital- und Zahlungsverkehr. Alles andere kann mehr oder weniger daraus abgeleitet werden, nicht zuletzt auch die Außenhandelshoheit und die damit in Verbindung stehende, ungeheuer kostspielige protektionistische Agrarpolitik. 1993 nahm sie 58 % der Gemeinschaftsausgaben in Anspruch. Da auch in einigen industriellen Bereichen trotz grundsätzlichen Bekenntnisses zum Freihandel Protektionismus praktiziert wird, kommt es immer wieder zu Konflikten mit GATT und den USA. Gemeinschaftsintern sind die eng untereinander zusammenhängenden Hauptprobleme, die sich daraus ergeben: (1) die Rechts- und Normunterschiede zwischen den Ländern, (2) das sozialpolitische und (3) das Entwicklungsgefälle zwischen ihnen, woraus sich eine Fülle von Tätigkeitsfeldern für die europäische Bürokratie ergibt. Daraus entstehen dann von Rat und Kommission erlassene Verordnungen, die unmittelbar gelten, Richtlinien, die erst in nationales Recht umgesetzt werden müssen, was aber überwiegend geschieht, Entscheidungen und Empfehlungen. Der Vollzug obliegt den Mitgliedern. Für Konflikte gibt es den Europäischen Gerichtshof. Die eigenen Einnahmen der EU stammen aus maximal 1,4 % der Mehrwertsteuer der Mitglieder (55 % der Einnahmen im Jahre 1993), aus einer Umlage von maximal 1,2 % des Bruttosozialprodukts der Mitglieder (21 %), aus den Außenzöllen (20 %) sowie Agrarabschöpfungen und anderem mehr, 1993 65,5 Mia ECU (ca. 130 Mrd. DM, ein knappes Drittel des deutschen Bundeshaushaltes).[15] Dank Margaret Thatcher erfreut sich Großbritannien bei den finanziellen Leistungen bis auf weiteres verschiedener Privilegien.

Das machtvollste Organ der Gemeinschaft ist der (Minister-)Rat, der aus den jeweils zuständigen Fachministern der Mitglieder besteht. Er entscheidet mit einfacher oder, falls vorgesehen, mit qualifizierter Mehrheit. Dafür werden die Stimmen gewichtet, zwischen 10 für Deutschland, England, Frankreich, Italien und 2 für Luxemburg. Die Sperrminorität beträgt 23 von 87 Stimmen. Nach wie vor gilt aber in

15 *Boldt* 78 f. [fehlerhaft].

vielen Fällen die Einstimmigkeitsformel von Luxemburg 1966. Der Rat tagt abwechselnd in Brüssel und Luxemburg; der Vorsitz wechselt halbjährlich. Daneben gibt es in der Praxis seit 1969, als Institution seit 1987 den Europäischen Rat der Staats- und Regierungschefs mit dem Kommissionspräsidenten, ein mindestens zweimal jährlich stattfindendes Gipfeltreffen zur Erarbeitung von politischen Richtlinien, nicht zuletzt auch für die gemeinsame Außenpolitik. Schließlich werden wichtige Fragen, etwa die Besetzung der Kommission durch die Regierungen im Einvernehmen geregelt, durch «im Rat vereinigte Vertreter» heißt das.

Die Geschäfte der EU führt die Kommission mit Sitz in Brüssel (und etlichen Dienststellen in Luxemburg). Sie hat partielle Entscheidungsbefugnis und überwiegend die Initiative; der Rat entscheidet in der Regel nur über ihre Vorschläge. Sie besteht aus dem Präsidenten und 19 Kommissaren, denen jeweils bestimmte Sachbereiche zugewiesen sind. Daneben bestehen ebenfalls sachlich organisierte 24 Generaldirektionen, die den Kommissaren aber nicht eindeutig untergeordnet sind. Insgesamt beschäftigt sie etwa 19 000 Personen. Jedes Land bestellt auf fünf Jahre einen Kommissar, Deutschland, England, Frankreich, Italien, Spanien zwei. Die Kommissare sind aber nicht weisungsgebunden, sondern nur der Gemeinschaft verpflichtet; sie entscheiden mit Stimmenmehrheit.

Das seit 1979 direkt, aber nach höchst unterschiedlichen nationalen Wahlgesetzen gewählte Parlament mit seinen 626 Abgeordneten begünstigt die kleinen Mitglieder; ein deutscher Abgeordneter vertritt zehnmal mehr Wähler als einer aus Luxemburg. Es entscheidet zwar über Aufnahmeanträge, ist an der Rechtssetzung beteiligt und wirkt neuerdings an der Bestellung der Kommission mit, die es durch ein Mißtrauensvotum stürzen kann, stellt aber nicht eigentlich die Legislative der Gemeinschaft dar. Gegenüber dem Rat hat es nur ein Fragerecht. Offiziell tagt es in Straßburg, hält aber auch Sitzungen in Brüssel ab, wo sich seine Ausschüsse ohnehin treffen müssen. Sein Generalsekretariat mit der Verwaltung hingegen befindet sich in Luxemburg.

Der Europäische Gerichtshof für die Anwendung von Gemeinschaftsrecht mit seinen fünfzehn auf sechs Jahre von den Mitgliedern bestellten Richtern hat ebenfalls seinen Sitz in Luxemburg, desgleichen ein Gericht erster Instanz für Dienstrechtssachen usw. sowie der europäischen Rechnungshof. Die Rechtsprechung des Gerichtshofs hat inzwischen in aller Stille einen beträchtlichen Beitrag zum Einbringen der Grund- und Menschenrechte geleistet, obwohl die EU anders als ihre Mitglieder nur durch einen vagen Hinweis auf die Konvention des Europarats im Vertrag darauf verpflichtet ist.

Ungeachtet des unvermeidlichen Proporzdenkens, das in der Ansiedlung der Institutionen ebenso wie in ihrer Zusammensetzung zum Ausdruck kommt, der enormen Schwierigkeiten bei der Zusammenarbeit von Personen unterschiedlicher Sprache und Rechtskultur sowie der bisweilen abstrusen Produkte der Brüsseler Bürokratie funktioniert die Gemeinschaft erstaunlich gut. Zwar ist inzwischen die idealistische Europabegeisterung der Anfangszeit verflogen und den Europäern, nicht zuletzt auch den wiedervereinigten Deutschen, ihr jeweiliger Nationalstaat längst wieder lieber, obwohl es im neuen Grundsatzprogramm der CDU 1994 immer noch heißt «Die EU muß [. . .] bundesstaatlich gestaltet werden».[16] Aber auch als bloßer Zweckverband nach britischen Vorstellungen ruht die EU auf der viel solideren Grundlage etablierter Interessen oder – im Falle von Interessenkonflikten – dem bewährten Aushandeln von Minimalkompromissen mit Ausnahmeregelungen, aus denen sich bei hinreichender Geduld bisweilen doch bemerkenswerte Integrationsfortschritte ergeben können. Schließlich wollen und können auch Nationalisten kaum mehr ohne die reale EU leben. Insofern ist die Entwicklung unumkehrbar.

Gerade deswegen bleibt für eine Geschichte der Staatsgewalt in Europa zum Schluß die Frage nach dem gegenwärtigen und zukünftigen Verhältnis der EU zu den europäischen Staaten und zum europäischen Staat. Wie weiland beim Deutschen Bund läßt sich trefflich darüber streiten, ob es sich um einen Staatenbund oder einen Bundesstaat handelt, oder um etwas Drittes, eine Mischung aus beiden, etwa einen «Staatenverbund», wie das Bundesverfassungsgericht 1993 formulierte.

Für einen Staatenbund spricht, daß die Mitgliedstaaten «Herren der Verträge» bleiben. Nicht nur die ausdrückliche Feststellung ihrer Souveränität auch noch im Vertrag von Maastricht, sondern vor allem die ausschlaggebenden Befugnisse des Rates im Institutionengefüge lassen das überdeutlich erkennen. Vor allem besitzt die Gemeinschaft keine Kompetenzen-Kompetenz, den Inbegriff staatlicher Souveränität. Sie kann ihre Zuständigkeit nicht selbst definieren, sondern ist darin von den Vorgaben der Mitglieder abhängig. Daher halten die europäischen Staatsgewalten bewußt oder instinktiv das europäische Parlament kurz, weil es für sie kein europäisches Volk geben darf, sondern nur ihre jeweiligen Völker. Freilich ist durchaus umstritten, ob die unbefristet abgeschlossenen Verträge nur einvernehmlich aufgehoben oder aber einseitig kraft einzelstaatlicher Souveränität gekündigt werden könnten, auch wenn dies nicht vorgesehen ist. In der Praxis würde man ein Mitglied zwar kaum am Ausscheren hindern können, aber die ver-

16 Nach *Kocka* in *Delgado/Lutz-Bachmann* 45.

schiedenen britischen und französischen Anläufe zeigen, daß damit dank handfester Interessen nicht zu rechnen ist.

Auf der anderen Seite fehlen ausgesprochen bundesstaatliche Züge keineswegs. Die Gemeinschaft besitzt rechtlich selbständige Institutionen, die sich aus eigenen Mitteln finanzieren, sie hat neuerdings ein gemeinsames Bürgerrecht, und das Gemeinschaftsrecht ist dem nationalen übergeordnet. Zwar wird nationales Recht vom Gemeinschaftsrecht nicht «gebrochen» wie Landesrecht durch Bundesrecht in Deutschland, es wird aber solange nicht angewandt, wie das Gemeinschaftsrecht mit seinem «Anwendungsvorrang» Geltung hat.[17]

Im Grunde handelt es sich um eine neuartige politische Konstruktion, die in bisherige Kategorien nicht paßt, so daß die Frage Staatenbund oder Bundesstaat ebenso falsch gestellt ist wie diejenige, ob es sich um ein völkerrechtliches Gebilde handelt oder nicht. Ein möglicherweise zukunftsweisendes Element der EU ist ihr gewaltfreies, rein interessegeleitetes Funktionieren. Zwar sind Sanktionen gegen Mitglieder durchaus möglich, es fehlt aber die Möglichkeit zur gewaltsamen Durchsetzung, wie sie bundesstaatliche Verfassungen vorzusehen pflegen; selbst der alte Deutsche Bund kannte die Bundesexekution. Die EU ist mit Kategorien des Staatsdenkens so schwer zu fassen, weil sie nicht nur kein Staat ist, sondern wahrscheinlich bereits eine politische Organisationsform des nachstaatlichen Zeitalters darstellt.

Oder sollte dieses Defizit an Staatlichkeit nur bedeuten, daß wir es mit einem unfertigen Zwischenzustand voller Dynamik zu tun haben, der letztendlich auf eine stabile Lösung hinauslaufen wird, auch wenn wir noch nicht wissen auf welche? So hatte Pufendorf einst das Alte Reich als ein mit statischen Kategorien nicht faßbares «Monstrum» definiert, eine Monarchie, deren innere Dynamik auf die Auflösung in einen Staatenbund hinauslaufe. Die sogenannten «Funktionalisten» argumentieren nach demselben Muster, wenn sie sich darauf berufen, die gemeinsame Währung werde eine stärkere politische Integration herbeiführen müssen.

Politische Integration bedeutet freilich keineswegs, daß damit automatisch die beiden häufig beklagten Mängel der EU behoben würden, ihr Demokratiedefizit und ihre Defizit an Sozialstaatlichkeit. Aus der Sicht der Mitgliedstaaten ist die EU eine Angelegenheit der Exekutive, aus der Sicht ihrer Organe eine Sache von Bürokraten und Technokraten. Bezeichnenderweise wurde in den meisten Mitgliedsländern eine Jahrhundertmaßnahme wie die Einführung des Euro, die zudem tief in das Alltagsleben aller Menschen eingreift, von der Exekutive ohne

17 *Boldt* 83.

Beteiligung des Volkes getroffen. Für die Berufspolitiker und ihre Experten scheint es nicht nur im nationalen, sondern auch im demokratischen Sinn kein europäisches «Volk» zu geben. Die mehrfach vorgeschlagene Einführung eines parlamentarischen Regierungssystems auf Gemeinschaftsebene wurde als der nationalen Vielfalt nicht entsprechend abgeblockt. Vielleicht befürchtet man, daß eine Demokratisierung der EU einen gemeinsamen politischen Willen der Europäer schaffen und damit eine Ablösung der nationalen Staatsgewalten durch eine europäische einleiten könnte.

Oder man scheut eine mögliche Korrektur der Gemeinschaftsziele in sozialstaatlicher Richtung. Ungeachtet protektionistischer Momente läuft die EU ja seit eh und je auf lupenreine Marktwirtschaft hinaus. Die EU ist ein Markt, ihr Bürger ein Marktsubjekt, sonst nichts. Der Gemeinschaft fehlt die Kompetenz und wohl auch der Wille, den europäischen Wirtschaftsraum auch zum Sozialraum zu machen. Es fehlen ihr freilich auch die Mittel, vor allem für die gigantischen Entwicklungsaufgaben und Transferleistungen, die anstehen, wenn die Länder Osteuropas tatsächlich aufgenommen und integriert, das heißt langfristig auf EU-Niveau gebracht werden sollen. Aber nicht nur dieses Problem erscheint unlösbar, auch im bisherigen Rahmen der fünfzehn ist der Sozialstaat auf nationaler Ebene finanziell am Ende und daher auf Gemeinschaftsebene erst recht nicht mehr zu verwirklichen. Heißt das, daß Demokratiedefizit und Defizit an Sozialstaatlichkeit ebenfalls aus der Perspektive des vergangenen Staates festgestellt wurden und in Wirklichkeit gar keine Mängel sind, sondern im Gegenteil nur das Vermeiden von Ballast, den sich die EU als neue politische Organisationsform für die globale Jagd auf Rendite funktionsgerecht nicht mehr zugemutet hat?

d) Weltweite Transformation des europäischen Staates?

Der moderne Staat, der sich in vielen hundert Jahren in Europa entwickelt und durch die europäische Expansion über die Welt verbreitet hat, existiert nicht mehr. Vor allem das Kriterium von Modernität schlechthin, die einst dem Ancien Régime mit unsäglicher Mühe abgerungene Einheitlichkeit von Staatsvolk und Staatsgewalt, Staatsgebiet und Staatshoheit (Souveränität) trifft kaum mehr zu. Zuwenig Staat in vielen ehemaligen Kolonien und zuviel Staat in Europa führen zur Auflösung des staatlichen Machtmonopols zu Gunsten intermediärer Instanzen und substaatlicher Verbände der verschiedensten Art. Auf der anderen Seite sind die Staaten übernational in einer Weise vernetzt und gebunden, die mit den Kategorien eines Völkerrechts souveräner

Staaten nicht mehr angemessen erfaßt werden kann. Sei es, daß sie nur als Schutzbefohlene einer auf diese Weise gewaltig aufgewerteten Staatengemeinschaft existieren können, sei es, daß sie im eigenen Interesse einen Teil ihrer Befugnisse unwiderruflich an parastaatliche Institutionen abgetreten haben. Möglicherweise nähern wir uns «a world in which states themselves increasingly accept the need for stateless government».[18] Vielleicht könnte Europa, das einst den modernen Macht- und Kriegsstaat erfunden hat, dabei mit seiner Union wenigstens demonstrieren, daß dies eine friedliche und halbwegs wohlhabende Welt sein kann?

[18] *Hoffman* 195.

ANHANG

BIBLIOGRAPHIE

Die Bibliographie soll einerseits selbständiges Weiterstudium erleichtern, andererseits anstelle eines aufwendigen Anmerkungsapparats als Nachweis dienen. Daher sind einerseits Standardwerke aufgenommen, vor allem jüngere mit reichen Literaturangaben, andererseits die wichtigsten Titel, die darüber hinaus herangezogen wurden. Wo es vertretbar erschien, wurden Untertitel weggelassen und Titel gekürzt. Die zahlreichen Beiträge zu in der Bibliographie vertretenen Sammelwerken sind nur ausnahmsweise gesondert nachgewiesen. Titel, die keinen allgemeinen Charakter haben, aber dennoch mehrfach auftreten, werden beim zweiten Mal mit Kurztitel und Verweis auf die erste Fundstelle aufgenommen, z. B. *Trotha,* Ordnungsformen [s. Einleitung].

Abkürzungen

AHR	The American Historical Review
AHDE	Anuario de Historia de Derecho Español
AKG	Archiv für Kulturgeschichte
APH	Acta Poloniae Historica
ASI	Archivio storico italiano
Bh	Beiheft
BlldtLG	Blätter für deutsche Landesgeschichte
EHR	The English Historical Review
G	Geschichte
GG	Geschichte und Gesellschaft
GWU	Geschichte in Wissenschaft und Unterricht
HJ	The Historical Journal
HJb	Historisches Jahrbuch
HZ	Historische Zeitschrift
JEcH	The Journal of Economic History
JEccH	The Journal of Ecclesiastical History
JModH	The Journal of Modern History
MIÖG	Mitteilungen des Instituts für Österreichische Geschichtsforschung
PER	Parliaments, Estates and Representation
PP	Past and Present
RenQ	Renaissance Quartely
RH	Revue Historique
RHMC	Revue d'histoire moderne et contemporaine
RSI	Rivista storica italiana
ScanJH	Scandinavian Journal of History
SCJ	The Sixteenth-Century Journal
Sh	Sonderheft
VSWG	Vierteljahrschrift für Sozial- und Wirtschaftsgeschichte
TRHS	Transactions of the Royal Historical Society
Z	Zeitschrift
ZBLG	Zeitschrift für bayerische Landesgeschichte
ZHF	Zeitschrift für Historische Forschung

ZRG/GA Zeitschrift der Savigny-Stiftung für Rechtsgeschichte/Germanistische Abteilung
ZRG/KA Kanonistische Abteilung
ZRG/RA Romanistische Abteilung

Allgemeines

Blockmans, Wim, Geschichte der Macht in Europa, Antwerpen 1997 – *Blockmans, Wim/Genet, Jean-Philippe* (Hg.), Visions sur le développement des états européens. Théories et historiographies de l'état moderne, Rom 1993 – *diess.* (Hg.), The Origins of the Modern State in Europe, 7 Bde., Oxford 1995 ff., frz. Paris 1996 ff. – *Bonney, Richard,* The European Dynastic States, 1494–1660, Oxford 1991 – *Brunner, Otto,* Neue Wege der Verfassungs- und Sozialgeschichte, 2. Aufl., Göttingen 1968 – Durand, Georges, États et institutions, XVIe–XVIIIe s., Paris 1969 – Fédou, René, L'État au Moyen Age, Paris 1971 – *Finer, Samuel,* History of Government from the Earliest Times, 3 Bde., Oxford 1997 – *Franz, Günther* (Hg.), Staatsverfassungen, 3. Aufl., München 1975 – Genet, Jean-Philippe (Hg.), L'État moderne: genèse. Bilans et perspectives, Paris 1990 – *Graus, Frantisek,* Deutsche und slawische Verfassungsgeschichte, in: HZ 197(1963)265–318 – Handbuch der europäischen Geschichte, 7 Bde., Stuttgart 1968–87 – *Hintze, Otto,* Gesammelte Abhandlungen, 2.–3. Aufl., 3 Bde., Göttingen 1964–70 – *Jellinek, Georg,* Allgemeine Staatslehre, 3. Aufl., 6.Ndr., Darmstadt 1959 – *Jouvenel, Bertrand de,* Über die Staatsgewalt. Naturgeschichte ihres Wachstums, Freiburg 1972, frz. Paris 1969 – *Kriele, Martin,* Einführung in die Staatslehre, 2. Aufl., Opladen 1981 – *Krüger, Herbert,* Allgemeine Staatslehre, 2. Aufl., Stuttgart 1966 – Lexikon des Mittelalters, Bd. 1 ff., München/Zürich 1977 – *Luhmann, Niklas,* Die Gesellschaft der Gesellschaft, 2 Bde., Frankfurt 1997 – *Mann, Michael,* The Sources of Social Power, 2 Bde., Cambridge 1986–93, Bd. 1 dt.: Geschichte der Macht, 2 Tle., Frankfurt 1990–91 – *Maravall, José Antonio,* Estado moderno y mentalidad social, 2 Bde., Madrid 1972 – *Mitteis, Heinrich,* Der Staat des hohen Mittelalters, 6. Aufl., Weimar 1959 – New Cambridge Modern History, 14 Bde., 1957–79 – *Oestreich, Gerhard,* Geist und Gestalt des frühmodernen Staates. Ausgewählte Aufsätze, Berlin 1969 – *ders.,* Strukturprobleme der frühen Neuzeit. Ausgewählte Aufsätze, Berlin 1980 – Recueils de la société Jean Bodin, 30 Bde., Brüssel 1949–69 – *Reinhard, Wolfgang,* Ausgewählte Abhandlungen, Berlin 1997 – *Rotelli, Ettore/Schiera, Pierangelo* (Hg.), Lo stato moderno, 3 Bde., Bologna 1971–74 – *Schulze, Hagen* u. a. (Hg.), Europäische Geschichte. Quellen und Materialien, München 1994 – *Staff, Ilse,* Lehren vom Staat, Baden-Baden 1981 – *Stegmann, André* (Hg.), Pouvoir et institutions en Europe au XVIe siècle, Paris 1987 – Storia d'Europa, 5 Bde. in 6 Tln., Turin 1993–96 – *Tilly, Charles* (Hg.), The Formation of National States in Western Europe, Princeton 1975 – *ders.,* Coercion, Capital, and European States, AD 990–1990, Oxford 1990 – *Weber, Max,* Wirtschaft und Gesellschaft (Studienausgabe), Köln/Berlin 1964

Allgemeines nach Ländern

Böhmen, Polen, Ungarn

Acta Poloniae Historica, Bd. 1, 1958 ff. – *Bahlcke, Joachim/Bömelburg, Hans-Jürgen/Kersken, Norbert* (Hg.), Ständefreiheit und Staatsgestaltung in Ostmitteleuropa, Leipzig 1996 – *Biskup, Marian,* Das königliche und das herzogliche Preußen von der Mitte des 15. Jahrhunderts bis 1772, in: ZHF 22(1995)49–70 – *Bosl, Karl* (Hg.), Handbuch der Geschichte der böhmischen Länder, 4 Bde., München 1967–74– *Davies, Norman,* God's Playground. A

History of Poland, 2 Bde., Oxford 1982 – Decreta Regni Hungariae 1301–1457, Budapest 1976 – *Deér, József,* L'evoluzione dell'idea dello stato ungherese, Rom 1941 – *Eszláry, Charles d',* Histoire des institutions publiques hongroises, 4 Bde., Paris 1959–68 – *Fedorowicz, Jan K.* u. a. (Hg.), A Republic of Nobles. Studies in Polish History, Cambridge 1982 – *Gooss, Roderich* (Hg.), Österreichische Staatsverträge. Fürstentum Siebenbürgen (1526–1690). Wien 1911 – *Guldescu, Stanco,* The Croatian-Slavonian Kingdom, 1526–1792, Den Haag/Paris 1970 – *Jedruch, Jacek,* Constitutions, Elections, and Legislatures of Poland, 1493–1977, Washington 1982 – *Kadlec, Karel,* Introduction à l'étude comparative de l'histoire du droit public des peuples slaves, Paris 1933 – *Köpeczi, Béla* (Hg.), Kurze Geschichte Siebenbürgens, Budapest 1990 – *Lukowski, Jerzy,* Liberty's Folly. The Polish-Lithuanian Commonwealth in the 18th Century, London/New York 1991 – *Maczak, Antoni/Rexheuser, Rex/Weber, Wolfgang* (Hg.), Der frühmoderne Staat in Ostzentraleuropa, 2 Bde., [im Druck] - *Maczak, Antoni/Samsonowicz, Henryk/Burke, Peter* (Hg.), East-Central Europe in Transition from the 14th to the 17th Century, Cambridge 1985 – *Marczali, Heinrich,* Ungarisches Verfassungsrecht, Tübingen 1911 – *Mayer, Theodor,* Verwaltungsreform in Ungarn nach der Türkenzeit, 2. Aufl., Sigmaringen 1980 – *Oberländer, Erwin/Misans, Ilgvars* (Hg.), Das Herzogtum Kurland, 1561–1795, Lüneburg 1993 – *Pánek, Jaroslav,* Das politische System des böhmischen Staates im ersten Jahrhundert der habsburgischen Herrschaft (1526–1620), in: MIÖG 97(1989)53–82 – *Peterka, Otto,* Rechtsgeschichte der böhmischen Länder in ihren Grundzügen, 2 Bde., Reichenberg 1923–28, Ndr. Aalen 1965 – La Pologne et l'Hongrie aux XVIe–XVIIIe siècles, Budapest 1981 – *Radvanszky, Anton,* Grundzüge der Verfassungs- und Staatsgeschichte Ungarns, München 1990 – *Subtelny, Orest,* Domination of Eastern Europe. Native Nobility and Foreign Absolutism, 1500–1715, Kingston 1986 – *Timon, Akos von,* Ungarische Verfassungs- und Rechtsgeschichte mit Bezug auf die Rechtsentwicklung der westlichen Staaten, 2. Aufl., Berlin 1909, ungar. 1902

Dänemark, Schweden

Herlitz, Nils, Grundzüge der schwedischen Verfassungsgeschichte, Rostock 1939, schwed. 1936 [7. schwed. Aufl. 1967 nur bis Gegenwart fortgeführt] – *Jespersen, Knud J. V.,* Absolute Monarchy in Denmark. Change and Continuity, in: ScanJH 12(1987)307–16 – *Jespersen, Leon,* The *Machtstaat* in 17th-Century Denmark, in: ScanJH 10(1985)271–304 – *Lindegren, Jan,* The Swedish Military State, 1560–1720, in: ScanJH 10(1985)305–36 – *Øystein, Rian,* State and Society in 17th-Century Norway, in: ScanJH 10(1985)337–363 – *Roberts, Michael,* Essays in Swedish History, London 1967 – *Rystad, Göran* (Hg.), Europe and Scandinavia. Aspects of the Process of Integration in the 17th Century, Lund 1983

Deutschland

Angermeier, Heinz, Die Reichsreform 1410–1555, München 1984 – *Aretin, Karl Otmar Freiherr von,* Heiliges Römisches Reich 1776–1806. Reichsverfassung und Staatssouveränität, 2 Bde., Wiesbaden 1967 – *Boldt, Hans,* Deutsche Verfassungsgeschichte, 2 Bde., 2. Aufl., München 1990–93 – *Buschmann, Arno* (Hg.), Kaiser und Reich, 2. Aufl., 2 Bde., Baden-Baden 1994 – *Conrad, Hermann,* Deutsche Rechtsgeschichte, 2 Bde., Karlsruhe 1962–66 – Deutsche Verwaltungsgeschichte, 6 Bde., Stuttgart 1983–88 – *Duchhardt, Heinz,* Deutsche Verfassungsgeschichte 1495–1806, Stuttgart 1991 – *Hartung, Fritz,* Deutsche Verfassungsgeschichte vom 15. Jahrhundert bis zur Gegenwart, 9. Aufl., Stuttgart 1969 – *Hofmann, Hanns Hubert* (Hg.), Quellen zum Verfassungsorganismus des Heiligen Römischen Reiches Deutscher Nation 1495–1815, Darmstadt 1976 – *Ingrao, Charles* u. a., Politics and Society in the Holy Roman Empire, 1500–1806 (JModH 58[1986] Supplement) – *Kunisch, Johannes* (Hg.), Neue Studien zur frühneuzeitlichen Reichsgeschichte (ZHF, Beiheft 3), Berlin 1987 – *ders.* (Hg.), Neue Studien zur frühneuzeitlichen Reichsgeschichte

(ZHF, Beiheft 19), Berlin 1997 – *Moser, Johann Jacob,* Teutsches Staats-Recht, 50 Bde., Nürnberg 1737–54, Ndr. Osnabrück 1968 – *ders.,* Neues Teutsches Staats-Recht, 20 Bde., Stuttgart/Frankfurt/Leipzig 1766–82, Ndr. Osnabrück 1967–68 – *Neuhaus, Helmut,* Das Reich in der Frühen Neuzeit, München 1997 – *Press, Volker,* Das Alte Reich. Ausgewählte Aufsätze, Berlin 1997 – *Schmidt, Georg* (Hg.), Stände und Gesellschaft im Alten Reich, Stuttgart 1989 – *Schulze, Hans,* Grundstrukturen der Verfassung im Mittelalter, 3 Bde., Stuttgart 1985–98 – *Stolleis, Michael,* Geschichte des öffentlichen Rechts in Deutschland, 2 Bde., München 1988–92 – *Weber, Hermann* (Hg.), Politische Ordnungen und soziale Kräfte im Alten Reich, Wiesbaden 1980 – *Willoweit, Dietmar,* Deutsche Verfassungsgeschichte, 3. Aufl., München 1997 – *Zeumer, Karl* (Hg.), Quellensammlung zur Geschichte der deutschen Reichsverfassung in Mittelalter und Neuzeit, 2 Bde., 2. Aufl., Tübingen 1913

Deutsche Länder

Altmann, Wilhelm (Hg.), Ausgewählte Urkunden zur brandenburg-preußischen Verfassungs- und Verwaltungsgeschichte, 2. Aufl., Berlin 1914 – *Bosl, Karl* u. a. (Hg.), Dokumente zur Geschichte von Staat und Gesellschaft in Bayern, 3 Abt., München 1974 ff. – *Brunner, Otto,* Land und Herrschaft. Grundfragen der territorialen Verfassungsgeschichte Österreichs im Mittelalter, 5. Aufl., Wien 1965 – Die Entwicklung der Verfassung Österreichs vom Mittelalter bis zur Gegenwart, Graz 1963 – Handbuch der baden-württembergischen Geschichte, 5 Bde., Stuttgart 1992 ff. – Handbuch der bayerischen Geschichte, 4 Bde. in 6 Tln., München Bd. 1–2, 3/2: 2.Aufl 1979–88, Bd. 3/1, 3/3: 3.Aufl 1995–97, Bd. 4/1–2: 1. Aufl., Ndr. 1979 – Handbuch der preußischen Geschichte, Bd. 2, Berlin/New York 1992 – *Hellbling, Ernst Carl,* Österreichische Verfassungs- und Verwaltungsgeschichte, 2. Aufl., Wien 1974 – *Keinemann, Friedrich,* Das Hochstift Paderborn am Ausgang des 18. Jahrhunderts, 3 Bde., Bochum 1996 – *Lehner, Oskar,* Österreichische Verfassungs- und Verwaltungsgeschichte mit Grundzügen der Wirtschafts- und Sozialgeschichte, Linz 1992 – *Meier, Ernst von,* Hannoversche Verfassungs- und Verwaltungsgeschichte 1680–1866, 2 Bde., Leipzig 1898–99 – Österreichische Geschichte, 10 Bde., Wien 1994 ff. – *Patze, Hans/Schubert, Ernst* (Hg.), Geschichte Niedersachsens, 4 Bde., Hildesheim 1977 ff. – *Schmidt, Eberhard,* Rechtsentwicklung in Preußen, 2. Aufl. (1929) Ndr., Darmstadt 1961 – *Vann, James Allen,* Württemberg auf dem Weg zum modernen Staat 1593–1793, Stuttgart 1986, engl. 1984 – *Walter, Friedrich,* Österreichische Verfassungs- und Verwaltungsgeschichte 1500–1955, Wien 1972 – Westfälische Geschichte, 4 Bde., Düsseldorf 1982–84

England, Irland, Schottland

Braddick, Michael, State Formation and Social Change in Early Modern England, in: Social History 16(1991)1–18 – *Bradshaw, Brendan,* The Irish Constitutional Revolution of the 16th Century, Cambridge 1979 – *Chrimes, Stanley B.,* English Constitutional History, 4. Aufl., London 1965 – *Chrimes, Stanley B./Brown, A. L.* (Hg.), Select Documents of English Constitutional History, 1307–1485, London 1961 – *Elton, Geoffrey R.* (Hg.), The Tudor Constitution. Documents and Commentary, 2. Aufl., Cambridge 1982 – *Firth, Charles H./Rait, Robert S.* (Hg.), Acts and Ordinances of the Interregnum, 1642–60, 3 Bde., London 1911 – *Hanham, Harold John* (Hg.), The Nineteenth-Century Constitution. Documents and Commentary, Cambridge 1969 – *Harding, Alan,* A Social History of English Law, Harmondsworth 1966 – *Hatschek, Julius,* Englische Verfassungsgeschichte, München/Berlin 1913, Ndr. Aalen 1978 – *Jennings, Ivor W./Ritter, Gerhard A.,* Das britische Regierungssystem, 2. Aufl., Opladen 1970 – *Keir, David L.,* The Constitutional History of Modern Britain since 1485, 8. Aufl., London 1966 – *Kenyon, John Philipps* (Hg.), The Stuart Constitution. Documents and Commentary, 2. Aufl.,Cambridge

1986 – *Kluxen, Kurt,* Englische Verfassungsgeschichte. Mittelalter, Darmstadt 1987 – *Knappen, Marshall,* Constitutional and Legal History of England, Hamden 1964 – *Loades, David,* Tudor Government. Structures of Authority in the 16th Century, Oxford 1997 – A New History of Ireland, 9 Bde., Oxford 1976 ff. – The Oxford Companion to British History, Oxford 1997 – *Robertson, Charles G.* (Hg.), Select Statutes, Cases and Documents to Illustrate English Constitutional History, 1660–1832, 9. Aufl., London 1949 – *Stephenson, Carl/Marcham, Frederick G.* (Hg.), Sources of English Constitutional History, New York 1937 – *Williams, E.Neville* (Hg.), The Eighteenth-Century Constitution. Documents and Commentary, Cambridge 1965 – *Williams, Penry,* The Tudor Regime, Oxford 1979 – *Wormald, Jenny* (Hg.), The New History of Scotland, 8 Bde., London 1981–84

Frankreich

Burguière, André/Revel, Jacques (Hg.), Histoire de la France, Bd. 2: L'État et les pouvoirs, Paris 1989, Bd. 3: L'État et les conflits, Paris 1990 – *Busquet, Raoul,* Histoire des institutions de la Provence de 1482 à 1790, Marseille 1920 – *Collins, James B.,* The State in Early Modern France, Cambridge 1995 – *Doucet, Roger,* Les institutions de la France au XVIe siècle, 2 Bde., Paris 1948 – *Dupont-Ferrier, Gustave,* La formation de l'état français, 3. Aufl., Paris 1946 – *Godechot, Jacques,* Les institutions de la France sous la Révolution et l'Empire, 3. Aufl., Paris 1985 – *Göhring, Martin,* Weg und Sieg der modernen Staatsidee in Frankreich, Tübingen 1946 – *Goubert, Pierre/Roche, Daniel,* Les Français et l'Ancien Régime, Bd. 1: La société et l'état, Paris 1984 [Neubearbeitung von: *Goubert, Pierre,* L'ancien régime, 2 Bde., Paris 1969–73] – *Guenée, Bernard,* L'histoire de l'État en France à la fin du moyen âge vue par les historiens français depuis 100 ans, in: RH 232(1964)331–60 – *Guillot, Olivier/Rigaudière, Albert/Sassier, Yves,* Pouvoirs et institutions dans la France médiévale, 2 Bde., Paris 1994 – *Holtzmann, Robert,* Französische Verfassungsgeschichte, München 1910, Ndr. Darmstadt 1965 – *Kerhervé, Jean,* l'état breton aux XIVe et XVe siècles, 2 Bde., Paris 1987 – *Lepointe, Gabriel,* Histoire des institutions du droit public français au XIXe siècle, Paris 1953 – *Marion, Marcel,* Dictionnaire des institutions de la France aux XVIIe et XVIIIe siècles, Paris 1923 – *Mousnier, Roland,* Les institutions de la France sous la monarchie absolue, 2 Bde., Paris 1974–80, engl. 1980–84 – *Ponteil, Felix,* Les institutions de la France de 1814 à 1870, Paris 1966 – *Richet, Denis,* La France moderne. L'esprit des institutions, Paris 1973 – *ders.,* De la réforme à la révolution. Études sur la France moderne, Paris 1991 – *Zeller, Gaston,* Les institutions de la France au XVIe siècle, Paris 1948.

Italien

Chittolini, Giorgio, La formazione dello stato regionale e le istituzioni del contado, Turin 1979 – *Chittolini, Giorgio/Molho, Anthony/Schiera, Pierangelo* (Hg.), Origini dello stato. Processi di formazione statale in Italia fra medioevo ed età moderna, Bologna 1994, engl.: JModH 67(1995) Supplement – *Fasano Guarini, Elena,* Lo stato mediceo di Cosimo I, Florenz 1973 – *dies.,* Potere e società negli stati regionali italiani fra '500 e '600, Bologna 1978 – *Galasso, Giuseppe* (Hg.), Storia d'Italia, 24 Bde. in 32 Tln., Turin: UTET 1979 ff. – *Koenigsberger, Helmut G.,* The Practice of Empire, Ithaca 1969 [2. Aufl. von: The Government of Sicily under Philip II, 1951] – Longman History of Italy, 8 Bde., London/New York 1996 ff. – *Reinhardt, Volker* (Hg.), Die großen Familien Italiens, Stuttgart 1992 – *Spagnoletti, Angelantonio,* Principi italiani e Spagna nell'età barocca, Mailand 1996 – Storia d'Italia, 6 Bde. in 10 Tln., Turin: Einaudi 1972–77; Storia d'Italia. Annali [Sachthemen], 12 Bde. in 14 Tln., Turin 1978–97; Storia delle regioni dall unità ad oggi, 11 Bde., Turin 1977 ff. – Storia di Milano, 17 Bde., Mailand 1953–66 – Storia di Napoli, 10 Bde., Neapel 1975–81 – Storia del Piemonte, 2 Bde., Turin 1960 – *Waquet, Jean-Claude,* Le grand-duché de Toscane sous les derniers Médicis, Paris/Padua 1990

Niederlande
Algemene Geschiedenis der Nederlanden, 15 Bde., Haarlem 1977–83 [auch Belgien] – *Israel, Jonathan,* The Dutch Republic. Its Rise, Greatness, and Fall, Oxford 1995 – *Prak, Maarten,* The Dutch State and its Institutions, 16th-18th Centuries, Ms. 1990 – *Price, J. L.,* Holland and the Dutch Republic in the Seventeenth Century. The Politics of Particularism, Oxford 1994

Portugal, Spanien
Bleiberg, Germán (Hg.), Diccionario de Historia de España, 3 Bde., Madrid 1968–69 – Colección de documentos inéditos para la historia de España, 112 Bde., Madrid 1842–95 – *Diaz Plaja, Fernando* (Hg.), La historia de España en sus documentos, 4 Bde., Madrid 1954–58 – Dicionário enciclopédico de História de Portugal, 2 Bde., Lissabon 1985 – Enciclopedia de Historia de España, 5 Bde., Madrid 1988–91 – *Garcia Gallo, Alfonso,* Manual de historia de derecho español, 2 Bde., 10. Aufl., Madrid 1984 – *Hermann, Christian* (Hg.), Le premier âge de l'état en Espagne (1450–1700), Paris 1989 – *Hespanha, António M.,* Vísperas del Leviathan. Instituciones y poder politico (Portugal, siglo XVII), Madrid 1989, port. 1986 – *ders.,* Poder e instituções no antigo regime, Lissabon 1992 – Historia general de España y América, 19 Bde. in 25 Tln., Madrid 1981–92 – *Mattoso, José* (Hg.), Historia de Portugal, 8 Bde., Lissabon 1993–94 – *Molas Ribalta, Pedro,* Veintecinco años de historiografia sobre el estado moderno, in: Indice histórico español 17(1971) XIII–LXXII – *Pérez-Bustamante, Rogelio,* Historia de los instituciones politicas de España, Madrid 1995 – *Schaub, Jean-Frédéric,* La penisola iberica nei secoli XVI e XVII. La questione dello Stato, in: Studi storici 36(1995)9–49 – *Serrão, Joel* (Hg.), Dicionário de História de Portugal, 4 Bde., Lissabon 1963–71 – *Serrão, Joel/Marques, A. H.de Oliveira* (Hg.), Nova Historia de Portugal, 13 Bde., Lissabon 1987 ff. – *Thompson, I. A. A.,* War and Society in Habsburg Spain. Selected Essays, Aldershot 1992 – *ders.,* Crown and Cortes. Government, Institutions and Representation in Early Modern Castile, Aldershot 1993

Rußland
Amburger, Erik, Geschichte der Behördenorganisation Rußlands von Peter dem Großen bis 1917, Leiden 1966 – Handbuch der Geschichte Rußlands, 3 Bde. in 6 Tln., Stuttgart 1981 ff. – *Helmert, Gundula,* Der Staatsbegriff im petrinischen Rußland, Berlin 1996 – *Peterson, Claes,* Peter the Great's Administrative and Judicial Reforms: Swedish Antecedents and the Process of Reception, Stockholm 1979

Schweiz
Handbuch der Schweizer Geschichte, 2 Bde., Zürich 1972–77 – *Nabholz, Werner/Kläui, Paul* (Hg.), Quellenbuch zur Verfassungsgeschichte der schweizerischen Eidgenossenschaft und der Kantone von den Anfängen bis zur Gegenwart, 3. Aufl., Aarau 1947 – *Peyer, Hans Conrad,* Verfassungsgeschichte der alten Schweiz, Zürich 1978

Einleitung

Achterberg, Norbert/Krawietz, Werner (Hg.), Legitimation des modernen Staates, Wiesbaden 1981 – *Algazi, Gadi,* Herrengewalt und Gewalt der Herren im späten Mittelalter: Herrschaft, Gegenseitigkeit und Sprachgebrauch, Frankfurt 1996 – *Anderson, Benedict,* Die Erfindung der Nation, Frankfurt 1988, engl. 1983 – *Anter, Andreas,* Max Webers Theorie des modernen Staates, Berlin 1995 – *Berger, Peter L./Luckmann, Thomas,* Die gesellschaftliche Konstruktion der Wirklichkeit, 5. Aufl., Frankfurt 1977, Ndr. 1994 – *Biersteker, Thomas J./Weber, Cynthia* (Hg.), State Sovereignty as Social Construct, Cambridge 1996 –

Böckenförde, Ernst-Wolfgang, Die Entstehung des Staates als Vorgang der Säkularisation, in: *ders.,* Recht, Staat, Freiheit, Frankfurt 1991, 92–114 – *ders.,* Der Staat als sittlicher Staat, Berlin 1978 – *ders.,* Die deutsche verfassungsgeschichtliche Forschung im 19. Jahrhundert, 2. Aufl., Berlin 1995 – *Boldt, Hans,* Einführung in die Verfassungsgeschichte, Düsseldorf 1984 – *Boldt, Hans/Conze, Werner/Haverkate, Görg/Klippel, Diethelm/Koselleck, Reinhart,* Staat und Souveränität, in: Geschichtliche Grundbegriffe, Bd. 6, Stuttgart 1990, 1–154 – *Bossard, Robert,* Die Gesetze von Politik und Krieg. Grundzüge einer allgemeinen Geschichtswissenschaft, Berlin/Stuttgart 1990 – *Brancourt, Jean-Pierre,* La notion d'État en France du XVIe au XVIIIe siècle, in: Revue d'histoire diplomatique 89(1975)262–80 – *Breuer, Stefan,* Die Entstehung des Staates als Problem der politischen Anthropologie, in: Neue Politische Literatur 27(1982)5–19 – *Brunner, Otto,* Der Historiker und die Geschichte von Verfassung und Recht, in: HZ 209(1969)1–18 – *Burkolter-Trachsel, Verena,* Zur Theorie sozialer Macht, Bern/Stuttgart 1981 – *Chiffoleau, Jacques/Vincent, Bernard,* Premier bilan, in: *Genet, Jean-Philippe/Vincent, Bernard* (Hg.), État et Église dans la genèse de l'État moderne, Madrid 1986, 295–309 – *Claessens, Dieter,* Rolle und Macht, 2. Aufl., München 1970 – *Clavero, Bartolomé,* Evolución historica del constitutionalismo español, 2. Aufl., Madrid 1986 – *ders.,* Tantas personas como Estados. Por una antropologia politica de la historia europea, Madrid 1986 – *Crozier, Michel/Friedberg, Erhard,* Macht und Organisation, Königstein 1979 – *Dahlmann, Friedrich Christoph,* Die Politik (1835), Frankfurt 1968 – *Downing, Brian,* The Military Revolution and Political Change. Origins of Democracy and Autocracy in Early Modern Europe, Princeton 1992 – *Duchhardt, Heinz/Kunz, Andreas* (Hg.), «Europäische Geschichte» als Historiographisches Problem, Mainz 1997 – *Dumont, Louis,* Homo hierarchicus, London 1970 – *Dyson, Kenneth H. F.,* The State Tradition in Western Europe, Oxford 1980 – *Edelman, Murray,* Politik als Ritual, Frankfurt 1976 – *Ehbrecht, Wilfried* (Hg.), Verwaltung und Politik in Städten Mitteleuropas, Köln/Wien 1994 – *Ertman, Thomas,* Birth of the Leviathan. Building States and Regimes in Medieval and Early Modern Europe, Cambridge 1997 – *Faber, Karl-Georg/Ilting, Karl-Heinz/Meier, Christian,* Macht, Gewalt, in: Geschichtliche Grundbegriffe, Bd. 3, Stuttgart 1982, 817–935 – *Fell, Armand London,* Origins of Legislative Sovereignty and the Legislative State, Bd. 1 ff., London/Westport 1982 ff. – *Forsthoff, Ernst,* Der Staat der Industriegesellschaft, München 1971 – *Friedrich, Carl J.,* Der Verfassungsstaat der Neuzeit, Berlin 1953 – *Friedrich, Manfred,* Geschichte der deutschen Staatsrechtswissenschaft, Berlin 1997 – *Genet, Jean-Philippe,* Which State Rises? In: Historical Research 65,157(1992)119–133 – *Grawert, Rolf,* Staat und Staatsangehörigkeit, Berlin 1973 – *Grimm, Dieter/Mohnhaupt, Heinz,* Verfassung, in: Geschichtliche Grundbegriffe, Bd. 6, Stuttgart 1990, 831–99, selbständig Berlin 1995 – *Haferkamp, Hans,* Herrschaft und Strafrecht, Opladen 1980 – *Hartwich, Hans-Hermann,* Die Suche nach einer wirklichkeitsnahen Lehre vom Staat, in: Aus Politik und Zeitgeschichte B 46–47(1987)3–20 – *Haupt, Heinz-Gerhard/Kocka, Jürgen* (Hg.), Geschichte und Vergleich, Frankfurt 1996 – *Hegel, Georg Wilhelm Friedrich,* Grundlinien der Philosophie des Rechts (1821), Hamburg 1955 – *Hobsbawm, Eric J./Ranger, Terence* (Hg.), The Invention of Tradition, Cambridge 1983 – *Hume, David,* Über die ursprünglichen Prinzipien der Regierung, in: *ders.,* Politische und ökonomische Essays, 2 Bde., Hamburg 1988, 25–29 – *Isensee, Josef,* Staat, in: Staatslexikon der Görres-Gesellschaft, 7. Aufl., Bd. 5, Freiburg 1989, 133–57 – *Kiss, Gábor,* Grundzüge und Entwicklung der Luhmannschen Systemtheorie, 2. Aufl., Stuttgart 1990 – *Lalinde Abadía, Jesús,* España y la monarquia universal (en torno al concepto de «Estado moderno»), in: Quaderni Fiorentini per la storia del pensiero giuridico moderno 15(1986)109–66 – *Lane, Frederic C.,* Profits from Power, Albany 1979 – *Levi, Margaret,* The Predatory Theory of Rule, in: Politics and Society 10(1981)431–65 – *Lipp, Carola,* Politische Kultur oder das Politische und Gesellschaftliche in der Kultur, in: *Hardtwig, Wolfgang/Wehler, Hans-Ulrich* (Hg.), Kulturgeschichte Heute (GG, Sh 16), Göttingen 1996, 78–110 – *Lüdtke, Alf,* Genesis und Durchsetzung des «modernen Staates», in: Archiv für Sozialgeschichte 20(1980)470–91 – *ders.*, Einleitung, in: *ders.* (Hg.), Herrschaft als soziale Praxis, Göttingen 1991, 9–63 – *Luhmann, Niklas,* Politische Verfassungen im Kontext des Gesellschaftssystems, in: Der Staat 12(1973)1–22, 165–82 – *ders.*, Macht, Stuttgart 1974 – *ders.*, Organisation und Entscheidung, Opladen 1978 – *ders.*, Vertrauen, 3. Aufl., Stuttgart 1989 – *ders.*, Die Wissenschaft der Gesellschaft, Frankfurt 1990 – *Maste, Ernst,* Die Unterscheidung von Staat und Gesellschaft und ihre Beziehung zum Staatsbegriff, in: Aus Politik und Zeitgeschichte B 4(1966)3–15 – *Mayntz, Renate,* Soziologie der öffentlichen Verwaltung, 2. Aufl., Karlsruhe 1982 – *Medick, Hans,* Weben und Überleben in Laichingen 1650–1900, Göttingen 1996 – *Mills, C. Wright,* Die amerikanische Elite, Hamburg 1962, engl. 1956 – *Moore, Barrington,* Social Origins of Dictatorship and Democracy. Lord and Peasant in the Making of the Modern World, Boston 1966 – *Münch, Paul,* «Vater Staat». Staatsmänner als Vaterfiguren? in: *Faulstich, Werner/Grimm, Gunter E.* (Hg.), Sturz der Götter? Vaterbilder im 20. Jahrhundert, Frankfurt 1989, 67–97 – *Neugebauer, Wolfgang,* Otto Hintze und seine Konzeption der «Allgemeinen Verfassungsgeschichte der neueren Staaten», in: ZHF 20(1993)65–96 – *Nietzsche, Friedrich,* Also sprach Zarathustra I–IV, Leipzig 1883–92 – *Osterhammel, Jürgen,* Sozialgeschichte im Zivilisationsvergleich. Zu künftigen Möglichkeiten komparativer Geschichtswissenschaft, in: GG 22(1996)143–64 – *Pomian, Krzysztof,* Europa und seine Nationen, Berlin 1990 – *Prätorius, Rainer,* Soziologie der politischen Organisationen, Stuttgart 1984 – *Reinhard, Wolfgang,* Das Wachstum der Staatsgewalt. Historische Reflexionen, in: Der Staat 31(1992)59–75 u. in: *ders.*, Abhandlungen [s. Allgemeines] 231–49 – *Rigotti, Francesca,* Die Macht und ihre Metaphern, Frankfurt 1994 – *Roth, Gerhard/Schwegler, Helmut* (Hg.), Self-organizing Systems, Frankfurt 1981 – *Scheuner, Ulrich,* Staatstheorie und Staatsrecht, Berlin 1978 – *Schieder, Theodor,* Möglichkeiten und Grenzen vergleichender Methoden in der Geschichtswissenschaft, in: HZ 200(1965)529–51 – *ders.*, Wandlungen des Staates in der Neuzeit, in: HZ 216(1973)265–303 – *Schmale, Wolfgang,* Das 17. Jahrhundert und die neuere europäische Geschichte, in: HZ 264(1997)587–611 – *Spruyt, Hendrik,* The Sovereign State and Its Competitors, Princeton 1994 – *Tilly, Charles,* War Making and State Making as Organized Crime, in: *Evans, Peter B./Rueschemeyer, Dietrich/Skocpol, Theda* (Hg.), Bringing the State Back In, Cambridge 1985, 169–91 – *Tocqueville, Alexis de,* De la démocratie en Amérique, hg. *E.Nolla,* Bd. 1, Paris 1990 – *Tocqueville, Alexis de,* L'Ancien Régime et la Révolution, 2 Bde. (Oeuvres 2/1–2), Paris 1952–53 – *Trotha, Trutz von,* Koloniale Herrschaft. Zur soziologischen Theorie der Staatsentstehung am Beispiel des «Schutzgebietes Togo», Tübingen 1994 – *ders.*, Ordnungsformen der Gewalt oder Aussichten auf das Ende des staatlichen Gewaltmonopols, in: *Nedelmann, Birgitta* (Hg.), Politische Institutionen im Wandel (Kölner Zeitschrift für Soziologie und Sozialpsychologie, Sonderheft 35), Wiesbaden 1995, 129–66 – *Weber, Max,* Die «Objektivität» sozialwissenschaftlicher und sozialpolitischer Erkenntnis, in: *ders.*, Gesammelte Aufsätze zur Wissenschaftslehre, Tübingen 1922, 148–214 – *Weinacht, Paul-Ludwig,* Staat. Studien zur Bedeutungsgeschichte des Wortes, Berlin 1968 – *Wimmer, Hannes,* Evolution der Politik. Von der Stammesgesellschaft zur modernen Demokratie, Wien 1996

I.

MONARCHIE UND STAATSGEWALT

Anton, Hans-Hubert, König, Königtum, in: Lexikon des Mittelalters, Bd. 5, München/Zürich 1991, 1298–1324 – *Boldt, Hans/Conze, Werner/Martin, Jochen/Schulze, Hans K.,* Monarchie, in: Geschichtliche Grundbegriffe, Bd. 4, Stuttgart 1978, 133–214 – *David, Marcel,* La souveraineté et les limites juridiques du pouvoir monarchique du IXe au XVe siècle, Paris 1954 – *Duchhardt, Heinz/Jackson, Richard A./Sturdy, David* (Hg.), European Monarchy, Stuttgart 1992 – *Greengrass, Mark* (Hg.), Conquest and Coalescence. The Shaping of the State in Early Modern Europe, London 1991 – *Gundlach, Rolf/Weber, Hermann* (Hg.), Legitimation und Funktion des Herrschers, Stuttgart 1992 – *Hecker, Hans* (Hg.), Der Herrscher. Leitbild und Abbild in Mittelalter und Renaissance, Düsseldorf 1990 – *Hellmuth, Eckhart,* Der Staat des 18. Jahrhunderts. England und Preußen im Vergleich, in: Aufklärung 9/1(1996)5–24 – *Hofmann, Hanns Hubert* (Hg.), Die Entstehung des modernen souveränen Staates, Köln/Berlin 1967 – *Kaufmann, Ekkehard,* König, in: Handwörterbuch zur deutschen Rechtsgeschichte, Bd. 2, Berlin 1978, 999–1023 – *Kunisch, Johannes* (Hg.), Der dynastische Fürstenstaat. Zur Bedeutung von Sukzessionsordnungen für die Entstehung des frühmodernen Staates, Berlin 1982 – *Lanczkowski, Günter/Schmidt, Ludwig/Staubach, Nikolaus,* Königtum, in: Theologische Realenzyklopädie, Bd. 19, Berlin/New York 1990, 323–45 – Majestas 1(1993) ff. – *Mayer, Theodor* (Hg.), Das Königtum (Vorträge und Forschungen 3), Konstanz 1956 – La monocratie, 2 Bde. (Recueils de la société Jean Bodin 20–21), Brüssel 1969–70 – *Mousnier, Roland,* La monarchie absolue en Europe du Ve siècle à nos jours, Paris 1982 – *ders.,* Monarchies et royautés de la préhistoire à nos jours, Paris 1989 – *Myers, Henry A./Wolfram, Herwig,* Medieval Kingship, Chicago 1982 – *Nelson, Janet L.,* Kingship and Royal Government, in: The New Cambridge Medieval History, Cambridge 1995, 383–430 – *Oresko, Robert/Gibbs, G. C. /Scott, Hamish M.* (Hg.), Royal and Republican Sovereignty in Early Modern Europe, Cambridge 1997 – *Reynolds, Susan,* Kingdoms and Communities in Western Europe, Oxford 1997 – *Schneider, Reinhard* (Hg.), Das spätmittelalterliche Königtum im Vergleich (Vorträge und Forschungen 32), Sigmaringen 1987 – *Strayer, Joseph R.,* Die mittelalterlichen Grundlagen des modernen Staates, Wien/Köln 1975 – *Ullmann, Walter,* Principles of Government and Politics in the Middle Ages, London 1961 – *ders.,* The Individual and Society in the Middle Ages, London 1967 – *ders.,* Schranken der Königsgewalt im Mittelalter, in: HJb 91(1971)1–21 – *Vogler, Günter* (Hg.), Europäische Herrscher, Weimar 1988 – *Weber, Hermann,* Die Bedeutung der Dynastien für die europäische Geschichte, in: ZBLG 44(1981)5–32 – *Weber, Wolfgang* (Hg.), Der Fürst. Ideen und Wirklichkeiten in der europäischen Geschichte, Köln/Weimar/Wien 1998

1. Grundlagen

a) Wurzeln europäischer politischer Kultur

Germanen

Bund, Konrad, Thronsturz und Herrscherabsetzung im Frühmittelalter, Bonn 1979 – *Fuglestad, Finn,* Earth-Priests, «Priest-Chiefs» and Sacred Kings in Ancient Norway, Iceland and West Africa, in: ScanJH 4(1979)47–74 – *Ganshof, François Louis,* Was ist das Lehenswesen, 2. Aufl., Darmstadt 1967, frz. 1944 – *Graus, Frantisek,* Verfassungsgeschichte des Mittelalters, in: HZ 243(1986)529–89 – *Grönbech, Wilhelm,* Kultur und Religion der Germanen, Hamburg 1937–39, dän. 1909/12 – *Hauck, Karl,* Geblütsheiligkeit, in: *Bischoff, Bernhard/Brechter, Suso* (Hg.), Liber Floridus. Festschrift Paul Lehmann, St.Ottilien 1950, 187–240 – *Kämpf, Hellmuth* (Hg.), Herrschaft und Staat im Mittelalter, Darmstadt 1964 – *Kern, Fritz,* Gottesgnadentum und Widerstandsrecht im frühen Mittelalter (1914), Darmstadt 1954 – *Schlesinger, Walter,* Beiträge zur deutschen Verfassungsgeschichte des Mittelalters, 2 Bde., Göttingen 1963 – *Picard, Eve,* Germanisches Sakralkönigtum? Heidelberg 1991

Römer und Griechen

Barcelo, Pedro, Basileia, Monarchia, Tyrannis, Stuttgart 1993 – *Dahlheim, Werner,* Geschichte der römischen Kaiserzeit, München 1984 – *Demandt, Alexander,* Antike Staatsformen, Berlin 1995 – *Faußner, Hans Constantin,* Die staatsrechtliche Grundlage des Rex Francorum, in: ZRG/GA 103(1986)42–103 – *Fried, Johannes,* Der karolingische Herrschaftsverband im 9. Jahrhundert zwischen «Kirche» und «Königshaus», in: HZ 235(1982)1–43 – *Gehrke, Hans-Joachim,* Geschichte des Hellenismus, München 1990 – *Hellmann, Manfred,* Corona Regni, Weimar 1961 – *Martin, Jochen,* Spätantike und Völkerwanderung, 2. Aufl., München 1990 – *Pennington, Kenneth,* The Prince and the Law, Berkeley 1993 – *Stockmeier, Peter,* Herrschaft, in: Relallexikon für Antike und Christentum, Bd. 14, Stuttgart 1988, 877–936 – *Strandberg, Carl,* Zur Frage des Veräußerungsverbots im kirchlichen und weltlichen Recht, Stockholm 1967 – *Walther, Helmut G.,* Imperiales Königtum, Konziliarismus und Volkssouveränität, München 1976 – *Wyduckel, Dieter,* Princeps legibus solutus, Berlin 1979

Christen und Juden

Borch, Herbert von, Gottesgnadentum, Berlin 1934 – *Burgess, Glenn,* The Divine Right of Kings Reconsidered, in: EHR 107(1992)837–61 – *Dabbs, Jack A.,* Dei Gratia in Royal Titles, Den Haag/Paris 1971 – *Kantorowicz, Ernst H.,* Die zwei Körper des Königs, München 1990, engl. 1957

Männer und Frauen

Duggan, Anne J. (Hg.), Queens and Queenship in Medieval Europe, Woodbridge 1997 – *Erasmus von Rotterdam,* Ausgewählte Schriften, Bd. 5, Darmstadt 1968 [Institutio Principis Christiani] – *Ettlinger, Helen S.,* Visibilis et invisibilis. The Mistress in Italian Renaissance Court Society, in: RenQ 47(1994)770–792 – *Fussenegger, Gertrud,* Herrscherinnen, Stuttgart 1991 – *Ham, Claudia,* Die verkauften Bräute. Studien zu den Hochzeiten zwischen österreichischen und spanischen Habsburgern im 17.Jahrhundert, 2 Bde., Diss.phil. Wien 1995 – *Hillenbrand, Markus,* Fürstliche Eheverträge. Gottorfer Hausrecht 1544–1773, Frankfurt 1996 – *Hopkins, Lisa,* Women Who Would Be Kings, London/New York 1991 – *Jackson, Guida M.,* Women Who Ruled, Santa Barbara/Oxford 1990 – *Jäschke, Kurt-Ulrich,* Notwendige Gefährtinnen, Saarbrücken 1991 – *Jordan, Constance,* Woman's Rule in 16th-Century British Political Thought, in: RenQ 40(1987)421–51 – *Kohler, Alfred,* «Tu felix Austria nube ...». Vom Klischee zur Neubewertung dynastischer Politik in der neueren Geschichte Europas, in: ZHF 21(1994)461–82 – *Laferl, Christopher L./Lutter, Christina,* «Innere» und «Äußere» Autonomie einer Fürstin der frühen Neuzeit. Maria von Ungarn am Beginn ihrer niederländischen Statthalterschaft, in: Frühneuzeit-Info 8(1997)170–77 – *Levin, Carole,* «The Heart and Stomach of a King». Elizabeth I and the Politics of Sex and Power, Philadelphia 1994 – *Millan, Betty,* Monstrous Regiment. Women Rulers in Men's Worlds, Windsor Forest 1982 – *Scalingi, Paula Louise,* The Scepter or the Distaff. The Question of Female Sovereignty, 1516–1607, in: The Historian 41/1(1978)59–75 – *Singham, Shanti Marie,* Betwixt Cattle and Men. Jews, Blacks, and Women, and the Declaration of the Rights of Man, in: *van Kley, Dale* (Hg.), The French Idea of Freedom, Stanford 1994, 114–53

b) Raum und Grenze

Chittolini, Giorgio/Willoweit, Dietmar (Hg.), Hochmittelalterliche Territorialstrukturen in Deutschland und Italien, Berlin 1996 – *Coulet, Noel/Genet, Jean-Philippe* (Hg.), l'état moderne. Le droit, l'espace et les formes de l'état, Paris 1990 – *de Planhol, Xavier/Claval, Paul,* Géographie historique de la France, Paris 1988 – *East, William G.,* A Historical Geography of Europe, 5. Aufl., London 1966 – *Eichenberger, Thomas,* Patria. Studien zur Bedeutung des Wortes im Mittelalter, Sigmaringen 1991 – *Febvre, Lucien,* «Frontière» – Wort und Bedeutung (frz. 1928), in: *ders.*, Das Gewissen des Historikers, Berlin 1988, 27–37 – *Gerhard, Dietrich,* Regionalismus und ständisches Wesen als ein Grundthema europäischer Geschichte, in: HZ 174(1952)307–37 – *Hartmann, Peter Claus* (Hg.), Regionen in der Frühen Neuzeit (ZHF, Bh 17), Berlin 1994 – *Kaiser, Wolfgang,* Vicini stranieri. L'uso dei confini nell'area di Basilea (XVI-XVII secolo), in: Quaderni storici 30/90(1995)601–30 – *Kretschmer, Konrad,* Historische Geographie von Mitteleuropa, München/Berlin 1904, Ndr. Osnabrück 1964 – *Ladero Quesada, Miguel Angel,* Las regiones historicas y su articulación politica en la Corona de Castilla durante la Baja Edad Media, in: En la España Medieval 15(1992)213–47 – *Marchal, Guy P.* (Hg.), Grenzen und Raumvorstellungen (11.–20. Jahrhundert), Zürich 1996 – *Medick, Hans,* Grenzziehung und die Herstellung des politisch-sozialen Raumes, in: *Weisbrod, Bernd* (Hg.), Grenzland, Hannover 1993, 195–211 – *Moraw, Peter* (Hg.), Regionale Identität und soziale Gruppen im Mittelalter (ZHF, Bh 14), Berlin 1992 – *Nicklis, Hans-Werner,* Von der «Grenitze» zur Grenze. Die Grenzidee des lateinischen Mittelalters, in: BlldtLG 128(1992)1–29 – *Revel, Jacques* (Hg.), L'espace français (Histoire de la France 1), Paris 1989 – *Sahlins, Peter,* Boundaries. The Making of France and Spain in the Pyrenées, Berkeley 1989 – *ders.*, Natural Frontiers Revisited. France's Boundaries since the 17th Century, in: AHR 95(1990)1423–51 – *Schramm, Gottfried,* Staatseinheit und Regionalismus in Polen-Litauen, in: Forschungen zur osteuropäischen Geschichte 11(1966)7–23 – *Schwarzmaier, Hansmartin,* Politische Grenzziehung und historische Bewußtseinsbildung im deutschen Südwesten, in: BlldtLG 121(1985)83–114 – *Scott, Tom,* Regional Identity and Economic Change. The Upper Rhine 1450–1600, Oxford 1997 – *Smith, Clifford Thorpe,* A Historical Geography of Western Europe before 1800, New York 1967 – *Wallace, Peter,* Communities and Conflict in Early Modern Colmar, Atlantic Highlands 1995

Universalmonarchie

Bosbach, Franz, Monarchia universalis, Göttingen 1989

Zusammengesetzte Monarchie

Brauneder, Wilhelm (Hg.), Staatliche Vereinigung. Fördernde und hemmende Elemente in der deutschen Geschichte (Der Staat, Bh 12), Berlin 1998 – *Brown, Keith,* Kingdom or Province? Scotland and the Regal Union, 1603–1715, London 1992 – *Burgess, Glenn,* The New British History. Founding a Modern State, 1500–1707, London 1997 – *Dörr, Oliver,* Die Inkorporation als Tatbestand der Staatensukzession, Berlin 1995 – *Elliott, John H.*, A Europe of Composite Monarchies, in: PP 137(1992)48–71 – *Ellis, Steven G.*, Tudor Frontiers and Noble Power, Oxford 1995 – *Ellis, Steven G./Barber, Sarah* (Hg.), Conquest and Union. Fashioning a British State, 1485–1725, London 1995 – *Fröschl, Thomas* (Hg.), Föderationsmodelle und Unionsstrukturen (Wiener Beiträge zur Geschichte der Neuzeit 21), Wien/München 1994 – *Grant, Alexander/Stringer, Keith J.* (Hg.), Uniting the Kingdom? The Making of British History, London 1995 – *Hintze, Hedwig,* Staatseinheit und Föderalismus im alten Frankreich und in der Revolution, Stuttgart 1928 – *Kalisch, Johannes/Gierowski, Józef A.* (Hg.), Um die polnische Krone, Berlin 1960 – *Koenigsberger, Helmut G.*, Zusammengesetzte Staaten, Repräsentativversammlungen und der amerikanische Unabhängigkeitskrieg, in: ZHF 18(1991)399–423 – *Perceval-Maxwell, Michael,* Ireland and the Monarchy in the Early Stuart Multiple Kingdom, in: HJ 34(1991)279–95 – *Potter, David,* War and Government in the French Provinces. Picardy 1470–1560, Cambridge 1993 – *Redslob, Robert,* Abhängige Länder, Leipzig 1914, Ndr. Frankfurt 1978 – *Wormald, Jenny,* The Creation of Britain. Multiple Kingdom or Core and Colonies? In: TRHS 6/2(1992)175–94

2. Varianten

a) Gemeinsamkeiten

Absolutismus

Anderson, Perry, Die Entstehung des absolutistischen Staates, Frankfurt 1979 – *Asch, Ronald G./Duchhardt, Heinz* (Hg.), Der Absolutismus – ein Mythos? Köln/Weimar/Wien 1996 – *Blänkner, Reinhard,* «Absolutismus» und «frühmoderner Staat». Probleme und Perspektiven der Forschung, in: *Vierhaus, Rudolf* (Hg.), Frühe Neuzeit – Frühe Moderne? Göttingen 1992, 48–74 – *ders.,* «Der Absolutismus war ein Glück, der (!) doch nicht zu den Absolutisten gehört». Eduard Gans und die hegelianischen Ursprünge der Absolutismusforschung in Deutschland, in: HZ 256(1993)31–66 – *Fulbrook, Mary,* Piety and Politics. Religion and the Rise of Absolutism in England, Württemberg and Prussia, Cambridge 1983 – *Henshall, Nicholas,* The Myth of Absolutism. Change and Continuity in Early Modern European Monarchy, London 1992 – *Hinrichs, Ernst* (Hg.), Absolutismus, Frankfurt 1986 – *Hubatsch, Walther* (Hg.), Absolutismus, 2. Aufl., Darmstadt 1988 – *Kunisch, Johannes,* Absolutismus und Öffentlichkeit, in: Der Staat 34(1995)183–98 – *ders.,* Absolutismus, Göttingen 1986 – *Miller, John* (Hg.), Absolutism in 17th-Century Europe, London 1990 – *Pichler, Johannes W.,* Necessitas, Berlin 1983

Aufgeklärter Reformabsolutismus

L'absolutisme éclairé, in: Annales historiques de la révolution française 238(1979)519–646 – *Aretin, Karl Otmar Freiherr von* (Hg.), Der aufgeklärte Absolutismus, Köln 1974 – *Birtsch, Günther* (Hg.), Reformabsolutismus im Vergleich (Aufklärung 9/1[1996]) – *Bluche, François,* Le despotisme éclairé, Paris 1968 – *Graf, Gerda* (Hg.), Der Verfassungsentwurf aus dem Jahr 1787 des Granduca Pietro Leopoldo di Toscana, Berlin 1998 – *Klippel, Diethelm,* Von der Aufklärung der Herrscher zur Herrschaft der Aufklärung, in: ZHF 17(1990)193–210 – *Meyer, Jean,* Le despotisme éclairé, Paris 1991

b) Besonderheiten

Deutschland (Reich)

Boshof, Egon, Königtum und Königsherrschaft im 10. und 11. Jahrhundert, München 1993 – *Diestelkamp, Bernhard,* Heinrich Mitteis' «Lehnrecht und Staatsgewalt» im Lichte moderner Forschung, in: *Landau, Peter* u. a. (Hg.), Heinrich Mitteis nach hundert Jahren, München 1991, 11–21 – *Keller, Hagen,* Reichsorganisation, Herrschaftsformen und Gesellschaftsstrukturen im Regnum Teutonicum, in: Il secolo di ferro, Spoleto 1991, 159–203 – *Kleinheyer, Gerd,* Die kaiserlichen Wahlkapitulationen, Karlsruhe 1968 – *Krieger, Karl-Friedrich,* König, Reich und Reichsreform im Spätmittelalter, München 1992 – *Moraw, Peter,* Von offener Verfassung zu gestalteter Verdichtung. Das Reich im späten Mittelalter 1250–1490, Berlin 1985 – *Schieder, Theodor* (Hg.), Beiträge zur Geschichte des mittelalterlichen deutschen Königtums (HZ Bh 2), München 1973 – *Schindling, Anton/Ziegler, Walter* (Hg.), Die Kaiser der Neuzeit, München 1990 – *Schubert, Ernst,* König und Reich, Göttingen 1979 – *Weis, Eberhard,* Absolute Monarchie und Reform im Deutschland des späten 18. und des frühen 19. Jahrhunderts, in: Geschichte in der Gesellschaft, Festschrift für Karl Bosl, Stuttgart 1974, 436–61

Deutschland (Territorien)

Bidermann, Hermann Ignaz, Geschichte der österreichischen Gesamtstaatsidee 1526–1804, 2 Bde., Innsbruck 1867–89 [bis 1740, mehr nicht erschienen] – *Christ, Günter,* Frühneuzeitliche Staatlichkeit im Erzstift Mainz und im Hochstift Würzburg, in: Gesellschaftsgeschichte. Festschrift Karl Bosl, München 1988, 373–92 – *Härtel, Reinhard,* Über Landesteilungen in deutschen Territorien des Spätmittelalters, in: *Ebner, Herwig* (Hg.), Festschrift Friedrich Hausmann, Graz 1977, 179–205 – *Heimann, Heinz-Dieter,* Hausordnung und Staatsbildung, Paderborn 1993 – *Hüttl, Ludwig,* Der Absolutismus im süddeutschen Raum. Ein Vergleich zwischen Kurbayern und dem Hochstift Eichstätt, in: ZBLG 40(1977)869–907 – *Lanzinner, Maximilian,* Herrschaftsausübung im frühmodernen Staat. Zur Regierungsweise Herzog Wilhelms V. von Bayern, in: ZBLG 51(1988)77–99 – *Liermann, Hans,* Untersuchungen zum Sakralrecht des protestantischen Herrschers, in: ZRG/KA 61(1941)311–83 – *Lutz, Ulrich,* Die Herrschaftsverhältnisse in der Landgrafschaft Baar in der Wende vom 15. zum 16. Jahrhundert, Bühl 1979 – *Merzbacher, Friedrich/Sellert, Wolfgang,* Landesherr/Landeshoheit, in: Handwörterbuch zur deutschen Rechtsgeschichte, Bd. 2, 1383–94 – *Rennefahrt, Hermann,* Die Verstärkung der Staatsgewalt im Fürstbistum Basel unter Bischof Jakob Christoph 1575–1608, in: Schweizer Beiträge zur allgemeinen Geschichte 18/19(1961)267–310 – *Schieder, Theodor,* Die preußische Königskrönung von 1701, in: *ders.,* Begegnungen mit der Geschichte, Göttingen 1962, 183–209, 287–94 – *Schlesinger, Walter,* Die Entstehung der Landesherrschaft, Dresden 1941, Ndr. [mit Vorbemerkung] Darmstadt 1969 – *Schubert, Ernst,* Fürstliche Herrschaft und Territorium im späten Mittelalter, München 1996 – *Waddington, Albert,* L'acquisition de la couronne royale de Prusse par les Hohenzollern, Paris 1888 – *Willoweit, Dietmar,* Rechtsgrundlagen der Territorialgewalt, Köln 1975

Italien
Cernigliaro, Aurelio, Sovranità e feudo nel regno di Napoli 1505–1557, Neapel 1984 – *Corrao, Pietro,* Governare un regno. Potere, società e istituzioni in Sicilia fra Trecent e Quattrocento, Neapel 1991 – *Fasano Guarini* [s. Allgemeines] – *Houben, Hubert,* Roger II. von Sizilien, Darmstadt 1997 – *Prodi, Paolo,* Lo sviluppo dell'assolutismo nello Stato Pontificio, Bologna 1968 – *ders.,* Il sovrano pontefice, Bologna 1982 – *Reinhardt,* Familien [s. Allgemeines] – *Spini, Giorgio,* The Medici Principality and the Organization of the States of Europe in the 16th Century, in: Journal of Italian History 2(1979)420–47 – *Symcox, Geoffrey,* Victor Amadeus II. Absolutism in the Savoyard State, 1675–1730, London 1983 – *Waquet* [s. Allgemeines]

Frankreich
Baldwin, John W., The Government of Philip Augustus, Berkeley 1986 – *Barbey, Jean,* Être roi. Le roi et son gouvernement en France de Clovis à Louis XVI, Paris 1992 – *Bossuat, André,* La formule «Le roi est empereur en son royaume». Son emploi au XVe siècle devant le Parlement de Paris, in: Revue historique de droit français et étranger 39(1961)371–81 – *Brown, Elisabeth A. R./Famiglietti, Richard C.,* The Lit de Justice. Semantics, Ceremonial, and the Parlement of Paris 1300–1600, Sigmaringen 1994 – *Bulst, Neithard/Descimon, Robert/Guerreau, Alain* (Hg.), L'état ou le roi, Paris 1996 – *Cazelles, Raymond,* Société politique, noblesse et couronne sous Jean le Bon et Charles V, Genf/Paris 1982 – *Esmein, Adhémar,* La maxime «Princeps legibus solutus est» dans l'ancien droit public français, in: *Vinogradoff, Paul,* Essays in Legal History, Oxford 1913, 201–14 – *Ehlers, Joachim/Müller, Heribert/Schneidmüller, Bernd* (Hg.), Die französischen Könige des Mittelalters, München 1996 – *Flammermont, Jules* (Hg.), Remonstrances du Parlement de Paris au XVIIIe siècle, 3 Bde., Paris 1888–98 – *Hanley, Sarah,* The Lit de Justice of the Kings of France, Princeton 1983 – *Hartmann, Peter Claus* (Hg.), Die französischen Könige und Kaiser der Neuzeit, München 1994 – *Henshall* [s.Absolutismus] – *Holt, Mack P.,* The King in Parliament. The Problem of the Lit de Justice in 16th-Century France, in: HJ 31(1988)507–27 – *Krumeich, Gerd,* Jeanne d'Arc in der Geschichte, Sigmaringen 1989 –

Krynen, Jacques, Idéal du prince et pouvoir royal en France à la fin du Moyen Age (1380–1440), Paris 1981 – *ders.,* «Le mort saisit le vif». Génèse médiévale du principe d'instantanéité de la succession royale française, in: Journal des Savants 1984 [1987] 187–221 – *Le Goff, Jacques,* Saint Louis, Paris 1996 – *Lemaire, André,* Les lois fondamentales de la monarchie française, Paris 1907 – *Lewis, Andrew W.,* Royal Succession in Capetian France, Cambridge MA/London 1981 – *Major, J.Russell,* From Renaissance Monarchy to Absolute Monarchy, French Kings, Nobles and Estates, Baltimore/London 1994 – *Malettke, Klaus,* Frankreich und Europa im 17. und 18. Jahrhundert. Der französische Beitrag zur Entfaltung des frühmodernen souveränen Staates, in: Francia 3(1976)321–45 – *Mettam, Roger C.,* Power and Faction in Louis XIV's France, Oxford 1988 – *Mousnier* [s. Allgemeines] – *Parker, David,* The Making of French Absolutism, London 1983 – *ders.,* Sovereignty, Absolutism and the Function of the Law in 17th-Century France, in: PP 122(1989)36–74 – *Rowen, Herbert H.,* The King's State. Proprietary Dynasticism in Early Modern France, New Brunswick 1980 – *Schneidmüller, Bernd,* Karolingische Tradition und frühes französisches Königtum, Wiesbaden 1989 – *Schramm, Percy Ernst,* Der König von Frankreich, 2 Bde., 2. Aufl. Darmstadt 1960

Portugal und Spanien

Alonso IX [X] el Sabio, Las siete partidas, 2 Bde., Barcelona 1843–44 – *Bernecker, Walther L./Collado Seidel, Carlos/Hoser, Paul* (Hg.), Die spanischen Könige, München 1997 – *Bisson, Thomas N.,* The Problem of Feudal Monarchy: Aragon, Catalonia, France, in: Speculum 53(1978)460–78 – *Corones González, Santos M.,* Las Leyes fundamentales del antiguo régimen, in: AHDE 65(1995)127–218 – *Dios, Salustiano de,* El ejercitio de la Gracia Regia en Castilla entre 1250 y 1530. Los inicios del Consejo de la Camera, in: AHDE 60(1990)323–51 – *Gómez Mampaso, Maria Valentina,* Contribución al estudio de los titulos adoptados por los Reyes Católicos, in: Boletin de la Real Academia de la Historia 169(1972)627–49 – *Morales Moya, Antonio,* El estado absoluto de los Reyes Católicos, in: Hispania 35(1975)75–119 – *Pérez, Joseph,* Ferdinand und Isabella, München 1989 – *Sánchez Agesta, Luis,* El «Poderío real absoluto» en el testamento de 1554, in: Carlos V (1500–1558). Homenaje de la Universidad de Granada, Granada 1958, 439–60 – *Schramm, Percy Ernst,* Der König von Navarra (1035–1512), in: ZRG/GA 68(1951)110–210 – *ders.,* Der König von Aragon. Seine Stellung im Staatsrecht 1276–1410, in: HJb 74(1955)99–123 – *Thompson, I. A. A.,* Absolutism in Castile, in: *Miller* [s.Absolutismus]

England

Axton, Marie, The Queen's Two Bodies, London 1977 – *Cottret, Bernard,* Le roi, les lords et les communes. Monarchie mixte et états du royaume en Angleterre (XVIe–XVIIIe s.), in: Annales 41(1986)127–50 – *Dunham, William H./Wood, Charles T.,* The Right to Rule in England: Depositions and the Kingdom's Authority, 1327–1485, in: AHR 81(1976)738–61 – *Edie, Carolyn A.,* Succession and Monarchy. The Controversy of 1679–81, in: AHR 70(1964/65)350–70 – *dies.,* Revolution and the Rule of Law. The End of the Dispensing Power, 1689, in: 18th-Century Studies 10(1976/77)434–50 – *Goodman, Anthony,* The New Monarchy. England 1471–1534, Oxford 1988 – *Greenberg, Janelle,* Our Grand Maxime of State: «The King Can Do No Wrong», in: History of Political Theory 12(1991)209–28 – Henshall [s. Absolutismus] – *Kleinhenz, Roland,* Königtum und parlamentarische Vertrauensfrage in England 1689–1841, Berlin 1991 – *Lander, Jack R.,* Crown and Nobility, 1450–1509, London 1976 – *ders.,* Politics and Power in England, 1450–1509, London 1976 – *Lewis, Ewart,* King Above Law? «Quod Principi placuit» in Bracton, in: Speculum 39(1964)240–69 – *Malcolm, Joyce L.,* Charles II and the Reconstruction of Royal Power, in: HJ 35(1992)307–30 – *Mayer, T.F.,* Tournai and Tyranny. Imperial Kingship and Critical Humanism, in: HJ 34(1991)257–77 – *Nenner, Howard,* The Right to be King. The Succession to the Crown of England, 1587–1714, London 1995 – *Reeve, L.J.*, Charles I and the Road to Personal Rule, Cambridge 1989 – *Reitan, Earl A.*, The Civil List in 18th-Century British Politics, in: HJ 9(1966)318–37 – *ders.*, From Revenue to Civil List, 1689–1702, in: HJ 13(1970)571–88 – *Ritter, Gerhard A.*, Divine Right und Prärogative der englischen Könige 1603–40, in: HZ 196(1963)584–625 – *Schramm, Percy Ernst*, Geschichte des englischen Königtums im Lichte der Krönung, Weimar 1937 – *Sherwood, Roy*, The Court of Oliver Cromwell, London 1977 – *Smith, Edward O.*, Crown and Commonwealth. A Study in the Official Elizabethan Doctrine of the Prince, Philadelphia 1976 – *Ullmann, Walter*, «This Realm of England is an Empire», in: JEccH 30(1979)175–203 – *Wende, Peter* (Hg.), Englische Könige und Königinnen, München 1998 – *Wilkinson, Bertie*, Constitutional History of England in the 15th Century, 1399–1485, London 1964

Dänemark und Schweden

Asker, Björn, Aristocracy and Autocracy in 17th-Century Sweden, in: ScanJH 15(1990)89–95 – *Bagge, Sverre,* The Political Thought of «The Kings Mirror», Odense 1987 – *ders.*, From Gang Leader to the Lord's Anointed, Odense 1996 – *Barudio, Günter,* Absolutismus. Zerstörung der «libertären Verfassung». Studien zur «karolinischen Eingewalt» in Schweden zwischen 1680 und 1693, Wiesbaden 1976 – *Brandt, Peter,* Von der Adelsmonarchie zur königlichen «Eingewalt». Der Umbau der Ständegesellschaft in der Vorbereitungs- und Frühphase des dänischen Absolutismus, in: HZ 250(1990)33–72 – *Ekman, Ernst,* The Danish Royal Law of 1665, in: JModH 29(1957)103–07 – *Fabricius, Knud,* Kongeloven, Kopenhagen 1920, Ndr. 1971 – *Gerhard, Dietrich,* Probleme des dänischen Frühabsolutismus, in: *Vierhaus, Rudolf/Botzenhart, Manfred* (Hg.), Dauer und Wandel in der Geschichte. Festgabe für Kurt von Raumer, Münster 1966, 269–92 – *Joergensen, Adolf Ditlev* (Hg.), Kongeloven og dens Forhistorie. Aktstykker, Kopenhagen 1886 – *Krumm, Johann,* Lex Regia. In: Nordelbingen 4(1925)42–63 – *Matzen, Henning,* Danske Kongers Haandfaestninger, Kopenhagen 1889, Ndr.1977 – Œuvres politiques, littéraires et dramatiques de Gustave III, roi de Suède, 5 Bde., Paris/Stockholm 1805–06 – *Runeby, Nils,* Monarchia mixta. Maktfördelningsdebatt i Sverige under den tidigare stormaktstiden, Stockholm 1962 – *Sawyer, Birgit/Sawyer, Peter,* Medieval Skandinavia, Minneapolis/London 1993 – *Schieche, Emil,* Der schwedische Ratskonstitutionalismus im 17. Jahrhundert, in: Spiegel der Geschichte, Festgabe für Max Braubach, Münster 1964, 388–428 – *Thanner, Lennart,* 1680 års statsrättsförklaring, Stockholm 1961 – *ders.* (Hg.), Handlinger till Sveriges politiska historia 1718–1719, Stockholm 1961

Böhmen, Polen, Ungarn

Bahlcke, Joachim, Regionalismus und Staatsintegration im Widerstreit. Die Länder der Böhmischen Krone im ersten Jahrhundert der Habsburgerherrschaft (1526–1619), München 1994 – *Baráth, Tibor,* L'absolutisme éclairé en Hongrie (1761–95), in: Bulletin of the International Committee of Historical Sciences 9(1937)68–77 – *Bardach, Juliusz,* L'union de Lublin, in: APH 21(1970)69–92 – *Deér, József,* Die heilige Krone Ungarns, Wien 1966 – *Gierowski, Józef,* La France et les tendances absolutistes du roi de Pologne Auguste II, in: APH 17(1968)49–70 – *Király, Bela,* Hungary in the Late 18th Century, New York 1969 – *Olszewski, Henryk,* Über die Träger der Souveränität in Polen in der Ära der Wasa-Könige 1587–1668, in: Jahrbücher für Geschichte Osteuropas 36(1988)493–503 – *Pokorny, Veronica,* Clementia austriaca, in: MIÖG 86(1978)310–64 – *Rhode, Gotthold,* Staatenunion und Adelsstaat, in: Zeitschrift für Ostforschung 9(1960)185–215 – *Staszewski, Jacek,* August III., Berlin 1996 – *Wyrwa, Tadeusz,* Monarchie élective et démocratie nobiliaire en Pologne au XVIe siècle, in: Revue historique de droit français et étranger 55(1977)579–612

3. Formen und Symbole

a) Hof und Herrschaft

Asch, Ronald, Der Hof Karls I. von England. Politik, Provinz und Patronage 1625–1640, Köln 1993 – *Asch, Ronald/Birke, Adolf M.* (Hg.), Princes, Patronage and the Nobility. The Court at the Beginning of the Modern Age, Oxford 1991 – *Bauer, Volker,* Die höfische Gesellschaft in Deutschland von der Mitte des 17. bis zum Ausgang des 18. Jahrhunderts, Tübingen 1993 – *ders.* Hofökonomie, Wien 1997 – *Blanco-González, Bernardo,* Del cortesano al discreto, Bd. 1, Madrid 1962 – *Braungart, Georg,* Hofberedsamkeit, Tübingen 1988 – *Brunner, Max,* Die Hofgesellschaft. Die führende Gesellschaftsschicht Bayerns während der Regierungszeit König Maximilians II., München 1987 – *Buck, August/Kauffmann, Georg/Spahr, Blake Lee/Wiedemann, Conrad* (Hg.), Europäische Hofkultur im 16. und 17. Jahrhundert, 3 Bde., Hamburg 1981 – *Dickens, Arthur G.* (Hg.), Europas Fürstenhöfe, München 1978, engl. 1977 – *Ehalt, Hubert C.,* Ausdrucksformen absolutistischer Herrschaft. Der Wiener Hof im 17. und 18. Jahrhundert, Wien 1980 – *Elias, Norbert,* Die höfische Gesellschaft, Neuwied/Berlin 1969 – *Fantoni, Marcello,* La corte del granduca, Rom 1994 – *Fellmann, Walter,* Maitressen, Leipzig 1994 – *Flink, Klaus* (Hg.), Die klevischen Hofordnungen, Köln 1997 – *Forster, Leonard,* Das Album Amicorum von Dietrich Bevernest, Amsterdam 1982 – *Guillemain, Bernard,* La cour pontificale d'Avignon 1309–1376, Paris 1966 – *Hausenstein, Wilhelm,* Vom Genie des Barock, München 1956 – *Kern, Arthur* (Hg.), Deutsche Hofordnungen des 16. und 17. Jahrhunderts, 2 Bde., Berlin 1905–07 – *Kettering, Sharon,* Patrons, Brokers, and Clients in 17th-Century France, New York 1986 – *Kiesel, Helmuth,* «Bei Hof, bei Höll». Untersuchungen zur literarischen Hofkritik, Tübingen 1979 – *Klingensmith, Samuel J.,* The Utility of Splendour. Ceremony, Social Life, and Architecture at the Court of Bavaria, 1600–1800, Chicago/London 1993 – *Kruedener, Jürgen Freiherr von,* Die Rolle des Hofes im Absolutismus, Stuttgart 1973 – *Le Roy Ladurie, Emmanuel,* Auprès du roi, la cour, in: Annales 38(1983)21–41 – *Lubkin, Gregory,* A Renaissance Court. Milan under Galeazzo Maria Sforza, Berkeley 1994 – *Midelfort, H. C.Erik,* Mad Princes of Renaissance Germany, Charlottesville/London 1994 – *Möckl, Karl* (Hg.), Hof und Hofgesellschaft in den deutschen Staaten des 19. und beginnenden 20.Jahrhunderts, Boppard 1990 – *Mörke, Olaf,* «Stadtholder» oder «Staetholder»? Die Funktion des Hauses Oranien und seines Hofes in der politischen Kultur der Vereinigten Niederlande im 17. Jahrhundert, Münster 1997 – *Mozzarelli, Cesare* (Hg.), «Familia» del principe e famiglia aristocratica, Rom 1988 – *Mozzarelli, Cesare/Venturi, Gianni* (Hg.), L'Europa delle corti alla fine dell'antico regime, Rom 1991 – *Müller, Rainer A.,* Der Fürstenhof in der frühen Neuzeit, München 1995 – *Ossola, Carlo/Prosperi, Adriano* (Hg.), La corte e il «Cortigiano», 2 Bde., Rom 1980 – *Paravicini, Werner* (Hg.), Alltag bei Hofe, Sigmaringen 1995 – *Smuts, R.Malcolm,* Court Culture and the Origins of a Royalist Tradition in Early Stuart England, Philadelphia 1987 – *Spielman, John P.,* The City and the Court. Vienna and the Imperial Court 1600–1740, West Lafayette 1993 – *Starkey, David* (Hg.), The English Court from the War of the Roses to the Civil War, London 1987 – *Uhlig, Claus,* Hofkritik im England des Mittelalters und der Renaissance, Berlin 1973 – *Veblen, Thorstein,* Theorie der feinen Leute, München 1971, engl. 1899 – *Völkel, Markus,* Römische Kardinalshaushalte des 17. Jahrhunderts, Tübingen 1993 – *Winterling, Aloys,* Der Hof des Kurfürsten von Köln 1688–1794, Bonn 1986

b) Hauptstadt und Residenz

Andermann, Kurt (Hg.), Residenzen. Aspekte hauptstädtischer Zentralität von der frühen Neuzeit bis zum Ende der Monarchie, Sigmaringen 1992 – *Clark, Peter/Lepetit, Bernard* (Hg.), Capital Cities and their Hinterlands in Early Modern Europe, Leicester 1996 – *Engel, Evamaria/Lamprecht, Karen/Nogossek, Hanna* (Hg.), Metropolen im Wandel. Zentralität in Ostmitteleuropa an der Wende vom Mittelalter zur Neuzeit, Berlin 1995 – *Greipl, Egon Johannes,* Macht und Pracht. Die Geschichte der Residenzen in Franken, Schwaben und Altbayern, Regensburg 1991 – *Heppner, Harald* (Hg.), Hauptstädte in Südosteuropa, Wien 1994 – Mitteilungen der Residenzenkommission 1(1991) ff. – *Patze, Hans/Paravicini, Werner* (Hg.), Fürstliche Residenzen im spätmittelalterlichen Europa, Sigmaringen 1991 – *Patze, Hans/Streich, Gerhard,* Die landesherrlichen Residenzen im spätmittelalterlichen deutschen Reich, in: BlldtLG 118(1982)204–20 – *Peyer, Hans Conrad,* Das Reisekönigtum des Mittelalters, in: VSWG 51(1964)1–21 – *Press, Volker* (Hg.), Südwestdeutsche Bischofsresidenzen außerhalb der Kathedralstädte, Stuttgart 1992 – *Sandberg, Robert,* Growth and Transformation of an Early Modern Capital City. Stockholm in the First Half of the 17th Century, in: ScanJH 17(1992)295–314 – *Streich, Brigitte,* Zwischen Reiseherrschaft und Residenzbildung. Der wettinische Hof im späten Mittelalter, Köln/Wien 1989 – *Zotz, Thomas* u. a., Pfalz, Palast, in: Lexikon des Mittelalters [s.Allgemeines], Bd. 6, 1993–2011

Architektur

Baillie, Hugh M., Etiquette and the Planning of the State Appartments in Baroque Palaces, in: Archaeologia 101(1967)169–99 – *Eiermann, Frank Wolf,* Requisita Dignitatis. Die deutsche Residenz als Bauaufgabe im 17./18.Jahrhundert an Beispielen im fränkischen Reichskreis, Erlangen 1995 – *Foerster, Rolf Hellmut,* Das Barock-Schloß, Köln 1981 – *Grötz, Susanna,* Sabbioneta. Die Selbstinszenierung eines Herrschers, Marburg 1993 – *Jestaz, Bertrand,* Etiquette et distribution intérieure dans les maisons royales de la renaissance, in: Bulletin monumental 146(1988)109–20 – *Junecke, Hans,* Architektonische Raumfolgen als Aussage der Gesellschaftsformen, in: Festgabe für Hans Herzfeld, Berlin 1958, 415–29 – «Klar und lichtvoll wie eine Regel». Planstädte der Neuzeit. Ausstellung, Karlsruhe 1990 – *Pollak, Martha D.,* Turin 1564–1680. Urban Design, Military Culture, and the Creation of the Absolutist Capital, Chicago/London 1991 – *Prinz, Wolfram/Kecks, Ronald G.,* Das französische Schloß der Renaissance, Berlin 1985 – *Warnke, Martin* (Hg.), Politische Architektur in Europa vom Mittelalter bis heute, Köln 1984 – *Wefing, Heinrich,* Parlamentsarchitektur. Zur Selbstdarstellung der Demokratie in ihren Bauwerken. Eine Untersuchung am Beispiel des Bonner Bundeshauses, Berlin 1995

c) Zeremoniell und Ritual

Berns, Jörg Jochen/Rahn, Thomas (Hg.), Zeremoniell als höfische Ästhetik in Spätmittelalter und Frühneuzeit, Tübingen 1995 – *Boureau, Alain,* Les cérémonies royales françaises entre performance juridique et compétence liturgique, in: Annales 46(1991)1235–64 – *Boureau, Alain/Ingerflom, Claudio-Sergio* (Hg.), La royauté sacrée dans le monde chrétien, Paris 1992 – *Brocher, Henri,* A la cour de Louis XIV. Le rang et l'étiquette, Paris 1934 – *Brown, Elizabeth A. R.,* The Monarchy of Capetian France and Royal Ceremonial, Aldershot 1991 – *Cannadine, David/Price, Simon* (Hg.), Rituals of Royalty, Cambridge 1992 – *Duchhardt, Heinz* (Hg.), European Monarchy, Stuttgart 1992 – *Edelman* [s. Einleitung] – *Folz, Robert,* Saints rois du moyen âge en occident, Brüssel 1984 – *Frühsorge, Gotthardt,* Prolegomena einer Zeremonialwissenschaft in sittengeschichtlicher Absicht, in: Euphorion 86(1992)355–61 – *Giesey, Ralph E.,* Modèles de pouvoir dans les rites royaux en France, in: Annales 41(1986)579–99 – *ders.*, Cérémonial et puissance souveraine. France, XVe–XVIIe siècles, Paris 1987 – *Goez, Werner,* Über Fürstenzweikämpfe im Spätmittelalter, in: AKG 49(1967)135–63 – *Hofmann, Christina,* Das spanische Hofzeremoniell von 1500 bis 1700, Frankfurt 1985 – *Hofmann, Hanns Hubert,* Serenissimus, in: HJb 80(1961)240–51 – *Huizinga, Johan,* Herbst des Mittelalters, München 1924 – *MacKay, Angus,* Ritual and Propaganda in 15th-Century Castile, in: PP 107(1985)3–43 – *Mansel, Philip,* Monarchy, Uniform and the Rise of the Frac, 1760–1830, in: PP 96(1982)103–32 – *Paravicini, Werner* (Hg.), Zeremoniell und Raum, Sigmaringen 1997 – *Pfandl, Ludwig,* Philipp II., München 1938 – *Pferschy-Maleczek, Bettina,* Der Nimbus des Doppeladlers, in: ZHF 23(1996)433–71 – *Ragotzky, Hedda/Wenzel, Horst* (Hg.), Höfische Repräsentation. Das Zeremoniell und die Zeichen, Tübingen 1990 – *Ranum, Orest,* Courtesy, Absolutism, and the Rise of the French State, 1630–1660, in: JModH 52(1980)426–51 – *Rohr, Julius Bernhard von,* Einleitung zur Ceremoniel-Wissenschaft, 2 Bde., Berlin 1729–33 – *Roosen, William,* Early Modern Diplomatic Ceremonial: a Systems Approach, in: JModH 52(1980)452–76 – *Saule, Beatrix,* Versailles triomphant. Une journée de Louis XIV., Paris 1996 – *Seed, Patricia,* Ceremonies of Possession in Europe's Conquest of the New World, 1492–1640, Cambridge 1995 – *Sherman, Michael,* Pomp and Circumstances. Pageantry, Politics, and Propaganda in France during the Reign of Louis XII, 1498–1515, in: SCJ 9(1978)13–32 – *Staubach, Nikolaus,* Rex christianus. Hofkultur und Herrschaftspropaganda im Reich Karls des Kahlen, Bd. 2. Die Grundlegung der Religion royale, Köln 1993 – *Stollberg-Rilinger, Barbara,* Zeremoniell als politisches Verfahren. Rangordnung und Rangstreit als Strukturmerkmale des frühneuzeitlichen Reichstags, in: *Kunisch,* Neue Studien 1997 [s.Allgemeines, Deutschland] 91–132 – *dies.*, Höfische Öffentlichkeit. Zur zeremoniellen Selbstdarstellung des brandenburgischen Hofes vor dem europäischen Publikum, in: Forschungen zur brandenburgischen und preußischen Geschichte, Neue Folge, 7(1997)145–76 – *Vec, Milos,* Zeremonialwissenschaft im Fürstenstaat, Frankfurt 1997 – *Viguerie, Jean de,* Le roi et le «public». L'exemple de Louis XV, in: RH 278(1987)23–34 – *Wilentz, Sean* (Hg.), Rites of Power: Symbolism, Ritual and Politics since the Middle Ages, Philadelphia 1985

Herrscherweihe und Krönung

Bak, Janos M. (Hg.), Coronations, Berkeley/Oxford 1990 – *Berbig, Hans Joachim,* Der Krönungsritus im Alten Reich (1648–1806), in: ZBLG 38(1975)639–91 – *Biehn, Heinz,* Die Kronen Europas und ihre Schicksale, Wiesbaden 1957 – *Brühl, Carlrichard,* Selbstkrönung von Kaisern und Königen (13.–19. Jahrhundert), in: *Ebert, Kurt* (Hg.), Festschrift Nikolaus Grass, Innsbruck 1986, 35–49 – *Deér, Jószef,* Die heilige Krone Ungarns, Wien 1966 – *Dotzauer, Wilfried,* Die Ausformung der frühneuzeitlichen deutschen Thronerhebung, in: AKG 68(1986)25–80 – *Duchhardt, Heinz* (Hg.), Herrscherweihe und Königskrönung im frühneuzeitlichen Europa, Wiesbaden 1983 – *Engels, Odilo,* Der Pontifikatsantritt und seine Zeichen, in: Segni e riti nella chiesa altomedievale, Bd. 2, Spoleto 1987, 707–66 – *Gieysztor, Aleksander,* Non habemus Caesarem nisi Regem. La couronne fermée des rois de Pologne à la fin du XVe et au XVIe siècle, in: Bibliothèque de l'école des chartes 127(1969)5–26 – *Haueter, Anton,* Die Krönungen der französischen Könige im Zeitalter des Absolutismus und in der Restauration, Zürich 1975 – *Hellmann,* Corona Regni [s. Grundlagen, Griechen und Römer] – *Jackson, Richard A.*, Vive le roi. A History of the French Coronation Ceremony, Chapel Hill 1984 – *Lazzi, Giovanna,* Un'eccezionale occasione di lusso. L'incoronazione di Cosimo I de'Medici 1569, in: ASI 147(1989)99–119 – *Palacios Martin, Bonifacio,* Los actos de coronación y el proceso de «secularización» de la monarquia cataluna-aragonesa, in: *Genet, Jean-Philippe/Vincent, Bernard* (Hg.), État et Église dans la genèse de l'état moderne, Madrid 1986, 113–27 – *Petersohn, Jürgen,* «Echte» und «falsche» Insignien im deutschen Krönungsbrauch des Mittelalters?, Stuttgart 1993 –

Petersohn, Jürgen, Über monarchische Insignien und ihre Funktion im mittelalterlichen Reich, in: HZ 266(1998)47–96 – Le sacre des rois, Paris 1885 – *Schramm, Percy Ernst,* Herrschaftszeichen und Staatssymbolik, 3 Bde., Stuttgart 1954–56 – *Schwoerer, Lois G.,* The Coronation of William and Mary, April 11, 1689, in: *ders.* (Hg.), The Revolution of 1688–1689, Cambridge 1992, 107–30 – *Valensise, Marina,* Le sacre du roi. Stratégie symbolique et doctrine politique de la monarchie française, in: Annales 41(1986)543–77 – *Wanger, Bernd Herbert,* Kaiserwahl und Krönung im Frankfurt des 17. Jahrhunderts, Frankfurt 1994

Königsheilung

Barlow, Frank, The King's Evil, in: EHR 95(1980)3–27 – *Bloch, Marc,* Les rois thaumaturges, Straßburg/Paris 1924, Ndr. 1961, dt. München 1998 – *Coreth, Anna,* Pietas Austriaca, München 1959 – *Crawfurd, Raymond,* The King's Evil, Oxford 1911

Einritt und Huldigung

Andermann, Kurt, Zeremoniell und Brauchtum beim Begräbnis und beim Regierungsantritt Speyerer Bischöfe, in: Archiv für mittelrheinische KirchenG 42(1990)125–77 – *Bryant, Lawrence M.,* La cérémonie de l'entrée à Paris au moyen âge, in: Annales 41(1986)513–42 – *ders.,* The King and the City in the Parisian Royal Entry Ceremony, Genf 1986 – *Holenstein, André,* Die Huldigung der Untertanen, Stuttgart–New York 1991 – *Maxwell, Hope,* Trionfi terrestri e marittimi nell'Europa medievale, in: ASI 152(1994)641–67 – *Militzer, Klaus,* Die feierlichen Einritte der Kölner Erzbischöfe in die Stadt Köln, in: Jahrbuch des Kölner Gsvereins 55(1984)77–116 – *Mitchell, Bonner,* Italian Civic Pageantry in the High Renaissance, Florenz 1979 – *Möseneder, Karl,* Zeremoniell und monumentale Poesie. Die «Entrée solenelle» Ludwigs XIV. in Paris, Berlin 1983 – *Tenfelde, Klaus,* Adventus. Zur historischen Ikonologie des Festzugs, in: HZ 235(1982)45–84

Bestattung

Borkowska, Urszula, The Funeral Ceremonies of the Polish Kings from the 14th to the 18th Century, in: JEccH 36(1985)513–34 – *Boureau, Alain,* Le simple corps du roi. L'impossible sacralité des souverains français (XVe–XVIIIe siècle), Paris 1988 – *Erlande-Brandenburg, Alain,* Le roi est mort. Étude sur les funérailles, les sépultures et les tombeaux des rois de France, Genf 1975 – *Giesey, Ralph E.,* The Royal Funeral Ceremony in Renaissance France, Genf 1960 – *Harvey, Mary Jackson,* Death and Dynasty in Bouillon Tomb Commissions, in: The Art Bulletin 74(1992)271–96 – *Kolmer, Lothar* (Hg.), Der Tod des Mächtigen. Kult und Kultur des Todes spätmittelalterlicher Herrscher, Paderborn 1997

d) Darstellung und Mythos

Apostolidès, Jean-Marie, Le roi machine. Spectacle et politique au temps de Louis XIV, Paris 1981 – *Brüning, Rainer,* Herrschaft und Öffentlichkeit in den Herzogtümern Bremen und Verden unter der Regierung Karls XII. von Schweden, Stade 1992 – *Burke, Peter,* Die Inszenierung des Sonnenkönigs, Berlin 1993, engl. 1992 – Culture et idéologie dans la genèse de l'état moderne, Rom 1985 – *Gauger, Jörg-Dieter/Stagl, Justin* (Hg.), Staatsrepräsentation, Berlin 1992 – *King, John N.,* Queen Elizabeth I: Representation of the Virgin Queen, in: RenQ 43(1990)30–74 – *Nitschke, August,* Fremde Wirklichkeiten, Bd. 1, Goldbach 1993 – *Néraudau, Jean-Pierre,* L'Olympe du roi-soleil. Mythologie et idéologie royale au grand siècle, Paris 1986 – *Quaritsch, Helmut* (Hg.), Die Selbstdarstellung des Staates, Berlin 1977 – *Smith, Edward O.* [s. Varianten, England]

Mäzenatentum

Bumke, Joachim, Mäzene im Mittelalter, München 1979 – *Mahn-Lot, Marianne,* Le mécénat d'Isabelle la Catholique, in: RH 277(1987)289–307 – *Mollat, Michel,* Les aspects économiques du mécénat en Europe, in: RH 273(1985)265–81 – *Mousnier, Roland/Mesnard, Jean* (Hg.), L'âge d'or du mécénat (1598–1661), Paris 1985 – *Reinhard, Wolfgang,* Strukturen frühneuzeitlicher Kulturförderung in Rom und Augsburg, in: *Becker, Josef* (Hg.), Mäzenatentum, München 1988, 1–17 – *Voß, Jürgen,* Mäzenatentum und Ansätze systematischer Kulturpolitik im Frankreich Ludwigs XIV., in: *Buck,* Hofkultur [s. Hof], Bd. 2, 123–32 – *Warnke, Martin,* Hofkünstler, Köln 1985

Fest, Theater, Musik

Alewyn, Richard, Das große Welttheater, 2. Aufl., München 1985 – *Braun, Rudolf/Gugerli, David,* Macht des Tanzes – Tanz der Mächtigen. Hoffeste und Herrschaftszeremoniell 1550–1914, München 1993 – *Cummings, Anthony M.,* The Politicized Muse: Music for Medici Festivals, 1512–1527, Princeton 1991 – *Daniel, Ute,* Hoftheater, Stuttgart 1995 – *de Pol, Roberto,* Imago Principis. Ruoli e maschere teatrali del sovrano nel teatro barocco tedesco, Genua 1984 – *Hammond, Frederick,* Music and Spectacle in Baroque Rome: Barberini Patronage under Urban VIII, New Haven/London 1994 – *Krapf, Ludwig/Wagenknecht, Christian,* Stuttgarter Hoffeste, 2 Bde., Tübingen 1979 – *Reckow, Fritz* (Hg.), Die Inszenierung des Absolutismus. Politische Begründung und künstlerische Gestaltung höfischer Feste im Frankreich Ludwigs XIV., Erlangen 1992 – *Sannemüller, Gerd,* Friedrich der Große und die Musik, in: GWU 43(1992)351–60 – *Schaefer, Camillo,* Gewaltig viele Noten. Die Musik der Habsburger, Wien 1996 – *Straub, Eberhard,* Repraesentatio Maiestatis oder churbayerische Freudenfeste, München 1969 – *Strong, Roy,* Feste der Renaissance 1450–1650, Freiburg/Würzburg 1991, engl. 1984 – *Vocelka, Karl,* Habsburgische Hochzeiten 1550–1600, Wien 1976 – *Waquet, Françoise,* Les fêtes royales sous la restauration ou l'Ancien Régime retrouvé, Genf 1981

Bildende Kunst

Bardon, Françoise, Diane de Poitiers et le mythe de Diane, Paris 1963 – *dies.,* Le portrait mythologique à la cour de France sous Henri IV et Louis XIII, Paris 1974 – *Baxter, Stephen B.,* William III as Hercules, in: *Schwoerer, Lois G.* (Hg.), The Revolution of 1688–1689, Cambridge 1992, 95–105 – *Bering, Kunibert,* Baupropaganda und Bildprogrammatik der Frührenaissance in Florenz – Rom – Pienza, Frankfurt 1984 – *Donato, Maria Monica,* Testi, contesti, immagini politichi nel tardo medioevo: esempi toscani, in: Annali dell' istituto storico italo-germanico in Trento 19(1993)305–55 – *Erben, Dietrich,* Die Pyramide Ludwigs XIV. in Rom, in: Römisches Jahrbuch der Bibliotheca Hertziana 31(1996)429–58 – *Harprath, Richard,* Papst Paul III. als Alexander der Große, Berlin 1978 – *Harth, Robert W.,* The Image of Alexander the Great in 17th-Century France, II. Royal Parallels, in: Ancient Macedonia II, Thessaloniki 1977, 517–30 – *Hoffman, Marhild,* Visuelle Präsentation von Herrschaft, Frankfurt 1982 – *Howarth, David,* Images of Rule. Art and Politics in the English Renaissance, 1485–1649, Berkeley 1997 – *Keller, Hagen,* Herrscherbild und Herrschaftslegitimation. Zur Deutung der ottonischen Denkmäler, in: Frühmittelalterliche Studien 19(1985)290–311 – *Kray, Ralph/Oettermann, Stephan* (Hg.), Herakles/Herkules, Bd. 1: Metamorphosen des Heros in ihrer medialen Vielfalt, Frankfurt 1994 – *Lecoq, Anne-Marie,* François Ier imaginaire, Paris 1987 – *Manca, Joseph,* The Presentation of a Renaissance Lord. Portraiture of Ercole d'Este, in: Z für KunstG 52(1989)522–538 – *Martin, Michel,* Les monuments equestres de Louis XIV, Paris 1986 – *Matsche, Franz,* Die Kunst im Dienst der Staatsidee Kaiser Karls VI., 2 Bde., Berlin 1981 – *Nußbaum, Norbert,* Barocke Hofkunst in Wien als politisches Programm, in: ZHF 10(1983)177–86 [kritisch zu *Matsche*] – *Petzet, Michael,* Das Triumphbogenmonument für Ludwig XIV. auf der

Place de Trône, in: Z für KunstG 45(1982)145–94 – *Polleroß, Friedrich,* Die Anfänge des Identifikationsporträts im höfischen und städtischen Bereich, in: Frühneuzeit-Info 4(1993)17–36 – *Schama, Simon,* The Domestication of Majesty: Royal Family Portraiture, 1500–1850, in: Journal of Interdisciplinary History 17(1986/87)155–83

Literatur, Historiographie, Mythos

Bercé, Yves-Marie, Le roi caché, Paris 1990 – *Bezzola, Reto Robert,* Les origines et la formation de la littérature courtoise en occident 500–1200, 2 Bde. in 3 Tln., Paris 1958–60 – *Descimon, Robert,* Les fonctions de la métaphore du mariage politique du roi et de la république en France, XVe–XVIIe siècles, in: Annales 47(1992)1127–47 – *Euchner, Walter/ Rigotti, Francesca/Schiera, Pierangelo* (Hg.), Die Macht der Vorstellungen. Die politische Metapher in historischer Perspektive, Berlin 1993 – *Ferrier-Caverivière, Nicole,* L'image de Louis XIV dans la littérature française de 1660 à 1715, Paris 1981 – *Folz* [s. Zeremoniell] – *Graus, Frantisek,* Littérature et mentalité médiévales. Le roi et le peuple, in: Historica 16(1969)5–79 – *ders.,* Die Herrschersagen des Mittelalters als Geschichtsquellen, in: AKG 51(1969)65–93 – *Hammond, Paul,* The King's Two Bodies: Representations of Charles II, in: *Black, Jeremy/Gregory, Jeremy* (Hg.), Culture, Politics and Society in Britain 1660–1800, Manchester 1991, 13–48 – *Hennequin, Jacques,* Henri IV dans ses oraisons funèbres ou la naissance d'une légende, Paris 1977 – *Hepp, Noémi/Livet, Georges* (Hg.), Héroïsme et création littéraire, Straßburg 1974 – *Hepp, Noémi/Bertaud, Madeleine* (Hg.), Image du souverain dans les lettres françaises, Straßburg 1985 – *Hüther, Jochen,* Die monarchische Ideologie in den französischen Römerdramen des 16. und 17. Jahrhunderts, München 1966 – *Krumeich* [s.Varianten, Frankreich] – *Mertens, Dieter,* Geschichte und Dynastie. Zu Methode und Ziel der «Fürstlichen Chronik» Jakob Mennels, in: *Andermann, Kurt* (Hg.), Historiographie am Oberrhein, Sigmaringen 1988, 121–53 – *ders.,* Zur frühen Geschichte der Herren von Württemberg, in: Z für württembergische LandesG 49(1990)11–95 – *Moeglin, Jean-Marie,* Dynastisches Bewußtsein und Geschichtsschreibung, in: HZ 256(1993)593–635 – *Moraw, Peter,* Kaiser und Geschichtsschreiber um 1700, in: Welt als G 22(1962)162–203, 23(1963)93–136 – *Petersohn, Jürgen* (Hg.), Politik und Heiligenverehrung im Hochmittelalter, Sigmaringen 1994 – *Pokorny* [s.Varianten, Ungarn] – *Puschner, Uwe,* Die Darstellung Alexanders des Großen im barocken Deutschland, in: AKG 61(1979)102–19 – *Rigotti* [s.Einleitung] – *Studt, Birgit,* Fürstenhof und Geschichte, Köln 1992 – *Wunderli, Peter* (Hg.), Herkunft und Ursprung. Historische und mythische Formen der Legitimation, Sigmaringen 1994

4. Diskurs und Theorie

Berges, Wilhelm, Die Fürstenspiegel des hohen und späten Mittelalters, Stuttgart 1938, Ndr. 1952 – *Boldt /Conze /Martin /Schulz* [s. Monarchie] - *Burns, James H.,* The Cambridge History of Medieval Political Thought, ca. 350-ca. 1450, Cambridge 1987 – *ders.,* The Cambridge History of Political Thought 1450–1700. Cambridge 1991 – *Dreitzel, Horst,* Monarchiebegriffe in der Fürstengesellschaft. Semantik und Theorie der Einherrschaft in Deutschland von der Reformation bis zum Vormärz, 2 Bde., Köln/Weimar/Wien 1991 – *Duchhardt, Heinz* (Hg.), Politische Testamente und andere Quellen zum Fürstenethos der frühen Neuzeit, Darmstadt 1987 – *Fenske, Hans/Mertens, Dieter/Reinhard,Wolfgang/ Rosen, Klaus,* Geschichte der politischen Ideen, 3. Aufl., Frankfurt 1996 – *Fetscher, Iring/Münkler, Herfried* (Hg.), Pipers Handbuch der politischen Ideen, Bd. 3, München 1985 – *Hammerstein, Notker* (Hg.), Staatslehre der frühen Neuzeit, Frankfurt 1995 – *Lieber, Hans-Joachim* (Hg.), Politische Theorien, Bonn/München 1991 – Mainzer Krönungsordo, in: *Schramm, Percy Ernst,* Kaiser, Könige und Päpste, Bd. 3, Stuttgart 1969, 92–103 – *Mat-*

toso [s. Allgemeines, Portugal], Bd. 3, 141–47, Bd. 4, 121–45 – *Mühleisen, Hans Otto/Stammen, Theo* (Hg.), Politische Tugendlehre und Regierungskunst. Studien zum Fürstenspiegel der frühen Neuzeit, Tübingen 1990 – *Müller, Rainer A.*, Die deutschen Fürstenspiegel des 17. Jahrhunderts, in: HZ 240(1985)571–98 – *Nederman, Cary J.* (Hg.), Medieval Political Theory. A Reader, London 1993 – *Nippel, Wilfried,* Mischverfassungstheorie und Verfassungsrealität in Antike und früher Neuzeit, Stuttgart 1980 – *Singer, Bruno,* Die Fürstenspiegel in Deutschland im Zeitalter des Humanismus und der Reformation, München 1981 – *Skinner, Quentin,* The Foundations of Modern Political Thought, 2 Bde., Cambridge 1978 – *Stammen, Theo/Riescher, Gisela/Hofmann, Wilhelm* (Hg.), Hauptwerke der politischen Theorie, Stuttgart 1997 – *Stolleis, Michael,* Geschichte des öffentlichen Rechts in Deutschland, Bd. I ff., München 1988 ff. [4 Bde. geplant] – *ders.* (Hg.), Staatsdenker in der frühen Neuzeit, 3. Aufl., München 1995 – *Struve, Tilman,* Die Begründung monarchischer Herrschaft in der politischen Theorie des Mittelalters, in: ZHF 23(1996)289–323 – *Tully, James* (Hg.), Meaning and Context. Quentin Skinner and his Critics, Cambridge 1988 – *Walther, Helmut G.*, Das Problem des untauglichen Herrschers in der Theorie und Praxis des europäischen Spätmittelalters, in: ZHF 23(1996)1–28 – *Weber-Möckl, Annette,* «Das Recht des Königs, der über euch herschen soll». Studien zu 1 Sam 8,11 ff. in der Literatur der frühen Neuzeit, Berlin 1986

a) Die Suche nach dem autonomen Diskurs

Aristoteles, Politik, dt. *Eugen Rolfes,* 4. Aufl., Hamburg 1981 – *Cheneval, Francis,* Die Rezeption der Monarchie Dantes, München 1995 – *Dante Alighieri,* Monarchia, dt. *Ruedi Imbach/Christoph Flüeler,* Stuttgart 1989 – *Johannes Quidort von Paris,* De regia potestate et papali, dt. *Fritz Bleienstein,* Stuttgart 1969 – *Stürner, Wolfgang,* Peccatum und Potestas. Der Sündenfall und die Entstehung der herrscherlichen Gewalt im mittelalterlichen Staatsdenken, Sigmaringen 1987 – *Thomas von Aquin,* De regimine principum, dt. *Friedrich Schreyvogel,* Stuttgart 1975 – *Wyduckel* [s. Grundlagen]

b) Radikalisierung und Differenzierung

Black, Antony J. (Hg.), Monarchy and Community in the Later Conciliar Controversy 1430–1450, Cambridge 1970 [u. a. engl. Auswahl aus Torquemada] – *ders.*, Political Thought in Europe 1250–1450, Cambridge 1992 – *Burns, James H.*, Lordship, Kingship and Empire. The Idea of Monarchy 1400–1525, Oxford 1992 – *Erasmus von Rotterdam,* Institutio Principis Christiani, in: Ausgewählte Schriften [lat. u. dt.], Bd. 5, hg. *Werner Welzig,* Darmstadt, 2. Aufl. 1990, 111–357 – *Fortescue, John,* De laudibus legum Angliae, hg. *Stanley B. Chrimes,* Cambridge 1949 – *Morus, Thomas,* Utopia, in: Complete Works, Bd. 4, hg. *Edward Surtz,* New Haven/London 1965 – *Seyssel, Claude de,* La Monarchie de France, hg. *Jacques Poujol,* Paris 1961, engl. 1981 – *Tierney, Brian,* Foundations of Conciliar Theory, Cambridge 1955 – *ders.,* Religion, Law and the Growth of Constitutional Thought, Cambridge 1982

c) Niccolò Machiavelli und der Diskurs der Staatsräson

Albertini, Rudolf von, Das florentinische Staatsbewußtsein im Übergang von der Republik zum Prinzipat, Bern 1955 – *Baldini, A. Enzo* (Hg.), Botero e la ragion di stato, Florenz 1992 – *Botero, Giovanni,* The Reason of State, engl. *P. J. u. Daniel P. Waley,* New Haven 1956 – *Buck, August,* Machiavelli, Darmstadt 1985 – *Church, William F.*, Richelieu and Reason of State, Princeton 1972 – *Machiavelli, Niccolò,* Opere, Bd. 1, Mailand 1960 [Principe u. Discorsi] – *Meinecke, Friedrich,* Die Idee der Staatsräson, 3. Aufl., München 1963 –

Münkler, Herfried, Im Namen des Staates. Die Begründung der Staatsräson in der Frühen Neuzeit, Frankfurt 1987 – *ders.* (Hg.), *Machiavelli,* Politische Schriften, Frankfurt 1991– *Pocock, John. G. A.*, The Machiavellian Moment. Florentine Political Thought and the Atlantic Republican Tradition, Princeton 1975 – *Sasso, Gennaro,* Niccolò Machiavelli, Stuttgart 1965 – *Schnur, Roman* (Hg.), Staatsräson, Berlin 1975

d) Konfession und Politik von Luther bis Bodin

Bireley, Robert, The Counter-Reformation Prince, Chapel Hill 1990 – *Bodin, Jean,* Sechs Bücher über den Staat, dt. *Bernd Wimmer,* 2 Bde., München 1981–86 – *Calvin, Johannes,* Unterricht in der christlichen Religion, dt. *Otto Weber,* Neunkirchen, 3. Aufl., 1984 – *Caprariis, Vittorio de,* Propaganda e pensiero politico in Francia durante la guerra di religione, Bd. 1, Neapel 1959 – *Dollinger, Heinz,* Kurfürst Maximilian I. von Bayern und Justus Lipsius, in: AKG 46(1964)227–308 – *Hamilton, Bernice,* Political Thought in 16th-Century Spain, Oxford 1963 – *James I,* The Political Works (1612), Ndr. Cambridge/MA 1918, New York 1965 – *Kisch, Guido,* Melanchthons Rechts- und Soziallehre, Berlin 1967 – *Kretzer, Hartmut,* Calvinismus und französische Monarchie im 17. Jahrhundert, Berlin 1975 – *Luther, Martin,* Von weltlicher Obrigkeit, in: Weimarer Ausgabe, Bd. 11, Weimar 1900, 245–81 – *Mariana, Juan,* De rege et regis institutione, Toledo 1599, Ndr. Aalen 1969 – *Melanchthon, Philipp,* Commentarii in aliquot politicos libros Aristotelis, in: Corpus Reformatorum, Bd. 16, Halle 1860 – *Oestreich, Gerhard,* Antiker Geist und moderner Staat bei Justus Lipsius, Göttingen 1989 – *Quaritsch, Helmut,* Staat und Souveränität, Bd. 1, Frankfurt 1971 – *Reibstein, Ernst,* Völkerrecht, 2 Bde., Freiburg 1958–63 – *Suárez, Francisco,* Tractatus de legibus, 6 Bde., Madrid 1971–77 – *Vitoria, Francisco de,* Vorlesungen, Bd. 1, hg. *Ulrich Horst* u. a., Stuttgart 1995

e) Von absoluter, gemischter und doppelter Monarchie zu Gewaltenteilung und Bundesstaat

Blackstone, William, Commentaries on the Laws of England, hg. *Charles Haar,* 4 Bde., Boston 1962 – *Bossuet, Jacques-Bénigne,* Politique tirée des propres paroles de l'écriture sainte, hg. *Jean Le Brun,* Genf 1967, engl. Cambridge 1991 – *Burgess* [s. Varianten, England] – *Filmer, Robert,* Patriarcha and Other Writings, hg. *Johann P. Sommerville,* Cambridge 1991 – *Fraenkel, Ernst,* Das amerikanische Regierungssystem, 4. Aufl., Opladen 1981 – *Heideking, Jürgen,* Die Verfassung vor dem Richterstuhl. Vorgeschichte und Ratifizierung der amerikanischen Verfassung 1787–1791, Berlin 1988 – *Hobbes, Thomas,* Leviathan, dt. *Iring Fetscher,* Neuwied/Berlin 1966 – *Locke, John,* Two Treatises of Government, hg. *Peter Laslett,* Cambridge 1988 – *Louis XIV,* Mémoires, hg. *Charles Dreyss,* Paris 1860 – *MacPherson, Crawford B.*, Die politische Theorie des Besitzindividualismus, Frankfurt 1967, engl. 1962 – [*Modrzewski, Andrzej Frycz*], Andreae Fricii Modrevii Opera Omnia, Bd. 1, Warschau 1953 – *Montesquieu, Charles Louis de Secondat de,* Oeuvres complètes, Bd. 1, Paris 1950 – *Pufendorf, Samuel,* De iure naturae et gentium, 2 Bde., Oxford 1934 [lat. u. engl.] – *ders.*, Die Verfassung des deutschen Reiches, hg. *Horst Denzer,* Stuttgart 1976 – *Smith, Thomas,* De Republica Anglorum, hg. *Mary Dewar,* Cambridge 1982 – *Thomasius, Christian,* Fundamenta juris naturae et gentium, 4. Aufl., Halle 1718, Ndr. Aalen 1963 – *Weber, Wolfgang,* Prudentia gubernatoria. Studien zur Herrschaftslehre in der deutschen politischen Wissenschaft des 17. Jahrhunderts, Tübingen 1992

f) Der Monarch als Staatsamt

Friedrich der Große, Regierungsformen und Herrscherpflichten (1777), in: Werke, hg. *Gustav Berthold Volz,* Bd. 7, Berlin 1912, 225–37 – *Justi, Johann Heinrich Gottlob,* Abhandlung von der [. . .] obersten Gewalt, in: *ders.*, Gesammelte Politische und Finanzschriften, Bd. 2, Leipzig 1761, Ndr. Aalen 1970, 3–29 – *ders.*, Natur und Wesen der Staaten, Mittau 1771, Ndr. Aalen 1969 – *Stollberg-Rilinger, Barbara,* Der Staat als Maschine. Zur politischen Metaphorik des absoluten Fürstenstaats, Berlin 1986

II.
HERRSCHAFTSAUFBAU UND INSTITUTIONENBILDUNG

1. Institutionskultur

a) Institution

Acham, Karl, Struktur, Funktion und Genese von Institutionen in sozialwissenschaftlicher Sicht, in: *Melville, Gerd* (Hg.), Institutionen und Geschichte, Köln/Weimar/Wien 1992, 25–71 – *Albrow, Martin,* Bürokratie, München 1972 – *Blänkner, Reinhard,* Überlegungen zum Verhältnis von Geschichtswissenschaft und Theorie politischer Institutionen, in: *Göhler, Gerhard* (Hg.), Die Eigenart der Institutionen, Baden-Baden 1994, 85–122 – *Blau, Peter M.,* The Dynamics of Bureaucracy, 2. Aufl., Chicago 1963 – *Bosetzky, Horst/ Heinrich, Peter,* Mensch und Organisation, Köln-Stuttgart 1980 – *Breton, Albert/Wintrobe Ronald,* The Logic of Bureaucratic Conduct, Cambridge 1982 – *Büschges, Günter* (Hg.), Organisation und Herrschaft, Reinbek 1976 – *Crozier, Michel,* Le phénomène bureaucratique, Paris 1963 – *Crozier, Michel/Friedberg, Erhard,* Die Zwänge kollektiven Handelns, Königstein 1979 – *Delany, William,* The Development and Decline of Patrimonial and Bureaucratic Administration, in: Administrative Sciences Quarterly 7(1963)458–501 – *Douglas, Mary,* How Institutions Think, London 1987, dt. 1991 – *Downs, Anthony,* Inside Bureaucracy, Boston 1966 – *Gebhardt, Winfried,* Individualisierung, Pluralisierung und institutioneller Wandel, in: Der Staat 31(1992)347–65 – *Göhler, Gerhard,* Politische Institutionen und ihr Kontext, in: *Göhler* [s. o. *Blänkner*] 19–46 – *Häußermann, Hartmut,* Die Politik der Bürokratie, Frankfurt 1977 – *Jacoby, Henry,* Die Bürokratisierung der Welt, Neuwied/Berlin 1969 – Jahrbuch für europäische Verwaltungsgeschichte 1(1989) ff. – *Kamenka, Eugene,* Bureaucracy, Oxford 1989 – *Kimberly, John R./Miles, Robert H.,* The Organizational Life Cycle, San Francisco/Washington/London 1980 – *Kraus, Herbert,* Grundriß einer Theorie der Verwaltung, Wien/New York 1969 – *Küpper, Willi/Ortmann, Günther* (Hg.), Mikropolitik, Opladen 1988 – *Kuhn, Alfred/Bean, Robert D.,* The Logic of Organization, San Francisco/London 1982 – *Lepsius, M. Rainer,* Institutionenanalyse und Institutionenpolitik, in: *Nedelmann, Birgitta* (Hg.), Politische Institutionen im Wandel (Kölner Zeitschrift für Soziologie und Sozialpsychologie, Sh 35[1995]) 392–403 – *Luhmann, Niklas,* Einblicke in vergleichende Verwaltungswissenschaft, in: Der Staat 2(1963)494–500 – *ders.*, Zweck – Herrschaft – System. Grundbegriffe und Prämissen Max Webers, in: Der Staat 3(1964)129–58 – *ders.*, Funktionen und Folgen formaler Organisation, Berlin 1964, 4. Aufl., Berlin 1995 – *ders.*, Theorie der Verwaltungswissenschaft, Köln/Berlin 1966 – *ders.*, Legitimation durch Verfahren, Neuwied 1969 – *Mayntz, Renate,* Soziologie der Organisation, Reinbek 1963 – *dies.* (Hg.), Bürokratische Organisation, Köln 1968 – *Merton, Robert K.* (Hg.), Reader in Bureaucracy, 3. Aufl., Glencoe 1968 – *Morstein Marx, Fritz,* Einführung in die Bürokratie, Neuwied 1959 – *ders.*, Verwaltung, Berlin 1965 – *Nedelmann, Birgitta,* Gegensätze und Dynamik politischer Institutionen, in: *Nedelmann* [s. o. *Lepsius*] 15–40 – *Parkinson, C. Northcote,* Parkinsons Gesetz, Reinbek 1966, engl. 1957 – *Schmalz-Brune, Rainer,* Ansätze und Perspektiven der Institutionentheorie, Wiesbaden 1989 – *Schnur, Roman* (Hg.), Staat und Gesellschaft. Studien über Lorenz von Stein, Berlin 1978 – *Silberman, Bernhard S.*, Cages of Reason. The Rise of the Rational State in France, Japan, the United States and Great Britain, Chicago/London 1993 – *Simon, Herbert Alexander*, Das Verwaltungshandeln, Stuttgart 1955 – *Stein, Lorenz von*, Die Verwaltungslehre, 8 Tle. in 10 Bdn., Stuttgart 1866–84, Ndr. Aalen 1962 [bes. Bd. 1/1] – *Torstendahl, Rolf*, Bureaucratisation in Northwestern Europe, London 1990 – *Uthoff, Hayo/Deetz, Werner* (Hg.), Bürokratische Politik, Stuttgart 1979 – *Weber*, Wirtschaft und Gesellschaft [s. Allgemeines] – *Weber, Michael*, Das Wachstum von Verwaltungsorganisationen, Wiesbaden 1994 – *Wunder, Bernd*, Geschichte der Bürokratie in Deutschland, Frankfurt 1986

b) Kultur

Althoff, Gerd, Verwandte, Freunde und Getreue, Darmstadt 1990 – *Balandier, Georges*, Political Anthropology, Harmondsworth 1972, frz. 1967 – *Bean, John M. W.*, From Lord to Patron, Manchester 1989 – *Berg-Schlosser, Dirk*, Politische Kultur, München 1972 – *Berg-Schlosser, Dirk/Rytlewski, Ralf* (Hg.), Political Culture in Germany, London 1993 – *Blau, Peter*, Exchange and Power in Social Life, New York 1964 – *Boissevain, Jeremy*, Friends of Friends. Networks, Manipulators and Coalitions, Oxford 1974 – *Bourdieu, Pierre*, Ökonomisches Kapital, kulturelles Kapital, soziales Kapital, in: *Kreckel, Reinhard* (Hg.), Soziale Ungleichheiten, Göttingen 1983, 183–98 – *Braun, Rudolf*, Staying on Top: Socio-Cultural Reproduction of European Power Elites, in: *Reinhard, Wolfgang* (Hg.), Power Elites and State Building, Oxford 1996, 233–59 – *Burkolter, Verena*, The Patronage System. Theoretical Remarks, Basel 1976 – *Cotteri, Luigi* (Hg.), Il concetto di amicizia nella storia della cultura europea/Der Begriff Freundschaft in der Geschichte der europäischen Kultur, Meran 1995 – *Crouch, David/Carpenter, D. A./Coss, P. R.*, Bastard Feudalism Revised, in: PP 131(1991)165–203 – *Durand, Yves* (Hg.), Hommage à Roland Mousnier. Clientèles et fidélités en Europe à l'époque moderne, Paris 1981 – *Eisenstadt, Shmuel Noah/Roniger, Louis*, Patrons, Clients and Friends, Cambridge 1984 – *Fouquet, Gerhard*, Das Speyrer Domkapitel im späten Mittelalter. Adelige Freundschaft, fürstliche Patronage und päpstliche Klientel, Mainz 1987 – *Gellner, Ernest* (Hg.), Patrons and Clients in Mediterranean Societies, London 1977 – *Giry-Deloison, Charles/Mettam, Roger* (Hg.), Patronage et clientélismes 1550–1750 (France, Angleterre, Espagne, Italie), Lille/London 1995 – *Graham, Richard*, Patronage and Politics in Nineteenth-Century Brazil, Stanford 1990 – *Haas, Louis*, Il mio buono compare. Choosing Godparents and the Use of Baptismal Kinship in Renaissance Florence, in: Journal of Social History 29(1995)341–56 – *Herman, Arthur L.*, The Language of Fidelity in Early Modern France, in: JModH 67(1995)1–24 – *Hicks, Michael*, Bastard Feudalism, London 1995 – *Hoak, Dale* (Hg.), Tudor Political Culture, Cambridge 1995 – *Homans, George Caspar*, Elementarformen sozialen Verhaltens, Köln-Opladen 1968 – *Howe, Daniel Walker*, The Evangelical Movement and Political Culture in the North during the Second Party System, in: Journal of American History 77(1991)1216–39 – *Jussen, Bernhard*, Patenschaft und Adoption im frühen Mittelalter, Göttingen 1991 – *Kappelhoff, Peter*, Soziale Tauschsysteme, München 1993 – *Kettering, Sharon*, Patrons, Brokers and Clients in Seventeenth-Century France, Oxford 1986 – *Lipp*, Politische Kultur [s. Einleitung] – *Lyon, Bryce D.*, From Fief to Indenture, Cambridge/MA 1957 – *Maczak, Antoni* (Hg.), Klientelsysteme im Europa der Frühen Neuzeit, München 1988 – *Mauss, Marcel*, Die Gabe, Frankfurt 1990 – *Mozzarelli, Cesare* (Hg.), «Familia» del principe e famiglia aristocratica, 2 Bde., Rom 1988 – *Müller, Ernst Wilhelm*, Der Begriff «Verwandtschaft» in der modernen Ethnosoziologie, Berlin 1981 – *Noflatscher, Heinz*, «Freundschaft» im Absolutismus, in: Historische Blickpunkte. Festschrift für Johann Rainer, Innsbruck 1988, 469–504 – *Nolte, Hans-Heinrich* (Hg.), Patronage und

Klientel, Köln/Wien 1989 – *Padgett, John F./Ansell, Christopher K.*, Robust Action and the Rise of the Medici, 1400–1434, in: American Journal of Sociology 98(1993)1259–1319 – *Reinhard, Wolfgang,* Papa Pius. Prolegomena zu einer Sozialgeschichte des Papsttums, in: Von Konstanz nach Trient. Festgabe für August Franzen, Paderborn 1972, 261–99 und in: *ders.*, Abhandlungen [s. Allgemeines], 13–36 – *ders.*, Ämterlaufbahn und Familienstatus. Der Aufstieg des Hauses Borghese 1537–1621, in: Quellen und Forschungen aus italienischen Archiven und Bibliotheken 53(1974)328–427 – *ders.*, Freunde und Kreaturen, München 1979 – *ders.*, Amici e creature. Politische Mikrogeschichte der römischen Kurie im 17. Jahrhundert, in: Quellen und Forschungen aus italienischen Archiven und Bibliotheken 76(1996)308–34 – *ders.*, Freunde und Kreaturen. Historische Anthropologie von Patronage-Klientel-Beziehungen, in: Freiburger Universitätsblätter 139(1998)127–41 – *Reynolds, Susan,* Fiefs and Vassals. The Medieval Evidence Reinterpreted, Oxford 1994 – *Schadek, Hans,* Die Familiaren der sizilischen und aragonesischen Könige im 12. und 13. Jahrhundert, Münster 1971 – *Stagl, Justin,* Ein Grundriß der politischen Anthropologie, in: Zeitschrift für Politik 26(1979)1–29 – *Tenbruck, Friedrich H.*, Freundschaft, in: Kölner Z für Soziologie und Sozialpsychologie 16(1964)431–56 – *Waugh, Scott L.*, Tenure to Contract. Lordship and Clientage in 13th-Century England, in: EHR 101(1986)811–39 – *Weber, Georg Michael,* Handbuch des in Deutschland üblichen Lehensrechts, 3 Bde., Leipzig 1807–10 – *Windler, Christian,* Beziehungen makeln. Gemeinde und königliche Gerichte in Spanien im ausgehenden Ancien Régime, in: ZHF 24(1997)53–87 – *Wormald, Jenny,* Lords and Men in Scotland. Bonds of Manrent, 1442–1603, Edinburgh 1985 – *Wyluda, Erich,* Lehnrecht und Beamtentum, Berlin 1969

2. Zentralmacht

Acta Borussica. Denkmäler der preußischen Staatsverwaltung im 18. Jahrhundert, 7 Abt., Berlin 1892 ff. – *Antoine, Michel,* Les institutions françaises du XVIe au XVIIIe siècle. Perspectives de recherche, in: Journal des savants 1976, 65–78 – *ders.*, Le dur métier de roi, Paris 1986 – *Beneyto Perez, Juan,* Historia de la administración española e hispanoamericana, Madrid 1958 – *Bermejo Cabrero, José L.*, Estudios sobre la administración central española (siglos XVII y XVIII), Madrid 1982 – *ders.*, Aspectos juridicos e institucionales del antiguo regimen en España, Barcelona 1985 – *Bernhardt, Walter,* Die Zentralbehörden des Herzogtums Württemberg und ihre Beamten 1520–1629, 2 Bde., Stuttgart 1973 – *Block, Joseph S.*, Factional Politics and the English Reformation, 1520–1540, Woodbridge/Rochester 1993 – *Brewer, John,* The Sinews of Power. War, Money and the English State, 1688–1783, London 1989 – *Brown, Alfred L.*, The Governance of Late Medieval England, 1272–1461, Sevenoaks 1989 – *Castellano, Juan Luis* (Hg.), Sociedad, administración y poder en la España del antiguo regimen, Granada 1996 – *Coleman, Christopher/Starkey, David* (Hg.), The Revolution Reassessed. Revisions in the History of Tudor Government and Aministration, Oxford 1986 – *Dilcher, Gerhard* (Hg.), Die Verwaltung und ihre Ressourcen (Der Staat, Bh.9), Berlin 1991 – *Dorwart, Reinhold A.*, The Administrative Reforms of Frederick William I of Prussia, Cambridge/MA 1953, Ndr. 1971 – *Elton, Geoffrey R.*, The Tudor Revolution in Government, Cambridge 1959 – *Hageneder, Othmar,* Verwaltung im vorindustriellen Europa, in: MIÖG 92(1984)73–113 [zu *Paravicini/Werner*] – *Hartung, Fritz,* Studien zur Geschichte der preußischen Verwaltung I, Berlin 1942 – *Haussherr, Hans,* Verwaltungseinheit und Ressorttrennung, Berlin 1953 – *Hintze, Otto,* Behördenorganisation und allgemeine Verwaltung in Preußen um 1740 (Acta Borussica, 1.Abt., Bd. 6/1) Berlin 1901 – *Hubatsch, Walther,* Friedrich der Große und die preußische Verwaltung, Köln-Berlin 1973 – *Jørgensen, Frank/Westrup, Morten,* Dansk centraladministration i tiden indtil 1848, Kopenhagen 1982 – *Johnson, Hubert C.*, Frederick the Great and his Officials, New Haven/London 1975 – *Lanzinner, Maximilian,* Fürst, Räte, Landstände. Die Entstehung der Zentralbehörden in Bayern 1511–1598, Göttingen 1980 – *Mettam* [s.Monarchie, Frankreich] – *Molas i Ribalta, Pere,* Historia social de la administración española, Bareclona 1980 – Die österreichische Zentralverwaltung, 3 Abt. mit 10 Bdn. in 12 Tln., Wien 1907–64 – *Paravicini, Werner/Werner, Karl Ferdinand* (Hg.), Vergleichende Verwaltungsgeschichte, 4.–18. Jhdt. (Francia, Bh 9) München 1980 – *Peterson, Claes,* Peter the Great's Administrative and Judicial Reforms. Swedish Antecedents and the Process of Reception, Stockholm 1979 – *Rosenberg, Hans,* Bureaucracy, Aristocracy and Autocracy. The Prussian Experience 1660–1815, Cambridge/MA 1958 – *Santoro, Caterina,* Gli uffici del dominio sforzesco 1450–1500, Mailand 1948 – *Schlechte, Horst* (Hg.), Die Staatsreform in Kursachsen 1762/63, Berlin 1958 – Urkunden und Aktenstücke zur Geschichte des Kurfürsten Friedrich Wilhelm von Brandenburg, 23 Bde., Berlin 1864–1930 – *Vicens Vives, Jaime,* Estructura administrativa estatal en los siglos XVI y XVII, in: XIe congrès international des sciences historiques, Rapports IV, Stockholm 1960, 1–24 – *Walter, Friedrich,* Die theresianische Staatsreform von 1749, München 1958

a) Vom Fürstenhof zum Behördenwesen

Garcia de Valdeavellano, Luis, Curso de historia de las instituciones españoles de los orígenes al final de la edad media, Madrid 1968 – Lexikon des Mittelalters [s. Allgemeines] – *Strayer, Joseph R.,* The Reign of Philip the Fair, Princeton 1980

b) Hof-, Kron- und Reichsämter

Kanzler und Kanzleien

Gross, Lothar, Geschichte der deutschen Reichshofkanzlei von 1559 bis 1806, Wien 1933 – *Hartmann, Peter Claus* (Hg.), Der Mainzer Kurfürst als Reichserzkanzler, Stuttgart 1997 – *Martin Postigo, Maria de la Soterraña,* La cancilleria castellana en la primera mitad del siglo XVI, in: Hispania 24(1964)348–67, 509–51 – *dies.,* Aportación al estudio de la cancilleria real castellana en la segunda mitad del siglo XVI, in: Hispania 27(1967)381–404 – *Mathy, Helmut,* Über das Mainzer Erzkanzleramt in der Neuzeit, in: Geschichtliche Landeskunde 2(1965)109–49 [mit Listen der Erz- u. Vizekanzler] – *Michaud, Hélène,* La grande chancellerie et les écritures royales au XVIe siècle, Paris 1967 – *Mousnier, Roland* (Hg.), Lettres et mémoires adressés au chancellier Séguier, 1633–49, 2 Bde., Paris 1964 – *Olesen, Jens E.,* In der Kanzlei des Königs. Die Kanzlei im mittelalterlichen Dänemark, in: Medium Aevum quotidianum 15(1988)43–59 – *Pridat, Herta-Florence,* Nicolas Rolin 1376?–1462, Kanzler von Burgund, Berlin 1995 – *Schück, Herman,* Kansler och capella regis under folkungatiden, in: Historisk Tidskrift 83(1963)133–87, 402–04 – *Silagi, Gabriel* (Hg.), Landesherrliche Kanzleien im Spätmittelalter, München 1984 – *Szabo, Franz A. J.,* Kaunitz and Enlightened Absolutism, 1753–1780, Cambridge 1994

Schatzmeister und Finanzminister

Boislisle, Arthur de (Hg.), Correspondance des contrôleurs généraux des finances avec des intendants des provinces, 3 Bde., Paris 1874–97 – *Clement, Pierre* (Hg.), Lettres, instructions et mémoires de Colbert, 8 Bde. in 10 Tln., Paris 1861–82 – *ders.,* Histoire de Colbert et de son administration, 2 Bde., Paris 1874, Ndr. Genf 1980 – *Jouvencel, Henri de,* Le contrôleur général des finances, Diss. jur., Paris 1901 – *Roseveare, Henry,* The Treasury 1660–1870, London 1973 – *Villain, Jean,* La fortune de Colbert, Paris 1994 – *Vincent, Nicholas C.,* The Origins of the Chancellorship of the Exchequer, in: EHR 108(1993)105–21

c) Sekretäre und Minister

Metzger, Edelgard, Leonhard von Eck, 1480–1550. Wegbereiter und Begründer des frühmodernen bayerischen Staates, München 1980 – *Root, Hilton L.,* Institutions, Interest Groups and Authority in Ancien Régime France, in: French History 6(1992)411–34

Staatssekretäre und Sekretariate

Bermejo Cabrero, José L., Los primeros secretarios de los reyes, in: AHDE 49(1979)186–296 – *Bien, David D.,* The Secrétaires du roi. Absolutism, Corporatism, and Privilege under the Ancien Régime, in: *Hinrichs, Ernst/Schmitt, Eberhard/Vierhaus, Rudolf* (Hg.), Vom Ancien Régime zur Französischen Revolution, Göttingen 1978, 153–68 – *Brazão, Eduardo,* A Secretaria de Estado dos negócios estrangeiros, criação de D. João V, in: Revista Portuguesa de Historia 16(1976)51–61 – *Escudero, José Antonio,* Los Secretarios de Estado y del Despacho (1494–1724), 4 Bde., Madrid 1969 – *Evans, Florence M. G.,* The Principal Secretary of State. A Survey of the Office 1588–1680, Manchester/London 1929 – *González Palencia, Angel,* Gonzalo Pérez. Secretario de Felipe II, 2 Bde., Madrid 1946 – *Keniston, Hayward,* Francisco de los Cobos, Secretary of the Emperor Charles V, Pittsburgh 1960 – *Kraus, Andreas,* Secretarius und Sekretariat. Der Ursprung der Institution des Staatssekretariats und ihr Einfluß auf die Entwicklung moderner Regierungsformen in Europa, in: Römische Quartalschrift 55(1960)43–84 – *Lefèvre, Joseph,* Le secrétaire d'état et de guerre sous le régime espagnol 1594–1711, Brüssel 1934 [Belgien] – *Lovett, Albert W.,* Philip II et Mateo Vázquez de Leca. The Government of Spain 1572–92, Genf 1977 – *Luçay, Hélion de,* Des origines du pouvoir ministériel en France. Les secrétaires d'état depuis leur institution jusqu'à la mort de Louis XV, Paris 1881, Ndr. Genf 1976 – *Riba y García, Carlos* (Hg.), Correspondencia privada de Felipe II con su secretario Mateo Vázquez 1567–91, Bd. 1, Madrid 1959 [bis 1586] – *Ricuperati, Giuseppe,* Gli strumenti dell'assolutismo sabaudo. Segretario di stato e consiglio delle finanze nel XVIII secolo, in: RSI 192(1990)796–863 – *Robin, Pierre,* La compagnie des secrétaires du roi (1351–1791), Diss. Paris 1933 – *Samoyault, Jean-Pierre,* Le secrétariat d'état des affaires étrangères sous Louis XV. Bureaux, fonctionnement, personnel, Diss. École des Chartes Paris 1962 – *Smith, Alan G. R.,* The Secretariats of the Cecils, ca. 1580–1612, in: EHR 83(1968)481–504 – *Sutherland, Nicola M.,* The French Secretaries of State in the Age of Catherine de' Medici, London 1962 – *Thomson, Mark A.,* The Secretaries of State, 1681–1782, London 1932

Günstlinge und Minister

Aristide, Isabelle, La fortune de Sully, Paris 1990 – *Asch, Ronald,* Internationales Symposium The World of the Favourite 1550–1700, in: Mitteilungen der Residenzen-Kommission 6(1996)42–46 – *ders.,* Der Sturz des Favoriten. Der Fall Matthäus Enzlins und die politische Kultur des deutschen Territorialstaates an der Wende vom 16. zum 17. Jahrhundert, in: Z für württembergische LandesG 57(1998)37–63 – *Benigno, Francesco,* L'ombra del re. Ministri e lotta politica nella Spagna del seicento, Venedig 1992 – *Bérenger, Jean,* Pour une enquête européenne. Le problème du ministériat au XVIIe siècle, in: Annales 29(1974)166–92 – *Bergin, Joseph,* Cardinal Richelieu. Power and the Pursuit of Wealth, New Haven/London 1985 – *Braubach, Max,* Prinz Eugen von Savoyen, 5 Bde., München 1963–65 – *Buisseret, David,* Sully and the Growth of Centralized Government in France, London 1968 – *Carlyle, Edward I.,* Clarendon and the Privy Council, 1660–1667, in: EHR 27(1912)251–73 – *Chéruel, Adolphe* (Hg.), Lettres du cardinal Mazarin, 9 Bde., Paris 1872–1906 – *Elliott, John H.,* Richelieu and Olivares, Cambridge 1984 – *ders.,* The Count-Duke of Olivares, New Haven/London 1986 – *Elliott, John H./Brockliss, Laurence* (Hg.), The Age of the Favourite, New Haven 1999 – *Elton, Geoffrey R.,* England under the Tudors, London 1955 – *González Alonso, Benjamin,* El Conde Duque de Olivares y la administración de su tiempo, in: AHDE 59(1989)5–48 – *Grillon, Pierre/Wild, Adolf* (Hg.), Les papiers de Richelieu, 2 Serien, Paris 1975 ff. – *Labourdette, Jean-François,* Vergennes ou la tentation du «ministériat», in: RH 275(1986)73–107 – *Lauraine-Portemer, Madeleine,* Absolutisme et népotisme. La surintendance de l'état ecclésiastique, in: Bibliothèque de l'École des Chartes 131(1973)487–568 [dazu *Reinhard,* Freunde und Kreaturen ‹s. Institutionskultur›] – *Lockyer, Roger,* The Life and Political Career of George Villiers, First Duke of Buckingham, 1592–1628, London/New York 1981 – *Malettke, Klaus,* Krone, Ministeriat und höfischer Adel zur Zeit Ludwigs XIII., in: *Fuhrich-Grubert, Ursula/Johansen, Angelus H.* (Hg.), Schlaglichter Preußen – Westeuropa, Berlin 1997, 235–58 – *Maravall, José Antonio,* La teoría española del estado en el siglo XVII, Madrid 1944 – *Maxwell, Kenneth,* Pombal, Cambridge 1995 – *Moote, A. Lloyd,* Richelieu as Chief Minister. A Comparative Study of the Favorite in Early 17th-Century Politics, in: *Bergin, Joseph/ Brockliss, Laurence* (Hg.), Richelieu and his Age, Oxford 1992, 14–43 – Neue Deutsche Biographie, Bd. 1, Berlin 1953 ff. – *Pollard, Albert Frederick,* Wolsey, London 1965 – *Price, Munro,* Vergennes «principal ministre» en 1783, in: Revue d'histoire diplomatique 101(1987)323–34 – *Rainer, Johann,* Der Prozeß gegen Kardinal Klesl, in: Römische Historische Mitteilungen 5(1961/62)35–163 – *Ranum, Orest R.,* Richelieu and the Councillors of Louis XIII, Oxford 1963 – *Schmitt, Carl,* Der Zugang zum Machthaber, ein zentrales verfassungsrechtliches Problem (1947), in: *ders.,* Verfassungsrechtliche Aufsätze, Berlin 1958, 430–39 – *ders.,* Gespräch über die Macht und den Zugang zum Machthaber, Pfullingen 1954 – *Schultze, Johannes,* Eberhard von Danckelmann, in: Westfälische Lebensbilder, Bd. 4, Münster 1930, 162–79 – *Scott, Hamish M.,* The Rise of the First Minister in 18th-Century Europe, in: *Blanning, Timothy C. W./Cannadine, David* (Hg.), History and Biography. Essays in Honour of Derek Beales, Cambridge 1996, 21–52 – *Tomás y Valiente, Francisco,* Los validos en la monarquia española del siglo XVII, Madrid 1963 – *Williams, Neville,* The Cardinal and the Secretary, London 1975 [Wolsey und Cromwell] – *Zwiedineck-Südenhorst, Hans von,* Hans Ulrich von Eggenberg, Freund und erster Minister Kaiser Ferdinands II., Wien 1880

d) Ratssystem und Kollegialprinzip

Antoine, Michel, Le conseil du roi sous le règne de Louis XV, Genf 1970 – *Arrieta Alberdi, Jon,* El Consejo Supremo de Aragon, 1494–1707, 2 Bde., Barcelona 1987 – *Barrios, Feliciano,* El Consejo de Estado de la monarquía española, 1521–1812, Madrid 1984 – *Baum, Arwed,* Das Ratsprinzip in der Entwicklung Brandenburg-Preußens, Würzburg 1965 – *Bergh, S./Soudén, P./Enblom, W./Thanner, Lennart* (Hg.), Svenska riksrådets protokoll, 18 Bde., Stockholm 1878–1959 [1621–58] – *Buhlmann, Günther,* Der kurkölnische Hofrat 1597–1692, Köln 1998 – *Cabrera Bosch, María Isabel,* El Consejo Real de Castilla y la ley, Madrid 1993 – *Carlos Morales, Carlos Javier de,* El Consejo de Hacienda de Castilla en el reinado de Carlos V (1523–56), in: AHDE 59(1989)49–159 – *Coronas González, Santos M.,* El libro de las fórmulas de juramento del Consejo de Castilla, in: AHDE 63/ 64(1993/94)985–1022 – *Dasent, John R.* (Hg.), Acts of the Privy Council of England, 32 Bde., London 1890–1907 [1542–1604, Lücken] – *Etchechoury, Maité,* Les maîtres des requêtes de l'hôtel du roi sous les derniers Valois (1553–89), Paris 1991 – *Fayard, Janine,* Les membres du Conseil de Castille à l'époque moderne, Genf 1979, span. 1982 – *Fischer, Stefan,* Der geheime Rat und die geheime Konferenz unter Kurfürst Karl Albrecht von Bayern 1726–45, München 1987 – *Hamscher, Albert N.,* The Conseil privé and the Parlements in the Age of Louis XIV, Philadelphia 1987 – *Heydenreuter, Reinhard,* Der landesherrliche Hofrat unter Herzog und Kurfürst Maximilian I. von Bayern, München 1981 – *Hoak, Dale E.,* The King's Council in the Reign of Edward VI, London 1976 – *Holmes, P. J.,* The Last Tudor Great Councils, in: HJ 33(1990)1–22 – *Jespersen, Knud* (Hg.), Rigsrad, adel og administration 1570–1648, Odense 1980 – *Klinkenborg, Melle,* Die kurfürstliche Kammer und die Begründung des Geheimen Rats in Brandenburg, in: HZ 114(1915)473–88 – *ders.* (Hg.), Acta Brandenburgica. Brandenburgische Regierungsakten seit der Begründung des Geheimen Rats (1604–08), 4 Bde., Berlin 1927–30 – *Krüger, Kersten,* Johann Friedrich Struensee und der Aufgeklärte Absolutismus, in: *Lehmann, Hartmut/Lohmeier, Dieter* (Hg.), Aufklärung und Pietismus im dänischen Gesamtstaat, Neumünster 1983, 11–36 – *Le Pesant, Michel/Favier, Jean* (Hg.), Arrêts du conseil du roi. Règne de Louis XIV, Bd. 1, Paris 1976 ff. – *Martinez Millán, José/Carlos Morales, Carlos Javier de,* Los origenes del Consejo de Cruzada, in: Hispania 51(1991)901–32 – *Mousnier, Roland* (Hg.), Le conseil du roi de Louis XII à la Révolution, Paris 1970 – *Münch, Theresia,* Der Hofrat unter Kurfürst Max Emmanuel von Bayern, München 1979 – *Neuhaus, Helmut,* Supplikationen als landesgeschichtliche Quellen, in: Hessisches Jahrbuch für LandesG 28(1978)110–90 – *Oestreich, Gerhard,* Das persönliche Regiment der deutschen Fürsten am Beginn der Neuzeit, in: Welt als Geschichte 1(1935)218–37, 300–16 – *Pulman, Michael B.,* The Elizabethan Privy Council in the Fifteen-Seventies, Berkeley 1971 – *Riba y Garcia, Carlos,* El Consejo supremo de Aragon en el reinado de Felipe II, Madrid 1914 – *Salcedo Izu, Joaquin J.,* El Consejo Real de Navarra en el siglo XVI, Pamplona 1964 – *Schäfer, Ernst,* El Consejo Real y Supremo de Indias, 2 Bde., Sevilla 1935–47 – *Schwarz, Henry Frederick,* The Imperial Privy Council in the Seventeenth Century, Cambridge/MA 1943, Ndr. Westport 1972 – *Sesé Alegre, José Maria,* El Consejo Real de Navarra en el siglo XVIII, Barañain 1994 – *Turner, Edward R.,* The Privy Council of England in the 17th and 18th Centuries, 2 Bde., Baltimore 1927–28 – *Walser, Fritz/Wohlfeil, Rainer,* Die spanischen Zentralbehörden und der Staatsrat Karls V., Göttingen 1959

e) Ministerverantwortlichkeit und Ministerrat

Aspinall, Arthur, The Cabinet Council 1783–1835, in: Proceedings of the British Academy 38(1952)145–252 – *Beyme, Klaus von,* Die Entstehung des Ministerpräsidentenamtes in den parlamentarischen Systemen Europas, in: Politische Vierteljahrschrift 10(1969)249–68 – *Davies, Geoffrey,* Council and Cabinet, 1679–88, in: EHR 37(1922)47–66 – *Greve, Friedrich,* Die Ministerverantwortlichkeit im konstitutionellen Staat, Berlin 1977 – *Kleinhenz, Roland,* Englische Institutionengeschichte. Perspektiven der Kabinettsentwicklung zwischen dem ausgehenden 17. Jahrhundert und dem Jahre 1783, in: ZRG/GA 105(1988)145–99 – *ders.,* Königtum und parlamentarische Vertrauensfrage in England 1689–1841, Berlin 1991 – *Maxwell* [s.Günstling] – *Plumb, John H.,* The Organization of the Cabinet in the reign of Queen Anne. In: TRHS V/5(1957)137–57 – *Roberts, Clayton,* The Growth of Responsible Government in Stuart England, Cambridge 1966 – *Scott* [s. Günstling] – *Temperley, Harold W. V.,* Inner and Outer Cabinet and Privy Council, 1679–1783, in: EHR 27(1912)682–99 – *ders.,* A Note on the Inner and Outer Cabinets. Their Development and Relations in the 18th Century, in: EHR 31(1916)291–96 – *Turner, Edward R.,* The Cabinet Council of England in the 17th and 18th Centuries, 1622–1784, 2 Bde., Baltimore 1930–32

3. Personal

Armstrong, John A., The European Administrative Elite, Princeton 1973 – *Autrand, Françoise* (Hg.), Prosopographie et genèse de l'état moderne, Paris 1986 – *Aylmer, Gerald,* The King's Servants. The Civil Service of Charles I 1625–1642, New York/London 1961 – *ders.,* The State's Servants. The Civil Service of the English Republic 1649–1660, London 1973 – *Bluche, François,* Les magistrats du parlement de Paris au XVIIIe siècle

(1715–71), Paris 1960 – *Chaussinand-Nogaret, Guy,* Une histoire des élites 1700–1848, Paris 1975 – *Descimon, Robert,* La haute noblesse parlementaire parisienne. La production d'une aristocratie d'état aux XVIe et XVIIe siècles, in: *Contamine, Philippe* (Hg.), L'état et les aristocraties, Paris 1989, 357–84 – *Descimon, Robert/Schaub, Jean-Frédéric/Vincent, Bernard* (Hg.), Les figures de l'administrateur. Institutions, réseaux, pouvoirs en Espagne, en France et au Portugal, 16e-19e siècle, Paris 1997 – *Genet, Jean-Philippe/Lottes, Günther* (Hg.), L'état moderne et les élites, XIIIe-XVIIIe siècles. Apports et limites de la méthode prosopographique, Paris 1996 – *Herzog, Dietrich,* Politische Führungsgruppen, Darmstadt 1982 – *Hofmann, Hanns Hubert/Franz, Günther* (Hg.), Deutsche Führungsschichten in der Neuzeit, Boppard 1980 – *Homem, Armando Luis de Carvalho,* O Desembargo Régio (1320–1433), Porto 1990 – *Lampe, Joachim,* Aristokratie, Hofadel und Staatspatriziat in Kurhannover, 2 Bde., Göttingen 1963 – *Quilliet, Bernard,* Les corps d'officiers de la prévôté et vicomté de Paris et de l'Ile-de-France, 2 Bde., Lille 1982 – *Reinhard, Wolfgang* (Hg.), Power Elites and State Building, Oxford 1996, franz. 1996 – *Schnur, Roman* (Hg.), Die Rolle der Juristen bei der Entstehung des modernen Staates, Berlin 1986 – *Schulze, Winfried* (Hg.), Ständische Gesellschaft und soziale Mobilität, München 1988

a) Fürstendienst und Ständegesellschaft

Beckett, John V., The Aristocracy in England, 1660–1914, Oxford 1986 – *Bluche, François/Durye, Pierre,* L'anoblissement par les charges avant 1789, 2 Bde., Paris 1962 – *Boockmann, Hartmut,* Zur Mentalität spätmittelalterlicher gelehrter Räte, in: HZ 233(1981)295–316 – *Chittolini, Giorgio,* L'onore dell'officiale, in: Quaderni Milanesi 17/18(1989)3–53 – *Fried, Johannes,* Die Entstehung des Juristenstandes im 12. Jahrhundert, Köln/Wien 1974 – *Lemmings, David,* The Student Body of the Inns of Court under the Later Stuarts, in: Bulletin of the Institute of Historical Research 58(1985)149–66 – *Levack, Brian P.,* The Civil Lawyers in England 1603–1641, Oxford 1973 – *Moraw, Peter,* Gelehrte Juristen im Dienst der deutschen Könige (1273–1493), in: *Schnur* [s.Personal] 77–147 – *Pérez, Joseph,* Los letrados, in: Bulletin hispanique 84(1982)443–53 – *Schieckel, Harald,* Benedict I. Carpzov (1565–1624) und die Juristen unter seinen Nachkommen, in: ZRG/GA 83(1966)310–22

b) Rekrutierung, Professionalisierung und Mobilität

Böse, Kuno, Amt und soziale Stellung. Die Institution der Elus in Frankreich im 16. und 17. Jahrhundert am Beispiel der Election Troyes, 2 Bde., Berlin 1982 - *Brizzi, Gian Paolo,* La formazione della classe dirigente nel sei-settecento, Bologna 1976 – *Bulst, Neithard,* Studium und Karriere im königlichen Dienst in Frankreich im 15. Jahrhundert, in: *Fried, Johannes* (Hg.), Schulen und Studium im sozialen Wandel des hohen und späten Mittelalters, Sigmaringen 1986, 375–405 – *Curtis, Marc H.,* The Alienated Intellectuals of Early Stuart England, in: PP 23(1962)25–49 – *Doyle, William,* Venality. The Sale of Offices in 18th-Century France, Oxford 1996 – *Fischer, Wolfram,* Rekrutierung und Ausbildung von Personal für den modernen Staat. Beamte, Offiziere und Techniker in England, Frankreich und Preußen in der frühen Neuzeit, in: *Koselleck, Reinhart* (Hg.), Studien zum Beginn der modernen Welt, Stuttgart 1977, 194–217 – *Lips, Julius,* Die Stellung des Thomas Hobbes zu den politischen Parteien der großen englischen Revolution, Leipzig 1927, Ndr. 1970 – *Malettke, Klaus* (Hg.), Ämterkäuflichkeit und soziale Mobilität im europäischen Vergleich (17. und 18. Jahrhundert), Berlin 1980 – *Mieck, Ilja* (Hg.), Ämterhandel im Spätmittelalter und im 16. Jahrhundert, Berlin 1984 – *Mousnier, Roland,* La vénalité des offices sous Henri IV et Louis XIII, 2. Aufl., Paris 1972 – *Müller, Rainer A.,* Universität und Adel, Berlin 1974 [Ingolstadt 1472–1648] – *Press, Volker,* Korbinian von Prielmair (1643–1707). Bedingungen, Möglichkeiten und Grenzen sozialen Aufstiegs im barocken Bayern, Ottenhofen 1978 – *Prest, Wilfried* (Hg.), The Professions in Early Modern England, Beckenham 1987 – *Putnam, Robert D.*, The Comparative Study of Political Elites, Englewood Cliffs 1976 – *Ranieri, Filippo*, Vom Stand zum Beruf. Die Professionalisierung des Juristenstandes als Forschungsaufgabe, in: Ius commune 13(1985)83–105 – *Reinhard*, Freunde [s. Institutionskultur] – *Reinhard, Wolfgang*, Staatsmacht als Kreditproblem. Zur Struktur und Funktion des frühneuzeitlichen Ämterhandels, in: VSWG 61(1974)289–319, in: *Hinrichs*, Absolutismus [s. Monarchie, Varianten] 214–48 und in: *Reinhard*, Abhandlungen [s. Allgemeines] 151–78 – *Schwarz, Brigide*, Ämterkäuflichkeit, eine Institution des Absolutismus und ihre mittelalterlichen Wurzeln, in: Staat und Gesellschaft in Mittelalter und Früher Neuzeit. Gedenkschrift für Joachim Leuschner, Göttingen 1983, 176–96 – *Swart, Koenraad*, Sale of Offices in the Seventeenth Century, Den Haag 1949 – *Thompson, I. A. A.*, The Purchase of Nobility in Castile, 1552–1700, in: Journal of European Economic History 8(1979)313–60 – *Tomas y Valiente, Francisco*, La venta de oficios en Indias, 1492–1606, Madrid 1972

4. Lokalmacht

Dubost, Jean-François, Absolutisme et centralisation en Languedoc au XVIIe siècle (1620–1690), in: RHMC 37(1990)367–97 – *Falkenhagen, Jürgen*, Absolutes Staatswesen und Autonomie der Territorialverbände und Genossenschaften, Kiel 1967 [Schleswig-Holstein] – Gouvernés et gouvernants (Recueils de la société Jean Bodin 22–27), 6 Bde., Brüssel 1966–69 [bes. 3 u. 4] – *Gustafson, Harald*, Central Power and Local Society in the 18th-Century Nordic States, Lund 1994 – *Hahn, Peter-Michael*, Fürstliche Territorialhoheit und lokale Adelsgewalt, Berlin 1989 [zwischen Elbe und Aller] – *Hartmann, Peter Claus* (Hg.), Regionen in der frühen Neuzeit (ZHF, Bh. 17) Berlin 1994 – *Hofmann, Hanns Hubert*, Adelige Herrschaft und souveräner Staat. Studien über Staat und Gesellschaft in Franken und Bayern im 18. und 19. Jahrhundert, München 1962 – *Olivier-Martin, François*, L'organisation corporative de la France d'Ancien Régime, Paris 1938 – *Rosenberg* [s. Zentralmacht] – *Speck, Ulrich*, Staatsordnung und Kommunalverfassung. Die Formierung moderner Gemeindekonzeptionen in Württemberg, Frankfurt 1997 – *Tocqueville, Alexis de*, Der alte Staat und die Revolution, hg. *Jacob Peter Mayer*, Birsfelden o. J.

a) Regionale Institutionen der Zentralmacht

Antoine, Le dur metier [s. Zentralmacht] – *Antoine, Michel*, Genèse de l'institution des intendants, in: Journal des savants 1982, 283–317 – *Bonney, Richard*, Political Change in France under Richelieu and Mazarin, 1624–1661, Oxford 1978 – *ders.*, Society and Government in France under Richelieu and Mazarin, 1624–1661, Basingstoke 1988 – *Chamberlain, Robert S.*, The Corregidor in Castile in the Sixteenth Century and the Residencia as Applied to the Corregidor, in: Hispanic American Historical Review 23(1943)222–57 – *Dupont-Ferrier, Gustave*, Les officiers royaux des baillages et sénéchaussées à la fin du moyen âge, Paris 1902 – *Emmanuelli, François-Xavier*, Un mythe de l'absolutisme bourbonien. L'intendance du milieu du XVIIe siècle à la fin du XVIIIe siècle, Aix-en-Provence 1981 – *Endres, Rudolf*, Absolutistische Entwicklungen in fränkischen Territorien im Spiegel der Dorfordnungen, in: Jahrbuch für RegionalG 16/2(1989)81–93 – *Gleason, John H.*, The Justices of the Peace in England 1558–1620, Oxford 1969 – *González-Alonso, Benjamin*, El Corregidor castellano, 1348–1808, Madrid 1970 – *Gruder, Vivian R.*, The Royal Provincial Intendants. A Governing Elite in 18th-Century France, Ithaca 1968 – *Guenée, Bernard*, La géographie administrative de la France à la fin du moyen âge, in: Le Moyen Age 67(1961)293–323 – *Harding, Robert Reeves*, Anatomy of a

Power Elite. The Provincial Governors of Early Modern France, New Haven 1978 – *Hernández, Mauro,* La evolución de un delegado regio. Corregidores de Madrid en los siglos XVII y XVIII, in: AHDE 61(1991)579–606 – *Hill, Christopher,* Reformation to Industrial Revolution, London 1967 – *Kamen, Henry,* El establecimiento de los intendentes en la administración española, in: Hispania 24(1964)368–95 – *Lammers, Guido,* Council und County. Untersuchungen zum elisabethanischen Privy Council und seinen Beziehungen zur Grafschaft Norfolk, 1558–1603, Frankfurt 1988 – *Landau, Norma,* Justices of the Peace, 1679–1760, Berkeley 1984 – *Lenz, Rüdiger,* Kellerei und Unteramt Dilsberg, Stuttgart 1989 – *Livet, Georges,* L'intendance d'Alsace sous Louis XIV (1648–1715), Straßburg 1956 – *Lunenfeld, Marvin,* Keepers of the City. The Corregidores of Isabella I of Castile (1474–1504), Cambridge 1987 – *Mercader Riba, Juan,* Un organismo-piloto en la monarquia de Felipe V. La superintendencia de Cataluña, in: Hispania 26(1966)382–409, 526–78, 27(1967)116–57, 354–76 – *Obersteiner, Gernot Peter,* Theresianische Verwaltungsreform im Herzogtum Steiermark, Graz 1993 – *Paravicini/Werner* [s. Zentralmacht] – *Payling, Simon,* Political Society in Lancastrian England. The Greater Gentry of Nottinghamshire, Oxford 1991 – *Petracchi, Adriana,* Intendenti e prefetti, Bd. 1, Mailand 1971 – *Quarthal, Franz/Wieland, Georg/Dürr, Birgit,* Die Behördenorganisation Vorderösterreichs 1753–1805, Bühl 1977 – *Rublack, Ulinka,* Frühneuzeitliche Staatlichkeit und lokale Herrschaftspraxis in Württemberg, in: ZHF 24(1997)347–76 – *Sarasa Sánchez, Esteban/Serrano Martin, Eliseo,* Señorio y feudalismo en la Península Iberica, 4 Bde., Zaragoza 1993 – *Schmitt, Sigrid,* Territorialstaat und Gemeinde im kurpfälzischen Oberamt Alzey, Stuttgart 1992 – *Smith, A.Hassell,* County and Court. Government and Politics in Norfolk, 1558–1603, Oxford 1974 – *Speight, Helen M.,* The Politics of Good Governance. Thomas Cromwell and the Government of the Southwest of England, in: HJ 37(1994)623–38 – *Stater, Victor L.,* Noble Government. The Stuart Lord Lieutenancy and the Transformation of English Politics, Athens/London 1994 – The Victoria History of the Counties of England, Bd. 1 ff., London 1901 ff. – *Webb, Sidney/Webb, Beatrice,* English Local Government from the Revolution to the Municipal Corporations Act, 8 Bde., London 1906–29 [bes. Bd. 1: The Parish and the County] – *Zimmermann, Harm-Peter,* Das Heimatrecht im System der Gemeindeangehörigkeit am Beispiel Schleswig-Holsteins 1542–1864, in: Kieler Blätter zur Volkskunde 23(1991)67–101

b) Kontrolle von Regionen

Kettering, Patrons [s. Institutionskultur] – *Mousnier, Roland,* Les concepts de «ordres», d'«états», de «fidélité» et de «monarchie absolue» en France de la fin du XVe siècle à la fin du XVIIIe, in: RH 502(1972)289–312 – *Namier, Lewis,* The Structure of Politics at the Accession of George III, 2 Bde., London 1929, 2. Aufl. 1957 – *Wellenreuther, Hermann,* Repräsentation und Großgrundbesitz in England 1730–1770, Stuttgart 1979

III.

PARTNERSCHAFT UND WIDERSTAND

1. Adelsherrschaft und Ständewesen

a) Adelsherrschaft

Algazi [s. Einleitung] - *Ågren, Kurt,* Rise and Decline of an Aristocracy. The Swedish Social and Political Elite in the 17th Century, in: ScanJH 1(1976)55–80 – *Asker, Björn,* Aristocracy and Autocracy in 17th-Century Sweden, in: ScanJH 15(1990)89–95 – *Beckett* [s.Personal] – *Beik, William,* Absolutism and Society in 17th-Century France. State Power and Provincial Aristocracy in Languedoc, Cambridge 1985 – *Blickle, Peter* (Hg.), Agrarverfassungsverträge, Stuttgart 1996 – *Bush, Michael L.,* The European Nobility, 2 Bde., New York 1983–88 [Bd. 3 geplant] – *Cannadine, David,* The Decline and Fall of the British Aristocracy, New Haven/London 1990 – *Caron, Marie-Thérèse,* Noblesse et pouvoir royal en France, XIIIe-XVIe siècle, Paris 1994 – *Contamine, Philippe* (Hg.), L'état et les aristocraties (France, Angleterre, Ecosse), XIIe–XVIIe siècles, Paris 1989 – *Dewald, Jonathan,* The Formation of a Provincial Elite. The Magistrates of the Parlement of Rouen, 1499–1610, Princeton 1980 – *ders.,* The European Nobility, 1440–1800, Cambridge 1996 – *Dilcher, Gerhard/Violante, Cinzio* (Hg.), Strutture e trasformazioni della signoria rurale nei secoli X–XIII, Bologna 1996 – *Ebersold, Günther,* Herrschaft Zwingenberg – ein gescheiterter Staatsbildungsversuch, Frankfurt 1997 – *Endres, Rudolf,* Adel in der frühen Neuzeit, München 1993 – *Fabritius, Albert,* Danmarks Riges Adel, Kopenhagen 1946 – *Ferm, Olle,* Feodalism i Sverige? In: Historisk Tidskrift 103(1983)130–39 – *Ford, Franklin L.,* Robe and Sword. The Regrouping of the French Aristocracy after Louis XIV, Cambridge/MA 1953 – *Friedeburg, Robert von,* Landgemeinde, adelige Herrschaft und frühmoderner Staat in Hessen-Kassel nach dem Dreißigjährigen Krieg. Merzhausen 1646–1672, in: Hessisches Jahrbuch für LandesG 41(1991)153–76 – *Gerbet, Marie-Claude,* La noblesse dans le royaume de Castille. Étude sur les structures sociales en Estremadure, 1454–1516, Paris 1979 – *dies.,* Les noblesses espagnoles au moyen âge, Paris 1994 – *Hahn, Peter Michael,* Struktur und Funktion des brandenburgischen Adels im 16. Jahrhundert, Berlin 1979 – *Heal, Felicity/Holmes, Clive,* The Gentry in England and Wales, 1500–1700, Stanford 1994 – *Johansson, Kenneth,* Herrar och bönder, in: Scandia 56(1990)161–91 – *Jones, Michael* (Hg.), Gentry and Lesser Nobility in Late Medieval Europe, New York 1986 – *Köpeczi, Béla/Balázs, Eva* (Hg.), Noblesse française – noblesse hongroise, XVIe–XVIIe siècles, Budapest 1981 – *Labatut, Jean-Pierre,* Les noblesses européennes, Paris 1978 – *Liehr, Reinhard,* Sozialgeschichte spanischer Adelskorporationen, Wiesbaden 1981 – *Lieven, Dominic,* Abschied von Macht und Würden. Der europäische Adel 1815–1914, Frankfurt 1995, engl. 1992 – *Litwin, Henryk,* The Polish Magnates, 1454–1648, in: APH 53(1986)63–92 – *Lütge, Friedrich,* Geschichte der deutschen Agrarverfassung, Stuttgart 1963 – *Marrara, Danilo,* Risieduti e nobiltà, Pisa 1976 – *Marshall, Sherrin D.,* The Dutch Gentry, 1500–1650, New York 1987 – *Martinez Millán, José,* Elites de poder en tiempos de Felipe II, in: Hispania 49(1989)111–49 – *Meyer, Jean,* Noblesse et pouvoir dans l'Europe de l'ancien régime, Paris 1973 – *Mingay, Gordon Edmund,* The Gentry, Harlow 1976 – *Moxó, Salvador de,* La disolución del regimen señorial en España, Madrid 1965 – *Nierop, Hendrik F.,* The Nobility of Holland. From Knights to Regents, 1500–1650, Cambridge 1993, ndl. 1984 – *Powis, Jonathan,* Der Adel, Paderborn 1986 – *Oexle, Otto Gerhard/Paravicini, Werner* (Hg.), Nobilitas, Göttingen 1997 – *Olszewski, Henryk,* The Essence and Legal Foundation of the Magnate Oligarchy in Poland, in: APH 56(1987)29–49 – *Opalinski, E.,* Great Poland's Power Elite under Sigismund III, in: APH 42(1980)41–66 – *Patze, Hans* (Hg.), Die Grundherrschaft im späten Mittelalter, 2 Bde., Sigmaringen 1983 – *Peters, Jan* (Hg.), Gutsherrschaft als soziales Modell (HZ, Bh 18), München 1995 – *ders.* (Hg.), Konflikt und Kontrolle in Gutsherrschaftsgesellschaften, Göttingen 1995 – *ders.* (Hg.), Gutsherrschaftsgesellschaften im europäischen Vergleich, Berlin 1997 – *Ranft, Andreas,* Adelsgesellschaften, Sigmaringen 1994 – *Reif, Heinz,* Westfälischer Adel 1770–1860, Göttingen 1979 – *Rogalla von Bieberstein, Johannes,* Adelsherrschaft und Adelskultur in Deutschland, Frankfurt 1989 – *Root, Hilton L.,* Peasants and King in Burgundy, Berkeley/Los Angeles 1987 – *Scott, Hamish M.* (Hg.), The European Nobilities in the 17th and 18th Centuries, 2 Bde., London/New York 1995 – *Stone, Lawrence,* The Crisis of the Aristocracy, 1558–1641, Oxford 1965 – *Stone, Lawrence/Fawtier Stone, Jeanne C.,* An Open Elite? England 1540–1880, Oxford 1984 – *Topolski, Jerzy,* The Structure of the Polish Nobility in the 16th and 17th Century, in: Historische Sozialforschung 33(1985)60–70 – *van Heuvel, Gerd,* Grundprobleme der französischen Bauernschaft 1730–1794, München 1982 – *Vierhaus, Rudolf* (Hg.), Der Adel vor der Französischen Revolution, Göttingen 1971 – *Wehler, Hans-Ulrich* (Hg.), Europäischer Adel 1750–1950, Göttingen 1990 – *Weis, Eberhard,* Ergebnisse eines Vergleichs der grundherrschaftlichen Strukturen Deutschlands und Frankreichs vom 13. bis zum Ausgang des 18. Jahrhunderts, in: VSWG 57(1970)1–14 – *Windler, Christian,* Lokale Eliten, seigneurialer Adel und Reformabsolutismus in Spanien, Stuttgart 1992 – *Winkelbauer, Thomas,* Krise der Aristokratie? Zum Strukturwandel des Adels in den böhmischen und niederösterreichischen Ländern im 16. und 17. Jahrhundert, in: MIÖG 100(1992)328–53 – *Wyczanski, Andrzej,* La structure de la noblesse polonaise aux XVIe–XVIIIe siècles, in: APH 36(1977)109–17

b) Ständewesen und Staatsbildung

Actas de las Cortes de Castilla 1563–1633, 58 Bde., Madrid 1861–1964 – Anciens pays et assemblées d'états/Standen en Landen 1(1950) ff. – *Angermeier, Heinz,* Die Reichsregimenter und ihre Staatsidee, in: HZ 211(1970)265–315 – *Arvizu, Fernando de,* Más sobre los decretos de las Cortes de León de 1188, in: AHDE 63/64(1993/94)1193–1238 – *Bahlcke, Joachim,* Regionalismus und Staatsintegration im Widerstreit. Die Länder der Krone Böhmen im ersten Jahrhundert der Habsburgerherrschaft (1526–1619), München 1994 – *Bahlcke/Bömelburg/Kersken* [s. Allgemeines, Böhmen] – *Bak, Janos M.,* Königtum und Stände in Ungarn im 14.–16. Jahrhundert, Wiesbaden 1973 – *Ballmer, Roger,* Les assemblées d'états dans l'ancien évêché de Bâle, in: Schweizer Beiträge zur allgemeinen G 20(1962/63)54–140 – *Bardach, Juliusz,* Formes des assemblées représentatives du Grand Duché de Lituanie après l'union de Lublin 1569, in: Studies [s. u.], Bd. 52, 1975, 159–84 – *ders.*, l'élection des députés à l'ancienne diète polonaise, in: PER 5(1985)45–58 – *Barudio, Günter,* Das Zeitalter des Absolutismus und der Aufklärung, Frankfurt 1981 [bes. 14–17] – *Baumgart, Peter* (Hg.), Ständetum und Staatsbildung in Brandenburg-Preußen, Berlin/New York 1983 - *Bérenger, Jean,* Les Gravamina. Remontrances des diètes de Hongrie de 1655 à 1681, Paris 1973 – *Bermejo Cabrero, José Luis,* En torno a las Cortes del Antiguo Régimen, in: AHDE 63/64(1993/94)149–226 – *Blickle, Peter,* Landschaften im alten Reich, München 1973 – *Blockmans, Wim,* A Typology of Representative Institutions in Late Medieval Europe, in: Journal of Medieval History 4(1978)189–215 – *Blom, Hans W./Blockmans, Wim/De Schepper, Hugo* (Hg.), Bicameralisme, Den Haag 1992 – *Boockmann, Hartmut* (Hg.), Die Anfänge der ständischen Vertretungen in Preußen und seinen Nachbarländern, München 1992 – *Bosl, Karl,* Geschichte der Repräsentation in Bayern, München 1974 – *Bosl, Karl/Möckl, Karl* (Hg.), Der moderne Parlamentarismus und seine Grundlagen in der ständischen Repräsentation, Berlin 1977 – *Bradler, Günther/Quarthal, Franz* (Hg.), Von der Ständeversammlung zum demokratischen Parlament. Die Geschichte der Volksvertretungen in Baden-Württemberg, Stuttgart 1982 – *Brooke, John,* The House of Commons 1754–1790. An Introductory Survey, Oxford 1968 [aus: History of Parliament 1964] – *Brunner, Anton,* Die Vorarlberger Landstände, Innsbruck 1929 – *Brunner, Otto,* Land und Herrschaft [s.Allgemeines, Deutsche Länder] – *Brusewitz, Axel* (Hg.), Frihetstidens grundlagar, Stockholm 1916 [Dokumente] – *Buchholz, Werner,* Staat und Ständegesellschaft in Schweden zur Zeit des Übergangs vom Absolutismus zum Ständeparlamentarismus 1718–1720, Stockholm 1979 – *Bulst, Neithard,* Die französischen Generalstände von 1468 und 1484. Prosopographische Untersuchungen, Sigmaringen 1992 – Carretero Zamora, Juan Manuel, Cortes, monarquía, ciudades. Las Cortes de Castilla a comienzos de la época moderna, Madrid 1988 – *Carsten, Francis L.,* Princes and Parliaments in Germany from the 15th to the 18th Century, Oxford 1959 – *Chartier, Roger/Richet, Denis* (Hg.), Représentation et vouloir politiques. Autour des états généraux de 1614, Paris 1982 – Cortes de los antiguos reinos de Aragón y de Valencia y Principado de Cataluña 1064–1479, 26 Bde., Madrid 1896–1922 – *Davies, Richard G./Denton, Jeffrey H.* (Hg.), The English Parliament in the Middle Ages, Manchester 1981 – *de Benedictis, Angela,* I contratti di potere come ragioni dello stato, in: *Schiera, Perangelo* (Hg.), Ragion di Stato e ragioni dello Stato, Neapel 1996, 67–93 – *Dean, David,* Law-Making and Society in Late Elizabethan England, Cambridge 1996 – *Deimling, Lothar,* Die Organisation der landständischen Verfassung des Breisgaus nach dem Dreißigjährigen Krieg 1648–1679, Borna/Leipzig 1927 – Deutsche Reichstagsakten, 4 Reihen, Göttingen 1867 ff. – *Dotzauer, Winfried,* Die deutschen Reichskreise, Darmstadt 1989 – *Durand, Yves,* Cahiers des doléances des paroisses du baillage de Troyes pour les états généraux de 1614, Paris 1966 – *Eberhard, Winfried,* Konfessionsbildung und Stände in Böhmen 1478–1530, München 1981 – *Edwards, John G.,* The Emergence of Majority Rule in the Procedure of Commons, in: TRHS V/15(1965)165–87 – *Ertman* [s. Einleitung] – Études presentées à la commission internationale pour l'histoire des assemblées d'états/Studies Presented to the International Commission for the History of Representative and Parliamentary Institutions. Bd. 1 ff., 1937 ff. – *Evans, Robert J. W./Thomas, Trevor V.* (Hg.), Crown, Church and Estates, London 1991 – *Foster, Elizabeth R.* (Hg.), Proceedings in Parliament 1610, 2 Bde., New Haven 1966 – *Gardiner, Samuel R.* (Hg.), Notes of the Debates in the House of Lords [1621–26], 2 Bde., London 1870–79, Ndr. New York 1965–68 – *ders.* (Hg.), Debates in the House of Commons in 1625, London 1873 – *Gerhard, Dietrich* (Hg.), Ständische Vertretungen in Europa im 17. und 18. Jahrhundert, Göttingen 1969 – *Giesey, Ralph E.,* If not, not. The Oath of the Aragonese and the Legendary Laws of Sobrarbre, Princeton 1969 [der berühmte Treueid der Stände mit Vorbehalt ist Legende] – *Gil, Xavier,* Crown and Cortes in Early Modern Aragon. Reassessing Revisionisms, in: PER 13(1993)109–22 – *González Antón, Luis,* Las Cortes en la España del Antiguo Régimen, Madrid/Zaragoza 1989 – Gouvernés et gouvernants [s. Lokalmacht] – *Graves, Michael A. R.,* The House of Lords in the Parliaments of Edward VI and Mary I, Cambridge 1981 – *Griffiths, Gordon,* Representative Government in Western Europe in the 16th Century. Commentary and Documents, Oxford 1968 [bes. 298–531 zu den Niederlanden] – *Hartley, T. E.* (Hg.), Proceedings in the Parliaments of Elizabeth I, 3 Bde., Leicester 1981–95 – *ders.*, Elizabeth's Parliaments, Manchester 1992 – *Hartmann, Peter Claus,* Der Bayerische Reichskreis (1500–1803), Berlin 1997 – *Hassenpflug-Elzholz, Eila,* Böhmen und die böhmischen Stände im Zeitalter des beginnenden Zentralismus, München 1981 – *Hassinger, Herbert,* Die Landstände der österreichischen Länder, in: Jahrbuch für Landeskunde von Niederösterreich 36(1964)989–1035, knapper, aber weiter gefaßt in: *Gerhard,* Vertretungen [s. o.] 247–85 – *Hayden, J. Michael,* France and the Estates General of 1614, Cambridge 1974 – *Hermansson, Åke,* Karl IX och ständerna, Stockholm 1962 – *Hill, Brian W.,* Early Parties and Politics in Britain, 1688–1832, London 1996 – *Hintze* [s. Allgemeines] – The History of Parliament, Bd. 1 ff., London 1964 ff. [Serie prosopographischer Sammelwerke 1386–1820, Lücken noch 1603–60 und 1690–1715] – *Hoffman, Philip T./Norberg, Kathryn* (Hg.), Fiscal Crises, Liberty, and Representative Government 1450–1789, Stanford 1994 – *Hofmann, Hasso,* Repräsentation. Studien zur Wort- und Begriffsgeschichte, Berlin 1974 – *Hollenberg, Günter* (Hg.), Hessische Landtagsabschiede 1526–1603, Marburg 1994 [bes. Einleitung] – *Jago, Charles,* Review Essay. Crown and Cortes in Early Modern Spain, in: PER 12(1992)177–92 – *Johnson, Robert Carl* u. a. (Hg.), Commons Debates 1628, 4 Bde., New Haven 1977–78 – *Jütte, Robert,* Die ständische Verfassung Frankreichs im Spiegel der Generalstände von 1614, in: ZHF 12(1985)311–31 – *Kappelhoff, Bernd,* Die ostfriesischen Landstände und die Stadt Emden, in: Niedersächsisches Jahrbuch für LandesG 63(1991)73–86 – *Kluxen, Kurt,* Geschichte und Problematik des Parlamentarismus, Frankfurt 1983 – *Koenigsberger, Helmut G.,* The Italian Parliaments from their Origins to the End of the 18th Century, in: *ders.*, Politicians and Virtuosi. Essays, London 1986, 27–

61, ital. 1978 – *ders.,* The Beginnings of the States General of the Netherlands, in: PER 8(1988)101–14 – *ders.,* Riksdag, Parliament und Generalstaaten im 16. und 17. Jahrhundert, in: ZHF 17(1990)305–25 – *Krüger, Kersten,* Die ständischen Verfassungen in Skandinavien in der frühen Neuzeit, in: ZHF 10(1983)129–48 – *ders.,* Regional Representation in Schleswig and Holstein, in: PER 7(1987)33–39 – *Kutschera, Rolf,* Landtag und Gubernium in Siebenbürgen 1688–1869, Köln/Wien 1985 – *Lange, Ulrich,* Der ständestaatliche Dualismus, in: BlldtLG 117(1981)311–34 – *ders.,* Landtag und Ausschuß, Frankfurt 1986 [welfische Territorien] – *Laufner, Richard,* Die Landstände von Kurtrier, in: Rheinische Vierteljahrsblätter 32(1968)290–317 – *Laufs, Adolf,* Der Schwäbische Kreis, Aalen 1971 – *Loach, Jennifer,* Parliament under the Tudors, London 1991 – *Lousse, Emile,* La société d'Ancien Régime. Organisation et représentation corporatives, Löwen 1943 – *Major, J. Russell,* Representative Government in Early Modern France, New Haven/London 1980 – *ders.,* From Renaissance Monarchy to Absolute Monarchy. French Kings, Nobles and Estates, Baltimore/London 1994 – *Marongiu, Antonio,* Il principio della democrazia e del consenso (Quod omnes tangit, ab omnibus approbari debet) nel XIV secolo, in: Studia Gratiana 8(1962)553–75 – *ders.,* Medieval Parliaments. A Comparative Study, London 1968 – *Metcalf, Michael F.* (Hg.), The Riksdag. A History of the Swedish Parliament, Stockholm/New York 1987 – *Michalski, Jerzy,* Les diètines polonaises au XVIIIe siècle, in: APH 12(1965)87–107 – *Monahan, Arthur P.,* Consent, Coercion, and Limit. The Medieval Origins of Parliamentary Democracy, Kingston/Montreal 1987 – *Moraw, Peter,* Hoftag und Reichstag von den Anfängen im Mittelalter bis 1806, in: *Schneider, Hans-Peter/Zeh, Wolfgang* (Hg.), Parlamentsrecht und Parlamentspraxis, Berlin/New York 1989, 3–47 – *Mueller, Christine L.,* The Styrian Estates 1740–1848, New York/London 1987 – *Müller, Wolfgang* (Hg.), Landschaft und Verfassung, Bühl 1969 – *Myers, Alec R.,* The Parliaments of Europe and the Age of the Estates, in: History 60(1975)11–27 – *Näf, Werner,* Herrschaftsverträge und die Lehre vom Herrschaftsvertrag, in: Schweizer Beiträge zur allgemeinen G 7(1949)26–52 – *ders.* (Hg.), Herrschaftsverträge des Spätmittelalters, Bern 1951 – *ders.,* Frühformen des «modernen Staates» im Mittelalter, in: HZ 171(1951)225–43 – *Neugebauer, Wolfgang,* Standschaft als Verfassungsproblem, Frankfurt 1995 [bes. Ostpreußen] – *Neuhaus, Helmut,* Reichstag und Supplikationsausschuß, Berlin 1977 – *ders.,* Reichsständische Repräsentationsformen im 16. Jahrhundert, Berlin 1982 – *Notestein, Wallace/Relf, Frances H.* (Hg.), Commons Debates 1621, 7 Bde., New Haven 1935 – *diess.* (Hg.), Commons Debates for 1629, Minneapolis 1921 – *Olzewski, Henryk,* Vorstufen und Entwicklungslinien des altpolnischen Konstitutionalismus, in: PER 15(1995)13–24 – *Orzechowski, Kasimierz,* Les systèmes des assemblées d'états. Origines, évolution, typologie, in: PER 6(1986)105–111 – *Pachner von Eggenstorff, Johann Joseph* (Hg.), Vollständige Sammlung aller [. . .] Reichs-Schlüsse [. . .], 4 Bde., Regensburg 1740–77, Ndr. 5 Bde., Hildesheim 1996 – Parliaments, Estates and Representation 1 (1981) ff. – *Powell, John E./Wallis, Keith,* The House of Lords in the Middle Ages, London 1968 – *Prentout, Henri,* Les états provinciaux de Normandie, 2 Bde., Caen 1925 [mit Überblick über andere Provinzialstände] – *Press, Volker,* Herrschaft, Landschaft und Gemeiner Mann in Oberdeutschland, in: Z für G des Oberrheins 123(1975)169–214 – *ders.,* Steuern, Kredit und Repräsentation. Zum Problem der Ständebildung ohne Adel, in: ZHF 2(1975)59–93 – *ders.,* Die Reichsritterschaft im Reich der frühen Neuzeit, in: Nassauische Annalen 87(1976)101–22 – *ders.,* Fürst und Landstände in der frühneuzeitlichen Oberpfalz, in: *Seibt, Ferdinand* (Hg.), Gesellschaftsgeschichte. Festschrift Bosl, München 1988, 439–57 – *Puy Huici Goñi, Maria,* Las Cortes de Navarra, Madrid 1963 – *Rausch, Heinz* (Hg.), Zur Theorie und Geschichte der Repräsentation und der Repräsentativverfassung, Darmstadt 1968 – *ders.* (Hg.), Die geschichtlichen Grundlagen der modernen Volksvertretung, 2 Bde., Darmstadt 1974–80 – *Relf, Frances H.* (Hg.), Notes of the Debates in the House of Lords [. . .] 1621, 1625, 1628, London 1929 – *Renger, Reinhard,* Landesherr und Landstände im Hochstift Osnabrück, Göttingen 1968 – *Renvall, Pentti,* Die Repräsentation des finnischen Volkes vor der staatlichen Autonomie, in: Der Staat 6(1967)327–40 – *Rhode, Gotthold,* Stände und Königtum in Polen/Litauen und Böhmen/Mähren, in: Jahrbücher für G Osteuropas 30(1964)221–46 – *Rhode, Maria,* Ein Königreich ohne König. Der kleinpolnische Adel in sieben Interregna, Wiesbaden 1997 – Riksdagsprotokoll, 4 Serien [für Ritter-, Bauern-, Bürger-, Priesterstand]. Stockholm 1871 ff. – *Roll, Christine,* Das zweite Reichsregiment 1521–1530, Köln 1996 – *Ruppert, Karsten,* Die Landstände des Erzstifts Köln, in: Annalen des Historischen Vereins für den Niederrhein 174(1972)47–111 – *Russocki, Stanislaw,* De l'accord commun au vote unanime. Les activités de la diète nobilaire de Pologne, in: PER 3(1983)7–21 – *Sánchez Montes, Juan,* Sobre las Cortes de Toledo de 1538/39, in: Carlos V, Granada 1958, 595–663 – *Schindling, Anton,* Die Anfänge des immerwährenden Reichstags zu Regensburg, Mainz 1991 – *Schlaich, Klaus,* Maioritas – Protestatio – Itio in Partes – Corpus Evangelicorum. Das Verfahren im Reichstag, in: ZRG/KA 94(1977)264–99 – *Schmauss, Johann Jacob/Senckenberg, Heinrich Christian von* (Hg.), Neue und vollständige Sammlung der Reichs-Abschiede, 4 Bde., Frankfurt 1747, Ndr. Osnabrück 1967 – *Schneider, Reinhard/Zimmermann, Harald* (Hg.), Wahlen und Wählen im Mittelalter, Sigmaringen 1990 – *Schubert, Ernst,* Die Landstände des Hochstifts Würzburg, Würzburg 1967 – *ders.*, Ständische Repräsentation in niedersächsischen Territorien der frühen Neuzeit I, in: Niedersächsisches Jahrbuch für LandesG 62(1991)1–58 – *Schulze, Winfried,* Reich und Türkengefahr im späten 16. Jahrhundert, München 1978 – *Seidel, Karl Josef,* Das Oberelsaß vor dem Übergang an Frankreich, Bonn 1980 – *Sotropa, Valeriu,* La structure et le rôle de la diète transsylvaine, 1529–1865, in: PER 9(1989)27–36 – *Speck, Dieter,* Die vorderösterreichischen Landstände. Entstehung, Entwicklung und Ausbildung bis 1592/1602, 2 Bde., Freiburg/Würzburg 1994 – *Stjernquist, Nils* (Hg.), The Swedish Riksdag in an International Perspective, Stockholm 1989 – *Stradal, Helmuth,* Stände und Steuern in Österreich, in: Studies [s. u.], Bd. 31, 1966, 133–62 – Studies [s. o. Études] – Svenska Rigsdagsakter, 2 Serien, Stockholm 1887 ff. – Sveriges Rigsdag, 17 Bde., Stockholm 1931–37 [Bde. 1–8 vor 1865, chronologisch] – *Swatland, Andrew,* The House of Lords in the Reign of Charles II, Cambridge 1996 – *Tapia Ozcariz, Enrique de,* Las Cortes de Castilla 1188–1833, Madrid 1964 – *Thompson, I. A. A.*, Crown and Cortes in Castile, 1590–1665, in: PER 2(1982)29–45 – *ders.*, The End of the Cortes of Castile, in: PER 4(1984)125–33 – *Titone, Virgilio,* Il parlamento siciliano nell'età moderna, in: Studies [s. o.], Bd. 34, 1968, 185–211 – *Tomás y Valiente, Francisco,* La diputación de las Cortes de Castilla 1525–1601, in: AHDE 32(1962)347–469 – *Töpfer, Bernhard* (Hg.), Städte und Ständestaat, Berlin 1980 – *Upton, A. F.*, The Riksdag of 1680 and the Establishment of Royal Absolutism in Sweden, in: EHR 102(1987)281–308 – *V*ann, James Allen, The Swabian Kreis, Brüssel 1975 – *Vierhaus, Rudolf* (Hg.), Herrschaftsverträge, Wahlkapitulationen, Fundamentalgesetze, Göttingen 1977 – *Weczerka, Hugo* (Hg.), Stände und Landesherrschaft in Ostmitteleuropa, Marburg 1995 – *Wellens, Robert,* Les états généraux des Pays-Bas des origines à la fin du règne de Philippe le Beau 1464–1506, Heule 1974 – *Wogau, Karl von,* Die landständische Verfassung des vorderösterreichischen Breisgaus 1679–1752, Diss.iur. Freiburg 1973 – *Ziegler, Christoph* (Hg.), Wahl-Capitulationes [. . .] seit Carolo V. [. . .] biß auff Josephum I. [. . .], Frankfurt 1711

c) Ständischer Widerstand und Widerstandsdiskurs

Althusius, Johannes, Politica methodice digesta, 3. Aufl., Herborn 1614, Ndr. Aalen 1961 – *Angermann, Erich,* Ständische Rechtstraditionen in der amerikanischen Unabhängigkeitserklärung, in: HZ 200(1965)61–91 – *Bacon, Francis,* The Essays or Counsels, Civill and Morall, ed. *M.Kiernan,* Oxford 1985 [Of Seditions and Troubles] – *Bahlcke* [s. o. Adelsherrschaft] – *Baumgartner, Frederic J.*, Radical Reactionaries. The Political Thought of the French Catholic League, Genf 1976 – *Benda, Kálmán,* Habsburg Absolutism and the Resistance of the Hungarian Estates in the 16th and 17th Centuries, in: *Evans/Thomas* [s. o. Ständewesen] 123–28 – *Dahm, Karl Wilhelm* u. a. (Hg.), Politische Theorie des Johannes Althusius, Berlin 1988 – *Dennert, Jürgen* (Hg.), Beza, Brutus, Hotman. Calvinistische Monarchomachen, Köln/Opladen 1968 – *Duchène, Roger/Ronzeaud, Pierre* (Hg.), La Fronde en question, Aix-en-Provence 1989 – *Elliott, John H.,* The Revolt of the Catalans, Cambridge 1963 – *Fögen, Marie Theres* (Hg.), Ordnung und Aufruhr im Mittelalter, Frankfurt 1995 – *Jászi, Oscar/Lewis, John D.,* Against the Tyrant, Glencoe 1957 – *Jouanna, Arlette,* Le devoir de la révolte. La noblesse française et la gestation de l'état moderne, 1559–1661, Paris 1989 – *Koops, Tilman Peter,* Die Lehre vom Widerstandsrecht des Volkes gegen die weltliche Obrigkeit in der lutherischen Theologie des 16. und 17. Jahrhunderts, Diss.phil. Kiel 1968 – *Kossman, Ernst H.,* La Fronde, Leiden 1954 – *Kossman, Ernst H./ Mellink, Albert Fredrik* (Hg.), Texts Concerning the Revolt of the Netherlands, Cambridge 1974 – *Kretzer, Hartmut,* Calvinismus und französische Monarchie im 17. Jahrhundert, Berlin 1975 – *Lagomarsino, David/Wood, Charles T.* (Hg.), The Trial of Charles I, London 1989 – *MacHardy, Karin J.,* The Rise of Absolutism and Noble Rebellion in Early Modern Habsburg Austria, 1570 to 1620, in: Comparative Studies in Society and History 34(1992)407–37 – *Moote, A.Lloyd,* The Revolt of the Judges. The Parlement of Paris and the Fronde, 1643–1652, Princeton 1971 – *Pernal, A. B.,* The Lubomirski Rebellion in 1665–66, in: PER 10(1990)145–55 – *Scheible, Heinz* (Hg.), Das Widerstandsrecht als Problem der deutschen Protestanten 1523–46, Gütersloh 1969 – *Skinner* [s.Monarchie, Diskurs] Bd. 2, 189–238 – *Tilly, Charles,* Die europäischen Revolutionen 1492–1992, München 1993 – *van Gelderen, Martin* (Hg.), The Dutch Revolt, Cambridge 1993 – *Wolgast, Eike,* Die Wittenberger Theologie und die Politik der evangelischen Stände, Gütersloh 1977 – *ders.,* Die Religionsfrage als Problem des Widerstandsrechts im 16. Jahrhundert, Heidelberg 1980 – *Wyduckel, Dieter,* Johannes Althusius, Darmstadt 1997 – *Zagorin, Perez,* A History of Political Thought in the English Revolution, London 1954

2. Gemeinden und Republiken

Blickle, Peter (Hg.), Resistance, Representation, and Community, Oxford 1997 – *Koenigsberger, Helmut G.* (Hg.), Republiken und Republikanismus im Europa der Frühen Neuzeit, München 1988 – *Olivier-Martin,* L'organisation corporative [s. Lokalmacht]

a) Volkswiderstand und populärer Widerstandsdiskurs

Beik, William, Urban Protest in 17th-Century France. The Culture of Rétribution, Cambridge 1997 – *Bercé, Yves-Marie* (Hg.), Croquants et nu-pieds, Paris 1974 – *ders.,* Histoire des croquants, 2 Bde., Genf 1974, Ndr. 1986 – *ders.,* Révoltes et révolutions dans l'Europe moderne (XVIe–XVIIIe s.), Paris 1980 – *Birnstiel, Eckart,* Die Fronde in Bordeaux, Frankfurt 1985 – *Blastenbrei, Peter,* Kriminalität in Rom 1560–1585, Tübingen 1995 [118–33] – *Blickle, Peter,* Deutsche Untertanen, München 1981 – *ders.,* Unruhen in der ständischen Gesellschaft 1300–1800, München 1988 – *ders.,* Die Revolution von 1525, 3. Aufl., München 1993 – *Bulst, Neithard,* Kollektive Gewalt in englischen und französischen Bauernaufständen im 14. Jahrhundert, in: *Hettling, Manfred* u. a. (Hg.), Was ist Gesellschaftsgeschichte? München 1991, 155–65 – *Buszello, Horst/Blickle, Peter/Endres, Rudolf* (Hg.), Der deutsche Bauernkrieg, 3. Aufl., Paderborn 1995 – *Charlesworth, Andrew* (Hg.), An Atlas of Rural Protest in Britain 1548–1900, London/Canberra 1983 – *Czerny, Albin,* Der zweite Bauernaufstand in Oberösterreich 1595–97, Linz 1890 – *Danvila y Collado, Manuel,* Historia critica y documentada de las Comunidades de Castila, 6 Bde., Madrid 1897–99 – *Feigl,*

Helmuth, Der niederösterreichische Bauernaufstand 1596/97, Wien 1972 – *Foisil, Madeleine,* La révolte des nu-pieds, Paris 1970 – *Fourquin, Guy,* Les soulèvements populaires au moyen âge, Paris 1972 – *Fried, Johannes* (Hg.), Die abendländische Freiheit vom 10. zum 14. Jahrhundert, Sigmaringen 1991 – *Friedeburg, Robert von,* Ländliche Gesellschaft und Obrigkeit. Gemeindeprotest und politische Mobilisierung im 18. und 19. Jahrhundert, Göttingen 1997 – *Garcia Cárcel, Ricardo,* Las Germanias de Valencia, Barcelona 1975 – *Goldstone, Jack A.,* Revolution and Rebellion in the Early Modern World, Berkeley 1991 – *Grüll, Georg,* Bauer, Herr und Landesfürst. Sozialrevolutionäre Bestrebungen der oberösterreichischen Bauern 1650–1848, Graz 1963 – *Haliczer, Stephen,* The Comuneros of Castile, Madison 1981 – *Hill, Christopher,* The World Turned Upside Down. Radical Ideas During the English Revolution, London 1972 – *Hilton, Rodney,* Bond Men Made Free. Medieval Peasant Movements and the English Rising of 1381, London 1973 – *Hilton, Rodney/Aston, Trevor* (Hg.), The English Rising of 1381, Cambridge 1987 – *Ingram, M. J.,* Communities and Courts. Law and Disorder in Early 17th-Century Wiltshire, in: *Cockburn, James S.* (Hg.), Crime in England, 1550–1800, London 1977, 110–34 – *Kamen, Henry,* A Forgotten Insurrection of the 17th Century. The Catalan Peasant Rising of 1688, in: JModH 49(1977)210–30 – *Koenigsberger, Helmut G.,* The Revolt of Palermo in 1647, in: HJ 8(1946)129–44 – *Kötting, Helmut,* Die Ormée 1651–1653, Münster 1983 – *Larquie, Claude,* Popular Uprisings in Spain in the Mid-17th Century, in: Renaissance and Modern Studies 26(1982)90–107 – *Le Roy Ladurie, Emanuel,* Le carneval de Romans, Paris 1979, dt. München 1989 – *Lorenzo Cadarseo, Pedro L.,* Los conflictos populares en Castilla (siglos XVI–XVII), Madrid 1996 – *Luebke, David Martin,* His Majesty's Rebels. Communities, Factions, and Rural Revolt in the Black Forest, 1725–1745, Ithaca/London 1997 – *Manning, Roger B.,* Village Revolts. Oxford 1988 [England 1509–1640] – *Mousnier, Roland,* Fureurs paysannes, Paris 1967 – *Musi, Aurelio,* La rivolta di Masaniello, Neapel 1989 – *Neveux, Hugues,* Les révoltes paysannes en Europe (XIVe–XVIIe siècle), Paris 1997 – *Nicolas, Jean* (Hg.), Mouvements populaires et conscience sociale, XVIe–XIXe siècles, Paris 1985 – *Pérez, Joseph,* La révolution des Comunidades de Castille, Bordeaux 1970 – *Pietschmann, Horst,* Zwei frühneuzeitliche Volkserhebungen im Vergleich: die Comunidades von Kastilien und der deutsche Bauernkrieg, in: *Postel, Rainer/Kopitzsch, Franklin* (Hg.), Reformation und Revolution, Wiesbaden 1989, 101–19 – *Pillorget, René,* Les mouvements insurrectionels de Provence entre 1596 et 1715, Paris 1975 – *Porschnew, Boris,* Die Volksaufstände in Frankreich vor der Fronde, Leipzig 1954, russ. 1948, frz. 1963 – *Reinhard, Wolfgang,* Theorie und Empirie bei der Erforschung frühneuzeitlicher Volksaufstände, in: *Fenske, Hans/Reinhard, Wolfgang/Schulin, Ernst* (Hg.), Historia integra, Berlin 1977, 173–200, und in: *Schulze,* Bauernrevolten [s. u.] 66–99 – *Ribot Garcia, Luis Antonio,* La revuelta antiespañola de Mesina. Causas y antecedentes, Valladolid 1982 – *ders.,* La revuelta de Mesina, Madrid 1983 – *Root, Hilton L.,* Politiques frumentaires et violence collective en Europe au XVIIIe siècle, in: Annales 45(1990)167–89 – *Rovito, Pier Luigi,* La rivoluzione costituzionale di Napoli (1647–48), in: RSI 98(1986)367–462 – *Rudé, George,* Die Massen in der Französischen Revolution, München 1961, engl 1959 – *ders.,* Die Volksmassen in der Geschichte, England und Frankreich 1730–1848, Frankfurt 1977 – *Schipa, Michelangelo,* Masaniello, Bari 1925 – *Schmale, Wolfgang,* Bäuerlicher Widerstand, Gerichte und Rechtsentwicklung in Frankreich, Frankfurt 1986 – *ders.,* Archäologie der Grund- und Menschenrechte, München 1997 – *Schmidt, Georg,* Agrarkonflikte im Riedeselischen Gericht Moos im 17. Jahrhundert, in: Archiv für hessische G und Altertumskunde 37(1979)215–328 – *Schulze, Winfried,* Bäuerlicher Widerstand und feudale Herrschaft in der frühen Neuzeit, Stuttgart 1980 [mit Quellen] – *ders.* (Hg.), Europäische Bauernrevolten der frühen Neuzeit, Frankfurt 1982 – *ders.* (Hg.), Aufstände, Revolten, Prozesse, Stuttgart 1983 – *ders.,* Die Entwicklung des «teutschen Bauernrechts» in der Frühen Neuzeit, in: Z für neuere RechtsG 1990, 127–63 – *Slack, Paul* (Hg.), Rebellion, Popular Protest and the Social Order in Early Modern England, Cambridge 1984 – *Steuer, Peter,* Der vorderösterreichische Rappenkrieg 1612–14, in: Z für G des Oberrheins 128(1980)119–165 – *Stieve, Felix,* Der oberösterreichische Bauernaufstand des Jahres 1626, 2 Bde., München 1891 – *Suter, Andreas,* Der schweizerische Bauernkrieg von 1653, Tübingen 1997 – *Thomas, Werner/de Groof, Bart* (Hg.), Rebelión y resistencia en el mundo hispanico del siglo XVII, Löwen 1992 – *Thompson, Edward Palmer,* The Moral Economy of the English Crowd in the 18th Century, in: PP 50(1971)76–136 – *ders.,* The Moral Economy Reviewed, in: *ders.,* Customs in Common, New York 1993, 259–351 – *Tilly* [s.Ständischer Widerstand] – *Troßbach, Werner,* Soziale Bewegung und politische Erfahrung. Bäuerlicher Protest in hessischen Territorien 1648–1806 – *Underdown, David,* Revel, Riot, and Rebellion, Oxford 1985 – *Weber,* Prudentia [s. Monarchie, Diskurs] – *Villari, Rosario,* La rivolta antispagnola a Napoli. Le origini 1585–1647, Bari 1967 – *Zagorin, Perez,* Rebels and Rulers, 1500–1660, 2 Bde., Cambridge 1982

b) Landgemeinden und Stadtgemeinden

Babeau, Henri, Les assemblées générales des communautés d'habitants en France, Paris 1870 – *Blickle, Peter,* Kommunalismus, Parlamentarismus, Republikanismus, in: HZ 242(1986)529–56 – *ders.* (Hg.), Landgemeinde und Stadtgemeinde in Mitteleuropa (HZ, Bh 13), München 1991 – *ders.* (Hg.), Theorien kommunaler Ordnung in Europa, München 1996 – *ders.,* Resistance [s. Volkswiderstand] – *ders.* (Hg.), Gemeinde und Staat im Alten Europa (HZ, Bh 25), München 1998 – *Fasano Guarini, Elena,* Potere centrale e comunità soggette nel granducato di Cosimo I, in: RSI 89(1977)490–538 – *Highfield, John R. L./Jeffs, R.,* The Crown and Local Communities in England and France in the 15th Century, Gloucester 1981 – *Koch, Rainer,* Staat oder Gemeinde? Zu einem politischen Zielkonflikt in der bürgerlichen Bewegung des 19. Jahrhunderts, in: HZ 236(1983)73–103 – *Nolte, Paul,* Gemeindebürgertum und Liberalismus in Baden 1800–1850, Göttingen 1994 – *Petit-Dutaillis, Charles E.,* Les communes françaises, 2. Aufl., Paris 1970 – *Prak, Maarten,* Burghers into Citizens. Urban and National Citizenship in the Netherlands during the Revolutionary Era (ca. 1800), in: Theory and Society 26(1997)403–20 – *Schulz, Andreas,* Herrschaft durch Verwaltung. Die Rheinbundreformen in Hessen-Darmstadt, Stuttgart 1991 – *Weber, Edwin,* Städtische Herrschaft und bäuerliche Untertanen, Rottweil 1991 [Rottweil] –

Landgemeinden

Ault, Warren O., Village Assemblies in Medieval England, in: Studies [s. Stände], Bd. 23, 11–35 – *ders.,* Village By-Laws by Common Consent, in: Speculum 29(1954)378–94 – *Bader, Karl Siegfried,* Studien zur Geschichte des mittelalterlichen Dorfes, 3 Bde., Weimar 1957–73 – *Bruck, Ernst/Enders, Lieselott,* Die Landgemeinde in Brandenburg, in: BlldtLG 129(1993)195–256 – *Carlen, Louis,* Gericht und Gemeinde Goms, Fribourg 1967 – *Cordes, Albrecht,* Stuben und Stubengesellschaften, Stuttgart 1993 – *Friedeburg, Robert von,* «Kommunalismus» und «Republikanismus» in der frühen Neuzeit, in: ZHF 21(1994)65–91 – *Friedeburg, Robert von,* «Reiche», «geringe Leute» und «Beambte». Landesherrschaft, dörfliche «Factionen» und gemeindliche Partizipation 1648–1806, in: ZHF 23(1996)219–65 – *Friedeburg* [s. Volkswiderstand] – *Furnhagen, Björn,* Sockenstämmans social kontroll, in: Historisk Tidskrift 112(1992)32–53 – *Keller, Hagen,* Mehrheitsentscheidung und Majorisierungsproblem im Verbund der Landgemeinden Chiavenna und Piuro 1151–55, in: Civitatum Communitas. Festschrift Heinz Stoob, Köln/Wien 1984 – *Lange, Ulrich* (Hg.), Landgemeinde und frühmoderner Staat, Sigmaringen 1988 – *Lehmann, Karl-August,* Harmersbach, Oberharmersbach 1989 ff. – *Österberg, Eva,* Svenska lokalsamhällen i förändring ca. 1550–1850, in: Historisk Tidskrift 107(1987)321–40 – *Schildt, Bernd,* Bauer, Gemeinde, Nachbarschaft, Weimar 1996 [Thüringen] – *Schmale, Wolfgang,* Neuere Forschungen zur Verwaltungsgeschichte der Landgemeinden in Frankreich und Deutschland vor der Industrialisierung, in: Jahrbuch für europäische Verwaltungsgeschichte 4(1992)343–63 – *Taussi Sjöberg, Marja,* Staten och tinget under 1600-talet, in: Historisk Tidskrift 110(1990)161–90 – *Tiscornia, Alberto,* Statens, godsens eller böndernas socknet?, Uppsala 1993 – *Wunder, Heide,* Die bäuerliche Gemeinde in Deutschland, Göttingen 1986 – *Zimmermann, Clemens,* Grenzen des Veränderbaren im Absolutismus. Staat und Dorfgemeinde in der Markgrafschaft Baden, in: Aufklärung 9/1(1996)25–44

Stadtgemeinden

Amelang, James S., Honoured Citizens of Barcelona, Princeton 1986 – *Benedict, Philip* (Hg.), Cities and Social Change in Early Modern France, London 1989 – *Benevolo, Leonardo,* The European City, Oxford 1993 – *Bensch, Stephen P.,* Barcelona and its Rulers, 1096–1291, Cambridge 1994 – *Boockmann, Hartmut,* Spätmittelalterliche deutsche Stadt-Tyrannen, in: BlldtLG 119(1983)73–91 – *Carter, Francis W.,* Dubrovnik, London 1972 – *Cerutti, Simona/Descimon, Robert/Prak, Maarten* (Hg.), Cittadinanze (Quaderni storici 30/2), Bologna 1995 – *Chevalier, Bernard,* Les bonnes villes de France du XIVe au XVIe siècle, Paris 1982 – *Chittolini, Giorgio,* Städte und Regionalstaaten in Mittel- und Oberitalien, in: Res publica (Der Staat, Bh 8), Berlin 1988, 179–200 – *Chittolini, Giorgio/Willoweit, Dietmar* (Hg.), Statuten, Städte und Territorien zwischen Mittelalter und Neuzeit in Italien und Deutschland, Berlin 1992, ital. 1991 – *Clark, Peter/Slack, Paul,* English Towns in Transition, 1500–1700, Oxford 1976 – *Cowan, Alexander,* Urban Elites in Early Modern Europe. An Endangered Species? In: Historical Research 64(1991)121–37 – *de Benedictis, Angela,* Repubblica per contratto, Bologna 1995 [Bologna] – *Diago Hernando, Máximo,* Las ciudades en Castilla y en el imperio alemán, in: AHDE 65(1995)1037–70 – *Ehbrecht, Wilfried* (Hg.), Städtische Führungsgruppen und Gemeinde in der werdenden Neuzeit, Köln/Wien 1979 – *ders.,* Verwaltung [s. Einleitung] – *Elze, Reinhard/Fasoli, Gina* (Hg.), Stadtadel und Bürgertum in den italienischen und deutschen Städten des Spätmittelalters, Berlin 1991 – *Engeli, Christian/Matzerath, Horst* (Hg.), Moderne Stadtgeschichtsforschung, Stuttgart/Berlin/Köln 1989 – *Ericson, Lars,* Från köpmannaoligarki till ämbetmannastyre, in: Historisk Tidskrift 107(1987)530–57 – *Fortea Perez, José I.,* Les villes de la couronne de Castille sous l'Ancien Régime, in: RHMC 41(1994)290–312 – *Friedrichs, Christopher R.,* The Early Modern City, 1450–1750, London/New York 1995 – *Gibert y Sanchez de la Vega, Rafael,* El Consejo de Madrid I, Madrid 1949 – *Giel, Robert,* Politische Öffentlichkeit im spätmittelalterlich-frühneuzeitlichen Köln, Berlin 1998 – *Gleba, Gudrun,* Die Gemeinde als alternatives Ordnungsmodell, Köln/Wien 1989 – *dies.,* Die oberitalienischen Städte vom 12. bis zum 15. Jahrhundert. Forschungstendenzen der achtziger Jahre, in: ZHF 20(1993)463–83 – *Gönczi, Katalin,* Ungarisches Stadtrecht aus europäischer Sicht, Frankfurt 1997 [Ofen im Spätmittelalter] – *Griffeth, Robert/Thomas, Carol G.* (Hg.), The City-State in Five Cultures, Santa Barbara 1981 – *Guignet, Philippe,* Le pouvoir dans la ville au XVIIIe siècle, Paris 1990 [Nordfrankreich u. Belgien] – Histoire de la France urbaine, Bd. 3, Paris 1981 – *Isenmann, Eberhard,* Die deutsche Stadt im Spätmittelalter, Stuttgart 1988 – *Jones, Philip,* The Italian City State, Oxford 1997 – *Kaiser, Wolfgang,* Marseille im Bürgerkrieg, Göttingen 1991 – *Leuschner, Jörg,* Novgorod, Berlin 1980 – *López Nevot, José Antonio,* La organización institucional del municipio de Granada durante e siglo XVI, Granada 1994 – *Maschke, Erich/Sydow, Jürgen* (Hg.), Verwaltung und Gesellschaft in der südwestdeutschen Stadt des 17. und 18. Jahrhunderts, Stuttgart 1969 – *Maurer, Georg Ludwig von,* Geschichte der Städteverfassung in Deutschland, 4 Bde., Erlangen 1867–71, Ndr. Aalen 1962 – *Meier, Christian* (Hg.), Die Okzidentale Stadt nach Max Weber (HZ, Bh 17), München 1994 – *Mörke, Olaf,* Rat und Bürger in der Reformation, Hildesheim 1983 [Lüneburg, Braunschweig, Göttingen] – *Naujoks, Eberhard,* Obrigkeitsgedanke, Zunftverfassung und Reformation, Stuttgart 1958 – *Rapp, Wolf-Ulrich,* Stadtverfassung und Territorialverfassung. Koblenz und Trier unter Kurfürst Clemens Wenzeslaus 1768–94, Frankfurt 1995 – *Rigaudière, Albert,* Gouverner la ville au moyen âge, Paris 1992 – *Riis, Thomas,* Towns and Central Government in Northern Europe, in: Scandinavian Economic History Review 29(1981)33–52 – *Rodger, Richard,* Research in Urban History, Aldershot 1994 – *ders.*, A Consolidated Bibliography of Urban History, Leicester 1996 – *Schilling, Heinz,* Die Stadt in der frühen Neuzeit, München 1993 [Deutschland] – *Schmid, Heinrich Felix,* Das Weiterleben und die Wiederbelebung der antiken Institutionen im mittelalterlichen Städtewesen, in: Annali di storia di diritto 1(1957)85–135 – *Schreiner, Klaus/Meier, Ulrich* (Hg.), Stadtregiment und Bürgerfreiheit, Göttingen 1994 [Deutschland u. Italien] – *Schroeder, Klaus-Peter,* Das Alte Reich und seine Städte, München 1991 [Mediatisierung] – *Sieh-Burens, Katarina,* Oligarchie, Konfession und Politik im 16. Jahrhundert. Zur sozialen Verflechtung der Augsburger Bürgermeister und Stadtpfleger 1518–1618, München 1986 – *Stolleis, Michael* (Hg.), Recht, Verfassung und Verwaltung in der frühneuzeitlichen Stadt, Köln/Wien 1991 – *Tilly, Charles/Blockmans, Wim* (Hg.), Cities and the Rise of States in Europe, Boulder/Oxford 1994 – *Treffeisen, Jürgen/Andermann, Kurt* (Hg.), Landesherrliche Städte in Südwestdeutschland, Sigmaringen 1994 – La ville (Recueils de la Société Jean Bodin 6–8), 3 Bde., Brüssel 1955–83 – *Walker, Mack,* German Home Towns. Community, State and General Estate 1648–1871, Ithaca/London 1971 – *Wiese-Schorn, Luise,* Von der autonomen zur beauftragten Selbstverwaltung, in: Osnabrücker Mitteilungen 82(1976)20–59

c) Bünde

Brady, Thomas A., Turning Swiss. Cities and Empire 1450–1550, Cambridge 1985 – *Dollinger, Philippe,* Die Hanse, Stuttgart 1976 – *Droege, Georg,* in: Deutsche Verwaltungsgeschichte, Bd. 1 [s. Allgemeines, Deutschland] 188–93 – *Göttmann, Frank,* Zur Entstehung des Landsberger Bundes, in ZHF 19(1992)415–44 – *Klüpfel, Karl* (Hg.), Urkunden zur Geschichte des Schwäbischen Bundes, 2 Bde., Stuttgart 1846–53 – *Press, Volker/Stievermann, Dieter* (Hg.), Alternativen zur Reichsverfassung in der Frühen Neuzeit? München 1995

d) Republiken

Bratchel, M. E., Lucca 1430–1494, Oxford 1995 – *Burke, Peter,* Venice and Amsterdam, London 1974, dt. 1993 – *Carter* [s. Stadtgemeinden] – *Costantini, Claudio,* La repubblica di Genova nell'età moderna, Turin 1978 – *de Negri, Teofilo O.*, Storia di Genova, Mailand 1968 – *Durand, Yves,* Les républiques au temps des monarchies, Paris 1973 – *Fröschl, Thomas,* Die frühneuzeitliche Republik, Diss. phil. Wien 1981 – *Heers, Jacques,* Gênes au XVe siècle, Paris 1961 – *Leuschner* [s. Stadtgemeinden] – *Mager, Wolfgang,* Republik, in: Geschichtliche Grundbegriffe, Bd. 5, Stuttgart 1984, 549–651 – *Manselli, Raoul,* La repubblica di Lucca, Turin 1986

Venedig

Chambers, David, The Imperial Age of Venice, 1380–1580, London 1970 – *Chambers, David/Pullan, Brian,* Venice. A Documentary History 1450–1630, Oxford 1992 – *Davis, James C.*, The Decline of the Venetian Nobility as a Ruling Class, Baltimore 1962 – *Domzalski, Oliver T.*, Politische Karrieren und Machtverteilung im venezianischen Adel (1646–1797), Sigmaringen 1996 – *Finlay, Robert,* Politics in Renaissance Venice, London 1980 – *Girgensohn, Dieter,* Kirche, Politik und adelige Regierung in der Republik Venedig zu Beginn des 15. Jahrhunderts, 2 Bde., Göttingen 1996 – *Hellmann, Manfred,* Grundzüge der Geschichte Venedigs, Darmstadt 1976 – *Hunecke, Volker,* Der venezianische Adel am Ende der Republik 1646–1797, Tübingen 1995 – *Kretschmayr, Heinrich,* Geschichte von Venedig, 3 Bde., Gotha 1905–34 – *Lane, Frederic C.,* Seerepublik Venedig, München 1980, engl. 1973 – *Maranini, Giuseppe,* La costituzione di Venezia, 2 Bde., Florenz 1931, Ndr. 1974 – *Queller, Donald E.,* The Venetian Patriciate. Reality versus Myth, Urbana/Chicago 1986

Eidgenossenschaften

[s. Allgemeines, Schweiz] – Amtliche Sammlung der älteren eidgenössischen Abschiede, 8 Bde., Basel 1839–83 [1245–1798] – *Carlen,* Goms [s. Landgemeinden] – *de la Coux des Roseaux, Jacqueline,* La République des Escartons, Diss. Lyon 1981 – *Fröschl* [s. zusammengesetzte Monarchie] – *Ghika, Grégoire,* La fin de l'état corporatif en Valais et l'établissement de la souveraineté des dizains au XVIIe siècle, Sion 1947 – *Head, Randolph C.,* Early Modern Democracy in the Grisons, Cambridge 1995 – *Jecklin, Fritz* (Hg.), Materialien zur Standes- und Landesgeschichte Gemeiner Drei Bünde 1464–1803, 2 Bde., Basel 1907–09 [Bd. 1: Regesten 1464–1803, Bd. 2: Texte 1464–1598] – *Liebeskind, Wolfgang A.,* Das Referendum der Landschaft Wallis, Leipzig 1928 – *ders.,* Institutions politiques et traditions nationales, Genf 1973 – *Liver, Peter,* Die staatliche Entwicklung im alten Graubünden, in: Z für schweizerische G 13(1933) 206–48 – *Oechsli, Wilhelm,* Orte und Zugewandte, in: Jahrbuch für schweizerische G 13(1888)1–497 – *Stauffacher, Hans Rudolf,* Herrschaft und Landsgemeinde. Die Machtelite in Evangelisch-Glarus, Glarus 1990 – *Weishaupt, Matthias,* Bauern, Hirten und «frume edle puren». Bauern- und Bauernstaatsideologie in der spätmittelalterlichen Eidgenossenschaft und der nationalen Geschichtsschreibung, Basel/Frankfurt 1992 – *Wendland, Andreas,* Der Nutzen der Pässe und die Gefährdung der Seelen. Spanien, Mailand und der Kampf ums Veltlin 1620–1641, Zürich 1995 [19–46]

Niederlande und England

[s. Allgemeines, Niederlande] – *den Tex, Jan,* Oldenbarnevelt, 2 Bde., Cambridge 1973, ndl. 1960–72 [5 Bde. mit Anm., über den ersten Ratspensionär] – *Grever, John H.,* Committees and Deputations in the Assemblies of the Dutch Republic, 1660–1668, in: PER 1(1981)13–33 – *ders.,* The Structure of Decision-Making in the States General of the Dutch Republic, 1660–1668, in: PER 2(1982)125–53 – *Kenyon* [s. Allgemeines, England] – *Mendle, Michael,* The Great Council of Parliament and the First Ordinances, in: Journal of British Studies 31(1992)133–62 – *Mörke,* Stadholder [s. Monarchie, Hof und Herrschaft] – Resolutien der staten-generaal, Bd. 1, Den Haag 1917 ff. – *Rowen, Herbert H.,* John de Witt, Princeton 1978 [Ratspensionär] – *ders.,* The Princes of Orange. The Stadholders in the Dutch Republic, Cambridge 1988 – *Worden, Brian,* The Rump Parliament, 1648–1653, Cambridge 1974

e) Republikanischer Diskurs

Armitage, David/Himy, Armand/Skinner, Quentin (Hg.), Milton and Republicanism, Cambridge 1995 – *Baron, Hans,* The Crisis of the Early Italian Renaissance, 2. Aufl., Princeton 1966 – *Blythe, James M.,* Ideal Government and the Mixed Constitution in the Middle Ages, Princeton 1992 – *Bouwsma, William,* Venice and the Political Education of Europe, in: *Hale, John R.* (Hg.), Renaissance Venice, London 1973, 445–66 – *Cochrane, Eric/Kirshner, Julius,* Deconstructing Lane's Venice, in: JModH 47(1975)321–34 – *Contarini, Gasparo,* De Magistratibus et Republica Venetorum Libri V, Paris 1543 – *Crocker, Lester G.,* Jean-Jacques Rousseau, 2 Bde., New York 1968–73 – *Fasoli, Gina,* Nascita di un mito, in: Studi storici in onore die Gioacchino Volpe, Bd. 1, Mailand 1958, 445–79 [Venedigmythos im Mittelalter] – *Fenske,* Ideen [s. Monarchie, Diskurs] – *Fetscher, Iring,* Rousseaus politische Philosophie, 3. Aufl., Frankfurt 1975 – *Fink, Zera F.,* The Classical Republicans, 2. Aufl., Evanston 1962 [England 17. Jahrhundert] – *Gaeta, Franco,* Alcune considerazioni sul mito di Venezia, in: Bibliothèque d'humanisme et renaissance 23(1961)58–75 – *Giannotti, Donato,* Della Repubblica de Viniziani, in: *Giannotti, Donato,* Opere politiche, Bd. 1, Mailand 1974, 27–151 – *Gleason, Elisabeth G.,* Gasparo Contarini, Berkeley 1993 – *Harrington, James,* The Commonwealth of Oceana and A System of Politics, hg. *John G. A. Pocock,* Cambridge 1992 – *Machiavelli* [s. Monarchie, Diskurs] – *Montesquieu* [s. Monarchie, Diskurs] – *Mulier, Eco O. G. Haitsma,* The Myth of Venice and Dutch Republican Thought in the 17th Century, Assen 1980 – *Nippel* [s. Monarchie, Diskurs] – *Pocock* [s. Monarchie, Diskurs] – *Pullan, Brian,* Service to the Venetian State. Aspects of Myth and Reality in the Early 17th Century, in: Studi secenteschi 5(1964)95–148 – *ders.,* The Significance of Venice, in: Bulletin of John Rylands Library 5(1974)443–62 – *Rahe, Paul A.,* Republics, Ancient and Modern, Chapel Hill/London 1992 [gegen *Pocock*] – *Rousseau, Jean-Jacques,* Œuvres complètes, Bd. 3, Paris 1964 – *Schachtschneider, Karl Albrecht,* Res publica res populi, Berlin 1994 – *Stammen,* Hauptwerke [s. Monarchie, Diskurs] – *van Gelderen, Martin,* The Political Thought of the Dutch Revolt, 1555–1590, Cambridge 1992 – *von Fritz, Kurt,* The Theory of Mixed Constitution in Antiquity, New York 1954

3. Kirche und Kirchen

Aldea, Quintin (Hg.), Diccionario de historia eclesiastica de España, Madrid 1975 – Dictionnaire d'histoire et de la géographie ecclesiastiques, Paris, Bd. 1, 1912-Bd. 26, 1995 – *Feine, Hans Erich,* Kirchliche Rechtsgeschichte. Die katholische Kirche, 4. Aufl., Köln/Graz 1964 – *Fuchs, Walter Peter* (Hg.), Staat und Kirche im Wandel der Jahrhunderte, Stuttgart 1966 – *Genet, Jean-Philippe/Vincent, Bernard* (Hg.), État et Église dans la genèse de l'état moderne, Madrid 1986 – Geschichte des Christentums, Freiburg, Bd. 5, 1994, Bd. 6, 1991, Bd. 7, 1995, Bd. 8, 1992 – *Grant, Robert/Moraw, Peter/Press, Volker/Kerner, Hans,* Kirche und Staat, in: Theologische Realenzyklopädie, Bd. 18, Berlin/New York 1988, 354–97 – Handbuch der Kirchengeschichte, 7 Bde., Freiburg 1962–79 – *Hanisch, Manfred,* Zwischen Fürbitte und Obrigkeitsvergottung. Politische Gebete von 1500–1918, Jahrbuch für Fränkische Landesforschung 48(1988)39–161 – *Heckel, Martin,* Gesammelte Schriften, 4 Bde., Tübingen 1989–97 – Die Kirche in ihrer Geschichte, Göttingen 1961 ff. – *Maclear, James F.,* Church and State in the Modern Age. A Documentary History, Oxford 1995 [1685–1990] – *Mercati, Angelo* (Hg.), Raccolta di concordati, 2 Bde., Rom 1919, 2. Aufl. 1954 [1098–1954] – *Mirbt, Carl/Aland, Kurt* (Hg.), Quellen zur Geschichte des Papsttums und des römischen Katholizismus, 2 Bde., Tübingen 1967–72 – *Raab, Heribert,* Kirche und Staat von der Mitte des 15. Jahrhunderts bis zur Gegenwart, München 1966 – *Reinhard, Wolfgang,* Die lateinische Variante von Religion und ihre Bedeutung für die politische Kultur Europas, in: Saeculum 43(1992)231–55 – *Schöppe, Lothar* (Hg.), Konkordate seit 1800, Frankfurt/Berlin 1964 – *ders.* (Hg.), Neue Konkordate und konkordatäre Vereinbarungen, Hamburg 1970 [1964–69] – *Ziegler, Adolf Wilhelm,* Religion, Kirche und Staat in Geschichte und Gegenwart, 3 Bde., München 1969–74 – *Zippelius, Reinhold,* Staat und Kirche, München 1997

a) Christliche Nicht-Identität und die Grundlagen von Kirchen und Staaten

Böckenförde, Ernst Wolfgang, Kirche und modernes Bewußtsein, in: *Koslowski, Peter* u. a. (Hg.), Moderne oder Postmoderne? Weinheim 1986, 103–29 – *Eichmann, Eduard,* Kirche und Staat, Ndr. Paderborn 1968 – *Guillemain, Bernard,* La papauté d'Avignon et l'état moderne, in: *Guichard, Pierre* u. a. (Hg.), Papauté, monachisme et théories politiques. Mélanges Pacaut, Bd. 1, Lyon, 1994, 79–88 – *Prodi, Paolo,* Il sovrano pontefice, Bologna 1982 – *ders.* (Hg.), Disciplina dell'anima, disciplina del corpo e disciplina della società tra medioevo ed età moderna, Bologna 1994 – *Rahner, Hugo,* Kirche und Staat im frühen Christentum, 2. Aufl., München 1961 – *Tierney* [s. Monarchie, Diskurs] – *Vincent, Jeanne-Françoise/Dore, Daniel/Verdier, Raymond* (Hg.), La construction religieuse du territoire, Paris 1995

b) Fürstliche Kirchenherrschaft

Barrio Gozalo, Maximiliano, Perfil socio-economico de una élite de poder: los obispos de Castilla la Vieja, 1660–1840, in: Anthologica Annua 28/29(1981/82)71–138 – *Bergin, Joseph,* The Decline and Fall of the House of Guise as an Ecclesiastical Dynasty, in: HJ 25(1982)781–803 – *ders.,* The Guises and their Benefices, 1588–1641, in: EHR 99(1984)34–58 – *ders.,* Pouvoir et fortune de Richelieu, Paris 1985 – *ders.,* Cardinal Mazarin and His Benefices, in: French History 1(1987)3–26 – *ders.,* The Making of the French Episcopate, 1589–1661, New Haven/London 1996 – *Bizzocchi, Roberto,* Chiesa et potere nella Toscana del Quattrocento, Bologna 1987 – *Blet, Pierre,* Les assemblées du clergé et Louis XIV de 1670 à 1693, Rom 1972 – *Cepeda Adán, José,* Desamortización de tierras de las ordenes militares en el reinado de Carlos I, in: Hispania 40(1980)487–528 – *Chittolini, Giorgio,* Progetti di riordinamento ecclesiastico della Toscana agli inizi del Quattrocento, in: Annali della facoltà di scienze politiche, Perugia 1979/80, 275–96 – *ders.* (Hg.), Gli Sforza, la chiesa lombarda, la corte di Roma, Neapel 1989 – *Claverie, Michel,* Le rapport des agents généraux du clergé de France à l'assemblée de 1765, Paris 1976 – *Clay, Christopher,* «The Greed of Whig Bishops». Church Landlords and their Lessees, 1660–1760, in: PP 87(1980)128–57 – *Crusius, Irene* (Hg.), Zur Säkularisation geistlicher Institutionen im 16. und im 18./19. Jahrhundert, Göttingen 1996 – *Dupont Bouchat, Marie-Sylvie,* Culpabilisation et conscience individuelle. L'individu, l'Église et l'État à l'époque moderne, in: *Coleman, Janet* (Hg.), L'individu dans la théorie politique et dans la pratique, Paris 1996, 143–71 – *Fulbrook, Mary,* Piety and Politics. Religion and the Rise of Absolutism in England, Württemberg and Prussia, Cambridge 1983 – *Gampl, Inge,* Staat – Kirche – Individuum in der Rechtsgeschichte Österreichs zwischen Reformation und Revolution, Wien/Köln/Graz 1984 – *Gatz, Erwin* (Hg.), Die Bischöfe des Heiligen Römischen Reiches, 2 Bde., Berlin 1990–96 [1448–1648; 1648–1803]. – *Girgensohn* [s. Stände, Venedig] – *Haydon, Colin,* Anti-Catholicism in 18th-Century England, ca. 1714–80, Manchester 1993 – *Head, Ronald Edwin,* Royal Supremacy and the Trial of Bishops. 1558–1725, London 1962 – *Heal, Felicity,* Of Prelates and Princes. A Study of the Economic and Social Position of the Tudor Episcopate, Cambridge 1980 – *Heal, Felicity/O'Day, Rosemary* (Hg.), Church and Society in England. Henry VIII to James I, London 1977 – *Jemolo, Arturo Carlo,* Stato e chiesa negli scrittori politici italiani del seicento e del settecento (1914), 2. Aufl., Neapel 1972 – *Kießling, Gotthard,* Der Herrschaftsstand, München 1995 [Platz der Herrschaft im Kirchenraum] – *Kießling, Rolf,* Bürgerliche Gesellschaft und Kirche in Augsburg im Spätmittelalter, Augsburg 1971 – *Kissener, Michael,* Ständemacht und Kirchenreform. Bischöfliche Wahlkapitulationen im Nordwesten des Alten Reiches, Paderborn 1993 – *Kleinman, Ruth,* Changing Interpretations of the Edict of Nantes, in: French Historical Studies 10(1978)541–71 – *Lehmann, Hartmut,* Pietismus und weltliche Ordnung in Württemberg, Stuttgart 1969 – *Lemarchand, Guy,* L'église, appareil idéologique d'état dans la France d'ancien régime, in: Annales historiques de la Révolution Française 51(1979)250–79 – *Lepointe, Gabriel,* L'organisation et la politique financières du clergé de France sous Louis XV, Paris 1923 – *Link, Christoph,* Herrschaftsordnung und bürgerliche Freiheit. Grenzen der Staatsgewalt in der älteren deutschen Staatslehre, Wien/Köln/Graz 1979 [bes. 292–342] – *Michaud, Claude,* l'église et l'argent sous l'ancien régime. Les receveurs généraux du clergé de France aux XVIe et XVIIe siècles, Paris 1991 – *Minois, Georges,* Le confesseur du roi, Paris 1988 – *Münch* [s. Einleitung] – *Neumaier, Helmut,* Territorium et ius circa sacra. Die spätmittelalterlichen Priestereide in der Grafschaft Hohenlohe, in: Blätter für württembergische KirchenG 82(1982)5–37 – *O'Day, Rosemary,* The English Clergy. The Emergence and Consolidation of a Profession, 1558–1642, Leicester 1979 – *O'Day, Rosemary/Heal, Felicity* (Hg.), Continuity and Change. Personnel and Administration of the Church in England, 1500–1642, Leicester 1976 – *Oestreich, Gerhard,* Strukturprobleme des europäischen Absolutismus (1969), in: *ders.,* Geist und Gestalt [s. Allgemeines] 179–97 – *Olsson, Gunnar,* Stat och Kyrka i Sverige vid medeltidens slut, Göteborg 1947 – *Pleijel, Hilding,* Fran hustavlans tid, Stockholm 1951 [grundlegend für Sozialdisziplinierung des ländlichen Schweden] – *Prosperi, Adriano,* «Dominus Beneficiorum». Il conferimento dei benefici ecclesiastici tra prassi curiale e ragioni politiche negli stati italiani tra '400 e '500, in: *Prodi, Paolo/Johanek, Peter* (Hg.), Strutture ecclesiastiche in Italia e in Germania prima della riforma, Bologna 1984, 51–86 – *Rawlings, Helen,* The Secularization of Castilian Episcopal Office under the Habsburgs, ca. 1516–1700, in: JEccH 38(1987)53–79 – Recueil des actes, titres, et memoires concernant les affaires du clergé de France, 14 Bde., Paris 1768–71 – *Reinhard, Wolfgang,* Kirche als Mobilitätskanal in der frühneuzeitlichen Gesellschaft, in: *Schulze,* Ständische Gesellschaft [s. Herrschaft, Personal] 333–51 – *Reinhard, Wolfgang/Schilling, Heinz* (Hg.), Die katholische Konfessionalisierung, Gütersloh/Münster 1996 – *Reinhardt, Rudolf,* Die Beziehungen von Hochstift und Diözese Konstanz zu Habsburg-Österreich in der Neuzeit, Wiesbaden 1966 – *ders.,* Die hochadelige Dynastie in der Reichskirche des 17. und des 18. Jahrhunderts, in: Römische Quartalschrift 83(1988)213–35 – *Rouco Varela, Antonio M.,* Staat und Kirche im Spanien des 16. Jahrhunderts, München 1965 – *Schlaich, Klaus,* Der rationale Territorialismus, in: ZRG/KA 85(1968)269–340 – *Schmidt, Heinrich Richard,* Sozialdisziplinierung? Ein Plädoyer für das Ende des Etatismus in der Konfessionalisierungsforschung, in: HZ 265(1997)639–82 [kritisch, Literatur] – *Schorn-Schütte, Luise,* Evangelische Geistlichkeit und katholischer Seelsorgeklerus in Deutschland, in: Paedagogica historica 30(1994)39–81 – *dies.,* Evangelische Geistlichkeit in der Frühneuzeit. Deren Anteil an der Entfaltung frühmoderner Staatlichkeit, Gütersloh 1996 [Braunschweig und Hessen-Kassel] – *Schulze, Winfried,* Gerhard Oestreichs Begriff der «Sozialdisziplinierung in der frühen Neuzeit», in: ZHF 14(1987)265–302 – *Sehling, Emil* u. a. (Hg.), Die evangelischen Kirchenordnungen des 16. Jahrhunderts, Bd. 1, Tübingen 1902 ff. – *Solt, Leo Frank,* Church and State in Early Modern England, 1509–1640, New York 1990 – *Sorge, Giuseppe* u. a., Santa Sede e Corona portoghese, Bologna 1988 [17./18. Jahrhundert] – *Stolleis, Michael,* Religion und Politik im Zeitalter des Barock. «Konfessionalisierung» und «Säkularisierung» bei der Entstehung des frühmodernen Staates, in: *Breuer, Dieter* u. a. (Hg.), Religion und Religiosität im Zeitalter des Barock, Wiesbaden 1995, 23–42 [auch in: Ius commune 20(1992)1–23] – *Torre, Angelo,* Politics Cloaked in Worship. State, Church and Local Power in Piedmont 1570–1770, in: PP 134(1992)42–92 – *van Kley, Dale K.,* The Religious Origins of the French Revolution, New Haven/London 1996 – *Walker, Mack,* Der Salzburger Handel, Göttingen 1997

c) Parität und Toleranz

Barton, Peter F. (Hg.), Im Zeichen der Toleranz, Wien 1981 [Joseph II.] – *Berkvens-Stevelinck, Christiane/Israel, Jonathan/Posthumus Meyjes, Guillaume H. M.* (Hg.), The Emergence of Tolerance in the Dutch Republic, Leiden 1997 – *Bien, David D.*, The Calas Affair, Princeton 1960 – *Binder, Ludwig,* Grundlagen und Formen der Toleranz in Siebenbürgen, Köln 1976 – *Birtsch, Günter,* Religions- und Gewissensfreiheit in Preußen von 1780 bis 1817, in: ZHF 11(1984)177–204 – *Christin, Olivier,* La paix de religion, Paris 1997 – *François, Etienne,* Die unsichtbare Grenze. Protestanten und Katholiken in Augsburg 1648–1806, Sigmaringen 1991 – *Grell, Ole Peter/Scribner, Bob* (Hg.), Tolerance and Intolerance in the European Reformation, Cambridge 1996 – *Grzybowski, Stanislaw,* The Warsaw Confederation of 1573 and Other Acts of Religious Tolerance in Europe, in: APH 40(1979)75–96 – *Guggisberg, Hans Rudolf* (Hg.), Religiöse Toleranz, Stuttgart 1984 – *ders.*, l'état laïque à l'époque de la Réforme et les débuts du débat sur la tolérance religieuse, in: *Coleman* [s. o. *Dupont Bouchat*] 91–113 – *ders.*, Sebastian Castellio 1515–1563, Göttingen 1997 – *Heckel* [s. o.] – *Haug-Moritz, Gabriele,* Kaisertum und Parität. Reichspolitik und Konfessionen nach dem Westfälischen Frieden, in: ZHF 19(1992)445–82 – *Jordan, Wilbur K.*, The Development of Religious Toleration in England, 4 Bde., London 1932–40 – *Kamen, Henry,* Intoleranz und Toleranz zwischen Reformation und Aufklärung, München 1967 – *Lecler, Joseph,* Geschichte der Religionsfreiheit im Zeitalter der Reformation, 2 Bde., Stuttgart 1965 – *Schäfer, Christoph,* Das Simultaneum, Frankfurt 1995 – *Schlüter, Gisela,* Die französische Toleranzdebatte im Zeitalter der Aufklärung, Tübingen 1992 – *Schulze, Winfried,* Concordia, Discordia, Tolerantia. Deutsche Politik im konfessionellen Zeitalter, in: *Kunisch,* Neue Studien 1987 [s. Allgemeines] 43–79 – *Stolleis, Michael,* Reformation und öffentliches Recht in Deutschland, in: Der Staat 24(1985)51–74

d) Vom Staatskirchentum zum Ende der Symbiose

Crusius [s. o.] – *Dahl-Keller, Ulrike Marga,* Der Treueid der Bischöfe gegenüber dem Staat, Berlin 1994 – *de Lamadrid, R. S.*, El concordato español de 1753, Jerez de la Frontera 1938 – *Giacometti, Zaccaria,* Quellen zur Geschichte der Trennung von Staat und Kirche, Tübingen 1926, Ndr. Aalen 1961 – *Herr, Richard,* Rural Change and Royal Finances in Spain at the End of the Old Regime, Berkeley 1989 – *Jeand'Heur, Bernd,* Der Begriff der Staatskirche in seiner historischen Entwicklung, in: Der Staat 30(1991)442–68 [aber bes. Artikel 137,1 der Weimarer Verfassung] – *Klueting, Harm* (Hg.), Der Josephinismus, Darmstadt 1995 – *Mikat, Paul* (Hg.), Kirche und Staat in der neueren Entwicklung, Darmstadt 1980 – *Reinhardt,* Beziehungen [s. o.] – *Reinhardt, Rudolf,* Zur Kirchenreform in Österreich unter Maria Theresia, in: Z für KirchenG 77(1966)105–19 – *ders.*, Bemerkungen zum geschichtlichen Verhältnis von Kirche und Staat, in: Theologie im Wandel, München/Freiburg 1967, 155–78 – *Schmidt, Peer,* Die Privatisierung des Besitzes der toten Hand in Spanien, Stuttgart 1990

4. Recht und Justiz

Alvarez de Morales, Antonio, Historia del derecho y de los instituciones españoles, Madrid 1989 – Anuario de historia del derecho español 1(1924) ff. (AHDE) – *Bellomo, Mario,* L'Europa del diritto comune, 6. Aufl., Rom 1993 – *Berman, Harold J.*, Recht und Revolution. Die Bildung der westlichen Rechtstradition, Frankfurt 1991, engl. 1983 – *Bernstorff, Christoph Graf von,* Einführung in das englische Recht, München 1996 – *Blumenwitz, Dieter,* Einführung in das anglo-amerikanische Recht, 5. Aufl. München 1994 – *Bühler,*

Theodor, Rechtsquellenlehre, 3 Bde., Zürich 1977–85 – *Bussi, Emilio,* Il diritto pubblico del S. R.Imperio alla fine del XVIII secolo, 2 Bde., Mailand 1970 – *Carlebach, Rudolf,* Badische Rechtsgeschichte, 2 Bde., Heidelberg 1906–9 – *Carlen, Louis,* Rechtsgeschichte der Schweiz, Bern 1968 – *Clavero, Bartolomé,* Derecho de los Reinos, Sevilla 1977 – *ders.,* Derecho común, 2. Aufl., Sevilla 1979 – *Coing, Helmut* (Hg.), Handbuch der Quellen und Literatur der neueren europäischen Privatrechtsgeschichte, 3 Bde. in 9 Tln., München 1973–87 – *ders.,* Europäisches Privatrecht, Bd. 1: Älteres Gemeines Recht (1500–1800), München 1985 – *Conrad, Hermann,* Deutsche Rechtsgeschichte, 2 Bde., Karlsruhe 1962–66 – *Coulet/Genet* [s. Monarchie, Raum und Grenze] – *del Giudice, Pasquale* (Hg.), Storia del diritto italiano, 3 Bde. in 5 Tln., Mailand 1923–27, Ndr. 1969 – Deutsche Verwaltungsgeschichte [s. Allgemeines, Deutschland] – *Feine* [s. Kirche] – *Gouron, André/Rigaudière, Albert* (Hg.), Renaissance du pouvoir législatif et genèse de l'état, Montpellier 1988 – *Hammerstein, Notker,* Jus publicum romano-germanicum, in: Diritto e potere nella storia europea, Florenz 1982, 717–53 – *Harding* [s. Allgemeines, England] – *Hattenhauer, Hans,* Europäische Rechtsgeschichte, 2. Aufl., Heidelberg 1994 – *Holdsworth, William Searle,* A History of English Law, 17 Bde., London 1903–72 – *Hübner, Ulrich/Constantinesco, Vlad,* Einführung in das französische Recht, München 1994 – *Jenks, Edward,* A Short History of English Law, 4. Aufl., London 1934 – Ius commune. Zeitschrift für europäische Rechtsgeschichte 1(1967) ff., Sonderhefte 1(1971) ff. [bisher 102 Bde.] – *Koschaker, Paul,* Europa und das römische Recht, 2. Aufl., München 1953 – *Kroeschell, Karl,* Deutsche Rechtsgeschichte, 3 Bde., Opladen 1989 – *Lalinde Abadía, Jesús,* Derecho historico español, 3. Aufl. Barcelona 1983 – *Link,* Herrschaftsordnung [s.Kirchenherrschaft] – *Luhmann, Niklas,* Rechtssoziologie, Reinbek 1972 – *Mazzacane, Aldo,* Neuere Rechtsgeschichte in Italien, in: Z für neuere RechtsG 14(1992)243–59 – *Olivier-Martin, François,* Histoire de droit français, 2. Aufl., Paris 1951 – *Padoa Schioppa, Antonio* (Hg.), Legislation and Justice, Oxford 1997 – *Plucknett, Theodore F. T.,* A Concise History of the Common Law, 5. Aufl., London 1956 – *Pöggeler, Wolfgang,* Die deutsche Wissenschaft vom englischen Staatsrecht, Berlin 1995 – *Pospisil, Leopold,* Anthropologie des Rechts, München 1982 – The Publications of the Selden Society, Bd. 1 ff. London 1888 ff. [bisher 112 Bde.] – *Rauchhaupt, Friedrich Wilhelm von,* Geschichte der spanischen Gesetzesquellen, Heidelberg 1923 – *Robinson, Olivia F./Fergus, T. D./Gordon, William M.,* An Introduction to European Legal History, Abingdon 1985 – *Rüping, Hinrich,* Grundriß der Strafrechtsgeschichte, 2. Aufl., München 1991 – *Schlosser, Hans,* Grundzüge der Neueren Privatrechtsgeschichte, 6. Aufl., Heidelberg 1988 – *Schnur,* Juristen [s.Herrschaft, Personal] – *Schuler von Libloy, Friedrich,* Siebenbürgische Rechtsgeschichte, 2. Aufl., 3 Bde., Hermannstadt 1867–68 – Statutes of the Realm (1101–1713), 11 Bde., London 1810–28 – *Stein, Peter G.,* Römisches Recht und Europa, Frankfurt 1996 – *Stolleis,* Geschichte [s. Monarchie, Diskurs] – *Stolleis, Michael,* Staat und Staatsräson in der frühen Neuzeit, Frankfurt 1990 – Théologie et droit dans la science politique de l'état moderne, Rom 1991 – *Tierney* [s.Monarchie, Diskurs] – *van Caenegem, Raoul C.,* Judges, Legislators and Professors, Cambridge 1987 – *ders.,* An Historical Introduction to Western Constitutional Law, Cambridge, 1995 – *Walker, David M.,* A Legal History of Scotland, Bd. 1 ff., Edinburgh 1988 ff. [bisher 3 Bde. bis 16. Jahrhundert] – *Wesel, Uwe,* Geschichte des Rechts, München 1997 – *Wolf, Armin,* Gesetzgebung in Europa 1100–1500. Zur Entstehung des Territorialstaates, München 1996 [Neubearbeitung des Beitrags zu *Coing,* Handbuch, Bd. 1, 517–800] – *Wyduckel, Dieter,* Ius publicum, Berlin 1984 – *Zweigert, Konrad/Kötz, Hein,* Einführung in die Rechtsvergleichung, 3. Aufl., Tübingen 1996

a) Grundlagen

Algazi, Gadi, Ein gelehrter Blick ins lebendige Archiv. Umgangsweisen mit der Vergangenheit im 15. Jahrhundert, in: HZ 266(1998)317–57 – *Battenberg, Friedrich,* Herrschaft und Verfahren. Politische Prozesse im mittelalterlichen römisch-deutschen Reich, Darmstadt 1995 – *Behrends, Okko/Knütel, Rolf/Kupisch, Bertold/Seiler, Hans Hermann,* Corpus Iuris Civilis. Text und Übersetzung, Bd. 1: Institutionen, 2. Aufl., Heidelberg 1997, Bd. 2: Digesten 1–10, Heidelberg 1996 – *Gilmore, Myron P.,* Argument from Roman Law in Political Thought, 1200–1600, Cambridge/MA 1941 – *Norseng, Per,* Law Codes as a Source for Nordic History, in: ScandJH 16(1991)137–66 – *Prodi, Paolo,* Das Sakrament der Herrschaft. Der politische Eid in der Verfassungsgeschichte des Okzidents, Berlin 1997, ital. 1992 – *Schwineköper, Berend,* Der Handschuh im Recht, Berlin 1938 – *Sjöholm, Elsa,* Sweden's Medieval Laws. European Legal Tradition – Political Change, in: ScanJH 15(1990)65–87 – *Sprandel, Rolf,* Über das Problem neuen Rechts im früheren Mittelalter, in: ZRG/KA 79(1962)117–37 – *Strauch, Dieter,* Das Ostgötenrecht (Östgötalagen), Köln 1971 – *ders.,* Zur Rechtsfortbildung im mittelalterlichen Schweden, in: *Köbler, Gerhard* (Hg.), Wege europäischer Rechtsgeschichte, Festschrift Karl Kroeschell, Frankfurt 1987, 504–22 – *Temporini, Hildegard* (Hg.), Recht (Aufstieg und Niedergang der römischen Welt, Bd. 15), Berlin 1976 – *Willoweit, Dietmar,* Vom guten alten Recht. Normensuche zwischen Erfahrungswissen und Ursprungslegenden, in: Jahrbuch des Historischen Kollegs 1997, 23–52 – *Zimmermann, Reinhard,* Das römisch-kanonische Ius commune als Grundlage europäischer Rechtseinheit, in: Juristenzeitung 1992, 8–20

b) Kirchenrecht und juristische Revolution Europas

Berman [s. o.] – *Fried,* Freiheit [s.Gemeinden, Volkswiderstand] – *Coleman* [s.Fürstliche Kirchenherrschaft] – *Franke, Herbert,* Das Recht der Mandarine. Betrachtungen zur chinesischen Rechtsgeschichte, in: Jahrbuch der Bayerischen Akademie der Wissenschaften 1990, 1–20 – *Harding, Alan,* Political Liberty in the Middle Ages, in: Speculum 55(1980)423–43 – *Helmholtz, Richard H.,* Canon Law in Protestant Lands, Berlin 1992 – *Hergemöller, Ulrich* (Hg.), Maiestas Carolina, Münster 1994 – *Keller, Hagen/Busch, Jörg W.* (Hg.), Statutencodices des 13. Jahrhunderts, München 1991 – *Lévy, Jean-Philippe,* Histoire de la propriété, Paris 1972 – *Maurer, Julia,* Der «Lahrer Prozeß» 1773–1806, Köln 1996 – *Otero, Alfonso,* Las Partidas y el Ordenamiento de Alcalá, in: AHDE 63/64(1993/94)451–547 – *Pérez Martin, Antonio* (Hg.), Fori Aragonum, Vaduz 1979 [1247–1576] – *Peters, Edward,* Folter, Hamburg 1991, engl. 1985, 2. Aufl. 1996 – *Schmale,* Archäologie [s. Gemeinden, Volkswiderstand] – *Schrage, Eltjo J.,* Utrumque ius. Eine Einführung in das Studium der Quellen des mittelalterlichen gelehrten Rechts, Berlin 1992 – *Stourzh, Gerald,* Wege zur Grundrechtsdemokratie, Wien/Köln 1989 – *van Kley, Dale* (Hg.), The French Idea of Freedom. The Old Regime and the Declaration of Rights of 1789, Stanford 1994 – *Vollrath, Hanna,* Gesetzgebung und Schriftlichkeit. Das Beispiel der angelsächsischen Gesetze, in: HJb 99(1979)28–54 – Volumina Legum (1347–1793), 10 Bde., Warschau 1733–1952

c) Unterwerfung der Justiz und Verstaatlichung des Rechts

Ahcin, Christian, Zur Entstehung des bürgerlichen Gesetzbuches für das Königreich Sachsen von 1863/65, Frankfurt 1996 – *Ajello, Rafaele,* Legislazione e crisi del diritto comune nel regno di Napoli. Il tentativo di codificazione carolino, in: *ders.,* Saggi e ricerche sul settecento, Neapel 1968, 172–223 – *Asch, Ronald,* Kulturkonflikt und Recht. Irland, das Common Law und die Ancient Constitution, in: Ius commune 21(1994)169–212 – *Aut-*

rand, Françoise, Naissance d'un grand corps d'état. Les gens du Parlement de Paris 1345–1454, Paris 1981 – *Bauer, Richard/Schlosser, Hans* (Hg.), Wiguläus Xaver Aloys Freiherr von Kreittmayr 1705–1790, München 1991 – *Beattie, John M.*, Crime and the Courts in England, 1660–1800, Princeton 1986 – *Bluche* [s. Herrschaft, Personal] – *Bornhak, Conrad,* Preußische Staats- und Rechtsgeschichte, Berlin 1903 – *Carey, John A.*, Judicial Reform in France before the Revolution, Cambridge/MA 1981 – *Carey Miller, David L./Zimmermann, Reinhard* (Hg.), The Civilian Tradition and Scots Law, Berlin 1997 – *Cauchies, Jean Marie,* La législation princière pour le comté de Hainaut, Brüssel 1982 – *Chiffoleau, Jacques* (Hg.), Genèse de l'état moderne en Méditerranée, Rom 1993 – *Cockburn, James S.*, A History of English Assizes, 1558–1714, Cambridge 1972 – Colecção da legislação antiga e moderna do reino de Portugal, 2 Serien, Bd. 1/1 ff., Lissabon 1792 ff. [Serie I Bd. 1/1–5 Gesetzbuch König Manuels] – *Cotterell, Mary,* Interregnum Law Reform. The Hale Commission of 1652, in: EHR 83(1968)689–704 – Coutume des Baillages de Sens et de Langres, Paris 1731 – *Cruz, Guillermo Braga de,* O direito subsidiário na história do direito português, in: Revista Portuguesa de Historia 14(1974)177–316 – *Cuttler, S. H.*, The Law of Treason and Treason Trials in Later Medieval France, Cambridge 1981 – *Danzer, Max,* Das Bayerische Landrecht [. . .] vom Jahre 1756 in seiner heutigen Geltung, München 1894 – *de Dios, Salustiano* (Hg.), Fuentes para el estudio del Consejo Real de Castilla, Salamanca 1986 – *Diestelkamp, Bernhard,* Das Verhältnis von Gesetz und Gewohnheitsrecht im 16. Jahrhundert, in: Rechtshistorische Studien, Festschrift Hans Thieme, Köln 1977, 1–33 – *ders.*, Einige Beobachtungen zur Geschichte des Gesetzes in vorkonstitutioneller Zeit, in: ZHF 10(1983)385–420 – *ders.* (Hg.), Die politische Funktion des Reichskammergerichts, Köln 1993 [und weitere Bände zum RKG] – *ders.* (Hg.), Oberste Gerichtsbarkeit und zentrale Gewalt im Europa der frühen Neuzeit, Köln 1996 – *Dilcher, Gerhard* u. a., Gewohnheitsrecht und Rechtsgewohnheit im Mittelalter, Berlin 1992 – *Dölemeyer, Barbara,* Die bayerischen Kodifikationsbestrebungen, in: Ius commune 5(1975)138–77 [19. Jahrhundert] – *Dölemeyer, Barbara/Klippel, Diethelm* (Hg.), Gesetz und Gesetzgebung im Europa der Frühen Neuzeit (ZHF, Bh 22), Berlin 1998 – *Dölemeyer, Barbara/Mohnhaupt, Heinz* (Hg.), 200 Jahre Allgemeines Landrecht für die Preußischen Staaten, Frankfurt 1995 – *diess.* (Hg.), Das Privileg im europäischen Vergleich, Frankfurt 1997 – *Ebert, Ina,* Die Normierung der juristischen Staatsexamina und des juristischen Vorbereitungsdienstes in Preußen 1849–1934, Berlin 1995 – *Eisenhardt, Ulrich/Markert, Elsbeth,* Die kaiserlichen Privilegia de non appellando, Köln 1980 – *Fairen Guillen, Victor,* Die aragonesischen Verfassungsprozesse, in: ZRG/GA 91(1974)117–74 [zum Justicia mayor] – *Fischer, Joachim,* Das kaiserliche Landgericht in Schwaben in der Neuzeit, in: Z für württembergische LandesG 43(1984)237–86 – *Flossmann, Ursula,* Landrechte als Verfassung, Wien 1976 – *Frey, Siegfried,* Das württembergische Hofgericht (1460–1618), Stuttgart 1989 – *Gagnér, Sten,* Studien zur Ideengeschichte der Gesetzgebung, Stockholm 1960 – Gesetzgebung als Faktor der Staatsentwicklung (Der Staat, Bh 7), Berlin 1984 – *Garnot, Benoît* (Hg.), l'infrajudiciaire du Moyen Age à l'époque contemporaine, Dijon o. J. [bes. *Dinges*] – Gresset, *Maurice,* Gens de justice à Besançon, 2 Bde., Paris 1978 – *Grignaschi, Mario,* Quelques remarques sur la conception du pouvoir législatif dans la scolastique, in: Revue belge de philologie et histoire 61(1983)783–801 – *Günter, Helmut* (Hg.), Das Bayerische Landrecht von 1616, München 1969 – *Guy, John A.*, The Cardinal's Court. The Impact of Thomas Wolsey in Star Chamber, London 1977 – *Härter, Karl/Stolleis, Michael* (Hg.), Repertorium der Policeyordnungen der frühen Neuzeit, Bd. 1 ff., Frankfurt 1996 ff. – *Hagemann, Hans Rudolf,* Basler Stadtrecht im Spätmittelalter, in: ZRG/GA 78(1961)140–297 – *Hahn, Peter-Michael,* Die Gerichtspraxis der altständischen Gesellschaft. Die Gutachtertätigkeit der Helmstedter Juristenfakultät für die brandenburg-preußischen Territorien 1675–1710, Berlin 1989 – *Hamscher, Albert N.*, The Parlement of Paris after the Fronde, Pittsburgh 1979 – *ders.*, The Conseil privé and the Parlements in the Age of Louis XIV,

Philadelphia 1987 – *Hattenhauer, Hans/Bernert, Günther* (Hg.), Allgemeines Landrecht für die Preußischen Staaten von 1794, 2. Aufl., Berlin 1994 – *Heinze, Rudolph W.*, The Proclamations of the Tudor Kings, Cambridge 1976 – *Heydenreuter, Reinhard,* Der landesherrliche Hofrat unter Herzog und Kurfürst Maximilian I. von Bayern, München 1981 – *Holthöfer, Ernst,* Ein deutscher Weg zu moderner und rechtsstaatlicher Gerichtsverfassung. Das Beispiel Württemberg, Stuttgart 1997 – *Homem, Armando Luis de Carvalho,* Dionisius et Alfonsus, Dei gratia reges et communis utilitatis gratia legiferi, Porto 1994 [Anfänge königlicher Gesetzgebung] – *Hudson, John,* The Formation of the English Common Law, London 1996 [bis 1215] – *Hughes, Michael,* Law and Politics in 18th-Century Germany. The Imperial Aulic Council in the Reign of Charles VI, Woodbridge 1988 – *Hughes, Paul/Larkin, James F.* (Hg.), Tudor Royal Proclamations, 3 Bde., New Haven 1964–69 – *Jahns, Sigrid,* Das Kameralkollegium des Reichskammergerichts im Verfassungs- und Sozialsystem des Alten Reiches, 2 Bde., Köln 1995 – *Jaritz, Gerhard* (Hg.), Norm und Praxis im Alltag des Mittelalters und der frühen Neuzeit, Wien 1997 [bes. *Dinges*] – *Jones, William J.*, The Elizabethan Court of Chancery, Oxford 1967 – *ders.*, Politics and the Bench. The Judges and the Origins of the Civil War, London 1971 – *Kampmann, Christoph,* Reichsrebellion und kaiserliche Acht. Politische Strafjustiz im Dreißigjährigen Krieg und das Verfahren gegen Wallenstein 1634, Münster 1992 – *Kelly, George A.*, From Lèse-Majesté to Lèse-Nation. Treason in 18th-Century France, in: Journal of the History of Ideas 42(1981)269–86 – *Kettering, Sharon,* Judicial Politics and Urban Revolt in 17th-Century France, Princeton 1978 [Parlement von Aix] – *Köbler, Gerhard,* Die Begründung von Rechtssätzen im Hoch- und Spätmittelalter, in: Archivalische Zeitschrift 75(1979)86–101 – *Kollnig, Karl,* Die Landesordnungen von Hohenzollern-Hechingen, in: Hohenzollersche Jahreshefte 5(1938)159–88 – Kong Christian de Fentis Danske Lov, hg. *V. A. Secker,* Kopenhagen 1911 – *Kunkel, Wolfgang* (Hg.), Ältere Stadtrechtsreformationen, Weimar 1936 – *ders.* (Hg.), Landrechte des 16. Jahrhunderts, Weimar 1938 – *Landwehr, Götz,* Die althannoverschen Landgerichte, Hildesheim 1964 – *Laufs, Adolf* (Hg.), Die Reichskammergerichtsordnung von 1555, Köln 1976 – *Leiber, Gert,* Das Landgericht der Baar, Allensbach 1964 – *Letto Vanamo, Pia,* Vom archaischen Gerichtsverfahren zum staatlichen Prozeß, in: *Mohnhaupt, Heinz/Simon, Dieter* (Hg.), Vorträge zur Justizforschung, Frankfurt 1993, 97–130 – *Loschelder, Michael,* Die österreichische Allgemeine Gerichtsordnung von 1781, Berlin 1978 – *Lück, Heiner,* Die kursächsische Gerichtsverfassung, 1423–1550, Köln 1997 – *Luig, Klaus* (Hg.), The Acts and Constitutions of the Realm of Scotland (1566), Glashütten 1971 – *Maugis, Edouard,* Histoire du Parlement de Paris de l'avènement des rois Valois à la mort de Henri IV, 3 Bde., Paris 1913–16 – *Moote* [s. Ständischer Widerstand] – *Morris, Norval/Rothman, David J.* (Hg.), The Oxford History of Prison, Oxford 1995 – *Nörr, Knut Wolfgang,* The European Side of the English Law, in: *Coing, Helmut/Nörr, Knut Wolfgang* (Hg.), Englische und kontinentale Rechtsgeschichte, Frankfurt 1985, 15–30 – *Ogilvie, Charles,* The King's Government and the Common Law, 1471–1641, Oxford 1958 – Ordonnances des rois de France. Règne de François Ier, Bd. 1 (1515/16), Paris 1902 – *Palmer, Robert C.*, English Law in the Age of the Black Death, 1348–1381, Chapel Hill/London 1993 – *Perels, Kurt,* Die Justizverweigerung im alten Reich seit 1495, in: ZRG/GA 25(1904)1–51 – *Pernot, Jean-François,* L'activité de la Chambre des Comptes de Paris à l'époque moderne, in: RHMC 26(1979)612–37 – *Pillot, Gabriel M. L./de Neyremand, Ernest,* Histoire du Conseil souverain d'Alsace, Paris 1860 – *Plesser, Markus Alexander,* Jean Etienne Marie Portalis und der Code civil, Berlin 1997 – *Prothero, George W.* (Hg.), Select Statutes and Other Constitutional Documents Illustrative of the Reigns of Elizabeth and James I, 4. Aufl., Oxford 1913 – *Raeff, Marc,* The Well-Ordered Police State, New Haven/London 1983 – *Ranieri, Filippo,* Recht und Gesellschaft im Zeitalter der Rezeption. Eine rechts- und sozialgeschichtliche Analyse der Tätigkeit des Reichskammergerichts im 16. Jahrhundert, Köln 1985 – *ders.*, Biographisches Repertorium der Juristen im Alten

Reich, Bd. 1 ff., Frankfurt 1989 ff. [auch CD ROM] – Recueil d'ordonnances du Roy et règlemens du Conseil Souverain d'Alsace, Bd. 1, Colmar 1738 [1657–1707] – *Regge, Jürgen,* Kabinettsjustiz in Brandenburg-Preußen, Berlin 1976 – *Rogister, John,* Louis XV and the Parlement of Paris, 1737–1755, Cambridge 1995 – *Rublack* [s. Herrschaft, Lokalmacht] – *Runehök, Allan,* Centralmakt och Domsmakt. Studier kring den högsta rättskipningen i kung Magnus Erikssons länder 1319–1355, Uppsala 1975 – *Salmonowicz, Stanislaw,* Die neuzeitliche europäische Kodifikation, in: APH 37(1978)29–69 – *Sbriccoli, Mario/Bettoni, Antonella* (Hg.), Grandi tribunali e Rote nell'Italia di antico regime, Mailand 1993 – *Schlumbohm, Jürgen,* Gesetze, die nicht durchgesetzt werden – ein Strukturmerkmal des frühneuzeitlichen Staates, in: GG 23(1997)647–63 – *Schmidt, Eberhard,* Rechtssprüche und Machtsprüche der preußischen Könige des 18. Jahrhunderts, Leipzig 1943 – *Schnabel-Schüle, Helga,* Überwachen und Strafen im Territorialstaat, Köln 1996 – *Scholz, Johannes-Michael,* Literaturgeschichtliche und vergleichende Anmerkungen zur portugiesischen Rechtsprechung im Ancien Regime, in: Revista Portuguesa de Historia 14(1974)95–159 – *Schulze, Reiner,* Johann Georg Schlosser und die Idee eines reinen Zivilrechtsgesetzbuches, in: ZHF 6(1979)317–44 – *ders.,* Geschichte der neueren vorkonstitutionellen Gesetzgebung, in: ZRG/GA 98(1981)157–235 – *Schwinges, Rainer Christoph* (Hg.), Gelehrte im Reich (ZHF, Bh 18), Berlin 1996 – *Sellert, Wolfgang,* Über die Zuständigkeitsabgrenzung von Reichshofrat und Reichskammergericht, Aalen 1965 – *ders.* (Hg.), Die Ordnungen des Reichshofrats, 1550–1766, Bd. 1, Köln 1980 – *ders.* (Hg.), Das Gesetz in Spätantike und frühem Mittelalter, Göttingen 1992 – *Shennan, Joseph H.,* The Parlement of Paris, Ithaca 1968 – *Sigrist, Hannes,* Advokat, Bürger, Staat. Sozialgeschichte der Rechtsanwälte in Deutschland, Italien und der Schweiz (18.–20. Jahrhundert), 2 Bde., Frankfurt 1996 – *Smend, Rudolf,* Das Reichskammergericht, Bd. 1, Weimar 1911 [mehr nicht erschienen] – *Springer, Max,* Die Coccejische Justizreform, München 1914 – *Stölzel, Adolf,* Brandenburg-Preußens Rechtsverwaltung und Rechtsverfassung, 2 Bde., Berlin 1888 – *Stolleis, Michael,* Condere leges et interpretari. Gesetzgebungsmacht und Staatsbildung im 17. Jahrhundert, in ZRG/GA 101(1984)89–116 – *ders.* (Hg.), Juristen. Ein biographisches Lexikon, München 1995 – *Stolleis, Michael/Härter, Karl* (Hg.), Policey im Europa der frühen Neuzeit, Frankfurt 1996 – *Stone, Bailey,* The Parlement of Paris, 1774–1789, Chapel Hill 1981 – *Strakosch, Heinrich,* Privatrechtskodifikation und Staatsbildung in Österreich 1753–1811, München 1976 – *Tamm, Ditlev* (Hg.), Danske of Norske Lov i 300 År, o. O., o. J. [1983] – *ders.,* König und Rat als Rechtsprechungs- und Gesetzgebungsorgan in Dänemark 1537–1660, in: *Mohnhaupt/Simon* [s. o.] 191–215 – *ders.,* The Danes and their Legal Heritage, in: *Dahl, Børge* u. a. (Hg.), Danish Law in a European Perspective, Kopenhagen 1996, 33–52 – *Tapia, Carlo de,* Ius Regni Neapolitani, Neapel 1611 – *Theewen, Eckhard Maria,* Napoleons Anteil am Code civil, Berlin 1991 – *Vanderlinden, Jacques,* Le concept de code en Europe occidentale du XIIIe au XIXe siècle, Brüssel 1967 – *Wagner, Wolfgang* (Hg.), Das schwedische Reichsgesetzbuch (Sveriges Rikes Lag) von 1734, Frankfurt 1986 – *Weber, Matthias,* Die schlesischen Polizei- und Landesordnungen, Köln 1996 – *Weiß, Ulrich,* Die Gerichtsverfassung von Oberhessen bis zum Ende des 16. Jahrhunderts, Marburg 1978 – *Weitzel, Jürgen,* Der Kampf um die Appellation ans Reichskammergericht, Köln 1976 – *Wilhelm, Walter,* Gesetzgebung und Kodifikation in Frankreich im 17. und 18. Jahrhundert, in: Ius commune 1(1967)241–70 – *Youngs, Frederic A.,* The Proclamations of the Tudor Queens, Cambridge 1976 – *Zimmermann, Reinhard,* Der europäische Charakter des englischen Rechts, in: Z für europäisches Privatrecht 1993, 4–51

IV.
MACHTMITTEL UND MACHTPOLITIK

1. Ressourcen

Ardent, Gabriel, Histoire de l'impôt, 2 Bde., Paris 1971–72 – *Berding, Helmut* (Hg.), Staatsfinanzen und Gesellschaft (Geschichte und Gesellschaft 8/3), Göttingen 1982 – *Blaich, Fritz,* Die Epoche des Merkantilismus, Wiesbaden 1974 – *Bonney, Richard* (Hg.), Economic Systems and State Finance, Oxford 1995 – *Boyer-Xambeu, Marie-Thérèse/Deleplace, Ghislain/Gillard, Lucien,* Monnaie privée et pouvoir des princes. l'économie des relations monétaires à la Renaissance, Paris o. J. [1986] – *Braun, Rudolf,* Steuern und Staatsfinanzierung als Modernisierungsfaktoren. Ein deutsch-englischer Vergleich, in: *Koselleck, Reinhart* (Hg.), Studien zum Beginn der modernen Welt, Stuttgart 1977, 241–62 – *Buchholz, Werner,* Geschichte der öffentlichen Finanzen in Europa in Spätmittelalter und Neuzeit. Darstellung, Analyse, Bibliographie, Berlin 1996 – *Burkhardt, Johannes,* Das Haus, der Staat und die Ökonomie, in: *Göhler, Gerhard* u. a. (Hg.), Die Rationalität politischer Institutionen, Baden-Baden 1990, 169–87 – *de Maddalena, Aldo/Kellenbenz, Hermann* (Hg.), Finanzen und Staatsräson in Italien und Deutschland in der frühen Neuzeit, Berlin 1992, ital. 1984 – *Favier, Jean,* Finance et fiscalité au Bas Moyen Age, Paris 1971 – *Genet, Jean-Philippe/Le Mené, Michel* (Hg.), Genèse de l'état moderne. Prélèvement et redistribution, Paris 1987 – *Goldsmith, Raymond W.,* Premodern Financial Systems, Cambridge 1987 – Handbuch der europäischen Wirtschafts- und Sozialgeschichte, 6 Bde., Stuttgart 1980–93 – *Hofman, Philip T./Norberg, Kathryn* (Hg.), Fiscal Crises, Liberty, and Representative Government 1450–1789. The Making of Modern Freedom, Stanford 1994 – *Kindleberger, Charles P.,* A Financial History of Western Europe, London 1984 – *Lyon, Bryce/Verhulst, Adriaan,* Medieval Finance. A Comparison of Financial Institutions in Northwestern Europe, Brugge 1967 – *Parker, Geoffrey,* Die Entstehung des modernen Geld- und Finanzwesens in Europa 1500–1730, in: *Cipolla, Carlo M./Borchardt, Knut* (Hg.), Europäische Wirtschaftsgeschichte, Bd. 2, Stuttgart 1979, 335–79 – *Reinhard, Wolfgang,* Öffentliche und andere Hände. Privatisierung und Deregulierung im Lichte historischer Erfahrung, in: *Breuninger, Helga/ Sieferle, Rolf P.* (Hg.), Markt und Macht in der Geschichte, Stuttgart 1995, 265–96 – *ders.,* Kriegsstaat – Steuerstaat – Machtstaat, in: *Asch, Ronald/Duchhardt, Heinz* (Hg.), Der Absolutismus – ein Mythos? Köln/Weimar/Wien 1996, 277–310 – *Schmölders, Günter,* Einführung in die Geld- und Finanzpsychologie, Darmstadt 1975 – *Webber, Carolyn/Wildavsky, Aaron,* A History of Taxation and Expenditure in the Western World, New York 1986

a) Strukturmuster

Ausgaben

Albrecht, Dieter, Zur Finanzierung des Dreißigjährigen Krieges. Die Subsidien der Kurie für Kaiser und Liga 1618–1635, in: ZBLG 19(1956)534–67 – *Böhme, Klaus Richard,* Geld für die schwedischen Armeen nach 1640, in: Scandia 33(1967)54–95 – *Dickson, Peter M. G./Sperling, J. G.,* European War Finance, 1688–1715, in: The New Cambridge Modern History, Bd. 6, Cambridge 1970, 284–315 – *Kapser, Cordula,* Die bayerische Kriegsorganisation in der zweiten Hälfte des Dreißigjährigen Krieges 1635–1648/49, Münster 1997 – *Kohl, Jürgen,* Staatsausgaben in Westeuropa, Frankfurt 1985 – *Lanter, Max,* Die Finanzierung des Krieges. Quellen, Methoden und Lösungen seit dem Mittelalter bis Ende des 2.Weltkriegs, Luzern 1950 – *Lenz, Rudolf,* Kosten und Finanzierung des Deutsch-

Französischen Krieges 1870–1871, Boppard 1970 – *Lundkvist, Sven,* Svensk krigsfinansiering 1630–35, in: Historisk Tidskrift 86 NF 29(1966)377–421 – *Recktenwald, Claus Horst,* Staatsausgaben in säkularer Sicht, in: Theorie und Praxis des finanzpolitischen Interventionismus, Tübingen 1970, 407–30 – *Riley, James C.,* The Seven Years War and the Old Regime in France. The Economic and Financial Toll, Princeton 1986 – *Sombart, Werner,* Krieg und Kapitalismus, München 1913 – *Spaggiari, Pier Luigi,* Le finanze degli stati italiani, in: Storia d'Italia, Bd. 5/1: I documenti, Turin 1973, 810–36 – *Timm, Herbert,* Das Gesetz der wachsenden Staatsausgaben, in: Finanzarchiv NF 21(1961)201–47

Einnahmen

de Maddalena/Kellenbenz [s. o.] – *Ernstberger, Anton,* Hans de Witte, Finanzmann Wallensteins, Wiesbaden 1954 – *Franke, Siegfried F.,* Entwicklung und Begründung der Einkommensbesteuerung, Darmstadt 1981 – *Hartmann, Peter Claus,* Das Steuerwesen der europäischen Staaten am Ende des Ancien Régime. Eine offizielle französische Enquête 1763–68, München 1979 – *Jüngling, Michael,* Staatseinnahmen in säkularer Sicht, Göttingen 1991 – *Kellenbenz, Hermann/Prodi, Paolo* (Hg.), Fiskus, Kirche und Staat im konfessionellen Zeitalter, Berlin 1994, ital. 1989 – *Krüger, Kersten,* Finanzstaat Hessen 1500–1567, Marburg 1981 – *ders.,* Entstehung und Ausbau des hessischen Steuerstaates vom 16. bis zum 18. Jahrhundert, in: Hessisches Jahrbuch für LandesG 32(1982)103–25 – *Mathias, Peter/O'Brien, Patrick,* Taxation in Britain and France, 1715–1810, in: Journal of European History 5(1976)601–50 – *Schremmer, Eckart* (Hg.), Steuern, Abgaben und Dienste, Stuttgart 1994 – *Schultz, Uwe,* Mit dem Zehnten fing es an. Eine Kulturgeschichte der Steuer, München 1986 – *Schwennicke, Andreas,* «Ohne Steuer kein Staat». Zur Entwicklung und politischen Funktion des Steuerrechts in den Territorien des Heiligen Römischen Reiches 1500–1800, Frankfurt 1996 – *Wachenhausen, Manfred,* Staatsausgaben und Öffentliches Interesse in den Steuerrechtfertigungslehren des naturrechtlichen Rationalismus, Berlin 1972

Landeskunde und Kataster

Buisseret, David (Hg.), Monarchs, Ministers and Maps. The Emergence of Cartography as a Tool of Government in Early Modern Europe, Chicago/London 1992 – *Dunsdorfs, Edgars,* Der große schwedische Kataster in Livland 1681–1710, 2 Bde., Stockholm/Melbourne 1950–74 – *Harder, Hans-Bernd* (Hg.), Landesbeschreibungen Mitteleuropas vom 15. bis 17. Jahrhundert, Köln/Wien 1983 – *Kain, Roger J. P./Baigent, Elizabeth,* The Cadastral Map in the Service of the State, Chicago/London 1992 – *Moschetti, Guiscardo,* Il catasto di Macerata dell'anno 1560, Neapel 1978 – *Rassem, Mohammed/Stagl, Justin* (Hg.), Statistik und Staatsbeschreibung in der Neuzeit, Paderborn 1980 – *diess.* (Hg.), Geschichte der Staatsbeschreibung, Berlin 1993 [zweisprachige Texte] – *Salomon, Noël,* La campagne de Nouvelle Castille à la fin du XVIe siècle d'après les Relaciones topograficas, Paris 1964 [Spanien, nicht Amerika] – *Wesely, Daniel,* Steuerreform und Katasterkartographie im Fürstentum Fürstenberg im 18. Jhdt., Frankfurt 1995 – *Zangheri, Renato,* I catasti, in: Storia d'Italia, Bd. 5: I documenti, Turin 1973, 759–806

Fiskalische Belastung

Bush [s. Adelsherrschaft] – *Gelabert* in *Bonney* [s. o.] – *Kellenbenz/Prodi* [s. o.] – *Schulze,* Reich und Türkengefahr [s. o. Ständewesen] – *Scott* [s. o. Adelsherrschaft]

Kredit

Carruthers, Bruce G., City of Capital. Politics and Markets in the English Financial Revolution, Princeton 1996 - *Ernstberger* [s. o.] – *Reinhard,* Staatsmacht [s. o. Personal] – *Sälter, Gerhard,* Staatsbanken im frühneuzeitlichen Europa. Die Gründung der Bank of England

(1694) und der Banque Royale in Frankreich (1716/18), in: *Fuhrich-Grubert, Ulrike/Johansen, Angelus H.* (Hg.), Schlaglichter Preußen-Westeuropa, Berlin 1997, 33–49 – *Schnee, Heinrich,* Die Hoffinanz und der moderne Staat. Geschichte und System der Hoffaktoren an deutschen Fürstenhöfen im Zeitalter des Absolutismus, 6 Bde., Berlin 1953–67 – *van der Wee, Herman,* The Financial Revolution in Pre-Industrial Europe, London 1987

b) Varianten

England

Alsop, J. D., Innovation in the Tudor taxation, in: EHR 99(1984)83–93 – *Ashton, Robert,* The Crown and the Money Market, 1603–40, Oxford 1960 – *Bernard, G. W.,* War Taxation and Rebellion in Early Tudor England. Henry VIII, Wolsey and the Amicable Grant of 1525, Brighton 1986 – *Binney, John E. D.,* British Public Finance and Administration, 1774–92, Oxford 1958 – *Braddick, Michael J.,* Parliamentary Taxation in 17th-Century England, Woodbridge 1994 – *ders.,* The Nerves of the State. Taxation and Financing of the English State 1558–1714, Manchester 1996 – *Brewer, John,* The Sinews of Power. War, Money, and the English State 1688–1783, London 1989 – *Carruthers* [s. o.] – *Carter, Alice Clare,* Getting, Spending and Investing in Early Modern Times, Assen 1975 – *Chandaman, Cecil Douglas,* The English Public Revenue 1660–1688, Oxford 1975 – *Cust, Richard,* The Forced Loan and English Politics, 1626–1628, Oxford 1987 – *Dickson, Peter G. M.,* The Financial Revolution in England, London 1967 – *Dietz, Frederick C.,* English Government Finance, 1485–1558, Urbana 1920, 2. Aufl. 1964 – *ders.,* English Public Finance, 1556–1641, New York 1932, 2. Aufl. 1964 – *Harriss, Gary L.,* Thomas Cromwell's «New Principle» of Taxation, in: EHR 93(1978)721–38 – *Hoon, Elizabeth E.,* The Organization of the English Customs System, 1696–1786, New York 1938, Ndr. 1968 – *Hughes, Edward,* Studies in Administration and Finance 1558–1825, Manchester 1934 [Salzbesteuerung] – *Mathias/O'Brien* [s. o.] – *O'Brien, Patrick/Hunt, P. A.,* The Rise of the Fiscal State in England, 1485–1815, in: Historical Research 66(1993)129–76 – *Prestwich, Menna,* Cranfield, Oxford 1966 – *Roberts, Clayton,* The Constitutional Significance of the Financial Settlement of 1690, in: HJ 20(1977)59–76 – *Sabine, Basil E. V.,* A History of Income Tax, London 1966 – *t'Hart, Marjolein,* «The Devil or the Dutch». Holland's Impact on the Financial Revolution in England, 1643–1694, in: PER 11(1991)39–52 – *Weir, David R.,* Tontines, Public Finance, and Revolution in France and England, 1688–1789, in: JEcH 49(1989)95–124

Frankreich

Beaulieu, Eugène Pierre, Les gabelles sous Louis XIV, Paris 1903 – *Bonney, Richard,* The King's Debts. Finance and Politics in France 1589–1661, Oxford 1981 – *ders.,* The State and Its Revenues in «Ancien Régime» France, in: Historical Research 65(1992)150–76 – *Bosher, John F.,* French Finances, 1770–95. From Business to Bureaucracy, Cambridge 1970 – *Collins, James B.,* Fiscal Limits of Absolutism. Direct Taxation in Early Seventeenth Century France, Berkeley 1988 – *Charmeil, Jean-Paul,* Les trésoriers de France à l'époque de la Fronde, Paris 1964 – *Dent, Julian,* Crisis in Finance. Crown, Financiers and Society in 17th-Century France, Newton Abbot 1973 – *Dessert, Daniel,* Fouquet, Paris 1987 – *Dirninger, Christian,* Zur politischen Dimension staatlicher Finanzwirtschaft. Das Beispiel der Französischen Revolution, in: VSWG 79(1992)35–55 – *Dupont-Ferrier, Gustave,* Essai sur la géographie administrative des élections financières en France de 1356 à 1790, Paris 1930 – *ders.,* Études sur les institutions financières de la France à la fin du Moyen Age, 3 Bde., Paris 1930–36 – *Faure, Edgar,* La banqueroute de Law, 17 juillet 1720, Paris 1977 – *Félix, Joël,* Économie et finances sous l'Ancien Régime. Guide du chercheur 1523–1789, Paris 1994 – *Guéry, Alain,* Les finances de la monarchie française sous l'Ancien

Régime, in: Annales 33(1978)216–39 – *Hamon, Philippe,* L'argent du roi. Les finances sous François Ier, Paris 1994 – *Harsin, Paul,* Crédit publique et banque d'état en France du XVIe au XVIIIe siècle, Paris 1933 – *Hickey, Daniel,* The Coming of French Absolutism. The Struggle for Tax Reform in the Province of Dauphiné, 1540–1640, Toronto 1986 – *Hincker, François,* Les Français devant l'impôt sous l'Ancien Régime, Paris 1971 – *Kerhervé* [s. Allgemeines, Frankreich] – *Kerhervé, Jean,* Taxation and Ducal Power in Late Medieval Brittany, in: French History 6(1992)1–23 – *Marion, Marcel,* Histoire financière de la France depuis 1715, 5 Bde., Paris 1914–28 – *Matthews, George,* The Royal General Farms in 18th-Century France, New York 1958 – *Michaud, Claude,* Finances et guerres de religion en France, in: RHMC 28(1981)572–96 – *Morineau, Michel,* Budgets de l'État et gestion des finances royales en France au 18e siècle, in: RH 214(1980) 289–336 – *Pasquier, J.,* L'impôt des gabelles en France aux XVIIe et XVIIIe siècles, Paris 1905, Ndr. Genf 1978 – *Riley* [s. o.] – *Riley, James C.,* French Finances, 1727–1768, in: JModH 59(1987)209–43 – *Touzery, Mireille,* L'invention de l'impôt sur le revenu. La taille tarifée, 1715–1789, Paris 1994 – *Vauban, Sébastien le Prestre de,* Projekt eines königlichen Zehnten, hg. *Achim Toepel,* Berlin 1994 – *Villain, Jean,* Le recouvrement des impôts directs sous l'Ancien Régime, Paris 1952 – *Wolfe, Martin,* The Fiscal System of Renaissance France, New Haven/London 1972

Spanien und Portugal

Boyajian, James C., Portuguese Bankers at the Court of Spain, 1626–1650, New Brunswick 1983 – *Carande, Ramon,* Carlos V y sus banqueros, 3 Bde., Madrid 1959–67 – *Carceles de Gea, Beatriz,* Fraude y administración fiscal en Castilla. La Comisión de Millones (1632–1658), Madrid 1994 – *Castillo Pintado, Alvaro,* Dette flottante et dette consolidée en Espagne de 1557 à 1600, in: Annales 18(1963)745–59 – *ders.,* Los juros de Castilla, in: Hispania 23(1963)43–70 – *Dominguez Ortiz, Antonio,* La desigualdad contributiva en Castilla durante el siglo 17, in: AHDE 21/22(1951/52)1222–72 – *Herr* [s. Staatskirchentum] – *Ladero Quesada, Miguel Angel,* Les finances royales de Castille à la veille des temps modernes, in: Annales 25(1970)775–788 – *ders.,* La hacienda real de Castilla en el siglo XV, La Laguna 1973 – *Lapeyre, Henri,* Simón Ruiz et les «asientos» de Philippe II, Paris 1953 – *Lovett, Albert W.,* The Castilian Bankruptcy of 1575, in: HJ 23(1980)899–911 – *ders.,* The General Settlement of 1577, in: HJ 25(1982)1–22 – *Lozanne, Claudia de,* Geldtheorie und Geldpolitik im frühneuzeitlichen Spanien, Saarbrücken 1997 – *Menjot, Denis,* L'impôt royal à Murcie au début du XVe siècle, in: Moyen Age 82(1976)477–516 – *Moxó, Salvador de,* La alcabala, Madrid 1963 – *ders.,* Los cuadernos de alcabala. Origenes de la legislación tributaria castellana, in: AHDE 39(1969)317–450 – *Pieper, Renate,* Die spanischen Kronfinanzen in der zweiten Hälfte des 18. Jahrhunderts (1753–1788), Stuttgart 1988 – *Rouco-Varela* [s. Fürstliche Kirchenherrschaft] – *Sanz Ayán, Carmen,* Los banqueros de Carlos II, Valladolid 1989 – *Schmidt* [s. Staatskirchentum] – *Tomaz, Fernando,* As finanças do estado Pombalino (1762–1776), in: Estudios e ensaios em homagem a Vitorino Magalhães Godinho, Lissabon 1988, 355–88 – *Ulloa, Modesto,* La hacienda real de Castilla en el reinado de Felipe II, Madrid 1986 – *Vones, Ludwig,* Finanzsystem und Herrschaftskrise. Die Kronen Kastilien und Aragon in der zweiten Hälfte des 15. Jhdts., in: *Seibt, Ferdinand/Eberhard, Winfried* (Hg.), Europa 1500, 1987, 62–83 – *ders.,* Les «Cortes» et la centralisation de la fiscalité royale dans les couronnes de Castille et d'Aragon au Bas Moyen Age, in: *Ruquoi, Adeline* (Hg.), Genèse médiévale de l'Espagne moderne, Paris 1991, 51–74

Niederlande

Craeybeckx, Jan, La portée fiscale et politique du 100e denier du duc d'Albe, in: Recherches sur l'histoire des finances publiques en Belgique, Bd. 1, Brüssel 1967, 343–74 – *'t Hart, Marjolein,* The Making of a Bourgeois State. War, Politics and Finance during the Dutch Revolt, Manchester 1993 – *dies.* (Hg.), A Financial History of the Netherlands, Cambridge 1997 – *Tracy, James D.*, A Financial Revolution in the Habsburg Netherlands, Berkeley 1985

Italien
Basini, Gian Luigi, Finanza pubblica ed aspetti economici negli stati italiani del cinque e del seicento, Parma 1967 – *Calabria, Antonio,* The Cost of Empire. The Finances of the Kingdom of Naples in the Time of Spanish Rule, Cambridge 1991 – *de Maddalena/Kellenbenz* [s. o.] – *Einaudi, Luigi,* La finanza sabauda all'aprirsi del secolo 18 [. . .], Turin 1908 – *ders.*, Le entrate pubbliche dello stato sabaudo [. . .] durante la guerra di successione spagnola, Turin 1909 – *Felloni, Giuseppe,* Il mercato monetario in Piemonte nel secolo XVIII, Mailand 1968 – *Klang, Daniel M.*, Tax Reform in 18th-Century Lombardy, New York 1977 – *Mantelli, Roberto,* Burocrazia e finanze pubbliche nel regno di Napoli a metà del cinquecento, Neapel 1981 – *Molho, Anthony,* Florentine Public Finance in the Early Renaissance, 1400–1433, Cambridge/MA 1971 – *Musi, Aurelio,* Finanza e politica nella Napoli del '600. Bartolomeo d'Aquino, Neapel 1976 – *Santoro, Caterina,* La politica finanziaria dei Visconti. Documenti, Bd. 1: 1329–85, Mailand 1976 – *Spaggiari* [s. o.] – *Stumpo, Enrico,* Finanza e stato moderno nel Piemonte del seicento, Rom 1979 – *ders.*, Il capitale finanziario a Roma fra cinque e seicento, Mailand 1985 – *Vigo, G.*, Fisco e società nella Lombardia del cinquecento, Bologna 1979 – *Waquet* [s. Allgemeines, Italien]

Deutschland und Schweiz
Blaich, Fritz, Die Wirtschaftspolitik des Reichstags, Stuttgart 1970 – *Bütterlin, Rudolf,* Der württembergische Staatshaushalt in der Zeit zwischen 1483 und 1648, Diss.phil. Tübingen 1977 – *Caspary, Hermann,* Staat, Finanzen, Wirtschaft und Heerwesen im Hochstift Bamberg (1672–1693), Bamberg 1976 – *Christmann, Thomas,* Das Bemühen von Kaiser und Reich um die Vereinheitlichung des Münzwesens, Berlin 1988 – *Dollinger, Heinz,* Studien zur Finanzreform Maximilians I. von Bayern in den Jahren 1598 bis 1618, Göttingen 1968 – *Fouquet, Gerhard,* Die Finanzierung von Krieg und Verteidigung in oberdeutschen Städten des späten Mittelalters (1400–1500), in: *Kirchgässner, Bernhard/ Scholz, Günther* (Hg.), Stadt und Krieg, Sigmaringen 1989, 41–82 – *Frank, Heinrich,* Steuern im Mittelalter. Weltliche und kirchliche Geld-, Sach- und Arbeitsleistungen, bes. in Freiburg i.Ue., Fribourg 1995 – *Gerteis, Klaus* (Hg.), Stadt und frühmoderner Staat. Beiträge zur städtischen Finanzgeschichte von Luxemburg, Lunéville, Mainz, Saarbrücken und Trier im 17. und 18. Jhdt., Trier 1994 – *Greindl, Gabriele,* Die landständische Steuerverwaltung im 16. Jhdt., in: ZBLG 54(1991)667–729 – *Hallauer, Richard,* Der Basler Stadtwechsel, 1504–1746. Ein Beitrag zur Geschichte der Staatsbanken, Basel 1904 – *Hartmann, Peter Claus,* Geld als Instrument europäischer Machtpolitik im Zeitalter des Merkantilismus. Studien zu den finanziellen und politischen Beziehungen der Wittelsbacher Territorien Kurbayern, Kurpfalz und Kurköln mit Frankreich und dem Kaiser von 1715 bis 1740, München 1978 – *Hoffmann, Ludwig,* Geschichte der direkten Steuern in Baiern vom Ende des XIII. bis zum Beginn des XIX. Jhdts., Leipzig 1883 – *Immler, Gerhard,* Kurfürst Maximilian I. und die Kirche. Aspekte seiner Finanzpolitik während des Dreißigjährigen Krieges, in: ZBLG 51(1988)387–409 – *Isenmann, Eberhard,* Reichsfinanzen und Reichssteuern im 15. Jahrhundert, in: ZHF 7(1980)1–76, 129–218 – *Jacob, Gudrun,* Die Hofkammer des Fürstbistums Münster von ihrer Gründung bis zu ihrer Auflösung (1573–1803), in: Westfälische Z 115(1965)1–100 – *Klein, Ernst,* Geschichte der öffentlichen Finanzen in Deutschland, 1500–1870, Wiesbaden 1974 – *Köllner, Lutz,* Militär und Finanzen, München 1982 – *Körner, Martin,* Solidarités financières suisses au seizième siècle, Lausanne 1980 – *ders.*, Luzerner Staatsfinanzen 1415–1798, Luzern/Stuttgart 1981 – *Kopp, Hans Georg,* Das Einnehmer- und das Baumeisteramt Augsburgs, Diss.phil. Augsburg 1994 [Microfiches] – *Kreil,*

Dieter, Der Stadthaushalt von Schwäbisch Hall im 15./16. Jhdt., Stuttgart 1967 – *Krüger* [s. o.] – *Loebl, Alfred H.*, Der Sieg des Fürstenrechts auch auf dem Gebiete der Finanzen vor dem Dreißigjährigen Krieg, München 1916 – *Maschke, Erich/Sydow, Jürgen* (Hg.), Städtisches Haushalts- und Rechnungswesen, Sigmaringen 1977 – *Rankl, Helmut,* Staatshaushalt, Stände und «gemeiner Nutzen» in Bayern 1500–1516, München 1976 – *Rosen, Josef,* Finanzgeschichte Basels im späten Mittelalter, Stuttgart 1987 – *Rothe, Kurt,* Das Finanzwesen der Reichsstadt Ulm im 18. Jhdt., Stuttgart 1983 – *Schlögl, Rudolf,* Bauern, Krieg und Staat. Oberbayerische Bauernwirtschaft und frühmoderner Staat im 17. Jhdt., Göttingen 1988 – *Schmid, Peter,* Der Gemeine Pfennig von 1495, Göttingen 1989 – *Schmucki, Karl,* Steuern und Staatsfinanzen. Die bürgerliche Vermögenssteuer in Schaffhausen im 16. und 17. Jhdt., Zürich 1989 – *Schnee* [s. o.] – *Schneider, Konrad,* Die Münz- und Währungspolitik des oberrheinischen Reichskreises im 18. Jahrhundert, Koblenz 1995 – *Sellin, Volker,* Die Finanzpolitik Karl Ludwigs von der Pfalz. Staatswirtschaft im Wiederaufbau nach dem Dreißigjährigen Krieg, Stuttgart 1978 – *Sicken, Bernhard,* Landesherrliche Einnahmen und Territorialstruktur. Die Fürstentümer Ansbach und Kulmbach zu Beginn der Neuzeit, in: Jahrbuch für Fränkische Landesforschung 42(1982)153–248 – *Steitz, Walter,* Feudalwesen und Steuersystem, Bd. 1: Die Realbesteuerung der Landwirtschaft in den süddeutschen Staaten im 19. Jhdt., Göttingen 1976 – *Streich, Brigitte,* «Amechtmann unde Gewinner ...» Zur Funktion der bürgerlichen Geldwirtschaft in der spätmittelalterlichen Territorialverwaltung, in: VSWG 78(1991)365–92 – *Ullmann, Hans-Peter,* Staatsschulden und Reformpolitik. Die Entstehung moderner öffentlicher Schulden in Bayern und Baden 1780–1820, 2 Bde., Göttingen 1986 – *Vettori, Arthur,* Finanzhaushalt und Wirtschaftsverwaltung Basels 1689–1798, Basel 1984 – *Wagner, Stefan,* Staatssteuern in Jülich-Berg von der Schaffung der Steuerverfassung im 15. Jhdt. bis zur Auflösung der Herzogtümer in den Jahren 1801 und 1806, Köln 1977 – *Witt, Peter Christian* (Hg.), Wealth and Taxation in Central Europe, Lemmington Spa 1987 – *Ziegler, Walter,* Studien zum Staatshaushalt Bayerns in der zweiten Hälfte des 15. Jahrhunderts, München 1980 – *Zimmermann, Ludwig* (Hg.), Der ökonomische Staat Landgraf Wilhelms IV., 2 Bde., Marburg 1933–34 – *Zorn, Wolfgang* (Hg.), Handbuch der deutschen Wirtschafts- und Sozialgeschichte, 2 Bde., Stuttgart 1971–76

Preußen

Breysig, Kurt/Wolters, Friedrich, Geschichte der brandenburgischen Finanzen in der Zeit von 1640 bis 1697 (Urkunden und Aktenstücke zur Geschichte der inneren Politik des Kurfürsten Friedrich Wilhelm von Brandenburg I 1–2), 2 Bde., Leipzig 1895–1915 – *Koser, Reinhold,* Die preußischen Finanzen im Siebenjährigen Kriege, in: Forschungen zur brandenburgischen und preußischen Geschichte 13(1900)1–47 – *ders.*, Die preußischen Finanzen von 1763 bis 1786, in: ebd. 16(1903)445–76 – *Schmoller, Gustav,* Preußische Verfassungs-, Verwaltungs- und Finanzgeschichte, Berlin 1921

Österreich

Beer, Adolf, Die Finanzen Österreichs im 19. Jhdt. Wien 1973 – *Bérenger, Jean,* Finances et absolutisme autrichien dans la seconde moitié du XVIIe siècle, 2 Bde., Lille /Paris 1975 – *Brandt, Harm-Hinrich,* Die Finanzen des Neoabsolutismus, Göttingen 1977 – *Dickson, Peter G. M.*, Finance and Government under Maria Theresia 1740–1780, 2 Bde., Oxford 1987 – *Holl, Brigitte,* Hofkammerpräsident Gundaker Thomas Graf Starhemberg und die österreichische Finanzpolitik der Barockzeit (1703–1715), Wien 1976 – *Mensi, Franz Freiherr von,* Geschichte der direkten Steuern in Steiermark bis zum Regierungsantritt Maria Theresias, 5 Bde., Graz/Wien 1910–36 – *Quarthal, Franz,* Landstände und landständisches Steuerwesen in Schwäbisch-Österreich, Stuttgart 1980 – *Vianello, Carlo Antonio* (Hg.), La riforma finanziaria nella Lombardia austriaca nel 18 secolo, Mailand 1940 – *Wolf, Jürgen*

Rainer, Steuerpolitik im schlesischen Ständestaat, Marburg 1978

Dänemark und Schweden

Ågren, Kurt, Adelns bönder och kronans, Stockholm 1964 – *Åkerman, Sune,* Skatterefor-men 1810. Ett experiment med progressiv inkomstskatt, Uppsala 1967 – *Amark, Karl,* Sveriges statsfinanser 1719–1809, Stockholm 1961 – *Böhme, Klaus-Richard,* Bremisch-verdische Staatsfinanzen 1645–1676, Uppsala 1967 – *Boisen Schmidt, J.*, Studier over statshusholdningen i kong Frederik IV's regereingstid 1699–1730, Gyldendal 1967 – *Buchholz, Werner,* Öffentliche Finanzen und Finanzverwaltung im entwickelten frühmodernen Staat. Landesherr und Landstände in Schwedisch-Pommern 1720–1806, Köln/Weimar/Wien 1992 – *Cavallie, James,* Från fred till krig, Stockholm 1975 – *Dahlgren, Stellan,* Karl X Gustav och reduktionen, Stockholm 1964 – *Ekholm, Lars,* Svensk krigsfinansiering 1630–1631, Uppsala 1974 – *Engberg, Jens,* Dansk Finanshistorie i 1640erne, Aarhus 1972 – *Ernby, Eibert,* Adeln och bondejorden, Uppsala 1975 – *Ferm, Olle,* Frälsejordens fördelning och omfutning vid mittens av 1500-talet, in: Historisk Tidskrift 107(1987)204–13 – *Fredriksson, Berndt,* Försvarets finansiering. Svensk krigsekonomie [. . .] 1675–79, Uppsala 1976 – *Krüger, Kersten,* Die Einnahmen und Ausgaben der dänischen Rentmeister 1588–1628, Marburg 1970 – *ders.*, Die Staatsfinanzen Dänemarks und Schwedens im 16. Jhdt. – ein Strukturvergleich, in: ZHF 15(1988)129–50, und in: *Prodi/Kellenbenz* 187–208 – *Kullberg, Anders,* Johan Gabriel Stenbock och reduktionen, Uppsala 1973 – *Landberg, Hans,* Statsfinans och kungamakt. Karl X Gustav inför polska kriget, Uppsala 1969 – *Lindegren, Jan,* The Swedish «Military State» 1560–1720, in: ScanJH 10(1985)305–36 – *Lindquist, Ola,* Jakob Gyllenberg och reduktionen, Lund 1956 – *Petersen, E.Ladewig,* From Dominion State to Tax State, in: Scandinavian Economic History Review 23(1975)116–48 – *ders.*, Defence, War and Finance: Christian IV and the Council of the Realm 1596–1629, in: ScanJH 7(1982)277–313 – *Rystad, Göran,* Johan Gyllenstierna. Rådet och kungmakten, Lund 1955

Polen

Filipszak-Kocur, Anna, Das Finanzwesen der Adelsrepublik unter Sigismund III. 1587–1632, in: APH 63/64(1991)5–26.

c) Verlaufsmuster

Asch, Ronald, Kriegsfinanzierung, Staatsbildung und ständische Ordnung in Westeuropa im 17. und 18. Jahrhundert, in: HZ [erscheint 1999] – *Guéry, Alain,* Le roi dépensier. Le don, la contrainte et l'origine du système financier de la monarchie française d'Ancien Régime, in: Annales 39(1984)1241–69 – *Hinrichs, Harley H.*, General Theory of Tax Structure during Economic Development, Cambridge 1966 – *Hofman/Norberg* [s. o.] – *Schultz* [s. o.] – *Schwennicke* [s. o.]

d) Wirtschaftspolitik und Wirtschaftsdiskurs

Abel, Wilhelm, Massenarmut und Hungerkrisen im vorindustriellen Europa, Hamburg/Berlin 1974 – *Appleby, Andrew B.*, Famine in Tudor and Stuart England, Stanford 1978 – *Barnes, Donald Grove,* A History of the English Corn Laws from 1660 to 1846, London 1930 – *Blanc, Hermann,* La chambre des blés de Genève 1628–1798, Genf 1941 – *Burkhardt,* Das Haus [s. o.] – *Burkhardt, Johannes/Oexle, Otto Gerhard/Spahn, Peter,* Wirtschaft, Ökonomie, in: Geschichtliche Grundbegriffe, Bd. 7, Stuttgart 1992, 511–94 – *Dowd, Douglas F.*, The Economic Expansion of Lombardy, 1300 to 1500. A Study in Political Stimuli to Economic Change, in: JEcH 21(1961)143–60 – *Fenske* u. a. [s. Monarchie, Diskurs] –

Gömmel, Rainer, Die Entwicklung der Wirtschaft im Zeitalter des Merkantilismus, München 1998 [Deutschland] – *Harnisch, Hartmut* u. a., Wirtschaftspolitik im Absolutismus, in: Jahrbuch für Wirtschaftsgeschichte 1994/2 (1995) 9–117 – *Henschke, Ekkehard,* Landesherrschaft und Bergbauwirtschaft, Berlin 1975 – *Jenetzky, Johannes,* System und Entwicklung des materiellen Steuerrechts in der wissenschaftlichen Literatur des Kameralismus, Berlin 1978 – *Kaplan, Steven Laurence,* Bread, Politics, and Political Economy in the Reign of Louis XV, 2 Bde., Den Haag 1976 – *ders.*, Provisioning Paris, Ithaca/London 1984 [18. Jahrhundert] – *King, James E.*, The Origin of the Term «Political Economy», in: JModH 20(1948)230 f. – *Lane, Frederic C.*, The Role of Governments in Economic Growth in Early Modern Times, in: JEcH 35(1975)8–17 – *Morazé, Charles,* Finance et despotisme. Essai sur les despotes éclairés, in: Annales 3(1948)279–96 – *Naudé, Wilhelm,* Die Getreidehandelspolitik der europäischen Staaten vom 13. bis zum 18. Jahrhundert, Berlin 1896 – *Nef, John U.*, L'industrie et l'état en France et en Angleterre (1540–1640), in: RH 191(1941)21–53, 193–231 – *Outhwaite, Richard B.*, Dearth and Government Intervention in English Grain Markets, 1590–1700, in: Economic History Review 34(1981)389–406 – *Reinhardt, Volker,* Überleben in der frühneuzeitlichen Stadt. Annona und Getreideversorgung in Rom 1563–1797, Tübingen 1991 – *Roeck, Bernd,* Bäcker, Brot und Getreide in Augsburg, Sigmaringen 1987 – *Root, Hilton L.*, The Redistributive Role of Government. Economic Regulation in Old Regime France and England, in: Comparative Studies in Society and History 33(1991)338–69 – *Schulz, Hermann,* Das System und die Prinzipien der Einkünfte, Berlin 1982 [Kameralistik 1600–1835] – *Stammen* u. a. [s. Monarchie, Diskurs] – *Sundberg, Gunnar,* Merkantilismens trå ansikten, in: Historisk Tidskrift 100(1980)452–58 – *van Klaveren, Jacob,* Europäische Wirtschaftsgeschichte Spaniens im 16. und 17. Jahrhundert, Stuttgart 1960 – *Wolff, Philippe,* Pouvoir et investissements urbains en Europe occidentale et centrale du XIIIe au XVIIe siècles, in: RH 258 (1977) 277–311

e) Fiskalische Vereinheitlichung im 19./20. Jahrhundert

Cronin, James E., The Politics of State Expansion. War, State and Society in 20th-Century Britain, London 1991 – *Federau, Fritz,* Der Zweite Weltkrieg. Seine Finanzierung in Deutschland, Tübingen 1962 – *Franke* [s. o.] – *Gilbert, Charles,* American Financing of World War I, Westport 1970 – *Greim-Kuczewski, Peter,* Die preußische Klassen- und Einkommensteuergesetzgebung im 19. Jahrhundert, Köln 1990 – *Roesler, Konrad,* Die Finanzpolitik des Deutschen Reiches im Ersten Weltkrieg, Berlin 1967 – *Sabine* [s. o.] – *Ullmann* [s. o.] – *Webber/Wildavsky* [s. o.]

2. Gewalt

Trotha, Trutz von (Hg.), Soziologie der Gewalt (Kölner Z für Soziologie und Sozialpsychologie, Sh 37), Wiesbaden 1997

a) Krieg und Militär

Albert, Sigrid, Bellum Iustum. Die Theorie des «gerechten Krieges» und ihre praktische Bedeutung für die auswärtigen Auseinandersetzungen Roms in republikanischer Zeit, Kallmünz 1980 – *André, Louis,* Michel Le Tellier et Louvois, Paris 1942, Ndr. Genf 1974 – *Arndt, Marco,* Militär und Staat in Kurhessen 1813–1866, Darmstadt 1996 – *Aron, Raymond,* Frieden und Krieg, Frankfurt 1963 (franz. 1962) – *Asprey, Robert B.*, War in the Shadows. The Guerilla in History, 2 Bde. Garden City 1975 – *Ayton, Andrew / Price, J.Leslie*

(Hg.), The Medieval Military Revolution. State Society and Military Change in Medieval and Early Modern Europe, London/New York 1995 – *Baumann, Reinhard,* Landsknechte, München 1994 – *Baumgartner, Frederic J.,* From Spear to Flintlock. A History of War in Europe and the Middle East to the French Revolution, New York 1991 – *Behnen, Michael,* Der gerechte und der notwendige Krieg. «Necessitas» und «Utilitas reipublicae» in der Kriegstheorie des 16. und 17. Jahrhunderts, in: *J. Kunisch* (Hg.), Staatsverfassung und Heeresverfassung, Berlin 1986, 43–106 – *Bély, Lucien/Bérenger, Jean* u. a., Guerre et paix dans l'Europe du XVIIe siècle, 3 Bde., Paris 1991 – *Bérenger, Jean,* Turenne, Paris 1987 – *Black, Jeremy,* A Military Revolution? Military Change and European Society, 1550–1800, Basingstoke/London 1991 – *ders.,* European Warfare, 1660–1815, Basingstoke 1994 – *Blastenbrei, Peter,* Die Sforza und ihr Heer, Heidelberg 1987 – *Bröckling, Ulrich,* Disziplin. Soziologie und Geschichte militärischer Gehorsamsproduktion, München 1997 – *Bröckling, Ulrich/Sikora, Michael* (Hg.), Armeen und ihre Deserteure, Göttingen 1998 – *Bruce, Anthony P. C.,* The Purchase System in the British Army, 1660–1871, London 1980 – *Büsch, Otto,* Militärsystem und Sozialleben im Alten Preußen, Berlin 1962 – *Burkhardt, Johannes,* Der Dreißigjährige Krieg, Frankfurt 1992 – *ders.,* Alte oder neue Kriegsursachen? Die Kriege Bismarcks im Vergleich zu den Staatsbildungskriegen der frühen Neuzeit, in: *Bernecker, Walther L./Dotterweich, Volker* (Hg.), Deutschland in den internationalen Beziehungen des 19. und 20. Jahrhunderts, München 1996, 43–69 – *ders.,* Die Friedlosigkeit der frühen Neuzeit. Grundlagen einer Theorie der Bellizität Europas, in: ZHF 24(1997)509–74 – *Burschel, Peter,* Söldner im Nordwestdeutschland des 16. und 17. Jahrhunderts, Göttingen 1994 – *ders.,* Zur Sozialgeschichte innermilitärischer Disziplinierung im 16. und 17. Jahrhundert, in: Z für Gswissenschaft 42(1994)965–81 – *Capp, Bernard,* Cromwell's Navy. The Fleet and the English Revolution, 1648–1660, Oxford 1989 – *Childs, John,* Armies and Warfare in Europe, 1648–1789, Manchester 1982 – *Clausewitz, Carl von,* Vom Kriege, 1. Aufl. Berlin 1832–34, 19. Aufl. Bonn 1980 – *Contamine, Philippe,* La guerre au Moyen Age, Paris 1980 – *ders.* (Hg.), War and Competition between States, Oxford 1998 – *Corvisier, André,* Armées et sociétés en Europe de 1494 à 1789, Paris 1976, engl. 1979 – *ders.,* Louvois, Paris 1983 – *ders.* u. a. (Hg.), Histoire militaire de la France, 4 Bde., Paris 1992–94 – *Corvisier, André/Childs, John* (Hg.), A Dictionary of Military History and the Art of War, Oxford 1994, franz. 1988 – *Cram, Kurt-Georg,* Iudicium Belli. Zum Rechtscharakter des Krieges im deutschen Mittelalter, Münster/Köln 1955 – *De la Croix, Horst,* Military Considerations in City Planning: Fortifications, New York 1972 – *Delbrück, Hans,* Geschichte der Kriegskunst im Rahmen der politischen Geschichte, 4 Bde., Berlin 1906–20 – *De Vries, Kelly,* Infantry Warfare in the Early Fourteenth Century, Woodbridge 1996 – *Dieners, Peter,* Das Duell und die Sonderrolle des Militärs. Zur preußisch-deutschen Entwicklung von Militär- und Zivilgewalt im 19. Jahrhundert, Berlin 1992 – *Downing* [s. Einleitung] – *Duffy, Christopher,* Siege Warfare, 2 Bde., London 1979–85 – *Eggenberger, David,* An Encyclopedia of Battles, 2. Aufl., New York 1985 – *Ellis, John,* The Social History of the Machine Gun, London 1993 – *Eltis, David,* The Military Revolution in Sixteenth-Century Europe, London/New York 1995 – *Erdmann, Karl Dietrich,* Luther über den gerechten und ungerechten Krieg, Göttingen 1984 – *Farrar, Lancelot L.* (Hg.), War, London 1978 – *Firth, Charles H.,* Cromwell's Army, 4. Aufl., London 1962 – *Fissel, Mark Charles* (Hg.), War and Government in Britain, 1598–1650, Manchester 1991 – *Foerster, Roland G.* (Hg.), Die Wehrpflicht, München 1994 – Formes des problèmes de la paix dans l'histoire, in: XVe congrès international des sciences historiques, Rapports I, Bukarest 1980, 149–235 – *Förster, Stig/Nadler, Jörg* (Hg.), On the Road to Total War: The American Civil War and the German Wars of Unification, 1861–1871, Cambridge 1997 – *Fortescue, John W.,* A History of the British Army, 13 Bde., London 1899/1910–30 – *Frevert, Ute* (Hg.), Militär und Gesellschaft im 19. und 20. Jahrhundert, Stuttgart 1997 – *Fried, Johannes* (Hg.), Träger und Instrumentarium des Friedens im hohen und späten Mittelalter, Sigmaringen 1996 – *Fried, Morton/ Harris, Marvin/Murphy, Robert* (Hg.), Der Krieg, Frankfurt 1971 – *Fronsperger, Leonhart,* Von kayserlichen Kriegsrechten [. . .], Frankfurt 1566 – *Gladigow, Burkhard,* Homo publice necans. Kulturelle Bedingungen kollektiven Tötens, in: Saeculum 37(1986)150–165 – *Glete, Jan,* Navies and Nations. Warships, Navies and State Building in Europe and America, 1500–1860, 2 Bde., Stockholm 1993 – *Gooch, John,* Armies in Europe, London/Boston 1980 – *Goodman, David,* Spanish Naval Power, 1589–1665, Cambridge 1997 – *Guilmartin, John Francis,* Gunpowder and Galleys. Changing Technology and Mediterranean Warfare at Sea in the Sixteenth Century, Cambridge 1973 – *Haas, Jonathan* (Hg.), The Anthropology of War, New York 1990 – *Hahn, Peter-Michael,* Aristokratisierung und Professionalisierung. Der Aufstieg der Obristen zu einer militärischen und höfischen Elite in Brandenburg-Preußen von 1650–1725, in: Forschungen zur brandenburgischen und preußischen Geschichte NF 1(1991)161–208 – *Hale, John R.,* War and Society in Renaissance Europe, 1450–1620, Leicester 1985 – *Hausmaninger, Herbert,* «Bellum iustum» und «iusta causa belli» im älteren römischen Recht, in: Österreichische Z für öffentliches Recht NF 11(1961)335–45 – *Higham, Robin* (Hg.), A Guide to the Sources of British Military History, London 1972 – *Howard, Michael,* Der Krieg in der europäischen Geschichte, München 1981 – *Johnson, James Turner,* Ideology, Reason, and the Limitation of War. Religious and Secular Concepts, 1200–1740, Princeton 1975 – *Johnson, James Turner/Weigel, George,* Just War and the Gulf War, Washington 1991 – *Junge, Hans-Christoph,* Flottenpolitik und Revolution. Die Entstehung der englischen Seemacht während der Herrschaft Cromwells, Stuttgart 1980 – *Kaeuper, Richard W.,* War, Justice, and Public Order. England and France in the Later Middle Ages, Oxford 1988 – *Kaiser, Reinhold,* Selbsthilfe und Gewaltmonopol. Königliche Friedenswahrung in Deutschland und Frankreich im Mittelalter, in: Frühmittelalterliche Studien 17(1983)55–72 – *Kirchhof, Hans-Wilhelm,* Militaris Disciplina, hg. *Bodo Gotzkowsky,* Stuttgart 1976 – *Kishlansky, Mark A.,* The Rise of the New Model Army, Cambridge 1979 – *Krippendorf, Ekkehard,* Staat und Krieg. Die historische Logik politischer Unvernunft, Frankfurt 1985 – *Kroener, Bernhard R.,* Les routes et les étapes. Die Versorgung der französischen Armeen in Nordostfrankreich 1635–1661, Münster 1980 – *ders.,* Vom «extraordinari Kriegsvolck» zum «miles perpetuus». Zur Rolle der bewaffneten Macht in der europäischen Gesellschaft der Frühen Neuzeit. Ein Forschungs- und Literaturbericht, in: Militärgeschichtliche Mitteilungen 43(1988)141–88 – *Kroener, Bernhard R./ Pröve, Ralf* (Hg.), Krieg und Frieden. Militär und Gesellschaft in der Frühen Neuzeit, Paderborn 1996 – *Kunisch, Johannes* (Hg.), Staatsverfassung und Heeresverfassung in der europäischen Geschichte der frühen Neuzeit, Berlin 1986 – *ders.,* La guerre – c'est moi. Zum Problem der Staatenkonflikte im Zeitalter des Absolutismus, in: ZHF 14(1987)407–38 – *ders.,* Von der gezähmten zur entfesselten Bellona. Die Umwertung des Krieges im Zeitalter der Revolutions- und Freiheitskriege, in: Kleist-Jahrbuch 1988/89, 44–63 – *Loriga, Sabina,* Soldats. Un laboratoire disciplinaire: l'armée piémontaise au XVIIIe siècle, Paris 1991 – *Lynn, John A.,* Giant of the Grand Siècle. The French Army, 1610–1715, Cambridge 1997 – *McNeill, William H.,* The Pursuit of Power. Technology, Armed Force, and Society since A. D. 1000, Oxford 1982 – *Mahan, Alfred Thayer,* The Influence of Sea Power upon History, Boston 1890 – *Martinelli, Roberta/Puccinelli, Giuliana,* Lucca. Le mura del cinquecento, Lucca 1983 – *Meier-Welcker, Hans* (Hg.), Handbuch zur deutschen Militärgeschichte, 6 Bde., München 1983–91 – *Merino, Pedro/Acerra, Martine/Meyer, Jean,* Europäische Kriegsmarinen im 17. und 18. Jahrhundert, ein Überblick, in: *Schneider, Jürgen* (Hg.), Wirtschaftswege und Wirtschaftskräfte, Bd. 5, Stuttgart 1981, 267–82 – *Messerschmidt, Manfred* (Hg.), Militärgeschichte, Probleme, Thesen, Wege, Stuttgart 1982 – *Möller, Hans-Michael,* Das Regiment der Landsknechte, Wiesbaden 1975 – *Münkler, Herfried,* Gewalt und Ordnung. Das Bild des Krieges im politischen Denken, Frankfurt 1992 – *Needham, Joseph* u.a., The Gunpowder Epic (Science and Civilization in

China V 7: Military Technology), Cambridge 1986 – *Neugebauer, Karl-Volker* (Hg.), Grundzüge der deutschen Militärgeschichte, 2 Bde., Freiburg 1993 – *Neumann, Hartwig,* Festungsbaukunst und Festungsbautechnik, Koblenz 1988 – The New Cambridge Modern History, Bd. 2–4, Bd. 6–11, Bd. 13, Cambridge 1957–79 – *Oman, Charles W.,* A History of the Art of War in the Middle Ages, 2. Aufl., 2 Bde., New York 1924 – *Opitz-Belakhal, Claudia,* Militärreformen zwischen Bürokratisierung und Adelsreaktion. Das französische Kriegsministerium und seine Reformen im Offizierskorps 1760–1790, Sigmaringen 1994 – *Padfield, Peter,* Tide of Empires. Decisive Naval Campaigns in the Rise of the West, 2 Bde., London 1979–82 – *Paret, Peter* (Hg.), Makers of Modern Strategy from Machiavelli to the Nuclear Age, Princeton 1986 – *Parker, Geoffrey,* The Army of Flanders and the Spanish Road, 1567–1659, Cambridge 1972 – *ders.,* Die militärische Revolution, Frankfurt 1990, 2.engl.Aufl. Cambridge 1996 – *ders.* u.a., The Cambridge Illustrated History of Warfare. The Triumph of the West, Cambridge 1995 – *Pepper, Simon/Adams, Nicholas,* Firearms and Fortifications. Military Architecture and Siege Warfare in Sixteenth-Century Siena, Chicago 1986 – *Pfetsch, Frank R.,* Konflikte seit 1945, 5 Bde., Freiburg 1991 – *Potter, Elmar B./Nimitz, Chester W.,* Seemacht. Eine Seekriegsgeschichte von der Antike bis zur Gegenwart, München 1971, engl. 1960 – *Prestwich, Michael,* Armies and Warfare in the Middle Ages. The English Experience, New Haven 1996 – *Pröve, Ralf,* Stehendes Heer und städtische Gesellschaft im 18. Jahrhundert. Göttingen und seine Militärbevölkerung 1713–1756, München 1995 – *ders.,* Zum Verhältnis von Militär und Gesellschaft im Spiegel gewaltsamer Rekrutierungen (1648–1789), in: ZHF 22(1995)191–223 – *Puddu, Raffaele* (Hg.), Eserciti e monarchie nazionali dei secoli XV–XVI, Florenz 1975 – *Quatrefages, René,* État et armée en Espagne au début des temps modernes, in: Mélanges de la Casa de Velázquez 17(1981)85–103 – *Ralston, David B.,* Importing the European Army. The Introduction of European Military Techniques and Institutions into the Extra-European World, 1600–1914, Chicago/London 1990 – *Redlich, Fritz,* De Praeda militari. Looting and Booty, 1500–1815, Wiesbaden 1956 – *ders.,* The German Military Enterpriser and His Work Force, 2 Bde., Wiesbaden 1964–65 – *Reinhard, Wolfgang,* Humanismus und Militarismus. Antike-Rezeption und Kriegshandwerk in der oranischen Heeresreform, in: *Worstbrock, Franz-Joseph* (Hg.), Krieg und Frieden im Horizont des Renaissance-Humanismus, Weinheim 1986, 185–204 und in: *Reinhard,* Abhandlungen [s. Allgemeines] 179–92 – *ders.,* Staat und Heer in England im Zeitalter der Revolutionen, in: *Kunisch,* Staatsverfassung [s. o.] 173–212 und in: *Reinhard,* Abhandlungen [s. Allgemeines] 193–230 – *Repgen, Konrad,* Kriegslegitimationen in Alteuropa, in: HZ 241(1985)27–49 – *Roberts, Michael,* The Military Revolution, 1560–1660, Belfast 1956 – *Rogers, Clifford J.* (Hg.), The Military Revolution Debate. Readings on the Military Transformation of Early Modern Europe, Boulder 1995 – *Russell, Frederick H.,* The Just War in the Middle Ages, London 1975 – *Russell, Joycelyne. G.,* Peacemaking in the Renaissance, Philadelphia 1986 – *Schmidtchen, Volker,* Kriegswesen im späten Mittelalter, Weinheim 1990 – *Schnitter, Helmut,* Volk und Landesdefension. Volksaufgebote, Defensionswerke, Landmilizen in den deutschen Territorien vom 15. bis zum 18. Jahrhundert, Berlin 1977 – *Sikora, Michael,* Disziplin und Desertion, Berlin 1996 – *Smets, Josef,* Von der Dorfidylle zur preußischen Nation. Sozialdisziplinierung der linksrheinischen Bevölkerung durch die Franzosen am Beispiel der allgemeinen Wehrpflicht (1802–1814), in: HZ 262(1996) 695–738 – *Sombart, Werner,* Krieg und Kapitalismus, Berlin 1913 – *Sorokin, Pitrim A.,* Social and Cultural Dynamics, New York 1937 – *Stietencron Heinrich von/Rüpke, Jörg* (Hg.), Töten im Krieg, Freiburg 1995 – *Thompson, I. A. A.,* War and Government in Habsburg Spain, 1560–1620, London 1976 – *Tallet, Frank,* War and Society in Early Modern Europe, 1495–1715, London 1992 – *Van Creveld, Martin,* Die Zukunft des Krieges, München 1998 – *van der Linden, Marcel/Mergner, Gottfried* (Hg.), Kriegsbegeisterung und mentale Kriegsvorbereitung, Berlin 1991 – *Vayda, Andrew P.,* War in Ecological Perspective, New York/London 1976 – *Vegetius Renatus, Flavius,* Epitoma Rei Militaris, hg. *Leo F. Stelten,* Frankfurt 1990 – *Vocelka, Karl,* Fehderechtliche «Absagen» als völkerrechtliche Kriegserklärungen in der Propaganda der frühen Neuzeit, in: MIÖG 84(1976)378–410 – *Walzer, Michael,* Gibt es den gerechten Krieg? Stuttgart 1982 – War in History 1 (1994) ff. – *Wilson, Peter H.,* War, State and Society in Württemberg, 1677–1793, Cambridge 1995.

b) Repression und Polizei

Axtmann, Roland, «Police» and the Formation of the Modern State. Legal and Ideological Assumptions on State Capacity in the Austrian Lands of the Habsburg Empire, 1500–1800, in: German History 10(1992)39–61 – *Berg, Günter Heinrich von,* Handbuch des Teutschen Policeyrechts, 7 Bde., Hannover 1799–1809 – *Besson, Jean/Rosière, Pierre,* La gendarmerie nationale, Paris 1982 – *Boynton, Lindsey,* The Tudor Provost-Marshal, in: EHR 77(1962)437–66 – *Butz, Werner,* Der Polizeibegriff im Herzogtum Braunschweig-Wolfenbüttel, Braunschweig 1986 – *Cameron, Iain A.,* Crime and Repression in the Auvergne and the Guyenne, 1720–1790, Cambridge 1981 – *Critchley, Thomas Alan,* A History of the Police in England and Wales, 900–1966, London 1967 – *Delamare, Nicolas,* Traité de la police [. . .], 4 Bde., Paris 1719–38 – Deutsche Verwaltungsgeschichte [s. Allgemeines] – *Drilleau, Bernard,* La maréchaussée aux XVIIe et XVIIIe siècles, Lille 1985 – *Elton, Geoffrey R.,* Policy and Police. The Enforcement of the Reformation, Cambridge 1972 – *Emsley, Clive,* Policing and Its Context, 1750–1870, Basingstoke 1983 – *ders.,* La maréchaussée à la fin de l'ancien régime, in: RHMC 33(1986)622–44 – *ders.,* The English Police, Hemel Hempstead 1991 – European Parliament, An Appraisal of Technology of Political Control, Luxemburg 1998 (Ms.) – *Funk, Albrecht,* Polizei und Rechtsstaat. Die Entwicklung des staatlichen Gewaltmonopols in Preußen 1848–1918, Frankfurt 1986 – *Garrigue, Pierre,* Gendarmerie française, Paris 1990 – *Guerrero Navarrete, Yolanda/Sánchez Benito, José Maria,* El proceso constituyente de la Hermandad general. Los ordenamientos de 1476 a 1478, in: AHDE 59(1989)633–98 – *Hachenberg, Karin,* Die Entwicklung der Polizei in Köln von 1794 bis 1871, Köln/Weimar/Wien 1997 – *Harnischmacher, Robert/Semerak, Arved,* Deutsche Polizeigeschichte. Eine allgemeine Einführung in die Grundlagen, Stuttgart 1986 – *Haupt, Heinz-Gerhard/Narr, Wolf-Dieter,* Vom Policey-Staat zum Polizeistaat, in: Neue Politische Literatur 23(1978)185–218 – *Hoefler, Frank Thomas,* Pressepolitik und Polizeistaat Metternichs. Die Überwachung von Presse und politischer Öffentlichkeit in Deutschland und den Nachbarstaaten durch das Mainzer Informationsbüro (1833–1848), München 1983 – *Jessen, Ralph,* Polizei im Industrierevier. Modernisierung und Herrschaftspraxis im westfälischen Ruhrgebiet 1848–1914, Göttingen 1991 – *Jost, Ekkehard,* Staatsschutzgesetzgebung im Zeitalter des Absolutismus, Berlin 1998 [Preußen 1640–1786] – *Kaiser,* Selbsthilfe [s. o.] – *Kent, Joan R.,* The English Village Constable, 1580–1642; Oxford 1986 – *Le Clère, Marcel,* Bibliographie critique de la police et de son histoire, Paris 1980 – *Liang, Hsi-Huey,* The Rise of Modern Police and the European State System from Metternich to the Second World War, Cambridge 1992 – *Lindley, Keith J.,* Riot Prevention and Riot Control in Early Stuart London, in: TRHS V 33(1983)109–126 – *Lotz, Johann Friedrich Eusebius,* Über den Begriff der Polizei und den Umfang der Staatspolizeigewalt, Hildburghausen 1807 – *Lüdtke, Alf,* Praxis und Funktion staatlicher Repression: Preußen 1815–50, in: GG 3(1977)190–211 – *Lunenfeld, Marvin,* The Council of the Santa Hermandad, Coral Gables 1970 – *Mather, Frederick C.,* Public Order in The Age of the Chartists, Manchester 1959 – *Miquel, Pierre,* Les gendarmes, Paris 1990 – *Nippel, Wilfried,* Public Order in Ancient Rome, Cambridge 1995 – *Nitschke, Peter,* Verbrechensbekämpfung und Verwaltung. Die Entstehung der Polizei in der Grafschaft Lippe, 1700–1814, Münster/New York 1990 – *ders.,* Von der Politeia zur Polizei.

Ein Beitrag zur Entwicklungsgeschichte des Polizei-Begriffs und seiner herrschaftspolitischen Dimensionen von der Antike bis ins 19. Jahrhundert, in: ZHF 19(1992)1–27 – *ders.* (Hg.), Die deutsche Polizei und ihre Geschichte. Beiträge zu einem distanzierten Verhältnis, Hilden 1996 – *Palmer, Stanley H.*, Police and Protest in England and Ireland, 1780–1850, Cambridge 1988 – *Preu, Peter,* Polizeibegriff und Staatszwecklehre. Die Entwicklung des Polizeibegriffs durch die Rechts- und Staatswissenschaften des 18. Jahrhunderts, Göttingen 1983 – *Saint-Germain, Jacques,* Le Reynie et la police au grand siècle d'après nombreux documents inédits, Paris 1962 – *Siemann, Wolfram,* Polizei in Deutschland im 19. Jahrhundert, in: *Schönert, Jörg/Linder, Joachim* (Hg.), Literatur und Kriminalität, Tübingen 1983, 68–95 – *Smith, Phillip T.*, Policing Victorian London, Westport 1985 – *Spencer, Elaine G.*, Police-Military Relations in Prussia, 1848–1914, in: Journal of Social History 19(1985)305–17 – *Stead, Philip John,* The Police of France, New York/London 1983 – *Stohl, Michael/Lopez, George A.* (Hg.), The State as Terrorist, Westport 1984 – *Sturgill, Claude C.*, L'organisation et l'administration de la maréchaussée et de la justice prévôtale dans la France des Bourbons, 1720–1730, Ms., Paris 1981 – *Teufel, Manfred,* Das Württembergische Landjägerkorps 1807–1937, in: Z für württembergische LandesG 52(1993)338–52 – *Thuilliat, Louis,* G. N. de la Reynie, premier lieutenant général de police de Paris, Limoges 1930 – *Waldmann, Peter/Schmid, Carola* (Hg.), Justicia en la calle. Ensayos sobre la policia en America latina, Augsburg/Medellín 1996 – *diess.*, Der Rechtsstaat im Alltag. Die lateinamerikanische Polizei, Ebenhausen 1996 – *Wannenwetsch, Walter,* Das Württembergische Landjägerkorps, Worms 1986 – *Williams, Alan,* The Police of Paris, 1718–1789, Baton Rouge/London 1979 – *Wirsing, Bernd,* Die Geschichte der Gendarmeriekorps und deren Vorläuferorganisationen in Baden, Württemberg und Bayern, Diss.phil. Konstanz 1991 [Mikrofiches] – *Zimmermann, Gustav,* Die Deutsche Polizei im 19. Jahrhundert, 3 Bde., Hannover 1845.

3. Diplomatie

a) Diplomaten

Anderson, Matthew S., The Rise of Modern Diplomacy, 1450–1919, London 1993 – *Andreas, Willy,* Staatskunst und Diplomatie der Venezianer im Spiegel ihrer Gesandtenberichte, Leipzig 1943 – *Duchhardt, Heinz/Knipping, Franz* (Hg.), Handbuch der Geschichte der Internationalen Beziehungen, 9 Bde., Paderborn 1997 ff., Bd. 4: *Duchhardt, Heinz,* Balance of Power und Pentarchie, 1997 – *Du Mont, Jean* (Hg.), Corps universel diplomatique du droit des gens, 8 Bde., Amsterdam/Den Haag 1726–31, Supplément, 5 Bde., ebd. 1739 – *Firpo, Luigi* (Hg.), Relazioni di ambasciatori veneti al senato, Bd. 1 ff., Turin 1965 ff. – *Hamilton, Keith/Langhorne, Richard,* The Practice of Diplomacy. Its Evolution, Theory and Administration, New York/London 1995 – *Lunitz, Martin,* Diplomatie und Diplomaten im 16. Jahrhundert. Studien zu den ständigen Gesandten Kaiser Karls V. in Frankreich, Konstanz 1988 – *Mattingly, Garrett,* Renaissance Diplomacy, London 1955 – *Müller, Klaus,* Das kaiserliche Gesandtschaftswesen im Jahrhundert nach dem Westfälischen Frieden (1648–1740), Bonn 1976 – *Perrault, Gilles,* Le secret du roi, 2 Bde., Paris 1992–93 – *Queller, Donald E.*, The Office of Ambassador in the Middle Ages, Princeton 1967 – *Rill, Gerhard,* Fürst und Hof in Österreich von den habsburgischen Teilungsverträgen bis zur Schlacht von Mohács, Bd. 1: Außenpolitik und Diplomatie, Wien 1993 – *Roosen, William,* Early Modern Diplomatic Ceremonial: A Systems Approach, in: JModH 52(1980)452–76 – *Wicquefort, Abraham de,* L'Ambassadeur et ses fonctions (1682), 2 Bde., Köln 1715

b) Mächtesystem

Baumgart, Winfried, Die großen Friedensschlüsse der Neuzeit (1435–1945). Ein Forschungsüberblick, in: GWU 29(1978)778–806 – *Dickmann, Fritz,* Friedensrecht und Friedenssicherung, Göttingen 1971 – *Duchhardt, Heinz,* Gleichgewicht der Kräfte, Convenance, Europäisches Konzert, Darmstadt 1975 – *ders.,* Studien zur Friedensvermittlung in der frühen Neuzeit, Wiesbaden 1979 – *ders.* (Hg.), Zwischenstaatliche Friedenswahrung in Spätmittelalter und Früher Neuzeit, Wien/Köln 1990 – *Duchhardt/Knipping* [s. o.] – *Fenske, Hans,* Gleichgewicht, Balance, in: Geschichtliche Grundbegriffe, Bd. 2, Stuttgart 1979, 959–96 – *Fisch, Jörg,* Krieg und Frieden im Friedensvertrag, Stuttgart 1979 – *Krüger, Peter* (Hg.), Kontinuität und Wandel in der Staatenordnung der Neuzeit, Marburg 1991 – *Livet, Georges,* L'équilibre européen de la fin du XVe à la fin du XVIIIe siècle, Paris 1976 – *Müller, Klaus* (Hg.), Quellen zur Geschichte des Wiener Kongresses 1814/15, Darmstadt 1986 – La paix, 2 Bde. (Recueils de la Société Jean Bodin 14–15), Brüssel 1961 – *Parry, Clive* (Hg.), Consolidated Treaty Series, 231 Bde., Dobbs Ferry 1969–81 – *Raumer, Kurt von,* Ewiger Friede. Friedensrufe und Friedenspläne seit der Renaissance, Freiburg 1953 – *Sheehan, Michael,* The Balance of Power. History and Theory, London 1996 – *Strohmeyer, Arno,* Theorie der Interaktion. Das europäische Gleichgewicht der Kräfte in der frühen Neuzeit, Wien/Köln/Weimar 1994 – *Wright, Moorhead,* Theory and Practice of the Balance of Power, 1486–1914, London 1975

c) Völkerrecht

Grewe, Wilhelm G. (Hg.), Fontes Iuris Gentium. Quellen zur Geschichte des Völkerrechts, 3 Bde. in 4 Tln., Berlin/New York 1988–95 – *Reibstein, Ernst,* Völkerrecht. Eine Geschichte seiner Ideen in Lehre und Praxis, 2 Bde., Freiburg 1958–63 – *Steiger, Heinhard,* Völkerrecht, in: Geschichtliche Grundbegriffe, Bd. 7, Stuttgart 1992, 97–140 – *Steiger, Heinhard/Schweitzer, Michael,* Neutralität, in: Geschichtliche Grundbegriffe, Bd. 4, Stuttgart 1978, 315–70

d) Geheimdienste

Andrew, Christopher, Secret Service: The Making of the British Intelligence Community, London 1985 – *Bercé, Yves-Marie/Fasano Guarini, Elena* (Hg.), Complots et conjurations dans l'Europe moderne, Rom/Paris 1996 – *Constantinides, George C.,* Intelligence and Espionage: An Analytical Bibliography, Boulder 1983 – *Demandt, Alexander* (Hg.), Das Attentat in der Geschichte, Köln/Weimar/Wien 1996 – *Haynes, Alan,* Invisible Power. The Elizabethan Secret Services, 1570–1603, Stroud 1992 – *Marshall, Alan,* Intelligence and Espionage in the Reign of Charles II, 1660–1685, Cambridge 1994 – *May, Ernest R.* (Hg.), Knowing One's Enemies. Intelligence Assessment before the Two World Wars, Princeton 1984 – *Platzhoff, Walter,* Die Theorie von der Mordbefugnis der Obrigkeit im 16. Jahrhundert, Berlin 1906 – *Plowden, Alison,* The Elizabethan Secret Service, Hemel Hempstead/New York 1991 – *Polmar, Norman/Allen, Thomas B.,* Spy Book: The Encyclopedia of Espionage, New York 1997 – *Preto, Paolo,* I servizi segreti di Venezia, Mailand 1994 – *Rowan, Richard Wilmer,* The Story of Secret Service, New York 1937, 2. Aufl. v. *Robert G. Deindorfer,* New York 1967 – *Simon, Bruno,* Lobby et réseau d'espionnage vénétiens à Constantinople au milieu du XVIe siècle, in: *Giry-Deloison/Mettam* [s. Institutionskultur] 207–16 – *Thompson, James Westfall/Padover, Saul K.,* Secret Diplomacy: Espionage and Cryptography, 1500–1815, 2. Aufl., New York 1963

4. Kulturpolitik

Alter, Peter, Nationalismus, Frankfurt 1985 – *Furet, François/Ozouf, Jacques,* Lire et écrire. L'alphabétisation des français de Calvin à Jules Ferry, 2 Bde., Paris 1977 – *Habermas, Jürgen,* Strukturwandel der Öffentlichkeit (1962), 5. Aufl., Neuwied/Berlin 1971

a) Medien

Cabanis, André, La presse sous le Consulat et l'Empire (1799–1814), Paris 1975 – *Guedes, Fernanda Maria Silva,* Lignes de force de l'imprimerie portugaise au XVIe siècle, in: Villes d'imprimerie et moulins à papier du XIVe au XVIe siècle, Brüssel 1976, 221–36 – *Martin, Henri-Jean,* Livre, pouvoirs et société à Paris au XVIIe siècle (1598–1701), 2 Bde., Genf 1969

Sprache

De Certeau, Michel/Julia, Dominique/Revel, Jacques, Une politique de la langue. La Révolution française et les patois, Paris 1975 – *Feldbaek, Ole,* Dänisch und Deutsch im dänischen Gesamtstaat im Zeitalter der Aufklärung, in: *Bohnen, Klaus/Jørgensen, Sven-E.* (Hg.), Der dänische Gesamtstaat, Kopenhagen/Kiel/Altona 1992, 7–22 – *Fisher, John H.,* Chancery and the Emergence of Standard Written English in the 15th Century, in: Speculum 52(1977)870–99 – *Higonnet, Patrice L.-R.,* The Politics of Linguistic Terrorism and Grammatical Hegemony during the French Revolution, in: Social History 5(1980)41–69 – *Schlieben-Lange, Brigitte,* Die Französische Revolution und die Sprache, in: Zeitschrift für Literaturwissenschaft und Linguistik 11(1981)90–123 – *Van Goethem, Herman,* La politique des langues en France 1620–1804, in: Revue du Nord 71(1989)437–60

Zensur

Braida, Lodovico, L'affermazione della censura di Stato in Piemonte. Dall'editto del 1648 alle costituzioni per l'università del 1772, in: RSI 102(1990)717–95 – *Breuer, Dieter,* Geschichte der literarischen Zensur in Deutschland, Heidelberg 1982 – *Eisenhardt, Ulrich,* Die kaiserliche Aufsicht über Buchdruck, Buchhandel und Presse im Heiligen Römischen Reich Deutscher Nation (1496–1806), Karlsruhe 1970 – *Finley, Moses I.,* La censure dans l'antiquité. in: RH 263(1980)3–20 – *Fischer, Heinz-Dietrich* (Hg.), Deutsche Kommunikationskontrolle des 15.–20. Jahrhunderts, München 1982 – *Göpfert, Herbert G./Weyrauch, Erdmann* (Hg.), «Unmoralisch an sich ...» Zensur im 18. und 19. Jh., Wiesbaden 1988 – *Herrmann-Mascard, Nicole,* La censure des livres à Paris à la fin de l'Ancien Régime (1750–89), Paris 1968 – *Higman, Francis M.,* Censorship and the Sorbonne. A Bibliographical Study of Books in French Censured by the Faculty of Theology of the University of Paris, 1520–1551, Genf 1979 – *Hoefler, Frank Thomas,* Pressepolitik und Polizeistaat Metternichs. Die Überwachung von Presse und politischer Öffentlichkeit in Deutschland und den Nachbarstaaten durch das Mainzer Informationsbüro (1833–1848), München 1983 – *Klingenstein, Grete,* Staatsverwaltung und kirchliche Autorität im 18. Jahrhundert. Das Problem der Zensur in der Theresianischen Reform, München 1970 – *Koppitz, Hans-Joachim,* Büchervernichtungen, in: Gutenberg-Jahrbuch 1993, 343–55 – *Neumann, Helmut,* Staatliche Bücherzensur und -aufsicht in Bayern von der Reformation bis zum Ausgang des 17. Jahrhunderts, Heidelberg/Karlsruhe 1977 – *Sashegyi, Oskar,* Zensur und Geistesfreiheit unter Joseph II., Budapest 1958 – *Siebert, Frederick S.,* Freedom of the Press in England, 1476–1776, The Rise and Decline of Government Control, Urbana 1952, Ndr. 1965

Propaganda

Altfahrt, Margit, Die politische Propaganda für Maximilian II. in: MIÖG 88(1980)283–312, 89(1981)53–92 – *Bosbach, Franz* (Hg.), Feindbilder. Die Darstellung des Gegners in der politischen Publizistik des Mittelalters und der Neuzeit, Köln/Wien 1992 – *Burkhardt,* Der Dreißigjährige Krieg [s. Gewalt] – *Church, William F.,* Richelieu and Reason of State, Princeton 1972 - *Gestrich, Andreas,* Absolutismus und Öffentlichkeit. Politische Kommunikation in Deutschland zu Beginn des 18. Jahrhunderts, Göttingen 1994 – *Haacke, Wilmot/Pötter, Günter,* Die politische Zeitschrift, 2 Bde., Stuttgart 1968–82 - *Hanson, Laurence,* Government and the Press, 1695–1763, London 1936, Ndr. Oxford 1967 – *Hofmeister-Hunger, Andrea,* Pressepolitik und Staatsreform. Die Institutionalisierung staatlicher Öffentlichkeitsarbeit bei Karl August von Hardenberg (1792–1822), Göttingen 1994 – *Kirchner, Joachim,* Die Zeitschriften des deutschen Sprachgebiets von den Anfängen bis 1830, Stuttgart 1969 – *Klaits, Joseph,* Printed Propaganda under Louis XIV. Absolute Monarchy and Public Opinion, Princeton 1976 – *Laprade, William T.,* Public Opinion and Politics in 18th-Century England to the Fall of Walpole, New York 1936 – *Lewis, Peter S.,* War Propaganda and Historiography in 15th-Century France and England, in: TRHS V 15(1965)1–21 – *Overesch, Manfred,* Presse zwischen Lenkung und Freiheit. Preußen und seine offiziöse Zeitung von der Revolution bis zur Reichsgründung (1848 bis 1871/72), Pullach 1974 – *Rea, Robert R.,* The English Press in Politics, 1760–1774, Lincoln 1963 – *Repgen, Konrad,* Der Westfälische Friede und die zeitgenössische Öffentlichkeit, in: HJb 117(1997)38–83 – *Schieder, Wolfgang/Dipper, Christoph,* Propaganda, in: Geschichtliche Grundbegriffe, Bd. 5, Stuttgart 1984, 69–112 – *Thuau, Étienne,* Raison d'état et pensée politique à l'époque de Richelieu, Paris 1966

b) Bildung und Wissenschaft

Universität

Curtis [s. Herrschaft, Personal] – *De Ridder-Symoens, Hilde* (Hg.), A History of the University in Europe, Cambridge, Bd. 1, 1992, Bd. 2, 1996 – *Stichweh, Rudolf,* Der frühmoderne Staat und die europäische Universität. Zur Interaktion von Politik und Bildungssystem im Prozeß ihrer Ausdifferenzierung (16.–18. Jh.), Frankfurt 1991

Akademie

Erkelenz, Peter, Der Akademiegedanke im Wandel der Zeiten, Bonn 1968 – *Garber, Klaus/Wisman, Heinz/Siebers, Winfried* (Hg.), Europäische Sozietätsbewegung und demokratische Tradition. Die europäischen Akademien der Frühen Neuzeit zwischen Frührenaissance und Spätaufklärung, 2 Bde., Tübingen 1996 – *Hartmann, Fritz/Vierhaus, Rudolf* (Hg.), Der Akademiegedanke im 17. und 18. Jahrhundert, Bremen/Wolfenbüttel 1977 – *Lindroth, Sten,* Kungl. Svenska Vetenskapsakademiens Historia 1739–1818, 2 Bde. in 3 Tln., Stockholm 1967

Schule

Melton, James van Horn, Absolutism and the Eighteenth-Century Origins of Compulsory Schooling in Prussia and Austria, Cambridge/New York 1988 – *Neugebauer, Wolfgang,* Absolutistischer Staat und Schulwirklichkeit in Brandenburg-Preußen, Berlin 1985 – *ders.* (Hg.), Schule und Absolutismus in Preußen. Akten zum preußischen Elementarschulwesen bis 1806, Berlin 1992 – *Schmale, Wolfgang/Dodde, Nan L.* (Hg.), Revolution des Wissens? Europa und seine Schulen im Zeitalter der Aufklärung (1750–1825). Ein Handbuch zur europäischen Schulgeschichte, Bochum 1991

V.

MODERNITÄT UND TOTALITÄT

1. Von der Monarchie zur Demokratie

Anderson, Eugene N./Anderson, Pauline K., Political Institutions and Social Change in Continental Europe in the Nineteenth Century, Berkeley 1967 – *Gall, Lothar,* Europa auf dem Weg in die Moderne 1850–1890, 3. Aufl., München 1997 – *Langewiesche, Dieter,* Europa zwischen Restauration und Revolution 1815–1849, 3. Aufl., München 1993

a) Grundlagen und Grundfragen

Chester, Norman, The English Administrative System, 1780–1870, Oxford 1981 – *Church, Clive H.*, Revolution and Red Tape. The French Ministerial Bureaucracy, 1770–1850, Oxford 1981 – *Coleman, Janet,* The Individual in Theory and Practice, Oxford 1996 – *David, Marcel,* La souveraineté du peuple, Paris 1996 – Deutsche Verwaltungsgeschichte [s. Allgemeines] – *Padoa Schioppa* [s. Recht] – *Sellin, Volker,* «Heute ist die Revolution monarchisch». Legitimität und Legitimierungsprobleme im Zeitalter des Wiener Kongresses, in: Quellen und Forschungen aus italienischen Archiven und Bibliotheken 76(1996)335–61 - *Shennan, Joseph H.*, Liberty and Order in Early Modern Europe. The Subject and the State, 1650–1800, Harlow 1986 – *Torstendahl* [s. Institutionskultur] – *Treichel, Eckhardt,* Der Primat der Bürokratie, Stuttgart 1991 [Nassau 1806–66] – *Wendt, Reinhard,* Die bayerische Konkurs-Prüfung der Montgelas-Zeit, München 1984 – *Wunder, Bernd,* Privilegierung und Disziplinierung. Die Entstehung des Berufsbeamtentums in Bayern und Württemberg, München 1978 – *ders.*, Geschichte [s. Institutionskultur]

b) Verfassungsstaat

Franz, Staatsverfassungen [s. Allgemeines] - *Mohnhaupt, Heinz/Grimm, Dieter,* Verfassung, in: Geschichtliche Grundbegriffe, Bd. 6, Stuttgart 1990, 831–899, selbständig: Berlin 1995 – *van Caenegem,* Introduction [s. Recht]

Großbritannien

Bentley, Michael, Politics without Democracy. Great Britain, 1815–1914, Oxford 1984 - *Chester* [s. o.] – *Hanham, Harold J.*, The Nineteenth Century Constitution, 1815–1914. Documents and Commentary, Cambridge 1969 – *Kleinhenz* [s. Monarchie, England] – *LeMay, Godfrey H. L.*, The Victorian Constitution. Conventions, Usages and Contingencies, London 1979 – *Loewenstein, Karl,* Staatsrecht und Staatspraxis in Großbritannien, 2 Bde., Berlin 1967 – *Wellenreuther, Hermann,* Korruption und das Wesen der englischen Verfassung im 18. Jahrhundert, in: HZ 234(1982)33–57 – *Williams, Richard,* The Contentious Crown. Public Discussion of the British Monarchy in the Reign of Queen Victoria, Aldershot 1997

Schweden

Verney, Douglas V., Parliamentary Reform in Sweden, 1866–1921, Oxford 1957 – 1809 Års Regeringsform. Några aktstycken beysande dess tillkomst, o. O., o. J. [1940]

Frankreich

Erbe, Michael (Hg.), Vom Konsulat zum Empire libéral. Ausgewählte Texte zur französischen Verfassungsgeschichte 1799–1870, Darmstadt 1985 – *Godechot, Jacques* (Hg.), Les constitutions de la France depuis 1789, Paris 1970 – *ders.*, Les institutions de la France sous la Révolution et l'Empire, 3. Aufl., Paris 1985 - *Lepointe* [s. Allgemeines, Frankreich] – *Ponteil, Félix,* Les institutions de la France de 1814 à 1870, Paris 1966 – *Schmale, Wolfgang,* Frankreich und die Erklärung der Menschen- und Bürgerrechte von 1789 im Lichte der französischen Forschung 200 Jahre danach, in: ZHF 20(1993)345–76

Spanien und Portugal

Alvarez de Morales [s. Recht] – *Garcia Gallo* [s. Allgemeines]

Deutschland

Demel, Walter, Vom aufgeklärten Reformstaat zum bürokratischen Staatsabsolutismus, München 1992 – *Dippel, Horst* (Hg.), Die Anfänge des Konstitutionalismus in Deutschland. Texte deutscher Verfassungsentwürfe am Ende des 18. Jahrhunderts, Frankfurt 1991 – *ders.*, Die amerikanische Verfassung in Deutschland im 19. Jahrhundert. Das Dilemma von Politik und Staatsrecht, Goldbach 1994 – *Fehrenbach, Elisabeth,* Verfassungsstaat und Nationsbildung 1815–1872, München 1992 – *Grothe, Ewald,* Verfassungsgebung und Verfassungskonflikt. Das Kurfürstentum Hessen in der ersten Ära Hassenpflug 1830–37, Berlin 1996 – *Huber, Ernst Rudolf,* Deutsche Verfassungsgeschichte seit 1789, 7 Bde. u. Reg.Bd., Stuttgart 1960(2. Aufl. 1975)-84 u. 1990 – *ders.* (Hg.), Dokumente zur deutschen Verfassungsgeschichte, 4 Bde. u. Reg.Bd., Stuttgart 1961(3. Aufl. 1978)-91 – *Löffler, Bernhard,* Die ersten Kammern und der Adel in den deutschen konstitutionellen Monarchien, in: HZ 265(1997)29–76 – *Peters, Wilfried,* Späte Reichspublizistik und Frühkonstitutionalismus. Zur Kontinuität von Verfassungssystemen an nord- und mitteldeutschen Konstitutionalismusbeispielen, Frankfurt 1993 – *Weis, Eberhard,* Absolute Monarchie und Reform im Deutschland des späten 18. und frühen 19. Jahrhunderts, in: Geschichte in der Gesellschaft, Festschrift Karl Bosl, Stuttgart 1974, 436–61

Dänemark

Horstboll, Henrik/Østergård, Uffe, Reform and Revolution. The French Revolution and the Case of Denmark, in: ScanJH 15(1990)155–79

Österreich und Ungarn

Hellbling [s. Allgemeines, Deutsche Länder] – *Marczali* [s. Allgemeines, Böhmen, Polen, Ungarn]

c) Monarchiediskurs und monarchisches Prinzip

Bagehot, Walter, The English Constitution, Glasgow 1981 – *Böckenförde, Ernst-Wolfgang,* Der Verfassungstyp der deutschen konstitutionellen Monarchie im 19. Jahrhundert, in: *ders.* (Hg.), Moderne deutsche Verfassungsgeschichte, Köln 1972, 146–70 – *Boldt/Conze/Martin/Schulze* [s. Monarchie] – *Constant, Benjamin,* Grundprinzipien der Politik, in: *ders.*, Werke, Bd. 4, Berlin 1972, 17–48 – *Fenske* [s. Monarchie, Diskurs] – *Stahl, Friedrich Julius,* Das monarchische Prinzip, Heidelberg 1845 – *Stolleis,* Geschichte [s. Recht] – *Wienfort, Monika,* Monarchie in der bürgerlichen Gesellschaft. Deutschland und England von 1640 bis 1848, Göttingen 1993 – *Williams* [s. o.]

d) Wahlrecht

Goldstein, Robert, Political Repression in the Nineteenth-Century Europe, London/Canberra 1983 – *Harten, Hans-Christian u. Elke,* Frauen in der Französischen Revolution, in:

GWU 41(1990)216–34 – *Kinzer, Bruce L.*, The Ballot Question in Nineteenth-Century English Politics, New York 1982 – *O'Gorman, Frank,* The Unreformed Electorate of Hannoverian England, in: Social History 11(1986)33–52 – *Singham* [s. Monarchie, Männer und Frauen]

e) Plebiszit und Diktatur

Fimiani, Enzo, Per una storia delle teorie e pratiche plebiscitarie nell'Europa moderna e contemporanea, in: Annali dell'istituto storico italo-germanico in Trento 21(1995)267–333 – *Weber, Max* [s. Allgemeines]

f) Kommunikation und Parteien

Beyme, Klaus von, Partei, Faktion, in: Geschichtliche Grundbegriffe, Bd. 4, Stuttgart 1978, 677–733 – *Fenske, Hans,* Deutsche Parteiengeschichte, Paderborn 1994 – *Hill, Brian,* British Parliamentary Parties, 1742–1832, London/Boston 1985 – *McPhee, Peter,* Electoral Democracy and Direct Democracy in France, 1789–1851, in: European History Quarterly 16(1986)77–96

2. Vom Staat zur Nation

Alter, Peter, Nationalismus, Frankfurt 1985 – *ders.* (Hg.), Nationalismus. Dokumente zur Geschichte und Gegenwart eines Phänomens, München/Zürich 1994 – *Anderson, Benedict,* Die Erfindung der Nation, Frankfurt 1988, engl. 1983 – *Berding, Helmut* (Hg.), Mythos und Nation, Frankfurt 1996 – *Berghoff, Peter,* Der Tod des politischen Kollektivs. Politische Religion und das Sterben und Töten für Volk, Nation und Rasse, Berlin 1997 – *Beumann, Helmut,* Europäische Nationbildung im Mittelalter. Aus der Bilanz eines Forschungsschwerpunktes, in: GWU 39(1988)587–93 – *Beumann, Helmut/Schröder, Werner* (Hg.), Aspekte der Nationenbildung im Mittelalter (Nationes. Historische und philologische Untersuchungen zur Entstehung der europäischen Nationen im Mittelalter, Bd. 1), Sigmaringen 1978 – *Colley, Linda,* Britons. Forging the Nation, 1707–1837, New Haven/London 1992 – *Dann, Otto* (Hg.), Nationalismus in vorindustrieller Zeit, München 1986 – *Dann, Otto/Dinwiddy, John* (Hg.), Nationalism in the Age of the French Revolution, London 1988 – *Ehlers, Joachim,* Elemente mittelalterlicher Nationsbildung in Frankreich (10.–13. Jhdt.), in: HZ 231(1980)565–587 – *ders.* (Hg.), Ansätze und Diskontinuität deutscher Nationsbildung im Mittelalter, Sigmaringen 1989 – *Eichenberger, Thomas,* Patria. Studien zur Bedeutung des Wortes im Mittelalter, Sigmaringen 1991 – *Elwert, Georg,* Nationalismus und Ethnizität, in: Kölner Zeitschrift für Soziologie und Sozialpsychologie 41(1989)440–64 – *Flacke, Monika* (Hg.), Mythen der Nationen. Ein europäisches Panorama. Eine Ausstellung des Deutschen Historischen Museums, München/Berlin 1998 – *Gellner, Ernest,* Nations and Nationalism, Oxford 1983 – *Giesen, Bernhard* (Hg.), Nationale und kulturelle Identität. Studien zur Entwicklung des kollektiven Bewußtseins, Frankfurt 1991 – *Greenfeld, Liah,* Nationalism. Five Roads to Modernity, Cambridge/MA 1992 – *Gschnitzer, Fritz/Koselleck, Reinhart/Schönemann, Bernd/Werner, Karl Ferdinand,* Volk, Nation, Nationalismus, Masse, in: Geschichtliche Grundbegriffe, Bd. 7, Stuttgart 1992, 141–431 – *Hastings, Adrian,* The Construction of Nationhood. Ethnicity, Religion and Nationalism, Cambridge 1997 – *Hellmuth, Eckhart* (Hg.), Nationalismus vor dem Nationalismus, in: Aufklärung 10/2(1997) – *Hobsbawm, Eric J.,* Nationen und Nationalismus. Mythos und Realität seit 1780, Frankfurt 1991, engl. 1990, TB München 1996 – *Hobsbawm, Eric J./Ranger, Terence* (Hg.), The Invention of Tradition, Cambridge 1983 – *Jansson,*

Torkel, En historisk uppgörelse. När 1800-talsnationen avlöste 1600-talstaten, in: Historisk Tidskrift 110(1990)342–55 – *Kohn, Hans,* Die Idee des Nationalismus, Heidelberg 1950, engl. 1948 – *Langewiesche, Dieter,* Nation, Nationalismus, Nationalstaat: Forschungsstand und Forschungsperspektiven, in: Neue Politische Literatur 40(1995)190–236 – *Lemberg, Eugen,* Geschichte des Nationalismus in Europa, Stuttgart 1950 – *Lewis, P. S.,* War Propaganda and Historiography in 15th-Century France and England, in: TRHS V/15(1965)1–21 – *Link, Jürgen/Wülfing, Wulf,* (Hg.), Nationale Mythen und Symbole in der zweiten Hälfte des 19. Jhdts., Stuttgart 1991 – *Marcu, Eva D.,* Sixteenth-Century Nationalism, New York 1976 – *Martin, Marie-Madeleine,* Histoire de l'unité française, Paris 1982 – *Münkler, Herfried,* Nation als politische Idee im frühneuzeitlichen Europa, in: *Garber, Klaus* (Hg.), Nation und Literatur im Europa der Frühen Neuzeit, Tübingen 1989, 56–86 – *Nonn, Ulrich,* Heiliges Römisches Reich Deutscher Nation. Zum Nationen-Begriff im 15. Jahrhundert, in: ZHF 9(1982)129–42 – *Pietschmann, Horst,* El problema del «nacionalismo» en España en la edad moderna. La resistencia de Castilla contra el emperador Carlos V, in: Hispania 52(1992)83–106 – *Pittock, Murray,* The Invention of Scotland. The Stuart Myth and the Scottish Identity 1638 to the Present, London 1991 – *Ranum, Orest* (Hg.), National Consciousness, History, and Political Culture in Early-Modern Europe, Baltimore/London 1975 – *Rösel, Jakob,* Die Gestalt und Entstehung des Singhalesischen Nationalismus, Berlin 1996 – *ders.,* Die Entstehung und Gestalt des Tamilischen Nationalismus, Berlin 1997 – *Schieder, Theodor,* Nationalismus und Nationalstaat, Göttingen 1991 – *Schmugge, Ludwig,* Über «nationale» Vorurteile im Mittelalter, in: Deutsches Archiv 38(1982)439–59 – *Schulze, Hagen,* Staat und Nation in der europäischen Geschichte, München 1994 – *Sieber-Lehmann, Claudius,* Spätmittelalterlicher Nationalismus. Die Burgunderkriege am Oberrhein und in der Eidgenossenschaft, Göttingen 1995 – *Smith, Anthony D.,* The Ethnic Origins of Nations, Oxford 1986 – *ders.,* State-Making and Nation-Building, in: *Hall, John A.* (Hg.), States in History, Oxford/New York 1986, 228–63 – *Snyder, Louis C.,* Encyclopedia of Nationalism, Chicago/London 1990 – *Stauber, Reinhard,* Nationalismus vor dem Nationalismus? Eine Bestandsaufnahme der Forschung zu «Nation» und «Nationalismus» in der Frühen Neuzeit, in: GWU 47(1996)139–65 – *Timmermann, Heiner* (Hg.), Die Entstehung der Nationalbewegung in Europa von 1750 bis 1849, Berlin 1993 – *ders.* (Hg.), Die Entwicklung der Nationalbewegungen in Europa 1850–1914, Berlin 1998 [zwei weitere Bde. für 1914–1945 und 1945–1995 angekündigt] – *Vogt, Hannah* (Hg.), Nationalismus gestern und heute. Texte und Dokumente, Opladen 1967 – *Winkler, Heinrich August* (Hg.), Nationalismus, 2. Aufl., Königstein 1985 – *Zientara, Benedykt,* La conscience nationale en Europe occidentale au moyen âge. Naissance et mécanismes du phénomène, in: APH 46(1982)5–30

3. Sozialer Staat und totaler Staat

a) Grundlagen und Grundfragen

Arendt, Hannah, Elemente und Ursprünge totaler Herrschaft (1955), München 1986 – *Barth, Hans,* Über den totalen Staat und seine ideologischen Voraussetzungen (1938/39), in: *ders.,* Fluten und Dämme, Zürich 1943, 201–42 – *Boldt* u. a. [s. Einleitung] – *Buchheim, Hans,* Totalitäre Herrschaft. Wesen und Merkmale, 3. Aufl., München 1964 – *Cassirer, Ernst,* Der Mythus des Staates. Die philosophischen Grundlagen politischen Verhaltens (engl. 1947, dt. 1949), 2. Aufl., Zürich/München 1978 – Deutsche Verwaltungsgeschichte, Bd. 4, Stuttgart 1985 – *Kiesewetter, Hubert,* Von Hegel zu Hitler, 2. Aufl., Frankfurt 1995 – *Neumann, Franz,* Behemoth (1942/44), Frankfurt 1977 – *Preu* [s. Polizei]

b) «Vater Staat»

Alber, Jens, Sozialstaat/Wohlfahrtsstaat, in: Wörterbuch Staat und Politik, Bonn 1991, 636–45 – *Cronin, James E.,* The Politics of State Expansion. War, State and Society in 20th-Century Britain, London 1991 – *Frerich, Johannes/Frey, Martin,* Handbuch der Geschichte der Sozialpolitik in Deutschland, 3 Bde., 2. Aufl., München 1996 – Handbuch der europäischen Wirtschafts- und Sozialgeschichte, Bd. 5–6, Stuttgart 1985–87 – *Hepp, Robert,* Die Wendung zum sozialen Polizeistaat. Eine Provokation, in: Die politische Meinung 24/186(1979)16–27 – *Hockerts, Hans Günter,* Die historische Perspektive. Entwicklung und Gestalt des modernen Sozialstaats in Europa, in: *ders.* u. a., Sozialstaat. Idee und Entwicklung, Reformzwänge und Reformziele, Köln 1996, 27–48 – *Landwehr, Götz,* Staatszweck und Staatstätigkeit in Preußen während der ersten Hälfte des 19. Jahrhunderts, in: *Köbler, Gerhard* (Hg.), Wege europäischer Rechtsgeschichte, Frankfurt 1987, 249–64 – *Müller, Volker,* Staatstätigkeit in den Staatstheorien des 19. Jahrhunderts, Opladen 1991 – *Münch* [s.Einleitung] – *Ritter, Gerhard A.,* Der Sozialstaat. Entstehung und Entwicklung im internationalen Vergleich, 2. Aufl., München 1991 – *ders.,* Sozialpolitik im Zeitalter Bismarcks, in: HZ 265(1997)683–720 – *Rosanvallon, Pierre,* L'état en France de 1789 à nos jours, Paris 1990

c) Totaler Staat

Berghoff [s. Nation] – *Bröckling* [s. Krieg] – *Forsthoff, Ernst,* Der totale Staat, Hamburg 1933 – *Freyer, Hans,* Der Staat, Leipzig 1925 – *Höhn, Reinhard,* Die Wandlung im staatsrechtlichen Denken, Hamburg 1934 – *Huber, Ernst Rudolf,* Verfassungsrecht des Großdeutschen Reiches, 2. Aufl., Hamburg 1939 – *ders.,* Die Deutsche Polizei, in: Zeitschrift für die gesamte Staatswissenschaft 101(1940/41)723–28 – *Maunz, Theodor,* Gestalt und Recht der Polizei, Hamburg 1943 – *Rebentisch, Dieter,* Führerstaat und Verwaltung im Zweiten Weltkrieg. Verfassungsentwicklung und Verwaltungspolitik 1939–1945, Stuttgart 1989

d) Legalität und Bestialität

Forsthoff [s. o.] – *Herbert, Ulrich,* Best. Biographische Studien über Radikalismus, Weltanschauung und Vernunft 1903–1989, Bonn 1996 – *ders.* (Hg.), Nationalsozialistische Vernichtungspolitik 1939–1945, Frankfurt 1998 – *Huber* [s. o.] – *Mommsen, Hans,* Beamtentum im Dritten Reich, Stuttgart 1966 – *Neliba, Günter,* Wilhelm Frick. Der Legalist des Unrechtsstaates. Eine politische Biographie, Paderborn 1992 – *Ruck, Michael,* Korpsgeist und Staatsbewußtsein. Beamte im deutschen Südwesten 1928 bis 1972, München 1996 – *Rüthers, Bernd,* Entartetes Recht. Rechtslehren und Kronjuristen im Dritten Reich, 3. Aufl., München 1994 – *Schmitt, Carl,* Legalität und Legitimität (1932), in: *ders.,* Verfassungsrechtliche Aufsätze aus den Jahren 1924–1954, Berlin 1958, 263–350 – *ders.,* Das Problem der Legalität (1950), in: ebd., 440–51 – *Stohl/Lopez* [s.Polizei] – *Süle, Tibor,* Preußische Bürokratietradition. Zur Entwicklung von Verwaltung und Beamtenschaft in Deutschland 1871–1918, Göttingen 1988 – *Tarrab-Maslaton, Martin,* Rechtliche Strukturen der Diskriminierung der Juden im Dritten Reich, Berlin 1993 – *Walkenhaus, Ralf,* Konservatives Staatsdenken. Eine wissenssoziologische Studie zu Ernst Rudolf Huber, Berlin 1997 – *Wunder,* Geschichte [s. Institutionskultur]

VI.

KRISE UND TRANSFORMATION

1. Scheitern oder Transformation des Staates in der Außereuropäischen Welt?

Bayart, Jean-François, L'état en Afrique. La politique du ventre, Paris 1989 – *Bernecker, Walther L.* u. a. (Hg.), Handbuch der Geschichte Lateinamerikas, 3 Bde., Stuttgart 1990–96 – *Blockmans, Wim/Borges de Macedo, Jorge/Genet, Jean-Philippe* (Hg.), The Heritage of the Pre-Industrial European State, Lissabon 1996 – The Cambridge History of China, 15 Bde., Cambridge 1978 ff. – The Cambridge History of Iran, Bd. 6–7, Cambridge 1986–91 – The Cambridge History of Japan, 6 Bde., Cambridge 1988 ff. – The Cambridge History of Latin America, 9 Bde., Cambridge 1984 ff. – The Cambridge History of Southeast Asia, 2 Bde., Cambridge 1992 – *Chabal, Patrick,* Power in Africa, London 1992 – *Elvert, Jürgen/Salewski, Michael* (Hg.), Staatenbildung in Übersee. Die Staatenwelt Lateinamerikas und Asiens, Stuttgart 1992 – *Engels, Dagmar/Marks, Shula* (Hg.), Contesting Colonial Hegemony. State and Society in Africa and India, London 1994 – *Fisch, Jörg,* Die europäische Expansion und das Völkerrecht, Stuttgart 1984 – Histoire de la colonisation française, 2 Bde., Paris 1991 – Histoire de la France coloniale, 2 Bde., Paris 1990–91 – *Ibold, Frank,* Staatsbildung in Argentinien. Die Provinzen Salta und Jujuy im Spannungsfeld von Wirtschaftsregion und «Nationalstaat» 1850–1885, Köln u. a. 1997 – *Illy, Hans/Bryde, Brun-Otto* (Hg.), Staat, Verwaltung und Recht in Afrika 1960–1985, Berlin 1987 – *Jackson, Robert H.,* Quasi-states. Sovereignty, International Relations, and the Third World, Cambridge 1990 – *Kazancigil, Ali* (Hg.), The State in Global Perspective, Paris 1986 – *Madden, F./Fieldhouse, David* (Hg.), Selected Documents on the Constitutional History of the British Empire and Commonwealth, Bd. 1, London 1985 ff. – *Mansergh, Nicholas,* Das britische Commonwealth, München 1969 – *Médard, Jean-François* (Hg.), États d'Afrique noire, Paris 1991 – *Meyns, Peter* (Hg.), Staat und Gesellschaft in Afrika. Erosions- und Reformprozesse, Münster 1996 – The New Cambridge History of India, Bd.I,1, Cambridge 1988 ff. – The Oxford History of Australia, 5 Bde., Melbourne 1989 ff. – The Oxford History of New Zealand, Wellington 1981 – *Peters, Jimi,* The Nigerian Military and the State, London 1997 – *Reinhard, Wolfgang,* Geschichte der europäischen Expansion, 4 Bde., Stuttgart 1983–90 – *ders.* (Hg.), Die fundamentalistische Revolution. Partikularistische Bewegungen der Gegenwart und ihr Umgang mit der Geschichte, Freiburg 1995 – *ders.,* Kleine Geschichte des Kolonialismus, Stuttgart 1996 – *ders.* (Hg.), Verstaatlichung der Welt? Europäische Staatsmodelle und außereuropäische Machtprozesse, München 1998 [ausführlich zum Thema dieses Kapitels] – *Rösel* [s. Nation] – *Schwoerer* [s. Herrscherweihe und Krönung] – *Strizek, Helmut,* Ruanda und Burundi. Von der Unabhängigkeit zum Staatszerfall, München 1996 – *Tetzlaff, Rainer/Engel, Ulf/Mehler, Andreas* (Hg.), Afrika zwischen Dekolonisation, Staatsversagen und Demokratisierung, Hamburg 1995 – *Thompson, Leonard,* A History of South Africa, 2. Aufl., New Haven, 1996 – *Trotha,* Koloniale Herrschaft [s. Einleitung] – *van Dijk, C./de Groot, A. H.* (Hg.), State and Islam, Leiden 1996 – *Young, Crawford,* The African Colonial State in Comparative Perspective, New Haven 1995 – *Young, Crawford/Turner, Thomas,* The Rise and Decline of the Zaïrian State, Madison 1985 – *Zartman, I. William* (Hg.), Collapsed States. The Disintegration and Restoration of Legitimate Authority, Boulder/London 1995

2. Krise oder Transformation des Staates in Europa?

Blockmans, Geschichte der Macht [s. Allgemeines] – *Evans, Peter,* The Eclipse of the State? Reflections on Stateness in an Era of Globalization, in: World Politics 50(1997)62–87 – *Hartwich* [s. Einleitung] – *Hofman, John,* Beyond the State, Cambridge 1995 – *Krawietz, Werner/Pattaro, Enrico/Erh-Soon Tay, Alice* (Hg.), Rule of Law. Political and Legal Systems in Transition, Berlin 1997 – *Leisner, Walter,* Der unsichtbare Staat. Machtabbau oder Machtverschleierung, Berlin 1994 – *Trotha,* Ordnungsformen [s. Einleitung] – *van Creveld* [s. Krieg]

a) Delegitimation des Staates und «fundamentalistische Revolution»

Jäggi, Christian J./Krieger, David J., Fundamentalismus, Zürich 1991 – *Oberländer, Erwin* (Hg.), Der Anarchismus, Olten/Freiburg 1972 – *Reinhard,* Die fundamentalistische Revolution [s. Scheitern] – *Stohl/Lopez* [s. Polizei] – *Waldmann, Peter,* Ethnoregionalismus, eine Herausforderung für den Nationalstaat, in: *Blockmans/Borges de Macedo/Genet* [s. Scheitern] 205–29

b) Zerfall des Sozialstaates

Ferman, Louis/Henry, Stuart/Hoyman, Michele (Hg.), The Informal Economy (The Annals of the American Academy of Political and Social Science 493), Newbury Park 1987 – *Gerlach, Irene/Konegen, Norbert/Sandhövel, Armin,* Der verzagte Staat, Opladen 1996 – *Gretschmann, Klaus/Heinze, Rolf G./Mettelsiefen, Bernd* (Hg.), Schattenwirtschaft, Göttingen 1984 – *Kapp, Karl William,* Soziale Kosten der Marktwirtschaft, Frankfurt 1979 – *Karmann, Alexander,* Schattenwirtschaft als Folge von Staats- und Marktversagen, Hamburg 1988 – *Niessen, Hans-Joachim/Ollmann, Rainer,* Schattenwirtschaft in der Bundesrepublik, Opladen 1987 – *Tanzi, Vito* (Hg.), The Underground Economy in the United States and Abroad, Lexington 1982 – *Teichert, Volker,* Das informelle Wirtschaftssystem, Opladen 1993 – *Thomas, James J.,* Informal Economic Activity, Ann Arbor 1992

c) Internationalisierung und Europäische Union

Böckenförde, Ernst-Wolfgang, Welchen Weg geht Europa? München 1997 – *Boldt, Hans,* Die Europäische Union, Mannheim 1995 – *Classen, Claus Dieter* (Hg.), Europa-Recht, 14. Aufl., München 1997 – *Delgado, Mariano/Lutz-Bachmann, Matthias* (Hg.), Herausforderung Europa. Wege zu einer europäischen Identität, München 1995 – *Gading, Heike,* Der Schutz grundlegender Menschenrechte durch militärische Maßnahmen des Sicherheitsrates – das Ende staatlicher Souveränität? Berlin 1996 – *Hobe, Stephan,* Der offene Verfassungsstaat zwischen Souveränität und Interdependenz, Berlin 1998 – *Loth, Wilfried,* Der Weg nach Europa. Geschichte der europäischen Integration 1939–1957, Göttingen 1990 – *Marschik, Axel,* Subsysteme im Völkerrecht. Ist die Europäische Union ein «Self-Contained Regime»? Berlin 1997 – *Pfetsch, Frank,* Die europäische Union, München 1997 – *Schraepler, Hans-Albrecht,* Taschenbuch der Internationalen Organisationen, München 1994 – *Woyke, Wichard,* Europäische Union, München 1998 – Yearbook of International Organizations 1994/95, 3 Bde., 31.u0.12. Aufl., München/New Providence/London/Paris 1994.

VERZEICHNIS DER ABBILDUNGEN

ORTS- UND PERSONENREGISTER

Von Christian Rohrer

Das Stichwort Europa entfällt.
Im Text erwähnte Autoren von Sekundärliteratur kursiv.